福建年鉴

2024

中共福建省委　福建省人民政府　主办

福 建 年 鉴 编 纂 委 员 会 编纂

海峡出版发行集团
THE STRAITS PUBLISHING & DISTRIBUTING GROUP
福建人民出版社
FUJIAN PEOPLE'S PUBLISHING HOUSE

图书在版编目（CIP）数据

福建年鉴. 2024 / 福建年鉴编纂委员会编纂.
福州 ：福建人民出版社，2024. 12. -- ISBN 978-7-211-09739-5
Ⅰ. Z525. 7
中国国家版本馆 CIP 数据核字第 2024RF9024 号

ISBN 978-7-211-09739-5
9 787211 097395 >

福建年鉴（2024）
FUJIAN NIANJIAN

编　　纂： 福建年鉴编纂委员会
责任编辑： 何水儿
责任校对： 李雪莹
出版发行： 福建人民出版社　　**电　　话：** 0591-87533169(发行部)
网　　址： http://www.fjpph.com　　**电子邮箱：** fjpph7211@126.com
地　　址： 福州市东水路 76 号　　**邮政编码：** 350001
经　　销： 福建新华发行（集团）有限责任公司
印　　刷： 福州德安彩色印刷有限公司
地　　址： 福州金山工业区浦上 B 区 42 幢
电　　话： 0591-28059365
开　　本： 889 毫米×1194 毫米　1/16
印　　张： 38
字　　数： 1424 千字
版　　次： 2024 年 12 月第 1 版　　2024 年 12 月第 1 次印刷
书　　号： ISBN 978-7-211-09739-5
定　　价： 380.00 元

福建省地图

比例尺 1：2 600 000

图例

符号	说明	符号	说明	符号	说明	符号	说明
★	省级行政中心		省级行政区域界		高速公路	▲2160.8	山峰和高程
◎	地级市行政中心		设区市行政区域界		在建高速公路		
⊙	县级行政中心		铁路		机场		
○	镇、乡、街道		在建铁路		河流及水库		

注：本图界线仅作参考，不作划界依据。

编制单位：福建省地图出版社 审图号：闽S[2024]430号

资料截至：2023年12月

《福建年鉴(2024)》编纂委员会成员单位

省委办公厅
省人大常委会办公厅
省政府办公厅
省政协办公厅
省纪委、省监委办公厅
省委组织部
省委宣传部
省委统战部
省委政法委
省委政策研究室
省委改革办
省委国安办
省委网信办
省委编办
省委军民融合办
省委台办
省委港澳办
省委省直机关工委
省委巡视办
省委老干局
省委非公企业和社会组织工委
省委党校
省委党史研究和地方志编纂办公室
省档案局（馆）
福建日报社
省社会主义学院
省委保密办
省委机要局
省委文明办
省高级人民法院
省人民检察院
省军区
省发展和改革委员会
省教育厅
省科学技术厅
省工业和信息化厅
省民族与宗教事务厅
省公安厅
省民政厅
省司法厅
省财政厅
省人力资源和社会保障厅
省自然资源厅
省生态环境厅
省住房和城乡建设厅
省交通运输厅

省水利厅
省农业农村厅
省商务厅
省文化和旅游厅
省卫生健康委员会
省退役军人事务厅
省应急管理厅
省审计厅
省政府外事办公室
省国资委
省林业局
省海洋与渔业局
省市场监督管理局
省广播电视局
省体育局
省统计局
省人防办
省医疗保障局
省金融监管局
省信访局
省政府新闻办
省机关事务管理局
省数字办
省粮食和物资储备局
省监狱管理局
省文物局
省药品监督管理局
省政府发展研究中心
福建社会科学院
省农业科学院
省供销合作社联合社
省总工会
共青团福建省委
省妇联
省科协
省侨联
省台联
省社科联
省文联
省残联
省贸促会
省中华职教社
省国家安全厅
中国人民银行福建省分行
省税务局
省通信管理局
国家金融监督管理总局福建监管局
中国证监会福建监管局
福州市人民政府
厦门市人民政府
漳州市人民政府
泉州市人民政府
三明市人民政府
莆田市人民政府
南平市人民政府
龙岩市人民政府
宁德市人民政府
平潭综合实验区管委会

福建年鉴编纂委员会办公室

主　　任： 刘大可　省委党史方志办主任

副 主 任： 王盛泽　省委党史方志办副主任

曹宛红　省委党史方志办副主任

钟兆云　省委党史方志办副主任

《福建年鉴(2024)》编辑部

主　　编： 刘大可

常务副主编： 曹宛红

副 主 编： 欧长生

执行副主编： 林忠玉

责任编辑： 卓亦明　郑　棻　雷启伟　吴朝庭　郑　锦

编辑说明

一、《福建年鉴》是中共福建省委和省人民政府主办、福建年鉴编纂委员会编纂、福建年鉴社承编、福建人民出版社出版、国内外公开发行的综合性年刊，是对外集中展示福建省年度发展概况的权威性资料文献，具有政府公报性质。

二、《福建年鉴》以马克思列宁主义、毛泽东思想、邓小平理论、“三个代表”重要思想、科学发展观、习近平新时代中国特色社会主义思想为指导。汇集全省2023年度自然、政治、经济、文化、社会、生态等领域发展状况。《福建年鉴》1985年创办，每年出版一卷。2024卷为第40卷。

三、《福建年鉴》的框架结构由类目、分目、条目组成。全书条目统一用黑体加【】表示，下一层次标题用楷体区别。

四、《福建年鉴（2024）》着重反映2023年福建省的基本情况。全书设数知福建、福建名片、福建要闻、特载、八闽关注、大事记、省情概貌、自然资源管理、生态环境、中国共产党福建省委员会、福建省人民代表大会、福建省人民政府、中国人民政治协商会议福建省委员会、纪检监察、民主党派和工商联、群众团体、法治、军事、外事侨务港澳事务、闽台交流合作、经济管理、市场监督管理、金融、城乡建设、农业农村、工业、民营经济、海洋经济、数字经济、交通邮政、信息业、商贸流通服务业、对外及港澳台经济贸易、中国（福建）自由贸易试验区·福州新区、教育、科学技术、社会科学、文化旅游、卫生健康、体育、社会生活、应急管理、市县概览、人物、统计资料等45个类目，约140万字。

五、《福建年鉴（2024）》在各个类目中，有侧重、多角度、全方位地展现了机制活、产业优、百姓富、生态美新福建发展情况。

六、《福建年鉴（2024）》所用稿件，由省直各部门，各市、县（区）政府及有关单位提供。引用的统计数字，凡国家有统一规定范围、口径和计算方法的，均按国家统一规定统计，并经省统计局审核。地区生产总值和各产业增加值、工业总产值、农林牧渔业总产值等指标的绝对值、比重按现价计算，增长速度按可比价格计算；其他价值量指标的绝对值及增长率，一般按当年价格计算。

七、为便于读者查阅，本卷在卷首设有目录；卷后配有索引，采用内容分析法，内容按汉语拼音字母顺序排列。

数知福建

森林覆盖率65.12%

土地面积12.40万平方千米

年末户籍人口3969.28万人

常住人口4183万人

设区市9个、平潭综合实验区、县（市、区）84个

地区生产总值54355.10亿元

第一产业增加值3217.66亿元

第二产业增加值23966.43亿元

第三产业增加值27171.01亿元

三次产业比重5.9∶44.1∶50.0

人均地区生产总值129865元

社会消费品零售总额22109.57亿元

货物出口总额11765.40亿元

货物进口总额7974.18亿元

实际利用外商直接投资43.07亿美元

地方一般公共预算收入3592.04亿元

一般公共预算支出5859.39亿元

居民消费价格指数100.0

港口货物吞吐量74894.25万吨

航空货运量17.86万吨

铁路货物量5211.01万吨

国内旅游收入6857.12亿元

国际旅游外汇收入17.58亿美元

城镇居民人均可支配收入56153元

农村居民人均可支配收入26722元

城镇居民人均住房建筑面积40.4平方米

农村居民人均住房建筑面积71.1平方米

普通高等学校学生数123.04万人

医院、卫生院床位数24.21万张

粮食种植面积84.11万公顷

粮食产量510.97万吨

福建名片|福建：迈上“5万亿”新台阶 “拼”出个高质量发展新天地

■南平是全球同纬度自然生态和生物多样性最好的地区之一，2023年森林覆盖率78.89%，素有“福建粮仓”“南方林海”“中国竹乡”的美誉。图为摄于2023年8月13日的国家级风景名胜区、国家地质公园——政和佛子山（林忠玉 摄）

2023年1月11日，南方冬日的早晨，天气微冷。福建省十四届人大一次会议在福建会堂开幕，会场里传出句句振奋人心的话语，驱散了冬日里的寒意。“真正用政府的‘紧日子’换来老百姓的好日子”“采取更多惠民生、暖民心举措……不折不扣完成29项为民办实事项目”……政府工作报告的一句句实在话，赢得阵阵掌声。

过去一年有不易更有收获——福建省地区生产总值迈过“5万亿元”大关，翻开崭新的一页。在过去五年，福建省地区生产总值连跨2个万亿元台阶，年均增长6.4%左右、居东部地区第一位；人均地区生产总值连跨4个万元台阶，突破12万元，跃升至全国第四位，是唯一所有设区市人均地区生产总值都超过全国平均水平的省份……一串数字见证了福建的高质量发展“加速度”。

1月10日，福建省政协十三届一次会议开幕，福建正式进入两会时间；1月15日，随着福建省十四届人大一次会议闭幕，福建省两会落下帷幕。不到一个星期的时间里，代表、委员们做足了“功课”，为福建省的经济社会发展提建议、献良策、谋发展。2023年是全面贯彻落实党的二十大精神的开局之年，在新起点上，如何展现福建作为？福建的关键词是“拼”，拼经济、拼开放、拼生态，拼出一片新天地！

拼经济：曙光在前，未来可期

“经济复苏将按下快进键，曙光在前，未来可期。”政府工作报告中的这句话一落地，福建会堂里的掌声经久不息。“提气、鼓劲儿！”福建省人大代表、三明市市长李春从政府工作报告的一组组数据、一个个成效、一项项任务中，感受到了振奋和鼓舞。八闽大地迎来复苏，万象更新。福建省人大代表郑辉是位“老代表”，经历过前两年的“闭环”参会，再到疫情防控政策优化后首次参加省两会，感觉很不同，让他发出了“风雨过后终见彩虹”的感慨。

这些年，“福建制造”似乎成了一个新名词，这源于越来越多的“大国重器”福建造。去年春节，除夕的前一天，福清核电调试管理处/生产准备处调试计划科科长李彬和同事忙到凌晨四五点，大年初二，他们又回到工作岗位上，为的就是我国第二台“华龙一号”核电机组——福清核电6号机组商运前的“冲刺”。“华龙一号”是我国自主三代核电技术，去年福清核电捷报连连：1月，福清核电6号机组首次并网成功，向电网送出第一度电；2月，机组首次达到满功率运行；3月，“华龙一号”示范工程全面建成投运。核电“喜报频传”，风电也“不甘于后”。就在2022年12月8日，装载着8片全球量产最长风电叶片的船舶缓缓驶离福州港江阴港区，启程远赴欧洲，这也是我国首次批量出口的风电叶片。在已形成风力发电机、风机结构件、风机总装、叶片生产等全产业链生产格局的福建三峡海上风电国际产业园，仅过去一年，已连续下线13.6兆瓦、16兆瓦等大容量海上风电机组。不断上涨的数字，意味着“超大容量海上风电机组”的纪录一次次被刷新。

位于闽东的宁德，曾一度被称为东南沿海“黄金断裂带”，随着多个“金娃娃”落地，宁德的高速增长令人艳羡，发展潜力让人鼓舞。“宁德坚持把发展经济的着力点放在实体经济上，培育出锂电新能源、新能源汽车、不锈钢新材料、铜材料等4个具有国际竞争力的产业集群，支撑宁德进入高质量发展的快车道。”宁德市委书记、宁德代表团团长梁伟新表示，宁德市地区生产总值继2012年突破第一个千亿元大关后，分别用6年和3年时间突破了第二个、第三个千亿元大关，跻身福建省第五，跨入全国百强。2023年，宁德将经济增长的目标设定为8.5%，比全省预期目标高出2.5个百分点。高增长需强引擎、硬支撑，宁德靠的是在稳住一产、提升三产的基础上，重点稳住工业大盘，靠的是组织实施千亿元项目储备、千亿元项目投资、千亿元招商引资“三个千亿”计划，靠的是扎实推进按摩器、电动汽车、电动船舶“三类产品”梯度培育，做精做好产品，积极抢占市场。谋一域先谋全局。新一年里福建怎么“拼经济”？福建省政府工作报告里已指明——紧盯宏观形势发展变化，强化经济运行分析调度，政策服务齐努力，投资消费出口同发力，政府市场相互联动，供给需求相互促进，国内国际双循环加快构建，想在一起、干在一起、赢在一起，拼出个高质量发展的新天地！

拼开放：大门越开越大

在福建省两会前的一个星期，福州市两会召开。在这场凝聚共识的大会上，福州向全市市民发出了“动员令”——号召全市人民投身加快建设现代化国际城市的实践。成功者先计于始，福州的目标已明：到2035年，福州要基本建成现代化国际城市；从2035年到本世纪中叶，福州要全面建成现代化国际城市，率先基本实现共同富裕，成为展示中国特色社会主义制度优越性、中国式现代化实践成果的重要窗口。

路虽远，行则必至；事虽难，做则必成。2022年福州地区生产总值总量保持全省首位、增速位居全国万亿元城市前列，这是底气；擘画蓝图，凝聚共识，将“大写意”变为“工笔画”，这是动力。福建省委常委、福州市委书记、福州代表团团长林宝金表示，福州将紧紧围绕坚持“3820”战略工程思想精髓、加快建设现代化国际城市这个主线，聚焦率先实现现代化、全面迈向国际化两大目标，重点建设滨海新城、福州大学城、东南汽车城、丝路海港城、国际航空城、现代物流城等六个城，打响海上福州、数字福州、新型材料、海港空港、闽都文化等五大国际品牌，实施九大专项行动，全方位推进高质量发展，努力把宏伟蓝图变为美好现实，为以中国式现代化全面推进中华民族伟大复兴作出福州贡献，以实际行动坚定拥护“两个确立”、坚决做到“两个维护”。

“国际范儿”不仅仅是福州这座城市的“性格”，也是福建省的精神特质——因海而生的福建人从不缺少“走出去”的勇气和胆识。2022年10月，经济强市泉州市的政企决定不再观望，而是“主动出击”，当地政府对境外参展企业机票费、展位费分别给予80%和70%的大力度补助，全力护航企业出境参展。就这样，疫情后首个出境参展的泉州企业团体奔赴香港参加“环球资源十月香港展”。疫情后第一次外出参展，原本没抱多大希望的福建北峰通信科技股份有限公司负责人陈礼兴有了意外之喜：“展会上的新客户比预想中的要多，最终也达成了一些意向订单，这更加坚定了我们继续走出去参展的信心。”政府搭台、企业唱戏，在危机中孕育新机。“近期，福建省多地组织企业出海‘抢订单’，取得良好的效果，在此效应下，众多外贸企业跃跃欲试，希望搭上出海‘抢单’的顺风车拓展企业海外市场。”福建省政协委员吴棉国关注到了出海“抢单”的热潮，他建议，要发挥侨海优势，推进闽企出海“抢单”。1月13日，福建省委书记周祖翼参加福建省十四届人大一次会议泉州代表团分组审议，其间他对代表们说，要坚持开放发展，发挥海洋、港口和侨商众多等优势，面向全国、面向海外，积极融入全国统一大市场，融入全球产业链供应链。这话说的是泉州，但不止是泉州。正如今年福建省政府工作报告中所说，福建今天的发展和成绩得益于改革开放，福建未来的前途和希望也一定靠改革开放。

拼生态：只能做“优等生”

“决不能‘捡到篮子里就是菜’，决不能以牺牲环境为代价来搞所谓的速度式增长，决不能成为污染产业、高耗能产业的转移地。”1月11日，在福建省十四届人大一次会议开幕的当天下午，省长赵龙参加南平代表团分组审议，发言近半时间都围绕着“生态”二字，其间连用三个“决不能”来表达建设“生态省”的决心。福建的森林覆盖率已连续44年保持全国第一，这一成绩对福建人而言似乎已成平常，同时也意味着更高的期待。对于福建而言，只有做生态文明建设“优等生”这一条路可走，不能做“中等生”，更不能是“差等生”。在生态文明建设的议题上，保护和发展具有辩证关系。两者相悖的情况出现时怎么办？福建省政府工作报告给出答案——“当产业项目、经济增长速度和生态环境发生冲突时，宁可放弃项目，宁可速度降下来一些，也要保护好生态环境”。从2014年起，福建省取消了当地34个县（市）的地区生产总值考核，并实行农业优先和生态保护优先的绩效考评方式；就在省两会召开的前夕，省领导分别与福建各地党政负责同志签订了2023年生态环境保护目标责任书……这是福建“谋绿”的最好例证。生态保护不是发展的绊脚石，要谋的是高质量发展。要保护还是要发展，福建在实践中探索并行不悖的道理。就在2021年，武夷山成为我国首批5个国家公园之一，肩负使命，重担尤甚。这道题如何作答？坐拥武夷山的南平市，“解题思路”是建设环武夷山国家公园保护发展带：围绕武夷山国家公园重点保护区外围1～4千米，初步划定“缓冲区”，涉及武夷山、建阳、光泽、邵武4个县（市、区）的28个乡镇（街道）、199个行政村，在空间上按照保护协调区、发展融合区两类空间，实行差异化圈层分区管控。福建省政协委员、南平市政协主席林斌认为，应该用大的“外圈”来保护好武夷山国家公园这个核心“内圈”，以最严保护、最优环境、最好政策，把环武夷山国家公园保护发展带打造成人与自然和谐共生的现代化先行地，以此不断放大福建的生态文明新优势。

福建名片|福建深挖地域历史“富矿”，擦亮侯官文化新名片

■2023年11月20日，第二届侯官论坛在福建师范大学举行（林双伟　摄）

“开眼看世界第一人”林则徐、“中国船政之父”沈葆桢、“中国西学第一人”严复、“京师大学堂总监督”张亨嘉、“中国重化学工业的开拓者”侯德榜、“中国近代天文学奠基人”张钰哲……这些在近现代不同领域引领时代的先贤们有一个共同的身份：福建侯官人。正所谓“一方水土养一方人”。“侯官”这方土地有何独特之处？传承侯官文化对当代社会有何启示？11月20日，由福建省委宣传部、福建省委教育工委指导，福建师范大学主办的第二届侯官论坛在福建师范大学开幕。随着侯官论坛步入第二个年头，福建持续深挖侯官文化这方地域历史“富矿”，赓续文脉，开创未来，为中国式现代化福建实践注入不竭精神动力。

侯官文化“新名片”概念探讨

对侯官文化概念的科学界定是开挖文化资源的必要准备工作。为侯官文化“命名”的“侯官”一词作为地名，其指代的空间在历史上曾几度变迁。“‘侯官’是全闽最早正式设置的县，是福建地区最早的行政建制单位。”福建社会科学院社会学研究所原所长、福建省严复学术研究会会长许维勤说。至迟在唐代，侯官县成为福州直接管辖区域。因“侯官”这一名称产生早、知名度高，因此逐渐演变为福州这一更高层级行政单位的代称，其文化影响的辐射范围在某些情况下甚至可以超出福州地域范围。“侯官文化概念的空间含义应该有所侧重，即空间上主要以今天大福州为基本盘，延伸至周边关联区域。”许维勤认为，侯官文化可以理解为福州文化的代名词。时间是界定文化概念的另一个维度。中央实施马克思主义理论研究和建设工程专家、中央党校科学社会主义教研部原主任严书翰对近代侯官在短时间内涌现出大批精英人才这一现象尤为关注：“侯官文化是侯官精英人物和侯官人优秀品质凝聚和升华，并且经过100多年时间洗礼而形成的一种较为稳定的地域文化，它是构成中华优秀传统文化的重要因素，是孕育侯官精英人物的土壤。”

侯官文化“古照今”价值转化

台湾导演沈吕遂是近代侯官著名人物沈葆桢的六世孙，近期，他正在福州筹备拍摄电视剧《牡丹风云》，意在还原“日本于1874年以琉球船民在台湾被误杀为借口，发动侵台战争，沈葆桢以钦差大臣身份赴台交涉，成功使日本撤兵”的这段历史。在第二届侯官论坛上，沈吕遂表示，想通过影视剧的方式，把自己祖辈的故事记录下来。“晚清风流出侯官”。近现代是侯官英才辈出的时期，一批批侯官先贤为近代中国的现代化转型作出彪炳史册的贡献。挖掘整理侯官先贤的光辉业绩，是增强文化自信，推进“第二个结合”的应有之义。

“侯官精神”是侯官文化的精华，是侯官先贤留给后人的“传家宝”。论坛现场，与会嘉宾学者从不同角度探讨了自己对“侯官精神”的体悟。中国工程院院士、中国医学科学院研究员、侯官人林东昕认为，在侯官先贤的精神特质中，最鲜明的是时时处处以国家为大、以民族为重。沈吕遂同样为“侯官精神”中的无私大义深深动容：“甲午海战牺牲的10位管带中9位是侯官人，他们愿与船共存亡，这是怎样一种悲壮的牺牲精神。”闽侯县委书记赵明正表示，近年来，闽侯县充分发挥福州地区大学城的驻地优势，始终把梳理和保护宣传推荐侯官文化作为基础性工程，在全面保护的基础上，系统梳理，深入挖掘、创造、转化，力求打造“侯官文化”这张有影响力的地方名片。第二届侯官论坛的举办，必将进一步塑造侯官文化的时代价值和现实意义，助推侯官文化全领域、全体系、全要素保护和传承新格局。

福建名片|用“一片绿”读懂“四库全书”

■周宁人民一代接着一代干，将荒山变青山、青山变金山。图为摄于2023年8月13日的周宁县七步镇梧柏洋村鸟瞰（李洪元　摄）

林海苍翠连绵，高天白云舒卷

“向云端，山那边，海里面……”一位来自厦门的游客，站在苏家山村的高空玻璃栈道上轻吟浅唱，俯视脚下郁郁葱葱的山岭，既惊险刺激又隽秀壮观。除了玻璃栈道，这个小山村还有悬眺台、空中滑道、悬崖荡秋千、蹦极、索道自行车、丛林穿越等户外体验项目，被当地人称为“乡村迪士尼乐园”。苏家山村地处周宁县七步镇，是周宁县九大革命老区基点村之一。曾经贫穷落后的小山村，如今焕然一新，成为“美丽乡村”，是福建省乡村振兴示范点。2022年，苏家山村第一、三产业收入超过1000万元，村民人均收入超过3万元，成为闽东远近闻名的“明星村”。“好生态”培育“好业态”，“好风景”催生“好钱景”，这是苏家山村“蝶变”的秘诀，也是周宁县推进产业生态化、生态产业化的一个缩影。

周宁县海拔800多米，被誉为“云端之城”，境内千米以上山峰288座。独特的地形地貌给周宁带来了如画风景，却也是当地脱贫致富的重重屏障。《闽东的振兴在于“林”——试论闽东经济发展的一个战略问题》一文中提出：“森林是水库、钱库、粮库。”2022年3月，习近平总书记在参加首都义务植树活动时指出：“森林是水库、钱库、粮库，现在应该再加上一个‘碳库’。”作为“三库”绿色生态理念的重要孕育地，30多年来，周宁县充分发挥森林涵水、积粮、聚财、碳汇的重要作用，县林地面积新增52.5万亩，森林覆盖率从42.8%增长到72.96%，空气质量优良比例达100%，努力实现产业优、百姓富、生态美相统一，用“一片绿”因地制宜地抒写了“四库全书”。

“一片绿”厚植林下经济

20世纪70年代末，周宁县七步镇后洋村极度贫困，村民们多靠上山伐木为生。当家庭联产承包责任制的“春风”吹到后洋村时，年逾半百的黄振芳带着儿子黄传融率先承包10亩田，辛勤劳作换得稻穗饱满。1983年，黄振芳敏锐地感知到“拓荒是一条致富路”，带领家人承包荒山50亩，后又贷款“巨资”8万元造“速生林”。只用了3年，黄振芳和家人以1207亩的造林面积位居周宁县之冠，开办了家庭林场。独木成林再变现的周期长，黄振芳又萌生了以“短”养“长”的念头，用“林下套种”的方式，发展“林下经济”。从“一家种”到“家家植”，短短几年，后洋村林地面积扩增到7307亩。得益于丰富的林业资源，后洋村深耕黄振芳家庭林场，探索“林养、林种、林游”融合新模式，牧业、花卉、林下中草药种植等绿色产业纷纷涌入。1989年，七步镇的农民人均纯收入仅335元。到了2022年，后洋村村财收入达69.6万元，人均可支配收入约2.4万元。如今，黄振芳家庭林场已成为周宁县“三库”生态文明学习实践基地，福建省首个“林业生态文明实践基地”也落户于此。周宁县通过推广后洋村的发展模式，培育了“黄振芳式”经营主体300多家，带动个体种养户2600多户，总产值超过3亿元。

依山聚财，构筑“绿色”产业链。近年来，周宁做大做强特色现代农业，以青山密林为依托，以“林、花、茶、薯”为核心，构建现代农业体系——用好“一片林”，推广“林、茶、果、牧、养、游”等多种森林复合经营模式；聚焦“一朵花”，把花卉产业确定为周宁“一县一业”产业，高山花卉苗木种植面积达2800多亩，年产值1.3亿元，全产业链年产值3.08亿元；深耕“一株茶”，实施“高山云雾茶”公共品牌建设；育好“一粒薯”，已注册国家地理标志商标、入选“全国名特优新农产品”名录的周宁高山马铃薯，2022年产值达1.5亿元，“小土豆”成为带动一方百姓的“大产业”。

"一片绿"涵养一方水土

周宁县是国家重点生态功能区，盛夏日均气温仅24℃，负氧离子浓度最高超过1万个/立方米，被誉为"天然空调之城"。可听蛙声蝉噪，却不用忍受酷暑难消；可赏青山碧水，却不必经历汗流浃背。周宁得天独厚的气候环境，一方面得益于800米以上的海拔，另一方面也是30多年追青逐绿护绿的成果。赤岩村位于南平政和、周宁、屏南、寿宁交界处，地理位置特殊。

造林育林、封山抚育，越来越茂盛的山林把水"锁住"了。森林可涵养水源、净化水质，可"吸水"可"吐水"。"山上栽满树，等于修水库"，民间流传千年的俗语一语中的。有了森林，大山里就有了稳定的生态系统。山上有树，村里有田，地下有水，日子就"盘活"了，留在村里的人越来越多。如今，清澈的河流傍村而过，垂柳依依，环境优美。2019年，赤岩村被列入第五批中国传统村落名录。2021年9月，福建省全面建立省市县乡村五级林长责任体系，森林等生态资源保护管理工作全面破题。五级林长制以党政领导负责制为核心，构建起党政同责、属地负责、部门协同、源头治理、全域覆盖的森林资源保护长效机制。据了解，周宁全县共设立林长165人、副林长99人、森林警长38人，划分林地网格309个，配备专业护林员186名（含国有林场26名），持续推进林长制落地见效，构建"多元治理"工作格局，深化"林长+"工作模式，在建好、护好、用好绿水青山上持续发力，建立"公检法+林业"四位一体治理体系，做到了"山有人管、林有人护、责有人担"。山林滋养了一方水土，宜居、宜游、宜养，更唤起了周宁人心底的乡愁。

"一片绿"力促动能升级

危峰断峡之中，在长达1000米的流程里连续九级不同的落差穿过峡谷，总落差超过300米，这奇绝的飞瀑深潭就是被誉为"华东第一瀑"的周宁九龙漈瀑布。周宁深谷大壑处处，大小溪流纵横，巨大的地势落差，大自然的鬼斧神工孕育了绝妙风景，更带来了丰富的水电资源。2022年8月，周宁县抽水蓄能电站全容量投产。这是"十四五"期间福建省首个抽水蓄能电站，总装机容量达120万千瓦，年发电量12亿千瓦时；每年减少电网煤炭消耗量20.79万吨，减少CO_2排放41.58万吨，有效促进节能减排。

减碳就是护绿，催生绿色新动能。近年来，周宁县深入践行习近平生态文明思想，绿色发展道路更加清晰，主动融入国家"双碳"战略布局，大力推动能源、产业结构优化，大力加强林业生态建设，发挥森林"碳库"作用。2021年，周宁国有林场一期减排量成功在福建省海峡股权交易中心碳排放权交易市场交易，实现交易收入138.3万元，成为宁德市首个实现成功交易的林业碳汇项目。在探索碳交易的同时，周宁通过政策帮扶，为县域范围内拥有林业资源的农户、村集体经济组织、新型农业主体、小微企业等打造专属碳汇金融产品"碳汇贷"，卖出碳指标3.4万吨，发放"碳汇贷"136万元……一串串数字让后洋村、苏家山村等9个村的生态资源，实实在在地量化为村民手里的"真金白银"。

"一片绿"振兴生态周宁

30多年来，周宁人民一代接着一代干，荒山变青山，青山变金山。生态、产业、城乡"三位一体"，"西拓南承、呼应湾区"，周宁在全方位推进高质量发展上迈出新步伐。良好生态环境是最公平的公共产品，是最普惠的民生福祉。作为周宁县海拔最高的行政村，紫云村正着力发展旅游业和康养业，成为省级乡村治理示范村和宁德市金牌旅游村。盛夏之夜，蝉鸣悦耳。数十个大小水库星罗棋布，成为周宁崇山峻岭中的一颗颗明珠，也点亮了万家灯火。周宁可开发的水电装机有57.5万千瓦，全县共建成水电站38处，总装机55.6万千瓦，为当地企业发展、产业转型升级提供了源源不断的"水电动能"。2022年，周宁县地区生产总值历史性突破"百亿元大关"，比上年同期增长14.1%，增幅居宁德市第二，经济总量连续两年在福建省晋位升级，首次跻身福建省县域经济发展"十佳县"，县级财政管理绩效综合评价位列全国第一。"三库+碳库"一头连着国家战略，一头连着百姓福祉，是国之大者、民生关切。

森林是水库、钱库、粮库、碳库，生态已然成为周宁这座"云端之城"最响亮的名片。筚路蓝缕，以启山林；保护生态，利在千秋。

福建名片|一捧山泉水的百里“奔腾”记
——一“闸”牵三“线”，福建这580万百姓“喝上好水”

■俯瞰平潭三十六脚湖（念望舒摄于2023年7月14日）

“我们终于‘喝上好水’啦！”盛夏时节，伴着海风阵阵，福建平潭天岭隧洞出水口处碧水荡漾，汩汩清水奔涌而出。这一捧捧源自永泰大樟溪、从福清东张水库“飞驰”而来的生命之水，首次注入了平潭近40万百姓的“母亲湖”——三十六脚湖。7月14日，“一闸三线”工程正式通水福建平潭，这意味着该工程实现全线通水，福建闽江口城市群、平潭综合实验区供水短缺问题得到根本解决。动工于2018年的“一闸三线”工程不仅是国家172项重大节水供水重大水利工程之一，也是福建省最大的引调水工程。一捧山泉如何跨越山海，奔腾百里，抵达闽侯、长乐、福清、平潭等地，惠及“一闸三线”沿线580万百姓？

好水来自哪？

百里奔腾、翻山向海，山泉注入海岛居民杯中

从永泰的崇山峻岭到平潭的泱泱之滨，从“缺水喝”到“有水喝”再到“喝好水”，这个民生巨变的故事，要从当地的水资源说起。平潭所在的海坛岛是中国第五大岛，素有“海蚀地貌甲天下，海滨沙滩冠九州”之称。四面临海的平潭是福建少雨地区之一，缺少大流量的河流，主要水源仅依靠三十六脚湖，近40万人口常住于当地，年人均占有水资源量仅为260立方米，远低于福建省人均水资源量1817.7立方米（国家统计局2021年统计数据），属于绝对贫水区。不仅是平潭，在与平潭一水之隔的对岸——福州市长乐区，近几年枯水季节因为咸潮影响，水质不佳；毗邻的福清市，年人均水资源占有量仅940立方米，水资源供需矛盾突出……闽江口城市水资源短缺问题日益严峻。水是生命之源、生产之要、生态之基。为解决闽江口城市群和平潭综合实验区供水短缺问题，福建省平潭及闽江口水资源配置工程（简称“一闸三线”）应运而生。

哪一“闸”？哪三“线”？

“一闸”即大樟溪莒口拦河闸。源于戴云山脉的大樟溪是永泰的“母亲河”，是闽江下游最大的支流，贯穿永泰全境，河长231千米，流域面积4843平方千米，水资源丰富，是工程的主水源。“三线”为闽江竹岐至大樟溪补水线路，大樟溪至闽侯、长乐等南港片区输水线路，以及大樟溪至福清、平潭输水线路。据福州市水利局有关负责人介绍，“一闸三线”工程平潭段设计流量8.8立方米/秒，本次线路正式通水平潭，每日最高引水量约75万吨，可解决平潭经济社会用水需求，为平潭的进一步开放开发注入强大能量。

“从大樟溪送来的‘好水’，将从我们的水厂送达千家万户！”通水当天，平潭南部自来水厂相关负责人激动不已。“终于盼到这一天”“再也不用担心水质不好了”……平潭百姓看着源源不断奔腾而来的清水，喜悦之情溢于言表。“一闸三线”工程全长约181千米，于2018年5月全面动工，概算总投资61.6亿元。一捧穿山向海之水，源起永泰大樟溪，“奔”向沿线580万百姓日常生活中的“点滴”。2021年10月，“一闸三线”工程完成莒口水闸建设并下闸蓄水；2021年12月，莒口至福清东张水库输水线建设完成；2022年5月，长乐输水线建设完成，当地广大市民群众已受益。兴修水利惠民生，功在当代、利在千秋。福州将“一闸三线”工程列入市为民办实事项目。该工程也被福州市人大和市民评选为2022年人民群众最满意的十件实事之一。

好水怎么来？

穿山钻洞、遁地前行，“富口袋”也不忘护生态

如今流水潺潺的平潭输水线，起于永泰大樟溪莒口拦河闸，中间串联起福清东张水库，终于平潭三十六脚湖，全长92.15千米，设计引水能力为每天75万吨，包括龙高管道、东瀚隧洞、海坛海峡跨海管道、金井湾管道、天岭隧洞等，在“三线”中距离最长、跨范围最广、施工难度最大。

一捧山泉的百里“奔腾记”，记载了老百姓“喝好水”背后的故事。

“施工期间，地质条件复杂、隧洞涌水频发、洞内抽排烟困难、海风倒灌、龙高段人口密集等困难重重。”福州水务平潭引水开发有限公司相关工作人员回想起施工的场景，依然历历在目，“真是太难了！”穿山钻洞、遁地前行，关关难过关关过。工程项目组通过细化施工方案、层层分解工期、科学倒排进度、不断优化完善各道工序等方法，确保了全线施工计划的顺利推进。2023年4月11日，“一闸三线”工程平潭输水线最后一根管道焊接在位于福清小山东的两根管道之间，福州段与平潭段顺利合龙。

不仅是平潭输水线，此前长乐输水线在施工中也遇上不少“烦心事”。福州水务平潭引水开发有限公司相关负责人介绍道：“在隧洞开挖过程中，最困难的就是施工爆破环境复杂、洞径小、单头掘进距离长，此外施工环境通风困难，还时常发生涌水、岩爆等，我们打了太多‘怪兽’了。”2021年11月，长乐输水线全部隧洞开挖任务顺利完成；2022年5月顺利通水。引水源，惠民生，谋发展。“一闸三线”的全线通水突破重重难关，将为沿线百姓、企业的生活生产全方位赋能。但在输水线路建设过程中，如何既“富口袋”又护生态，在挖掘金山银山的同时依然守住绿水青山？福州段168.8千米的输水线路，分为6个标段展开建设。“尽可能减少对周边环境的影响，是我们对施工始终不变的要求。”福州市水利局相关负责人说道，“线路设计之初，我们曾多次改进方案，最大化地让人与自然和谐相处。”比如，永泰莒口至闽侯三溪口水库输水线路中，隧洞原本要穿过五虎山森林公园，几经改进后，线路变“穿行”为“绕行”，尽可能少影响公园的美景。保护美景之外，平衡水生态更是一大“关键词”。据福州水务平潭引水开发有限公司工作人员介绍，莒口拦河闸的仿自然过鱼通道，便是工程的一大亮点，“这个通道不仅可以最大限度降低拦河闸给生态环境带来的影响，还能顺应水生鱼类种群生活习性，为鱼群洄游产卵搭建新通道，解决了闸坝阻隔和河流水文情势变化等加剧鱼类生活环境破碎化的问题，对水生态保护有重要意义。”值得一提的是，福州段项目组在施工的同时开展了“复杂地质长距离管道工程非开挖穿越关键技术研究”“闽江流域生态可持续鱼道关键技术研究”“平潭及闽江口水资源配置工程水源地水质安全研究”等科研课题研究。此外，“‘一闸三线’引调水工程安全风险管控体系研究”“复杂地质条件下长距离小断面输水隧洞施工关键技术研究”两个课题已完成结题评审并通过专家验收，为未来福州水利建设前置了技术储备。

好水如何用？

生活“甜”了，产业“活”了，全方位盘活“水经济”

“没通水之前，自来水水流很小、水质浑浊，还有不少异味。”居住在长乐区吴航街道的王睿，是土生土长的本地人，过去为了能喝上“好水”，她需要到山里取天然泉水。“工作日上班没空，家里只有老人、小孩，上山取水真的很不方便。”涓涓“幸福水”，滴滴润民心。据了解，此前，长乐的取水水源在闽江下游，受海水咸潮上溯等影响，取水口氯化物超标时有发生，水质安全难以保障。“一闸三线”工程通水长乐后，有效解决了当地缺“好水”的问题。党的二十大报告提出，增进民生福祉，提高人民生活品质。如今，通过“一闸三线”引进了大樟溪的水，王睿的生活品质也发生了变化。“现在的自来水很清澈，口感也好，又甜又绵，家里再也不需要那么多瓶瓶罐罐来储水。”自家的水龙头一拧，清澈甘甜的水就“自来”了，王睿喜上眉梢。“好水”不仅充盈了老百姓的水杯，同时也为企业的发展提供了源源不断的“水动力”。数据统计，通水后的“一闸三线”工程可向平潭综合实验区和闽江口南岸、滨海新城等重要城市、工业园区供水，日最大供水量可达276万吨。叮叮咚咚！这捧山泉正在“盘活”水经济。“一闸三线”沿线的三溪口水库位于福州市闽侯县祥谦镇，是三溪口自来水厂的主要水源。水厂现日供水规模3.6万吨，供应祥谦、青口、尚干三镇13万人口，以及东南、奔驰汽车城等工业区用水。“‘一闸三线’工程通水后，彻底解决了‘靠天喝水’，不下雨就要面临缺水，干旱时要抽闽江的水才能保障用水需求的尴尬局面。”闽侯县三溪口水库管理处副主任林振表示，“大樟溪的水有力地保障了水厂供水，东南汽车城工业区的开发建设也更有底气了。”

在福清，由于人口稠密、耕地多、工业企业多，用水量大，水资源供需矛盾曾经十分突出。福清市水利局总工王林雯介绍，龙江是福清市最大河流，流域内包括东张水库。近年来，由于用水紧张，龙江河道生态用水受影响，导致龙江河道基流减少，水体流动性不佳。“现在，从莒口库区进入东张水库的年净引水量预计可达4.19亿立方米，不仅有效缓解了福清的用水紧张问题，还能改善龙江河道水环境状态。这有效提升了福清水资源承载能力，保障经济社会的可持续发展。”王林雯说。

潮涌风帆劲，因水而美、因水而兴。水利惠民生，“一闸三线”是福建水利惠民的一个缩影。统计显示，福建水利投资规模始终保持全国第一方阵，十年累计完成水利投资3427亿元，平均年增速13.4%。“一闸三线”工程全线通水不是终点，而是新生活、新奋斗的起点。接下来，“一闸三线”工程也将与福州骨干蓄引调水设施共同构成福州全市“两江一溪三库七线多节点”的骨干水网，实现主要城区具备多水源保障，完成从保障薄弱的单一水源供水到调配自如的多水源供水的华丽蝶变，有效提升城市供水水量和水质保障能力及风险防范水平，接续构建纵横互济、集约高效、安全可靠的福州大水网，为福州打造“幸福河湖”注入强劲“水动力”，进一步助力建设现代化国际城市。

福建名片|两岸融合发展示范区建设 福建“使命在肩”

2023年12月24日，中共福建省委召开十一届五次全会，审议通过《中共福建省委、福建省人民政府关于贯彻落实〈中共中央 国务院关于支持福建探索海峡两岸融合发展新路 建设两岸融合发展示范区的意见〉的实施意见》（以下简称《实施意见》）。平潭，祖国大陆距离台湾本岛最近的地方；厦门，与金门隔海相望；福州，正打造福马“同城生活圈”……作为两岸融合的“排头兵”，福建“使命在肩”，也“机遇当前”。12月29日，《实施意见》新闻发布会召开，福建省委副书记罗东川表示，福建已成为两岸民间交流最活跃区域、两岸同胞情感最温馨家园、两岸经贸合作最紧密的区域之一，构建起了两岸最便捷最经济的海空立体通道，为建设两岸融合发展示范区奠定了扎实基础。

2023年9月，《中共中央 国务院关于支持福建探索海峡两岸融合发展新路 建设两岸融合发展示范区的意见》公布。两岸融合发展示范区的建设蓝图绘就，《实施意见》旨在让“规划图”细化成“施工图”。 两岸融合发展示范区，涉及经济社会发展的方方面面，要先“一笔一画”构筑起“四梁八柱”。“打造两岸社会融合、经济融合、情感融合三个示范样板和构建福建全域融合新格局。”《实施意见》中六个方面，二十二条，正切题中之意。到2025年，两岸融合发展示范区建设取得实质性进展，形成一批阶段性标志性成果；在未来更长一段时期内，福建全域基本建成两岸融合发展示范区。

让台胞留得下、融得进

《实施意见》聚焦共建共享台企台胞登陆第一家园，在落实落细台胞在闽求学研习、就业创业、社会参与、便利支付、医保社保、基层治理、法治建设等方面作出台湾和大陆同胞同等待遇的政策安排。起笔于“情”，落笔在“融”字，让台胞在福建留得下、融得进。关于“求学”。完善台胞在闽求学研习制度安排，优化在闽台胞子女申请就读中小学和公立幼儿园流程，落实“欢迎就读、一视同仁、就近入学”政策。扩大对台招生规模，推动优势特色台资企业与闽台高校深度合作。关于“落户”。建设台胞宜居宜业首选地，制定便利台胞定居落户工作规范，实现“愿落尽落”，推出更加便利台胞使用移动支付以及在闽购房、普惠养老、遇困救助、参保五险一金等享受当地居民待遇。关于“服务”。建立台胞医保健保线上服务平台，建设全省直接采认台湾地区职业资格证书的统一平台等，推出一系列举措。从落户到子女就学，细节到移动支付，都被列入政策考虑当中，为的是让台胞在福建登陆后，真正融入当地生活。

“黄金通道”越拓越宽

从1997年海峡两岸开展“试点直航”以来，福建持续先行先试、加大投入、加快发展闽台海上直航，相继实现了“小三通”“大三通”等一系列重大突破。闽台海上直航已成为两岸客货往来的主通道，客运量、集装箱吞吐量分别占两岸海运总量的99%、30%。加快建设厦门东南国际航运中心；福建沿海至台湾本岛及金门、马祖客货运航线将优化加密，厦门、平潭等地对台邮轮航线将适时开通……目前，福建已实现与台湾主要港口海上直航全覆盖，“黄金通道”已成为两岸物流枢纽。勤走人也近，“黄金通道”越拓越宽。

闽台经贸合作走深、走实

一二三产融合“齐头并进”是闽台经贸合作的“画像”。截至2023年11月，福建累计落地台资项目25000多个，实际利用台资330亿美元，实际利用台资位居大陆前列，新设台企户数连续多年位居中国大陆首位。从数据来看，闽台经贸合作往更深处走、往实处走。着眼于电子信息、机械装备、石油化工三大主导产业，台商在闽投资已形成上中下游产业配套落户、产业集聚发展的态势。主导产业，集聚发展；农渔产业，落地生根。在农业农村部和国台办联合开展的台创园建设发展第三方评价中，福建6个台创园连续6年包揽前6名。福建省台创园累计吸引730多家台资农业企业入园，引进台资12.9亿美元，年产值超过100亿元。推进两岸乡村融合发展是福建的使命，也是走好福建特色乡村振兴之路的机遇。台胞台农来福建从事农业生产经营的，与福建省居民、企业享受同等待遇。支持台资企业申报省级农业产业化龙头企业，符合条件的予以优先认定。让台商台企“愿意来、留得住、融得进、发展好”。

让两岸同胞越走越近

福建是80%台湾同胞的祖籍地，闽台地缘相近、血缘相亲。《实施意见》将“密切闽台人文交流”作为一个单独板块，重点在一个“情”字，着力推动闽台宗亲、乡亲、姻亲、信众等民间基层交流交往。“以情促融”促的是民心相近、相知，让两岸同胞越走越近。两岸同胞同根同源、同文同种，闽南话、客家话以及闽都文化、妈祖文化、客家文化等八闽特色文化是两岸同胞共同的文化纽带。两岸人文交流日趋热络，很多台胞回到福建旅游。福建是两岸民间交流最活跃的区域，这些年，社会组织成为越来越多台胞参与民间交流的“舞台”。两岸一家亲，闽台亲上亲。

福建要闻

■2023年6月10日，省委书记周祖翼（前排中）在龙岩市新罗区东山湿地公园察看公园建设和小溪河生态恢复、水质提升等情况（张永定 摄）

2023年7月11日，省长赵龙（左四）在泉州市南安市水头镇朴一村实地检查乡村治理和建设情况（张永定　摄）

福建要闻|重大展会活动

■2023年6月17日，第十五届海峡论坛大会在厦门举行（魏培全　摄）

■2023年5月20日，南平市茶文化茶产业国际交流合作研讨会在武夷山市举办。图为外国友人在茶产品展区品茶（邱汝泉　摄）

■2023年12月20日，第一届中国侨智发展大会在福州海峡国际会展中心开幕。图为“侨智汇”展区（吴鹏　摄）

■2023年6月28日，“鼓岭缘”中美民间友好论坛在福州市举办，“鼓岭之友”部分成员等中美各界人士参加（张永定　摄）

■2023年4月27日，第六届数字中国建设峰会在福州市海峡国际会展中心开幕（林熙　摄）

■2023年11月20日，福建省第十届百花文艺奖颁奖晚会在福州举行（张永定　摄）

■2023年11月4日，第36届中国电影金鸡奖颁奖典礼暨2023年中国金鸡百花电影节闭幕式在厦门举行（施辰静　摄）

■2023年11月8日，首届国际篮球博览会在体育用品制造基地晋江开幕。图为观众观看CBA相关展品（林熙　摄）

■2023年4月24—27日，福建省第十届少数民族传统体育运动会在南平举行。图为高脚竞速比赛现场（黄杰敏　摄）

■2023年7月12日，福建省2023年和美乡村篮球大赛（村BA）在晋江英林东埔赛区决出胜负，冠军池店代表队员开心抬走冠军奖品——一头猪（秦越　摄）

福建要闻|重大项目建设

1. 2023年9月28日，全国首条设计时速350千米的跨海高铁——福厦高铁开通运营。湄洲湾跨海大桥是全国首座跨海高铁矮塔斜拉桥，长14.7千米。图为福厦高铁首趟复兴号智能动车组G9801次列车行驶在湄洲湾跨海大桥上（陈斌　摄）
2. 2023年12月23日，厦门港再添“一带一路”新航线，越南岘港快航CJV7“海丰钦州”轮首航海天码头。新航线开通后，厦门至岘港的航程由原来转航1周缩短至2天（林梓健　摄）
3. 2023年10月24日，福建省智慧林业“123”工程一期项目通过验收，项目建设了全国首个一站式林业无人机应用管理平台。图为福安市赛岐镇林业站工作人员操作无人机，对当地互花米草除治后的效果进行动态监测（黄海　摄）

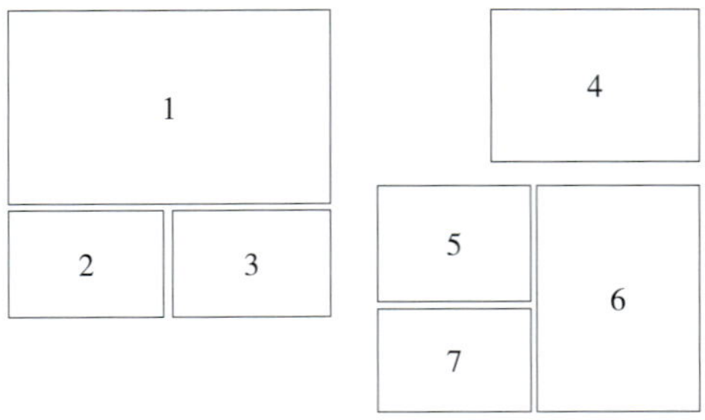

4. 永荣科技己内酰胺（CPL）项目位于莆田市秀屿区石门澳产业园，整体项目总投资150亿元。图为摄于2023年5月4日的永荣科技CPL二期工程（林剑波　摄）

5. 2023年1月17日，福建省首座预制装配化跨海大桥——厦门翔安大桥主桥通车，进出厦门岛时间由半小时缩短至5分钟（林梓健　摄）

6. 2023年9月24日，全球首个漂浮式风渔融合项目“国能共享号”平台历经3个多小时的海上航程后，从平潭金井码头抵达莆田南日岛海上风电场水域（郑宇芳　摄）

7. 2023年7月14日，全长约92千米、每日最高引水量达75万吨的平潭输水线正式通水（念望舒　摄）

福建要闻|产业经济

■2023年7月17日，三都澳白基湾海域改造升级后的新型渔排迎来大黄鱼收获季。图为大黄鱼养殖渔排（福建日报社）

■2023年8月7日，满载着1600多吨印尼产冰冻南美白对虾的“福远渔运993”船舶运抵福州港松下港区元洪作业区，这是中印尼“两国双园”经贸创新发展示范园区获批以来首批进口货物（卞军凯 摄）

■2023年4月9日，海上福州“百台万吨”项目MW909-2（“乾动2号”）海鱼养殖平台在马尾造船厂举行下水仪式（林侃 摄）

■2023年9月7日，厦门港上演“三轮同靠”盛景——马士基、地中海航运、海洋网联船务旗下三艘“巨无霸”货轮在嵩屿作业区“列队”，形成约1.2千米长的亮丽风景线（王协云 摄）

■2023年10月19日，平潭国际邮轮中心开港，首艘国际邮轮“蓝梦之星”载着近600名游客启航，开启“平潭—菲律宾（苏比克）—厦门”五天四晚之旅（林君斌 摄）

■2023年8月24日，全国首条高速公路重卡换电绿色物流专线——“宁德厦门干线”在福建省高速集团长乐服务区举办通车仪式（林侃　摄）

■2023年1月16日，一列载着290台国产商品汽车的国际铁路直达专列由宁德陆港驶出，转港后将抵达俄罗斯莫斯科多斯基诺站。这是宁德首开中欧班列，也是福建省第一列运载出口汽车国际铁路直达专列（郑镇　摄）

■2023年11月5日，由青拓重工制造的福建省首批10辆新能源纯电动矿用运输车在福安市湾坞半岛整装待发，即将出口印尼（陈雅芳　摄）

■2023年7月8日，2561辆崭新的中国自主品牌汽车在厦门远海码头陆续驶上“中远盛世”汽车滚装船，这是中国自有汽车船队首条赴欧洲汽车滚装班轮航线（黄少毅　摄）

福建要闻|科技创新

■2023年7月24日，中国科学院院士、植物遗传育种学家谢华安（右二）与当地农业专家、村民在建宁县稻种基地观察稻种生长情况（周志鸿　摄）

■2023年5月12日，宁德一育苗场人工繁育的大黄鱼鱼苗（王志凌　摄）

■2023年6月28日，平潭外海风电场“白鹤滩”平台上，全球首台16兆瓦海上风电机组完成吊装（念望舒　摄）

■2023年6月27日，“宁德1号”从福安白马江畔驶向霞浦北礵岛海域养殖区。“宁德1号”项目是国内最大的深远海养殖平台，也是全国首座入级CCS的半潜式全框架深远海养殖平台（王志凌　摄）

■2023年4月2日，全国首个菌草类型的国家林草局重点实验室——菌草科学与技术国家林业和草原局重点实验室获批落地福建（黄海　摄）

■2023年5月14日，全国首个全传感器多功能航标漳州LNG8号灯浮，在国家管网集团漳州LNG项目码头进港航道投入使用（郑徐婧　摄）

■2023年4月15日，福建能源材料科学与技术创新实验室举行科研产品发布会，发布自主研发的高性能兆瓦级PEM制氢装备新产品（施辰静　摄）

■2023年4月27日，第六届数字中国建设成果展览会上，网龙公司展示“数字人”技术（林熙　摄）

■2024年5月，福建中科光芯光电科技有限公司入选2023年度福建省数字经济核心产业领域“未来独角兽”创新企业（周华芬　摄）

■2023年10月19日，福安下洋村举办丰收节，当地学校学生通过“我在宁德有亩田”活动体验收割稻谷（王志凌　摄）

■2023年8月25日，2023年“福建供销后备箱经济·助力乡村振兴”活动在闽清县东桥镇九野小镇举行，现场推出了后备箱集市、乡村音乐节、非遗手作体验、农事体验等活动（吴则銮　摄）

■2023年4月12日，晋江安海镇鸿江盆景植物园中，讲解员向前来研学的学生介绍盆景（董严军　摄）

■2023年3月28日，游客在连江县长龙镇茶园的观景台赏景（林熙　摄）

■2023年9月22日，福州首条跨区域乡村游客运专线“北峰综合运输服务站—小沧乡七里村”开通，实现市区直达连江县七里村（林慧　摄）

■2023年6月30日，由200余名上海游客组成的摄影采风团来到建宁县濉溪镇谢马苏梯田莲海采风，参加第八届中国建莲文化旅游节（陈震　摄）

■2023年2月3日，龙岩市永定区抚市镇五湖村福仕蝴蝶兰种植基地，5万多株蝴蝶兰迎来了盛放期（熊川　摄）

■新罗区龙门镇洋畲村通过发展乡村旅游，高起点打造“山居艺术村”旅游金名片，全村年接待游客超10万人次。图为2023年12月10日，一道彩虹横挂洋畲村上空（郭亦斌　摄）

福建要闻|生态建设

■2023年12月15日，建瓯市林业技术推广中心教授级高级工程师马丽珍（左二）指导林农修剪树枝（黄杰敏 摄）

■2023年11月6日，第十八届海峡两岸（三明）林业博览会暨投资贸易洽谈会开幕式上，三明首次发布被称为“林票2.0”的林业生物资产票据，并在公开登记系统和福建沙县农村产权交易系统发布、挂牌（游庆辉 摄）

■2023年12月10日，福州市新店镇埔垱村，国家红萍种质资源圃专家邓素芳（左）、应朝阳（中）、杨燕秋（右）查看红萍长势（石美祥 摄）

■2023年6月3日，连江县向福建亿达食品有限公司颁发全国首张由海洋与渔业部门备案确认的蓝色碳票（张颖 摄）

■2023年6月27日，石狮市祥渔村一对90后新婚青年与亲朋好友在婚礼上向大海放流99999尾鱼苗（郭雅霞 摄）

■2023年8月25日，福建汀江源国家级自然保护区完成新一轮的野外红外相机布设作业（傅长盛 摄）

■2023年2月23日，中华秋沙鸭在武夷山市水域越冬（郑金富　摄）

■2023年12月27日，两只成年白鹤和一只白鹤亚成鸟在泉州湾觅食（陈起拓　摄）

■2023年5月，永安市林业工作人员在桃源洞风景区的峭壁上发现国家二级保护野生植物丹霞梧桐群落，这是该物种在福建的首次记录。图为丹霞梧桐盛开的花朵（黄中泉　摄）

■2023年11月18日，游客在闽江河口湿地公园的观鸟屋观鸟。公园开通三条观鸟通道，为观鸟爱好者提供方便（张永定　摄）

■2023年12月28日，莆田木兰溪入海口处的兴化湾湿地，国家一级保护动物黑脸琵鹭成群结队出现（蔡昊　摄）

福建要闻|社会民生

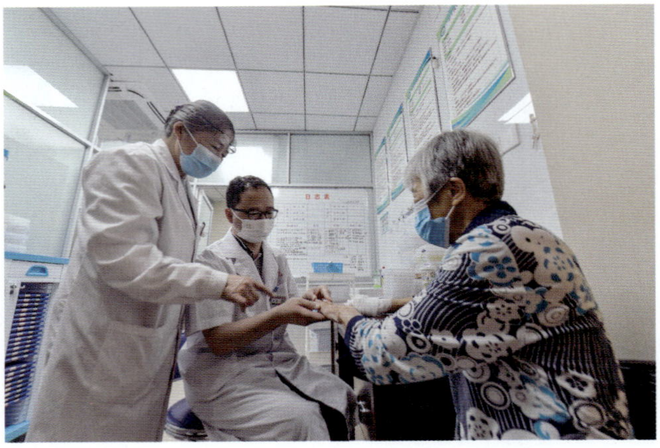

1. 2023年12月20日，老人在福州鼓东街道树兜长者食堂内挑选菜肴。截至2023年底，福建已建成长者食堂（助餐点）3012个（游庆辉　摄）

2. 2023年5月31日，福州市中医院副主任医师李晟（中）依约来到鼓楼区康养老年公寓医务室，为林梅英老人进行健康随访（池远　摄）

3. 2023年12月13日，政和县外屯乡在城关设立“农事城办”红色驿站，每天有乡干部驻点为进城的外屯籍村民提供党务、政务及民生类相关业务50多项服务，有效打通服务党群“最后一公里”（郭斯杰　摄）

4. 2023年12月1日，新西兰籍华人于海丰在泉州市出入境管理支队办事窗口领取了中华人民共和国外国人永久居留身份证。当日，全国首批50张新版外国人永居证正式签发启用（陈起拓　摄）

5. 晋江东石镇白沙、郭岑两村因海界不清问题，100多年来互不往来。近年来，在镇村干部的共同努力下，两村重归于好。图为2023年10月17日两村老人会会长热情相拥（陈巧玲　摄）

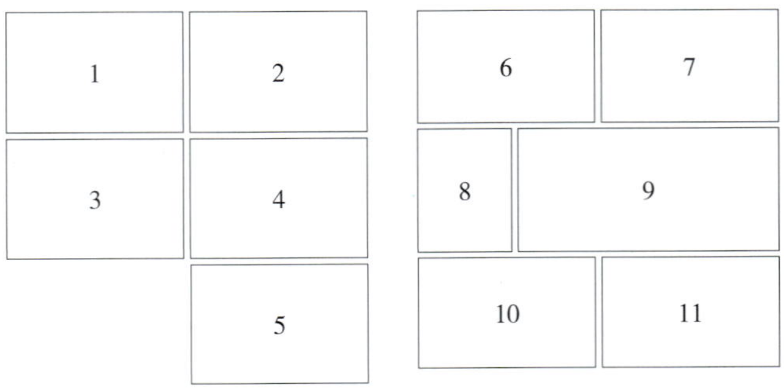

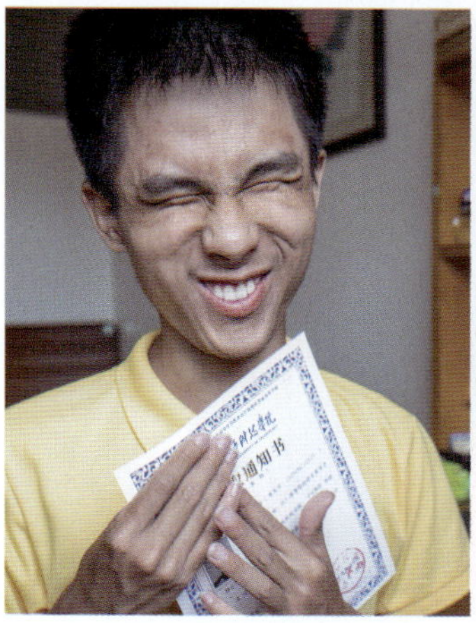

6. 2023年7月6日，光泽县环卫工人、快递小哥等户外工作者在杭川镇“爱心驿站”休息、吃点心（潘必凯　摄）

7. 2023年11月13日，全国人大代表王永澄在福建省残联办公室收到了多家承办单位向其送交的盲文版代表建议答复，这也是全国首份盲文版建议答复（张永定　摄）

8. 2023年8月10日，福建省首位全盲高考考生黄镇宇在莆田家中收到江西科技学院寄来的录取通知书（蔡昊　摄）

9. 2023年9月12日，福建征兵办与邮政福州分公司联合举办2023年秋季新兵被装启运暨“闽籍新兵平安家书”首发仪式，赠送新兵含军旅元素纪念邮票的“平安家书”礼包，系省内及全国征兵工作首创（柳思羽　摄）

10. 2023年8月22日，宁化县城东小学余伙水老师为暑期托管班的孩子们讲解航空模型知识（马丹凤　摄）

11. 2023年10月25日，福州市公安局上街（高新区）分局民警来到用工密集型企业，在生产线上了解工人的劳动生活情况，并向工人宣讲流动人口服务政策（张杰　摄）

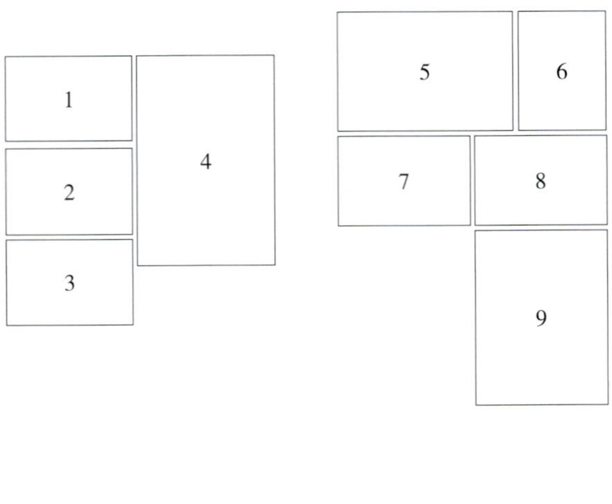

1. 2023年2月6日，永春县举办首届“中国香都”文化旅游节暨第三届全国“心香杯”斗香赛系列活动（康庆平　摄）
2. 2023年10月5日，泉州东海街道蟳埔村，两名游客体验当地非遗项目“簪花围”（林劲峰　摄）
3. 2023年7月13日，有16个国家22名外国留学生参加的“2023汉学青年学者研习营”来到邵武市和平古镇。图为外国留学生在古镇体验建本雕版印刷技艺（黄杰敏　摄）
4. 2023年2月5日，元宵节，泉州古城的钟楼周围聚集了熙来攘往的人群（王沧海　摄）

5. 2023年2月11日，永定区湖坑镇土楼景区，舞龙队伍为游客表演节目（蓝善祥　摄）

6. 2023年12月3日，晋江马拉松赛开跑，1.5万名跑友一边奔跑一边感受闽南历史文化。图为跑者经过拥有近千年历史的晋江安海白塔（程丽玲　摄）

7. 2023年6月28日，福州上下杭历史文化街区，游客在一家古籍修复基地参观体验（林双伟　摄）

8. 2023年3月25日，在2023中国国际餐饮产业博览会期间，闽菜文化博物馆在海峡奥体中心开馆，吸引众多游客（卞军凯　摄）

9. 2023年12月30日，“字游三千年”厦门中山路甲骨文文化节吸引众多市民游客（卢剑豪　摄）

1. 2023年2月21日，长汀濯田升平村举办“百壶宴”（谢泽铧 摄）

2. 2023年12月2日，漳州开发区大径社区举办“蜈蚣阵”游境。图为一位母亲给扮演“仙童”的孩子化装（黄子君 摄）

3. 2023年10月15日，邵武市洪墩镇河坊村举办“抢酒节”，寓意庆祝丰收、祈福还愿（黄杰敏 摄）

4. 2023年2月4日，武平县尧禄村村民制作“子孙塔”，寓意子孙满堂、圆圆满满（方晨颖 摄）

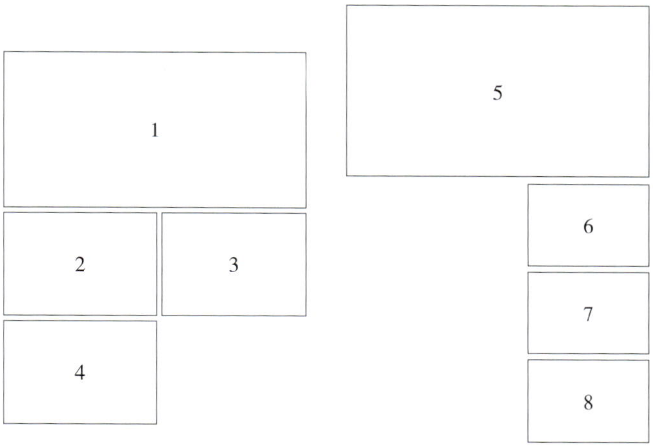

5. 2023年12月17日，海峡两岸（厦门）厦港送王船文化节开幕式在厦门沙坡尾艺术西区举行（卢剑豪　摄）

6. 2023年2月5日，永定抚市镇举办元宵“走古事”民俗活动。图为游行队伍中的“财神”在发红包（章宸睿　摄）

7. 2023年2月3日，莆田市仙游县榜头镇泉山社区举办“板凳龙圈灯”踩街活动，绵延5千米（毛朝青　摄）

8. 2023年6月19日，清流县下坪背亲水码头举办客家传统木龙船起龙仪式（吴火招　摄）

福建要闻|闽台交流

1. 2023年1月7日，厦门至金门客运航线率先恢复通航，暂停了近三年的两岸“小三通”客运航线部分恢复通航（黄少毅　摄）

2. 2023年4月24日，台湾“玛大艺术恒舞集”少数民族乐舞艺术团与福州罗源民族中学学生在台上共舞（吴洪　摄）

3. 2023年7月15日，阔别四年的厦金海峡横渡活动重启，来自海峡两岸暨港澳的100队200名选手以接力的形式，从厦门游向小金门双口村海域（黄少毅　摄）

4. 2023年6月22日，第十七届闽台对渡文化节暨蚶江海上泼水节开幕，两岸民众搭乘渔船参加海上泼水活动（李荣鑫　摄）

5. 2023年2月5日，福州万寿尚书庙，两岸茶人与专家学者共同举办茶会（叶诚　摄）

6. 2023年3月8日，以“海峡邻里一家亲·闽台姐妹两岸情”为主题的庆祝“三八”妇女节活动在泉州晋江金井镇围头村举行，活动吸引了20多位“围头新娘”回家参加（陈英杰　摄）

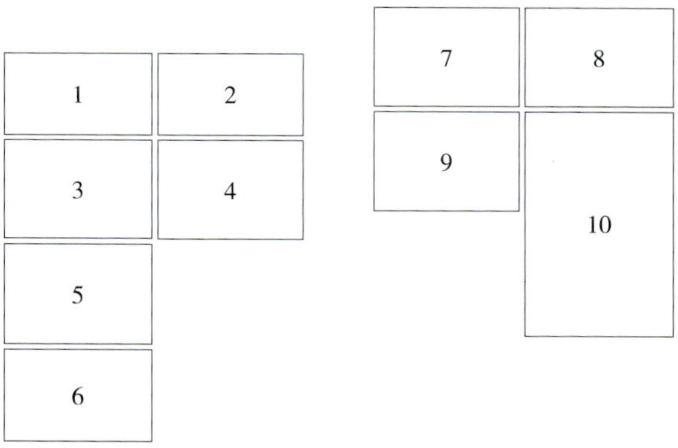

7. 2023年3月23日，60多名闽台青年恭请“福神”，从福州市台江区三通桥头出发，乘坐闽江福船，开启“山海同行·相约福见”2023年第二届两岸青年信俗溯源寻根之旅活动的序幕（吕明　摄）

8. 2023年11月16日，9对闽台佳偶在福建武夷山玉女峰下举办“闽台佳偶 山盟海誓”朱子婚礼（黄杰敏　摄）

9. 2023年7月22日，台湾里长刘德文（左一）护送福建连江籍去台老兵黄绍义的骨灰与大陆家人见面（郑婕　摄）

10. 2023年9月19日，为期十天九夜的“2023年海峡两岸同胞护驾湄洲妈祖金身巡安莆田”活动启动，包括台湾地区18个县市91家妈祖宫庙近500名台胞在内的两岸600多家妈祖宫庙上万人参加（陈斌　摄）

福建要闻|大爱福建

2023年2月6日，土耳其一日之内发生两次7.8级强烈地震，福建省多支民间救援队伍紧急驰援。图为2月21日结束了十多天艰苦的救援任务后，厦门蓝天救援队16名赴土耳其救援人员平安返回厦门，土耳其人阿拉丁（左）特地赶到厦门，手捧鲜花迎接返家的勇士（施辰静　摄）

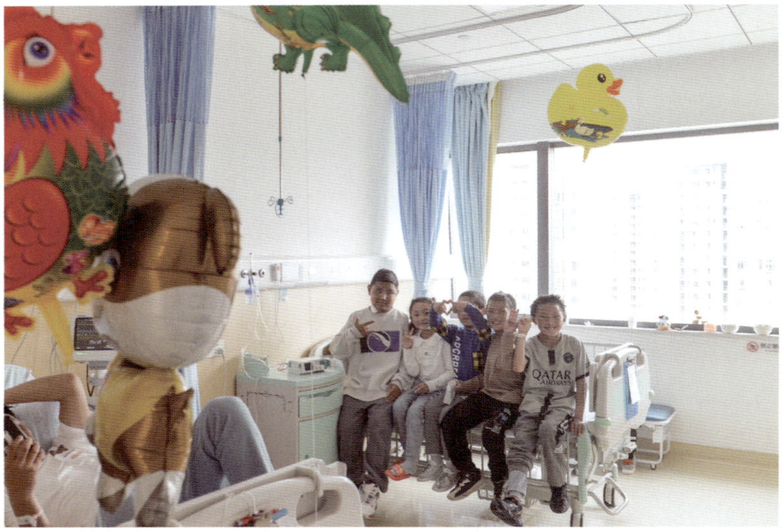

2023年4月14日，福建省儿童医院南区病房，完成心脏手术的西藏儿童在病房里嬉戏（池远　摄）

2023年3月23日，连江县官岐村一栋老宅着火，警民合力破墙进入火灾现场，救出被困人员。图为救援现场（江燕　摄）

■2023年3月1日，邵武市蜗牛启智公益课堂上，志愿者黄勇英为残障儿童授课（卢国华　摄）

■2023年7月，台风“杜苏芮”登陆泉州。7月29日，蓝天救援队队员陈元生（穿蓝色服装者）推着皮筏艇深入受灾最严重的区域。当晚，陈元生因劳累过度不幸牺牲（陈英杰　摄）

■2023年3月29日，泉州市丰泽区东湖实验小学的学生志愿者在老党员的带领下，来到奎生山烈士墓，为烈士墓碑逐一描红，并在墓前摆上黄菊花（林劲峰　摄）

福建要闻|亚运拼搏

2023年9月23日至10月8日，第19届亚运会在中国杭州举行。本届亚运会上，福建省健儿奋勇拼搏，共42人次获得25枚金牌、17人次获得8枚银牌、5人次获得5枚铜牌，打破3项亚运会纪录，获金牌人次位列全国第2，创福建省参加亚运会历史最好成绩。（除署名外，以下图片均为林熙摄）

■杭州亚运会田径女子百米“飞人”大赛中，三明籍葛曼棋（右一）第一个冲过终点，以11秒23的成绩获得个人第一个亚运会冠军

■2023年10月11日，圆满完成亚运会和世锦赛比赛任务的晋江籍体操运动员林超攀带着1金2银1铜的优异成绩回到晋江，受到家乡人民的热烈欢迎（张鹏志　摄）

■杭州亚运会武术男子太极拳太极剑全能比赛上，首次参加国际大赛的福州籍高浩楠以19.666分的总成绩夺得金牌

■杭州亚运会女子花剑个人决赛中，来自晋江的黄芊芊拿到个人第一块大赛金牌

■江伊婷在杭州亚运会女子双向飞碟比赛中以60靶57中夺得冠军，并创造了新的亚运会纪录，这也是中国飞碟射击队自2010年广州亚运会以来获得的首枚该项目个人金牌

■杭州亚运会皮划艇激流回旋比赛中，第二次参加亚运会的福建老将全鑫以89.24秒的成绩获男子单人皮艇金牌

■杭州亚运会举重男子61公斤级比赛中，李发彬以抓举143公斤、挺举167公斤，总成绩310公斤夺得金牌，并创造了抓举和总成绩的亚运会纪录

■杭州亚运会皮划艇静水女子200米单人划艇决赛中，林文君划出了47.623秒的成绩，夺得金牌

■杭州奥体中心体育场，女子100米栏对决中，林雨薇后程发力，以12秒74的个人最好成绩夺得冠军，同时也达到了巴黎奥运会标准。这一成绩也是当年亚洲最好成绩

目录

福建省地图
《福建年鉴（2024）》编纂委员会成员单位
编辑说明
数知福建
福建名片
福建要闻

特　　载

写好金融“五篇大文章”，福建以高质量金融供给赋能实体经济 …… 1
福州，何以现代化国际化？ …… 2
在闽新老台商谈发展前景：这里充满机遇 …… 3
龙龙高铁打通老区发展“新动脉” …… 3

八闽关注

第六届数字中国建设峰会在福州举行 …… 5
2023“鼓岭缘”中美民间友好论坛在福州举行 …… 5
“‘建本之乡’全民阅读体系构建项目”入选2023—2024年度全民阅读优秀项目 …… 6
福厦高铁开通运营 …… 6
第36届中国电影金鸡奖颁奖典礼暨2023年中国金鸡百花电影节闭幕式在厦门举行 …… 7
第一届中国侨智发展大会在福建福州开幕 …… 7

大　事　记

2023年大事记 …… 8

省情概貌

·自然地理·
位置面积 …… 20
地形地貌 …… 20
气候 …… 20
自然灾害 …… 21
水文 …… 21

·自然资源·
土地资源 …… 21
矿产资源 …… 21
海洋资源 …… 21
水资源 …… 22
生物资源 …… 22
森林资源 …… 22

·环境质量·
大气环境质量 …… 22
水环境质量 …… 22
声环境质量 …… 23

·人文历史·
八闽史迹 …… 23
福建省重要历史遗迹福州篇 …… 23

·建置区划·
建置沿革 …… 24
行政区划 …… 26

·华侨华人　台胞·
华侨华人 …… 26
台胞 …… 26

·人口　语言·
人口概况 …… 26
人口自然增长 …… 27
人口城镇化水平 …… 27
人口年龄结构 …… 27
语言概况 …… 27
闽方言 …… 27
客家方言 …… 27
吴方言 …… 27
官话方言岛 …… 27

畲语 …… 27

·民族　宗教·

民族 …… 27
宗教 …… 27

·经济社会发展·

扩大内需战略 …… 27
科教兴省战略 …… 28
产业体系升级发展 …… 28
民营经济强省战略 …… 29
城乡统筹发展 …… 29
区域协调协同发展 …… 30
两岸融合发展示范区建设 …… 30
国际及台港澳侨合作 …… 30
民生保障 …… 30
美丽中国先行示范省建设 …… 31
安全发展统筹 …… 31

·经济体制改革·

概况 …… 31
全国统一大市场建设融入 …… 32
要素市场化配置改革 …… 32
创新驱动发展战略 …… 32
产业高质量发展促进机制 …… 32
营商环境优化提升 …… 32
区域协调发展机制 …… 33
区域金融改革开放 …… 33
高质量教育体系 …… 33
“三医”联动改革 …… 33
社会保障体系 …… 33

·精神文明建设·

概况 …… 33
公民道德建设 …… 33
未成年人思想道德建设 …… 34
新时代文明实践中心建设 …… 34
文明创建 …… 34

自然资源管理

·综　　述·

自然资源资产管理 …… 35
自然资源要素保障 …… 35
海域海岛管理 …… 35
生态修复 …… 35
自然资源科技工作 …… 36

·国土资源管理·

调查监测评价 …… 36
土地开发利用 …… 36
国土空间规划 …… 36
耕地保护 …… 37

·地矿工作·

地质勘查管理 …… 37
地质灾害防治 …… 37
矿业权管理 …… 37
矿产资源保护监督 …… 37
测绘地理信息工作 …… 38

·自然资源行政执法·

自然资源和不动产确权登记 …… 38
自然资源法治建设 …… 38
自然资源行政审批服务 …… 38
自然资源执法监察 …… 38

生态环境

·综　　述·

生态环境状况 …… 39
美丽福建建设 …… 39
生态保护修复 …… 39

·生态环境监管·

概况 …… 39
环境安全管理 …… 39
核与辐射安全管理 …… 39
生态环境执法 …… 39
生态环境保护督察 …… 40

·土壤环境管理·

概况 …… 40
土壤污染防治 …… 40
净土工程 …… 40

·水环境保护·

概况 …… 40
河湖长制 …… 40
河湖综合治理 …… 40
排污口设置管理 …… 41
流域水环境保护 …… 41
碧水工程 …… 41

·大气环境管理·

概况 …… 41
行业性大气污染治理 …… 41
机动车尾气排放监管 …… 41
蓝天工程 …… 41

·海洋环境管理·

概况 …… 41
海洋污染防治 …… 41
碧海工程 …… 41

·危险废物管理·

概况 …… 41

危险废物规范化环境管理评估 …… 42
废铅蓄电池和废弃电器处理 …… 42

·碳达峰碳中和·

概况 …… 42
绿色现代化产业体系 …… 42
清洁低碳能源体系 …… 42
低碳交通运输体系 …… 42
绿色低碳城乡建设体系 …… 42
绿色低碳科技创新体系 …… 42
碳汇交易体系 …… 42

中国共产党福建省委员会

·综　述·

党的二十大精神学习宣传贯彻 …… 43
学习贯彻习近平新时代中国特色社会主义思想主题教育 …… 43
现代化产业体系建设 …… 43
改革开放 …… 44
海峡两岸融合发展示范区建设 …… 44
民生事业 …… 44
民主政治建设 …… 44
党的建设 …… 44

·重要会议·

省委十一届四次全会 …… 45
省委十一届五次全会 …… 46

·巡视巡察·

概况 …… 47
政治巡视 …… 47
巡察工作 …… 47
巡视巡察成果运用 …… 47

·深化改革·

概况 …… 47
高质量发展体制机制构建 …… 47
民主法制领域改革 …… 48
社会治理体制改革 …… 48
宣传思想文化体制机制改革 …… 49
民生保障制度完善 …… 49
生态文明制度体系健全 …… 49
全面从严治党体系健全 …… 50
省委全面深化改革委员会会议 …… 50

·组织工作·

概况 …… 50
学习贯彻习近平新时代中国特色社会主义思想主题教育 …… 50
干部教育培训 …… 51
干部考核 …… 51
年轻干部全链条梯次培养工程 …… 51
公务员管理 …… 51
人才工作 …… 51
基层党组织建设 …… 52
党员队伍建设 …… 52

·宣传工作·

概况 …… 52
理论学习研究宣传 …… 52
主题宣传 …… 52
文化强省建设 …… 53
文化交流 …… 53

·统战工作·

概况 …… 53
思想政治建设 …… 53
课题调研与建言献策 …… 53
经济社会发展服务 …… 53
多党合作和政治协商 …… 54
新的社会阶层人士统战工作 …… 54
党外知识分子统战工作 …… 54
民族工作 …… 54
宗教工作 …… 54
民营经济统战工作 …… 54
港澳台工作 …… 54

·政策研究·

概况 …… 55
思想理论研究 …… 55
综合文稿服务 …… 55
调查研究服务 …… 55
决策咨询服务 …… 55

·机构编制·

概况 …… 55
机构改革 …… 55
机构编制服务保障 …… 56
机构编制管理 …… 56

·老干部工作·

概况 …… 57
离退休干部思想政治建设 …… 57
离退休干部党的建设 …… 57
离退休干部作用发挥 …… 57
离退休干部服务管理 …… 57

·党校行政学院工作·

概况 …… 58
校院学习贯彻习近平新时代中国特色社会主义思想主题教育 …… 58
教学培训 …… 58
理论研究 …… 58
开放办学 …… 58

办学质量提升 …… 58

·党史和地方志工作·

概况 …… 59
主题教育和调查研究 …… 59
理论研究 …… 59
党史编研 …… 59
修志编鉴 …… 59
建言资政 …… 59
史志宣传 …… 59

·信 访 工 作·

概况 …… 60
信访工作法治化 …… 60
信访问题源头治理 …… 60
化解信访积案 …… 60

·保 密 工 作·

概况 …… 60
保密行政管理 …… 60
专项保密管理 …… 60
保密监督检查 …… 60
保密宣传教育 …… 61
保密技术服务 …… 61

·机 关 党 建·

概况 …… 61
机关党的政治建设 …… 61
学习贯彻习近平新时代中国特色社会主义思想主题教育 …… 61
经济社会发展服务 …… 61
基层党组织建设 …… 62
正风肃纪反腐 …… 62
文明创建和统战群团工作 …… 62

福建省人民代表大会

·综　　述·

思想政治引领 …… 63
人大助力经济社会发展 …… 63
重大事项决定及人事任免 …… 63
人大常委会建设 …… 63

·重 要 会 议·

福建省第十四届人民代表大会第一次会议 …… 63
福建省人大常委会会议 …… 64

·立 法 工 作·

概况 …… 65
立法工作机制完善 …… 65
备案审查工作 …… 65
立法宣传解读 …… 65

·人 大 监 督·

概况 …… 66
经济工作监督 …… 66
预算审查监督 …… 66
民生工作监督 …… 66
生态环境保护监督 …… 66
社会安定稳定监督 …… 66

·代 表 工 作·

概况 …… 66
建议议案 …… 66
视察调研 …… 67
代表履职服务保障 …… 67

福建省人民政府

·综　　述·

经济稳增长 …… 68
教育科技 …… 68
民营经济 …… 68
改革开放 …… 68
两岸融合发展 …… 68
城乡融合发展 …… 69
民生福祉 …… 69
生态省建设 …… 69
平安福建 …… 69
为民办实事项目 …… 69

·重 要 会 议·

省政府全体会议 …… 72
省政府常务会议 …… 72
省政府专题会议 …… 73

·参事文史工作·

概况 …… 76
资政建言 …… 76
崇文鉴史 …… 77

·机关效能建设·

概况 …… 77
绩效管理 …… 77
效能督查 …… 77
“12345”热线 …… 77

中国人民政治协商会议福建省委员会

·综　　述·

思想政治引领 …… 78
政协助力经济社会发展 …… 78
政协常委会建设 …… 78

·重 要 会 议·

福建省政协十三届一次会议 …… 78
福建省政协常委会会议 …… 78
“联学共商——发挥政协优势，服务祖国统一大业”座

谈会 …… 79
第15届海峡论坛·第六届两岸基层治理论坛 …… 79
福建省市县政协主席工作座谈会 …… 79
"走进政协·台湾青年说"主题分享活动 …… 79
·民 主 协 商·
概况 …… 79
"深化闽台高等教育领域融合，助力第一家园建设"专题协商会 …… 79
"大力发展养老事业和养老产业"专题议政性常委会会议协商 …… 80
"创新生态产品价值实现机制"专题协商会 …… 80
"教育、科技、产业联动，培育使用创新人才"专题协商会 …… 80
"实施新时代民营经济强省战略，推进民营企业创新转型"专题议政性常委会会议协商 …… 80
"加强'福'文化的宣传推广"专题协商会 …… 80
"走具有福建特色的乡村振兴之路"远程协商会 …… 80
·民 主 监 督·
概况 …… 80
"大力推动种业发展，确保粮食安全落到实处"协商式民主监督会议 …… 80
"推进宗教事务依法治理"协商式民主监督会议 …… 80
"扎实推进市域社会治理现代化，建设更高水平的平安福建"全周期专项民主监督会议 …… 80
"提高我省基层防病治病和健康管理能力"协商式民主监督会议 …… 81
·委 员 工 作·
概况 …… 81
参政议政 …… 81
提案办理 …… 81

纪检监察

·综　　述·
思想政治建设 …… 82
主题教育和教育整顿 …… 82
纪检监察体制改革 …… 82
省纪委十一届三次全会 …… 82
·纪 律 监 督·
概况 …… 83
政治监督 …… 83
日常监督 …… 83
专项监督 …… 83
基层小微权力监督平台建设 …… 83
·审 查 调 查·
概况 …… 83
腐败惩治 …… 83
执纪执法提升 …… 84
"三不腐"综合推进 …… 84
·作 风 建 设·
概况 …… 84
"点题整治"工作 …… 84
群众身边腐败惩治 …… 84

民主党派和工商联

·中国国民党革命委员会福建省委员会·
概况 …… 85
思想政治建设 …… 85
参政议政 …… 85
祖统工作 …… 85
社会服务 …… 86
组织建设 …… 86
·中国民主同盟福建省委员会·
概况 …… 86
思想政治建设 …… 86
参政议政 …… 87
社会服务 …… 87
组织建设 …… 87
·中国民主建国会福建省委员会·
概况 …… 88
思想政治建设 …… 88
参政议政 …… 88
社会服务 …… 88
组织建设 …… 89
·中国民主促进会福建省委员会·
概况 …… 89
思想政治建设 …… 89
参政议政 …… 89
民主监督 …… 89
社会服务 …… 89
组织建设 …… 90
·中国农工党福建省委员会·
概况 …… 90
思想政治建设 …… 90
参政议政 …… 90
社会服务 …… 91
两岸中医药交流 …… 91
组织建设 …… 91
·中国致公党福建省委员会·
概况 …… 91
思想政治建设 …… 91
参政议政 …… 91

交流联谊 …… 92
社会服务 …… 92
组织建设 …… 92
·九三学社福建省委员会·
概况 …… 92
思想政治建设 …… 92
参政议政 …… 93
社会服务 …… 93
组织建设 …… 93
·台湾民主自治同盟福建省委员会·
概况 …… 94
参政议政 …… 94
闽台交流助力 …… 94
社会服务 …… 94
组织建设 …… 94
·福建省工商业联合会·
概况 …… 94
思想政治引领 …… 94
福建省工商业联合会成立 70 周年庆祝座谈会 …… 94
参政议政 …… 94
民营企业服务 …… 95
闽商回归 …… 95
社会服务 …… 95
组织建设 …… 95
福建省民营企业 100 强榜单发布 …… 95

群众团体

·福建省总工会·
概况 …… 96
职工思想引领 …… 96
职工技能提升 …… 96
劳模表彰宣传 …… 97
职工关爱服务 …… 97
工会民主协商 …… 97
劳动领域政治安全维护 …… 97
工会改革 …… 97
·共青团福建省委员会·
概况 …… 97
青少年思想引领 …… 98
团员和青年主题教育 …… 98
青年就业创业 …… 98
青年志愿服务 …… 98
闽台港澳青年融合发展 …… 99
青年人才培养 …… 99
“我为青年办实事”实践活动 …… 99
共青团改革创新 …… 99
少先队建设 …… 99
·福建省妇女联合会·
概况 …… 100
妇女思想引领 …… 100
妇女交流联谊 …… 100
女性就业创业 …… 100
妇女助力乡村振兴 …… 100
妇女助力科技创新 …… 100
妇女助力对口协作 …… 101
家庭家教家风建设 …… 101
家庭服务 …… 101
妇女儿童权益保障 …… 101
巾帼志愿服务 …… 101
妇联组织改革 …… 102
·福建省科学技术协会·
概况 …… 102
科技工作者服务 …… 102
创新驱动发展服务 …… 103
全民科学素质提升 …… 103
科学决策服务 …… 103
·福建省社会科学界联合会·
概况 …… 103
思想理论研究 …… 103
社科研究 …… 103
学术社团 …… 103
社科普及 …… 104
社科评奖组织 …… 104
《东南学术》期刊 …… 104
·福建省文学艺术界联合会·
概况 …… 104
思想政治引领 …… 104
文艺创作和文艺活动 …… 104
文艺惠民 …… 104
文艺人才 …… 105
文艺交流 …… 105
·福建省归国华侨联合会·
概况 …… 105
侨界思想引领 …… 105
侨资服务经济发展 …… 105
侨界人才资源涵养 …… 105
华侨文化传承交流 …… 105
海外联谊 …… 106
华侨公益活动 …… 106
为侨服务 …… 106
组织建设 …… 106
第一届中国侨智发展大会 …… 106
福建省第十一次归侨侨眷代表大会 …… 107
·福建省台湾同胞联谊会·
概况 …… 107

参政议政 …… 107
两岸交流品牌 …… 107
台胞服务 …… 107

· 福建省金门同胞联谊会 ·

概况 …… 108
参政议政 …… 108
海峡论坛系列活动 …… 108
金门马祖交流联谊 …… 108
金门马祖青年交流 …… 108
通水五周年座谈会系列活动 …… 108
金门马祖经贸交流合作 …… 108
金门马祖乡建乡创合作 …… 108
金门马祖同胞服务 …… 108

· 福建省残疾人联合会 ·

概况 …… 109
残疾人民生保障 …… 109
残疾人就业 …… 109
残疾人职业技能提升 …… 109
残疾预防和残疾人康复 …… 109
特殊教育普惠发展 …… 110
残疾人文体事业 …… 110
“爱心助残驿站”建设 …… 110
残疾人权益维护 …… 110
无障碍环境建设 …… 110
残疾人工作规划实施评估 …… 110
组织建设 …… 110

· 中国国际贸易促进委员会福建省委员会 ·

概况 …… 111
对外交流合作 …… 111
经贸平台拓展 …… 111
服务外资企业专班工作 …… 111
首届链博会参展 …… 111
国际商会建设 …… 112
涉外商事法律服务 …… 112

· 福建省中华职业教育社 ·

概况 …… 112
思想政治建设 …… 112
建言献策 …… 112
职教实践 …… 112
社会服务 …… 113
职业教育交流 …… 113

· 福建省红十字会 ·

概况 …… 113
应急救护 …… 113
生命关爱 …… 113
人道救助 …… 113
志愿服务 …… 113
对台交流 …… 114

· 福建欧美同学会（福建留学人员联谊会）·

概况 …… 114
组织建设 …… 114
友好交流交往 …… 114
乡村振兴和民生服务 …… 114

法　　治

· 人 大 立 法 ·

高质量发展立法 …… 115
高品质生活立法 …… 115
生态文明建设立法 …… 115
人大履职制度立法 …… 115
立法实践创新 …… 115

· 政法委及综治 ·

概况 …… 116
国家安全和社会稳定维护 …… 116
平安福建建设 …… 116
民营经济服务保障 …… 116
两岸融合发展示范区建设助力 …… 116
海丝中央法务区建设 …… 116
政法改革 …… 116
政法队伍建设 …… 117

· 法治政府建设 ·

概况 …… 117
立法工作 …… 117
法治政府示范创建 …… 117
政务服务优化 …… 117
经济发展助力 …… 117
规范审查清理 …… 117
行政执法 …… 117

· 公　　安 ·

概况 …… 118
夏季治安打击整治行动 …… 118
刑事犯罪侦查 …… 118
经济犯罪侦查 …… 118
禁毒工作 …… 118
治安防范管理 …… 119
道路交通安全管理 …… 119
出入境管理 …… 119
公安行政管理服务改革 …… 119
公安法治建设 …… 119
科技兴警行动 …… 119

· 检　　察 ·

概况 …… 119
刑事检察 …… 120
腐败惩治 …… 120
民事检察监督 …… 120

行政检察监督 …… 120
公益诉讼检察 …… 120
未成年人检察业务 …… 120
法治化营商环境助力 …… 121
知识产权司法保护 …… 121
两岸融合发展示范区建设助力 …… 121
矛盾纠纷预防化解 …… 121
·法　　院·
概况 …… 121
刑事审判 …… 121
民事司法 …… 121
商事司法 …… 121
涉台司法交流 …… 122
生态环境司法 …… 122
知识产权司法 …… 122
涉外及涉港澳侨司法 …… 122
案件执行 …… 122
诉讼服务 …… 122
矛盾纠纷预防化解 …… 122
法院改革 …… 122
·司法行政·
概况 …… 123
公共法律服务体系建设 …… 123
普法宣传 …… 123
社会矛盾纠纷化解 …… 123
社区矫正 …… 124
安置帮教 …… 124
监所管理 …… 124
律师服务 …… 124
闽台司法融合 …… 124
·仲　　裁·
概况 …… 124
营商法治环境助力 …… 124
涉外及涉港澳台仲裁 …… 124
海商事仲裁 …… 125
金融仲裁 …… 125
社会治理助力 …… 125
诉讼和仲裁衔接机制 …… 125
仲裁多边合作机制 …… 125
仲裁质效提升 …… 125

军　　事

·福建省军区·
概况 …… 126
思想政治建设 …… 126
战备演练 …… 126
基层治理 …… 126
福建地区军地警备联席会议 …… 126
干休所医护人员岗位练兵比武 …… 126
文职人员军地联席会议 …… 126
民兵防空分队实弹射击 …… 127
“四类骨干”集训 …… 127
基层治理规范化建设任务部署会 …… 127
·国防动员·
概况 …… 127
组织指挥体系建设 …… 127
人员防护体系建设 …… 127
目标防护体系建设 …… 127
支撑保障体系建设 …… 127
·退役军人事务·
概况 …… 128
退役军人思想政治引领 …… 128
退役军人服务保障体系建设 …… 128
双拥共建 …… 128
优待抚恤 …… 129
褒扬纪念工作 …… 129
退役军人移交安置 …… 129
退役军人就业创业 …… 129

外事　侨务　港澳事务

·外　　事·
概况 …… 130
元首外交服务保障 …… 130
国家外交重要议程服务保障 …… 130
开放发展服务保障 …… 131
重要团组到访接待 …… 131
重要团组出访服务 …… 133
对外宣传宣介 …… 135
教育对外交流与合作 …… 135
科技对外交流与合作 …… 136
文化旅游对外交流与合作 …… 136
卫生对外交流与合作 …… 136
环境保护对外交流与合作 …… 137
海丝核心区建设 …… 137
友好城市 …… 137
·侨　　务·
概况 …… 143
闽籍侨胞新春团拜网络专栏 …… 143
“百年跨国两地书”福建侨批展 …… 143
第五期闽侨青年精英海丝情活动 …… 144
第三届 RCEP 青年侨商创新创业对接会 …… 144
第三届世界闽籍华侨华人社团联谊大会 …… 144
海内外新生代闽商创新创业精英对话会 …… 144
2023 海丝华文媒体发展论坛暨华媒福建行活动 …… 144

21 世纪海上丝绸之路华文教育联盟成立 …… 144
侨创联盟与侨界新生代创新创业分享会 …… 144
“云上会客厅”工作品牌 …… 145
·港 澳 事 务·
概况 …… 145
省委书记周祖翼率团访问港澳 …… 145
澳门特区行政长官贺一诚访闽 …… 145
香港特区立法会主席梁君彦访闽 …… 145
闽港合作会议第四次会议 …… 145
闽澳合作会议第四次会议 …… 145
港澳同胞在闽工作生活便利服务 …… 145

闽台交流合作

·闽台经贸合作·
概况 …… 146
闽台产业对接 …… 146
闽台农业合作 …… 146
闽台金融合作 …… 146
台青到闽实习就业创业 …… 146
台胞台商台企服务 …… 146
·闽台人文交流·
概况 …… 147
闽台民间基层交流 …… 147
闽台宗教和民间信仰交流 …… 147
闽台工青妇交流 …… 147
闽台教科文卫体交流 …… 147
闽台人才交流 …… 147
第十五届海峡论坛 …… 148
对台宣传 …… 148
·闽台基础设施联通·
概况 …… 148
“小三通”航线全面复航 …… 148
闽台海上货运直航 …… 148
闽台空中直航 …… 148
闽台“小四通” …… 148

经济管理

·宏观经济管理·
概况 …… 149
创新平台建设 …… 149
产业链延链补链强链 …… 149
服务业发展 …… 149
重大招商活动 …… 149
“四大经济”发展 …… 149
新时代民营经济强省战略实施 …… 149
营商环境优化提升 …… 150
重点领域改革 …… 150
海丝核心区建设 …… 150
投资管理和项目建设 …… 150
区域协调发展 …… 150
生态省建设 …… 150
民生保障 …… 150
发展和安全统筹 …… 150
·固定资产投资·
概况 …… 151
固定资产投资结构 …… 151
固定资产投资项目 …… 151
·重 点 项 目·
概况 …… 151
交通行业重点项目 …… 151
能源行业重点项目 …… 152
工业行业重点项目 …… 152
农林水利行业重点项目 …… 152
城建环保行业重点项目 …… 152
服务业行业重点项目 …… 152
社会事业行业重点项目 …… 152
·国有资产管理·
概况 …… 152
国企改革 …… 152
国企项目建设 …… 152
国企科技创新 …… 153
国企助力基础设施建设 …… 153
国企保供稳价 …… 153
国企稳就业惠民生 …… 153
国资监管 …… 153
·审　　计·
概况 …… 153
政策落实跟踪审计 …… 153
财政审计 …… 153
农业农村审计 …… 154
金融审计 …… 154
国有企业审计 …… 154
民生审计 …… 154
资源环境审计 …… 154
经济责任审计 …… 154
涉外审计 …… 154
大数据审计应用 …… 155
审计查出问题整改 …… 155
内部审计 …… 155
·统　　计·
概况 …… 155
第五次全国经济普查 …… 155
防治统计造假 …… 155
统计监测服务 …… 155

·口岸综合管理·

概况 …… 155
口岸对外开放 …… 156
口岸营商环境优化 …… 156
单一窗口功能服务提升 …… 156
海关监管 …… 156
海事监管 …… 158
边防检查 …… 159

·财　　政·

概况 …… 160
减税降费政策落实 …… 160
专项债券 …… 160
财政金融协同发力 …… 160
稳外贸稳外资促消费 …… 160
科技创新资金投入 …… 160
“四大经济”投资 …… 160
生态省建设资金投入 …… 161
城乡区域发展资金投入 …… 161
民生资金投入 …… 161
预算绩效管理 …… 161
财政法治建设 …… 161
财会监督 …… 161
财政信息化管理 …… 161
债务风险防范化解 …… 162
基层“三保”落实 …… 162

·税　　务·

概况 …… 162
税费收入 …… 162
税费政策服务 …… 162
税收经济分析 …… 163
纳税服务 …… 163
税收征管改革 …… 163
税费治理 …… 163
税务共治创新 …… 163
厦门税务 …… 163

市场监督管理

·市场主体注册登记·

概况 …… 165
国有、集体及其控股企业注册登记 …… 165
私营企业注册登记 …… 165
外商及港澳台商投资企业注册登记 …… 165
个体工商户注册登记 …… 165

·市场监管执法·

概况 …… 166
商事制度改革 …… 166
信用监督管理 …… 166
网络交易监管 …… 167
合同监管 …… 167
反垄断和反不正当竞争 …… 167
广告监管 …… 167
消费者权益保护 …… 168
市场执法稽查 …… 168
市场监管政策法规 …… 169

·价格管理·

概况 …… 169
价格运行及调控 …… 169
价格体制改革 …… 169
商品价格管理 …… 169
服务价格管理 …… 170
价格监督检查 …… 170

·食品监督管理·

概况 …… 170
“餐桌污染”治理与“食品放心工程”建设 …… 170
食品生产安全监管 …… 171
食品流通安全监管 …… 171
餐饮安全监管 …… 171
特殊食品安全监管 …… 172
食品抽检 …… 172

·药品监督管理·

概况 …… 172
药品安全监测 …… 173
药品、医疗器械专项检查 …… 173
药品、医疗器械审评审批 …… 173
医药企业服务 …… 173
医药产品注册 …… 173
闽台医药融合发展 …… 173
药品使用领域监管创新 …… 173
药品、医疗器械检验 …… 174

·质量技术监督管理·

概况 …… 174
质量强省战略 …… 174
质量赋能行动 …… 174
产品质量安全监管 …… 174
计量工作 …… 175
标准化工作 …… 175
认证检测工作 …… 176
特种设备安全监管 …… 176

·知识产权管理·

概况 …… 177
知识产权申请与授予 …… 177
知识产权运用 …… 177
知识产权保护 …… 177
商标管理 …… 178

金　融

·综　述·

金融运行 …… 179
厦门金融运行 …… 180
区域金融改革创新 …… 181
金融服务基础设施 …… 181
金融司法 …… 182
外汇管理 …… 182

·银 行 业·

概况 …… 183
厦门银行业 …… 183
中国农业发展银行福建省分行 …… 184
国家开发银行福建省分行 …… 185
中国工商银行福建省分行 …… 185
中国农业银行福建省分行 …… 186
中国银行福建省分行 …… 187
中国建设银行福建省分行 …… 188
中国邮政储蓄银行福建省分行 …… 188
兴业银行 …… 189
中信银行福州分行 …… 190
光大银行福州分行 …… 191
外资银行 …… 191
福建省农村信用社联合社 …… 191

·证 券 业·

概况 …… 192
厦门证券业概况 …… 193
兴业证券股份有限公司 …… 194

·保 险 业·

概况 …… 195
厦门市保险业概况 …… 195
中国人民财产保险股份有限公司福建省分公司 …… 195
中国人寿保险福建省分公司 …… 196
中国平安财产保险福建分公司 …… 196
中国平安人寿保险福建分公司 …… 197

·地方金融监管·

概况 …… 197
融资担保 …… 197
小额贷款 …… 198
融资租赁 …… 198
商业保理 …… 198
典当业 …… 198
地方资产管理 …… 198
区域性股权市场 …… 198
交易场所 …… 198

城乡建设

·城市建设·

概况 …… 199
城市道路桥梁建设 …… 199
城镇燃气安全管理 …… 199
城市体检 …… 199
老旧小区改造 …… 199
完整社区建设 …… 200
城市园林绿化 …… 200

·城市管理·

概况 …… 200
生活垃圾治理 …… 200
水环境综合治理 …… 200
城市精细化管理 …… 200
省级节水型单位（企业）、小区 …… 201

·村镇建设·

概况 …… 201
农房建设品质提升 …… 201
乡村环境治理 …… 201
闽台乡建乡创合作 …… 201
铁路沿线环境整治 …… 201

·历史风貌保护·

概况 …… 202
传统建筑保护制度建设 …… 202
规划管控 …… 202
历史建筑活化利用 …… 202

·建 筑 业·

概况 …… 202
建筑业高发展政策 …… 202
装配式建筑发展 …… 203
工程招投标监管 …… 203
建筑施工企业信用评价体系 …… 203
建筑市场管理 …… 203
农民工权益保障 …… 203
工程造价管理 …… 203

·房地产业和住房保障·

概况 …… 203
房地产业 …… 203
保租房建设 …… 203
公租房管理 …… 203
棚户区改造 …… 204

·住房公积金管理·

概况 …… 204
住房消费支持 …… 204

住房公积金服务 …… 204
住房公积金运行监管 …… 204

农业 农村

· 综 述 ·
农业农村发展 …… 205
粮食和重要农产品 …… 205
特色现代农业 …… 205
现代农业科技和装备 …… 205
宜居乡村建设 …… 205
农村改革 …… 205
农业防灾减灾 …… 205
农田整治 …… 205
农垦 …… 205
· 乡 村 振 兴 ·
脱贫攻坚成果巩固 …… 206
监测帮扶 …… 206
资金支持 …… 206
挂钩帮扶 …… 206
闽宁协作 …… 206
· 农村经济管理 ·
农村承包地改革与管理 …… 206
农村集体产权制度改革 …… 206
现代农业经营体系建设 …… 206
农业机械化 …… 206
· 种 植 业 ·
粮食生产 …… 206
良种培育 …… 206
各种农产品产量 …… 206
· 闽台农业合作 ·
概况 …… 207
园区建设 …… 207
闽台农业科技合作 …… 207
闽台农业交流 …… 207
闽台农业合作 …… 207
· 林 业 草 场 ·
概况 …… 207
林长制 …… 207
林业改革发展 …… 207
造林绿化 …… 208
资源保护 …… 208
林业产业 …… 208
服务保障 …… 209
· 畜 牧 业 ·
概况 …… 209
畜禽良种繁育体系建设 …… 209
畜禽粪污资源化利用 …… 209
· 水 土 保 持 ·
概况 …… 209
综合治理 …… 209
监督管理 …… 209
· 水 利 ·
概况 …… 209
水利投资 …… 209
水利规划 …… 209
水利建设 …… 209
水利生态价值创新 …… 210
打造行业示范标杆 …… 210
基层服务 …… 210
数字水利 …… 210
水利助力乡村振兴 …… 210
城乡水利水电建设 …… 210
水利科技 …… 211
水利管理 …… 211
水利防汛减灾 …… 211
水资源管理 …… 211

工 业

· 综 述 ·
工业生产 …… 212
工业投资 …… 212
· 石 化 工 业 ·
概况 …… 212
石油化工主要产品产量 …… 213
石油化工主要分行业情况 …… 213
石油化工重点项目情况 …… 213
禁化武履约系统填报 …… 213
化工建设工程质量监管 …… 213
· 机 械 工 业 ·
概况 …… 213
机械工业技术创新 …… 213
机械装备重点企业 …… 214
· 汽 车 工 业 ·
概况 …… 214
福建省汽车品牌价值 …… 214
汽车工业科技创新 …… 214
· 船 舶 工 业 ·
概况 …… 215
船舶工业产业布局 …… 215
政策支持 …… 215
船舶制造 …… 215
福建省船舶工业集团有限公司 …… 215

船舶工业创新转型 …… 216
· 冶 金 工 业 ·
概况 …… 216
冶金工业产品产量 …… 216
冶金工业优势产业 …… 216
冶金工业技术发展 …… 216
冶金工业重点工作 …… 216
冶金工业行业规范 …… 216
· 建 材 工 业 ·
概况 …… 216
建材工业细分行业 …… 217
建材工业绿色发展 …… 217
· 能 源 工 业 ·
能源保供 …… 217
能源工业绿色转型 …… 218
能源工业安全生产 …… 218
能源工业改革创新 …… 218
能源工业合作创新 …… 218
· 纺 织 工 业 ·
概况 …… 219
纺织工业产业布局 …… 219
纺织工业细分行业 …… 219
纺织工业主要成效 …… 219
· 食 品 工 业 ·
概况 …… 219
食品工业主要产品产量 …… 219
食品工业创新发展 …… 220
食品工业品牌提升 …… 220
福建省食品工业协会 …… 220
· 森 林 工 业 ·
概况 …… 220
政策引导 …… 221
产业升级 …… 221
· 医 药 工 业 ·
概况 …… 222
医药工业产业布局 …… 222
医药工业细分行业 …… 222
医药工业创新发展 …… 222
· 烟 草 工 业 ·
概况 …… 222
主要卷烟产品 …… 223
卷烟品牌建设 …… 223
卷烟技术创新 …… 223
烟草工业数字化转型 …… 223
烟草工业管理创新 …… 223
· 电 力 工 业 ·
电力装机 …… 223
电力生产 …… 223
电力供应 …… 223
电网发展 …… 224
电力工业改革创新 …… 224
供电服务 …… 224
· 传统优势工业 ·
造纸业 …… 224
制鞋业 …… 225
日用陶瓷 …… 225
工艺美术业 …… 225
家具行业 …… 225

民营经济

· 综　　述 ·
民营经济人士思想政治建设 …… 226
民营企业参政议政 …… 226
民营经济发展 …… 226
营商环境 …… 226
福建省工商联建设 …… 226
民营经济宣传 …… 226
· 管 理 与 服 务 ·
领导机制完善 …… 226
“1＋N”政策体系构建 …… 227
民营经济的服务保障体系健全 …… 227
民营企业创新转型 …… 227
民营企业转型升级 …… 227
民营企业对外开放发展 …… 227
民间投资 …… 227
政策支持 …… 227
工程建设招投标专项治理 …… 227
政务服务优化 …… 227
企业发展要素保障 …… 228
法治保障 …… 228
制度化服务企业 …… 228
· 社 会 活 动 ·
民营企业培训教育 …… 228
同心赋能促发展活动 …… 228
民营企业“抱团出海”服务 …… 229
法律服务 …… 229
闽商回归 …… 229
助力乡村振兴 …… 229
履行社会责任 …… 229
· 经 济 评 价 ·
县域经济实力“十强”“十佳”“十优”县（市、区）名单 …… 229
福建省县域经济评价方法 …… 229

福建省民营企业100强榜单发布 …… 229

海洋经济

· 综　　述 ·
福建海洋经济发展 …… 230
政策支持 …… 230
海洋经济发展示范区建设 …… 230
海洋科技 …… 230
· 渔 业 产 业 ·
水产种业 …… 231
水产养殖 …… 231
水产捕捞 …… 231
水产加工 …… 231
水产品质量安全 …… 231
· 渔业资源生态保护 ·
伏季休渔 …… 231
渔业资源养护 …… 231
水域环境保护 …… 231
水生野生动物保护 …… 232
· 海洋基础设施建设 ·
渔港建设 …… 232
渔船通信项目工程 …… 232
海洋预警预报 …… 232
· 海洋渔业治理 ·
安全生产管理 …… 232
海洋防灾减灾 …… 232
海洋渔业执法 …… 232
渔业互助保险 …… 232

数字经济

· 综　　述 ·
数字经济发展 …… 233
数字经济重点项目 …… 233
数字经济发展专项资金扶持项目 …… 233
信息技术应用创新解决方案入选项目 …… 233
· 电 子 政 务 ·
概况 …… 233
政策公开 …… 233
建设数字化营商环境 …… 233
完善政府信息公开平台建设 …… 234
· 信息基础设施建设 ·
概况 …… 234
福建省新型基础设施建设三年行动计划 …… 234
· 数字经济产业 ·
数字产业化 …… 234
产业数字化 …… 234
第六届数字中国建设峰会 …… 234

交通　邮政

· 铁　　路 ·
概况 …… 235
福厦高铁开通运营 …… 235
国铁集团与泰宁县联学联建基地揭牌 …… 235
福州、厦门至香港的跨境列车恢复开行 …… 235
前场多式联运监管中心通过厦门海关验收 …… 235
铁路建设 …… 235
铁路客、货运输 …… 236
福厦高铁建设 …… 236
龙龙高铁龙岩至武平段开通运营 …… 236
· 公　　路 ·
公路建设 …… 236
“两通工程”建设 …… 236
公路养护 …… 236
农村公路 …… 237
创新农村客货邮融合发展 …… 237
运力结构 …… 237
公路客货运输 …… 237
多式联运“一单制”专项工作 …… 238
机动车驾驶员培训 …… 238
城市公交运营 …… 238
· 城市轨道交通 ·
福州地铁 …… 238
厦门轨道交通 …… 239
· 民 用 航 空 ·
概况 …… 240
综合保障 …… 240
航空客货运输 …… 240
厦门航空 …… 240
· 水　　路 ·
运力结构 …… 241
运输生产 …… 241
丝路海运 …… 241
闽江航运 …… 241
对台航运 …… 242
船检服务 …… 242
内河水上交通安全 …… 242
· 港　　口 ·
港口建设 …… 242
港口生产 …… 242
集装箱吞吐量及航线 …… 242
港口腹地开拓 …… 242

绿色港口 …… 243

·邮　政　业·

概况 …… 244
重大项目建设 …… 245
邮政快递末端基础设施建设试点 …… 245
邮政普遍服务保障 …… 245
农村寄递物流体系建设 …… 245
快递员群体合法权益保障 …… 245
快递绿色包装治理 …… 245
行业人才培养 …… 245
寄递安全专项整治 …… 245
“联管共治”格局构建 …… 246
信息化监管 …… 246
法治保障 …… 246
政务服务改革 …… 246
快递市场秩序整顿 …… 246

信　息　业

·电子信息制造业·

概况 …… 247
集成电路产业 …… 247
新型显示产业 …… 247
计算机和网络通信设备产业 …… 247
LED 产业 …… 248
锂离子电池产业 …… 248

·软件和信息技术服务业·

概况 …… 248
重点企业 …… 248
福州软件园 …… 248
厦门软件园 …… 248

·通　信　业·

概况 …… 249
信息化基础设施建设 …… 249
网络与信息安全 …… 249
行业管理 …… 249
中国电信福建公司 …… 250
中国移动福建公司 …… 250
中国联通福建省分公司 …… 251

·无线电管理·

概况 …… 252
服务 5G 系统建设 …… 252
对讲机产业转型升级 …… 252
统筹频谱资源使用 …… 252
无线电发射协调测试 …… 253
公众移动通信系统无线电频率使用率评价 …… 253
无线电业务管理 …… 253
无线电监督检查 …… 253

商贸流通服务业

·综　　述·

消费增长 …… 254
消费促进活动 …… 254
消费潜力挖掘 …… 254
消费网络推广 …… 254
商贸流通体系完善 …… 254
第二届福品博览会 …… 254

·粮食市场·

概况 …… 254
落实粮食安全 …… 254
粮食收储调控 …… 255
粮食购销监管 …… 255
物资储备管理 …… 255

·供销合作商业·

概况 …… 255
为农服务 …… 255
供销基层建设 …… 255
助力乡村振兴 …… 255
供销社有企业管理 …… 256

·物　流　业·

概况 …… 256
物流基础设施建设 …… 256
软环境建设 …… 256

·专营专卖·

烟草专卖 …… 256
盐业专卖 …… 257

·电子商务·

概况 …… 258
基层调研 …… 258
电商节庆消费活动 …… 258
龙头企业合作 …… 258
电子商务管理 …… 258
第二届全球数字贸易博览会福建展 …… 259
2023 电商主播大赛 …… 259

·餐　饮　业·

政策支持 …… 259
中国名小吃文旅嘉年华活动 …… 259
第十六届中国餐饮产业发展大会暨 2023 中国国际餐饮产业博览会 …… 259
全国首个闽菜文化博物馆 …… 259
2023 年福建省新闽菜创新技能竞赛 …… 259

对外及港澳台经济贸易

·综　　述·
概况 …… 260
民营企业进出口 …… 260
第六届中国国际进口博览会 …… 260
福建省“助力万企成长”外贸辅导活动 …… 260
·出口贸易·
概况 …… 260
出口商品结构 …… 260
出口商品市场 …… 260
·进口贸易·
概况 …… 261
进口商品结构 …… 261
进口商品市场 …… 261
·对“一带一路”共建国家进出口贸易·
概况 …… 262
对“一带一路”共建国家进出口商品情况 …… 262
对“一带一路”共建国家进出口国别情况 …… 262
·利用外资·
概况 …… 262
外资实际使用 …… 262
制造业实际使用外资 …… 262
外国对闽投资 …… 262
·国际经济技术合作·
对外直接投资 …… 262
对外承包工程 …… 262
对外劳务合作 …… 263
对外援助 …… 263
·闽台经贸合作·
概况 …… 263
台资企业发展 …… 263
海峡两岸融合发展 …… 263
对台招商对接 …… 263
支持对台贸易 …… 263
服务台企 …… 263
·闽港澳经贸合作·
港澳企业发展 …… 263
港澳招商对接 …… 264
闽港澳贸易交流 …… 264
闽港澳服务业交流合作 …… 264
·开发区与保税区建设·
概况 …… 264
开发区发展规模 …… 264
开发区土地利用 …… 264
开发区开放带动 …… 264
科技创新 …… 264
海关特殊监管区域整合 …… 264
跨境电商服务完善 …… 264

中国（福建）自由贸易试验区·福州新区

·中国（福建）自由贸易试验区福州片区·
概况 …… 265
体制创新 …… 265
重点产业发展 …… 265
合作交流 …… 265
法制监管保障 …… 266
·中国（福建）自由贸易试验区厦门片区·
概况 …… 266
制度创新 …… 266
对外开放 …… 266
两岸融合 …… 266
产业发展 …… 266
创新发展平台建设 …… 267
数字自贸区建设 …… 267
营商环境优化 …… 267
海丝中央法务区自贸先行区建设 …… 268
·中国（福建）自由贸易试验区平潭片区·
概况 …… 267
创新试验 …… 268
重点平台建设 …… 268
·福州新区·
概况 …… 268
福建新区体制创新 …… 268
项目建设 …… 268
基础设施建设 …… 269
产业升级 …… 269
数字经济 …… 269
城市品质提升 …… 269
对外合作交流 …… 269
闽港合作 …… 269
两岸交流 …… 269
福州新区元洪功能区 …… 269

教　　育

·综　　述·
教育事业年度发展 …… 270
党建思政 …… 270
体育美育 …… 270
中华优秀语言文化传承弘扬 …… 271
劳动与社会实践教育 …… 271

心理健康教育 …… 271
家庭教育 …… 271
教育综合改革 …… 271
教育督导机制体制改革 …… 271
教师队伍综合管理改革 …… 271
教材建设与管理 …… 272
资助帮扶育人 …… 272
教育普法宣传 …… 272
教育交流合作 …… 272
教育数字化建设 …… 273
·基 础 教 育·
概况 …… 273
中小学德育 …… 274
基础教育改革实验 …… 274
考试招生制度改革 …… 274
国家课程方案和课程标准落实 …… 275
“双减”政策落实见效 …… 275
中小学生创新素养培养 …… 275
乡村基础教育帮扶 …… 275
儿童青少年近视防控 …… 276
控辍保学 …… 276
专门学校建设和专门教育 …… 276
·职 业 教 育·
概况 …… 276
人才培养渠道贯通 …… 276
市域产教联合体建设 …… 276
行业产教融合共同体启动建设 …… 276
教育部改革重点任务推进 …… 276
职业技能竞赛 …… 276
东西帮扶协作 …… 277
产教融合发展 …… 277
“海丝学院”品牌打造 …… 277
职业教育传播能力建设主题论坛 …… 277
职业教育活动周 …… 277
“技能成才强国有我”主题系列活动 …… 277
第十届海峡两岸暨港澳大学生职业技能大赛及创新创业成果展 …… 277
·高 等 教 育·
概况 …… 278
高校设置规划 …… 278
“双一流”和一流应用型高校建设 …… 278
学位学科专业建设 …… 278
教育教学 …… 278
学生竞赛管理 …… 278
高校师资建设 …… 279
质量保障机制建设 …… 279
高校科技 …… 279
民办高校规范 …… 279
高校招生 …… 279
高校毕业生就业 …… 279
高校项目建设 …… 280
福建工程学院更名为福建理工大学 …… 280
·终 身 教 育·
终身教育提质培优 …… 280
高等学历继续教育规范 …… 280
高素质农民（工）培育 …… 280
全民终身学习活动周 …… 280

科学技术

·综　　述·
概况 …… 281
科技体制机制改革 …… 281
科技创新平台建设 …… 281
创新链产业链融合 …… 281
全社会研发投入 …… 281
区域科技创新能力提升 …… 281
科技人才引育工作 …… 281
科技特派员制度建设 …… 281
创新创造生态营造 …… 282
2022 年度省科学技术奖评选 …… 282
自然科学研究系列职称评审 …… 282
·发展规划与政策法规·
创新政策制定与实施 …… 282
创新战略研究工作 …… 282
科技依法行政 …… 282
省属科研院所创新发展 …… 282
新型研发机构建设 …… 282
“双碳”科技创新 …… 282
科技统计、指标监测工作 …… 283
·科技资源配置与管理·
科技计划项目实施 …… 283
科技创新链和产业链精准对接工程 …… 283
产学研协同创新 …… 283
科技金融融合工作 …… 283
科技项目攻关机制 …… 283
·基础研究与管理·
省自然科学基金资助体系 …… 284
省自然科学基金联合资助 …… 284
省自然科学基金项目立项与实施 …… 284
区域联合基金项目立项与实施 …… 284
省创新实验室建设 …… 284
重点实验室建设 …… 284
野外观测站建设 …… 284

实验动物许可规范 …… 284
大型科研仪器开放共享 …… 284
·高新技术与工业科技·
高新技术与工业科技项目立项与实施 …… 285
新一代信息技术产业核心技术攻关 …… 285
新材料产业核心技术攻关 …… 285
新能源产业核心技术攻关 …… 285
先进制造产业核心技术攻关 …… 285
高新技术企业培育 …… 285
科技“小巨人”企业培育 …… 285
科技创新券补助 …… 285
科技型中小企业创新资金项目 …… 285
科技型中小企业评价服务 …… 286
第十一届福建创新创业大赛 …… 286
·区域科技创新管理·
福厦泉自创区建设 …… 286
福厦泉科学城建设 …… 286
高新技术产业园区建设 …… 287
双创载体建设 …… 287
·农业农村科技·
农业科技计划项目立项与实施 …… 287
县域科技创新发展 …… 287
茶科技创新 …… 287
海洋科技创新 …… 287
科技特派员政策体系 …… 287
科技特派员服务重点产业发展 …… 288
科技特派员服务模式创新 …… 288
科技特派员制度示范 …… 288
科技特派员后补助项目 …… 289
“星创天地”建设 …… 289
帮扶任务挂钩 …… 289
科技特派团典型事迹宣传 …… 289
星火计划项目立项与实施 …… 289
福建省农业科学院 …… 289
·社会发展科技·
社会发展领域科技创新重点工作 …… 290
社会发展领域科技项目立项与实施 …… 290
国家重点研发计划项目推荐 …… 291
调查研究活动 …… 291
民生科技事业发展 …… 291
·科技成果转化·
中国科学院科技服务网络计划 …… 291
技术转移服务机构培育 …… 291
技术人才队伍建设 …… 292
技术供需精准对接 …… 292
优秀科研成果展览展示 …… 292
科技成果赋权改革 …… 292
·科技合作交流·
科技招商 …… 292
区域科技创新合作 …… 293
国际科技合作 …… 293
闽台科技创新融合 …… 293
科技对口支援工作 …… 293
国际大科学计划正式获准立项 …… 294
·科技人才引育·
青年科技人才工作 …… 294
国家级人才计划实施 …… 294
省级人才计划实施 …… 294
IET 国际工程师资质认证引进 …… 294
科技人才评价调研 …… 294
海外专家管理服务 …… 294
“中国政府友谊奖”候选人评选 …… 295
第十二届福建省“友谊奖”评选 …… 295
第二十一届中国国际人才交流大会 …… 295
·科学技术普及·
科普专项评选活动 …… 295
校外培训机构审批 …… 295
行业科普基地建设 …… 295
福建省科普事业发展“十四五”规划 …… 295
2023 年福建省科技活动周 …… 295
文化科技卫生“三下乡”活动 …… 295
·气　　象·
气象防灾减灾与保障重大战略 …… 295
气象高质量发展 …… 296
气象科研与人才 …… 296

社会科学

·社会科学规划·
社科强省建设 …… 297
国家社科基金项目管理 …… 297
省社科基金项目管理 …… 297
省社科研究基地建设 …… 297
省哲学社会科学重点实验室建设 …… 298
·政策咨询与发展研究·
概况 …… 298
综合文稿服务 …… 298
调查研究和决策咨询服务 …… 298
·社会科学研究与成果·
科研成果 …… 298
重点课题研究工作 …… 298
福建省习近平新时代中国特色社会主义思想研究中心建设 …… 299
习近平新时代中国特色社会主义思想研究宣传 …… 299

·学术活动·

福建省社会科学界学术年会 …… 299
福建社科界青年学者论坛 …… 299
全国各省区市社科联联席会议 …… 299
研讨交流 …… 299
学术刊物 …… 299

文化　旅游

·公共文化·

公共文化服务体系建设 …… 300
群众文化重点活动 …… 300
文旅志愿服务活动 …… 300
艺术活动 …… 300
艺术精品创作 …… 300

·文学艺术·

文艺创作活动与成果 …… 301
文艺展示展演 …… 301
文艺交流活动 …… 302
文艺队伍建设 …… 303

·文化产业·

概况 …… 303
图书出版业 …… 303
传统报刊业 …… 304
广播电视和网络视听业 …… 304
电影产业 …… 304
动漫游戏行业 …… 305
印刷发行业 …… 305

·文化场馆·

图书馆 …… 305
文化馆 …… 305
博物馆 …… 305

·广播电视·

概况 …… 305
舆论宣传 …… 305
精品创作 …… 306
智慧广电建设 …… 306
行业管理 …… 307
重要活动 …… 307

·新闻出版·

党的创新理论出版 …… 308
八闽文脉出版 …… 308
书香八闽建设 …… 308
闽台出版文化交流 …… 308
出版对外交流 …… 308
出版数字经济发展 …… 308
出版改革创新 …… 308

·历史文化遗产·

世界文化遗产 …… 308
历史文化保护 …… 309
革命文物保护 …… 309
考古挖掘与科研 …… 309
重要陈列展览 …… 309
文物普查 …… 309
全国重点文物保护单位保护 …… 309
非物质文化遗产 …… 309
海丝文化工程建设 …… 310

·档案工作·

概况 …… 310
档案管理与服务 …… 310
档案资源体系建设 …… 310
经济领域档案管理 …… 310
社会民生档案 …… 310
档案信息资源开发利用 …… 310
档案信息化建设 …… 310
档案安全管理 …… 311
档案馆馆库建设 …… 311
档案科研和学术研究 …… 311
政府信息公开查阅利用工作 …… 311

·旅游业·

概况 …… 311
旅游景区 …… 311
文旅产业统筹管理 …… 311
文旅试点示范建设 …… 311
文旅创意营销 …… 311
旅游公共服务 …… 311

卫生　健康

·综述·

全省卫生健康发展 …… 312
高水平医院建设 …… 312
县域医疗服务 …… 312
卫生健康科研 …… 312
实验室生物安全监管 …… 312
对口支援 …… 312
健康扶贫成果巩固 …… 313

·公共卫生·

概况 …… 313
卫生应急 …… 313
综合监督 …… 313
无偿献血 …… 313
食品安全 …… 313
爱国卫生运动 …… 314

·医 政 管 理·

概况 …… 314
医药卫生体制改革 …… 314
行政审批制度改革 …… 314
药政管理 …… 314
卫生健康规划和重点项目建设 …… 314
住院医师规范化培训 …… 314
人才队伍建设 …… 314
继续医学教育 …… 314

·基层医疗卫生·

基层医疗体系建设 …… 314
基层医疗卫生服务 …… 315
基层医疗服务能力 …… 315
基本公共卫生服务项目 …… 315
家庭医生签约和家庭病床服务 …… 315
对口支持 …… 315
福州市医改 …… 315

·疾 病 防 控·

概况 …… 315
医疗救治 …… 315
重症救治 …… 315
监测预警 …… 315
新冠病毒疫苗接种 …… 315
厦门市监测预警体系建设 …… 316
福建省疾病预防控制局、中医药管理局正式挂牌 …… 316

·居民健康保健·

概况 …… 316
老龄健康 …… 316
职业健康 …… 316
重点人群健康服务供给 …… 316

·计划生育服务·

人口监测与家庭发展 …… 316
计划生育家庭扶助关怀 …… 317
漳州市健全生育支持政策体系 …… 317

·中医药事业·

机构改革 …… 317
中医药重点项目建设 …… 317
中医药服务能力 …… 317
中医药人才培养 …… 317
中医药文化传播 …… 317
中医药合作交流 …… 317

体　　育

·综　　述·

概况 …… 318
全民健身场地设施建设 …… 318
全民健身运动会 …… 318

·群 众 体 育·

概况 …… 318
体育助力乡村振兴 …… 318
2023年福建省全民健身运动会（宁德赛区），中国霞浦休闲海钓大赛总决赛 …… 318
2023年福建省全民健身运动会（宁德赛区）登山赛 …… 318

·竞 技 体 育·

概况 …… 318
青少年体育 …… 319
2023年福建省“运动健身进万家”系列赛事活动——梦跃小勇士体能障碍挑战赛 …… 319

·体 育 产 业·

概况 …… 319
福建省路跑产业博览会 …… 319
体彩销量 …… 319

·体育赛事和交流·

2023年海峡两岸体育嘉年华暨海峡两岸青少年棒球冠军赛 …… 319
U18女子垒球亚洲杯 …… 319
“海洋之星杯”青少年帆船赛 …… 319
中国击剑俱乐部联赛总决赛 …… 319

社会生活

·劳动就业管理·

概况 …… 320
就业创业支持 …… 320
高校毕业生就业创业 …… 320
职业技能培训 …… 320
脱贫攻坚成果巩固 …… 320
劳务品牌建设 …… 321

·劳动关系·

和谐劳动关系创建 …… 321
劳动人事争议调解仲裁 …… 321
劳动保障监察 …… 321
劳动能力鉴定 …… 321
劳动工资 …… 321

·人力资源管理·

人才引进与培养 …… 321
人才服务 …… 322
专家基层帮扶活动 …… 322
技能人才队伍建设 …… 322
专业技术人才队伍建设 …… 323
事业单位人事制度改革 …… 323
公务员考试 …… 323

· 收入与消费 ·
城镇居民收入水平 …… 323
城镇居民消费水平 …… 324
农村居民收入水平 …… 324
农村居民消费水平 …… 324
· 社 会 保 障 ·
企业职工基本养老保险 …… 324
机关事业单位养老保险 …… 324
城乡居民基本养老保险 …… 324
失业保险 …… 324
工伤保险 …… 324
社会保险基金监督 …… 325
· 医 疗 保 障 ·
概况 …… 325
医保基金运行管理 …… 325
医疗保障体系建设 …… 325
医保保障健全完善 …… 325
医保药品改革 …… 325
医疗服务项目价格管理 …… 326
医保基金监管 …… 326
医保便民服务 …… 326
“智慧医保” …… 326
· 社 会 救 助 ·
脱贫监测救助保障 …… 326
基本生活救助 …… 326
临时救助 …… 327
低收入人口动态监测 …… 327
服务类社会救助 …… 327
社会救助改革 …… 327
救助管理 …… 327
· 基层组织建设 ·
概况 …… 327
基层治理创新 …… 327
基层自治 …… 327
社区服务 …… 328
· 社会福利和慈善事业 ·
养老服务业 …… 328
儿童福利 …… 328
残疾人福利 …… 328
慈善事业 …… 329
收养 …… 329
社会工作和志愿服务 …… 329
· 老 区 建 设 ·
法规政策支持 …… 330
老区建设发展 …… 330
红色文化遗存保护 …… 330
“五老”人员优待管理 …… 331
老区宣传 …… 331
· 婚 姻 家 庭 ·
婚姻登记管理 …… 331
婚姻登记服务品牌建设 …… 331
闽台婚姻家庭交流 …… 331
家庭文明建设 …… 331
家庭教育指导服务 …… 332
家庭关爱服务 …… 332
· 地名　勘界 ·
地名管理 …… 332
地名文化宣传品牌建设 …… 332
“乡村著名行动” …… 332
界线管理 …… 332
· 殡 葬 管 理 ·
殡葬服务 …… 332
殡葬业整治 …… 332
殡葬信息化建设 …… 332
网络祭扫平台检查 …… 332
· 社会组织管理 ·
社会组织建设 …… 333
社会组织监管 …… 333
非法社会组织整治 …… 333
· 民 族 事 务 ·
民族乡村挂钩帮扶 …… 333
福建青少年学生主题演讲大赛 …… 333
“两岸民族共好”论坛 …… 333
“三月三”畲族文化节活动 …… 334
福建省第十届少数民族传统体育运动会 …… 334
第十五届海峡论坛·两岸各民族携手向未来活动 …… 334
福籽同心爱中华活动 …… 334
主题宣传月活动 …… 334
“三创促三交”品牌 …… 334
“青雁计划”新生代企业人才培训班 …… 334
“云上民族村寨”工程 …… 334
民族团结进步创建 …… 334
全省民族团结进步创建工作培训班 …… 335
· 宗 教 事 务 ·
宗教界发展建设 …… 335
宗教界文化交流 …… 335
· 库 区 移 民 ·
概况 …… 336
移民搬迁安置 …… 336
移民后期扶持 …… 336
资金项目监管 …… 336
库区稳定建设 …… 336

应急管理

· 综　　述 ·
应急管理发展 …… 337

完善应急指挥机制 …… 337
风险监测和综合减灾 …… 337
救援协调 …… 337
应急教育训练 …… 337
·防汛抗旱·
概况 …… 338
“杜苏芮”台风 …… 338
“海葵”台风 …… 338
·抗震救灾·
概况 …… 338
防震减灾科技创新 …… 338
地震应急与安全监管 …… 339
防震减灾公共服务 …… 339
·安全生产监督管理·
安全生产组织领导 …… 339
安全生产专项整治 …… 339
安全生产监督执法 …… 340
·消防救援·
概况 …… 340
消防安全治理 …… 340
救援能力建设 …… 340
消防队伍基层基础建设 …… 340
·森林消防·
概况 …… 341
台风“杜苏芮”抢险救援任务 …… 342
福州鼓山森林火灾扑救任务 …… 342

市县概览

·福州市·
概况 …… 343
21世纪海上合作委员会理事会会议 …… 343
2023“鼓岭缘”中美民间友好论坛 …… 343
2023世界航海装备大会 …… 344
2023中国海洋装备博览会 …… 344
“项目攻坚增效年”专项行动 …… 344
鼓楼区 …… 344
台江区 …… 345
仓山区 …… 346
晋安区 …… 347
马尾区 …… 347
长乐区 …… 348
福清市 …… 349
闽侯县 …… 350
连江县 …… 350
闽清县 …… 351
罗源县 …… 351
永泰县 …… 352
·厦门市·
概况 …… 353
综合改革试点 …… 354
现代化产业体系 …… 354
金砖创新基地建设 …… 354
科技创新引领工程 …… 354
营商环境建设 …… 355
思明区 …… 355
湖里区 …… 356
集美区 …… 356
海沧区 …… 357
同安区 …… 358
翔安区 …… 361
·漳州市·
概况 …… 361
产业发展 …… 362
福海创公司年产300万吨精对苯二甲酸（PTA）扩建项目 …… 362
《国务院关于同意设立中国—菲律宾经贸创新发展示范园区的批复》 …… 362
《福建土楼活化利用》专题展览 …… 362
芗城区 …… 362
龙文区 …… 363
龙海区 …… 364
长泰区 …… 365
漳浦县 …… 366
云霄县 …… 366
诏安县 …… 367
平和县 …… 368
南靖县 …… 369
东山县 …… 369
华安县 …… 370
漳州台商投资区 …… 370
·泉州市·
概况 …… 371
“惠民生补短板”专项行动 …… 372
鲤城区 …… 372
丰泽区 …… 373
洛江区 …… 373
泉港区 …… 374
石狮市 …… 375
晋江市 …… 375
南安市 …… 376
惠安县 …… 377
安溪县 …… 378
德化县 …… 379

永春县 …… 380
泉州台商投资区 …… 380
泉州经济技术开发区 …… 381
·三　明　市·
概况 …… 382
经济发展 …… 383
产业转型升级 …… 383
区域对口合作 …… 383
重点领域改革 …… 383
城乡建设 …… 384
民生实事 …… 384
三元区 …… 384
沙县区 …… 385
永安市 …… 387
清流县 …… 389
宁化县 …… 390
建宁县 …… 391
泰宁县 …… 391
明溪县 …… 393
将乐县 …… 394
尤溪县 …… 395
大田县 …… 396
·莆　田　市·
概况 …… 396
莆田市建市40周年 …… 397
莆田市河长制湖长制工作获国务院督查激励 …… 397
莆田市获评“中国鞋都”称号 …… 398
湄洲岛、南日岛入选“和美海岛”名单 …… 398
莆田市获评“中国食品产业名城” …… 398
仙游县 …… 398
荔城区 …… 398
城厢区 …… 399
涵江区 …… 399
秀屿区 …… 401
湄洲湾北岸经济开发区 …… 403
·南　平　市·
概况 …… 403
环武夷山国家公园保护发展带建设 …… 404
武夷山国家公园总体规划发布 …… 404
鸟翼类恐龙——“奇异福建龙”在政和县发现 …… 404
第二届考亭论坛举行 …… 405
2023年福建南平绿色高质量发展暨碳计量人才峰会 … 405
省级朱子文化（南平）生态保护区设立 …… 405
国家标准《农业社会化服务科技特派员服务规范》发布实施 …… 405
延平区 …… 405
建阳区 …… 406
邵武市 …… 406
武夷山市 …… 407
建瓯市 …… 408
顺昌县 …… 409
浦城县 …… 411
光泽县 …… 411
松溪县 …… 412
政和县 …… 413
·龙　岩　市·
概况 …… 413
闽西革命老区高质量发展示范区建设 …… 413
产业支撑 …… 413
城乡建设 …… 414
“山水龙岩”品牌打造 …… 414
改革创新 …… 414
民生项目 …… 414
法治政府建设 …… 414
新罗区 …… 414
永定区 …… 415
上杭县 …… 416
武平县 …… 417
长汀县 …… 418
连城县 …… 419
漳平市 …… 419
·宁　德　市·
概况 …… 420
第一产业 …… 420
第二产业 …… 421
第三产业 …… 421
城乡建设 …… 421
改革开放 …… 421
科技创新 …… 422
社会民生 …… 422
世界储能大会在宁德举行 …… 422
原创歌剧《鸾峰桥》走进中央歌剧院 …… 422
“四下基层”与新时代党的群众路线理论研讨会在宁德举行 …… 422
蕉城区 …… 422
福安市 …… 423
福鼎市 …… 424
霞浦县 …… 425
寿宁县 …… 426
周宁县 …… 427
柘荣县 …… 428
古田县 …… 429
屏南县 …… 429

· 平潭综合实验区 ·
概况 …… 430
实验区先行先试 …… 431
经济结构调整 …… 431
国际旅游岛建设 …… 432
岚台交流 …… 432
对外交流拓宽 …… 432
城乡环境改善 …… 432
民生福祉建设 …… 432

人　　物

福州市 …… 433
厦门市 …… 433
漳州市 …… 433
泉州市 …… 433
三明市 …… 433
莆田市 …… 434
南平市 …… 434
龙岩市 …… 434
宁德市 …… 434
平潭综合实验区 …… 434
省直机关 …… 434
省国资委出资企业 …… 434
高教系统 …… 434
行业、系统 …… 434
全国五一劳动奖状 …… 434
福建省五一劳动奖章 …… 434
福建省五一劳动奖状 …… 434
全国工人先锋号 …… 434
福建省工人先锋号 …… 435
福建省五一先锋号 …… 436
全国三八红旗手 …… 436
全国三八红旗集体 …… 436

统计资料

国民经济和社会发展结构指标 …… 437
国民经济和社会发展总量及速度指标 …… 439
主要年份地区生产总值 …… 442
地区生产总值指数 …… 443
农林牧渔业总产值和指数 …… 444
城镇居民家庭基本情况 …… 445
农村居民家庭基本情况 …… 446
2023 年居民消费价格指数 …… 447
主要年份地方一般公共预算收入 …… 447
一般公共预算支出 …… 448
进出口总额 …… 449
实际利用外商直接投资金额 …… 450
主要年份各类运输总量 …… 451
金融机构人民币各项存款和贷款余额 …… 452
主要年份年末常住人口及人口变动 …… 453
地区生产总值（2023 年） …… 454
地区生产总值指数（2023 年） …… 456
年末户籍统计人口数（2023 年） …… 458
年末常住人口数（2023 年） …… 460
城镇非私营单位就业人员平均工资 …… 462
城乡居民人均可支配收入（2023 年） …… 463
地方一般公共预算收入（2023 年） …… 465
一般公共预算支出（2023 年） …… 467
普通教育专任教师及在校学生数（2023 年） …… 469
规模以上工业企业主要财务指标（2023 年） …… 471
社会保险和低保情况（2023 年） …… 473

附　　录

领导机构党派团体及负责人 …… 475
2024 年福建省人民政府工作报告 …… 493
关于福建省 2023 年国民经济和社会发展计划执行情况及 2024 年国民经济和社会发展计划草案的报告 …… 504
关于福建省 2023 年预算执行情况及 2024 年预算草案的报告 …… 516

索　　引

索引 …… 525

写好金融“五篇大文章”，福建以高质量金融供给赋能实体经济

福建是民营经济大省，是全国最“绿”的省份，也是数字中国建设的思想源头和实践起点，做好金融“五篇大文章”具有先手优势。

金融“五篇大文章”内涵丰富，覆盖经济金融方方面面。福建各地区、各金融机构的发展模式、资源禀赋各有不同，如何统筹推进金融“五篇大文章”？在2023年10月22日召开的“福建银行业保险业做好‘五篇大文章’高质量服务实体经济”新闻发布会上，福建金融监管局新闻发言人、一级巡视员汪祺臻对此作了解答：既“对标对表”，又“因地制宜”；既“善用经验”，又“推陈出新”；既“整体推进”，又“重点突破”；既“只争朝夕”，又“久久为功”，在看准方向、选对路径、注重方法的前提下，做到蹄疾步稳，确保各项工作举措落到实处，见到实效。

会上介绍，福建大力推动银行业保险业做好金融“五篇大文章”，当好支持福建地方经济社会高质量发展的“同题共答者”，取得了积极成效。

在科技金融方面，福建金融监管局联合工信等部门设立80亿元专精特新企业专项贴息贷款，已惠及600多家企业。联合科技、工信等部门，加大科技保险支持力度，新增5个补贴险种，将保费补贴最高额从20万元提高至50万元。截至9月末，全省高新技术企业贷款户数19231户、余额5265.8亿元，分别增加4608户、增长22.9%；专精特新企业贷款户数7111户、余额1704.5亿元，分别增加2544户、增长50.5%。

在绿色金融方面，福建在全国率先出台了普惠金融与绿色金融融合的指导意见，创新建立绿色普惠金融统计口径，引导绿色金融资源精准滴灌普惠对象，发挥两者相互支撑、相辅相成的协同效应，让普惠更绿色、让绿色更普惠。截至9月末，全省绿色信贷余额9500亿元，比年初增长17.9%；绿色信贷占各项贷款比重11.1%，比年初提高1.2个百分点。

在普惠金融方面，为解决个体工商户“申贷难”问题，福建金融监管局联合市场监管等部门在福建“金服云”平台推出“闽商易融”贷款码，实现金融机构与平台系统直连，个体工商户使用“闽政通”APP扫码，即可申请贷款进入审批流程。截至9月末，全省普惠型小微企业贷款余额1.5万亿元，比年初增长8.5%；普惠型涉农贷款余额6637亿元，比年初增长9.8%。

在养老金融方面，福建全面推进金融机构服务网点及设备“适老化”改造，支持更多机构建立养老主题和示范网点。推动长期护理保险试点保障对象由重度失能人员扩面为中度及以上失能人员。截至9月末，全省个人养老金开户612.1万户，商业养老保险保障覆盖613.3万人，长期护理保险覆盖参保群众214.7万人，39.1万人次已享受失能护理待遇，银行机构发放养老产业贷款余额129.6亿元。

在数字金融方面，推动辖区金融机构实施数字化转型发展战略，加大新技术开发投入，加强数字化基础设施建设，积极运用新兴金融科技增进民生福祉。例如，打造“小企业数字信贷工厂”，推出“惠农贷”、“微e贷”、社保快贷、“商e贷”等一系列创新产品；推出“免申请、零等待、极速理赔”保险服务，形成了一批基于大数据、模型算法的创新应用产品，有效提升保险消费者体验感。

（转载自人民网2024年10月22日　陈蓝燕）

福州，何以现代化国际化？

建功新福建，八闽大地在行动。近日，由福建省委网信办指导、人民网福建频道发起的“福建‘封面’系列融媒体调研行”活动，聚焦新福建建设取得的新进展新成效，挖掘福建各地积极培育新质生产力、加快推进高质量发展的奋斗故事。这一站，走进福州市，围绕当地“打造‘万亿之城’，加快建设现代化国际城市”开展调研。

“七溜八溜，不离福州。”拥有7000多年历史文化积淀和2200多年建城史的福州，如今正散发出前所未有的活力。

从空中俯瞰，会发现这里是山海福建的“缩小版”。以城市为基、时间为轴，在这片山海中，正绘就一幅幅生动的发展画卷。

向“集聚融合”要发展，探索推陈出新。不直接临海的鼓楼区，打破传统的地理边界，汇聚其独特的区位、平台、资金、人才、技术、政策等多重资源，在无海之城“造起”海洋经济科创高地，拼抢海洋经济发展增量，力争成为“海上福州”国际品牌建设的驱动中心；临海的连江县、马尾区，串起耕海牧渔、海鲜“买全球卖全球”、水产品加工的完整产业链，满足人们对“海鲜自由”美好生活的追求；素有“福州商魂发源地”的台江区，不仅升级现代商贸，加快文旅商融合发展，还发力建设全省金融业态最集聚、产业链最完整、金融配套服务最完善的区域；罗源县以推动不锈钢产业链延链补链强链为抓手，吸引一批“大而强”的项目落地，让“罗源湾绿色冶金产业链”迸发“生长力”。

向“节约集约”要发展，勇于尝试挑战。土地不够怎么办？晋安区、仓山区纷纷拓展产业发展空间，探索“向天要地”让“工业上楼”模式。在福兴经济开发区光电产业园一期，预计3年内新建“摩天工厂”超百万平方米，在金山工业园橘园洲片区，仅用28亩地建成“立起来的生产线”，走出了一条土地高效利用和产业高度集聚之路。

向“特色优势”要发展，敢于大胆突破。在长乐区，通过实施智能化、数字化、绿色化技术改造来赋能“一黑（冶金）一白（纺织）”产业，激活传统制造业；永泰县坚持建设一批产业优势突出、辐射带动有力的现代农业园区，向规模化、产业化、标准化“进军”；闽清县推动建筑业向新型建造、稀缺行业转型升级，补全补足绿色建筑产业链，壮大千亿元产业集群；已是全省第一批绿色开发区示范区的闽侯县青口汽车工业园区，正集聚整车企业、配套企业“拧成一股绳”，成为“造车新势力”。

向“创新创造”要发展，抢机遇引潮流。在福清市南部的江阴半岛，以化工新材料为主导的重要临港产业基地——福州江阴港城经济区，正向现代化丝路海港城迈进。向新提质，有两支“独领风骚”的力量：福州新区彰显“数字福州”本色，围绕数字经济、新型显示、医药健康等主导产业，加快打造东南沿海重要现代产业基地；福州高新区布局科技创新、产业创新，因地制宜引领新质生产力快速发展，全力打造成为全省创新策源地。

卷起眼前的这一幅幅生动画卷，关于现代化国际城市的模样，有了初步的答案。

那么，福州，何以现代化国际化？

作为全国唯一在名字中冠以“福”字的省会城市，这里被称为“有福之州”。“福”，不仅源于这片土地的资源禀赋、文化根基，也源于一个战略设想。

1993年，时任福州市委书记习近平同志高瞻远瞩地指出，“福州在大踏步迈向新世纪的进程中，首先要有一个立足于科学、切合于实际的长远的战略设想，才能使福州的改革开放事业谱写出最宏壮的乐章”。他主持编制了《福州市20年经济社会发展战略设想》（简称“3820”战略工程），系统谋划了福州3年、8年、20年经济社会发展的目标、步骤、布局、重点等，明确了“建设现代化国际城市”的宏伟目标，为福州擘画了美好蓝图，确立了总纲领、总方略。

“一张蓝图绘到底，一任接着一任干”，福州的干部群众踔厉奋发，“3820”战略工程所规划的目标如期实现。迈进高质量发展新征程，捷报不断：2020年，福州市地区生产总值成功跨越万亿元大关；2021年，福州成为福建省第一大经济体；2022年，福州市地区生产总值继续领跑全省，人均地区生产总值已经位居全国省会城市第四；2023年，在全省各地地区生产总值赛跑中，福州继续蝉联第一，成为全国唯一荣获首届全球可持续发展城市奖（上海奖）的城市；2024年6月，福州获评全国首批城市更新示范城市……

“闽之有城，自冶城始”。守住历史文脉，赋能城市发展，福州市委市政府高站位做好顶层设计不止步。

如何让城市特色更鲜明、更有独特“气质”？福州从“里子”做文章，大胆试、大胆改，建设国家数字经济创新发展试验区、国家海洋经济发展示范区和全国首批中小企业数字化转型试点城市建设等载体平台。福州还从细微处入手“建底座”，例如，整合城市规划、设计、治理、研究等多方资源，组建起福州冶城集团，更科学地推动宜居、韧性、智慧城市建设，让可持续发展“福州模式”走向全国乃至全球；建设起中国科学院海西研究院、闽都创新实验室等一批创新平台，来更高效转化科创成果，抢跑新兴赛道。

如今，“万亿之城”有了更多的韧性与潜力。2024年福州市政府工作报告对于经济高质量发展布局更优：增强科技创新能力、推进传统产业升级、培育壮大新兴产业、做大做强数字经济、大力发展海洋经济……

坚持“3820”战略工程思想精髓，落实强省会战略，加快建设现代化国际城市，福州，蹄疾步稳。

（转载自人民网2024年7月30日 钟巧花）

在闽新老台商谈发展前景：这里充满机遇

2023年9月，《中共中央 国务院关于支持福建探索海峡两岸融合发展新路 建设两岸融合发展示范区的意见》印发。一年来，福建各地陆续出台系列区域性政策举措，形成融合发展合力，将“规划图”变为“施工图”。眼下，两岸融合发展示范区建设已形成一批先行先试经验，取得一批首创性对台融合发展成果。2023年上半年，闽台贸易额464.6亿元，同比增长4.9%；福建省新设台资企业1121家，同比增长27.4%……这组经济数据折射出闽台经贸交流日趋活跃。自两岸恢复交流以来，“嗅觉”敏锐、善于洞察市场的台商们便一直活跃于海峡往来交流的最前沿，见证两岸沧桑巨变。

厦门东亚机械工业股份有限公司的董事长韩萤焕是最早一批来大陆投资办厂的台商。从一家名不见经传的小企业，成长为年产值近15亿元的上市公司，韩萤焕说，在大陆扎根的34年也是与祖国共同奋进的34年。

谈及近年来企业发展的变化，韩萤焕多次提到了“转型”。“大概十年前，我们就开始着手做产业升级了，现在看来跟着国家政策走的决定非常正确。”凭着老牌台商对市场和行业的敏锐直觉，韩萤焕早早启动了自动化、信息化、数智化等一系列转型升级事项，并加大自主研发、国产化替代力度，继续走在发展大潮之先。

“要抓住机遇，与时俱进，首先要转换思维，跟上潮流。”谈及对进一步全面深化改革、新质生产力等“热词”的理解，韩萤焕信手拈来，作为厦门市台商协会会长，他保持着“阅读”潮流的能力，也身体力行地为新老台商们提供帮助和指导。

在今天的福建，既有老台商们“硬核”的制造，也有新台商们紧追风口的创造。

近年来，两岸在跨境电商、直播带货、短视频等领域的合作日渐深入，融合程度日益加深。大陆商品在台湾的热销正成为常态。来自台湾高雄的杨哲安在大陆工作生活十多年，一直深耕金融领域。他发现，每年两岸大约有200亿元的线上贸易需要流通。

杨哲安通过调研发现，两岸商家需要通过国际第三方支付方式，手续费等成本往往达到5%甚至更高。通过搭建平台简化流程、降低成本，帮助两岸电商解决资金回流问题大有可为。瞄准了这片金融“蓝海”，年初，杨哲安成立了平潭综合实验区金联结算服务有限公司，尝试针对性解决这一痛点，取得了一些成效。“金融是国之重器。希望能用我所学把这个‘重器’用好用实。这是我多年来努力的目标。”杨哲安说。

大陆发展今非昔比，吸引越来越多的台胞跨越海峡共享发展机遇。平潭台胞台企服务中心的台籍工作人员谈到自己的观察：越来越多台湾年轻人看到大陆在电商、短视频等新兴领域的发展前景，选择来到大陆创业就业。2023年5月，为顺应台青创业需求，平潭台青创业育成中心揭牌运营，成为青年台商“登陆”的新落脚点。目前该中心已有7家台企意向入驻，2家金融机构进驻。中心聘任了10名创业导师，帮助更多台青逐梦、筑梦、圆梦。

不仅仅是青年，福建在支持创业就业方面的政策举措接连出台，也吸引了不少退休台商登陆“再创业”。早年间往来两岸做冷气机生意的王淑娟今年已经65岁，寻根归乡几年，她在了解过创业政策优惠后，在福州的台胞公寓开起了一家早餐屋。

“做美食是我的爱好，有这么好的机会，让我又想创业了。”王淑娟笑眯眯地说，希望做一个“两岸融合”的早餐店，把大陆和台湾口味融合在一起。每次回台湾，王淑娟都会向身边的亲朋好友讲述在大陆亲历的惠台利民政策和乡亲们对台胞的照顾，“他们看到我在大陆生活得很快乐，也由衷地开心。”王淑娟说，希望更多岛内同胞多来大陆走走，“这里充满着机遇！”

（转载自人民网2024年9月30日 林盈）

龙龙高铁打通老区发展“新动脉”

2023年12月26日，伴随着响亮的汽笛声，D9958次列车从龙岩站驶出，历时4年建设的龙龙高铁龙岩至武平段正式开通运营。自此，原中央苏区县、革命老区县武平结束了不通铁路的历史，闽西八县实现了“县县通铁路”。

圆了老区“铁路梦”

“以前回武平都是搭汽车，今天能乘坐火车回家，我一大早就来等着了。”乘坐首趟列车回武平县的钟先生说。记者注意到，12月26日开通首趟列车，车票已全部售罄，前来乘车的大部分市民是特意体验龙龙高铁的，也有不少从龙岩返回武平的旅客。

“龙龙铁路开通了，真好。回家的路，变得轻松自在多了。”20年前，张先生从武平前往龙岩创业，现已在龙岩市区安家落户，他深感交通不便给工作生活带来的影响。“之前，龙岩到武平县，坐汽车需要近一个半小时，若到镇上，中间还需要转车，颠颠簸簸，太疲劳了。”

“火车开通后，我要约上老伴，体验更加舒适便捷的出行速度。”张先生说。

龙岩市铁路建设发展中心项目科科长卓世纪表示，龙龙铁路武平段的顺利开通，是龙岩市全力打好重点项目攻坚战的重大成果，标志着龙岩市进入“县县通铁路”的历史跨越，实现了上杭、武平老区群众期盼已久的高铁梦。

“开通前，每天都有不少老乡在站外守着一趟趟通过的试运行列车，有的一守就是大半天。”武平站工作人员陈玉芸说，“盼了那么久，老乡们终于能坐上车了！期待今后能把大家带往全国各地。”

据介绍，下一步，龙岩市将以龙岩至武平段开通为契机，积极发挥牵头协调作用，全力加快龙龙高铁武平至梅州段项目前期及建设各项工作，力争2028年全线实现贯通。

擦亮“红色名片”

古田会议会址、刘亚楼将军故居景区、汀州古城……飞驰的列车如同一条丝线，将龙岩地区一张张“红色名片”串联起来。

龙龙高铁龙武段位于福建省龙岩市境内，地处闽西革命老区，项目设计为时速250km的双线高速铁路，是龙岩地区首条高速铁路，新建正线长度64.8千米，沿线共设龙岩、古田会址、上杭和武平4座车站，项目总投资85.6亿元。

龙龙项目副经理曹吉星介绍，本线通车后可形成上杭、武平至厦门、福州的快速通道，与沿海高铁实现互联互通，对于加快旅游资源开发、促进革命老区发展、推动地区城镇化进程具有重要意义。

“龙龙高铁的开通为上杭的旅游提供了交通便利，吸引更多人关注和了解上杭，大大扩宽我们的旅游市场，促进我们旅游经济的发展。”上杭文旅推荐大使罗燕自豪地向游客们介绍。

挖掘红色历史文化、助力老区苏区振兴，是龙岩人的新使命。武平县文体旅游局副局长李娟表示，高铁的开通为武平旅游注入了强大的动力，“我们将和众多文旅企业一起，策划出更多以龙龙高铁为重要桥接点的文旅产品，希望大家乘着高铁来武平旅居。”

走上发展“快车道”

位于福建省西部的龙岩，是中国唯一以“龙”字命名的设区市，已初步形成有色金属、机械装备、文旅康养、新材料新能源、数字、特色现代农业等六大产业，目前正在创建稀土产业绿色发展基地、数字经济产业发展基地。

“我们在外地有很多在建工程项目，高铁开通之前，往返开车很不方便，路上开车时间也长，比如去福州要5个多小时。”福建通宏建设工程有限公司董事长陈淋生说，高铁的开通，有利于促进发达地区产业与高新技术往老区转移，促进老区的快速发展及产业的提质增效。

龙龙高铁龙岩至武平段的开通运营，进一步缩短了上杭、武平等革命老区与外界的时空距离，有利于促进发达地区企业互通和人才交流。“这对于我们来说是一件大事，也是好事。”上杭润达鑫电子科技有限公司总经理吴伟民感慨，“高铁通了，我们与沿海发达地区能加强互联互通，方便了企业与企业之间的相互交流，为我们企业新产品研发引进人才、留住人才创造了更好的条件。”

龙龙高铁全线建成通车后，龙岩将变为连接闽粤赣三省的交通枢纽，有助于沿线优化产业布局，扩大高水平开放。

武平县商务局党组成员练大建表示，龙龙高铁龙岩至武平段通车运营，为本县工业发展带来新便利，实现武平出发可达华北、华东，以及粤港澳大湾区，为企业家往返武平与粤港澳、企业客户到访武平、企业产品样品交流带来极大便利；同时带来新机遇，武平将成为福建对接广东产业交流的桥头堡、粤港澳大湾区企业设立生产基地的良好目的地。

（转载自人民网2024年12月27日　陈蓝燕）

八闽关注

第六届数字中国建设峰会在福州举行

2023年4月27—28日，第六届数字中国建设峰会在福州举行。本届峰会由国家互联网信息办公室、国家发展和改革委员会、科学技术部、工业和信息化部、国务院国有资产监督管理委员会、福建省人民政府共同主办。

本届峰会以“加快数字中国建设，推进中国式现代化”为主题，以宣传贯彻落实《数字中国建设整体布局规划》为主线，集中展示数字中国建设最新成果，分享发展经验，以数字中国建设推动高质量发展，助力中国式现代化。

中共中央政治局委员、中宣部部长李书磊出席开幕式并发表主旨讲话。全国政协副主席梁振英在开幕式上致辞，第十二届全国政协副主席、国家电子政务专家委员会主任王钦敏作发言，第十三届全国政协副主席、中国科学技术协会主席万钢出席。省委书记、省人大常委会主任周祖翼，中宣部副部长、中央网信办主任、国家网信办主任庄荣文分别在开幕式上致辞。中宣部副部长、国务院新闻办公室主任孙业礼，省委副书记、省长赵龙，省政协主席滕佳材出席开幕式。科学技术部、工业和信息化部、国务院国资委有关领导和联合国有关负责人等先后在现场或通过视频致辞。省委、省人大常委会、省政府、省政协领导，中央、国家有关部委领导，主宾省相关领导，部分央企负责人，院士专家代表，数字经济领军企业负责人等参加开幕式。

峰会举办系列论坛活动，包括开幕式、主论坛以及20个分论坛，启动2023年全民数字素养与技能提升月。峰会期间，还举办数字中国建设成果展、数字产品博览会以及数字中国创新大赛。

峰会发布《数字中国发展报告（2022年）》《中国数字经济发展报告（2023年）》《数字中国系统工程300问》《算力发展及其应用研究报告——“东数西算”背景下的分析》《中国互联网教育应用测评：方法、实践与展望》等报告。

峰会共招商对接数字经济项目606个，总投资3357亿元。其中，集中签约项目52个，总投资581亿元，项目平均投资额比上届增长超30%。

2023“鼓岭缘”中美民间友好论坛在福州举行

2023年6月28日，2023“鼓岭缘”中美民间友好论坛在福建福州举行。论坛以“传承友谊薪火　共创美好未来”为主题，由中国人民对外友好协会和福建省人民政府共同主办，福建省人民政府外事办公室和福州市人民政府共同承办。“鼓岭之友”部分成员等中美各界人士参加。

福建省委书记、省人大常委会主任周祖翼在致辞中表示，鼓岭故事昭示我们，只要感情真挚，友谊就可以跨越山海。福建与美国地方交流密切，经贸合作紧密，文化、教育等领域交流广泛，为深化互利合作奠定了基础。加强中美地方和民间交流合作，是民心所向、大势所趋。我们愿与大家一道，深入落实中美两国元首巴厘岛会晤达成的共识，不断深化福建与美国地方的友好交往和务实合作，助力中美人民友谊像鼓岭上的千年柳杉一样，茁壮成长、生生不息。要拉紧民间交往纽带，播撒友谊种子，厚植友好情谊，共同把鼓岭故事和鼓岭情缘传承下去、发扬光大；夯实民间交往基础，共同推动经贸交流合作，促进两地企业携手发展、互利共赢；拓展民间交往空间，共同推动更多学生、学者、工商界人士互访，积极探索气候变化、绿色发展等领域合作。

穆蔼仁家族后人、鼓岭旅游文化研究协会高级顾问兼首席研究员穆言灵在致辞中表示，每一个鼓岭故事都告诉我们，来自不同国家、不同家庭、不同文化背景的人，可以建立代代相传的友谊。鼓岭精神是基于“理解和尊重”的“和平、友谊和爱”的精神。我们重温和颂扬伟大的鼓岭人的故事，能够体会到这块土地所承载的“和平、友谊和爱”的精神。如果没有“理解和尊重”的基础，两种不同的文化就不可能有真正的“和平、友谊和爱”。

中国人民对外友好协会会长林松添在致辞中表示，100多年前的鼓岭故事让中美人民结下了深厚的友谊。希望通过共同重温鼓岭故事和鼓岭情缘，共同领悟中美人民完全可以和平共处、和合共生的相处之道，为中美友好发出积极信号，推动双方加速恢复各领域人文交流合作，共同为实现中美人民和睦共处、共同发展的美好前景作出新的更大贡献。

论坛在“地方合作”分论坛共设置地方对话、合作共赢、签约仪式3项活动议程，与会嘉宾分别作交流发言，并签署有关合作协议，回顾中美友好往事，推动中美民间交往。

福建省对外友好协会与美中友好城市协会的主要负责人签署了建立友好合作关系备忘录，福州市对外友好协会与美国塔科马市的负责人签署了关于进一步加强友好交流合作的谅解备忘录。此外，活动中还举行了纪录片《鼓岭鼓岭》开机仪式。

“‘建本之乡’全民阅读体系构建项目”入选2023—2024年度全民阅读优秀项目

2023年9月13日，由中共中央宣传部公布2023—2024年度全民阅读优秀项目评选结果，来自南平市建阳区的“‘建本之乡’全民阅读体系构建项目”入选，成为全国20个优秀项目之一，也是该评选活动开展以来，福建省唯一入选的优秀项目。

“‘建本之乡’全民阅读体系构建项目”，是建阳深入贯彻落实习近平总书记关于推动全民阅读、建设书香社会的系列重要指示精神的生动实践。当地通过探索建立“13456”工作机制（围绕一个目标、突出三个坚持、打造四种模式、强化五大保障、培育六支队伍），统筹推进全民阅读体系构建，凝聚“党政领导带头、机关干部参与、全社会共同发力”的书香社会建设合力，践行“共建共享、自助互助、公益成长”理念，加快“潭阳书舍·公益书吧”建设和“城市10分钟书吧圈”实现，进一步引领“政府搭台、群众参与、民办公助”全民阅读新风尚。

建阳已陆续举办中华经典诵读大会福建站启动仪式、福建省全民读书月建阳分会场、海峡读者节南平分会场、“书香建阳全民阅读”文化周等大型阅读主题活动，精心打造推出了一批“潭阳书舍·公益书吧”阅读空间，其中“潭阳书舍·公益书吧”获评2023年福建省全民阅读优秀项目。全民阅读体系日渐完善、书香社会基础不断夯实，“书香建阳全民阅读”品牌深入人心。

福厦高铁开通运营

2023年9月28日，福州至厦门至漳州高铁（以下简称“福厦高铁”）开通运营，福州至厦门最快55分钟可达，两地实现“一小时生活圈”。这是继京张高铁、京雄城际后我国建成投用的又一智能高铁，标志着中国高铁在智能化领域的探索又向前迈进了一步，为智慧型交通建设注入新的动力，中国高铁技术继续领跑世界。

福厦高铁起自福州南站，经福建省莆田市、泉州市、厦门市、漳州市，接入漳州站。线路全长277千米，设计时速350千米。全线共设福州南、福清西、莆田、泉港、泉州东、泉州南、厦门北、漳州8座车站，其中漳州站为既有车站，福州南、莆田、厦门北站为改扩建车站，福清西、泉港、泉州东、泉州南站为新建车站。

福厦高铁采用基于数字化信息建模的BIM技术等智能建造技术，将设计、施工、运营等全过程实行一体化管理，形成了全线、全专业的“三维数字福厦高铁”；应用北斗导航系统、智能机器人、对环境友好的耐腐蚀钢材等技术和材料，提高了泉州湾、湄洲湾和安海湾三座跨海大桥智能建造水平；运用智能调度指挥系统，通过高效调度和控制，确保列车运行的正点率和运行效率；应用高铁灾害监测大数据分析系统，通过实时监测，及时发现并处理线路安全隐患，为列车安全运行提供可靠保障。

福厦高铁最高时速按350千米运营，并安排“复兴号”智能动车组列车上线开行。开通运营初期，国铁集团每日开行动车组列车8对；四季度调图后，每日开行动车组列车最高达62对。福州至厦门、漳州最快分别55分钟、89分钟可达。

福厦高铁与规划的宁波至温州至福州高铁、正在开展前期工作的漳州至汕头高铁、年内开通的汕头至汕尾高铁、9

月 26 日开通的汕尾至广州高铁连通，将组成新的更高标准宁波至广州高铁通道，是“八纵八横”高速铁路网沿海通道的重要组成部分，路网地位十分重要。福厦高铁的开通运营，将东南沿海城市群串联起一条“黄金旅游带”，厦门、漳州、泉州等地形成“半小时交通圈”，将极大便利沿线人民群众往来，对促进区域经济社会协调发展具有十分重要的意义。

第 36 届中国电影金鸡奖颁奖典礼暨 2023 年中国金鸡百花电影节闭幕式在厦门举行

2023 年 11 月 4 日，第 36 届中国电影金鸡奖颁奖典礼暨 2023 年中国金鸡百花电影节闭幕式在厦门举行。省委书记、省人大常委会主任周祖翼，中国文联党组书记、副主席李屹，最高人民法院副院长、二级大法官陶凯元，中国文联党组成员、书记处书记、中国电影家协会分党组书记张宏，中国文联副主席李雪健、奚美娟，省领导张彦、崔永辉、吴偕林、周联清、康涛、刘献祥出席。

本届金鸡奖由中国文联、中国电影家协会和厦门市政府共同主办，共收到影片 179 部，包含故事片 53 部、中小成本故事片 64 部、儿童片 21 部、美术片 6 部、纪录/科教片 16 部、戏曲片 11 部、外语片 8 部。

本届金鸡奖共颁出 21 项大奖，达式常、翟俊杰两位老艺术家获中国文联终身成就奖（电影）。电影《封神第一部：朝歌风云》获最佳故事片奖，孔大山、王一通凭借剧本《宇宙探索编辑部》获最佳编剧奖，梁朝伟、何赛飞凭借电影《无名》《追月》中的精彩表现分别荣获最佳男主角奖和最佳女主角奖，李雪健、黄米依因在电影《封神第一部：朝歌风云》《永安镇故事集》中的出色表演分获最佳男配角奖、最佳女配角奖，导演程耳凭借《无名》获最佳导演奖。电影《流浪地球 2》获评委会特别奖。

刘晓世导演的《长空之王》获最佳导演处女作奖，《回西藏》获最佳中小成本故事片奖，《长安三万里》获最佳美术片奖，《雪豹和她的朋友们》获最佳纪录/科教片奖，《拨浪鼓咚咚响》获最佳儿童片奖，《谯国夫人》获最佳戏曲片奖，《燃烧的巴黎圣母院》获最佳外语片奖，《流浪地球 2》获最佳录音奖，《封神第一部：朝歌风云》获最佳摄影奖，《无名》获最佳剪辑奖，《万里归途》获最佳美术奖，最佳音乐奖花落《觅渡》。

2023 年的中国金鸡百花电影节，举办了金鸡影展、金鸡电影论坛、金鸡电影创投大会等活动，新设“金鸡电影市场”单元，举办金鸡百花星光海岸——《大众电影》时代荣耀等活动。

第一届中国侨智发展大会在福建福州开幕

2023 年 12 月 20 日，由中国侨联、福建省人民政府共同主办的第一届中国侨智发展大会在福建福州开幕。

本次大会以“五洲聚‘福’汇侨智，同心共圆中国梦”为主题，致力打造“溯源头学思想、聚侨心凝共识、汇侨智助发展”的国家级平台，立足福建、服务全国、面向海外，邀请北京市、中国科学院、苏州市为主宾机构，着力打造相关产业、人才政策措施的发布平台，侨界专业人才联谊互动的交流平台，侨界学术与创新成果的展示平台，侨界人才项目资本的对接服务平台，发挥侨胞人才荟萃、智力密集的优势，共同擘画未来发展蓝图。

全国人大常委会副委员长、农工党中央主席何维在开幕式上讲话并宣布大会开幕。福建省委书记、省人大常委会主任周祖翼，中国侨联党组书记、主席万立骏，北京市副市长司马红，中国科学院副院长、党组成员汪克强，侨界院士代表赵宇亮致辞。福建省委副书记、省长赵龙主持开幕式。共有来自五大洲 37 个国家和地区的千余名海内外嘉宾参会，其中包括侨界专家和技术人才、海外专业社团、侨商代表、重点科技社团、侨界青创代表和国内科技园区、企业界、科研院所、高端智库等相关代表。

开幕式后举办主论坛活动，福建省委常委、福州市委书记林宝金作主旨演讲，福建省委常委、统战部部长王永礼主持。2004 年诺贝尔化学奖获得者阿夫拉姆·赫什科通过视频为大会致辞，中国科学院院士张卫红、中国科学院分子细胞科学卓越创新中心研究员陈玲玲分别作主旨演讲。福州市市长吴贤德宣读华侨华人新生代《福州宣言》。

大会期间将组织开展 4 项产业对接活动、2 项科技竞赛活动、4 项专题论坛活动、1 项展览展示活动、3 项配套活动及 2 项主宾推介等专场活动，聚焦新能源新材料、人工智能、海洋经济、生物医药等战略性新兴产业，促进项目、人才资源在政府、企业、高校间有效对接。“侨智汇”系列活动邀请海内外科技精英人才开展竞技比赛，发掘和培养国际化、高水平的技术技能人才。

编辑：林忠玉

2024 福建年鉴 FUJIAN YEARBOOK

大事记

1月

8日 由中国国家博物馆、福建省文化和旅游厅主办，福建博物院承办的“源·缘——闽台艺术展”在中国国家博物馆展出。展览分为“同宗同源 敦亲睦族”“海峡之音 合韵千年”“艺蕴天工 小康大同”“妙笔生花 写意中华”四部分，展示超400件闽台艺术展品，展期持续到4月9日。

10—14日 中国人民政治协商会议第十三届福建省委员会第一次会议在福州召开。会议选举产生十三届省政协主席、副主席、秘书长和常务委员，审议通过《中国人民政治协商会议第十三届福建省委员会第一次会议政治决议》。

11—15日 福建省第十四届人民代表大会第一次会议在福州召开。大会表决通过《关于福建省人民政府工作报告的决议》《关于福建省2022年国民经济和社会发展计划执行情况及2023年国民经济和社会发展计划的决议》《关于福建省2022年预算执行情况及2023年预算的决议》《关于福建省人民代表大会常务委员会工作报告的决议》《关于福建省高级人民法院工作报告的决议》《关于福建省人民检察院工作报告的决议》。

11日 国务院批复福建省人民政府及商务部，同意在福建省福州市、漳州市分别设立中国—印度尼西亚经贸创新发展示范园区、中国—菲律宾经贸创新发展示范园区。

17日 福建首座预制装配化跨海大桥——厦门翔安大桥主桥通车。

28日 福建省“深学争优、敢为争先、实干争效”行动动员部署会暨重大项目推进会在福州召开。省委书记周祖翼出席并讲话。省长赵龙主持。2023年，全省确定省重点项目1580个，总投资4.09万亿元，年度计划投资6480亿元。

28日 中共福建省委、福建省人民政府在福州召开民营经济代表人士座谈会。省委书记、省人大常委会主任周祖翼出席会议并讲话。省长赵龙主持。省政协主席滕佳材出席。

2月

1日 水利部公布第二十批国家水利风景区名单，全国19家水利风景区入选，福建省上杭城区江滨水利风景区、德化银瓶湖水利风景区入选。

2日 2023年世界湿地日中国主场宣传活动在浙江杭州举行，国家林草局现场发布全国新指定的18处国际重要湿地名单，福建省的闽江河口湿地入选，成为全省第二个国际重要湿地。

4日 纪念林祥谦烈士牺牲100周年座谈会在福州举行。

6日 福建省人民政府发布《关于2021年度省科学技术奖励的决定》，共授予2021年度福建省科学技术奖208项。

7日 “2022福布斯中国可持续发展工业企业TOP50”榜单发布，紫金矿业入围榜单，成为中国工业企业中具有高可持续发展价值的行业标杆。

8日 由福建省档案馆与新加坡国家文物局、新加坡晚晴园——孙中山南洋纪念馆联合主办的“无限江山笔底收——新加坡早期中文报业与星闽记忆”展览，在福州市三坊七巷举行开展仪式。

10日 福建省新的社会阶层人士联谊会创投分会第一次会员代表大会在福州召开，标志全国首个新的社会阶层人士创业投资专业组织成立。

14日 由黎明职业大学与澳门福建同乡总会共建的黎明（澳门）海丝学院在澳门挂牌成立。黎明（澳门）海丝学院是福建省首个由职业院校在澳门地区搭建的职业教育国际合作办学平台。

14日 “科创未来”——高校专利技术“福建拍”首场拍卖会在厦门大学福清科创园中国技术交易所海丝中心举行，这是福建省首次举办高校发明专利成果拍卖会。

16日 全国互花米草防治工作现场会在宁德召开。

18日 福建省2023年幸福河湖评价报

告发布暨合作交流仪式在福州举行，发布2022年度幸福河湖评价报告与福建省幸福河湖10个优秀案例。

18日 2022年中国医药生物技术十大进展揭晓，由福建省立项支持、厦门大学牵头研发的疫情防控应急科研攻关成果——鼻喷流感病毒载体新冠疫苗入选。

20日 福建省金门供水水源保障工程在泉州晋江开工建设。

20日 工信部公布工业领域数据安全管理试点成效突出地区名单，福建与山东、湖北、江西、江苏共同入选。在同期公布的27项工业领域数据安全管理试点典型案例中，由福建省工信厅申报的3个项目入选。

24日 科技部颠覆性技术创新大赛总决赛落幕，福建省上杭县的企业晶旭半导体凭借《基于ε-Ga_2O_3压电薄膜材料的声波滤波器制备及产业化项目》获得总决赛最高奖，是福建唯一获得最高奖的企业。

2月 福建省商务厅联合省工信厅、农业农村厅、文化和旅游厅等四部门共同实施2023年扩消费八大行动。以“全闽乐购·畅享福品”为主题，组织开展1000场线下、10000场线上主题促销活动。

3月

1日 第十六届福建省戏剧水仙花奖决赛在福州开赛。决赛为期12天，省直戏剧院团和8个设区市艺术院团、艺校以及民营职业剧团等40家单位的选手参加决赛。京剧、越剧、莆仙戏、梨园戏、闽剧、高甲戏、歌仔戏（芗剧）、闽西汉剧、北路戏、潮剧、三角戏、山歌戏、北路戏等福建省13个戏曲剧种，以及木偶戏、话剧等不同艺术表演形式集中展示。

3日 周宁县云上融资担保有限公司与人保财险周宁支公司签订《周宁县预防致贫返贫小额贷款综合保险合作协议》。这是全省首单由县级财政买单的“惠农宝”保单。

11—12日 首届全国五人制棒球锦标赛在福建平潭举行。全国18支代表队进行74场比赛。

15日 大陆首个服务台胞的数字化平台——福建“台陆通”正式上线台湾个人小包寄大陆业务，完成大陆寄台湾、台湾寄大陆的专线快递闭环。

16日 在第四届氧吧产业发展大会暨2022年“中国天然氧吧”媒体推介会上，宁德周宁、三明尤溪、漳州南靖被授予“中国天然氧吧”称号，泉州德化通过第一次复查。福建省获“中国天然氧吧”国字号生态名片地区共计13个。

16日 国务院国资委公布创建世界一流示范企业名单。福建省4家企业入围创建世界一流专精特新示范企业名单。

18—20日 2023年中国跨境电商交易会在福州海峡国际会展中心举行。

19日 第七届中国工业大奖获奖名单公布，福建省的宁德时代上榜，是福建省首次有企业或项目获该奖项。

19日 在北京召开的第二届中国·霞浦海洋诗会新闻发布会上，中国诗歌学会授予宁德霞浦县“中国诗歌之乡”称号。

19日 首届福建省新就业形态劳动者技能大赛启动仪式在福州举行。

19—21日 全国政协副主席梁振英到闽考察，并召开福州新区闽港合作咨询委员会秘书处揭牌仪式暨福州新区闽港合作座谈交流会。

21日 福建省政府下发《关于表彰首届“福建慈善奖”获得者的决定》，公布首届“福建慈善奖”获奖名单，包括爱心慈善楷模奖9个、优秀慈善项目（慈善信托）奖20个、爱心捐赠企业（机构）奖17个、爱心捐赠个人奖17个、优秀慈善组织奖15个。

23日 2023海峡两岸各民族欢度“二月二”会亲节在宁德福鼎市佳阳畲族乡双华村举行。

24日 中华全国总工会在京举行2023年全国五一巾帼奖表彰大会，福建省共有14个女职工集体获评“全国五一巾帼标兵岗”，14名女职工获评“全国五一巾帼标兵”。

24日 经中华全国总工会批准，由中国职工发展基金会、中国职工技术协会主办，福州市总工会、华榕（集团）有限公司承办的“2023职工创新发展交流大会”在福建福州市工人文化宫举行。

24日 福建（泉州）石化国际陆港项目签约仪式在泉州市泉港区举行。项目通过构建“三中心、一平台”——石化物流多式联运中心、石化保税物流中心、石化物流智慧仓储中心及石化产业一站式供应链服务平台体系，打造全国首个产业型国际陆港。

24日 2022年林草科技十大进展评选结果公布。福建农林大学林占熺团队的菌草综合利用技术和兰思仁团队的兰花异养分子机制及种质创新两项成果入选。

24日 第十六届中国餐饮产业发展大会暨2023中国国际餐饮产业博览会在福州举行。

25日 位于福州海峡奥体中心的闽菜文化博物馆开馆，是全国第一个以闽菜为主题的博物馆。

25日 以“学习贯彻党的二十大精神 铸就电影文学新辉煌”为主题的第一届“中国电影编剧周”在泉州开幕。

25日 《领导文萃》创刊30周年理论研讨会在福建省委党校、福建行政学院举行。

26日 中国10公里精英赛在宁德福鼎开跑，是国内首个10公里国家级路跑赛事IP，参赛人数超过2000人。

28日 工信部下属研究机构赛迪顾问发布《2023年赛迪创新百强区研究报告》，在“赛迪创新百强区（2023）榜单”中，福建省共有4个区上榜，其中福州市鼓楼区跻身前20，列第18位；厦门市思明区、厦门市湖里区、宁德市蕉城区分列第 31、59、79 位。

29 日 中央国家机关和央企对口支援龙岩市工作推进会在北京召开。现场签约 11 个对口支援项目，总投资 168.5 亿元。

30 日 首届中国白茶交易大会暨第十二届福鼎白茶开茶节在福鼎市点头镇开幕。

30 日 2023“丝路海运”年会暨春季峰会在厦门举行，会上发布第 11 批共计 6 条“丝路海运”命名航线。“丝路海运”命名航线共 100 条，通达 43 个国家的 117 座港口。

3 月 福建省开展省级河长制湖长制督查激励，首批 6 个设区市和 10 个县（市、区）各获正向激励奖励 100 万元。

3 月 中国电信福建公司为福建省应急管理厅打造的全国首个省级天通卫星电话应急管理平台建成，并为全省 3550 个山洪灾害高风险建制村开通 3612 部天通卫星电话。

3 月 菌草科学与技术国家林业和草原局重点实验室获批落地福建。该实验室由福建农林大学申报，是全国首个菌草类型的国家林草局重点实验室。

4 月

4 日 厦门海关为豪氏威马（中国）有限公司颁发了海关高级认证企业证书，标志福建省海工行业 AEO 高级认证企业实现“零”的突破。

10 日 福建省学习贯彻习近平新时代中国特色社会主义思想主题教育工作会议在福州召开。

11—12 日 上海代表团到福建考察。省委书记、省人大常委会主任周祖翼在三明与上海市委副书记、市长龚正一行，就进一步推动省市区域联动发展和沪闽沪明合作等进行座谈交流。省委副书记、省长赵龙参加座谈，并陪同考察调研。

16—20 日 全国政协副主席陈武率调研组到福建，就“促进优质医疗资源扩容和区域均衡布局”进行专题调研。省委书记、省人大常委会主任周祖翼，省委副书记、省长赵龙，省政协主席滕佳材与调研组一行在福州进行座谈。

18 日 2023 年福建省文旅经济发展大会在宁德召开。

21—22 日 第四届中国计算机教育大会（CECC）在厦门举行，其间举办 1 个主论坛、10 个主题论坛和 5 个大会论坛。

22 日 由自然资源部和福建省人民政府共同举办的第 54 个“世界地球日”主场活动在福州举行。

22—24 日 首届全国高等院校马克思主义学院院长联席会议在福建平潭举行。

24 日 全球发展倡议新工业革命伙伴关系研讨会在厦门开幕。

25 日 福建省数据要素与产业生态大会在福州数字中国会展中心开幕。会上，福建省大数据交易大厅宣布启用，全国性数据资产评估计价服务中心启动，首台套超融合算力服务器等数据流通领域的创新成果发布。

27 日 福建省与央企深化合作推进会在福州召开。福建与央企对接项目共 49 个，总投资 1018 亿元，其中签约项目共 38 个，总投资 787 亿元。

27—28 日 第六届数字中国建设峰会在福州举行。其间举办开幕式、主论坛、20 个分论坛以及数字中国建设成果展、数字产品博览会、数字中国创新大赛，启动 2023 年全民数字素养与技能提升月，发布《数字中国发展报告（2022 年）》《中国数字经济发展报告（2023 年）》《数字中国系统工程 300 问》《算力发展及其应用研究报告——“东数西算”背景下的分析》《中国互联网教育应用测评：方法、实践与展望》等报告。

4 月 财政部和法国开发署签署福建省福鼎市山水林海一体化保护管理与合理利用示范项目贷款协议，项目获法国开发署 8000 万欧元贷款，贷款期限 20 年，并获欧盟—中国生物多样性基金 172.4 万欧元赠款支持。

4 月 财政部、住建部公布 2023 年传统村落集中连片保护利用示范名单，福建省泉州市晋江市、宁德市屏南县入选，并将在两年示范期间获得中央财政补助 7500 万元。

4 月 联合国教科文组织公布《竹乡碳计——2022 年世界遗产地减碳和低碳发展创意与实践入选案例集》，南平市 4 个案例入选优秀创新类案例、优秀实践类案例。

4 月 福建与宁夏签署《闽宁对口体育协作框架协议》，是两省（区）首次在体育领域开展协作。

5 月

1 日 漳州海关为漳州市陈宇贸易有限公司签发福建省首份中国—尼加拉瓜自贸协定早期收获安排原产地证书。

5 日 中国自主三代核电技术华龙一号全球首堆示范工程福清核电 5、6 号机组通过竣工验收。

5 日 财政部公布中央财政海绵城市建设示范补助资金 2022 年绩效评价结果，福建省龙岩市、南平市和漳州市 3 个示范城市全部被评为“A”。福建省成为全国唯一的示范城市均取得 A 档成绩的省份、获得 A 档示范城市最多的省份。

5 日 2021—2022 年度“大禹奖”项目名单公布，福建省金门供水工程（取水泵站及陆地管道部分）、木兰溪防洪工程华林段两个项目上榜。

5—8 日 全国政协副主席周强率调研组到福建，就“提高全民科学素质，营造良好创新环境”开展专题调研。省委书记、省人大常委会主任周祖翼，省委副书记、省长赵龙，省政协主席滕佳材与调研组一行在福州进行座谈。

6 日 共青团福建省第十五次代表大会

在福州开幕。

6—7日 福建首届品牌价值百强榜单发布暨"一带一路"八闽知名品牌发展与合作大会在宁德召开，是福建省首次发布省级品牌价值评价百强榜单。

8日 由福建省减灾委员会、应急管理厅、教育厅主办的2023年福建省"5·12全国防灾减灾日"活动在福州启动。

8—17日 中共福建省委书记、福建省人大常委会主任周祖翼率福建省代表团赴印度尼西亚、马来西亚、新加坡访问。

9—12日 全国人大常委会副委员长肖捷率全国人大常委会特种设备安全法执法检查组到福建开展执法检查。省委副书记、省长赵龙与检查组一行在福州进行座谈。

10日 全国首单湿地生物多样性保护保险落地晋江，该保险为晋江主要湿地、自然保护区等提供自然灾害、意外事故、外来物种入侵等风险保障。

11日 新华社、浙江省人民政府、中国品牌建设促进会、中国资产评估协会等联合发布"2023中国品牌价值评价信息"，福建省共有42个品牌入选，包括21个企业品牌、2个产品品牌、9个自主创新品牌、1个中华老字号品牌、9个地理标志产品区域品牌。

11日 科技部公布第二批92个国家创新型县（市）建设名单，福建省上杭县、武夷山市、闽侯县、武平县入选。

12日 中国—太平洋地区民间友好论坛在福州举行。

12日 福建省发改委、广东省发改委、国网福建省电力有限公司、广东电网有限责任公司共同签署福建省、广东省2023年电力电量互送协议。

14日 全国首个全传感器多功能航标——漳州LNG8号灯浮，在国家管网集团闽投（福建）天然气有限责任公司漳州LNG项目码头进港航道正式入网并投入使用。

15日 第14个"5·15"全国公安机关打击和防范经济犯罪宣传日主会场活动在福州举行。

16—19日 中共中央政治局常委、中央纪委书记李希到福建调研。其间，李希调研古田会议纪念馆、毛泽东才溪乡调查纪念馆，并召开部分省区市纪委书记座谈会。

17日 在由福建省通信管理局主办的"缩小数字鸿沟 服务经济建设"世界电信和信息社会日活动上，《2022年福建省互联网发展报告》发布。

18日 2023年"国际博物馆日"中国主会场活动在福建博物院开幕。福建省与国家文物局签署战略合作框架协议。

18—22日 第六届21世纪海上丝绸之路博览会暨第二十五届海峡两岸经贸交易会在福州举行，展览面积12万平方米，设置中印尼经贸博览会、主宾国及RCEP经贸合作展区、"一带一路"成果及精品展区、台资企业投资大陆成果展区等19个特色主题展区。

18日 第十届中国企业家发展年会在福州开幕。

20日 福建省第九届残疾人运动会暨第七届特殊奥林匹克运动会在福州开幕，这是福建省首次将全省残疾人运动会、全省特殊奥林匹克运动会两个赛事合并为一个赛事。

21日 由文化和旅游部、福建省人民政府主办的2023年"茶和天下 共享非遗"主题活动主会场活动在福州开幕。

21日 第九届中国戏剧奖颁奖典礼在广州举行。福建芳华越剧院一级演员郑全、福建省歌舞剧院一级演员孙砾获第九届中国戏剧奖·梅花表演奖（第31届中国戏剧梅花奖）。

22日 联合国粮农组织在罗马举行2023年全球重要农业文化遗产系统授证仪式，向新认定的24个重要农业文化遗产地颁发证书。中国四地被授予证书，分别是河北涉县旱作石堰梯田系统、福建安溪铁观音茶文化系统、内蒙古阿鲁科尔沁草原游牧系统和浙江庆元林—菇共育系统。

23日 自然资源部对"和美海岛"候选名单结果进行公示，福建省湄洲岛、鼓浪屿、海坛岛、大嵛山、惠屿、南日岛6个海岛入选。

24日 第三届中德科技论坛在泉州开幕。

24日 中景石化氢能利用与碳四产业链引进英国庄信万丰全球最大年产90万吨BDO技术签约仪式在福州举行。

24日 首届福建省网络文化节暨第十二届厦门网络文化节在厦门开幕。

25日 第九届福建省"互联网+"大学生创新创业大赛暨"青年红色筑梦之旅"在上杭县才溪乡启动。

26日 国家标准化管理委员会印发《关于下达第九批社会管理和公共服务综合标准化试点项目的通知》。福建省科技馆科普服务标准化试点项目成为2023年全省唯一入选的试点项目，也是全国科技馆中首个获批立项的国家级科普服务标准化试点项目。

26—29日 2023中国国际体育用品博览会在福建厦门举行，展览面积超15万平方米，共1565家体育用品企业参展。

26—29日 由中国轻工业联合会主办的第三届中国工艺美术博览会在南京举行。在中国工艺美术界顶级奖项"百鹤杯""百花奖""百花杯"以及文创设计大赛的评比中，福建省参评作品共有90件获奖，其中12件作品获"百鹤杯"最高奖"金鼎奖"。

28日 2023年福建省首届舞龙舞狮锦标赛在福州旅游职业中专学校开赛。

30日 第十五届海峡百姓论坛在厦门开幕。

30日 在由中国信息通信研究院、中国通信标准化协会举办的"2023数字政府高质量发展论坛"上，福建省晋江市的"云上晋江"作为全国唯一县级案例，获评 2023 年度“政务云创新实践优秀案例”。

6月

1日 科技部公布 2022 年度国家级科技企业孵化器名单。福建晋江市三创园区科技孵化基地（科创慧谷·晋江）、甲骨文（漳州）技术人才双创基地、漳州圆山创业园、共享空间孵化器（福州）4 家入选。

1日 “薪火相传——纪念片冰心老师诞辰 100 周年音乐会”在福建大剧院音乐厅举行。

3日 在福州举行的海洋（渔业）碳汇高峰论坛上，连江县向福建亿达食品有限公司颁发全国首张由海洋与渔业部门备案确认的蓝色碳票。

4日 首届中国电视剧大会优秀电视剧八闽展播活动在厦门启动。

5日 首届中国电视剧大会在福建厦门开幕。

6—9日 全国政协副主席、致公党中央主席蒋作君率调研组到福建，就“加强人才国际交流，加快建设世界重要创新高地”开展专题调研。省委书记、省人大常委会主任周祖翼，省政协主席滕佳材与调研组一行在福州进行交流座谈。

7—9日 全国职工数字化应用技术技能大赛决赛在福州举行，是全国总工会首次举办数字经济领域技能大赛。

8日 国家卫生健康委、国家发展改革委、财政部等六部门联合印发通知，公布 81 个紧密型城市医疗集团建设试点城市（设区市和直辖市的区），福建省三明市、南平市入选。

15日 龙龙高铁福建段全线铺轨贯通。龙龙高铁东起福建省龙岩市，途经上杭县、武平县进入广东省境内，终到河源市龙川县。

15日 国家林业和草原局复函福建省林业局，同意与福建省人民政府共建“海峡花卉产业科技创新高地”。该项目将依托福建农林大学与漳州市人民政府建设。

16日 中宣部举行的“高质量发展调研行”主题采访活动福建站行程在福州启动，并召开主题采访活动情况介绍会。

16日 全国政协副主席、全国妇联主席沈跃跃一行到福建厦门调研。全国妇联党组成员、副主席、书记处书记林怡，福建省委常委、省政府副省长、党组副书记郭宁宁，福建省政协副主席黄如欣参加调研。

16日 2023 年“中国有约·相约福建”国际媒体主题采访活动在泉州启动。

16日 海峡论坛·第十四届海峡两岸船政文化研讨会在福州举行。

16日 以“青春同心创未来，携手打拼谋复兴”为主题的第二十一届海峡青年论坛在厦门开幕。

17日 第十五届海峡论坛大会在福建厦门举行。中共中央总书记、国家主席习近平向第十五届海峡论坛致贺信。中共中央政治局常委、全国政协主席王沪宁出席，宣读习近平总书记贺信并致辞。全国政协副主席、全国妇联主席沈跃跃，全国政协副主席、台盟中央主席苏辉，第十三届全国政协副主席、中国宋庆龄基金会主席李斌，中共中央台办、国务院台办主任宋涛等中央和国家部委领导，省委书记周祖翼、省长赵龙、省政协主席滕佳材等省领导，中国国民党副主席夏立言、新党主席吴成典等来自台湾各界的嘉宾代表出席论坛大会。

17日 第十五届海峡论坛·海峡妇女论坛在厦门开幕。全国政协副主席、全国妇联主席沈跃跃，福建省委副书记罗东川，台湾中华妇女会总会理事长徐刘淑媓，台湾中华妇女经贸文化交流协会理事长蔡铃兰，台湾中华妇女联合总会主任委员雷倩，台湾女企业家协会创会理事长马爱珍，台湾妇女菁英联盟会总会长黄喜惠等出席开幕式并致辞。海峡两岸关系协会会长张志军、福建省政协副主席黄如欣出席，全国妇联副主席林怡主持。

17日 第十五届海峡论坛·第六届两岸基层治理论坛在厦门举行。

17日 第十五届海峡论坛·海峡影视季活动在厦门开幕。

18日 福建省第十三届民营企业产业项目洽谈会在福州召开，集中签约 50 个重点项目，总投资 1213 亿元。

18—22日 第二十一届中国·海峡创新项目成果交易会（海创会）在福州举行，对接项目 521 个，金额约 4000 亿元。

19日 由福建省水利厅牵头，福建省幸福河湖促进会、莆田市水利局参与制定的福建省地方标准《幸福河湖评价导则》（标准号 DB35/T 2113—2023）获批发布，成为全国首个出台《幸福河湖评价导则》的省级地方标准。

21日 中国科协发布关于支持 2023—2025 年度创新驱动示范市建设的通知，福州市入选，成为全省首个入选城市。

28日 2023“鼓岭缘”中美民间友好论坛在福州举行。国家主席习近平向“鼓岭缘”中美民间友好论坛致贺信。省委书记、省人大常委会主任周祖翼在开幕式上宣读习近平主席贺信并致辞。省委副书记、省长赵龙主持论坛开幕式。

28日 平潭综合实验区共享储能电站项目开工，是福建省首个大型集中式共享储能电站。

7月

1—2日 第七届全国青少年无人机大赛（福建省赛）在黎明职业大学举行。

3日 2023 海丝国际纪录片大会在泉州开幕，其间举办“21 世纪海丝十年”纪实影像精品展映、海丝纪实影像系列主题论坛、中国—非洲纪实影像交流日、中外纪录片项目推介展映等15场活动。

7日 福建省与希腊共和国西希腊大区建立友好省区关系协议书签字仪式在福州举行，副省长林文斌、西希腊大区副主席福基安·柴伊米斯分别代表双方签署协议书。

7日 “清新福建”文旅推介会（贵州站）暨“百团万人福贵行”启动仪式在贵州省贵阳市举行。

10日 全国双拥考评调研组到福建考评指导福建省全国双拥模范城（县）创建工作。省委书记、省人大常委会主任周祖翼在福州与率队调研的全国双拥工作领导小组成员兼办公室副主任、中央军委政治工作部群众工作局局长高翔一行进行工作交流。省委副书记、省长赵龙出席。

13日 福建省深入学习“千万工程”经验建设福建美丽乡村现场推进会在南平邵武市举行。

14日 平潭输水线通水，标志福建规模最大的跨流域引调水工程——“一闸三线”工程全线通水。

16日 海内外青年闽商大会在福州举行。

18日 2023年中国网络文明大会在厦门举行。中共中央政治局委员、中宣部部长李书磊出席并发表主旨演讲。省委书记、省人大常委会主任周祖翼出席并致辞。大会发布《中国网络文明发展报告2023》《新时代青少年网络文明公约》，并视频发布2022年网评工作“创四优”竞赛成果。

19日 全球首台16兆瓦超大容量海上风电机组在福建海上风电场并网发电，是全球已投产的单机容量最大、叶轮直径最大、单位兆瓦重量最轻的海上风电机组。

21日 在“四下基层”提出35周年之际，中共福建省委、人民日报社联合主办的“四下基层”与新时代党的群众路线理论研讨会在宁德举行。

22日 2023中国人工智能大会在福州举行。福州、厦门、泉州3个省级人工智能产业园获授牌成立。

26日 2023海峡两岸暨港澳地区基础教育交流活动在三明市举行。全国政协副主席、民进中央常务副主席朱永新出席开幕会并讲话。全国人大常委会委员、民进中央副主席高友东主持开幕会。福建省政协副主席、民进福建省委会主委严可仕，福建省政协副主席、中共三明市委书记黄如欣出席开幕会并致辞。

28日 2023年第5号台风“杜苏芮”在福建省晋江市沿海登陆，登陆时中心附近最大风力15级（50米/秒，强台风级），中心最低气压945百帕，成为63年来首登福建的最强台风。

29日 “西部计划实施20周年纪念大会暨2023年福建省大学生志愿服务西部计划、欠发达地区计划出征仪式”在福州举行。

8月

1日 以“我敢闯，我会创”为主题的第九届福建省“互联网+”大学生创新创业大赛决赛在福州开赛。

1日 生态环境部公布2022年绿色低碳典型案例名单，福建有3个案例入选。

2日 第五届两岸融合发展论坛在福州市举行。

2日 为期3天的2023年全国少年（自由式轮滑）轮滑锦标赛和“海峡杯”两岸轮滑交流赛在泉州德化县闭幕。

4日 福建省人民政府新闻办公室召开新闻发布会，发布《数字福建发展报告（2022年）》，是福建首次发布数字福建发展报告。

4—7日 第十四届海峡两岸（厦门）文化产业博览交易会在厦门举行，其间举办交流研讨、项目对接、创意交流、签约交易等近50项活动，签约文化和旅游投资项目77个，总签约额281.106亿元，现场交易额28.33亿元。

5日 福建向金门供水工程通水五周年活动在晋江举行。

5日 福建省科技厅公布2023年福建省科技特派员（闽藏协作）名单，共有54人入选，是福建首次专项选认的“闽藏协作”科技特派员。

6日 纪念林白水烈士就义97周年座谈会在福州举行。

6—11日 首届“中国—东盟周”在福州举行。老挝国会副主席宋玛·奔舍那出席开幕式，省长赵龙出席并致辞。其间举办中国（福建）—东盟贸易合作论坛、“海丝传琴”音乐会、青年论坛、电影周、美食嘉年华等活动。6日，中国（福建）—东盟经贸合作论坛在福州举行。

8日 由福建自主研发、设计和建造的首艘现代双层纯电动游船在福安下水。

8日 农业农村部办公厅、财政部办公厅认定首批770个国家农业产业强镇名单，福建省32个乡镇入选。

10日 由国务院台湾事务办公室、中华全国青年联合会、福建省人民政府共同主办的第十一届海峡青年节峰会在福州开幕。其间举办35项活动，涵盖数字经济、创新创业等领域；5—13日集中举办第七届两岸大学生领袖营、海峡气象青年汇等活动。

10日 由福建师范大学地理科学学院建立的世界首个“通量—大气—遥感观测平台”在龙岩上杭揭牌运行。

10日 福建省人民政府与中国进出口银行在福州签署战略合作协议。

13日 “丝路花开 大道同行”大型融媒体采访行活动三地连线（泉州）在泉州启动。

15日 福建主题教育“两代表一委员”、党员群众代表座谈会在福州召开。

16日 中国共产党福建省第十一届委员会第四次全体会议在福州举行。全会由省委常委会主持，省委书记周祖翼讲话。全会听取和讨论周祖翼受省委常委会委托作的工作报告，审议《中共福建省委、福建省人民政府关于实施新时代民营经济强省战略，推进高质量发展的意见》。周祖翼就《意见（讨论稿）》向全会作说明。

16日 宁德时代发布全球首款采用磷酸铁锂材料并可实现大规模量产的4C超充电池——神行超充电池。

18日 纪念毛泽东才溪乡调查90周年座谈会在龙岩市上杭县才溪镇召开。省委书记、省人大常委会主任周祖翼出席并讲话。省委副书记、省长赵龙主持。省政协主席滕佳材出席。

18日 由中国中共党史人物研究会、福建省委宣传部、福建省委党史方志办、龙岩市委联合举办的纪念毛泽东才溪乡调查90周年理论研讨会在龙岩召开。福建省委副书记罗东川出席会议并讲话。

18日 第十二届中国创新创业大赛（福建赛区）暨第十一届福建创新创业大赛决赛在福州举行。

22日 福建省首个公用型原油保税仓库在泉州斗尾港区启用。

22—23日 中共福建省委书记、福建省人大常委会主任周祖翼率领福建省党政代表团赴宁夏学习考察并召开交流座谈会。福建省政协主席滕佳材参加。宁夏回族自治区党委书记、人大常委会主任梁言顺，自治区党委副书记、自治区主席张雨浦，自治区政协主席陈雍参加活动。

22—25日 全国人大常委会副委员长郑建邦率安全生产法执法检查组到福建开展检查。省委副书记、省长赵龙参加有关活动。

24日 全国首条高速公路重卡换电绿色物流专线——“宁德厦门干线”在福建省高速集团长乐服务区举办通车仪式。

26—27日 2023世界机器人大赛青少年机器人设计大赛ENJOY AI赛项福建省选拔赛在厦门举行。

29日 2023年全国国土空间规划工作会议在福州召开。首届全国国土空间规划行业年会同期举行。

29日至9月1日 全国政协副主席王勇率调研组到福建，围绕“优化外商投资环境”开展民主监督性调研，并召开座谈会。省委书记周祖翼、省长赵龙、省政协主席滕佳材与调研组一行在福州交流座谈。

30日 福建理工大学揭牌仪式在福州举行。

31日 福建省生态环境保护大会在福州举行。

9月

1日 全球首台16兆瓦超大容量海上风电机组在三峡集团平潭海上风电场实现24小时满功率运行，日发电量38.41万千瓦时，刷新单机单日发电量世界纪录。

5日 福建省首个村社基层治理智能化试点落户宁德福鼎市桐城街道富民社区和三门里村，并启动运行，推动“一件事”个别化解走向“一类事”成批化解。

5日 台风“海葵”在漳州东山登陆。

6日 全国首单茶树碳汇储量指数保险签约仪式在南平邵武市举行，邵武市张厝乡人民政府与中国人民财产保险股份有限公司邵武支公司签约。

7日 第五届“丝路海运”国际合作论坛在厦门开幕。

7—8日 第三届海丝中央法务区论坛系列活动在厦门举行。

8日 23届中国国际投资贸易洽谈会福建省重大项目集中签约仪式在厦门国际会展中心举行，现场集中签约项目50个，计划总投资1222.8亿元。

8日 闽甘两省座谈会在厦门举行。省委书记、省人大常委会主任周祖翼，甘肃省委书记、省人大常委会主任胡昌升出席并讲话。省委副书记、省长赵龙出席。

8—11日 第23届中国国际投资贸易洽谈会暨2023国际投资论坛在福建厦门举行，全国政协副主席王勇出席开幕式并致辞。福建省委书记周祖翼、第23届投洽会主宾省甘肃省委书记胡昌升出席开幕式并致辞。商务部部长助理陈春江致欢迎辞。巴西副总统兼发展、工业、贸易和服务部部长热拉尔多·阿尔克明，塞尔维亚副总理兼文化部部长玛娅·戈伊科维奇，联合国贸发会议秘书长丽贝卡·格林斯潘，卡塔尔商工部次大臣苏尔坦·哈蒂尔分别在现场或通过视频致辞。省委副书记、省长赵龙，省领导罗东川、林宝金、郭宁宁、吴偕林、黄海昆、李建成、王金福、王光远出席。省委常委、厦门市委书记崔永辉主持开幕式。来自多个国家的政府官员、驻华使节，国家有关部委领导，部分省（区、市）领导，中资企业代表及相关国际组织、跨国公司、境外商协会负责人等参加开幕式。

9日 海丝艺术季——“符码演映：数字织造的路径”艺术展在晋江利郎艺术中心开幕。

9日 第十届中国—中亚合作论坛在厦门开幕。国家主席习近平向论坛致贺信。全国政协副主席、上合组织睦委会主席沈跃跃宣读习近平主席贺信并发表主旨讲话。福建省委书记周祖翼出席开幕式并致辞。福建省委副书记、省长赵龙主持开幕式。

9—10日 全国妇联、上海合作组织睦邻友好合作委员会和福建省人民政府在厦门共同举办中国—中亚妇女发展论坛。全国政协副主席、全国妇联主席、上合组织睦委会主席沈跃跃出席论坛并作主旨讲话。论坛通过成果文件《中国—中亚妇女发展论坛（厦门）倡议》。

11日 2023国家网络安全宣传周开幕式在福州举行。同日，宣传周主论坛——网络安全技术高峰论坛在福州海峡国际会展中心举行。

11—15日 全国和美乡村篮球大赛（村BA）东南赛区在泉州晋江举行。

12日 福建省学习贯彻习近平新时代中国特色社会主义思想主题教育第一批总结暨第二批部署会议在福州召开。

12日 首届“福建慈善奖”表彰大会在

福州召开。78 个爱心个人、单位、项目获首届“福建慈善奖”。

12 日 国家公园司法保护协作联盟成立大会暨国家公园首届司法保护协作研讨会在南平建阳召开。首批国家公园所在省份的 10 家高级人民法院、南平中院、福州大学法学院共同签署《国家公园司法保护协作框架协议》，宣告国家公园司法保护协作联盟成立，并通过《国家公园司法保护协作联盟章程》。

12 日 全国工商联发布“2023 中国民营企业 500 强”榜单和《2023 中国民营企业 500 强调研分析报告》，14 家闽企入围榜单。

13 日 福建省人民政府与国家开发银行在福州签署《开发性金融助力福建全方位推进高质量发展战略合作备忘录》。

14 日 首届九年一贯制学校高质量发展论坛及教学开放活动在厦门举行。

14 日 在 2023 年东南科技论坛——智能算力助力数字经济产业融合发展论坛上，福建省互联网协会对外发布 2023 年福建省互联网企业综合实力研究各项成果。

16 日 “踔厉奋发强国防、勇毅前行向复兴”全民国防教育月主题宣传活动在福建船政交通职业学院举行。

18—21 日 中共福建省委副书记、省长赵龙率福建省代表团访问南非。

19 日 2023 福建省民营企业 100 强发布会在龙岩举行。省工商联发布 2022 年福建省民营企业 100 强、制造业民营企业 100 强、创新型民营企业 100 强、服务业民营企业 100 强 4 个榜单以及百强分析报告。

20 日 《福建省县域重点产业链发展白皮书（2023）》发布，是全国首份系统介绍县域重点产业链的指导性文件。

20 日 中国企业联合会、中国企业家协会连续第 22 次向社会发布中国企业 500 强名单。福建省共有 23 家企业上榜 500 强，比上年增加 4 家；22 家闽企入围制造业 500 强榜单，41 家闽企入围服务业 500 强榜单。

20 日 在第十七届中国通信产业榜发布仪式上，中国通信技术设备服务商 100 强榜单发布，福建省星网锐捷、瑞为技术、升腾 3 家企业入围榜单。

21—23 日 中共福建省委副书记、省长赵龙率福建省代表团访问肯尼亚。

23 日 福建省 2023 年中国农民丰收节主会场活动在龙岩市上杭县古田镇举行。活动现场发布首批“福农优品”百品榜，设置“福农优品”“闽宁优品”展示展销台。

23 日 “2023 闽语研讨会”在福州举行。

23—27 日 第十届丝绸之路国际电影节在福州举行。主体活动包括“金丝路奖”评选、“丝路十年·有福电影”十周年系列成果展、电影展映、电影论坛、电影市场、国别展特别活动、有福电影·丝路闽陕系列活动等。

24 日 全球首个深远海漂浮式风渔融合项目“国能共享号”平台从平潭金井码头抵达莆田南日岛海上风电场水域。该项目被列入福建省科技重大专项项目，平台主要由漂浮式风机和养殖网箱两部分组成。

24—28 日 中共福建省委副书记、省长赵龙率福建省代表团访问菲律宾。

25 日 世界政治经济学学会第 16 届论坛在福建平潭开幕，现场颁发 2023 年度“世界马克思经济学奖”和“21 世纪世界政治经济学杰出成果奖”。

25 日 中国典型水土流失区退化天然林用地修复与管理项目启动会暨指导委员会第一次会议在龙岩长汀举行。

25 日 在陕西延安举行的全国古树名木保护科普宣传周启动仪式上，全国 100 株最美古树和 100 个最美古树群推选宣传活动结果公布。福建共有 10 株古树、8 片古树群入选，数量均为全国最多。

25 日 文化和旅游部公布 2023 年国家工业旅游示范基地名单，共 69 家单位入选，其中福建 3 家，分别是泉州市七匹狼工业园、福州市船政文化景区和漳州市恒丽钟表工业园。

26 日 习近平总书记关于做好新时代党的统一战线工作的重要思想理论研讨会在福州召开。

26 日 “三赋”全国行（福建站）启动仪式暨省工业企业供需对接平台数字化专场供需对接活动在福州举行。

26 日 全国现代港口物流产教融合共同体成立大会在福建船政交通职业学院举行，是福建省首个行业产教融合共同体。

27 日 中共中央台办、国家发展改革委会同 48 个部委和福建省在福州召开贯彻落实《中共中央 国务院关于支持福建探索海峡两岸融合发展新路 建设两岸融合发展示范区的意见》专题会议。

27 日 “共话融合发展 喜迎中秋佳节”两岸同胞迎中秋活动在福建莆田举行。

28 日 全国首条设计时速 350 千米的跨海高铁——福厦高铁开通运营。全长 277 千米，总投资 530.4 亿元。全线设福州南、福清西、莆田、泉港、泉州东、泉州南、厦门北、漳州等 8 座车站。

9 月 全国妇联决定命名香山革命纪念馆等 28 家场馆为全国妇女爱国主义教育基地。由福建省妇联选送的 4 家场馆入选。

10月

7 日 文化和旅游部发布《关于 2024—2025 年度中国非物质文化遗产传承人研修培训计划参与院校推荐名单的公示》，全国共有 130 所院校入选推荐名单。福建省有福州大学、福建师范大学和福建艺术职业学院入围。

7 日 教育部公布第一批市域产教联合体名单，晋江市域产教联合体成功入选，是福建省唯一上榜项目。

8 日 福建省自然资源厅、生态环境厅、林业局联合印发《关于进一步加强生态保护红线监管的通知（试行）》，是福建首份强化生态保护红线监管的规范性文件。

8日 第十二届“福建省文化企业十强”及提名企业暨第六届“福建省最具成长性文化企业”发布仪式在福州举行。

8—9日 “光驰电掣新动力，产业兴邦创未来”第八届“创客中国”光电中小企业创新创业大赛在福州举行，是“创客中国”首个国家级光电行业专题赛。

9日 第十五届福建音乐舞蹈节颁奖晚会在福建大剧院举行。

10日 国务院批复同意将福建莆田市列为国家历史文化名城。莆田成为全国第142座、福建第5座国家历史文化名城。

10日 生态环境部公布第七批生态文明建设示范区和“绿水青山就是金山银山”实践创新基地名单，福建省共7个县入选。福建省成为全国首个命名县（区）过半的省份。

10—11日 第八届“创客中国”福建省中小企业创新创业大赛暨第六届“创响福建”大赛全省总决赛及颁奖仪式在福州举行。

10—11日 财政部、自然资源部、生态环境部在北京召开山水林田湖草沙一体化保护和修复工程推进会，并公布全国山水工程首批15个优秀典型案例，福建省2个项目入选（福州市闽江河口湿地生态保护及入侵物种综合治理项目、将乐县常上湖生态保护修复示范项目）。

12—15日 2023世界航海装备大会在福州举行。中共中央政治局委员、国务院副总理张国清出席开幕式并致辞。省委书记、省人大常委会主任周祖翼出席并致辞。省委副书记、省长赵龙主持开幕式。斯里兰卡议会议长马欣达·亚帕·阿贝瓦德纳，新加坡交通部代理部长徐芳达，工业和信息化部副部长辛国斌，交通运输部副部长李扬在开幕式上致辞。十二届全国政协副主席、国家电子政务专家委员会主任王钦敏，全国政协港澳台侨委员会副主任崔玉英，中国工程院院士周济出席。大会按照“1＋6＋1＋N”架构设计，即1个开幕式暨主论坛、6场专题论坛、1个成果展，以及N场同期活动。同期举办2023中国航海装备博览会、福建省海洋经济产业合作创新发展大会。

13日 福建省深化运用“四下基层”制度走好新时代党的群众路线推进会在福州以视频形式召开，各市、县（区）和平潭综合实验区设分会场。

13日 第12届中国国际民间艺术节在泉州安溪开幕。

16日 2023年金融资本服务实体经济福建创新发展大会在福州举行。

17日 《明清以来闽方言文献集成》新书发布会暨国家社科基金冷门绝学学术团队重大项目“明清以来中外濒危中西闽方言文献发掘、集成与研究”研讨会在福州举行。

17日 香港理工大学（晋江）技术创新研究院有限公司获颁营业执照，是福建省内第一张由香港高校独资成立公司的营业执照。

17—18日 中共福建省委书记、省人大常委会主任周祖翼，省委副书记、省长赵龙率福建省党政代表团赴新疆维吾尔自治区昌吉州进行实地考察。

18日 首届福建地质古生物科普论坛暨中国石材产业与地学融合发展南安研讨会，在福建省英良石材自然历史博物馆开幕。

18日 福州大学首届医工交叉学术论坛暨孟超大模型发布会在福州举行，论坛发布首个面向肝病和肝癌的医疗大模型——孟超大模型。

18日 全国新能源汽车行业产教融合共同体在福建船政交通职业学院成立。

18日 工信部发布2023年度中小企业特色产业集群名单。在上榜的100个中小企业特色产业集群中，福建有6个，新增数量与北京、河北、江苏、安徽并列全国第四。

20日 第24届东亚及西太平洋电力工业协会大会开幕式在厦门举行。国家副主席韩正出席并致辞。省委书记、省人大常委会主任周祖翼出席会议并致辞。省委副书记、省长赵龙出席。亚太电协主席、中国电力企业联合会理事长、国家电网有限公司董事长辛保安致欢迎辞，新加坡能源集团新能源电网公司总裁邱秀金在会上致辞。世界能源理事会秘书长兼首席执行官安吉拉·威尔金森、电气电子工程师学会主席兼首席执行官赛义夫·拉曼先后作主旨演讲。

21日 陈嘉庚先生创办集美学校110周年纪念大会在厦门举行。

22日 第五届福建省大学生戏剧节暨第七届福建省大学生艺术节戏剧展演开幕式系列活动在福州大学旗山校区举行。

22—26日 全国政协副主席梁振英率港区全国政协委员考察团到福建就“深化闽港合作”进行专题调研。省委书记周祖翼，省委副书记、省长赵龙与考察团一行在福州进行交流座谈。全国政协港澳台侨委员会副主任崔玉英参加活动。

24日 福建省首张“全程网办”台企营业执照在平潭发放，标志福建在全国率先实现台胞注册企业业务“全程网办”，台胞享受与大陆居民办企同等便利。

25日 闽澳合作会议第四次会议在福州举行，双方共同签署《闽澳合作会议第四次会议合作备忘录》，有关工作部门签署相关合作协议。

26日 海上丝绸之路（泉州）司法合作国际论坛（2023）在泉州开幕。中华人民共和国首席大法官、最高人民法院院长张军出席开幕式并作主旨发言。省委书记、省人大常委会主任周祖翼在开幕式上致辞。

27—28日 宁夏回族自治区党政代表团到福建省考察交流。28日，闽宁协作第27次联席会议在福州召开。福建省委书记、省人大常委会主任周祖翼，宁夏回族自治区党委书记、人大常委会主任梁言顺，福建省委副书记、省长赵龙，宁夏回族自治区主席张雨浦参加活动。双方签订《闽宁协作第27次联席会议纪要》。

28日 全球可持续发展城市奖（上海奖）颁奖活动暨2023年世界城市日中国主场活动在上海开幕，福州被授予首届全球可持续发展城市奖（上海奖），是全球5个被授予该项荣誉的城市之一。

28日 “中国县域/市辖区高质量发展研讨会2023”在中国社会科学院举行。研讨会上发布《中国县域发展潜力报告2023》及“2023全国县域发展潜力百强县”榜单，福建6个县市入选。

28日 明代航海家王景弘学术研讨会在龙岩漳平举行。

28—29日 2023年全国高等院校农村区域发展专业年会在福建农林大学举行，会议发布“传承耕读教育精神”“创新一流人才培养体系”“推进学科专业交叉融合”“促进多方协同育人”4项乡村振兴联合宣言，举行全国乡村振兴创新案例作品的颁奖仪式。

31日 第二届福建省“国防人物”颁奖仪式在福州举行。

10月 由厦门大学、中国食品药品检定研究院和万泰生物联合研制的戊型肝炎病毒抗原尿液检测试剂盒（胶体金法、荧光免疫层析法），获得国家药品监督管理局批准上市。该试剂为全球首个以尿液抗原为靶标的戊肝诊断试剂。

10月 福建省自然资源厅首次公开发布福建省标准地图矢量数据。数据以1：100万公众版基础地理信息数据（2021）为基础编制而成，包含省界、设区市界、县界、省级行政中心、设区市行政中心、县级驻地、主要河流、水库、主要岛屿、群列岛及省域最高峰等具有坐标参数的矢量数据。

11月

1日 福建省民营经济标准创新发展大会暨2023民营经济标准创新周福建专场活动在泉州举行。会议表彰福建省首批33家标准创新型民营企业，表扬10家团体标准化工作优秀商会，颁发福建省第九届标准贡献奖，发布福建省民营经济标准创新13个典型案例。

2日 全球南方智库对话会在厦门开幕。中联部部长刘建超，省长赵龙，省委常委、厦门市委书记崔永辉致辞。中联部副部长、金砖国家智库合作中方理事会理事长郭业洲主持。省领导郭宁宁、康涛出席。南非非洲人国民大会第一副总书记诺姆乌拉·莫科尼亚内、塔吉克斯坦人民民主党第一副主席阿卜杜贾博尔·阿济济、巴西劳工党智库佩尔塞乌·阿布拉姆基金会国际合作部顾问法比奥·埃尔科里分别发言。

3日 第三届世界闽籍华侨华人社团联谊大会暨福建省海外联谊会第六届理事大会在福州开幕。省委书记、省人大常委会主任周祖翼出席并讲话，省委副书记、省长赵龙主持开幕式。中央统战部副部长林锐到会祝贺并讲话。

3日 福建中国和平统一促进会成立大会在福州举行。

4日 第36届中国电影金鸡奖颁奖典礼暨2023年中国金鸡百花电影节闭幕式在厦门举行。

7日 福建省政府与中国农业发展银行签署战略合作协议。

7日 工信部赛迪顾问县域经济研究中心发布《2023中国县域投资竞争力百强研究报告》，福建省7个县域入围榜单，入围数量居全国第四。

7日 “福建·东盟电影文化周”在泰国曼谷开幕。

7日 海峡两岸茶业交流协会审定通过福建首个农产品全程质量控制技术规范《绿色食品茶叶全程质量控制技术规范》和福建首个农产品贮存期质量安全监测技术规范《茶叶贮存期质量安全监测技术规范》。

8日 首届中国（宁德）国际新能源产业及储能装备博览会在宁德开幕。

9日 2023世界储能大会在宁德开幕。10家国内外储能相关行业协会（联盟）联合发布《全球储能产业未来发展倡议（宁德）》；中国机械工业联合会授予宁德市“中国新能源电池之都”称号，宁德市政府发布《宁德市动力电池国家先进制造业集群培育提升三年行动方案（2023—2025）》和《“零碳岛”建设宁德宣言》。

9日 2023厦门国际海洋周开幕式暨厦门国际海洋论坛在厦门举行。

9日 福建省教育厅公布省级基础教育综合改革实验区名单，确定20个县（市、区）为福建省基础教育综合改革实验区。

10日 “台海通道研讨25周年”纪念活动在厦门举行。

12—15日 上海代表团到福建省考察。省委书记、省人大常委会主任周祖翼在福州与上海市政协主席胡文容一行座谈交流。省委副书记、省长赵龙，致公党中央常务副主席、上海市政协副主席张恩迪出席座谈。省委副书记罗东川出席上海市与三明市对口合作推介会，并陪同代表团在三明考察。

15日 2023年（第四届）海丝茶文化论坛在武夷山市开幕。

16日 2023金砖国家新工业革命伙伴关系论坛在厦门开幕。

17日 第八届“海上丝绸之路”（福州）国际旅游节在福州启动。启动仪式上发布《海上丝绸之路沿线城市在线旅游资产指数报告》及《共同传承弘扬海丝文化，携手打造海丝国际名片》福州倡议。

18日 第八届世界妈祖文化论坛在莆田湄洲岛开幕。全国政协副主席、台盟中央主席苏辉宣布开幕。海峡两岸关系协会会长、中央台办原主任张志军，中国侨联原主席林兆枢，中国社会科学院党组成员赵志敏，省委常委、宣传部部长张彦，省人大常委会副主任、台盟福建省委会主委江尔雄，副省长王金福，省政协副主席阮诗玮，省人大常委会原副主任袁锦贵，自然资源部总工程师田文彪等出席。论坛设有妈祖大爱和平论坛暨第九届国际妈祖文化学术研讨会、妈祖文化与海洋文明论坛、闽台文旅融合发展论坛、妈祖文化青年交流论坛、闽台健康产业融合发展论坛5个平行论坛，举行第二十五届中国·莆田湄洲妈祖文化旅游节开幕式、第八届“湄洲女发髻”表演赛、妈祖搭心桥——项目推介签约等活动。

19日 福建省首批“科技村落”——光泽县崇仁乡崇仁村和止马镇仁厚村，通过专家验收并授牌。

19—25日 全国人大常委会代表工作委员会组织台湾省第十四届全国人大代表视察组到福建省开展视察。

20日 福建省第十届百花文艺奖颁奖晚会在福州举行。

20—21日 中共中央政治局委员、国务院副总理刘国中到福建三明调研医改工作并主持召开座谈会。

21日 福建希望工程实施30周年主题报告会在福州举行。

22日 2023“一带一路国际商协会大会”在福州开幕。

22日 在北京举行的“2023食品预制化（预制菜）产业基地生态大会”上，工信部赛迪顾问消费经济研究中心发布《2023预制菜产业基地百强研究》报告。报告首次发布“2023预制菜产业基地百强”，福建省共有13个产业基地入选，与广东并列全国第二。

24日 公安部命名100个派出所为全国第三批“枫桥式公安派出所”。福建省有5个派出所入选。

25日 中共福建省委书记、省人大常委会主任周祖翼在福州会见由蒙古人民党总书记阿玛尔巴伊斯格楞率领的代表团。

28日 全国首个茶苗交易大会在福安市甘棠镇举行，全国首个区域性茶苗良种繁育科研中心落成。

28日 国务院批复同意自然资源部审查通过的《福建省国土空间规划（2021—2035年）》。

28日 福建省厦门市思明区人民法院涉税案件合议庭揭牌成立，是全国首个涉税案件“三审合一”集中管辖专门合议庭。

29日 福建省坚持和发展新时代“枫桥经验”推进会在福州召开。

30日 中共福建省委政法委公布全省新时代“枫桥式工作法”先进典型名单，对入选全国和全省的31个新时代“枫桥式工作法”先进典型进行通报表扬，其中福州市公安局仓山分局建新派出所（警地“三联”协力解纷工作法）、三明市明溪县沙溪乡（预防化解涉侨纠纷工作法）、宁德市霞浦县溪南镇（化解海上养殖纠纷工作法）3个单位入选全国新时代“枫桥式工作法”。

30日 2023年海峡两岸现代农业博览会·海峡两岸花卉博览会在厦门市和漳州市开幕。其间举办海峡两岸优质特色农产品产销对接会、“花开两岸——好物节”直播推介、海峡两岸农业融合发展论坛、台农台商参与乡村振兴政策对接活动等。

11月 福建省乡村振兴研究会政策研究中心、省政府发展研究中心评价服务中心联合发布“2023福建省乡村振兴热度指数”评价结果。

11月 文化和旅游部办公厅、教育部办公厅、自然资源部办公厅、农业农村部办公厅联合印发《关于公布首批文化产业赋能乡村振兴试点名单的通知》，确定首批63个全国文化产业赋能乡村振兴试点名单。福建龙岩市永定区、南平市建阳区入选。

11月 福建医科大学附属第一医院承担的省科技计划平台建设项目“福建省脑重大疾病与脑科学研究院”通过专家验收，是福建首家面向脑科学领域的研究机构。

11月 中华全国总工会办公厅印发《关于确认首批全国标准化工人文化宫名单的通知》，确认48家工人文化宫为首批全国标准化工人文化宫，福建省选送的福州市工人文化宫、厦门市工人文化宫入选。

12月

1日 中国首个国家级海上风电研究与试验检测基地在福建开工建设。

1日 全国数字化纺织材料产教融合共同体在泉州成立。

1日 人力资源和社会保障部发布2022年国家级高技能人才培训基地和技能大师工作室项目单位备案名单，福建5家单位入选国家级高技能人才培训基地、5家单位入选国家级技能大师工作室。

5日 福建省工商业联合会成立70周年庆祝座谈会在福州举行。会上发布《千会万企贯彻新时代民营经济强省战略行动宣言》。

5日 福建省知识产权保护和发展大会在福州召开。

7日 第十四届泉州国际南音大会唱开幕。

7日 龙岩长汀县罗地河小流域水土保持碳汇项目签约仪式在长汀举行，现场签约交易罗地河小流域综合治理水土保持碳汇10万吨，总价180万元，是全国首单水土保持碳汇交易。

8日 第五届海上丝绸之路国际艺术节在泉州开幕。

8日 漳州市海水养殖碳汇核算成果上线仪式举行，建立全国首个设区市级渔业碳汇资源库，并通过海峡资源环境交易中心颁发漳州市首张海水养殖蓝色碳票。

12日 位于中国莆田SOS儿童村内的莆田市孤弃儿童养护中心揭牌启用，是全国10个SOS儿童村中启用的首个孤弃儿童养护中心。

14日 福建省省长赵龙在福州会见乌兹别克斯坦撒马尔罕州州长图尔济莫夫一行，共同签署建立友好省州关系备忘录。省委常委、常务副省长郭宁宁出席。

15日 全省最大会展中心——厦门国际博览中心举行开馆仪式，现场举行厦门国际博览中心2024年首批6个落地项目签约仪式。

18日 文化和旅游部、自然资源部、住房城乡建设部联合发布通知，公布国家文化产业和旅游产业融合发展示范区建设单位名单，全国50个单位入选，福建省福州市鼓楼区、南平市武夷山市上榜。

19日 中共福建省委书记、省人大常委会主任周祖翼在福州会见柬埔寨国王西哈莫尼一行。

20日 第一届中国侨智发展大会在福州开幕。全国人大常委会副委员长、农工党中央主席何维在开幕式上讲话并宣布大会开幕。省委书记、省人大常委会主任周祖翼，中国侨联党组书记、主席万立骏在开幕式上致辞。省委副书记、省长赵龙主持开幕式。全国人大常委会委员、华侨委员会副主任委员黄志贤，省政协主席滕佳材出席。大会成立“侨商兴闽基金”，发布《华侨华人新生代〈福州宣言〉》。

21日 中国改革（2023）年会暨地方全面深化改革推进中国式现代化高层研讨会在福建厦门举行，会上发布新时代10年地方改革与发展深度融合特别案例以及中国改革2023年度地方全面深化改革特别案例、年度地方全面深化改革市域案例、年度地方全面深化改革县域案例等名单。

22日 全国首个折叠渐进式多维体验剧《最忆船政》在位于福州马尾的中国船政文化城上演，是国内首台船政历史题材立体演艺秀。

24日 中国共产党福建省第十一届委员会第五次全体会议在福州召开。出席会议的省委委员69人，省委候补委员15人。省纪委常委、省监委委员和有关方面负责同志，党的二十大代表和省第十一次党代会代表中的部分专家学者和基层代表等列席会议。全会由省委常委会主持，省委书记周祖翼讲话。全会听取和讨论了周祖翼受省委常委会委托作的工作报告，审议了《中共福建省委、福建省人民政府关于贯彻落实〈中共中央　国务院关于支持福建探索海峡两岸融合发展新路　建设两岸融合发展示范区的意见〉的实施意见》。周祖翼就《实施意见（讨论稿）》向全会作说明。

29日 中国地方志工作办公室发出通知，通报表扬第九届全国地方志优秀成果（年鉴类），福建省推荐的19部年鉴全部入选并获各类等次。

30日 2023年度福建省县域经济实力“十强”县（市）、经济发展“十佳”县（市）和城市发展“十优”区评价结果发布。

31日 福建省“幸福家园”村社互助工程——健康村社项目在福州启动。

12月 全球首个“5G-A通感一体低空协同组网”于厦门成功试点。

编辑：林忠玉

省情概貌

自然地理

【位置面积】 福建省位于中国东南沿海，介于北纬 23°32′～28°19′、东经 115°51′～120°52′之间。东隔台湾海峡与台湾相望。陆地平面形状似一斜长方形，东西最大间距约 480 千米，南北最大间距约 530 千米。全省大部分属中亚热带，闽东南部分地区属南亚热带。全省土地总面积 12.4 万平方千米，海域面积 13.6 万平方千米。

【地形地貌】 福建省境内峰岭耸峙，丘陵连绵，河谷、盆地穿插其间，山地、丘陵占全省总面积的 80%以上，素有“八山一水一分田”之称。地势总体上西北高东南低，横断面略呈马鞍形。因受新华夏构造控制，在西部和中部形成北（北）东向斜贯全省的闽西大山带和闽中大山带。两大山带之间为互不贯通的河谷、盆地，东部沿海为丘陵、台地和滨海平原。

闽西大山带以武夷山脉为主体，长约 530 千米，宽度不一，最宽处达 100 余千米。北段以中低山为主，海拔大都在 1200 米以上；南段以低山丘陵为主，海拔 600～1000 米。位于闽赣边界的主峰黄岗山海拔 2158 米，是中国大陆东南部的最高峰。整个山带，尤其是北段，山体两坡明显不对称：西坡陡，多断崖；东坡缓，层状地貌发育。山间盆地和河谷盆地中有红色砂岩和石灰岩分布，构成瑰丽的丹霞地貌和独特的喀斯特地貌景观。

闽中大山带由鹫峰山、戴云山、博平岭等山脉构成，长约 550 千米，以中低山为主。北段鹫峰山长 100 余千米，宽 60～100 千米，平均海拔超过 1000 米；中段戴云山为山带的主体，长约 300 千米，宽 60～180 千米，海拔 1200 米以上的山峰连绵不绝，主峰戴云山海拔 1856 米；南段博平岭长约 150 千米，宽 40～80 千米，以低山丘陵为主，海拔 700～900 米。整个山带两坡不对称：西坡较陡，多断崖；东坡较缓，层状地貌较发育。山地中有许多山间盆地。

东部沿海海拔在 500 米以下。闽江口以北以花岗岩高丘陵为主，多直逼海岸。戴云山、博平岭东延余脉遍布花岗岩丘陵。福清至诏安沿海广泛分布红土台地。滨海平原多为河口冲积海积平原，这些平原面积不大，且为丘陵所分割，呈不连续状。闽东南沿海和海坛岛等岛屿风积地貌发育。

陆地海岸线 3751.5 千米，以侵蚀海岸为主，堆积海岸为次，岸线曲折。潮间带滩涂面积约 20 万公顷，底质以泥、泥沙或沙泥为主。港湾众多，自北向南有沙埕港、三都澳、罗源湾、湄洲湾、厦门港和东山湾等六大深水港湾。有岛屿 2214 个，其中海坛岛为全省第一大岛，原厦门岛、东山岛等岛屿已筑有海堤与陆地相连而形成半岛。

（黄继富）

【气候】 2023 年，福建省年平均气温 20.5℃，较常年偏高 0.7℃；日最高气温 40.9℃（7 月 7 日，宁德），日最低气温－7.7℃（1 月 25 日，寿宁）；降水量 1621.3 毫米，较常年偏少 49.5 毫米（偏少 3%）；日照时数 1798.4 小时，较常年偏多 97.6 小时。年度主要天气气候特点：全省气温偏高，降水接近常年，极端天气气候事件频发；冬季多寒潮，春夏强对流天气阶段性频发，雨季总体平稳，台风风雨影响皆偏重。

气温。全省年平均气温 20.5℃，较常年偏高 0.7℃，为 1961 年以来历史第三高。建瓯、周宁和寿宁等 32 个县（市、区）年平均气温为当地历史前三高，其中建瓯、寿宁、周宁和屏南年平均气温破当地历史纪录。全省平均气温均较常年偏高，近八成县（市、区）偏高 0.5℃以上。各季气温冬季和秋季正常，其余季节均偏高。

降水。全省年平均降水量 1621.3 毫米，较常年偏少 49.5 毫米。空间分布上总体呈西北山区和沿海局地相对较多的特征。各季降水中夏季偏多，秋季偏少，其余季节均正常。夏季各月降水量均偏多，其中福州市区和莆田市区 7 月月降水量、长乐 9 月月降水量均破历史同期纪录。

日照。全省年平均日照时数 1798.4 小时，较常年偏多 97.6 小时。空间分布上总体呈中北部大部分地区和南部部分地区偏多的特征。其中，连江和闽侯年日照时数破历史纪录。各季日照早春季偏多，其余季节均正常。早春季（3—4月）福州市全区季日照时数属异常偏高，破历史同期纪录。

【自然灾害】 2023年，福建省经历6次寒潮、8场强对流、3次高温、15场暴雨过程，7个影响台风（其中2个为登陆台风），夏季出现气象干旱。全省气象灾害以台风和洪涝为主，其次为风雹和低温冷冻害，损失主要集中在泉州、福州、莆田和漳州，并出现雷电灾害，综合气候年景偏差。

冷空气。经历6次寒潮过程，以1月23—25日过程为最强，过程极端最低气温为全年最低值。

强对流。经历8场强对流过程，其中3月22—25日过程范围广、强度强、致灾重，降雹范围为近40年早春季同期最大，23日单日降雹范围历史第二大，平潭近10年来首次出现冰雹。

暴雨。经历15场暴雨过程，以7月26—29日和9月4—7日两次台风暴雨过程为最强。

台风。共有7个影响台风，与常年持平。其中2个登陆台风，为第5号台风"杜苏芮"和第11号台风"海葵"，登陆个数偏多（常年1.7个），对全省造成严重风雨影响；5个影响台风分别为第2号台风"玛娃"、第4号台风"泰利"、第6号台风"卡努"和第9号台风"苏拉"。

高温。春夏高温过程强度和范围历史同期少见。5月29—31日高温过程范围、持续天数和综合强度为5月历史同期之最，全省近半数地区极端最高气温打破或持平当地历史同期纪录。

气象干旱。气象干旱以夏旱为重，综合评估等级达到较强。入夏前后高温少雨，6月下旬起中部大部地区、东北部大部地区和漳州部分地区气象干旱迅速发展，最严重时全省近半数地区出现重度以上气象干旱。7月下旬至8月上旬台风和降水使旱情陆续解除。（肖铮）

【水文】 2023年，福建省降水总量偏少、时空分布不均、江河来水偏少、局地洪涝严重、台风影响偏强、水库蓄水良好。

雨情。全省平均降雨量1621.3毫米，较常年偏少49.5毫米，偏少3%。各县（市、区）年降水量在1072.2毫米（东山县）至2211.6毫米（光泽县）之间，降水分布不均，西北山区和沿海局地相对较多，其中宁德市和福州市区、光泽县、邵武市、同安区年降水量超2000毫米，中部大部地区和沿海部分地区年降水量少于1600毫米。与常年相比，沿海大部、西北部山区和龙岩南部地区偏多，其余地区均偏少；福州市区、厦门市区和莆田市区等13个县（市、区）偏多10%以上，以福州市区偏多46.8%为最；寿宁县、三明市区和漳州市区等23个县（市、区）偏少10%以上，以寿宁县偏少26.9%为最。夏季降水偏多、秋季偏少，其余季节正常，夏季各月降水量均偏多，其中福州市区和莆田市区7月降水量、长乐区9月降水量均破历史同期纪录。

水情。全省有53条河流发生超警戒以上洪水122站次，其中汀江支流黄潭河、小澜溪，九龙江支流雁石溪，晋江支流九十九溪、罗溪、蓝溪，木兰溪等7条河流发生超保证以上洪水。主要江河干流控制站实测年总径流量621.25亿立方米，较常年偏少25%，较上年偏少22%。

风情。全省共经历7个影响台风（含2个登陆台风），与常年持平。台风对福建省影响总体偏重，尤其是登陆台风"杜苏芮""海葵"，风雨影响均为历史罕见。

旱情。全省共出现3次高温天气过程，频次较常年偏少，但范围广、时间长、极值屡破纪录。建瓯、周宁和寿宁等32个县（市、区）年平均气温为当地历史前三高；其中，建瓯市、寿宁县、周宁县和屏南县年平均气温破当地历史纪录。入夏后持续高温少雨，6月下旬起福州西部局地、宁德北部局地、龙岩东部和北部局地气象干旱呈点状迅速发展至中部大部地区、东北部大部地区和漳州部分地区；最严重时（7月15日）全省共26个县（市、区）出现重度以上气象干旱，其中11个县（市、区）出现气象特旱，7月下旬至8月上旬旱情陆续解除。

灾情。台风暴雨灾害共损坏大中型水库7座、小型水库432座，损坏堤防2621处、193.08千米，损坏护岸4664处、水闸384座、塘坝475座、灌溉设施3830处、水文测站282个、机电井70眼、机电泵站44座、小型水电站158座、其他水利设施2826处，水利工程设施直接经济损失43.63亿元。

汛末水库蓄水状况。全省水库蓄水总量同比偏多5%。其中，21座大型水库蓄水87.91亿立方米，占正常高蓄水总量的83%，较常年同期偏多6%；121座中型水库蓄水19.38亿立方米，占正常高蓄水总量的69%，较常年同期偏多2%。（陈布泽）

自然资源

【土地资源】 截至2023年12月31日，福建省土地总面积12.40万平方千米，占全国土地总面积的1.3%。其中，耕地920892.67公顷、园地926351.09公顷、林地8779640.07公顷、草地75066.23公顷、湿地186735.85公顷、城镇村及工矿用地726436.28公顷、交通运输用地153377.30公顷、水域及水利设施用地373142.30公顷。

【矿产资源】 截至2023年底，福建省发现矿产138种，探明储量矿产114种，其中能源矿产1种（煤）、水气矿产2种、金属矿产28种、非金属矿产83种。列入福建省矿产资源储量统计数据库矿区总数1846个，按矿产资源储量规模划分，大型（特大）矿区89个、中型矿区225个，其他为小型矿区。

【海洋资源】 福建自古就有"闽在海中"的说法，海域面积13.6万平方千米，比陆域面积大10.3%，为中国的海洋大省之一。海岸线漫长曲折，北起福鼎沙埕港，南至诏安宫口港，总长3751.5千米，居全国第二位；直线长度535千米，海岸线曲折率1：7.01，为全国之最。由于海岸曲折，岛屿众多，形成许多港湾。全省有大小港湾125个，其中深水港湾22处。自北而南较大的港湾有沙埕港、三沙湾、罗源湾、福清湾、兴化湾、湄洲湾、泉州湾、深沪湾、厦门湾、旧镇湾、东山湾、诏安湾等，其中能直接满足5万吨级以上船舶自由进出的天然深水良港有厦门湾、沙埕港、湄洲湾、兴化湾、罗源湾、三沙湾、东山湾等7处，占全国1/6多。纳入港口规划的岸线467.1千米，其中深水岸线210.9千米，可开发建设20万吨级以上的大型深水港岸线总长47千米，共23处，可建设20万吨级以上深水港口泊位80个。

沿海岛屿星罗棋布，共有2214个，其中面积大于500平方米的1321个，位居全国第二；沿海岛屿总面积1155.8平方千米，总岸线长度2503.8千米，有居民岛屿100个（含台湾地区管辖的10个）。沿海滩涂广布，浅海滩涂可利用养殖面积1500平方千米。近海生物种类3000多种，贝、藻、鱼、虾种类数量居全国前列。可作业渔场面积12.51万平方千米，有闽东、闽中、闽南、闽外和台湾浅滩五大渔场。海洋矿产资源种类多，海岸带和近海发现60多种矿产，其中有工业利用价值的20余种。全省山多海阔，山海兼容，优越的亚热带海洋性气候，多种多样的海岸类型，景色秀丽的岛屿，千姿百态的海蚀景观，与沿海众多富有宗教、文化、军事、历史内涵的名胜古迹和新兴的港口城市，构成理想的观光度假胜地，其中被列为国家重点风景名胜区的有鼓浪屿、清源山、太姥山、海坛岛，还有国家旅游度假区湄洲岛以及“海上绿洲”东山岛等。沿海地热梯度较大，地热资源丰富，具有开采价值的热水区域较多。沿海风能资源丰富，可利用时数7000～8000小时。沿海可利用潮汐发电的海水面积3000平方千米，潮汐能理论装机容量3425万千瓦，可开发装机容量1033万千瓦，占全国的49.2%，居全国首位。

（邹益銮）

【水资源】 2023年，福建省水资源总量为979.41亿立方米，人均3072立方米，其中地表水977.61亿立方米、地下水和地表水不重复量1.80亿立方米。行政分区中，地表水资源量最多的是南平市（228.23亿立方米），最少的是平潭综合实验区（1.91亿立方米），分别占全省地表水资源量的23.3%、0.20%。地表水资源量中，闽江473.48亿立方米、九龙江108.77亿立方米、汀江68.65亿立方米、晋江46.40亿立方米、交溪41.87亿立方米、木兰溪16.88亿立方米，其中闽江占全省主要江河水资源总量的62.6%。全年外省入境水量20.68亿立方米，福建省出境水量93.92亿立方米。全省入海水量798.04亿立方米（不含过境水量）。

（陈布泽）

【生物资源】 野生动物资源。根据动物地理区划，福建省属于东洋界华中区丘陵平原亚区和华南区闽广沿海亚区交错地带，省内的野生动物多数属于东洋界的种类。自然分布有脊椎动物1733种，其中哺乳类143种、鸟类592种、爬行类125种、两栖类53种、鱼类820种，昆虫1万多种。全省分布国家重点保护野生动物291种，其中国家一级保护野生动物65种、国家二级保护野生动物226种。野生植物资源。植物种类以亚热带成分为主，区系成分较复杂，种类繁多。分布有高等植物5550种，其中被子植物4251种、裸子植物70种、蕨类植物382种、苔藓361种、真菌486种。国家重点保护野生植物130种及变种，其中国家一级保护野生植物9种及变种、国家二级保护野生植物121种及变种。

【森林资源】 截至2023年底，福建省森林覆盖率65.12%，居全国第1位；林地面积881.14万公顷，森林面积807.72万公顷，居全国第13位；活立木蓄积量90884.95万立方米，居全国第8位；森林蓄积量80713.30万立方米，居全国第8位；乔木林每公顷蓄积量121.64立方米，居全国第3位；天然森林面积395.48万公顷，居全国第12位；人工林面积412.24万公顷，居全国第8位。

（省林业局）

环境质量

【大气环境质量】 2023年，福建省环境空气质量保持优良并持续位居全国前列，9个设区城市空气质量优良天数比例98.5%，环境空气质量综合指数范围2.29～2.90，首要污染物为臭氧。空气质量自优开始排名，依次为南平市、龙岩市、福州市、宁德市、莆田市、厦门市、三明市、泉州市和漳州市（并列第八名）；平潭综合实验区环境空气质量综合指数为1.95，首要污染物为臭氧。全国168个重点城市环境空气质量排名中，福州市排名第四位、厦门市排名第七位。全省降水pH年平均值5.29，较上年下降0.08个pH单位；酸雨频率30.6%，上升2.6个百分点。

【水环境质量】 2023年，福建省水环境质量保持优良并持续改善，主要流域水质总体为优，集中式生活饮用水水源水质和主要湖泊水库水质均为优良。全省主要流域Ⅰ～Ⅲ类水质比例99.5%，比上年提升0.8个百分点，其中国控断面Ⅰ～Ⅲ类水质比例99%，提升0.9个百分点；小流域Ⅰ～Ⅲ类水质比例96.8%，提升1.3个百分点。全省县级以上集中式生活饮用水水源达标率100%，比上年持平。全省19个淡水湖泊水库Ⅰ～Ⅲ类水质比例89.5%，比上年下降5.3个百分点。

全省地下水环境质量总体稳定。全省地下水58个国控点位Ⅰ～Ⅳ类水点位48个，占比82.8%；Ⅴ类水点位10个，占比17.2%。160个省控点位Ⅰ～Ⅳ类水点位142个，占比88.7%；Ⅴ类水点位18个，占比11.3%。

【声环境质量】 2023年，福建省城市声环境质量稳中有升，区域环境噪声、道路交通噪声有所下降。全省9个设区市、平潭综合实验区、14个县级市（含长乐区和建阳区）的城市区域环境噪声昼间平均等效声级55.7分贝，与上年持平。其中，城市区域昼间声环境质量为二级的城市占比58.3%、三级的城市占比37.5%、四级的城市占比4.2%。全省9个设区市、平潭综合实验区、14个县级市（含长乐区和建阳区）的城市道路交通噪声昼间平均等效声级67.4分贝，比上年下降0.1分贝。其中，城市道路交通噪声评价为一级的城市16个，占比66.7%；二级的城市8个，占比33.3%。（林承恩）

人文历史

【八闽史迹】 闽地境内重峦叠嶂，河谷和盆地错落其间；气候温和湿润，资源丰富，适宜于人类生息、繁衍。据2007年福建省文物局统计，全省有古遗址3537处、古墓葬954处。其中，已知旧石器文化遗址或旧石器出土地点、化石地点45处，旧石器时代向新石器时代过渡期的小石器地点数百处，新石器时代和青铜器时代文化遗存3000余处。遗址主要分布在闽江、晋江、九龙江、汀江及其支流河溪两岸，形成闽江下游和闽东沿海区、闽江上游闽北河谷区、闽南粤东沿海区、闽中内陆和闽西地区4个区系。到新石器时代后期，早期先民活动地域扩展到闽中内陆、闽西腹地，基本遍及闽地全境。古闽先民生产生活主要特征有：沿海地区，先民依山面海，从事以海洋为主的活动，生产生活具有鲜明的海洋文明特征；内陆地区，先民依水而居、水宿山行，从事采集、狩猎和山地农业为主，生产生活具有独特的农业文明特征。古闽先民促进多元文化的交流融合。闽江流域是古闽文化发展的中心地区之一，在这一文化体系中，闽江下游是土著文化核心地区，早期古文化发展序列清楚，一脉相承，土著文化内涵比较单纯而富有特色，延续性比较明确；上游地区由于地理位置影响，受到来自境外的不同文化更深刻的影响，内涵相对复杂。在吸收外来文化辐射的同时，闽江流域也逐步产生向外的文化影响和传播。

【福建省重要历史遗迹福州篇】 福州文林山革命烈士陵园　福州文林山革命烈士陵园位于福州市鼓楼区文林路将军山东南麓，建于1979年，占地面积约8.67公顷。陵园主体建筑群由福州革命烈士纪念馆、纪念碑、烈士墓、军人墓、长安堂和办公楼等组成，建筑面积4941平方米。福州革命烈士纪念馆为三层楼式，于1995年建成开馆；革命烈士纪念碑高27.8米；纪念碑的西南面建有3座烈士墓，即空军特级英雄杜凤瑞烈士墓、福州革命烈士墓和革命军人墓。福州文林山革命烈士陵园于1990年5月被公布为福建省文物保护单位，1995年1月被公布为全国爱国主义教育基地，1997年6月被公布为福建省爱国主义教育基地，2009年9月被公布为福建省党史教育基地。

福建省革命历史纪念馆　福建省革命历史纪念馆是国家二级博物馆，位于福州市鼓山脚下，占地面积2公顷，建筑面积1.6万平方米，于1998年11月竣工并对外开放。“红色福建”和“中央苏区——福建”是纪念馆的基本陈列，并有大型铜雕《奋斗》、大型影雕《闽之魂》等。福建省革命历史纪念馆于2001年12月被公布为福建省爱国主义教育基地，2001年6月被公布为全国爱国主义教育示范基地，2009年9月被公布为福建省党史教育基地，2016年12月入选全国红色旅游景点景区名录。

八一七革命烈士公园　八一七革命烈士公园位于福州市晋安区寿山乡岭头村，于1999年2月动工兴建，1999年8月17日在福州解放50周年纪念日落成，主要由牌坊、纪念碑、烈士墓三部分组成。八一七革命烈士公园于2001年7月被公布为福州市文物保护单位，2001年7月被公布为福州市青少年德育教育基地和福州市爱国主义教育基地，2009年9月被公布为福建省党史教育基地。

林祥谦烈士陵园　林祥谦烈士陵园位于福州市闽侯县祥谦镇枕峰村福厦公路东侧的枕峰山西麓，占地面积1.5万多平方米，建筑面积5000多平方米。1960年开始兴建，1963年陵园全面竣工并对外开放；由西至东依次建有陵门、塑像、纪念堂、陵墓等。纪念堂为“工”字双层建设，面积1850平方米。林祥谦烈士陵园于1985年10月被公布为福建省文物保护单位，1989年11月被公布为全国重点烈士纪念建筑物保护单位，1995年8月被公布为福建省爱国主义教育基地，2001年6月被公布为全国爱国主义教育示范基地，2009年9月被公布为福建省党史教育基地。

中共福建省委南阳旧址　中共福建省委南阳旧址位于福州市长乐区江田镇南阳村。1944年8月，中共福建省委机关由永泰县龙屿乡官烈村兔耳山迁移到长乐南阳村，闽中特委机关及闽中游击队和省委武装队伍也随后进驻南阳村。1945年6月，中共福建省委机关撤出长乐南阳村。1991年，中共福建省委南阳旧址开始修复，包括原省委机关办公楼（陈氏祖厅）、省委武装部队住房、闽中游击队司令部等，占地面积3.33公顷。中共福建省委南阳旧址于1986年4月被公布为长乐县文物保护单位，1995年5月被公布为长乐市爱国主义教育基地，2001年7月被公布为福州市爱国主义教育基地，2007年11月被公布为福建省国防教育基地，2009年9月被公布为福建省党史教育基地。

中共福建省委旧址纪念馆　中共福建省委旧址纪念馆位于福州市永泰县塘前乡官烈村。1943年冬，中共福建省委从闽北南迁闽中永泰；1944年7月，省委机关迁至官烈。2005年5月，中共永泰县委、永泰县人民政府决定在塘前乡官烈村修建中共福建省委旧址纪念馆。纪念馆于同年11月动工，2006年9月30日举行开馆揭匾及“福州市爱国主义教育基地”挂牌仪式。纪念馆占地面积1600多平方米，建筑面积355.68平方米，为中国仿古四合院建筑风格。中共福建省委旧址纪念馆于2006年6月被公布为福州市爱国主义教育基地。

（省委党史方志办）

建置区划

【建置沿革】 古近代时期。“闽”最早出现在周朝，西周时福建称闽越，《周礼·夏官》称七闽。战国末，无诸据有福建及其毗邻的浙南、赣东、粤东地区，自称闽越王，建都于冶（今福州），此为福建有政权之始。秦时平百越，削去无诸王号。秦始皇三十三年（前 214 年）设置闽中郡，治东冶（今福州），福建为闽中郡辖区的一部分，从此福建作为一个行政区划出现在中国的版图上。汉高祖立无诸为闽越王，都东冶。西汉昭帝始元二年（前 85 年）立为冶县（后复名东冶），东汉改为东侯官。汉建安十二年（207 年）析东侯官置建安县，此时福建有侯官、建安、南平、汉兴和建平 5 个县。三国吴永安三年（260 年）设置建安郡，治建安（今福建建瓯），辖建安、南平、将乐、建平、东平、昭武、吴兴等县。西晋太康三年（282 年）设置晋安郡，治原丰，属扬州。南朝梁天监年间析晋安郡置南安郡，治南安；陈永定年间析晋安郡置闽州，改晋安郡为丰州。隋开皇元年（581 年）废郡，改丰州为泉州，大业元年（605 年）更名为闽州，大业三年（607 年）又废州改设为建安郡。唐武德元年（618 年）改建安郡为建州，治闽县（今福州）；武德五年（622 年）设置丰州，治南安，武德六年（623 年）分置泉州，治闽县；贞观初年丰州并入泉州；垂拱二年（686 年）析出泉州南部设置漳州，治漳浦（今云霄）；圣历二年（699 年），泉州析地设置武荣州，治南安；景云二年（711 年），武荣州更名为泉州，治晋江，后改泉州为闽州，治闽县（今福州）；开元十三年（725 年），闽州更名为福州；开元二十一年（733 年）设置福建经略使，“福建”之称由此始；天宝元年（742 年）改属江南东道，改福建经略使为长乐经略使；乾元元年（758 年）以长乐郡为福州都督府，经略使改为都防御使；上元元年（760 年）升格为节度使；大历六年（771 年）置都团练观察处置使；乾宁三年（896 年）置为威武军节度使，治福州。五代后梁开平三年（909 年），封王审知为闽王，贞明六年（920 年）在福州设立大都督府；后唐长兴四年（933 年），福州升为长乐府；后晋开运二年（945 年），改长乐府为东都。宋雍熙二年（985 年）设立福建路，下辖福、泉、建、汀、漳、南剑六州和邵武、兴化两军，时全省已有 42 个县。元至元十四年（1277 年）在泉州设立行宣慰司，第二年改为行中书省，后行省迁回福州。明代改设福建布政使司，治福州，辖 8 个府 1 个州 60 个县。清承明制，省辖府、县两级，省府之间设道；康熙二十三年（1684 年），福建省增设台湾府；光绪十一年（1885 年），台湾从福建析出设立台湾省；清末，全省行政区划为宁福、兴泉永、汀漳龙、延建邵 4 个道，福州、福宁、兴化、泉州、汀州、漳州、延平、建宁、邵武 9 个府，永春、龙岩 2 个州，58 个县、6 个厅。

民国时期。福建省行政区划废府、州、厅，实行省、道、县三级制。1912 年，全省划分为东路、南路、西路、北路 4 个道。1914 年，以原辖区改为闽海道（闽东）、厦门道（闽南）、汀漳道（闽西）、建安道（闽北）4 个道，合并闽县、侯官（清代以后候官多称为侯官）为闽侯县；建安、瓯宁为建瓯县；改永春、龙岩二州为永春、龙岩二县；同安县析厦门岛设置思明县，析浯洲岛（金门岛）和大嶝、小嶝岛置金门县；改永福县为永泰县；时全省 4 个道、61 个县。1915 年，诏安县析铜山岛和漳浦县的古雷岛设置东山县。1925 年，废除道制，实行省、县两级制。1928 年，设置华安县。1933 年，十九路军在福州发动“福建事变”，成立中华共和国人民革命政府，定福州为首都，将福建划为闽海、延平、兴泉、龙汀 4 个省和福州、厦门两个特别市，辖 64 个县。1934 年，人民革命政府解散，又成立福建省政府，7 月实行行政督察专员公署制度，将全省划分为 10 个行政督察区公署，辖 64 个县，8 月光泽县划归江西省管辖。1935 年，设立厦门市，撤销思明县。1938 年，福建省政府迁往永安，全省行政区划为 7 个行政督察区、1 个市、62 个县、7 个特区。1940 年，建瓯析出部分行政区域设置水吉县，沙县、永安和明溪析出部分行政区域设置三元县。1941 年，福州沦陷，第一区专署迁往福安。1943 年，全省行政区划调整为 8 个行政督察区、2 个市、64 个县、2 个特区。1944 年，闽侯县更名为林森县。1945 年 9 月设置周宁县，10 月设置柘荣县，11 月省政府迁回福州。1946 年，福州市正式成立，全省行政区划调整为 9 个行政督察区、2 个市、66 个县。1947 年，全省行政区划调整为 7 个行政督察区、2 个市（福州、厦门）、67 个县、10 个区、899 个乡（镇）。1947 年，光泽县由江西省划归福建省管辖。

中华人民共和国时期。1949 年 8 月 24 日，福建省人民政府成立；9 月，省人民政府公布福建省行政区划通令，将全省行政区域分为福州、厦门 2 个市，8 个行政督察专区和 67 个县。1950 年 3 月，8 个专区依次更名为建瓯、南平、福安、闽侯、泉州、漳州、永安、龙岩专区；9 月，泉州专区更名为晋江专区，漳州专区更名为龙溪专区，建瓯专区更名为建阳专区，德化县由永安专区划归晋江专区，林森县复名为闽侯县；11 月，设立泉州市、漳州市（县级）。县以下的行政区划，仍维持旧政权的区划。1951 年，福州市设立鼓楼、大根、小桥、台江、仓山、水上、盖山、鼓山、洪山 9 个区。1952 年，福州市设立新店区，厦门市设立开元、思明、鼓浪屿区。1954 年，厦门市设立禾山区。1955 年，撤销福州市盖山、鼓山、洪山、新店区。1956 年，撤销建阳专区，所辖各县划归南平地区；撤销闽侯专区，所辖闽侯县划归省直辖，长乐、连江、罗源县划归福安专区，永泰、福清、平潭县划归晋江专区；撤销永安专区，所辖三元、明溪县划归南平专区，大田划归晋江专区，永安、清流、宁化、宁洋县划归龙岩专区；撤销水吉县，其行政区域分别并入建阳、建瓯和浦城县；撤销宁洋县，其行政区域分别并入漳平、永安和龙岩县；撤销柘荣县，其行政区域并入福鼎县；福州市撤销大根、小桥、水上区，其行政区域分别并入鼓楼区、台江区和仓山区；三元、明溪县合并为三明县；析南平县城区设立南平市（县级）。1957 年，全省辖 2 个地级市、5 个专区、3 个县级市、7 个市辖区、63 个县、337 个区、4223 个乡。

1958 年，中国基层政权改制为政社合一的人民公社，全省共建 656 个人民公社；撤销厦门市禾山区，闽侯县划归福州市，同安县由晋江专区划归厦门市。1959 年，恢复闽侯专区，辖原福州市的闽侯县，原南平市的闽清县，原福安专区的长乐、连江县和原晋江专区的永泰、福清、平潭县，专署驻闽侯县；原南平专区的松溪、政和县划归福安专区。1960 年，设立三明市（地级），以三明县城区为三明市行政区域，南平专区的三明县归三明市管辖；清流、宁化县合并设立清宁县，清宁县驻原宁化县政府驻地，原清流县部分行政区域分别并入永安、连城县；松溪、政和县合并设立松政县，松政县驻原松溪县政府驻地；龙溪、海澄县合并设立龙海县，龙海县驻石码镇；撤销南平县并入南平市（县级）；福州市设立马尾区。1961 年，恢复柘荣县；撤销清宁县，恢复清流县、宁化县。1962 年，撤销松政县，恢复松溪县和政和县；连江县、罗源县分别从闽侯专区和福安专区划归福州市；龙岩专区的永安、清流、宁化县划归三明市。1963 年，设立三明专区，三明市改为县级市，三明专区辖三明市和三明、永安、清流、宁化 4 个县；福州市撤销马尾区；福州市的连江、罗源县和南平专区的古田、屏南县划归闽侯专区；晋江专区的大田县划归三明专区。1964 年，以南平市、建瓯县、顺昌县的部分行政区域析出建西县；三明县更名为明溪县。1965 年，全省共辖 2 个地级市、7 个专区、6 个市辖区、4 个县级市、63 个县、1258 个人民公社。

1966 年，厦门市开元区更名为东风区，思明区更名为向阳区。1968 年，福州市鼓楼区更名为红卫区，台江区更名为赤卫区，仓山区更名为朝阳区；福州市、厦门市均设立郊区。1970 年，撤销建西县，其行政区域并入顺昌县；撤销柘荣县，其行政区域分别并入福安、福鼎县；撤销松溪、政和县，合并设立松政县；福州市撤销郊区，设立马江区和北峰区；福安专区的松政县划归南平专区；闽侯专区的古田、屏南、连江、罗源县划归福安专区；晋江专区的莆田、仙游县划归闽侯专区；厦门市的同安县划归晋江专区；南平专区的尤溪、沙县、将乐、泰宁、建宁县划归三明专区；南平专区驻地由南平市迁驻建阳县；福安专区驻地由福安县迁驻宁德县；闽侯专区驻地由闽侯县迁驻莆田县。1971 年，各专区更名为地区，南平地区更名为建阳地区，福安地区更名为宁德地区，闽侯地区更名为莆田地区。1973 年，莆田地区的闽侯县划归福州市，晋江地区的同安县划归厦门市。1974 年，恢复柘荣县；撤销松政县，恢复松溪县和政和县。1975 年，福州市撤销北峰区设立郊区。1976 年，全省共辖 2 个地级市、7 个专区、9 个市辖区、4 个县级市、62 个县、835 个人民公社、129 个镇（街人民公社）。

1978 年，厦门市设立杏林区；福州市设立环城区，撤销马江区；福州市红卫、赤卫、朝阳区分别更名为鼓楼区、台江区、仓山区。1979 年，厦门市东风、向阳分别更名为开元区和思明区。1981 年，撤销龙岩县，设立龙岩市（县级）。1982 年，福州市设立马尾区，撤销环城区。1983 年，撤销三明地区，设立三明市（地级），三明市设立梅列区和三元区；撤销莆田地区，所属闽清、永泰、长乐、福清、平潭县划归福州市管辖，莆田、仙游县划归晋江地区；撤销邵武县，设立邵武市（县级）；设立莆田市（地级），辖原晋江地区的莆田、仙游县，并增设城厢区和涵江区；宁德地区的连江、罗源县划归福州市。1984 年，撤销人民公社，设立乡镇建制；撤销永安县，设立永安市（县级）；全省共辖 4 个地级市、5 个专区、14 个市辖区、6 个县级市、59 个县、189 个镇、1076 个乡、18 个民族乡。

1985 年，撤销晋江地区，设立泉州市（地级），泉州市设立鲤城区；撤销龙溪地区，设立漳州市（地级），原县级漳州市改设立芗城区。1987 年，厦门市设立湖里区，郊区更名为集美区；晋江县析出石狮市。1988 年，建阳地区驻地从建阳县迁驻南平市（县级），并更名为南平地区；撤销宁德县，设立宁德市（县级）。1989 年，撤销崇安县，设立武夷山市（县级）；撤销福安县，设立福安市（县级）。1990 年，撤销福清县，设立福清市（县级）；撤销漳平县，设立漳平市（县级）。1992 年，撤销晋江县，设立晋江市（县级）；撤销建瓯县，设立建瓯市（县级）。1993 年，撤销南安县，设立南安市（县级）；撤销龙海县，设立龙海市（县级）。1994 年，撤销南平地区，设立南平市（地级），原县级南平市改设延平区；撤销长乐县，设立长乐市（县级）；撤销建阳县，设立建阳市（县级）。1995 年福州市调整 5 个市辖区行政区域，同时将郊区更名为晋安区；撤销福鼎县，设立福鼎市（县级）。1996 年，撤销同安县，设立厦门市同安区；漳州市析出芗城区和龙海市部分行政区域，设立龙文区；撤销龙岩地区，设立龙岩市（地级），原县级龙岩市改设新罗区。1997 年，泉州市析出鲤城区部分行政区域，设立丰泽区和洛江区。1999 年，撤销宁德地区，设立宁德市（地级），原县级宁德市改设蕉城区。2000 年，泉州市析出惠安县部分行政区域，设立泉港区。2002 年，莆田市撤销莆田县，设立荔城区和秀屿区，同时调整城厢区和涵江区行政区域。2003 年，厦门市撤销开元区、鼓浪屿区，其行政区域并入思明区，同安区析出东部 5 镇设立翔安区，杏林区划出 1 个街道办事处和 1 个镇归集美区管辖，杏林区政府驻地迁驻海沧镇，并更名为海沧区。2014 年，南平市撤销建阳市（县级），设立建阳区；南平市政府驻地由延平区迁驻建阳区；龙岩市撤销永定县，设立永定区。2017 年，福州市撤销长乐市（县级），设立长乐区。2021 年，漳州市撤销龙海市（县级），设立龙海区；撤销长泰县，设立长泰区；三明市撤销三元区、梅列区，设立新的三元区；撤销沙县，设立沙县区。截至 2023

年底，全省辖9个设区市、31个市辖区、11个县级市、42个县、203个街道办事处、653个镇、252个乡（含19个民族乡）。

表1　2023年福建省行政区划一览表

设区市	市政府所在地	所辖县（市、区）
福州市	鼓楼区	鼓楼区　台江区　仓山区　马尾区　晋安区　长乐区　闽侯县　连江县　罗源县　闽清县　永泰县　平潭县　福清市
厦门市	思明区	思明区　海沧区　湖里区　集美区　同安区　翔安区
莆田市	城厢区	城厢区　涵江区　荔城区　秀屿区　仙游县
三明市	三元区	三元区　沙县区　明溪县　清流县　宁化县　大田县　尤溪县　将乐县　泰宁县　建宁县　永安市
泉州市	丰泽区	鲤城区　丰泽区　洛江区　泉港区　惠安县　安溪县　永春县　德化县　石狮市　晋江市　南安市　金门县
漳州市	芗城区	芗城区　龙文区　龙海区　长泰区　云霄县　漳浦县　诏安县　东山县　南靖县　平和县　华安县
南平市	建阳区	延平区　建阳区　顺昌县　浦城县　光泽县　松溪县　政和县　邵武市　武夷山市　建瓯市
龙岩市	新罗区	新罗区　永定区　长汀县　上杭县　武平县　连城县　漳平市
宁德市	蕉城区	蕉城区　霞浦县　古田县　屏南县　寿宁县　周宁县　柘荣县　福安市　福鼎市

表2　2023年福建省行政区划统计表

	县级				乡级					说明
	区	市	县	小计	街道	镇	乡	民族乡	小计	
福州市	6	1	6	13	45	97	37	2	181	含马祖乡
厦门市	6			6	37	8			45	
莆田市	4		1	5	8	40	6		54	
三明市	2	1	8	11	13	78	48	2	141	
泉州市	4	3	5	12	30	110	22	1	163	含金门县
漳州市	4	0	7	11	15	85	20	3	123	
南平市	2	3	5	10	27	72	43		142	
龙岩市	2	1	4	7	14	94	23	2	133	
宁德市	1	2	6	9	14	69	34	9	126	
合计	31	11	42	84	203	653	233	19	1108	含金门县、马祖乡

（林晓渊）

【行政区划】　2023年，福建省无县级和乡级行政区划调整。

华侨华人　台胞

【华侨华人】　福建省是全国第二大侨乡，有华侨华人1580万（其中华侨约占15%，华人约占85%；新侨约占15%，老侨约占85%，呈现“两多两少”的特点），分布在188个国家和地区，其中在东南亚国家的数量约占80%。长期以来，闽籍华侨华人凭借艰苦奋斗精神，逐渐在居住国各个领域崭露头角，取得不凡业绩，在政治、经济、科技等领域都有杰出代表。同时，广大闽籍侨胞充分发挥资金、智力、技术、人脉等优势，为家乡建设发展作出重要贡献。主要有以下特点：一是人数众多、分布广泛，闽籍侨胞约占全球华侨华人总数的1/4，遍布全球五大洲。二是人才辈出、实力雄厚，闽籍侨胞中有许多政治上有地位、经济上有实力、学术上有造诣、社会上有影响的“四有人士”。三是爱国爱乡、贡献突出，闽籍侨胞素有念祖爱乡、造福桑梓的优良传统。四是社团众多、作用独特，海外侨团在联络亲情乡谊、维护侨胞利益、讲好中国故事、促进中外交流合作等方面发挥了积极作用。

【台胞】　截至2023年底，福建省定居台胞19000多人。其中，全国人大代表3人，全国政协委员3人，福建省人大代表4人，福建省政协委员14人。

（董丹雯）

人口　语言

【人口概况】　2023年末，福建省常住人口4183万人，其中男性人口2164万人，占总人口的51.73%；女性人口2019万人，占总人口的48.27%；总人口性别比107.18（以女性人口为100），比上年末下降0.15个百分点，性别比保持相对稳定。

【人口自然增长】 2023年末，福建省人口出生率6.81‰，比上年下降0.26个千分点；出生人口28.5万人，减少1.1万人。受人口老龄化程度加深影响，人口死亡率有所上升。全省人口死亡率6.95‰，比上年上升0.43个千分点；死亡人口29.1万人，增加1.8万人。人口自然增长率−0.14‰，比上年下降0.69个千分点。

【人口城镇化水平】 2023年末，福建省城镇人口2972万人，比上年末增加35万人，增长1.19%；乡村人口1211万人，减少40万人，下降3.20%。常住人口城镇化率71.04%，比上年提高0.93个百分点，城镇化水平稳步提升。

【人口年龄结构】 2023年末，福建省常住人口中，0～14岁人口745万人，占总人口的17.81%，比上年末减少25万人，占比下降0.58个百分点；15～64岁人口2910万人，占总人口的69.57%，增加3万人，占比提高0.16个百分点；65岁及以上人口528万人，占总人口的12.62%，增加17万人，占比提高0.42个百分点。全省社会总抚养系数43.75%，比上年下降0.32个百分点。其中，少儿抚养系数25.60%，比上年下降0.89个百分点；老年抚养系数18.14%，提高0.56个百分点。 （邹宾宇）

【语言概况】 福建是汉语方言最复杂的省份之一，全国各大方言中，福建占有5种。闽方言和客家方言都有在区外相互穿插分布。闽南话在闽中、闽北、闽东都有方言岛。客家话在闽北、闽东也有不少小方言岛。在武平县的中山镇通行的“军家话”是比较接近赣方言的方言岛。

【闽方言】 福建分布最广的是闽方言，境内的闽方言分为5个区。闽东方言区，分布在闽江下游的福州、闽侯、长乐、福清、平潭、永泰、闽清、连江、罗源、古田、屏南等地的是南片，以福州话为代表；分布在福安、宁德、周宁、寿宁、柘荣、霞浦、福鼎等地的是北片，以福安话为代表。莆仙方言区，分布在莆田、仙游、涵江，以莆田话为代表。闽南方言区，分布在泉州、厦门、漳州，包括厦门、金门、泉州、晋江、南安、惠安、永春、德化、安溪、同安、大田、漳州、龙海、长泰、华安、南靖、平和、漳浦、云霄、东山、诏安以及龙岩市的新罗、漳平等地，以厦门话为代表；泉州、漳州、龙岩3种口音都有些差异。闽中方言区，分布在永安、沙县、三元等地，以永安话为代表。闽北方言区，分布在建瓯、松溪、政和、南平、顺昌（东南部）、建阳、崇安、浦城（南部）等地，以建瓯话为代表。

【客家方言】 福建客家方言分布在闽西的宁化、清流、长汀、连城、上杭、永定、武平以及闽南的平和、南靖、诏安的西沿，以长汀话为代表。在闽、客、赣3种方言之间，明溪、将乐、顺昌一带是过渡区，其方言兼有闽、客、赣3种方言的特点。

【吴方言】 福建省吴方言分布在浦城县的中北部和浙江省交界处，当地的语言是和浙江方言相近的吴方言。

【官话方言岛】 福建省的官话方言岛主要在南平市区和西芹一带，以及长乐区的琴江村、浦城的临江镇。这3个地方为官话方言岛。

【畲语】 福建省畲语主要指居住在闽东的福安、罗源、宁德等地，闽北的建瓯、建阳、顺昌等地，以及闽中的永安、漳平等地的畲族同胞所讲的方言，它是一种保留着一些畲族语言特色，并和客家话相近，又吸收一些当地闽方言成分的带有混合性质的语言，通常也称为畲语。 （李如龙）

民族　宗教

【民族】 福建省是少数民族散居省份，56个民族成份齐全，根据2020年第七次全国人口普查数据，全省少数民族人口112.15万人，约占全省总人口的2.70%。世居的少数民族有畲族、回族、满族、蒙古族等。其中，畲族人口全国最多，共37.47万人，约占全国畲族人口的50.20%，占全省少数民族人口的33.41%；回族人口12.86万人，约占全省少数民族人口的11.47%，是全国回族发祥地之一；高山族人口417人，约占大陆高山族人口的11.99%。全省有民族乡19个（其中畲族乡18个、回族乡1个）、省级民族经济开发区1个（福安畲族经济开发区）和民族村（社区）571个。

【宗教】 福建省有佛教、道教、伊斯兰教、天主教、基督教五大宗教。截至2023年底，全省经依法登记的宗教活动场所有6969处，其中佛教3606座、道教1084座、伊斯兰教5座、天主教164座、基督教2110座。全省10平方米以上有人管理的民间信仰活动场所3.35万处，依法备案的宗教教职人员1.17万人，县级以上爱国宗教团体313个。福建佛学院、福建神学院、闽南佛学院、海峡道教学院4所宗教院校学生1067人，宗教院校专职教师168人。 （郑铤　郭小竹　贺泉芬）

经济社会发展

【扩大内需战略】 2023年，福建省发挥投资关键作用，固定资产投资比上年增长2.5%，其中制造业投资增长11.6%、基础设施投资增长5.7%。发挥政府投资引导带动作用，探索编制省级政府投资计划，新增地方政府专项债务限额1618亿元，分解下达中央预算内投资99.9亿元，争取增发国债资金

240.5亿元，安排省级预算内投资31.5亿元支持重大项目建设。1580个省重点项目完成投资7387亿元，完成年度计划的114%。聚焦重点领域，谋划储备项目2831个，总投资2.3万亿元。实现高质量发展融资1094.5亿元，推动基础设施REITs试点工作，14个项目纳入项目库跟踪管理。举办2023年福建省与央企深化合作推进会、第二十三届中国国际投资贸易洽谈会、第十三届民营企业产业项目洽谈会等重大招商活动，与中核、中能建等7家央企签订战略合作协议，纳入跟踪管理的全省重大招商项目共579个、开工率94.3%。

居民消费加快恢复。出台促进消费提质升级16条、进一步促消费扩内需9条等措施，实施扩消费“八大行动”，深化“全闽乐购”品牌，开展各类主题促销活动近万场，社会消费品零售总额比上年增长5%。激发大宗消费，共发放汽车补贴1.78亿元，撬动汽车消费40多亿元，限额以上单位新能源汽车零售额比上年增长28%。全国首个闽菜文化博物馆开馆，推广“八闽全福宴·一县一桌菜”，餐饮收入额比上年增长10.8%。实施县域商业建设行动，乡镇快递物流站点实现全覆盖。福建省获批全国内外贸一体化试点，泉州市入选全国第三批城市一刻钟便民生活圈试点名单。

【科教兴省战略】 2023年，福建省加快教育体系建设。推进基础教育扩优提质，全省学前教育普惠率94.6%，80%以上的义务教育学校实现管理标准化。实施县域普通高中发展提升行动计划，达标高中在校生占比90%。深化职业教育产教融合校企合作，晋江入选第一批国家级市域产教联合体名单。建立福建技工教育联盟，5所技工院校获评国家级高技能人才培训基地。实施新一轮“双一流”和一流应用型高校建设计划，建设7个基础学科联盟和4个政产学研用金联盟。新增“两院”院士5人，福州大学、福建中医药大学等7所院校增补列入“十四五”教育强国储备院校名单，福建工程学院更名福建理工大学。

科技创新能力提升。印发实施加快推进科技创新发展20条措施。发挥福厦泉国家自主创新示范区引领作用，落地实施84个协同创新平台项目。国家高新技术企业突破1.2万家，比上年增长35%，新增上杭、武夷山、闽侯、武平4个国家级创新型县（市）。新建集成电路福建省创新实验室，推进7家福建省创新实验室建设，2家实验室重组入列全国重点实验室。新增7家国家企业技术中心，新建9家省级工程研究中心，国家级海上风电研究与试验检测基地全面动工。组织实施大黄鱼育种国家重点研发计划，以及“氢燃料多场景应用超高速空气压缩机关键技术研发及产业化”等12项“揭榜挂帅”重大项目。开展全球首次海上风电无淡化海水原位直接电解制氢技术海试，破解海水直接电解制氢难题；突破柔性新型显示材料氟聚酰亚胺及关键单体研发与产业化、银合金靶材关键技术研发及产业化等系列关键技术。召开福建省知识产权保护和发展大会，知识产权强省加快建设，15项专利获第二十四届中国专利奖。

推进人才引育。实施2023年引才引智计划，出台加强新时代高技能人才队伍建设实施意见，引进急需紧缺人才。选拔福建省“创业之星”“创新之星”人才20人，福建省91名外籍人才获批在华永久居留。首创选认行业领域科技特派员，选认省级个人科技特派员2217人、团队科技特派员794个，福建省主导制定的科技特派员国家标准发布实施。新增国家级技能大师工作室5个、全国技术能手38人、省级技能大师工作室60个、省技术能手157人。

【产业体系升级发展】 2023年，福建省工业生产稳步恢复。实施合力抓工业全力稳增长10条等措施，完善“一产业一专班”专项协调机制，出台“电动福建”建设、竹产业高质量发展等政策措施。全省规模以上工业增加值比上年增长3.3%，工业用电量增长6.5%。召开福建省新型工业化推进大会。探索建设中沙（福建）产业合作区，中沙古雷乙烯项目进入建设实施阶段，古雷炼化一体化二期项目纳入国家规划，中化二套乙烯项目稳步推进，福建省向石化大省加速迈进。持续壮大4个国家级、17个省级战略性新兴产业集群，宁德时代等5家链主企业列入国家名单，新认定专精特新“小巨人”企业42家、专精特新中小企业1052家。加速数字化绿色化转型，出台省级新一代信息技术与制造业融合发展项目管理办法，福州、厦门入选全国首批中小企业数字化转型试点城市；修订印发工业能效指南，制定鼓励企业入园进区若干措施，宣传推广泉州市园区标准化建设经验。实施国防科技工业军民融合创新工程，促进区域军民特色产业发展。

产业链供应链韧性增强。发布全国首份县域重点产业链发展白皮书，编制14条产业链条图谱、8份产业地图，发布工业206家现有龙头企业和704家龙头培育企业名单，强化产业链招商，以龙头企业引领带动产业链上下游企业协同落地、集聚发展。实施技术难题攻关，支持技术创新重点攻关及产业化项目74个，加强质量支撑和标准引领，产业链供应链韧性和安全水平提升。

建筑业转型加快。出台建筑业高质量发展10条措施，发展“建筑之乡”，建筑业增加值比上年增长5.1%。推广“系统代脑、机器代工、工厂代现场”等建筑智能建造模式，全省装配式建筑比例超30%。新建建筑全面执行绿色建筑标准，新建绿色建筑8223万平方米。全域开展“无废城市”建设，推广建筑垃圾资源化利用再生产品。

现代服务业质效持续提升。实施服务业高质量发展三年行动，服务业增加值比上年增长5.2%。福州市获批建设港口型国家物流枢纽，福州、厦门、泉州、三明列入国家流通战略支点城市名单，新培育5条多式联运“一单制”试点线路，全省高速公路出口总流量比上年增长19%。实施“引金入闽”工程，2023年金融资本服务实体经济福建创新发展大会、第四届中国资产管理武夷峰会举行，宁德、龙岩国家级普惠金融改革试验区加快建设，全省本外币各项存、贷款余额分别比上年增长11.1%、8.2%，新增上市和过会企业17家。互联网、软件信息技术等新兴服务业加快发展。

数字经济创新发展。实施做大做强做优数字经济行动计划，数字经济增加值突破2.9万亿元。制定实施新型基础设施建设新一轮三年行动计划，福州、泉州、漳州、龙岩、三明、平潭6个城市达到千兆城市建设标准，国家新一代人工智能公共算力开放创新平台获批建设。建设福建卫星数据运营中心等10个公共服务平台，卫星应用、信创、人工智能产业集聚创新发展。举办第六届数字中国建设峰会，620个、总投资3400亿元的签约项目加速落地，191个福建省数字经济重点项目加快建设。建设上线省级数字技术应用场景对接平台。福建省公共数据汇聚共享平台汇聚有效数据900多亿条，福建省大数据交易所交易金额超10亿元。

海洋经济壮大发展。出台《福建省海洋经济促进条例》，实施海洋经济高质量发展三年行动，全省海洋生产总值1.2万亿元。举办首届世界航海装备大会，其间福建省海洋经济产业合作创新发展大会共对接签约海洋经济重大项目170个、总投资超2000亿元。省级高新区厦门海洋高新技术产业园区获批建设。全球首台16兆瓦海上风电机组并网发电。"闽投系列"深海装备养殖试点项目持续推进，首台套"闽投1号"投产运营，秀屿、霞浦、东山、惠安4台套加快建设。

绿色经济深化发展。实施绿色经济发展行动计划，推进绿色低碳先进技术示范工程，新增70家绿色工厂、5家绿色工业园、6家绿色供应链管理企业入选国家绿色制造名单，3个园区获批国家清洁生产审核创新试点。举办首届世界储能大会，全国首条高速公路重卡换电绿色物流专线在福建省启动。深化绿色金融创新运用，11项绿色金融创新案例在全国推广，全国首单茶树碳汇储量指数保险、首单水土保持项目碳汇交易落地，林业碳汇成交量与成交额均居全国前列。

文旅经济蓬勃发展。召开福建省文旅经济发展大会，实施"清新福建·精彩四季"主题消费年行动，推出400多项利民惠民措施，举办4000多场次文旅活动，打造"清新福建"旅游列车，平潭海洋极光"蓝眼泪"等IP火爆全国。全省接待旅游总人数5.72亿人次，实现旅游总收入6981亿元，分别比上年增长45.9%、61.3%。长征国家文化公园（福建段）、G228滨海风景道、福建美术馆等项目加快建设。莆田市获评国家历史文化名城，鼓楼、武夷山获批国家文化产业和旅游产业融合发展示范区，永定、建阳入选全国文化产业赋能乡村振兴试点县，泉州中山路、漳州古城、长汀店头街、泰宁尚书街创建国家级旅游休闲街区，烟台山历史街区等文旅新地标相继建成，新评定10个国家AAAA级旅游景区。监测数据显示，全省重点景区客流量比上年增长39.3%。

【民营经济强省战略】 2023年，福建省创新和发展"晋江经验"。出台实施新时代民营经济强省战略推进高质量发展的意见，构建"1+N"政策体系，建立省领导挂钩联系重点民营企业机制和民营企业家常态化沟通交流机制，围绕融资服务、科技创新、政策兑现开展优化民营经济营商环境专项行动。搭建福建省统一的向民间资本推介项目平台，储备项目597个、总投资4234亿元，在房地产开发投资大幅下滑情况下，民间制造业、民间基础设施投资分别比上年增长8.1%、4.6%。规模以上民营工业企业增加值比上年增长3.5%，民营企业进出口增长4.7%，普惠小微贷款余额增长22.3%，均好于福建省平均水平。

推进重点领域改革。出台纵深推进全面深化改革的实施方案。新一轮国企改革深化提升加快推进，启动对标世界一流企业价值创造行动，12家企业入选国家"双百企业"，8家企业参与国家"科改行动"。实施农业农村改革，"三医"协同改革纵深推进，商事制度改革进一步深化，集体林权制度改革取得新成效，推进价格改革。

营商环境优化提升。完善营商环境数字化监测督导机制，举办全国优化营商环境现场会，福建省4个典型经验做法向全国推广。落实减税降费各项举措，持续清理废除妨碍统一大市场和公平竞争的政策措施。落实数字政府改革和建设总体方案，开展政务服务效能提升"双十百千"工程，推进政务数据共享，建设"易企办"掌上企业服务专区；制定省级"一件事一次办"集成化办理平台技术规范和数据标准，"一业一证"行业综合许可平台上线运行。全省新设经营主体比上年增长9.13%。加快推进社会信用体系建设，漳州、泉州获评第四批全国社会信用体系建设示范区。

【城乡统筹发展】 2023年，福建省新型城镇化建设取得新成效。率先启动全域范围内户口迁移"跨省通办"，全年农业转移人口落户城镇37.7万人。编制厦漳泉都市圈发展规划，加快推进福州都市圈同城化建设，实施居住证互通互认，200余万名流动人口凭证享受基本公共服务。提升新型城市建设品质，新改扩建城市道路704千米、新增公共停车泊位3.1万个，创建无障碍设施样板街道11个；新建改造公园绿地1002公顷、福道1083千米、郊野公园17平方千米、"口袋公园"147个；新建改造供水和燃气管道1363千米、雨水管网575千米，三明市入选全国海绵城市建设示范城市；生活垃圾分类成效居全国前列。

推进乡村振兴。实施特色现代农业高质量发展"3212"工程（"十四五"期间，福建省建设30个重点现代农业产业园、20个重点优势特色产业集群，打造100个农业产业强镇、2000个"一村一品"专业村），农林牧渔业总产值比上年增长4.3%。新创建"福九味"中药材国家优势特色产业集群，漳浦、福清2个国家现代农业产业园，漳平、福安2个国家农业现代化示范区，连江筱埕镇等7个国家农业产业强镇。持续实施种业创新与产业化工程，育成水稻、玉米和果树等农作物新品种37个，杂交水稻制种面积3.86万公顷、产量1.18亿千克，保持全国第一。召开深入学习“千万工程”经验建设福建美丽乡村现场推进会，实施农村建设品质提升五类工程，全年完成乡村水、电、路、气、通信等基础设施投资368.1亿元，海沧、石狮、建宁被评为全国村庄清洁行动先进县，寿宁、漳浦、翔安创建国家乡村振兴示范县。巩固拓展脱贫攻坚成果，强化产业、就业帮扶，支持光泽止马镇、福鼎贯岭镇、平和大溪镇等地72个农村基础设施、产业配套设施以工代赈项目建设。

【区域协调协同发展】 2023年，福建省持续优化区域发展格局。出台进一步做深做实新时代山海协作推动区域协调发展的意见，印发发展飞地经济指导意见。实施革命老区振兴发展实施方案，落实中央国家机关及有关单位对口支援政策，支持三明与上海、龙岩与广州对口合作，闽西革命老区高质量发展示范区加快建设。福州新区和平潭综合实验区加快一体化发展，落实福建省海洋大数据中心落户等一批重大事项。深化对口支援，连续3次在国家组织的对口援疆、援藏工作绩效综合考核评价中获得双优秀；持续推动闽宁协作，连续5年在国家东西部协作考核中取得“好”的等次。

【两岸融合发展示范区建设】 2023年，福建省推进海峡两岸融合发展，贯彻落实《中共中央　国务院关于支持福建探索海峡两岸融合发展新路　建设两岸融合发展示范区的意见》，制定福建省实施意见，发布首批增进台胞福祉15条政策措施。全年新设台企数大陆占比1/4，实际利用台资大陆占比近四成，新设台企户数和实际利用台资规模保持大陆首位，闽台贸易额906.2亿元。“小三通”客运航线复航，“小四通”工作持续推进，向金门供水超3000万吨。推出第二批两岸行业标准共通13个试点项目，平潭设立大陆首个台胞职业资格一体化服务中心。举办第十五届海峡论坛、第十一届海峡青年节，开展“重启交流、福建先行”行动，举办各类重点民间交流活动近280项。

【国际及台港澳侨合作】 2023年，福建省推进“海丝”核心区建设，举办第五届“丝路海运”国际合作论坛，“丝路海运”命名航线集装箱吞吐量突破1500万标箱，“丝路飞翔”开通国际和港澳台空中航线50条，中欧、中亚班列稳定运行。促进开放型经济发展，福建自贸试验区新推出第20批59项创新举措，其中全国首创26项、对台特色6项，率先试点对接国际高标准推进制度型开放。举办第三届海丝中央法务区论坛，引入现代化、国际化法务机构或项目超100个，搭建国际商事海事争端解决平台体系，在全国首创“涉台海事纠纷解决中心”等一批特色法务品牌。中国—金砖国家新时代科创孵化园揭牌运行，金砖创新基地累计签约金砖合作项目91个、超450亿元。实施菌草、计量标准化等一批民心相通项目，推动民间交往。

经贸合作提质增效。出台促进外贸回稳提质等政策措施，持续开展“福品销全球”活动，组织超4100家次企业参加236场境外展会，电动载人汽车、锂电池、太阳能电池等“新三样”商品出口1365.6亿元，比上年增长49.8%。全省外贸进出口19743.5亿元，比上年下降0.2%，其中出口下降2.7%、进口增长3.9%；新设外商投资企业数增长36.2%，实际使用外资302.6亿元，高技术制造业实际使用外资增长35.8%。推动跨境电商发展，市场采购贸易开展全国通关一体化试点，全面深化服务贸易创新发展试点任务落地率98.1%。举办2023全球招商大会、第十届中国—中亚合作论坛，以及中印尼、中菲“两国双园”建设推进大会与经贸合作推介会等重要活动，第二十三届投洽会期间签约双向投资项目366个、总投资3254.7亿元。备案对外投资项目404个，实际对外投资额比上年增长51.4%，派出各类劳务人员规模保持全国首位。举办第一届中国侨智发展大会。联合港澳“并船出海”拓展国际市场，开展“2023闽港澳经贸交流会”“香港企业福建行”“国潮泉州品牌香江行”等活动，实际使用港澳资177亿元。

【民生保障】 2023年，福建省就业形势总体平稳。出台稳工稳产促就业7条措施，统筹使用就业补助资金、失业保险基金，城镇调查失业率4.8%，城镇新增就业53万人，均完成年度目标。出台促进毕业生等青年就业创业10条措施，高校毕业生就业局势总体稳定。加强企业工资宏观调控，居民收入增加，城镇居民、农村居民人均可支配收入分别比上年增长4.3%、6.9%。

增强民生保障。省委省政府29项为民办实事项目全面完成。民生支出4527.15亿元，比上年增长3.7%，占一般公共预算支出的77.1%。实施全民参保计划，开展企业职工基本养老保险全国统筹、失业保险省级统筹。继续提高城乡居民医保财政补助标准，健全大病保险和医疗救助制度。建立基本养老服务清单动态调整机制。完成退役军人接收安置任务，开展“我为老兵办实事”活动。率先建立低收入人口动态监测和救助帮扶机制，基本建成分层分类的社会救助体系。加大普惠托位供给，增加1.28万个普惠托位，厦门市获评第一批国家婴幼儿照护服务示范城市。厦门、泉州列入第二批国家儿童友好城市。龙岩市全国青年发展型城市建设试点中期评估获优秀等次。提高孤儿、事实无人抚养儿童基本生活最低养育标准，建立自然增长机制，制定实施孤独症儿童关爱服务措施，乡镇（街道）未成年人保护工作站覆盖率83.8%。以“整镇推进、一户一案、扩量提质”等方式推进残疾人家庭无障碍改造1万户，经验在全国推广。持续做好保供稳价，居民消费价格与2022年持平，压实“菜篮子”市长责任制。

加快健康福建建设。落实新冠病毒感染“乙类乙管”要求，疫情平稳有序“压峰”转段。深化爱国卫生运动，持续推进卫生城镇创建、健康城镇建设。加快推进8个国家区域医疗中心建设项目，开展新技术、新项目、新服务276项，其中60项新技术项目填补福建省医疗技术空白。“三医”（医疗、医保、医药）协同发展实现部门网络互通。启动三明、南平紧密型城市医疗集团建设国家级试点工作。开展“千名医师下基层”项目，诊疗27万人次。实施母婴安全行动提升计划、健康儿童提升计划。城乡全民健身场地设施持续改善，人均体育场地面积2.57平方米，比上年增长6.2%。杭州亚运会参赛成绩取得历史突破。举办厦门马拉松、中华龙舟赛等各类品牌赛事超400项，开展和美乡村篮球大赛（村BA）等全民健身赛事活动超5000场。

推进文化强省建设。召开福建省文物工作会议，强化文化遗产挖掘保护，推进漳州圣杯屿沉船水下考古发掘、福建水下考古（平潭）基地等项目建设。加强优秀传统文化传播交流，举办2023年“5·18国际博物馆日”中国主会场活动、“茶和天下·共享非遗”全国主会场活动。连续11届获中国戏剧梅花奖并获得“双梅花”。举办2023年中国金鸡百花电影节、首届中国电视剧大会等活动，《柴米油盐之上》获上海电视节白玉兰奖“最佳系列纪录片奖”，《山海情》获“国际传播奖”。创建14个城乡公共文化新空间。

【美丽中国先行示范省建设】 2023年，福建省创新接续推进生态文明改革。举办首个全国生态日福建活动，福建省获评全国省级水网先导区，福州市获首届全球可持续发展城市奖，新增晋安、华安、建阳、延平、屏南5个国家生态文明建设示范区，松溪、周宁2个“绿水青山就是金山银山”实践创新基地，湄洲岛、鼓浪屿、海坛岛、大嵛山岛、惠屿、南日岛6个海岛入选首批“和美海岛”。《福建省国土空间规划（2021—2035年）》获批，省级、设区市级自然资源清单编制完成。《武夷山国家公园总体规划》获批，南平生态产品价值实现机制国家试点工作全面完成。出台城乡建设、能源、工业等领域碳达峰实施方案，加快打造湄洲岛零碳示范区，三明、厦门获评国家低碳城市试点优良城市，龙岩市建成投用全球首座“通量—大气—遥感”碳汇数据双塔观测平台。国家碳计量中心（福建）获批筹建。

生态环境保护和治理持续加强。实施蓝天、碧水、碧海、净土“四大工程”，细化推进“五个美丽”载体建设任务。加强新污染物治理，推进“城市扬尘污染”点题整治，实施58个省级以上工业园区“污水零直排区”建设，新建改造城市污水管网1237千米、污水处理厂15座，实现乡镇生活污水治理市场化全覆盖，深化海漂垃圾治理，完成环境安全隐患整改2608个。生态环境保持优良并持续居全国前列，主要流域国考断面Ⅰ～Ⅲ类水质比例99%，提高0.9个百分点，南平市国控断面全域达到Ⅱ类水质；9个设区城市空气质量达标天数比例98.4%，提高0.8个百分点；近岸海域优良水质比例88.7%，提高2.9个百分点，重点岸段海漂垃圾密度较整治前下降超60%。

【安全发展统筹】 2023年，福建省加大粮食安全保障力度。召开福建省耕地保护和粮食安全工作会议，举办第十九届粮食产销协作福建洽谈会，新建和改造提升高标准农田7.87万公顷、高效节水灌溉0.71万公顷，全年粮食总产量511万吨。加快粮库智能化升级改造，提前建成建宁、南安、长汀3个省级粮库。莆田市获评第三批国家食品安全示范城市。

能源供应保持稳定。推进煤电油气产供销储体系建设，天然气消费比上年增长12.4%。加快可再生能源发展，可再生能源发电装机占比41.3%，提高3.3个百分点。提高能源行业应急处置能力，强化电力运行管理，完成迎峰度夏电力保供工作。深化电力市场改革，推进电力中长期市场建设，开展电力现货市场长周期试运行。

防范化解经济金融等领域风险。持续完善金融风险防控机制，不良贷款率1.19%，连续4年被评级为无高风险金融机构的省份。促进房地产业健康发展，实施下调首付比例、调整存量房贷款利率、优化限购限售、“认房不认贷”、“换新购”等政策。处置房企债务风险，专项借款保交楼项目已交付2.9万套，交付率82%。防控政府债务风险，到期政府债券本息全部按期偿还，所有县级财力均可覆盖“三保”支出需求。建立全网全域的保障机制，强化网络安全、信息安全、数据安全。

推进防灾减灾救灾和安全生产工作。应对极端自然灾害，防御超强台风“杜苏芮”、极端降雨台风“海葵”以及15场暴雨、5个影响台风，出台灾后恢复重建措施和民生救助保障政策，最大限度降低灾害损失。推进重大事故隐患专项排查整治2023行动，生产安全事故数量比上年下降11%、死亡人数下降11%，未发生重大以上事故。

推进平安福建建设。防范化解政治安全风险，强化社会治安防控，构建社会面四级巡防机制，常态化推进扫黑除恶斗争，打击电信网络诈骗、跨境赌博、盗采海砂等违法犯罪。推进市域社会治理现代化，做实做优“最小治理单元”，警务网格和社区网格融合运作，群众安全感率达99%以上，福州、厦门、泉州获评首批全国社会治安防控体系建设示范城市。（戴全吉）

经济体制改革

【概况】 2023年，福建省全面实施新时代民营经济强省战略，制定出台省委省政府关于实施新时代民营经济强省战略推进高质量发展的意见以及20份配套政策文件，构建支持民营经济高质量发展的“1＋N”政策体系；建立省级民营经济工作协调机制，完善政企常态化沟通交流机制和民企问题诉求闭环管理工作机制；年内，全省民营经济增加值3.7万亿元，比上年增长4.3%；全省新登记民营经营主体112.8万户，增长9.1%。深化国资国企改革，全面完成国企改革三年行动，获全国考评A级；推进实施新一轮国企改革深化提升行动，全面启动对标世界一流企业价值创造行动，金龙稀土入选国务院国资委“创建世界一流专精特新示范企业”名单，省属国有企业研发经费投入强度居全国第五位。

【全国统一大市场建设融入】 2023年，福建省印发实施贯彻落实建设全国统一大市场部署工作方案，建立月调度工作机制，破立并举推进各项重点任务落地。上线福建省市场准入负面清单效能评估平台、福建省一体化大融合行政执法平台，健全覆盖省市县三级的知识产权快速协同保护体系，推进跨地区职称互认，开展“一单制”多式联运试点，推动建立统一的市场基础制度规则和市场监管体系。开展妨碍统一市场和公平竞争政策措施清理、重点领域不当市场干预行为专项整治、妨碍全国统一大市场建设典型案例自查整改。年内，全省立案查处不正当竞争案件178件，办结153件；处置市场准入隐性壁垒线索141条；梳理排查政策措施8156件，废止或修改253件。

【要素市场化配置改革】 2023年，福建省以推动福厦泉要素市场化配置综合改革试点落地为抓手，推动多个要素领域的市场化配置改革。土地要素方面，推进盘活利用低效用地试点工作，福州、厦门、泉州、漳州获评国家低效用地再开发试点城市；推进全省工业用地“标准地”改革。技术要素方面，开展职务科技成果赋权改革，11家高校科研院所列入试点；完善技术转移服务体系，新增省级以上技术转移机构53家、科技企业孵化器19家（国家级10家）、众创空间124家（国家级9家），启动省技术经纪专业技术职务任职资格评审，全省登记技术合同数量及成交金额分别比上年增长22.23%、29.69%。数据要素方面，出台加快推进数据要素市场化改革实施方案，公共数据汇聚共享平台汇聚有效数据900多亿条，省大数据交易所交易金额超10亿元，平潭数据跨境流动服务枢纽平台投入运营。

【创新驱动发展战略】 2023年，福建省加快建立福厦泉国家自主创新示范区协同创新机制，打造福厦泉轴线科技创新走廊，近60个自创区协同创新平台项目落地实施，厦门海洋、柘荣2个省级高新区获批设立，实现省级以上高新区设区市全覆盖。推进科技体制改革，制定实施加快推进科技创新发展20条措施，推进“揭榜挂帅”“赛马”等新型管理制度，组织实施了“大功率氢燃料电池重卡研发及产业化”等12项省科技重大专项专题项目；以省创新实验室为试点，开展人才发展体制机制综合改革，落实设立编制池、自主确定用编条件等改革举措。推动创新链产业链融合发展，投放“科技贷”75亿元，实施新一轮高新技术企业“双倍增”行动计划，国家高新技术企业突破1.2万家，比上年增长35%。持续提升科技创新平台能级，健全完善创新平台评估和退出机制，2家实验室入列全国重点实验室重组序列，累计突破核心技术150项、成果转化200多项，“海洋负排放”国际大科学计划获得科技部支持。加快推动知识产权保护运用，推进专利开放许可试点，支持健全5个高校院所知识产权运营中心，推动63家高校、科研院所及大型国有企业发布开放专利信息455项。

【产业高质量发展促进机制】 2023年，福建省完善大抓工业协调机制，实行“一产业一政策一专班”，编制发布14篇省重点产业发展报告、14条产业链条图谱及8份产业地图，发布全国首份省级县域重点产业链发展白皮书，聚焦补链、固链、强链、延链，细化靶向培育机制。推进企业入园进区改革提升，印发鼓励企业入园进区若干措施，优化园区空间布局，推动产业集聚发展，培育控制力和根植性强的链主企业和生态主导型企业，高标准推进园区基础设施和生产生活配套设施建设，提高土地利用率和生产效率。实施培优扶强龙头企业行动，完善制造业单项冠军企业（产品）管理实施细则，发布206家工业现有龙头企业和704家工业龙头培育企业名单，新认定专精特新“小巨人”企业45家、专精特新中小企业1052家、创新型中小企业2061家，征集发布省级智能制造重点项目114项；福州、厦门入选国家数字化转型试点城市。

【营商环境优化提升】 2023年，福建省开展优化营商环境专项行动，紧扣融资服务、科技创新、政策兑现，开展优化营商环境专项行动，完善营商环境数字化监测督导机制，重构包含332个监测事项、613个采集数据项的指标体系，一体推进市场、法治、政务、要素、社会等“五大环境”建设。启动实施厦门综合改革试点，贯彻落实《厦门综合改革试点实施方案（2023—2027）》，成立福建省支持厦门开展综合改革试点领导小组，构建部、省、市三级协调工作机制，全面启动205项改革任务，推进部分省级经济社会管理权限下放。深化政务服务“一网好办”，推进145项政务服务改革，新版“闽政通”APP、“易企办”企业服务专区上线，整合各领域4000多个高频涉企服务事项；建成全省“一件事一次办”集成化平台，在15个行业探索“一业一证”试点，编制完成行政审批和公共服务事项目录和要素管理准则等5个地方标准，行政许可事项网上可办率98.7%，一体化政务服务能力连续2年位列全国第一梯队。加强信用体系建设，在“信用中国（福建）”网站上线“政府违约失信投诉专栏”，修订印发《福建省省级公共信用信息目录（2023年版）》，规范信用信息修复工作，全年受理企业信用修复申请 1.77 万条，经审核修复 1.41 万条；全面提升“信易贷”服务质效，全量归集行政管理、纳税、不动产登记、水电气等 14 类 37 项企业信用信息，助力金融机构为小微企业提供融资服务。

【区域协调发展机制】 2023 年，福建省健全和完善区域协调发展机制。健全福州都市圈、厦漳泉都市圈一体化发展体制机制。推动福州都市圈“四市一区”成立都市圈高质量发展领导小组，落地实施居住证互通互认；厦漳泉都市圈三市建立党政联席会议制度，编制都市圈发展规划。做深做实新时代山海协作。出台省委省政府关于进一步做深做实新时代山海协作推动区域协调发展的意见，印发深化山海协作发展飞地经济指导意见，明确新时代山海协作设区市级和县级对口协作关系，创新发展“飞地经济”。加快闽西革命老区高质量发展示范区建设。建立省市联动统筹推进工作机制，有效实施中央国家机关及有关单位对口支援政策，推动出台“上海—三明”“广州—龙岩”对口合作政策措施，提升特色产业、基础设施和公共服务保障，争取对口支援专项资金 14 亿元。

【区域金融改革开放】 2023 年，福建省持续深化区域金融改革。深化普惠金融改革。打造宁德市、龙岩市普惠金融改革试验区，“渔排养殖贷”“林业碳汇指数保险”等 7 项改革创新成果在全国推广，四批次 33 项普惠金融改革创新案例向全省推广。上杭县入选 2022 年中央财政支持普惠金融发展示范区。推进金融资源支持制造业发展改革。印发金融支持福建省制造业高质量发展工作意见，推动金融机构加强科技支行或专营机构建设，推行科技型企业“投贷联动”，完善“技术流”信贷产品。制造业中长期贷款余额增长 31.06%。发展多层次股权市场。启动“全国中小企业股份转让系统、北京证券交易所福建服务基地”，加快专精特新专板、台资板等特色板块建设，支持 221 家省内优质企业在新三板挂牌，区域性股权市场累计帮助企业融资 282.79 亿元。

【高质量教育体系】 2023 年，福建省完善义务教育优质均衡发展机制，推进城乡义务教育一体化改革，福州集团化办学改革经验获全国推广；全省普惠性幼儿园覆盖率 94.3%，高于全国平均水平 4.8 个百分点。深化职业教育产教融合，出台推动职业教育服务经济社会发展 10 条措施，编制“一校一案”职业院校专业建设发展规划，制定市域产教联合体建设指导目录，晋江入选首批国家级市域产教联合体。完善“双一流”和一流应用型高校建设机制，健全学科专业动态调整机制，实施“一校一核”高校人员控制总量管理改革，新增本科专业 41 个，获批 3 个教育部重点实验室，高等学校科学研究优秀成果奖获奖数为 10 年来最高。推进中小学校领导体制改革，推进中小学校党组织领导的校长负责制改革，82%以上符合条件的公办中小学校完成领导体制改革。

【“三医”联动改革】 2023 年，福建省深化“药价保”集成改革，药品耗材集中带量采购继续提速扩面，已覆盖 500 个药品品种、25 类医用耗材，厦门入选国家深化医疗服务价格改革试点城市，药学服务收费改革试点获全国推广。深化医保支付方式改革，推行收付费一体化改革，扩大实施按疾病诊断分组和按病种分值付费改革医疗机构覆面，DRG/DIP 病种覆盖率 95.03%。推动公立医院高质量发展，实施新一轮医疗“创双高”和补短板计划，8 个国家级区域医疗中心项目加快推进，累计开展新技术、新项目、新服务 276 项；推进三明国家公立医院改革与高质量发展示范项目，启动三明、南平紧密型城市医疗集团建设国家级试点工作。建强卫生健康服务体系，推进省市三级医院与 25 个薄弱县医院建立对口帮扶机制，全省县级综合医院 100%达到医疗服务能力基本标准，县域医学检验等“六大中心”的基层辐射率 90%；扩大住院“无陪护”、家庭病床、“共享中药房”等改革试点，基本实现省市县级公立医院医学检查检验结果共享互认全覆盖。

【社会保障体系】 2023 年，福建省健全就业促进机制，出台稳工稳产促就业 7 条、促进毕业生等青年就业创业 10 条等措施，统筹用好就业补助资金、失业保险基金。构建“幸福”养老服务体系，建立基本养老服务清单动态调整机制，在国家 16 项服务项目基础上增加至 26 项，新建示范性长者食堂 300 个、嵌入式养老服务机构 50 个；在福州开展全面构建幸福养老服务体系试点。健全分层分类的社会救助体系。率先建立低收入人口动态监测和救助帮扶机制，落实基本生活救助标准动态调整机制，全年实施临时救助 12.37 万人次。建立房屋安全治理成效机制，打造房屋管理“一网通管”平台，建立房屋安全信息共享、核查机制，推行经营性自建房挂牌巡检机制，全省经营性自建房挂牌 38.7 万栋，挂牌率 98.7%。（吴育文）

精神文明建设

【概况】 2023 年，福建省实施“深学争优、敢为争先、实干争效”行动，统筹推进理论武装、文明培育、文明实践、文明创建等工作。深化理论武装，开展学习贯彻习近平新时代中国特色社会主义思想主题教育。省委文明办举办全省文明办系统主题教育学习交流会和文明实践文明创建专题培训班，组织开展调查研究。依托新时代文明实践中心等平台阵地，开展党的创新理论、习近平文化思想、党的二十大精神等主题宣传宣讲。打造具有福建特色亮点的新时代文明实践经验做法，实现新时代文明实践中心、所、站建设全覆盖。

【公民道德建设】 2023 年，中共福建省委文明办实施公民道德建设工程，组

2023 年 10 月 20 日，“德耀八闽　文明有福”2023 年第三季度“福建好人榜”发布仪式在泉州举行　　（省委文明办）

织第九届全国道德模范推荐工作，策划实施 2023 年“感动福建”十大人物评选，评选 28 名第八届福建省道德模范，22 人上榜“中国好人榜”，72 人上榜“福建好人榜”，“德耀八闽　文明有福”福建好人榜发布活动先后在厦门市、福州市、南平市、泉州市、龙岩市举行。创新开展“存正心、守正道、养正气”宣传教育，建设两批 28 个“三正”宣传教育示范点，推动各地各行业单位在“我为群众办实事”过程中展示服务清单。弘扬“孝德文化”“诚信文化”等传统文化资源，结合“我们的节日”主题，在“清明”“端午”等时间节点开展节日文化活动和网络文明传播活动。参与“互联网与文明创建分论坛”和“海峡两岸青少年网络素养建设分论坛”的承办及主办工作，保障 2023 年中国网络文明大会胜利召开。

【未成年人思想道德建设】 2023 年，中共福建省委文明办加强和改进未成年人思想道德建设，深化文明校园创建、未成年人校外心理健康辅导站和乡村学校少年宫建设，策划实施“三百工程”（百园千校清明祭英烈、百所学校结百个文明村、百影千宫红色电影进校园），2 人获评全国“新时代好少年”，评选 15 名福建省“新时代好少年”。

【新时代文明实践中心建设】 2023 年，中共福建省委文明办在石狮市召开全省新时代文明实践中心建设工作现场推进会，策划实施“循迹再奋进”新时代文明实践提质培优工程和结对共建深化文明实践行动，开展新时代文明实践讲习班制度试点工作，示范带动全省文明实践工作提档升级。全省共建成县级中心 88 个、乡镇（街道）实践所 1110 个、村（社区）实践站 17044 个，中心、所、站建设实现全覆盖。

组织“雷锋精神耀八闽”主题系列活动，开展“文明实践＋红色文化”“文明实践＋非遗传承”“文明实践＋移风易俗”等主题文化活动，举办新时代文明实践志愿服务大赛。全省具有品牌影响力的志愿者队伍 2046 支、志愿服务品牌项目 300 多个，实名注册志愿者 709 万人。

【文明创建】 2023 年，中共福建省委文明办改进创新文明创建工作，聚焦城乡精神文明发展不平衡不充分问题，策划实施城乡精神文明融合创建工程，从激发创建动能、推动资源下沉、培育试点典型 3 个方面，畅通城乡精神文明一体创建、融合发展路径，选取首批 10 个试点县（市、区）进行培育。关注民生项目弱项短板，持续优化农贸市场创建，推动第二批福建省“星级文明集市”提质升档。注重数字化赋能，推进数字智慧平台建设，推动文明培育、文明实践、文明创建三大工作融合。

（省委文明办）

编辑：林忠玉

自然资源管理

综　述

【自然资源资产管理】　2023年，福建省自然资源厅完成省级委托代理试点实施方案明确的46项试点任务，组织7个设区市和武夷山国家公园开展试点工作总结，总结报告经省政府同意，报送自然资源部。完成委托代理机制试点的地区和武夷山国家公园深化清查试点工作，其中厦门市作为全国7个试点城市之一，探索开展使用权状况、所有者职责履职主体等权益管理信息清查，相关数据成果报送自然资源部。完成自然资源领域生态产品价值实现机制试点，工作成效和亮点获自然资源部肯定。“福建省南平市推动武夷山国家公园生态产品价值实现”案例入选自然资源部第四批生态产品价值实现典型案例，中国自然资源经济研究院在南平挂牌全国首个生态产品价值实现理论实践基地。推行工业用地“标准地”改革，会同省发改委、省工信厅研究出台“标准地”改革的工作指引、操作流程图。配合自然资源部运行全民所有土地资产管理信息系统，累计入库储备土地3655.68公顷，全省在库土地面积12738.78公顷。

【自然资源要素保障】　2023年，福建省自然资源厅审批建设用地8626.67公顷，批准省级及以上重点项目259宗、4473.33公顷，厦门新机场、政永高速德化段、云霄抽水蓄能电站等一批重大项目得到精准保障。深化“一清单、三保障”工作机制，将356个重点项目纳入《2023年福建省重大项目用地清单》，申请使用国家计划指标；将1346.67公顷基础指标分解给设区市，由设区市统筹重大项目用地需求。联合省发改、交通、工信等部门到九市一区开展巡回服务4轮，协调解决用地用海等问题365个，与34家重点民营企业建立挂钩帮扶机制。完成全省征地区片综合地价调整工作，调整后标准较上轮平均提高17.38%，保障被征地农民权益。要素保障工作得到省政府和自然资源部肯定，获国务院大督查奖励新增建设用地计划指标133.33公顷。

【海域海岛管理】　2023年，福建省审批用海240宗、1.38万公顷（其中历史遗留围填海项目26宗、380公顷）；完成填海项目竣工验收22宗、493.33公顷；办理公益性项目海域使用金免缴审查手续36宗，免缴金额2.20亿元。漳州核电二期、哈纳斯莆田液化天然气（LNG）、中核霞浦核电2号机组、万融新材料一体化项目4个重大项目用海获国务院批复。开展泉州市新旧海岸线之间区域围填海历史遗留问题处置试点，试点实施方案获自然资源部批复。制定出台《关于进一步加强自然岸线保护管理的通知》，提出落实自然岸线管控目标责任制、严控建设项目占用自然岸线、建立自然岸线占补制度、建立自然岸线储备库、强化自然岸线监管5条措施。部署开展全省无居民海岛岸线勘测工作。开展连江县无居民海岛历史遗留问题处置试点。大嵛山岛、海坛岛、南日岛、湄洲岛、惠屿、鼓浪屿6个海岛被自然资源部授予“和美海岛”称号。

【生态修复】　2023年，福建省自然资源厅制定省级国土空间生态修复规划，组织和指导市县推进规划编制工作。印发《福建省“十四五”历史遗留矿山生态修复行动计划实施方案》，将6666.67公顷生态修复任务按年度分解至各设区市，完成治理面积2133.33公顷。争取中央资金支持，漳州云霄、泉州惠安2个项目入选中央资金支持范围，获补助6亿元。推进实施国土空间生态保护修复项目，13个中央资金支持海洋生态修复项目中完成终验3个、市级验收3个、完工待验收2个，修复红树林321.13公顷，整治互花米草162.67公顷，修复岸线16.9千米；九龙江“山水工程”矿山修复子项目修复面积299公顷，完成绩效目标任务；永定历史遗留矿山项目修复面积666.67公顷，完成率73%。抓好前两轮中央生态环境保护督察问题整改，牵头的12项整改任务完成11项，配合做好第三轮中央生态环境保护相关工作。完成首例省级生态环境损害赔偿案件办理，将691万元赔偿款缴入省级国库。福州市滨海新城砂质海岸、厦门市下潭尾红树林2个项目被纳入《海岸带生态减灾协同增效国际案例集》，向全球推广。闽江河口湿地、将乐常上湖2个项目被纳入全国山水工程首批优秀典型案例。龙岩在首个全国生态日福建活动会场作矿山修复经验交流。大田废弃矿山等3个生态修复典型案例在首届“自然资源与生态文明论坛”上公开发布。

【自然资源科技工作】 2023年，福建省入选自然资源部地质找矿方向高层次科技创新团队1个、科技领军人才1人、青年科技人才2人。省自然资源厅出台《福建省自然资源专家库管理办法》，首批入库10个自然资源专业领域1747名专家。自然资源部东南丘陵土地整治野外科学观测研究站成立首届学术委员会，13名知名专家学者组成学术顾问团。自然资源省级卫星应用中心完成三年建设任务，通过自然资源部专家组现场评估并获“良好”等级。自然资源部丘陵山地地质灾害防治重点实验室完成的“东南沿海丘陵区地下水动力型滑坡致灾机理与防控关键技术”成果获2022年度自然资源科学技术进步奖二等奖。组织7个省级学会、协会举办2023年全国科普日自然资源主场活动，开展集中科普宣传和科技创新大交流。选拔全省自然资源系统职工参加科普讲解比赛，2人获全国自然资源科普讲解大赛优秀奖，1人获省第七届科普讲解大赛三等奖。福州市城市规划展示馆和龙岩地质公园入选2023年国家自然资源科普基地名单。（邹益鉴）

国土资源管理

【调查监测评价】 2023年，第三次全国国土调查（简称“三调”）福建省级汇总成果通过验收。根据自然资源部部署，省自然资源厅组织完成2022年度国土变更调查，全省83个县级调查成果全部通过国家核查。健全完善常态化年度国土变更调查工作机制，组织开展全省2023年度国土变更调查。组织完成全省2023年城市国土空间监测，成果通过国家核查。推进“三调”共享平台和“福建省常态化年度国土变更调查内外业一体化作业平台”建设，共享应用“三调”及年度国土变更调查成果，实现补充耕地项目等日常变更成果审查在线办理。

【土地开发利用】 2023年，福建省自然资源厅印发《福建省临时用地管理办法》，对临时用地范围、地类认定、审批权限及程序、日常监管等方面进行细化完善，明确省市县三级责任，进一步规范临时用地管理。牵头开展“乡村振兴用地保障政策研究”省重点课题，形成《乡村振兴用地保障政策研究》的调研报告并在省委政研室《调研文稿》第53期刊发。

国有土地配置。2023年度全省国有建设用地配置总面积14046.66公顷，其中住宅用地配置1180公顷、工业用地配置3273.33公顷、商服用地配置493.33公顷、交通能源水利等基础设施用地配置9100公顷。

节约集约用地。开展批而未供和闲置土地处置专项行动，据自然资源部通报，全省共处置批而未供土地9246.67公顷，处置率29.39%；处置闲置土地2113.33公顷，处置率38.55%。组织开展2023年度全省国家级和省级开发区土地集约利用状况评价工作。3月，永泰县、荔城区、泰宁县、德化县、晋江市、南靖县、建瓯市、上杭县、福鼎市9个地区被自然资源部列入集体经营性建设用地入市试点名单，试点期为2023—2024年。9月，自然资源部下发《关于开展低效用地再开发试点工作的通知》，将福州市、厦门市、泉州市、漳州市列为全国低效用地再开发试点城市（其中泉州市按照2022年批复试点方案开展）。9月，自然资源部在泉州晋江市开展全国低效用地再开发试点工作集中调研。11月，全省盘活利用低效用地工作暨园区标准化建设现场会在晋江市召开。

【国土空间规划】 2023年，《福建省国土空间规划（2021—2035年）》获国务院批复，福州市、厦门市国土空间总体规划上报国务院审查，其余7个设区市国土空间总体规划报送省政府审查，县级总体规划成果有序报批。644个乡镇开展规划编制工作，占全省应编乡镇总数的99.69%。超额完成村庄规划年度编制任务，8886个村庄规划获批。完成第一批250个已批村庄规划评估优化，开展星级村庄评定、村庄规划闽台合作专题调研等工作，印发《福建省村庄规划编制审批和评估管理办法（试行）》，进一步健全村庄规划编制实施管理体系。对口江西省宁都县大岭村开展村庄规划编制帮扶工作，得到自然资源部肯定。省自然资源厅制定生态保护红线管理细则，会同省生态环境厅、省林业局印发《关于进一步加强生态保护红线监

2023年8月29日，全国国土空间规划工作会议在福州召开（省自然资源厅）

管的通知（试行）》《关于建设项目涉及生态保护红线有关意见办理的通知（试行）》，强化源头管控，严守生态保护红线。建设完善国土空间规划“一张图”实施监督信息系统，推动规划“一张图”与用地用海用矿等业务审批系统深度融合，在一张底图上实现统一用途管制。建立部门协作机制，促进专项规划统筹和数据互联互通，引导建设项目在“一张图”上科学选址、精准落位。完善“阳光规划”手机客户端，公开规划成果数据18896个，总访问量超26万人次。推动18家城乡规划编制单位取得甲级资质，持续开展城乡乙级规划编制单位资质认定工作，42家单位完成认定。完成停车场专项整治自评，经第三方社会评价、多部门多主体集中评估结题，实现问题停车场100%整改到位，全省累计新增公共泊位约5万个。

【耕地保护】 2023年，福建省委省政府召开全省耕地保护和粮食安全工作会，市、县、乡逐级签订责任书，推动耕地保护责任制建立。全省自然资源系统开展“耕地保护责任落实年”行动，完成补充耕地3466.67公顷，连续24年实现耕地占补平衡；完成恢复耕地约1.53万公顷，落实耕地进出平衡，实现全省耕地面积两连增。省自然资源厅会同省农业农村、水利、生态环境、财政、林业等5个厅局联合印发《福建省补充耕地项目管理办法（试行）》，规范项目全流程管理，进一步提高补充耕地质量。印发《关于严格落实耕地进出平衡的通知》，规范落实耕地进出平衡。建立厅领导包片负责、定期通报制度，开展现场督导，督促各地推进耕地流出问题整改、补充耕地、耕地恢复等工作。组织开展“我为耕地保护献一计”大讨论活动。完成永久基本农田核实处置整改工作，部署开展耕地占补平衡专项整治。会同省财政厅组织市、县开展资金使用情况梳理及清理处置。调整专项资金分配办法，建立并动态更新补充耕地项目省级储备库，根据各地项目储备情况分解下达2023年度专项资金5.1亿元。 （邹益銮）

2023年6月25日，全国“土地日”福建省主场宣传活动在福州举行

（省自然资源厅）

地矿工作

【地质勘查管理】 2023年，福建省级财政出资部署14个基础性公益性地质调查项目，其中1∶5万区域地质调查面积5484平方千米，全省累计部署1∶5万区域地质调查面积11.9万平方千米，覆盖全省陆域面积的96.0%；1∶5万矿产地质调查面积2313平方千米，累计部署1∶5万矿产地质调查面积4.95万平方千米，覆盖全省陆域面积的39.9%；1∶10万海岸带综合地质调查全覆盖。新开3个和续作3个钨、铍、铌钽、晶质石墨等战略性矿产勘查项目，提交找矿靶区7处、小型稀土矿产地1处，钨、晶质石墨取得找矿突破，铍、铌钽取得找矿成果。

【地质灾害防治】 2023年，福建省自然资源厅下达中央和省级财政补助资金3.36亿元，开展省级地灾隐患点工程治理70处，排危除险工程包31个，实施全省83个县1∶1万地质灾害风险调查评价，新建群专结合监测预警实验点1019处，惠及群众2.8万人。创新开展“天上看、地上查、动态管”地质灾害隐患排查，全省新识别高陡边坡15万处。发布省级地质灾害气象风险预警42期，发送预警短信506万条。全省2663处群专结合监测预警实验点累计发布预警信息60条，经现场核查发生崩滑34处，指导176名群众紧急转移，避免人员伤亡。

【矿业权管理】 截至2023年底，福建省探矿权总数646个，按勘查矿种分类，能源矿产41个（其中煤矿25个）、水气矿产（矿泉水）5个、金属矿产488个、非金属矿产112个。全省采矿权总数972个，包括煤矿43个、铁矿53个、金矿17个、银矿8个、铜矿12个、锰矿11个、锡矿3个、钼矿10个。全省办理采矿权登记项目46个，办理探矿权登记项目36个。

【矿产资源保护监督】 2023年，福建省市、县（区）均完成第四轮矿产资源规划审批及数据库入库工作，《福建省矿产资源总体规划》中期评估效果良好，20项主要指标中14项指标超预期进度。省自然资源厅印发《进一步加强矿山“一账三图”管理的通知》《矿产资源储量现场核查工作规程》《福建省矿产资源违法行为举报奖励办法》，进一步强化监管。下发部、省矿产卫片图斑899个，核查890个，确认违法用矿86宗，立案处理42宗、罚没款106.9万元、移送公安6宗。增加专业队伍实地抽查、跟踪溯源调查、采矿用地重点区域监测、公共交易平台砂石资源专题监测等发现手段。全省布设铁塔高清视频监控点500个，覆盖2000平方千米，提供疑似涉矿违法告警线索404条，提取下发疑似违法用矿图斑44宗。完成自然资源部转来12个以生态修复等名义违法采矿问题整改落实督导，追责39人。以“四不两直”（不发通知、不打招呼、不听汇报、不用陪同接待，直奔基层、直插现场）形式开展督导检查，确认4个矿山7个越界点，移交执法查处。全年全省矿山越界巡查完成103宗，发现疑似越界26宗，并下发核实查处。完成打击“洗洞”盗采金矿专项整治行动，对94个金矿废弃矿硐实施常态化监管。对浦城县、新罗区政府施行省级试点自然资源（矿产）督察，共发现11类、22个问题。完成矿产资源储量评审备案75宗。完成Ⅰ、Ⅱ期矿产资源国情调查及入库工作。完成省级矿业权出让收益评估报告4件，确定出让收益底价9198.95万元。发掘发现政和“奇异福建龙”及“政和动物群”，科研成果在《自然》（*Nature*）杂志发表，并上报省政府和自然资源部。

【测绘地理信息工作】 2023年，福建省连续5年实现中、高分辨率遥感影像全省年度覆盖，完成全省0.5米分辨率数字正射影像（DOM）制作，实施1∶1万数字线划图（DLG）重要要素全省更新，完成福建省卫星导航定位基准服务系统（FJCORS）北斗三号改造，完成福安、连城、平和等7个数字县域地理空间框架建设。开展实景三维福建建设，印发《实景三维福建建设实施方案（2023—2025年）》《实景三维福建建设成果质量控制方案（2023—2025年）》等相关文件，完成15个县约3.7万平方千米地形级基础地理实体生产，获取8.3万平方千米激光点云数据等。开展全省测绘行业安全生产专项检查，完成测绘资质巡查60家、测绘成果质量监督抽查100家、测绘成果保密检查61家。审批办结各类测绘资质事项671件，全省测绘资质单位617家，其中甲级63家、乙级554家。深化工程建设项目分阶段、全流程“多测合一”改革，福州、厦门和莆田3个试点市完成改革目标，其他设区市改革工作有序推进。（邹益銮）

自然资源行政执法

【自然资源和不动产确权登记】 2023年，福建省办理不动产登记151万宗，平均用时0.37天，群众满意率99%。完成武夷山国家公园自然资源确权登记，福建省自然资源确权登记典型做法入选国家发展改革委改革成果案例汇编。指导开展林权类不动产登记工作，三明市自然资源局在全国自然资源和不动产确权登记工作会议上作典型经验交流。制定不动产“带押过户”政策，受省政府主要领导批示表扬。组队参加全国首届不动产登记技能竞赛，获团体三等奖，1人获个人综合奖。

【自然资源法治建设】 2023年，福建省自然资源厅开展省法治建设“一规划两方案”和“八五”普法中期评估，阶段性任务均已完成。《福建省测绘地理信息条例》经省政府常务会议研究通过报省人大常委会。完成省自然资源厅第四批规范性文件特别是涉及民营经济、新修订行政复议法文件清理，废止厅规范性文件7件。完成35份政策性、规范性文件合法性审核。办理复议应诉等各类案件82件。举办全省自然资源系统法规培训班，完成新一轮厅机关法律顾问选聘。组织开展法治宣传月和国家宪法日宣传活动，结合地球日和土地日，深入莆田市、福建农林大学开展专项普法活动。

【自然资源行政审批服务】 2023年，福建省自然资源厅办理行政审批服务事项3141件。制定《2023年“放管服”改革工作行动方案》，完成年度19项改革任务。省自然资源厅行政审批和公共服务事项70项，其中四星级以上事项占90%。将“登记财产”等指标列入省营商指标体系。组织自然资源标准化目录事项清单动态调整，梳理形成81个主项及204个末项。完成国家行政许可事项目录清单认领，完善“电子证照”应用与互通互认。印发《关于规范失信惩戒工作的通知》，编制厅失信惩戒措施清单，规范自然资源信用管理。

【自然资源执法监察】 2023年，福建省自然资源厅持续开展常态化监测、专项监测、补充监测、持续变化监测和聚集性分析监测，累计监测面积50.9万平方千米，95%的乡镇实现3轮次以上监测，全年发现违法问题2.1万宗，问题数量与上年持平，涉及耕地面积1000公顷，涉耕面积减少6%。向违法用地较严重的2个县（市、区）政府发出2份自然资源违法预警函。强化违法图斑查处整改和追责问责，每月以“点对点”方式向县（市、区）政府函告辖区内违法用地用矿图斑数量及查处整改进展情况，全省查处整改违法问题9000宗，复耕面积533.33公顷，追责问责311人。推进农村乱占耕地建房问题专项整治，发现、处置新增农村乱占耕地建房问题，全省累计提取26批10287个疑似新增农村乱占耕地建房问题图斑，确认新增问题630宗，处置630宗，其中违建行为实际发生于2023年的33宗，处置33宗。（邹益銮）

编辑：林忠玉

生态环境

综　述

【生态环境状况】　2023年，福建省生态环境质量稳定优良，持续居全国前列。水环境质量保持优良水平，主要流域水质为优并持续向好，集中式生活饮用水水源水质保持优良，主要湖泊水库水质保持优良。全省城市环境空气质量以优良为主并持续改善，城市声环境质量继续保持稳定。全省生态环境状况等级为“优”，生态质量基本稳定，福州市、漳州市、三明市、南平市、龙岩市、宁德市和平潭综合实验区生态环境状况等级为“优”。全省氮氧化物、挥发性有机物、化学需氧量和氨氮4项主要污染物重点工程累计减排量均完成国家下达任务。

【美丽福建建设】　2023年，福建省推进实施《深化生态省建设打造美丽福建行动纲要（2021—2035年）》，围绕打造美丽中国先行示范省目标，统筹推进美丽城市、美丽乡村、美丽河湖、美丽海湾、美丽园区“五个美丽”建设。晋安区、华安县、建阳区、延平区和屏南县5个县（区）获得国家生态文明建设示范区称号，松溪县和周宁县被命名为“绿水青山就是金山银山”实践创新基地。截至2023年底，全省共有44个市、县（区）获得国家生态文明建设示范区称号，8个县（市）和1条流域被命名为“绿水青山就是金山银山”实践创新基地，宁德霍童溪、三明金溪（将乐段）、厦门筼筜湖获评全国美丽河湖，福州滨海新城岸段、厦门东南部海域、漳州东山岛南门湾—马銮湾段获评全国美丽海湾。

【生态保护修复】　2023年，福建省生态环境厅会同省财政厅开展山水林田湖草保护修复工程生态环境成效评估，福州市闽江河口湿地生态保护及入侵物种综合治理项目和将乐县常上湖生态保护修复示范项目入选全国山水工程首批15个典型案例。武夷山国家公园、福州福山郊野公园、明溪君子峰3个案例入选2023年度全国15个生物多样性保护优秀案例。　（林承恩）

生态环境监管

【概况】　2023年，福建省生态环境厅落实《福建省深入打好污染防治攻坚战实施方案》，坚持精准治污、科学治污、依法治污，进一步守蓝天、护碧水、促碧海、保净土、治固废，推进流域性、区域性、行业性污染整治，福建省污染防治攻坚战成效考核连续四年获评优秀。

【环境安全管理】　2023年，福建省生态环境厅开展生态环境安全隐患专项排查整治2023行动，整改隐患问题3337个；完成2182家（次）企业环境应急预案线上备案；编制17条河流（河段）应急响应“一河一策一图”方案。联合三明市、明溪县政府开展省级突发环境事件应急演练，设区市及县级生态环境部门组织各类型环境应急演练144次。应对处置一般突发环境事件2起，其中因生产安全事故引发1起、因交通事故引发1起，全年未发生较大及以上级别突发环境事件。

【核与辐射安全管理】　2023年，福建省生态环境厅运转核安全工作协调机制，编制完成《漳州核电厂场外核事故应急预案》及配套执行程序，起草《应对日本福岛核污染水排海事件工作方案》，细化完善省内核电厂周边10千米范围内“一村一案”。新建省核应急云霄前沿指挥所（云霄县核应急指挥中心）、固定洗消场，推进漳州核电厂1号机组首次装料前联合演习准备工作，推动莆田市、宁德市组织开展年度辐射事故应急综合演习。对2347家（次）核技术利用单位开展监督检查；对26个伴生放射性矿、输变电等核与辐射项目开展监督性监测；省放射性废物库收贮90枚闲置、废旧放射源。全年未发生辐射事故和涉核“邻避”问题，空气、近岸海域水体和土壤等环境辐射监测结果均处于本底辐射水平。

【生态环境执法】　2023年，福建省持续开展生态环境保护执法大练兵，省生态环境厅被生态环境部评为省级表现突出单位、排名全国第二，10个单位获评市、县级表现突出集体，10人获评表现突出个人。加大对逃避监管、弄虚作假等恶意环境违法行为打击力度，全省依法办理环境行政处罚案件2512件，处罚金额1.74亿元，办理环境保护法4个配套办法案件468件，移送涉嫌环境犯罪案件53件。全省生态环境系统会同公安、住建等5个部门落实城市夜间噪声污染联防联控长效工作机制，牵头住建、自然资源等3个部门开展城市扬尘整治专项行动，行政处罚5700多起，责令整改1.6万多起，全省颗粒物浓度（PM_{10}）相比整治前下降22.86%，社会调查群众满意率99.61%。持续推进执法机构规范化建设，全省生态环境部门按照“试点先行，分步推进，全域覆盖”的建设目标，基本实现规范化建设达标全覆盖，并评选出10个年度规范化示范单位。

【生态环境保护督察】 2023年，中共福建省委书记和福建省省长与各设区市、平潭综合实验区党政“一把手”签订年度生态环境保护目标责任书，实施重点任务调度、分析、提醒、帮扶机制，发挥责任书“军令状、指挥棒、推进器”作用。持续抓好中央生态环境保护督察问题整改落实，实施“红黄牌”警示等制度，截至2023年底，第一轮、第二轮中央生态环境保护督察110项整改任务中有109项完成或达到序时进度；对第三轮中央生态环境保护督察期间发现问题开展立行立改、边督边改。持续推动省级督察问题整改。（林承恩）

土壤环境管理

【概况】 2023年，福建省生态环境厅制定印发《关于进一步加强建设用地土壤环境联动监管的通知》，督促1187块建设用地落实土壤环境状况调查评估制度，建立114个关闭搬迁地块优先监管名录，对28本土壤污染状况调查评估报告开展质量抽查并及时通报督促整改。

【土壤污染防治】 2023年，福建省生态环境厅完成钢铁、电镀、化工等79家土壤污染重点监管单位隐患排查“回头看”。全面推进农用地土壤重金属污染源头防治行动，排查涉重金属企业963家次、矿区237个，推动4.77万公顷受污染耕地落实安全利用和严格管控。完成福州、厦门、龙岩、宁德4个设区市地下水污染防治重点区划定、27家生活垃圾填埋场和5家化工园区地下水环境状况调查评估。推进龙岩市国家土壤污染防治先行区和地下水污染防治试验区建设。

【净土工程】 2023年，福建省实施净土工程，督促建设用地落实调查评估和治理修复措施，全省重点建设用地安全利用得到有效保障；推进受污染耕地集中区域周边涉重金属矿区排查整治，实施南平、三明、龙岩等矿区历史遗留固体废物整治项目，保障农用地安全利用；实施农村生活污水治理为民办实事项目，推进531个村庄生活污水治理，完工400个；指导泉州入选国家农村黑臭水体治理试点，完成国家下达的45条农村黑臭水体治理年度任务。加快福州、莆田“无废城市”建设。（林承恩）

水环境保护

【概况】 2023年，福建省推动水功能区划与重点流域断面考核相衔接，开展区域性、行业性、流域性生态环境问题整治，提升水功能区环境质量。年内，全省115个国控水功能区达标率99.1%，福建省河湖长制工作再获国务院激励奖励。

【河湖长制】 2023年，福建省河湖长制工作再获国务院激励奖励，成为全国唯一连续6年获该奖励的省份；幸福河湖建设经验在全国政协十四届常委会会议上交流，福州内河治理经验在第二届联合国人居大会上分享；漳州九十九湾、三明池湖溪入选全国幸福河湖建设试点，三明金溪（将乐段）、厦门筼筜湖入选第二批全国美丽河湖优秀案例，闽江河口湿地列入国际重要湿地名录。全省主要流域、小流域、乡镇交接断面Ⅰ～Ⅲ类水质比例分别为99.5%、96.8%、80.2%，比2018年分别提升3.7%、12.1%、18.2%，其中主要流域国控断面优良水、优质水占比均为2018年实施国家监测以来最好年份；全省累计建成近7000千米示范河湖。闽江、九龙江、敖江、木兰溪流域水质稳中向好，国控断面Ⅰ～Ⅲ类水质比例分别为100%、92.8%、100%、100%。年内，福建省委书记、省长共同担任省总河湖长，3名副省长担任副总河湖长兼任主要流域河长，市县乡党政主要负责人全部担任河湖长，村级设河道专管员；全省共有6886名河（湖）长、1182个河长办、8272名河道专管员，以及2239名河道法官、检察官和河道警长。

【河湖综合治理】 2023年，福建省编制河湖岸线保护与利用规划，建立河湖健康档案，滚动编制实施“一河湖一档一策”，全面完成第一次全国水利普查名录以内河湖管理范围划界成果上图。推行河道采砂许可电子证照，落实河砂准运单制度，规范河道疏浚砂利用。在全国率先实时公开80个主要流域断面水质监测情况，设置乡镇交接断面1100个。落实15条重要河流生态流量保障措施，放流各类淡水生物超3600万单位，生态治理河长754千米，创建绿色小水电站示范电站10座。

开展闽江水口库区废弃物集中整治攻坚行动，实施九龙江流域山水林田湖草沙一体化保护和修复五大类57个重点工程，提升敖江流域113处废弃关闭矿山生态修复成效，加快推动木兰溪全流域系统治理建设绿色高质量发展先行市。建立乡镇交接断面水质监测通报制度，出台《福建省河湖“天地网”管理办法（试行）》，构建“天上看、地上查、网上管”工作机制，每年组织6批次以上（2次县级全覆盖）卫星遥感图斑核查，共复核遥感图斑问题28773个，整治河湖库“四乱”（乱占、乱采、乱堆、乱建）问题5523个，处置非法采砂案件51件。创新制定《福建省河长制湖长制工作正向激励实施方案（试行）》，对工作推进力度大的设区市、县（市、区）给予资金奖励。出台全国首个《幸福河湖评价导则》（DB35/T2113—2023）、《“政协委员河长”民主监督规范》（DB35/T2156—2023）和《河湖巡查与问题处置准则》（DB35/T2164—2024）省级地方标准。推动幸福河湖促进会由省级向市、县扩展，全省有幸福河湖促进会29家，九市一区实现“全覆盖”；开展“河小禹”“巾帼护河”“企业河长”“河长制进校园”等专项活动，近百所高校组建护河实践队151支、志愿者2000多人。

【排污口设置管理】 2023年，福建省生态环境厅印发《关于进一步强化入河入海排污口监督管理工作的通知》，推进入河排污口“查、测、溯、治、管”，全年排查发现入河排污口9556个，基本完成溯源，整治率约90%。加快推进入海排污口规范化整治和入海沟渠“除黑消劣减氮”，推动提水式海水养殖池塘尾水治理，全省入海排污口整治率79.85%。

【流域水环境保护】 2023年，福建省生态环境厅持续推进闽江、九龙江山水林田湖草沙一体化保护和修复，以水质改善为导向，筹措资金16亿元用于重点流域生态保护补偿，谋划297个水环境治理、水生态保护等项目，推动全省流域水环境质量持续改善。年内，南平市国控断面全部达到Ⅱ类；宁德市连续两年进入全国地表水水质排名前30；龙岩市国控断面优质水比例比上年提升25个百分点；莆田市木兰溪三江口国控断面首次达Ⅲ类。

【碧水工程】 2023年，福建省实施碧水工程，以闽江、九龙江等流域为重点，聚焦水质薄弱环节，谋划实施83个碧水工程项目，坚持工业源、生活源、农业源系统治理，推进40个省级以上工业园区“污水零直排区”建设，消除25条县级城市黑臭水体，深化畜禽养殖污染防治，推动水口库区网箱养殖绿色转型。 （林承恩）

大气环境管理

【概况】 2023年，福建省出台臭氧污染防治攻坚战、蓝天行动计划等方案，强化多污染物协同减排，强化大气污染治理，开展行业性大气污染治理、机动车尾气排放监管等专项治理行动。紧盯臭氧污染高发时段，强化区域联防联控和污染天气应对，有效减少污染天数。

【行业性大气污染治理】 2023年，福建省生态环境厅实施行业性治理，出台水泥超低排放改造、锅炉整治等政策文件，推进28家钢铁企业、11家水泥企业开展超低排放改造，推进1000余台燃煤小锅炉转型改燃，推进53家建陶企业改用石灰石膏法脱硫，推动闽清4家建陶企业开展“前端＋末端”脱硫治理试点，完成11条玻璃生产线达标改造，实施低VOCs（挥发性有机物）含量原辅材料替代项目114个、VOCs综合治理项目417个。

【机动车尾气排放监管】 2023年，福建省生态环境厅加大对机动车尾气排放监管力度，抽查机动车排放检验机构1162家次。开展车辆路检路查和入户监督抽测1.2万多辆次，非道路移动机械编码排查登记2.3万台。

【蓝天工程】 2023年，福建省实施蓝天工程，推进氮氧化物和挥发性有机物协同减排，聚焦钢铁等十大重点行业领域，实施完成105个省级大气污染治理重点项目、1000个基层治理项目。实施福建碳市场第七个履约周期，碳排放权累计成交金额16.78亿元。 （林承恩）

海洋环境管理

【概况】 2023年，福建省近岸海域生态环境状况总体良好，近岸海域优良水质（一、二类）面积比例为88.7%，优于全国平均水平4.8个百分点。开展首批省级美丽海湾评选，推动沿海各地因地制宜编制美丽海湾建设方案，推进全省35个湾区加快建设美丽海湾。

【海洋污染防治】 2023年，福建省实施重点海域综合治理攻坚战，项目化推动解决海湾环境突出问题。持续开展海漂垃圾综合治理为民办实事项目，全省共清理垃圾约14.1万吨，重点岸段垃圾分布密度比整治前下降超60%。提炼推广福州滨海新城岸段全国首批美丽海湾建设经验，实施近岸海域污染防治、生态保护修复、岸滩环境整治等工程。

【碧海工程】 2023年，福建省实施碧海工程，“一湾一策”实施沙埕港、泉州湾、安海湾等重点海湾水质提升工程。推进环湾污水处理设施新改扩建、管网建设改造、农村生活污水治理、临海工业园区深远海排放改造、海上养殖转型升级等工程，减少陆域污染排放。

（林承恩）

危险废物管理

【概况】 2023年，福建省有危险废物持证单位162家，总核准利用处置能力超300万吨/年；有超1.4万家涉危废单位，全年危险废物产生量210万吨（不含医疗废物），利用处置量210.4万吨（含上年度储存量），全年跨省转移危险废物21.7万吨，其中转出19.6万吨、转入2.1万吨；累计运行电子联单160万余份。全省医疗废物处置单位14家，处置能力6.7万吨/年，全年安全收集处置医疗废物 4.2 万吨。

【危险废物规范化环境管理评估】 2023 年，福建省生态环境厅持续开展危险废物规范化环境管理评估工作，将 1060 家危废产生企业或危废经营单位作为重点环境监管对象，累计查办涉危废案件 114 件，其中行政处罚 67 件、查封扣押 17 件、移送拘留 6 件、涉嫌犯罪 24 件，省级发布典型案例 13 件。

【废铅蓄电池和废弃电器处理】 2023 年，福建省生态环境厅持续推进废铅蓄电池集中收集和跨区域转运试点工作，累计收集处置废铅蓄电池 9.83 万吨。持续推进废弃电器电子产品拆解规范处理，审核规范拆解废弃电器电子产品 15 批次 306.38 万台（套）。（林承恩）

碳达峰碳中和

【概况】 2023 年，福建省推进落实碳达峰碳中和实施意见和碳达峰实施方案，出台能源、工业、城乡建设和石油天然气等分领域、分行业碳达峰实施方案，制定财政支持做好碳达峰碳中和工作、碳达峰碳中和标准计量体系、绿色低碳发展国民教育体系等政策举措。制定实施全面加强资源节约工作方案，印发“十四五”单位 GDP 二氧化碳排放降低目标地区分解方案，明确 2023—2025 年应对气候变化重点任务，修订固定资产投资项目节能审查实施办法，健全绿色低碳发展的政策体系。

【绿色现代化产业体系】 2023 年，福建省出口“新三样”商品（电动载人汽车、锂离子蓄电池、太阳能电池）1365.6 亿元，比上年增长 49.8%，动力电池产业保持全球领先地位。推进重点领域节能降碳改造升级，3 家企业获评国家级能效“领跑者”，改建和技术改造投资比上年增长 9.2%，较全省投资增速高 6.7 个百分点。推进“能水粮地矿材”一体化节约集约利用，推行清洁生产，推动具备条件的省级以上园区加快实施循环化改造，邵武市金塘工业园区等 3 个园区被列为国家第二批清洁生产审核创新试点。福州、厦门、漳州、泉州入选国家低效用地再开发试点。莆田湄洲岛被列为国家再生水资源利用配置试点。

【清洁低碳能源体系】 2023 年，福建省实施可再生能源替代行动，立足生态资源禀赋，推进规模化集中连片海上风电开发，建设全国首个国家级海上风电检测基地。提高非化石能源消费比重，全省清洁能源装机比重由 2018 年的 55.4%提升至 2023 年的 63.0%，核电装机规模全国第二、装机比例全国第一。抽水蓄能项目永泰 4 号机组、厦门 1 号机组等投入使用。统筹推进新型储能规模化应用，加快构建以新能源为主体的新型电力系统，提升电网对高比例可再生能源的消纳和调控能力。绿色电力市场交易常态化开展，绿色电力交易电量 7.7 亿千瓦时，绿证成交 22.4 万张。

【低碳交通运输体系】 2023 年，福建省加快“电动福建”建设，推动绿色出行，全年推广新能源汽车 18.6 万辆，比上年增长 8.9%；出台实施全国首个“光储充检”充电站建设管理指南；启用全国首条高速公路重卡换电绿色物流专线，累计建成高速公路服务区充电站 225 座、充电桩 908 根，覆盖率 87%。发展多式联运，沿海港口完成集装箱海铁联运 15.1 万标箱，比上年增长 46%。全面构建城市绿色出行体系，厦门入选全国绿色货运配送示范城市。率先出台电动船舶全产业链支持政策，推进船舶靠港使用岸电，建成港口岸电设施 221 套，沿海港口五类专业化泊位具备岸电比例达 88%。

【绿色低碳城乡建设体系】 2023 年，福建省持续提升城市绿色空间品质，新建和改造提升公园绿地 895 公顷、福道 942 千米，建设郊野公园 23 平方千米、“口袋公园”262 个。开展绿色建筑创建行动，新建绿色建筑 8016.7 万平方米，占新建建筑比重 98.6%；推广可再生能源应用建筑面积 360.4 万平方米；完成公共建筑节能改造 130 万平方米。推广“系统代脑、机器代工、工厂代现场”智能建造模式，装配式建筑比例上升至 32.2%。推进生活垃圾减量化资源化，制定建筑垃圾资源化利用意见，全域开展“无废城市”建设，厦门生活垃圾分类工作排名连续 21 个季度保持全国第一。推进低碳零碳试点示范，福州成为全国唯一获评全球可持续发展城市奖的城市，三明、厦门获评国家低碳城市试点优良城市。

【绿色低碳科技创新体系】 2023 年，福建省持续加大科技研发力度，建成投用全球首座“通量—大气—遥感”碳汇数据观测平台，落地工业和信息化部双碳研究中心福建分中心，建设国家碳计量中心（福建）。深化绿色低碳技术创新，全球单机容量最大、叶轮直径最大的 18 兆瓦海上直驱风电机组下线，自主研发卫星遥感监测温室气体相关技术，碳遥感监测能力提升。加快碳排放统计核算实践探索，开展能源活动领域碳排放统计核算，推进工业生产过程碳排放专项调查试点。

【碳汇交易体系】 2023 年，福建省持续提升生态系统固碳增汇能力，完成植树造林 6.96 万公顷、森林抚育 22.8 万公顷、森林质量精准提升 22.99 万公顷。推动碳汇价值实现，落地全国首单茶树碳汇储量指数保险、首单水土保持项目碳汇交易，实现国内林业碳票首次跨省销售，发布全国首张由海洋渔业部门备案、碳汇交易部门确认的海洋碳票。深化资源环境要素市场化交易机制，累计成交碳排放权 6641 万吨、金额 16.8 亿元，发放碳减排支持工具贷款 271.7 亿元，支持绿色项目 478 个，带动年度碳减排 1454.9 万吨二氧化碳当量。（卢楷）

编辑：林忠玉

中国共产党福建省委员会

综　　述

【党的二十大精神学习宣传贯彻】 2023年，中国共产党福建省委员会以习近平新时代中国特色社会主义思想为指导，把学习宣传贯彻党的二十大精神作为首要政治任务，坚定拥护“两个确立”、坚决做到“两个维护”。落实省委常委会会议“第一议题”制度，以习近平总书记到福建考察两周年为契机，汇总梳理习近平总书记重要指示批示274件，结合贯彻落实党的二十大精神开展“回头看”。强化学习宣传，开展多形式分层次全覆盖教育培训，完成对2.8万多名县处级以上领导干部集中轮训。省委常委带头宣讲，全省开展宣讲11.3万场次。设立党的二十大精神研究阐释等重大专项，举办“新思想引领福建高质量发展”等理论研讨会。推动落地落实，落实省委十一届三次全会提出的12个方面45条措施，把党的二十大精神贯彻落实到福建工作的全过程各方面，开展省委和省政府工作检查活动。

【学习贯彻习近平新时代中国特色社会主义思想主题教育】 2023年，福建省发挥习近平新时代中国特色社会主义思想重要孕育地和实践地独特优势，以实施“深学争优、敢为争先、实干争效”行动为载体，统筹推进两批主题教育。中央主题教育办将学习推广“四下基层”作为全国第二批主题教育重要抓手，中央主题教育简报26次刊发福建省主题教育工作情况，位居全国前列。强化政治责任，召开20次省委常委会会议（主题教育领导小组会议），出台70多份指导文件，派出18个巡回指导组和8个巡回督导组。用好独特资源，创设新思想主题教室，省级设立76个特色现场教学点、开发115门特色课程、开设16门特色公开课，省委常委班子开展4次集中学习研讨，带动做好深化内化转化文章。省委常委班子赴“四下基层”发源地宁德市霞浦县开展现场教学，召开全省深化运用“四下基层”制度走好新时代党的群众路线推进会，出台19项推广运用具体措施。开展19项省重点课题调研，由省委和省政府班子成员每人牵头一个，带动全省开展调研。组织推动第一批、第二批参加单位分别梳理重点问题1216个、7556个，省、市县两级分别确定10个、301个专项整治项目，全部整改销号。注重建章立制，省级层面出台20多份制度文件，完善学习贯彻党的创新理论、直接联系群众、决策调研论证等制度机制，推动主题教育成果常态长效。

【现代化产业体系建设】 2023年，福建省贯彻新发展理念，出台稳增长系列政策措施，提升产业规模能级，推动高质量发展。全年经济稳步向上向好，全省实现地区生产总值54355亿元、比上年增长4.5%，增速分别比2022年一季度、上半年、前三季度回升2.8个、0.7个、0.4个百分点。推进新型工业化。召开全省新型工业化推进大会，实施制造业竞争力提升行动，发布全国首份县域重点产业链发展白皮书，推动传统产业转型升级和战略性新兴产业培育壮大，千亿元产业集群21个，电子信息、先进装备制造、现代纺织服装、石油化工等支柱产业规模超过或接近万亿元。召开省委十一届四次全会，坚持创新和发展“晋江经验”，研究制定关于实施新时代民营经济强省战略推进高质量发展的意见，促进民营经济发展壮大。促进农业农村现代化。深入学习“千万工程”（千村示范、万村整治工程）经验，召开建设美丽乡村现场推进会，压实粮食安全和耕地保护责任，发展特色现代农业，建设宜居宜业和美乡村，2023年十大乡村特色产业全产业链总产值2.3万亿元。提升服务业水平。实施推进服务业高质量发展三年行动计划，2023年全省规模以上服务业增速领先全国，金融业增加值比上年增长7.4%，福州港口型物流枢纽入选国家物流枢纽建设名单。优化基础设施布局建设。实施新型基础设施建设三年行动计划，打造综合立体交通网，福厦高铁开通运营，龙岩新机场获批立项，龙龙高铁龙岩至武平段、厦门翔安大桥、福州地铁4号线首通段等建成通车。坚持以科技创新推动产业创新，出台加快推进科技创新发展若干措施，国家级高新技术企业数突破1.2万家，全球首台16

兆瓦海上风电机组并网发电，集成电路、示范快堆、生物医药等领域取得标志性成果。

【改革开放】 2023年，福建省服务和融入新发展格局，构建国内国际双循环的重要节点、重点通道，激发发展动力活力。全面深化改革。出台纵深推进全面深化改革的实施方案，部署九大领域59项重点改革任务。福建省机构改革方案获中央批准，召开全省动员部署会，推进相关工作。优化营商环境，99.17%的事项可网上办理。巩固提升“三明医改”经验，公立医院综合改革效果评价连续8年居全国前列。深化拓展林改经验，建设全国深化林改先行区。扩大对外开放。率先出台自贸试验区提升战略实施方案，加快建设海丝核心区。全年对共建“一带一路”国家进出口1万亿元，电动载人汽车等外贸“新三样”出口比上年增长49.8%。推进中国和印尼“两国双园”建设，中方园区新签约项目81个、总投资1218.6亿元。举办2023“鼓岭缘”中美民间友好论坛、第十届中国—中亚合作论坛，接待赞比亚总统希奇莱马、柬埔寨国王西哈莫尼等13名外国副国级以上领导人到闽访问，省领导多批次率团出访。举办首届中国侨智发展大会等活动，出台优化涉侨服务工作若干措施。组织福建代表团赴港澳访问，召开闽港澳合作会议，深化双方合作。推进区域协调发展。以县域为重点统筹推进城乡融合发展，率先启动全域范围内户口迁移“跨省通办”，全年农业转移人口落户城镇37.7万人。出台进一步做深做实新时代山海协作推动区域协调发展的意见，推动福州都市圈和厦漳泉都市圈建设，加快老区苏区振兴发展，推进三明与上海、龙岩与广州对口合作。打造闽宁协作“升级版”，援藏援疆工作保持全国前列。

【海峡两岸融合发展示范区建设】 2023年，福建省落实《中共中央　国务院关于支持福建探索海峡两岸融合发展新路　建设两岸融合发展示范区的意见》，召开省委十一届五次全会，审议通过福建省实施意见，争取11家中央和国家部委、3家国家政策性银行出台配套政策。打造共同家园。新发布15条政策措施，为台胞行便利、增实惠。“小三通”海上航班、“大三通”客滚航线、空中直航航线复航；厦门望嶝变电站建成投运；具备向金门供电条件；向金门供水5年，累计3000多万吨，完成向马祖供水福州陆上侧工程；厦金大桥厦门侧项目开工建设。建设共同市场。深化闽台经贸合作，全年新设台资企业户数和实际利用台资金额继续位列全国第一，海峡两岸最大的石化产业合作项目古雷炼化一体化一期项目投入运营，6个台湾农民创业园连续6年包揽国家考评前六名。推出第二批两岸标准共通试点13项，累计发布138项。成立福建中国和平统一促进会。举办第十五届海峡论坛，上万名两岸同胞参加活动，其中台湾同胞6700多人、首次参加的超一半。举办第十届海峡青年节，开展重点民间交流活动260多场，邀请岛内台胞到闽超2.5万人次。

【民生事业】 2023年，福建省加大保障和改善民生力度。促进就业增收。出台稳工稳产促就业政策措施，全年全省新增就业53.49万人，城镇调查失业率4.8%。居民人均可支配收入45426元，比上年增长5.4%，高于经济增速。加快民生社会事业发展。完成29个省委和省政府为民办实事项目，保持民生支出只增不减，加快补齐教育、医疗卫生、社会保障、养老托幼等短板。城乡低保平均标准、城乡居民基础养老金最低标准逐步提高，职工医保省级统筹调剂集中比例提高至50%。福建省运动员在第19届杭州亚运会上获金牌人次居全国第二位。建设美丽中国先行示范省。召开全省河湖长制林长制工作会议、全省生态环境保护大会，配合第三轮中央生态环境保护督察，持续抓好生态文明建设。设区城市空气质量优良天数比例为98.4%，上升0.8个百分点。主要流域优良水质比例为99%，上升0.9个百分点。森林覆盖率65.12%，连续45年居全国第一。建设文化强省。落实意识形态工作责任制，推进社科强省建设。深化新时代精神文明建设，设区市全国文明城市占比居全国前列。保护历史文化遗产，推动“闽派”特色文艺蓬勃发展，第九届中国戏剧奖福建省获奖数量居全国第一并首摘“双梅花”。防范化解重点领域风险。制定实施省地方债务具体化债方案，全省政府债务严控在中央核定限额内。一市一策、一盘一策防范化解房地产风险，推进保交楼工作。完善金融风险防控协同机制，截至2023年末全省不良贷款率1.04%，比上年下降0.07个百分点。坚持和发展新时代“枫桥经验”。平安（综治）建设考评居全国前列。全省安全生产事故起数、死亡人数均比上年下降11%。有效防抗有完整观测记录以来登陆福建省的第二强台风“杜苏芮”等多个台风。

【民主政治建设】 2023年，福建省深化全过程人民民主实践。完成省级人大常委会、政府、政协领导班子换届工作。支持人大依法行使立法权、监督权、决定权、任免权，推进人民政协专门协商机构建设，深化工青妇等群团组织改革和建设。建设法治福建。推动法治福建、法治政府、法治社会、法治文化、法治人才等系列规划落地，深化海丝中央法务区建设，福州等3个市（县）和漳州新时代110警务机制改革创新等3个项目获评第二批全国法治政府建设示范市（县）和示范项目。

【党的建设】 2023年，中共福建省委学习贯彻习近平总书记关于党的建设的重要思想和关于党的自我革命的重要思想，纵深推进全面从严治党。落实管党治党政治责任。开展全面从严治党主体责任落实情况检查，深化“知、督、促”工作机制，做实政治监督，完成十一届省委第二轮、第三轮对69个县（市、区）、单位党组织的巡视。贯彻新时代党的组织路线。选优配强领导班子，出台深化激励干部担当作为20条措施，实施新时代干部能力提升计划和年轻干部全链条梯次培养工程。开展八闽堡垒工程，抓党建促乡村振兴，推行近邻党建，“两新”（新经济、新社会）组织覆盖率持续居全国前列。编制实施省“十四五”人才发展规划，深化人才发展体制机制改革，累计认定省级高层次人才近1万人。落实中央八项规定及其实施细则精神，持续纠“四风”树新风，为基层松绑减负。打造基层小微权力监督平台，巩固提升“点题整治”质效。围绕规范政商交往行为出台意见和指导案例。推进纪检监察干部队伍教育整顿。

省委常委会带头严格执行关于加强和维护党中央集中统一领导若干规定，坚持民主集中制，加强请示报告工作。带头深入学习贯彻习近平总书记关于树立和践行正确政绩观的重要指示精神，开展违反客观规律大干快上、举债搞“半拉子工程”“形象工程”“面子工程”和统计造假等问题专项整治。（林丽丽）

重要会议

【省委十一届四次全会】 2023年8月16日，中国共产党福建省第十一届委员会第四次全体会议在福州召开。出席会议的有省委委员74人，省委候补委员14人。省纪委常委、省监委委员和有关方面负责同志，党的二十大代表和省第十一次党代会代表中的部分专家学者、民营企业家代表等列席会议。全会由省委常委会主持，省委书记周祖翼讲话。全会听取和讨论了周祖翼受省委常委会委托作的工作报告，审议了《中共福建省委、福建省人民政府关于实施新时代民营经济强省战略，推进高质量发展的意见》。周祖翼就《意见（讨论稿）》向全会作说明。

全会肯定省委十一届三次全会以来省委常委会的工作。一致认为，省委常委会坚持以习近平新时代中国特色社会主义思想为指导，紧扣习近平总书记亲自擘画的新福建宏伟蓝图和“四个更大”等重要要求，坚定拥护“两个确立”、坚决做到“两个维护”，推动全省上下深入学习宣传贯彻党的二十大精神，扎实开展学习贯彻习近平新时代中国特色社会主义思想主题教育，实施“深学争优、敢为争先、实干争效”行动，完整、准确、全面贯彻新发展理念，积极服务和融入新发展格局，统筹疫情防控和经济社会发展，统筹发展和安全，全方位推进高质量发展，深化改革扩大开放，强化教育科技人才支撑，着力创造高品质生活，加快建设海峡两岸融合发展示范区，扎实推进社会主义民主法治建设和宣传思想文化工作，深入推进党的建设和全面从严治党，有力推动新福建建设取得新成效。

全会指出，习近平总书记高度重视民营经济发展，党的十八大以来作出一系列重要论述，为完善中国特色社会主义市场经济体制、发展民营经济提供根本遵循。福建是民营经济最早的发轫地之一，习近平同志在福建工作期间就心系民营经济发展，提出了一系列重要理念，开创了一系列重大实践，是福建的宝贵财富和独特优势。经过多年发展，福建民营经济如同八闽大地的广袤森林一样茂密苍翠，成为福建经济的特色所在、活力所在、优势所在。民营经济稳则福建经济稳，民营经济活则福建经济活，民营经济强则福建经济强。实施新时代民营经济强省战略，对于深入学习贯彻习近平总书记关于民营经济发展的重要论述和党的二十大精神，不断创新和发展“晋江经验”，进一步稳定市场预期、坚定发展信心，进一步推动福建民营经济提质增效、转型升级、再创优势，加快新福建建设，奋力谱写中国式现代化福建篇章，具有重要意义。

全会强调，实施新时代民营经济强省战略，要以习近平新时代中国特色社会主义思想为指导，全面贯彻落实党的二十大精神，深刻领悟“两个确立”的决定性意义，增强“四个意识”、坚定“四个自信”、做到“两个维护”，牢记“国之大者”，完整准确全面贯彻新发展理念，服务和融入新发展格局，落实“两个毫不动摇”“三个没有变”“两个健康”，聚焦新福建宏伟蓝图和“四个更大”等重要要求，坚持推动民营经济健康发展、高质量发展，着力以创新增动能、以转型优结构、以改革激活力、以开放拓空间，着力构建公平竞争的市场环境、良法善治的法治环境、便利高效的政务环境，着力加强民营企业党的建设、促进民营经济人士健康成长，推动福建从民营经济大省向民营经济强省跨越突破。

全会提出，到2027年，新时代民营经济强省战略实施取得积极进展，民营经济实现质的有效提升和量的合理增长，民营企业核心竞争力显著增强，民营经济社会贡献显著增强，全省营商环境水平居于全国一流行列。

全会提出，加大鼓励、支持、引导力度，促进民营经济健康发展、高质量发展。坚持以创新驱动增添动能，强化企业技术创新主体地位，加强创新公共服务平台建设，强化人才战略支撑，推动民营经济成为实现科技自立自强和产业链自主可控的重要力量。坚持以产业升级优化结构，发展壮大产业集群，梯次培育壮大民营企业，推动高端化、智能化、绿色化发展，推动民营经济成为建设现代化产业体系的重要力量。坚持以改革攻坚激发活力，鼓励民营企业完善治理结构和管理制度，支持积极参与混合所有制改革，完善市场化重整机制，推动民营经济成为构建高水平社会主义市场经济体制的重要力量。坚持以开放提升拓展空间，深度融入全国统一大市场，积极开拓多元化国际市场，优化产业链供应链全球布局，推动民营经济成为服务和融入新发展格局的重要力量。坚持以共享发展增进福祉，引导培育壮大中等收入群体，引导促进城乡区域协调发展，支持民营企业更好履行社会责任，推动民营经济成为促进共同富裕的重要力量。坚持以规范引导厚植优势，依法规范和引导资本健康发展，加强风险防范管理，强化安全生产保障，推动民营经济成为促进发展和安全的重要力量。

全会提出，完善市场经济制度，营造支持民营经济发展的一流营商环境。坚持以有序竞争筑牢基石，持续破除市场准入壁垒，全面落实公平竞争制度，依法推进社会信用体系建设，增强民营企业公平参与市场竞争的活力。坚持以公正法治稳定预期，依法保护民营企业产权和企业家权益，完善知识产权保护体系，完善监管和执法体系，增强民营企业心无旁骛谋发展的信心。坚持以优质政务贴心服务，优化政务服务格局，健全涉企收费长效监管机制，完善拖欠账款常态化预防和清理机制，增强民营企业享受宜商优惠政策的便利。坚持以服务提质强化保障，强化融资支持、用工需求、土地要素、能源资源要素保障，增强民营企业高效平等获取要素的能级。坚持以亲清互促优化环境，畅通政企沟通渠道，制度化规范政商交往，强化政策沟通和预期引导，增强民营企业行稳致远的发展决心。坚持以企业家精神凝聚力量，加强优秀民营企业家队伍建设，完善民营经济人士教育培训体系，深入践行企业家精神，营造促进民营企业发展壮大的社会氛围。

全会要求，全省各级党组织和广大党员干部要深入学习贯彻习近平总书记关于民营经济发展的重要论述，以高度的思想自觉、政治自觉、行动自觉，做好实施新时代民营经济强省战略各项工作。要着力优化营商环境、推动高质量发展、营造重商亲商爱商的浓厚氛围，让民营经济这片“森林”尽享“阳光雨露”、更加“本固枝荣”、扎根“肥沃土壤”，努力让民营经济像绿水青山一样成为福建的骄傲。要加强党的全面领导，建立健全促进民营经济发展壮大的统筹协调机制、思想政治建设机制、激励约束机制、宣传引导机制、总结评估机制。

全会强调，要全力做好下半年工作。紧盯年度目标，以真抓的实劲促落实，扎实开展学习贯彻习近平新时代中国特色社会主义思想主题教育，深入实施“深学争优、敢为争先、实干争效”行动，深入落实国家重大战略，推动全省上下稳定预期、坚定信心，奋力完成全年目标任务。发扬斗争精神，以敢抓的狠劲促落实，敢于担当、勇于负责，迎难而上、动真碰硬，着力破解具体难题。勇于开拓创新，以善抓的巧劲促落实，掌握科学有效的思想方法和工作方法，解放思想、更新观念，创造性抓好工作落实。坚持久久为功，以常抓的韧劲促落实，牢固树立和践行正确的政绩观，出实招求实效，打基础利长远，推动政策真落实、项目真落地、问题真化解、发展见实效。坚持人民至上、生命至上，落细落实防汛防台风各项措施，全面复盘总结台风“杜苏芮”防御工作，固化好的经验做法，不断提高应对灾害能力，切实保障人民群众生命财产安全和社会大局稳定。

全会号召，全省上下要更加紧密团结在以习近平同志为核心的党中央周围，以习近平新时代中国特色社会主义思想为指导，深入学习贯彻党的二十大精神，不断创新和发展“晋江经验”，深入实施新时代民营经济强省战略，推动广大民营企业和民营企业家进一步激发创新活力、激扬创业豪情、激荡创造热潮，促进民营经济发展壮大，扎实做好各项工作，全方位推进高质量发展，奋力谱写中国式现代化福建篇章。

【省委十一届五次全会】 2023年12月24日，中国共产党福建省第十一届委员会第五次全体会议在福州召开。出席会议的有省委委员69人，省委候补委员15人。省纪委常委、省监委委员和有关方面负责同志，党的二十大代表和省第十一次党代会代表中的部分专家学者和基层代表等列席会议。全会由省委常委会主持，省委书记周祖翼讲话。全会听取和讨论了周祖翼受省委常委会委托作的工作报告，审议了《中共福建省委、福建省人民政府关于贯彻落实〈中共中央　国务院关于支持福建探索海峡两岸融合发展新路　建设两岸融合发展示范区的意见〉的实施意见》。周祖翼就《实施意见（讨论稿）》向全会作说明。

全会肯定省委十一届四次全会以来省委常委会的工作。一致认为，省委常委会坚持以习近平新时代中国特色社会主义思想为指导，紧扣习近平总书记亲自擘画的新福建宏伟蓝图和“四个更大”等重要要求，坚持思想引领、凝心铸魂，全面学习、全面把握、全面落实党的二十大精神；坚持以上率下、示范引领，扎实开展主题教育；坚持稳中求进、固本培优，加快建设现代化经济体系；坚持深化改革、扩大开放，积极服务和融入新发展格局；坚持发挥优势、先行先试，加快建设海峡两岸融合发展示范区；坚持人民至上、增进福祉，着力创造高品质生活；坚持发扬民主、厉行法治，扎实推进民主政治建设；坚持自信自强、守正创新，打好宣传思想文化工作主动仗；坚持党要管党、全面从严治党，巩固发展风清气正政治生态，实施“深学争优、敢为争先、实干争效”行动，着力扩大内需、优化结构、提振信心、防范化解风险，谱写中国式现代化福建篇章迈出坚实步伐。

全会指出，以习近平同志为核心的党中央高度重视对台工作，党的十八大以来习近平总书记作出一系列重要论述，形成新时代党解决台湾问题的总体方略。深化两岸融合发展，是新时代党解决台湾问题的总体方略的重要内容。2023年6月，中共中央、国务院出台《关于支持福建探索海峡两岸融合发展新路　建设两岸融合发展示范区的意见》，赋予福建重大政治责任、重大历史使命和重大发展机遇。全省各级各部门要提高政治站位，从党和国家事业发展全局的高度，深入领会重大意义，强化探新路、作示范的高度自觉，以实际行动坚定拥护“两个确立”、坚决做到“两个维护”。

全会强调，新中国成立以来，历届福建省委、省政府坚决贯彻党中央对台大政方针，扎实推进对台工作，为解决台湾问题、实现祖国统一而奋斗。两岸同胞血浓于水，闽台交流交往从来没有中断过。党的十八大以来，全省上下坚决贯彻新时代党解决台湾问题的总体方略，以通促融、以惠促融、以情促融，台胞台企登陆的第一家园不断构建，闽台应通尽通不断推进、经贸合作不断深化、民间交流不断扩大，闽台融合发展不断取得新成效。这些都为建设两岸融合发展示范区打下坚实基础。新时代新征程，我们要坚定历史自信、保持战略定力，持续推进两岸和平发展、融合发展，不断推动两岸同胞走近走亲、共创美好生活。

全会强调，建设两岸融合发展示范区，要以习近平新时代中国特色社会主义思想为指导，全面贯彻党的二十大精神，坚持贯彻新时代党解决台湾问题的总体方略，贯彻落实习近平总书记对福建工作的重要讲话重要指示批示精神，秉持“两岸一家亲”理念，突出以通促融、以惠促融、以情促融，聚焦融合发展所需、台胞台企所盼，坚持先易后难、循序渐进、持续推进、久久为功，为台胞办好事、谋实惠、增福祉，为深化两岸融合发展提供示范。

全会强调，共建共享第一家园，健全台胞社会参与体系，完善台胞在闽求学研习制度安排，建设台胞宜居宜业首选地，提供更有温度更高效率的涉台司法服务，努力打造两岸社会融合示范样板。深化闽台经贸合作，推动闽台基础设施应通尽通，实施优化涉台营商环境行动，打造闽台产业合作升级版，拓宽台湾农渔业和中小企业在闽发展路径，努力打造两岸经济融合示范样板。密切闽台人文交流，推进闽台民间基层交流，加深闽台青少年交流交往，共同弘扬中华优秀文化，努力打造两岸同胞情感融合示范样板。以点带面整体推进，持续提升厦门与金门融合质效，推进福州与马祖创新融合，加快平潭综合实验区开放发展，拓展其他地区对台融合实践，努力构建福建全域融合发展新格局。

全会要求，全省各级各部门要把党的领导落实到工作全过程各方面，群策群力探新路、勠力同心当示范，深情凝聚建设两岸融合发展示范区强大力量。服从服务全国大局，坚持“一盘棋”，不断提高政治判断力、政治领悟力、政治执行力。压紧压实工作责任，各司其职、通力合作，集中精力落细落实。建立健全相关制度机制，定期发布台胞台企有感的政策举措和工作最新进展。用心用情重实干求实效，深入践行“两岸一家亲”理念，真心实意为台胞办实事、解难题，全力推动各项工作落地见效。

全会号召，全省上下要更加紧密地团结在以习近平同志为核心的党中央周围，以习近平新时代中国特色社会主义思想为指导，深入学习贯彻党的二十大精神和新时代党解决台湾问题的总体方略，把握大局大势、发挥独特优势，大胆开拓创新、勇于担当作为，积极探索海峡两岸融合发展新路，加快建设两岸融合发展示范区，为推进祖国统一大业作出新的更大贡献。（林丽丽）

巡视巡察

【概况】 2023年，福建省纪检监察机关一体推进巡视巡察工作，推动同向发力、上下印证发现问题，整体提升巡察工作质量。全年完成十一届省委第二轮、第三轮对69个党组织的巡视。组合应用整改跟踪、约谈、通报、问责等举措，拓展巡视巡察成果运用。

【政治巡视】 2023年，福建省纪委监委修订省委巡视工作五年规划、领导小组工作规则，完善巡视与组织、审计部门的协作配合机制。聚焦解决“同质化”“调子拔得高却不见人不见事”等问题，制定进一步提升巡视监督质效的16条措施，综合运用常规巡视、提级联动巡视等方式，完成十一届省委第二轮、第三轮对69个党组织的巡视，共发现问题4081个，推动立行立改事项81个、边巡边查干部6人。

【巡察工作】 2023年，福建省纪委监委统筹设区市推进对县（市、区）巡察工作指导督导全覆盖，加强对省直单位巡察分类指导，完善“一体两翼”监督格局。对43个单位开展巡视巡察上下联动。市县党委共巡察2018个单位。制定推动对村（社区）巡察高质量发展22条措施，市县党委巡察村（社区）5584个，推动立案“村主干”167人。

【巡视巡察成果运用】 2023年，福建省纪委监委开展中央巡视整改情况“回头看”，制定深化巡视整改和成果运用的若干措施，出台整改联合会审、成效评估工作办法。坚持“一巡一分析”，梳理巡视发现的乡村振兴、“一把手”履职、落实“两个责任”等共性、深层次问题，向省委报送专题报告23份，向省委主题教育办移交巡视发现问题4175个，向职能部门移交巡视建议54条，推动开展政绩观偏差、形象工程、“半拉子”工程等问题专项整治275次，制定修订制度机制2345项，挽回经济损失5.91亿元。（詹贤杰）

深化改革

【概况】 2023年，福建省推进全面深化改革工作，提升改革综合效能。聚焦高质量发展首要任务，持续深化重点领域和关键环节改革。丰富民主形式、完善法治体系、夯实基层基础。推进文化体制改革，完善文化经济政策。注重加强普惠性、基础性、兜底性民生建设，加快补齐医疗、教育、养老等民生领域短板，探索创新公共服务提供方式。加快构建生态文明制度体系，推动实现生态优先、节约集约、绿色低碳发展，保障美丽福建建设各项部署落地见效。推动新时代党的建设新的伟大工程向纵深发展，更加突出党的各方面建设有机衔接、联动集成、协同协调，强化自我革命制度保障。

【高质量发展体制机制构建】 2023年，福建省完善落实“两个毫不动摇”的体制机制。构建新时代民营经济强省战略

“1＋N”政策体系，全面推进惠企政策“免申即享”，建立健全省市县三级领导挂钩联系民营企业制度。深化国资国企改革，国企改革三年行动成效获国务院国资委总体考评“A”级。制定新一轮国企改革深化提升行动，全省“双百企业”增至12家，省属国企研发经费投入居全国第五位。推进市场监管领域改革，优化提升个体工商户登记便利度，落实信息归集共享应用长效制度，完善信用修复机制。

深化要素市场化配置改革。制定福厦泉要素市场化配置综合改革试点实施方案和授权事项清单，福建入围国家发展改革委甄选的14个改革试点省份。推进全省工业用地“标准地”改革，推进低效用地再开发试点和农村集体经营性建设用地入市试点。全省除厦门市外全面放开落户政策，其中福州、漳州、三明、平潭实现落户“零门槛”。深化福州市本外币合一银行账户体系试点。出台全国首份公共数据开发利用规范性文件，成立福建大数据交易所，依托省公共数据资源统一开放和开发服务平台建设公共数据应用场景。

完善科技创新体制机制。制定加快推进科技创新发展二十条措施，推动更多政策举措由单项突破向整体发力。建立福厦泉国家自主创新示范区协同创新机制，落地近60个自创区协同创新平台项目。实施高新技术企业“双倍增”行动，建设科技成果转移转化公共服务平台，全省高新技术企业数量比上年增长35%。提升科技创新平台能级，完善创新平台评估和退出机制，7家省创新实验室突破核心技术150项。健全新时代科技特派员机制，福建主导制定的科技特派员国家标准发布实施。

深化金融供给侧结构性改革。深化普惠金融改革，推进宁德、龙岩国家级普惠金融改革试验区建设，支持福州台江区、泉州晋江市、龙岩上杭县开展金融支持共同富裕试点，7项改革创新成果在全国推广。深化绿色金融改革，制定绿色金融体系建设实施方案、绿色银行评价方案等一系列政策措施，支持厦门市创建国家级绿色金融改革创新试验区。推动金融支持制造业发展改革，创新科技型企业“投贷联动”，完善“技术流”信贷产品。

推进乡村振兴体制机制改革。完善粮食安全党政同责制度，健全耕地保护和粮食安全责任制考核机制。深化乡村“五个美丽”［美丽乡村庭院、美丽乡村微景观、美丽乡村小公园（小广场）、美丽田园、美丽乡村休闲旅游点］创建，以点带面探索乡村建设路子。制定农村产权流转交易管理办法，试点完成交易2048宗、金额14.3亿元。开展农村宅基地制度改革试点，推进村庄规划编制、房地一体农房调查发证。推进农村集体经营性建设用地入市试点，完成集体建设用地基准地价编制。实施新型农业经营主体规范提升行动，推动新型农业经营主体联合合作、做大做强。创新土地托管服务模式，开展“供销农场”粮食生产全托管服务改革试点。

加快建设两岸融合发展示范区。贯彻落实《中共中央　国务院关于支持福建探索海峡两岸融合发展新路　建设两岸融合发展示范区的意见》，出台福建省实施意见。完善台湾青年来闽就业创业政策支持和服务体系，扩大直接采认台湾地区职业技能资格范围。健全闽台经贸深度融合机制，全方位推进闽台电子信息、石油化工、精密机械等产业合作，高质量建设台商投资区、台湾农民创业园等涉台经济合作园区。上线运行两岸行业标准共通服务平台，推出第二批两岸标准共通试点13项。创新搭建福建省台商台胞金融信用证书线上管理平台，实现证书申请、审核发放、动态管理等线上操作。

扩大高水平制度型开放。制定自贸试验区提升战略实施方案和创新发展平台提升行动方案，试点对接国际高标准经贸规则，提升自贸试验区建设能级。加快中国—印度尼西亚经贸创新发展示范园区、中国—菲律宾经贸创新发展示范园区建设，创新项目生成机制，累计落地项目56个、总投资近745亿元。推进内外贸一体化试点建设，探索开展内外贸一体化经营“领跑者”企业试点，持续深化国家级市场采购贸易方式试点，获批设立长乐国际机场综合保税区。加快建设金砖厦门创新基地，上线运营8个新工业革命领域赋能平台。

【民主法制领域改革】　2023年，福建省全面发展全过程人民民主。完善立法工作机制，推动重要领域、新兴领域立法，创新开展“小切口”立法，推进区域协同立法，完善基层立法联系点准入、评估、反馈、保障、退出五项机制。推动协商民主广泛、多层、制度化发展，创新开展“点题协商”，改革经验被中央改革办推广。探索基层和专项领域统战工作责任制落实具体措施，举办“同心·半月座谈”“世界闽侨青年精英汇”，完善“民主监督＋考察调研＋政党协商”机制，深化工会、共青团、妇联等群团组织改革和建设。

推进法治领域改革。深化行政执法体制改革，加快建设省一体化大融合行政执法平台，推进乡镇（街道）“一支队伍管执法”改革。持续推进海丝中央法务区成为海丝核心区建设标志性工程之一，举办第三届海丝中央法务区论坛，新引入法务、泛法务机构（项目）160个。建立知识产权协同保护工作机制，加强数据共享和区域协同。打造法治创新聚集区，全国首创“检察监督＋台胞认领＋社会共管”涉台文物保护模式，政法跨部门大数据办案平台入选全国政法智能化建设智慧治理创新案例。

【社会治理体制改革】　2023年，福建省创新完善社会治理体制机制。坚持和发展新时代“枫桥经验”，加快推进综治中心实体化建设，3个工作法获评全国“枫桥式工作法”，4个城市通过“全国市域社会治理现代化试点合格城市”验收。健全网格中心与同级综治中心一体运行模式，完善“网格化＋综治中心＋大数据”治理模式，全省共划分基层网格8.4万个，13.57万名专兼职网格员协助参与社会治理。推进数字政法建设，汇集执法办案、涉法涉诉信访、社会治理等数据，整合数字福建政务网络、政务云平台等信息资源，全面提升预测、预警、预防能力。在全国率先出台《关于推进信访工作法治化的意见》，优化依法处理信访事项，全省信访态势持续平稳。

【宣传思想文化体制机制改革】 2023年，福建省完善意识形态工作体制机制。制定党委（党组）意识形态工作责任追究办法，完善意识形态风险防控和应急处置机制。实施马克思主义理论研究和建设工程、哲学社会科学创新工程，高质量建设高端研究平台、新型智库和社科重点实验室。实施党的创新理论传播工程，培育“福小宣”等特色宣讲品牌，形成连锁式、矩阵式上下联动宣讲组织模式。

推动优秀传统文化创造性转化和创新性发展。实施“闽人智慧”主题传播计划。加大文物和文化遗产保护力度，制定实施福建省红色文化遗存保护条例，加快文物安全监管平台建设，首创“文物保险＋服务”机制。实施海洋文化传承发展工程，在全国率先制定加强海洋文化建设相关政策文件，推动创建海丝国家文化公园。推广文化赋能乡村振兴“嵩口模式”，探索古镇改造新样板。

提升文化体制改革内生动力。推动省级主要媒体深度融合发展，分类推进设区市媒体融合改革，实施县级融媒体“提质增效”工程。制定深化国有文艺院团改革的实施意见，建立完善文艺创作“一库两制”、资金扶持、奖励激励等有利于出人才、出精品的体制机制，文艺院团获文华大奖、梅花奖等国家级奖项数量位居全国前列。深化省级文化企业体制机制改革，推动省广播影视集团综合改革、海峡出版发行集团数字化转型，推进福建广电网络集团参与广电网络“全国一网”整合。

【民生保障制度完善】 2023年，福建省持续深化医药卫生体制改革。巩固提升“三明医改”经验，推动“三医”协同发展和治理，相关改革经验被中央改革办、国务院办公厅推广。统筹推进公立医院改革与高质量发展，实施医疗“创双高”和补短板计划，开展县级医院全员年薪制试点，公立医院综合改革效果评价连续8年位居全国前列。推进“药价保”集成改革，探索省级联盟集采新模式，药学服务收费改革试点范围覆盖全省三级公立医院。深化医保支付方式改革，推行收付费一体化改革，扩大按疾病诊断分组和按病种分值付费改革覆盖面。建强卫生健康服务体系，推进紧密型县域医共体改革，全省县级综合医院100%达到医疗服务能力基本标准。

构建高质量教育体系。推进城乡义务教育一体化改革发展，福州集团化办学改革经验被中央改革办推广。实施学前教育发展提升行动，全省普惠性幼儿园覆盖率94.3%，高于全国平均水平4.8个百分点。深化职业教育产教融合，制定推动职业教育服务经济社会发展十条措施，晋江市域产教联合体入选首批国家级市域产教联合体。建设省“双一流”和一流应用型高校建设监测平台，健全学科专业动态调整机制。推进中小学校党组织领导的校长负责制改革，82%以上符合条件的公办中小学校完成改革。

加快完善多层次社会保障体系。开展全面构建幸福养老服务体系试点，创新“食堂＋学堂”老年人助餐服务提供机制，打造“福见康养”养老服务品牌。健全分层分类社会救助体系，完善低收入人口动态监测和救助帮扶机制，落实基本生活救助标准动态调整机制。实施社会救助改革创新试点，龙岩上杭县特殊困难失能人员集中托养救助入选民政部创新实践优秀案例。健全终身职业技能培训制度，开展技能人才政策引领、职业培训提质增效、技工教育提质扩容等七大行动。

【生态文明制度体系健全】 2023年，福建省推动构建现代环境治理体系。深化国家生态文明试验区建设，实施蓝天、碧水、碧海、净土“四大工程”，做好第三轮中央生态环境保护督察工作。健全生态保护和修复制度，编制国土空间生态修复规划，推动构建“两屏一带六江两溪”生态安全格局。全省推广生态环境审判技术调查官制度，建立国家公园司法保护协作联盟，全面实施新型生态警务，探索涉台生态环境司法保护，打造福建特色生态司法保护品牌。支持厦门市探索生态环境分区管控引领环境准入集成改革，在全国率先建立全域覆盖的生态环境分区管控制度体系。

深化集体林权制度改革。制定建设全国深化林改先行区实施方案。探索发放林下经济经营权凭证，促进林权规范有序流转，全省流转林权11.91万公顷。创新林业规模经营，开展新型林业经营主体标准化建设。实施“百场带千村”行动，推动全省132家国有林场结对帮扶503个周边村集体。完善森林科学经营机制，将全面实行小额采伐告知承诺审批纳入林长制考核。推进国家级森林可持续经营试点，对森林抚育、低质低效林改造实行“限额五年总控”管理。深化重点生态区位商品林赎买等改革，全省累计完成赎买等面积3000公顷。

推进碳达峰碳中和。加快发展方式绿色低碳转型，推动构建清洁低碳能源体系。加快南平、三明、龙岩3个国家碳汇试点市建设，深化三明市全国气候投融资试点市建设，厦门、三明获评国家低碳城市试点优良城市，福州获首届全球可持续发展城市奖（上海奖）。创新碳中和模式，全国首单茶树碳汇储量指数保险在邵武落地，通过沪明合作实现全国林业碳票首次跨省销售，福州颁发全国首张蓝色碳票。加强绿色低碳技术创新，“海洋碳汇与生物地球化学过程”基础科学中心成为国家自然科学基金委在海洋领域资助的全国首个基础科学中心，海洋负排放（ONCE）国际大科学计划落地福建并通过评审。

建立健全生态产品价值实现机制。推进自然资源确权登记，武夷山国家公园福建片区实现全流程确权登记。全面完成全民所有自然资源资产所有权委托代理机制试点任务，建设并试运行国有自然资源资产动态监测监管系统。深化重点流域生态保护补偿试点工作。制定推进生态环境治理项目产业化18条措施，推广“环境治理+产业开发”EOD模式。深化领导干部自然资源资产审计制度改革，建立健全市县党政主要领导干部自然资源资产离任审计评价指标体系。

【全面从严治党体系健全】 2023年，中共福建省委推进党建制度体系建设。以开展主题教育为契机，建立健全学习贯彻习近平新时代中国特色社会主义思想常态长效机制，制定深化领导干部“四下基层”工作、切实走好新时代党的群众路线的意见，指导各地建立健全“四下基层”常态长效运行的制度机制。打造高素质干部队伍，制定深化激励干部担当作为二十条措施，完善推进领导干部能上能下实施细则。探索推行领导干部离任交接清单管理制度，加强对“一把手”的管理监督。深化人才发展体制机制改革，完善“高精尖缺”重点人才政策，实施“四大经济”人才支持专项行动。

推动健全系统集成、协同高效的监督体系。健全政治监督具体化精准化常态化机制，深化“知、督、促”工作机制，创新分地域分领域分层级分阶段监督工作法。制定规范政商交往行为的意见和指导案例，促进民营经济健康发展高质量发展。推动纪检监察监督、巡视监督与审计监督、财会监督、统计监督贯通协同。建设小微权力监督平台，推广农村集体“三资”管理“四定一督”（定底价、定年限、定流程、定约束条款，全过程监督）等改革经验做法，做强做实基层监督。推行项目进度督办制度，建立代表委员挂钩联系“点题整治”工作机制，巩固提升“点题整治”质效。

【省委全面深化改革委员会会议】 2023年，中共福建省委召开4次省委全面深化改革委员会会议，研究9个重要改革文件，专题部署推进粮食安全、绿色高质量发展、要素市场化配置、集体林权制度改革等重大领域改革。

2月16日，十一届省委全面深化改革委员会第六次会议在福州召开，审议《中共福建省委全面深化改革委员会2022年工作总结》《中共福建省委全面深化改革委员会2023年工作要点》，书面审议省委深改委各专项工作小组2022年工作总结；听取2022年福建省改革品牌、改革试点成果评选活动情况汇报；研究部署创新完善粮食安全体制机制保障工作；研究《福建省推动职能部门做好生态环境保护工作的实施方案》。

5月5日，十一届省委全面深化改革委员会第七次会议在福州召开，研究《福建省贯彻落实党的二十大精神纵深推进全面深化改革的实施方案（2023—2025年）》，研究深化福建省农村信用社改革工作，听取绿色高质量发展体制机制创新工作情况及南平市绿色发展机制创新集成改革试点进展情况汇报。

8月2日，十一届省委全面深化改革委员会第八次会议在福州召开，研究《福建省深入开展“一市一试点”“一县一特色”专项改革工作方案》；听取推进要素市场化配置综合改革工作情况及厦门市进展情况的汇报；听取省委深改委文化体制改革专项工作小组、社会治理体制改革专项工作小组关于改革推进落实情况的汇报。

12月5日，十一届省委全面深化改革委员会第九次会议在福州召开，审议《中共福建省委全面深化改革委员会工作规则》《中共福建省委全面深化改革委员会专项工作小组工作规则》《中共福建省委全面深化改革委员会专项工作小组联络员会议制度》《中共福建省委全面深化改革委员会办公室工作细则》，研究调整分设闽台融合发展、对外开放体制机制改革专项工作小组及成员组成建议名单；研究《福建省优化新时代民营经济发展环境综合改革方案》；听取省林业局、省发改委、省金融监管局和三明市、龙岩市有关情况汇报，研究深化集体林权制度改革有关工作；听取省委深改委民主法制领域改革专项工作小组、农业农村体制机制改革专项工作小组关于改革推进落实情况的汇报。

（刘登禄）

组织工作

【概况】 2023年，中共福建省委组织部加强理论武装、选贤任能、强基固本、育才聚才工作，强化干部教育培训，精准科学强化选任干部。承担福建省主题教育领导小组办公室相关工作，推动主题教育在以学铸魂、以学增智、以学正风、以学促干上取得成效。实施新时代人才强省战略，打造具有福建特色的人才集聚平台。实施八闽堡垒工程，强化基层党组织建设，加强党员队伍建设。

【学习贯彻习近平新时代中国特色社会主义思想主题教育】 2023年，中共福建省委组织部加强主题教育统筹调度，中央第七巡回指导组肯定福建省主题教育工作，福建省在中央主题教育落实“四下基层”交流座谈会上作重点发言。深化“循足迹、悟思想、铸忠魂、担使命”活动，用好用活独特资源优势，推动打造一批特色现场教学点、特色教材、特色课程。协助省委举办4期读书班，示范带动两批主题教育参加单位通过多种方式开展理论学习。指导各地发挥机关党工委、教育工委、“两新”工委、团委等作用，加强流动党员、“三新”领域党员、团员和青年的理论学习。组织各地各单位全面梳理总书记关于本系统本领域的重要讲话重要指示批示，严格对标对表，建立工作台账，推动贯彻落实。

深化“四下基层”。按照省委部署，收集、梳理习近平总书记开创“四下基层”制度相关材料和实践发展脉络，研究制定《关于深化领导干部“四下基层”工作的意见》《关于推广和运用好“四下基层”制度的工作方案》，编写

《“四下基层”绽放璀璨光芒》《“四下基层”实践案例汇编》，协助召开全省深化运用“四下基层”制度走好新时代党的群众路线推进会。配合中央党建领导小组、中央组织部进一步提炼总结经验，推动“四下基层”上升为第二批主题教育的重要抓手。开展“我为群众办实事”“我为企业解难题”等活动，解决民生领域问题和企业发展问题。

推动检视整改落地见效。对照中央提出的6个方面突出问题，指导两批主题教育参加单位从就业、教育、医疗等问题改起，整改检视出来的问题。注重举一反三、建章立制，牵头或指导制定出台关于加强和改进省委常委会作风建设的意见等制度文件，指导各地各单位以制度形式把主题教育中的好经验好做法固定下来，持续巩固拓展主题教育成果。

加强督促指导，推动各项任务落细落实。注重加强政策指导、工作协调、跨前调度，研究制定福建省主题教育工作方案和重点措施一体推进“施工图”。组织召开主题教育工作推进会、巡回指导工作座谈会、整改整治工作推进会及办公室主任会、专题会，实行“一周一调度”“一月一盘点”。研究出台多份指导文件和指导方案，加强分析研判，细化操作措施。发挥省委巡回指导（督导）组作用，向指导（督导）组传达中央部署和省委工作要求，对指导督导工作重点进行提醒。

【干部教育培训】 2023年，中共福建省委组织部持续用党的创新理论凝心铸魂，举办4期省管干部培训班，示范带动各地举办学习班、轮训班，完成对县处级以上领导干部的集中轮训。实施习近平新时代中国特色社会主义思想教育培训工程，采取线上与线下相结合方式，分领域分专题分层次开展学习培训。实施新时代干部能力提升计划，深化领导干部“十个专题”培训，分类举办现代化产业体系、推进海洋经济高质量发展、城市更新行动等专题培训班，注重运用案例加强实战化培训。

【干部考核】 2023年，中共福建省委组织部强化干部政治素质考察，做好省人大常委会、省政府、省政协换届工作。完善政绩考核评价体系，深化蹲点调研、一线考核机制，注重在复杂斗争中考察识别干部。全国深入斗争一线考核评价干部专题研讨班在福建召开。深化落实“三个区分开来”的重要要求，制定深化激励干部担当作为20条措施，从提升动力能力、优化考评机制、构建关心关爱体系等5个方面推出一系列举措。制定《福建省地方领导班子和领导干部政绩观偏差主要问题细化清单及应用场景》，细化8个问题清单和6个应用场景。会同省纪委监委，对干部在改革创新中出现失误的情形加强分析研判，开展容错纠错。从严加强对“一把手”的管理监督，探索推行领导干部离任交接清单管理制度，明确市县乡党政正职离任时，必须与后任交接主体责任、债权债务、生态环境、重大风险等7项清单。修订推进领导干部能上能下实施细则，常态化开展“躺平式”“摆烂式”干部整治。

【年轻干部全链条梯次培养工程】 2023年，中共福建省委组织部实施年轻干部全链条梯次培养工程。优化队伍结构、形成梯次配备，统筹近期需求和长远战略需要，加大优秀年轻干部发现储备力度。一体推进思想淬炼、政治历练、实践锻炼、专业训练，组织中青班学员到寿宁县下党乡开展同吃、同住、同劳动、同调研“四同”现场体验教学。选拔使用经受扎实历练、“七种能力”强和工作实绩突出的优秀年轻干部。

【公务员管理】 2023年，中共福建省委组织部深化公务员分类改革，提高公务员管理制度化规范化水平。发挥公务员职务职级并行制度激励作用，优化审批流程，树立择优导向。落实中央和省委“稳就业”部署，持续加大公务员招考力度。优化福建考录网建设，打造“数智”考录，实现全流程线上集成办理，有关做法入选全国数字政府服务能力评估优秀创新案例。制定出台福建省公务员及时奖励办法，推进年度考核奖差异化分配，选树和宣传先进典型。

【人才工作】 2023年，中共福建省委组织部支持福州、厦门建设高水平引才聚才平台，加快形成福建人才发展“雁阵格局”。贯彻落实《中共中央　国务院关于支持福建探索海峡两岸融合发展新路　建设两岸融合发展示范区的意见》，推进涉台重点领域人才培养、闽台科技创新融合等工作，深化闽台人才交流合作。实施侨资侨智侨力引进工程，配合有关单位举办首届中国侨智发展大会，对接引进急需领域的高端人才。

深化人才发展体制机制改革。制定出台《福建省“十四五”期间人才发展规划》，着眼建设高水平创新型省份，优化整合现有人才政策，聚焦人才工作突出问题，提出一系列具有牵引性、突破性的改革举措。以福建省创新实验室为试点，开展人才发展体制机制综合改革，推出“设立编制池、自主确定用编条件”等多项政策措施，专项用于引进急需紧缺人才。优化省级高层次人才评价认定，推动更多重点领域急需人才纳入高层次人才认定支持范围。

推动人才链与产业链、创新链深度融合。紧扣服务全省高质量发展大局，实施数字经济、海洋经济、绿色经济、文旅经济人才支持专项，围绕实施新时代民营经济强省战略引才育才。研究支持青年科技人才、博士后、高水平工程师的政策举措，印发实施加强新时代高技能人才队伍建设的实施意见。持续做好特级后备人才、产业领军团队、省引才“百人计划”、“雏鹰计划”青年拔尖人才等项目遴选支持工作，全年有4名相关高层次人才当选“两院”院士。

【基层党组织建设】 2023年，中共福建省委组织部实施八闽堡垒工程，建立定期调度工作机制。福建省有关做法在全国基层党建工作重点任务推进会上作典型发言。推进抓党建促乡村振兴。以组织振兴引领乡村振兴，开展“好班子好班长”争创行动，以县乡为单位开设“村党组织书记讲堂”、开展“岗位竞赛”“党建项目拉练”等活动，为乡村干部相互学习、共同提升搭建平台。全面开展乡村班子届中分析，调整不合格、不胜任的乡镇班子成员和村“两委”成员。巩固提升跨村联建工作，通过组织联建带动产业联兴、治理联动、服务联享，促进乡村连片发展，串点连线形成乡村振兴示范带。持续推进强村富民，开展新一轮发展壮大村级集体经济和红色美丽村庄建设试点。部署推进农村、城市党建“体检”，同步推动机关、国企、学校及事业单位全面“体检”，在巩固先进、推动一般、整改后进中强化基层基础。

提升党建引领基层治理水平。省市县三级普遍建立党建引领基层治理领导协调机制，在加强全域统筹、政策集成、工作指导上发挥作用。深化近邻党建，建强网格党组织，组织在职党员到社区小区报到。强化数字赋能基层治理，探索建设“党建引领夯基惠民‘一张图’”“智慧邻里”等一体化信息系统和综合服务管理平台。突出建章立制，制定关于加强党群服务中心规范化建设13条措施、加强物业党建联建行动方案等，提升党建引领基层治理效能。

加大新兴领域党建工作攻坚力度。加强新业态、新就业群体党建工作，实施互联网企业党建三年行动计划，加强平台企业政治引领。持续深化“两个覆盖”攻坚行动，推进“党建入章”“双向进入、交叉任职”，全省非公企业、社会组织党组织覆盖率位居全国前列。开展“党建＋产业”专题培训，实施“出资人红色教育”工程，举办头部企业出资人专题培训班。深化党建强企“联合行动”，提升“党企新时空·政企直通车”平台效能，召开惠企政策对接会和“面对面”协调会，联动相关涉企部门线上线下为企业提供政策服务。

【党员队伍建设】 2023年，中共福建省委组织部持续提高党员队伍素质，保持党员队伍的先进性和纯洁性。严把党员发展关口，严格政治审查，建立挂钩联系制度，指导重点民营企业、互联网头部企业等做好发展党员工作。加强党员教育管理，创新流动党员教育管理办法，开发设计流动党员管理子系统，打造流出地登记、流入地接收纳管“双向共管”的基础信息平台，实现流动党员线上管理全程纪实、跨省交流全域覆盖。针对中央驻闽机构、高校教师和学生、离退休干部等不同领域党组织特点，牵头举办党员教育培训示范班，示范带动各级培训党支部书记和党员。持续开展“学习身边榜样”活动，把谷文昌、廖俊波、孙丽美、潘东升等先进典型事迹作为学习教材。开展党内激励关怀帮扶，使用省级关爱资金进行关爱帮扶。探索建立党员应急动员发挥作用机制，面对“杜苏芮”等强台风来袭，组织动员各级党组织和党员投身防汛防台风工作。 （省委组织部）

宣传工作

【概况】 2023年，中共福建省委宣传部推动学习贯彻习近平文化思想和全国宣传思想文化工作会议精神，发挥福建作为习近平新时代中国特色社会主义思想重要孕育地和实践地的优势，推进理论学习研究宣传。巩固壮大主流舆论，开展系列主题宣传活动。推进文化强省建设，深化对外对台文化交流。召开省直宣传思想文化系统全面从严治党工作会议暨党风廉政建设形势分析会，开展警示教育。举办2023年国家网络安全宣传周主场活动，健全网络综合治理体系。实施宣传思想文化工作“十大创新工程”，开展“岗位大练兵”活动，组织全省新闻队伍融媒体业务技能竞赛。

【理论学习研究宣传】 2023年，中共福建省委宣传部加快打造学习宣传研究习近平新时代中国特色社会主义思想的理论高地、传播高地、人才高地。加强理论学习，结合主题教育组织各级党委（党组）坚持和完善“第一议题”制度，提升理论学习中心组学习质量，学好用好《习近平著作选读》《闽山闽水物华新——习近平福建足迹》等材料。深化理论研究，建强省习近平新时代中国特色社会主义思想研究中心，举办“‘四下基层’与新时代党的群众路线”等6场高端理论研讨会。谋划推进社科强省建设，编制建设规划、重点项目和行动方案，实施哲学社会科学创新工程，设立“习近平文化思想研究阐释”等重大课题专项，全年在中央“三报一刊”刊发理论文章67篇，比上年增长26%。开展理论宣传，实施党的创新理论传播工程，推出“闵仲平”“敏言”“中国正在说”等理论评论文章、节目，打造“福小宣”宣讲品牌，组织“新思想微宣讲”等进基层宣讲超11万场，受众超600万人次，在中宣部基层理论宣讲评选中连续6年获得“满堂红”。

【主题宣传】 2023年，中共福建省委宣传部围绕新时代民营经济强省战略、建设两岸融合发展示范区等重点工作，组织“高质量发展调研行”等一系列重大主题宣传、采访，举办“稳经济、促发展”等系列新闻发布会55场，创新开展“现代闽生活72式”等融媒体宣传，14件新闻作品获第33届中国新闻奖。加强媒体融合和舆论引导，中央媒体刊发有关福建报道数量创新高，组织防抗“杜苏芮”台风等舆论引导工作。弘扬社会主义核心价值观，举办2023年中国网络文明大会，开展“存正心、守正道、养正气”宣传教育，“全民国防教育月”活动特色鲜明，“循迹再奋进”新时代文明实践提质培优工程全面铺开，全国文明城市届中测评成绩显著提升，新时代文明实践中心（所、站）实现全省全覆盖，超700万名志愿者参与志愿服务。

【文化强省建设】 2023年，中共福建省委宣传部推动保护传承八闽文化，召开全省文物工作会议，莆田成为福建省第五座国家历史文化名城，平潭县壳丘头新石器时代遗址群入选2023年中国考古新发现。《八闽文库》全媒体出版工程累计出版284册，《海上丝绸之路文献集成》推出首批140册。印发《关于加强红色文化遗存保护利用工作的意见》，加快推进长征国家文化公园（福建段）建设。总结历史文化保护“十大模式”，推广古村落保护“嵩口模式”。实施海洋文化传承发展工程，推出《海洋季风》等电视栏目，以及海洋文化论坛、开海文化季等活动。举办福文化、朱子文化、侯官文化的理论研讨活动，实施中华福文化传承发展工程、“闽人智慧”传播计划，系统化推进福建特色文化遗迹遗址保护、学术研究、成果转化、宣传推广。推进“闽派”特色文艺蓬勃发展，蝉联中国戏剧梅花奖并摘得“双梅花”，获曹禺戏剧文学奖、白玉兰奖，在中国音乐金钟奖上实现“零”的突破。健全现代公共文化服务体系，福建美术馆新馆开工建设，福建省图书馆改扩建工程竣工回迁，全省建成公共文化新空间730余个，打造“书香八闽”“三浦并臻”文化联盟等群众文化品牌，组织文化惠民活动1.2万场。深化文化体制改革，实施文化数字化战略和重大文化产业项目带动战略，培育新型文化业态。推进文旅深度融合，召开首届福建省文旅经济发展大会，全省211个文旅重点建设项目完成投资230.6亿元；全年接待旅游总人数、实现旅游总收入分别比上年增长45.9%、61.3%。

【文化交流】 2023年，福建省深化对外对台文化交流。《摆脱贫困》被翻译成7个语种，累计发行210余万册，在150多个国家和地区传播。成立福建国际传播中心，举办海丝华文媒体发展论坛，提升国际传播效能。实施“新时代·新影像”中外联合创作计划、“视听福建”海外播映工程。深化文明交流互鉴，实施海丝人文交流工程，扩大丝绸之路国际电影节、海上丝绸之路国际艺术节、海丝国际纪录片大会、世界妈祖文化论坛、海丝茶文化论坛等品牌活动影响力。深化闽台人文交流，实施闽台历史展示溯源工程，南岛语族起源与扩散研究取得新进展，完成454项省级以上文保单位涉台文物保护工程，举办海峡两岸文博会、IM两岸青年影展，推动两岸文化领域融合发展。

（省委宣传部）

统战工作

【概况】 2023年，中共福建省委统战部开展学习贯彻习近平新时代中国特色社会主义思想主题教育，支持各民主党派、无党派人士和党外知识分子、新的社会阶层人士开展“凝心铸魂强根基、团结奋进新征程”主题教育和统战其他领域教育实践活动。推进“争优争先争效奋进新征程、同心同向同力建设新福建”行动，引导支持统一战线成员围绕推动高质量发展、实施新时代民营经济强省战略、建设两岸融合发展示范区等献计出力，助推中国式现代化福建实践。完善大统战工作格局，开展贯彻《中国共产党统一战线工作条例》等检查督查，制定《乡镇（街道）落实统战工作责任制的意见（试行）》，落实统战工作责任制。

【思想政治建设】 2023年，中共福建省委统战部建立抓机关带系统、抓党内带党外、抓支部带干部、抓“关键少数”带“绝大多数”的“四抓四带”思想政治引领机制，修订完善《部务会工作规则》等规章制度24项。支持各民主党派“一党派一特色一重点”，无党派人士、党外知识分子、新的社会阶层人士“一群体一重点一载体”开展主题教育；依托“闽商讲师团”“海联讲坛”“知联讲坛”等平台，统筹推进统战各领域教育实践活动。编撰《走进三坊七巷感受百年同心》《侨厝流芳：福建侨乡揽胜》等“同心福建”史料书籍，打造“同心政治生活馆”。《广纳万川入海画好同心大圆——习近平同志在福建工作期间关于统战工作的探索与实践》获第33届中国新闻奖二等奖。

【课题调研与建言献策】 2023年，中共福建省委统战部举办“习近平总书记关于做好新时代党的统一战线工作的重要思想理论研讨会”，与中国社会科学院联合开展《习近平同志在闽工作期间关于统一战线工作的理论与实践》课题研究。印发《关于全省统战系统大兴调查研究的实施方案》，聚焦教育强省、人才强省战略和创新型省份建设等重点任务，开展“基层统战工作责任制研究”“发挥海外资源优势服务福建高质量发展研究”等31个课题研究。推进“同心携手 共话改革”，深化“民主监督＋考察调研＋政党协商”机制，组织党外人士开展调研活动743场、形成调研报告638篇，上报5600多件政策建议和社情民意信息。召开25期“同心·半月座谈”，以“汇聚资本力量”“赓续侨乡文脉”等为主题，围绕省委部署要求，汇聚统战资源力量服务中心工作。

【经济社会发展服务】 2023年，中共福建省委统战部制定《贯彻落实促进民营经济发展壮大的意见和新时代民营经济强省战略的行动方案》，组建“同心·闽商服务团”，建立部领导挂钩联系重点民营企业机制，成立服务民营企业工作专班。开展“同心赋能为民企解难题办实事”行动，助力解决民营企业发展问题184个。开展2022年第七届世界闽商大会签约的50个项目“回头看”。举办海内外新生代闽商创新创业精英对话会和海内外青年闽商大会，促成16项海内外闽商项目签约、投资额超160亿元。梳理“闽商回归”投资线索104条，拟投资金额超1000亿元。承办第三届中德科技论坛、首届中国侨智发展大会，举办第三届世界闽籍华侨华人社团联谊大会、第三届RCEP青年侨商创新创业对接会等活动，推动27名德国专家与福建建立联系、对接洽谈，助力成立100亿元规模的侨商兴闽基金；组织赴日本、泰国、缅甸等开展访问，促成侨商“回归”投资项目3个、总投资8亿元，企业“走出去”投资项目3个、总投资1.15亿美元，以及“双向”贸易采购项目7个、采购金额3.05亿美元。制定贯彻《中共中央　国务院关于支持福建探索海峡两岸融合发展新路　建设两岸融合发展示范区的意见》及省委实施意见的14条工作措施，举办“第十五届海峡论坛·百姓论坛”，发布《海峡百姓宣言（厦门）》，持续提升“同名（同宗）村·心连心”等特色品牌。

【多党合作和政治协商】 2023年，中共福建省委统战部制定《政党协商（会议协商）计划》，推动召开各民主党派、工商联、无党派人士政党协商会议10场，举办全省参政党建设专题研讨班、无党派人士理论研讨班，推动省级党员领导干部与150名党外代表人士开展联谊交友。深化落实“民主监督＋考察调研＋政党协商”机制，召开2023年福建统一战线民主监督成果汇报会暨第19届建言献策论坛，集中展示调研履职成果。支持各民主党派加强自身建设，召开党外干部实践锻炼基地建设现场交流会，加大对民主党派省市领导班子培训力度，47名省级组织新任副主委和市级组织新任主委参加培训。支持各民主党派加强基层组织建设，指导新建37个“党（盟、会、社）员之家”。以民进省委会为试点，建立监察监督与民主党派省委会内部监督7个工作衔接机制，推动提升全省统战领域监察监督整体水平。

【新的社会阶层人士统战工作】 2023年，福建省新的社会阶层人士联谊会（简称“福建省新联会”）在全国率先成立创业投资专业组织，成立“自由职业艺术家同心社”，创新组织载体。福建省新联会创投分会6次在厦门、仙游工业园区开展资本项目对接活动。承办全国网络代表人士“网聚新力量·寻美新征程”主题活动。举办“少年急救官”应急安全培训79场，培训4200多人，被全国培育青少年急救官公益组委会授予“少年急救官卓越组织单位”。组织新的社会阶层人士开展“冬日暖阳”送温暖，认筹农田4公顷，援助甘肃地震捐资捐物价值超5000万元等。

【党外知识分子统战工作】 2023年，中共福建省委统战部规范无党派人士认定工作，分级建立健全无党派代表人士数据库，打造“闽知好声音”品牌，2名无党派人士当选“两院”院士。举办“建好党外干部‘蓄水池’绘制团结奋斗‘同心圆’”座谈会，推进党外干部“选、育、用、管”工作。举办海外与港澳福建校友沙龙分享活动，开展无党派人士工作调研，成立“雁归来智库”，推进榕城海归人才驿站和顺昌、连城创业园等基地建设。

【民族工作】 2023年，中共福建省委统战部坚持以铸牢中华民族共同体意识为主线，推进“三创促三交”，实施新生代企业家培养“青雁计划”，持续提升“福籽同心爱中华”品牌，举办海峡两岸各民族携手向未来、欢度“三月三”、共庆中国农民丰收节和全省少数民族传统体育运动会等活动。持续举办铸牢中华民族共同体意识主题月、民族团结进步宣传月活动。创新推动金融支持民族乡村振兴，举办挂钩帮扶民族乡村25周年座谈会，打造“坂中样板”等融合发展典范。推进《中国少数民族文物图谱·福建省卷》和《中华民族交往交流交融史料汇编·福建卷》编纂工作，完成《“十四五”民族团结进步事业规划》中期评估。

【宗教工作】 2023年，中共福建省委统战部以“解经、讲经、用经”中国化为主题，持续开展宗教中国化主题月、宗教政策法规学习月活动，指导宗教界举办中华佛教讲经交流会、玄门讲经、伊斯兰教与海上丝绸之路论坛、坚持中国宗教中国化知识竞赛等研讨交流活动。举办第十届闽台佛教论坛、海峡两岸（福清）道教论坛、首届侨僧文化交流系列活动等两岸及海外宗教文化交流活动。深化宗教领域自建房整治及房屋安全工作，指导宗教界定期开展安全自查，整治各类隐患。支持推进全面从严治教，在宗教界开展崇俭戒奢教育活动。持续加强和规范民间信仰工作。

【民营经济统战工作】 2023年，中共福建省委统战部围绕促进“两个健康”（促进非公有制经济健康发展和非公有制经济人士健康成长），加强民营经济代表人士思想引领，协助召开民营经济代表人士新春座谈会、在闽异地商会座谈会，建立海内外青年闽商组织互通联络机制。研究提炼新时代闽商精神，汇编《新时代闽商精神研究论文选编》，推出《勇立潮头——对话民营企业家》访谈节目20期。实施年轻一代民营企业家培训计划，举办晋江经验班、嘉庚精神班、古田会议班等主题培训班7期，培训约400人，促成“民营企业家队伍支持专项”列入省“十四五”人才发展规划。加强新时代工商联工作，健全完善与商会组织、民营企业沟通协商机制，举办省工商联成立70周年庆祝座谈会。

【港澳台工作】 2023年，中共福建省委统战部召开省海外联谊会第六届理事大会，选举产生省海外联谊会新一届理事会领导班子；成立福建中国和平统一促进会；省金门同胞第十五次代表大会召开；指导香港（福建）社团联会换届，产生新一届领导班子。在福州、厦门成立福建省港澳青年同心交流基地，举办港澳专业人士分享会，承办闽港澳交流活动20余场。推动和配合港澳到闽交流活动40场1390人次、福建赴港澳19团82人次。举办深珠座谈会、两岸各民族携手向未来、海峡两岸职业教育论坛、闽台佛教论坛等活动，首次在台设立“中华民族共同体建设闽台实践基地”。（董丹雯）

政策研究

【概况】 2023年，中共福建省委政策研究室加强文稿服务、调查研究、决策咨询、智库建设等工作，起草修改省委和省委领导各类文稿1300多篇，审核把关新闻稿420多篇，组织开展省重点课题和专题调研42个。通过《政研专报》《调研文稿》《智库专报》《调研内参》等，向省领导报送政策研究报告279件，获省领导批示181篇次，其中获省委省政府主要领导批示21篇次。

【思想理论研究】 2023年，中共福建省委政研室参与推动主题教育，牵头起草全省主题教育工作会议、省委理论学习中心组学习会、省委常委会读书班等主题教育重要文稿。聚焦党的二十大提出的重要思想、重要观点、重大战略、重大举措，结合福建实际，分专题加强理论研究阐释，在内刊平台推出一系列学习贯彻党的二十大精神研究成果。

【综合文稿服务】 2023年，中共福建省委政研室服务省委重要文稿起草，做好省委领导参加党的二十届二中全会、全国两会、中央经济工作会议等文稿服务，起草省委向到闽考察中央领导人的汇报材料。起草省委十一届四次和五次全会、省纪委十一届三次全会、省委经济工作会议、省委每季度工作会议、省委农村工作会议和全省宣传思想文化工作会议以及全省新型工业化、乡村振兴、文旅发展等领域重要会议综合文稿。做好日常省委常委会会议、专题会议和省委领导调研、出访、会见等文稿服务。做好省委重要新闻稿的审核把关工作。起草省委重要文件，牵头起草省委常委会2023年工作要点，配合起草《关于实施新时代民营经济强省战略、推进高质量发展的意见》《关于贯彻落实〈中共中央　国务院关于支持福建探索海峡两岸融合发展新路　建设两岸融合发展示范区的意见〉的实施意见》，审核、修改省委领导交办的省委有关重要文件。宣传省委重要部署，围绕实施“深学争优、敢为争先、实干争效”行动、落实省委上半年工作会议以及省委十一届四次、五次全会精神，组织撰写系列评论员文章，刊发在《福建日报》头版。

【调查研究服务】 2023年，中共福建省委政研室发挥省委政策研究职能部门和省调研咨询工作联席会议、省新型智库建设领导小组办公室办事机构作用，召开全省政策研究暨调研咨询新型智库建设工作会议，服务省委决策。强化统筹协调，梳理汇编《习近平同志在福建工作期间关于调查研究的重要要求摘录》，起草全省大兴调查研究实施方案和开展2023年省重点课题调研通知，组织协调省重点课题和省新型智库重大课题调研工作，协助省领导推进“实施新时代民营经济强省战略研究”“深度对接长江经济带粤港澳大湾区研究”2项省重点课题调研，做好年度省重点课题优秀调研成果评审。坚持案头调研与实地调研、面上调查与蹲点调研、定性分析与定量分析相结合。评选省重点智库30家、省重点智库培育单位36家，发挥智库单位调研作用，推动研用结合。

【决策咨询服务】 2023年，中共福建省委政研室制定《省委政研室开展决策咨询推进资政辅政评价体系》，择优刊发调研成果，推动调研成果进入决策视野或转化为政策措施。其中，实施新时代民营经济强省战略课题调研成果，转化为《关于实施新时代民营经济强省战略、推进高质量发展的意见》的重要内容；围绕推进闽台融合发展开展的有关台海通道建设、台湾青年来闽就业创业、台企台资聚集发展等系列调研，为福建省制定建设两岸融合发展示范区实施意见提供重要参考；优化乡村行政区划和建制调研成果经省委主要领导批示肯定后，相关部门推进有关工作；深度对接长江经济带、粤港澳大湾区调研梳理形成七个方面问题清单并提出对策建议，推动破解对接协作的堵点难点；抓住福厦高铁开通机遇，围绕发展文旅经济提出对策建议，助推文旅经济高质量发展。（谢鸿晖）

机构编制

【概况】 2023年，中共福建省委编办推进地方机构改革，持续深化体制机制创新，规范机构编制管理。强化理论学习，创新“五高讲坛”、青年读书沙龙等学习载体，对马克思主义经典原著、习近平总书记关于机构编制工作的重要论述重要指示批示精神等组织专题研讨，开展习近平同志在福建工作期间有关机构编制工作重要论述和重大实践课题研究。开展公办中小学编制配置等11个重点课题调研并细化56项成果转化措施。修订完善省委编委工作规则及省委编办工作细则，优化机构编制相关事项办理流程，严格执行归口组织部门管理有关规定，落细落实党管机构编制具体要求。推动各级编办累计为2943家公办中小学和幼儿园核定党组织领导职数，强化党对相关领域的全面领导。落实省委编委会议议定事项，2023年议定的13项机构编制事项，除1项结合机构改革推进外，其余全部落实到位。

【机构改革】 2023年，中共福建省委编办组建改革工作专班，抽调省委编办业务骨干组成8个专项工作小组，负责改革任务攻坚。开展4轮专题研究，访谈各级各有关部门负责人300余人，收集意见建议近500条，组织召开全省机构改革工作推进会和2场市县编办主任座谈会，赴中央编办沟通汇报10余次。加强机构改革舆情监测，建立机构编制网络舆情“一周一报”制度，做好舆论引导和风险防范。在调研、论证的基础上，研究提出福建省机构改革方案，按规定时限和程序上报党中央审批，涉改部门挂牌、班子配备、人员转隶等基本完成，同步指导市县压茬推进改革工作。根据改革任务要求，提前做好16个涉改部门“三定”规定制定和机构编制事项调整准备工作。研究制定议事协调机构清理规范方案，将省级议事协调机构由270个精简至78个，精简率70%以上。对照中央政策口径，研究提出编制精减和领导职数规范管理方案。选取9个乡镇开展规范机构挂牌试点工作，总结试点经验做法，推动基层党政机构挂牌更规范、群众办事更便利。

加强协同联动，增强改革实效。加强相关专项改革与机构改革的有机衔接，增强改革的系统性、整体性、协同性。深化权责清单管理运用，调整省直部门权责清单事项115项，指导霞浦县等地探索在党群、政法等部门试行权责清单制度。推进事业单位改革，继续做好经营类事业单位改革扫尾工作，落实深化事业单位改革试点和规范事业单位办企业行为座谈会精神，提前谋划改革思路，梳理全省事业单位办企业情况并制定清理规范举措。持续深化行政执法体制改革，协同推进福建省一体化大融合执法平台建设，出台明确行业主管部门与综合执法机构职责分工完善工作机制若干意见，会同48个省级部门梳理执法事项4344项并编制全省行政执法事项总清单，开展生态环保、城市管理领域执法效能评估，多举措深化拓展改革成果。结合开展机构编制“改革创新年”行动，选择12个县（市、区）开展片区联合执法试点，总结提炼鲤城区“大部制”协同工作机制、平潭“大部制”改革模式、顺昌县生态联合执法等改革创新成果，开展基层管理体制机制改革创新优秀案例评选。

【机构编制服务保障】 2023年，中共福建省委编办聚焦新福建建设大局，针对全省经济社会高质量发展面临的短板弱项，强化体制机制和机构编制服务保障。调整优化海洋和流域生态环境监测、农业科技力量支撑等方面职责和机构，为服务“四大经济”发展持续提供体制机制保障。

服务经济高质量发展。围绕实施新时代民营经济强省战略，调整优化省发改委、省工信厅有关职责分工，批复省发改委调整设立民营经济发展处，赋予省公共资源交易中心促进民营经济发展相关职责并调整优化内设机构设置，健全完善民营经济工作体系。推动在省商务厅加挂省招商局牌子，围绕投资促进、工业信息产业发展、体育产业发展、科普服务等，调整更名一批事业单位，强化经济发展支撑保障。研究提出优化福州新区等管理机构设置方案，调整加强三明高新区管理机构设置，推动开发区发挥示范引领和辐射带动作用。

服务两岸融合发展。聚焦两岸融合发展示范区建设，全面梳理全省对台工作机构情况，研究提出促进两岸交流融合的相关机构设置、工作力量配置、工作平台建设的思路建议并报省委编委，探索深化两岸融合发展新路径。

服务科技人才战略。服务保障科技兴省战略，开展科技领域体制机制改革专题调研并提出初步改革方案，制定支持新型研发机构发展10条措施，建立省创新实验室“编制池”并下达首批人员控制数87名。出台省属公办高校人员控制总量管理办法操作细则，按标准为29所省属高校核定人员控制总量，调整优化部分高校内设机构设置。

服务民生事业发展。调整部分省属医院人员编制结构，批复组建福州市第一、第二总医院，推动优化医疗资源配置、提升医疗服务水平。持续推进疾病预防控制体系改革，完成省疾控局挂牌及省疾控中心划转、挂牌工作，基本完成市县疾控机构和卫生监督机构整合。支持部分学校根据办学特色调整管理体制和机构设置，持续优化教育资源配置。

服务国家安全战略。聚焦事关国家安全的重点领域，编制印发粮食安全领域省级部门专项权责清单，明确27个部门135项粮食安全权责事项，推进能源安全领域专项权责清单编制工作，压实粮食和能源安全责任。做好国防动员体制改革后续工作，理顺文物督察和安全监管职责关系，调整组建省航空应急救援中心等机构。

【机构编制管理】 2023年，中共福建省委编办完善机构编制制度体系。开展《中国共产党机构编制工作条例》及其重要配套法规制度执行情况和执行效果评估并提出相关意见建议。研究制定《机构编制动议、论证、审议决定和组织实施办法（试行）》，提升机构编制工作法治化规范化科学化水平。加强源头把控，完成规范性文件备案26件，查纠相关文件存在的机构编制违规内容。审核下达公务员及参公人员招考用编计划5239名、公安院校公安专业招生计划750名，配合完成接收博士选调生、军转干部安置有关用编工作。加强政策规定宣传引导，对省海洋与渔业局以及省发改委承担数字工作的相关单位开展机构编制使用效益评估，指导相关部门对现有资源进行整合优化，加大内部挖潜力度，保障主责主业。研究提出机构改革期间省级涉改部门认定和日常用编审核标准内部口径，提升机构编制业务办理的精细化水平。

持续开展《中国共产党机构编制工作条例》及其配套法规制度宣传，多次派员赴市县两级作专题授课，引导各级各部门树牢机构编制纪律意识。开展省直机关对下机构编制条条干预问题排查整治、事业单位设立及撤销落实情况专项检查，对83家事业单位进行“双随机、一公开”检查。督促指导省委巡视反馈6个单位涉机构编制问题整改，推动龙岩、宁德两地抓好相关问题整改。完成2022年度全省公安系统自定编制消化工作。加强事业单位登记管理，办理事业单位法人登记赋码481家，清理省级应注销而未注销事业单位法人25家。加强数据统计、基础性台账和网上名称管理等工作，争取资金1200多万元，推进“数智编办”建设。（翁石禹）

老干部工作

【概况】 2023年，福建省各级老干部工作部门一体推进离退休干部政治引领、组织建设、激励关怀、发挥作用、服务保障等工作。截至2023年底，全省有离退休干部59.8万人，其中离休干部3137人，平均年龄94.28岁；全省离退休干部党员30.1万人、占全省党员总数约12.5%，离退休干部党组织7470个、占全省党组织数约5.9%。

【离退休干部思想政治建设】 2023年，福建省各级老干部工作部门在全省离退休干部党员中组织开展学习贯彻习近平新时代中国特色社会主义思想主题教育，构建个人自学、支部领学、宣讲助学、创新活学、实践促学“五学联动”机制，组织动员全省30.1万离退休干部党员学思想、强党性、听党话、跟党走。中央主题教育办简报第70期总结宣传福建省离退休干部党员主题教育做法。落实离退休干部政治待遇，省委和省政府向老干部通报工作2次，省纪委监委、省委组织部分别向老干部通报2023年党风廉政建设和反腐败工作、组织工作各1次，举办省直单位和中直驻闽机构厅局级离退休干部读书班、全省离退休干部学习报告会等13场次。全面梳理习近平同志在福建工作时关于老干部工作的重要理念和重大实践，打造“福建省离退休干部党性教育课堂”，作为全省离退休干部党员和老干部工作者开展主题教育、思想宣传、党日活动等的重要阵地。7月投入使用以来至年底，有75批1048人次参观学习。

【离退休干部党的建设】 2023年，福建省各级老干部工作部门针对离退休干部党员和在职党员“合编”情况，推动单独成立离退休干部党支部553个。创建全省离退休干部示范党支部207个。组织举办全省离退休干部党组织书记示范培训班等3期，示范带动党组织书记普遍轮训。建立健全离退休干部党建工作联络员制度，选派4366名在职党员干部联系服务离退休干部党组织。落实荣誉退休制度，为1.7万名干部举办荣誉退休仪式。开展“学示范做先锋跟党走”微视频征集展示，宣传先进典型107个。省委离退休干部工委就2023年抓基层党建向省委作述职。

2023年8月29日，全省离退休干部党工委书记培训班开班式在厦门市思明区委党校举行（省委老干部局）

【离退休干部作用发挥】 2023年，福建省各级老干部工作部门推动“银发人才库”建设，汇集党建党务、科教文卫、基层治理、体育艺术、法律法规、农业农村等6个领域银发人才1.16万人。深化“五个一百”创建活动，通过打造117个银发先锋工作室、聘任114名乡村振兴指导员、增设103个传承红色基因教育基地等，推动离退休干部作用发挥。开展“千场主题宣讲进基层”活动，组建472支宣讲小分队，赴一线宣讲3600多场次，覆盖37万多人次。助力全面深化近邻党建，接续开展第二批28个离退休干部党员在近邻党建中发挥作用示范社区（小区）创建，全省2298名老党员担任小区党支部书记、4097名老党员担任其他班子成员；依托1529个老党员工作室，组织3.4万名老干部参与纠纷调解、邻里互助等基层治理服务。

【离退休干部服务管理】 2023年，中共福建省委老干部局落实常态化走访慰问、特困帮扶等制度，提高离休干部购买服务、易地走访慰问和困难补助标准，个性化购买服务满意度100%，《坚持“一人一策”精准服务离休干部》获评全省机关体制机制创新“百优案例”。形成畅通就医绿色通道、缩短异地医药费报销周期等5项长效机制。推进总投入3.1亿元的省重点项目——福建老年大学扩建项目建设。优化福建老年教育新媒体电视平台，依托“同步课堂”“辅导课堂”开展线上教学，用户数超171万人、点击量1850万人次。开展向上向善文体活动，举办第13届省直单位离退休干部金（钻石）婚庆贺会，举办“金秋大舞台”等文体活动74场次，2万多人次参与。依托各级老年大学，深化智慧助老行动，普及老年人金融、法律、反诈防骗等知识。（省委老干部）

党校行政学院工作

【概况】 2023年，中共福建省委党校、福建行政学院召开校委会专题学习会和全省党校（行政学院）校（院）长会、工作专题会，开展专题调研，落实校委会会议“第一议题”制度和校委理论学习中心组学习制度，组织开展校委会专题学习17次、校委理论学习中心组学习24次，举办读书班4期、开展专题研讨4次，校委会成员带头撰写学习体会和理论文章30多篇。年内，校院获“全国五一劳动奖状”，连续第六届荣获全国党校（行政学院）教学管理优秀奖，入选福建省重点智库单位；新校区建设项目获中国建设工程鲁班奖（国家优质工程）称号；校院“恒心聚才”工作法获评省直机关“十佳群众工作法”。

【校院学习贯彻习近平新时代中国特色社会主义思想主题教育】 2023年，中共福建省委党校、福建行政学院推动主题教育走深走实，开展“学思想、铸忠魂、践初心、创一流”特色实践活动，保障省委常委会主题教育3期读书班等重大会议活动在校院举行。深化“循足迹、悟思想、铸忠魂、担使命”活动，建成“习近平新时代中国特色社会主义思想主题教室”，从14个方面追本溯源，全景展示新思想在福建的孕育和实践。自6月中旬建成启用至年底，有300多批1万多名党员干部参观学习。服务党校教学科研和第二批主题教育深入开展，打造“四下基层”学习课堂。开发28门“孕育”“跟学”系列等课程，被列为省委主题教育特色学习课程，16门课程被列为公开课，讲稿、视频汇编被印发全省作为主题教育学习辅导材料。《学习时报》《福建日报》《八闽快讯》及省委主题教育简报等20多次刊发校院经验做法。党员群众代表和服务对象等测评结果好评率100%。

【教学培训】 2023年，中共福建省委党校、福建行政学院实施“习近平新时代中国特色社会主义思想教育培训工程”，统筹党的理论教育、党性教育和专业化能力培训。全年举办各类培训班135个，培训学员近1.2万人次；线上培训班290个、在线学员约35万人。会同市县党校，推进习近平新时代中国特色社会主义思想学习基地建设，打造76个现场教学示范点、8条精品线路、36门精品课程。承接中央党校省部班、中青班、骨干教师调研组等7个班次及江苏、浙江等7个省市党校到闽学习调研。持续深化实施新时代干部能力提升计划和好班长好班子建设工程，会同省委组织部举办“十个专题”培训班10期，培训轮训469人次。举办“新福建大讲堂”“全校大讲座”14场。推动领导干部上讲台常态化长效化，7名省领导、20多名省直部门主要负责人到校院授课、作报告。

【理论研究】 2023年，中共福建省委党校、福建行政学院加强科研决策咨询关注，推进习近平新时代中国特色社会主义思想探源研究，加快《习近平总书记在福建工作期间关于现代化建设的探索与实践》课题研究进度，形成一批具有福建特色的高质量研究成果。国家社科基金项目项数屡创新高，校院获8项国家社科基金项目，位居全国校院系统前列；7项成果获省第十五届社科优秀成果奖，其中一等奖2项。坚持开门办智库，开展前瞻性、政策性、应用性研究，刊发决策咨询成果67篇，获省领导以上批示23篇29件次，其中中央领导批示1件次、省委主要领导批示2件次、在重点报纸发表理论文章21篇。举办《领导文萃》创刊30周年理论研讨会、全省校院系统“党校初心与中国式现代化”理论研讨会、“以中国式现代化全面推进中华民族伟大复兴”暨中共党史党建学科建设理论研讨会，与中央党校有关部门联合举办第三届国家治理现代化论坛等重要会议。《中共福建省委党校（福建行政学院）学报》《党史研究与教学》持续入编《中文核心期刊要目总览》2023年版核心期刊；《闽台关系研究》被评定为“2022年度中国人文社会科学期刊AMI综合评价核心期刊”；《领导文萃》获2022年度全国党刊优秀作品奖7项，获“2023数字阅读精选期刊TOP50”金奖，入选“2023年度中国邮政发行百强榜”。

【开放办学】 2023年，中共福建省委党校、福建行政学院推进开放办学，重点围绕党的二十大精神、主题教育等专题，举办外培班次53期，培训学员5000多人次。加强研究生教育，改进报名方式，完成在职研究生、硕士研究生招生工作。围绕讲好中国故事，提升国际传播能力，完善师资库、课程库，服务外国政党干部考察（培训）任务，协助中联部举办非洲政党青年干部专题网络研讨班，与老挝琅勃拉邦省政治与行政学院签署《合作备忘录》，推进合作交流考察点建设，制作英文教学片得到中联部肯定。

【办学质量提升】 2023年，中共福建省委党校、福建行政学院加强系统建设，落实中央党校（国家行政学院）办学质量评估反馈意见的整改提升，同步完成全省92所市县党校“全覆盖”质量评估。加强对市县校院的业务指导，推进全省县级党校分类建设，召开全省校院系统教学工作会、科研协作会、县级党校分类建设现场推进会，举办全省校院长培训班、师资培训班6期，组织选送全省部分市县校院长、常务副校院长赴中央党校开展轮训，推动系统办学质量提升。修订《关于进一步加强从严治校的若干规定》，从加强政治建设、从严治教、从严治学、从严管理和组织保障5个方面提出23条措施。开展两批教研岗位招聘，招聘博士17人，通过考录等补充其他干部人才9人。组织开展全省党校系统教师职称评审，校院4名教师获评教授、3人获评副教授。

（省委党校）

党史和地方志工作

【概况】 2023年，中共福建省委党史研究和地方志编纂办公室组织实施“深学争优、敢为争先、实干争效”行动，突出“为党立言、为国著史、为民修志”，推进“政治建室、研究立室、制度治室、人才强室”。组织业务人员参加第四届全国党史和文献论坛、老一辈革命家与马克思主义中国化时代化、毛泽东才溪乡调查90周年等理论研讨会，组织撰写的作品和文章在《人民日报》《光明日报》《解放军报》《百年潮》《人民文学》《中国作家》等发表以及被《新华文摘》等转载。

【主题教育和调查研究】 2023年，中共福建省委党史方志办贯通理论学习、调查研究、推动发展、检视整改，推动学思用贯通、知信行统一，调研报告《三明市尤溪县半山村乡村振兴路径探寻》《毛泽东才溪乡调查的时代价值与启示》《关于才溪乡调查相关情况的报告》获省委领导批示，“四下基层”实践案例文稿收录在省委主题教育办编印的《“四下基层”实践案例汇编》，出台《关于红色文化遗存保护利用专项工作方案的实施意见》《关于加强上下联动，深挖党史方志资源、服务高质量发展若干措施（试行）》等5项制度。在开展随机测评（33份）中，总体评价“好”的比例达100%。

【理论研究】 2023年，中共福建省委党史方志办发挥作为福建省习近平新时代中国特色社会主义思想首批研究基地的作用，发挥福建独特优势，室务会议召集人、主任、省习近平新时代中国特色社会主义思想研究中心学术委员会委员刘大可在《人民日报》刊发《用好调查研究这个传家宝》，“学习强国”福建学习平台等媒体予以转载；在《经济日报》刊发《运用科学思维方法做好“三农”工作》；在“以中国式现代化全面推进中华民族伟大复兴”暨中共党史党建学科建设理论研讨会上，作题为《以伟大建党精神为源头的中国共产党人精神谱系时代价值与宣传教育研究》主旨发言。参与“探源计划”，承担“坚持中国共产党的领导——习近平在福建工作期间关于现代化建设的探索与实践”等2项重大委托课题。

【党史编研】 2023年，中共福建省委党史方志办出版反映菌草技术发明人、党的二十大代表、感动中国人物林占熺事迹的长篇纪实作品《奔跑的中国草》，入选中宣部主题出版重点出版物，并获2023年中国报告文学排名榜长篇作品第一名等。《口述——福州改革开放》《中央苏区（闽西）口述史资料征集整理汇编》《中央苏区（闽西）历史资料汇编》等中央党史和文献研究宣传专项引导资金项目顺利结项。推进《中国共产党福建历史·第二卷（1949—1978）》、《福建中央红军村》（第二辑）、“福建改革开放系列丛书”（《历史性变革》《历史性成就》《历史性飞跃》《历史性突破》）、《中共福建省委执政纪事》、《红色记忆——革命老区巡礼·福建篇》、《漳州战役研究》、《〈红色中华〉里的福建中央苏区》等党史专题编研工作。

【修志编鉴】 2023年，中共福建省委党史方志办传承弘扬八闽优秀传统文化，推动特色志书和精品年鉴编纂，完成《福建茶志》《寿山石志》出版。全力推动二轮志书收尾工作，77部二轮省志分志全部交付出版。助力乡村振兴，《宁德市扶贫志》被列入首批“中国扶贫志丛书”，已基本完成初稿。做好福建省“中国名镇志丛书”审核、申报工作，《元坑镇志》入选第七批“中国名镇志丛书”，《霍童镇志》入选第七批“中国名镇志丛书”备选名单，《长校镇志》列入出版计划。完成全国首个全域年鉴精品工程（厦门）试点终审验收；在中国地方志工作办公室通报表扬的第九届全国地方志优秀成果（年鉴类）中，福建省推荐的19部年鉴全部入选并斩获各类等次，其中，7部年鉴获评特等年鉴，获评总数位居全国第二；推动厦门入选全国第二批区域年鉴精品工程（试点单位），为全国区域年鉴精品工程提供“福建经验”。

【建言资政】 2023年，中共福建省委党史方志办编印《资政报告》11期，其中5期获省委领导批示，建设“社科强省”资政报告获省委主要领导肯定。参与长征国家文化公园（福建段）规划建设、中央红色交通线遗址保护、中共福建省委机关驻地旧址查核、古田会议精神内涵提炼、《福建省红色文化遗存保护条例》论证等红色资源保护利用工作。

【史志宣传】 2023年，中共福建省委党史方志办举办学习习近平总书记在纪念毛泽东同志诞辰130周年座谈会上的重要讲话精神座谈会，《福建日报》和福建电视台进行报道；论文《毛泽东与两岸关系》入选全国纪念毛泽东同志诞辰130周年学术研讨会；《福建党史月刊》开设“深入学习贯彻习近平新时代中国特色社会主义思想”“习近平新时代中国特色社会主义思想重要孕育地和实践地”“纪念毛泽东同志诞辰130周年”等专栏。省革命历史纪念馆入选“中华优秀传统文化、革命文化、社会主义先进文化专题实践教学基地名单”，《从一大到二十大——中国共产党全国代表大会主题展》被评为2023年度“弘扬中华优秀传统文化、培育社会主义核心价值观”主题展览推介项目。

（雷启伟）

信访工作

【概况】 2023年，中共福建省委和省政府学习贯彻习近平总书记关于加强和改进人民信访工作的重要思想，贯彻落实《信访工作条例》。省委于6月21日、9月6日、11月20日、12月8日召开省委常委会会议，省政府于5月31日、11月20日召开常务会议，研究部署信访工作。6月26日，省委制定出台《中共福建省委关于深化领导干部“四下基层”工作切实走好新时代党的群众路线的意见》，10月13日召开全省深化运用“四下基层”制度走好新时代党的群众路线推进会。全省信访系统开展学习贯彻习近平新时代中国特色社会主义思想主题教育，实施“深学争优、敢为争先、实干争效”行动，全省信访态势平稳有序，信访总量比上年下降，群众对信访工作的满意率持续提升。7月，中央信访工作专项督查组到闽调研，肯定福建信访工作成效。福建2023年度信访工作在全国信访工作考核中获评优秀等次。

【信访工作法治化】 2023年，福建省被列为全国7个信访工作法治化试点省份之一。12月，省委办公厅、省政府办公厅印发《关于推进信访工作法治化的意见》。省信访工作联席会议优化实化依法处理信访事项“五化”（预防法治化、受理法治化、办理法治化、监督追责法治化、维护秩序法治化）、“四到位”（受理单位要分清性质、明确管辖、转办督办到位；职能部门要依照法律规定和程序按时处理到位；对滥用职权、玩忽职守的公职人员，要坚决问责到位；对扰乱社会秩序违法犯罪行为，要及时依法查处到位）路线图；省信访联席办制定落实“3320”（3项制度+3个平台+20项工作规范）试点项目清单，在泉州石狮市、龙岩连城县2个国家级试点县和福州连江县、厦门集美区、漳州芗城区、三明将乐县、莆田仙游县、南平光泽县、宁德霞浦县、平潭君山片区8个省级试点县逐项落实。全省信访系统按照“五化”“四到位”要求，配套制定121项制度规范，推动信访工作依法有序运行；建立“谁办信接访谁普法，谁督查调研谁普法”制度，结合《信访工作条例》实施一周年开展普法活动。12月9日、12月27日，福建省连续两次在中央信访工作联席会议召开的推进信访工作法治化全国性会议上作交流发言。12月，依法处理信访事项“五化”“四到位”路线图被评为2023年度福建省“十大法治事件”。

【信访问题源头治理】 2023年，福建省信访系统组织开展信访问题源头治理三年攻坚行动，以省级领导带头下访为示范，各级领导深化“四门四访”，一线解决群众急难愁盼。推进乡镇（街道）信访工作联席会议机制规范化、标准化运行，推动力量下沉、工作前移；开展信访评理，吸纳社会各界力量，帮助及时就地评理化解大量信访问题。三明宁化县、尤溪县、泰宁县，泉州石狮市，龙岩长汀县、武平县、连城县，宁德霞浦县等8个县（市）被中央信访联席办、国家信访局评为2023年度全国信访工作示范县。

【化解信访积案】 2023年，福建省信访联席办把化解信访积案纳入主题教育，报请省级领导带队深入基层督促化解，建立厅级领导挂钩包片下基层带案督导机制，分55批次深入市、县（区）对900余件重点积案逐案督办，推动化解大量信访难题积案。全省信访系统7个集体、14名个人获评全国“治理重复信访、化解信访积案”专项工作优秀集体、优秀个人。（郭文伟）

保密工作

【概况】 2023年，福建省召开省委保密委员会全体会议和全省保密工作会议，传达、学习中央保密委全体会议和全国保密工作会议精神，制定工作要点，部署年度工作。中共福建省委保密委员会办公室（福建省国家保密局）10次组织召开有关设区市、省直机关单位保密负责人工作务虚会、专题会、推进会，对贯彻、落实中保委决策部署、实施全国“十四五”保密事业发展规划等逐项研究、部署。年内，全省首个“红色保密教育基地”在永定挂牌成立。

【保密行政管理】 2023年，中共福建省委保密办推进依法行政，完成全省定密事项年度统计，定密管理纳入保密专项检查内容，指导机关单位依法开展定密事项备案；抓实涉密人员管理，完成年度涉密人员数据统计报备，指导基层落实涉密人员岗前审查、在岗培训和脱密期管理。

加强保密资质（资格）审查事中事后监管。对资质（资格）单位开展“双随机”抽查，组织4场保密资质审查业务培训班。完成全年涉密资质（资格）单位审查审批工作。做好密级鉴定工作。

【专项保密管理】 2023年，中共福建省委保密办围绕重点专项，完成目标任务。推进专项保密管理，将涉密档案数字化、政府采购信息公开等作为保密检查重点内容。与新疆昌吉、兵团和西藏昌都保密部门签订援助协议，邀请新疆、西藏保密干部参加福建省保密干部业务培训，派出测评组赴新疆昌吉开展测评援助攻坚活动，完成部分网络节点测评任务。按照国家保密局“十四五”中期督导部署，推进系统自查评估，制订问题清单、任务清单和责任清单，细化、落实措施。

【保密监督检查】 2023年，中共福建省委保密办加强监督检查，强化科技支撑。按照国家保密局部署，重点开展进驻式保密检查，督促指导受检单位加强保密管理。组织开展省直单位保密专项检查，依法查办失泄密案件，100多人被警告和诫勉谈话，吊销严重违规企业的资质。加强互联网保密检测工作，完成省委保密办“三网合一”改造。参与研究的课题获2023年度全国保密科技三等奖。

【保密宣传教育】 2023年，福建省各级保密工作机构开展保密宣教，加强业务建设。各级各部门在“保密宣传教育月”活动中播放保密宣传片累计时长3000多分钟，张贴海报4000余张。在西北工业大学国家保密学院举办专兼职保密干部培训班；福州大学启动有8所高校师生参加的“高校行·保密故事宣讲”活动。省保密教育实训平台开展全员保密轮训。部分设区市和县保密委设置专职副主任，全省8名保密专业技术干部获评相应职称。建立全省首批分级保护工作专家库，含涉密信息系统分级保护方案评审专家、“三员”授课教师。

【保密技术服务】 2023年，中共福建省委保密办推进网络测评，完善服务保障。完成全年涉密网络测评任务。为福州地区机关单位提供涉密载体销毁服务，销毁纸介质1300多吨、磁介质近70吨、硬盘近万块、信息化办公设备近1万台套、光盘近20万片。 （卢如一）

机关党建

【概况】 2023年，中共福建省直机关工委坚持围绕中心、建设队伍、服务群众，落实“书记抓、抓书记”，建立“三级五岗”责任体系，加强以政治建设为统领的机关党的各项建设，以高质量党建引领高质量发展取得新进展新成效。省直机关工委在全国机关党建工作交流会上作大会发言。加强对市、县（区）机关工委工作的指导，深入27个市县调研，培训各级机关工委干部110人次。

【机关党的政治建设】 2023年，中共福建省直机关工委推动机关各级党组织普遍建立学习贯彻落实习近平总书记重要讲话重要指示批示精神“七个一”闭环工作机制。组织实施党的二十大精神学习、研讨、宣讲、培训、调研、落实“六大行动”，42项任务全部提前完成。深化对党忠诚教育和政治机关意识教育。组织2020—2023年度全省创建模范机关先进单位届期总评。

【学习贯彻习近平新时代中国特色社会主义思想主题教育】 2023年，中共福建省直机关工委印发在主题教育中走好“第一方阵”的工作方案，细化31项配套措施，选派35名联络员全覆盖对接联系91家省直单位，分领域召开省直机关、国企、基层党支部层面的推进会。组织省直机关专家宣讲团、青年理论宣讲实践团开展“福见千万家”“福兴万千企”“福乡同心圆”等“七进”活动2700余场，举办每月一次的“线上课堂”，持续举办23期省直青年学习讲堂，在省电视台《福建新闻联播》栏目推出13期“省直机关党组织书记专访”，编印分发“省直单位党组（党委）书记谈主题教育”专刊，旁听省直单位党组（党委）中心组学习近200次，发动全省机关8940名党员干部参加旗帜杂志社举办的知识竞赛，征集评选主题书画优秀作品163件。与省委主题教育办联合举办“奋进的春天”主题党日活动。有关做法10次在省委主题教育简报刊发，理论学习“双带”、调研蹲点工作法等得到中央第七巡回指导组肯定。“‘撂荒地’华丽变身‘希望田’，同心用情奋力书写保耕护粮机关答卷”——福建省全省机关开展“我在乡间有亩田”党员志愿活动的典型案例剖析入选省委组织部、省委主题教育领导小组办公室编著的《循足迹、学思想、谋发展实践案例汇编》。实施新思想“探源计划”，联合中央和国家机关工委有关部门在福州举办“推动机关党建高质量发展理论研讨会”，系统梳理并形成习近平同志在福建工作期间有关重要论述研究成果。

【经济社会发展服务】 2023年，中共福建省直机关工委实施省委“深学争优、敢为争先、实干争效”行动，制定实施方案，部署落实4个方面11条措施。开展“争优争先争效、机关党员在行动”全省巡回宣讲20场，带动全省机关开展宣讲超2万场次，组织开展“走基层、办实事、促发展”活动。工委在全省“深学争优、敢为争先、实干争效”行动总结部署会上作交流发言。贯彻民营经济强省战略，组织召开实施新时代民营经济强省战略推进高质量发展报告会，统筹协调省直部门挂钩联系民营企业，部署开展“争当机关强企先锋”主题实践活动，实施“双带”“共建”“培壤”“暖心”四大行动，推动45个省直部门与171家民营企业建立挂钩联系机制，出台惠企文件201份，推进民企台企项目建设3122个，协调各类资金近1700亿元。开展第六届全省机关体制机制创新优秀案例征集评选活动，评选“十佳”“百优”案例121个，加强展示交流推广，推动机关工作持续改革创新。助力粮食安全和乡村振兴，深化“我在乡间有亩田”党员志愿服务，全省19.6万名机关党员认筹资金1.1亿元，认种撂荒地3400公顷，做法获评全国机关党建创新成果“十佳案例”和现场展示金奖。持续开展“党旗在飘扬”系列活动，组织动员机关各级党组织和广大党员干部参与“杜苏芮”台风、低温雨雪冰冻灾害等抢险救灾。弘扬和践行“四下基层”传统作风，深化“近邻”党建，出台工作指引，省直机关党组织与5558个社区挂钩共建，10万余人次在职党员到社区（小区）报到，为基层办实事1.41万件。

【基层党组织建设】 2023年，中共福建省直机关工委传承弘扬习近平同志在福建工作期间关于机关党建“新、活、实”的重要论述，组织“八闽机关堡垒工程”，开展专题调研，形成工作机制。对17个省直单位落实全面从严治党主体责任情况进行集中检查，发现并督促整改问题112个；组织开展党组（党委）书记、机关党委书记、基层党支部书记抓基层党建述职评议，深化落实“书记抓、抓书记”。实施多种形式的“党建+”，试运行“数智党建”应用平台，命名55个省直机关主题党日活动基地，出台建设和管理暂行办法，健全完善省直单位机关党建档案。强化分类指导，出台《关于加强省直机关所属国有企业党的建设的若干措施》，通过现场观摩、调研指导、座谈交流等，推进省直机关所属国有企业党的建设，推进省直机关所属事业单位及其离退休干部党支部党的建设。深化“达标创星”活动，指导2037个基层党组织按期换届，遴选党支部工作方法972个，发放“光荣在党50年”纪念章359枚，划拨412.9万元慰问省直机关困难党员2235人，发展新党员2197人。出台《关于加强省直机关党务工作人员队伍建设的若干措施》，培训党务干部8900多人。举行省直机关庆祝中国共产党成立102周年暨“两优一先”表彰大会，选树543名先进典型。

【正风肃纪反腐】 2023年，中共福建省直机关工委部署开展“机关作风建设年”活动，传承弘扬“四下基层”优良传统作风。建立健全习近平总书记重要讲话重要指示批示精神和党中央决策部署及省委工作要求贯彻落实情况监督“双台账”，跟进“监督清单”，做实政治监督。推动省委出台《关于加强新时代福建省直单位机关纪委建设的意见》，通过宣传解读、调查问卷、召开座谈会等方式推动实施，做法和成效得到省纪委监委主要领导的批示肯定。组织3次落实中央八项规定精神情况专项监督检查，发现省直及下属单位问题27个。立案3件3人，提级办理2条省直单位机关纪委报送的问题线索。全年审理审结案件40件，审核备案案件58件、抄送案件95件，持续推进省直单位案件质效提升。组织省直机关党员干部4000余人次参观省党风廉政警示教育馆，推介省直单位优秀廉政微党课，挖掘命名第三批19个省直机关廉政教育点，编发2023年《警示教育读本——省直单位党员干部违纪违法典型案例》。开展纪检监察干部队伍教育整顿。

【文明创建和统战群团工作】 2023年，中共福建省直机关工委持续深化文明培育、文明实践、文明创建，宣传宣介福文化，开展讲家风家训家教故事，常态化开展学雷锋、寻找最美家庭、“四下基层·福行八闽”各类活动5000多场次。在全国省级机关率先出台《关于进一步做好新时代省直单位统战工作的通知》，开展“同心强企”服务行动和“奋进新征程、建功新福建”主题实践活动，分层次开展劳动和技能竞赛、深化青春建功“十四五”行动、“巾帼建功”等系列活动，组建45支省重点项目青年突击队，选树工青妇各类先进（集体）典型759个。征集推广省直机关群团组织“十佳群众工作法”，推出服务职工10件实事，开展省直机关干部职工心理健康服务，职工医疗互助补助2851人次1066万元，组织2520名职工疗休养，组织4期青年干部职工综合素质训练营、2期职工子女暑托示范班，补助25个单位自办暑托班惠及近1400人。做好关心下一代工作，省直各单位关工委参与发放关爱帮扶金额2700多万元，关爱帮扶9000余人。

（陈力荷）

编辑：林忠玉

宪法

福建省人民代表大会

综　　述

【思想政治引领】 2023年，福建省人民代表大会常务委员会持续强化党的创新理论武装，开展学习贯彻习近平新时代中国特色社会主义思想主题教育，落实省委“深学争优、敢为争先、实干争效”行动部署，一体推进理论学习、调查研究、推动发展、检视整改、建章立制。落实“第一议题”制度，跟进学习习近平总书记重要讲话重要指示批示精神，全年召开党组会议36次，理论学习中心组学习会25次。在机关设置展厅，展示习近平同志在福建工作期间关于人大制度和人大工作的重要理念和重大实践。落实党的全面领导制度，经省委批准，成立8个省人大专门委员会分党组，制定分党组工作规则；修订常委会党组向省委请示报告工作规定，明确请示、报告、报备“三张清单”。贯彻党的重大决策部署，制定贯彻落实党中央及省委重大决策部署专项工作机制，建立任务台账、落实台账、监督台账“三个台账”。重温习近平总书记对福建工作和对人大工作的重要讲话重要指示批示精神，开展专题调研，召开专题会议，对贯彻落实情况进行“回头看”。紧扣新福建宏伟蓝图和“四个更大”等重要要求，制定和实施五年立法规划和年度立法、监督、代表工作计划。

【人大助力经济社会发展】 2023年，福建省人大常委会贯彻中央关于促进民营经济发展壮大的意见和省委十一届四次全会精神，组织修改企业和企业经营管理者权益保护条例，开展促进中小企业发展专题调研，召开民营企业家人大代表座谈会。落实中央关于支持福建探索海峡两岸融合发展新路建设两岸融合发展示范区的意见和省委十一届五次全会精神，组织开展涉台立法，在多部地方性法规中设立涉台专章或条款，持续举办海峡法学论坛。开展中央及省委人大工作会议精神贯彻情况的调研，推动实施好省委关于进一步加强和改进人大工作的若干措施。

【重大事项决定及人事任免】 2023年，福建省人大常委会依法行使重大事项决定权，推动中央和省委重大决策部署贯彻落实。把握高质量发展首要任务，作出关于加强经济工作监督的决定，依法加强对重大政策、主要目标、重点任务落实情况的监督，保障党的经济工作部署贯彻落实；作出关于传承中华优秀传统文化，加强古厝古建筑保护利用工作的决议，推动进一步利用古厝古建筑文化资源禀赋，服务文化强省建设；作出关于批准2022年省级决算的决议，关于批准2023年省级预算调整方案的决议，加强预决算审查；作出关于办理省十四届人大一次会议主席团交付审议的代表议案的决定、关于召开福建省第十四届人民代表大会第二次会议的决定、关于福建省第十四届人民代表大会第二次会议列席人员安排原则的决定。全年作出决议决定6项，任免国家机关工作人员163人次。

【人大常委会建设】 2023年，福建省人大常委会修订党组理论学习中心组学习制度，常委会党组书记以“发展全过程人民民主与充分发挥人大作用”为题带头讲党课。开展党建主体责任落实情况检查，修订机关党组成员联系指导党支部等制度。按照机构改革方案，将人事代表工作室调整更名为代表工作委员会，财政经济工作委员会调整更名为预算工作委员会。修改省人大常委会议事规则、常委会组成人员守则。制定聘任咨询专家工作制度。举办常委会组成人员等培训班。加快“数字人大”建设，加强对市县乡人大工作指导和联系。召开全面从严治党和党风廉政建设工作会议，持续推进中央及省委巡视反馈问题整改，专题研究部署，压紧压实责任，形成常态化“回头看”工作机制。

（胡冰午）

重要会议

【福建省第十四届人民代表大会第一次会议】 2023年1月11—15日，福建省第十四届人民代表大会第一次会议在福州召开。会议审议和批准省人民代表大会常务委员会工作报告、省人民政府工作报告、省高级人民法院工作报告、省人民检察院工作报告；审查和批准福建省2022年国民经济和社会发展计划执行情况及2023年国民经济和社会发展计划草案的报告，批准福建省2023年国民经济和社会发展计划；审查和批准福建省2022年预算执行情况及2023年预算草案的报告，批准福建省2023年省级预算。会议选举周祖翼为福建省第十四届人民代表大会常务委员会主任，选举周联清、庄稼汉、李德金、檀云坤、袁毅、江尔雄为福建省第十四届人民代表大会常务委员会副主任，选举黄新銮为福建省第十四届人民代表大会常务委员会秘书长，选举产生60名福建省第十四届人民代表大会常务委员会委员，选举赵龙为福建省人民政府省长，选举郭宁宁、郑建闽、林文斌、李建成、常斌、林瑞良、王金福为福建省人民政府副省长，选举迟耀云为福建省监察委员会主任，选举金银墙为福建省高级人民法院院长，选举侯建军为福建省人民检察院检察长，选举产生74名福建省第十四届全国人民代表大会代表，决定福建省第十四届人民代表大会设立法制委员会、财政经济委员会、教育科学文化卫生委员会、环境与资源保护委员会、社会建设委员会、监察和司法委员会、农业与农村委员会、侨台外事与民族宗教委员会及其主任委员、副主任委员、委员的人选。经大会主席团会议审议，决定将18件议案交省人大常委会办理并提出办理情况报告。大会收到代表建议687件，交有关部门办理。

【福建省人大常委会会议】 2023年，福建省人大常委会举行9次会议，即福建省十三届人大常委会第三十七次、第三十八次会议，福建省十四届人大常委会第一次至第七次会议。

福建省十三届人大常委会第三十七次会议。1月7日在福州召开。会议经审议和表决，决定免去黄海昆的福建省人民政府副省长职务，任命常斌、林瑞良为福建省人民政府副省长。会议接受霍敏辞去福建省人民检察院检察长职务的请求，任命侯建军为福建省人民检察院副检察长、检察委员会委员、检察员，决定由侯建军代理检察长职务。

福建省十三届人大常委会第三十八次会议。1月9日在福州召开。会议听取和审议《省十三届人大常委会代表资格审查委员会关于省十四届人大代表的代表资格审查的报告》；审议通过《福建省第十四届人民代表大会第一次会议主席团和秘书长名单（草案）》，决定提请省十四届人大一次会议预备会议选举；审议通过《福建省第十四届人民代表大会第一次会议议程（草案）》，决定提请省十四届人大一次会议预备会议表决；审议通过《福建省第十四届人民代表大会第一次会议计划和预算审查委员会主任委员、委员名单（草案）》，决定提请省十四届人大一次会议预备会议表决；审议通过《福建省人民代表大会常务委员会关于福建省第十四届人民代表大会第一次会议列席人员安排原则的决定》；审议通过《福建省人民代表大会常务委员会工作报告（稿）》，决定提请省十四届人大一次会议审议；审议省人大常委会关于省十三届人大六次会议代表建议、批评和意见办理情况的综合报告。

福建省十四届人大常委会第一次会议。1月16日在福州召开。会议经审议和表决，通过省人大常委会有关工作机构负责人等任免事项。

福建省十四届人大常委会第二次会议。2月24日在福州召开。会议经审议和表决，通过新一届省政府秘书长和组成部门负责人等任免事项。

福建省十四届人大常委会第三次会议。3月30—31日在福州召开。会议传达学习十四届全国人大一次会议及省委常委会（扩大）会议精神；审议通过《福建省人民代表大会常务委员会关于修改〈福建省人民代表大会常务委员会组成人员守则〉的决定》《福建省实施〈中华人民共和国工会法〉办法》《福建省实施〈中华人民共和国野生动物保护法〉办法》《福建省气候资源保护和利用条例》《福建省人民代表大会常务委员会关于设定福建省地方政府规章罚款限额的决定》，审查批准《福州市人民代表大会议事规则》《福州市人民代表大会常务委员会关于废止〈福州市劳动争议处理若干规定〉的决定》《三明市城市养犬管理条例》《南平市海绵城市建设管理条例》；听取和审议省人民政府关于2022年环境状况和环境目标完成情况的报告；审议通过《关于办理省十四届人大一次会议主席团交付审议的代表议案的决定》；听取和审议省人大常委会法工委关于省十三届人大以来暨2022年规范性文件备案审查工作情况的报告。会议经审议和表决，任命袁毅为福建省第十四届人民代表大会常务委员会代表资格审查委员会主任委员，任命黄新銮、林承通为副主任委员，任命9名委员；会议还通过其他人事事项。

福建省十四届人大常委会第四次会议。5月30—31日在福州召开。会议审议通过《福建省人民代表大会常务委员会议事规则》《福建省消防条例》《福建省人民代表大会常务委员会关于加强经济工作监督的决定》，审查批准《福州市大气污染防治办法》《龙岩市汀江保护条例》《宁德市城市内河管理条例》；审查和批准省人民政府2023年省级预算调整方案；听取和审议省人民政府关于安全生产工作情况的报告。会议经审议和表决，决定免去郑建闽的福建省人民政府副省长职务，通过其他有关人事事项。

福建省十四届人大常委会第五次会议。7月25—26日在福州召开。会议审议通过《福建省治理公路货物运输车辆超限超载条例》《福建省统计条例》《福建省献血条例》《福建省人民代表大会常务委员会关于修改〈福建省物业管理条例〉的决定》《福建省发挥村规民约基层治理作用若干规定》，审查批准《漳州市农用地土壤污染防治办法》《莆田市莆仙戏保护传承条例》；听取和审议省人民政府关于2023年上半年国民经济和社会发展计划执行情况的报告、关于福建省2022年省级决算和2023年上半年预算执行情况的报告、关于2022年度省级预算执行和其他财政收支的审计工作报告，审查和批准2022年省级决算；听取和审议省人民政府关于2022年交通专项资金管理使用情况的报告、关于耕地保护工作情况的报告，省高级人民法院关于知识产权审判工作情况的报告，省人大常委会执法检查组关于检查《中华人民共和国专利法》及《福建省专利促进与保护条例》实施情况的报告、关于检查《中华人民共和国未成年人保护法》及《福建省实施〈中华人民共和国未成年人保护法〉办法》实施情况的报告；审议省人大常委会有关工作机构关于省十四届人大一次会议相关议案办理情况的报告。会议经审议和表决，通过有关人事事项。

福建省十四届人大常委会第六次会议。9月20—22日在福州召开。会议审议通过《福建省预算审查监督条例》，审查批准《福州市城市养犬管理条例》《龙岩市海绵城市条例》《龙岩市公筷公勺使用规定》；听取和审议省人民政府关于重大项目进展情况的报告、关于社会救助工作情况的报告并开展专题询问、关于研究处理《福建省历史文化名城名镇名村和传统村落保护条例》执法检查报告审议意见情况的报告并开展满意度测评，省人大常委会执法检查组关于检查《宗教事务条例》及《福建省宗教事务条例》实施情况的报告；审议省人大常委会有关工作机构关于省十四届人大一次会议相关议案办理情况的报告。会议经审议和表决，通过有关人事事项。

福建省十四届人大常委会第七次会议。11月21—23日在福州召开。会议审议通过《福建省人民代表大会常务委员会关于召开福建省第十四届人民代表大会第二次会议的决定》《福建省海洋经济促进条例》《福建省人民代表大会常务委员会关于修改〈福建省企业和企业经营管理者权益保护条例〉的决定》《福建省水利工程管理条例》《福建省人民代表大会常务委员会关于修改〈福建省水资源条例〉的决定》，审查批准《福州市古树名木保护管理办法》《“泉州：宋元中国的世界海洋商贸中心”世界遗产保护管理条例》《三明市杂交水稻种子生产管理规定》《南平市城市防洪排涝管理办法》《宁德市木拱廊桥保护管理条例》；听取和审议省人民政府关于福建省“十四五”规划纲要实施情况中期评估的报告、关于2022年度省级预算执行和其他财政收支审计查出问题整改情况的报告、关于2022年度金融企业国有资产管理情况的报告，省人大常委会执法检查组关于检查《中华人民共和国种子法》及《福建省种子条例》实施情况的报告；听取和审议省人民政府关于传承中华优秀传统文化、加强古厝古建筑保护利用工作情况的报告，通过《福建省人民代表大会常务委员会关于传承中华优秀传统文化，加强古厝古建筑保护利用工作的决议》；审议通过《福建省人民代表大会常务委员会关于省十四届人大一次会议主席团交付审议的代表议案审议结果的报告》《福建省第十四届人民代表大会常务委员会代表资格审查委员会关于个别代表的代表资格的报告》；听取和审议省人民政府、省高级人民法院、省人民检察院分别关于省十四届人大一次会议代表建议、批评和意见办理情况的报告。会议经审议和表决，接受江尔雄辞去福建省第十四届人民代表大会常务委员会副主任职务，决定任命江尔雄为福建省人民政府副省长；通过其他有关人事事项。

（谢兆实）

立法工作

【概况】 2023年，福建省人大常委会坚持科学立法、民主立法、依法立法，提高立法质量和效率，完成年度立法工作。审议省级地方性法规草案25项，通过18项，其中制定10项，修改8项；对9个设区的市人大常委会提请报批的17项法规进行审查并批准；审查规章和规范性文件44件。

【立法工作机制完善】 2023年，福建省人大常委会运用立法公开、基层立法联系点、立法基地等机制载体，听取立法项目和法规草案意见建议。发挥基层立法联系点“直通车”作用，优化联系点布局，增设福州全过程人民民主实践中心、晋江安海镇人大主席团等8个联系点；加强对基层立法联系点的培训和指导，常态化安排联系点列席常委会会议、参加立法培训班等；推动法规征求意见覆盖所有联系点，全年25项法规草案征求23个基层立法联系点的意见，搜集有效意见建议98条，采纳22条，并反馈采纳情况；《人民日报》专门刊文介绍福建省基层立法联系点工作。发挥立法基地、立法咨询专家外脑、智库作用，完善立法课题研究机制，协调推动4个立法研究课题纳入省社科基金特别委托项目，为立法决策提供参考。

【备案审查工作】 2023年，福建省人大常委会依法对报备的44件规章和其他规范性文件进行审查研究，接收、研究、处理公民及组织提出的7件审查建议并及时反馈。分别对涉及市场公平竞争及民营经济、行政复议等方面的内容开展专项审查和集中清理，及时清理与上位法不协调、不一致的有关规定。推进规范性文件数据库建设，全省各设区的市、县级人大常委会均已实现地方备案审查信息平台联网运行，建成全省统一的“福建省法规规章规范性文件数据库”，并完成数据库归集工作。通过举办全省备案审查培训班和印发《备案审查案例选编》等形式，提升全省备案审查工作能力水平。

【立法宣传解读】 2023年，福建省人大常委会提高立法工作的发声率、见报率、出镜率。制定《福建省发挥村规民约基层治理作用若干规定》和《福建省治理公路货物运输车辆超限超载条例》，均被评为“2023年度福建省十大法治事件”；省人大法制委委员李智被评为“2023年度福建省十大法治人物”；保障快递业高质量发展的立法制度设计被评为“全省机关体制机制创新十佳案例”；立法工作集体被评为“全国维护妇女儿童权益先进集体”和“五一先锋号”。加强法规通过和生效实施两个环节的“官方释义”，借助答记者问、新闻发布会等形式发布立法信息、介绍情况、回应关切、普法宣传。落实新修改的立法法，向社会公众全文公开地方性法规及其草案说明、审议结果报告等。依托立法调研、志愿服务、主题党日等活动深入乡村和社区，解读养老服务条例、消防条例、物业管理条例等法规。（高源）

人大监督

【概况】 2023年，福建省人大常委会聚焦党中央重大决策部署及省委中心工作，聚焦人民群众所思所盼所愿开展监督，增强监督的针对性和实效性，以监督推动全省经济社会发展。听取和审议专项工作报告20项，开展11部法律法规执法检查、1次满意度测评、1次专题询问。

【经济工作监督】 2023年，福建省人大常委会听取和审议“十四五”规划纲要实施情况中期评估报告、上半年国民经济和社会发展计划执行情况报告、重大项目进展情况报告，推动落实国家重大战略和宏观调控政策，促进经济提升增长。开展专利法及福建省条例执法检查，推动加强专利保护和转化运用，优化创新创业环境。听取和审议省法院关于知识产权审判工作情况报告，助推创新驱动发展。听取和审议省检察院关于服务保障民营经济发展工作情况报告，推动省检察院出台具体举措，加大对民营企业产权和企业家合法权益的司法保护力度。

【预算审查监督】 2023年，福建省人大常委会听取和审议预算执行和决算报告，审查批准2022年省级决算、2023年省级预算调整方案，推动提升积极财政政策效能，兜牢“三保”底线，发挥债券资金稳增长促投资作用，防范化解政府债务风险。听取和审议金融企业国有资产管理情况报告、交通专项资金管理使用情况报告，审议国有资产管理情况综合报告，促进依法理财、科学理财。听取和审议审计工作报告、审计查出问题整改情况的报告，督促健全审计整改工作机制。完善预算联网监督，强化数据支撑，助力预算审查监督提质增效。

【民生工作监督】 2023年，福建省人大常委会听取和审议社会救助工作情况报告，紧扣热点问题开展专题询问，推动提升各类困难群众的基本生活保障水平。开展未成年人保护法及福建省实施办法执法检查，织密织牢未成年人保护网。开展义务教育优质均衡发展情况专题调研，推动完善教育要素保障，促进教育公平。开展全民健身条例实施情况、乡村医疗卫生体系发展情况专题调研，推动完善全民健身公共服务体系，促进优质医疗资源扩容和区域均衡布局，提高人民健康水平。

【生态环境保护监督】 2023年，福建省人大常委会推动落实中央生态环境保护督察工作要求，听取和审议年度环境状况和环境保护目标完成情况报告，推进美丽中国先行示范省建设。开展流域生态环境保护专项监督，推动健全跨区域跨部门联防联治和流域上下游生态补偿机制，形成“共饮一江水，共抓大保护”格局。受全国人大常委会委托，开展湿地保护法执法检查，推动湿地的系统保护和可持续利用。组织省市县三级人大联动开展加强古厝古建筑保护利用工作监督，听取和审议历史文化名城名镇名村和传统村落保护条例执法检查报告审议意见研究处理情况的报告，并开展满意度测评，促进八闽优秀传统文化创造性转化、创新性发展。

【社会安定稳定监督】 2023年，福建省人大常委会听取和审议安全生产工作情况报告，配合全国人大开展安全生产法、特种设备安全法执法检查，推进安全生产治理体系和治理能力现代化。开展种子法及福建省条例执法检查，听取和审议耕地保护工作情况报告，推动现代种业高质量发展，促进耕地保护监管，保障粮食安全。开展监察机关整治群众身边不正之风和腐败问题工作情况专题调研，推动监察工作向基层一线延伸。开展宗教事务条例及福建省条例执法检查。（胡冰午）

代表工作

【概况】 2023年，福建省人大常委会健全吸纳民意、汇集民智工作机制。坚持代表列席省人大常委会会议制度，完善常委会领导与列席代表座谈机制，梳理代表所提意见建议，交有关部门研究办理。拓展代表参与常委会工作的广度和深度，邀请代表参与立法调研、执法检查等工作350余人次。建好用好民主民意表达平台载体，加强代表联系群众活动室建设，增设海丝中央法务区福州片区、漳平市台湾农民创业园等8个省级基层立法联系点，增设7个侨台、民宗基层联系点。继续推进华侨和港澳台代表人士列席各级人代会。探索推广民生实事项目人大票决制，支持各地人大建设全过程人民民主实践中心。

【建议议案】 2023年，福建省人大常委会践行全过程人民民主，完善代表议案建议办理机制，密切与代表的沟通联系，推动议案建议反映问题解决。

省十四届人大一次会议期间，省人大代表提出代表议案18件，其中涉及制定法规16件、修改法规2件。18件议案均在规定时限内办结，分别提交省十四届人大常委会第五次和第六次会议审议通过。议案所提立法项目，5件列入本届省人大常委会立法规划或2023年度立法工作计划；6件建议加强调研论证、总结有关经验或待国家相关法律制定出台或者修改完善后，再适时列入常委会立法规划或年度立法工作计划；

7件建议进一步研究，或在相关法规制定修改工作中统筹考虑、吸收采纳代表议案所提出的立法建议。

省十四届人大一次会议期间，省人大代表提出建议691件（大会建议687件，闭会建议4件）。691件建议分解为1751件次交由90个承办单位研究办理，均按时办结并答复代表，建议所提问题已经解决或者列入规划逐步解决达95%。省人大常委会开展省人大常委会领导领衔督办代表建议工作，选取加强福建省流通环节食品安全监督管理、统筹推进福建省无障碍环境建设和适老化改造、构建融合型教育共同体助推城乡教育优质均衡发展、建设福建“三茶”强省、推进福建省智慧海洋全产业链发展助力海洋强省建设、进一步优化整合全省港口资源提升港口竞争力6件代表建议由常委会副主任分别领衔督办，结合开展代表建议督办工作“回头看”，推动建议办理取得成效。

【视察调研】 2023年2月27日至3月2日，福建省人大常委会组织福建省全国人大代表，在闽全国人大解放军和武警部队、台湾省代表在福州开展集中视察，听取一府两院相关工作汇报。6—10月，省人大常委会3次组织福建省全国人大代表开展专题调研活动。6月，围绕“实施新时代民营经济强省战略，助力高质量发展”主题，结合全国人大常委会种子法和湿地保护法执法检查，组织55名代表分别赴福州、莆田、宁德市开展调研；9月，围绕“加强生态环境保护，推动山区高质量发展”主题，组织15名代表赴三明市开展专题调研；10月，以贯彻落实《中共中央　国务院关于支持福建探索海峡两岸融合发展新路　建设两岸融合发展示范区的意见》为契机，组织26名代表赴厦门、漳州围绕“两岸融合发展示范区建设”主题开展专题调研。做好澳门特别行政区全国人大代表、台湾省全国人大代表到闽视察服务保障。5月5—11日，服务保障澳门代表团到闽视察，重点了解福建省全面贯彻落实习近平总书记“四个更大”重要要求，以及全方位推进高质量发展等相关情况；11月19—25日，服务保障台湾省代表团到闽视察，重点了解福建省推进高质量发展以及贯彻落实《中共中央　国务院关于支持福建探索海峡两岸融合发展新路　建设两岸融合发展示范区的意见》情况。

5—12月，省人大常委会组织省人大代表开展专题调研和集中视察活动。各设区市人大常委会、平潭综合实验区人大工委立足地方发展需要，结合省人大常委会2023年度工作要点和立法、监督、代表工作计划，加强组织领导，统筹谋划安排，选准调研主题，组织280多名省人大代表参加调研，形成调研报告20篇。

【代表履职服务保障】 2023年，福建省人大常委会组织开展代表初任培训、履职培训，实现基层代表学习培训全覆盖。开展闭会期间代表履职活动，组织代表围绕实施新时代民营经济强省战略、营商环境建设、生态文明建设、革命老区高质量发展、两岸融合发展等主题开展集中视察和专题调研。召开基层人大代表座谈会，听取意见建议，推动解决履职中的困难和问题。做好代表议案建议办理、反馈、跟踪督办工作，18件议案和691件建议均已办结。常委会领导领衔重点督办6件代表建议，取得良好成效。加快省市县三级人大代表履职网络平台升级建设。加强对代表依法履职典型事例的宣传报道，展现代表履职风采。常委会组成人员走访联系基层省人大代表300余人次，研究选定12个主题分别由常委会领导牵头开展调研。做好人大研究宣传工作，开展“发展全过程人民民主与发挥人大代表作用”课题调研，组织“全过程人民民主在人大”八闽采访活动。（方力　胡冰午）

编辑：林忠玉

福建省人民政府

综　　述

【经济稳增长】 2023 年，福建省培育经济发展新动能，推动产业升级，实施省重点技改项目 1704 个、总投资 4477 亿元，出台促进人工智能产业发展 10 条措施，发布全国首份县域重点产业链发展白皮书，26 个试点园区新增标准化厂房超 500 万平方米，4 个园区上榜全国先进制造业百强园区，4 个设区市列为国家流通战略支点城市。做强做优“四大经济”（数字经济、海洋经济、绿色经济和文旅经济），数字经济增加值 2.9 万亿元，海洋生产总值 1.2 万亿元，清洁能源装机比重 63%，实现旅游总收入 6981 亿元。加速释放内需潜力，发行地方政府专项债券 1618 亿元，完成投资 7387 亿元，实施扩消费“八大行动”（大宗消费提振行动、餐饮消费复苏行动、福品消费扩大行动、网络消费拓展行动、新业态培育行动、会展消费扩容行动、农村消费提升行动、文旅消费推进行动），开展“全闽乐购”活动近万场，举办第二届福品博览会、新闽菜发展大会，福茶、福酒、福文创等线上线下销售火爆，限额以上网络商品零售额比上年增长 6.1%。

【教育科技】 2023 年，福建省补充公办中小学幼儿园教师 1.8 万人，新建、改扩建公办幼儿园 195 所，新增公办义务教育学位 10.7 万个；出台推动职业教育服务经济社会发展 10 条措施，成立 6 个行业产教融合共同体；全省高校新获评 A 类学科 19 个、比上年增长 72.7%，新增教育部重点实验室 3 个、医药基础研究创新中心 1 个。重组入列全国重点实验室 2 家，落地建设“海洋负排放”国际大科学计划，新增国家企业技术中心 7 家，投放“科技贷”75 亿元，新增国家级科技企业孵化器 4 家、专精特新“小巨人”企业 42 家，国家高新技术企业超 1.2 万家，全社会研发投入超千亿元。全省新增“两院”院士 5 人、国家杰青 7 人，2 人获评国家卓越工程师。

【民营经济】 2023 年，福建省加大政策扶持，推动出台《关于实施新时代民营经济强省战略推进高质量发展的意见》和 19 份配套政策文件，修改废止 313 件妨碍民企公平参与市场竞争的地方性文件。优化服务保障，完善省领导挂钩联系机制，推出三期共 300 亿元提质增产争效专项贷款，惠及 2 万多家企业，引进民企制造业项目 2280 个，民间制造业投资比上年增长 8.1%。壮大经营主体，推动闽商回归，实施培优扶强行动，新登记民营经营主体 112.8 万户，比上年增长 9.1%。民营经济贡献全省近 70%的地区生产总值、70.6%的税收、70%以上的科技创新成果、80%以上的城镇劳动力就业和 94%的企业数量。

【改革开放】 2023 年，福建省纵深推进改革攻坚，厦门综合改革试点开局良好，国企改革三年行动考评获全国 A 级，公立医院综合改革效果评价连续 8 年居全国前列，三明林业碳票首次实现跨省交易，7 项改革经验被中央改革办推广，行政服务许可事项网上可办率 98.7%、158 项实现跨省通办。提升开放水平，中国—印度尼西亚经贸创新发展示范园区、中国—菲律宾经贸创新发展示范园区获批设立，中欧（亚）班列开行 135 列，“丝路海运”联盟成员 320 家，入选首批内外贸一体化试点省份，新设外商投资企业数比上年增长 36.2%，实际对外投资额增长 51.4%。

【两岸融合发展】 2023 年，福建省贯彻《中共中央　国务院关于支持福建探索海峡两岸融合发展新路　建设两岸融合发展示范区的意见》，推动出台福建省实施意见，发布首批 15 条政策措施。加快基础设施应通尽通，向金门供水累计超 3000 万吨，厦金望嶝变电站投产，厦门第三东通道开工建设，“小三通”客运、榕台空中客运、平潭对台货运航线复航。促进经贸合作互惠互利，新设台企户数和实际利用台资规模保持大陆首位，闽台贸易额累计突破 1.5 万亿元，6 个台湾农民创业园连续 6 年包揽国家考评前六名，研制发布 181 项两岸共通标准。支持基层民众交流交往，引进台湾乡建乡创团队 132 支，海峡两岸交流基地增至 26 家、居大陆首位，岛内台胞到闽 57.3 万人次。

【城乡融合发展】 2023 年，福建省实施新型城镇化战略，率先启动全域范围内户口迁移“跨省通办”，农业转移人口落户城镇 37.7 万人；改造老旧小区 38.2 万户，全面完成 43.9 万户低收入群体居住环境消防安全改造，新增公共停车位 3.1 万个，新建改造公园绿地 1002 公顷，创建无障碍设施样板街道 11 个，累计建成福道 8740 千米。实施乡村振兴战略，落实耕地保护和粮食安全责任制，超额完成粮食生产和增储任务，新增 3 个国家乡村振兴示范县、2 个国家现代农业产业园、7 个国家农业产业强镇。实施新时代山海协作，调整优化市、县结对协作关系；新开通 20 个高速公路服务区出入口，实现 82%陆域乡镇 30 分钟内上高速；援藏援疆工作保持全国前列。

【民生福祉】 2023 年，福建省民生支出占财政支出的 77.1%。就业形势总体平稳，城镇新增就业 53 万人，就业困难人员实现就业 3.7 万人，失业人员实现再就业超 15 万人。社会保障提档升级，新建示范性长者食堂 300 个、嵌入式养老服务机构 50 个，新增普惠性托位 1.28 万个。城镇职工基本养老金比上年增长 3.8%，城乡居民省定基础养老金标准提高至每月 150 元。公共服务量质齐升，新增医疗机构床位 9100 张，开工保障性租赁住房 8.4 万套、棚户区改造 5.9 万套。文化建设成果丰硕，莆田获评国家历史文化名城，泉州古城入选国家文物保护利用示范区，城村汉城国家考古遗址公园授牌，开工建设福建美术馆等重大文化设施。

【生态省建设】 2023 年，福建省污染防治攻坚战实现新进展，设区城市空气质量达标天数比例 98.4%，主要流域优良水质比例 99%，近岸海域优良水质比例 88.7%，1.4 万家危废产生单位纳入信息化管理。绿色低碳发展取得新成效，70 家工厂、5 个工业园区入选国家绿色制造名单，举办 2023 世界储能大会，推广新能源汽车标准车 20.4 万辆，启用全国首条高速公路重卡换电绿色物流专线，加快“电动福建”建设。生态质量指数居全国前列，提前完成 9133.33 公顷互花米草除治，全国首单水土保持项目碳汇交易落地龙岩，入选全国省级水网先导区，建成安全生态水系 305 千米。

【平安福建】 2023 年，福建省夯实安全发展基础，落实安全生产十五条硬措施，实施重大事故隐患专项排查整治行动，建成省应急指挥中心，持续建设“食品放心工程”，深化治理“餐桌污染”，主要农产品、水产品、加工食品抽检合格率均保持在 99%以上。防范重点领域风险，金融不良贷款率保持较低水平，房地产“保交楼、保民生、保稳定”工作可控有序。化解地方债务风险，建成投用福厦特高压输变电工程。提升社会治理能力，推动出台全国首部规范村规民约的地方性法规，推进综治中心实体化建设，常态化推进扫黑除恶斗争，平安建设绩效位居全国前列，群众安全感率达 99%以上。

【为民办实事项目】 2023 年，中共福建省委、福建省人民政府研究确定 29 项为民办实事项目。省委常委会会议、省政府常务会议多次研究部署，省委和省政府主要领导及相关负责人多次提出明确要求，并实地检查推动落实。各地各有关部门把为民办实事作为学习贯彻习近平新时代中国特色社会主义思想主题教育和深入实施“深学争优、敢为争先、实干争效”行动的重要内容，加强组织领导、统筹协调、跟踪调度，推进项目实施，如期完成为民办实事工作年度目标任务。

表 3　2023 年中共福建省委、福建省人民政府为民办实事项目情况表

序号	项目内容	完成情况
1	新增义务教育公办学校学位 5 万个，改造近视防控教室照明 2 万间	省级财政补助资金下达 5.4519 亿元，完成年度计划的 104.44%。(1) 重点推进主城区、城乡接合部和县中心区义务教育阶段公办学校扩容建设，全省规划建设校舍面积 86.66 万平方米全部开工，投用后预计新增学位 10.74 万个，完成年度计划的 214.8%。(2) 实施近视防控教室照明改造工程，全省完成改造 21702 间，完成年度计划的 108.5%。
2	新建、改扩建公办幼儿园 150 所	省级财政补助资金下达 4.2288 亿元，完成年度计划的 100.69%。全省开工新建、改扩建城区和城乡接合部公办幼儿园 195 所，完成年度计划的 130%。
3	新增 300 所学校体育场向社会开放，新增 41 家公共图书馆、文化馆、博物馆、美术馆错时延时开放	省级财政补助资金下达 3780 万元，完成年度计划的 100%。(1) 全省新增 301 所学校均已结合实际进行场地改造，制定开放管理方案，并向社会开放学校体育场地。(2) 全省新增 41 家场馆均已落实有关要求，实施错时延时开放；101 家开放场馆（含 2022 年 60 家已开放场馆）积极策划各类主题活动，吸引民众参与，2023 年共接待民众 4123.57 万人次。
4	人均基本公共卫生服务项目政府补助标准提高 5.95%	省级财政补助资金下达 22.719 亿元，完成年度计划的 101.24%。2023 年基本公共卫生服务项目政府补助标准提高到每人每年 89 元。

表3续

序号	项目内容	完成情况
5	实施适龄女性人乳头瘤病毒（HPV）疫苗免费接种	省级财政补助资金下达6231万元，完成年度计划的228.16%。全省各地继续开展HPV疫苗自愿免费接种工作，2023年新增适龄女性第一剂次接种17.35万人，完成年度目标任务。
6	建设2个全省重大疫情救治基地，改造建设市级三级医院、县级定点医院综合ICU床位	省级财政补助资金下达4.223亿元，完成年度计划的100%。（1）省立医院金山院区二期项目、福建医科大学附属协和医院西院（协和医院旗山院区）二期项目等两个重大疫情救治基地共完成投资5.45亿元，完成年度计划的129.06%，两个基地均已竣工投用。（2）各地（不含厦门）如期完成改造建设市级三级医院、县级定点医院综合ICU床位2676张，完成年度计划的119.46%。
7	抽调1000名中高级职称医师下基层服务，在公共场所配置2000台自动体外除颤器、培训救护员20万人次	省级财政补助资金下达776万元，完成年度计划的100%。（1）2023年共安排2600余名中高级职称医师下基层服务，累计诊疗群众27万人次，开展业务培训3.97万人次。（2）在公共场所配置AED，全省通过采购、受捐等方式完成配置2260台，完成年度计划的113%；组织群众性应急救护公益培训，全省完成培训获证救护员23.7万余人次，完成年度计划的118.5%。
8	新增1万个普惠性托位	省级财政补助资金下达8000万元，完成年度计划的100%。各地全面实施婴幼儿照护普惠项目，2023年实现新增普惠性托位12859个，完成年度计划的128.59%。
9	新增城镇就业50万人、城镇失业人员再就业10万人、就业困难人员就业2.4万人，新增培训高素质农民10万人次，对符合条件的大中专毕业生创业项目择优给予3万至10万元资助等	省级财政补助资金下达12.3775亿元，完成年度计划的158.69%。（1）2023年全省新增城镇就业53.49万人，完成年度计划的106.98%；新增城镇失业人员再就业15.42万人，完成年度计划的154.2%；新增就业困难人员就业3.71万人，完成年度计划的154.58%；评审确定110个大中专毕业生优秀创业项目，分别给予3万至10万元资助；完成“三支一扶”招募1071人、大学生志愿服务欠发达地区招募300人、服务社区计划招募300人。（2）新增培训高素质农民11.21万人次，完成年度计划的112.1%。
10	城乡居民基本养老保险基础养老金标准每人每月提高7.1%	省级财政补助资金下达4.57亿元，完成年度计划的100%。全省各市、县（区）均按要求完成城乡居民基本养老保险基础养老金标准调整提高及补发工作。
11	建设300个示范性长者食堂和50个嵌入式社区养老服务机构，开展孤寡等特殊困难老年人和社会散居孤儿、事实无人抚养儿童、孤独症儿童探访关爱服务	省级财政补助资金下达1.55亿元，完成年度计划的100%。（1）全省新建成示范性长者食堂300个、嵌入式社区养老服务机构50个。（2）各市（县、区）均已建立探访关爱服务机制，每月探访关爱特殊困难老年人数约13.7万人，探访率达100%；将福建省集中养育孤儿、社会散居孤儿基本生活最低养育标准分别提高至每人每月2100元、1700元，事实无人抚养儿童参照孤儿标准发放，全省累计开展困境儿童探访关爱服务19.35万人次。
12	困难残疾人生活补贴标准提高8%，生活困难的重度残疾人一级护理补贴标准提高7.6%、二级护理补贴标准提高8%，打造10个无障碍样板街道	省级财政补助资金下达6.9215万元，完成年度计划的104.62%。（1）全省统一提高困难残疾人生活补贴标准、生活困难的重度残疾人护理补贴标准，困难残疾人生活补贴标准提高到每人每月107元；生活困难的重度残疾人一级补贴标准提高到每人每月128元、二级护理补贴标准提高到每人每月107元。（2）全省完成创建打造无障碍样板街道11个，完成年度计划的110%。
13	新建300个户外劳动者服务站点	全省300个户外劳动者服务站点均于2023年7月底建成投用，累计开展活动1732场，服务职工49.78万人次。
14	实施42万户低收入群体居住场所消防安全改造	省级财政补助资金下达2100万元，完成年度计划的100%。2023年全省共排查低收入群体43.9万户，已全部完成改造任务并验收。
15	新建20个智慧体育公园、30个游泳池和23个多功能运动场，在全省各地开展全民健身赛事活动	省级财政补助资金下达1.051亿元，完成年度计划的100%。（1）2023年全省完成建设30个游泳池、23个多功能运动场，20个智慧体育公园建设任务（实施周期两年）有序推进。（2）全省各地举办全民健身赛事活动超4000场次。

表3续

序号	项目内容	完成情况
16	治理"餐桌污染"、建设"食品放心工程"	省级财政补助资金下达2.3668亿元，完成年度计划的130.55%。2023年全省主要农产品抽检总体合格率99.5%，加工食品抽检总体合格率99.47%，未发生较大及以上级别的食品安全事故。（1）开展化肥农药减量增效行动、水产品养殖用药减量行动、食品质量安全提升行动、进口食品"国门守护"行动等专项行动，全省各级行政监管部门查处食品安全违法行为12296起，查获不合格食品98.33吨；公安机关破获涉食品安全犯罪案件621起，抓获犯罪嫌疑人864名；捣毁各类"黑作坊""黑窝点"308个。（2）开展食品安全示范创建，全年新评定10个"福建十大区域公用品牌"和32个"福建名牌农产品"，创建7个国家现代农业全产业链标准化示范基地，完成2条省级食品安全示范街和150家"互联网＋明厨亮灶"示范单位创建，50家食品生产企业通过HACCP体系认证。（3）持续开展全省"一品一码"全过程追溯体系建设，全年共30.78万家食品生产经营主体在"一品一码"追溯平台上注册，备案食品信息4833.98万种，累计上传追溯数据24.19亿条。（4）在所有县（市、区）开展食品污染物及食品中有害因素等监测，全年完成监测样品7.08万份；设置食源性疾病监测医疗机构1165家，全年报告食源性疾病病例6.72万例。
17	新扩改建生活垃圾分类屋（亭）1000座	省级财政补助资金下达1500万元，完成年度计划的150%。2023年全省新建成生活垃圾分类屋（亭）1700座，完成年度计划的170%。
18	加强海上环卫队伍建设，完善常态化海漂垃圾综合治理	省级财政补助资金下达4375万元，完成年度计划的100%。沿海各设区市（含平潭）持续加强海上环卫队伍建设，完善海漂垃圾常态化、网格化、全覆盖治理，2023年全省共清理海漂垃圾14.1万吨，重点岸段海漂垃圾平均分布密度282.92平方米/千米，比上年下降23.54%。
19	新建改造市县生活污水管网700千米，启动实施500个村庄农村生活污水提升治理	省级财政补助资金下达4.9亿元，完成年度计划的106.52%。（1）2023年全省完成新建改造修复城市和县城生活污水管网1106千米，完成年度计划的158%。（2）全省开工新建531个村庄生活污水治理设施，完成年度计划的106.2%；完工400个，实现"完成200个以上村庄"的目标。
20	筹建保障性租赁住房6万套，改造棚户区4万套、城镇老旧小区20万户，改造更新燃气管道300千米	省级财政补助资金下达18.5042亿元，完成年度计划的102.17%。（1）2023年全省开工筹建保障性租赁住房8.4万套，完成年度计划的140%；开工棚户区改造5.9万套，完成年度计划的147.5%。（2）全省城镇老旧小区开工改造24万户，完成年度计划的120%。（3）全省完成改造更新老旧燃气管道324千米，完成年度计划的108%。
21	新建和改造提升福道500千米	省级财政补助资金下达9600万元，完成年度计划的100%。2023年全省新建和改造提升福道590千米，完成年度计划的118%。
22	整治和改善提升50个历史文化名镇名村（传统村落）	省级财政补助资金下达2.27亿元，完成年度计划的121.39%。2023年全省完成整治和改善提升历史文化名镇名村（传统村落）60个，完成年度计划的120%。
23	建设和改造农村公路1500千米，集中整治重点道路交通安全隐患404处	省级财政补助资金下达21.5381亿元，完成年度计划的176.04%。（1）2023年全省建设与改造农村公路2538千米，完成年度计划的169.2%。（2）404处重点道路交通安全隐患整治任务全部完成。
24	推进乡镇便捷通高速工程，加快3个高速公路互通式立交出入口（含连接线）和7个高速公路连接线建设，实施5条服务乡村振兴典型示范路提升改造工程	省级财政补助资金下达7173.97万元，完成年度计划的239.13%。（1）2023年10个乡镇便捷通高速工程完成投资12.3亿元，完成年度计划的205%。（2）5条服务乡村振兴典型示范路提升改造工程完成投资4.2亿元，完成年度计划的128.05%，相应项目建设内容全部完成。
25	开工建设水厂80个，铺设供水管网1000千米	省级财政补助资金下达5.551亿元，完成年度计划的100.93%。（1）2023年新开工建设水厂80处，完成年度计划的100%。（2）新铺设供水管网1481千米，完成年度计划的148.1%；农村供水保障工程受益人口72.15万人，完成年度计划的103.07%。

表3续

序号	项目内容	完成情况
26	治理水土流失面积75万亩，治理河长200千米	省级财政补助资金下达4.5208亿元，完成年度计划的125.58%。(1) 2023年全省完成水土流失综合治理面积83.41万亩，完成年度计划的111.21%。(2) 全省完成治理河长305.7千米，完成年度计划的152.85%。
27	建设100个应急保障、100个救援力量、100个安全技能提升、100个安全宣教联播等站（点、所）和100个安全文化示范园（馆）	省级财政补助资金下达1.0412亿元，完成年度计划的100%。全省“五个一百”公共安全保障提升工程全部完成，2023年共建成100个应急保障类项目、100个救援力量建设类项目、100个安全技能提升项目、100个安全宣教联播项目、100个安全文化示范园（馆）项目。
28	改造105个及以上老旧小区供配电设施、更换300万只及以上智能电表、建成40个“零计划停电示范区”，新建、改造2700个农村配电网台区，新建2000个充电桩、83座充换电站	2023年全省完成老旧小区供配电设施升级改造133个、智能电表更换578.3万只，新建成40个“零计划停电示范区”，完成服务分布式光伏接入5.6万户、338.9万千瓦；新建改造农村配电网台区2724个，新建成电动汽车充电桩2145个、充换电站89座，车联网累计接入充电桩超5万个。
29	新建5G基站1万个	2023年全省新建成5G基站3万个，完成年度计划的300%。

（省政府办公厅）

重要会议

【省政府全体会议】 2023年1月16日，福建省省长赵龙主持召开省政府第一次全体会议。会议部署各级政府各部门未来五年和2023年工作，强调要以习近平新时代中国特色社会主义思想为指导，深入学习贯彻党的二十大精神和中央经济工作会议部署，落实省第十一次党代会、省委十一届三次全会、省委经济工作会议和省两会精神，做好政府各项工作，并对年初经济工作和春节期间统筹做好新阶段疫情防控、重要民生商品保供稳价、公共设施和基础设施畅通运转、拖欠农民工工资整治、安全生产、信访维稳、值班值守等工作提出要求。

【省政府常务会议】 2023年，福建省人民政府召开23次常务会议。

1月3日，福建省政府第123次常务会议召开。

1月18日，福建省政府第1次常务会议召开。

2月14日，福建省政府第2次常务会议召开。会议深入学习贯彻党的二十大精神，听取省司法厅林玫瑰关于《福建省统计条例（修订草案）》（送审稿）、《福建省物业管理条例修正案（草案）》（送审稿）、《福建省人民政府关于废止〈福建省地方预算执行情况审计监督试行办法〉的决定（草案）》（送审稿）起草情况和主要内容的汇报。

3月15日，福建省政府第3次常务会议召开。会议深入学习贯彻党的二十大精神和全国两会精神，听取省司法厅林玫瑰关于《省域一体化数字执法平台建设实施方案》（送审稿）、《福建省固定污染源自动监控管理办法（草案）》（送审稿）、《福建省固体废物污染环境防治条例（草案）》（送审稿）起草情况和主要内容的汇报；听取省粮储局钟昌华关于《福建省粮食应急预案（修订稿）》（送审稿）起草情况和主要内容的汇报；听取省财政厅林中麟关于《2023年提前批新增政府债务限额分配方案》起草情况和主要内容的汇报；听取省农信联社李卫民关于《深化福建省农村信用社改革的方案》（送审稿）起草情况和主要内容的汇报。

4月6日，福建省政府第4次常务会议召开。会议深入学习贯彻党的二十大精神和全国两会精神，听取省文旅厅林向东关于《新形势下促进文旅经济高质量发展激励措施》（送审稿）起草情况和主要内容的汇报；听取省发改委孟芊关于《2023年省级预算内投资总体安排意见》（送审稿）起草情况和主要内容的汇报。

4月26日，福建省政府第5次常务会议召开。会议深入学习贯彻党的二十大精神和全国两会精神，听取省发改委孟芊关于《2023年数字福建工作要点》（送审稿）起草情况和主要内容的汇报；听取省商务厅黄河明关于《进一步加强招商引资工作的意见》（送审稿）起草情况和主要内容的汇报；听取省市场监管局张剑平关于《2023年全省治理“餐桌污染”建设“食品放心工程”工作方案》（送审稿）起草情况和主要内容的汇报。

5月8日，福建省政府第6次常务会议召开。

5月19日，福建省政府第7次常务会议召开。会议听取省财政厅林中麟关于2023年第二批新增政府债务限额分配方案的汇报；听取省农业农村厅（乡村振兴局）陈明旺关于《福建省乡村振兴责任制实施细则》（送审稿）起草情况和主要内容的汇报；听取省人社厅孔繁军关于2023年全省享受政府特殊津贴人员选拔工作情况的汇报。

5月31日，福建省政府第8次常务会议召开。

6月13日，福建省政府第9次常务会议召开。

6月25日，福建省政府第10次常务会议召开。

7月10日，福建省政府第11次常务会议召开。会议听取省财政厅林中麟关于《2022年省级决算和2023年上半年预算执行情况的报告》（送审稿）、《福建省新增地方政府债务限额分配管理暂行办法》（送审稿）起草情况和主要内容的汇报。

7月19日，福建省政府第12次常务会议召开。会议听取省发改委孟芊关于《实施新时代民营经济强省战略推进高质量发展的意见》（送审稿）起草情况和主要内容的汇报；听取省工信厅翁玉耀关于《福建省加快推动竹产业高质量发展行动方案（2023—2025年）》（送审稿）起草情况和主要内容的汇报；听取省科技厅李志忠关于《加快推进科技创新发展的若干措施》（送审稿）起草情况和主要内容的汇报；听取省教育厅叶燊关于《进一步推动职业教育服务经济社会发展的十条措施》（送审稿）起草情况和主要内容的汇报。

8月3日，福建省政府第13次常务会议召开。会议听取省应急厅（安办）、工信厅、自然资源厅、住建厅、交通运输厅、水利厅、文旅厅、海洋渔业局、市场监管局关于上半年安全生产工作情况的汇报，研究下阶段重点工作（同时作为省政府安委会成员会议）；听取厦门市政府黄文辉、省商务厅黄河明关于第二十三届中国国际投资贸易洽谈会筹备工作的汇报；听取省水利厅刘琳关于《福建省水网建设规划》（送审稿）起草情况和主要内容的汇报；听取省卫生健康委杨闽红关于《福建省进一步深化改革促进乡村医疗卫生体系健康发展实施方案》（送审稿）起草情况和主要内容的汇报；听取省金融监管局薛鹤峰关于《福建省小额贷款公司暂行管理办法（2023年修订）》（送审稿）起草情况和主要内容的汇报。

8月30日，福建省政府第14次常务会议召开。

9月14日，福建省政府第15次常务会议召开。

10月7日，福建省政府第16次常务会议召开。会议听取2023世界航海装备大会组委会秘书处吴贤德关于大会筹备工作情况的汇报；听取省司法厅林安泰关于《福建省省级财政专项资金管理办法（修订稿）》（送审稿）起草情况和主要内容的汇报；听取省妇儿工委卓晓銮关于第七次全国妇女儿童工作会议精神及福建省初步贯彻意见和新“两纲”实施以来福建省妇女儿童工作情况的汇报。

10月26日，福建省政府第17次常务会议召开。

11月8日，福建省政府第18次常务会议召开。会议听取省安办（应急厅）丘毅关于全省安全生产工作及重大事故隐患专项排查整治行动进展情况的汇报（同时作为省政府安委会成员会议）；听取省司法厅林玫瑰关于《福建省安全生产条例（修订草案）》（送审稿）、《福建省武夷山国家公园条例（草案）》（送审稿）、《福建省促进首台套技术装备推广应用条例（草案）》（送审稿）起草情况和主要内容的汇报；听取省商务厅黄河明关于《加快新闽菜创新发展三年行动方案（2023—2025年）》（送审稿）起草情况和主要内容的汇报；听取省农业农村厅陈明旺关于《实施“百镇千村示范、万村共富共美”工程走具有福建特色乡村振兴之路的工作方案（2023—2027年）》（送审稿）起草情况和主要内容的汇报；听取省公安厅杜清森关于福建省见义勇为英雄模范人选有关事宜的汇报。

11月20日，福建省政府第19次常务会议召开。

11月24日，福建省政府第20次常务会议召开。

12月7日，福建省政府第21次常务会议召开。

12月26日，福建省政府第22次常务会议召开。

【省政府专题会议】 2023年1月4日，中共福建省委常委、常务副省长郭宁宁主持召开省政府专题会议，听取省直有关部门关于疫情防控措施调整转段以来及“两节”期间全省重要民生商品保供稳价和医疗防疫物资生产供应情况的汇报，研究部署下一步工作。

1月5日，副省长、省应对疫情工作指挥部副指挥长李德金召开医疗救治专家座谈会，听取部分医疗救治专家和基层医疗卫生机构负责人、基层医务人员的意见建议，分析研判疫情形势，研究部署下一阶段重点工作。

1月17日，省人大常委会副主任、省应对疫情工作指挥部副指挥长李德金和副省长常斌共同召开省应对疫情工作指挥部专题会议和全省疫情防控工作视频会议，贯彻落实全国疫情防控工作电视电话会议和省委常委会会议精神，分析研判疫情防控形势，对春节前后疫情防控和医疗救治工作进行再部署再落实。

1月19日，省征兵领导小组组长、省长赵龙主持召开省征兵领导小组会议，听取省征兵办关于2022年征兵工作情况汇报，研究部署2023年“一年两征”工作。

1月29日，省人大常委会副主任、省应对疫情工作指挥部副指挥长李德金和副省长常斌共同召开省应对疫情工作指挥部专题会议，分析研判疫情防控形势，研究部署节后疫情防控和医疗救治有关工作。

2月2日，省长赵龙，省人大常委会党组书记、副主任、省总工会主席周联清，副省长林瑞良出席省政府与省总工会第35次联席会议，听取省总工会党组书记、副主席祝荣亮关于2022年以来全省工会工作情况和下一步重点工作汇报，研究基层工会、职工群众关切的热点难点问题。

2月2日，省委常委、常务副省长

郭宁宁主持召开2023年第1次全省经济运行分析视频会议，听取省直相关部门及九市一区关于1月份经济运行、开门红工作、优化营商环境和制定落实“深学争优、敢为争先、实干争效”行动一揽子政策措施等相关情况汇报，研究部署下阶段工作。

2月14日，省委常委、常务副省长郭宁宁主持召开省政府专题会议，听取省发改委等部门关于《巩固拓展经济向好势头的一揽子政策措施》起草情况的汇报，以及省内企业代表对政策措施的意见建议，研究部署下一步工作。

2月14日，省人大常委会副主任、省应对疫情工作指挥部副指挥长李德金和副省长常斌共同召开省应对疫情工作指挥部专题会议，分析研判疫情防控形势，研究部署做好疫情防控工作总结和应对准备等重点工作。

2月22—24日，省长赵龙主持召开省政府专题会议，逐一听取九市一区及经济体量较大的24个县（市、区）经济运行情况汇报，面对面会商研判形势，点对点把脉会诊症结，研究部署下一步工作。

3月7日，省委常委、常务副省长郭宁宁主持召开省政府专题会议，听取省发改委等省直相关单位和九市一区关于全省优化营商环境工作情况汇报，部署下阶段工作。

3月7日，省委常委、常务副省长郭宁宁主持召开省政府专题会议暨省防震减灾联席会议，听取省地震局、应急管理厅、消防救援总队、森林消防总队和住建厅等单位关于防震减灾抗震救灾有关工作情况汇报，研究部署下一阶段工作。

3月13日，省委常委、常务副省长郭宁宁主持召开全省经济运行分析会议，听取省发改委等省直有关部门和九市一区关于推进重点项目、服务重点企业、优化营商环境以及提请协调解决事项等情况的汇报，部署下一步工作。

3月14日，省委常委、常务副省长郭宁宁，副省长林瑞良主持召开省政府专题会议，听取省发改委、工信厅、工商联等省直相关部门关于2022年度万家民企评营商环境数据分析与整改提升有关情况汇报，部署下一阶段工作。

3月17日，副省长林文斌主持召开省政府专题会议，听取省自然资源厅及各设区市政府、平潭综合实验区管委会关于自然资源执法监管有关工作情况的汇报，研究部署下一阶段工作。

3月21日，副省长常斌召开省应对疫情工作指挥部专题会议，研究进一步做好全省新冠病毒疫苗接种工作。

4月4日，副省长林文斌主持召开省政府专题会议，听取省自然资源厅关于加强耕地保护、一季度自然资源重点工作情况的汇报，研究部署下一阶段工作。

4月4日，副省长林瑞良、省政府党组成员康涛召开省政府专题会议，听取省工信厅关于《全面推进“电动福建”建设的实施意见（2023—2025年）》（送审稿）起草情况及有关工作情况汇报，协调解决有关问题，研究部署下一阶段“电动福建”建设工作。

4月13日，省委常委、常务副省长郭宁宁主持召开省政府专题会议，听取福州市政府及省工信厅、交通运输厅、发改委等部门关于2023世界航海装备大会申办进展情况汇报，研究部署下一步重点工作。

4月19日，副省长林文斌主持召开省政府专题会议，研究巩固提升铁路沿线环境质量专项行动有关工作，对铁路沿线环境整治工作进行再动员、再部署、再落实。

4月19日，副省长林文斌主持召开省政府专题会议，听取省交通运输厅、财政厅等省直相关单位和福州市、厦门市、泉州市关于厦福泉国家综合货运枢纽补链强链工作情况的汇报，研究部署下一步工作。

5月6日，省委常委、常务副省长郭宁宁主持召开2023年第3次全省经济运行分析会议，听取省发改委等省直有关部门和九市一区关于2023年以来经济运行、重点项目建设等相关情况的汇报，研究部署下一步工作。省政府党组成员康涛出席会议，点评九市一区重点项目进展情况，对重点项目建设提出要求。

5月6日，副省长林文斌主持召开省政府专题会议，听取省交通运输厅等关于2023年以来全省交通运输工作情况汇报，研究部署下一阶段工作。

5月8日，副省长林文斌主持召开省政府专题会议，听取省交通运输厅、住建厅等部门关于桥梁安全管理工作情况汇报，研究部署下一阶段重点工作。

5月16日，副省长林文斌主持召开省政府专题会议，听取省住建厅关于城镇生活污水处理提质增效和城市黑臭水体治理工作情况汇报，研究部署下一阶段工作。

5月25日，副省长林文斌主持召开省政府专题会议，听取省自然资源厅关于全省侵占耕地挖湖造景问题执法监管工作情况的汇报，研究部署下一阶段工作。

6月1日，省委常委、常务副省长郭宁宁主持召开第六届数字中国建设峰会总结座谈会暨第七届峰会筹备启动会，听取福州市政府、省委网信办、省数字办等单位关于第六届峰会总体情况和第七届峰会筹备思路的汇报，研究部署第七届峰会筹备工作。

6月2日，省委常委、常务副省长郭宁宁主持召开省政府专题会议，听取省商务厅、发改委和福州市、漳州市等关于中国—印度尼西亚经贸创新发展示范园区、中国—菲律宾经贸创新发展示范园区建设进展等有关情况汇报，部署下一阶段工作。副省长王金福出席会议并对“两国双园”建设工作提出要求。

6月6日，省委常委、常务副省长郭宁宁主持召开2023年第4次全省经济运行分析会议，听取省发改委等省直有关部门和九市一区关于2023年以来经济运行、上半年“双过半”工作打算和下半年重点工作安排等情况的汇报，研究部署下一步工作。

6月6日，副省长林文斌主持召开省政府专题会议，听取全省中央生态环境保护督察问题整改进展和重点整改任务推进情况，研究部署下一步工作。

6月6日，省委常委、常务副省长郭宁宁主持召开省政府专题会议，听取福州市及省工信厅、交通运输厅、发改委、外办等单位关于2023世界航海装备大会筹备推进工作有关情况汇报，研究部署下一步重点工作。

6月14日，省长赵龙主持召开省政府专题会议，听取省人社厅、工信厅等省直相关部门关于根治欠薪和清理拖欠民营企业中小企业账款有关工作情况的汇报，研究部署下一步重点工作。

6月25日，省委常委、常务副省长郭宁宁主持召开2023年第5次全省经济运行分析会议，听取省发改委等省直有关部门和九市一区关于半年度收官、重点项目推进及下一阶段重点工作安排等情况汇报，研究协调有关问题，部署下一阶段工作。

6月28日，省长赵龙主持召开省政府专题会议，深入学习贯彻习近平总书记重要指示精神，传达落实党中央、国务院关于高校毕业生就业工作的部署要求，听取省人社厅、教育厅等部门关于高校毕业生就业工作进展情况汇报，研究部署下一步重点工作。

6月30日，副省长林文斌主持召开全省燃气安全工作视频会议，听取省住建厅等部门关于全省燃气安全工作情况汇报，研究部署下一阶段工作。

7月11日，副省长林文斌主持召开省政府专题会议，听取省住建厅、自然资源厅等单位关于《中华人民共和国无障碍环境建设法》有关无障碍设施建设方面的贯彻落实措施和老旧小区加装电梯工作情况汇报，研究部署下一阶段工作。

7月12日，副省长王金福主持召开省政府专题会议，分析上半年商务运行情况，研究部署下一阶段工作。

7月21日，副省长王金福主持召开省政府专题会议，研究第二十三届中国国际投资贸易洽谈会筹备工作，听取组委会会务部、省商务厅、省直有关部门和各设区市、平潭综合实验区关于筹备工作进展情况汇报，研究推进下一步工作。

7月21日，省委常委、常务副省长郭宁宁主持召开省政府专题会议，听取省商务厅、发改委和福州市、漳州市政府等关于中国—印度尼西亚经贸创新发展示范园区、中国—菲律宾经贸创新发展示范园区工作有关情况汇报，部署下一阶段工作。副省长王金福出席会议并提出要求。

8月1日，省长赵龙主持召开省政府专题会议，听取省发改委、工信厅、财政厅、农业农村厅、商务厅等省直部门关于上半年经济运行情况及下一阶段工作建议的汇报，进一步分析经济形势，对做好下半年经济工作进行再研究、再部署、再推动。

8月1日，副省长李建成主持召开省政府专题会议，听取省司法厅、大数据集团关于省一体化大融合行政执法平台建设有关工作情况汇报，研究部署下一阶段工作。

8月4日，副省长林文斌主持召开省政府专题会议，听取省住建厅等部门关于全省燃气安全工作情况汇报，研究部署下一阶段工作。

8月14日，副省长王金福主持召开省政府专题会议，分析7月份商务运行情况、存在问题，研究部署8月份商务运行工作。

8月15日，省委常委、常务副省长郭宁宁主持召开省政府专题会议，听取福州市政府、中船集团七一四所等单位关于2023世界航海装备大会筹备推进工作情况汇报，研究协调有关问题。

8月18日，省委常委、常务副省长郭宁宁主持召开省政府专题会议，听取省发改委、东南铁路福建公司等关于厦漳泉城际铁路和新建福厦铁路建设工作情况汇报，部署下一阶段工作。

8月22日，省委常委、常务副省长郭宁宁主持召开重大投资项目协调推进会议，听取省发改委等单位关于1—7月省重点项目推进工作情况汇报，研究协调有关问题，部署下一阶段工作。省政府党组成员康涛出席会议。

8月22日，省委常委、常务副省长郭宁宁主持召开全省经济运行分析会议，听取省发改委等省直部门和九市一区关于2023年以来经济运行及下一步重点工作安排等情况的汇报，研究解决有关问题，部署下一步工作。

8月25日，2023世界航海装备大会部省联席会议在北京召开，听取大会筹备推进工作情况汇报，研究协调有关问题。省委常委、常务副省长郭宁宁，工业和信息化部、交通运输部有关领导，福州市及省直有关部门，赛迪研究院、中船集团有关单位负责人参加会议。

8月30日，省长赵龙主持召开省政府专题会议，听取省工信厅等部门关于全省县域重点产业链发展有关工作情况汇报，研究部署下一步重点工作。

9月12日，省委常委、常务副省长郭宁宁主持召开省政府专题会议，听取省发改委和各设区市政府、平潭综合实验区管委会等关于海洋经济产业合作项目对接有关工作情况汇报，研究部署下一步工作。

9月13日，省委常委、常务副省长郭宁宁主持召开省政府专题会议，听取省发改委关于省"十四五"规划纲要和"十四五"能源发展专项规划实施中期评估情况的汇报，研究部署下一步工作。

9月14日，省长赵龙主持召开省政府专题会议，听取省发改委、财政厅、国家金融监督管理总局福建监管局等单位关于《灾后民生救助保障实施方案》起草情况和灾后保险理赔情况汇报，研究部署下一步工作。常务副省长郭宁宁参加会议。

9月18日，省委常委、常务副省长郭宁宁主持召开9月重大投资项目协调推进会议，听取泉州市政府、莆田市政府，平潭综合实验区管委会和省直有关部门关于重大项目建设情况的汇报，协调解决有关具体问题，研究部署下一步工作。省政府党组成员康涛参加会议。

9月19日，省委常委、常务副省长郭宁宁主持召开全省经济运行分析会议，听取省发改委等省直部门和九市一区关于 2023 年以来经济运行及下一步重点工作安排等情况的汇报，研究解决有关问题，部署下一阶段工作。

9 月 22 日，副省长王金福主持召开省政府专题会议，分析商务运行情况、存在问题，研究部署下一阶段商务运行工作。

9 月 25 日，副省长林文斌主持召开省政府专题会议，听取省环保督察办关于中央生态环保督察整改进展情况的汇报，以及省住建厅、自然资源厅等部门关于城市生活污水收集处理、生活垃圾处理、矿山非法开采破坏生态环境等问题整治和健全长效管理机制情况的汇报，研究部署下一阶段工作。

9 月 25 日，省委常委、常务副省长郭宁宁主持召开省政府专题会议，听取省发改委等省直相关单位和福州市、厦门市政府关于“平急两用”公共基础设施建设有关情况汇报，研究部署下一步工作。

9 月 28 日，副省长林文斌主持召开省政府专题会议，传达全国规划建设保障性住房工作部署电视电话会议和房地产领域重点工作专题研讨班主要精神，听取省住建厅近期工作情况汇报和福州、厦门市政府关于保障性住房规划建设与城中村改造实施方案以及省机关事务管理局关于省直保障性住房规划建设实施方案等工作情况汇报，研究部署下一阶段工作。

10 月 19 日，副省长常斌主持召开省政府专题会议，听取省市场监管局（知识产权局）等有关省直部门和设区市关于全面加强知识产权保护工作情况的汇报，部署下一阶段工作。

10 月 25 日，省长赵龙主持召开省政府专题会议，听取省发改委、工信厅、住建厅、交通运输厅、商务厅、金融监管局等省直部门关于前三季度经济运行情况及下一阶段工作建议的汇报，对做好第四季度经济工作进行再研究、再部署、再推动。

10 月 25 日，副省长林瑞良主持召开省政府专题会议，听取省气象局关于气象科技和科普能力建设工作情况汇报，研究部署下一步工作，协调解决有关问题。

10 月 26 日，副省长李建成主持召开省政府专题会议，听取省司法厅、省大数据集团关于省一体化大融合行政执法平台建设有关工作情况汇报，研究部署下一阶段工作。

11 月 1 日，副省长林文斌主持召开省政府专题会议，听取省住建厅、交通运输厅和各设区市政府、平潭综合实验区管委会关于住建、交通运输领域经济运行等有关情况汇报，研究部署下一阶段工作。

11 月 1 日，副省长王金福主持召开省政府专题会议，研究前三季度商务运行情况，分析存在问题，查找短板弱项，部署第四季度冲刺工作。

11 月 3 日，副省长林瑞良主持召开省政府专题会议，听取省人社厅关于闽清县失业保险基金重大要情处置情况的汇报，研究下一步工作措施。

11 月 8 日，省委常委、常务副省长郭宁宁主持召开全省经济运行分析会议，听取省发改委等省直部门和九市一区关于 2023 年以来经济运行情况及年底冲刺工作安排的汇报，研究解决有关问题，部署下一步工作。

11 月 14 日，省委常委、常务副省长郭宁宁主持召开 11 月重大投资项目协调推进会议，听取福州市、厦门市、漳州市、泉州市、莆田市政府和省发改委等省直有关部门关于重大项目建设情况的汇报，协调解决有关具体问题，研究部署下一步工作。省政府党组成员康涛参加会议。

11 月 29 日，省委常委、常务副省长郭宁宁主持召开省政府专题会议，听取省发改委、财政厅及有关部门关于增发国债投资计划项目申报情况的汇报，研究协调有关问题，部署下一步工作。

11 月 30 日，省委常委、常务副省长郭宁宁主持召开第七届数字中国建设峰会筹备工作启动推进会，听取省发改委（数字办）、福州市政府、省委网信办等单位关于第七届数字中国建设峰会总体方案编制和筹备工作情况的汇报，研究协调有关问题。

12 月 1 日，副省长王金福主持召开省政府专题会议，听取省商务厅（自贸办）等省有关单位以及福州、厦门、平潭自贸片区管委会关于自贸试验区建设情况汇报，研究解决存在的问题，部署下一阶段重点工作。

12 月 5 日，省委常委、常务副省长郭宁宁主持召开新时代山海协作专题推进工作会，听取省发改委、农业农村厅及有关设区市情况汇报，研究解决有关问题，对下一阶段新时代山海协作工作进行再动员、再部署、再落实。

12 月 22 日，省委常委、常务副省长郭宁宁主持召开全省经济工作收官暨 2024 年第一季度“开门红”部署会议，听取省发改委等省直部门及九市一区关于经济运行、年底冲刺及 2024 年第一季度“开门红”工作安排的汇报，研究部署全年经济工作收官和 2024 年第一季度“开门红”工作。（省政府办公厅）

参事文史工作

【概况】 2023 年，福建省人民政府参事室、福建省文史研究馆开展“全国参事室文史研究馆队伍建设年”活动，修订完善 7 项工作制度和 1 项工作规范，完成 2 批次共 5 名参事的选聘工作。动员参事馆员围绕学习贯彻习近平新时代中国特色社会主义思想撰写学习体会、理论文章、调研报告、诗词文稿等。组织参事馆员参加全国室馆系统培训班、参事研修班等活动，提升履职水平。依托省政府门户网站，开设“政府参事室文史研究馆”专题专栏，展示室馆工作动态和参事馆员风采。对《福建文史》进行改版，提升办刊质量，全年编辑出版 6 期、近 40 万字。

【资政建言】 2023 年，福建省人民政府参事室、福建省文史研究馆结合省委省政府工作重点以及民生关切问题，确定科技创新、乡村振兴、教育医疗、文化传承等 9 个资政建言重点。传承弘扬“四下基层”等优良作风，汇聚政参产学研等各方优势资源，深入基层一线开展调研，研究提出一批对政策制定发挥实质性作用的对策建议，形成参政咨询建议48篇。完善参事馆员建言渠道，将《福建参事馆员建议》更名为《福建参事馆员专报》，调整优化《参事馆员建议（直报件）》，全年编印专报12期、直报件20期，获省领导批示12期17人次。“建筑垃圾资源化利用”等相关建议得到省政府主要领导批示，并转化为相关具体政策落地实施。

【崇文鉴史】 2023年，福建省人民政府参事室、福建省文史研究馆聚焦福建文化，深挖特色资源，助力社科强省、文化强省建设。举办庆祝建馆70周年系列活动。联合福州市政府、台盟福建省委会等共同主办第十四届海峡两岸船政文化研讨会，推动两岸交流融合；与福建省社科联、福州大学等联合主办“林则徐与福州”云论坛活动。聚焦原中央苏区振兴发展，与江西、广东共同签订《赣闽粤三省参事室（文史研究馆）加强红色文化研究合作框架协议》，协同发力开展区域研究合作。参与《全国文史研究馆建设年专题片》录制，开展《红色记忆·革命老区巡礼系列丛书（福建篇）》编撰工作，落实中央文史研究馆有关重点文化项目的工作任务。

（省政府办公厅）

机关效能建设

【概况】 2023年，福建省机关效能建设工作突出提质增效、着力便民利民，系统集成制度机制，完善绩效管理，推进督查督办协同高效，保障党中央决策部署及省委省政府工作要求落地落实。年内，“福建省经济社会运行和高质量发展监测与绩效管理平台”案例获评第六届全省机关体制机制创新优秀案例展示交流活动金奖；“12345”热线建成全省“一张网”，共受理群众诉求1518.31万件，群众满意率99.32%。

【绩效管理】 2023年，福建省机关效能建设加快创新完善绩效管理工作，推进“福建省经济社会运行和高质量发展监测与绩效管理平台”建设应用，平台案例获评第六届全省机关体制机制创新优秀案例展示交流活动金奖。加强对建设现代化产业体系、深化高标准改革、扩大高水平开放、创造高品质生活、实现高效能治理等的考核评价，强化以实绩为导向的绩效管理考评。根据沿海和山区不同的发展定位、发展特点和产业优势，完善个性化考核指标设置，优化考评方法，加强22个季度考评指标的运行监控。将公众评议权重从20%提高至30%，开发“随手评”小程序，依托网上政务服务平台、“12345”热线平台扩大群众参与度，多维度评价各地各部门工作实绩，加快完善绩效考评指标体系和评价方法。全年参与评议33万余人次，征集并督促整改落实意见建议5200多条。

【效能督查】 2023年，福建省机关效能建设落实全方位推进高质量发展目标，围绕省委省政府工作部署要求，坚持“督调结合”“督服联动”“督改一体”，开展专项督查和综合性督查，督促各项任务按序时进度推进，督查发现问题及时整改落实。整合督查资源，集聚社会监督力量，共同构建大督查格局，联动政府督查、效能督查力量，对国务院办公厅督查调研转交的问题线索开展核查，督办国务院“互联网+督查”平台问题线索2244条，上下联动推动问题整改。针对省一体化大融合行政执法平台建设、“闽政通”APP优化提升过程中存在的问题，坚持提醒、协调、督促“三单联动”，共协调解决问题近3万个，推动平台建成和升级改造。针对企业和群众反映的效能问题，全省共受理效能投诉1647件，办结率100%，并对31个典型问题开展直查快办。

【“12345”热线】 2023年，福建省机关效能建设强化“12345”便民服务热线高效规范运行，畅通便捷诉求渠道，理顺省、市、县三级“12345”热线管理体制，建成“12345”热线全省“一张网”，形成“一体化”管理、“一盘棋”调度、“一张网”支撑的“12345”热线工作新格局。建立领导接线机制，推动群众高频、疑难诉求解决。完善“日研判”“月分析”“季通报”制度，强化精准服务决策。建立“一季一主题”核查机制，推动从“解决群众个案诉求”延伸至“解决同类问题”。入选2023年（第四次）全国政务热线服务质量评估A名单，获评全国政务热线服务质量评估价值创造优秀单位。全年全省各级“12345”热线平台共受理群众诉求1518.31万件，群众满意率99.32%。

（省政府办公厅）

编辑：林忠玉

中国人民政治协商会议福建省委员会

综　　述

【思想政治引领】 2023年，中国人民政治协商会议福建省委员会及其常委会深化拓展省委“深学争优、敢为争先、实干争效”行动要求，确立并深化实施“强五力、优服务、提质效、走前列”思路举措。省政协常委会召开党组理论学习中心组学习19次，举办为期1个月的委员读书活动、委员读书会2期、专题读书班4期，赴“四下基层”发源地、“数字福建”实践点开展主题党日活动、现场教学等沉浸式感悟式学习68场。

【政协助力经济社会发展】 2023年，福建省政协常委会围绕发展大事、改革要事、民生实事，组织2300多人次委员参加各类重点协商活动，高质量完成37项重点协商活动。与党派团体联合举办“联学共商”座谈会、“走进政协·台湾青年说”等活动，组团赴港澳走访爱国社团，召开“深珠座谈会”，打造“爱心助学·同心筑梦”民族乡村助学等活动品牌。

【政协常委会建设】 2023年，福建省政协常委会健全完善习近平总书记重要指示批示精神和中共中央决策部署贯彻落实制度，向省委请示报告重大事项、重要工作100多项。创设“凝心向党·协力同行”党建品牌，推动党建履职融合发展。破解“两个薄弱”问题，得到省委重视并专题研究，推出18项具体举措，新增编制36个，县区政协秘书长实现配备全覆盖。（陈坚）

重要会议

【福建省政协十三届一次会议】 2023年1月10—14日，福建省政协十三届一次会议在福州举行。会议应出席委员554人，实到委员487人。中共福建省委书记周祖翼，省委副书记、省长赵龙等省委省政府领导出席开闭幕会，听取大会发言、深入小组讨论。会议审议批准崔玉英代表十二届省政协常委会所作的工作报告；审议批准林钟乐代表十二届省政协常委会所作的提案工作情况的报告；选举产生十三届省政协主席、副主席、秘书长和常务委员。委员们列席省十四届人大一次会议，听取并讨论省长赵龙所作的省政府工作报告，听取并讨论省高级人民法院、省检察院工作报告及其他报告，表示赞同并提出意见建议。会议期间，共收到提案794件，经审查立案655件；收到大会发言材料155篇，编发149篇，14名委员围绕为新福建建设凝聚强大合力、实施新时代人才强省战略、持续深化生态省建设、推进乡村振兴等议题作大会发言，省政协主席滕佳材主持闭幕会并讲话。

【福建省政协常委会会议】 十三届省政协常委会第一次会议。2023年1月14日在福州召开。会议应出席110人，实到100人。省政协主席滕佳材主持。会议审议通过关于政协第十三届福建省委员会专门委员会设置的决定，审议通过政协第十三届福建省委员会副秘书长任职名单，专门委员会主任和部分副主任任职名单。

十三届省政协常委会第二次会议。3月17日在福州召开。会议应出席110人，实到79人。省政协主席滕佳材主持。会议传达学习习近平总书记在全国两会上的重要讲话精神，传达学习全国两会精神、全国政协十四届常委会第一次会议精神以及省委常委会（扩大）会议精神，研究部署省政协贯彻落实意见。

十三届省政协常委会第三次会议。6月14日在福州召开。会议应出席110人，实到86人。省政协主席滕佳材主持。会议围绕“大力发展养老事业和养老产业”进行协商议政。会议深入学习贯彻习近平总书记关于养老服务工作重要指示批示精神，围绕省委省政府关于积极发展养老事业和养老产业的工作部署，组织150名政协委员、国内养老领域专家学者与省直有关部门共话养老事业、共谋养老产业。省委副书记、省长赵龙出席并讲话。全国政协人口资源环境委员会副主任王建军出席并讲话。

十三届省政协常委会第四次会议。9月6日在福州召开。会议应出席110人，实到106人。省政协主席滕佳材主持。上午，会议围绕“实施新时代民营经济强省战略，推进民营企业创新转型”进行协商议政，省委书记周祖翼出席会议并讲话。下午，会议传达中共中央政治局常委、全国政协主席王沪宁看望在榕全国政协委员和省政协机关干部时的讲话精神，以及中共福建省委十一届四次全会精神并研究省政协贯彻落实措施。会议审议通过有关人事事项。

【“联学共商——发挥政协优势，服务祖国统一大业”座谈会】 2023年6月5日，“联学共商——发挥政协优势，服务祖国统一大业”座谈会在福州举行。座谈会采取党内党外联合、省市区政协联动的方式，实地参观福州台湾会馆，结合福建省对台工作一线实际，就如何发挥政协优势、服务祖国统一大业开展座谈交流。省政协党组书记、主席滕佳材出席并讲话，全国政协常委、省人大常委会副主任江尔雄作主旨发言。

【第15届海峡论坛·第六届两岸基层治理论坛】 2023年6月17日，第十五届海峡论坛·第六届两岸基层治理论坛在厦门举行。论坛由全国政协港澳台侨委员会和福建省政协主办，来自海峡两岸的300多名基层民意代表和相关界别代表人士围绕“深化两岸乡村工匠交流合作”主题参与论坛活动。全国政协副主席、台盟中央主席苏辉出席论坛开幕式并致辞，全国政协港澳台侨委员会主任刘赐贵主持开幕式。福建省政协主席滕佳材、新党主席吴成典在论坛开幕式致辞。全国政协港澳台侨委员会驻会副主任王伟，福建省政协副主席王光远、

2023年6月5日，“联学共商——发挥政协优势，服务祖国统一大业”座谈会在福州召开　　　　（省政协办公厅）

阮诗玮，福建省文化经济交流中心理事长陈桦、常务副理事长倪英达参加论坛。

【福建省市县政协主席工作座谈会】 2023年7月18—19日，福建省市县政协主席工作座谈会在福州召开。省政协主席滕佳材主持会议并讲话。会议深入学习贯彻习近平总书记关于加强和改进人民政协工作的重要思想，传达学习中共中央政治局常委、全国政协主席王沪宁看望在榕全国政协委员和省政协干部时的讲话精神；围绕解决市县政协基础工作薄弱、人员力量薄弱问题进行交流发言，结合各地履职实际，总结交流经验，深化规律认识，研究部署进一步加强和改进市县政协工作；会议围绕政协业务开展6场讲座，以会代训。各设区市政协、省政协平潭综合实验区工委以及部分县（市、区）政协负责人作交流发言。省政协副主席王光远、刘献祥、严可仕、余军、张国旺、黄玲、黄如欣出席。

【“走进政协·台湾青年说”主题分享活动】 2023年8月9日，“走进政协·台湾青年说”主题分享活动在福州召开。省政协主席滕佳材、副主席阮诗玮出席活动。活动以“协商民主与两岸融合发展”为主题，邀请台湾青年与福建省政协青年委员、两岸专家学者对话交流，通过分享在大陆参与民主协商的经历感悟，进一步增强台湾青年认同感和归属感。　　（陈坚）

民主协商

【概况】 2023年，福建省政协常委会围绕“大力发展养老事业和养老产业”和“实施新时代民营经济强省战略，推进民营企业创新转型”召开2场专题议政性常委会会议，就“深化闽台高等教育领域融合，助力第一家园建设”“创新生态产品价值实现机制”“教育、科技、产业联动，培育使用创新人才”和“加强‘福’文化的宣传推广”开展4场专题协商会，围绕“走具有福建特色的乡村振兴之路”开展网络议政远程协商。全年组织开展重点协商和调研活动37场，省委省政府领导出席政协协商活动20余场。

【“深化闽台高等教育领域融合，助力第一家园建设”专题协商会】 2023年5月23日，“深化闽台高等教育领域融合，助力第一家园建设”专题协商会在福州召开。省政协主席滕佳材主持，副省长常斌出席并讲话。省政协副主席阮诗玮代表课题调研组作主旨发言，两岸

关系研究专家、海峡两岸关系协会副会长孙亚夫应邀作重点发言，21名政协委员、专家学者、台胞代表、闽江学院师生代表以“即席＋视频发言”方式建言，省委台港澳办、省教育厅、省财政厅、省人社厅等部门负责人作现场回应。省政协副主席刘献祥、严可仕、张国旺、黄玲、黄如欣，秘书长陆开锦出席。

【“大力发展养老事业和养老产业”专题议政性常委会会议协商】 2023年6月14日，“大力发展养老事业和养老产业”专题议政性常委会会议协商在福州召开。省委副书记、省长赵龙出席并讲话，省政协主席滕佳材主持会议，全国政协人口资源环境委员会副主任王建军出席并讲话。省政协副主席黄玲代表课题调研组作主旨发言，中国人民大学副校长、老年学研究所所长杜鹏，复旦大学老龄研究院副院长吴玉韶作专题发言，11名政协委员、专家学者、基层代表等从不同角度和层面剖析现状并踊跃建言献策。省发改委、工信厅、民政厅、财政厅、卫生健康委等部门负责人现场回应。省政协副主席阮诗玮、刘献祥、严可仕、张国旺、黄如欣，秘书长陆开锦出席。

【“创新生态产品价值实现机制”专题协商会】 2023年7月26日，“创新生态产品价值实现机制”专题协商会在福州召开。省政协主席滕佳材主持，省政府党组成员康涛出席并讲话。省政协副主席余军代表课题调研组作主旨发言，8名委员、专家及地方领导通过现场和视频连线等方式踊跃建言。4名委员与省地方金融监管局、农业农村厅、财政厅、海洋与渔业局等部门负责人进行现场“点答协商”，省发改委、自然资源厅、生态环境厅、林业局等部门负责人结合问题作解答回应。省政协副主席阮诗玮、刘献祥、黄玲出席。

【“教育、科技、产业联动，培育使用创新人才”专题协商会】 2023年8月2日，“教育、科技、产业联动，培育使用创新人才”专题协商会在福州召开。省政协主席滕佳材主持会议，副省长林瑞良出席并讲话。省政协副主席阮诗玮代表课题组作主旨发言，16名委员、专家及从事相关行业领域的代表通过现场和视频连线等方式建言。省委组织部、教育厅、科技厅、工信厅等部门对提出的意见建议作现场回应。省政协副主席王光远、刘献祥、严可仕、余军、张国旺、黄如欣出席。

【“实施新时代民营经济强省战略，推进民营企业创新转型”专题议政性常委会会议协商】 2023年9月6日，“实施新时代民营经济强省战略，推进民营企业创新转型”专题议政性常委会会议协商在福州召开。省委书记周祖翼出席会议并讲话，省政协主席滕佳材主持。省政协经济委员会主任黄祥谈代表课题调研组作主旨发言，12名委员、专家学者和企业界代表聚焦民营经济发展壮大和民营企业创新转型建言献策。省发改委、工信厅、科技厅、人社厅、市场监管局等部门负责人作针对性回应。省领导郭宁宁、吴偕林、王光远、刘献祥、严可仕、余军、张国旺、黄玲出席。

【“加强‘福’文化的宣传推广”专题协商会】 2023年9月13日，“加强‘福’文化的宣传推广”专题协商会在福州召开。省委常委、宣传部部长张彦出席并讲话，省政协副主席张兆民主持会议。省政协副主席刘献祥代表课题调研组作主旨发言，18名委员、专家学者、企业代表通过现场和视频连线等方式建言。省委宣传部、文旅厅、工信厅、商务厅等部门负责人聚焦思路建议，作阐释回应。省政协副主席王光远、余军、黄玲、黄如欣，秘书长陆开锦出席。

【“走具有福建特色的乡村振兴之路”远程协商会】 2023年11月3日，“走具有福建特色的乡村振兴之路”远程协商会在福州召开。省委副书记罗东川出席会议并讲话，省政协副主席张兆民主持会议。省政协副主席严可仕代表课题调研组作主旨发言，17名省市政协委员、专家学者和基层干部通过现场和视频连线方式建言。省农业农村厅、财政厅、人社厅、文旅厅等部门负责人针对意见建议进行协商交流。省政协副主席刘献祥、余军、张国旺、黄玲、黄如欣，秘书长陆开锦出席。（陈坚）

民主监督

【概况】 2023年，福建省政协常委会深化全周期民主监督工作，持续完善协商议政质量第三方评价机制，11场重点协商优秀率100%。全年召开3场协商式民主监督会议和1场全周期专项民主监督会议。

【“大力推动种业发展，确保粮食安全落到实处”协商式民主监督会议】 2023年6月25日，“大力推动种业发展，确保粮食安全落到实处”协商式民主监督会议在福州召开。省政协副主席严可仕出席并讲话。课题组汇报协商式民主监督调研情况。政协委员，民主党派、种业企业、高校的代表与省直有关部门交换意见，为推进种业发展、落实福建省粮食安全工作建言。

【“推进宗教事务依法治理”协商式民主监督会议】 2023年9月19日，“推进宗教事务依法治理”协商式民主监督会议在福州召开。省政协副主席张兆民出席并讲话。省直有关部门，省、市政协宗教等界别委员，部分宗教团体负责人和宗教界人士围绕协商内容进行面对面协商交流。

【“扎实推进市域社会治理现代化，建设更高水平的平安福建”全周期专项民主监督会议】 2023年10月11日，“扎实推进市域社会治理现代化，建设更高水平的平安福建”全周期专项民主监督会议在福州召开。省政协副主席黄玲出席并讲话。课题组介绍民主监督调研情况，政协委员、民主党派代表与省直有关部门负责人开展交流，为推进市域社会治理现代化建言。

【“提高我省基层防病治病和健康管理能力”协商式民主监督会议】 2023年11月17日，“提高我省基层防病治病和健康管理能力”协商式民主监督会议在福州召开。省政府副省长常斌出席并讲话，省政协副主席黄如欣主持会议。省政协课题组通报民主监督情况，农工党福建省委会、省政协委员、专家学者、基层医疗卫生机构代表与省直有关部门、部分设区市政府围绕进一步提高基层防病治病和健康管理能力开展协商。

（陈坚）

2023年6月6日，省政协主席滕佳材在福州市先后察看福耀玻璃工业集团股份有限公司、胜田（福清）食品有限公司、丰大元洪国际食品展示交易中心等，并围绕解决市县政协“两个薄弱”问题与福州市及相关县（市、区）政协座谈交流。图为在福耀玻璃企业现场调研 （省政协办公厅）

委员工作

【概况】 2023年，福建省政协常委会探索提案工作全生命周期管理，通报表扬50件年度好提案；向全国政协报送社情民意信息2420件，打造委员自主“点题协商”品牌，在全省推广开展点题协商“十百千”专项活动，深化全周期民主监督工作，创新设立老委员专家组。制定修订31项工作制度，举办委员培训6期，成立18个省政协委员小组，联合市县政协探索“委员河长制”工作，通报表扬14个优秀等次界别和60名优秀委员。

【参政议政】 2023年，福建省政协常委会践行新型政党制度，发挥主席会议成员分工联系、专委会对口联系省各民主党派和工商联制度作用，完善民主党派和无党派人士在政协开展经常性工作的机制。省各民主党派、工商联和无党派人士的委员全年提交全会大会发言98份、提案371件，被采纳社情民意信息852篇。其中，省民进的“加强中国社工队伍建设”、省民建的“加快传统文化艺术品数字化发展”、省致公党的“发挥嘉庚精神感召力”等建议，得到中央领导人的批示肯定；省台盟的海峡两岸船政文化研讨会、省民盟的新时代“一带一路”文明互鉴与发展机遇论坛、省农工党的闽台中医药学术论坛，社会反响热烈；省民革的两岸乡村农田水利建设交流会、省九三学社的科技论坛、省工商联的“万企兴万村”行动，品牌效应持续彰显。

【提案办理】 2023年，福建省政协常委会收到提案896件，经审查立案715件，立案率79.8%，共交办1929件次，89个承办单位全部办复。提案所提意见和建议已采纳或拟采纳1891件次，并体现到省委、省政府相关政策、发展规划和部门工作中。全年收到1510份提案者的反馈意见，均表示满意或基本满意。评选2023年度好提案50件，召开省政协年度好提案发布会予以通报表扬。呈报《重要提案摘报》25期，省领导批示40件次以上。省政协主席、副主席会同省政府副省长共同督办重点提案10件，形成10份重点提案督办调研报告报送省委省政府，并转有关部门研究、吸纳、转化。 （陈坚）

编辑：林忠玉

纪检监察

综　述

【思想政治建设】 2023年，福建省纪检监察机关强化思想武装，坚持“第一议题”制度，召开省纪委常委会（扩大）会议、理论学习中心组学习会等44次，跟进学习习近平总书记最新重要讲话重要指示批示精神，结合实施省委“三争”行动，做好深化、内化、转化工作。坚持领导带动、系统联动，省纪委监委主要领导带头上党课和作廉政教育报告，举办3期读书班。把握主题主线，把学习贯彻党的二十大精神作为贯穿全年工作的主线，建立“订单式”教育培训机制和干部“入职第一课”制度，开展全员培训，全省纪检监察机关共举办培训班483期、培训干部5.88万人次，开设“跟着总书记学习二十大报告”“学习进行时”等专栏专题。大兴调查研究，明确“做强基层监督提升群众获得感”等11个调研重点，由省纪委监委班子成员领题开展调研，深入一线总结推广基层经验做法。召开调研成果交流会，梳理形成39条具体措施。

【主题教育和教育整顿】 2023年，福建省纪检监察机关把开展学习贯彻习近平新时代中国特色社会主义思想主题教育和纪检监察干部队伍教育整顿衔接起来。发挥福建重大独特优势，用好《习近平在福建》系列采访实录等特色教材，组织开展重走习近平总书记在闽足迹、重温习近平总书记在闽廉政故事、重读习近平总书记在闽廉政文章，以及走进革命老区、走入革命教育基地、走上革命教育讲台等“三重三走”活动。推进纪检监察干部队伍教育整顿，全面起底问题线索，分层级谈心谈话，采取“六个一批”（查处一批、督办一批、深挖一批、“回头看”一批、问责一批、调离一批）工作举措。开展纪检监察干部违规打听干预或请托办事问题、“清群清网”等专项整治，全面修订汇编省纪委监委机关管理制度，破解制约监督效能、执纪执法、队伍建设等难题。实施“师徒帮带”、举办“方正讲坛”、开展“基层工作大家谈”与“送教下乡”等，提高干部履职能力水平。

【纪检监察体制改革】 2023年，福建省纪检监察机关巩固拓展纪检监察体制改革成果。省纪委监委制定《关于纪委协助同级党委推进全面从严治党的若干举措》，逐项实化细化纪委工作条例规定的八项具体任务，协助省委开展全面从严治党主体责任检查，督促各级党委（党组）履行全面监督责任。深化监察官法实施，完成市县乡三级监察官等级首次确定工作。推进监督执纪调查标准化建设，制定措施使用、案件协作配合等标准化流程。完善派驻监督体系机制。制定《进一步做强派驻监督工作的指导意见》，加强派出机关对派驻机构的直接领导、统一管理，完善派驻机构、省属公办本科高校、省管国有企业纪检监察机构考核评价机制。健全“室组”联动、“组组”协同监督和“室组地”联合办案机制，细化重要事项请示报告和通报、政治生态分析研判等要求，完善专题会商、线索联合排查、联合监督执纪等机制，省直派驻机构均有自办案件。推进各类监督贯通协调，推动“四项监督”统筹衔接常态化制度化，出台纪检监察、巡视监督与审计、财会、统计监督贯通协同的实施办法，指导南平市试点开展“审巡纪”联动监督。加强与司法、执法、审计机关的协作配合，探索建立腐败预警惩戒联动机制，统筹运用纪律、法律、行政、经济等多种手段惩戒教育行贿人。编制全省数字纪检监察体系建设五年规划，推进办案综合管理等平台建设，探索数据智能化分析。

【省纪委十一届三次全会】 2023年1月31日，中共福建省纪委十一届三次全会在福州召开，出席会议的省纪委委员44人。省委书记周祖翼出席会议并讲话，省委常委、省纪委书记、省监委主任迟耀云主持会议并代表省纪委常委会作题为《牢记新征程使命任务，坚定不移推进全面从严治党，为奋力谱写全面建设社会主义现代化国家福建篇章提供坚强保障》的工作报告。

（詹贤杰）

纪律监督

【概况】 2023年，福建省纪委监委把坚持理念引领和强化系统谋划结合起来，在省纪委十一届三次全会上提出纪委是“党员之家”工作理念，“严准实稳”工作标准，“四个监督”（做实政治监督、做深日常监督、做准专项监督、做强基层监督）工作思路，“坚持原则、把握政策、注重效果”“一手抓力度，一手抓温度”工作要求，“知、督、促”工作机制，“四分”（分地域、分领域、分层级、分阶段）、“五看”（看态度、看措施、看落实、看效果、看举一反三）、“打深井”等工作方法，提升干部“四力”（动力、能力、精力、活力）工作保障。推进部署落实化、理念具体化、碎片系统化、经验制度化、制度效能化，推动纪检监察各项工作任务一贯到底、一体落实。

【政治监督】 2023年，福建省纪检监察机关坚持点面结合、分类施策，“面”上建立习近平总书记重要指示批示精神落实情况监督台账，综合检视各地各部门贯彻落实情况；“点”上选取部分开展“打深井”监督，精准纠偏差、防风险、促落实。坚持分地域分领域分层级分阶段，指导全省系统确定护航乡村振兴、推动营商环境创新改革等51个监督选题，监督发现问题3354个。全年全省立案审查违反政治纪律案件165件，处分190人。

【日常监督】 2023年，福建省纪检监察机关贯通运用谈心谈话、专题会商、政治生态分析研判等方式，突出加强对“一把手”和领导班子监督，推动党委（党组）落实主体责任特别是全面监督责任。全省处分“一把手”（含违纪违法时任“一把手”）593人，问责党组织18个、党员领导干部和监察对象1159人。在“一网一号”平台开辟“秒懂纪法”“纪法微课”等专栏，加强经常性纪律教育。全省运用“四种形态”批评教育帮助和处理39713人次，第一至第四种形态分别占比72.2%、19.2%、3.1%、5.5%。

【专项监督】 2023年，福建省纪检监察机关配合开展统计造假屡禁难绝专项治理行动，紧盯“关键少数”，严惩“始作俑者”，坚持全面历史辩证看待问题，对有关责任人实事求是作出处理。配合开展医药领域腐败问题和不正之风集中整治，聚焦“关键少数”和关键岗位，把握政策、注重效果，推进全领域全链条全覆盖系统治理。

【基层小微权力监督平台建设】 2023年，福建省纪检监察机关打造“村村有群、户户入群”的基层小微权力监督平台，探索“微信群＋小程序＋管理后台”模式，以公开信息、实时直播等方式，把村集体“三资”管理、工程招投标等权力运行全程公开，通过群众入群、干部用群、纪委巡群，推动解决群众关心关注的民生问题，深挖治理群众深恶痛绝的风腐问题。坚持“省推市管、分级负责”，平台连接管理4万多个微信群，公开村务财务等信息171万多条，直播村集体资产资源交易等11万余场，受理群众投诉、民生诉求18万余件，办结率99%。

（詹贤杰）

审查调查

【概况】 2023年，福建省纪检监察机关把从严管理监督和鼓励担当作为统一起来，牢牢把握监督作为第一职责和执纪办案作为不可替代职责的定位。全面梳理建立习近平总书记重要指示批示精神落实情况监督台账。强化正风肃纪反腐，省市县纪委监委严肃查处一批有影响的案件。制定落实“三个区分开来”内部指导性意见，出台规范政商交往行为的意见及指导案例。把创新制度机制和提高治理效能贯通起来，省市县乡四级联动探索做强基层监督的有效途径，打造“村村有群、户户入群”的基层小微权力监督平台，巩固提升“点题整治”工作质效，开展信访举报工作“强基促稳”专项行动，推动巡察向村（社区）延伸，在维护群众利益中厚植党的执政基础。把强化刚性力度和体现柔性温度融合起来，在全省纪检监察系统严肃认真开展主题教育和教育整顿，深入采取“六个一批”从严措施，实施一系列建章立制和特色品牌项目，建立健全严管厚爱长效机制，提振干部干事创业精气神，纪检监察队伍得到净化、活力持续焕发。

【腐败惩治】 2023年，福建省纪检监察机关在查自办案件、查留置案件、查同级党委管理干部案件3个方面发力，推动执纪办案量质齐升。全省立案10678件（省纪委监委立案76件），处分10543人，移送检察机关454人，其中留置462人、立案厅级干部73人。一体推进追逃防逃追赃，全省追回外逃人员142人，其中党员和国家工作人员6人；追缴赃款6190.38万元。全省有176人主动投案。

【执纪执法提升】 2023年，福建省纪委监委联合省委组织部出台激励干部担当作为20条措施，制定落实“三个区分开来”的内部指导性意见，对因先行先试出现失误、犯了错误的干部容错纠错，全省免予或减轻从轻处理党员干部41人。落实新时代民营经济强省战略，从解决干部思想困惑、回应企业普遍关切入手，制定《关于规范政商交往行为推动全面构建亲清政商关系的意见》，征集政商交往中边界不易把握的情形，整合梳理出政务服务、商务活动、招标采购、用餐用车、联谊交往5类20个高频情景，编写发布指导案例，厘清模糊界限，提供行为指引。

【“三不腐”综合推进】 2023年，福建省纪检监察机关提出纪检监察建议1894份，推动审批监管、财政支出、粮食购销等领域建章立制。用好习近平同志在闽工作期间关于管党治党方面的创新理念和生动实践，深挖福建优秀传统文化资源，更新拓展省党风廉政警示教育馆展陈内容和形式，组织拍摄粮食购销、工程建设坚持正向引导和反面警示相结合领域专题警示教育片和全省纪检监察系统严重违纪违法案件警示录。推进廉洁文化建设“五廉”（思想崇廉、文化养廉、教育促廉、阵地育廉、融合倡廉）工程，推出“福地廉旅”“爱廉说”“文艺倡廉”等廉洁文化作品。

（詹贤杰）

作风建设

【概况】 2023年，福建省纪检监察机关突出纠树并举，严查群众身边的“微腐败”和不正之风。严格落实中央八项规定精神，坚持一县一清单纠治、一行业一专项解决、一个节点一个节点坚守、一级监督一级落实，紧盯“提职升迁”“过节省亲”等关键节点，对“吃公函”“吃老板”“吃乙方”“吃下级”改头换面问题露头就打，会同职能部门就“快递送礼”“值班室送礼”等新表现新动向开展联动联查。坚决纠治形式主义、官僚主义，结合主题教育开展基层治理不良现象专项整治，持续为基层松绑减负。完善风腐同查工作机制，注重从留置案件等挖掘“四风”问题线索。全省查处违反中央八项规定精神问题2139起，处理3491人，处分1978人。开展“存正心、守正道、养正气”时代新风宣传教育，分两批建立28个新风正气福建名片教育示范点。

【“点题整治”工作】 2023年，福建省纪检监察机关完善“群众点题、部门答题、纪委监督、社会评价”工作机制，宣传“请给群众捎个话——急难愁盼请点题，纪委监督促整治”口号，提高群众知晓率和参与度。选取“整治中小学配餐及食堂食品安全问题”等13个项目开展整治，深化“双点评”、点穴督导、专题会商，发挥代表委员、特约监察员监督作用，推动解决一批教育医疗、生态环保、耕地保护、食品安全等领域问题，建立和完善制度310项。“点题整治”工作群众满意率97.48%，获评福建省十大改革品牌。

【群众身边腐败惩治】 2023年，福建省纪检监察机关开展乡村振兴领域不正之风和腐败问题专项整治，实施“访群众、走项目、助振兴”行动，“纪财审”联动开展重点资金“最后一公里”专项督查。配合开展劳务派遣单位截留滞留稳岗返还资金问题专项整治。纵深推进常态化扫黑除恶“打伞破网”，持续深化“四访”（开门接访、全员接访、带信下访、入户走访）活动，开展信访举报工作“强基促稳”专项行动、重复举报化解不力专项整治。全省查处群众身边腐败和作风问题2160起，处分1996人。（詹贤杰）

编辑：林忠玉

民主党派和工商联

中国国民党革命委员会福建省委员会

【概况】 2023年，中国国民党革命委员会福建省委员会开展“凝心铸魂强根基、团结奋进新征程”主题教育，在社会和法制、促进祖国和平统一、农业农村农民工作等重点领域大兴调查研究。截至2023年底，全省民革共有地方组织12个，其中省级组织1个、设区市级组织9个、县级市委会2个；共有基层组织283个，其中基层委员会5个、总支委员会28个、支部250个；共有民革党员6404人。全省民革党员中有各级人大代表114人，其中11人担任各级人大常委会副主任；有各级政协委员425人，其中23人担任各级政协副主席。

【思想政治建设】 2023年，民革福建省委会组织开展学习贯彻中共二十大精神专题宣讲、座谈研讨、心得交流等学习活动。开展“凝心铸魂强根基、团结奋进新征程”主题教育，组建福建民革宣讲团，将主题教育全面覆盖全省民革党员，省委会开展主题教育工作推进会3场，理论学习会17场，领导班子宣讲10场，实地学习、普法宣传等特色活动9项；全省民革各级组织开展学习培训活动187场，宣讲58场，公益赠书、艺术下乡等特色活动83项。结合中共中央发布“五一口号”75周年，承办“歌颂新时代携手新征程——福建省各民主党派、无党派人士纪念‘五一口号’发布75周年音乐鏖诗书画笔会活动”，组织制作历史展陈，刊印纪念专刊。利用微信公众号、福建民革网站、《福建民革》刊物等载体，发布微信公众号报道318条、网站报道239篇，刊发《福建民革》5期。在省级以上主流媒体发布报道76篇次，“学习强国”学习平台选刊7篇，1篇报道获评2022年度福建新闻奖中央境外媒体作品系列三等奖，民革福建省委会获评2023年度《团结报》宣传发行工作突出贡献集体二等奖、全省统战宣传工作先进单位一等奖。

【参政议政】 2023年，民革福建省委会大兴调查研究，紧扣中共福建省委、省政府中心工作，围绕福建省全面深化改革工作要点，完成调研报告61篇，《关于福建申报创建国家海洋文化公园的调研报告》得到省长赵龙批示。选送3篇调研成果、2篇民主监督考察调研文章参加2023年福建统一战线民主监督成果汇报会暨第十九届建言献策论坛，2篇民主监督考察调研文章获论坛特别奖，3篇调研成果分别获一等奖1篇、二等奖2篇。参加第六届莫干山会议，报送论文4篇，2篇入选大会文集。推进建言献策，在省政协十三届一次会议上，民革福建省委会提交各类提案38件、大会发言10份、大会快报10篇，1篇单位提案、1篇界别提案、2篇委员提案入选省政协重要提案摘报，3篇大会信息被省政协大会快报采用，得到省委省政府领导批示19件次。在省政协专题议政性常委会和专题协商中，共有5人次代表作发言，16篇材料入选会议材料汇编。《关于支持龙头企业做大做强，促进农业产业化发展的建议》《关于打造海岛文化旅游产业“升级版”的建议》2篇提案入选2023年省政协重点提案。民革界别获评省政协2023年度优秀等次界别。确定《建设海峡两岸青少年研学基地，加快打造台胞台企登陆第一家园先行区》《支持龙头企业做大做强，促进农业产业化发展》2个民主监督重点考察调研课题，开展调研活动8次，召开座谈会10场，走访相关单位和企业25家。向民革中央、省委办公厅、省政协、省委统战部报送社情民意信息743篇次，被全国政协采用10篇、中央统战部采用3篇、民革中央采用241篇、省委办公厅采用37篇、省委统战部采用73篇、省政协采用320篇，其中1篇获中共中央领导人批示。民革福建省委会获评全省政协系统反映社情民意信息工作先进单位称号，被中共福建省委统战部评为全省统战信息工作先进单位一等奖。

【祖统工作】 2023年，民革福建省委会抓住《中共中央 国务院关于支持福建探索海峡两岸融合发展新路 建设两岸融合发展示范区的意见》发布契机，打造对台交流品牌项目，举办第十五届

2023 年 12 月 19 日，2023 年"同心杯"两岸青年乡村振兴研修营暨两岸红茶文化节在南平市光泽县启动　　（陈劲羽　摄）

海峡论坛·两岸乡村农田水利建设交流会，来自海峡两岸农田水利专家和基层民众近 200 人参加活动。参与主办第二届海峡两岸（三明）乡村融合发展论坛，推动两岸民宿产业实现互利共赢发展。创新对台交流特色平台，与省政协农业农村委、民革江苏省委会、民革浙江省委会共同主办 2023 年"同心杯"两岸青年乡村振兴研修营暨两岸红茶文化节，持续探索跨区域协同合作、以产业活化带动乡村活化的融合发展新路。以《建设海峡两岸青少年研学基地，加快打造台胞台企登陆第一家园先行区》为主题开展民主监督重点考察调研，推动海峡两岸青少年研学基地建设，探索建设两岸青少年研学基地的"福建样本"。

【社会服务】　2023 年，民革福建省委会推进社会服务工作探索创新，持续打造特色品牌。持续参与福建省欠发达地区及贵州省纳雍县对口帮扶工作，拨付 10 万元支持挂钩帮扶的上杭县上早康村完善基础设施；在上杭县白砂镇举办助力乡村振兴农业技术培训班，向 100 多名农技干部、村民普及推广红菇、金线莲采摘栽培新技术；捐赠 20 万元支持新罗区黄美村和贵州省纳雍县的乡村振兴工作，指导民革党员企业向纳雍县捐赠服装价值 460 万元。开展公益事业，成立民革福建省委会企业家联谊会；协助举办助力陕西经济高质量发展招商大会——陕西—福建重点产业合作推介恳谈会；持续开展"博爱·牵手"活动，继续组织医疗专家团队赴建瓯市小桥镇开展"送医送药"义诊活动，接诊患者近 200 人，赠送药品价值约 3 万元。

【组织建设】　2023 年，民革福建省委会充实省委会 7 个专门委员会，优化专委会成员的年龄、知识结构、界别分布。成立"乡村振兴研究智库""现代法治研究智库""两岸融合发展研究智库"3 个特色智库，实施参政议政人才种子工程。全年发展民革党员 216 人，其中具有中、高级职称 86 人，占比 39.8%。举办新任省市委员培训班，省、市民革骨干党员培训班和参政议政骨干培训班等，180 余名民革党员参加培训。加强基层组织建设，开展全省示范支部"回头看"工作，加强 59 个民革党员之家的建设管理。加强内部监督，配合驻省委统战部纪检监察组探索开展国家监察机制与民主党派内部监督的有机衔接，推动监察与党内监督 7 项衔接工作制度的具体实施。　　（卓越）

中国民主同盟福建省委员会

【概况】　2023 年，中国民主同盟福建省委员会开展"凝心铸魂强根基、团结奋进新征程"主题教育，对标践行"四新"（多党合作要有"新气象"，思想共识要有"新提高"，履职尽责要有"新作为"，参政党要有"新面貌"）、"三好"（各民主党派和无党派人士要做中国共产党的好参谋、好帮手、好同事）要求，推进参政议政。开展"闽盟烛光行动"系列活动，融合推进"黄丝带"帮教和社区服务工作。年内，承办民盟机关建设工作会议，全国政协副主席、民盟中央常务副主席王光谦出席会议并讲话，民盟福建省委会作为模范机关集体代表在会上作交流发言。截至年底，全省盟员总数 13975 人。

【思想政治建设】　2023 年，民盟福建省委会制定《2023 年度民盟省委会理论学习中心组学习计划》，召开 14 次学习会。举办 4 期"闽盟大讲堂"活动，邀请盟内外专家学者作专题讲座，受众近 500 人次。重新修订机关学习制度，每月下发学习目录；定期开展机关青年干部"专题讲座""主题教育·盟员说"等系列活动。民盟中央副主席谢经荣率队到福建开展主题教育现场活动，调研考察乡村振兴。民盟福建省委会组织赴北京、陕西等地开展主题教育现场活动，并深入民盟福州市委开展主题教育宣讲。"福建民盟宣讲团"成员分赴全省各级民盟组织开展宣讲活动 18 场，受众 1800 多人次。召开纪念中共中央发布"五一口号"75 周年座谈会；组织领导班子成员和机关干部实地参观"3820"战略工程实施 30 周年成就展、"人民政协为人民"展览；举办"民盟先贤肖像巡回展"走进福建活动；组织福建省民盟书画学会赴重庆市开展主题教育书画采风活动；选派盟员艺术家参加福建省各民主党派、无党派人士纪念"五一口号"发布 75 周年音乐鏖诗书画笔会；发挥盟员之家传统教育基础平台作用，在福建民盟门户网站、微信公众号、《福建盟讯》开设主题教育专栏，转载习近平总书记重要讲话、中央媒体专题报道，宣传全省各级民盟组织开展主题教育的情况。微信公众号订阅数比上年增长 14.8%，总阅读量超 13 万人次；福建民盟网站发布文章 620 余篇；《福建盟讯》出版 4 期普刊；《福建乡士》出版4期，其中1期为泉港专刊。各主流媒体宣传报道福建民盟各类会议活动共120余篇次。

【参政议政】 2023年，民盟福建省委会申报立项的省社科基金省人民政协理论研究专项课题《当好人民政协制度参与者实践者推动者的研究》，成果达到免予鉴定条件，综合评为“优秀”。承接的2023年度民盟中央参政党理论研究课题《大兴调查研究，以高水平履职助力中国式现代化建设》获评二等奖。动员全省各级民盟组织参与民盟中央、省政协和省委统战部等组织的各类理论征文活动，共报送论文20余篇，《“中国式现代化”视阈下参政党的新使命》等2篇论文获评民盟中央“中国式现代化与参政党建设新使命”优秀征文。在全省各级民盟组织中启动民盟已故代表性人士史料征集暨《盟贤撷英》系列宣传资料编纂工作。向民盟中央提交4件全国政协会议提案、大会发言素材，《关于优化RCEP政策的提案》被选为民盟中央向全国政协十四届一次会议提交的大会集体提案；《优化社保政策，促进共同富裕》被选为民盟中央向全国政协提交的大会书面发言；《关于提高生物安全治理能力，筑牢国家生物安全屏障的提案》作为民盟中央平时提案备选。向盟内全国人大代表、政协委员提供议案、建议、提案素材15篇，《关于建立政府首席数据官制度，促进数据资源开发利用的建议》等被全国政协列为大会书面发言，获得多家新闻媒体报道关注。在省政协十三届一次会议上，提交大会口头发言1件、大会书面发言10件、集体提案10件、界别提案2件。集体提案《关于构建“1＋1＋X”人才生态系统，助力做大做强做优福建数字经济的建议》入选重要提案摘报，得到3名省领导批示。大会快报《推进现代海洋牧场建设，打造我省“蓝色增长极”的建议》《关于选派机关干部到民营企业挂职锻炼的建议》得到省领导批示。集体提案《关于充分发挥特色海洋文化资源优势，大力发展福建海洋文化旅游产业的建议》《关于搭建“智治”平台，发挥数据治理效能，为市域社会治理共同体提供可复制的“福建方案”的建议》在《福建日报》刊登。确定37个重点课题并全部结题，形成调研报告，并转化为各类参政议政素材。组织全省部分盟员茶企代表赴武夷山市开展茶产业专题调研。前往宁德开展海西天然气管网二期工程（长乐至福鼎段）投产前有关情况调研，并协调宁德市发改委、各燃气管网公司以及用气龙头企业助力推动解决困扰宁德“用气难、用气贵”问题。参与民盟中央五大论坛和首届民盟乡村振兴发展论坛，11篇文章获奖。选送3篇调研报告和5篇政策建议报2023年福建统一战线民主监督成果汇报会暨第十九届建言献策论坛，《做好新时代人口工作，建立生育支持政策体系，助推中国式现代化福建实践》获评一等奖。参加省政协的闽台教育合作等4个专题协商会。与省政协提案委联合赴长乐开展“实施更加积极开放的人才政策，打造数字人才高地”界别协商课题调研，调研成果形成专报件上报。完成《优化我省科技投入，打造全国创新高地》《牵住引才聚才用才‘牛鼻子’，为全方位推进高质量发展提供人才支撑》2个专项民主监督考察课题。《系统重构职业教育体系，为新时代输送数量更多、质量更高的“大国工匠”》等近200条信息被省政协采用；《我国镍钴资源供应链风险》被中央统战部采用，获得国家领导人批示；《应防止有关房地产企业在风险压力下转移资产形成逃债风潮》等被全国政协采用；《尽快补齐我省医疗保障短板，助力国家生育政策落地》等5条信息获省领导批示。

【社会服务】 2023年，民盟福建省委会开展“闽盟烛光行动”系列活动，与民盟福州市委会联合向陕西省延安市宝塔区杨家岭福州希望小学捐赠新型可升降午休课桌椅；组织全省山区优秀学生参加“闽盟烛光行动”——2023年“走出大山看大海”公益游学活动；协调省财政厅为仙游县和福州市仓山区农村学校解决专项资金近100万元。启动“闽盟守护天使工程”乡村振兴医师能力提升活动，组织省属三甲医院盟内外医卫专家赴仙游、漳平等8个县（市），通过传帮带提高县域医师专业能力。融合推进“黄丝带帮教”和社区服务工作。推动福建师大体育科学学院与省司法厅戒毒管理局分别在对方单位挂牌设立“成瘾人群运动疗法科普基地”和“大学生禁毒教育基地”；南平市盟员组建团队协助司法部门开展社区矫正，获益社矫对象1000余人；在福州市鼓楼区水部街道建华社区设立民盟福建省委会社会服务实践基地，举办法律讲座；在福州市鼓楼区温泉街道东大社区设立法律服务点，由盟内外律师组成法律志愿服务队，每月定期为社区居民无偿提供法律服务。民盟福建省委会被民盟中央和司法部评为“黄丝带帮教”工作先进省级民盟组织，4家单位、9名盟员分别被评为先进集体、先进个人。发动民盟福建省委会机关干部和省直盟员在仙游县开展“我在乡间有亩田”认筹认种。配合省领导做好漳平市帮扶工作，为漳平市安排“名优教师高级研修班”“未来精英教师特训班”定向名额。在相关县（市）发放困难学生慰问金、奖教助学金，捐赠教育图书。

【组织建设】 2023年，民盟福建省委会制定《关于深入开展“百支部千盟员”活动，推动主题教育走深走实的实施方案》，民盟福建省委会领导班子成员走访基层组织35个，参与盟员1500多人次。制定《关于进一步加强省直基层组织领导班子建设的意见》《民盟福建省直属基层组织基本工作制度》。形成《民盟福建省委会组织发展工作五年总结》报告，制定《民盟福建省委会2023—2027年组织发展规划》。截至2023年底，全省盟员总数13975人，盟员平均年龄55.52岁。其中，中上层人士盟员11537人，占总数的82.55％；具有高级职称盟员4871人，占总数的34.86％；具有中级职称盟员5405人，占总数的 38.68%。文化艺术界盟员 1080 人，占总数的 7.73%；教育界盟员 7067 人，占总数的 50.57%，其中高等教育界盟员 2195 人、占总数的 15.71%，基础教育界盟员 4872 人、占总数的 34.86%；科学技术界盟员 766 人，占总数的 5.48%；医卫界盟员 780 人，占总数的 5.58%。推荐 3 名骨干盟员赴政和、仙游党外干部实践锻炼基地挂职锻炼。统筹安排全省各级盟组织近 40 名代表人士、骨干盟员参加民盟中央、中央社院等各级各类培训；在常州大学史良法学院举办 2023 年社会服务能力培训班。组建民盟中央美术院福建分院；福建省民盟书画学会 1 名成员的工艺美术作品作为国礼赠送菲律宾国家领导人。 （洪帅楚）

中国民主建国会福建省委员会

【概况】 2023 年，中国民主建国会福建省委员会开展“凝心铸魂强根基、团结奋进新征程”主题教育，组成 18 个理论课题攻关小组。推进参政议政，参加高层协商会 12 场。开展社会服务，成立“三茶融合研究会”。主管主办《海西物流》杂志。截至年底，全省有市级组织 9 个、县级市组织 3 个，省直工委会 1 个、基层委员会 23 个，总支部 15 个、支部 274 个，会员 9266 人。

【思想政治建设】 2023 年，民建福建省委会开展“凝心铸魂强根基、团结奋进新征程”主题教育，获民建中央思想政治建设工作先进集体称号，7 名会员获先进个人称号。召开 2 场全省专题学习会议，组织 4 场专题理论学习；开展“主题教育必读书目”读书交流活动，组织 16 次机关集体学习会；省委会班子成员深入基层联系点开展宣讲辅导 10 余场。组织部分市级民建组织领导赴河北西柏坡以及李家庄中共中央统战部旧址开展现场革命历史教学，召开全省市级民建组织主题教育暨机关工作交流座谈会。组成 18 个理论课题攻关小组。全年收到课题成果 35 篇，比上年增加 24 篇。召开省市理论研究专委会研讨会，专题研讨民建中央《深化思想政治建设的意见（草案）》，共报送 5 类 18 条修改意见，均被民建中央吸收采纳。以纪念“五一口号”发布 75 周年为契机，推动省委会和全省民建组织召开座谈会、茶话会等。推动民建中央画院海峡创作中心在厦门挂牌，举办“两岸丹青绘团圆携手奋进新征程”仲秋名家笔会活动。分别在厦门、三明、龙岩、平潭举办“翰墨著同心一起向未来”中共二十大金句书画作品邀请巡回展，精选 140 余幅展品汇编《“翰墨著同心一起向未来”书画展作品集》，由鹭江出版社出版。《中国政党政治的演变与新型政党制度的形成》精品课被列为福建省统战骨干培训班课程。年内，“福建民建”微信公众号关注人数 5965 人，推送各类信息 172 条，阅读数 175443 人次。在中新网《民建闽讯》专栏发文 132 篇，在省级以上媒体刊发相关报道 539 篇次。在全国、省两会期间，集中展示福建民建会员中的全国、省人大代表、政协委员的履职风采 150 篇以上。

【参政议政】 2023 年，民建福建省委会参加中共福建省委、省政府、省政协、省纪委监委、省高级人民法院等召开的高层协商会 12 场。围绕省际交界地区协同发展、在构建“福州都市圈”中导入“海港城市群”概念性规划等主题内容建言献策；围绕经济工作政党协商座谈会，提出《做大做强数据要素市场，推动经济高质量发展》《加快闽台两岸数据流动融合》等意见建议。参加调研协商，提出《关于尽快恢复房地产业信心，稳住我省经济大盘的建议》等意见建议，获中共福建省委领导批示并得到落实；泉州市委会调研撰写的《抓准中央一号文件有利契机，加快完善我省三级物流体系》的建议，获中共福建省委副书记罗东川批示。承担福建省政协“培育更多专精特新企业，提高制造业核心竞争力”对口协商课题，并在中共福建省委主要领导出席的专题议政性常委会上发言。在全国两会和省两会上，提交《加快传统文化艺术品数字化发展，提升我国文化软实力和竞争力的建议》被全国政协采纳，并被《中国日报》、央广网、中新社等多家媒体报道。向省政协提交提案 20 件、大会发言 12 件。8 人在省政协组织的专题议政性常委会和专题协商会上发言，25 篇调研文章入选会议材料汇编。全年共收到社情民意信息 1300 余篇，其中 31 篇信息被全国政协转送有关部门及每日社情等采用，127 篇被民建中央采用，378 篇被福建省政协采用，《亟需强化“三大举措”打通我国通信海缆产业出海渠道》被党和国家领导人批示，10 篇被省领导批示。制定《民建福建省委会关于大兴调查研究的实施方案》，全年开展调查研究 120 余场，形成调研成果 100 余篇。参加 2023 年福建统一战线民主监督成果汇报会暨第十九届建言献策论坛。向民建中央上报秋季成果 24 件，其中 7 件被民建中央采用。配合民建中央在福建省开展林业碳汇调研，配合民建中央文化委员会在南平市武夷山开展“加快文旅（茶旅）融合发展，提升国内市场消费水平”课题调研。举办数字化赋能传统文化艺术发展论坛，近 200 人参加论坛活动，并得到央视网、中新网等 20 多家媒体报道。完成“关于帮助解决外贸企业出口困境的建议”“进一步提升我省文旅消费的建议”2 个民主监督课题。年内，民建福建省委会获 2023 年度民建中央参政议政和反映社情民意工作一等奖、2021—2022 年度全省政协反映社情民意先进单位。

【社会服务】 2023 年，民建福建省委会推动开展社会服务，在丰宁投入 30 万元，为黑牛山村建设“民建同心文化广场”及附属设施；在毕节市（含黔西市）新建 1466.67 公顷工业辣椒种植基地，并开展工业辣椒项目种植培训 1000 多人；协调会员企业所在红星美凯龙集团争取落地黔西，开办大型商贸综合体“爱琴海购物中心”项目；在黔西市开办“民建福建省委 2023 年黔西市互联网营销师培训班”；在丰宁和黔西开展“爱心书包”扶志益智工程和“爱心校服”捐赠活动，共捐赠“爱心书包”900个。引导会员企业在政和县外屯乡种植槟榔芋20公顷；由省委会设立的“外屯乡农户信贷服务基金”带动金融部门400万元信贷基金，为生态农业种植户发放免息贷款180万元。在仙游设立100万元的“闽善·大济中学奖教奖学助学基金”；向仙游县所属的180所乡村小学捐赠总价值72万元的“故宫小书包”。“建华课堂福建分课堂”全年举办各类讲座、论坛33场（线上培训8场），培训会员1976人次（不含线上培训人次）。全年全省民建在定点帮扶、抗疫赈灾、帮困助学、慈善公益等方面，捐款捐物价值共计1.2亿余元。民建福建省委会获2023年度民建全国社会服务工作一等奖。

【组织建设】 2023年，民建福建省委会以开好民主生活会、做好民主述职评议为重点，完善谈心谈话制度。省委会领导30余次深入基层组织、企业一线调研座谈。制订并下发《民建福建省委员会基层组织编码方案》《民建福建省委会“4211111”基层组织多维度量化考评制度年度考评指标记录本》，完善基层支部考核体系。召开高校基层组织建设座谈会、“会员之家”现场推进会。举办“我们的节日·粽情飘香话端午”主题文化活动；举办“佳节至盼团圆一个都不能少”中秋敬老公益活动，为全省近千名65岁以上的老会员送去节日祝福。召开内部监督工作座谈会，收集民建福建省委会的作风建设意见建议。参加民建中央内部监督委员会举办的民建内部监督工作培训班。落实监察监督与内部监督衔接“7项机制”（审核报批机制、督察督办机制、限期提醒机制、检查考核机制、情况通报机制、年度检查机制、追责问责机制）。（吴秀丽）

中国民主促进会福建省委员会

【概况】 2023年，中国民主促进会福建省委员会推进“凝心铸魂强根基、团结奋进新征程”主题教育、“作风建设”主题年和“深学争优、敢为争先、实干争效”行动等工作，建成郑振铎纪念馆云上展厅，建设民进会史展览馆。开展“我为民主监督献一策”活动，深化“同心·彩虹行动”。年内，民进福建省委会获评民进省级组织组织工作、新闻宣传工作、反映社情民意信息工作先进单位，获评全省政协系统信息工作和全省统战系统宣传信息工作先进单位。截至年底，全省会员总数5525人。

【思想政治建设】 2023年，民进福建省委会明确6个学习专题，组织6次学习研讨，举办3次读书班，7次沿着“习近平福建足迹”开展现场教学，领导班子成员撰写体会文章27篇，11人次深入基层联系点宣讲，19人次带队开展调研活动，有关做法在中共福建省委统战部主题教育简报刊发。开展纪念中共中央发布“五一口号”75周年系列活动，邀请民进中央副主席高友东开展《民进红色基因》专题讲座。中标民进中央“以党为师，中国共产党作风建设对民主党派的启示”理论研究课题。开展马叙伦、郑振铎、曹鸿翥和贾祖璋、程力夫生平史料调研，推动古田干部学院入选第一批民进学习教育基地。建成郑振铎纪念馆云上展厅，建设民进会史展览馆，组织会员赴冰心故居、冰心文学馆、郑振铎纪念馆参观学习1000余人次。开展“我身边的先进”宣讲。加强与会外主流媒体合作，发布信息945条、推送新闻305篇，212篇次被省级以上主流媒体采用，23人次接受人民网、新华网、央视总台等媒体采访。召开民进全省宣传思想工作会议，总结5年宣传思想工作经验，部署新阶段工作。举办民进全省新闻宣传特约通讯员培训班，成立网络舆情应急处置领导小组，推进网站升级改版和三级等保工作。

【参政议政】 2023年，民进福建省委会4次组织参政议政骨干深入基层开展履职能力辅导，采取“以老带新”的方式组织履职能力培训。建立省委会机关处室联系专委会制度，向主委会通报专委会履职情况，加强专委会工作组织领导。聘任10名会外专家担任参政议政特邀研究员，制定工作规则，推动民进智库建设。立项调研课题65个，共有49篇课题成果转化为省政协协商素材，25篇获民进中央参政议政成果奖励。筛选推荐36件两会提案和大会发言素材，2篇入选民进中央党派提案，25篇转化为省政协大会集体提案和大会发言，《关于畅通我省中职教育上升通道的建议》提案获5名省领导批示，入选省政协年度好提案。编报社情民意信息205件，4件获国家领导人批示，18件获省领导批示，77件被民进中央采用，171件被省政协采用。省委会领导班子成员带队完成的8个课题成果全部得到转化。

【民主监督】 2023年，民进福建省委会围绕“推动城乡要素流动，促进教育资源优质共享”“落实落细就业优先政策，促进有劳动能力困难群体增收”2个重点调研课题，梳理8个方面重点调研内容，开展调查研究。班子成员先后13人次带队赴福州、厦门、泉州、三明、宁德等地考察调研，12次召开高校、科研机构专家学者和设区市有关单位领导座谈会，4次征求省直有关部门意见建议，开展“我为民主监督献一策”活动，形成2份重点考察调研成果和26条监督建议。其中，《推动城乡要素流动，促进教育资源优质共享》《落实落细就业优先政策，促进有劳动能力困难群体增收》获2023年福建统一战线民主监督成果汇报会暨第十九届建言献策论坛特别奖。

【社会服务】 2023年，民进福建省委会深化“同心·彩虹行动”，持续推进贵州安龙县、金沙县对口帮扶，开展名师送教活动，捐赠16万元用于提升当地学校环境。组织企业家会员开展产业调研，邀请安龙县到闽参加中国·海峡创新项目成果交易会。举办“春联万家·奔赴新征程”活动9场次，累计书写春联5000多副、“福”字3000多张。助推省内帮扶点经济社会发展，5次赴政和、仙游开展产业、文化和教育帮扶，协助仙游探明矿泉水水源，向福建师大仙游附属学校、澄源中学捐赠图书5300册，为福建师大困难学生发放助学金20万元。开展“目浴阳光·睛彩华夏”慈善光明行活动，免费救助患者333例，为中小学、幼儿园开展视力筛查和眼健康建档近5万人次，投入救助资金150万元。开展“金秋书画健康·坊巷行”重阳节活动，资助慰问22名困难会员。深化与中共仓山区委结对合作，共同打造第六届数字中国建设峰会“有福之州·对话未来”系列活动论坛。

【组织建设】 2023年，民进福建省委会紧扣“作风建设”主题年工作要求，明确13项主要任务，细化20项工作举措，查纠整改自身建设4个方面薄弱环节，2次开展省、市和基层组织工作交流研讨，有关做法在民进中央主题年工作总结会上作典型发言。领导班子6次组织理论学习中心组集中学习，召开13次主委办公会、13次主委会和5次常委会，审议有关事项86项。制定《民进福建省委会委员工作规则》，首次对委员履职情况进行民主评议。召开基层组织建设经验交流会，出台《民进福建省委会关于进一步加强基层组织建设的意见》。举办新会员和骨干会员培训班，推荐16名市级组织专职副主委和基层组织主委参加中央社会主义学院和福建省社会主义学院培训。推动宁德工委、省直职教支部、文艺支部和福建省开明画院换届。首次召开会员发展工作推进会，新发展会员213人，全省会员总数5525人。重视代表人士培养锻炼，推荐20名会员在民进中央专委会任职，4名会员分别受聘省绩效考评专家和省政协理论研究会研究员，12个集体、27名会员获民进中央和省级以上奖励。全年7次保障民进中央工作组到闽考察调研，完成36场次会议会务保障任务。携手民进三明市委会承办2023海峡两岸暨港澳地区基础教育交流活动。建立监委会委员片区负责制，制定内部监督工作清单，对“作风建设”主题年工作和贯彻落实民进中央“四个条例”等情况开展专项监督。与驻中共福建省委统战部纪检监察组开展关于建立监察监督与民主党派省委会内部监督衔接机制试点，探索建立7项衔接试点机制，在省各民主党派全面试行。 （吴晨林）

中国农工党福建省委员会

【概况】 2023年，中国农工党福建省委员会推动履职尽责，提升协商议政水平，优化社情民意信息工作制度。打造以集中学习为龙头，分部门带动学为基础，青年理论学习小组交流分享学、中共和农工党两个支部“双创双争”重点学、干部自学为补充的联动学习制度，组织开展10次机关学习会。做好农工党中央领导和兄弟省市到闽调研考察的协调保障。修订工作制度10项，规范和加强国有资产管理，开展内部审计。截至年底，全省有农工党员11815人。

【思想政治建设】 2023年，农工党福建省委会以主题教育为引领，打造示范学专题学全员学的联学体系。召开8次中心组学习会，组织省委会领导班子成员赴霞浦“四下基层”教育基地开展现场教学，参观“3820”战略工程实施30周年成就展和“人民政协为人民”主题展览；组织新任省委会委员赴井冈山开展红色教育培训；组织省委会机关干部赴中共党史学习教育基地参观学习。全省各级组织共开展各种学习活动130余次。将主题教育与学习中共二十大精神、纪念中共中央发布“五一口号”75周年相结合，组织征文、书画摄影展、演讲比赛等系列活动；召开纪念“福建事变”九十周年座谈会，开展党史专题调研，征集论文33篇；开展理论征文活动，收到理论文章28篇，19篇获农工党中央理论研究优秀论文奖，省委会获2023年农工党中央理论征文先进组织工作奖；举办农工党员企业家代表座谈会、庆祝中国医师节座谈会、3场农工思政大讲堂；打造精品思政课程“聚焦坚守合作初心，传承优良传统，谱写多党合作事业新篇章”。发挥网络新媒体的宣传引导作用，发布与主题教育相关信息137条；刊发微信公众号报道209期756条，更新网站动态信息300余篇，设立网络思政学习“微课堂”；健全网络信息安全管理体系，落实新媒体宣传报道责任制；开展信息安全排查行动，启动网站改版迁移。开展主题教育谈心谈话活动。

【参政议政】 2023年，农工党福建省委会向省政协十三届一次会议提交提案10件、大会发言10篇，1件提案被省政协大会选为重要提案摘报，得到省领导批示；向大会报送大会快报信息16件，被采用11件，9件获省领导批示。做好全国两会提案撰写报送工作，向农工党中央报送全国两会提案5件，2件被农工党中央采用并作为集体提案报送全国政协十四届一次会议。征集调研选题98个，确定调研课题40个，领导班子成员带队调研，形成调研论文73篇，评出优秀论文一等奖10篇、二等奖20篇、三等奖42篇，召开主题教育调研成果交流会。16篇调研报告参与省政协专题协商会；参与农工党中央“新型材料产业发展研究”课题，报送调研论文7篇；2篇调研成果在中共福建省委政策研究室《调研内参》刊发。锚定中共福建省委提出的8项突出工作，围绕“提高我省重大传染病重症救治能力，保障人民生命安全”2个民主监督调研课题，形成2篇民主监督调研报告，并联合3篇调研论文、5篇建议案参加2023年福建统一战线民主监督成果汇报会暨第十九届建言献策论坛发言，获一等奖1篇、二等奖2篇。全年编报《福建农工信息》1447期，被中共中央办公厅采用2件、中共中央统战部《零讯》采用2件、全国政协信息局采用24件、农工党中央采用268件、中共福建省委办公厅采用28件、省政协办公厅采用582件。获党和国家领导人批示1件，省领导批示17件。

【社会服务】 2023年，农工党福建省委会扩大社会服务品牌影响力。以县域帮扶促进乡村振兴，参加农工党中央定点帮扶贵州省大方县调研和“地域＋领域”组团式帮扶毕节调研，组织开展漆器与魔芋产业调研和“精准医疗、爱心行动”，派员参加直播人才技能培训，协调开设同心助学奖学金10万元，捐赠药品和医疗器械价值11.9万元。助力政和县岭腰乡旅游与茶产业发展，举办“乡村振兴大讲堂（第九期）”。助推华安县申报第七批国家生态文明建设示范区项目，协调专家为华安县酿酒企业提供专业技术指导，推进华安县沙建镇卫生院示范点建设。提升“同心行”品牌影响力，在中央、省级社会服务基地分别开展4场关爱长者活动和1场特殊需要儿童家长心理赋能咨询公益活动，在龙岩新成立1家省级社会服务基地。开展“同心光明行”活动749场，实施公益手术243例；组织眼健康科普讲座34场。开展“同心义诊行”活动296场，服务群众4.4万人次。开展“同心戒毒行”活动3场，受益群众600余人次。开展“同心乡村行”活动，协调捐赠仙游县大济镇溪口村资金50万元，组织开展专题调研。开展“同心助学行”活动，向39名岭腰籍困难学生捐赠助学金9.5万元。开展“同心法律行”活动，为200名医务人员作专题讲座。推动“存正心、守正道、养正气”主题活动，开展“四下基层、福行八闽”“福文化文明实践”等各类文明创建实践活动12场，举办“我们的节日”“学习新思想、书香伴我行”系列活动；机关志愿者参与志愿服务活动13次125人次。参与“我在乡间有亩田”活动，认领抛荒耕地6.73公顷。

【两岸中医药交流】 2023年，农工党福建省委会在平潭召开第十四届闽台中医药学术论坛，邀请3名国医大师、2名台湾专家作专题学术报告，14名闽台中医药专家作学术成果交流，收录论文72篇（其中台湾专家23篇），近200名两岸中医药专家学者（其中台湾专家64人）及中医药产业代表参加活动。邀请32名台湾专家学者参加农工党中央“海峡两岸2023年健康产业发展研讨会”。召开福建省中医药研究促进会第六次会员代表大会，选举产生第六届理事会及监事会。

【组织建设】 2023年，农工党福建省委会召开主委办公会议9次、主委会议6次、常委会议4次；推荐省级层面代表人士27人，推荐第二批年轻代表人士6人、年轻正处长级干部12人；推荐全国人大代表、政协委员4人，省人大常委2人，省政协常委3人、委员11人；推荐各级各类特约监督员18人；向农工党员所在单位推荐干部3人。全面梳理和总结领导班子和代表人士队伍建设情况；完成设区市级层面代表人士的三方协商工作；完成关于加强民主党派代表人士队伍建设书面调研报告；常态化开展农工党员学习培训。召开各专门工作委员会主任、副主任会议和全体会议；各专委会开展民主监督调研，举办信息沙龙，提交提案、调研报告，参与定点帮扶和对台交流等工作，多篇资政建言成果得到上级部门采纳。截至2023年底，全省有农工党员11815人。其中，医药卫生界5517人，占总数的46.68%；人口资源环境界890人，占总数的7.53%；文教界2952人，占总数的24.99%；科技界600人，占总数的5.08%；具有大学以上学历8278人，占总数的70.06%；中高级职称8932人，占总数的75.60%。指导基层换届工作；推动“农工党党员之家”建设，新建“党员之家”19个，共有77个；推进“星级支部”创建活动，评选产生32个五星级、30个四星级、41个三星级支部。推进党内监督，召开省监委会第一、二次全会，修订《农工党福建省委会关于进一步贯彻落实中共中央八项规定精神实施细则》；举办省监委会委员及设区市监委会主任培训班；选派4人参加农工党中央内部监督培训班学习，1名农工党员任农工党中央监委会委员；常态化开展警示教育，对民主党派省委会机关公职人员遵规守法专项检查反馈情况进行整改，配合开展蹲点调研。（兰凡）

中国致公党福建省委员会

【概况】 2023年，中国致公党福建省委员会深化内部监督，召开省委会机关廉政教育工作会4场次，组织观看廉政教育专题片90多人次，转发省纪委监委相关案例通报8篇。举办省委会机关2023年暑期读书班，修订机关内控制度6项，常态开展“雷锋精神耀八闽，省直机关作表率”“存正心、守正道、养正气”“尊老爱幼、扶困助残”等主题志愿服务活动。截至年底，新发展致公党员266人，完成3个支部换届，新成立省直支部三明联络点。

【思想政治建设】 2023年，致公党福建省委会举办理论学习中心组学习会11场次、“主委讲坛”宣讲19场次、现场践学活动8场次，新聘宣传思想理论研究员16人，打造致公特色精品课程2个，完成理论研究文章26篇。推进“凝心铸魂强根基、团结奋进新征程”主题教育，召开动员部署会、专题推进会、中期推进会、座谈会28场次，举办主题教育读书班4期、短视频赛等学教活动21场次，全年近20名致公党员获省级及以上表彰。建强宣传矩阵，续聘宣传信息员8人，举办“历史回眸、致公记忆”主题教育图片巡回展，在“福建致公”微信公众号、网站开设宣传专栏30多个，推送图文信息630多篇，刊印《福建致公》杂志6期。

【参政议政】 2023年，致公党福建省委会举办全省参政议政工作培训班、第六届科技创新促进经济发展论坛、参政议政沙龙进支部等活动，全年培训300多人次，全省有10个组织、19名致公党员或干部、14篇成果获致公党中央表彰。完成课题调研62项、民主监督考察调研课题2项，50项调研课题成果转化为政协提案、协商发言或社情民意信息，调研理论文章《提升参政党调研本领，推进主题教育走深走实》在《调研文稿》刊登，调研成果《关于海南自由贸易港创新创业投资若干思考》获媒体公开发表；2022年民主监督调研成果《关于构建莆田跨境电商产业生态圈的调研报告》在《中国发展》杂志发表，3篇调研文章在2022年福建统一战线专项民主监督成果汇报会暨第十八届建言献策论坛上获奖，5篇政策建议纳入论坛交流；致公党漳州市委会探索民主党派专项民主监督与中共纪检监察专责监督贯通协同，共同助力乡村振兴的经验做法得到致公党中央主席蒋作君的批示肯定。向全国两会、致公党中央、中共福建省委等提出意见建议70多条，向省政协十三届一次会议提交大会发言18篇、集体提案10件、界别提案2件，其中《发挥闽侨独特优势，深入推进高水平对外开放》大会口头发言获省领导批示2次，2件提案入选重要提案摘报，并获得省领导批示4次。全年编报社情民意信息750多篇，被国家和省级单位采用670多篇次，获得省级以上领导批示6篇，6篇成果被致公党中央采用为集体提案素材，2篇论文被致公党中央“中国发展论坛·2023”采用，其中《关于举办“东瀛惨案”100周年受害者悼念活动的建议》获国家领导批示。

【交流联谊】 2023年，致公党福建省委会聘请来自32个国家的62名闽籍侨领担任福文化海外宣讲员，在海外开展活动20多场次；举办“福兔呈祥、四海同圆”“点亮中国红”等活动，相关做法得到中共福建省委领导的批示肯定；开展侨史馆建设、“两国双园”建设等课题调研10多场次，反映涉侨信息20多条。召开闽籍侨领座谈会3场次，接待海外社团到访23批次，向20多个海外侨社发去换届贺电。举办2023年追梦中华福建行·华侨（裔）子弟“寻根之旅”夏令营，“一带一路”沿线国家和地区30名华侨（裔）子弟参加。助力两岸融合，搭建“一二一”平台，承办第十五届海峡论坛·两岸社区服务恳谈会，举办第三届“第一家园”闽台职工运动交流赛、第四届闽台青年棒球邀请赛、台籍教师中秋座谈会等活动。致公党福建省委会助力闽台融合发展经验做法《甘为两岸“架桥人”》被《政协天地》报道。

【社会服务】 2023年，致公党福建省委会助力产业发展，发挥福建致公乡村振兴指导员作用，率先在莆田仙游召开助力乡村振兴工作现场会，持续落实莆田仙游、南平政和、三明三元、贵州毕节七星关、甘肃定西产业发展措施，开展科技下乡、技术帮扶等“点餐”服务30多场次，推动实施“公益助农”“数智学徒”“三茶融合”“沪明合作”等项目20多个，帮助解决产业发展难题20多个，带动投资超2500万元。推进公益慈善，对接落实公益慈善资金和物资总价值800多万元，开展“点亮微心愿”“重阳敬老”“同心送福”“同心送诊”“灯山行动”“一老一小”关爱行动，举办致公学校2023年学生夏令营，挂牌成立第19所致公小学，持续打响“爱心助侨”“致公学校”“致福+”社会服务品牌。参与暖侨心行动，走访慰问明溪县沙溪乡梓口坊村敬老院，助力明溪县沙溪乡入选全国“枫桥式工作法”单位。3名致公党员入选新时代民营经济强省党外专家服务团；在第五届“善行八闽——公益慈善项目大赛”评选中，“福建致公乡村振兴指导员”项目获评优秀奖，“爱心助侨”项目获评组织奖。

【组织建设】 2023年，致公党福建省委会召开主委办公会8次、主委会5次、常委会4次，向致公党中央、省政协、省委统战部汇报工作7场次。全年新发展致公党员266人，完成中医药大学总支、省委会机关支部、省直信息学院支部等3个支部换届，新成立省直支部三明联络点；举办“践行‘四新’‘三好’、提升履职能力”骨干党员培训班、“一周课堂”基层组织负责人培训班等，推荐50多名骨干致公党员参加致公党中央、省委统战部等举办的培训班，3名致公党员援疆，3名致公党员到政和县挂职锻炼；推进活力基层组织创建活动，新增“党员之家”5个。

（叶德生）

九三学社福建省委员会

【概况】 2023年，九三学社福建省委员会开展“深学争优、敢为争先、实干争效”行动和“凝心铸魂强根基、团结奋进新征程”主题教育。发挥科技特色建言献策，举办科技论坛。围绕挂钩帮扶和科技科普、健康服务等开展社会服务工作。2023年，新成立3个基层组织，新发展社员219人。截至年底，全省共有238个基层组织，共有社员5708人。

【思想政治建设】 2023年，九三学社福建省委会开展“凝心铸魂强根基、团结奋进新征程”主题教育，社省委会领导班子成员开展学习宣讲指导、工作交流共30余次，组织社各设区市委会赴江苏、安徽“九三学社全国传统教育基地”考察学习。组织参观学习“3820”战略工程实施30周年成就展、“苍霞人家”棚户区改造等一系列主题活动。与社新疆区委会联合举办新任委员培训班暨暑期读书班，组织社各级组织和骨干社员参加社中央举办的4期“网络课堂”专题学习。参加福建省各民主党派、无党派人士纪念“五一口号”发布75周年座谈会和音乐鏖诗书画笔会，发动全省社各级组织开展座谈交流、读书沙龙等纪念活动。首个全国九三学社社员教育培训基地在福建古田干部学院挂牌成立。全年开展社员思想态势调研2

2023 年 11 月 30 日，首个全国九三学社社员教育培训基地在福建古田干部学院挂牌成立（九三学社福建省委会）

次，完成省委统战部 1 件调研课题，获中央统战部 2023 年度民主党派工作调研报告三等奖；2 篇征文获社中央“两个结合”主题优秀征文三等奖；选送的《九三学社简史》课程获全省统战系统民主党派精品课程评选一等奖；两部短视频分别荣获福建统一战线礼赞新时代短视频大赛“最佳创意奖”和“优秀作品奖”。全年编印《福建九三》6 期，在社省委会网站、微信公众号分别发布宣传稿件 703 篇、824 篇，其中获社中央采用 207 篇。

【参政议政】 2023 年，九三学社福建省委会参加省政协专题议政性常委会议 2 场、专题协商会 4 场、网络议政远程协商会 1 场，提交会议发言材料 31 篇。共立项课题 40 项，完成调研报告 54 篇，其中，《从宁德时代看创新型企业成长之路》被九三学社中央采用，在第 18 届“九三论坛”上作专题发言；18 篇调研成果被政协协商会议采用收录汇编；2 篇入选会议专题发言；2 篇入选会议即席发言。轮值承办 2022 年福建统一战线专项民主监督成果汇报会暨第十八届建言献策论坛，发言汇编获中共福建省委主要领导批示，《做大做强锂电新能源产业，打造高质量发展增长极》《关于宁德市海洋产业发展的建议》被评为调研成果特别奖，《关于完善福建省科技创新平台管理的对策建议》被评为一等奖，《关于推进我省知识产权证券化的建议》《关于完善我省饮用水水源地建设与保护的对策建议》被评为二等奖。在省政协十三届一次会议上，社省委会提交 10 件集体提案、3 件九三学社界别提案、7 篇大会发言，其中，1 件提案入选重要提案摘报，2 篇大会发言得到省领导批示。担任省政协委员的九三学社社员共提交委员个人提案 31 件。与省政协人资环委共同开展民主监督视察调研课题，形成的《关于扎实推进互花米草除治工作的调研报告》被省政协以专报件形式报送中共福建省委。以“聚焦新材料·布局新赛道”为主题举办九三学社福建省 2023（龙岩）科技论坛。报送各类社情民意信息 540 件，其中 40 件被社中央采用、73 件被省政协采用、1 件获省领导批示，获评社中央信息工作三等奖。社省委会被社中央评为 2021—2022 年参政议政先进集体、5 名社员被评为参政议政先进个人。

【社会服务】 2023 年，九三学社福建省委会与永泰县政府开展第二期“九永合作”，新立项开展“李梅基因库”建设暨“皇冠李”新品种引种与示范推广。继续做好与政和县东平镇、将乐县的帮扶工作，指导东平镇生态茶园建设和文旅产业融合发展，指导将乐县企业投资 2000 多万元新建成投产竹纤维、竹塑产品生产线，组织相关企业项目参展 2023 中国创新创业成果交易会，指导常口村黄精种植示范基地建设。举办九三学社中央专家三明苏区行活动，邀请数字经济专家作专题辅导报告。推动九三学社三明市委会分别与九三学社上海虹口、杨浦区委会签订合作协议。组织福州大学等高校社组织赴仙游等地开展交流合作。以民主党派名义申报并全部由党派成员组成的九三学社龙岩市委会甘薯产业、米粉加工科技特派员团队，助推挂钩企业做强做大，经验做法得到社中央领导肯定与批示。举办“同心·健康服务”“九三同心关爱行动”“九三学社专家同心科普行”等活动，向建瓯丰乐九三小学等地捐建“九三同心科普”图书室。全省社各级组织全年累计举办各类健康服务活动 70 多场次，服务群众 9000 多人次；开展爱老敬老、环保、慰问、救灾等各类志愿服务活动 60 多场次，直接服务群众 1600 多人次，慰问困难群众 160 多户，发放慰问品、慰问金总价值 28 万元；累计举办科普讲座、宣传 50 多场次，受众 5600 多人次，发放材料 7000 多份；帮助家庭困难学生 150 多人，捐赠助学助教资金近 20 万元，向甘肃地震灾区捐款共 6 万多元。

【组织建设】 2023 年，九三学社福建省委会新发展社员 219 人，截至年底，全省社员 5708 人。95 名社员当选各级人大代表，348 名社员担任各级政协委员；担任厅局级职务 20 人、县处级 136 人。15 名社员获 2021 年度福建省科学技术奖，21 名社员入选 2022 年度福建省科学技术奖公示名单。1 名社员获中国物理学会 2022—2023 年度萨本栋应用物理奖，2 名社员获第 11 届紫金科技创新奖，2 名社员获第十七届福建省青年科技奖，1 名社员获西藏自治区“全区优秀教育援藏人才”称号。举办各类培训班，培训 260 人次，线上培训 500 多人次。帮助 1 名社员申请获得“九三王选关怀基金”资助 5 万元。新成立平潭综合实验区基层委员会、福建省妇幼保健院支社、龙岩市永定区支社，完成省直二支社、地矿支社、双创支社等基层组织换届工作。全省共有 238 个基层组织，其中基层委 34 个、支社 204 个。新增 5 处“社员之家”，共设立 25 处。省市青工委联合举办青少年科普夏令营、“三茶统筹”课题研讨会等活动。

组织社省委会内部监督委委员参加社中央内部监督委在福建古田干部学院举办的九三学社中央内部监督工作培训班。

（张妍）

台湾民主自治同盟福建省委员会

【概况】 2023年，台湾民主自治同盟福建省委员会组织开展学习贯彻中共二十大精神专题宣讲和主题教育。推进参政议政和建言献策工作，助力闽台交流，持续开展社会服务。台盟福建省委会和南平、泉州、漳州、福州市委会分别获省级、市级参政议政先进集体和突出进步奖。蒋碧辉等14人次盟员、盟务工作者获评台盟中央2023年参政议政先进个人、参政议政进步奖、社情民意信息工作先进个人。截至年底，全省共有盟员786人。

【参政议政】 2023年，台盟福建省委会在全国两会期间，向台盟中央提交提案及大会发言素材70篇，被采用5篇。其中，《关于优化青少年心理健康教育》的提案获评全国政协重点提案。在省两会期间，共向大会提交提案10篇，且全部被采用，大会口头发言《构建闽台航运大通道，积极探索海峡两岸融合发展新路》得到3名省领导批示。轮值承办2023福建统一战线民主监督成果汇报会暨第十九届建言献策论坛，民主监督报告《推动两岸行业标准共通，以制度型开放助力两岸融合发展》等2篇获特别奖；建言献策成果获一等奖1篇、二等奖2篇、三等奖1篇。全年报送社情民意信息526篇次，被全国政协等采用140篇次。牵头完成台盟中央重点课题《加强两岸产业合作，打造两岸共同市场》，组织各市委会参与各类重点课题调研16项，累计完成调研报告48篇。调研成果《传承弘扬习近平总书记在闽工作期间开创的重要理念和重大实践，提升民主党派主题教育实效》获中央统战部一局一等奖。

【闽台交流助力】 2023年，台盟福建省委会与台盟辽宁省委会等共同主办海峡论坛·第十四届海峡两岸船政文化研讨会，全国政协副主席、台盟中央主席苏辉出席研讨会开幕式并致辞；组织大连海事大学、大连船舶重工、旅顺大坞等加入研讨会，邀请大连海事大学“育鲲”轮访问福州市马尾区的中国船政文化城；台盟福建省委会、台盟辽宁省委会与大连海事大学签署合作协议。邀请台湾商工统一促进会出席第十五届海峡论坛。承办大江论坛有关活动，举办首届两岸少数民族乡土文化研习营，指导举办纪念施琅统一台湾340周年座谈会、首届许地山研究学术会议，邀请台湾雾峰林家后裔参访团赴福建省档案馆参观等。全年共接待台胞20批363人次。

【社会服务】 2023年，台盟福建省委会组织赴贵州赫章县开展社会服务，举办“筑梦师者”教师培训班，来自贵州省赫章县等的63名学员参加培训。组织省协和医院有关专家赴政和县石屯镇开展义诊，设立省台盟、协和医院医疗帮扶点。邀请台籍医生进社区开展义诊、便民服务等学雷锋志愿服务活动。拨付10万元支持连城冠豸同心书屋建设，协调帮助推动连城县棒球小镇项目建设。连续17年开展“闽台同心关爱女童”活动，资助贫困女童320多人次。

【组织建设】 2023年，台盟福建省委会完成届中调整，选举产生台盟福建省第十一届委员会主任委员。指导台盟福州、南平市委会完成主任委员、专职副主委等调整，指导厦门市委会委员增选工作，做好台盟中央各专门委员会成员推荐，设立省直支部三明联络点。新增盟员28人，共有盟员786人。组织6名青年盟员参加台盟中央第十一、十二次协商议政论坛，两次论坛共获得一等奖2名、二等奖2名、三等奖2名。

（陈志清）

福建省工商业联合会

【概况】 2023年，福建省工商业联合会聚焦助力实施新时代民营经济强省战略，开展“爱拼会赢促发展同心建功新时代”系列活动，以“八个一百”同心赋能促发展和“同心赋能为民营企业解难题办实事”行动为抓手，成立服务民营企业工作专班，搭建校企对接平台，开展建言献策，持续优化政策、金融、法律、标准、人才等服务。连续第六年发布福建省民营企业100强榜单，连续两年发布福建省创新型民营企业100强榜单；举办福建省工商业联合会成立70周年庆祝座谈会。截至年底，全省工商联有会员32.8万个，所属商会2219家。

【思想政治引领】 2023年，福建省工商联采用“工商联机关＋商会＋民营企业”三方联动模式推进主题教育，举办演讲比赛、培训班，组织赴福州市“3820”战略工程实施30周年成就展馆等开展现场教学。制定《福建省工商联2023—2027年教育培训规划》，联合省委统战部举办“红船启航”“薪火相传”“育新枝”等8期主题培训班，民营企业家教育培训工作得到省长批示肯定。组建“闽商讲师团”开展线上线下宣讲100多场、录制30节线上课程。新设福州企业家之家、谷文昌干部学院为省级民营经济人士理想信念教育基地。截至年底，全省有全国级基地2个、省级基地6个、市级基地75个。

【福建省工商业联合会成立70周年庆祝座谈会】 2023年12月5日，福建省工商联成立70周年庆祝座谈会在福州举行。省委书记、省人大常委会主任周祖翼出席座谈会并讲话。周祖翼代表省委、省政府向省工商联成立70周年表示祝贺，对工商联提出加强思想政治引领、推动民营经济高质量发展、促进共同富裕、打造民营经济人士之家的要求。会上发布《千会万企贯彻新时代民营经济强省战略行动宣言》。

【参政议政】 2023年，福建省工商联配合省委、省政府及有关部门开展新时代民营经济强省战略规划编制有关工作，参与举办“实施新时代民营经济强

2023 年 12 月 5 日，福建省工商业联合会成立 70 周年庆祝座谈会在福州举行（省工商联）

省战略推进民营企业创新转型”专题协商议政会议。围绕积极发挥民营企业在恢复和扩大消费中的作用等课题开展调研，围绕优化提升政务环境等开展民主监督考察调研和界别协商活动。提交省政协十三届一次会议提案 12 件和大会发言 7 篇，建言献策成果获省领导批示 17 件次、省级以上表彰 18 篇次，社情民意信息被采用 391 件次，获评全国工商联社情民意信息和民营企业调查点工作先进单位，4 篇民营企业季度运行状况调查报告均被省领导批转有关部门办理。参与 2023 年度全国工商联万家民营企业评营商环境工作，福建省营商环境总体水平居全国第九位。

【民营企业服务】 2023 年，福建省工商联成立服务民营企业工作专班，开展“同心赋能为民营企业解难题办实事”行动，收集并办理民企诉求 184 件次，推动工程招投标公平竞争有关意见建议吸纳到政策文件中。组织 600 多家民企与 8 家高校科研院所对接，帮助 100 余家民企达成 113 项产学研合作项目。联合省委统战部组建“同心·闽商服务团”，为企业转型提供咨询诊断、行业趋势分析、产业链对接等服务。会同省市场监管局开展“标准创新服务新时代民营经济强省战略”系列活动，举办福建省民营经济标准创新发展大会暨 2023 年民营经济标准创新周福建专场活动，民营企业标准创新工作得到全国工商联主要领导的批示肯定。

年内，省工商联组团参加世界华商大会、“一带一路”高峰论坛等活动，参与举办“一带一路”国际商协会大会；与省住建厅举办建筑业国企民企“抱团出海”对接会，助推 17 家民营企业与 5 家国企抱团“走出去”；组织 1000 多家民营企业参加“合规月月谈”培训。组织 400 余家民营企业与金融机构召开 7 场对接会，与中信银行共同启动金融助力民营企业“走出去”系列活动，推动 39 家商会、民营企业与银行达成合作协议。全省组织评审并确认民营企业高级职称 834 人。

开展“法律三进”（法律进企业、商会和机关）活动 500 余场次，惠及民营企业数万家。全省 740 家律师事务所与 721 家各级工商联所属商会和 65 家县级工商联建立“万所联万会”联系合作机制。省市县三级第三方机制管委会组建实现全覆盖，全省办理企业合规案件 149 件，帮助 255 家涉案企业平稳过渡，6 件典型案例被最高检、全国工商联转发。福建省城市市容环境卫生行业协会人民调解委员会获评全国模范人民调解委员会。在全国工商联表彰中，福建省 3 家商会人民调解委员会获评商会调解培育培优行动突出组织，5 个案例获评百佳商会调解案例，4 个案例获评民营企业产权司法保护协同创新百佳实践案例，2 个案例获评首届中国企业法治建设创新典型，1 个案例获评司法协同保护典型案例。

【闽商回归】 2023 年，福建省工商联组织千名省外闽商回乡考察，在兰州召开全国福建商会工作座谈会暨闽商回归推进会，收集回归项目线索 104 条，涉及金额 1092 亿元。联合省委统战部开展“第七届世界闽商大会民企签约项目回头看”专题调研，推动解决 50 个重点项目存在的 30 多个问题，得到省委书记、省长等省领导批示。

【社会服务】 2023 年，福建省工商联在三明召开“万企兴万村”行动推进会。全省 2009 家民营企业和商会组织参与“兴村”2640 个、实施项目 3248 个、投入资金 211.38 亿元。开展“闽商塞上行”活动，促成闽商在甘肃投资项目 23 个、金额 150 多亿元，引导 7 家商会、企业挂钩帮扶西藏阿里边境村。开展“百城万企”民企高校携手促就业行动等，动员 5000 多家民营企业提供 7.32 万个岗位，1.26 万名求职者达成就业意向。

【组织建设】 2023 年，福建省工商联制定《福建省工商联 2023—2027 年组织建设工作规划》《福建省工商联 2023—2027 年所属商会建设规划》。全省工商联有会员 32.8 万个，所属商会 2219 家。72 家县级工商联获评全国“五好”县级工商联，74 家商会获评全国“四好”商会。省外闽籍商会 908 家。省级所属商会党的组织覆盖率 97.9%，党的工作覆盖率和党建入章率均为 100%。

【福建省民营企业 100 强榜单发布】 2023 年 9 月 19 日，福建省工商联在龙岩市举行 2023 福建省民营企业 100 强发布会，连续第六年发布福建省民营企业 100 强榜单，连续两年发布福建省创新型民营企业 100 强榜单，制造业民营企业从 50 强拓展至 100 强，首次发布服务业 100 强榜单。2022 年福建省民营企业 100 强入围门槛 49.3 亿元，比上年增加 6.3 亿元。民营企业 100 强营业收入总额 21400 亿元，资产总额 21000 亿元。营业收入超 100 亿元的民营企业 47 家。

（吴雅静）

编辑：林忠玉

群众团体

福建省总工会

【概况】 2023 年，福建省承办首届全国职工数字化应用技术技能大赛决赛花落福建，在决赛中表现突出并获全国总工会、省政府的联合表扬；投入 2 亿余元组织 15.11 万名职工参加疗休养；首创小微企业工会经费“主动返还”，返还工会经费 1.93 亿元；首创劳模工匠“三进”（进企业、进乡村、进校园）行动，入选全国首批“劳模工匠助企行”试点省份；工会工作（驿站建设）首次列入省委省政府为民办实事项目，“驿站十”纳入全国工会驿站建设标准；连续两年获全国工会劳动领域政治安全工作考评优秀等次。

【职工思想引领】 2023 年，福建省总工会开展学习贯彻习近平新时代中国特色社会主义思想主题教育，坚持党组、机关、支部、党员“四级联动”学习机制，一体推进理论学习、调查研究、推动发展、检视整改、建章立制，健全完善“四个以学”（以学铸魂、以学增智、以学正风、以学促干）长效机制。开展“让新思想飞入寻常百姓家”系列活动，联合全国总工会理论研究会举办深入学习习近平总书记关于工人阶级和工会工作的重要论述主题研讨活动，“持续坚持政府与工会联席会议制度”入选“循足迹、学思想、谋发展”实践案例。打造劳动一线“思政课堂”，开展“党的二十大精神在身边”千名劳模工匠千场“微宣讲”、劳模工匠“五进”（进机关、进企业、进学校、进乡镇、进社区）等基层宣讲活动 2318 场，覆盖职工 236 万人次。拓展工会阵地政治功能，立足户外劳动者驿站、职工书屋等阵地，在全国首创在驿站探索思想政治引领实践，相关案例获评 2023 年全国职工思想政治引领创新案例。开展“中国梦·劳动美”主题宣传教育，举办纪念林祥谦烈士牺牲 100 周年系列活动、“劳动最美丽”主题征文、八闽职工诵读、“网聚职工正能量争做八闽好网民”等活动。《工人日报》全年报道福建省工会工作情况 150 篇，其中头版刊登 46 篇。

【职工技能提升】 2023 年，福建省总工会助力“四大经济”（数字经济、海洋经济、绿色经济、文旅经济）培育经济发展新动能，实施“五助五促”（助凝心促发展、助建功促增效、助返岗促复工、助文旅促消费、助惠企促民生）等行动。承办首届全国职工数字化应用技术技能大赛决赛，福建省选手囊括所有工种的第一名，省总工会获得最佳组织奖，受到全国总工会和省政府联合表扬。举办第二届福建省数字工匠技能大赛，省市县三级工会组织数字竞赛 242 场，推动数字工匠建功数字福建。开展“奋进新征程、建功新福建”主题劳动和技能竞赛，组织省级竞赛 72 场，县级以上工会组织竞赛 813 场。发动 4 万余家企业、184 万余人次参与职工“五小”（小革新、小发明、小创造、小设计、小建议）创新大赛。坚持把民营企业作为推进产业工人队伍建设改革的重

2023 年 6 月 7—9 日，全国职工数字化应用技术技能大赛决赛在福州举行。图为 6 月 9 日闭幕式现场 （陈晋祥 摄）

点和突破口，全省有1063家民营企业投入“千家民营企业参与产改”行动，精选88家民营企业参与市级以上产改试点，实施新一轮“求学圆梦行动”，招收农民工学员9135人，举办首届新就业形态劳动者本专科班，“八闽工匠学堂”注册人数12.91万人。

【劳模表彰宣传】 2023年，福建省召开庆祝“五一”国际劳动节暨表彰劳动模范和先进工作者大会，表彰353名省劳动模范、143名省先进工作者。首创劳模进企业、进乡村、进校园“三进”品牌，入选全国首批“劳模工匠助企行”专项行动试点省份，创新实施关爱高龄劳模“暖心工程”专项行动。

【职工关爱服务】 2023年，福建省总工会实施“工会送岗、乐业八闽”行动，举办招聘会1177场次，提供就业服务86万人次，投入返岗交通补助6300余万元、惠及职工12万余人。实施新就业形态劳动者工会工作三年行动计划，新就业形态企业累计建会6235家，入会约38万人。关爱新就业形态劳动者，帮助1万多人实现“微心愿”，为10万人购买人身意外伤害保险。组织4.08万家企业参加“安康杯”竞赛活动，覆盖职工401.7万人。筹集款物1.37亿元开展“夏送清凉”系列活动。推进困难职工帮扶，筹集“两节”送温暖资金1.02亿元，慰问帮扶职工48.18万人次；筹集“金秋助学”资金917.65万元，资助困难职工子女2306人。实施“为职工办实事”项目，推出六大专项行动13项举措。深化职工医疗互助活动，组织281.47万名职工筹集互助金1.93亿元，为10.52万名职工发放补助金1.54亿元，为3万余名环卫职工“定制”专属医疗互助。职工子女暑托班惠及3.57万个职工家庭，联谊交友活动惠及万名单身职工。推动工会项目（驿站建设）首次纳入省委省政府2023年为民办实事项目，探索“驿站+”新模式；全省工会投入1.28亿元，推动建成站点4080个，服务覆盖680余万职工群体；全省150个驿站获评全国“最美工会户外劳动者服务站点”，省总工会获评全国总工会“在推进双15工程中作出重要贡献的单位”。加强服务阵地建设，拨付市县工人文化宫建设补助资金3222万元，在全省新建100家“妈妈小屋”、30家医生休息室，对正常运营的527家共享职工之家给予补助。全方位开展职工疗休养8个“1+N”重点工作，组织15.11万名职工参加疗休养，命名61家省级示范基地。做优小微企业工会经费全额“主动返还”工作，全年向13.92万家次小额缴费工会组织返还经费1.93亿元。

【工会民主协商】 2023年，福建省总工会长效化推进民主协商机制建设，坚持和发展政府与工会联席会议制度，召开省政府与省总工会第35次、第36次联席会议，并推动该制度从省市县延伸到914个乡镇（街道）。举办福建省能级工资协商竞赛暨第二届集体协商竞赛，指导1500余家企业开展集体协商质效评价工作。

【劳动领域政治安全维护】 2023年，福建省总工会体系化推进工会法治工作，配合省人大常委会修订并审议通过《福建省实施〈工会法〉办法》，持续抓好实施办法的宣传贯彻。推动职工法律服务“园区枫桥”机制扩面提质，全省98个工业园区完成建制，调处劳动纠纷4151件、涉案金额1.19亿元。常态化维护劳动领域政治安全，协同23家单位建立维护劳动领域政治安全联动机制，并推动工作机制向市县下沉。加强职工队伍稳定风险专项排查化解，为百家新业态企业提供法治体检。建成“12351”工会服务职工热线省级话务中心，职工信访办结率100%。密切联系引导社会组织，命名挂牌17家“福建省工会联系引导劳动领域社会组织服务职工示范基地”。省总工会连续两年获全国工会维护劳动领域政治安全工作考核评价优秀等次。

【工会改革】 2023年，福建省总工会全链条深化品牌工会建设，建立“培育—评审—提炼—推广”闭环管理机制，推动工会改革创新向纵深推进，评选首批40个福建省工会改革创新项目建立项目库，从中评出“十佳成果”“优秀成果”，首次举办项目成果推介活动。“驿站+”纳入全国工会驿站建设标准，“园区枫桥”机制、“八闽工匠学堂”两个工作品牌分别获得第六届全省机关体制机制创新“十佳案例”“百优案例”，坚持政府与工会联席会议制度入选省委主题教育办《循足迹学思想谋发展实践案例汇编》，工会干部赴基层蹲点入选省委主题教育办《“四下基层”实践案例汇编》。深化“县级工会加强年”专项工作，构建省市工会全覆盖对口联系83个县级工会工作机制，省总工会对市县工会直接拨付资金5.16亿元。省市县三级工会共组成224个蹲点工作组，以“7+N”工作为抓手帮助基层和职工解决实际问题。 （张花妹）

共青团福建省委员会

【概况】 2023年，共青团福建省委员会举办理论学习中心组学习会19次、主题读书班4次、现场教学8场。系统梳理习近平同志在福建工作期间关心青年工作案例20个，作为省团史馆“牢记嘱托、砥砺前行”展陈内容。书记会班子成员带头开展调研课题14个，深入基层调研100余次、组织座谈100余场。福建省高校军事兴趣类社团调研报告获得团中央书记处第一书记阿东及省政府主要领导、省委分管领导批示。组织参加共青团十九大，选举产生团十九大代表39人，福建省代表中4人当选团中央委员，2人当选为团中央候补委员。召开省第十五次团代会，省委书记周祖翼出席开幕式并讲话，团中央书记处书记徐晓到会指导，省委常委，省人大常委会、省政协党组书记，以及省人大常委会、省政府联系领导出席开幕式，会议选举产生新一届团省委常务委员会。省委主要领导参加福建少先队庆祝“六一”国际儿童节主题队日活动并寄语全省少年儿童、对全省共青团工作作出批示肯定。团中央书记处第一书记阿东到闽调研并宣讲团十九大精神，对海峡青年论坛、福建青年先进事迹宣传工作作出批示肯定。

【青少年思想引领】 2023年，共青团福建省委开展理论学习中心组学习、用好“第一议题”制度、举办专题读书班，以及书记会班子成员带头上讲台、讲党课等方式，为全省团组织作出示范。各地各系统团组织通过干部大会、报告会、培训会等形式迅速开展传达学习。发动11.47万个基层团组织依托“三会两制一课”（支部大会、支部委员会、团小组会、团员教育评议制度、团员年度团籍注册制度、团课）、主题团日等载体，开展座谈交流、征文演讲、知识竞赛、网络学习等活动2000余场。团省委、省青联、省学联、省少工委联合省委主题教育第七巡回指导组分别召开5场专题座谈会，带动各级青联、学联、少先队以及青年文明号、青年突击队集体，开展座谈讲座、研讨分享、实践体验等活动。开展集中性宣讲解读。团省委书记会班子成员带头深入基层、走进青年，面对面为团员青年宣讲重要讲话精神；发动各级青年讲师团、红领巾巡讲团成员、“青马工程”学员深入中小学校、青少年宫等基层一线，开展特色宣讲4600场，覆盖青少年60.9万人次。各地各领域团组织发动团十九大代表、团干部、“福小青”宣讲团成员等，深入企业、农村、学校、街道社区等基层单位，开展分众化、互动式宣讲。发挥“青春福建”融媒体中心作用，通过推出新闻报道、开设学习专栏、采写青年反响等方式开展宣传。设计推出《“青”声传递团十九大精神》《听，“青说新思想”》等系列主题推文80余篇、短视频100余条、金句海报30余组，阅读量600多万人次。

【团员和青年主题教育】 2023年，共青团福建省委推动团员和青年主题教育纳入党的第二批主题教育工作内容，省委主要领导在全省部署会议上进行专门强调，省委领导多次提出要求、作出批示、开展专题调研，与大学生交流、上专题思政课。各级党委（党组）落实党建带团建制度机制，市、县两级党委均专题研究相关工作，各级党委领导作出相关指示批示167次，按规定参与专题调研、基层学习、交流实践等相关活动，全省各高校党委领导为学生讲授专题党课156场。建立团省委书记会班子成员联系指导高校（基层单位）双周报机制，深入基层一线调研督促101次，召开高校共青团工作会议6次。针对系统行业团员和青年、企业团员和青年、学生团员和青年、少先队辅导员、新兴青年群体，设立5个专项组，建立指导组沟通、贯通、处置和反馈报送工作机制，制定下发《工作清单》《工作手册》《同题共答交流提纲》《指导提示单》等，采取集体座谈、面对面交流、“四不两直”等方式开展实地指导164次，编发工作简报21期。150篇简报、115条工作信息被党委主题教育简报采用，6篇简报、25条工作信息被团中央采用，在省级以上媒体宣传报道352次。聚焦重点群体，将高校团员青年高质量理论学习作为重点，建立班团“一体化”、团学“一体化”学习机制，开展形式多样的青年沙龙、读书分享会、座谈交流会1.05万场，覆盖112.5万人次。发挥学联学生会、社团组织等团学骨干领学导学作用，以“定制＋送学”的订单模式，开展小规模、互动式理论宣讲6265场，录制“青马学员说”微视频273期。突出福建特色，在指定书目、学习篇目基础上，将习近平总书记对福建工作的重要讲话重要指示精神纳入学习范围，开展“4＋1”专题学习，实现4个专题参学率均达100%，覆盖全省团支部9.96万个、团员191.91万人。以星级评价、示范带动、结果运用为抓手推动开展组织生活会，召开省级示范性组织生活会5场。围绕“清澈的爱只为中国”主题，把集中式宣传教育与互动式“微”宣讲紧密结合，挖掘全省各地青年在传承弘扬“马上就办、真抓实干”“晋江经验”等重大理念中的生动实践，开展重走领袖足迹、先进事迹巡讲等活动2000余场，覆盖青年近10万人次，线上覆盖超400万人次。

【青年就业创业】 2023年，共青团福建省委实施青春建功“先锋”工程，在全省1580个重点项目中成立青年突击队1838支、覆盖青年职工15276人次，开展“安全生产月”“青年文明号开放周”等活动22957场。组织青年积极参与第十届“创青春”中国青年创新创业大赛，获各类奖项74个。举办“挑战杯”大学生课外学术科技作品竞赛，吸引61所高校2657件作品参赛。服务大学生实习就业。实施一般院校低收入家庭学生就业帮扶计划，帮助3450人实现精准就业；“扬帆计划”征集岗位13.5万个、比上年增长46.4%，推动4.8万名大学生上岗实习、增长46.9%，其中“双一流”高校上岗学生数增长44.1%；开展就业领航宣讲活动75场，举办“千校万岗就业有位来”“千校万岗筑梦基层”等系列招聘会70场，发动5240家企业提供就业岗位12万个。

【青年志愿服务】 2023年，共青团福建省委推动青年助力全面推进乡村振兴，召开全省西部计划项目实施20周年座谈会，招募414名大学生志愿者服务西部和福建省欠发达地区；举办全省“三下乡”活动启动仪式，动员15万余名大学生参与乡村振兴实践；持续开展“青联组织服务千村”计划，依托“青联希望小屋”开展服务148次；“青耘福建”直播帮助销售农产品1094万元。以“美丽新福建·青春在行动”专项行动为抓手，开展主题环保活动2083场，动员13.6万名青少年投身美丽福建建设。深化闽宁共青团对口协作，与宁夏团区委签署《闽宁青年东西部协作备忘录（2023—2024年度）》，联合实施闽

2023年6月15日，第21届海峡青年论坛在厦门开幕　　　　（团省委）

宁青年科技创新赋能等五项计划，捐赠资金290万元，支持宁夏建设“未来之星”希望工程科技创新实验室、开展青少年助学等公益事业。助力防汛救灾工作，组建青年突击队2363支，发动青年志愿者3万余人，参与防抗台风“杜苏芮”和灾后重建工作；开通省“12355”防汛救灾专线，为基层团组织划拨防汛救灾专项团费50万元，募捐价值1500万元物资支援河北救灾；为甘肃临夏州地震灾区募集价值3500万元的御寒物资装备。

【闽台港澳青年融合发展】　2023年，共青团福建省委争取团中央出台支持两岸青年融合发展相关政策举措。举办第二十一届海峡青年论坛和第十一届海峡青年节峰会，累计吸引2230余名台湾青年现场参与，成为近3年来台湾嘉宾线下参与规模最大的两岸青少年交流活动。发挥闽台同根同源文化优势，开展第十五届两岸大学校园歌手邀请赛、妈祖文化青年交流论坛等系列特色交流活动60余场。持续开展福建省引进高层次创新创业人才（台湾人才项目），实施101福建省台湾青年创业扶持计划，服务台青就业创业。启动“百万青年看祖国”福建行系列活动，开展“武夷之友”研学营等交流项目30余场，1600多名港澳青少年到福建实地走访。

【青年人才培养】　2023年，共青团福建省委实施青年发展“聚势”工程。完成省中长期青年发展规划中期评估，推动《福建省实施＜中华人民共和国预防未成年人犯罪法＞实施办法》纳入省人大常委会立法规划。召开省青年工作联席会议第四次全体会议，部署青年发展型城市建设试点中期评估工作，确定省级服务青年发展实事项目17个。结合主题教育，以调查研究、党政沟通、督促指导、经验交流等方式，统筹推进龙岩市、集美区等青年发展型城市建设试点工作。加大青年人才培养力度，联合省委人才办举办“人才福建周”闽籍优秀大学生交流系列活动，组团深入清华大学、北京大学、复旦大学、上海交通大学等重点高校宣讲福建人才政策。持续完善省外闽籍学子信息库，新增省外“双一流高校”闽籍学子信息1.2万人，在省内中学建立青年人才工作站63个，评选“扬帆计划”大学生实习基地40家。举办“福腾200”青年人才成长营、提高营，吸引130余名应届优秀高中毕业生参与。

【“我为青年办实事”实践活动】　2023年11月23日，共青团福建省委举办希望工程实施30周年主题报告会，现场募集捐款近3000万元；“希望工程圆梦行动”帮助5600名困难大学新生走进校门；“青春同行助孤行动”帮扶事实孤儿和农村困难学生1100余人次。为26个省级青少年社工项目拨付经费100万元。福建省“12355”服务台提供心理辅导、法律咨询8900人次。中高考减压线上直播为32.5万名家长和考生提供心理辅导。

【共青团改革创新】　2023年，共青团福建省委实施改革创新“赋能”工程、从严治团“锻造”工程，纵深推进团的改革、全面从严管团治团。深化基层团组织改革，召开全省工作协调会、推进会，举办省级团干部基层团务培训班，指导福州、厦门等4个设区市完善党建带团建制度机制，编发改革典型案例汇编12期，推进县域共青团基层组织改革各项任务。拓展“两新”和行业系统团建，新增省、市级行业系统团组织13家，推动规模以上已建党组织且符合建团条件的企业建团覆盖率达90%以上。推进共青团城市基层组织改革试点工作，扩展20个社区作为省级试点，同步开展重点核心指标“一月一监测”，做好中期评估工作。统筹推进青联、学联改革，制定《新时代深化福建省青联改革实施方案》，指导龙岩、南平、宁德等地开展青联换届工作。召开福建省学联第十一次代表大会，巩固深化高校学生会改革成果，加强高校团学领域舆情监测。推进从严治团，实施“深学争优、敢为争先、实干争效”行动，制订年度任务清单、问题化解清单、风险防范清单“三张清单”。修订团省委《贯彻落实中央八项规定实施细则精神的办法》，如期完成团的各级机关所属单位管理改革任务。制作《舆情参阅》43期、汇总《高校网络信息跟踪日报》120期，严密防范青少年领域舆情风险。

【少先队建设】　2023年，共青团福建省委以召开省第八次少代会为契机，推动9个设区市出台加强少先队工作实施办法，全面开展“红领巾奖章”四星章评定，举办首届省少先队辅导员技能大赛及“红领巾讲坛”“小小朗读者”等特色活动。开展“花园里的红领巾”公益暑托营，以及福建少先队先锋夏令营暨闽宁、闽疆、闽藏少年儿童手拉手等社会实践活动，拓展社会化工作体系。

（团省委）

福建省妇女联合会

【概况】 2023年，福建省妇女联合会召开党组会、党组理论学习中心组学习会、全体干部大会、全省妇联系统学习宣传贯彻会议、团体会员座谈会等，制定学习方案、宣传通知，逐条细化梳理5个方面95条贯彻落实清单。党组班子带头领学促学，带头分赴基层一线、城乡社区、农家庭院面对面宣讲，带动各级妇联以“激扬八闽巾帼志跟党奋进新征程”为主题，组织中国妇女十三大代表、专家学者、妇联执委、妇女先进典型开展接力宣讲8526场次，线上线下覆盖102.7万人次。实施新思想“探源计划”，创新实施“让新思想飞入寻常百姓家”专项行动，持续挖掘、研究阐释习近平同志在福建工作期间关于妇女儿童和妇联工作的重要理念和重大实践。在省巾帼馆打造“习近平总书记在福建关心妇女儿童事业的生动实践”展区，累计接待102批2061人次，被评为省直机关主题党日活动基地。建立贯彻落实习近平总书记重要讲话重要指示批示精神督查工作闭环机制，实行周更新、月检查、季会商、“回头看”。全省联动开展“下基层、访万家、暖民心”调研，省妇联党组班子分头深入49个县（市、区）各行各业、田间地头、企业车间开展大调研、大走访、大接访57批次，召开座谈会74场，发现并解决问题30个，形成8篇报告并推动调研成果转化运用。省妇联在省委主题教育工作推进会上作典型经验交流，特色做法21次在《中国妇女报》《福建日报》头版刊发。

【妇女思想引领】 2023年，福建省妇联持续做强“八闽巾帼红十百千万大宣讲”品牌，举办“从春天向明天”新思想巡回宣讲、“学思践悟新思想·团结奋进新征程”三八红旗手“五进”宣讲等各类活动1.3万场，覆盖497万人次。组织中央媒体、网络正能量人士到闽开展“一路芬芳·福润八闽”全媒体基层妇联行，网络话题总浏览量破亿次。开展“男女平等共向未来”主题宣传活动，覆盖200余万人次。首次承办国家网络安全宣传周个人信息保护日活动，开展第三届“八闽十佳巾帼好网民故事”评选，收获有效票数36.6万票。以“光影写芳华”为主题，在全省征集展示各行各业三八红旗手、巾帼志愿者、巾帼好网民等各类妇女典型750人。省妇联被中央网信办等部门评为国家网络安全宣传周活动表现突出单位、全民数字素养与技能提升月工作表现突出单位。《悦读·家》第四季获评中央网信办网评工作“创四优”竞赛优秀作品，第五季点击量破3亿次，被“学习强国”全国总平台专题收录，五季总浏览量破10亿次。“闽姐姐”抖音号连续3年全国省级妇联传播指数第一。福建省网上妇联建设在中央网信办会议上作典型经验交流。

【妇女交流联谊】 2023年，福建省妇联在新冠疫情后首次线下举办第十五届海峡论坛·海峡妇女论坛，全网阅读量超9000万次，评论留言超10万条，点赞量近308万次。国台办、全国妇联简报专刊登载妇女论坛成效。举办中国—中亚妇女发展论坛，是福建省首次承办的国际性妇女论坛，中亚五国和上海合作组织国家女性国家领导人、妇女组织代表、驻华使节参会。举办中国—东盟女企业家沙龙，聚焦“携手促进妇女经济赋权”，成立中国—东盟女企业家网络。举办中国网络文明大会网络文明社会共建论坛。福建省对外交流工作在全国妇联系统外事和台港澳培训班上作典型经验交流。

【女性就业创业】 2023年，福建省妇联针对女大学生、女企业家、宝妈、顶梁柱母亲等四类群体实施“福建省女性就业创业促进计划”。开展“女大学生就业创业行动”，组织优秀女性成立“百人宣讲团”进高校宣讲，联合省人社厅、省教育厅提供女大学生就业岗位16.9万多个；持续举办海峡两岸女大学生创新创业大赛，82所院校3550个项目参赛，157个项目落地孵化。建立省妇联班子成员挂钩联系民营企业制度，开展“女企业家发展促进行动”。联动金融机构发放“巧妇贷”“巾帼贷”等低息金融信贷72.7亿元，惠及创业妇女5.8万户。开展“宝妈灵活就业三百行动”，动员百家企业供岗、百个基地招聘，开展百场赋能培训，征集5.1万个“宝妈”灵活就业岗位，助力1.3万名“宝妈”重返职场。开展“顶梁柱母亲帮扶行动”，构建“三定三联三扶”机制，联合33家社会组织，募集600万元慈善资金帮扶446名困难母亲。

【妇女助力乡村振兴】 2023年，福建省妇联聚焦乡村振兴，助力绿色发展。实施“千村示范引领、万村共富共美”工程，实施“高素质女农民”培养计划，举办巾帼电商、种养编织、民宿女能人等妇女技能培训1178期，受益妇女超6.36万人次。创建省级“巾帼示范基地”39个，投入资金200万元，3家基地获评“全国巾帼现代农业示范基地”。创建各级美丽庭院示范户3.97万户、美丽庭院示范带（线）121条，全省认养认捐“巾帼林”680公顷。

【妇女助力科技创新】 2023年，福建省妇联聚焦科技创新，助力创新型省份建设。推进“碳汇科技助农巾帼行”，组织801名“女科特派联盟”成员结对服务绿色碳汇农林基地1418个。创新实施“八闽巾帼数创未来”行动，举办数创未来“她力量”活动，并首次纳入数字中国建设峰会，191万人次网友在线观看。推动女科技工作者杰青项目申报年龄从40岁放宽至43岁，联合省委人才办举办全省首期高层次女性科技人才研修班，联合省科协寻找福建省“最美女科技工作者”5人。在全国率先实施省妇联全民数字素养与技能提升行动方案，推出巾帼电商技能培训等16项具体举措，持续打造全国妇联系统唯一的全民数字素养与技能培训基地福建省妇女儿童活动中心。

【妇女助力对口协作】 2023年，福建省妇联聚焦对口协作，助力民族团结。联合福州外语外贸学院持续实施“闽宁芬芳·筑梦未来”对口协作项目，组织55名困境女童到福州免费参加夏令营、接受大学教育。联合福建乔丹体育基金会向宁夏困境妇女儿童捐赠价值2800万元的物资，得到省委领导批示肯定。持续帮扶宁夏妇联开展家政、电商等多项妇女就业技能培训，与陕西省、内蒙古自治区妇联签署合作框架协议，组织闽疆闽宁最美家庭互访、闽蒙闽疆女企业家产业对接、闽藏闽疆妇女学习互鉴等交流交往交融活动。联合省双拥办、省退役军人事务厅捐赠价值160万元的2000份拥军礼包关爱西藏新疆戍边女军人，甘肃地震后第一时间发动爱心人士捐赠价值92万元的御寒物资送往灾区，持续深化挂钩联系县政和县帮扶工作，助力巩固拓展脱贫攻坚成果。

【家庭家教家风建设】 2023年，福建省妇联持续推动《习近平关于注重家庭家教家风建设论述摘编》《习近平走进百姓家》学习宣传。培育选树各级各类家庭典型7.4万户，举办“最暖万家灯火处”八闽家主题影像故事展、编印家主题故事汇。以“最是清风传家远”为主题联动省纪委监委等部门开展清廉家风宣传教育300多场，线上线下覆盖3.2万人次。创新推出“八闽家庭福卡”，组建“礼遇最美”爱心联盟，向最美家庭提供体检、保险、信贷、购书等多重礼遇。推广三明大田县“不送彩礼送保障”妇联组织参与移风易俗创新做法，获全国妇联主要领导批示肯定；发起“简约不减爱，幸福见万家”倡议，指导武夷山、晋江做好移风易俗试点建设工作。推进落实全省家庭教育推进会部署要求，联合省教育厅等11个部门共同落实新一轮家庭教育五年规划，组织“一法一条例”万场巡讲。创新以数字化手段赋能家庭教育，集成数字化家教课程体系、构建数字化家教服务平台、打造数字化家教宣传阵地，得到全国妇联主要领导肯定。精选3.6万讲（篇）家庭教育讲座、课程、文章入库全省数字化家庭教育资源库，制作家庭教育优质指导公开课视频200讲，推荐“我最喜爱的家庭教育图书”40本。在全省221个社区（村）开展家校社共育协同育人试点工作，举办“亲子共沐书香·福进福见万家”家庭亲子阅读6500多场、参与家庭23.8万户，组建“家庭教育志愿者联盟”“家长榜样队”446支，开展家教沙龙、家庭文化节等1.3万场，参与家长超50万人次。构建家校社协同育人工作机制获评全省机关体制机制创新百优案例。

2023年9月11日，省直机关举办“尊老爱幼 扶困助残”慈善关爱文明实践活动。图为活动现场 （省红十字会）

【家庭服务】 2023年，福建省妇联优化家庭服务，助力生育友好环境。围绕“抓培训、促就业，强品牌、出标准，建联盟、树典型”，全省统一打造“闽姐姐”巾帼家政服务品牌，举办“闽姐姐”巾帼家政培训461场，推出218门在线课程，各地联动成立“跨区域巾帼家政联盟”，实施闽姐姐家政进社区“四带四促”行动，推动“资源共享、阵地共建、工作共做”。联合省旅发集团持续举办“缘启之旅”交友活动60期，2180名青年参与，成功牵手256对。实施“爱在开端”0～3岁科学育儿社区家庭支持项目，提供早教公益指导3200多场，参与家庭4.8万多户。

【妇女儿童权益保障】 2023年，福建省妇联构建“娘家人在身边”维权网络。推动《福建省妇女权益保障条例》通过二审。配合省人大常委会开展反家庭暴力法、未成年人保护法执法检查。全省联动开展10部涉妇女儿童的法规政策评估，参与19部法律法规政策制定修改，首次联合省委组织部等9部门出台并落实推进男女平等基本国策教育培训进党校实施意见。联动公检法等部门推出“娘家人在身边”17条帮扶举措，走访摸排需重点关注的困难妇女和家庭8816人（户）。落实全国妇联“12338”热线建设专项整治部署要求，提升“12338”热线平台建设，全省处置信访5445件，处置涉妇女儿童敏感舆情13件，常态化排查婚姻家庭纠纷风险隐患1139件、化解率90%。联合省公安厅建立涉家庭暴力警情联动处置机制，指导推动各地妇联处置化解涉家庭纠纷重复警情65件。向检察机关移交困难妇女司法救助线索84条，救助比例位列全国省级妇联前列。深化“春蕾安全员”机制，全省“春蕾安全员”开展常规走访观护7.8万人次。

【巾帼志愿服务】 2023年，福建省妇联创新“一月一主题”工作机制，提升巾帼志愿服务水平。发挥福建省巾帼志愿者人数全国第一、巾帼志愿服务组织城乡社区全覆盖的优势，通过选优、培树、考评、激励等措施，推动巾帼志愿服务专业化、项目化、品牌化、规范化发展。创新推出“一月一主题”志愿服务机制，联动省住建厅、司法厅和省红十字会、医务志愿者协会等部门和社会组织开展“巾帼进万家爱心敲敲门”“乡村母亲健康关爱行动”“垃圾分类·家家时尚”“安家行动，‘救’在身边”“守护家庭·普法先行”等巾帼志愿主题活动4359场次，服务121.8万人次。新增全国文明实践巾帼志愿阳光站15个，持续开展巾帼志愿服务“四个最美”评选，点赞量超49万次，产生“10万＋”推文2篇。福建省成为全国唯一在第二届全国巾帼志愿服务微电影大赛、第五届全国巾帼志愿服务征集展示活动中获得所有奖项的省份。

提升特色公益品牌，助力落实“适龄女性HPV疫苗免费接种”省委省政府为民办实事项目，惠及17.3万名适龄女性。持续举办“为爱奔跑·母亲健康1＋1”公益募捐，募集资金1341万元，救助2516名罹患两癌贫困母亲，为5.39万名困难妇女赠送保额39.77亿元的女性安康险，613名妇女获理赔2355万元，获评省学雷锋“最佳志愿服务项目”。深化“春蕾计划——梦想未来”行动，资助4800多名女童圆求学梦，“困境儿童重大疾病救治”项目资助38名困难家庭患儿重获健康。省妇女儿童发展基金会获首届“福建慈善奖”。

首创实施“点亮计划”，守护儿童健康成长。深化“八闽儿童心向党”主题实践，以“祖国请听我说”等为主题，加强儿童理想信念教育。深化家庭亲子阅读活动，全省各级妇联、新华书店联动开展“蹲下来同阅读共成长”阅读品牌活动8500多场，参与家庭25.8万人次。开发“无忧少年”福建省儿童心理健康指导服务小程序，1526家中小学校、社会组织参与使用，用户数6.1万人。发动3.2万名妇联干部、妇联执委、巾帼志愿者加入“爱心妈妈”队伍，走访慰问儿童6.5万人次，帮扶留守孤困儿童2.2万人次；实施“爱在小圆桌”暑期公益托管服务项目，服务新就业形态劳动者子女等儿童1.02万人；针对儿童近视率攀升、近视低龄化现象，募集50多万元为5035名困境家庭儿童赠送护眼灯。

【妇联组织改革】 2023年，福建省妇联实施妇联组织提质扩面、执委履职提升、团体会员倍增三项计划，紧跟“三新”领域妇女“流动链”，推进在省电子商务协会等新经济平台，数字经济龙头企业、外卖快递公司等新业态，“碳汇＋”女科技特派员联盟等新群体建立妇联组织阵地4341个、比上年增长49%，新增执委工作室431个、增长57%，新建妇女小组4377个、增长33%，市县两级妇联新增团体会员160个、增长78%。创新打造“姐妹相伴·爱在身边”服务品牌，首次开展女性社会组织公益项目案例展评活动，建立首批公益项目孵化库，创新实施巾帼牵手计划，全省新增服务联系女性社会组织165个、比上年增长46%，投入资金1422万元支持女性社会组织服务项目153个，惠及妇女儿童60.8万人次。福建省8个案例入围全国妇联妇女工作改革创新案例，位列全国第三。推广“三访三讲四送到家”一线工作法，联合省委政法委出台村（社区）妇联执委和基层网格员交叉任职的意见，全省2.5万名妇联执委兼任村居网格员，占比53%。联合省民政厅建立“1236＋N”工作机制，带动1.7万个村（居）委会妇儿工委常态化开展走访联系、关爱帮扶工作，推进妇联组织和社会治理体系融合互促。联合省委组织部举办处级女干部政治能力提升班，全省培训各级妇联干部和执委近6万人次，完成第二轮全覆盖。擦亮“巾帼心向党”机关党建品牌，巩固巡视、审计、省委全面从严治党主体责任检查整改成果，开展“存正心、守正道、养正气”主题实践活动。（林燕）

福建省科学技术协会

【概况】 2023年，福建省科学技术协会编印《习近平关于科技创新和科协工作重要论述摘编》，指导155个省级学会开展主题教育。落实新时代民营经济强省战略，出台《福建省科协服务企业科技创新若干措施》，新增认定院士专家工作站10家、学会创新驱动服务站48家。落实新时代人才强省战略，3名省特级后备人才当选中国科学院院士、中国工程院院士，推荐2人获首届“国家卓越工程师”称号、1人获中国青年女科学家奖、1人获全国创新争先奖，选送青少年参加全国中学生五项学科竞赛获奖牌90枚。推进闽台科技交流，举办第二十二届海峡两岸大学生辩论赛、第十六届海峡两岸科普论坛，承办海峡科技专家论坛、港澳台大学生暑期实习福建活动。巩固拓展脱贫攻坚成果，闽宁两省区科协系统签订新一轮合作框架协议，新建科技小院15家，“推广‘科技小院’，勇担兴农重任”案例入选中共福建省委主题教育办案例汇编，在中国科协召开的全国会议上作题为《凝聚科协人才智慧科普赋能乡村振兴》的典型经验发言。

【科技工作者服务】 2023年，福建省科协举办全国科技工作者日活动，举办“笔鉴丹心——手稿中的中国科学家精神主题展”，邀请中国科学家精神宣讲团到闽宣讲，组织“共和国的脊梁——科学大师名校宣传工程”剧目《侯德榜》在闽公演，推荐福建省3个基地入选全国科学家精神教育基地、2个剧目入选全国“科学家故事舞台剧推广行动”首批名单。表彰第十七届福建省青年科技奖30人、第八届福建省优秀科技工作者30人。宣传福建省“最美科技工作者”10人、“最美女科技工作者”5人、“最美科技工作者团队”10个。遴选第六批闽江科学传播学者15人、第四批应急科普专家委员会委员10人。

2023 年 6 月 17 日，2023 海峡科技专家论坛在厦门市举行。图为海峡两岸数字科技学会联合体项目签约仪式在论坛期间举行　（省科协）

【创新驱动发展服务】　2023 年，福建省科协深化“科创中国”福建试点工作，福州市入选全国创新驱动示范市，福建 3 家企业、3 个项目分别入选“科创中国”系列榜单和科技服务团及系列品牌活动项目。举办“科技创新助力福建高质量发展”等院士专家恳谈会 2 场，省委书记周祖翼会见院士专家，省长赵龙等省领导出席恳谈会。开展“院士专家八闽行”重点活动 8 场、海智专家科技服务团福建行活动 2 场，联合莆田市人民政府举办第二十三届福建省科协年会，联合全国学会举办东南科技论坛 5 期，承办第六届世界科技社团发展与治理论坛。启动“科技志愿服务民营企业发展专项行动”，组建科技志愿服务队伍 10 个。

【全民科学素质提升】　2023 年，福建省科协协助召开 2023 年福建省全民科学素质工作会议，副省长林瑞良出席并讲话，审议通过《2023 年福建省全民科学素质工作要点》。开展科普示范县创建工作，18 个县（市、区）被认定为 2021—2025 年度全国科普示范县（市、区）。遴选 2023 年优秀科普教育基地建设项目 26 个，下达资金 1000 万元。举办“全国科普日”福建主场活动，全省 40 家单位、45 项活动获中国科协表彰。举办福建省科技创新、人工智能等青少年科技竞赛 10 项，参赛近 5 万人次。开展科普大篷车活动 370 场，行驶里程 2.51 万千米，受益 37.40 万人次。流动科技馆巡展站点 17 个，服务学校 223 所，受益 37.97 万人次。开展“科普希望行”系列活动，受益学生 2.5 万人次。

【科学决策服务】　2023 年，福建省科协联合福建省科技厅实施创新战略研究计划联合项目研究 40 个，开展福建省科协科技创新智库项目研究 40 个。中国工程科技发展战略福建研究院被福建省新型智库建设工作领导小组确定为福建省重点智库，研究院聚焦电动船舶、节能环保等 10 个产业发展战略问题，邀请 56 名院士领衔或参与研究。相关课题研究形成决策建议，向省委、省政府报送院士建议 10 份、咨询研究报告 13 份、专报件 1 份，以集体形式向省政协提交政协提案 5 份，向福建省新型智库建设工作领导小组办公室报送对策建议 7 份，多次获省委省政府主要领导批示，要求有关厅局吸纳落实，1 份提案获评省政协 2023 年度好提案。　（陈婷）

福建省社会科学界联合会

【概况】　2023 年，福建省社会科学界联合会开展学习贯彻习近平新时代中国特色社会主义思想主题教育，实施哲学社会科学创新工程，开展社科研究、社科普及、社团管理、社科评奖、社科期刊等工作，推进社科强省建设。召开省社科联第八届常务委员会第二次会议，省委常委、宣传部部长、省社科联主席张彦出席会议并讲话，会议选举产生省社科联第八届委员会副主席、秘书长。

【思想理论研究】　2023 年，福建省社科联召开省社科联八届二次全会，开展党组理论学习中心组学习会 16 场，党组会安排学习议题 31 次，举办学习贯彻习近平新时代中国特色社会主义思想主题教育读书班、全省社科联系统干部培训班、机关党员干部培训班等。开展“研究阐释党的二十大精神”重大专项研究，遴选确定 25 个研究选题，推出研究成果。举办 2023 年全省社科普及宣传周和全省百场社科专题报告会、2023 年福建社科界学术年会和青年学者论坛等。《东南学术》杂志社被评为“专业内容知识聚合服务平台创新服务示范单位”。

【社科研究】　2023 年，福建省社科联推进社科强省建设，省委常委、宣传部部长张彦 7 次主持召开专题会议，指导推进社科强省建设。结合福建发展实际，统筹谋划制定《福建省推进社科强省建设规划（征求意见稿）》。联合福建日报设立《社科强省》专栏，刊发系列理论研究阐释文章。全年全省获得国家社科基金各类项目立项 223 个，连续 3 年突破 200 个，获资助经费超 6000 万元，其中厦门大学冷门绝学专项立项数位列全国高校第一。省社科基金项目共立项 577 个，资助经费 1952.5 万元。加强项目中期检查，注重项目成果转化，为省委省政府提供决策参考 38 篇，获得省部级以上批示 21 次。加强研究平台建设，试点、培育建设福建省哲学社会科学重点实验室 14 家，新立项建设 5 家福建省社会科学研究基地。

【学术社团】　2023 年，福建省社科联发挥党组织引领作用，133 个社会组织实现党的组织和工作“双覆盖”，做好学术社团的年检、换届、活动审批等日常管理，全年完成12个学会换届、116家社会组织年报年检。加大意识形态的审查力度，对28个社会组织网站、公众号进行抽查。加强对资助经费使用情况进行抽查，抽查8个学会、2个特色科普项目。开展主题为“学习贯彻二十大砥砺奋进新征程”的福建省社会科学界2023年学术年会，资助举办1个主论坛、6个重点论坛和23个分论坛。

【社科普及】 2023年，福建省社科联开展“学习贯彻习近平文化思想建设中华民族现代文明——2023年福建省社会科学普及宣传周”，举办百场社会科学专题报告会、东南周末讲坛、第20期和21期网上竞答活动。评审资助社会组织社科普及特色活动资助项目20个，评审命名2023—2025年度福建省社会科学普及基地49家。出版社会科学普及读物18种；确立30项社科普及出版资助项目；重新修订《福建省社会科学普及基地管理办法》。

【社科评奖组织】 2023年，福建省社科联组织开展省第十五届社会科学优秀成果评奖工作。经学科组评审、意识形态审读、科研伦理审查、专家组票决、省评委会审定通过和获奖成果公示，评出获奖成果280项，其中一等奖32项、二等奖70项、三等奖148项、优秀成果青年佳作奖30项。

【《东南学术》期刊】 2023年，《东南学术》刊发6期140篇论文，60余篇次被《新华文摘》《中国社会科学文摘》《人大复印报刊资料》等重要文摘转载，多次获省委常委、宣传部部长张彦批示肯定。《东南学术》入选“中文社会科学引文索引CSSCI（2023—2024）来源期刊”“中国人文社会科学期刊AMI综合评价核心期刊（2022年度）”，《构建中国特色哲学社会科学》栏目被评为“2023年福建省报刊十大名栏目”。

（林诺）

福建省文学艺术界联合会

【概况】 2023年，福建省文学艺术界联合会持续打造“艺心永向党”党建工作品牌，推动“工作创新推进年”建设，开展文艺创作、文艺活动、文艺惠民、文艺人才培养等，一批国际性、全国性文艺活动在闽举办，一批优秀作品在全国性专业评奖中获奖，在戏剧、音乐等艺术门类上实现新突破，“闽派”特色文艺蓬勃发展。接受十一届省委第三轮巡视。截至年底，省文联有团体会员33个，其中13个省级文艺家协会、9个设区市文联、平潭综合实验区文联、8个行业系统文联和2个高校文联。

【思想政治引领】 2023年，福建省文联以开展主题教育为契机，围绕学习宣传贯彻习近平文化思想，开展“大学习、大调研、大创作”活动，推动党的创新理论深化内化转化，组织召开主题教育研讨会及工作务虚会、推进会等30余场次，开展集中性学习研讨200余场次，邀请专家辅导授课、党组领导党课宣讲等40余场次，组织联学共学、现场教学等30余场次，举办“艺心永向党”——主题教育专题创作文艺作品展、“四下基层　心系人民”35周年主题书画展等“艺术党课”20余场次，推送理论研究、心得体会文章等300余篇。

【文艺创作和文艺活动】 2023年，福建省文联加强创作引领，召开全省推进文艺创作座谈会，举办盛世欢歌——百花颂·福建省花鸟画学术双年展等主题文艺展演100余场，组织“伟大复兴的时代赞歌”——主题歌曲征集等主题文艺创作实践活动近100场，开展“主播说乡村·我为乡村献首诗”等主题采风创作40余次，举办中国·长乐三溪乡村摄影文化节等乡村振兴主题文艺活动30余场，举办第二届中国·霞浦海洋诗会等文化传承活动60余场。实施文艺作品质量提升工程，开展“新时代福建山乡巨变”福建本土重点题材原创长篇小说签约作品等扶持项目，优化落实国家和省级文艺发展专项资金，扶持作品（项目）100余件（项）。开展名家名作宣介，组织福建省百花文艺奖历届获奖作品精品展等展演活动50余场次。组织第七届福建舞蹈“百合花奖”专业舞蹈大赛等全省性文艺赛事活动20余项，举办新时代闽派文艺理论家批评家学术活动周等评论活动。

【文艺惠民】 2023年，福建省文联实施“强基工程”——文艺助力基层精神文明建设行动，推动“欢乐常相

2023年6月18日，海峡论坛·海峡两岸同根文化艺术节暨两岸工艺品精品邀请展开幕式在厦门美术馆举行　（省文联）

逢”——新时代文艺惠民八闽万村行，发挥“文艺轻骑兵”作用，开展文学公益讲座、下基层改稿会、影视展播展映、主题灯谜展猜、书画笔会、文艺演出等惠民活动1000余场次。推进“圆梦工程”文艺培训志愿服务，举办少儿美术展、舞蹈大赛和大学生戏剧节、影像展等，开展文艺进校园活动200余场次。发挥省文联所属“两院两馆”窗口阵地作用，举办“八闽书院名家大讲堂”系列文学活动、“艺海扬帆”系列工艺美术大师作品展及节日文艺互动等活动200余场次。

【文艺人才】 2023年，福建省文联持续实施“十四五”时期“文艺英才”计划，分批次有重点培养各艺术门类“文艺英才”300余人。举办全省文联系统干部能力素质提升读书班、全省中青年电影编剧培训班等30余个，承办《诗刊》社首期青春诗人研修班、中国视协促进现实题材电视剧剧本创作培训班等全国性文艺培训活动，推荐参加中国文联舞台艺术制作人高级研修班、中国民协“山花英才”艺术创作研修班等，通过自主培训、向上送训等方式，培训文艺骨干3000余人次。

【文艺交流】 2023年，福建省文联拓展对台对外民间文艺交流，首次参加海峡论坛，组织海峡两岸同根文化艺术节系列活动，举办“中华情·中国梦”中秋展演等对台文艺交流活动30余场次，创作推出两岸主题歌曲《台北小面馆》等一批两岸题材作品。举办第12届中国国际民间艺术节等国际文艺交流活动，组织“中华福·福天下”全球华语征文等华语文学创作活动等30余场次，参加中国文联代表团赴伊朗、沙特等国参观考察，邀请澳大利亚、新西兰华人作家团到榕参访，推动《海峡艺术名家》在欧洲华文电视台等海外传播。实施“闽宁协作”、文化润疆、文艺援藏工程，联合各省区开展文化文艺交流活动近百场。 （罗永刚）

福建省归国华侨联合会

【概况】 2023年，福建省归国华侨联合会打造侨胞之家、侨家乐、双联双帮、侨智沙龙、“健康三宝”义诊、全面维权合力维权、闽侨智库、福侨世界总网等品牌。召开党组会、中心组学习会，在“福侨世界总网”、机关微信群创设“主题教育导读”，党组书记带头为全省华侨农场干部授课，举办读书班4期、专题研讨6次、专题党课5次、青年学习讲堂4次等。集体梳理问题清单9个，完成整改措施24条。侨心志愿服务队被评为省直机关“我在乡间有亩田”优秀志愿服务组织。截至2023年底，全省侨联组织4302个。

【侨界思想引领】 2023年，福建省侨联开展风险隐患排查、突出问题整治、阵地管理提升“三大行动”，加强形势综合分析研判。全年推送新闻报道700多条，开通微信公众号视频号，发布55个短视频，制作侨代会网页专题，并协调30多家主流媒体和海外华文媒体宣传推广。持续开展形势政策宣讲，班子成员分片下基层开展宣讲，通过举办读书班、专题研讨、青年学习讲堂等活动，加强宣传教育，学深悟透新思想。组织闽籍侨青“共学新思想、共筑中国梦”学习分享会、“寻足迹、悟思想、铸忠魂、担使命”“党建带侨建·侨青走基层”等主题活动，组织参观“庆祝二十大、侨心永向党”摄影展等活动。

【侨资服务经济发展】 2023年，福建省侨联做好中国侨商投资（福建）大会生成项目跟踪服务，纳入福建省全生命周期项目管理平台的22个重大签约项目实现开工，累计完成投资142.44亿元。出台《福建省侨联、福建省侨商联合会关于贯彻落实省委实施民营经济强省战略，服务侨企健康发展高质量发展的若干措施》，建立省市县三级侨联挂钩联系侨企制度。召开省侨商会第二届第二次理事会议暨服务发展推介会，支持中国侨商投资（河南）大会在福建招商路演，支持首届“海丝”侨商投资贸易大会，参与举办中菲“两国双园”推介交流活动。

【侨界人才资源涵养】 2023年，福建省侨联组织日美英法及中国科学院有关专家学者到闽考察交流合作项目，认定第二批4家“福建省侨联新侨创新创业基地”，举办闽侨智库工作及信息宣传培训班，选聘第三届闽侨智库成员100人。举办“侨界专家走基层”和人才交流活动，举办福建省归侨侨眷代表人士联络站揭牌仪式暨座谈会，协办生物医药交流，组织“服务侨企”“拓展海外市场”“服务侨商侨企、聚焦跨境资金、解读资产管理”等分享交流活动。

【华侨文化传承交流】 2023年，福建省侨联把弘扬“嘉庚精神”作为引领侨界思想的重要内容，联合举办侨连五洲·海外联谊研修班（第19期）暨“嘉庚精神”研修班（第5期），参与百集大型系列人物传记纪录片《百年巨匠——陈嘉庚》开机仪式。结合专题研修班、下基层调研、主题教育宣讲等时机，为侨界群众作弘扬“嘉庚精神”专题辅导。推动华侨文化传承，配合推进福建华侨博物馆筹建，制定《福建省华侨文化交流基地管理办法（试行）》，确认沈绍安漆艺博物馆等首批20家“福建省华侨文化交流基地”。发挥福建华侨主题馆作用，举办“光前裕后”——纪念李光前先生诞辰130周年图片展等，配合中国侨联举办“亲情中华·光前裕后”文艺晚会；组织侨史座谈研讨，制作《侨史留芳·凝心筑梦》短视频，展示福建省侨情、侨联发展历史和成就以及未来展望。举办马来西亚华文校长研修班、第二十四届世界华人学生作文大赛、“中华福·福天下”全球华语征文活动，挖掘推广华侨华人家风故事23个。继续举办“亲情中华·为你讲故事”网上营，与福州外语外贸学院签订《关于海外华文教育工作的战略合作协议》，组织6个国家468名海外华裔青少年营员参加网上营。年内共举办29期“中国寻根之旅”夏（冬）令营，涵盖27个国家和地区，参营人数1041人，位居全国第一。举办第三届“三茶”融合高质量发展大会暨“福茶驿站”授牌仪式，参与第四届海丝茶文化论坛，与17家海外特邀单位签约合作备忘录，“福茶驿站”赴哥斯达黎加寻址新闻特写入选海丝文化印记节目；设立日本大阪“元泰中国红茶体验中心”。联合湄洲祖庙与四君子集团向海外侨社赠送妈祖神像4尊，协调妈祖宣传片译成葡语在巴西播放，妈祖文化活动采访报道在央视4套播出。

【海外联谊】 2023年，福建省侨联联合省侨办、省海联会共同举办第三届世界闽籍华侨华人社团联谊大会暨福建省海外联谊会第六届理事大会，邀请海内外99个国家和地区的400多个海外闽籍社团的1100多名嘉宾参会。联合省委统战部召开海外侨商返乡经贸合作座谈和8期“云上会客厅·共话闽侨情”视频座谈会。组织部分在榕侨领线上参加第十届世界华侨华人社团联谊大会。联合省政协持续举办“闽籍侨领故乡行”品牌活动，指导召开福建海外杰出女性联谊会换届大会和欧洲福建侨团联合总会轮值交接就职典礼。省侨联推动出访17个国家和地区，接待来自40多个国家和地区的海外团组60多批近600人次，并配合做好省领导出访团组的服务和保障。

【华侨公益活动】 2023年，福建省侨联与福建师范大学、省台联、香港《镜报》等共建“闽港澳台侨社会责任推广基地”，并启动“闽港澳台侨青年创业联盟”公益性服务平台，开展创业“1+1”协作，打造零距离为闽港澳台侨青年暖心服务新方式，推进闽港澳台侨学校和企业社会责任推广常态化，全国政协副主席梁振英出席云揭牌仪式。截至年底，该基地有15家机构入驻并促成首次环保创业对接。参与主办2023两岸侨联和平发展论坛·海峡两岸暨港澳侨界圆桌峰会，参与协办国台办重点项目——“两岸城乡社会治理专项交流活动”。

助力乡村振兴。全年全省各级侨联持续申办“侨家乐”，在省内举办16场，实现销售额1607.55万元；截至年底，全省累计举办24场，境外累计举办3场，有关调研文章获中国侨联调研课题三等奖。启动“侨爱心·乡村学生眼视光工程”，组织省内“健康三宝”义诊、“侨爱心·光明行”等，惠及4350余人次；开展捐资助学、扶危济困，惠及人群1200余人次；赴宁夏开展闽宁对口协作帮扶活动，捐赠帮扶资金和过冬物资共计75万余元。开展“党建聚侨心·双联双帮”走基层和“学思想、重转化，进侨乡、解侨困”活动，支持建设南平市延平区横坑村侨情馆和“侨心”书苑，为村民开通“侨心通”班车。支持建设武夷山市黎源村“三茶融合发展中心”（“侨心楼”），邀请专家、企业家实地指导茶产业技改、技能培训，引导福建省黄仲咸教育基金会捐资技术培训，帮助改造生态闽南水仙茶示范基地。

【为侨服务】 2023年，福建省侨联推进调查研究，党组班子成员确定“汇聚侨界人才力量、助力创新驱动发展”等课题，形成调研报告5篇，成果转化4个。加强联系和服务人大归侨代表、政协侨联界委员，倾听收集群众呼声，省侨联全年办理省人大建议3件、省政协提案13件，《侨情专报》上报247期，省委办公厅和省政府办公厅采用45篇，中国侨联办公厅采用29篇，1篇被省领导批示、1篇被国务院领导批示。

响应涉侨诉求。搭建涉侨法务服务平台，在海丝中央法务区福州片区服务中心揭牌成立“侨胞法务之窗”，作为涉侨法务持续创新内容，经验做法被中国侨联主席万立骏批示肯定。召开纪念福建省侨联法顾委成立20周年座谈会，总结回顾省侨联法顾委成立20年来取得的成绩和经验。依托省侨联法顾委召开重点案例分析会，加强事实、法律问题分析研判，引导侨胞依法维权。与省人民检察院开展“党建引领聚合力，检侨同行促发展”活动，与省高级人民法院开展“凝心铸魂为侨服务、法侨同行再谱新篇”活动，持续联合推动互联网法庭建设。

开展暖侨行动。邀请“41名华侨小英雄”中的14人到福州体检和参访，密切与省医务志愿者协会合作，完善“惠侨通”平台，联合尼日利亚福建同乡总会等打造海外侨胞健康服务平台“惠侨通”，发挥福建医科大学附属第一医院“华侨医疗服务中心”和“国际医疗部”作用，强化医疗为侨服务。组织省内著名中医专家组成义诊团，赴老挝、斯里兰卡、缅甸开展“亲情中华”中医义诊暨“健康三宝”慰侨服务，惠及800余人次，发放爱心包330余份。依托缅甸福建同乡总会、缅甸中华总商会、缅甸福建总商会等海外侨社，举办“带你回家”首届缅侨寻根活动，组织35名从未回过故乡的缅甸闽籍侨胞寻根谒祖，帮助6人找到祖籍地、4人找到亲人。

【组织建设】 2023年，福建省侨联出席全国侨联基层组织建设工作交流活动，并作经验交流。举办首次全省华侨农场干部侨务专题培训班，17个华侨农场领导、侨联负责人、归侨侨眷产业带头人共49人参训。推动基层换届，完成9个县（市、区）侨联的换届选举工作，指导推动5家高校侨联、3家省级团体会员按规范程序完成换届。持续推动全省各设区市侨联落实侨联组织机构代码赋码工作，突破性完成3家省侨联直属团体会员赋码。拓宽组织覆盖面和阵地建设，新创设78个省级“侨胞之家”，推动北大福建校友会侨联等新型侨联组织成立。截至2023年底，全省侨联组织4302个。

【第一届中国侨智发展大会】 2023年12月20—22日，由中国侨联和福建省政府共同主办的第一届中国侨智发展大会在福州市举行。全国人大常委会副委员长、农工党中央主席何维在开幕式上讲话并宣布大会开幕。省委书记、省人大常委会主任周祖翼，中国侨联党组书记、主席万立骏在开幕式上致辞。省委副书记、省长赵龙主持开幕式。全国人大常委会委员、华侨委员会副主任委员黄志贤，省政协主席滕佳材出席开幕式。北京市副市长司马红，中国科学院副院长汪克强，侨界院士代表赵宇亮在开幕式上致辞。中国侨联副主席程红，省领导林宝金、吴偕林、王永礼、周联清、庄稼汉、林瑞良出席开幕式。

大会期间，举办开幕式暨主论坛、4 项产业对接、2 项科技竞赛、4 项专题论坛、1 项展览展示、3 项配套活动及 2 项主宾推介等专场活动。2004 年诺贝尔化学奖获得者阿夫拉姆・赫什科发表视频致辞，47 名海内外院士和 102 个海内外科技社团代表参会。632 名博士以上高层次人才参会，占嘉宾总人数的 60%。年龄 45 岁以下的新华侨华人和华裔新生代代表占 50%。132 名牛津大学、剑桥大学、哈佛大学等高校的博士、硕士上榜“海外人才墙”；出台加强海外引才工作“十五条”政策措施，搭建“侨智汇”聚才引智线上平台。形成《“侨企侨资”税收政策指引》，首次提出并发布《芯动力汽车芯片产品评审规程》《汽车 AI 芯片算力测试规程》《汽车芯片技术分享实例蓝皮书》《福建省氢能产业链发展情况调研报告白皮书》等行业规则或报告。大会共收集 119 条项目线索，初步达成意向项目 22 个。主宾省北京市与福建省签订《侨智侨力服务发展协作机制合作协议》，签订侨商兴闽基金合作协议，基金目标规模 100 亿元。举办“侨智发展伯乐汇”圆桌会议，搭建“侨智汇”招才引智展区，在线发布“千企万岗”信息，收集高层次人才需求信息 3600 条，1480 人与 98 家用人单位达成初步就业意向。举办“侨智荟萃・时代新章——新侨科技创新成就展”。主宾院所中国科学院现场发布 24 项重大科研成果，并签约 8 个合作项目。打造集创新、研发、设计、制造、应用于一体的无人机（系统）孵化器，首批引进 28 家海内外无人机优质企业入驻。40 家境内外媒体近 300 名记者到福州采访，900 多家境内外传播平台刊播相关报道 9700 余篇，实现主要央媒省媒全覆盖，《人民日报》海外版刊发半个版专题报道，共有 2.1 亿人次在线上访问网站或阅读报道。

【福建省第十一次归侨侨眷代表大会】 2023 年 8 月 17 日，福建省第十一次归侨侨眷代表大会在福州召开。省委书记、省人大常委会主任周祖翼，中国侨联党组书记、主席万立骏出席开幕式并讲话。省委副书记、省长赵龙，省政协主席滕佳材等省领导出席。全省各条战线、各行各业的归侨侨眷代表，60 个国家的闽籍侨胞、港澳台侨界代表人士和特邀嘉宾等 800 多人参加。省侨联主席陈式海代表省侨联第十届委员会作工作报告。大会选举产生福建省侨联第十一届委员会，表彰福建省侨界先进集体和先进工作者，通过福建省侨联第十届委员会工作报告的决议。（谢时贵）

福建省台湾同胞联谊会

【概况】 2023 年，福建省台湾同胞联谊会调整第九届理事会 4 个专门工作委员会人员组成，安排台胞代表性人士进入专委会，会党组《关于 2022 年度落实全面从严治党主体责任情况的报告》得到省委领导批示肯定。筹集 20 万元支持帮扶村 2 个项目建设，连续 16 年开展“闽台同心捐资助学”活动，组织前往福州市福利院看望慰问孤残儿童，参与“99 公益日”活动等。

【参政议政】 2023 年，福建省台联《抢救保护“迁台记忆”档案文献助推两岸融合》实践创新文案获中央统战部“2022 年度全国统战工作实践创新成果奖”；省台联获评 2022 年度“全国台联系统宣传信息工作先进单位”；提交省政协十三届一次会议提案《以“迁台记忆”为抓手，推动“福”文化促进两岸同胞心灵契合的建议》得到 7 位省领导批示，被遴选为省政协重点督办提案，被评为省政协 2023 年度好提案。

【两岸交流品牌】 2023 年，福建省台联以乡亲为纽带，首次举办 2023 年在台闽籍社团恳亲活动，吸引岛内 30 余个闽籍社团 50 多名代表参加，活动被《人民日报》海外版等媒体报道。以宗亲为纽带，举办以“技同习”为主题的第十一届“同名村・心连心”联谊活动，吸引近 200 名两岸宗亲参加。以姻亲为纽带，首次举办“闽台青年看宁德”夏令营活动，近 20 名在台两岸婚生子女实地体验福建经济社会发展成就；举办两岸婚姻家庭茶文化研习营活动，近 50 名两岸婚姻家庭成员参加。以文化为纽带，举办第二十届台胞青年千人夏令营福建航海文化分营活动，组织 65 名青年台胞参加，被中央电视台等媒体报道。以科举文化为主题举办体验营，40 名台湾学生参加研学体验。举办 2023“迁台记忆”台胞祖地行活动，两岸青年台胞 40 多人参加，共同保护“迁台记忆”档案文献。

【台胞服务】 2023 年，福建省台联在全国台联系统首家与省高级人民法院签署《关于巩固深化沟通联络机制的意见》，深化涉台法律服务；加大服务力度，举办“乡亲相爱一家人”系列联谊活动，吸引近 500 名在闽台胞参加。举办第十五期台胞青年电商研习营暨台胞食品加工实训营活动，30 名台湾青年参加。创新举办“医心医路・同心同行”联谊交流活动，为常住大陆台湾医师群体提供研习交流平台；在厦门银行宁德支行设立第一个省台联台胞之家联谊站，助力金融惠台服务。完善福建省定居台胞扶贫济困工作机制，继续发放老龄台胞补助资金和困难台胞补助资金，惠及 2800 多名台胞。（卓高翔）

福建省金门同胞联谊会

【概况】 2023年，福建省金门同胞联谊会助力建设台胞台企登陆第一家园，助推深化两岸融合发展。推进各级金门联组织建设，厦门市金门联于1月15日召开第八次代表大会进行换届，厦门市同安区金门联于2月18日召开第四次会员代表大会进行换届，福州市金门联于12月15日召开第十六次代表大会进行换届。12月23—24日，福建省金门同胞第十五次代表大会在福州召开，省委常委、统战部部长王永礼出席开幕式并讲话，来自省直有关单位的领导和嘉宾、金门马祖同胞代表160余人参加大会开幕式；大会选举产生省金门联新一届理事会，聘请17名旅台及常住大陆金马乡亲担任第十届理事会顾问、特邀理事、特邀代表。

【参政议政】 2023年，福建省金门联与福建师大闽台区域研究中心开展省重点课题子课题“新时期金门马祖地域传统文化服务对台拓展工作研究”调研，探索发挥金门马祖在闽台文化交流合作中的独特作用。全年提交省市级人大建议及政协提案14件，包括《关于支持扩大我省高校对金门、马祖地区招生的建议》等涉及文化交流、落实同等待遇、两岸融合等方面内容。省金门联在宁夏社院举办“2023年全省金门联骨干培训班”，组织实地走访感悟“闽宁精神”；在石家庄社院举办“2023年常住大陆金马乡亲国情研修活动”，组织赴西柏坡等革命旧址开展现场教学。

【海峡论坛系列活动】 2023年，福建省金门联组织171名台湾嘉宾参加第十五届海峡论坛大会以及系列活动。5月29日至6月1日，与省海联会、省台联等单位共同主办海峡百姓论坛活动，邀请新党主席吴成典、知名媒体人黄智贤出席百姓论坛大会并致辞，近50名金马乡亲代表参加。6月16—17日，参与协办省政协主办的基层治理论坛，邀请新党主席吴成典出席论坛并致辞，邀请近百名两岸嘉宾参加。6月18日，与台湾金门同乡会总会在厦门集美嘉庚书房共同主办海峡论坛子项目“金马好物汇”金门马祖特产专场直播推广活动，来自两岸的150多名嘉宾参与现场活动，直播各平台活动期间整体曝光量676万人次，吸引6.2万人次进入直播间，成交金额近50万元。6月18日，与省文联共同主办以“同根同源文化近相亲相爱一家亲”为主题的“海峡两岸同根文化艺术节”，64名台湾嘉宾参加活动。

【金门马祖交流联谊】 2023年，福建省金门联深化常态化联系机制，接待11个团组400余人，包括新党主席吴成典及台湾金门同乡会总会、桃园市金门同乡会、桃园市金门烈屿同乡会、台中建筑师公会、福建金门马祖建筑师公会、知名统派作家蓝博洲等团组和个人，就到闽投资兴业、民间信俗、传统文化、乡村建设等方面开展交流。5月29—31日，由省金门联名誉会长陈庆元带领26人赴金门参加一年一度的金门县“迎城隍”活动。9月26日，由省金门联、泉州市金门联共同主办，晋江市金门联承办的“2023年两岸金门、马祖乡亲庆国庆、庆中秋联谊活动”在晋江举行，有关单位嘉宾、两岸乡亲代表约160人参加活动。

【金门马祖青年交流】 2023年，福建省金门联举办3期台湾青年直播培训营，共有90名台湾青年参加直播技能培训，其中70名台湾青年考取大陆职业技能等级证书，20名与大陆公司签订就业意向协议。7月25—30日，第十四届海峡两岸金门马祖青少年国学夏令营在漳州市诏安县举行，活动由省金门联、金门县政府、台湾金门同乡会总会共同主办，福州大学经济与管理学院协办，漳州市金门联和诏安县诏台交流协会承办，来自台湾地区18所高校及金门、台湾本岛11所中学的两岸师生共127人参加活动。

【通水五周年座谈会系列活动】 2023年8月5日，福建向金门供水工程通水五周年座谈会在晋江市举行，省台港澳办、省水利厅、省国资委、省金门联等部门，泉州市和晋江市政府以及金门县、两岸业主单位代表和工程推动者、参建者们参加活动。通水五年来，福建累计安全稳定供水近2900万吨，接待台胞1300余人次，工程获中国水利工程优质（大禹）奖。

【金门马祖经贸交流合作】 2023年，福建省金门联引导金马乡亲到闽投资兴业，协助台湾金门同乡会总会创会总会长李台山首期投资1000万元的项目落地厦门。协助福建金门马祖地区建筑师公会进行执业资格认证以及在厦门成立4家公司，其中福建金门马祖地区建筑师公会常务监事、台中市同乡会前理事长周寿海成立的厦门浦山海建筑设计有限公司注册资金100万元。

【金门马祖乡建乡创合作】 2023年，福建省金门联组织台中市建筑师公会、福建金门马祖地区建筑师公会到闽参访，协调联系拜会有关单位并赴实地走访，对接乡建乡创项目。签约漳州市诏安县建设乡建华社区月港村、宁德福鼎市柏洋村两个项目，并与漳州市东山县铜陵镇、诏安县南诏古城达成进一步开展乡建乡创的合作意向。

【金门马祖同胞服务】 2023年，福建省金门联协助金马乡亲42人办理居住证到期换证、申办新证，帮助乡亲通过劳动仲裁维护合法权益，协调解决乡亲祖宅重建、归还、族谱对接等问题，以及帮助乡亲申领农业补助等在闽创业、就业、工作生活中遇到的实际困难。开展走访慰问年老、困难和生病金胞。做好“两补”及奖学金的发放工作，全年全省金门联落实发放老龄金胞专项资金447.12万元，惠及金胞1828人；发放困难金胞扶贫济困专项资金10.16万元，惠及金胞44人；发放奖学金1.53万元，惠及金胞及金胞子女51人。

7月18日，福建台湾青年之家“金马同胞同心服务驿站”揭牌仪式在厦门五通码头举行。“金马同胞同心服务驿站”设立后，全年为1200多人次提供政策资询、乡亲重病返乡协助、手机支付、健康码办理、船票购买、文化交流协助等服务。（魏中超）

福建省残疾人联合会

【概况】 2023年，福建省残疾人联合会推进《福建省“十四五”残疾人保障和发展规划》各项目标任务落地，残疾人社会保障制度和关爱服务体系进一步加强，推进残疾人康复、就业培训、无障碍环境、两岸残障事业交流合作等工作质效同升，残疾人家庭无障碍改造工作在2024年全国残联工作会上作经验交流。

年内，福州市在全国首创推出A、B租赁目录形式，全省首创搭建“福州市辅助器具社区租赁平台”，探索开展“共享轮椅”服务模式。厦门市在全国首创“厦门市海峡两岸康复科技辅具产业协会”并举办创新发展论坛，首创开展“爱心厦门残健融合市民节”系列活动。漳州市开展“线上+线下”“通招+专场”“培训+就业”多元化残疾人就业促进行动，打造残疾人就业嘉年华品牌，市残联“效果评估促规范、加强监管创新局”入选全国残疾人精准康复服务优秀案例。泉州市在全省率先出台孤独症儿童关爱服务政策，形成对孤独症人士的全链条、闭环式关爱服务体系；探索民营企业残疾人协会等基层组织建设工作。三明市探索总结推广残疾人家庭无障碍改造“361”综合帮扶机制；培育盲人按摩龙头企业，建立盲人按摩产业孵化基地1个，新增“亚太区盲人按摩示范店”1家。莆田市依托“莆善情”等平台引导社会力量参与残疾儿童康复服务，并建立全省首个残疾儿童康复智慧服务系统，实现残疾儿童康复机构人员、服务对象动态信息的实时化、数字化、可视化服务。南平市聘请18名律师、法律工作者组建市残疾人法律维权志愿服务团，设立9个“百合花开助残乐”法官工作站，为残疾人提供法律服务。龙岩市成立福建省汀州助残基金会，成为本市也是全省第四家县级残疾人慈善基金会；“轮椅路虽难，行则必将至——龙岩市脊髓损伤者希望之家培育与发展案例”入选全国残疾人精准康复服务优秀案例。宁德市聚力短视频运营矩阵构建，打造励志短视频《我可以》。平潭综合实验区推动爱心企业认领帮扶残疾学生和低保残疾人子女完成学业，4家爱心企业结对帮扶学子，每人每年资助6000元直至大学毕业。

【残疾人民生保障】 2023年，福建省各级残联巩固拓展残疾人脱贫攻坚成果。融入并服务全面推进乡村振兴工作大局，常态化落实防止返贫动态监测和帮扶机制，全省未发现新增残疾人返贫现象。省残联做好挂钩帮扶建瓯市工作，下拨644.82万元残疾人事业发展资金，实施10个助残项目；开展对口援藏援疆工作，深化闽宁对口帮扶协作，与宁夏残联签订互学互助协作协议。

加强残疾人社会保障政策落实。省残联会同省民政厅落实困难残疾人“漏保”“漏救”工作机制，全省24万多名残疾人纳入低保和特困供养。残疾人两项补贴再次提标，为近80万人次发放两项补贴近13亿元。落实“一户多残”家庭专项补贴、残疾人意外伤害保险制度，为4.34万户困难残疾人家庭9.2万名残疾人发放“一户多残”补助资金，为近70万名残疾人购买意外伤害保险。全省残疾人城乡居民基本养老保险和基本医疗保险参保率分别达97.17%、98.68%。落实阳光家园计划，实施残疾人托养补助项目，近2.1万名残疾人得到托养服务补助。

【残疾人就业】 2023年，福建省残联促进残疾人就业创业增收，贯彻国务院办公厅《促进残疾人就业三年行动方案（2022—2024年）》及福建省实施方案，落实扶持农村困难残疾人就业创业、安排残疾人就业奖补等就业政策，推动“残疾人组织助残就业行动”、“美丽工坊”残疾妇女就业增收项目等落地落实。全省投入1.15亿元，扶持2.5万名残疾人就业创业增收。

优化残疾人就业服务水平。持续推动残疾人按比例就业年审“跨省通办”，审核认定安置残疾人单位4378家，安置残疾人12582人。推进机关事业单位国有企业带头安排残疾人就业，联合国资部门举办省属和市属国有企业残疾人就业专场招聘会，全省311家国有企业提供576个就业岗位。“一生一策”做好高校残疾学生等重点群体就业服务工作，有就业意愿的386名应届高校残疾人毕业生100%实现就业。全省城乡新增残疾人就业17201人，超额完成中国残联下达任务数。

【残疾人职业技能提升】 2023年，福建省各级残联落实《福建省“十四五”残疾人职业技能提升实施方案》，全省培训残疾人12426人。举办福建省第七届残疾人职业技能竞赛暨展能节，组团参加第七届全国残疾人职业技能大赛暨第四届全国残疾人展能节获佳绩，福建省首次选派残疾选手潘志超参加第十届国际残疾人职业技能竞赛获铜牌，且在全国赛中获得美发项目第一名，实现福建省参加国际赛获奖牌“零”的突破及福建省参加全国赛单项历史最好成绩。

【残疾预防和残疾人康复】 2023年，福建省各级残联落实《国家残疾预防行动计划（2021—2025年）》及福建省实施方案，提高全社会残疾预防和生命防护能力。实施残疾人精准康复服务行动，为34.6万人提供基本康复服务，残疾人基本康复服务率100%，辅具适配率99.85%。省残联会同省民政厅等13个部门印发《福建省加强孤独症儿童关爱服务的若干措施》，完善孤独症儿童关爱服务体系。持续推进早期干预试点项目，为80名高危孤独症儿童和脑瘫儿童实施早期干预。创新全省首例采用开放式框架协议政府采购形式开展人工耳蜗项目定点医院采购，便于满足全省听力残疾儿童不同康复需求。推进残疾儿童康复救助机构协议管理及机构等级评定工作，评选第一批康复救助协议管理机构320家，评定省级试点AAA级机构3家，全省1.7万名残疾儿童得到康复救助。创新举办青少年脊髓损伤者生活重建康复训练营，全省举办13期脊髓损伤者生活重建训练营，为近200人次提供康复训练服务。

【特殊教育普惠发展】 2023年，福建省实施“十四五”特殊教育发展提升行动，落实残疾学生从学前至高中阶段十五年免费教育政策。推动控辍保学从动态清零向常态清零转变，全省适龄残疾儿童少年义务教育入学安置率99%以上，高于全国平均水平。为参加高考的101名残疾考生提供合理便利，首次为一级视力残疾高考生提供盲文试卷，全省达到录取分数线的147名残疾学生100%被录取。省残联联合省乡村振兴基金会对940名残疾大学生和低保户残疾人子女大学生资助学费300万元；联合省教育厅、省语委组建福建省国家通用手语（盲文）推广讲师团，推广国家通用手语（盲文）使用。

【残疾人文体事业】 2023年，成功举办福建省第九届残疾人运动会暨第七届特殊奥林匹克运动会，是福建省历届比赛项目最多、参赛运动员规模最大的残疾人体育盛会。全省26名运动员、教练员、工作人员入选中国代表团参加杭州第4届亚残运会，获8金6银10铜优异成绩，其中由福建省承接集训任务并担任领队的中国盲人足球队夺得金牌。全年选派残疾人运动员103人次参加国际、全国体育赛事，获29金30银24铜。举办全省残疾人文化周、“残疾人健身周”等活动，开展创建“一市一特色、一县一活动”群众性文体活动128场，1万多人参加。福建省海峡残疾人艺术团获2022年度中国残疾人事业新闻人物提名奖。

【“爱心助残驿站”建设】 2023年，福建省推进“爱心助残驿站”建设。在前两年试点工作的基础上，省残联联合省财政厅、民政厅全面推进新建338家“爱心助残驿站”，为残疾人提供爱心助餐、就业岗位开发、康复宣传指导等“最后一公里”服务，服务残疾人8000多人次。

【残疾人权益维护】 2023年，福建省办理残疾人来访来信来电网络咨询等近9000件次。省残联联合省司法厅实施“百场、千人、万户”残疾人尊法学法守法用法专项行动，覆盖超20万人次。开展“法援惠民生·关爱残疾人”普法活动200余场，宣传残疾人保障法、无障碍环境建设法等涉残法律法规，畅通残疾人利益诉求反映和权益保障渠道。帮助400多户因洪涝灾害受损的残疾人家庭和服务机构开展灾后重建工作。

打造全省残联系统新媒体宣传矩阵，首次策划推出残联系统自主原创爆款短视频《我可以》，新华社、《人民日报》、“学习强国”平台集中报道。50多家中央、省级主要媒体和平台聚焦兜牢残疾人民生底线、提高生活品质、优化发展环境等，报道福建省残疾人事业发展成效1419篇次。

助力探索两岸融合发展示范区建设。举办第十五届海峡论坛·2023两岸残障人士交流嘉年华，来自台湾和粤港澳大湾区的15个社会团体参加，为历届“首来族”、台湾艺术家、残障人士参会最多，写入中国残联八代会工作报告。加强与厦门大学中国残障人事业发展研究中心的交流合作，推进海峡两岸残障事业融合发展。

【无障碍环境建设】 2023年，福建省巩固残疾人家庭无障碍改造“整镇推进、一户一案”工作成效，全省274个乡镇（街道）实施改造10274户，提前两年完成“十四五”规划目标任务，并超额完成4.7%，相关经验作为全国残联系统唯一案例入选中组部第六批干部培训教材。实施省政府残工委督促整改无障碍环境问题机制，联合省住建厅开展“有爱无碍”福建省旅游景区无障碍环境体验督导系列活动。

【残疾人工作规划实施评估】 2023年，福建省残联开展福建省“十四五”残疾人保障和发展规划实施情况中期评估。梳理省政府残工委成员等40多家省直单位和各地政府残工委“十四五”规划中期实施情况，评估规划实施成效，分析研判短板弱项，明确规划后半程的重点任务和要求。其中，城乡残疾人职业技能培训人数等5项预期性目标符合预期，困难残疾人生活补贴覆盖率等5项约束性指标全部完成。

【组织建设】 2023年，福建省残联推进残联组织建设，召开省残联第八次代表大会，选举产生省残联新一届领导机构；组织19名代表参加中国残联第八次全国代表大会，省残联兼职副理事长王永澄当选中国残联主席团兼职副主席。推动10个有代管乡镇（街道）、村（社区）行政职能的开发区成立残联，持续开展“百优百佳”典型推荐活动，厦门市和晋江市残联有关做法入选《全国村（社区）残协规范化建设推进会书面发言汇编》。指导省残联5个专门协会完成换届工作，推动各专门协会开展“三级联创”活动，其中，指导省盲协承办第二届全国盲人板铃球交流赛，指导省残疾人福利基金会在省政府首届“福建慈善奖”表彰大会上获优秀慈善项目和优秀慈善组织奖。举办全省县级以上残联理事长（扩大）培训班及各类业务培训班。举办全省残疾人联络员知识竞赛，组队参加第七届全国残联专职委员知识竞赛，省残联及13个县级残联获组织奖，并实现福建省“学习之星”“零”的突破。　（省残联）

中国国际贸易促进委员会福建省委员会

【概况】 2023年，中国国际贸易促进委员会福建省委员会加强对外交流合作，推进涉外商事法律服务。组织开展2022年度政府采购项目监督检查工作。把历史遗留问题多、维稳难度大的东南快报社问题列入党组主题教育攻坚克难整改问题，推进问题解决；组织开展主题教育整改落实情况“回头看”工作，主题教育期间查摆的7个方面问题均落实整改。推动贸促系统基层组织建设，新批准成立漳州市芗城区、龙文区、长泰区、华安县、云霄县、诏安县、南靖县、平和县，莆田市仙游县、荔城区、秀屿区、涵江区以及龙岩市上杭县等13个县（区）贸促会（国际商会），漳州市、莆田市实现全市县（区）贸促会（国际商会）全覆盖的目标，指导福州市、莆田市贸促会（国际商会）开展换届工作，指导、推动已建立机构的基层贸促会（国际商会）加强规范化建设。

【对外交流合作】 2023年，福建省贸促会服务总体外交，完成外交部、中国贸促会和省政府交办的活动，共接待境外代表团来访143批次。其中，接待洪都拉斯经贸代表团，牵头主办中国（福建）—洪都拉斯经贸合作对接会、中国（福建）—东盟经贸合作对接会、中国（福建）—巴西皮奥伊州经贸合作对接会等活动，共组织全省约300家企业与到访的代表团开展交流对接。组织全省近200家企业随团访问，开展经贸合作交流，牵头在阿根廷、巴西分别举办中国（福建）—阿根廷经贸合作对接会及中国（福建）—巴西产业合作推介会暨2023金砖国家工业互联网与数字制造发展论坛路演活动，邀请阿根廷、巴西两国240多家企业参会。

加强与境外驻华机构的交流，与境外机构签署合作协议共141项。强化与白俄罗斯驻上海总领事馆、英中贸易协会中国区总裁赵汤、波兰投资促进署驻华代表处等的交流，接待9个代表团50多人次。

组织企业“走出去”开展经贸交流，共组织出访团组18批次。参加在土耳其举办的伊斯坦布尔国际珠宝展、波兰国际礼品及家居用品展、菲律宾马尼拉国际食品展等，举办“福建—土耳其伊斯坦布尔经贸合作对接会”“中国（福建）—菲律宾（马尼拉）经贸合作对接会”等活动，邀请100多家企业代表出席活动并与福建省企业对接。同土耳其ASKON商会、土耳其MUSIDA商会、土耳其伊斯坦布尔世贸中心、菲律宾马尼拉世贸中心、阿根廷中国商会、圣保罗世界贸易中心、巴西塞阿腊州政府国际关系厅等签署合作备忘录。深化闽宁合作，共同拓展国际市场，组织12家企业参加在马来西亚吉隆坡举办的“中国（闽宁）—马来西亚贸易投资对接会”。

与境外机构共同举办经贸活动。与迪拜商会、省外事办、省商务厅共同举办“中国福建—阿联酋迪拜经贸合作交流会”，组织全省54家企业参会，并与阿联酋驻上海总领事、迪拜商会驻华首席代表进行对接。组织6家跨国公司华人高管出席座谈会，了解外资在华企业的发展情况。

【经贸平台拓展】 2023年，福建省贸促会借助国家重要经贸平台，组织全省贸促系统和福建企业线上线下参加2023年全球贸易投资促进峰会，并作重点交流发言；参与筹办第六届21世纪海上丝绸之路博览会暨第二十五届海峡两岸经贸交易会，邀请17个“一带一路”沿线国家和地区使领馆参会，66个境外机构和商协会组织企业参展参会；举办2023RCEP经贸创新合作发展论坛暨中印尼“两国双园”开放发展对话活动、第二届中国—东盟网络达人大会、“侨海联五洲同心向未来”——2023华商和专业人士海丝同行活动及2023中国（福建）“一带一路”沿线国家商协会经贸交流合作对接会等对外经贸文化交流活动；参与筹办第二十三届中国国际投资贸易洽谈会，主办第二十二届世界商业领袖圆桌会议，邀请来自“一带一路”沿线国家和地区政要、国际组织、工商机构、海洋产业知名企业，围绕海洋产业转型升级、融合发展等问题展开研讨。

举办第二十四届中国（晋江）国际鞋业暨第七届国际体育产业博览会、2023中国（厦门）国际跨境电商展览会、第九届中国（泉州）海上丝绸之路国际品牌博览会等展会；组织福建省企业参加第133届广交会、第十四届海峡两岸文博会、2023中食展（广州）暨广州国际食品食材展、2023广西·东盟国际纺织服装产业博览会、2023甘肃（陇西）中医药产业国际合作推介洽谈会、第三届中国国际消费品博览会等展会，并同期举办专场经贸活动或设立专题展区。

【服务外资企业专班工作】 2023年，福建省贸促会召开全省贸促系统服务外资专班工作推进会。举办投资推介会、产业对接会，开展外资企业营商环境调研17次，开展外资企业座谈会14场，组织外资企业完成专项调查问卷30多份，外资专班解决企业问题6项。刊发省贸促会服务外资专班工作简报，全年全省服务外资专班有5条信息被中国贸促会《贸促工作参考》采用。其中，针对外资企业参加广交会情况进行调研的成果《福建反映第133届广交会开幕在即外贸企业参展有“五忧五盼”》经省政府办公厅推送，被国务院采用。

【首届链博会参展】 2023年，福建省贸促会组织宁德时代、厦门建发、厦门国贸、厦门象屿、厦门信达、厦航、安踏等13家供应链领域代表性企业参加首届中国国际供应链促进博览会，分别在智能汽车链、清洁能源链、健康生活链和供应链服务展区参展，总参展面积1407平方米。其中，宁德时代作为智能汽车链头部企业，参展面积500多平方米，带动24家关联储能企业参展，展区面积共1692平方米，共接待60余个省市级代表团到访，数十个国外采购团前来沟通洽谈。湖北省、海南省、大连市等10余个地方代表团分别到访福建省相关展位。省委副书记、省长赵龙和副省长王金福率福建省链博会代表团380余人参加首届链博会。

【国际商会建设】 2023年，福建省贸促会组织会员企业参加福州“5·18”海交会、厦门“9·8”投洽会以及广交会、进博会等重要经贸活动，助力会员企业开拓市场。持续开展海丝国际经贸沙龙活动，邀请相关专家赴福州市长乐区进行“境外投资备案手续及促进政策解读”“纺织行业贸易风险及应对措施”等专题讲座，并在现场与企业互动交流、答疑解惑。加强信息咨询等服务，多渠道收集国内外经贸信息，向会员企业推送、发布经贸供求信息250余条。

【涉外商事法律服务】 2023年，福建省贸促会参与承办第七届国际调解高峰论坛和2023海上丝路国际经贸仲裁高级研讨会，推动构建国际商事纠纷多元解决机制新格局，助力海丝中央法务区建设。参加全国贸促系统调解工作培训会，并介绍“一库三平台”国际纠纷解决机制建设情况，分享福建贸促系统调解工作经验。扩大“一库三平台”国际商事纠纷解决机制作用，全年通过人民法院调解平台组织调解商事纠纷、知识产权纠纷26件，标的额共计7.46亿元。

持续开展商事法律服务进展会活动。在2023中国跨境电商交易会、第六届21世纪海上丝绸之路博览会暨第二十五届海峡两岸经贸交易会设立展会商事法律服务咨询受理台，指导地方贸促会在第九届中国（泉州）海上丝绸之路国际品牌博览会、第十七届中国（莆田）海峡工艺品博览会、首届中国（宁德）国际新能源产业及储能装备博览会、第四届中国食品名城（漳州）食品交易会等地方重要展会提供商事法律服务。

开展企业合规建设专题培训。组织全省有关外向型企业，参加中国贸促会举办的“4·26”知产日系列活动——新加坡数字经济知识产权保护与东盟布局建议专题讲座。开展“涉外商事法律服务八闽行”品牌活动，邀请福建省涉外商事法律服务专家库专家，在漳州、泉州、三明等地开展3场专题辅导，解读“企业合规管理制度建设理论与实务”“进出口贸易合规和主动披露”“海外专利侵权风险应对”等内容，组织全省近600家企业及广大基层贸促会、地方经贸系统等工作人员参训。

扩大经贸摩擦预警服务覆盖面，从重点行业产业遴选新增12家福建省经贸摩擦监测点，通过与47家外向型企业建立长效互动机制，实现点对点指导服务。持续做好经贸摩擦预警信息传递，发布《经贸摩擦预警信息快报》60期，向企业推送经贸摩擦预警信息679条。

持续做好出认证工作。全年全省（含厦门）贸促系统共签发各类证书约19.93万份，其中一般原产地证书约15万份、优惠原产地证书约3.25万份，为企业减免办证费用约639万元。办理国际商事证明书1.3万份，进出口ATA单证册633份。 （张高福）

福建省中华职业教育社

【概况】 2023年，福建省中华职业教育社召开第九次代表大会，选举产生第九届社务委员会；推进组织队伍建设，成立4个县级社、33个社员小组、25个社员之家，实现全省各县（市、区）基层组织全覆盖。截至年底，全省中华职教社有社员5777个（人），其中团体社员737个、个人社员5040人；有9个设区市级社、36个县（市、区）级社、73个社员小组、54个社员之家；宁德市、莆田市、龙岩市实现县级社组织全覆盖。

【思想政治建设】 2023年，福建省中华职教社构建学习贯彻1996年习近平同志在闽工作时就支持职教社工作致九地市委负责人的专函和2017年习近平总书记致中华职业教育社成立100周年的贺信“两封信”精神的长效机制。建立省、市、校三方党建工作结对联建机制，打造职教特色课堂，联合省直有关单位、市级社、社员学校等举办“争优争先争效书写青春华章”职业院校主题宣讲等活动。

【建言献策】 2023年，福建省中华职教社组织深入基层社、职业院校和企业等开展调研36次，参与省政协“关于畅通我省中职教育上升通道的建议”重点提案调研等活动，1篇调研报告获2023年度全省统战理论政策研究创新成果一等奖，在中华职业教育社（总社）理论研究与建言献策交流会作典型经验交流。成立省中华职教社民办职业教育、产教融合、创新创业4个专委会。组织全省社员开展黄炎培职业教育思想研究系列规划课题研究。

【职教实践】 2023年，福建省中华职教社开展“会、赛、奖、评”活动，联合举办2023年度福建省职业院校技能大赛、第九届福建省“互联网+”大学生创新创业大赛职教赛道暨第七届黄炎培海峡职业教育创新创业大赛等。指导7个项目入围第六届中华职业教育创新创业大赛全国现场总决赛，获一等奖1名、二等奖4名、三等奖2名；在第八届黄炎培职业教育奖评选中，福建省1人获“杰出校长奖”、3所院校获“优秀学校奖”、5人获“杰出教师奖”、1个企业获“杰出贡献奖”，其中“杰出贡献奖”为福建省职业教育领域首次获得。举办福建省中华职教社产教融合专门委员会2023年年会暨产教融合推进会，促成8个产教融合项目签约；打造福建省职教领域高端学术交流品牌，主办4期“中华职业教育（福建）大讲堂”学术报告会，线上线下参加近万人次。

【社会服务】 2023年，福建省中华职教社聚力稳岗就业，开展"百校万岗·同心就业"行动，在职业院校举办4场招聘会和毕业生供需见面会，吸引近500家企业、近万人次学生参加招聘。助力乡村振兴，在全省实施温暖工程"金饭碗计划"直播人才技能服务培训工程，举办培训班12期，培训农村电商人才近千人次；举办大田县茶产业技术人才培训班，组织党员干部职工参与"我在乡间有亩田"志愿活动，发动商会成员共同认筹认种莆田市仙游县钟山镇南兴村撂荒耕地3.88公顷；支持各级社开展助学帮扶行动。

【职业教育交流】 2023年，福建省中华职教社创新开展"职联海外"行动，联合成立21世纪海上丝绸之路华文教育联盟，与菲律宾华教中心签署"华文教育＋职业教育"合作备忘录，促成丝路华教联盟成员单位签署华文教育校际合作协议；协办中华职业教育社（总社）"一带一路"职业教育国际论坛，指导福建省5所学校案例入选十年来百个职业教育优秀国际合作案例，部分院校成果入选百个民心相通的丝路职教故事。举办第十五届海峡论坛·海峡两岸职业教育论坛，吸引两岸的职业教育专家、院校和企业代表等近200人参加，配套举办两岸职业教育对话会等系列活动；常态化开展与在闽台湾教师联络联谊工作，举办"明月映桃李·育人心连心"台籍教师中秋联谊会。组团赴香港、澳门开展交流学习活动，与香港职业训练局、澳门科技大学等学校、机构就深化闽港澳职业教育合作进行座谈和交流。 （刘韵蕾）

福建省红十字会

【概况】 2023年，福建省红十字会推进应急救护，实现全国红十字系统首次将应急救护培训服务规范纳入地方标准。推动人道救助和志愿服务，实施相关领域志愿服务项目培育计划。截至2023年底，全省红十字会共有基层组织2441个、会员57万人、注册志愿者6万人。

【应急救护】 2023年，福建省红十字会在全国红十字系统首次将应急救护培训服务规范纳入地方标准，全省培训红十字救护员237293人，在公共场所设置自动体外除颤器（AED）2000余台，超额完成省委省政府为民办实事项目任务，获首届福建慈善奖。举办福建省第八届红十字应急救护大赛，表彰全省"最美救护员"，获第七届全国红十字应急救护大赛团体二等奖。

【生命关爱】 2023年，福建省红十字会推动完善无偿献血、造血干细胞、遗体和人体器官捐献工作机制，新增造血干细胞血样采集入库4699人份，累计在库9.9万人份，实现捐献造血干细胞53例。新增人体器官遗体捐献报名登记9061人，实现人体器官遗体捐献274例。省人体器官捐献中心被国家器官捐献中心评为全国先进集体。

【人道救助】 2023年，福建省红十字系统募集捐赠款物总值2.4亿元，其中"99公益日"期间发动107.14万人次参与爱心捐赠，共筹集善款总值2083.35万元，均位居全国红十字系统第四名，受到中国红十字会总会通报表扬。公开透明度指数位居全国红十字系统前列，相关做法在全国红十字系统会议上作经验交流。在贫困山区和受灾地区开展"红十字博爱送万家"活动，筹集救助款物总值2294.5万元，受益群众12.3万人次。持续开展少儿大病救助工作，筹集发放救助款930.5万元，救助省内白血病、先天性心脏病患儿303人。定向奖励和帮扶在福建省就读的护理专业学生29人。支援甘肃、青海地震灾区开展灾害救助工作。援助西藏、新疆、宁夏等地区人道救助物资600多万元。

【志愿服务】 2023年，福建省红十字会按专业、分领域壮大红十字志愿者队伍，组建省红十字服务团，组织实施覆盖赈济、搜救、医疗、心理等领域的志愿服务项目培育计划。加强应急救护救援队建设，参与台风灾害等应急救援工作。各级红十字水上救援队针对省情特点，坚持在省内主要城区沿海沿江河岸开展安全救生志愿服务。"临终关怀"志愿服务项目入围全省青年宣讲党的二十大精神活动总决赛并获二等奖，获2023年福建省新时代文明实践志愿服务项目大赛金奖；"帮她（他）回家"——城市搜救项目在第六届福建省新时代文明实践志愿服务项目大赛中获金奖。

2023年9月11日，福建省红十字会举办2023年福建省直机关"尊老爱幼扶困助残"慈善关爱文明实践活动。图为现场开展CPR＋AED教学示范 （省红十字会）

【对台交流】 2023年，福建省红十字会密切与台湾红十字组织交流，开展水上救生、社区养老、青少年交流等双向合作，共建“红十字生命救助绿色通道”，协助政府有关部门处理涉台突发事件，推动在平潭建立海峡两岸红十字海上救援训练基地。举办第十二届海峡两岸红十字博爱论坛，并组织开展海峡两岸红十字生命救援救护协同演练活动。

（赵凌峰）

福建欧美同学会（福建留学人员联谊会）

【概况】 2023年，福建欧美同学会（福建留学人员联谊会）深入贯彻落实习近平总书记致欧美同学会成立110周年的贺信精神，各项工作迈上新台阶。召开新春恳谈会，组织人大代表、政协委员和海归专家围绕“争优争先争效，推进中国式现代化展现福建作为、谱写福建篇章凝聚人心，汇聚力量”主题座谈交流。创设“雁归来”大讲坛，以“线上＋线下”方式组织主题教育学习研讨会、诵读分享会等专题学习交流活动。举办“坚定信念，汇聚力量”庆七一主题活动，开展“让报国之志在新征程上绚丽绽放”主题征文活动。召开“凝心铸魂强根基、团结奋进新征程”主题教育动员部署会。组织留学人员前往太行山、古田会址等红色教育基地开展现场教学。在微信公众号开辟《牢记嘱托，感恩报国》专栏，共刊发留学人员学思践悟贺信精神的感想体会80余篇。

【组织建设】 2023年，福建欧美同学会研究印发和实施《福建欧美同学会关于“汇聚海归力量，助力谱写中国式现代化福建篇章”的若干措施》。推动泉州鲤城区、厦门湖里区、泉州职业技术大学等基层组织成立。研发启用手机端入会申请管理系统，优化查询、统计、分析功能，实现从纸质填表入会到线上填报审核，推动入会便捷高效。加强代表人士队伍建设，郑南峰当选中国科学院院士，选派黄梦财参加中央统战部归国留学人才研修班、林世哲参加新的社会阶层人士研修班。举办首届福建留学人员篮球邀请赛。起草换届工作方案，筹备换届大会，成立换届工作领导小组，选齐配强领导班子，做好人选推荐，由46个有关单位协助推选代表270人。

【友好交流交往】 2023年，福建欧美同学会举办第三届中德科技论坛，以“携手共创中德科技合作新未来：相互成就　共同发展”为主题，举办开幕式、主旨演讲、3场平行论坛等活动，省委书记周祖翼出席活动并发表重要讲话，活动获全国人大常委会副委员长、民盟中央主席、欧美同学会会长丁仲礼批示。举办侨智发展伯乐汇圆桌会议，吸引海内外100余名海归人才参会，为留学人员创新创业创造搭建平台。举办“逐梦新时代，奋斗新福建”创新创业分享会、留学人员交流会，支持举办新生代闽商精英对话会、第四届“同心杯”双创大赛、海归人才招聘会，促成电子信息、新型材料等23个获奖项目落地。成立“雁归来”智库，召开“凝聚海归力量，助推福建高质量发展”研讨会。完成《新形势下发挥留学人才作用研究报告》和《福建留学人员产学研研究》课题报告。召开“加强组织建设、激活组织活力”和“福建留学人员统战工作”等调研座谈会。参与“留学报国精神阐释”“留学人员思想政治引领”等相关课题研究，完成关于“福建省海外人才引进计划”“海外引才引智”情况专题调研材料，形成相关材料4份。组建海归民间外交官队伍，在亚洲艺术节、海上丝绸之路国际研讨会、泉州申遗、中国国际投资贸易洽谈会等大型涉外活动中做好外宾接待服务，努力讲好中国故事、福建故事。制作送‘福’出国门短视频，以多国语言宣介福建大漆、软木画、茉莉花茶、寿山石、畲族文化等文化，向世界讲述福建故事。开展中日交流活动，邀请日本国驻广州总领事龟井及贵岛善子到会交流。

【乡村振兴和民生服务】 2023年，福建欧美同学会壮大海归专家乡村振兴服务团力量，聘请30位学长为服务团成员，成立莆田仙游、漳州龙文乡村振兴工作站，举行乡村振兴和乡村农旅发展研讨会，开展科技支农、医疗下乡等活动。举办“海归英才八闽行”进宁化、将乐活动，推动菌草扶贫、养蜂致富、茶叶兴农等方面的意见建议落地见效。组织海归专家到仙游、松溪开展义诊和医疗卫生保健科普宣教。厦门市会开展海归志愿者净滩公益活动，倡导绿色环保，增强生态环保意识。福州市会到永泰小田村开展台风受灾情况调研，对灾后应急处置、受灾群众生产生活等工作进行指导。

（林建龙）

编辑：林忠玉

法治

人大立法

【高质量发展立法】 2023年，福建省人大常委会围绕省委决策部署，推进改革发展。修改企业和企业经营管理者权益保护条例，传承弘扬福建企业家精神，创新发展"晋江经验"，以制度举措支持各类所有制企业创新创造和发展壮大。制定海洋经济促进条例，借鉴先进经验、注重适度超前、统筹陆海发展，在产业发展、生态保护、闽台融合、文化兴海等方面定规建制，打造高水平的"海上福建"。制定治理公路货物运输车辆超限超载条例，坚持源头治理、审慎处罚、有利发展的原则，增加文明执法要求，对未造成危害后果的轻微违法行为，给予批评教育不予处罚。制定关于设定地方政府规章罚款限额的决定，明确过罚相当原则，严格限制最高罚款限额的适用范围。制定加强经济监督工作的决定，依法提高人大经济监督工作制度化规范化法治化水平，增强监督实效。制定统计条例，压实统计职责，加强统计人员教育培训，完善统计资料公布制度。制定预算审查监督条例，细化预算全流程审查监督，建立健全向本级人大常委会报告政府债务机制，强化预算约束，规范政府收支行为。开展涉及市场公平竞争和行政复议专项法规清理，营造法治化营商环境。

【高品质生活立法】 2023年，福建省人大常委会修改《福建省物业管理条例》，首创社区代管制度，填补福建省无物业服务小区管理的立法空白；规范业委会行为，推动解决业委会决策易越界、难监督等问题。修改《福建省实施〈中华人民共和国工会法〉办法》，突出保护网约车司机、快递员等新就业形态劳动者合法权益，保障职工生育和照顾家庭，构建生育友好的就业环境。修改《福建省消防条例》，针对电动车、民宿、农村和特殊场所消防安全问题，完善监管措施。制定《福建省献血条例》，创新设定根据用血需求和常住人口数制订献血计划，推动建立血液调配绿色通道。

【生态文明建设立法】 2023年，福建省人大常委会落实生态省建设战略，制定气候资源保护和利用条例，解决城市通风廊道堵塞、大气污染物滞留以及城市热岛效应、狭管效应和光污染等问题，全链条保护气候资源。修改通过福建省实施《中华人民共和国野生动物保护法》办法，在全国首次规定放生野生动物不得危害人畜安全，明确限制异宠饲养，对野猪等种群调控和致害救助作出规定。修改《福建省水资源条例》，进一步明确水生态环境保护职责，对水资源战略储备、集约节约利用等进行具体规范。制定水利工程管理条例，进一步明晰水利工程产权，理顺管理体制、压实安全责任、完善运行机制。

【人大履职制度立法】 2023年，福建省人大常委会完善省人民代表大会及其常委会工作程序和机制，审议通过福建省立法条例修改决定，贯彻落实新修改的立法法，完善地方立法的指导思想和原则，增加立法应当体现地方特色、内容明确具体等要求；优化地方立法程序和立法机制，增加区域协同立法和"小切口"立法的相关内容；综合运用制定、修改、废止、解释地方性法规等形式，增强立法的系统性、整体性、协调性、时效性。修改省人民代表大会常务委员会议事规则和常务委员会组成人员守则，将坚持党的全面领导、发展全过程人民民主贯彻在法规具体制度设计中，健全完善常委会会议制度和工作程序，提高常委会审议质量和效率。

【立法实践创新】 2023年，福建省人大常委会开展"小切口"立法，法制委、法工委、社会委、农业农村委、农业农村工委成立立法专班，起草发挥村规民约基层治理作用若干规定，创新3个专委会联合向常委会提起议案的立法形式。作为全国首部专门规范村规民约的地方性法规，立足乡村振兴"大视角"，要求村规民约弘扬社会主义核心价值观，对优秀传统文化、传统美德进行时代性转换和创造性发展。指导三明市开展杂交水稻种子生产管理的"小切口"立法，持续巩固"全国杂交水稻制种第一大市"地位。推进区域协同立法，为推动武夷山国家公园实现生态保护、绿色发展、民生改善相统一，扩大协同立法的范围和领域，牵头成立立法专班，与江西省共同开展武夷山国家公园协同立法，探索国家公园保护省际协作，推进自然保护地体系建设。（高源）

政法委及综治

【概况】 2023年，福建省政法机关开展主题教育，实施“深学争优、敢为争先、实干争效”行动，落实政治轮训、政治督察、纪律作风督查巡查、重大事项请示报告、政法委员述职等制度。加强习近平法治思想溯源研究，开展坚持和发展新时代“枫桥经验”、打击治理电信网络诈骗违法犯罪等28项年度政法重点课题调研。全省社会大局持续安定稳定，群众安全感率、扫黑除恶斗争成效好评率、群众对矛盾纠纷化解满意率分别达99.09%、99.29%、91.07%，平安建设绩效继续保持全国前列。

【国家安全和社会稳定维护】 2023年，福建省连续26年实施省市县乡村层层签订平安建设责任书，组织开展第五轮第一批平安县（市、区）和省直平安单位创建工作，对区域性治安问题比较突出的38个地区（单位）实行省级通报整治。出台《关于加强政法领域政治安全体系和能力现代化建设的实施意见》，完成中央政法委交办的系列重要专项行动。制定重大决策社会稳定风险评估专家库和第三方机构管理办法，开展涉稳风险评估3793项，制定下发《排查化解存量涉稳风险总体方案》。

【平安福建建设】 2023年，福建省打击电信网络诈骗违法犯罪，建立健全省市县乡村五级书记抓打击治理电信网络诈骗犯罪机制，累计劝回境外涉诈高危人员数位居全国第一，涉诈外流问题综合排名从年初全国第一位降至第十七位。推进常态化扫黑除恶斗争，在全国考评中保持“五连优”。推进新时代禁毒人民战争，毒品问题治理成效连续6年位居全国前列。深化落实涉险公共区域安全防护机制，国家九部门联合发文推广福建省经验做法。强化信息网络、涉海涉砂和教育、市场、金融等重点行业领域整治。坚持和发展新时代“枫桥经验”，3个工作法获评全国“枫桥式工作法”，新增5个派出所获评全国“枫桥式公安派出所”，4个设区市获评“全国市域社会治理现代化试点合格城市”。推动县、乡综治中心实体化建设，推进信访工作法治化，省委办公厅、省政府办公厅印发《关于推进信访工作法治化的意见》，率先优化完善依法处理信访事项“路线图”，福建省被列为全国7个信访工作法治化试点省份之一，两次在中央领导主持召开的全国性会议上作经验交流。

【民营经济服务保障】 2023年，福建省政法机关聚焦服务保障民营经济发展，传承弘扬“晋江经验”。省委政法委健全优化营商环境指标考核体系，全面梳理涉及民营经济地方性法规规章和规范性文件2.27万件，联合省发改委等八部门推出服务新时代民营经济强省战略32项具体措施。

【两岸融合发展示范区建设助力】 2023年，福建省政法机关深化两岸司法交流与合作，举办海峡两岸检察制度、海峡两岸司法实务等系列研讨会。落实保障台湾同胞福祉和享受同等待遇的政策和制度，拓展海丝中央法务区、海峡两岸仲裁中心等涉台服务功能，成立全国首个涉台海事纠纷解决中心，创新开展涉台检察事务助理、台湾青年到检察机关实习实训工作，首创“检察监督＋台胞认领＋社会共管”涉台文物保护机制，得到最高人民检察院肯定和推广。

【海丝中央法务区建设】 2023年，福建省政法机关聚焦服务高水平对外开放，持续深化海丝中央法务区建设，举办第三届海丝中央法务区论坛和海上丝绸之路（泉州）司法合作国际论坛（2023），与国际商事争端预防与解决组织、世界知识产权组织仲裁与调解中心签署合作谅解备忘录，新引入法务机构（项目）逾160个，“海丝中央法务区·云平台”联通各类法务机构2030家，累计为1.5万余家企业、超100万人次提供法律服务，各平台阅读、浏览和观看超1000万人次。

【政法改革】 2023年，福建省政法机关深化政法跨部门大数据办案平台建设应用，实现刑事业务全流程、民事行政等案件全类型、工作与便民全方位，协同流转刑事案件15万余件、协同办案流程44万余次，有关经验做法得到中央政法委推广，办案平台入选全国

2023年9月7日，第三届海丝中央法务区论坛在厦门市开幕

（省委政法委）

“2023政法智能化建设智慧治理创新案例”。举办数字政法论坛，筹建“福建数字政法研究中心”，推进福建省一体化大融合行政执法平台建设，实现跨地域、跨层级、跨部门执法联动响应和协作。推动执行解纷治理一体运行，86.57%的基层法院新收执行案件数实现减量，降幅居全国第三，8项执行指标位居全国第一方阵。全省检察机关研发大数据监督模型54个。推进新警综平台等一批重点项目建设，全面建成“1+2+7”省市一体公安大数据平台，支撑破案2.1万件。依托“闽政通”构建统一入口，实现公共法律服务“一网通办”。在全国率先启动全类（共21类）户口迁移事项“跨省通办”服务，“补领换领居民身份证”等36项高频公安政务服务事项实现“省内通办”和8项事项实现“跨省通办”，371项公安行政审批服务事项实现“最多跑一趟”，占比96.11%。

【政法队伍建设】 2023年，福建省政法机关健全完善防止干预司法“三个规定”季度记录报备和典型案例通报机制，福建省贯彻执行“三个规定”情况获中央政法委通报肯定。完善素能培训体系，组织全省政法系统领导干部专题研讨班，省市县各级政法领导干部1100多人次参加。省直政法各单位推进队伍梯次培养，分级分类开展教育培训12万余人次。强化正向激励，持续推出“福建政法群英谱”系列宣传报道，组织开展“法治新时代·平安新征程”媒体采风八闽行活动，举办年度十大法治人物和十大法治事件评选活动，涌现“新时代政法楷模集体”三明市委政法委等一批先进典型。（张晓）

法治政府建设

【概况】 2023年，福建省推进法治政府示范创建，加强制度建设，强化行政执法监督。推动制定纪检监察、巡视监督与审计、财会、统计监督贯通协同的实施办法（试行），对1265个单位开展审计（调查），促进增收节支，挽回损失69.94亿元。办理省人大代表建议和省政协委员提案1406件，办结率100%。办理行政复议、行政应诉案件17129件。开展学习贯彻习近平新时代中国特色社会主义思想主题教育，省政府多次召开学习会、专题研讨会和法治专题讲座。推动制定党政领导干部年终述法工作方案，实现省市县三级述法全覆盖，述法总人数5951人。举办政法系统、法治工作部门学习贯彻习近平法治思想专题研讨班、培训班等，覆盖全省18万余名干部。印发领导干部应知应会党内法规和法律法规规章清单制度，组织机关工作人员学法考试24.4万人次。全省累计开展各类主题宣讲6979场次，受众206.8万人次。

【立法工作】 2023年，福建省政府多次召开党组会议，研究省政府2023年度立法工作计划及《福建省盐田保护管理办法》等省政府年度重要立法项目；13次召开省政府常务会议，分别审议《福建省机关效能建设工作条例》《福建省水资源条例》《福建省省级财政专项资金管理办法》等地方性法规规章草案21件，研究信访工作法治化、打造一流法治化营商环境、省一体化大融合行政执法平台建设等重点工作。聚焦重点领域、新兴领域和特色领域，提请省人大常委会审议《福建省海洋经济促进条例》等17件地方性法规，出台《福建省粮食流通管理办法》等8件省政府规章，在全国率先以省政府规章形式制定固定污染源自动监控管理办法。

【法治政府示范创建】 2023年，福建省推动印发学习宣传贯彻党的二十大精神全面推进依法治省实施方案，提出43条具体措施。命名第二批全省法治政府建设示范地区和项目，推荐3个地区和5个项目参评第三批全国法治政府建设示范创建活动。在全国率先将法治建设工作纳入纪检监察政治监督范畴，率先实现省市县乡四级党政机关法律顾问全覆盖。中央依法治国办市县法治建设督察反馈问题整改率100%。厦门在全国100个城市法治政府建设总体情况第三方评估中位列第九。

【政务服务优化】 2023年，福建省开展政务服务效能提升“双十百千”工程，建成全省“一件事”集成化办理平台，优化推广100个高频“一网通办”事项，工程建设项目审批制度改革评估位列全国第一。“12345”政务服务便民热线平台受理诉求1518.31万件，群众满意率99.32%。省政府门户网站绩效评估连续两年居全国第一。

【经济发展助力】 2023年，福建省实施新时代民营经济强省战略，推动出台19份配套政策文件，制定法治服务保障35条重点举措，修改废止313件妨碍民营企业公平参与市场竞争的地方性文件。推动修订《福建省企业和企业经营管理者权益保护条例》，成立全国首个反垄断审查合规辅导中心，创新设置“司法与行政执法”营商环境评价指标。在全国率先制定《中国（福建）自由贸易试验区临时仲裁指南》。泉州、漳州获评全国社会信用体系建设示范区。

【规范审查清理】 2023年，福建省、市两级完成规范性文件备案审查2382件，提出审查意见112件。编制《福建省行政规范性文件备案审查基本指引（试行）》，明确11项90个审查要点。开展涉及民营经济、行政复议等领域地方性法规规章和规范性文件专项清理，梳理审核2万余件，需要清理852件，已废止、修改454件。

【行政执法】 2023年，福建省组织开展“2023清风行动”，加强道路交通安全和运输执法、工程建设招投标等领域专项整治，查处食品安全违法案件1.98万件、交通运输违法案件5.04万件，排查整治重大事故隐患2.7万个。扫黑除恶斗争实现全国“五连优”，福州、厦门、泉州获评首批全国社会治安防控体系建设示范城市。落实行政执法“三项制度”（公示制度、行政执法全过程记录制度、重大执法决定法制审核制度），出台提升行政执法质量三年行动计划实施方案（2023—2025年），制定行政处罚案卷评查标准，组织应急、公安等17个部门开展执法培训3.2万人次，2个案例入选全国食品安全执法稽查十大典型案例，7个案卷获评全国农业行政处罚优秀案卷。创新执法方式，建成省一体化大融合行政执法平台，覆盖全省46条线、4113个执法单位、8.2万名执法人员，执法平台获评2023年度全国数字政府创新案例。出台推进乡镇（街道）综合行政执法工作指导意见和案件编号规则，开展乡镇（街道）片区联合执法、“综合查一次”等改革试点工作。（马莉）

公　安

【概况】 2023年，福建省公安机关以开展主题教育为牵引，全覆盖政治轮训市县区公安机关和厅属各单位主要负责人，召开传承弘扬新时代“漳州110”精神现场会。以实施“深学争优、敢为争先、实干争效”行动为抓手，推动公安工作提质增效，打击治理电信网络诈骗等41项工作成效位居全国前列，福州、厦门、泉州市获评首批全国社会治安防控体系建设示范城市，福州市公安局建新派出所社会治理经验获评全国“枫桥式工作法”，全省新增5个全国“枫桥式公安派出所”。全省公安机关5名民警被评为“二级英模”，10个集体被记一等功。全省社会治安呈现“一升两降”良好态势，刑事立案数比上年下降10.4%，破案率上升4.4个百分点，道路交通事故死亡人数下降3.89%，群众安全感率99.09%。

【夏季治安打击整治行动】 2023年6月25日至9月30日，福建省公安机关组织开展夏季治安打击整治行动，以“降警情、控发案、破大案、除隐患、防事故、建机制”为主线，全程贯穿推进“破案攻坚、排查管控、问题整治、纠纷化解、四级巡防、宣传防范”六条战线，组织开展4次夜查行动和6次不同主题的清查行动。行动期间，全省违法犯罪警情数、刑事案件立案数、涉及人员伤亡道路交通事故数、死亡人数分别比上年下降12.4%、20.9%、6.6%、15.3%，全省带有夏季特点的违法犯罪发案率持续压降，刑事案件破案率比上年上升13.2个百分点，抓获犯罪嫌疑人数上升2.5%。

【刑事犯罪侦查】 2023年，福建省公安机关推行融侦办案等“市县主战”模式，统筹推进严打涉黑涉恶、跨境赌博和黄赌毒、食药环、盗抢骗等违法犯罪，168件现行命案和191件现行“两抢”案件全破，破获涉黑组织6个、恶势力组织154个，侦破一批跨境赌博公安部督办案件，海上走私犯罪破案数、抓获人数居全国前列。针对“本地犯罪、外流犯罪、群众财损”3个大幅减少的目标，推动反诈“三组一中心”改革，出台实施反诈13条措施，坚持“五级书记”抓反诈，打防管治建宣一体发力，全年电信网络诈骗立案数比上年下降5.3%、破案数上升5.4%、财损数下降6.1%。升级建设福建省反诈防范拦截系统，拦截诈骗电话1.5亿次、封堵涉诈网址14.7万余条。深化预警劝阻工作，在全国率先出台临时性保护措施，劝阻潜在受骗群众61.6万名，避免群众经济损失103.8亿元。

【经济犯罪侦查】 2023年，福建省公安机关共破获经济犯罪案件5294件，抓获犯罪嫌疑人7218人，反洗钱领域成效连续三年全国第一。推进境外追逃“猎狐2023”行动，从21个国家追回外逃经济犯罪嫌疑人156人。严打金融财税领域经济犯罪，破获银行卡、保险等金融类案件713件；严打非法集资和网络传销犯罪，破获投资理财等涉众型经济犯罪案件561件；加大知识产权刑事保护力度，破获侵犯知识产权案件631件；破获涉企侵企类经济犯罪1744件；破获合同诈骗、职务侵占、挪用资金等经济犯罪案件477件。率先在全国省级公安经侦部门出台促进民营经济发展壮大12条措施，打造护企安商“亲清八闽”服务体系。

【禁毒工作】 2023年，福建省组织实施全民禁毒工程，持续深化示范创建、重点整治、无毒守护三大攻坚，开展“清源断流”暨“飓风肃毒2023”会战行动，破获毒品犯罪案件1427件，打掉制贩毒团伙46个，抓获毒品犯罪嫌疑人2327人，缴获各类毒品3.39吨。常态化开展“平安关爱”行动，戒断三

2023年6月28日，福建省公安厅在福州市人民警察培训学校举办福建省公安机关实战练兵演练（省公安厅）

年末复吸人数近五年年均增长 22.24%，吸毒人员肇事肇祸“零发生”。推进禁毒“十百千万”工程，全国首创毒品预防教育“云课堂”，全省建成禁毒教育基地 77 个、禁毒品牌村居 108 个、禁毒宣教点（室）3477 个。参与国际执法合作，承办第四届中菲禁毒合作双边会议。国家禁毒办污水监测显示，福建省毒品滥用风险处于较低水平。

【治安防范管理】　2023 年，福建省公安机关在全国率先制定出台实施预防警务意见，建成智慧社区警务平台，建成智能安防小区 1 万余个、智能感知前端 12.9 万多个。推动构建社会面“四级巡防”机制，建设智慧街面警务站 123 个，组建巡防力量 7 万余人，全省三类可防性案件比上年明显下降。持续开展“护校安园”行动，设置“校园安全区”，出台护学 13 条举措。率先出台医院警务室建设规范，推进三级医院一键报警联网建设。开展涉险公共区域安全防护工作，查改一批安全隐患，全省接报溺水等意外事故数、死亡人数降至历年最低，相关经验做法被国家有关部门在全国范围推广。

【道路交通安全管理】　2023 年，福建省公安机关深化道路交通事故预防减量控大，查处各类严重交通违法行为 301.2 万起，道路交通事故死亡人数比上年下降 3.85%，全省道路交通安全形势持续平稳向好。开展道路交通重大事故隐患专项排查整治行动，完成 404 处省级为民办实事项目重点路段隐患整治。开展酒醉驾、货车安全等 8 项综合治理，查处酒醉驾 8.7 万起、比上年上升 8.4%。开展“两客一危一货”（公路客运、旅游客运、危化品运输车及重型货车）、营转非等源头隐患治理，“两客一危”检验率、注销率 100%。开展交通安全宣传“七进”（进企业、进校园、进机关、进家庭、进社区、进农村、进网络）等活动 10.8 万余场次，发送预警提示短信约 2.89 亿条，推进“知危险、会避险”普及教育。

【出入境管理】　2023 年，福建省批准出入境证件申请 413.3 万人次。其中，签发普通护照 75.6 万人次；批准内地居民往来香港地区 121.2 万人次，内地居民往来澳门地区 101.5 万人次，公民前往香港定居 7410 人次，公民前往澳门定居 378 人次，大陆居民往来台湾地区 3.4 万人次；办理外国人签证证件 3.4 万人次。

【公安行政管理服务改革】　2023 年，福建省公安机关围绕建设两岸融合发展示范区，制定出台公安机关服务台胞台企措施，落细落实 10 项出入境政策措施，便利两岸往来和台胞在闽创业就业。聚焦新时代民营经济强省战略等大局，出台助力高质量发展 18 项、行政管理服务改革 26 项等新举措，率先启动所有 21 类户口迁移事项“跨省通办”，120 项公安高频政务服务实现“一窗通办”，累计办理公安行政审批服务业务约 126.5 万笔。出台全省生态警务实施意见，助力生态省建设。

【公安法治建设】　2023 年，福建省公安机关出台推进法治公安建设高质量发展意见，建立重大疑难案件集体讨论、行政处罚裁量基准等制度，建成运行 94 个执法办案管理中心，福清市和周宁县公安局执法办案管理中心被评为全国建设应用成效突出中心。推行轻微刑事案件“48 小时”速裁机制和行政案件“掌上快办”，加快执法监督平台智能升级，整改一批执法问题，全省公安机关执法工作满意率 97.7%。全国法治公安建设推进会在福建省召开，并推广福建省经验做法。

【科技兴警行动】　2023 年，福建省公安机关制定科技兴警三年行动计划，建立与省科技厅协同工作机制，推动设立每年 1000 万元科技兴警专项科研经费。推进全省“平安家园·智能天网”等一批重点项目建设，省市经费投入比上年增长 34.3%，全面建成省市一体公安大数据平台，汇聚各类核心数据，支撑破案 2.1 万件。为各级党委政府开展应急指挥调度提供可视化支撑，保障抢险救灾等社会治理工作。　（吴良凯）

检　察

【概况】　2023 年，福建省检察机关办理各类案件 20.41 万件，比上年增长 18.9%。贯彻总体国家安全观，严厉打击危害国家安全犯罪。以法治化推进扫黑除恶常态化，起诉涉黑涉恶犯罪 1091 人。维护群众生命财产安全，起诉故意杀人、抢劫、绑架等严重暴力犯罪 1874 人，起诉多发性侵财犯罪 1.09 万人。依法严惩电信网络诈骗犯罪，起诉 3166 人，对涉缅北电信网络诈骗案件全覆盖提前介入。严惩重大责任事故等危害安全生产犯罪 58 人，办理安全生产领域公益诉讼 439 件。联合省公安厅、邮政管理局开展平安寄递专项行动，与省应急管理厅开展企业重大隐患问题专项排查整治。推动检察建议落实情况纳入全省三级平安建设考核，制发的 1188 件社会治理检察建议均被采纳落实。

省检察院常态化举办“新福建检察大讲堂”，落实“第一议题”、现场教学、青年联学等学习机制，“检驿沙龙”获评全国检察机关理论学习十大创新案例。加强检察业务管理，每季度开展业务数据分析研判，落实流程监控和案件评查。出台加强教育培训 10 条措施，组织“四大检察”（刑事、民事、行政、公益诉讼检察）融合培训，推广师徒结对、“一线全科检察官”等培养模式，举办“评庭评案评选”等各类培训实训 590 场，推动检察官与其他执法司法人员、律师等同堂培训 5754 人次。加强先进典型培树，156 个集体和个人受到省级以上表彰，32 个案件入选最高检典型案例。成立省检察官惩戒委员会，修订三级检察院检察官办案权力清单，制定认罪认罚从宽、涉案企业合规改革等重点环节廉政风险防控手册。常态化开展院党组与驻院纪检监察组专题会商，严肃查处违纪违法检察人员 25 人。持续抓实“三个规定”，填报过问干预案件等重大事项4218件。加强检察廉洁文化建设。加强市县两级检察院领导班子建设，实施优秀年轻干警梯次培养工程。发挥财物省级统管优势，加强司法办案和基础设施建设资金保障。以数字检察战略赋能法律监督，参与省级政法跨部门大数据办案平台建设和运用，组织研发大数据法律监督模型54个，其中3个模型在全国竞赛中获奖并推广应用。

【刑事检察】 2023年，福建省检察机关批准逮捕各类刑事犯罪2.48万人，起诉6.31万人。对严重犯罪依法提出从严量刑建议4500人。推动轻罪治理，对无社会危险性的依法不批捕6523人，对无继续羁押必要的1220人决定或建议变更强制措施。对不构成犯罪或证据不足的依法不批捕5100人，不起诉749人。推进审查起诉阶段律师辩护全覆盖试点，通知法律援助机构指派律师为5299名犯罪嫌疑人提供辩护。会同公安、国安、海关、海警等部门推动侦查监督与协作配合机制实质化规范化运行，监督侦查机关立案2262件、督促撤案692件。对认为确有错误的刑事裁判提出抗诉、再审检察建议252件，法院已审结198件，其中改判、发回重审156件。接受最高检跨省看守所交叉巡回检察，全省组织对监狱、看守所、社区矫正机构开展巡回检察69次，发现并纠正监管场所执法问题743个。强化减刑、假释、暂予监外执行案件实质化审查，监督纠正刑罚执行不当1700人。

【腐败惩治】 2023年，福建省检察机关对各级监委移送职务犯罪案件决定逮捕248人，起诉384人。落实受贿行贿一起查，起诉行贿犯罪38人。参与粮食购销领域腐败问题三年专项整治，起诉95人。起诉国家工作人员利用市场准入、金融监管、招商引资等职务便利实施的索贿受贿犯罪96人。检察机关直接立案侦查或启动机动侦查权，立案侦查司法工作人员利用职权犯罪50人。联合省高级人民法院开展“雷霆2023”专项活动，督促执行职务犯罪财产刑4478万元。

【民事检察监督】 2023年，福建省检察机关办理民事检察案件7309件。对认为确有错误的民事裁判提出抗诉48件，民事抗诉改变率96.7%；提出再审检察建议230件，采纳率98.3%。对审查后认为裁判正确的1291件案件开展释法说理。深化民事审判程序监督，提出检察建议674件。针对超标的查封、终结本次执行程序不规范、被错列失信被执行人名单等情形，提出检察建议2039件。与法院共同落实民事行政诉讼和执行案件正卷、副卷一并调阅制度。持续监督纠正“假官司”231件，起诉虚假诉讼犯罪23人。

【行政检察监督】 2023年，福建省检察机关加强对行政诉讼活动和行政违法行为法律监督，办理行政检察案件5792件。对行政裁判结果及行政审判、执行活动违法情形提出监督意见2127件，已被采纳2092件。开展住宅维修资金交存、道路交通安全和运输执法专项监督，深化行政强制戒毒、土地执法领域非诉执行监督，提出监督意见1096件，已被采纳1026件。推进行政执法与刑事司法衔接，督促行政执法机关移送涉嫌犯罪线索334条，侦查机关立案258件。率先探索行刑反向衔接，对不起诉后应当给予行政处罚的案件，向行政机关提出检察意见1697件，885人受到行政处罚。

【公益诉讼检察】 2023年，福建省检察机关依法办理公益诉讼5855件，其中行政公益诉讼4996件、民事公益诉讼859件。完成为期三年的“公益诉讼守护美好生活”专项监督，诉请法院判决支持食品药品惩罚性赔偿金494万元，督促收回国有财产2821万元，监督保护个人信息955万条。开展省级以上文物保护专项监督，办理文物和文化遗产保护领域公益诉讼387件，推动修缮文物、英烈纪念设施346处。完善公益诉讼圆桌会议机制，绝大多数公益诉讼案件在诉前环节解决。与自然资源、农业农村等多部门建立8个领域省级协作配合机制。有2228人加入公益诉讼“益心为公”志愿者团队，各设区市检察院均建成公益诉讼快速检测实验室。

起诉破坏环境资源犯罪1202人，办理生态环境和资源保护领域公益诉讼2462件，督促修复被破坏的山水林田359.65公顷，追偿生态环境损害赔偿金7108.9万元。联合省公安厅、福建海警局开展打击盗采海砂专项行动，起诉盗采海砂犯罪232人，追偿海洋生态环境损害赔偿金2651万元。深化“检察＋碳汇”生态修复机制，推动设立公益碳汇账户、司法固碳基地29个，引导当事人认购绿碳、蓝碳3.7万吨。出台服务保障乡村振兴16条措施，起诉非法占用农用地犯罪62人，办理农村人居环境整治、传统村落保护等领域公益诉讼1967件。

联合福州军事检察院制定协作意见，起诉冒充军人招摇撞骗、破坏军事设施犯罪15人，办理军用机场净空、军用土地保护等领域公益诉讼39件，化解涉军纠纷24件。与省妇联建立协作机制，严惩侵害妇女权益犯罪3055人，办理相关公益诉讼68件。对老年人、农民工、困难群众等群体依法支持起诉2231件，与四川等11个省市建立支持起诉跨区域检察协作机制。连续6年开展根治欠薪专项监督。携手住建、残联部门深化无障碍环境建设，办理相关公益诉讼112件。

【未成年人检察业务】 2023年，福建省检察机关从严惩治性侵、虐待、暴力伤害未成年人等犯罪2065人。对涉嫌轻微犯罪、有悔罪表现的附条件不起诉1173人，对犯罪较严重的起诉1144人。协同教育、公安、司法等部门推动建设专门学校，建成并接收矫治罪错未成年人191人。监督落实强制报告、入职查询制度和家庭监护责任，通过强制报告发现线索并起诉犯罪117件，推动密切接触未成年人行业不予录用或解聘有前科劣迹人员98人，对“甩手家长”发出督促监护令4230份。从妇联、学校、医院聘请36601人担任“春蕾安全员”，建成覆盖三级检察院的“未检闽e站”工作平台。

【法治化营商环境助力】 2023年，福建省检察机关出台18条措施服务新时代民营经济强省战略。起诉破坏市场经济秩序犯罪4829人；加大对民营企业反映强烈的内部贪腐、外部恶意索赔问题惩治力度，分别起诉350人、45人。深化涉案企业合规改革，办理相关案件58件。起诉金融诈骗、破坏金融管理秩序犯罪728人；联合省公安厅、福建证监局制定办理证券期货犯罪案件协作配合意见，办理最高检、公安部交办案件11件。在全国率先推动将行政检察指标纳入省级营商环境数字化监测督导体系，开展营商环境领域行政违法行为监督，提出检察建议462件。会同省高级人民法院、司法厅、市场监管局规范小作坊、小餐饮、小摊贩轻微违法行为处罚尺度。

【知识产权司法保护】 2023年，福建省检察机关起诉侵犯知识产权犯罪899人，办理相关民事、行政、公益诉讼案件55件。打击网络侵权盗版行为，联合省市场监管局建立全国首个省级商业秘密保护协作机制。破解知识产权案件“立案难、追诉难”问题，监督立案25件，追捕追诉107人，移送行政处罚53人。加强知识产权法治宣传，发布知识产权检察白皮书和优秀案例。联合省公安厅在台创园、工业园设立“创新福建·检警联动示范岗”13个。

【两岸融合发展示范区建设助力】 2023年，福建省检察院落实中央支持福建建设两岸融合发展示范区意见，制定18条检察举措。设立台胞台企权益保护法治宣传基地。推广“检察监督＋台胞参与＋社会共管”涉台文物检察保护模式，推动修缮涉台文物70余处（件）。连续八届举办海峡两岸检察制度研讨会，创新开展台湾地区法科学生到检察机关实习实训。

【矛盾纠纷预防化解】 2023年，福建省检察机关推进检察环节矛盾纠纷预防化解。认罪认罚检察环节适用率保持在85%以上、一审服判率96.1%，开展民事检察和解469件，实质性化解行政争议423件。对25092件信访件做到件件有回复，对首次信访实行包案办理。开展重复信访积案化解“清仓”行动、矛盾源头治理三年攻坚行动，对久诉不息、疑难复杂案件开展公开听证553件。落实“谁执法谁普法”，发布全省性典型案例22件，举办新闻发布会60场次。

（董利炜）

法　院

【概况】 2023年，福建省各级法院受理各类案件104万件、办结95.36万件，其中省高级人民法院（简称“省高院”）受理2.15万件、办结1.7万件。运用习近平法治思想学习宣传馆等场馆特色载体开展溯源学习；做好调查研究，省高院形成调研报告21篇，实现成果转化48项，落实47条整改措施，建章立制11项。办好“闽法讲堂”“闽法课堂”，线上线下举办各类培训和讲座54期，培训3万余人次。用好“法答网”，选任449名答疑法官，回复审判业务咨询3719条。运用“闽法同判”平台，汇聚类案裁判、难题答疑等30余个。加强岗位练兵，省高院与省总工会联合举办全省法院书记员技能竞赛，推出加强年轻干部培养的10条措施。省高院承担的“新时代法院文化建设研究”获评全国法院“优秀重大课题研究成果”。省高院对4家中院开展政治督察和第四轮司法巡查；运用福建法院“清风”系统，加强对审判执行全流程92个廉政风险点的智能监管，督促排查整改391项。落实防止干预司法“三个规定”，全省法院干警记录报告有关信息47904条。支持纪检监察机关监督执纪问责，查处违纪违法人员72人。

【刑事审判】 2023年，福建省各级法院一审审结刑事案件4.64万件，判处罪犯6.4万人。常态化开展扫黑除恶斗争，审结涉黑恶案件246件1446人。审理吴某宇弑母案，入选2023年度全国法院十大案件。惩治毒品犯罪，发布首份禁毒工作白皮书。惩治腐败犯罪，一审审结贪污、贿赂等职务犯罪案件261件326人。落实受贿行贿一起查，对28人以行贿罪判处刑罚。严惩涉众型经济犯罪383件，助力防范经济金融风险。落实宽严相济，规范办理减刑、假释、暂予监外执行案件1.56万件。

打击危害群众切身利益犯罪。一审审结盗窃、抢劫、抢夺等侵财犯罪案件8194件。一审审结危害食品药品安全犯罪案件287件。推进反电信网络诈骗专项工作，严惩“4·9”涉缅北特大跨境电信网络诈骗案，判处116名犯罪分子。一审审结电信网络诈骗及关联犯罪案件7510件，帮助受骗群众挽回损失1.53亿元。

【民事司法】 2023年，福建省各级法院推进民生权益司法保障，一审审结婚姻家庭、教育、医疗、住房、就业等民事案件27.7万件。联合省妇联出台预防化解家事纠纷工作意见，完善反家暴工作机制，发出人身安全保护令、家庭教育令等585份。依托覆盖全省的少年法庭，加强未成年人司法保护，965名法官担任中小学法治副校长，讲授“法治公开课”。省高院与省人社厅等九部门联合推出新业态从业者权益保障8项机制。制定福建省道路交通事故损害赔偿项目计算标准，快处道路交通纠纷2万件。深化军地协作机制，维护军人军属合法权益。规范司法救助程序，救助964人，发放司法救助金2550.51万元。

【商事司法】 2023年，福建省各级法院服务新时代民营经济强省战略，一审审结商事案件19.18万件。传承弘扬

“晋江经验”，推出服务民营经济高质量发展 34 条措施。持续开展“千名执行干警进千企”，走访企业 1593 家。审理房企融资等纠纷，促进项目复工建设。省高院牵头成立省破产管理人协会，推进省级层面企业破产处置协调联动，审结强制清算与破产案件 3764 件，盘活资产 113 亿余元，帮助 182 家企业摆脱困境。

【涉台司法交流】 2023 年，福建省各级法院助推两岸融合发展示范区建设，办结涉台案件 922 件、司法互助案件 3906 件。省高院与省台联共同推出 17 条保护台胞合法权益举措，选聘 400 余名台胞担任调解员、人民陪审员等。开展涉台文物和文化遗产司法保护行动，办理涉台文物“简大狮避难处”租赁合同纠纷等案件。建立向金门供水“清源法屏”机制，化解涉供水纠纷。接收台湾法学青年到闽实习实训。举办 2023 年海峡两岸司法实务研讨会，两岸司法交流研讨 15 年未间断。

【生态环境司法】 2023 年，福建省各级法院一审审结各类环境资源案件 3885 件，追究刑事责任 1195 人，补种复绿 582.37 公顷，判令缴纳生态环境损害赔偿金 4616.36 万元。推广全国首创的生态环境审判技术调查官制度，聘请 104 名技术调查官。审结袁某、晋某非法采矿刑事附带民事公益诉讼案，创新运用“造林增汇”蓝碳修复模式补植红树林，提名“新时代推动法治进程 2023 年度十大案件”。省高院、南平中院发起成立国家公园司法保护协作联盟，青海、西藏、四川等 10 家高院及相关单位参加联盟，入选 2023 年度福建省“十大法治事件”。

【知识产权司法】 2023 年，福建省各级法院强化知识产权全链条司法保护，一审审结专利、商标、著作权等权利保护以及不正当竞争、反垄断等案件 1.95 万件，对恶意侵权等行为依法适用惩罚性赔偿。加大对数字经济、生物医药、新能源等领域科技成果保护力度，一审审结技术类案件 2687 件。加强驰名商标、老字号、地理标志的司法保护，审理沙县小吃、泉港“福粿”等商标侵权纠纷案。建立闽赣两省“3 地＋11 县”法院跨省协作机制，服务水稻种业振兴发展。健全与世界知识产权组织仲裁与调解中心合作机制，打造知识产权司法保护高地。

【涉外及涉港澳侨司法】 2023 年，福建省各级法院融入海丝中央法务区建设，持续打造国际商事海事争端解决优选地。实施涉外审判精品战略，一审审结涉外、涉港澳侨案件 3094 件。承办海上丝绸之路（泉州）司法合作国际论坛，7 国首席大法官和 11 国的百余名代表线下参会，共话“一带一路”司法交流合作。

【案件执行】 2023 年，福建省各级法院执结案件 29.82 万件，执行到位金额 875.88 亿元。加强执行联动，完善查人找物信息共享机制。网络司法拍卖成交 214.29 亿元，为当事人节约佣金 10.71 亿元。全省 94 家中院、基层法院全部设立执行服务中心，通过执行服务大厅、网上综合管理平台等，共办理反馈群众涉执诉求 1.34 万条。

【诉讼服务】 2023 年，福建省各级法院持续深化“厅网线巡”立体化诉讼服务体系建设，线上便捷立案 27.43 万件，网上缴费 38.55 万件，“12368”热线回应咨询 51.19 万人次。福建省成为全国深化跨域诉讼服务 13 个改革试点省份之一，创新“跨域联办、一站通办、在线速办”机制。落实“有信必复”，每件群众来信在 7 日内告知“已收到、谁在办”，3 个月内答复办理过程或结果。通过领导干部带头接访、包案化解等方式，化解信访老案 217 件。

【矛盾纠纷预防化解】 2023 年，福建省各级法院诉讼调解结案 9.91 万件，比上年增长 9.48%。各地法院探索形成“擂茶调解”“司法夜调”等调解模式。明溪法院、霞浦法院参与的“侨乡枫桥”“海上枫桥”解纷法入选 104 个全国新时代“枫桥式工作法”。

促进行政争议实质化解。一审审结行政诉讼案件 7499 件，办结行政非诉执行案件 5414 件。深化府院联动，“行政争议调解中心”实现全省县（市、区）覆盖。连续 13 年发布行政审判白皮书，针对市场监管、治安管理等案例开展以庭代训，行政机关负责人出庭应诉率 98%。省高院会同市场监管等部门在全国率先规范“三小”（小餐饮、小作坊、小摊点）食品安全违法行为行政处罚裁量问题，避免“小过重罚”。

落实最高人民法院一号、二号司法建议，省高院与金融、住建等行业主管部门协同联动，推动商品房预售合同纠纷、信用卡纠纷一审收案数分别比上年下降 17.01%、24.05%。对恶性案件高发地区发出司法建议，当地政府采取 8 项措施开展整治取得成效。针对办案中发现的央企票据风险防范问题发出司法建议，得到中央部委重视，推动相应法规修订。聚焦社会治理、行政管理、民生安全等领域，发出司法建议 1049 份，89.42%被采纳落实。

【法院改革】 2023 年，福建省各级法院推动司法责任制全面准确落实，完善审判委员会工作机制，压实院庭长监督管理职责，纳入“四类案件”（重大、疑难、复杂、敏感案件）监管 3.34 万件。建立院庭长办案类型指引与负面清单，院庭长办案 39.96 万件，其中疑难复杂案件占比 42%。进一步规范合议庭运行，员额法官年人均办案 233.18 件。

以审判管理促提质增效。开展审判质量管理指标体系试点工作，创新运用 58 项指标，强化对办案质量、效率、效果的综合评价。增设“案一件比”指标，以老百姓诉至法院的一“案”与进入办案环节的若干“件”相比，引导办案更加注重一次性实质化解群众烦心事，“案一件比”逐月优化，相当于减少4.57万件案件。一审服判息诉率88.78%，一审裁判被改判发回重审率、民事裁判申请执行率均比上年下降。持续开展专项清理、难案攻坚，2023年长期未结、久押不决案件分别比上年下降75.96%、86.14%，逐步实现“动态清零”。省高院与宁德中院联动化解33年前发生的“大业坑”山林权纠纷，入选全国法院清理积案典型案例。

强化数智赋能。融入“数字福建”“数字政法”建设，参与省级政法跨部门大数据办案平台建设和应用，启动智能法庭升级改造。省高院建成“诉讼档案数字化中心”，提高电子卷宗随案生成、一键转档的效率。深化数助治理，加强司法大数据分析研判，围绕民生热点、社会治理等形成12项专题研究成果。智慧法院建设成效位居全国法院第一方阵，电子诉讼占比位居全国前列，刑事案款跨域便民缴纳系统等6项成果亮相第六届数字中国建设峰会。

（王亦灵）

2023年10月26日，海上丝绸之路（泉州）司法合作国际论坛（2023）在泉州举行　（张亮　摄）

司法行政

【概况】 2023年，福建省司法行政系统办理行政审批和服务事项1万余件、公证业务64.3万件、司法鉴定13.7万件、仲裁2.8万件、法律援助9.3万件，免收法律服务费4.2亿元，挽回经济损失6.4亿元。厦门公证“调解＋提存”和莆田“党建工作指导员＋‘12345’平台＋党员律师帮帮团”联动机制入选全国典型案例；南平顺昌公共法律服务标准化国家试点项目通过评估验收。全省各考区法考基地全覆盖，连续22年实现国家统一法律职业资格考试考务工作“零差错”。打造新时代“148＋”法润商企、法润乡村等8个大类31个便民惠民利企系列品牌，出台《关于优化法治化营商环境激发市场主体活力的10条措施》《加强实施民营经济强省战略法治服务保障重点举措》。

省司法厅制定厅党委贯彻落实党中央决策部署和习近平总书记重要要求“153”工作机制，开展贯彻落实情况“回头看”。厅党委带头围绕27项课题开展调研，注重成果转化运用，推动解决下党乡司法所改造升级等基层实际问题44个，出台《法治政府建设年度报告工作指引》等11项制度。修订出台《厅党委巡察工作规划（2022—2026年）》，完成对9个基层监所单位的政治巡察，督促抓好281个问题整改。全省司法行政系统巩固政法队伍教育整顿成果，开展酒驾醉驾专项整治，防止干预司法“三个规定”执行情况被中央政法委通报表扬。常态化开展“一学三比”练兵比武活动，选派干警参加挂职、驻村等实践锻炼，举办行政复议、行政执法、律师工作等专题培训班。坚持重心下移，基层司法行政转移支付补助比上年增长12.57%，升级改造司法所70个，副科级以上司法所长配备率98.2%。举办第三届“福建最美监狱人民警察”暨首届“最美警属”荣誉仪式，全系统45个集体、355名个人获省部级以上表彰。

【公共法律服务体系建设】 2023年，福建省深化海丝中央法务区建设，建立3个涉外法治人才培训基地，2030家法律服务企业入驻“海丝中央法务区·云平台”，“海丝法务通”提供线上法律服务超100万人次。开展新时代福建“148”（要司法）品牌创建“拓展深化年”活动，培育“148＋法润商企”等8类品牌31个项目。

【普法宣传】 2023年，福建省司法行政系统实施“八五”普法规划，开展“服务大局，服务民生——蒲公英在普法”等系列普法宣传活动2.2万场次，举办“宪法宣传周”启动仪式暨“十大法治人物（事件）”评选活动，公布福建省首批9个红色法治文化遗存目录名单，“打造八闽红色法治文化带”做法被全国推广。在全国首创“蒲公英”普法志愿者联盟，招募志愿者13.6万余人，服务超5000万人次，做法获评第三批“全国普法依法治理创新案例”。培育乡村“法律明白人”13.3万人，开展普法活动1.3万场次，服务对象超5000万人次。漳州“蓝碳司法保护与生态治理”做法得到全国政协副主席何报翔批示肯定。

【社会矛盾纠纷化解】 2023年，福建省司法行政系统创新和发展新时代“枫桥经验”，培育“海上枫桥”“边界枫桥”等24个系列枫桥品牌，排查化解矛盾纠纷39.3万件，“侨乡枫桥”入选全国“枫桥经验”陈列馆。三明明溪涉侨纠纷和宁德霞浦海上养殖纠纷预防化解2项工作法入选全国新时代“枫桥式工作法”，福州罗源“三色融合”、南平松溪“茶乡姐妹”等24个工作法入选全省新时代“枫桥式工作法”，泉州“金融纠纷一体化调处模式”获评全国深化改革典型案例。健全多元化解矛盾纠纷体系，在全国率先推出依法处理信访事项“五化”“四到位”路线图。福州、厦门、漳州、龙岩获评全国市域社会治理现代化试点合格城市。

【社区矫正】 2023年，福建省在全国率先出台《社区矫正经费保障意见》，得到司法部部长贺荣批示肯定。开展社区矫正社会化“一县一品牌”培育，划拨资金1000万元支持38个县（市、区）社矫中心标准化改造和“智慧矫正中心”建设。涉海涉渔社矫对象外出监管、公益一类事业社矫中心设立做法被司法部向全国推广。

【安置帮教】 2023年，福建省司法行政系统开展“刑满释放人员安置帮教专项行动”，落实“14类”重点人员动态管理和帮教帮扶措施。全省列管社矫对象5.6万人，衔接安置帮教人员3.39万人，重新犯罪率低于全国平均水平。

【监所管理】 2023年，福建省司法行政系统完成重要节点、重大活动维稳安保和清流监狱罪犯分流转押任务，实现监所疫情防控平稳转段；启用洛江监狱，持续保持全省监狱戒毒场所安全稳定。减刑办理率位居全国第五，罪犯病亡率为全国较低的5个省份之一，罪犯1+N职业技能培训经验做法被司法部推广；常态拓展禁毒宣传“六进+N”模式，联合省内院校建立“绿色守护”禁毒教育基地，开展戒毒“大回访、大调查”活动，解戒人员后续照管率位居全国第一方阵。

【律师服务】 2023年，福建省司法行政系统成立推动福建高质量发展律师服务团，常态化开展“百所联百会”等活动，推动601家律所与916家商会、县级工商联建立合作机制，为企业提供法治体检、风险评估、合同审查等全流程法律服务，10个案例入选第二届中国律师公益（社会责任）典型案例。助力对外开放，海丝中央法务区新引入法务机构（项目）160个。举办第一届海丝律师发展论坛，推动闽西南五市律师协会签订协同发展框架协议。在福厦泉成立涉外法治人才培训基地，举办2期涉外律师人才培训班，遴选156名律师建立涉外人才库，其中入选全国千名涉外律师43人、司法部海外远程视频公证机构5家。开展“做党和人民满意的好律师”主题活动，发挥律师行业党建全国先进的引领示范作用，推动全省法律服务行业党建有效覆盖。

【闽台司法融合】 2023年，福建省司法行政系统贯彻《中共中央 国务院关于支持福建探索海峡两岸融合发展新路建设两岸融合发展示范区的意见》和福建省实施方案，聚焦扩大取得国家法律职业资格的台湾居民在闽从事律师职业的执业范围、加强台胞台企权益保障等重点任务，统筹推进两岸融合发展法治保障工作。成立全国首个涉台海事纠纷解决中心、涉台仲裁中心，出台《台湾地区仲裁机构在厦门设立业务机构登记管理办法》，台湾地区仲裁机构在厦门设立业务机构登记管理办法得到国台办肯定并推介。闽台乡建乡创合作模式入选第三届“全球减贫”最佳案例。

（马莉）

仲　裁

【概况】 2023年，福建省仲裁行业受理仲裁案件3.33万件，比上年增长101%；受理总标的额187亿元，增长50.8%。各仲裁委围绕全面从严治党主线，制定责任清单，形成工作机制。福州仲裁委坚持常态化邀请福州市纪委驻市政府办公厅纪检监察组列席党组会议，梳理部门党风廉政建设风险点，逐一制定防控措施。

【营商法治环境助力】 2023年，福州仲裁委深化知识产权协同保护，审结知识产权仲裁案件17件，平均审限35天，调解、和解率64.7%；依法加强对双方当事人权利平等保护，对企业慎用财产保全措施，为企业发展提供良好的法治化营商环境；处理涉及中建海峡、省建工集团、省二建公司等在榕央企与省属、市属国企的仲裁纠纷，成功调解案件223件，涉案金额5.22亿元。厦门仲裁委落实“两岸融合发展”对法治工作的要求，推进涉台仲裁中心建设。

【涉外及涉港澳台仲裁】 2023年，厦门仲裁委受理涉外和涉港澳台案件45件，比上年增长50%，占全省相关案件数量的1.81%；标的额9.11亿元，占全省相关案件标的额的9.52%。推进厦门仲裁委办案信息系统与最高人民法院国际商事法庭信息系统的链接，纳入最高人民法院国际商事纠纷多元化解决“一站式”机制的综改任务落地见效。设立“厦仲涉台仲裁中心”，通过制定专门的涉台仲裁员名册、优化仲裁办案流程及案件审理规范等方式，为涉台案件当事人提供个性化、便利化的仲裁服务，被评为“涉外服务十佳机构”。厦门仲裁委与厦门市司法局、中共厦门市委台港澳办公室及中国（福建）自由贸易试验区厦门片区管理委员会就建立涉台仲裁联动工作机制签订合作框架协议。漳州仲裁委与广州仲裁委互荐仲裁员，增聘涉外仲裁员；与广州仲裁委签署加入《仲裁合作南沙共识》。海峡两岸仲裁中心推动平潭综合实验区在2月发布《关于加快促进海峡两岸仲裁中心发展的若干措施》。海峡两岸仲裁中心厦门庭审中心于9月在海丝中央法务区厦门片区试运行，参与启动厦门涉外商法服务协同中心。

【海商事仲裁】　2023年，厦门仲裁委提升海商事仲裁专业化水平，受理海商事案件数量8件，标的额7.93亿元。助力海商事仲裁优选地建设，与厦门海事法院、厦门海事局等单位就设立福建省涉台海事纠纷解决中心签订合作协议，凝聚涉台海事纠纷解决合力，服务两岸高质量融合发展。

【金融仲裁】　2023年，福州仲裁委提升金融仲裁水平，护航金融行业高质量发展。通过开展金融仲裁座谈会、仲裁法律制度推介讲座等形式，助力金融风险预防和化解；与福建海峡银行签订战略合作协议，探索金融仲裁协作新机制。全年受理金融借款合同纠纷、信用卡纠纷案件1059件。贯彻鼓励金融创新和保障金融安全相结合的处理原则，对于促进经济结构转型、降低企业融资成本、实现普惠金融的金融创新行为依法予以保护；对违反金融安全、市场秩序、国家宏观政策等公序良俗的行为依法认定无效；与福州市地方金融局、福州中院加强协调联动，协助知鱼智联科技股份有限公司、和特能源（福建）股份有限公司等27家企业完成相应的尽职调查内容。

【社会治理助力】　2023年，福州仲裁委参与法治政府建设，配合做好“一规划两方案”中期评估工作；依托“海丝”核心区、福州新区、自贸试验区等“多区叠加”优势，提高涉外仲裁水平，服务两岸融合发展示范区建设。福州国际商事仲裁院受理涉自贸试验区案件438件，标的额20.22亿元；适用涉外仲裁程序案件21件，标的额3.23亿元，其中涉及台湾地区案件3件；推动仲裁服务在福州都市圈协同发展，莆田、宁德两个仲裁中心累计受理案件264件，标的额4.52亿元。优化“互联网＋仲裁”服务，引导外地当事人通过福州仲裁委员会官网在线预立案134件。泉州仲裁委助力水暖卫浴行业知识产权维权援助专项行动，推动泉州知识产权强市建设，引导泉州市水暖卫浴行业从业者加强学习知识产权法律知识。

【诉讼和仲裁衔接机制】　2023年，厦门仲裁委与厦门中院会签《关于诉讼与仲裁有机衔接完善多元解纷机制的实施意见》，成立“诉讼与仲裁衔接中心”，建立司法对仲裁的支持监督等10项工作机制；与厦门中院建立福建首个“仲裁＋法院数字化协同平台”，实现仲裁案件财产保全、执行立案的数据高效对接与交互；与厦门海事法院就建立国际海事纠纷多元化解决机制签订合作框架协议，在仲裁保全执行等方面建立工作机制，深化司法与仲裁的协作机制。漳州仲裁委参与社会纠纷解决，强化诉仲对接和仲调对接，做好矛盾纠纷多元化解工作；加入龙文法院的诉前调解平台，协助龙文法院处理机动车交通事故责任纠纷、金融小额借贷纠纷、房屋租赁纠纷等诉前调解案件近100件，其中7件达成调解协议或还清欠款成功撤案；在漳州多元解纷平台和漳州市金融纠纷多元化解中心的基础上，与芗城法院达成初步合作方案，将待立案的金融案件引导至漳州市金融纠纷多元化解中心的仲裁调解工作室，再由仲裁调解员介入调解，并在征求当事人意见后，指导当事人签订仲裁协议，将案件分流至仲裁处理。

【仲裁多边合作机制】　2023年，漳州仲裁委探索与厦门大学法学院、福州大学法学院共建涉台法治人才培养创新基地；深化与外单位合作交流，并与广州仲裁委签署“四个共享”合作备忘录，通过“标准共享”“庭室共享”“名册共享”“服务窗口共享”等，共建区域仲裁多边合作机制；创新与漳州农商行的合作形式，借助漳州农商行的线上平台，建立数字化赋能线上仲裁便民服务平台，实现银行案件线上一站式解决。

【仲裁质效提升】　2023年，福州仲裁委构建集约化智能化送达机制，通过集约送达团队送达法律文书2.45万件。安排专职人员集中处理公告、财产保全事项，全年收转财产保全材料376件，公告案件办理时限平均缩短7天。通过实行定期通报、季度小结的方式，持续推动积案化解。开展案件专题研究会21期，研究案件128个。处理三盛滨江国际楼盘逾期办证系列案件，审结案件97件，未出现因仲裁引发的群体性风险事件。

（马莉）

编辑：林忠玉

军事

福建省军区

【概况】 2023年，福建省军区党委贯彻党的二十大精神和军委国防动员部、东部战区党委决策部署，围绕建设一流省军区，以体制改革落地为契机，军地共同研拟国动委工作规则、联合办工作细则，探索建立国防动员指挥运用军地协调机制。刚性落实军民融合“三项机制”，组织经济动员中心和新域新质力量建设运用检查调研，集智破解瓶颈问题。组织各设区市党管武装绩效考评，协调省委议军会议专题研究国动援战，讲评军分区（警备区）党委第一书记党管武装情况。

突出党建引领，贯彻全军党的建设会议精神，召开省军区第十一次党代会，提出并锚定“五个一流”建设目标。成立省军区直属党委，推进直属单位建设。出台全面加强党的领导和党的建设15条措施及年度全面从严治党26项工作安排，结合省军区党委书记集训组织党组织建设形势分析。迎接上级巡视巡察，组织“五查五纠”军地交叉地带清理整治和后勤领域“五治八查树形象”教育整顿。加强团级以上党委落实全面从严治党指标体系考评。

【思想政治建设】 2023年，福建省军区协同推进开展学习贯彻习近平新时代中国特色社会主义思想主题教育和“学习强军思想、建功强军事业”教育实践活动，26次跟进学习习近平总书记重要讲话精神，9次召开主题教育领导小组会议分析形势，在厦门、东山举办两期理论培训班。制定《全面深入贯彻军委主席负责制》25条、政治整训常态化制度化14条措施，在上级刊发要讯93条。开展“讲团结、守纪律、正风气”专题教育，通过“东南前哨”新媒体矩阵开展宣传教育。

【战备演练】 2023年，福建省军区组织战备值班专项整治，强化“查拉督改责”，修订军事方案并滚动更新。抓好军地联合指挥场所升级改造。持续开展军事大练兵，组织人武部军事主官比武竞赛、民兵防空分队实弹射击，参加各类演训活动，参与“杜苏芮”等台风防抗。完成兵员征召，评选30个“四星”基层武装部。

【基层治理】 2023年，福建省军区系统推进基层治理规范化建设，突出福建“海、战、新”的特征，组织军地干部骨干赴漳州观摩基层治理情况，形成4类“成果”和1套“规范”。开展“三帮”活动，召开省军区文职人员队伍建设座谈会和第六次老干部工作会议，组织医护人员岗位练兵比武。完成两个直属单位营区整治和游泳训练场建设。按国家军用标准完成基层风险点安全评估，落实防范措施。

【福建地区军地警备联席会议】 2023年3月13日，福建省军区组织驻闽军地相关单位和部门召开福建地区军地警备联席会议，军以上单位参会领导和省委、省政府有关部门领导围绕《福建地区警备工作军地协作机制》讨论发言，并就加强福建地区警备工作军地协作提出意见建议。

【干休所医护人员岗位练兵比武】 2023年5月18—19日，福建省军区采取“统一施考、同台竞技、现场比武”的方法，组织全区干休所医护人员岗位练兵技能比武竞赛。比武紧贴日常保障需要、聚焦应急救护能力设置比武内容，突出学理论法规、练专业技能、比规范操作，促进医护人员能力素养提升。

【文职人员军地联席会议】 2023年5月26日，福建省军区牵头召开首届福建省文职人员工作联席会议，省委组织部、省委机构编制委员会办公室、省委党校（行政学院）、教育厅、公安厅、财政厅、人力资源和社会保障厅、住房和城乡建设厅、卫生健康委、退役军人事务厅、国资委、医疗保障局和省军区保障局等军地14家成员单位参会。会议明确各成员单位工作职责，建立福建省文职人员工作军地联席会议制度。

【民兵防空分队实弹射击】 2023年7月下旬，福建省军区以联合作战背景下民兵防空分队担负的使命任务为牵引，组织全省民兵防空分队在闽南地区展开野外驻训和实弹射击，通过组织跨昼夜连贯实弹射击，检验装备的战技术性能，提升民兵防空分队遂行作战任务能力。

【“四类骨干”集训】 2023年，福建省军区针对标准意识不强、工作合力不紧、工作经验不足等问题，于7月24—26日在莆田市组织“四类骨干”集训，采取线上同步与线下集中、辅导教学与专题研讨、学践标准与现地观摩相结合的方式，邀请国防大学、海军航空大学、省军区领导、机关业务骨干共8名专家、骨干辅导授课，“逐人考、逐个评”组织安全风险评估案例作业，规范保密档案、机要密码工作秩序，梳理形成安全管理组织与实施细则、“四个秩序”建设运行机制等6类成果，提升省军区“四类骨干”理论素养和实践能力。

【基层治理规范化建设任务部署会】 2023年10月25—27日，福建省军区召开基层治理规范化建设任务部署会。组织94名军地干部骨干现地观摩漳州军分区机关、人武部、干休所、民兵应急营部、村民兵连部、开发区武装部和区域保障中心等不同类型单位基层治理情况，形成4类建设成果和1套建设规范，推进基层治理规范化标准化制度化建设探索。

（史中华　王求基　晏政　祝余伟　黄其灿　陈虎）

国防动员

【概况】 2023年，福建省国防动员系统以一体化为遵循、实战化为导向、准军事化为标准，构建综合防护体系，打通军地指挥链路，建立健全国防动员组织体系、工作制度，加强经济建设贯彻国防要求，推进人民防空五大体系建设。年内，国防动员和人民防空相关需求纳入《福建省国土空间规划（2021—2035年）》。

【组织指挥体系建设】 2023年，福建省国防动员办公室完成省级国防动员基本指挥所和福州屏山大院人防疏散场所维修改造，组织专业队伍和新域新质力量参加各类国防动员人民防空演练演训。泉州、三明宁化完成基本指挥所改扩建，泉州鲤城、丰泽、洛江、泉港和三明清流、龙岩永定完成地面应急指挥中心建设，龙岩完成市级机动指挥所升级改造，漳州完成市级预备指挥所改扩建，莆田、龙岩县级机动指挥所全面建成。持续推进防空警报系统升级改造和城市防空警报补盲建设，结合防空警报试鸣日组织开展人口疏散实战化演练和人防专业队伍救援训练。组织人防机动指挥所跨区支援演练。

【人员防护体系建设】 2023年，福建省推进人防专项规划与国土空间规划相融合，将国防动员和人民防空相关需求纳入《福建省国土空间规划（2021—2035年）》，做好国防动员用地、用海、用林、用岛等要素保障。出台《福建省人民防空工程维护和使用管理办法》，在人防工程领域执行《多测合一技术规程》。在全省范围更新规范人防工程标识标牌，推动城市政务服务移动客户端开设人防掩蔽场所引路导航功能，成立省土木建筑学会人防工程分会，建立人防工程领域专家库。福州在全国范围首创地铁正线防护密闭门“折叠式”改造，防抗“海葵”台风；漳州开展物业服务企业兼顾人防工程平时维护管理试点；龙岩将人防工程维护管理列入物业星级评价内容；厦门城市地下综合管廊工程人防试验段完成验收。

【目标防护体系建设】 2023年，福建省国防动员办公室推动重要目标防护规范化、制度化，实行目录清单化管理，在泉州、莆田开展重要目标单位防护机制规范化建设试点，厦门、龙岩等地组织重要经济目标防护演练。组织全省军事设施保护业务集训，会同军事机关督导龙岩连城、福州连江完成军事设施保护问题整治。推动《福建省军事设施保护条例》列入2024年省政府立法调研计划。

【支撑保障体系建设】 2023年，福建省国防动员办公室发挥全省三级支前机构健全优势，加强驻闽部队服务保障，组织军地两用人才培训。运用新闻媒体、广播电台、地铁公交、楼宇多媒体、短信平台等手段开展全民国防动员宣传教育“五进”活动，在福州地铁2

2023年12月13日，三明市举办人民防空疏散演练暨防空地下室平战转换演练
（省国动办）

号线董屿·福建师大站全国首创“站厅式”省级人防宣教基地，被多家国家级媒体报道。开展全省36家人防设备定点生产企业资格延期认定核查，完成人防工程防护设备检测机构开展检测工作前备案。开展现行地方性法规、规章和规范性文件专项清理。根据国家统一规定取消人防专用设备跨省域销售、安装限制，加强事中事后监管。（刘喆）

退役军人事务

【概况】 2023年，福建省退役军人事务系统以“我与老兵面对面”常态化宣讲为载体，推广实施“精准服务工作法”。省退役军人事务厅组织开展4期读书班、7个专题研讨，完成18个重点课题调研；与退役军人事务部、省委组织部联合举办党务干部培训班和全省退役军人工作专题研讨班，制定出台《加强年轻干部队伍建设的若干措施》，开展4期“根在基层”青年干部蹲点调研，建立厅青年理论学习小组、青年宣讲小分队。省退役军人事务厅在14次全国性会议、8次全国性培训上作典型发言。退役军人事务部部长裴金佳到闽调研退役军人工作和对口支援工作，全国双拥办到闽考评调研双拥创模工作。

【退役军人思想政治引领】 2023年，福建省退役军人事务厅创新推进“我与老兵面对面”常态化宣讲，以实现退役军人思想政治教育全员化全覆盖为目标，以流动服务车、老兵夜谈、老兵茶室等方式开展宣讲，省退役军人事务厅组建300人的政策宣讲员队伍，全年全省退役军人事务系统共开展宣讲活动近1.5万场（次）、受众近40万人次。加强“兵支书”、“兵教师”、军创企业家和老兵宣讲员、老兵志愿者等队伍培育，建成退役军人志愿者服务平台，掌握全省退役军人志愿队伍的专业技术、区域分布等，全省有以退役军人为主导的志愿服务队伍5240支，其中30支关爱青少年退役军人志愿服务队伍入选全国志愿团队。开展全省“最美退役军人”学习宣传，党的二十大代表温文溪入选全国“最美退役军人”。开展“学习贯彻党的二十大精神，激励老兵永远跟党走”全省巡回宣讲，线上线下观看总量超280万人次。拓展“军休立新功”服务模式，组织“移动军事体验站”的国防教育进校园活动，工作经验在退役军人事务部简报刊发并向全国推广。发挥红色资源多的优势，推进退役军人思想政治教育基地建设，遴选挂牌第一批30个教育基地。打造以“军民情”为品牌的全媒体宣传矩阵，省退役军人事务厅官方微信公众号入选2023年福建省“走好网上群众路线”十佳账号。

【退役军人服务保障体系建设】 2023年，福建省退役军人事务厅落实退役军人事务员新职业全国试点工作，11月退役军人事务部在石狮召开全国退役军人服务保障体系建设管理推进会，推广福建省经验。持续推进基层服务保障体系标准化、规范化、实体化建设，制作全省县级退役军人服务中心分布图并在省退役军人事务厅官网上公开，100%完成县级服务中心位置信息录入百度、高德地图。在持续建好高速公路服务区军人驿站（退役军人服务站）基础上，推动特色服务站进企业（园区、商会）、进高校、进景区，全省建成特色服务站近500个。指导莆田市实施退役军人服务标准化试点项目，并通过国家验收。

【双拥共建】 2023年，福建省退役军人事务厅学习贯彻全国双拥模范城（县）创建新办法新标准，制定下发福建省实施方案。创新推进与海军福建舰“省舰共建”，开展评选最美军嫂、国防人物和走访慰问驻高山、海岛部队等8项纪念延安双拥运动80周年活动；7月31日，省委省政府召开纪念延安双拥运动80周年暨2023年“八一”军政座谈会，军地领导观看“庆八一·军民情”联欢晚会。开展“聚焦一线、聚力解难”拥军优属专项活动，修订《福建省贯彻军人随军家属就业安置办法实施细则》，解决执行一线任务官兵“三后”问题。全年帮助解决155名随军家属随调安置，推动278名随军家属就业，1668名军人子女按规定享受中高考加分、就近就便入学等教育优待。落实军地“互办实事”双清单制度，全年军地互办实事1200多项，支持29个驻闽高山、海岛部队拥军项目建设；协调落实海警工作站用地无偿划拨工作。推进双拥模范城与戍边基层连队结对共建，投

2023年3月16日，由福建省退役军人事务厅主办的“学习贯彻二十大精神 激励老兵永远跟党走”巡回宣讲活动在福州举行（省退役军人事务厅）

入1300余万元援建文化、学习、生活设施。

【优待抚恤】 2023年，福建省退役军人事务厅连续第22次调整提高福建省部分优抚对象等人员抚恤和生活补助标准。做好常态化优待证办理工作和优待证使用场景政策宣传，全省有69家国家A级旅游景区、73个县（市、区）1672条公共交通路线、31个县（市、区）的93家酒店对持优待证者实行费用减免等优待。定期开展对全省范围内困难退役军人摸底排查与动态更新，用好年度500万元的省级困难退役军人帮扶援助专项资金。成立省退役军人关爱基金会，筹集资金800万元，开辟关爱退役军人新渠道。发挥省荣军医院、部队医院和爱国拥军促进会、退役军人关爱协会、退役军人关爱基金会等社会组织的桥梁纽带作用，推动实施常态化免费医疗巡诊、“守护光明”眼疾综合诊疗、“子女助学”结对帮扶、“解忧难暖兵心——帮扶残疾退役军人”等多个帮扶项目，为7000余名重点优抚对象提供免费医疗巡诊服务。结合元旦、春节、八一等重要时点，向全省退役军人和其他优抚对象发致敬短信，对困难退役军人、重点优抚对象、军休干部等开展走访慰问，省、市、县三级常态化联系功臣模范等六类重点对象。

【褒扬纪念工作】 2023年，福建省退役军人事务厅推动成立省烈士纪念设施保护专家委员会，在全国率先制定《烈士纪念设施保护统一标志》。截至2023年底，全省各级有烈士纪念设施保护管理单位69个，核编215个。举办纪念林祥谦烈士牺牲100周年系列活动，与省委宣传部、省总工会联合开展纪念宣讲10场，线上线下受众10万余人次，退役军人事务部简报专门刊发福建省做法。联合省教育厅、团省委开展“开学第一课、致敬革命先烈”实践活动，全省近138万名少先队员通过线上线下参加。会同省委文明办部署开展“百园千校清明祭英烈”活动，组织全省近千所中小学校到就近的烈士纪念设施开展“六个一”（擦拭一遍墓碑、敬献一束鲜花、进行一次描金描红、重温一次入团入队誓词、写一张寄语卡片、讲述一位先烈故事）活动。举办“烈士亲友讲烈士故事”全省巡回宣讲，现场观众近7000人次，网络受众超5000万人次，《解放军报》等媒体多次报道，并被退役军人事务部列为“全国英烈红色文化思政课示范案例”。持续做好“为烈士寻亲、为烈士立传”工作，组织“老战士史料收集”，编撰“八闽英烈丛书”和烈士纪念设施展示图册。全年全省为128名烈士找到亲人。福建省录制的100集《老兵讲党史》系列短视频，入选2022中国正能量网络精品。配合省纪委监委、驻厅纪检组开展烈士纪念设施保护管理“室组联动”专项监督检查，并制定出台《关于促进新时代烈士褒扬工作高质量发展十一条措施》。指导泉州市革命烈士陵园、漳州市烈士陵园、闽东烈士陵园、松毛岭战役烈士纪念园、宁化县革命烈士纪念园做好第七批国家级烈士纪念设施申报工作。烈士纪念日前夕向全省烈士亲属逐一登门送达《致全省烈士亲属的慰问信》。

2023年4月2日，龙岩市上杭县庐丰畲族乡“八一爱民学校”中坊小学师生和驻岩某部官兵到永定区烈士纪念园开展“2023·崇尚·清明祭英烈”活动
（省退役军人事务厅）

【退役军人移交安置】 2023年，福建省退役军人事务厅完成转业军官、转业士官和退出消防员、伤病残士兵的接收安置，实现退役军人、部队和接收单位的“三满意”。其中，军转干部安置到机关公务员和参公岗位的比例保持在95%以上；筹集转业士官和退出消防员安置岗位，安置到机关和事业单位的比例58.3%；伤病残士兵完成率100%，实现动态清零。超额完成军休干部、伤病残退休人员移交，占年度任务数的111%。

【退役军人就业创业】 2023年，福建省退役军人事务厅推动成立全国首家省级退役军人人才开发中心，举办第三届全省退役军人创业创新大赛，结合退役军人实际推出“兵教师”、“兵船长”、“兵教官”、无人机驾驶等技能和适应性培训100期。打造福建“兵教师”品牌，出台《福建省促进优秀退役军人到中小学任教九条措施》，与省内高校合作设立7个退役军人（教育）学院，与29家大型企事业单位开展退役军人就业合作，培育退役军人就业创业园地57家、创业导师团队401个。常态化开展“送政策进军营”、退役返乡迎接座谈、就业招聘等活动，全年共举办各类招聘活动337场。 （林长清）

编辑：林忠玉

外事 侨务 港澳事务

外　事

【概况】 2023年，福建省外事系统服务国家总体外交大局和新发展阶段新福建建设。创新“海外主题教育”学习方式，被“学习强国”平台、《当代世界》、《外事管理》、福建卫视、《福建日报》等媒体推广，《福建新闻联播》专门作报道。强化组织保障，省委常委会会议多次听取外事工作汇报，召开省委外事工作委员会会议、省政府专题会议及省市外办主任会议，对贯彻落实党中央对外决策部署、推进全省外事重点专项工作作出具体安排。形成系统合力，实施外交部关于福建省外事工作的意见和福建外事工作第二个五年规划，加强与中央外办、外交部、中联部、全国对外友协等上级部委对接，密切省内各地区各涉外部门联系；加强与兄弟省市外办交流互鉴，推动闽宁外事协作取得新进展。

建立因公出访常态化统筹机制，全年全省共审核审批因公出国团组2180批8281人次。协助外交部举办境外安全保障工作专项培训班，以“万屏联动”、主题航班、“出国第一课”等方式创新推进预防性领保宣传，处置海外涉闽突发领保案（事）件，维护福建省在境外企业、机构和人员安全与合法权益。维护海洋权益，加强周边涉外渔业综合管理，邀请外国驻华使节到闽参加“使节看渔业”等活动。

【元首外交服务保障】 2023年，福建省联合中国人民对外友好协会举办2023“鼓岭缘”中美民间友好论坛，习近平总书记向论坛致贺信，来自美国的“鼓岭之友”、友好组织、友好人士代表等120余人参加。联合上海合作组织睦邻友好合作委员会举办第十届中国—中亚合作论坛，来自中亚国家政府官员、企业家、专家、留学生及国际友好组织代表共400余人参加，习近平总书记向论坛致贺信。配合中联部在厦门举办全球南方智库对话会，邀请来自巴西、俄罗斯、印度、南非等50多个新兴市场和发展中国家智库学者、政党代表、企业界人士代表以及国内高校和智库代表等300余人参会。参与第三届“一带一路”国际合作高峰论坛相关配套活动，做好驻东盟使团外交官、国际民间人士代表团、“一带一路”民间人士联合考察团等访闽接待工作。

【国家外交重要议程服务保障】 2023年，福建省服务国家外交重要议程。在对美方向上，联合美方举办“茶和天下·雅集”、“趣淘”漳州文化艺术周、第三届中国—俄勒冈州气候变化与可持续发展论坛等活动，推动“中国·福建周”非遗文化展示活动走进美国社区和学校。在对日方向上，做好日本冲绳县、长崎县知事等访闽接待，举办第三届国际黄檗禅论坛、中日黄檗文化交流会、“日资企业福建行”活动。在东盟国家方向上，举办首届“中国—东盟周”活动，邀请东盟各国政要、驻华使

2023年6月28日，“鼓岭缘”中美民间友好论坛在福州举行。图为27日省委副书记、省长赵龙在福州会见出席论坛的嘉宾代表　　（省外办）

节、智库专家等到闽对接交流，推动同印度尼西亚、菲律宾、马来西亚、泰国等国合作。在太平洋岛国方向上，发挥中国—太平洋岛国减贫与发展合作中心等平台作用，参加第三届中国—太平洋岛国政党对话会，举办中国—太平洋地区民间友好论坛、中国—太平洋岛国海洋防灾减灾合作研讨会等活动，深化农业、减贫、教育等各领域交流合作。在拉美方向上，促成福建农林大学与墨西哥锡那罗亚州签署菌草技术合作备忘录，加强与巴西、阿根廷、哥伦比亚、智利在友城、教育、文旅、港口等领域合作交流，推动援助巴拿马项目取得进展。

【开放发展服务保障】　2023年，福建省加强金砖国家合作，发挥厦门金砖基地优势，跟进落实习近平总书记对南非进行国事访问成果清单，促成厦门市与南非金砖城市德班市、巴西金砖城市福塔莱萨市签署结好协议，举办中国（福建）—南非青年金砖合作主题征文比赛，做好德班理工大学孔子学院50名师生代表访闽邀请接待工作。畅通对外交往渠道，实施“丝路伙伴”计划，全省新签4对正式友城、8对友城结好意向书和友好交流关系协议书、2份“丝路伙伴”协议，联合菲律宾宿务省等友城举办多场周年庆和互访活动。助力民营经济强省战略，为企业人员申办APEC商务旅行卡，全省全年共受理办卡申请3648人次，比上年增长506%；受理企业领事认证申请42647份，增长138%。

【重要团组到访接待】　2023年，福建省做好13名外国副国级及以上领导人和前政要访闽接待，为62批178名外国副部级以上官员、66批231人次外国驻华使领馆官员到闽参加数字中国建设峰会、“9·8”厦门投洽会、世界航海装备大会等重大涉外活动提供外事服务保障。

阿根廷卡塔马卡省省长劳尔·贾利尔率团访闽。4月3—7日，阿根廷卡塔马卡省省长劳尔·贾利尔一行16人应邀访问福州、厦门和龙岩，实地考察紫金矿业集团股份有限公司、厦门金龙联合汽车工业有限公司、福建省常青新能源科技有限公司、福州大学紫金地质与矿业学院，并与福州市进出口商会就进一步深化双方经贸合作进行洽谈。

第十批太平洋岛国政治家联合考察团访闽。4月18—24日，应中联部邀请，以汤加王国副首相兼司法大臣萨缪·瓦伊普卢为团长，由巴布亚新几内亚、斐济、基里巴斯、库克群岛、所罗门群岛、汤加、瓦努阿图等7个国家政党领袖和议员组成的第十批太平洋岛国政治家联合考察团一行访问福建，实地考察福州、厦门、宁德和平潭，了解福建省在基层党建、海洋经济、农业发展以及摆脱贫困方面的实践情况。

2023年8月6日，由中国—东盟中心、福建省外办、福州市政府联合主办的首届“中国—东盟周”在福州开幕　（省外办）

中国—太平洋地区民间友好论坛嘉宾访闽。5月10—15日，应中国人民对外友好协会邀请，汤加王国公主、太平洋中国友好协会终身荣誉主席兼董事会主席、汤加中国友好协会主席皮洛莱乌·图伊塔和太平洋地区友好组织、驻华使节、地方政府以及在华留学生代表等一行60余人访问福建省，出席由中国人民对外友好协会和福建省人民政府共同举办的以“架人民友谊之桥，走合作共赢之路”为主题的中国—太平洋地区民间友好论坛，并赴宁德和平潭参访，了解福建省脱贫发展、乡村振兴的经验做法以及在绿色经济、海洋经济等领域的发展情况。

印度尼西亚对华合作牵头人、海洋与投资统筹部部长卢胡特访闽。5月26—28日，印度尼西亚对华合作牵头人、海洋与投资统筹部部长卢胡特一行访问福州、宁德，探讨福建与印度尼西亚在贸易投资领域的合作，考察中国—印度尼西亚经贸创新发展示范园区，并参访宁德时代、青拓集团等企业。27日，省委书记、省人大常委会主任周祖翼在宁德会见卢胡特一行。

法国驻华大使白玉堂、欧盟驻华大使庹尧诲访闽。6月12—14日，法国驻华大使白玉堂、欧盟驻华大使庹尧诲访问福建，出席由中国国家林业和草原局与法国开发署在武夷山国家公园共同举办的“中法国家公园体系对话”活动并致辞。活动期间，白玉堂和庹尧诲实地参访武夷山国家公园，了解武夷山国家公园设立以来在生态保护、绿色发展等方面取得的成效。

日本冲绳县知事玉城丹尼访闽。7月6—7日，日本冲绳县知事玉城丹尼一行11人访问福建，走访琉球墓园、琉球馆，并与福建师范大学、福州大学、集美大学等省内高校青年师生座谈交流。省委书记、省人大常委会主任周祖翼在福州会见玉城丹尼一行。

2023 年 7 月 18—20 日，菲律宾前总统杜特尔特率团访闽。图为 19 日杜特尔特在福建师范大学参加以其母亲索莱达·杜特尔特命名的纪念大楼落成剪彩仪式（省外办）

菲律宾前总统杜特尔特访闽。7 月 18—20 日，菲律宾前总统罗德里戈·杜特尔特一行访问福建，拜会省领导，并参访福建师范大学和林则徐纪念馆。在福建师范大学，杜特尔特参加以其母亲索莱达·杜特尔特命名的纪念大楼落成剪彩仪式，参观索莱达纪念馆，并向福建师范大学学生演讲。19 日，省委书记、省人大常委会主任周祖翼，省委副书记、省长赵龙在福州会见杜特尔特一行。

老挝国会副主席、老中友好议员小组主席宋玛·奔舍那访闽。应中国—东盟中心邀请，8 月 4—9 日，老挝国会副主席、老中友好议员小组主席宋玛·奔舍那率代表团一行 10 人访问福建，出席在福州举办的首届“中国—东盟周”有关活动，并赴厦门、宁德等地参访。省委书记、省人大常委会主任周祖翼在福州会见宋玛一行，省委常委、福州市委书记林宝金，省委常委、厦门市委书记崔永辉，宁德市委书记梁伟新分别在福州、厦门、宁德与客人会面。

巴西塞阿腊州州长埃尔曼诺·德·弗雷塔斯率团访闽。9 月 11—14 日，巴西塞阿腊州州长埃尔曼诺·德·弗雷塔斯率代表团一行 6 人访问福州和厦门。在福州，参观福清兴化湾海上风电场、福建三峡海上风电国际产业园和福建网龙计算机网络信息技术有限公司，在厦门参观金砖国家新工业革命伙伴关系创新基地和厦门大学附属心血管病医院。

印度尼西亚副总统马鲁夫·阿敏访闽。9 月 14—15 日，印度尼西亚副总统马鲁夫·阿敏一行访问福州，与福建省部分清真食品企业开展座谈。15 日，省委书记、省人大常委会主任周祖翼在福州会见了马鲁夫·阿敏一行，省领导林宝金、郭宁宁、吴偕林参加。

斯里兰卡议会议长马欣达·亚帕·阿贝瓦德纳访闽。10 月 11—16 日，斯里兰卡议会议长马欣达·亚帕·阿贝瓦德纳到闽出席 2023 世界航海装备大会，并赴福州、厦门、泉州等地参访。12 日晚，省委书记、省人大常委会主任周祖翼在福州会见阿贝瓦德纳一行。省委副书记、省长赵龙出席，省领导林宝金、郭宁宁、吴偕林、陈冬参加。代表团在福州、厦门、泉州等地分别参观三坊七巷、鼓浪屿、开元寺等历史文化名胜以及泉州海外交通史博物馆，乘坐福厦高铁，考察了解厦门金龙新能源客车技术，并在泉州锡兰侨民旧居参观“泉州与斯里兰卡海上丝绸之路友好关系图片展”。

巴西皮奥伊州州长拉斐尔·塔日拉·丰特莱斯率团访闽。10 月 25—27 日，巴西皮奥伊州州长拉斐尔·塔日拉·丰特莱斯率代表团一行 47 人访问福州和厦门。在福州，省长赵龙和丰特莱斯共同签署两省州开展友好交流协议书，并见证厦门港务控股集团、中国（福建）自由贸易试验区厦门片区分别与皮奥伊州战略投资促进局签署合作谅解备忘录。在厦门，代表团一行参加厦门—皮奥伊州经贸对接会，并见证厦门金砖办与皮奥伊州战略投资促进局签署合作谅解备忘录。

苏里南外交、国际商务和国际合作部部长拉姆丁访闽。11 月 10—11 日，苏里南外交、国际商务和国际合作部部长拉姆丁一行访问厦门和龙岩，实地参观紫金铜业冶炼厂和紫金山金铜矿，并就深化双方经贸务实合作、助推紫金矿业集团苏里南罗斯贝尔金矿项目发展进行交流。

日本长崎县知事大石贤吾、议长德永达也访闽。11 月 24—25 日，日本长崎县知事大石贤吾、议长德永达也到福建拜会省领导，走访福清黄檗山万福寺、厦门鼓浪屿，参加中日黄檗文化交流大会、福建—长崎青年交流会。省委书记、省人大常委会主任周祖翼，省委副书记、省长赵龙在福州会见大石知事、德永议长一行。

蒙古人民党总书记阿玛尔巴伊斯格楞访闽。11 月 24—26 日，蒙古人民党总书记阿玛尔巴伊斯格楞一行访问福州、平潭及宁德等地。25 日晚，省委书记、省人大常委会主任周祖翼在福州会见阿玛尔巴伊斯格楞一行。代表团在宁德参观宁德时代新能源公司和“摆脱贫困”主题展览，了解新能源领域的最新发展和福建省在摆脱贫困方面的做法；在福州走访省农科院科研综合实验中心，观赏春伦集团的传统茉莉花茶工艺表演，并与省电子信息集团、星网锐捷公司就国企化改革、企业发展等展开交流；在平潭参观长江澳风力发电景观区、跨境电商物流园，就风力发电与能源合作等展开交流。

太平洋岛国议员研讨班学员访闽。11 月 25—28 日，应全国人大邀请，由萨摩亚立法议会议长帕帕利，纽埃社会服务部部长、议员桑娅，巴布亚新几内亚议会计划和预算委员会主席约瑟夫，所罗门群岛司法与法律部部长、议员罗里，汤加议员埃凯等 5 个国家的政党领袖和议员组成的太平洋岛国议员研讨班学员一行25人访问福州、泉州和平潭，了解福建省生态保护、菌草、农业、“一带一路”建设、闽台合作等情况。

柬埔寨国王诺罗敦·西哈莫尼访闽。12月19—21日，柬埔寨国王诺罗敦·西哈莫尼一行访问福建，了解习近平同志在福建工作期间开创的重要理念和重大实践及福建省经济社会发展情况。19日上午，省委书记、省人大常委会主任周祖翼在福州会见西哈莫尼一行；19日下午，西哈莫尼参观“3820”战略工程实施30周年成就展馆。20日上午，西哈莫尼乘坐复兴号福厦高铁前往厦门，并赴厦门大学看望柬埔寨在厦21名留学生。21日上午，西哈莫尼考察厦门筼筜书院。在闽期间，西哈莫尼一行访问厦门南普陀寺，并会见寺庙方丈、中国佛教协会副会长则悟法师。

2023年12月19—21日，柬埔寨国王诺罗敦·西哈莫尼一行访闽。图为19日省委书记、省人大常委会主任周祖翼在福州会见西哈莫尼国王一行

（省外办）

【重要团组出访服务】 2023年，福建省人民政府外事办公室落实省级领导率团出访服务保障工作。在出访过程中，福建省各团组跟进落实习近平总书记与各国元首达成的重要共识，宣介党的二十大精神，签署一系列深化友城合作协议，深化拓展各领域合作。

省委常委、福州市委书记林宝金访问印度尼西亚、马来西亚和菲律宾。2月21日至3月2日，省委常委、福州市委书记林宝金率福建省代表团一行6人访问印度尼西亚、马来西亚和菲律宾。访问期间，代表团分别在3个国家举行专场招商推介暨项目签约活动，集中签约重点项目24个，总投资491.8亿元。代表团拜会东盟和三国大使，拜访当地政要及友城官员，看望闽籍榕籍乡亲和社团，走访多个大型企业，达成多个合作意向。

省委常委、常务副省长郭宁宁访问沙特、新加坡、泰国。3月18—27日，省委常委、常务副省长郭宁宁率福建省代表团一行6人访问沙特、新加坡、泰国。访问期间，代表团拜会沙特能源部与投资部、沙特公共投资基金、新加坡金融管理局与贸工部、泰国孔敬府与春武里府等部门和相关企业，就深化拓展重点项目合作，以及扩大投资、贸易、数字经济、新能源、基础设施、跨境电商等领域合作进行探讨，达成系列合作协议，并与春武里府签署建立友好省府关系意向书。

省委常委、厦门市委书记崔永辉访问法国、瑞士、德国。4月11—20日，省委常委、厦门市委书记崔永辉率团访问法国、瑞士、德国。访问期间，代表团拜会世界经济论坛执行主席克劳斯·施瓦布、联合国教科文组织副总干事曲星，以及联合国贸易和发展会议、联合国国际贸易中心等国际组织负责人，与中国常驻联合国日内瓦办事处和瑞士其他国际组织代表、中国常驻联合国教科文组织代表等驻外机构负责人进行交流；走访道达尔能源、依视路—陆逊梯卡、巴赫瑞、空客、智奥会展、凯辉基金、ABB、栋戈、西门子、宝马、拜耳、博世和斯柏等12家跨国公司，邀请各相关国际组织到厦门参加“9·8”投洽会，并与依视路—陆逊梯卡、智奥会展、ABB、栋戈、斯柏等5家跨国公司签订投资合作协议。

厦门市市长黄文辉访问智利、巴西、卡塔尔。5月6—16日，厦门市市长黄文辉率团访问智利、巴西、卡塔尔。访问期间，代表团走访友好交流城市圣地亚哥首都大区，拜会智利外交部亚太司、智利对外贸易促进局、巴西塞阿腊州、卡塔尔自由区管理局、卡塔尔投资促进署以及各相关驻外使领馆，并与巴西福塔莱萨市签署友城协议。在巴西圣保罗举办“厦门市海联会客厅—走进巴西暨金砖创新基地推介会”，8家厦门企业现场签约智能制造、生物科技、新能源等领域合作项目，总金额超10亿美元。

省委书记周祖翼访问印度尼西亚、马来西亚、新加坡。5月8—17日，省委书记周祖翼率福建省代表团访问印度尼西亚、马来西亚、新加坡。访问期间，代表团拜访印度尼西亚前总统梅加瓦蒂、副总统马鲁夫、海洋与投资统筹部部长卢胡特，马来西亚最高元首阿卜杜拉、副总统扎希德，新加坡副总理兼经济政策统筹部部长王瑞杰等三国政要；举办中国（福建）—印度尼西亚共建“两国双园”暨经贸合作推介会、中国（福建）—马来西亚产业合作座谈会、中国（福建）—新加坡经贸合作推介会等，考察拜访10多家跨国企业和知名闽籍华商，签约项目59个，涉及电力能源、港口物流、汽车制造和水产品进出口等多个领域；举办各类涉侨活动25场次，走访看望闽籍侨胞；与印度尼西亚中爪哇省举行结好20周年庆祝大会，签署建立丝路伙伴关系协议；推动福州市与印度尼西亚三宝垄市、泉州市与马来西亚古晋南市签署深化友城合作备忘录；举办中国—印度尼西亚青年互访游学交流项目青年领袖代表座谈会、“海丝起点·清新福建”文旅推介会，与三国文旅部门分别签署战略合作备忘录，推动省内4家文旅重点企业与相关企业签署出入境旅游双向合作协议；走访新加坡国立大学，考察马来西亚华人文化馆、华文教育机构和华文媒体。

副省长王金福访问荷兰、法国、德国。5月17—26日，副省长王金福率经贸代表团一行6人访问荷兰、法国、德国。访问期间，代表团在三国分别举办经贸合作推介会；赴阿朗新科、皇家孚宝、林德气体等跨国企业开展对接洽谈，围绕化工、节能环保、新型建材等领域，共签约外商投资协议项目8个，生成意向外资项目8个；与德国莱法州政府、特里尔市政府、莱法州工商会等分别座谈交流。

省政府党组成员康涛访问英国、比利时、匈牙利。6月8—17日，省政府党组成员康涛率经贸代表团访问英国、比利时、匈牙利。访问期间，代表团分别拜会相关政府机构、协会组织、跨国企业、驻外机构，看望侨领侨亲；通过与庄信万丰、阿斯利康、索尔维集团、百威英博等企业对接洽谈，推动生成产业合作项目，并邀请当地工商团体和企业组团到闽参加数字中国建设峰会、中国国际投资贸易洽谈会等重大活动、重要展会。

省委常委、统战部部长、省海外联谊会会长王永礼访问日本、泰国、缅甸。6月20—29日，省委常委、统战部部长、省海外联谊会会长王永礼带领由省侨联、省商务厅和省侨办有关负责人组成的福建省代表团一行5人访问日本、泰国、缅甸。访问期间，代表团与日本著名友好人士塚本幸司之子塚本博亮座谈；拜访泰国中华总商会、日本三菱日联银行、日中经济贸易中心、日中友好协会、缅中友好协会；参加世界华商大会福品优品展洽活动和中国（福建）—日本经贸合作推介会、福建—关西经贸合作交流座谈会、中泰产品供采项目对接签约、中国（福建）—缅甸经贸合作推介会等活动；走访闽籍侨团，看望闽籍乡亲。

副省长常斌访问新西兰、巴布亚新几内亚、澳大利亚。8月20—29日，副省长常斌率代表团一行6人访问新西兰、巴布亚新几内亚、澳大利亚。在新西兰，代表团拜访惠灵顿市市长托芮·法瑙，就双方开展经贸、教育、体育等领域合作进行交流；走访梅西大学，推动福建师范大学等高校与梅西大学开展交流合作；走访安发国际控股集团，与新西兰—中国科技经济促进会会长高益槐等侨领座谈，探讨在生物医药领域合作事宜。在巴布亚新几内亚，代表团拜访东高地省省长谢西蒙，就深化减贫、教育领域合作进行交流，推动福建省援助当地的项目建设；实地察看戈罗卡菌草旱稻示范基地以及教育中心建设项目，慰问中国武夷援建一线员工。在澳大利亚，代表团以视频形式连线塔斯马尼亚州州长杰罗米·罗克利夫，拜访州督芭芭拉·贝克，就加强双方高层互访、密切教育人文交流、扩大经贸合作等方面进行交流；看望塔斯马尼亚州前州长吉姆·培根遗孀哈尼·培根；走访堪培拉大学、墨尔本大学、墨尔本理工学院、塔斯马尼亚大学等高校以及霍巴特学院，推动中澳教育文化交流。

省委副书记、省长赵龙访问南非、肯尼亚、菲律宾。9月18—28日，省委副书记、省长赵龙率代表团访问南非、肯尼亚、菲律宾，拜会南非体育、艺术和文化部部长齐齐·科杜瓦，南非贸工部副部长菲基利·马约拉，南非金砖事务副特使本·朱博特，肯尼亚道路与交通部部长奥尼西姆·穆尔科门，肯尼亚旅游、野生动物和遗产部部长皮尼纳·马龙扎，菲律宾副总统莎拉·杜特尔特，菲律宾总统对话贸易、投资和旅游特使许智钧和菲律宾前总统罗德里戈·杜特尔特等三国政要和重要人士，累计签约经贸合作项目34个，金额480.57亿元。在南非，推动五虎山国家森林公园、武夷山国家公园与南非桌山公园签署友好合作会议纪要，福建省发改委与南非国家计量院签署增进友好合作会议纪要，厦门金砖办、福建农林大学分别与德班理工大学签署合作协议；举办“海丝起点·清新福建”文化旅游推介会；走访福建省友城夸纳省代理省长诺玛古·西米拉内，见证厦门与德班签署建立友好城市关系协议。在肯尼亚，促成武夷山国家公园与内罗毕国家公园签署友好合作备忘录，推动举办中国贸易周·肯中建材展，走访内罗毕郡相关政府官员，就双方建立省郡友城关系、扩大友好交流进行商谈。在菲律宾，举办中国（福建）—菲律宾经贸创新发展示

2023年5月8—17日，中共福建省委书记、省人大常委会主任周祖翼率福建省代表团赴印度尼西亚、马来西亚、新加坡访问。图为15日周祖翼在中国（福建）—新加坡经贸合作推介会上致辞（省外办）

范区暨经贸合作推介会，出席福建省与宿务省结好5周年、晋江市与达沃市结好5周年等庆祝活动，促成福建省与宿务省签署建立丝路伙伴关系备忘录、晋江市与达沃市签署深化友好交流合作备忘录。

副省长林文斌访问智利、阿根廷、巴西。10月9—19日，副省长林文斌率福建省代表团访问智利、阿根廷、巴西。代表团拜访阿根廷米西奥内斯省、巴西塞阿腊州和智利圣地亚哥首都大区等8个省、州、大区和城市政府政要，推动在经贸、矿业、港口、市政管理、人才培训、国家公园建设管理等各领域交流合作，推动签署港口、人才培养等2项合作协议。在阿根廷布宜诺斯艾利斯、巴西圣保罗分别举办中国（福建）—阿根廷经贸合作对接会、中国（福建）巴西产业合作推介会暨2023年金砖国家工业互联网与数字制造发展论坛路演活动。

省委常委、宣传部部长张彦访问美国、巴拿马、塔吉克斯坦。10月17—27日，省委常委、宣传部部长张彦率团访问美国、巴拿马、塔吉克斯坦。在美国，访问团分别会见华盛顿州、俄勒冈州、加利福尼亚州政商界人士以及美国公共传播专家，就深化友城交往、推动文化交流进行研讨；与“鼓岭之友”成员座谈；与中国驻旧金山总领馆共同举办“海丝起点·清新福建”文化旅游推介暨非遗展示活动，组织福建非遗传承人走进旧金山学校和社区。在巴拿马，访问团会见巴拿马城政要。在塔吉克斯坦，访问团会见索格特州政府有关负责人，围绕深化友城工作机制开展洽谈。

省委常委、政法委书记黄海昆访问阿根廷、智利、巴西。12月6—16日，省委常委、政法委书记黄海昆率福建代表团访问阿根廷、智利、巴西，分别会见南美三国内政、司法和安全等部门以及布宜诺斯艾利斯市、圣地亚哥省、里约热内卢州和圣保罗州有关政要，就深化社会治安、禁毒等领域进行交流，深入探讨建立司法协助常态化合作机制，推动达成共同打击有组织犯罪行为和重点安全办理的共识。推介福建21世纪海丝核心区及海丝中央法务区建设成效，洽谈共建法务人才和智库等项目。

省人大常委会党组书记、副主任周联清访问墨西哥、哥斯达黎加、秘鲁。12月7—17日，省人大常委会党组书记、副主任周联清率团访问墨西哥、哥斯达黎加、秘鲁，就融入共建“一带一路”、推进法治合作、搭建立法机构交流交往平台机制、友城建设等与外方进行交流探讨。访问期间，代表团看望当地华侨社团、闽籍侨胞、企业代表，征求对《福建省华侨权益保障条例》的修改建议。

副省长林瑞良访问瑞士、奥地利。12月9—18日，副省长林瑞良率福建代表团访问瑞士、奥地利。在瑞士，代表团拜会瑞士科技园联盟、ABB集团、欧瑞康集团、波雄集团，推动瑞士林滨中医与福建国德养老签订战略合作框架协议、瑞士国际医疗中心与福建瑞仕潜力少年医教中心签订技术合作框架协议。在奥地利，代表团拜会BWT集团、兰精集团、科盟国际总部。

【对外宣传宣介】 2023年，福建省打造发现福建之旅，邀请外国驻华使节代表团、外国驻澳（港）领事官员团、外国媒体代表团等到闽考察交流，组织外国留学生、外国“网红”等开展“行走福建”活动。面向老挝琅勃拉邦省、越南广宁省举办“中国式现代化与地方对外交往实践”理论研讨会。开展公共外交，恢复举办线下国庆招待会，参与第十届中菲关系马尼拉论坛、第五届中美友城大会和2023“友好日”等活动，联合有关部门举办“寻访海丝印记读懂中华文明”国际友人交流活动、“丝路正青春　风采看福建”第二届在闽外籍友人短视频大赛。推动青年交流联谊，联合有关高校举办2023福建国际产学研用合作对接会、2023中国（福建）—东盟青年论坛、中国—印度尼西亚青年互访游学交流项目、第二届中非青年共话友好、福建—冲绳青年线上交流论坛等系列活动，做好南岛语族文化交流研习营、发展中国家对华友好组织青年领袖研修班等访闽接待。

【教育对外交流与合作】 2023年，福建省推进中外合作办学项目，全省合作举办本科层次及以上中外合作办学机构和项目32个；福建农林大学戴尔豪西大学联合学院（非独立法人中外合作办学机构）获批，实现福建省引进世界排名300名以内高校举办中外合作办学机构的新突破；天津大学—新加坡国立大学福州联合学院校区启用，化学、化工、物理3个专业首批国内硕博士生入驻，并启动招收留学生工作。推进国家公派出国留学工作，加大国家公派留学项目宣传，组织师生参加多场国家留学基金委项目在线宣讲会，推动省内高校结合重点特色学科发展，申报国家留学基金资助国际化创新型人才培养项目；申报国家留学基金委项目累计获批889人（教师318人、硕士以上研究生560人），赴QS世界大学排名前200位大学的有587人；全省教育系统在海外的师生共1820人，其中攻读博士学位的留

2023年9月8—9日，第十届中国—中亚合作论坛在厦门举行　（省外办）

学人员338人，占总人数的19%。推进国际化人才培养，举办“海丝”国际产学研用合作会议，以“开辟产学研用新领域，塑造海丝发展新优势”为主题，聚焦网络空间安全与数字化应用、碳中和与林学、资源生态与绿色发展等8个专业领域，举办学术报告100多场，吸引80多个国家和地区的1万多名中外嘉宾参会，促成合作项目20多个，推动合作平台建设10多个，形成重要合作成果100多项，聘请外籍和港澳籍导师200多人，中外双导师联合培养研究生400多人。推进海外华文教育，福建省高校在海外孔院共19所，外派教师198人；全年向教育部推荐65名师生参与孔院教师选拔考试；邀请南非德班理工大学孔子学院50名师生到中国开展为期15天的“寻迹中国式现代化”的主题冬令营活动；配合省委统战部建设福建华文教育联盟，支持基地学校举办海外华文教师培训班，新增7所海外华文教育基地。推进“一带一路”教育行动计划建设，全省职业院校在肯尼亚、乌干达、泰国等共建“一带一路”国家和地区建立“海丝学院”15个，其中黎明职业大学在7个国家设立8个“黎明海丝学院”，累计招收当地学生308人，为1500多名海外青少年、教师、企业员工开展技能培训，相关经验在第十届中国—中亚合作论坛上进行交流；6所高职院校在8个国家设立12个职业技能培训基地；闽江师范高等专科学校“中柬跨境电商人才培养项目”入选教育部教育对外援外项目。打造“留学福建”品牌，省政府外国留学生奖学金共资助56个国家700余名留学生到闽求学，其中福建省友好省州所在国家的留学生500余人，占资助总人数73%；新增福建林业职业技术学院、泉州医学高等专科学校、泉州华光职业学院3所招收国际学生备案高校，全省有具备招收留学生资格高校48所，2022—2023学年招收培养留学生6900余人。

【科技对外交流与合作】 2023年，福建省推进对外科技交流合作，国际大科学计划申报建设工作取得突破性进展，由中国科学院院士、厦门大学教授焦念志牵头，联合全球30多个国家70多所高校及科研院所共同发起的海洋负排放国际大科学计划落地福建，并纳入联合国海洋科学促进可持续发展十年行动计划。深化“一带一路”科技创新行动计划，支持省内企事业单位与共建“一带一路”国家和地区合作，围绕新材料、新能源、人工智能、生物医药、现代农业等领域，联合申报省级科技计划对外合作项目；全年共立项支持对外合作科技项目7个，资助经费105万元；组团参加11月在重庆举办的首届“一带一路”科技交流大会。创新开展科技援外培训工作，支持福建海洋研究所举办实施以“海洋空间规划与蓝色经济发展”“海水养殖与水产品加工、流通技术”等为主题的14期国内外援外培训项目，来自53个发展中国家近467人次科技管理人员完成相关培训任务。推进与金砖国家科技合作交流，以中国—金砖国家新时代科创孵化园启动建设为契机，推动与金砖国家及其他新兴市场国家和发展中国家的科技交流合作、科技创新与产业孵化工作；全年共立项支持福建省企事业单位与金砖国家开展省级科技计划对外合作项目4个，资助经费145万元。持续拓展双（多）边国际科技交流活动，组织福建省高校、科研院所和科技企业科研人员参加中法科研伙伴交流计划启动仪式、第九届东亚峰会新能源论坛、第11届中国一东盟技术转移与创新合作大会、2023中非创新合作与发展论坛暨湖北国际技术交流会、第4届中国—南亚技术转移与创新合作大会、第十二届中意创新合作周、第五届中芬高技术领域对接会等国际科技交流活动，推动福建省高校、科研院所与境外国家开展科技交流合作。

【文化旅游对外交流与合作】 2023年，福建省多维宣介海丝国际品牌，自5月起，在马来西亚、印度尼西亚、南非开普敦、新加坡、菲律宾宿务、美国旧金山等地举办“海丝起点·清新福建”文化旅游推介活动；11月和12月，举办第八届海上丝绸之路（福州）国际旅游节和第五届海上丝绸之路国际艺术节。密切部省合作，5月，在联合国总部、中国驻美大使馆、纽约华美协进社、美国梦购物中心、华盛顿美国华人博物馆等地举办5场“茶和天下·雅集”活动和城市文化交流推介活动；6月，在悉尼中国文化中心举办3场“茶和天下·雅集”活动；8—10月，在悉尼中国文化中心举办“宋元中国看泉州——世界遗产城市海丝非遗文化展”；10—12月，在悉尼中国文化中心举办“遇见大漆——福建漆艺术家作品展”。讲好福建故事，7月，举办首届“青春同行·福建有约”——2023年海外青少年研学营活动，组织来自吉尔吉斯斯坦、乌兹别克斯坦、马来西亚以及泰国的40名海外青少年到福州、武夷山、泉州、厦门四地体验福建特色人文；11月，举办2023驻华外交官“发现中国之美”相约清新福建活动，组织来自哥伦比亚、克罗地亚、蒙古、阿曼、伊拉克5个国家的7名驻华外交官到泉州、福州、莆田、南平等地参访，参加福建文旅推介活动、“茶和天下·雅集”活动及第八届海上丝绸之路（福州）国际旅游节开幕式、第八届世界妈祖文化论坛。

【卫生对外交流与合作】 2023年，福建省推进援外医疗，福建省援博茨瓦纳、塞内加尔医疗队贯彻落实习近平总书记给第19批援中非中国医疗队全体队员的重要回信精神，推进医疗援外各项工作，11月第19批援塞医疗队完成援外任务，全体队员被授予塞内加尔“雄狮勋位团骑士勋章”，被国家卫生健康委评为“全国援外医疗工作先进集体”，另有2名援外医疗队员被国家卫生健康委评为“全国援外医疗工作先进个人”；12月29日，中国援外医疗队派遣60周年纪念暨表彰大会在京举行，习近平总书记会见参会的福建代表。讲好闽医援外故事，5月，全国人大常委会委员长赵乐际访问塞内加尔期间，在达喀尔黑人文明博物馆参观由第19批援塞医疗队组织制作的“中国医疗队派遣60周年纪念图片展”并看望全体医疗队员；央视频道《朝闻天下》栏目先后刊播《援外医疗六十载谱写大爱无疆救死扶伤书写中非友谊》《援外医疗六十载谱写大爱无疆黄建斌医生：两次援非用技术赢得赞誉》，讲述福建援外医疗故事；制作《中国援外医疗队：跨越60年的时代答案》《跨越山海书写大爱无疆——专访中国第19批援塞内加尔医疗队》等专题节目，其中《中国援外医疗队：跨越60年的时代答案》全网视频点击量2093.2万人次，并入选全国广电新媒体联盟一周优秀传播内容榜单。深化中非卫生健康合作，推进中非对口医院合作机制建设，《省立医院—塞内加尔迪亚姆尼亚久儿童医院眼科建设项目中外双方联合建议书》于5月获国家卫生健康委国际交流与合作中心同意；与香港共享基金会共同开展援塞内加尔“消除白内障致盲项目”，全年派遣专家组2批12人次，在塞内加尔法蒂克省实施免费白内障超声乳化手术627台次。强化卫生健康高层次人才队伍建设，推动省妇幼保健院、省儿童医院与新加坡竹脚医院建立专业技术交流合作关系，与德国夏里特医科大学续签新一轮合作协议，与波恩大学附属医院妇产科学系签订合作备忘录。

【环境保护对外交流与合作】 2023年，福建省贯彻落实碳达峰碳中和工作部署要求，围绕应对气候变化、绿色低碳发展等热点议题，组织专家、技术团队和企业参加“迈向COP28：全球气候适应行动的中国贡献——早期预警与适应气候变化”主题活动、首届西部国际碳中和技术成果博览会暨企业家高峰论坛、2023中国—东盟环境合作论坛及中国—东盟国际环保展、中国—俄勒冈州气候变化与可持续发展论坛等活动，分享福建省在应对气候变化方面的工作成效、经验做法，学习国内外气候适应先进政策与解决方案。促进产业国际交流合作，以澳门国际环保合作发展论坛及展览、香港第十八届国际环保博览、第六届世界绿色发展投资贸易博览会、第六届中国—阿拉伯国家博览会等环保展会为重要平台，围绕绿色低碳、减污降碳协同治理等开展国际交流，学习借鉴各国及港澳地区的先进技术经验，推动环保企业洽谈对接项目合作，提升福建省生态环境领域产、学、研、用多方交流。扩大福建环保交流，向到闽参加对外交流合作座谈会的45个亚非国家高级别官员宣介福建落实习近平生态文明思想实践成果；与日本友城长崎县持续保持沟通交流，会见长崎县政府驻上海事务所所长、邀请长崎县环保企业参加厦门国际投洽会、与长崎县环境部举行视频交流会等；做好新加坡驻厦门总领事来访接待工作，就共同推进双边绿色发展等议题开展沟通交流。

【海丝核心区建设】 2023年，福建省推进“丝路海运”品牌建设，举办第五届“丝路海运”国际合作论坛，联盟成员数量320家；“丝路海运”命名航线116条，通达43个国家和地区的131座港口，全年完成集装箱吞吐量1587.08万标箱。中欧（亚）班列运行平稳，全年开行中欧（亚）班列135列。推进“丝路飞翔”工程，福州机场二期扩建工程、厦门新机场加速建设。推进“数字丝路”建设，发射“海丝三号01星”“厦门科技壹号”遥感卫星，形成为“海丝”沿线国家和地区提供遥感数据服务的能力。推动国际经贸合作提质增效，中国—印度尼西亚经贸创新发展示范园区和中菲经贸创新发展示范园区获批设立，中沙古雷乙烯项目进入工程全面建设阶段，全球最大年产90万吨江阴BDO项目一期工程开工建设；印发实施2023年“丝路投资”政策，宁德时代匈牙利动力电池厂一期等项目启动建设。海丝中央法务区加快建设，搭建涵盖国际商事法庭、涉外海事法庭、知识产权法庭的公共法律服务平台体系，与国际商事争端预防与解决组织、世界知识产权组织等建立合作关系，累计引入现代化、国际化法务机构或项目超100个。厦门金砖创新基地加快建设，启动建设中国—金砖国家新时代科创孵化园，落地国际标准服务站，新增22个金砖合作项目，总投资超136亿元。开通国内首条金砖城市跨境电商空运专线——厦门—巴西圣保罗全货运航线，出口载货率100%。打造“小而美”项目，菌草技术传播到100多个国家，在17个国家建立示范基地；开展与南非在计量领域的合作，通过捐赠计量设备和服务，促进“海丝”核心区与南非计量合作“软联通”。

【友好城市】 自1980年10月福州市与日本长崎市缔结首对友好城市以来，

2023年7月7日，福建省与希腊共和国西希腊大区建立友好省区关系协议书签字仪式在福州举行。图为副省长林文斌、西希腊大区副主席福基安·柴伊米斯分别代表双方共同签署两省区结好协议书 （省外办）

截至2023年底，福建省与47个国家的省、市建立125对友城关系，其中省级34对，福州市20对、厦门市22对、泉州市10对、漳州市6对、莆田市5对、南平市3对、三明市2对、龙岩市3对、宁德市4对、石狮市2对、武夷山市2对、南安市2对、福鼎市1对、晋江市2对、福清市1对、上杭县1对、泰宁县1对、福州市鼓楼区1对、厦门市思明区1对、福州市长乐区1对、泉州市鲤城区1对。

表4　2023年福建省与国外友城关系一览表

省市	友好省州/城市	结好时间	签字地点
福建省 （34对）	澳大利亚塔斯马尼亚州 Tasmania，Australia	1981.3.5	霍巴特市 Hobart
	日本长崎县 Nagasaki，Japan	1982.10.16	长崎市 Nagasaki
	美国俄勒冈州 Oregon，U.S.A.	1984.9.25	福州市 Fuzhou
	比利时列日省 Liege，Belgium	1986.2.27	福州市 Fuzhou
	德国莱法州 Rheinland-Pfalz，Germany	1989.5.24	美茵兹市 Mainz
	法国诺曼底大区 Normandy，France	1990.12.6	卡昂市 Caen
	日本冲绳县 Okinawa，Japan	1997.9.4	福州市 Fuzhou
	意大利那不勒斯省 Naples，Italy	1998.6.12	那不勒斯市 Naples
	巴布亚新几内亚东高地省 Eastern Highlands，Papua New Guinea	2000.5.16	福州市 Fuzhou
	巴西塞阿腊州 Ceara，Brazil	2001.3.6	福塔莱萨市 Fortaleza
	乌克兰敖德萨州 Odessa，Ukraine	2002.7.11	敖德萨市 Odessa
	印度尼西亚中爪哇省 Central Java，Indonesia	2003.12.6	三宝垄市 Semarang
	美国弗吉尼亚州 Virginia，U.S.A.	2004.6.8	北京市 Beijing
	南非夸祖鲁-纳塔尔省 Kwa Zulu-Natal，South Africa	2006.12.13	福州市 Fuzhou
	阿根廷米西奥内斯省 Misiones，Argentina	2007.6.27	伊瓜苏港 Puerto Iguazu
	西班牙坎塔布里亚自治区 Cantabria，Spain	2009.6.23	桑坦德市 Santander
	美国宾夕法尼亚州 Pennsylvania，U.S.A.	2009.10.23	哈里斯堡市 Harrisburg
	瑞典维姆兰省 Varmland，Sweden	2010.6.16	福州市 Fuzhou
	塔吉克斯坦索格特州 Sughd，Tajikistan	2012.6.2	厦门市 Xiamen
	波兰奥波莱省 Opole Voivodeship，Poland	2012.9.9	厦门市 Xiamen
	泰国孔敬府 Khon Kaen，Thailand	2015.5.22	孔敬市 Khon Kaen

表4续

省市	友好省州/城市	结好时间	签字地点
福建省 (34对)	加纳大阿克拉省 Greater Accra, Ghana	2015.9.7	厦门市 Xiamen
	马来西亚砂拉越州 Sarawak, Malaysia	2016.10.25	古晋市 Kuching
	越南广宁省 Quang Nam, Vietnam	2017.5.13	福州市 Fuzhou
	俄罗斯卡累利阿自治共和国 Republic of Karelia, Russia	2017.11.1	北京市 Beijing
	捷克奥洛穆茨州 The Olomouc Region, Czech Republic	2017.12.14	福州市 Fuzhou
	菲律宾宿务省 Cebu, Philippines	2018.9.12	宿务市 Cebu
	老挝琅勃拉邦省 Luang Prabang, Laos	2019.4.28	福州市 Fuzhou
	塞尔维亚伏伊伏丁那省 Autonomous Province of Vojvodina, Serbia	2020.6.19	福州市、诺维萨德市 Fuzhou, Novi Sad
	罗马尼亚阿拉德省 Arad County, Romania	2020.11.17	福州市、阿拉德市 Fuzhou, Arad
	加拿大新斯科舍省 Nova Scotia, Canada	2020.12.21	福州市、哈利法克斯市 Fuzhou, Halifax
	埃塞俄比亚亚的斯亚贝巴 Addis Ababa City, Ethiopia	2021.9.2	北京市 Beijing
	柬埔寨金边市 Phnom Penh, Cambodia	2021.9.17	福州市、金边市 Fuzhou, Phnom Penh
	希腊西希腊大区 Region of Western Greece, Greece	2023.7.7	福州市 Fuzhou
福州市 (20对)	日本长崎县长崎市 Nagasaki, Nagasaki, Japan	1980.10.20	长崎市 Nagasaki
	日本冲绳县那霸市 Naha, Okinawa, Japan	1981.6.20	那霸市 Naha
	美国纽约州锡拉丘兹市 Syracuse, New York, U.S.A.	1991.8.25	锡拉丘兹市 Syracuse
	美国华盛顿州塔科马市 Tacoma, Washington, U.S.A.	1994.11.16	福州市 Fuzhou
	巴西圣保罗州坎皮纳斯市 Campinas, Sao Paolo, Brazil	1996.11.8	福州市 Fuzhou
	澳大利亚新南威尔士州肖尔黑文市 Shoalhaven, New South Wales, Australia	2003.10.15	福州市 Fuzhou
	圭亚那乔治顿市 Georgetown, Guyana	2006.5.17	福州市 Fuzhou
	波兰科沙林省科沙林市 Koszalin, Koszalin, Poland	2007.5.19	福州市 Fuzhou
	肯尼亚蒙巴萨市 Mombasa, Kenya	2008.5.19	福州市 Fuzhou
	阿根廷里奥加耶戈斯市 Rio Gallegos, Argentina	2014.11.12	奥加耶戈斯市 Rio Gallegos

表4续

省市	友好省州/城市	结好时间	签字地点
福州市 （20对）	俄罗斯鄂木斯克市 Omsk，Russia	2015.5.18	福州市 Fuzhou
	印度尼西亚中爪哇省三宝垄市 Central Java，Semarangng，Indonesia	2016.6.2	福州市 Fuzhou
	澳大利亚霍巴特市 Hobart，Australia	2017.1.4	福州市 Fuzhou
	菲律宾马尼拉市 Manila，Philippines	2017.12.1	福州市 Fuzhou
	比利时列日省列日市 Liege，Belgium	2018.3.9	福州市 Fuzhou
	毛里塔尼亚努瓦迪布市 Nouadhibou，Mauritania	2018.9.8	福州市 Fuzhou
	柬埔寨暹粒市 Siem Reap，Cambodia	2019.5.18	福州市 Fuzhou
	越南下龙市 Ha Long，Vietnam	2021.7.18	福州市、下龙市 Fuzhou，Ha Long
	美国檀香山市 Honolulu，Hawaii，U.S.A	2021.10.21	福州市、檀香山市 Fuzhou，Honolulu
	塞浦路斯尼科西亚市 Nicosia，Cyprus	2023.12.26	福州市、尼科西亚市 Fuzhou，Nicosia
厦门市 （22对）	英国威尔士加的夫郡 Cardiff，Wales，U.K.	1983.3.31	厦门市 Xiamen
	日本长崎县佐世保市 Saseho，Nagasaki，Japan	1983.10.28	佐世保市 Saseho
	菲律宾宿务省宿务市 Cebu，Cebu，Philippines	1984.10.26	宿务市 Cebu
	美国马里兰州巴尔的摩市 Baltimore，Maryland，U.S.A.	1985.11.7	厦门市 Xiamen
	新西兰惠灵顿市 Wellington，New Zealand	1987.6.23	惠灵顿市 Wellington
	马来西亚槟榔屿州槟岛市 Penang Island，Penang，Malaysia	1993.11.10	槟岛市 Penang Island
	澳大利亚昆士兰州阳光海岸市 Sunshine Coast City，Queensland，Australia	1999.9.28	厦门市 Xiamen
	立陶宛考纳斯省考纳斯市 Kaunas，Kaunas，Lithuania	2001.3.11	厦门市 Xiamen
	墨西哥哈里斯科州瓜达拉哈拉市 Guadalajara，Jalisco，Mexico	2003.8.15	瓜达拉哈拉市 Guadalajara
	荷兰南荷兰省祖特梅尔市 Zoetermeer，South Holland，Netherlands	2005.7.14	祖特梅尔市 Zoetermeer
	印度尼西亚东爪哇省泗水市 Surabaya，East Java，Indonesia	2006.6.24	泗水市 Surabaya
	韩国全罗南道省木浦市 Mokpo，South Jeolla，Korea	2007.7.25	木浦市 Mokpo
	希腊马拉松市 Marathon，Greece	2009.1.4	厦门市 Xiamen

表4续

省市	友好省州/城市	结好时间	签字地点
厦门市（22对）	德国莱法州特里尔市 Trier，Rhein land-Pfalz，Germany	2010. 11. 11	特里尔市 Trier
	加拿大不列颠哥伦比亚省列治文市 Richmond，British Columbia，Canada	2012. 4. 27	厦门市 Xiamen
	塔吉克斯坦杜尚别市 Dushanbe，Tajikistan	2013. 6. 20	杜尚别市 Dushanbe
	法国普罗旺斯-阿尔卑斯-蓝色海岸大区尼斯市 Nice，Provence-Alpes-Coted'Azur，France	2014. 5. 22	厦门市 Xiamen
	泰国普吉市 Phuket Province，Thailand	2017. 5. 11	厦门市 Xiamen
	土耳其共和国伊兹密尔市 Izmir，Turkey	2018. 1. 18	伊兹密尔市 Izmir
	以色列内坦亚市 Netanya City，Sharon District，Israel	2022. 1. 18	厦门市、内坦亚市 Xiamen，Netanya
	巴西福塔莱萨市 Fortaleza，Brazil	2023. 5. 12	福塔莱萨 Fortaleza
	南非德班市 Durban，South Africa	2023. 9. 19	德班市 Durban
漳州市（6对）	日本长崎县谏早市 Isahaya，Nagasaki，Japan	1991. 4. 15	漳州市 Zhangzhou
	印度尼西亚南苏门答腊省巨港市 Palembang，South Sumatra，Indonesia	2002. 9. 16	巨港市 Palembang
	荷兰瓦格宁根市 Wageningen，Netherlands	2009. 5. 12	漳州市 Zhangzhou
	日本北海道伊达市 Date，Hokkaido，Japan	2010. 4. 7	漳州市 Zhangzhou
	匈牙利格德勒市 Godollo，Hungary	2013. 8. 19	格德勒 Godollo
	美国夏威夷州檀香山市 Honolulu，Hawaii，U. S. A	2013. 9. 20	檀香山市 Honolulu
泉州市（10对）	日本冲绳县浦添市 Urasoe，Okinawa，Japan	1988. 9. 23	浦添市 Urasoe
	美国加利福尼亚州蒙特利公园市 Monterey Park，California，U. S. A.	1994. 2. 24	蒙特利公园市 Monterey Park
	德国莱法州诺伊斯塔特市 Neustadt，Rheinland-Pfalz，Germany	1995. 11. 2	泉州市 Quanzhou
	土耳其梅尔辛省梅尔辛伊尼赛市 Yenisehir Mersin，Mersin，Turkey	2002. 4. 17	泉州市 Quanzhou
	美国加利福尼亚州圣迭戈郡 San Diego，California，U. S. A.	2006. 11. 6	泉州市 Quanzhou
	法国埃罗省蒙彼利埃 Herault，Montpellier，France	2010. 2. 28	泉州市 Quanzhou
	丹麦霍尔拜克自治市 Holbaek，Denmark	2016. 9. 10	霍尔拜克市 Holbaek
	马来西亚古晋南市 Kuching South City，Sarawak，Malaysia	2017. 10. 19	泉州市 Quanzhou

表4续

省市	友好省州/城市	结好时间	签字地点
泉州市 （10对）	俄罗斯迈科普市 Maykop，Russia	2018.7.12	迈科普市 Maykop
	菲律宾怡朗市 Iloilo City，Philippines	2020.9.16	福州市、怡朗市 Fuzhou，Iloilo
三明市 （2对）	美国密歇根州兰辛市 Lansing，Michigan，U.S.A.	1997.9.10	三明市 Sanming
	匈牙利布达佩斯十五区 XV kerület，Budapest，Hungary	2009.12.22	三明市 Sanming
莆田市 （5对）	美国阿肯色州贝茨维尔市 Batesville，Arkansas，U.S.A.	2007.9.17	贝茨维尔市 Batesville
	加拿大大不列颠哥伦比亚省坎伯兰市 Cumberland，British Columbia，Canada	2007.9.24	坎伯兰市 Cumberland
	马来西亚砂拉越州诗巫市 Sibu，Sarawak，Malaysia	2012.11.26	诗巫市 Sibu
	澳大利亚新南威尔士州帕拉玛塔市 Parramatta，New South Wales，Australia	2015.1.27	帕拉玛塔 Parramatta
	澳大利亚朗塞斯顿市 Launceston，Australia	2017.8.23	朗塞斯顿市 Launceston
南平市 （3对）	美国康涅狄格州史丹福市 Stamford，Connecticut，U.S.A.	1993.7.2	史丹福市 Stamford
	澳大利亚新南威尔士州奥尔伯里市 Albury，New South Wales，Australia	2003.9.6	南平市 Nanping
	韩国密阳市 Miryang City，Korea	2019.8.23	密阳市 Miryang
龙岩市 （3对）	澳大利亚新南威尔士州伍龙岗市 Wollongong，New South Wales，Australia	2000.11.19	龙岩市 Longyan
	法国安第尔省普松西市 Buzancais，Indre，France	2008.10.27	普松西市 Buzancais
	瑞典韦姆兰省菲利普斯塔德市 Filipstad，Sweden	2016.4.26	菲利普斯塔德市 Filipstad
宁德市 （4对）	马来西亚砂拉越州诗巫市 Sibu，Sarawak，Malaysia	2009.3.19	宁德市 Ningde
	美国印第安纳州哥伦布市 Columbus，Indiana，U.S.A.	2010.10.22	宁德市 Ningde
	德国莱法州沃尔姆斯市 Worms，Rheinland Pfalz，Germany	2012.12.7	宁德市 Ningde
	德国莱法州施佩尔市 Speyer，Rheinland Pfalz，Germany	2012.12.7	宁德市 Ningde
福清市 （1对）	印度尼西亚玛琅市 Malang，Indonesia	2018.3.30	玛琅市 Malang
晋江市 （2对）	意大利皮埃蒙特大区库内奥省 Province of Cueno，Piedmont，Italy	2017.7.27	晋江市 Jinjiang
	菲律宾达沃市 Davao，Philippines	2018.11.13	晋江市 Jinjiang

表4续

省市	友好省州/城市	结好时间	签字地点
石狮市（2对）	菲律宾南甘马林省那牙市 Naga，Camarines Sur，Philippines	2000.3.1	那牙市 Naga
	澳大利亚南澳洲伦马克帕林加市 Renmark Paringa，South Australia，Australia	2005.10.19	石狮市 Shishi
南安市（2对）	日本长崎县平户市 Hirado，Nagasaki，Japan	1995.10.20	平户市 Hirado
	菲律宾曼达韦市 Mandaue City，Philippines	2020.9.16	福州市、曼达韦市 Fuzhou，Mandaue
武夷山市（2对）	美国夏威夷檀香山市 Honolulu，Hawaii，U.S.A.	2005.7.12	火奴鲁鲁市 Honolulu
	澳大利亚新南威尔士州兰山市 Blue mountains，New South Wales，Australia	2009.6.30	兰山市 Blue mountains
福鼎市（1对）	斯洛伐克特尔纳瓦州特尔纳瓦市 Trnava，Trnava，Slovakia	1998.4.29	福鼎市 Fuding
泰宁县（1对）	比利时列日省艾瓦耶市 Aywaille，Liege，Belgium	2018.6.9	艾瓦耶市 Aywaille
上杭县（1对）	塔吉克斯坦索格特州彭吉肯特市 Penjikent，Sughd，Tajikistan	2013.8.5	彭吉肯特市 Penjikent
福州市长乐区（1对）	美国华盛顿州得梅因市 Des Moines，Washington，U.S.A.	2012.1.16	福州市长乐区 Changle
厦门市思明区（1对）	美国佛罗里达州萨拉索市 Sarasota，Florida，U.S.A.	2007.11.9	萨拉索市 Sarasota
泉州市鲤城区（1对）	斯里兰卡科特市 Kotte City，Sri Lanka	2020.6.25	泉州市、科特市 Quanzhou，Kotte
福州市鼓楼区（1对）	日本和歌山县高野町 Koya-machi，Wakayama-Ken，Japan	2022.12.23	福州市、高野町 Fuzhou，Koya-machi

（余学立）

侨　务

【概况】 2023年，福建省人民政府侨务办公室制定出台《福建省参加高考的“三侨生”身份证明办理工作办法》《福建省华侨归侨侨眷身份认定办法》。持续开展“云上会客厅·共话闽侨情”海外闽籍社团视频交流座谈会，首次策划开设闽籍侨胞新春团拜网络专栏，推动成立21世纪海上丝绸之路华文教育联盟。3月和8月，举办世界闽侨青年精英汇（上海站）、世界闽侨青年精英汇（平潭站）活动，邀请闽籍港澳侨青年、海外青年留学人员、青年科技人才代表等参会。4月6日，“叙乡情　话友谊　促发展”——海外侨商联谊发展座谈会在福州举行，20多个国家和地区的近50名闽籍侨商参加，省商务厅向侨商重点推介福建投资营商环境和产业发展招商项目。4月21—26日，2023年海外闽籍华商“一带一路”暨RCEP协定研修班在广西举行，28个国家和地区39名华商学员参加。11月1—4日，来自美国、德国、马来西亚、澳大利亚等30余个国家和地区近80人的第三届世界华侨华人工商大会福建考察团在闽开展考察。12月26日，福建省归侨归眷代表人士联络站揭牌仪式暨座谈会在福州市三坊七巷福建华侨主题馆举行。

【闽籍侨胞新春团拜网络专栏】 2023年1月19日，福建省侨办首次策划开设的《福兔呈祥福满乾坤——海外侨胞送祝福》闽籍侨胞新春团拜网络专栏上线，邀请海外侨胞线上送出新春祝福。通过微博、视频号、“新福建”、微信公众号、“学习强国”平台等国内新媒体宣传推介，并在Facebook、Twitter、Youtube、TIKTOK（抖音海外版）等境外社交平台发布。活动共收到30多个国家的百余条视频祝福，累计浏览量超4900万次。

【“百年跨国两地书”福建侨批展】 2023年是侨批档案入选《世界记忆名录》十周年，由福建省人民政府侨务办公室、福建省档案馆、马来西亚中华大会堂总会和马来西亚福建社团联合会主办，福建省出版对外贸易有限责任公司、马来西亚华人博物馆承办的“百年跨国两地书”福建侨批展于5—9月在马来西亚华侨华人博物馆展出。展览分为“丝路帆远、笮路蓝缕”“海上批路、汇通天下”“海邦剩馥、记忆永存”三部分，展出百余封侨批和多幅反映当时华侨华人在马来西亚生活的老照片，宣传推介侨批文化、弘扬华侨精神。

【第五期闽侨青年精英海丝情活动】 2023年8月20—22日，由中共福建省委统战部（省侨办）、省商务厅、省人社厅、共青团福建省委、省侨联、平潭综合实验区管委会共同主办的第五期闽侨青年精英海丝情活动在平潭举行，全球130多名闽籍海外华裔新生代青年代表参加。活动以“根与魂梦与业”为总主题，包含世界闽侨青年精英汇（平潭站）、闽侨青年精英海丝对话、第三届RCEP青年侨商创新创业对接会、闽侨青年精英海丝行等四大子活动。活动期间，央广总台、中新社、《福建日报》、福建电视台、《福建侨报》、华人头条、《前锋日报》等境内外近30家主流媒体报道，活动相关网页超200万个，刊播、转载新闻报道近180条，覆盖曝光量3.05亿人次，最高同时在线观看活动超300万人次。

【第三届RCEP青年侨商创新创业对接会】 2023年8月21日，以“汇聚闽侨青年力量、助力高质量发展”为主题的第三届RCEP青年侨商创新创业对接会在平潭举行。45个国家和地区的139名海外青年侨商线上线下参会。会上通报对接会筹备期间推动签约13个项目情况，其中侨商“回归”投资项目3个、总投资约8亿元，企业“走出去”投资项目3个、总投资1.152亿美元，“双向”贸易采购项目7个、采购金额3.05亿美元。

【第三届世界闽籍华侨华人社团联谊大会】 2023年11月2—4日，由福建省侨办、省侨联、省海联会共同举办的第三届世界闽籍华侨华人社团联谊大会在福州举行。99个国家和地区的1100多名嘉宾参加，其中有400多个海外闽籍社团的510多名海外闽籍乡亲参会，参会国家和地区数比上届增加33个，增幅50%。埃及、塞内加尔、几内亚、赤道几内亚等30多个国家的闽商首次参会。会议期间开展开幕式、重点嘉宾代表座谈会、文艺汇演、闽侨精英八闽行等活动，组织部分海外闽籍嘉宾参加福建统促会成立大会、省海联会六届理事大会、海内外新生代闽商创新创业精英对话会等活动，发布社联大会主题歌《故乡，我生命的力量》，10家海外侨团被授予“侨社之星”称号。省委书记周祖翼参加重点嘉宾代表座谈会、开幕式并致辞。

【海内外新生代闽商创新创业精英对话会】 2023年11月3日，以“敢拼会赢，新创未来”为主题的海内外新生代闽商创新创业精英对话会在福州举行。现场签约12个项目，涉及海洋经济、数字经济、文旅经济、绿色经济、生物医药、新型材料，投资总额120亿元。省委常委、常务副省长郭宁宁，省委常委、统战部部长王永礼，省政协副主席、省工商联主席王光远出席并见证项目签约。会议邀请海内外新生代闽商代表围绕创新创业、转型升级、促进“两个循环”等话题进行对话交流，省总商会副会长、福建坤彩材料科技股份有限公司董事长谢秉昆和全日本华侨华人社团联合会常务副会长、源清田集团董事长王秀德作为企业家代表作主旨发言，5名海内外新生代闽商代表开展交流对话。省直有关单位负责人、签约项目代表以及来自海内外的350多名新生代闽商精英参会。

【2023海丝华文媒体发展论坛暨华媒福建行活动】 2023年12月7—10日，由福建省人民政府新闻办公室、福建省人民政府侨务办公室、福建省互联网信息办公室主办的2023海丝华文媒体发展论坛暨华媒福建行活动在福建举行。福建省委常委、宣传部部长张彦出席论坛开幕式并致辞。中国外文局有关负责人、26个国家和地区的五十余家华文媒体代表等参加论坛。论坛以“赓续丝路精神　共创华媒未来”为主题，围绕提升国际传播能力、开展更加广泛深入的国际传播合作、推动构筑华文媒体发展新格局进行交流讨论。开幕式上举行福建国际传播中心与华文媒体合作签约仪式，宣读《鼓岭倡议》；分论坛上，各家海外华文媒体以“传播鼓岭佳话搭建中外连心桥”为题发言讨论。举办论坛系列活动“跨越山海看福建”，华文媒体团在宁德等地开展交流、采访与调研。

【21世纪海上丝绸之路华文教育联盟成立】 2023年12月16日，由福建省侨办主办、华侨大学承办的21世纪海上丝绸之路华文教育联盟成立暨首届丝路华文教育研讨会在厦门召开。省教育厅、省侨办、省侨联、省中华职教社、省中华文化学院、厦门市侨办、华侨大学、泉州师范学院等海外华文教育基地校有关负责人以及来自14个国家和地区的海外华校、华教组织负责人，省内华文教育基地代表等共80余人参加。会上发布丝路华教联盟倡议，省中华职教社与菲律宾华教中心签署“华文教育＋职业教育”合作备忘录，省内学校与海外华校签订10余份校际交流合作协议。北京语言大学、华侨大学等高校专家学者作大会报告。华教联盟由省侨办、省教育厅、省侨联、省中华职教社、华侨大学5家单位共同发起，首批成员单位共56家，围绕教师培训、人才培养、文化体验、校际交流、资源建设、学术研讨6个方面开展合作。

【侨创联盟与侨界新生代创新创业分享会】 2023年12月20日，第一届中国侨智发展大会专题论坛“侨创联盟与侨界新生代创新创业分享会”在福州召开。36个国家和地区的260多名嘉宾参加。共同探讨人才链、创新链、产业链贯通融合。

【"云上会客厅"工作品牌】 2023年，福建省搭建海外统战工作新平台新载体，省侨办每月举办一期"云上会客厅·共话闽侨情"海外闽籍社团视频交流座谈会，全年举办12期。自2022年10月开设以来共举办15期，累计邀请88个国家和地区100多个社团的500多名海内外侨团侨领、华文媒体、华教代表等参加"云上会客厅"，围绕传承海外侨团优良传统、推动构建和谐侨社、汇聚侨团侨胞力量、促进中外民间交往、服务和融入新福建发展格局、助推新福建高质量发展等主题开展交流。

（董丹雯）

港澳事务

【概况】 2023年，福建省持续推进闽港闽澳交流合作。省委、省政府主要领导利用接访、外访、返珠会议等机会多次会见港澳政商界知名人士。全年7名省领导率团或随团访问港澳，全国政协副主席、香港特区前特首梁振英3次到闽访问，澳门特区行政长官贺一诚、香港特区立法会主席梁君彦、香港特区前特首林郑月娥以及香港特区环境及生态局局长谢展寰、香港公务员事务局局长杨何蓓茵、香港创新科技及工业局局长孙东先等分别率团访闽。

【省委书记周祖翼率团访问港澳】 2023年6月27—30日，中共福建省委书记、省人大常委会主任周祖翼率福建省代表团赴香港、澳门访问，开展以"携手共谋新发展、踔厉奋进新征程"为主题的走亲访友、招商推介、学习考察、谋求合作等活动，分别与香港特别行政区行政长官李家超、澳门特别行政区行政长官贺一诚举行会晤，看望慰问香港、澳门闽籍乡亲，出席香港福建社团联会第十三届会董会就职典礼、闽港经贸合作推介会。促成闽港重点合作项目58个，总金额748.3亿元，其中闽港数字经济一体化新型基建等33个项目进行现场签约，合计签约金额609.5亿元；在澳门见证福州大学与澳门大学联合培养博士等合作项目签约。

【澳门特区行政长官贺一诚访闽】 2023年10月24—27日，澳门特区行政长官贺一诚率特区政府代表团来闽访问，与省委书记、省人大常委会主任周祖翼及省长赵龙会晤，出席闽澳合作会议第四次会议、"福建·厦门澳门周"开幕式，考察福州、厦门有关企业、高校。澳门中联办主任郑新聪随同访闽并出席有关活动，澳门企业家代表团随同到闽参加福州、厦门有关考察、洽谈活动。

【香港特区立法会主席梁君彦访闽】 2023年7月15—19日，香港特别行政区立法会主席梁君彦率香港立法会议员及秘书处一行共46人到闽访问，开展职务考察，这是香港立法会成立25年以来首次访问福建，省委、省政府主要领导及福州、厦门有关领导分别会见代表团一行。代表团实地了解闽港在经贸、金融和航空等方面合作情况，参观电子信息、新材料、医药、物流等企业，探访当地港商、香港大学生和退休长者等，关注学习借鉴，聚焦合作机遇，期盼持续深化两地合作交流。代表团返回香港后，向香港特区政府提出包括加强闽港合作在内的80多条建议。

【闽港合作会议第四次会议】 2023年6月28日，福建省人民政府与香港特别行政区政府在香港共同举办闽港合作会议第四次会议，商定在经贸、金融、创新及科技、航空航运和物流、医疗卫生及中医药、文化交流、旅游、教育、青年发展，以及便利港人在内地发展等10个领域加强合作的安排，双方业务主管部门共同签署商务、文化、教育方面的合作文件。

【闽澳合作会议第四次会议】 2023年10月25日，福建省人民政府与澳门特别行政区政府在福州共同召开闽澳合作会议第四次会议，达成继续加强两地在多个领域的交流合作、携手建设横琴粤澳深度合作区、共同为强国建设民族复兴作贡献等重要共识，双方业务主管部门共同签署经贸、医疗卫生、文化、旅游有关合作协议。

【港澳同胞在闽工作生活便利服务】 2023年，福建省协同香港特区政府驻福建联络处、香港贸易发展局福州代表处、澳门贸易促进局福州代表处等港澳驻闽机构为在闽的港企港人（澳企澳人）排忧解难，支持港澳资企业在闽创新发展，持续推进港澳居民居住证制度及出入境证件便利化应用在闽实施，继续配合香港特区政府落实"福建计划"，推动更多香港长者在福建养老。全年全省办理申领、换领、补领港澳居民居住证35034张，其中香港居民居住证31852张、澳门居民居住证3182张。截至2023年底，有2400名香港长者在闽申领"福建计划"。

（余学立）

编辑：林忠玉

闽台交流合作

闽台经贸合作

【概况】 2023年，福建省新设台资企业2117家，比上年增长45.5%；实际利用台资（含经第三地转投）10.4亿美元，大陆占比37.7%，增长156.8%；新设台企家数与实际使用台资均居大陆各省首位。闽台贸易额906.2亿元，比上年下降12.6%，其中，对台输出547.7亿元，下降13.9%；输入358.5亿元，下降10.6%。

【闽台产业对接】 2023年，中共福建省委台湾工作办公室对接台资龙头企业与项目，促进近300户台企增资扩产。推动相关部门启动《福建省促进两岸行业标准共通条例》立法工作，推出第二批两岸标准共通试点项目13个，发布两岸共通标准119项。5月18—22日，第25届海峡两岸经贸交易会在福州举行，130多名台湾嘉宾和46个工商团体参加，两岸74个工商团体共同发表《两岸工商团体助力海峡两岸融合发展示范区建设倡议书》。组织相关部门、企业参加2023两岸企业家峰会年会，向两岸工商界人士宣介两岸融合发展示范区建设成果和福建省营商环境，推动莆田市与峰会综合小组就生技产业合作签订意向书。

【闽台农业合作】 2023年，福建省农业利用台资数量和规模继续保持大陆第一。全省新增台资农业项目86个，合同利用台资1.48亿美元，比上年增长12.1%；累计批办台资农业项目3034个，合同利用台资46.18亿美元。6个国家级台湾农民创业园连续6年包揽国家综合考评前六名。龙岩、南平、三明、漳州、厦门等地分别举办首届海峡两岸农业交流大会、茶博会、林博会、2023年海峡两岸现代农业博览会、花卉博览会等涉台活动。龙岩漳平举办的第一届海峡两岸农业交流大会，邀请两岸农业领域专家学者、创业台胞及岛内台农、有关县市及乡镇农会代表等近500人参加，促成签约项目25个，总投资额58亿元。在漳平市举办的“花茶两相宜·共话两岸情”活动上，两岸斗茶组委会与漳平台创园签署战略框架合作协议。

【闽台金融合作】 2023年，福建省推动台商台胞金融信用证书实现全省覆盖，创新搭建“福建省台商台胞金融信用证书线上管理平台”，实现持证台商台胞享授信额度、贷款利率、业务手续等金融服务。依托金服云平台，持续为符合条件的台企提供融资服务。助力符合“台企快服贷”条件的台企入池并申请贷款，截至2023年底，为88家台企放款14058.82万元；推进区域股权市场台资板建设，海峡股权交易中心“台资板”累计展示挂牌台企3131家。

【台青到闽实习就业创业】 2023年，福建省新增省级台湾青年就业创业基地5家、省级实习实训基地1家。台青创客家厦门基地获评“海峡两岸青年就业创业基地”，全省国家级台青就业创业基地共13家，位居大陆前列。第十一届海峡青年节期间推出一批乡建乡创等领域的合作项目，提供5000多个优质实习就业工作岗位。全年引进台湾团队130多支、乡建乡创人才400多人，服务全省超400个村庄。实施台湾大学生暑期“筑梦第一家园”实习实训活动。

【台胞台商台企服务】 2023年，福建省推进涉台信访工作法治化，优化涉台法治化营商环境，保障台胞合法权益。全省受理台商台胞投诉求助件办结率连续11年保持在90%以上。修订《福建省台胞台企信访工作实施办法》。落实涉台信访工作“诉讼与信访分离”的要求，畅通和规范台胞台企信访诉求工作渠道，强化依法依规开展涉台维权工作。修订完善《福建省台胞权益保障联席会议工作机制》，规范各有关成员单位工作要求、工作职责和工作流程。承办全国台胞权益保护工作会议，全国31个省、自治区、直辖市和新疆生产建设兵团台办的相关负责人员开展台胞权益保障工作经验交流，福建省台办作典型发言。打造以台商投诉协调中心、台胞台企服务中心、台胞权益保障法官工作室、涉台检察联络室、涉台调委会、“12345”便民服务涉台热线为重点的台胞维权平台矩阵，全省设立44个台胞台企服务中心（服务专窗），覆盖全省半数以上县区，推动全省“12345”便民服务平台整合承担涉台服务热线职能，为台胞台企提供专业性涉台司法服务。

春节期间，各地共走访慰问台胞台企500余人次。结合开展主题教育，走访有关涉纠纷台企，回访部分曾经帮助过的台商台胞。省委台办与省高院、省检察院等部门联动，指导推动有关机制成员单位化解涉台矛盾纠纷。（周清英）

闽台人文交流

【概况】 2023年，福建省接待台胞51.29万人次，比上年增长232.2%；应邀赴台交流664批次1985人次。全年举办各类民间交流活动近280项，吸引岛内台胞3万多人次到闽。举办第十五届海峡论坛。做好涉台重大交流活动、重要政策措施宣传报道，持续放大闽台融合发展宣传声量。

【闽台民间基层交流】 2023年，福建省举办第十五届海峡百姓论坛、第七届海峡两岸村里长交流会、第十一届“同名村·心连心”联谊、第十届“三月三”畲族文化节、海峡两岸七夕牵手会、第29届世界客属石壁祖地祭祖大典等闽台基层、民俗、姻亲交流活动。开展“迁台记忆”档案文献征集和保护工作，举办闽台谱牒文化主题展、“共同家园共同记忆”闽台关系档案文献展，共展出28个姓氏170多部族谱，吸引两岸同胞40多万人次参观。漳州古城、长泰龙人古琴研究院、南安凤山寺、沙县小吃文化城被列为海峡两岸交流基地。

【闽台宗教和民间信仰交流】 2023年，福建省举办第十届闽台佛教论坛、海峡两岸（福清）道教论坛、圆瑛法师与宗教中国化论坛、第五届海丝佛教福建论坛等活动，促进闽台宗教界交流交往；福建省佛教协会和台湾“中国佛教会”首次共同举办中华佛教讲经交流会，在晋江安海龙山寺设立“闽台佛教交流中心”，加强闽台佛教界的常态化联系。举办世界妈祖文化论坛、松山妈祖千年祭庆典、关帝文化旅游节、保生慈济文化节、保生大帝文化节、闽王文化对台交流系列活动、开漳圣王文化节、郑成功文化节、陈靖姑文化节、纪念广泽尊王诞辰1100周年活动等民间信仰活动，加强两岸民间信仰交流。漳州海澄城隍金身入金巡安。

【闽台工青妇交流】 2023年，福建省举办2023海峡职工论坛、2023第七届平潭两岸职工自行车赛、第三届“第一家园”闽台职工运动交流赛、2023闽台匠人匠心交流活动、2023年在闽台胞职工子女夏令营等交流活动，巩固闽台工会职工常态交流机制，持续打造闽台职工交流品牌。

举办第十一届海峡青年节、第二十一届海峡青年论坛、第二十二届海峡两岸大学生辩论赛、第三届在闽台生文化拓展研学之旅“坊巷课堂”、2023海峡两岸青年阅读季、第十五届两岸大学校园歌手邀请赛、第十三届海峡两岸中学生闽南文化夏令营等青少年品牌交流活动，邀请到闽台湾青年1.5万多人次。其中，海峡青年节开展35项活动，吸引岛内台青800多人参加，网络传播量1.7亿人次。

举办第十五届海峡妇女论坛，吸引两岸各界妇女代表及专家学者400多人参加，12个两岸妇女组织签署交流合作协议。举办2023年海峡两岸女大学生创新创业大赛颁奖暨女大学生就业创业与发展论坛，两岸女大学生及团队共3550个项目参赛，其中台青创业参赛项目36个。

【闽台教科文卫体交流】 2023年，福建省拓宽台生招收渠道，省内10所高校率先试点依据台湾“分科测验”成绩招收台生。全省具备招收台生资格的高校38所，基本实现公办本科院校和优质高职院校全覆盖，2023年对台招生570人。举办第十六届海峡两岸百名中小学（中职）校长论坛、第八届海峡两岸学前教育论坛、第十届海峡两岸暨港澳大学生职业技能大赛等品牌活动，加强闽台高校间交流合作，推动闽台教育融合。

举办2023海峡科技专家论坛，开展对话、访谈、报告、沙龙、合作签约、科技研学、志愿服务等活动，推进两岸科技、人才交流合作。举办第二十二届海峡两岸大学生辩论赛，北京师范大学、台湾大学等两岸16所高校（两岸各8所）近80名辩手参与辩论交流。举办第十六届海峡两岸科普论坛，200多名两岸科普专家学者参加。

深化两岸文化艺术交流。举办第十四届海峡两岸文博会，台湾地区展位数比上年增长48%；举办第十八届海峡旅游博览会，厦门旅游集团与台南市文化协会签署“两岸民俗文旅联盟”战略合作协议；举办第十九届海峡两岸图书交易会，116家台湾出版机构参展，展出图书11.5万册，总码洋3300多万元，两岸图书贸易订购交易额4530万元，比上届增长12%；开展第二十五次“福建文化宝岛行”活动。举办第十七届金门书展（台、澎、金、马）巡回展，走进高雄师范大学等6所台湾高校展出中华优秀传统文化出版物，观展超2.5万人次。与中国国家博物馆共同主办“源·缘——闽台艺术展”，展出400多件重点文物，现场参展16.5万人次，线上浏览点击量650万人次。

举办海峡论坛卫生与健康分论坛、红十字博爱论坛、中医药发展与合作研讨会等活动，近400名岛内专家学者到闽参加活动，促进闽台医药卫生领域交流。出台直接采认台湾地区医师职业资格新举措，累计在闽执业台湾医师596人，近160名台湾医师通过卫生高级专业技术评审。

举办海峡两岸体育“嘉年华”，开展两岸（连城）青少年棒球文化节、闽台青少年棒球邀请赛等30项两岸精品体育赛事，促进闽台体育融合。

【闽台人才交流】 2023年，福建省举办“智荟东南——海峡两岸人才融合发展论坛”、台湾学生就业暨实习专场招聘会、“在闽实习台生沙龙”等活动，吸引台青到闽实习就业创业。推动厦门大学台湾研究院教研实践基地、福州大学台港澳学生社会实践基地、福建省（平潭）台胞职业资格一体化服务中心省直分中心落地中国海峡人才市场。面向台湾同胞开展职业技能资格采认及认定工作，组织3批次93名台湾青年参加互联网营销师职业技能等级认定考试，其中73名考生通过认定。全年为台湾人才换发职业技能等级证书146本。

【第十五届海峡论坛】 2023年，第十五届海峡论坛延续“扩大民间交流、深化融合发展”主题，举办主论坛以及基层交流、青年交流、文化交流、经济交流四大板块系列活动和设区市特色活动共50场。6月17日，主论坛活动在厦门举行，习近平总书记向论坛致贺信。中共中央政治局常委、全国政协主席王沪宁出席论坛大会并发表讲话，在海峡论坛大会上宣布《中共中央　国务院关于支持福建探索海峡两岸融合发展新路　建设两岸融合发展示范区的意见》。中国国民党副主席夏立言、新党主席吴成典、台东县县长饶庆铃等台湾政党、县市代表以及台湾各界各阶层台胞约7500人参加论坛，其中岛内到闽台胞约5300人。

论坛征选推出海峡论坛主题歌《我们相信》，由两岸知名音乐人共同演绎；策划主题展和签名墙，重温发展历程和交流初心；重启网络报名，向岛内台胞开放300个名额，全部报满。近200名两岸职工代表、200多名两岸婚姻家庭和岛内陆配团体代表、近400名两岸武术爱好者，以及近千名台湾乡镇村里代表、社区工作者参加论坛。来自百家宫庙的千名台湾信众赴妈祖、关帝、开漳圣王等祖庙祭拜。百个两岸题材影视项目汇聚展播。茶艺、曲艺、南音、木偶等闽台技艺和非遗文化同台展演。展出28个姓氏170多部族谱，两岸共同发布《海峡百姓宣言（厦门）》。

论坛面向台湾青年提供实习就业岗位2200多个，成立“台港澳青年实习实训工作站”。“两岸气象（风工程）标准共通试点”项目取得阶段性成果；成立数字、海洋、卫生健康3个领域海峡两岸学会联合体，签订7个科技合作项目，共享科技论文成果500多篇。论坛期间，闽台产业界共签署50多份合作协议。

【对台宣传】 2023年，福建省协调组织中央驻闽媒体、省内主流媒体和台湾驻点媒体宣传报道第十五届海峡论坛、第十一届海峡青年节、两岸（连城）青少年棒球文化节活动、金门供水5周年纪念活动、两岸同胞湄洲岛迎中秋活动等重大对台交流活动。指导相关设区市做好首届海峡两岸农业交流大会、第十八届海峡两岸（三明）林业博览会、第十五届海峡两岸茶业博览会、海峡两岸美食节等宣传报道工作。

协助召开省委、省政府新闻发布会2场，发布省委十一届五次全会审议通过的《中共福建省委、福建省人民政府关于贯彻落实〈中共中央　国务院关于支持福建探索海峡两岸融合发展新路　建设两岸融合发展示范区的意见〉的实施意见》，以及福建省出台的贯彻中央《意见》第一批15条政策措施。

发挥对台宣传主渠道作用，宣传闽台融合发展和“第一家园”建设。指导开展“山海画廊·花漾福地”——2023“清新福建行”两岸融媒体联合采访活动，近60家两岸广播媒体通过航拍、直播、图文、短视频等形式发布活动宣传报道400多篇，阅读量100多万次，活动成效被中央台办《对台工作简报》专刊推广。组织开展“融行八闽”两岸媒体联合采访活动，23家两岸媒体发布活动宣传报道300多篇，覆盖境内外人群超800多万人次。（周清英）

闽台基础设施联通

【概况】 2023年，福建省推动“小三通”、闽台空中直航等客运航线复航，两岸海空客运直航航班稳步增加，客运量持续提升。深化闽台“小四通”融合效应。马祖首次与福州市就福马融合相关议题达成共识。举办台海通道研讨25周年纪念活动。

【“小三通”航线全面复航】 2023年1月7日起，中断近3年的厦门五通—金门、福州马尾—马祖、福州黄岐—马祖、泉州石井—金门4条“小三通”客运航线陆续复航，厦门五通—金门航线每天往返16个航次，福州马尾—马祖、福州黄岐—马祖航线每天往返4个航次，泉州石井—金门航线每周二、四、六共往返6个航次。截至2023年底，“小三通”航线共营运5258航次，运送旅客764894人次。其中，厦门五通—金门航线运送旅客716545人次，福州黄岐—马祖航线运送旅客17334人次，福州马尾—马祖航线运送旅客19885人次，泉州石井—金门航线运送旅客11130人次。厦门五通—金门客运航线自开通以来累计客运量突破2000万人次。

【闽台海上货运直航】 2023年，闽台集装箱共运营2902航次，运载集装箱64.58万标箱，分别比上年增长5.5%、1.4%；散杂货共运营2034航次，运载货物68.14万吨，分别比上年增长56.6%、0.3%。

【闽台空中直航】 2023年，闽台空中直航客运共运营3582航次，运载旅客482734人次，分别比上年增长77.9%、200.9%。闽台空中直航货运共运送货物34265.3吨，比上年下跌16.6%。

【闽台“小四通”】 2023年，福建省推进与金门、马祖的通水、通电、通气、通桥福建侧项目建设，扩大“小四通”融合效应。全年向金门供水666.8万吨，日均供水1.83万吨，占金门民生及工业需水量的73%；举办向金门供水5周年系列活动，5年累计向金门供水3000多万吨；金门水源保障工程开工，完成向马祖供水福州陆上侧工程。LNG罐箱供气条件基本具备。厦门望嶝变电站建成投运，具备向金门供电条件。厦金大桥厦门侧项目开工建设。

（周清英）

编辑：林忠玉

经济管理

宏观经济管理

【概况】 2023年，福建省发改委推进经济运行跟踪监测制度化。强化经济形势分析和监测预警，创新数据分析方式方法，发挥福建省经济社会运行和高质量发展监测平台作用，做好周监测、月分析、季调度，向省委省政府提出针对性政策建议，推动经济持续回升向好。

出台稳增长政策。根据经济运行情况，推动出台做好2023年一季度经济工作的32条措施、巩固拓展经济向好势头的一揽子43条措施、灾后民生救助保障16条措施。做好宏观政策取向一致性评估，全面评估稳增长政策实施效果，开展政策落实情况飞行检查，推进政策闭环落实。

开展舆论引导和服务基层。开展经济形势宣传和政策解读，省发改委举办或参加新闻发布会、通气会16场，回应舆论关注、引导预期。创新开发网民信心指数和开展发改舆情监测，常态化排查舆情热点。完善调研服务机制，省发改委每季度赴九市一区开展集中调研服务，跟踪政策实施效果，指导项目谋划储备，帮助解决困难问题，服务当地经济社会发展。

【创新平台建设】 2023年，福建省新增7家企业纳入国家企业技术中心序列，新建9家省级工程研究中心。争取国家发展改革委“揭榜挂帅”项目3个，超大型海上风电机组、海水直接电解制氢、高效异质结太阳能产线、新型锂离子储能电池、化合物半导体等关键核心技术持续突破。

【产业链延链补链强链】 2023年，福建省开展中沙（福建）产业合作区建设方案研究工作，加快中沙古雷乙烯、泉港国亨化学丙烷脱氢和高性能聚丙烯等项目建设，推进古雷炼化二期项目纳规工作进展。梳理福建省氢能产业链发展重点招商图谱和产业链配套企业、项目表，制定支持宁德开发三都澳建设新能源新材料产业核心区意见。出台鼓励企业入园进区若干措施。

【服务业发展】 2023年，福建省发改委制定实施服务业高质量发展三年行动计划，福州港口型物流枢纽列入国家建设名单，福州、厦门、泉州、三明列入国家流通战略支点城市。制定提升消费服务质量创造高品质生活工作方案，省发改委会同有关部门抓好大宗消费、文旅消费、数字消费、绿色消费等工作。

【重大招商活动】 2023年，福建省政府与国投、中旅、中林、中国通用技术、中核、中广核、中能建等央企签署战略合作协议。健全省级重大活动集中签约项目联合推进工作机制，纳入省级跟踪管理重大招商项目579个，累计开工519个、开工率89.6%。省发改委配合做好福建省领导出访开展经贸对接工作，跟踪推进签约招商项目落地。

【“四大经济”发展】 2023年，福建省持续推进“四大经济”（数字经济、海洋经济、绿色经济、文旅经济）发展。推进数字经济发展，制定实施新基建三年行动计划，获批建设国家新一代人工智能公共算力开放创新平台，举办第六届数字中国建设峰会。推进海洋经济发展，举办海洋经济产业合作创新发展大会，全球首台16兆瓦海上风电机组并网发电，首台套“闽投1号”全面投产运营，福建省海洋生产总值近1.2万亿元。实施绿色经济发展行动计划，推动绿色经济重点项目产融对接达800亿元，推进绿色低碳先进技术示范工程，支持新能源、高效节能装备等绿色低碳产业发展，印发实施《福建省固定资产投资项目节能审查实施办法》。推进文旅经济发展，推动福建美术馆、万寿岩国家考古遗址公园等一批文旅项目建设。

【新时代民营经济强省战略实施】 2023年，福建省创新和发展“晋江经验”。制定新时代民营经济强省战略推进高质量发展意见，推动建立“1＋N”的政策体系。建立与民营企业常态化沟通交流机制和福建省发改委领导挂钩重点民营企业机制。在省发改委设立民营经济工作机构。出台促进民间投资13

项措施，搭建福建省统一的向民间资本推介项目平台，组织各地梳理3张项目清单，向国家推送公开推介项目276个，总投资2373亿元。省发改委牵头开展工程建设招标投标领域突出问题专项治理，出台保障平等参与招投标竞争的9条措施。

【营商环境优化提升】 2023年，福建省完善营商环境数字化监测督导机制，举办全国优化营商环境现场会、“9·8”投洽会首届营商环境论坛。开展政务服务效能提升“双十百千”工程，建设“福建易企办”掌上企业服务专区；出台电子档案管理办法，完善电子证照生成应用功能；制定省级“一件事一次办”集成化办理平台技术规范和数据标准，“一业一证”行业综合许可平台上线运行。修订省级公共信用信息目录，研究制定市场主体以专项信用报告替代无违法记录证明实施方案。

【重点领域改革】 2023年，中共中央、国务院发布《关于支持福建探索海峡两岸融合发展新路　建设两岸融合发展示范区的意见》，支持厦门开展综合改革试点。贯彻落实建设全国统一大市场部署，制定出台福建省贯彻落实工作方案。开展建设福建省统一收件平台等5项改革试点，公布政务服务领域强制性中介服务事项清单。推动公办高等学历教育收费改革、能源资源价格改革、农业水价综合改革。深化电力市场改革，推行电力零售市场线上规范化运营。福建省价格争议调解工作站（点）被确认为国家试点。

【海丝核心区建设】 2023年，福建省“丝路海运”港航贸一体化发展成为国家支持高质量共建“一带一路”八项行动中的重点任务。“丝路海运”联盟成员317家、命名航线116条，中欧班列运行平稳，“丝路飞翔”通达全球29个重要城市。支持推动“两国双园”建设。第五届“丝路海运”国际合作论坛、中国—菲律宾经贸创新发展示范园区等纳入第三届“一带一路”国际合作高峰论坛多边合作成果清单、务实合作项目清单。

【投资管理和项目建设】 2023年，福建省强化项目全生命周期管理，超前布局一批稳基础、优结构、利长远的项目，储备项目2831个，总投资2.3万亿元。下达省级预算内投资，全年争取地方政府专项债券额度1618亿元、中央预算内投资99.9亿元，与国开行福建分行、建行福建分行设立总量分别为2000亿元、3000亿元的专项融资，实现高质量发展专项融资967亿元。

超额完成重点项目年度任务。发挥跨部门要素保障、重大投资项目月度协调、抓项目促投资等机制作用，1580个福建省重点项目、200个福建省重中之重项目均超额完成年度投资计划。推进标志性重大项目进展，福厦高铁、龙龙铁路龙岩至武平段开通运营，宁德时代锂离子动力电池生产基地、平潭及闽江口水资源配置工程、福厦特高压输变电工程、漳州LNG接收站等项目建成；宁德核电5、6号机组获国家核准。

【区域协调发展】 2023年，福建省持续优化区域发展格局。省发改委牵头起草制定做深做实新时代山海协作推动区域协调发展的意见，印发飞地经济指导意见。实施革命老区振兴发展实施方案，实施中央国家机关及有关单位对口支援政策；推动闽西革命老区高质量发展示范区建设，深化三明与上海、龙岩与广州对口合作，出台支持沪明、广龙对口合作政策措施，一批对口合作示范项目落地实施。

推进新型城镇化建设。谋划以县域为重点统筹推进城乡融合发展。加快推进福州都市圈同城化建设，落地实施居住证互通互认工作。加快编制厦漳泉都市圈发展规划。开展县城建设示范工作，加快补齐短板弱项。

推进跨省区域合作。密切与粤港澳大湾区、长三角经济圈联系，推动福建省与江西省、四川省签订全面深化战略合作框架协议。持续深化援疆援藏，连续3次在国家绩效综合考评中获得双优秀。

【生态省建设】 2023年，福建省接续推进生态文明改革创新。生态文明体制改革、制度创新、模式探索等方面成效显著，连续两年获国务院督查激励。举办首个全国生态日福建主场活动、全国节能宣传周活动等。开展美丽中国（福建）建设评估。推进国家生态综合补偿试点，全国首单茶树碳汇储量指数保险落地。

推进碳达峰碳中和。加快构建“1＋N”政策体系，能源、工业等分领域方案相继出台，完成九个设区市碳达峰方案审核衔接。实施“碳达峰十大行动”，清洁能源装机占比达62.8%。推进近零碳试点示范工程，建成投用全球首座“通量—大气—遥感”碳汇数据双塔观测平台。

【民生保障】 2023年，福建省持续提升公共服务保障水平。推进产教融合实训基地建设，配合做好高校毕业生就业监测分析。牵头制定《福建省基本公共服务标准（2023年版）》。支持基础教育、高等教育等项目建设，福州大学等7所院校增补列入“十四五”教育强国储备院校名单。新增1个国家区域医疗中心建设项目。推进“一老一小”服务体系建设，扩大普惠养老托育服务供给，厦门、泉州列入第二批国家儿童友好城市建设试点。组织实施“平急两用”公共基础设施建设方案。

做好重要民生商品量足价稳工作。强化市场价格监测，在重要节日、极端天气、重大会议等重点时段启动日监测、日报告。发挥平价商店稳价惠民作用。落实社会救助和保障标准与物价上涨挂钩联动机制，推动发放价格临时补贴8113万元，惠及困难群众209万人次。

【发展和安全统筹】 2023年，福建省加大粮食安全保障力度。落实耕地保护和粮食安全责任制，地方粮食储备50万吨增储任务提前完成。建宁、南安、长汀3个省级粮库建成投用，推进智慧粮库建设，基本实现全省“一张网”。建成高标准农田6万公顷以上。举办第十九届粮食产销协作福建洽谈会。

稳定能源供应。全省电力装机容量突破8000万千瓦，新能源和可再生能源发电装机占比40.9%，比上年提高近3个百分点。印发实施能源保供实施方案。建立能源领域应急突发事件信息报送机制和能源行业生产安全事故应急处置机制，强化电力运行管理，完成迎峰度夏电力保供工作，最高用电负荷5124万千瓦，比上年增长5%。

保障数据安全。印发加快推进数据要素市场化改革实施方案，制定一体化公共数据体系建设方案，建设福建省一体化公共数据平台。建立健全各级各部门数据分级分类安全保护制度，强化网络安全基础建设。

健全防台风工作机制。应对“杜苏芮”“苏拉”“海葵”等台风，派出工作组下沉一线，指导开展防御、救援、保障等工作。灾后下达恢复重建资金，出台灾后恢复重建措施。（戴全吉）

固定资产投资

【概况】 2023年，福建省固定资产投资比上年增长2.5%。全省各设区市和平潭综合实验区固定资产投资增速依次为：泉州市比上年增长11.5%、漳州市增长8.1%、平潭综合实验区增长3.8%、福州市增长3.2%、三明市增长2.8%、南平市增长2.7%、莆田市增长1.6%、厦门市增长0.5%、龙岩市下降3.7%、宁德市下降22.5%。

全年全省固定资产投资呈现工业投资增势良好、基础设施投资稳步提升、房地产开发投资持续下行、民间投资承压运行等特点。工业投资比上年增长12.3%，其中制造业投资增长11.6%、改建和技术改造投资增长9.7%。基础设施投资比上年增长5.7%，其中电力、热力、燃气及水生产和供应业投资增长16.0%，交通运输、仓储和邮政业投资增长7.5%。房地产开发投资比上年下降12.7%，房屋施工面积下降12.5%，其中住宅施工面积下降13.7%；房屋竣工面积增长5.2%，其中住宅竣工面积增长2.4%。民间投资比上年下降8.7%，扣除房地产开发投资的民间投资增长9.4%，其中制造业民间投资增长8.1%、基础设施民间投资增长4.6%、房地产开发民间投资下降34.4%。

【固定资产投资结构】 2023年，福建省固定资产投资中，第一产业投资比上年增长9.7%，第二产业投资增长12%，第三产业投资下降2.5%。第二产业中，工业投资比上年增长12.3%，其中采矿业投资增长30.0%，电力、热力、燃气及水生产和供应业投资增长16.0%，制造业投资增长11.6%。第三产业中，与民生相关的领域投资增长较快，其中居民服务、修理和其他服务业投资比上年增长41.1%，住宿和餐饮业投资增长35.1%，公共管理、社会保障和社会组织投资增长27.5%，租赁和商务服务业投资增长21.2%。

【固定资产投资项目】 2023年，福建省项目投资比上年增长9.4%。全省重点项目1580个、年度计划投资6480亿元，完成投资7387亿元，完成年度计划的114.0%。从行业情况看，农林水利项目完成年度计划的105.4%，交通项目完成年度计划的109.9%，能源项目完成年度计划的97.9%，城建环保项目完成年度计划的113.2%，工业项目完成年度计划的118.3%，服务业项目完成年度计划的123.0%，社会事业项目完成年度计划的112.3%。全年建成项目276个，包括厦门第二东通道工程、国道G316线长乐漳港至营前段公路工程、泉州港石湖作业区5号和6号泊位工程、闽赣省际（建宁）公铁联运物流园铁路专用线、福建北电南送特高压交流输变电工程、福鼎时代锂离子电池生产基地、福建医科大学孟超肝胆医院等项目。全年新开工项目352个，包括国道G324线漳州九龙岭段公路二期工程、西三线闽粤支干线与漳州LNG外输管道联通工程、莆田市第二水厂迁建工程、福建工程学院旗山校区北区科研教学楼及附属工程等项目。（陈昇）

重点项目

【概况】 2023年，福建省安排省级重点项目1580个，其中在建项目1409个、预备项目171个。重点项目年度计划投资6480亿元，全年实际完成投资7387亿元，占年度计划的114%，超额完成年度投资计划目标任务。全年实现276个重点项目建成或部分建成投产。推动一批高质量的项目交付投用，一批影响力、带动性强的项目落地建设，一批重点项目前期取得突破。截至2023年底，全省铁路运营里程4722千米，其中高速铁路2247千米，路网密度超全国平均水平的2倍。全省高速公路通车里程突破6300千米，密度居全国前列。港口吞吐量7.49亿吨。电力装机容量8141万千瓦。新能源汽车、锂电池、光伏产品等“新三样”出口比上年增长49.8%。

【交通行业重点项目】 2023年，福建省交通行业在建重点项目116个，预备重点项目29个，全年计划投资751.34亿元，实际完成投资826.08亿元，占年度计划的109.9%。福厦高铁、双龙铁路龙岩至武平段建成运营。厦门第二东通道工程、泉州港石湖作业区5号和6号泊位工程等项目建成投用。厦门新机场、福州机场二期等项目加快建设。厦门第三东通道等项目开工建设。福建省城际铁路规划调整获批，厦漳泉城际铁路R1线、莆田至长乐机场城际铁路F2线、宁德至长乐机场城际铁路F3线前期加速推进。龙岩机场项目建议书获国务院、中央军委批复。漳汕高铁完成前期工作，温福高铁完成国铁集团预可行性研究审查。

【能源行业重点项目】 2023年，福建省能源行业在建重点项目37个，预备重点项目12个，全年计划投资605.14亿元，实际完成投资592.14亿元，占年度计划的97.9%。永泰抽水蓄能电站4号机组、厦门抽蓄1号机组建成并网，平潭外海海上风电场建成，福厦特高压输变电工程投运，漳州LNG接收站建成。全球最大单机容量18兆瓦海上风电机组下线，全球首台单机容量16兆瓦机组在平潭外海并网发电。漳州核电1～4号机组、云霄抽水蓄能等项目加快建设。三峡集团福建漳浦六鳌海上风电场二期等项目开工建设。宁德核电5、6号机组获国务院核准。

【工业行业重点项目】 2023年，福建省工业行业在建重点项目691个，预备重点项目77个，全年计划投资3015.4亿元，实际完成投资3567.23亿元，占年度计划的118.3%。福州恒美光电偏光片项目、莆田永荣科技年产60万吨己内酰胺项目、宁德蕉城时代锂离子动力电池生产基地等建成投用。厦门天马第6代柔性AMOLED生产线项目、秀屿区永荣丙烷制丙烯等项目加快建设。漳州奇美化工年产18万吨PC项目、泉港百宏化学新材料等项目开工建设。古雷炼化一体化工程二期项目纳规，中化泉州二套乙烯等项目前期工作取得突破性进展，中沙古雷乙烯项目推动基础设计和工程施工。

【农林水利行业重点项目】 2023年，福建省农林水利行业在建重点项目104个，预备重点项目11个，全年计划投资310.31亿元，实际完成投资327.96亿元，占年度计划的105.4%。平潭及闽江口水资源配置（一闸三线）工程全线通水。罗源霍口水库主体工程完工。推进闽江干流防洪提升工程、泉州白濑水利枢纽工程、部分市县城乡供水一体化等项目。泉州市金门供水水源保障工程等项目开工建设。

【城建环保行业重点项目】 2023年，福建省城建环保行业在建重点项目184个，预备重点项目20个，全年计划投资1042.17亿元，实际完成投资1179.19亿元，占年度计划的113.2%。福州地铁4号线首通段、福州地铁5号后通段开通运营。泉州市泉港区海洋生态保护修复项目、平潭君山片区海洋生态保护修复工程等项目建成投用。福州、厦门在建轨道工程等项目加快推进。漳汕高铁东山场站、福州长乐区首占镇上洋片区安置房一期等项目开工建设。

【服务业行业重点项目】 2023年，福建省服务业行业在建重点项目135个，预备重点项目12个，全年计划投资433.07亿元，实际完成投资533亿元，占年度计划的123%。武夷山五峰九院文旅建设项目、政和白茶城等项目建成投用。大唐5G产业东南总部基地、长征国家文化公园（福建段）、厦门国际银行新总部大厦、福州现代物流城核心区开发区一期等项目加快建设。漳州市粮食仓储物流建设项目、福州仓山区世界茶文化交流港等项目开工建设。

【社会事业行业重点项目】 2023年，福建省社会事业行业在建重点项目142个，预备重点项目10个，全年计划投资322.58亿元，实际完成投资362.28亿元，占年度计划的112.3%。三明市第一医院生态新城院区、泉州市正骨医院北峰院区、宁德市职教园项目（一期）等项目建成投用。复旦大学附属华山医院福建医院二期、复旦大学附属中山医院厦门医院主体建成。漳州理工职业学院、长乐区“三馆三中心”等项目加快推进。福建美术馆、莆田市省级区域医疗中心项目一期、武夷新区综合医院等项目开工建设。 （雷晶晶）

国有资产管理

【概况】 2023年，福建省国有资产监管系统落实省委研究通过的《关于加强和改进省管企业党的建设、推动国有经济高质量发展的意见》，促进国资国企各项工作迈上新台阶。截至2023年底，福建省国有资产监督管理委员会（简称“福建省国资委”）监管企业（省属企业）资产总额2.33万亿元，实现营业收入4998.2亿元、利润总额102.02亿元，上缴税费总额204.67亿元，省能化集团、港口集团、电子集团、三钢集团、厦门港务、厦门钨业6家企业进入中国500强。省市两级国资委监管企业资产总额7.07万亿元，实现营业收入3.15万亿元、利润总额573.89亿元。

【国企改革】 2023年，福建省国企改革三年行动成效在国务院国资委总体考评中被评为A级，受到全国通报表扬。初步建成法人治理结构，国资系统开展党委前置研究事项清单“回头看”，企业全面完成清单调整细化并建立动态调整机制；集团层面全部实现外部董事占多数，建立外部董事履职管理和保障机制；全面推行经理层任期制和契约化管理，2023年末等调整和不胜任退出管理岗位138人。推进改革专项行动，实施“双百行动”“科改行动”“八闽综改行动”，全省“双百企业”增至12家、“科改企业”增至8家；星网锐捷获评标杆企业，金龙客车、厦门新立基、福人木业（福州）有限公司获评优秀企业；开展对标世界一流企业价值创造行动，长汀金龙稀土入选国务院国资委“创建世界一流专精特新示范企业”名单，实现省属企业“零”的突破。推动资本证券化，省属企业控股21家上市公司市值1732.54亿元，资产证券化率（上市公司总资产占省属企业总资产的比率）14.7%；推进重点企业上市，海电运维上市申报获证监会受理并通过现场检查，马坑矿业、海峡科化推进IPO辅导备案，厦门国际投资公司向香港联交所提交上市申请，新增5家企业入选省重点上市后备企业库。

【国企项目建设】 2023年，福建省国资委抓产业、上项目、促投资，推进国有资本结构布局优化。加大项目带动力度，全年省属企业完成投资1149.69亿元，连续4年突破1000亿元，132个省重点项目投资完成率109.8%。其中，龙龙高铁龙武段开通运营，宁德首个15万吨级码头首船正式装载，冶控福蓉科技罗源新基地、省投永泰抽水蓄能、能化碳五碳九分离等重大项目建成投产；中沙古雷乙烯、永安抽水蓄能、江西大湖塘钨矿等项目开工建设；建工集团中标南安市新兴产业经济走廊综合开发项目（77亿元），成为集团投资额最大的投建营一体化项目；大数据集团启用全国首个全流程数据交易服务大厅。推进项目合作，举办福建省与中央企业项目对接活动，全年共签约项目49个，总投资1018亿元；参与厦门“9·8”投洽会、世界航海装备大会等经贸活动，共签约项目22个，总投资458亿元；加快“走出去”步伐，港口集团“丝路海运”联盟成员320家，厦钨新能源与法国欧安诺集团签署15亿欧元项目合作协议。

【国企科技创新】 2023年，福建省国资委所出资企业研发经费投入强度2.38%，居全国第五位，其中7家工业企业投入强度4.18%，超过中央企业考核水平。获得省级以上科学技术奖9项，新获专利2235项，新增高新技术、专精特新、科技“小巨人”等企业约50家。战略性新兴产业完成投资390.74亿元，比上年增长4.2%；18家企业进入“2023福建战略性新兴产业企业100强”名单。厦门钨业在锂离子电池、重型燃气拖机等领域突破国外技术壁垒和产品垄断。金龙汽车获“第二十四届中国外观设计金奖”，建工集团建设的福建省儿童医院项目获鲁班奖。

【国企助力基础设施建设】 2023年，福建省国企参与支持基础设施建设，全省建成高速公路路网密度居全国第三位（不含直辖市）、铁路路网密度是全国平均水平2倍，建成城乡供水一体化水务管网占全省总量的70%，向金门日均供水占当地供水量的75%，集装箱吞吐量占全省总量的75%，为全省铁路承担运营亏损超50亿元，免征高速公路通行费超50亿元，上缴税费超200亿元。

【国企保供稳价】 2023年，福建省属国企发电量290.76亿千瓦时，占全省发电量（3272.9亿千瓦时）的8.88%，保障电力供应。天然气管网供气111.17万吨，保障全省80%以上的天然气供应。保障食盐市场供应，“军队副食品区域集中筹措漳州试点”经验获中央军委后勤保障部总结推广。

【国企稳就业惠民生】 2023年，福建省属国企助力稳岗扩就业，开展“国聘行动”，提供就业岗位约3.3万个；2023年度新增就业人数1.4万人，其中吸纳高校应届毕业生5282人。持续落实清理拖欠民营企业中小企业账款和农民工工资工作。

【国资监管】 2023年，福建省国资委加快从“管企业”向“管资本”转变，逐步提升国资监督管理效能。监督关口前移，修订主业投资管理、绩效考核等方面规范性文件，形成董事会建设“1+N”制度体系；对违反非主业投资决策审核程序、投资项目风险等事项出具监管提示函，给予相应企业经营业绩考核扣分；推进新一轮行政事业单位经营性资产集中统一监管。重点领域监督聚焦，在境外项目、粮食购销、医药、工程等领域开展专项整治，加强担保、基金、金融衍生品等金融及类金融业务管控；完善经营风险监测防范机制，加强商贸业务日常监督，严控高风险贸易业务行为。监管重心下移，加强外部董事、总会计师、总法律顾问兼任首席合规官“三支队伍”建设，健全合规管理体系；业务监督、综合监督、责任追究“三位一体”监督管理机制有序运转，强化监督管理工作闭环。全年省国资委所出资企业开展违规经营投资责任追究线索核查15项，追责处理20人次。（梁盈）

审　计

【概况】 2023年，福建省各级审计机关共完成审计项目2225个，其中审计2071个、专项审计调查154个。审计查出主要问题金额2229.66亿元。出具审计报告和专项审计调查报告3287篇，被批示、采用216篇次。移送司法机关、纪检监察机关和有关部门处理事项268件，移送处理人员86人，移送处理金额8.34亿元。审计促进整改落实有关问题资金358.89亿元，审计促进拨付资金到位80.65亿元，审计后挽回（避免）损失6.93亿元，核减投资额8.22亿元。审计提出建议6570条，被采纳6533条；推动被审计单位制定整改措施639项；促进被审计单位建立、健全规章制度1189项；提交审计信息4103篇，被批示、采用1900篇次。向社会公告审计结果40篇。

推进“闽审现场党支部”等审计特色党建品牌。落实全面从严治党五级责任清单，健全完善“四位一体”廉政预警防控机制。开展思想政治素质提升、实践能力提升和干部全链条梯次培养行动，健全完善导师带徒、传帮带、竞赛比武等机制，开展各类专业培训近4000人次，组织开展全省审计系统技能“大比武”活动。

【政策落实跟踪审计】 2023年，福建省审计厅聚焦省委省政府贯彻落实党中央、国务院重大决策部署的具体措施，重点审计招商引资签约项目、省重点项目建设推进、工业（产业）园区高质量发展等方面政策措施落实情况。抽查省市县三级11581个项目。向省政府报送3篇全省政策跟踪审计报告，均获得省主要领导批示。全省整改147个问题，促进相关被审单位建章立制30份，提出的审计建议均被相关部门采纳。

【财政审计】 2023年，福建省审计厅完成预算执行审计项目413个、财政决

2023 年 9 月 25 日，福建省审计系统审计技能“大比武”决赛在福州举行（省审计厅）

算审计项目 35 个，延伸审计 508 个单位。组织开展省本级 2022 年度预算执行和决算草案审计，财政审计“全省一盘棋”加快形成，重点审计现代农业发展专项资金、交通专项资金等重点支出，以及债务风险防控、县级医院能力提升、学前教育政策和资金等专题，推动出台《福建省新增地方政府债务限额分配管理暂行办法》等制度文件。开展设区市财政收支审计，揭示市县财政管理中存在的突出问题、风险隐患，以及中央和省级财政转移支付资金管理使用中存在的主要问题，促进规范财政管理，防范化解地方财政风险，深化财政体制改革。

【农业农村审计】 2023 年，福建省审计厅对巩固拓展脱贫攻坚成果同乡村振兴有效衔接、乡村发展和乡村建设相关政策和资金开展审计，揭示各类问题 458 个，促进政策落实 49 项，向各级党委政府报送乡村振兴审计要情、审计专报 8 篇，各级党委、政府领导同志批示 5 次，建立完善制度 55 项，向相关部门移送案件线索 34 件，促进追责问责 30 人。

【金融审计】 2023 年，福建省审计厅对兴业银行、厦门国际银行和福建省农村信用社联合社 3 家省属银行 2022 年度信贷支持中小企业和制造业等实体经济发展状况开展专项审计调查，共发现 17 类 27 个问题，提出强化科技赋能、加强风险管理等建议 9 条。开展福建省地质矿产勘查开发局领导干部经济责任审计，发现问题 25 个，提出加强对外投资项目管理等建议 3 条。

【国有企业审计】 2023 年，福建省审计厅对机电控股、广电网络 2 家省属国有企业主要领导人员开展经济责任审计，揭示主业发展动能不足等 67 个问题。定期采集并按季度分析 18 家所出资企业经济风险预警指标数据；向 3 家省属国有企业发出高风险贸易和资金流动风险提示函，3 家被提示企业全面梳理所提及的问题和重大风险。“回头看”省国资委及所出资企业专项审计调查情况，推动制定完善 58 项制度。开展研究型审计，形成《发挥国有企业稳产业链供应链作用调查研究》调研报告。

【民生审计】 2023 年，福建省审计厅开展省人社厅预算执行审计，推动追回违规领取的养老保险待遇 4885.66 万元，将 102 名低保、特困和重度残疾人纳入基本养老保险或补记代缴 2022 年保费。开展就业补助资金和失业保险基金审计、中国海峡人才市场领导干部经济责任审计，促进完善制度机制 14 项。抓实困难群众救助补助资金审计后续整改，推动民政部门建章立制 9 项、追责问责 279 人。

【资源环境审计】 2023 年，福建省各级审计机关开展领导干部自然资源资产离任（任中）审计项目 126 个，涉及 250 人（其中省厅直接审计项目 11 个，涉及 36 人）。推动领导干部贯彻新发展理念、促进自然资源资产节约集约利用和生态环境安全保护，构建一套适用于福建省市、县两级党政主要领导干部和省直有关部门主要领导干部的自然资源资产离任审计评价指标体系；12 月 29 日，省委办公厅、省政府办公厅印发《关于建立健全市县党政主要领导干部自然资源资产离任审计评价指标体系的工作方案》。

【经济责任审计】 2023 年，福建省各级审计机关完成领导干部经济责任审计项目 767 个，涉及 1134 人。深化“1+N”组织模式，强化双回路双向闭环式审计质量控制体系，完善 16 类 52 项责任清单和 18 类 70 个疑点清单指引，优化项目中期服务，审计署《经济责任审计通讯》推广福建省经验做法。强化审计发现问题整改，向行业主管部门转送有关地方政府的问题，推动由点及面带动全系统规范整改；针对历年“老大难”问题，提请省政府办公厅以文办单督办销号 80 个。在审计署 2023 年度经济责任审计高级研讨班上作《建强三大体系抓实四个机制做好经济责任审计“文章”服务福建高质量发展》典型经验介绍。

【涉外审计】 2023 年，福建省审计厅对国际援款中国莆田 SOS 儿童村项目、亚洲开发银行贷款福建农地资源可持续利用示范项目、世界银行贷款福建渔港项目、法国开发署贷款福建宁德（屏南）自然与文化遗产保护和合理利用示范工程项目 4 个国外贷援款项目 2022 年度财务收支和项目执行情况开展审计，对 2013 年 1 月 1 日后完工（关账）国外贷援款项目资产管理和使用情况进行专项审计调查，出具对外中英文审计报告 4 份、专项审计调查报告 1 份，推动提高主权外贷和援款资金使用效益。

【大数据审计应用】 2023年，福建省审计厅完成全省财政、社保等行业业务数据，以及省级900多家预算单位和市县7000多家一级预算单位财务数据的采集。开展全省大数据审计方法模型征集遴选。举办全省大数据审计技能提高培训班、数据分析技能竞赛和案例评比。向全省审计机关推送共享数据37批次，提供数据分析疑点70多万条。组织省市两级审计机关开展3个省直部门、市县相关部门（单位）和14个乡镇网络安全和信息化建设审计。

【审计查出问题整改】 2023年，福建省审计厅压实被审计单位整改主体责任，督促主管部门强化监督管理责任。健全完善审计整改督促检查长效机制，强化年度审计整改督促检查工作。持续做好后续跟踪检查，重点组织开展2022年度中央、省级预算执行和其他财政收支审计查出问题整改。全年整改审计查出问题892个，推动完善制度措施357项。

【内部审计】 2023年，福建省审计厅检查15家单位内审机构建立及工作开展情况，走访调研10家省直单位、9家企业，重点调查摸底财务部门承担内审职责的单位。持续开展“以审代训”，商调34名内审人员参与18个国家审计项目；开展省本级内审备案和2022年度、2023年上半年全省内审情况统计调查。推动省内部审计协会开展内审理论和实践案例研讨交流会，开展3期培训，参训586人次；协同做好全国内审“先进集体”“先进工作者”评选推荐工作。 （陈春清）

统　计

【概况】 2023年，福建省各级统计部门将第五次全国经济普查作为年度工作重点，成立普查工作领导机构，完善联动机制，落实经费、人员保障。健全统计监督制度保障，制定出台《福建省统计条例》。省统计局强化统计监测服务，创立《统计调查研究》内刊，编印各类统计资料。开展主题教育，一体推进理论学习、调查研究、推动发展、检视整改、建章立制，紧扣国家部署、立足省情特点，形成一批具有福建特色的创新经验；做好主题教育第一批和第二批衔接联动，省统计局赴市、县（区）作题为“树立和践行正确政绩观全方位推进高质量发展”主题教育党课辅导报告8次。

【第五次全国经济普查】 2023年，福建省各级统计部门做好第五次全国经济普查相关工作，省、市、县（区）均成立普查领导小组及办公室，形成省直部门横向协同、省市县乡四级联动机制。推动做好第五次全国经济普查预算经费保障，完成普查指导员和普查员选聘、培训工作。组织开展“地毯式”单位清查，完成1.75万个普查区、3.89万个普查小区的清查工作。推动投入产出调查与经济普查同步实施，完成调查单位季度电子台账数据填报。举办第五次全国经济普查宣传月启动仪式、第十四届“统计开放日”活动，加强宣传。

【防治统计造假】 2023年，福建省健全完善统计监督制度保障，制定出台《福建省统计条例》，于2023年9月1日起施行。制定《福建省纪检监察监督巡视监督与审计监督财会监督统计监督贯通协同的实施办法（试行）》；制定《福建省2023年统计督察方案》，对2个设区市开展省级统计督察；开展专项治理行动。推进统计法治工作，修订发布《福建省统计行政处罚自由裁量权基准》，综合运用“双随机”抽查、专项检查、重点检查等方式加强监督执纪。

【统计监测服务】 2023年，福建省统计局聚焦全省重大战略、重点任务，推动完善重点领域统计监测制度方法。制定实施民营经济、数字经济和“三新”经济等领域统计监测制度；推进生态产品价值核算试点；制定《福建省深化山海协作“飞地”统计规范办法》。加强经济运行监测分析，创立《统计调查研究》内刊，开展专题分析，参加第九届全国统计建模大赛获得二等奖。编印统计年鉴、统计摘要、统计公报、福建经济主要指标等各类统计资料，定期发布统计数据，“福建统计”微信公众号综合影响力居全国统计调查系统前列。

（涂云花）

口岸综合管理

【概况】 2023年，福建省共有经国务院批准对外开放口岸11个。其中：空运口岸4个，分别是福州空运口岸（长乐国际机场）、厦门空运口岸（高崎国际机场）、泉州空运口岸（晋江国际机场）和武夷山空运口岸（武夷山机场）；水运口岸7个，分别是福州水运（海港）口岸、厦门水运（海港）口岸、泉州水运（海港）口岸、漳州水运（海港）口岸、莆田水运（海港）口岸、宁德水运（海港）口岸、平潭水运（海港）口岸。

全省水运口岸外贸货物吞吐量29161.49万吨，比上年增长13.05%，其中出口7994.43万吨，比上年增长2.70%；进口21167.06万吨，增长17.53%。外贸集装箱吞吐量1080.44万标箱，比上年下降2.40%，其中出口544.77万标箱，比上年下降0.81%；进口535.67万标箱，下降3.96%。

全省航空口岸出入境货运量完成18.33万吨，比上年增长11.84%，其中进口3.81万吨、出口14.52万吨。出入境旅客完成377.94万人次，比上年增长525.16%，其中入境旅客185.92万人次、出境旅客192.02万人次。

持续推进“丝路海运”“中欧班列”通关便利化建设，对外货物运输通道继续拓展。“丝路海运”联盟成员单位320家，“丝路海运”命名航线总数116条，通达全球43个国家的131座港口；宁德新开行中欧班列，全省开通中欧班列城市达到 6 个，中欧（亚）班列开行 135 列。

【口岸对外开放】 2023 年，福建省商务厅推动口岸正式开放。组织完成福州港口岸扩大开放罗源湾港区环下屿岛作业区省级验收并上报申请国家验收，该作业区服务福州千亿元级新材料产业集群，其中申远新材料建成全球最大的己内酰胺生产基地，原辅材料进口将依靠环下屿岛作业区的泊位。持续推动福州港口岸扩大开放黄岐港区，该港区与马祖列岛最近处仅 8 千米，是对台交流的重要枢纽。做好泉州港口岸泉州湾港区锦尚作业区扩大开放国家验收准备，该作业区开放后将形成与厦门港优势互补、错位发展的港口发展局面，通过泉州厦门“组合港”共享厦门港国际航线资源，降低企业组货拼柜和航运成本，为“买全国、卖全球”市场采购贸易方式和泉州外向型经济发展提供便捷的海上航运通道。重点指导属地政府和码头业主做好瀚海船坞整改提升工作。推动漳州港口岸扩大开放东山港区城垵作业区列入国家口岸开放年度审理计划并上报申请对外开放，该作业区临港腹地有漳州旗滨玻璃、光伏及玻璃新材料产业园、海峡两岸（东山）水产品加工集散基地等项目，其中漳州旗滨玻璃项目为省重点项目，年纳税额 6 亿元。

做好新建改建码头泊位省级验收。年内，福州牛头湾港区 12～13 号泊位、平潭金井港区国际邮轮码头、泉州斗尾港区港丰码头与中化码头、漳州古雷港区南 8 号泊位等一批码头泊位对外开放省级验收。

推进口岸临时开放。推动漳州东山港区城垵作业区 2 号泊位和后石港区隆教作业区 1 号泊位实现首次临时开放，保障罗源湾港区环下屿作业区和黄岐港区对台客运码头 1～4 号泊位延期临时开放。

【口岸营商环境优化】 2023 年，福建省落实海关总署优化营商环境 16 条措施，支持福州海关出台优化营商环境 19 条措施；省商务厅协调推动福州、厦门海关联合出台优化通关流程、提高物流服务效能、促进通关优化升级 23 项工作举措；推动“离港确认”模式试点并获海关总署批准，推动实施跨境电商智慧转关货物直通模式，口岸通关效率持续提升。厦门再度入选 2023 年促进跨境贸易便利化专项行动城市，获批国家智慧口岸试点。签署闽赣两省深化口岸区域合作协议，推动两省港口、铁路及海关等有关方面在货源、物流、港口等方面达成合作，开辟绿色通道，全面推行“一单制”运输模式，提升铁海联运运输时效。省商务厅与中国报关协会签订合作意向书，共同推动福建省跨境贸易便利化水平提升。全省进口、出口整体通关时效居沿海省（市）前列。

【单一窗口功能服务提升】 2023 年，福建省商务厅聚焦《区域全面经济伙伴关系协定》（RCEP）企业享惠难点，建设 RCEP 关税政策智能服务平台，在全国首创“RCEP 原产地规则智能判定和优化指引”“企业贸易享惠智能分析与提醒”服务功能，帮助企业实现进出口享惠最大化；平台建设受到商务部肯定并受邀为国家外贸转型升级基地建设培训班授课，获选列入福建 21 世纪海上丝绸之路核心区建设现场会成果典型案例，参展第六届数字中国建设峰会、2023 年海关科技装备博览会，被央视新闻频道、新华财经等主流媒体专题报道。厦门全国首创“单一窗口＋空运物流”模式，实现航空物流链条上各参与方信息的互联互通，为企业提供航空货运进出口全流程电子化作业。

（省商务厅）

【海关监管】 2023 年，福州海关监管进出口货物 1.39 亿吨，比上年增长 20.5%；监管货值 3948.7 亿元，增长 2.7%；征收关税和进口环节税税款入库 282.34 亿元，增长 7.82%。厦门海关监管进出口货物总值 11997.04 亿元，比上年下降 5.12%；税收入库 476.57 亿元，下降 4.87%；监管运输工具 3.9 万艘（架），增长 1.1 倍；海关特殊监管区域一线进出口值 2155.26 亿元，增长 14.56%。

福州海关。2023 年，福建海关落实国务院推进制度型开放工作措施，6 项工作取得成效，便利化措施整体应用率提高。自贸创新新增 5 项举措通过第三方评估，1 项获评全国首创。加快推进黄岐口岸对外开放，助力罗源湾、金井、牛头湾 3 个港区扩大开放通过省级验收。深化福厦两关全业务领域一体化改革，推进闽赣两省三关跨区域合作。落实海关总署推动综合保税区高质量发展 23 条措施，推动福州长乐国际机场综保区获批设立，成为福建首个空港综合保税区。保障中欧、中老班列运行 22

2023 年 2 月 6 日，福州海关所属平潭海关关员现场巡查跨境电商进口保税仓库 （邵鹏　摄）

趟次、货值5.22亿元，拓展国际物流大通道。服务闽台融合发展，争取海关总署支持福建建设两岸融合发展示范区，提出支持福建自贸试验区扩大对台先行先试7条举措。支持平潭开放开发，开展“一线放开、二线管住”专题调研，向海关总署上报《平潭综合实验区海关监管办法》修订意见。落实ECFA签证按台方新税则调整政策，签发ECFA原产地证书436份、货值4818.4万美元。保障对台“小三通”客运航线、“海峡号”对台货运航线复航。

加强风险联合研判，提升风险防控能力。坚持人、物、环境同防、多病共防，检出全国海港口岸首例CM.3变异株，在全国口岸首次截获输入性里海伊蚊。严防外来物种入侵三年专项行动、跨境电商寄递“异宠”综合治理取得成效，截获有害生物490种1.21万种次。开展“龙腾行动”，查扣侵权商品221.47万件。打击走私高压态势，持续开展“国门利剑”“蓝天”等专项行动。查获违禁印刷品39.4万件，连续5年获评全国“扫黄打非”先进单位。

聚焦优化营商环境、支持外贸稳规模优结构和新时代民营经济强省战略，先后出台3批次51条工作措施。对标上海、广东等省市先进经验做法，与厦门海关联合推出23条促进通关优化升级举措。协助圣农集团通过香港食环署检查，完成欧盟食源性检查。首创福建省内远程智能施封监管模式，实现出口运输车辆“即抵即放”，每票节省场站周转时间4小时以上。为商务、工信等部门提供数据服务177次，强化统计监测预警分析服务宏观决策。

服务重点产业。出台16条举措服务福州新区发展，专题研究中国—印度尼西亚经贸创新发展示范园区建设，推进涉及海关的8个事项，保障首批印度尼西亚老椰子、冻虾进口，推动青皮椰子输华准入。支持闽西革命老区建设发展，帮扶循环水鳗鱼生态养殖项目落地，助力顺昌葡萄开拓国际市场，促进竹木草制品等优势农产品出口。服务保障粮食、鱼粉等重要农产品进口供给安全，监管进口鱼粉量位居全国第三。保障蔬菜种子、鳗苗快速通关，完成3836头进境智利种牛检疫监管，支持国家优质种业振兴。新增直购进口业务，关区跨境电商零售进口业务模式实现全覆盖。助力宁德时代锂电出口通关提速，指导宁德时代应对欧盟电池法规草案评议，推动“新三样”增长动能持续释放。开展鞋产业、平行供应链等专项调研，上报调研报告27篇。

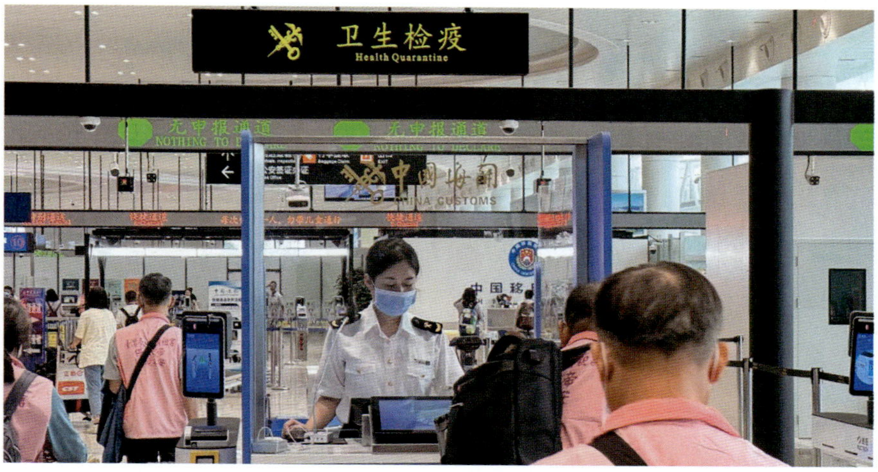

2023年8月1日，厦门海关所属厦门邮轮港海关关员为“小三通”航线旅客办理通关手续　　（田一喆　摄）

帮扶企业纾困解难。深化政策评估、问题清零等4项机制，落实“关长送政策上门”“两级关领导挂钩帮扶重点企业”举措，解决企业所急所盼问题440个。建立减免税重点项目关地联动机制，指导省肿瘤医院、天津大学福州校区、恒美光电等企事业单位用好政策。推动“内河运费扣减”政策落地，为企业扣减运费近1500万元。完成储能、种业振兴和风电3项专项税政调研，24项税政建议被国家采纳，增列白茶税目建议获得WCO协调制度委员会采纳，惠及产值140亿元。

厦门海关。2023年，厦门海关推进落实海关总署部署的智慧海关建设和“智关强国”行动，协助海关总署完成金砖国家海关署长会，推动中国—南非海关AEO互认实施并列入元首外交成果。

推进海关业务改革与发展。联合福州海关打造“智慧转关”直通模式，建立闽赣两省三关（厦门、福州、南昌海关）全业务领域一体化协作机制，打通赣州—厦门铁海联运通道。持续打造“关企直通车”“关长送政策上门”特色服务品牌，设立10个企业问题直报点和18个一站式服务专窗，解决企业疑难问题193个。推动海关服务两岸融合发展“10＋1”举措落地落实，保障厦金、泉金“小三通”航线复航通关服务。

强化关区检验检疫。加强“多病同防”，检出各类传染病14种556例；成立厦门海关首届生物安全专家委员会，推动口岸突发公共卫生事件纳入地方应急体系；加强口岸动植物疫情风险管理和境外动植物疫情信息监测预警，截获二类动物疫病2种5种次、植物检疫性有害生物48种1665种次；支持优异动植物种质资源引进，推动建成进口种猪隔离场；优化民生食品进境通关流程，推广优先查验、优先送检、优先检测、优先出证等便利措施；检出未准入境食品213批；检出不合格进出口商品1632批。

优化口岸营商环境。出台26项细化措施落实海关总署优化营商环境16条；制订厦门关区跨境贸易便利化专项行动5个方面35条措施，推动厦门连续2年列入全国试点城市；助力厦门口岸连续5年在全国“十大海运集装箱口岸营商环境测评”中名列前茅；“数字口岸”平台上线211项功能，助力厦门获首批全国“智慧口岸”试点。推动自贸试验区《试点对接国际高标准推进制度型开放若干措施》落地，18条细化措施初见成效，向海关总署备案自贸创新举措4项；厦门关区4个特殊区域发展绩效评估排名持续提升，象屿保税区、象屿综合保税区质量效益分别排名全国第一位、第三位。2个案例分别入选国务院知识产权战略联席办“知识产权强国建设典型案例”、全国首届法治时代创新论坛“法治创新案例”。（许炯锋）

【海事监管】 2023年，福建海事局保障67.82万艘次船舶出港，比上年增长9.30%；保障6.82亿吨货物进出港，减少10.85%；保障海上旅客出行3718.18万人次，增长127.98%。办理各类船舶登记3722件次，比上年增长7.29%；全省船籍港登记在册船舶3289艘，增长1.92%。组织海船船员适任考试36685人次，比上年减少26.7%；组织培训合格证考试119260人次，增长6.4%；全省注册海船船员94147人，增长6.5%，约占全国注册总人数的10%；新增注册海船船员5420人（其中国际航线2479人、沿海航线2941人），减少5.4%。全省经营海船的航运公司346家，其中建立安全管理体系并取得符合证明的公司（体系公司）237家、非体系公司109家；全省航运公司共管理船舶1657艘，其中建立安全管理体系并取得安全管理证书的船舶（体系船舶）1273艘、非体系船舶384艘。全省有获交通运输部海事局评定的“安全诚信公司”5家、“安全诚信船舶”30艘、“安全诚信船长”46人。全年实施行政强制48件，实施行政处罚3076件，处罚金额5541.48万元。

2023年11月9日，全国首个涉台海事纠纷解决中心在厦门海丝中央法务区成立（秋霖 摄）

水上交通安全治理与海上应急搜救。开展重大风险隐患专项排查整治，构建以风险隐患“预见、预判、预控”为导向的事前预防模式，推动37项重大风险管控到位、120项重大隐患见底清零。统筹开展涉客船安全监管效能提升、船载危货安全监管、夜游船安全整治、“三无”船清理整治、“两船”整治等12个专项行动。组织福建沿海商船防御“杜苏芮”“苏拉”“海葵”等台风，取得“零伤亡、无事故、无污染、无重大险情”的成效。联合省海洋与渔业局划定福建沿海第二批“商渔船碰撞高风险警示区”，牵头起草《中国沿海航行船舶防范商渔船碰撞安全指引》，划设“商渔船碰撞高风险警示区”并在全国推广应用，商渔船碰撞事故连续3年下降。自2023年1月1日起实施《福建省海上搜寻救助条例》，完善海上危化品应急预案体系，探索建立沿海无人机空巡队伍，统筹海上搜救力量分片布防，打造涉客应急“半小时”救援圈。推动全省38个沿海县（市、区）全部建立水上交通安全议事协调机制，协同省安全生产委员会办公室建立水上安全联合督导、领导干部约谈、属地风险提示等机制，形成水上安全共管共治的“福建经验”。开展运输船舶违法违规信息跨区域跨部门通报专项治理行动，共向全国发出违法违规信息通报1691件，采取处置措施541件。实施安全事故调查处理协作机制，畅通水上交通领域行行、行刑衔接，全年向海警机构移送涉嫌犯罪和治安违法案件14件。全年福建沿海共发生水上险情143起，救助1056人、船舶102艘，人命、船舶救助成功率分别为97.51%、96.23%，实现比上年双提升。全年福建沿海共发生水上交通事故33起，其中运输船舶一般等级及以上事故8起、死亡失踪13人、沉船1艘、直接经济损失1150万元，事故“四项指标”均比上年下降。

海事行政服务。服务加快建设交通强国福建先行区，推进23个重点项目207项重点任务有效落地。完成泉州港口岸斗尾作业区7号泊位等11个泊位对外开放省级验收，保障中石油LNG接收站、厦门新机场、宁德和漳州核电工程等63个涉海重点工程建设。在全国率先公布21处港外推荐锚区，解决港内锚地容量不足难题，促进海上交通资源开发利用。推进三沙湾等沿海重点水域船舶定线制和报告制，持续打造“海上高速网”。编著《福建沿海航行指南》（2022版），指导帮助航海者熟悉福建沿海通航环境特点，规避各类航行安全风险。支持海洋经济新业态发展，出台全国首个《海上风电场工程项目通航安全技术参数备案标准指南（试行）》。保障储能集装箱海运安全便捷出口，首创宁德时代集装箱式储能系统海运出口新通道，出台全国首个《集装箱式锂离子电池储能系统海运安全监管指南（试行）》，全年保障29个航次848个储能系统海运出口，总货值42亿元。推动船舶靠泊期间使用岸电减少大气污染，实现全省港口船舶靠港接电6.6万艘次，比上年增长39.8%；用电697万度，增长47.7%；减少燃油消耗1911吨，减排二氧化碳5177吨。建立优化营商环境基础工作举措、重大工作举措“两个清单”机制，推出67项优化营商环境举措，福建海事局“四新”服务助力新能源汽车及相关产品海运出口举措入选福建优化营商环境典型经验，厦门海事局“集装箱式锂电池储能系统海运安全保障机制”被福建省自贸办认定为全国首创，福州海事局“海事政务服务‘办不成事’兜底服务机制”被福建省自贸办认定为可复制拓展。

海事对台工作。助推两岸海上直航恢复，保障中断近3年的两岸“小三通”客运航线全面复航，“厦金”航线于1月7日复航，“两马”航线于1月8日复航，“泉金”航线于2月10日复航，“黄马”航线于2月19日复航，全年保障5075艘次直航客船71.67万人次往来海峡两岸；保障平潭至台湾“大三通”货运直航航线恢复通航，高速客滚船“海峡号”在时隔3年后于6月15日装载集装箱快件由平潭驶往台中。加强台湾海峡海域海事行政执法，4月5—7日开展台湾海峡中北部联合巡航巡查专项行动，出动由“海巡06”轮领衔的海巡船艇编队，对平潭至台湾“大三通”货运航线、“黄马”和“两马”“等小三通”客运航线、台湾海峡船舶习惯航路、商渔船通航密集区以及非法采砂活动多发区等开展巡航巡查。开展台湾船员培训考试发证，重启台湾地区船员申请换发大陆船员证书补差培训，在中断3年后于7月8日在集美大学举办首期培训班，共有18名台湾船员经培训考试合格后获发大陆船员适任证书；试点开展全国首批两岸联合培养国际邮轮船员项目，主要针对国际邮轮船员领域为台胞提供来大陆培训、取得大陆船员证书、由大陆船员外派公司派遣工作的服务，6月2日该项目在厦门完成全国首期培训班，首批2名台胞经培训考试合格后获发大陆船员适任证书，全年共举办培训班5期，共有101名台胞获发大陆船员证书；新增台胞换发游艇驾驶证补差项目，在厦门、平潭共完成4名台胞换发大陆游艇驾驶证补差培训、考试和发证；发布全国首个地方性对台船员培训支持政策，9月13日厦门海事局和厦门自贸片区管委会联合发布《关于印发支持鼓励台胞来厦参加船员培训和申请证书的若干措施的通知》。成立全国首家涉台海事纠纷解决中心，11月9日厦门海事局联合厦门海事法院、厦门市司法局、厦门港口管理局、厦门仲裁委员会、福建省船员服务行业协会等11家单位在厦门海丝中央法务区成立“福建省涉台海事纠纷解决中心”，针对船员权益、水上交通事故、沉船或碍航物打捞、各类海商合同履行、海上客运人身损害赔偿、港口建设作业及海上新业态建设等方面纠纷，为台胞台企提供海事法律咨询、公益法律宣讲、解纷调处等“一站式”法律服务，该举措入选福建省两岸融合发展示范区建设首批政策举措。
（朱升）

【边防检查】 2023年，厦门出入境边防检查总站（简称“厦门边检总站”）做好口岸复航、客流增长、业态恢复和便利政策措施落地福建，全年验放出入境人员521.6万人次、交通运输工具5.4万艘（架）次，分别位居全国第七位、第十四位；发挥近台对台优势，靠前服务厦金、福马“同城生活圈”等建设；完成第三届“一带一路”国际合作高峰论坛、杭州亚运会亚残运会等系列安保任务，总站连续2年获评省反恐怖工作先进单位，经验做法在全省交流。50余项经验做法获国家移民管理局、省委省政府肯定推广，总站8个集体、31名个人获省部级以上表彰表扬，1名个人首获“十大国门卫士”提名奖。

服务重大发展战略。厦门边检总站融入中国—印度尼西亚经贸创新发展示范园区、中国（福建）—菲律宾经贸创新发展示范区、“一带一路”、福建自贸试验区建设发展，配合做好福建自贸试验区制度创新和厦门自贸片区金砖国家示范口岸改革，对接福州、厦门“海丝核心区”门户枢纽机场建设和闽东南邮轮母港及邮轮培育工作。落实国家移民管理局服务航运企业发展措施和便利企业生产经营若干举措，推进移民管理领域“放管服”改革，对接保障互免、六国免签、启用新版外国人永久居留身份证等相关政策落地福建，推动24小时直接过境人员免办边检手续等政策在厦门落地实施，1.1万人次享受六国免签政策入境到闽，占同期全国口岸入境量的10%。实现国际货运船舶到港“零等待”作业、离港“零延时”验放，“一地办证，全省通用”创新做法为企业节约办证时间约1.8万小时、节省费用2.2亿余元。

服务经济社会发展。厦门边检总站应对海空港业务全面恢复、出入境客流大幅增长等情况，坚持“一口岸一对策一方案”，靠前保障在闽的全国所有4条“小三通”客运航线以及2个机场口岸全部复航，助力国际邮轮业务恢复。支持全省4个码头通过省级对外开放验收，“边检出入境流量监测管理新模式”

2023年3月，厦门边检总站宁德边检站保障首艘“宁德制造”高端海工船舶通过
（严贵翔 摄）

入选福建自贸试验区第20批创新案例。策应福建实施新时代民营经济强省战略，出台服务促进新时代民营经济高质量发展意见获副省长王金福批示肯定。引进2家企业落地三江投资兴业，招商引资6000万元，超额提前完成国家移民管理局下达的定点帮扶任务，工作成效被国家移民管理局简报4次刊介。

服务两岸融合发展。厦门边检总站推动国家出入境管理局出台《支持福建建设两岸融合发展示范区十项出入境政策措施》，对标制定总站意见措施，专门成立总站对台工作领导小组，构建“1+4”对台工作新格局，靠前服务保障海峡论坛等福建主场涉台活动，工作成效得到中央政治局常委、全国政协主席王沪宁肯定，省委副书记罗东川3次批示肯定。升级打造台胞快捷查验信息备案采集点，跟进金门共用厦门新机场、平潭深化两岸标准共通前期准备。会同厦门大学在所属高崎边检站设立第一个“共促两岸融合发展实践点”，深化拓展涉台研究和实践平台。持续做好“12367”平台闽南语话务服务，多项指标位居全国前列，服务质量工作做法获福建省机关效能办刊发推广。

维护口岸安全稳定。厦门边检总站打击妨害国（边）境管理犯罪，统筹推进“獴猎”“犁平”及夏季行动，建立积分考评、战果通报等机制，加大案件扩线深挖力度，斩断“黑灰”资金链、利益链。持续优化“边检+”联合打击模式，派出警力联合地方公安、福建海警等部门开展案件侦办，构建线索共研、案件联办、优势互补的整体作战格局。推进港口锚地预警管控系统建设，完成闸口信息采集核对系统建设，构建海上预警感知体系。巩固深化“一地多站”改革成效，健全完善符合口岸特点的边检用警新机制。（吴李鑫）

财政

【概况】 2023年，福建省一般公共预算总收入5907.88亿元，比上年增长9.8%，其中地方一般公共预算收入3592.04亿元，增长7.6%。全省一般公共预算支出5859.39亿元（含中央补助收入、上年结转和一般债券安排的支出），比上年增长3.1%。省本级地方一般公共预算收入268.87亿元，比上年下降4.0%。省本级一般公共预算支出622.11亿元（含中央补助收入、上年结转安排的支出），比上年增长6.8%。

全省政府性基金预算收入2070.68亿元，比上年下降21.3%；国有资本经营预算收入192.93亿元，增长11.3%；社会保险基金收入2440.84亿元，增长9.8%。全省政府性基金预算支出3589.02亿元（含中央补助收入、上年结转和专项债券安排的支出），比上年下降14.0%；国有资本经营预算支出56.70亿元，下降47.5%；社会保险基金支出2149.66亿元，增长11.2%。

全省发行政府债券2838.98亿元，主要用于市政和产业园区、交通、社会事业、保障性安居工程、农林水利、生态环保等公益性项目建设。财政部核定福建省地方政府债务限额14332.1亿元，全省地方政府债务余额13810.88亿元，控制在核定的限额内。

【减税降费政策落实】 2023年，福建省落实中央税费支持政策，出台顶格减免退役士兵和重点群体创业就业税费等地方性举措，持续开展涉企收费整治，降低经营主体税费负担。推动下调萤石等关税税率，助力产业发展。全年全省新增减税降费及退税缓费约683亿元。

【专项债券】 2023年，福建省争取中央下达全省新增专项债务限额1618亿元，比上年增加146亿元，增量约占全国增量的10%。在全国率先完成发行任务，建立债券分配“两上两下”、项目成熟度评审等机制，推动专项债券资金精准用于1180个项目建设。

【财政金融协同发力】 2023年，福建省推出3期共300亿元规模的中小微企业提质增产争效专项资金贷款，惠及企业2万多家。省级设立风险分担资金池，支持政府性融资担保机构更好发挥增信功能，降低小微企业和“三农”主体融资门槛。实施创业担保贷款财政贴息政策，引导金融机构支持重点群体就业创业。实施融资贴息政策支持企业技术改造，全年签约重点技改项目贷款469项，投放274.27亿元，撬动社会资本投资1842亿元。推动亚洲开发银行和法国开发署贷款合理利用。

【稳外贸稳外资促消费】 2023年，福建省实施促进外资扩增量稳存量提质量若干政策，出台促进外贸稳定增长十条措施，对小微出口企业“单一窗口+出口信保”项目保费进行全额补助。鼓励各地采用购车补贴、发放消费券等方式拉动汽车消费，支持重点商圈街区大数据平台建设和步行街提升改造，扶持发展“直播引流+实体消费”新模式。

【科技创新资金投入】 2023年，福建省深化科技计划项目经费管理，推动科技重大项目“揭榜挂帅”“赛马”制度改革，推进高校科研院所科技成果转化试点；支持7家省创新实验室有序运转，推进福厦泉自主创新示范区建设；支持实施高新技术企业“双倍增”行动，新增申报国家级高新技术企业3537家，新增培育国家级专精特新“小巨人”企业42家。支持实施人才强省战略，出台“四大经济”省级高层次人才认定标准，加强总会计师类会计领军人才、注册会计师类人才培养。

【“四大经济”投资】 2023年，福建省加快推进数字福建建设，推动打造人工智能、卫星应用和信创产业等数字经济重点领域平台，支持办好第七届数字中国建设峰会。促进海洋渔业产业科技创新和转型升级，推动国家远洋渔业基地和国家级沿海渔港经济区建设。支持深化“电动福建”、节能循环经济等发展，落实绿色采购制度，近三年绿色产品采购数量占同类采购数量的比重超90%。支持实施正向激励，助力文旅消费升级，推进两岸文旅融合发展。用好省级政府投资母基金，推进组建数字、绿色、海丝和闽台等产业基金，撬动更多社会资本投入“四大经济”。

【生态省建设资金投入】 2023 年，福建省推进生态省建设，支持山水林田湖草沙一体化保护和综合治理，推进九龙江流域山水工程建设，巩固闽江流域生态保护修复成效，将乐县常上湖、闽江河口湿地项目入选全国山水工程首批 15 个优秀典型案例。深化生态保护补偿制度建设，推动实施区域生态环境质量持续提升，支持环武夷山国家公园保护发展带建设。海洋生态保护修复等 5 个项目获得中央竞争性奖补资金 10.5 亿元。

【城乡区域发展资金投入】 2023 年，福建省做好巩固拓展脱贫攻坚成果同乡村振兴有效衔接，加大对脱贫户、23 个脱贫县和老区苏区县支持力度。落实种粮农民补贴政策，提高高标准农田建设投入标准，促进乡村优势特色产业发展。健全农业转移人口市民化奖励机制，增强吸纳农业人口较多地区财政保障能力。多渠道筹措资金 329.42 亿元，用于支持交通、水利等重点领域基础设施建设。推动提升城乡建设品质，支持海绵城市、福道等建设，改善提升历史文化名镇名村传统村落。争取中央下达福建省专项彩票公益金 5.56 亿元，支持 59 个社会公益事业发展项目。

【民生资金投入】 2023 年，福建省完善财政民生保障机制，支持提高基本公共服务水平。全省民生支出 4527.15 亿元，比上年增长 3.7%，占一般公共预算支出的 77.1%，持续保持七成以上。做好 29 项省委省政府为民办实事项目资金保障。

保障防汛救灾。全省财政系统跟进做好“海葵”“杜苏芮”台风救灾资金保障，省级出台灾后民生救助保障实施方案。筹措超 10 亿元资金，快速核拨下达受灾地区，统筹用于受灾企业信贷贴息、困难群众临时救助和应急抢险救援等工作，支持受灾地区加快恢复生产生活秩序。

促进民生事业。聚焦高校毕业生、农民工等重点群体，实施社会保险补贴、创业求职补贴等扶持政策，支持高质量开展职业技能培训，优化调整阶段性减负稳岗扩就业政策。支持新建、改扩建公办幼儿园 195 所，实施义务教育学位增补计划，加快推动国家和省级“双高计划”建设，入选全国职业教育生均拨款改革试点省份，推进“双一流”和一流应用型本科高校建设。持续深化医药卫生体制改革，公立医院综合改革绩效评价连续 8 年居全国前列。推动创建国家区域医疗中心，实施新一轮医疗“创双高”，开展县域医共体能力提升项目，支持卫生健康人才队伍建设。基本公共卫生人均财政补助标准从 84 元提至 89 元。

推动社会保障体系完善。持续推进社会保险制度改革，失业保险基金实行省级统收统支，出台工伤保险基金省级统收统支方案。按 3.8% 幅度调整提高退休人员养老金，城乡居民基础养老金省定标准从每人每月 140 元提高至 150 元，城乡居民医保人均财政补助标准从 610 元提高至 640 元。落实福建省重特大疾病医疗保险和救助制度，省定低保最低标准从每人每年 4750 元提高至 5100 元，孤儿基本生活最低养育标准每人每月提高 300 元，落实残疾人两项补贴标准动态调整机制。连续第 22 次提高部分优抚对象抚恤和生活补助标准，第 27 次提高革命“五老”人员定期生活补助标准。支持新型城镇化建设，实施棚户区、老旧小区改造，建设公租房，发展保障性租赁住房。支持 300 个长者食堂和 50 个嵌入式养老服务机构等项目建设。

【预算绩效管理】 2023 年，福建省财政厅推进预算绩效管理工作，评价范围拓展到部门整体支出和政府采购支出等新领域，对到期专项实施全生命周期绩效评价。修订绩效管理结果应用暂行办法，强化制度约束。优化考核体系，首次分阶段开展事中绩效评价，强化绩效管理结果应用。

【财政法治建设】 2023 年，福建省财政厅提升服务省人大代表、政协委员水平，办理建议提案沟通率、答复率、满意率均为 100%。制定实施行政执法三项制度，出台财政行政处罚裁量权适用规则和基准，推广应用省一体化大融合执法平台。建立行政复议诉讼案件定期报告制度，做好以案促改和普法教育。深化财政“放管服”改革，“数智赋能开创政府采购评审新模式”入选福建省深化行政审批制度改革典型经验案例。创新应用行政调解化解政府采购纠纷制度试点并推向全省。

【财会监督】 2023 年，福建省财政厅会同相关部门在全国率先出台纪检监察监督、巡视监督与审计监督、财会监督、统计监督贯通协同实施办法，建设财会监督问题库、风险防控等系统。开展财会监督、预算执行监督专项行动和重点民生资金专项整治，发现并纠治一批违反财经纪律的突出问题。牵头组织开展公务员工资津贴补贴专项检查，规范收入分配秩序。加大对注册会计师、资产评估行业执业质量监督，提升中介机构执业质量。

【财政信息化管理】 2023 年，福建省财政厅对标财政部最新规范，推进预算管理一体化建设，完成预算指标核算管理改革，实现与人民银行国库业务无纸化、电子化对接，率先在全国实现国库统发工资系统与人事管理平台联网。启动智慧财审系统，运用信息技术和网络大数据进行智能辅助审核和自动预警分析，审结项目资金 49.75 亿元，净审减金额 5.47 亿元。54 项资金共计 580 亿元纳入乡村振兴（扶贫惠民）资金在线平台监管范围，惠及群众 846 万人次。33 项资金共计 841.13 亿元纳入直达资金范围，其中中央直达资金支出进度 94.3%，高于全国平均水平 2.2 个百分点。深化非税收入收缴电子化和财政电

2023 年 6 月 8 日，福建省智慧财审系统启动仪式在省财政厅举行

（省财政厅）

子票据改革，改革进度居全国前列。建成全省公务用车控购信息管理系统，在全国率先实现政府采购远程异地评审跨市应用，推广以电子保函方式缴交政府采购保证金。

【债务风险防范化解】 2023 年，福建省财政厅提请省委、省政府成立省级防范化解地方债务风险工作小组，制定一揽子化债方案。加强到期债务情况分析研判，精准匹配发行再融资债券，落实偿债资金来源，全省到期政府债券本息全部按期偿还。会同有关部门成立福建省地方融资平台债务统计监测暨金融支持化解债务风险领导工作小组，建立健全工作机制，监测融资平台偿付风险，提前做好监测、风险排查工作。加强全口径债务统计监测和分析，开展债务风险等级评定和预警通报，健全考核问责机制，压实债务风险防控主体责任。全面核查、分类整改规范 PPP 项目，推动项目实施。

【基层“三保”落实】 2023 年，福建省财政厅持续推动财力下沉，落实基层“三保”（保基本民生、保工资、保运转支出），下达省对市县转移支付 1838.43 亿元，比上年增长 11.2%。健全“三保”预算审核和执行监测机制，实施全省县（市、区）“三保”预算审核全覆盖，所有县级预算财力均覆盖“三保”支出需求。建立“三保”激励约束机制，将市县“三保”支出责任落实情况纳入考核奖励范围，开展基层“三保”领域的财经纪律重点问题专项整治。

（姜超）

税　　务

【概况】 2023 年，福建省税务局推出 5 类 69 条新时代“枫桥式”税务机关建设措施，“税悦工作室”入选福建自贸试验区第 20 批创新举措、税务总局主题教育建章立制典型案例。推动建立福建省“12345”便民热线社保费诉求解决联席机制，加强税务、人社、医保部门联动，实现诉求件零退回。率先建成社保费争议调解中心，平均处理时长缩减 60%。创新开展“追寻总书记足迹学思想”“牢记总书记嘱托建新功”活动，建立“五学五效”机制，推动调研成果转化为 200 余项务实举措，完善制度办法 81 个，获国家税务总局和地方省部级领导肯定 8 次。实施“示范带动、百局争先”工程，组织“十佳党建示范点”“十佳党委书记抓基层党组织建设项目”“十佳基层党组织和党支部工作法优秀案例”项目评选；制发基层税务分局党建规范化建设 33 条量化指标；新制定 4 个条线党建与业务融合工作指引，政治机关建设做法获《旗帜》杂志刊载。推出叠层式党建品牌矩阵赋能机制，获评第六届全省机关体制机制创新百优案例。省税务局机关志愿队获评 2023 年度省直机关“我在乡间有亩田”优秀志愿服务组织，工会“三事三心”工作法获评省直机关优秀群众工作法。打造“税心向党、不负星辰”青年理论学习品牌，团员和青年主题教育做法获团中央肯定。全省税务系统新获“全国五一劳动奖状”等省部级荣誉 91 项，14 名干部获评“福建省先进工作者”，1 名青年干部获评全国税务系统十大青年榜样。全年各项工作获省委、省政府领导肯定性批示 43 条，其中主要领导批示 11 条。开展基层建设年活动，推进 36 个为基层办实事项目。加强先进典型选树宣传，首次与省人社厅联合表彰全省税务系统 30 个先进集体和 100 名先进工作者，举办“致敬我身边的税务蓝”先进典型宣讲会，新设 14 个劳模工作室、10 个青年创新工作室。

【税费收入】 2023 年，福建省税务局搭建组织收入监控平台，加强收入分析预测，强化措施应对。全年全省税务系统（不含厦门，下同）组织税费收入 6428.92 亿元，比上年增长 7.3%。其中，税收收入 3383.11 亿元，比上年增长 15.5%；社保费收入 1456.89 亿元，增长 17.6%；非税和其他收入 1588.92 亿元，扣除国有土地使用权出让收入后增长 3.6%。办理出口退（免）税 662.46 亿元。

【税费政策服务】 2023 年，福建省税务局推出“项目管家”5 类 27 项服务，助力全省重大项目建设。落实延续优化完善的税费优惠政策，搭建“闽惠享”疑点提示平台，制发全省精准推送工作统筹方案，分级分类精准推送 5945 万条，推动从“人找政策”到“政策找人”，落实新增减税降费及退税缓费 514.7 亿元。跟进国家政策走向和地方重大决策部署，分两批出台助力新时代民营经济强省战略共 32 条措施，推出支持福建全方位推进高质量发展 12 条措施，发布优化出口退税服务助力稳外贸 18 条措施。

【税收经济分析】 2023年，福建省税务局专题分析“晋江经验”引领下的福建民营经济、县域经济与实体经济发展，在国家税务总局税收大数据分析应用成果交流中获二等奖。在全国率先出台税收大数据工作机制和构建开票增速预测模型，月度宏观分析报告连续3个月得到省长赵龙批示。省税务局领题5个省重点调研课题的子课题，关于民营经济、海峡两岸融合发展等方面的建议，获省委省政府相关文件采纳，省税务局被列为省重点智库培育单位。全省税务系统共形成分析报告296篇，获地方领导批示123条。

【纳税服务】 2023年，福建省税务局连续第10年开展“便民办税春风行动”，细化5批114条服务措施；在全国率先实现数字人民币全场景缴纳税费，创新推出“税事同屏”“税信码”，被省营商办在全省推广，拓展“征纳互动”服务应用，在全国首推“在线窗口”；打响“闽捷办”品牌，在省政府绩效创新项目评审中蝉联监管和服务单位第一名。推广“税收特派员”制度，入选国家税务总局“税务助力乡村振兴”优秀案例。打造“税路通—海丝路·税收情”服务品牌，在电子税务局上线“侨税定制”功能。在全国首推“海上医社保服务站”“台胞医保服务中心”，便利特殊地区、特殊群体缴费。联合省委组织部等举办“党企新时空·政企直通车”政策对接会，开展“税青稞”可视答疑。与省残联首推信息联动机制，帮助2023年毕业的残疾人大学生实现就业。开展“春雨润苗”、中小企业服务月等系列活动，推进“银税互动”，帮助8.64万家小微企业获得贷款895.5亿元。运用“供应链查询”功能，帮助99家企业实现成交3.6亿元。

【税收征管改革】 2023年，福建省税务局统筹推进22项改革任务，持续推进97项，滚动升级35项，在全国贯彻落实《关于进一步深化税收征管改革的意见》中期评估中位列第一梯队。落实国家税务总局金税四期建设部署，上线和推广全面数字化的电子发票、全国统一规范的新电子税务局；完成社保费“统模式”上线。参加国家税务总局“创青春”智税创新案例评审，奖牌总数居全国第二，智慧税务建设成果在第六届数字中国建设峰会上展示。

【税费治理】 2023年，福建省税务局联合省住建厅发布2019—2021年房地产开发项目工程造价计税成本，开发“税智审”土地增值税清算申报辅助工具，推进土地增值税清算。明确平潭综合实验区企业所得税优惠政策有关问题，建立全链条管理体系。推出“E拍即得”法拍房协同共治新机制、“一车式”“一船式”全生命周期管理新模式，分获国家税务总局“创青春”智税创新案例评审金、银、铜奖，“一车式”机制列入国家税务总局精准监管首批推广项目。细化出台4个工作方案，推动出口退税服务监管新机制落地见效。健全“信用＋风险”新型监管模式，提高精准监管水平，入库税款7.44亿元。组建案情分析师团队，上线“税智撑”平台，破获全国首个全面数字化的电子发票虚开骗税团伙。打击涉税违法，全年查补税款36.79亿元。

【税务共治创新】 2023年12月26日，福建省修订出台《福建省税费征管和服务保障办法》。省税务局联合省市场监管局建立个人股权变更登记完税凭证查验机制；加强与公安、法院协作，实现全国首例个人所得税汇算清缴补税强制执行；与省海事局签订数据共享协议，与省住建厅联合印发数据共享实施方案；拓展七部门常态化打击虚开骗税工作机制，联合省公安厅制发税警协作提质增效的意见，破获虚开骗税团伙案件12件；与宁夏回族自治区税务局签订全国首个“智税”省际合作协议；牵头推出辽闽粤连厦深六地大企业跨区域涉税协作机制。（周献和）

【厦门税务】 2023年，国家税务总局厦门市税务局持续深化税收征管改革，发票电子化改革成绩突出，全国首批首个单位全面上线数电票。成立全国第一个涉税案件专门审判组织“涉税案件合议庭”。在全国率先编创发布“企业创新税收指数”，入选2023年度厦门市改革优秀案例；“十佳”营商环境创新举措，入选国家税务总局《各省级局主题教育特色做法选编》。

税收收入。全年完成各项税收收入1508.76亿元（含海关代征增值税、消费税，未扣减出口退税），比上年增长2.9%，其中税务部门组织税收收入1312.59亿元，增收67.88亿元，增长5.5%。办理出口退税285.7亿元，比上年减少27.8亿元，下降8.9%。海关代征税收196.17亿元，比上年减少25.28亿元，下降11.4%。

税费政策。全年新增减税降费及退税缓费168.13亿元，其中办理增值税留抵退税66.37亿元，办理缓费0.13亿元。办理出口退税285.7亿元。民营经济成为税费优惠政策的主要受益对象，新增减税降费及退税缓费118.16亿元，占比70.28%。中小微企业受益最明显，为市场稳定预期、提振信心、激发活力发挥有效作用。

社会保险费和非税收入。全年组织社保费收入565.56亿元，超过预算任务1.35个百分点。落实医疗保险、失业保险阶段性降率减负政策和缓缴失业保险、工伤保险政策，全年减免医疗保险费18.73亿元、失业保险费14.06亿元，并为全市22个特困和困难行业共9624家企业办理工伤保险和失业保险缓缴费款1283.4万元。按照福建省统一职工基本医疗保险政策的要求，2023年1月1日起，厦门市开始实施《厦门市职工医疗保险实施细则》和《厦门市城乡居民医疗保险实施细则》，厦门市职工和外来员工统一参保缴费政策，参保缴费政策实现“填平补齐”。组织入库职工基本医疗保险费收入178.73亿元，比上年增收39.32亿元，增长28.20%。组织非税收入794.14亿元（含工会经费），比上年减少329.83亿元，下降29.35%，占厦门市税务局税费总收入的28.94%。

税种管理。增值税在低基数基础上大幅增长，实现税收540.32亿元，比上年增收143.73亿元，增长36.2%；消费税实现税收95.2亿元，减收11.54亿元，下降10.8%；企业所得税实现税收293.91亿元，减收22.1亿元，下降7%，主要受企业经营利润下滑叠加研发费加计扣除导致预缴企业所得税减收

17.67亿元，下降6.9%；个人所得税受限售股转让所得和财产转让所得下降以及附加扣除标准提高等影响，完成税收153.32亿元，减收5.63亿元，下降3.5%。9个地方税种合计实现税收收入211.77亿元，下降14.3%。地方税占全部税收比重16.1%，比上年下降3.7个百分点。其中，土地增值税和契税受房地产销售和清算项目减少、土地市场遇冷等影响，分别比上年减收45.08亿元和6.86亿元。印花税法施行一周年，2022年7月至2023年6月申报期，全市印花税累计入库22.71亿元，比上年同期增加6.34亿元，增长37.83%。

国际税收。签署厦门市首例双边预约定价安排。发布“税路通·鹭税畅行”跨境税收服务品牌。反避税管理环节全年税收贡献4.51亿元。制发《厦门市税务局特别纳税调整工作制度》《厦门市税务局特别纳税调整风险提醒和自查辅导工作规范》，规范升级工作机制。

办税缴费服务。首次发布《厦门市税收营商环境白皮书》。连续4年纳税指标获全省第一，被评为标杆。第三次获邀在全国优化营商环境推进会上作《打造税收营商环境数字化升级版》经验介绍。受邀参加第二届中国—新西兰优化营商环境研讨会并分享经验。全年为5.29万家次小微企业提供392.43亿元信用贷款。全年推送“2022年度红利账单”逾16万户。完成44万家企业2022年度纳税信用评价，做好6.3万家次企业纳税信用管理。聚类算法“识人”精准识别“潜在”中介机构及人员，入选厦门2023年“十佳”营商环境创新举措。首次向社会通告机构信用积分正向榜单。做好涉税服务诉求和厦门市“12345”政务热线群众诉求办理。全年“12366”热线来电总量144.56万通。深化拓展新时代“枫桥经验”实践运用，火炬区局办税服务厅获评全国税务系统建设新时代“枫桥式”税务所优秀单位。

税收征管改革。完成中办国办印发《关于进一步深化税收征管改革的意见》落实情况“回头看”，中期评估工作综合评价获全国第17名。厦门市政府出台《厦门市税费共治保障办法》，厦门市税费精诚共治工作取得制度性重大突破。“打造涉税专业服务机构管理服务机制”“设计风险纳税人图聚类算法模型，精准识别发票虚开团伙”2项改革创新举措入选国家税务总局可复制可推广举措，实现硬推广措施“零”的突破。

征收管理。负责征收管理70.10万户（包括正常户、非正常户、停业户），比上年增长8.77%。其中，企业纳税人46.93万户，比上年增长5.72%，占比66.94%；个体经营22.64万户，增长15.75%，占比32.3%；其他类型0.53万户，增长6%，占比0.76%。千户集团总部企业41家，成员企业3488家，全年贡献税收收入490.84亿元，占全市同期税收收入的37.39%。

税务稽查。审结税收违法案件1272件，查补总额19.64亿元（其中虚开骗税案件741件）。查办“雷霆1号”“雷霆2号”“雷霆3号”“春雷”专案。依托7个部门合力打击虚开骗税违法机制，打造“五联”工作机制，创新打造“双约谈”制度，加强税检协作。

大数据和风险管理。“税智撑”平台首次实现汇聚区数据对数电票以外的应用供数。“助信码”试点应用推广获国家税务总局肯定。加强典型调查和回归分析，全年风险管理共入库14.19亿元。作为全国唯一同时开展税收现代化风险防控体系和常规风险分析评估“双试点”省级单位，试点成果获国家税务总局肯定。创新运用网格化服务功能，统筹推送低风险提醒类事项，核查次数比上年减少31.48%。参加第十届“创青春”中国青年创新创业大赛税务专项赛，实战擂台赛两个岗位分获全国第12、13名，创新案例赛获评“一银二铜四优秀”，红蓝攻防团体赛获评全国优胜单位，1人入选全国十位优秀案情分析师。

税收宣传。深化与地方党委宣传部、主流媒体机构的沟通联系，获中央级媒体报道430余篇次。普法工作经验做法在国家税务总局和省级“八五”普法中期评估中获好评并被推广。以第32个税收宣传月“税惠千万家共建现代化”为主题，结合便民办税春风行动，策划“春风小剧场”“便民办税体验行”vlog和“春风十年话税收”等新媒体宣传项目，聘请“春风税月讲述人”，开展11个大类27项税收宣传活动，相关经验做法得到国家税务总局税收宣传中心肯定批示。税收影视文化作品获奖再创新高，4部保密宣传作品获中央保密办表彰。《春风列车》获第五届全国税收公益广告一等奖，《留厦》获评亚洲微电影节“税收单元”最佳作品，均为参与赛事的最高奖项。（陈淑清）

编辑：林忠玉

市场监督管理

市场主体注册登记

【概况】 2023年，福建省推进歇业备案改革，推动电子营业执照跨部门应用，实现个体工商户设立登记全程网上办理。全省新登记经营主体124.43万户，比上年增长9.13%。其中，全省新登记企业30.37万家，增长3.59%；新登记个体工商户93.82万户，增长11.22%；新登记农民专业合作社0.24万户，减少31.01%。新登记企业中，外资及港澳台资企业0.40万户，比上年增长35.50%，其中台资企业0.20万家、增长55.04%，港澳资企业991家、增长43.42%。

全年全省经营主体共注（吊）销79.51万户，比上年增长1.04%。其中，企业注（吊）销19.76万家，比上年增长8.43%；个体工商户注（吊）销59.48万户，减少1.21%；农民专业合作社注（吊）销0.27万户，增长6.65%。注（吊）销企业中，外资及港澳台资企业0.25万家，比上年增长1.62%，其中台资企业0.11万家、减少10.38%，港澳资企业594家、增长18.56%。

截至2023年底，全省实有经营主体757.08万户，比上年增长6.34%。其中，企业实有194.72万家，比上年增长5.82%；个体工商户实有557.99万户，增长6.58%；农民专业合作社实有4.37万户，减少0.75%。实有企业中，外资及港澳台资企业3.48万家，比上年增长5.34%，其中台资企业1.12万家、增长10.05%，港澳资企业1.21万家、增长7.23%。

【国有、集体及其控股企业注册登记】 2023年，福建省国有、集体及其控股企业新设1万家，比上年增长10.64%，近3年均保持稳步增长。福州、厦门、漳州、泉州合计新设0.64万家，占国有、集体及其控股企业新设数比例由2022年的57.95%增长至64.33%。全年全省新设国有、集体及其控股企业主要集中在“租赁和商务服务业（2325家）”“批发和零售业（2197家）”“科学研究和技术服务业（1491家）”3个行业，3个行业的新设企业数占新设企业总数的59.94%。

【私营企业注册登记】 2023年，福建省私营企业数占比持续升高，加速进入公共服务业。自2013年以来，全省期末实有私营企业数在实有企业总数中的占比逐年提升，2013年底占比为83.21%，2017年底占比突破90%大关，2022年底达到最高值94.07%，2023年底为94.04%。2023年，民生保障与社会服务相关行业的私营企业新设数均有较大幅度增长，其中“电力、热力、燃气及水生产和供应业”新设私营企业比上年增长28.09%，“水利、环境和公共设施管理业”新设私营企业增长15.62%，“卫生和社会工作”新设私营企业增长13.12%。私营企业参与民生保障与社会服务相关行业，表明福建省在放宽私营企业市场准入、支持私营企业参与公共服务业建设方面取得新进展。

【外商及港澳台商投资企业注册登记】 2023年，福建省外商及港澳台商投资企业新设数加速回升，台资企业占比不断攀升。全年全省外商投资企业实有数和新设数均大幅增长，新设外商投资企业（4042家）比上年增长35.50%，大幅领先其他经营主体。从新设外商投资企业数量上看，厦门（1819家）、泉州（778家）、福州（629家）继续领跑全省。全年新设台资企业数1986家，占全省新设外商及港澳台商投资企业总数的49.13%。截至2023年底，实有台资企业数1.12万家，比上年增长10.05%，占实有外商及港澳台商投资企业数的32.28%。

【个体工商户注册登记】 2023年，福建省个体工商户新设户数止跌回升，区域发展体现地方特色。全省新设个体工商户93.82万户，比上年增长11.22%，增幅较上年大幅提升。2023年，在泉州第三产业新设个体工商户中，“信息传输、软件和信息技术服务业”新设数比上年增长141.63%，显现泉州在全面推动全市电子信息产业跨越发展方面取得成效。平潭综合实验区第三产业新设个体工商户1.95万户，比上年增长279.78%，增幅在全省各市排名首位；在平潭第三产业新设个体工商户中，

“住宿和餐饮业”新设数1.48万户，增长1622.05%，主要原因是近年来平潭发挥国际旅游岛的资源优势和区位优势，推动全域旅游发展，打响旅游品牌。

（白亮）

市场监管执法

【概况】 2023年，福建省市场监管局加大监管执法力度，规范重要市场秩序。持续做好野生动植物、文物、殡葬等重要市场监管工作。配合省林业局等部门开展代号为“2023清风行动”“网盾行动”的打击野生动植物非法交易联合行动，全省市场监管系统共查处相关非法交易案件11件，罚没款19.75万元。指导推动海峡水产品市场、中国水暖城入围第13届中国商品市场峰会“综合百强市场榜单”、厦门江头蔬菜农副产品市场入围第13届中国商品市场峰会“功勋市场榜单”。试点探索“食盐综合监管一件事”，制订跨部门抽查事项清单，参与部门增加至28个。

推进市场流通领域行业专项整治，围绕群众关心的热点和难点问题，打击市场流通领域违法犯罪行为，强化线上线下一体化治理。加强反有组织犯罪法的宣传贯彻。全省市场监管系统共办理治乱案件32065件，罚没款29792万元，移送公安228件，移送涉黑涉恶线索16条；收到“三书一函”228件，办结反馈220件，建立长效机制72个。

年内，福建省市场监管智慧应用一体化项目通过验收，建成全省市场监管数据资源中心。建设智能指挥中心，形成数据分析展示、APP联动、远程调度监控、风险预警等智能调度体系。加快推进市场监管所标准化规范化建设。建立“一所一档”681个，创建54个四星所、85个省级示范所，12个市场监管所获批全国首批五星市场监管所。

【商事制度改革】 2023年，福建省市场监管局推进行政审批制度改革。进一步明确全省市场主体登记管辖权限，分期分批将符合条件的省市场监管局登记企业迁移至属地登记机关登记管理，方便企业和群众“就近办”。推进市场监管部门政务服务事项省级权限委托下放工作。推动17项市场监管高频事项和便民服务入驻“闽政通”APP。协助晋安、闽清、德化3个县级市场监管局获得市场监管总局外商投资企业登记管理权。

扶持个体私营经济发展。开展第二届全国个体工商户服务月活动，推动成员单位落实各项减税降费、金融支持、就业促进等政策。提升个体工商户登记注册便利化服务水平，在个体工商户“全程智能化登记”服务的基础上，实现个体工商户设立登记“全程网办”、全省范围内迁移登记一地办结。将小微企业名录建设工作列入省营商环境监测督导体系，规范全省各地小微企业名录库支持政策信息发布。

深化市场主体住所（经营场所）登记改革。在厦门、漳州、平潭等地探索的法律文书送达地址实行自主申报承诺制改革的基础上，与省法院联合印发《福建省市场主体住所（经营场所）作为法律文书送达地址的实施意见的通知》，全省范围内市场主体对住所（经营场所）作为通信地址和司法文书、行政执法文书等法律文书送达地登记，实行自主申报承诺制。

提升市场监管窗口服务水平。紧抓登记注册窗口、行政审批窗口以及档案窗口的服务质量，开展处长“走流程”活动，查找行政许可业务中难理解、难咨询、难办理的问题及行风问题，优化群众和企业的服务体验感。全年省市场监管局本部办结注册审批业务8747件，满意率100%，接受现场咨询和电话咨询40860次。

【信用监督管理】 2023年，福建省市场监管局推进信用信息公示，推进相关部门涉企信用信息统一归集公示。在全国率先实现全省涉企数据统一共享公示、信用修复结果共认。省市场监管局和省人社厅通过省政务数据汇聚共享平台专区，对全省市场监管部门与人社部门的全量联合惩戒信息实行对接。全省企业2022年度年报171万余户，年报率95.37%。全省个体工商户年报501.2万余户。组织参与公示系统（福建）信息归集的省市县4612个部门逾2.44亿条信息归于企业名下。3月21—22日，福州市承办全国市场监管系统信用监管工作座谈会。指导厦门市思明区作为2022年深化“双随机、一公开”监管和信用监管等深化商事制度改革成效明显地方，被国务院办公厅予以督查激励通报，是福建省有关地方连续第5年获该荣誉。

强化信用约束修复，开展信用约束和联合惩戒。全年全省列入经营异常名录21.99万余户，标注个体户经营异常状态157.1万余户，列入严重违法失信名单153户。协同法院公示股权冻结信息5.08万条，拦截失信被执行人26.91万人次。部署全省市场监管系统开展为期3年的信用提升行动，健全包容审慎监管、信用修复服务等工作机制，助力经营主体纾困解难。全年全省移出经营异常名录6.9万余户次，恢复个体工商户正常记载状态100.2万余户次，移出严重违法失信（企业）名单3230户次。

深化“双随机、一公开”监管，出台《福建省市场监管领域部门联合抽查事项清单（2023年版）》，优化抽查事项，实现全省市场监管领域联合“双随机、一公开”监管常态化，持续推进“进一次门，查多项事”。全年省级市场监管联席会议29个成员单位、各设区市299个部门开展跨部门联合抽查，完成全省跨部门“双随机”抽查任务2568个，抽查企业69671家次，跨部门“双随机”抽查企业覆盖面48.2%，形成省市县联动、多部门协同的“双随机、一公开”联合监管格局。

创新企业信用风险分类管理，根据市场监管总局优化迭代的通用型企业信用风险分类指标体系（第二版），跟进升级工作，在全国率先建成上线福建企业信用风险分类管理2.0系统，并将企业信用风险分类管理、信用修复工作纳入省营商环境监测督导机制。立足对全省198.8万多家企业、全行业20个大类、各小类行业的四类风险的全景式扫描分析，实现全省全量企业依据风险自动分类、更新，截至2023年底，全省企业风险分类为A类占比29.46%、B

类占比 55.22%、C 类占比 8.73%、D 类占比 6.59%。福建省通过建立“智慧+通用+专业”企业信用风险分类管理模型、数字化系统和工作机制，将企业风险等级作为全省市场监管部门优化监管资源配置的重要依据，推动企业信用风险分类管理向食品、工业产品、特种设备监管等重点领域拓展。

【网络交易监管】 2023 年，福建省市场监管局强化网络交易监管，规范网络市场秩序。牵头会同省委网信办等 14 个部门联合开展网络市场监管促发展保安全专项行动，集中整治网络市场突出问题，查处各类违法违规案件 1660 件。开展互联网销售危险化学品专项治理行动，共监测电商平台（网站）4765 个次，列入经营异常名录企业 35 家，督促下架违法商品信息 6 条。开展优化平台协议规则专项行动，共检查 58 家重点平台，督促平台补充协议规则 71 项，优化协议规则 68 项。省纪委监委“点题整治”网络餐饮外卖结题并进入常态化，督促外卖平台“下线”违法违规网店 684 户，立案 888 家，罚没款 70.20 万元。

推进网监工作创新，优化提升监管效能。推进网络市场监管与服务示范区创建工作。指导福州获评首批全国网络市场监管与服务示范区，泉州、三明获批创建第三批全国网络市场监管与服务示范区。7 月 19 日，全国市场监管系统网络市场监管与服务示范区座谈会在福州举行，市场监管总局副局长燕军、副省长常斌出席会议并致辞，福州市在座谈会上就示范区创建经验作典型发言。发布《福建省市场监管局关于印发在网络交易新产业新业态开展包容审慎监管试点工作方案的通知》。配合市场监管总局在线电子取证试点工作，指导漳州市市场监管局承接市场监管总局“在线电子数据取证技术和制度应用试点”“《市场监管执法办案电子数据取证规范》先期试点”“网络交易监管五级贯通系统终端建设和推广试点”3 项国家级试点项目。

【合同监管】 2023 年，福建省市场监管局强化合同行政监管，提升监管及服务效能。组织开展不公平格式条款整治，强化校外培训机构、旅游、家装、汽车销售等重点行业整治及规范，配合开展物业服务企业侵占小区业主公共收益、校外培训机构“点题整治”，全省市场监管系统共立案查处合同案件 103 件，罚没款 28.7 万元。公示“2020—2021 年度福建省守合同重信用企业”1450 家。

【反垄断和反不正当竞争】 2023 年，福建省市场监管局助推完善福建省公平竞争法律制度体系，推动《福建省促进公平竞争条例》立法进程，截至年底，该条例草案通过省政府常务会议审议并提交省人大常委会审议。在全国率先会同省高级法院、检察院、公安厅、司法厅出台《福建省商业秘密保护协作机制》，制定《福建省商业秘密行政案件办案指南》，打通商业秘密保护行政、民事、刑事等各职能部门协作通道，推动商业秘密保护。

落实公平竞争审查制度，推动公平竞争政策实施。开展妨碍统一市场和公平竞争政策措施清理工作，全省排查政策措施 8156 件，废止 174 件，修订 79 件。部署开展省内设区市之间政策措施交叉抽查工作。通报 2023 年公平竞争审查问题整改取得实效典型案例 20 个。指导福州、厦门开展公平竞争审查举报处理和第三方独立审查试点工作并向全省推广经验做法。聘请公平竞争审查专家、政法院校学者组成巡回宣讲团，面向九市一区 270 多个机关单位，为 1500 多人开展公平竞争审查宣讲。

强化重点领域竞争监管执法，优化市场竞争生态。开展民生领域反垄断执法、反不正当竞争“守护”行动，组织各地深挖垄断案件案源线索，查办垄断案件 5 件。福建省某行业协会垄断协议案入选市场监管总局典型案例。在办理宁德市某中心行政垄断案件调查过程中试行引入行政约谈。针对社会关注度高、群众反映强烈的不正当竞争行为，强化部门联动，查处各类不正当竞争违法行为，共立案 208 件，罚没款 1475.65 万元。加强以案释法和警示教育，发布 25 件典型案例。加大直销企业日常监管和行政指导，加强舆情监测和风险预警，促进直销行业健康发展。持续保持高压严打态势，线上线下一体推进，组织开展打击传销专项行动，加大宣传防范教育力度，化解涉传风险隐患。全省开展 30 次专项监测，立案 48 件，罚没款 5320.22 万元。

打造“四进”竞争合规建设工作品牌，增强市场主体竞争合规能力建设。组织全省开展 2023 年中国公平竞争政策宣传周、反垄断法实施十五周年暨修订一周年等系列宣传活动。开展竞争合规指导“进机关、进企业、进协会、进党校”活动。全省开展宣讲培训、合规指导 573 场次。联合上海市市场监管局等 5 个单位在厦门海丝中央法务区启动全国首个反垄断审查合规辅导中心建设项目。在全国率先开展培育竞争合规体系建设标杆企业，全省共建立商业秘密保护指导站、示范企业、示范基地 81 个。指导举办 2023 年海峡两岸商业秘密保护学术论坛，促进海峡两岸知识产权保护融合发展。

【广告监管】 2023 年，福建省市场监管局牵头或参与公务员考试、互联网、“神医神药”、校外培训、户外广告等 33 个重点领域专项整治。组织 25 批 85 人次围绕专项工作开展督查，实现 9 个设区市全覆盖，共查处广告违法案件 2193 件，发布 3 期广告典型案例。对新华社报道的建盏直播乱象侵害传统文化技艺、直播带货成网络售假重灾区两项工作，牵头会同网信、公安等省直有关部门和泉州、南平等属地政府，会商提出解决方案，根据省政府专题会议部署推动问题解决。加强“三品一械”广告审查工作，共审批广告 2920 件，比上年增长 64.23%，其中药品广告 639 件、医疗器械广告 2044 件、保健食品广告 237 件。开展防范和制止借主题教育搞不当营商活动专项工作，立案查处导向类违法广告 33 件，罚没款 133.2 万元。

聚焦数智创新提效能，强化广告监测。增加广告监测资源投入，制定阶段性监测媒体轮换机制，发挥监测数据预警作用和分析运用，出具 6 份监测分析报告。部署开展18个广告专项监测。探索加强网络直播营销商业广告发布行为监测。开展对抖音、快手等平台内63个福建省头部主播的监测。市场监管总局监测福建省传统和互联网媒体广告条次违法率0.06%；省市场监管局自主监测传统和互联网媒体广告条次违法率0.03%，均处于低位。

聚焦产业发展谋方向，强化服务能力。开展“十四五”规划实施情况中期评估，持续推进“十四五”规划的有效实施。迎接市场监管总局考核组对福建海西国家广告产业园园区建设情况进行评估考核并得到肯定。持续推动广告产业园区融合发展，推进“一园两区”现场交流考察活动。指导福州市政府与福建理工大学联合设立“福州市公益广告创新研究基地”。

聚焦广告联席会议机制，强化协同监管。部署省整治虚假违法广告联席会议工作要点，召开省广告联席会议和联络员会议，通报广告案件情况，每季度撰写广告监测分析报告，对发现的区域性、苗头性问题，向联席会议成员单位通报。全年组织4场线上公益培训，邀请来自北京、上海、浙江等全国知名专家授课，参训4000多人次。

【消费者权益保护】 2023年，福建省市场监管局持续推进“12315”热线与“12345”双号并行，定期开展全省“12315”效能评价工作督查，开展消费投诉信息公示10万件，公示率达90%以上。全年全省“12315”热线共接收咨询投诉举报173.6万件，挽回经济损失1.28亿元。组织开展“12315”技能大比武活动，获得第二届全国市场监管“12315”技能大比武团体三等奖，两名参赛选手获得决赛特别奖。持续深化“放心消费在福建”品牌建设，试点开展消费环境综合测评，探索构建放心消费“福建指数”。出台推动投诉举报“源头减量”等3个方面10项具体工作举措，举报数量比上年下降16.14%，福建省在全国“12315”效能评价工作中位居第五名。全省有ODR（在线消费纠纷解决）企业1491家，通过ODR机制处理消费纠纷5.67万件（占总投诉的10.57%），推动消费纠纷第一时间解决。引导2529家线下实体店开展无理由退货承诺，实现退货29.48万件、价值近3100万元。加强消费者组织建设，完成省消委会换届工作。在全省范围内探索推动“委托依法成立的调解组织代为调解消费投诉”工作，对接联系公、检、法、司，构建消费纠纷多元化解机制。举办“3·15”国际消费者权益日暨“提振消费信心—放心消费在福建”系列宣传月活动，成立“福建省促进放心消费工作联盟”，部署“提振消费信心　我们在行动”大型社会公益活动。“3·15”期间开展消费维权典型案例发布等各类活动356场次，参与消费者近18万人次。

推动落实安全主体责任。紧扣《重点产品质量安全监管目录》，制定下发产品质量监督抽查工作流程和规范要求，启用新的抽检平台，全年完成省级质量抽检3195批次，不合格发现率7.6%。常态化开展涉及健康安全的燃气用具、电线电缆等18类重点产品质量抽查。加强不合格产品后处理，落实“即抽即检、即检即报告、即报告即处置”，公开发布1050批次12类产品的抽检公告。推进工业产品销售单位质量安全主体责任落实，下发全省工业产品质量安全主体责任落实行动工作要点，举办流通领域重点产品质量安全监管视频培训会、现场培训班，指导市场主体健全完善质量安全管理制度，落实主要负责人、质量安全总监、质量安全员职责，建立健全“日管控、周排查、月调度”工作机制。

推动抓好专项整治行动。推进城镇燃气专项整治，完成流通领域液化石油气省级质量抽检30批次，燃气灶具相关产品质量抽检110批次，争取100万元监管经费，组织年末岁首燃气灶具等相关产品质量安全抽检工作。牵头做好电动自行车监管，强化对电动自行车的全链条安全监管。组织开展儿童及婴幼儿服装、成品油等商品的快筛快检现场检查，会同省消委会完成儿童鞋服产品质量测评工作。完成中央生态环境保护督察整改销号验收，对新出现的违规加油点，组织市、县相关部门召开专题会议，并现场指导相关设区市开展打击取缔。

【市场执法稽查】 2023年，福建省市场监管部门共查处各类违法案件55868件，罚没款39664.67万元。持续开展“铁拳”行动，查处相关违法案件5.59万件，比上年增长34%；统筹抓好“规定动作”“自选动作”，确定“8+2”案件查办重点领域。全年全省共查处民生领域违法行为13691件，移送公安机关337件。召开新闻发布会2次，公布典型案例75期369个。在市场监管总局公布的21期铁拳工作简报中，12期刊发福建省做法，省市场监管局被评为“铁拳”行动突出贡献集体。将检验检测机构领域专项执法行动作为福建省“自选动作”，共查处检验检测机构违法案件45件，罚没款78.31万元，得到市场监管总局通报表扬。

推进茶叶过度包装专项治理。进行全省“全覆盖式”调研，出台违法案件办理指南，组织召开全省专项治理工作研讨会和推进会，编写商品包装空隙率自动判定小软件，累计发布标准宣贯文章269篇，牵头组织标准宣贯培训127场，约谈属地电商平台46次，出具《责令改正通知书》422份，查处案件5件。在全国专项治理行动推进会上介绍治理经验及工作成效。持续深化加油机作弊专项整治。多次组织召开部门联席会议，研判市场监管总局交办的加油机作弊线索，邀请技术与执法专家到闽授课指导，联合公安、税务等部门开展检查。下发涉嫌加油机作弊的线索81条，市场监管部门立案查处20件，税务部门立案查处10件，1件案件被选为典型案例。

部署全省各地开展集中销毁行动，全年共销毁侵权假冒伪劣食品、服装鞋帽等逾30个大类100多个品种，货值4.38亿元。召开省打击侵权假冒工作领导小组成员单位联络员会议，要求各成员单位依职责开展打击侵权假冒集中整治行动。部署全省市场监管系统开展为期3个月的专项行动。全年全省市场监管系统共查办侵权假冒伪劣商品案件8510件，罚没金额7575.31万元，移送公安机关153件。

召开厦漳泉龙跨区域市场监管执法协作工作会议，加大对跨区域食品安全、侵权假冒等市场监管领域违法行为的打击力度，加强跨区域执法协作能力。举办2023年全省执法办案电子数据取证大比武活动，并在第三届全国大比武活动中获团体二等奖。优化案管系统，上线法律法规颗粒化数据，为案件智能化录入提供数据支持。

【市场监管政策法规】 2023年，福建省市场监管局开展福建省落实《法治市场监管建设实施纲要（2021—2025年）》中期评估，制定落实《〈省委全面依法治省委员会2023年工作要点〉主要事项清单及责任分工分解计划》。持续推进《福建省促进公平竞争条例》《福建省知识产权保护与促进条例》《福建省食品安全信息追溯管理办法》（修订）等地方性市场监管立法立规工作。加大规范性文件管理力度，修订完成《福建省市场监督管理局行政规范性文件管理办法》。完成“关于民营企业监管执法”课题研究和“当前市场监管行政处罚自由裁量权行使研究”课题调研。出台《发挥市场监管职能促进民营经济高质量发展12条措施》。

加强执法监督。修订行政处罚裁量权适用规则，落实免予处罚等“四张清单”，会同省高院等部门出台“三小”食品安全违法行为行政处罚裁量问题联席会议纪要，通报20个减轻免除处罚的典型案例，持续探索柔性执法、包容审慎监管。严格执法资格管理，组织全省市场监管系统840名新申领行政执法证件人员专业法律知识考试，召开全省市场监管系统法制工作座谈会暨执法检查集中汇报会。在2022年度福建省综合行政执法领域案卷评查中，市场监管系统成绩位列执法领域第一名。

推进“八五”普法。召开全省市场监管系统“八五”普法推进会，组织“八五”普法规划中期评估，得到省“八五”普法中期评估督导组肯定。制定《2023年度普法责任清单》，推进“谁执法谁普法”普法责任制落实。参加第二届全国市场监管法律知识竞赛，获得团体组织奖。推荐厦门市湖里区市场监督管理局等3个单位作为“法治下基层”示范点。在福建省综合行政执法领域案卷评查中，市场监管系统成绩位列第一。

加强执法平台建设。省市场监管局与省司法厅、大数据集团进行12轮的专题对接，参加省“制度建设工作专班”，印发《福建省市场监管局办公室转发关于加速推进第六批省一体化大融合行政执法平台推广应用任务的通知》，部署全省市场监管系统平台推广应用任务。12月上旬，完成省市场监管局与省大数据集团办理平台移交手续。（白亮）

价格管理

【概况】 2023年，福建省落实价格运行及调控，实现省委省政府确定的居民消费价格总水平调控目标。省发改委持续开展日常监测，重点关注与群众生活消费相关的粮油肉蛋果蔬价格动态，在重要节日、重大会议、极端天气等特殊时段启动日监测、日报告，并及时对市场异动进行预警、处置；持续推进电价改革、气源价格市场化改革，完善电网企业代理购电价格测算机制、气价管理机制，加强服务业价格管理。省市场监管局加强价格监督检查，提升价格监督执法效能。

【价格运行及调控】 2023年，福建省居民消费价格总水平（CPI）低位运行，与上年持平，低于全国平均水平0.2个百分点，在全国各省中列第22位。省发改委强化价格监测、预警和处置。落实平价惠民政策，全省平价商店储备近600家，全年销售猪肉、蔬菜、大米、食用油等重要民生商品16823吨，补贴1903万元。落实社会救助和保障标准与物价上涨挂钩联动机制，全省发放价格临时补贴8113万元，惠及困难群众209万人次。

【价格体制改革】 2023年，福建省持续深化电价改革。上网电价市场化改革方面，除水电、燃气发电、生物质发电、光伏发电、华龙一号核电机组和市场合约外风电机组电量外的上网电量全部进入市场，价格由市场决定；协同推进电力市场建设，启动福建省第二阶段现货市场建设方案。电量销售侧改革方面，工商业电量全部进入市场，工商业电量市场化比重持续提升。工商业用户直接进入市场，重点推动10千伏以上用户全部进入市场；电网企业开展代理购电，为尚未直接进入市场的工商业用户兜底供电，电网企业建立并不断完善代理购电价格机制，按月测算公布下月代理购电价格；工商业分时电价实现从政府定价向市场形成的转轨；农业用电分时电价实现全省覆盖。输配电价改革方面，配合国家发展改革委制定出台福建电网第三监管周期输配电价和抽蓄电站容量电价，实现工商业用电并类，计划通过1年过渡，消除全省工商业两部制电量输配电价价区，将于2024年6月1日起实现全省各类用电同价。

推进气源价格市场化改革，气源价格基本放开通过市场形成，初步形成多元化竞争格局，气源价格市场化占比近50%。推进水价改革，推进农业水价综合改革，印发加快推进农业水价综合改革工作的通知，加快实施验收工作；落实城镇供水价格调整机制，促进城镇供水价格改革。完成福建省“十四五”时期重点价格改革中期评估工作。

【商品价格管理】 2023年，福建省发改委完善电网企业代理购电价格测算机制，指导电网企业测算公布代理购电价格，合理疏导LNG电价矛盾。理顺输配电价结构，分电压等级核定容（需）电价，优化电压等级价差，适当拉大高电压等级与低电压等级价差水平，建立负荷率激励约束机制。

完善气价管理机制，各市、县制定管道燃气配气价格，全省设区市本级以及38个县（县级市、有定价权的区）已制定独立的配气价格。建立完善价格联动机制，在门站价格环节调整印尼合同天然气门站价格，减小价格波动幅度；在销售价格环节，各地建立终端销售价格与采购价格联动机制，传导采购成本变化，全省设区市本级以及37个县（县级市、有定价权的区）建立联动机制。

【服务价格管理】 2023年，福建省发改委制定保障性住房销售价格，核定高校学生公寓住宿、教育考试、职业资格考试、特种设施检验检测、碳排放权交易和用能权交易服务等收费标准，发布2023年中央驻榕和省属行政事业性收费单位名单及收费项目的通告，编制和公示2023年政府定价管理经营服务性收费目录清单；审核公布2023年春季、秋季中小学教材教辅零售价格。开展第三监管周期输配电定价成本监审，提出规范输配电成本监审操作规程意见；开展福建省平潭及闽江口水资源配置“一闸三线”工程水价定价开展成本调查。开展13所公办高校成本监审，对部分公办高校中外合作办学项目、办学机构及独立学院学费实施定价成本监审调查，为高校学费标准的制定调整提供基本依据。做好农产品成本调查，开展农户种植意向、农户存售粮和农资购买意向等专项调查以及早、中、晚籼稻、烤烟等成本预测调查等工作，掌握全省农业和农村经济变化、主要农产品生产成本和收益情况，为各级政府制定支农、惠农政策提供基础依据。

【价格监督检查】 2023年，福建省市场监管局开展涉企违规收费整治助企纾困专项行动，率先在全国梳理出台商业银行服务收费“十标清”“十不得”规范，采用“计算机智能筛查＋人工复查比对排查＋电子存证分析”检查模式，通过第三方服务破解商业银行违法所得计算难题，实现涉企收费违法线索快速筛查与违法金额快速认定，组织120人“执法尖兵”开展为期15天的全省跨地区全覆盖交叉检查，全省发现问题线索195条，涉嫌金额上亿元，市场监管总局副局长孟扬点名表扬福建省商业银行收费“十标清”“十不得”规范指引等监管做法并作为优秀案例进行推广介绍，涉企收费查办案件入选全国收费监管十大优秀案例。建立“小个专”党建指导站685个，培育“小个专”党建示范点583个。

牵头开展稳价保质行动。牵头开展涉疫药品和医疗用品稳价保质专项行动，组织省直相关部门组成7个督导组赴九市一区督导调研，推动立案查处涉疫违法案件195件，连续25周坚持报送全省工作情况，经验做法4次得到市场监管总局简报通报并在全国推广，省市场监管局被评为全国专项行动工作成绩突出集体。

深化粮食专项整治。开展春耕农资化肥、夏粮秋粮收购市场价格检查，组织全省自查自纠、专项审计等5个方面“回头看”，对九市一区进行“全覆盖”“拉网式”监督检查，对龙岩市开展分片督导，涉粮查办案件入选全国粮食监管十大优秀案例。

推进旅游市场价格监管。率先在厦门鼓浪屿、宁德霞浦、南平武夷山开展景区、民宿、茶叶等明码标价规范试点，指导出台“民宿价格承诺书”，推动出台旅游市场价格行为合规指引，开展价格提醒告诫，强化旅游市场监督检查，曝光8件典型案例。

保障民生价格。加强元旦、春节、中秋、国庆期间重要民生商品保供稳价，加强汛期价格监管，发布提醒告诫，列出监管清单，确保市场量足价稳。聚焦15种价格违法违规行为，部署教育机构自查自纠，组织省直相关部门组成4个检查组开展重点抽查，推动各地立案查处教育收费违法案件20件，实施经济制裁900.77万元。实施全省燃煤电厂环保电价全覆盖检查，罚没款684.12万元。

创新开展价格智能化检查模拟演练，创设模拟检查场景，预设违规线索，编制智能化检索程序，实行现场授课、当堂演练、逐一考核；召开案例分析会，举办全省业务培训班，开通学习交流园地，开展专题直播授课。

（黄丽玲　白亮）

食品监督管理

【概况】 2023年，福建省持续开展治理“餐桌污染”、建设“食品放心工程”项目，加大食品生产、流通安全监管力度。全省市场监管系统共查处食品安全违法案件22603件，罚没款10908.42万元。泉州市市场监管局、厦门市市场监管局2件食品案件获得市场监管总局挂牌督办，省市场监管局“面向未成年人无底线营销食品专项治理行动”获得市场监管总局的贺信表扬，省市场监管局指导查处“福建泉州惠顺食品有限公司生产销售有毒有害食品案”获得市场监管总局执法稽查局、公安部食品药品犯罪侦查局贺信表扬。福建省在全国食品安全执法稽查工作会议上作交流发言，全省2个食品案例被市场监管总局评选为全国食品安全执法稽查十大典型案例。

【“餐桌污染”治理与“食品放心工程”建设】 2023年，福建省委省政府连续第23年将治理“餐桌污染”、建设“食品放心工程”项目列为为民办实事项目。省食安委印发《2023年全省治理“餐桌污染”建设“食品放心工程”工作方案》，对全省食品安全工作进行部署。全省各级行政监管部门查处食品安全违法行为12296起，查获不合格食品98.33吨；全省公安机关破获涉食品安全犯罪案件621件，捣毁各类“黑作坊”“黑窝点”308处。全省主要农产品抽检总体合格率99.5%，加工食品抽检总体合格率99.47%，全省食品安全状况稳中向好，没有发生较大及以上级别的食品安全事故。

将推进落实食品安全“两个责任”列入省委主题教育食品安全专项整治重要内容跟踪督办。全省共5.7万名干部包保71.41万家食品生产经营主体（含其他食品生产经营主体），实现包保主体督导完成率100%，食品安全责任与任务承诺书平台上传率100%，食品生产经营企业总监安全员配备率100%。完善食品安全工作评议考核制度，修订《福建省食品安全工作评议考核办法》，考核内容新增食品安全主体责任落实情况评价。2022年度对九市一区食品安全工作评议考核中，厦门、福州、漳州、泉州为A级，宁德、龙岩、南平、三明、莆田、平潭为B级，未出现C级情形。考评结果向各设区市人民政府及平潭综合实验区管委会进行通报，并督促问题整改。

开展食品安全示范创建。莆田市获得国家食品安全示范城市命名。组织开展福州市、漳州市创建国家食品安全示范城市省级初评和厦门市国家食品安全示范城市跟踪评价工作。完成2条省级食品安全示范街和150家“互联网+明厨亮灶”示范单位创建。

开展食品安全宣传周活动。11月30日至12月7日，在全省组织2023年食品安全宣传周活动，围绕“尚俭崇信尽责　同心共护食品安全”的宣传主题，普及食品安全法律法规知识及科普常识。全省各级各有关部门活动期间共出动人员4.56万人次，组织专项宣传活动4706场次，开展现场咨询活动2197场次，发放宣传材料83.5万份。

开展食品安全突发事件应急演练。围绕健全省、市、县三级食品安全突发事件应急运行机制，规范突发事件处置。11月2日在泉州南安市举行2023年福建省重大（Ⅱ级）暨泉州市较大（Ⅲ级）食品安全突发事件应急实战演练，检验部门间应急协作效能。

【食品生产安全监管】　截至2023年底，福建省获证食品生产企业1.24万家，食品生产加工小作坊4435家。全年全省共出动监管执法人员3.72万人次，检查食品生产主体1.75万家次，发现问题食品生产主体2929家次，下达责令整改通知书2154份，查处食品违法案件1167件，责任约谈企业1902家。统筹推进体系检查、飞行检查和日常监督检查，深化大米、乳粉、食用植物油等10类高风险重点食品综合整治，食用植物油整治工作在全国食用植物油质量安全监管座谈会上作交流发言。打击非法添加违法行为，开展“两超一非”（食品生产环节超范围超限量使用食品添加剂和添加非食用物质）点题整治“回头看”，查处“两超”违法行为58起、非法添加违法行为13起。组建食品安全“会诊”专家团队，对234家食品生产企业开展“靶向诊疗”帮扶及风险排查，发现问题2169个，提出帮扶建议1274个；全年全省监督抽检3批次以上不合格企业数43家，比上年减少55家，降幅56.1%。组织召开茶叶非法添加调研会、检验方法专家论证会。督促指导企业落实主体责任，制定具体风险防控清单，配齐食安员。开展HACCP体系认证及运行试点，全省50家企业通过认证及运行试点。持续推进小作坊集中加工区试点建设，全省共建设完成8个小作坊集中加工区。修订食品生产企业食品安全风险分级管理办法。推动信用赋能监管，实施“信用+风险”，完善食品安全风险分级指标体系。

【食品流通安全监管】　2023年，福建省市场监管局牵头省直13家相关单位完成省政府规章《福建省食品安全信息追溯管理办法》修订，改造提升“一品一码”食品安全信息追溯平台，无缝衔接智慧监管系统、抽检监测结果、风险即时管控和公众食安查询，实现“来源可查、去向可追、风险可控、责任可究”，形成全链条全流程食品安全监管体系。截至2023年底，全省追溯平台注册主体30.77万家，累计上传数据24.08亿条，追溯数据量居全国前列；全省取得食品经营许可的主体共28.24万家，完成仅销售预包装食品备案主体24.30万家。福建省“一品一码”食品安全信息追溯平台信息量继续保持全国第一。

提升大型连锁食品销售企业规范管理水平，采取穿透式核查的办法，对2家大型连锁食品销售企业开展食品安全管理合法合规体系检查。推进食用农产品批发市场食品安全管理水平，实现“五个全覆盖”（建档登记、入场查验、信息化管理、检测管理、风险排查全覆盖），促进农产品批发市场食品安全管理能力提升。

印发《福建省其他类型食品生产经营者落实食品安全主体责任工作指南（试行）》，简化小微型市场主体落实食品安全主体责任要求。印发《大型连锁食品销售企业健全食品安全管理合法合规体系相关要求》，推动大型连锁企业管理提升。下发贯彻落实新修订《食用农产品市场销售质量安全监督管理办法》的通知，部署禁用“生鲜灯”排查治理及宣传规范工作，会同农业和海渔部门出台文件做好农产品质量安全法有关规定衔接工作。

开展农村食品销售安全风险隐患排查治理专项行动，清查登记农村食品销售主体12.29万家，深化推进农村食品示范店创建活动，全省申请创建农村食品经营示范店1061家。创新引入第三方机构对100家食品销售单位开展风险排查和管理提升辅导服务，基层监管人员参与“实战”练兵200多人次，为企业排查出风险问题1281项。开展食品流通环节食品安全风险排查整治行动，共检查各类市场1.05万个次，查处违法案件2712件，移送司法机关案件25件。强化食品安全靶向监管，对行业性、区域性、季节性等问题重点关注，加强市场销售水产品、时令水果、茶叶、蘑菇产品等重点品种监管，对210家检出3批次及以上不合格样品的食品销售者组织开展飞行检查并约谈企业主要负责人。

【餐饮安全监管】　2023年，福建省市场监管局加强餐饮服务食品安全日常监管，全省共检查餐饮单位27.9万家次，查处案件6370件，罚没金额1005万元，推动餐饮环节“两个责任”（属地管理责任和企业主体责任）落实工作情况在全国制止餐饮浪费和餐饮质量安全提升工作座谈会上作典型经验交流。建立健全省市区（县）所四级餐饮服务环节舆情联络员制度，处置涉及餐饮服务食品安全舆情45起。截至2023年底，福建省持证餐饮服务提供者29.99万家。

保障重大活动餐饮食品安全，建立餐饮接待单位自查、属地监管部门检查、包保干部督查、省市场监管局重点抽查“四查”模式，省级层面完成党和国家领导人到闽调研、外国国家元首到闽访问等48场次重大活动食品安全保障。开展重点领域风险排查整治，联合教育部门开展春秋学期学校食堂和校外供餐单位全覆盖风险排查，推进中小学配餐及食堂食品安全问题“点题整治”，开展网络订餐、集中用餐单位等重点领域食品安全治理；“点题整治”相关做法的工作信息被中央纪委国家监委党风政风监督之窗刊发，校园食品安全工作获得副省长常斌批示肯定。

探索监管手段创新，推进福建省校外供餐单位“互联网＋明厨亮灶”可视化监管平台建设，制订可视化监管业务规则、风险预警规则、处置规则等业务规范，平台累计接入177家校外供餐单位；统一评价标准和评价队伍，制定《福建省供校集体用餐配送单位食品安全指南》，组织完成163家校外供餐单位和32家高校食堂食品安全风险评价。推进食品安全社会共治，新创建2条省级食品安全示范街（区）、150家省级“互联网＋明厨亮灶”示范单位；全省实施“明厨亮灶”餐饮服务单位21.28万家，实现全省学校“明厨亮灶”全覆盖。开展八闽校园食安点题整治你我同查直播活动，邀请省政协委员、家长代表、在闽部分新闻媒体组成现场观察团，通过人民网、抖音等平台全程公开直播检查过程，吸引102万人次网友在线观看。

【特殊食品安全监管】 截至2023年底，福建省有特殊食品生产企业42家（包括保健食品39家、婴幼儿配方乳粉3家、特殊医学用途配方食品1家），特殊食品经营主体11.14万家（包括保健食品10.62万家、婴幼儿配方乳粉1.99万家、特殊医学用途配方食品9460家）；省市场监管局发放保健食品产品备案凭证126个，其中备案取消30个、有效凭证96个。

年内，省市场监管局召开全省特殊食品监管工作推进会，督促指导各设区市及特殊食品生产经营企业落实“两个责任”和监管责任。完成生产企业和大中型以上食品销售企业食品安全总监、食品安全员配备，指导特殊食品生产经营企业完善“日管控、周排查、月调度”机制以及风险管控清单，100%落实特殊食品生产企业食品安全自查报告制度。福建省在市场监管总局特殊食品司组织的保健食品行业专项清理整治行动巩固提升阶段工作座谈会上作典型发言。

推动国产婴幼儿配方乳粉质量提升。针对明一集团反映旗下婴幼儿配方乳粉生产企业新版国标配方注册审批有关事宜，指导全省3家婴幼儿配方乳粉生产企业获批市场监管总局20个新配方注册，加强对指导企业的证后复产后指导。探索生产环节可视化智慧监管，组织福建省开展婴幼儿配方乳粉生产企业关键点远程非现场监管试点工作，实现国家、省、市、县四级监管信息实时共享。全省市场监管智慧应用一体化平台的特殊食品移动监管、许可产品查询、统计分析功能模块投入运行。指导平潭探索建设特殊食品安全预警应急指挥中心，深化“无人值守智能辅助监管”系统应用，完善食品生产经营智慧监管体系，实施生产、流通等环节的智慧监管。

开展特殊食品生产企业体系检查，组织对福州、厦门、泉州、三明、莆田、南平、宁德的特殊食品生产企业体系检查工作。派出检查组12组，对9家保健食品生产企业、3家婴幼儿配方乳粉生产企业、1家特殊医学用途配方食品生产企业开展体系检查，共发现问题185个，并督促相关设区市和企业做好整改工作。开展国产保健食品备案工作，对备案凭证、信息变更以及取消等类别进行分类公示，全年发放有效备案凭证19件，取消备案1件，变更备案信息12件。

【食品抽检】 2023年，福建省市场监管局聚焦食品抽检重点品种、重点项目和重点区域，编制并实施《2023年全省食品安全抽检监测工作计划》。全年全省市场监管部门共完成食品抽检监测24.997万批次，实现每千人食品抽检6.31批次，检出不合格（问题）食品6326批次，合格率为97.47%。

落实省、市、县食用农产品和进口重点冷链食品抽样联络员制度和每月多批次不合格食品生产经营企业监测、通报和预警制度，推进不合格食品核查处置。开展不合格食品核查处置“回头看”工作。组织食品专家技术团队，深入不合格重点食品企业开展“靶向诊疗”技术帮扶。全年全省市场监管系统共完成不合格（问题）食品核查处置任务6710件，完成率100%。督促食品生产经营者下架、封存和召回不合格（问题）食品4.4万千克，立案5709件，罚没款4367.24万元，移送司法机关案件73件。

推进食品抽检抽查考核，印发《年度食品抽检监测数据质量情况分析报告》《国抽信息系统核查处置数据和信息抽查工作方案》《核查处置数据信息抽查细则（试行）》等，强化食品抽检及核查处置数据质量抽查考核。全年共抽查抽检数据37738批次，抽查率20.9%，数据问题发生率比上年下降3.1%。完成核查处置数据抽查2016件次，对其中89件次数据问题进行通报和督促整改。按照省市场监管局《承检机构检查考核方案》要求，依托第三方机构完成5家省市场监管局本级承检机构验收检查和16家市县局承检机构延伸检查，发现并整改相关问题393项，对4家省市场监管局本级承检机构实施违约处罚78.6万元。

深化食品安全风险预警交流，编撰印发《2022年度食品抽检监测白皮书》，编写《食品安全风险预警交流信息》16期，公布食品抽检信息49期，向省级、省市场监管局相关部门推送不合格信息11期，强化风险分析研判，常态化开展食品安全风险预警交流与会商。全年全省市场监管系统在《人民日报》、“学习强国”学习平台、《中国市场监管报》、中国经济网、中国质量新闻网等各级媒体发布食品安全科普和消费提示950余篇次。围绕“老百姓一日三餐”“校园食品安全”“食用农产品安全”等主题，开展“你点我检”进校园、进商超、进社区等服务惠民生活动，常态化开展“你点我检”活动。组织全省系统捐赠、义卖食品抽检合格备份样品232.67万元。（白亮）

药品监督管理

【概况】 2023年，福建省药品监督管理局（简称福建省药监局）将市县药品监管能力建设列入第一批和第二批主题教育联动整改事项，并推动15项113条整改措施全面完成；分批推进药品监管能力县级重点培育单位建设，推动形成惠安“三有四化”等一批全国领先的基层药品监管新机制。完善行刑衔接和多部门风险会商、联合办案、信息互通等机制，出台《福建省药品行刑衔接检验认定工作指导意见》，建立药监与海关部门打击药品医疗器械化妆品走私违法犯罪联动执法机制。开展药品安全科普和普法宣传，在福建中医药大学建成药品法治宣传教育基地，全省各级相关部门出动工作人员3000人次、发动群众2.6万人次，参与药品法治宣传、安全用药科普和志愿打假等活动，覆盖公众26万人次，投放播放图文影音作品2000万条次。

结合医药领域腐败问题集中整治，组织开展“药监系统行风建设三年行动”，召开构建亲清政商关系大会，聘任31名特约监督员；出台以“十亲十禁”为主要内容的《福建省药品监督管理局系统人员亲清政商关系行为规范》，被国家药监局原文转发全体机关干部学习借鉴。开展现场检查“师徒帮带式”培训，在市县培训和聘任407名兼职省级药品检查员；全省建立市级药品检查员库，入库1400多人，基本实现每个基层市场监管所都有1名药品检查员的目标，福建省职业化专业化药品检查员队伍建设经验被国家药监局专刊印发全国推广；联合省总工会举办首届全省药监系统行政执法技能大比武，对获奖的团体和个人分别授予福建省“五一先锋号”“五一劳动奖章”等称号；举办全省药品流通现场检查技能竞赛。

【药品安全监测】 2023年，福建省药监局综合运用风险会商、隐患排查、网络监测、检验检测、监测评价、投诉举报等手段，全天候、全链条开展药品安全实时监测预警、动态评估管控。全省药监系统检查相关企业（单位）5.2万家次，监测网络经营主体32万家次，完成产品抽验9391批次，收集不良反应/事件报告8.2万份。福建省中药注册和上市后监管、化妆品抽验及监管、药品信息化追溯、牙膏不良反应监测、药品智慧监管等5项工作分别在全国相关工作会议上作经验交流，药物警戒、药品和化妆品抽验等13项工作得到国家药监局通报表扬。在2023年度国家药品安全工作考评中，福建省获评A级（最高级）。

【药品、医疗器械专项检查】 2023年，福建省药监局紧盯重点产品、重点企业、重点区域，针对性开展涉疫药品、中药饮片、麻精药品、集采中选药械、医美领域医疗器械、化妆品“一号多用”、委托生产等多个专项检查。全年全省药监系统查办药品领域案件2941件，罚没款1.09亿元、比上年增长33.42%，入选全国典型案例数量居全国第一；查获涉案2.8亿元违法生产销售药械案等一批重大案件，查办的制售“活络油”假药案入选全国法院典型案例，查获医美领域重大案件被国家药监局通报表扬。省药监局获评全国“医疗器械安全巩固提升行动工作先进单位”、全国“药品领域案件查办工作表现突出单位”、全国“医疗美容药品医疗器械违法违规行为专项整治工作先进单位”。

【药品、医疗器械审评审批】 2023年，福建省药监局推进审评审批提速，将省级46个许可事项精简至36个，精简22%；将200个业务办理项精简至96个，精简52%。持续优化窗口前移、提前介入、立卷指导、研审联动等审评审批服务，省级事项总承诺时限由1076个工作日压减至704个工作日，缩短35%；二类医疗器械平均审评时限缩短至法定时限的25.1%。承接各类省级审核查验任务1116件，在任务量增长60.4%的情况下，办理时限较法定时限提速50%以上，相关经验做法被国家药监局专刊印发全国推广。全年省级政务服务事项1.9万件均无超时，并100%获得行政相对人“非常满意”或“满意”评价。

【医药企业服务】 2023年，福建省药监局成立服务发展工作领导小组和办公室，建立挂钩帮扶等5项机制，在全省选定25个年度重点项目，实行“一品一专班”帮扶指导。运用国家药监局医疗器械创新福建服务站平台，推动全省5个三类医疗器械产品进入前置或优先审批通道；推出“优化创新产品服务”等服务企业发展举措，对企业实行注册（许可）免于或简化现场检查107家次。全面实施免收省级药品、医疗器械注册费惠企政策，实施3个多月就为企业减免注册费930余万元，在厦门探索医疗器械经营允许集团内共享仓库，持续为企业减压减负。

【医药产品注册】 2023年，福建省新增40个药品品规注册上市，其中新获批2个一类新药（广生堂药业抗新冠病毒全球创新药“阿泰特韦片/利托那韦片组合包”、特宝生物治疗非髓性恶性肿瘤一类新药“拓培非格司亭注射液”），位列全国各省一类新药获批数量第七位。省级新批准二类医疗器械184个，获国家药监局新批准78个三类医疗器械产品，当年获批数量居全国第八位，全球首个“利用废弃贝壳制造骨填充材料”、全国首个“泛癌种免疫治疗伴随诊断试剂盒”等优势产品获批上市。

【闽台医药融合发展】 2023年，福建省药监局落实闽台医药融合发展新政策，年初超前谋划、广泛调研、征求台企台胞意见，研究闽台医药融合发展政策。《中共中央 国务院关于支持福建探索海峡两岸融合发展新路 建设两岸融合发展示范区的意见》出台后，推动国家药监局出台《支持福建探索海峡两岸融合发展新路推动药品医疗器械化妆品监管创新发展工作方案》，取得“支持台资药品上市许可持有人和医疗器械注册人发展”等七大支持政策。

【药品使用领域监管创新】 2023年，福建省药监局先行探索药品使用领域监管新机制。解决药品使用环节监管相对薄弱的问题，结合深化医改，印发省药品安全和产业促进领导小组文件，在全省推广将药品质量安全纳入市、县、乡（镇）三级公立医院院长（书记）目标年薪考核经验做法，在全国率先实现公立医疗机构药品安全从被动监管向主动管理转变，相关经验做法被国家药监局专刊印发全国学习借鉴，在三明医改工作座谈会上得到国务院副总理刘国中点名表扬。

【药品、医疗器械检验】 2023年，福建省药监局扩增检验资质，提升医疗器械检验能力，获省政府批准经费9278.95万元，实施医疗器械新版GB9706系列标准检验能力建设项目，省级医疗器械检验资质新增1298项。生物制品检验能力有力提升，新获得国家药监局双价宫颈癌疫苗、重组戊型肝炎疫苗等疫苗批签发授权，具备承担全省所有在产疫苗批签发能力。全省9个设区市级检验机构45个目项、厦门大学国家药监局重点实验室均通过国家药品检验能力验证。（陈涛）

质量技术监督管理

【概况】 2023年，福建省推荐19个组织和3名个人申报第五届中国质量奖。安踏体育、宁德时代入选第五届中国质量奖提名奖建议名单。完善政府质量奖培育梯队，制定福建省争创国家、省、市三级政府质量奖三年滚动培育与发展计划（2023—2025），共441家组织列入该计划。福建省公共服务质量满意度连续3年进入全国前十位。在全国率先推行产业链供应链质量赋能。开展全国首个省级“专利与标准融合”试点，形成专利转化标准38项。评选省标准贡献奖项目30个，省内单位参与制修订国际标准19项、国家标准504项、行业标准107项，新增国家级标准化试点示范项目15项。获批筹建国家茶产业计量测试中心、国家碳计量中心（福建），累计建设社会公用计量标准2353项、标准物质49项。省计量院获批建立国家计量基准，1个项目获省科技进步奖一等奖。建成国内唯一的国家特种机器人质检中心，获批建设省重点实验室、工程研究中心各1个。厦门获批建设国家质量基础设施集成服务基地试点（光电显示）。推动金融机构为参与质量管理体系认证提升行动的小微企业提供贷款31.66亿元，为地理标志专用标志使用人提供贷款近60亿元。首创在质量技术领域选派科技特派员，完成质量技术帮扶提质强企“十百千万”三年行动，累计帮扶1万多家企业提升质量。组织近300家民营小微企业参与质量管理体系认证提升行动。年内，省市场监管局收集全省产品质量问题信息7106条，并筛选出疑似缺陷产品信息601条。加强缺陷产品调查，走访调查53家存在疑似缺陷产品企业，完成缺陷产品召回23批次9337件，督促企业履行召回义务。

【质量强省战略】 2023年，福建省优化完善质量强省建设统筹协调推进机制，省委书记周祖翼、省长赵龙分别对推进质量强省建设、做好中央质量督察考核工作作出批示，省长赵龙担任质量强省工作领导小组。4月16日，《福建省质量强省建设纲要》在《福建日报》头版公布。制定《贯彻落实〈福建省质量强省建设纲要〉任务分工方案》。印发《2023年福建省质量强省工作要点》，提出72项重点工作并分解落实到位。以省质量强省办名义印发《福建省进一步提高产品、工程和服务质量行动方案（2023—2025年）》。晋江市获国务院“推进质量强国建设成效突出的地方”表扬激励（全国仅10个）。连续8年开展政府质量工作和六大重点公共行业服务质量公众满意度测评，总体满意度从2015年的78.93分上升至83.96分。在市场监管总局公布的全国公共服务质量满意度监测报告中，福建省总体满意度81.7分，连续3年进入全国前十位。公益培训702名企业首席质量官，累计培训8753人。以“增强质量意识推进高质量发展”为主题，组织省委宣传部等25个部门共同开展质量月系列活动。

【质量赋能行动】 2023年，福建省市场监管局在全国率先开展产业链供应链质量赋能行动。总结泉州南安市开展产业链供应链质量赋能工作试点经验，印发《发挥质量标杆引领作用开展产业链供应链质量赋能工作方案》，在全省范围内推行“产业链供应链质量赋能行动”，全省有宁德时代新能源科技股份有限公司等29家链主企业参与锂电新能源等20条产业链供应链质量赋能行动，覆盖省内外供应链企业2020家，直接或间接创造21.6万个就业岗位，帮助357家供应商提升质量评定等级，实现供应商端降本增效6.05亿元。该做法得到市场监管总局的肯定并向全国推广。

【产品质量安全监管】 2023年，福建省产品质量安全形势持续平稳有序，质量技术帮扶、信用风险分级分类管理等多项工作受到肯定，省市场监管局创新实施“三步工作法”推动质量监管服务的做法在《中国质量报》《中国市场监管报》头版头条刊登，服务电子信息产业高质量发展做法被评为全国市场监管系统质量技术帮扶优秀案例，并在“质量之光”论坛作典型发言。创新实施“四高”机制，促进工业企业高质量发展作为主题教育典型案例进行交流。28篇工作信息被省委《海峡通讯》、省直工委《党的生活》等杂志或简报专刊采用。厦门市市场监管局质量监督处等3个集体获市场监管总局产品质量安全监管保障贡献突出集体称号。

开展18类重点工业产品隐患治理排查及燃气用具专项整治，消防产品、电线电缆产品质量规范提升行动等5次专项行动。拓展全省产品质量安全风险监控“一张网”，监测站点累计54个，收集风险信息387条，完成分析报告39篇，研判监测报告369份。完成34种产品840批次监测任务，风险发现率18.0%。全面完成生产领域重点产品省抽任务5348批次，不合格发现率3.8%。处理不合格报告735份、异议申请75批次，发布136期省抽结果。加强工业产品生产许可证管理企业证后监管，检查食品相关产品企业1191家，督促245家整改，首次运用分级管理系统随机抽取获证企业开展省级检查。全省未发生产品质量安全事件。

开展质量技术帮扶“三争”行动，近300家次技术机构、700名专家参与帮扶，组织质量培训、分析会130多场，帮扶企业1955家次、产业聚集区43个，解决质量问题623个。省质检院设立福安市按摩器具产品质量帮扶工作站。完成“十百千万”三年工程，累计帮扶工业企业10131家次，涉及经济园区126个，解决质量问题2647个。

创新实施落实工业产品生产销售单位质量安全主体责任“121”工作机制，上线运行工业产品质量安全主体责任信息平台，建立电子化档案，指导工业产品生产销售单位配备质量安全总监、质量安全员1.18万多人，举办培训宣贯活动208场次，参加人数5583人次；检查生产销售单位8435家（次），督促整改427家。加快智慧集成监管系统建设，上线智慧抽查、获证企业监管和信用风险分级管理3个子系统，实现自动分级分类、自动预警提示和自动推送处置。创新获证企业证后监管机制，开展“行政＋技术”综合性交叉督查。信用风险分级分类管理机制受到市场监管总局质量工作考核和省政府绩效考评肯定。

【计量工作】 2023年，福建省获批筹建国家碳计量中心（福建）、国家茶产业计量测试中心。牵头出台《福建省建立健全碳达峰碳中和标准计量体系实施方案》。获批建立“20kN～2MN力基准装置”国家计量基准。全省新建社会公用计量标准83项，累计建标2353项；新建标准物质7项，累计建标49项。新发布《数字温度计校准规范》等福建省地方计量技术规范16项，累计现行有效97项。开展全省数字心电图机、电子血压计等项目计量比对，参比实验室130家次。

强化计量服务。成立福建省产业计量技术委员会。“日射法测试技术”等4项优秀成果首批入选全国产业计量成果库。国家光伏产业计量测试中心举办光伏产业计量测试联盟成立大会，60多家国内知名科研院校和光伏企业加入联盟。国家平板显示产业计量测试中心（厦门）持续深化计量技术特派员驻企服务，与宸鸿科技联合启动平板显示产业链中小企业计量伙伴计划。持续推进“计量服务实体经济三年行动”，组建计量技术服务队133个，帮扶中小企业1234家，帮助企业解决计量技术问题269个，形成年度典型案例19个。实施“计量服务中小企业伙伴计划”，8家大企业发出计量伙伴计划倡议，78家中小企业参与其中。

加强计量监管。启用福建省强检计量器具智慧监管系统。全省检定强检计量器具261万多台次。组织开展重点领域民生计量监督检查，检查集贸市场等4648家，在用电子秤23959台件；检查加油站1228家，加油枪7805把。组织开展定量包装商品净含量检查，共检查定量包装商品企业621家，商品1213批次，净含量标注合格率99.4%，净含量检验合格率98%。开展能效水效标识监督检查，共检查能效产品生产销售企业1417家、产品2294件，检查水效产品生产销售企业461家、产品823件。持续推进能源计量工作，完成130家重点用能单位能源计量审查。

强化教育培训，加大注册计量师培养力度，新增一级注册计量师172人、二级注册计量师219人。组织开展2023年计量检定人员技能竞赛，全省共34支队伍、68人参加。举办全省计量业务培训班，共135人参加。围绕2023年“世界计量日”主题“计量助力中国式现代化”，宣传贯彻落实计量发展规划（2021—2035年）及福建省实施意见的阶段性工作成效，举办的有奖知识竞答吸引来自全国各地近10万人次网民参与。

【标准化工作】 2023年，福建省参与制修订767项国家标准、150项行业标准、24项国际标准，新立项省地方标准71项、新发布58项。在全国团体标准信息平台上，新注册55家社会团体，新发布370项团体标准。企业标准信息公共服务平台上共有3227家企业累计声明公开13585项标准。新成立4个省级专业标准化技术委员会。新获国家标准化管理委员会批准建设19项国家级标准化试点示范相关项目，其中农业农村领域5项、服务业7项、社会管理和公共服务2项，强制性国家标准实施情况统计分析点1项，国家循环经济标准化试点4项。国家级农村综合改革标准化试点典型经验《畜禽粪污变废为宝标准化服务不能少》被市场监管总局列入12个典型案例之一向全国推介。完成第九届福建省标准贡献奖的评选工作，共有30个项目获奖，其中一等奖4项、二等奖10项、三等奖16项。

推进两岸融合发展示范区建设，累计在31个领域推进38个两岸标准共通标准化试点建设，发布181项两岸共通标准。工作成效入选2023年福建统一战线民主监督成果汇编，并作为主汇报单位在省政协第十九届建言献策论坛大会上作典型发言。促成市场监管总局在国务院部委中第一个发布并实施支持福建建设两岸融合发展示范区“七条措施”，得到省委书记周祖翼肯定。

服务民营经济强省战略。会同省工商联开展“标准创新服务新时代民营经济强省战略”系列活动，引导和服务民营企业构建科技创新和标准化互动融合的核心竞争力。首批培育宁德时代、九牧、万安实业、德尔科技等33家以标准引领高质量发展的先导型、创新型行业标杆民营企业。工作成效得到全国政协副主席、全国工商联主席高云龙批示肯定，并转发全国学习推广。市场监管总局局长罗文在全国市场监管工作会上给予肯定。

标准化与专利融合。深化省级“专利与标准融合机制创新试点”项目建设，强化专利和标准专家队伍建设，持续开展“一企一策”技术帮扶，帮助企业搭建专利、标准联合技术部门，推动12家试点企业将245项专利融入57项标准中，实现专利与标准的协同规划、协同研制、协同运用。

乡村振兴标准化。开展茶叶过度包装标准化技术帮扶，组织全省开展《限制商品过度包装要求　食品和化妆品》（GB23350—2021）强制性国家标准宣贯解读，促进国家标准第二号修改单报批稿采纳福建省提出的多项建议。全面梳理归纳林业领域省地方标准，印发《福建省新型林业地方标准体系》。“河长制”标准化工作得到中央依法治国办通报表扬和省政协主席滕佳材批示肯定，“三明经验”入选水利部《全面推行河湖长制典型案例汇编（2023）》并向全国推介。

【认证检测工作】 2023年，福建省市场监管局创新提出小微企业成长计划即小微企业“小升规”培育升级行动，通过3年升级辅导，完成277家小微企业认证提升帮扶。在全省组织开展“检验检测促进产业优化升级”行动，组织各设区市选取专用车、家居卫浴、珠宝等行业开展挂钩帮扶，选编宣传检验检测服务产业升级优秀案例7篇，推动检验检测行业与制造产业融合提升。指导沙县小吃产业开展质量管理体系认证提升区域试点工作，推动当地加快推进沙县小吃向“标准化、连锁化、产业化”转型升级。鼓励加大高端品质认证、绿色产品认证、有机产品认证、健康服务认证和养老服务认证等自愿性认证项目的供给力度。配合省工信厅等六部门，在南安举办全国绿色建材下乡活动（福建站）启动仪式，组织全省32家绿色建材企业进驻布展，推动24家企业现场签订绿色建材供需合约；组织方圆福建（浙江）公司先后在福州、霞浦、武夷山、平潭开展4场线上线下结合的，有3000多人次参加的民宿服务认证专题培训，打造“两山两海”试点民宿服务认证。

夯实认证检测行业技术基础。截至2023年底，福建省获得资质认定和其他专业领域法定资格、资质的各类检验检测机构共计1647家。针对全省检测机构行业发展现状，围绕重点行业组织部署检验检测机构能力验证工作，全省353家检测机构参加能力验证，合格率96.02%。在全省部署开展虚假认证专项整治行动，共检查企业登记注册名称或经营范围含有“认证”“认证服务”“检验”“检测”字样的经营主体3553家，各类认证主体34家，监测网络交易平台112家，检查平台内经营者777家，共立案查办违法行为9件，罚没款金额0.85万元。截至2023年底，全省获证组织1242家；取得证书12.40万张，其中管理体系认证证书5.97万张、产品认证证书6.06万张、服务认证证书3502张。

强化监督职能。联合省生态环境厅和公安交警总队开展2023年度检验检测“双随机、一公开”监督检查工作，共完成605家，责令282家机构限期改正，48家机构移交属地监管部门调查处理，其中立案21件，罚没款32.39万元。针对不同行业的认证风险和信用水平采取差异化监管措施，重点加大儿童玩具、电动自行车、消防产品、电线电缆等强制性产品认证重点领域抽查比例，出动行政监管人员589人次，邀请技术专家近40人，完成对全省125张自愿性认证证书、60张强制性认证获证证书、20家有机产品认证获证组织和10家认证机构进行现场检查，对检查中发现8张存在问题证书所涉及的线索，移送属地市场监管部门调查。制定2023年度有机认证产品风险监测工作方案，开展对茶、果、蔬等12个品类共300批次民生关联度高、风险程度较高、用量范围较广的有机认证产品风险监测工作，合格率98.67%。

【特种设备安全监管】 截至2023年底，福建省特种设备总量70.22万台（套），压力管道2.78万千米，气瓶1343.24万只。全年共检验特种设备50.52万台（套）、压力管道10910.01千米；常规监督检查1.32万家企业，专项监督检查2271家企业，证后监督检查261家企业；发出安全监察指令书3562份，查处违法案件544件，罚没款1198.01万元，消除重要问题隐患11687个。全年发生特种设备一般事故1起，死亡1人，特种设备安全形势总体平稳。省市场监管局连续5年被福建省政府授予完成安全生产目标责任优秀单位，锅炉安全节能环保监管做法在市场监管总局绿色低碳高质量发展工作推进会上作经验交流，压力管道安全监管经验做法入选全国安全生产专项整治三年行动地方典型经验做法汇编。

推进城镇燃气安全专项整治行动，出动检查2.04万人次、立案354件，没收产品2319件，责令停产停业5家，罚没金额84.55万元，曝光典型案例31个。以开展“特种设备企业主体责任推进年”活动为契机，督促指导企业配备安全总监、安全员，建立完善特种设备风险管控清单，落实“日管控、周排查、月调度”工作机制。全省826家生产单位和10万余家使用单位配备安全总监、安全员。开展特种设备隐患排查治理和专项整治。开展压力管道、高压气瓶、小型锅炉、客运索道、大型游乐设施专项整治，做好小型游乐设施相关服务；破解监管难点，开展电梯安全筑底行动，加强老旧电梯隐患治理与更新改造；消除监管盲区，开展压力管道元件组合装置及撬装设备隐患排查治理；防范化解风险，开展化工企业特种设备安全隐患排查整治“百日攻坚”行动。推动电梯检验检测分离改革。制定过渡期方案，开发“闽政通”小程序和管理模块，向社会公布符合条件的检测单位名单，2.2万台电梯实施检验检测分离。

服务重点项目建设，成立251个项目组，深入261个重点项目，开展特种设备检验检测服务。对171家特种设备制造单位推行“一企一案”帮扶计划，导入卓越绩效经营模式或实施融合质量管理体系。服务绿色低碳发展，推进锅炉污染整治工作和锅炉绿色低碳高质量发展行动，完成小型锅炉测试鉴定309台。推动省特检院、省标准化院加入福建省氢能产业创新发展联盟。服务特种设备从业人员，完成特种设备检验检测人员1762人次、作业人员32995人次的考试工作，持续为经济建设输送专业技术人才。服务基层监管能力建设，组织参加市场监管总局A类安全监察员考核工作，举办2期B类安全监察员取证培训班、1期业务骨干培训班，新增A类安全监察员73人、B类安全监察员160人。省、市、县三级联动开展特种设备证后监督检查，搭建省级检查组与属地监管人员互动交流平台。服务应急管理体系建设，省、市、县三级联动在泉州市石牛山景区举行客运索道应急演练，在福州市举行电梯突发事件应急演练。防台防汛期间，成立10个特种设备应急处置技术支持专家组和8个应急技术支持组，发送提醒短信5000余条，解救被困电梯人员近千人，修复泡水电梯1.54万台。（白亮）

知识产权管理

【概况】 2023年，福建省有效发明专利、高价值发明专利分别比上年增长21.13%、22.94%，地理标志商标、注册商标总数分别位居全国第二位、第七位，获批使用地理标志专用标志总数居全国第一位。宁德时代获“欧洲发明人奖”，15项专利获中国专利奖，183家企业入选国家知识产权优势企业，2个设区市、7个县分别入选国家知识产权试点示范城市和试点示范县。建立多元纠纷化解机制，新增4个全国知识产权纠纷快速处理试点。开展全国首批数据知识产权地方试点并通过验收。上线地理标志智慧监管平台，在全国率先实现地理标志全生命周期监管。福州获批建设国家知识产权保护示范区。南平获批成立武夷山国家地理标志产品保护示范区。实施专利转化专项计划，支持5家高校院所建设知识产权运营中心，88家高校院所及国企参与专利开放许可试点，达成专利转让许可1.20万次。开展专利质押登记全流程无纸化试点，专利商标质押金额100亿元，比上年增长20.48%。举办“知创杯”专利检索技能大赛，代理机构和代理师数量分别比2018年增长3倍、2.6倍。连续4年举办闽台知识产权圆桌会议。获批成立国家海外知识产权纠纷应对指导中心地方分中心。

【知识产权申请与授予】 2023年，福建省授权专利12.03万件，其中发明专利1.79万件、比上年增长10.15%，实用新型专利7.21万件，外观设计专利3.03万件。截至2023年底，全省有效发明专利9.09万件，比上年增长21.13%。5个国家级保护中心、快维中心专利预审服务受理量9330件，专利预审合格量7963件，专利授权量6089件，发明专利预审平均审查周期压缩70%，外观设计专利授权周期最短可缩减至7日内，知识产权纠纷整体处理周期压缩50%以上。全省立案受理专利纠纷案件2875件，办结2872件。

【知识产权运用】 2023年，福建省推进知识产权强国试点示范建设。入选国家知识产权优势示范企业183家，培育省优势企业195家，2篇案例入选知识产权强国建设第二批典型案例，福州高新区入选国家知识产权服务业高质量集聚发展试验区，入选国家知识产权强市建设试点示范城市2个、强县建设试点示范县7个。制定印发《2023年福建省推动知识产权高质量发展任务清单》，联合省工信厅印发方案并推广ISO56005国际标准，首批参与试点企业160家。全省完成专利密集型产品备案5712项。牵头落实知识产权人才培养工作。组织举办全省知识产权运用促进行政管理人员培训班，开展“岗位大练兵”，出台《福建省知识产权专家智库管理办法（试行）》，启动新一轮专家征集。与福建理工大学签订知识产权工作战略合作协议。

实施专利转化专项计划。配合完成中央及省级专项资金绩效评价及立项报告撰写，牵头成立工作专班，启动福建省专项行动实施方案及相关配套推进计划和政策文件拟定。推进专利开放许可试点。举办专利开放许可供需对接会并进行项目路演和推介，试点以来共88家高校院所及国有企业实现专利开放许可交易369件（次），涉及专利167件。全省专利转让许可1.22万次，比上年增长8.5%。开展专利奖评审推荐和高价值专利培育。组织开展2023年福建省专利奖评选，共有158项进入初评，全省获第二十四届中国专利奖15项；宁德时代吴凯及其团队获“欧洲发明人奖”。推动开展“千校万企”协同创新伙伴行动和“百校千项”高价值专利培育转化行动，支持厦门大学等5家高校院所建设知识产权运营中心，依托省农科院举办农业科技成果（专利）竞价会，签约及竞拍成交总金额1320万元。创新知识产权金融服务。举办知识产权金融创新产品发布会，推动开展专利质押登记线上办理全流程无纸化试点。联合中国银行福建省分行开展知识产权金融服务助力新能源汽车产业“知惠行”专项活动，推出5亿元专项授信资金。全省专利质押登记金额91.42亿元，比上年增长10%。组织开展专利导航工程实施评价。引导各类专利导航服务载体开展主体备案，组织完成风能、中成药制剂、光伏、Mini/MicroLED4个产业专利导航分析，召开专利转化专项计划实施成果暨风电产业专利导航成果发布会，指导举办重点产业专利导航成果发布会暨“专利导航零距离”公益活动。

健全知识产权公共服务体系。加快推动知识产权服务业高质量发展。推进全省知识产权公共服务普惠工程和知识产权服务业高质量发展。组织知识产权服务万里行活动，开展知识产权科技特派员助企帮扶，2个案例入选2023年“知识产权服务万里行”活动优秀案例。推进知识产权领域“放管服”改革。配合省发改委优化2023年知识产权营商环境监测考核指标。2个案例入选省营商办2023年第二批典型经验做法。积极布局知识产权信息公共服务网点和专利导航服务基地。举办“知创杯”福建省专利检索技能大赛，推荐申报技术与创新支持中心（TISC）候选机构3家，备案国家知识产权信息公共服务网点1家，遴选省级网点7家。组织推荐上报国家知识产权局软科学研究项目4个、专利专项研究项目3个。

【知识产权保护】 2023年，福建省成立全国唯一的由省委主要领导担任组长、省政府主要领导担任第一副组长的“省委加快建设知识产权强省领导小组”；11月，召开两次省政府知识产权工作专题会议；12月5日，福建省知识产权保护和发展大会在福州召开，省长赵龙、国家知识产权局副局长胡文辉出席并讲话。省市场监管局（知识产权局）通报有关工作情况，会议以视频形式召开，各设区市和平潭综合实验区设分会场。在省政府新闻办公室组织召开2023年福建省知识产权宣传周新闻发布会。推动《福建省知识产权保护与促进条例》列入省人大2023年度立法计划预备项目。在2022年度国家知识产权保护工作检查考核中，福建省首次进入优秀等次。

完善省、市、县三级知识产权快速协同保护体系，建成福建省、泉州市、宁德市3个国家级知识产权保护中心，厦门市、晋江市2个国家级知识产权快速维权中心，对福建省主要产业领域实行专利快速预审、快速确权、快速维权的“一站式”服务，发明专利预审平均审查周期压缩70%，外观设计专利授权周期最短可缩减至7日内，知识产权纠纷整体处理周期压缩50%以上。2023年厦门市获批筹建国家级保护中心，德化县申报建设国家级快维中心，福州市入选全国知识产权保护示范区，省知识产权保护中心获批国家海外知识产权纠纷应对指导中心地方分中心。

提升多元纠纷化解机制和专利行政执法能力。与省公检法司等部门签订合作协议，建立知识产权行刑衔接等工作机制；福建、厦门、泉州和晋江入选全国知识产权纠纷快速处理试点地区，省知识产权局通过全国专利侵权纠纷行政裁决示范建设工作试点验收；推动基层“业务股室＋执法大队＋市场监管所”专利行政执法办案模式，公布全省知识产权行政保护典型案例和指导案例，举办全省知识产权行政执法业务培训班。全年全省专利侵权纠纷案件立案2794件，比上年增长7.96%；办结2643件，增长2.64%。

加强数据知识产权试点工作和专利代理行业监管。福建作为全国首批8家数据知识产权试点省份之一，通过试点验收并获评优秀，受到国家知识产权局领导肯定，在全国会议作典型发言。全面推行专利行政执法省、市、县三级联动办案机制，开展专利代理行业“双随机、一公开”监管检查。开展2022年、2023年全国专利代理师资格考试福州考点工作，组织参考4455人次，其中港澳台地区人员参考21人次。

【商标管理】 2023年，福建省累计有效注册商标246万件，居全国第七位；地理标志商标654件，居全国第二位；地理标志产品专用标志使用数3037件，居全国第一位；全省共有513件驰名商标，其中地理标志驰名商标数位列全国第一；全省11件优质地理标志产品列入第一批中欧互认互保“100＋100”清单。全省商标品牌发展指数连续多年进入全国前七名；全省43件企业商标品牌、14件区域商标品牌、25家商标品牌指导站入选国家知识产权局公布的首批参加“千企百城”商标品牌价值提升行动。全省6个商标品牌建设案例被国家知识产权局评为全国商标品牌建设优秀案例。

全年全省共立案查处商标违法案件1916件。面向社会公开发布商标代理典型案例、商标行政保护典型案例，以及地理标志、官方标志、特殊标志和奥林匹克标志行政保护典型案例21件；“4·26”世界知识产权日期间，全省3件商标行政保护、商标评审案例分别入选全国知识产权执法保护、全国商标行政保护等十大典型案例。持续打造助推地理标志产业高质量发展的“漳州经验”，推动地理标志产业与生态旅游、文化创意等相关产业有机融合，相关经验在全国各相关媒体、中国知识产权年会、中国商标品牌节等报刊、活动上推广。延续开展地理标志保护产品专用标志使用核准改革试点，核准23批次1000家企业使用地理标志专用标志，累计获批使用地理标志专用标志3037件，居试点省份第一位。5月，武夷山国家地理标志产品保护示范区筹建通过专家组验收，该示范区为国家知识产权局组建以来批准成立的第一家综合类国家地理标志产品保护示范区。拓宽地理标志产业融资渠道，省市场监管局与金融监管总局福建监管局、福建省文旅厅联合印发《关于金融赋能地理标志助力乡村全面振兴的通知》。截至2023年底，全省银行业机构向地理标志产业投放贷款余额470.54亿元，比年初增长26.30%，支持地理标志产业超400个。

（白亮）

编辑：林忠玉

金融

综　　述

【金融运行】　2023年，福建省金融运行总体平稳，银行业稳健发展，存款增速高位回落，贷款保持平稳增长；市场利率定价自律机制高效运行；信贷资产质量保持稳定，拨备覆盖率有所回升；结构性货币政策工具使用额创新高，支持重点领域和薄弱环节。多层次资本市场体系持续完善，保险市场规模持续扩大，保险保障能力增强。金融市场高效运行，社会融资规模增量有所回落。推进区域金融改革，金融服务基础设施持续完善，金融生态环境优化。

存款增速高位回落。年末金融机构本外币各项存款余额比上年增长11.10%，较上年降低6.40个百分点，比全省地区生产总值增速高6.60个百分点。全年新增存款8093亿元，较上年少增2743亿元，其中非金融企业存款余额增长4.50%，增速降低8.70个百分点。

贷款保持平稳增长，信贷结构持续优化。年末金融机构本外币各项贷款余额比年初增长8.15%，增速较上年降低2.87个百分点；全年新增贷款6210亿元，少增1451亿元。从领域投放看，普惠领域信贷投放扩面提质增效，年末普惠小微贷款余额比上年增长22.3%，普惠小微贷款户数增加33.9万户，全年普惠小微贷款加权平均利率下降37个基点；年末民营经济贷款余额增长13.18%，中小微企业（含个人经营性）贷款余额增长12.7%；年末绿色贷款增速比各项贷款增速高31.35个百分点，高新技术企业、科技型中小企业贷款增速比各项贷款增速分别高3.94个和9.82个百分点，数字产业发展、制造业数字转型升级等领域贷款增速比各项贷款增速高9.5个百分点。从行业投向看，年末本外币涉农贷款余额比年初增长13.18%，制造业贷款余额增长17.22%，其中制造业中长期贷款余额增长27.94%，高于中长期贷款余额平均增速20.84个百分点。

人民币贷款利率保持低位运行，落实存款利率市场化调整机制。人民币贷款利率总体下行，全年人民币一般贷款加权平均利率4.43%，比上年下降37个基点，创2008年以来新低；其中，新发放企业贷款加权平均利率3.54%，下降37个基点，创2015年以来新低。引导金融机构存款利率跟随市场利率变动，全年人民币定期存款加权平均利率2.16%，比上年下降13个基点。

信贷资产质量保持稳定，拨备覆盖率有所回升。年末银行业金融机构不良贷款率较年初下降0.07个百分点，关注类贷款率下降0.06个百分点。全年银行业金融机构累计实现净利润比上年下降16.89%，平均拨备覆盖率上升14.96个百分点，风险抵御能力有所增强。地方法人银行加大拨备和资本计提，资本充足率均高于监测预警值，账面平均资本充足率15.44%；拨备覆盖率均高于120%，平均拨备覆盖率282.67%；平均账面不良贷款率1.41%，上升0.12个百分点，信贷风险总体可控。

结构性货币政策工具支持重点领域和薄弱环节。年末再贷款再贴现余额1291.17亿元，比年初增长18.79%；全年累放额1932.07亿元，比上年增长23.53%，余额、累放额均创历史新高，累计惠及市场主体近10万户，金融机构运用各类专项再贷款累计投放相关领域贷款超500亿元。全年运用普惠小微贷款支持工具提供激励金16亿元，带动地方法人金融机构实现普惠小微贷款增量942亿元。全面落实"应减尽减""免申即享"政策，金融机构通过阶段性减息政策累计为118万户普惠小微企业减免贷款利息24亿元。持续用好碳减排支持工具、支持煤炭清洁高效利用专项再贷款、科技创新再贷款等政策工具，支持经济转型升级。年末累计发放碳减排贷款284亿元，涉及项目510个，全年新增83亿元；累计发放支持煤炭清洁高效利用贷款167亿元，全年新增57亿元。

多层次资本市场体系持续完善，资源配置效率有效提升。全年实现资本市场直接融资4483.89亿元，其中股票融资531.47亿元，债券融资（含ABS）3952.42亿元。至年末共有境内上市公司172家，全年新增2家；实现直接融资1909.4亿元，比上年下降29.2%。全年共有90家企业在银行间市场发行债务融资工具368期，累计筹资2588.09亿元，金额比上年减少218亿元；共有12家企业创新运用科创票据、绿色债券、碳资产标识债券、革命老区中期票据、能源保供特别债和房企“第二支箭”（民营企业债务融资工具）等募集资金123亿元；金融机构发行绿色债券511亿元，厦门市成立全国首个绿碳联盟，4家银行与厦门市财政合资成立绿色低碳增信子基金。至年末共有在全国中小企业股份转让系统（“新三板”）挂牌的企业219家，其中创新层73家、基础层146家。两家区域性股权市场运营机构（海峡股权交易中心、厦门两岸股权交易中心）累计挂牌展示企业1.45万家，较上年末新增1708家，增长6.0%；全年累计帮助企业实现融资287.24亿元，增长27.59%。

保险市场规模持续扩大，保险保障能力增强。全年保险业实现保费收入比上年增长9.77%，比全国高0.64个百分点。保险深度2.78%，较上年提高0.19个百分点，保险密度3607.48元/人，增加325.09元/人。服务实体经济功能持续发挥，保险资金在福建投资累计余额6510.62亿元，比上年增长24.92%；服务“三农”事业发展，农业保险实现保费收入11.38亿元，赔付支出9.88亿元，分别增长14.95%和29.15%；信用保险和保证保险业务合计实现保费收入21.23亿元，赔付支出23.4亿元，增长15.73%；出口信用保险（不含厦门）累计实现保费收入5亿元，提供风险保障303.42亿美元，增长18.34%。民生保障能力提高，全年保险业提供风险保障505.90亿元，比上年增长2.09倍；保险业（该段后续所述内容及数据均不含厦门）参与第二、第三支柱养老保险体系建设，人身险公司累计受托管理年金651亿元，投资管理年金445.60亿元，为1237个企业和12万个职工提供账户管理服务；推进个人养老金试点，共开立账户331.69万个，缴费7.05亿元，推动1.1万余件税延养老保险与个人养老金完成制度衔接；商业养老年金保险快速发展，实现保费收入15.5亿元，增长86%；健全医疗保障体系，城乡居民大病保险和城镇职工大额医疗费用补充商业保险覆盖3100余万人，赔付金额约17亿元；全省统一定制型商业医疗保险“惠闽宝”参保人数308.02万人，实现保费收入3.97亿元；财产险公司助力灾后生产生活恢复，完成“杜苏芮”“海葵”台风报案赔付预赔付31.30亿元，案件已决赔付率99.40%。

金融市场高效运行，社会融资规模增量有所回落。货币市场交易平稳，全年银行间同业拆借、债券回购、现券交易三项成交总额比上年增长9.44%，累计净融入资金27.60万亿元。票据融资稳定增长，全年票据融资总量（含承兑、贴现、转贴现）1.84万亿元，比上年增长9.01%，全年票据贴现加权平均利率下降21个基点，转贴现加权平均利率下降42个基点。跨境收支和结售汇整体规模均处于历史高位，跨境人民币结算规模再创历史新高。全年跨境收支总额比上年下降7.9%，结售汇总额增长16.1%，规模分别为历史次新高和第三高，但差额仍呈现“一顺一逆”，跨境收支顺差137亿美元，结售汇逆差77亿美元；全年跨境人民币业务结算金额12191.4亿元，首次突破万亿元，增长37.7%，其中贸易和直接投资项下人民币结算增速均超50%，跨境人民币收付额占本外币收付总额的比重较上年末提升13个百分点，其中贸易项下跨境人民币收支占本外币收支的比重提升7.2个百分点，重点区域重点领域跨境人民币业务量提升，全年大宗商品贸易跨境人民币结算金额增长2.25倍，与《区域全面经济伙伴关系协定》（RCEP）成员国跨境人民币结算金额增长38%、规模占比提高至19.6%。黄金市场各项交易有所下降，全年银行业金融机构（不含兴业银行）代理上海黄金交易所黄金交易比上年下降74.84%，其他黄金交易品种（含账户金、实物金、黄金租赁、黄金远期、黄金期权等）合计交易下降5.55%。上海黄金交易所的主要省内会员单位在上海黄金交易所成交额（不含个人业务）比上年下降7.17%。全年社会融资规模新增8180亿元，比上年下降28.8%，其中，新增人民币贷款5952亿元，增量占比提高3.1个百分点；表外融资减少1410亿元，多减1007.2亿元。（王勉）

【厦门金融运行】 2023年末，厦门市本外币存款余额16725亿元，比年初增长3.5%；本外币贷款余额18575亿元，增长6.9%。2023年本外币存款比上年增加8亿元，本外币贷款增加1201亿元。

普惠小微贷款较快增长。年末普惠小微贷款余额3924亿元，比年初增长18.1%，增速快于本外币贷款余额增速11.2个百分点。2023年普惠小微贷款比上年增加605亿元，位居历史同期第二位。

绿色贷款显著增长。年末绿色贷款余额1827亿元，比年初增长37.6%，增速快于本外币贷款余额增速30.7个百分点。2023年绿色贷款比上年增加513亿元，创历史同期新高，多增43亿元。

制造业中长期贷款快速增长。年末制造业中长期贷款余额1131亿元，比年初增长23.9%，增速快于本外币贷款余额增速17.0个百分点。2023年制造业中长期贷款比上年增加218亿元，创历史同期新高，多增71亿元。

涉农贷款增长良好。年末涉农贷款余额812亿元，比年初增长19.6%，增速快于同期本外币贷款余额增速12.7个百分点。2023年涉农贷款比上年增加139亿元，创历史同期新高，多增63亿元。

贷款利率持续下降。2023年，厦门市人民币一般贷款加权平均利率3.94%，比上年下降0.38个百分点，其中普惠小微企业贷款加权平均利率4.05%，下降0.32个百分点，均低于全国、全省平均水平，持续维持低成本融资良好营商环境。

2023年，人民银行厦门市分行投放再贷款再贴现831亿元，重点投向小微、民营、涉农企业。推动创建“再贷款支持乡村振兴示范点”，做大“再贷款+”“再贴现+绿票通”“再贴现+科票通”等央行资金专属产品规模。2023全年发放“再贷款+”50.85亿元、“科票通”12.46亿元、“绿票通”6.60亿元；发放普惠小微贷款支持工具6.24亿元，撬动法人银行普惠小微企业贷款增加324.42亿元。　(人行厦门分行)

【区域金融改革创新】　2023年，福建省持续深化区域金融改革创新，推进两岸融合发展示范区建设。自贸试验区方面，至年末全国首创的“台商台胞金融信用证书”在区内累计颁发181份，实现授信61.67亿元，305家金融机构发布持证台胞台企专属优惠政策；全年自贸试验区经常项下和直接投资项下人民币跨境业务1796.38亿元，比上年增长87.64%，占全省的25.68%；人民币跨境融资功能逐步增强，全年银行机构共办理贸易融资、境外放款等跨境人民币业务增长48.5%，55家跨境人民币双向资金池累计业务金额增长76.8%。辖内平潭自贸片区编制《台胞金融服务手册》(1.0版)，支持有实力台企开展本外币资金池业务，至年末共有63家台企运用便利化政策办理915笔业务、金额5.24亿美元；区内6家企业参与合格境外有限合伙人(QFLP)试点业务，便利境外募集资金开展境内股权投资。

“一带一路”海丝核心区方面，推动扩大东盟等周边国家及“一带一路”等重点区域跨境人民币使用，与“一带一路”共建国家(地区)、东盟十国跨境人民币结算金额比上年增长均在50%以上；至年末跨国公司跨境资金集中运营试点业务累计辐射28家“一带一路”共建国家境外成员企业，占所有境外成员企业的比重达35%；至年末全省610家贸易收支便利化试点企业中，与“一带一路”共建国家开展贸易的企业占95.1%；全年新型离岸国际贸易、市场采购、跨境电商等渠道与“一带一路”共建国家跨境收支占全省贸易新业态跨境收支总量的42.7%；搭建“海丝征信链服务平台”，6家境外征信机构签约上链。

普惠金融改革方面，宁德、龙岩国家级普惠金融改革试验区加快建设，“渔排养殖贷”“林业碳汇指数保险”等9项改革创新成果在全国推广，形成四批次33项普惠金融改革创新案例并在全省范围复制推广。宁德普惠金融改革试验区搭建全省首个农村生产要素流转平台、白茶大数据溯源平台，拓宽农村资产抵押物范围，全年通过生产要素实现融资176.76亿元。龙岩普惠金融改革试验区搭建“e龙岩”数字普惠金融服务平台，归集45类公共信用数据，对接48家金融机构，至年末累计授信127.31亿元；龙岩武平“林业金融区块链融资服务平台”优化缩减林权抵押贷款手续，林农获贷的时间由7～15天压缩至2天，至年末该平台上线县级金融机构14家，成功对接3094笔，累计放款7.15亿元。

闽台融合发展方面，台湾中华征信所首批入驻“海丝征信链服务平台”，推广应用两大类6个品种台胞台企在台信用信息查询产品和服务；搭建“福建省台商台胞金融信用证书线上管理平台”，实现颁证全省覆盖，至年末累计为787名台胞、442家台企颁发金融信用证书，比上年增长103.14%，累计促成授信超215亿元；福建省金融服务云平台“对台金融服务专区”推广“台企快服贷”等对台金融产品，累计为持证台企融资授信超5亿元；优化台胞数字人民币钱包服务，落地“i海台”“小三通”数币线上购票、厦门五通码头数币退税等场景，上线“台陆通”APP拉起支付功能，为台胞在闽工作、生活提供各类互联网平台配套支付服务；厦门市设立全国首个台企数字人民币增信基金，发行全国首单两岸融合数字人民币债券。在两岸贸易量总体下滑的背景下，全年福建与台湾地区跨境人民币结算额实现311亿元，实现比上年逆势增长3%，高于全国27个百分点；台资企业资本项目管理便利化试点政策红利释放，至年末全省(不含厦门)共有63家台资企业享受3.0版试点政策红利；区域性股权市场“台资板”累计挂牌展示台企4423家，实现融资23.88亿元。

【金融服务基础设施】　2023年，福建省持续完善金融服务基础设施，优化金融生态环境。至年末创新建设的福建省金融服务云平台入驻金融机构近170家，注册用户近40万户，上线增信产品6款、各类融资产品近700款，累计解决融资需求3209.47亿元，全年为3万多家企业解决1100亿元的融资需求，并上线基础版企业信用报告和“提质增产争效”信用报告，帮助金融机构提高中小微企业贷款的风控审核效率；深化省内外征信机构合作，至年末累计为省外市场主体提供在台信用信息查询5.6万笔，促成贷款44.68亿元；动产融资统一登记品类扩大，融资场景多元，累计登记担保业务48.16万笔；中征应收账款融资服务平台对接供应链核心企业28家，促进市场主体在中征平台系统累计实现应收账款融资3975.6亿元。完善农村信用体系建设，至年末全省共评定3247个金融信用村、73个金融信用乡镇、2个金融信用县，省内相关金融机构为730万户农户建立信用档案，并对已建档的404万户农户累计发放贷款2.02万亿元。至年末，福建宁德在全国率先探索海上信用渔区三项创建工作机制，累计为“海上信用渔区”渔民提供信贷支持29亿元，比创建前增长1.7倍。支付服务优化工作持续推进，至年末县域主城区及32个示范乡镇移动支付商户覆盖率84%，推动农产品上线云闪付产销服务平台，累计带动涉农产品销售超52亿元、发放贷款超35亿元。全年推动省内18家银行新增电子渠道收费限时减免、农村刷卡手续费减免等减费项目，自主减费规模4494万元。自支付降费政策实施以来，至年末，全省降费规模22.28亿元，惠及372.53万户小微企业和个体工商户。推进数字人民币试点工作，至年末全省累计开立数字人民币钱包853.89万个，完成数字人民币交易 8531.98 万笔、金额 3513.60 亿元，消费金额在全国 17 个试点省份中居第四位。开通数字人民币支付商户门店 44.28 万个，全年数字人民币交易额、商户门店数分别比上年增长 27.56%、76.21%；在全国率先实现数字人民币全场景缴税，累计缴税超 360 亿元。拓展“海上银行”场景建设，为养殖户提供海上数字人民币结算服务，畅通全省城乡居民基本医疗保险、基本养老保险等医社保数字人民币缴费渠道；通过发放数字人民币红包、数字人民币消费券等形式开展数币促消费活动，带动消费超 17 亿元，数字人民币使用规模、场景数量、钱包活跃度大幅提升。支付清算系统安全高效运行，全年支付清算系统可用率 100%，银行机构通过支付清算系统共处理业务 12 亿笔，比上年下降 1.8%；金额 442.4 万亿元，增长 14.7%。

2023 年 5 月 9 日，原中国人民银行福州中心支行联合原福建银保监局、原福建省地方金融监督管理局、福建省公安厅扫黑办、福州大学举办“防范非法放贷陷阱 维护自身合法权益”暨反有组织犯罪法实施一周年主题宣传月活动。图为启动仪式 （人行福建省分行）

【金融司法】 2023 年，福建省持续改善金融司法环境，审理房企融资纠纷，省高级人民法院牵头成立省破产管理人协会，审结强制清算破产案件 3764 件，盘活资产 113 亿余元，帮助 182 家企业脱困。持续完善金融消费纠纷非诉解决机制，由人民银行机构主导推动，采取“分级探索、银法联动”模式。省级层面，人民银行机构依托省级金融消费权益保护协会，建立金融纠纷多元化解机制，统筹全省机制建设，沟通司法部门确立按行政区划设立省级金融消费纠纷人民调解委员会派驻调解工作室的模式；市级层面，统筹整合各方资源，形成人民银行机构主推、法院主导、政法委和司法部门参与的工作格局；县级层面，人民银行机构联合当地法院、政法委、司法、金融监管部门以及行政服务中心等，共同建立金融纠纷调解中心（调委会），对外挂牌“金融纠纷调解中心”“金融纠纷调解工作室”等。全省（不含厦门）57 家金融纠纷调解组织全年完成调解案件量 1.46 万余件。厦门金融司法协同中心作为全国首个一站式金融纠纷化解平台，共办结案件 1.72 万余件，标的 160.71 亿元，结案率 92.28%，审判执行时间缩短三分之二，执行到位率提升 3 倍。泉州金融纠纷一体化调处中心打造金融纠纷一体化调处新模式，入选“中国改革 2023 年度地方全面深化改革典型案例”。

【外汇管理】 2023 年，福建省深化外汇便利化改革。提升个人用汇便利化服务水平，在泉州、福州分别落地实施个人侨汇结汇和海外人才用汇便利化试点；推动境内个人境外留学学费购付汇、中资企业外派员工薪酬结汇、在华工作境外个人薪酬购汇手续便利化，全年辖内银行办理相关业务 368 笔、金额 624 万美元，业务办理时间缩短 80%；指导银行运用个人经常项目特殊外汇业务处置机制，解决保险赔付、先办后补、外币现钞赃款结汇等 43 例“疑难杂症”业务，金额合计 447 万美元。推进贸易外汇收支便利化试点，至年末贸易外汇收支便利化试点银行增至 25 家，试点企业 402 家，累计办理试点业务 8.13 万笔、金额 527.05 亿美元；全年新增试点企业 258 家，占累计试点企业数的 64.2%，新增办理试点业务笔数、金额分别占累计试点业务笔数、金额的 74.4%和 58.8%。推进台资企业资本项目管理便利化。推动拓宽资本项目数字化服务试点覆盖面，辖内招商银行、兴业银行、交通银行实现试点业务落地，业务办理时间节省 70%，参与企业和业务笔数分别比上年增长 176%和 56%。

推进外汇管理服务实体经济。2023 年，福建省支持“一带一路”海丝核心区建设，中国人民银行福建省分行联合省商务厅出台金融支持全面对接 RCEP“升级版”政策，与“一带一路”共建国家、RCEP 成员国跨境收支总额比重分别提升至 29%和 26%，均创历史新高。指导福建海峡银行修订《远洋渔业企业跨境业务管理办法》，将远洋渔业经常项目收支总量管理支持措施扩大至全辖远洋渔业企业；针对辖区远洋企业被美纳入 SDN 名单（特别指定国民名单）导致的跨境结算困难，指导经办银行按照“实质重于形式”原则为企业办理相关业务；指导平潭地区银行落实 NRA 账户（境外机构境内外汇账户）结算便利化政策，拓展 NRA 账户应用场景，推动解决平潭地区国际航运业企业外汇结算难题。支持贸易新业态发展，扩展市场采购联网平台直联银行，指导兴业银行福州分行获批凭交易电子信息办理跨境电商收结汇业务资质，全年辖内新型离岸国际贸易收支规模比上年增长 3.4 倍。指导辖内完成全省首笔投资中国—印度尼西亚经贸创新发展示范园区项目“巴塘—万信达”产业园区的款项 5400 万元汇出。开展中小微企业外汇服务提质专项行动，综合运用外汇衍生品和跨境人民币结算管理汇率风险的企业数量占比44.5%，比上年提升7个百分点，首次办理人民币与外汇衍生产品业务的企业数量增长17%；运用“汇率避险公共保证金池”等方式，降低中小微企业办理汇率避险业务的资金占用成本，共为中小微企业减免保证金8.21亿元。首批试点跨境金融服务平台上线“银企融资对接”应用场景，并落地该平台全国首笔融资授信申请和放款业务，全年共为298家企业办理融资授信112亿元，出口贸易融资中小微企业笔数占比逾六成，发放综合险保单融资规模居全国第三位。

防范跨境资金流动风险。全年强化涉汇主体非现场监管和现场核查，针对“大额预付无进口到货”“出口不（少）收汇”等异常情况，自主筛查237家企业开展专项监测核查，全年全辖上报货物贸易项下异常线索332条，涉及金额54.1亿美元；完善服务贸易非现场监测指标体系，利用系统共享监测指标对全辖服务贸易业务开展筛查，加大对服务贸易项下大额净流出等异常情况的监测核查力度，全年全辖上报服务贸易项下异常线索15条，涉及金额742.27万美元；升级完善个人外汇管理系统中主体用汇行为分析监测功能，遏制个人分拆结售汇行为，全年确定发布220个“关注名单”和“预关注”个人，上报个人项下异常线索175条，涉及金额6581.38万美元，处理个人项下违规37项，涉及金额960.30万美元。强化对具有短期出口突增、集中省外口岸出口、贸易国别多等特征的纯贸易型企业的现场核查，通过对辖区企业人民币账户资金流向、境内采购商、提单的比对分析，发现有企业疑似涉嫌出口骗税行为并移交侦查，全年全辖共对191家企业开展现场核查，降级141家企业、注销92家企业，向海关、税务、商务等部门通报异常企业362家。

开展辖内重点机构和重点领域跨境资本流动风险监测与预警，发现外商投资持续下降、银企外债“去杠杆”、证券投资跨境资本流动规模加大等苗头性、趋势性变化并及时预警，发布福建企业产业转移相关预警，促成省工信厅、发改委等五部门建立产业外迁协调跟踪机制；密切关注中资房企、城投企业境外债券偿付风险，联合开展重点中资房企业务监控；持续关注外汇资金集中运营、境外放款、数字化服务试点等重点领域重点业务风险，组织开展相关非现场监测与业务核查；以非居民账户为切入点，梳理总结相关风险及非现场分析方法，发现境内外企业利用非居民账户短时间内实现人民币资金跨境循环流动典型案例；通过自主开展集中分析、参与国家外汇管理局专题分析等方式，发现虚假欺骗性交易异常线索以及资本金收结汇、利润汇出等风险渠道，对银行卡境外交易的分析与风险提示，被国家外汇管理局采用并指定筛查全国异常情况；组织开展跨境资金流动监测与分析系统在事中事后监管中的应用研究，丰富外债异常监测指标；建立资本项目非现场联合研判机制，发现并移交辖内2020年以来办理资金收付汇业务的外商直接投资企业中涉嫌虚假外资线索。

依托福州市涉汇案件线索研判中心，以跨部门专案合作为着力点开展联合研判，至年末全省联合公安机关共破获地下钱庄案11件、骗取出口退税案15件，其中“2023.2.20虚开发票”“争锋5号”“福州0202”等专案，分别获国家打击虚开骗税领导小组办公室3次专程致信祝贺，全年查处非法买卖外汇案10件，罚没款约合人民币305万元，实现案件数、罚没款数比上年双提升。

（王勉）

银　行　业

【概况】　截至2023年末，福建省有银行业机构12大类190家，包括3家政策性银行、6家大型商业银行（含邮政储蓄银行）、12家股份制银行、6家城市商业银行、126家农村中小银行机构（40家农信社、28家农商银行、58家村镇银行）、19家外资银行、2家信托公司、4家金融资产管理公司、7家财务公司、2家消费金融公司、2家金融租赁公司、1家民营银行，共有6454个营业网点，从业人员12.69万余人。

资产规模增长。截至年末，福建省银行业机构本外币资产14.55万亿元，比年初增长8.41%；本外币负债13.44万亿元，增长8.59%。从市场份额情况看，资产规模占比排序为股份制银行44.14%（其中兴业银行37.73%）、大型商业银行（含邮政储蓄银行）28.87%、农村中小银行机构9.25%、城市商业银行9.24%、政策性银行6.32%、非银行金融机构1.42%、外资银行0.53%、民营银行0.23%。

信用风险总体可控。截至年末，福建省银行业机构不良贷款率1.04%，较年初下降0.07个百分点。风险抵补能力维持较高水平。截至2023年末，福建省法人银行业机构资本充足率、拨备覆盖率等主要监管指标均符合监管要求。其中，法人城市商业银行资本充足率13.48%，拨备覆盖率190.67%；法人农村中小银行机构资本充足率17.86%，拨备覆盖率391.80%。

（唐福来）

【厦门银行业】　截至2023年末，厦门市有各类银行业金融机构48家，其中法人银行机构6家、法人非银行机构5家、中资银行分支机构21家、外资（国）银行分行及代表处16家。银行业机构网点643个，从业人员2.18万人。银行业资产总额25408.55亿元，年初比增长6.47%。本外币各项存款余额16724.71亿元，比年初增长3.45%；各项贷款余额18575.33亿元，增长7.25%；不良贷款余额119.67亿元，不良率0.65%。

年内，国家金融监督管理总局厦门监管局联合市自贸委等部门推动设立厦门自贸区台资和航运物流企业融资增信基金以及台商发展服务中心。创新厦门银行业保险业台胞台企服务站“1+N”

工作机制，在台青基地、各台胞驿站签订合作备忘录，建立台胞金融服务专员、台胞台企金融对接会等机制。

推动金融“促消费”，印发《厦门银保监局关于金融支持恢复和扩大消费有关工作的通知》，提出12条具体措施；联合市商务局、工信局等部门指导开展消费节等系列活动，推动金融机构落地金融促消费政策。推动金融“强产业”，结合厦门市“4＋4＋6”现代化产业政策导向，印发通知指导银行业机构做好2023年厦门市重点项目金融服务；推动增信基金、企业技术创新基金规模扩大至300亿元；与厦门市建设局联合印发指导意见强化绿色金融支持绿色建筑发展。推动金融“稳外贸”，建立覆盖全辖的金融支持高水平对外开放数据监测表，设立专项监测指标，定期跟进各机构外贸金融服务情况；推进银企对接，联合市商务局指导机构上线推介RCEP相关金融产品和服务。推动金融“惠民生”，联合市工信局、商务局建立3项工作机制，推动金融机构对接中小微企业需求；会同市农业农村局等推动组建厦门市“金融支农联盟”，支持厦门市种业振兴发展；组织开展新市民金融服务“揭榜挂帅”工作。

防范化解中小法人机构风险，制定差异化风险处置方案，持续推动存量问题整改；指导5家法人银行制定、更新恢复处置计划。加大不良资产处置和资本补充力度，组织辖内银行业金融机构开展资产分类新规排查，建立不良资产入账动态监测机制；做好大型企业债务违约监测预警，健全联合授信机制，推进重点企业债务风险化解。加强重点领域风险防控，促进房地产市场健康发展，配合防范化解优质头部房企风险，建立落实“金融十六条”措施相关工作台账。打击各类非法金融活动，部署开展“案防合规提升年”活动，组织开展“银行”字样规范整改、不法贷款中介专项治理等专项工作；联合司法机关全力打击信用卡“非法代理维权”黑产。指导银行业协会组建银行业机构金融科技工作小组，推进银行机构数字化转型。

（何林珺）

【中国农业发展银行福建省分行】 2023年，中国农业发展银行福建省分行发放贷款719.14亿元；年末资产总额2174.89亿元，比上年增加233.74亿元，增幅12.04%，其中各项贷款余额2072.06亿元，增加257.01亿元，增幅14.16%，高于全省中资金融机构平均增幅1.05个百分点；贷款日均余额2036.8亿元，增加347.5亿元，增幅20.57%。年末对公存款余额297.07亿元、日均余额313.98亿元，分别较上年增加44亿元、26.97亿元。加强风险前瞻性管控，建立行领导包片督导机制、每周联动推进机制。全年贷款增速居全省政策性银行、国有大型银行首位，贷款增量居全省政策性银行首位。

保障粮食安全。立足粮食主销区实际，保障中央及地方各级储备、收购资金供应，储备粮油贷款比上年增长71.47%。服务国家“两藏”（即藏粮于地与藏粮于技）战略，支持高标准农田建设、耕地保护，农地贷款增量占贷款增量的54%；种业振兴贷款净增87%，农业科技贷款净增101%，快于全行贷款增速。

服务乡村振兴。推动脱贫攻坚成果同乡村振兴有效衔接，发放精准帮扶贷款67亿元；支持“万企兴万村”企业56家、贷款余额36.13亿元；帮助销售脱贫地区农产品4002万元。支持宜居宜业和美乡村建设，围绕水电路气网等农业农村基础设施建设，发放项目贷款423.77亿元、支持项目416个。

聚焦“四大经济”。转化福建森林资源优势为绿色金融胜势，新增支持5.1万公顷国储林建设和6800公顷森林质量提升，绿贷余额增幅56%，获国家金融监督管理总局福建监管局“绿色银行”良好Ⅰ级评价，居政策性银行首位；加快推动“海上福建”崛起，发放海洋产业类贷款34.68亿元，比上年增长83%；助力打造“清新福建”文旅品牌，支持项目74个，贷款余额超50亿元；加速赋能农业领域的数字化转型，向相关项目发放1.78亿元贷款。

深耕区域战略。融入“海峡两岸融合发展”国家战略，促成农发行总行出台《支持福建探索海峡两岸融合发展新路建设两岸融合发展示范区实施意见》。推进保障性住房、城中村改造和“平急两用”（即平时可作旅游、康养等，急时可转换为隔离场所的应急保障设施）公共基础设施建设“三大工程”，制定个性化专属服务。

助力产业提档。支持现代农业高质量发展“3212”工程、“一县一品”建设，做好“土特产”文章，发放农业产业化龙头企业贷款96.51亿元、农村流通体系贷款72.25亿元、普惠小微企业贷款7.34亿元。与农发行总行粮油部、省工商联、省粮储局联合举办产销对接推介会，组织福建省98家企业和主产

2023年8月15日，农发行福建省分行与宁夏区分行在福州召开2023年闽宁两省区农发行东西部协作联席会（农发行福建省分行）

区 100 家供方企业参加产销对接，促成 73 家企业初步达成意向合作。

赋能创新发展。开创“福路贷”路衍经济模式，发放农村路网贷款 31.81 亿元，是上年的 1.86 倍，“福路贷”模式得到交通运输部认可，并受邀在交通运输部全国会议上作经验交流；与省农业农村厅共同开展政策性金融支持乡村振兴整镇整村推进试点，纳入第一批试点项目 14 个，审批项目 2 个、授信 10.4 亿元，乡村振兴“整镇（县）推进”模式得到中农办调研认可。

深化服务品牌。推动农发行总行与福建省政府、厦门市政府、3 家大型国企签订合作协议，农发行福建省分行与宁德市政府、泉州市政府、省自然资源厅、省交通运输厅、省粮食局签订合作协议；相继成立农业政策性金融服务漳州、宁德、三明经济社会高质量发展领导小组，优化金融服务质量；持续做好减费让利，对重大项目、重点客户开辟绿色通道。（省农发行）

【国家开发银行福建省分行】 2023 年，国家开发银行福建省分行为实体经济提供融资支持近 1500 亿元，其中发放贷款 1250 亿元。截至 2023 年末，管理资产突破 5000 亿元；提前一年超额完成福建省与国开行“十四五”期间首批 3000 亿元融资合作目标。

巩固银政合作优势，推动国开行总行与福建省政府召开高层联席会，谋划新一轮 4000 亿元融资合作。国开行福建省分行与福州市政府、泉州市政府、省能化集团等签署合作协议 10 多项，达成意向融资超 6500 亿元，从源头带动项目批量开发近 2500 亿元。深化融智融制服务，国开行总行和福建省分行联动出台支持两岸融合发展示范区实施意见，形成首批重点项目 64 个，涉及总投资超 6000 亿元，获省领导批示认可。“一把手”挂帅组建“三大工程”专班，推动全国首笔配售型保障性住房贷款、首批城中村专项借款落地福州。打好“银政合作专班＋派驻工作组＋开发评审小组”组合拳，打造“财政＋企业＋金融”老旧小区改造示范项目获全国范围内示范推广，策划全省首个融资落地的 EOD 模式（生态环境导向的开发模式）项目，助力木兰溪流域综合治理。探索“贷＋债＋基”组合模式，开拓水库、码头、河道清淤等资产盘活领域，破解融资瓶颈；2023 年实现评审承诺超 1600 亿元。

保持信贷总量增长。做实“日跟踪、周调度、月通报”信贷稳增长调度机制，推动有效需求转化，全年发放人民币贷款超 1200 亿元，比上年增长超 40%，人民币贷款发放量再创历年新高。加大开发性业务贷款投放力度，截至 2023 年末，开发性业务占比达 65%。服务加强基础设施建设，实现交通、能源、水利等重点基础设施项目中长期授信承诺超 1100 亿元；发放基础设施贷款超 500 亿元，比上年增长 55%，支持全球首台 16 兆瓦海上风电机组投产、全国首个“华龙一号”批量化建设机组动工、全国首条跨海高铁通车。截至 2023 年末，分行基础设施中长期贷款余额超 2500 亿元，占全省比重约 28%，继续保持全省第一。

助推产业转型升级，建立银政“项目双向推荐”机制，组合运用技改贷款等政策，带动发放绿色产业贷款发放超 260 亿元、制造业中长期贷款发放超 120 亿元。联合金融同业发放转贷款超 300 亿元，支持中小微企业发展，并为专注主业的民企客户提供贷款 32 亿元。聚焦“一带一路”倡议，开拓境外人民币业务，推动实现马来亚银行项目发放 50 亿元，被纳入“一带一路”高峰论坛成果。全年围绕国际产能合作、稳外贸稳外资等，发放国际业务贷款超 8 亿美元。服务乡村振兴，发放涉农贷款近 300 亿元，支持城乡环境面貌改善、城乡协调发展、社会民生保障等领域，助力三明乡村振兴示范区建设与革命老区高质量发展。助力绿色低碳发展，支持能源绿色低碳发展，发放清洁能源产业贷款近 150 亿元；申请煤炭清洁高效利用专项再贷款 9 亿元，申报规模位列全省同业首位。支持住房保障体系，创新市场化批量收购存量安置房形式，推动全省首个人行试点保租房项目落地福州，全年发放保障房领域贷款近 60 亿元，助力深化“租购并举”住房体系。

（郭昕）

2023 年，国开行福建分行贷款支持的全国首条跨海高铁——福厦高铁项目（国开行福建省分行）

【中国工商银行福建省分行】 2023 年，中国工商银行福建省分行本外币全部存款余额 6588 亿元，增量 781 亿元，人民币一般性存款时点余额、本外币一般性存款日均余额均突破 6000 亿元；本外币各项贷款（含卡透）余额 6740 亿元，增量 795 亿元。

服务实体经济。支持新福建建设，在监管服务实体经济质效监测评价中连续 4 年排名年度第一。提升支持力度，提前 3 年兑现 2021 年工行总行与福建省政府签署的《全面战略合作协议》承诺；2023 年 4 月，工行总行与福建省政府签订新一轮合作协议，工行福建省分行与漳州、南平、龙岩、晋江、泉州、福州等市政府签署战略合作协议。提升服务广度，支持项目建设、民营经济、战略新兴、普惠金融、绿色金融、制造业等领域，对公、民营、制造业和绿色贷款等居福建国有银行首位，出台支持民营经济高质量发展 25 条等机制，召开民营企业座谈会，举办工行总行“百

2023 年 4 月 25 日，中国工商银行与福建省人民政府签署新一轮全面战略合作协议。图为福建省委常委、常务副省长郭宁宁（右）与中国工商银行党委委员、副行长张文武（左）代表双方签署协议　　（工行福建省分行）

城万家并购行”活动全国启动仪式和首场活动。提升让利幅度，落实减费让利政策，全年新发放贷款平均利率较年初下降 47 个基点，减费让利超 12 亿元。

筑牢风险防线。持续提升全面风险管理水平，助力区域金融稳定。资产质量方面，启动信贷提升三年行动，强化风险成本意识，推进资产质量“123”攻坚战，不良贷款额、不良贷款率、新发生逾期贷款率、劣变率均实现下降，一批抵债资产处置取得突破。内控合规方面，实施“全行抓内控、排位大提升”工作，深化“六查五改”创新机制，治理员工异常行为、信贷、挪用资金、不法中介、业务外包、反洗钱等重点领域。安全生产方面，强化安全生产责任制，开展房屋建筑安全隐患、“一楼四室”整改治理等安全生产专项治理行动，推动安防设施标准化智能化升级。

推动改革转型。加快推进重大战略落地，落实“第一个人金融银行”战略，制定并落实个金振兴 20 条，组建个人信贷业务部，提升个金条线干部能力，储蓄存款时点、日均余额均突破 3000 亿元，挂牌“闽商会客厅”3 家，资产 300 万元以上闽商客户新增近 2300 户。落实“境内外汇业务首选银行”战略，率先获批设立中国—印度尼西亚跨境人民币服务中心支持“两国双园”建设，外币贷款余额、增量均保持市场领先，在国家外汇管理局福建省分局“外汇业务合规与审慎经营评估”中连续 5 年保持 A 级水平。落实“城乡联动发展”战略，推进“乡村振兴金融服务深耕年”落地见效，创新山海经济涉农信贷产品，“茶 e 贷”系列产品入选监管普惠与绿色金融试点创新重点成果，涉农贷款增量、增速均领跑市场。落实“重点区域竞争力提升”战略，获批工行总行出台支持福建工行高质量发展政策，制定并落实支持泉州分行及福清支行高质量发展、支持福州都市圈分行高质量协同发展机制，启动福州自贸区分行、福清支行升格工作。落实“数字化转型”战略，整合金融科技部门，强化科技精英队伍，通过快速借鉴引进机制，引进数智大屏等优质项目，研发大公司金融客户视图项目等实用工具，配合工行总行参展在福州举办的第六届数字中国建设峰会，成立智慧经营管控中心及数字化运营中心，实现经营管理、风险监测、生产运行、应急指挥等数字化智慧化集中管控闭环管理。

优化内部管理。构建名单制服务机制，落实消保一把手责任制，组建投诉处置办公室，开展监管转诉百日攻坚、重点领域治理、年末收官治理等行动。成立量价协调生态构建团队，推动营业收入可持续增长、净利润比上年增长，中间业务收入、营业收入实现额均居工行系统中上水平。成立网点布局和经营优化提升团队，实施网点竞争力大提升 17 条、“211 两线一片一面建设”等措施。盘活优化固定资产，推进“轻装修微改造”，推进工银研修中心（福建）荔园校区加固改造、快安支行大楼整修及南平分行本部大楼、泉州西街“闽商会客厅”等建设项目。　　（冯骏翔）

【中国农业银行福建省分行】 2023 年末，中国农业银行福建省分行本外币各项存款余额 6791 亿元，比上年末增加 916 亿元，增长 15.6%；各项存款日均增量 933 亿元，增长 17.6%，多增 430 亿元，时点、日均存款增量 2010 年以

2023 年，中国农业银行福建省分行实现与全省各设区市政府全部签订乡村振兴金融服务战略合作协议。图为 8 月 31 日中国农业银行福建省分行与龙岩市人民政府签署金融服务乡村振兴战略合作协议　　（农行福建省分行）

来首次双居四行首位。年末各项贷款余额6067亿元，增量594亿元，比上年末增长10.9%，多增73.9亿元。实现营业收入189亿元，比上年增长3.2%；拨备前利润130亿元，增长2.8%。

服务实体经济。落实农行总行与省政府金融战略合作协议，做好重点项目、重点客户信贷投放和综合金融服务，新投放协议项目贷款2077亿元，完成年度计划的130%；投放省重点项目100个、311亿元，投放项目数量、金额均居四行第一；投资地方债466亿元，份额提高2.9个百分点。省分行被省金融办、发改委等六部门评为“服务福建经济四星银行机构”。支持民营企业发展，开展头部企业补短板、腰部企业强基础、普惠金融扩面“三大工程”，民营企业贷款比年初增加234.8亿元，增长28.5%，多增83.3亿元，获省金融办、财政厅及监管部门联合评选的“服务民营企业和中小微企业突出贡献银行一等奖”。发展普惠金融，普惠贷款在可比同业中率先突破千亿元，比年初增加265.8亿元；服务普惠客户14.2万户，增加4.3万户；贷款存量和增量、客户增量、不良率等指标均为四行最优。

服务“三农”和乡村振兴。对接福建省特色现代农业“3212”工程，做好全产业链综合金融服务，乡村产业贷款比年初增加111亿元，增长13.9%。推进农户贷款扩面提质，农户贷款比年初增加124.6亿元，多增38.4亿元，余额居全国农行系统第四位。推广“绿色金融+绿盈乡村”服务模式，共支持“绿盈乡村”农户2.85万户、贷款金额45.5亿元，全行绿色信贷余额836亿元，比年初增长69.7%。支持全省林业改革发展，创新推出林业收储、林业碳汇、林票质押贷款、“兴林贷”等林业绿色贷系列产品，入选福建省普惠金融第四批可复制创新成果，林业全产业链贷款比年初增加16.2亿元，增长11.2%。巩固拓展服务脱贫攻坚成果，保持23个脱贫县信贷投放和帮扶政策稳定，23个脱贫县支行贷款余额776亿元，比年初增加121.7亿元，增长18.6%。

助力两岸融合发展。加大对国家级台创园、闽台农业融合发展产业园的支持力度，累计为台企台农授信64.3亿元、用信34.8亿元。支持对台重大水利工程建设，审批金门供水水源保障工程项目增量授信7亿元。满足闽台优势产业合作项目融资需求，联合牵头全省投资规模最大的中外合资项目中沙古雷乙烯项目银团贷款，授信334亿元。优化台企跨境金融服务，自主研发“惠台企”系统，实现台资企业资本项目业务全流程线上处理，累计为7家台企办理线上资本项目业务165笔、金额6000万元。

拓展消费民生金融服务。开展各类优惠促消费活动，加快消费金融线上场景布局，持续做优做强消费金融服务。个人经营贷款比年初增加78.1亿元，多增15.7亿元；个人消费贷款增加24.2亿元，增长23.3%；信用卡消费额853亿元，获评福建银联2023年“消费促进奖”。健全养老金融专业服务体系，用好养老金账户业务营销专项资源，加强储蓄、理财、保险等养老金融产品供给，服务年金客户超760户，累计拓展个人养老金39万户，居全国农行系统首位。

开展“案件防控”行动，推行案防直通监测，搭建机构、员工“双画像”系统，初步构建“113”案防风控新体系。全行案防形势好转，操作风险事件数量和损失金额分别比上年下降18%、56%。加强重点领域风险排查，抓好不法贷款中介、涉企收费等专项整治，风险化解客户减少20户、风险贷款比上年下降16.6%。加快推动不良贷款清收处置，共清收处置表内不良贷款本息37.3亿元，收回已核销贷款20.5亿元。持续加强账户风险联防联控，规范处理11类线索的账户管控异议和申诉，实现电信网络诈骗涉案账户数下降。开展洗钱风险专项排查，持续推进客户身份信息治理，提升可疑交易监测分析水平，加强制裁合规管理工作，全行未发生洗钱及制裁合规风险事件，人行反洗钱分类评级保持最高等级。（杨建光）

【中国银行福建省分行】 2023年，中国银行福建省分行资产总额4990亿元，负债总额4940亿元，本外币各项存款余额4843亿元、贷款余额4010亿元。

服务实体经济。助力现代化产业体系建设，支持中沙古雷乙烯等重大项目，制造业贷款比重逐步提高，增速居四行第二。聚焦中央“民营经济31条”，支持民企通过债券等方式直接融资25亿元，居同业第一。科技金融、数字金融、绿色金融贷款、普惠金融分别比上年增长22.5%、31.39%、53.85%、36.47%；实现全国首笔挂钩地方碳市场交易债券、全省首笔“能源保供特别债”等创新产品落地；发放2.8亿元养老产业贷款，拓展个人养老金账户22.3万户。支持福建“四大经济”发展，数字、海洋、绿色、文旅贷款余额均较年初正增长，连续两年获评“服务福建经济四星银行机构”。发挥外汇业务优势，外币存款、国际结算、跨境人民币结算、结售汇市场份额保持四行第一且份额提升。

推进服务渠道建设。推进“十四五”渠道运营规划实施，全面升级智慧运营与网点转型。推动网点形象升级，累计建成63家V5.0网点，组织辖内宁德分行营业部获2022年银行业营业网点文明规范服务百佳示范单位。深化网点差异化建设，全辖建成重点特色网点230家，共410个特色方向，激发差异化竞争优势。参与数字中国建设峰会，紧扣“数字中银”，以“全球服务数领时代”为主题展示中行福建省分行在持续加快推进全面数字化转型和持续创新数字金融服务等领域实践成果。深化政务合作，投产智能柜台社保卡发卡，推广预售房资金监管系统、智慧住建平台。推动数字人民币在各个业务场景的推广应用，协助完成“福建广电网络”数字人民币线上支付、省联社对公钱包、国库数字人民币代发等相关数币业务的投产工作，数字人民币所有核心指标均实现“保二争一”目标。

推进全面风险管理。完善风险研判排查六闭环工作机制，统一风险管理体系架构，推动全面风险管理体系框架完善、提升管理有效性。持续加大不良资产清收化解力度，加强重点领域风险研判，资产质量总体稳定，不良率优于总行标杆值，逾期贷款、逾期率，关注贷款、关注率均较上年末实现“双降”。强化内控合规管理，持续开展“护航行动”，完善“六位一体”内控案防体系、“四位一体”排查机制，推进基层经营性机构二道防线内控评价工作，形成纵贯到底的内控评价体系，持续织密内控案防防护网。（叶敏梅）

【中国建设银行福建省分行】 2023年，中国建设银行福建省分行落实福建省政府与建行总行签署的“十四五”战略合作协议，存款、贷款、客户等主要经营指标连续20年保持全省四大国有银行首位，为实体经济提供综合融资7900亿元，减费让利26.7亿元。年内，不良贷款额、不良贷款率连续三年“双降”，在全省银行业安全评估初评中，居国有大行第一。

聚焦重点领域，服务实体提质增效。发挥集团全牌照优势和服务重点项目、基础设施的传统专长，向制造业、基础设施等重点领域投放贷款占比96%，提供直接融资442.7亿元；为数字、绿色、海洋、文旅“四大经济”分别授信4945亿元、3610亿元、1017亿元、141亿元。依托金融同业中独有的工程造价服务，为建设项目节省投资5.2亿元。创新驱动新质生产力。率先打造“不看‘砖头’看专利”的“技术流”信用评价体系，创新“星光”科技金融专属服务方案，为科创企业提供专门评价、专属产品、专业服务、专项保障“四专”服务；与国家制造业转型升级基金等共同设立的“中化创新（泉州）产业投资基金”获评“2023年福建科创金融优秀案例”。支持民营经济强省战略。出台支持民营经济发展壮大20条，信贷支持17万家民营企业，利率下调25个基点。支持小微企业发展。提升小企业、个体户及中低收入群体金融服务的可得性、适配性与精准性。运用“金融＋场景＋渠道”，加快与各设区市政务数据对接，创新大数据产品20多项，普惠贷款余额超千亿元，线上业务占比达94%。创新产品“商户云贷”以最高分获评“福建省服务新市民十佳金融产品”。

聚焦内外循环。推动惠民生促消费。发挥“零售信贷第一大行”优势，融入“全闽乐购”，发展信用卡及消费信贷，助力拉动消费1800亿元。依托高频生活场景一站式服务平台“建行生活”，为近9000家商户免费线上开店、免费引流增效。开展“717美好生活节”，与中央电视台联名打造《“小美好”中国行》栏目走进泉州，助力“福文化”输出。服务对外开放。先行先试跨境及外汇便利化业务16项，为外贸企业提供融资1214亿元；支持RCEP贸易便利，为中国—印度尼西亚经贸创新发展示范园区定制综合金融服务方案，与RCEP国家跨境收支比上年增长60%。支持闽台融合。依托建行两岸“三个机构”（建行福建省分行、厦门市分行、台北分行）和“两个总行级中心”（建行两岸跨境金融中心、两岸同业金融中心），实施服务闽台融合高质量发展20条专项方案。落地全省首个“数字人民币＋台陆通APP”应用场景，全省首批上线“福旅通”项目，全省首推平潭对台小额商品交易市场专属跨境金融服务。累计对台收支1540亿元，对台跨境融资973亿元。

聚焦民生实事。支持安居优居，批量下调40万户个人住房贷款利率，全年让利超10亿元；与不动产登记和交易中心联动，在同业中率先推出二手房“带押过户”登记新模式。投放全省同业首笔商业银行保交楼贷款、首笔保交楼配套支持贷款，按揭累计支持37个保交楼项目，交楼13个。实施住房租赁战略，升级运营“CCB建融家园”，服务建设保障性租赁住房3.8万套。实现人行住房租赁支持计划项目系统内首笔突破。服务福建公租房实现全流程线上办、全周期监督。融入乡村振兴，服务区域协调发展。创新“全产业链、全客群、全场景”的涉农服务模式，为古田食用菌、安溪铁观音、平和蜜柚等产业输出提供综合金融解决方案，支持“一县一品”“一县一特色”；与省农业农村厅深化合作，承建福建省农村产权流转交易信息平台，全年交易2800宗，成交金额32亿元，服务农村产权进入市场、阳光交易、助力农民增收。辖内全国级文明单位数量系统领先，94%的县以上机构拥有各级文明单位称号，个人客户满意度评价四大国有银行第一。泉州南安支行营业部获“中国银行业文明规范服务百佳示范单位”，辖内百佳示范网点增至2家。开放全辖465个网点智能柜员机提供政务服务252项，打造“百姓身边的政务大厅”，提供政务服务22.4万笔。（叶儒文）

【中国邮政储蓄银行福建省分行】 2023年，中国邮政储蓄银行福建省分行总资产3352亿元，比上年增长9.66%。各项存款余额2933亿元（人行福建省分行口径），比上年增长8.98%；各项贷款余额2424亿元（人行福建省分行口径），增长13.08%；存贷比82.63%；不良贷款率0.77%，保持同业较优水平。

服务实体经济。融入福建经济社会发展大局，履行与省政府签订的战略合作协议，全年支持福建经济发展意向融资金额1967亿元，完成年度计划目标的151.28%。支持福建省重点项目建设，在高速公路、清洁能源、城乡供水一体化项目、储备林建设等领域发力，为30个重点项目发放公司贷款21.54亿元。持续加大对民营、制造业企业的支持力度，截至2023年末，福建省分行各条线民营贷款余额合计1197.23亿元，比上年增加204.88亿元；制造业贷款余额292.43亿元，增加46.61亿元。

助力乡村振兴。聚焦“一县一业”

2023年10月10日至11日，由邮储银行福建省分行独家支持的第八届“创客中国”福建省中小企业创新创业大赛暨第六届“创响福建”大赛全省总决赛及颁奖仪式在福州举行。图为现场授信仪式　　（邮储银行福建省分行）

“地理标识”，围绕优势产业链上下游穿透式开发的思路，持续开发“福”系列产业贷，打造茶、海、林、果、菌、商、医、畜、粮、纺等特色产业贷款。推进服务“三农”，以“整村授信、普遍授信、主动授信”为抓手，以“乡村振兴人才贷”为切入点，累计建成信用村12228个、行政村覆盖面85%，累计发放信用村小额贷款1063.35亿元。推动农业农村大数据平台建设和对接，参与建设福鼎市农村生产要素流转平台、宁德市生产要素平台，对接福建省乡村振兴（扶贫惠民）资金在线监管平台、晋江乡村治理积分系统等4个农业农村大数据平台。截至2023年末，福建省分行涉农贷款余额881.16亿元，比上年增加136.23亿元；普惠涉农贷款余额390.33亿元，增加63.6亿元。

践行普惠金融。加大创新力度，推出科创e贷、首贷专属产品；与科技厅、省发改委、财政厅等政府部门联合开展专精特新、企业创新创业等专项活动，完成政策性贷款投放任务，提升对专精特新、中小微企业的支持力度。截至2023年末，福建省分行普惠小微贷款余额750亿元，比上年增加121亿元。

支持绿色经济。运用FTP定价（内部资金转移定价）优惠、财务补贴、碳核算积分卡等切实措施，拉动辖区绿色资金投放增长，创新推出“绿色信贷评分卡”技术，成为首家将绿色发展指标在贷款环节进行量化的金融机构。举办“2023年绿色金融·木兰溪论坛”。截至2023年末，福建省分行绿色贷款（2020版人行绿色信贷统计口径）余额159.2亿元，比上年增加38.67亿元。

服务新市民。强化科技支撑，搭建新市民客户标签体系，改变业内专属卡识别的方式，扩大服务覆盖面，服务新市民客户群体超43万户。推出“新市民”首款专项信贷服务方案，根据客户群体所属类型采用多种模式提升贷款的可得性。该项目获得福建省银行业协会与福建省保险行业协会颁发“福建首届服务新市民十佳金融产品”。

加大消费者权益保护和反赌反诈力度。落实金融知识普及教育常态化工作，配合国家金融监督管理总局福建监管局开展“五进”宣传活动，获评福建监管局2023年集中性消费者教育宣传活动优秀组织单位；在“新福建”APP推出《“邮”我来守护权益有温度》专栏。辖内营业机构监测堵截异常交易，报警处置93笔，挽回资金损失623.1万元，配合抓获41名犯罪嫌疑人，受到属地公安表扬11次。

推进减费让利。持续降低市场主体经营成本，全年承担客户抵押评估费、登记费等3013万元。采取发放优惠利率贷款以及加大提质增效、纾困贴息贷款等工作措施。截至2023年末，福建省分行新发放实体贷款1780亿元，综合执行利率较上年下降43个基点，实现让利7.70亿元。　　（张中豪）

【兴业银行】　截至2023年末，兴业银行总资产超10万亿元；年末各项贷款5.83万亿元，较年初增长9.16%；年末各项存款6.57万亿元，增长11.73%。全年营业收入超2100亿元；企金客户140.14万户，较年初增加16.42万户；零售客户1.01亿户，增加952.43万户。不良贷款率1.07%，较年初下降0.02个百分点；拨备覆盖率245.21%，上升8.77个百分点，资产质量和风险抵补能力在同业中保持较高水平。年内，兴业银行居国内系统重要性银行第三组，在中国银行业协会稳健发展能力评价结果中保持第六位，再次获英国《银行家》“2023中国年度银行”大奖，明晟ESG评级由A级升至AA级，成为唯一一家连续5年获得境内银行业明晟ESG最高评级的银行。

加大金融供给，加强信贷资产构建，贷款增量保持股份制商业银行前列。制造业中长期贷款3808.96亿元，较年初增长36.6%；普惠小微贷款5257.28亿元，增长25.77%；涉农贷款6647.6亿元，增长21.59%；科创金融贷款4532.12亿元，增长31.88%；民营企业贷款1.31万亿元，增长16.72%。持续让利实体经济，境内人民币贷款收息率比上年下降33个基点，其中通过采取LPR重定价、下调存量房贷利率等方式，向企业和居民客户让利75亿元。

持续打造绿色银行、财富银行、投资银行。绿色银行方面，服务低碳行业发展，支持高碳行业转型，绿色融资余额1.89万亿元，较年初增长17.27%，其中降碳领域融资占比升至56.26%；财富银行方面，保险、基金、贵金属等业务实现较好增长，兴银理财管理规模2.26万亿元，增长8.18%，继续保持市场第二位；投资银行方面，非金债承销规模7306亿元，增长6.49%，重回市场第一位，发挥兴业国信股权投资平

2023 年 6 月 19 日，福建省科学技术厅与兴业银行战略合作签约仪式在福州海峡会展中心举行，各地市科技局与兴业银行福建省内各分行签署战略合作协议

（兴业银行）

台作用，并购、银团、类 REITs、资本市场、资产流转等领域主要指标保持市场前列。顺应“地产—基建—金融”旧三角循环转向“科技—产业—金融”新三角循环的发展大势，加快挺进“五大新赛道”，科技金融、普惠金融、能源金融、汽车金融、园区金融项下企金贷款分别较年初增长 27.84%、23.95%、16.16%、26.14%、27.39%，支持培育新质生产力、建设现代化产业体系。融入“数字中国”时代浪潮，加快数字化转型，持续推进科技万人计划、加大科技资源投入，年末科技人才增至 7828 人，“兴火·燎原”创新马拉松大赛成为数字中国建设峰会数字中国创新大赛·数字金融赛道的核心赛事之一。持续重塑全行业务架构、数据架构、技术架构，首次发布企业级数据字典，《企业级用户体验标准化设计规范》被中国人民银行认定为行业首发标准，企业级智能反欺诈平台荣获中国人民银行金融科技发展二等奖，连续两年获评金融行业信创工作优秀单位。设立数字运营部，开展场景生态建设，手机银行、兴业普惠、兴业管家、兴业生活、钱大掌柜、银银平台的核心指标快速增长，开放银行 API 增至 1941 个，截至 2023 年末，累计开立个人养老金资金账户 424.91 万户、数字人民币钱包 505.61 万个。

融入新福建建设。继续加大金融资源投放力度，年末省内各项存贷款总量 2.95 万亿元，较年初增长 11.97%，规模稳居市场第一位。发挥综合经营优势，为实体经济发展提供多元融资服务，全年为省内客户提供各类融资超 8200 亿元，投资省内地方债、承销非金融企业债均保持市场第一位。持续调整业务结构，“四大经济”领域贷款余额 1705.72 亿元，较年初增长 11.07%；普惠小微贷款余额 1098.77 亿元，增长 12.23%；制造业贷款余额 1149.45 亿元，增长 10.95%；科技金融贷款余额 808.14 亿元，增长 15.53%。落实新时代民营经济强省战略，制定《服务福建新时代民营经济强省战略行动方案》，出台 26 条举措，在福建省内民营经济贷款余额近 3000 亿元，连续 4 年获评“服务福建民营和中小微企业突出贡献银行”。助力两岸融合发展示范区建设，制定《支持海峡两岸融合发展示范区建设行动方案》，出台 31 条举措，推动省内 15 家对台服务重点支行成为区域对台服务标杆网点。省内分行不良贷款率 0.52%，较年初下降 0.05 个百分点，低于全省银行业平均水平。设立兴业银行慈善基金会，开展公益慈善活动，在首届“福建慈善奖”中获评“爱心捐赠企业（机构）奖”。连续两年获“服务福建经济五星银行机构”称号。

（张昱洋）

【中信银行福州分行】 截至 2023 年末，中信银行福州分行总资产 1129 亿元，较年初增加 19 亿元；自营存款总量 998 亿元，增加 33 亿元；综合融资规模 2182 亿元，增加 485 亿元。实现营业净收入 26.3 亿元，比上年增加 1.37 亿元。

提升服务实体经济质效。落实国家宏观政策导向和监管要求，制定贯彻落实中央金融工作会议精神实施方案，加大对实体经济重点领域信贷支持力度。对接支持百亿元龙头成长计划、千亿元集群培育计划，助力民营企业转型升级、龙头企业做大做强。制定支持民营经济发展壮大行动方案，与福建 12 家民营企业签署“走出去”战略合作协议。持续完善普惠金融敢贷、愿贷、能贷、会贷长效机制，推广政采 e 贷、物流 e 贷、经销 e 贷、订单 e 贷、科创 e 贷等普惠线上产品，融入绿色金融、脱贫攻坚、乡村振兴各领域环节，助力小微企业解决融资难、融资贵问题。截至年末，战略新兴、乡村振兴、绿色信贷、普惠金融、制造业中长期贷款较上年分别增长 17%、11%、32%、20%、11%。获评监管部门乡村振兴考核、绿色银行监管良好等次，民营企业和中小微企业发展激励评价三等奖。实现连江县“乾动 2 号”深远海智慧渔场项目首笔贷款投放，成为全国股份制银行首个落地的农业农村基础设施重大项目，并入围全国乡村振兴优秀案例。服务正力海工、宁德时代案例获评福建省绿色金融典型案例。发挥集团协同优势，全年中信集团驻闽分支机构为福建省提供综合融资规模 1423 亿元，较上年增长 27%。

加强消费者权益保护。聚焦“一老一少一新”常态化金融宣教 700 次，触及消费者 650 万人次。创建省级乡村金融宣教基地“金融快乐大本营”、携手美团举办新市民金融座谈会，原创反诈宣传片在国家反诈中心及监管线上渠道宣传。连续 2 年获国家金融监管总局福建监管局、人行消保评价“双 A”，连续 3 年获总行“消费者权益保护优秀分行”。

强化风控内控管理。推进审管检一

体化改革，践行“五策合一＋特色支行”模式，提升前瞻研判能力和对重点行业、区域、客户、产品的专业化经营与风控能力。宣贯监管新规、监管焦点；严格授权管理，落实关联交易新规，开展二级分行重要领域督导检查；加强“关键少数”合规意识引导和履职能力监督；推动风险识别监测、合规前置审核、反洗钱管理等深度嵌入业务流程；推动大数据分析、非现场模型等科技手段在违规监测、风险预警、整改验证方面运用。强化反洗钱管理，常态开展可疑资金监测。　　（郭立锋）

【光大银行福州分行】　2023年，光大银行福州分行支持实体经济发展。债券融资方面，首次牵头注册DFI（储架发行资质）发行落地（福建省冶金控股），深化分行与省属优质国企合作；托管业务方面，落地分行首笔保险债权投资计划7亿元和首笔家族信托项目1亿元；供应链方面，落地光大银行福州分行首笔“1＋N”保理（“e付通”）业务，办理“e付通”融资7628.59万元，实现战略客户宁德时代的供应链融单下的首笔投放；保函业务方面，为3家重点客户（九龙江、马尾造船、东南造船）开立保函，折合人民币近15亿元；贸易融资方面，通过同业代付渠道满足客户融资需求，落地光大银行福州分行首笔人民币同业跨境代付业务。助力为军惠军，对接军队单位，实现光大银行福州分行首笔军人住房公积金贷款投放。

科技赋能。受理福建省电力标记化付款清算项目、美团新助贷业务核销项目福建省电力预付费新增渠道项目、福州分行退役军人金融服务专区项目、字节放心借助贷影像件采集项目等重点软件开发项目55个，在总行创新管理团队的协助下，完成项目协同督办系统、固定资产申购系统、FPA（对公综合融资规模）大资产项目储备管理系统等申报工作并取得相关知识产权证书18个。

支持民生。发挥云缴费业务优势，全年便民缴费总量286亿元、8737万笔，覆盖基础民生、非税、交罚等领域；通过智慧出行、智慧医疗、教育考试、智慧物业等多场景介入，在政务一网通办平台输出实现突破，完成市级政务平台“e福州”的签约工作。

零售金融。通过打造养老、拥军、便民等民生服务场景，加强个人养老金、三代社保卡、优待证、ETC等基础零售金融服务。截至2023年末，累计新增个人养老金客户2.6万户，累计新增三代社保卡客户6256户，累计激活1.62万张优待证，累计服务ETC客户18.48万户。　　（吴晓曦）

【外资银行】　截至2023年末，福建省共有外资银行19家，从业人员930人。资产负债规模双降，资产总额764.69亿元，比年初减少26.11亿元，下降3.27%；负债总额616.03亿元，减少32.06亿元，下降4.95%。信贷投向逐步优化，各项贷款余额312.01亿元，比年初下降14.66%，主要投向制造业和批发零售业，余额占比过半，住宿餐饮业、文化娱乐业等消费贷款明显增长。存款稳中有增，各项存款余额379.29亿元，比年初增加10.4亿元，增长2.82%，其中单位存款、个人存款分别占比90.09%、9.74%。资产质量有所改善，不良贷款余额与不良贷款率“双降”，年末不良贷款率0.84%，下降0.6个百分点。　　（唐福来）

【福建省农村信用社联合社】　2023年，福建省农村信用社系统开展学习贯彻习近平新时代中国特色社会主义思想主题教育，深入基层开展调查研究，专题调研报告《强化金融供给，精准“滴灌”林业发展》被省委纳入福建省主题教育典型案例汇编。截至2023年末，全省农信系统总资产12970.61亿元，较年初增长9.76%；各项存款10150.51亿元，增长8.11%，其中住户存款市场份额位居全省第一；各项贷款7226.16亿元，增长12.17%，高于全省银行业平均水平4.02个百分点，涉农贷款、普惠型小微企业贷款市场份额居全省前列；实现财务收入576.04亿元，净利润106.43亿元；实现入库税收45.68亿元；全年减费让利58亿元。省农信联社综合履职评价连续两年保持全国第二，入选福建企业百强榜，居全省银行业第二位。

实施“党建＋金融助理＋多社融合”战略工程，构建高质量“乡村振兴市场共同体”。与省林业局共同推广“福林”系列金融品牌，涉林贷款市场份额超30%，连续10余年保持全省银行业首位，尤溪联社助推林改创新举措获央视《焦点访谈》栏目报道宣传。打造集政务、金融、电商、物流、民生“五位一体”的福农驿站232家，与省总工会联合建设320家“劳动者驿站”，其中10家为2023年省委、省政府为民办实事项目。连续7年联合省政府发展研究中心开展“福建民生入户调查工作”。与福建省广播影视集团等联合出品的大型乡村振兴题材纪录片《上新吧，福味》及新农人公益短片《村里的年轻人》，全网传播量超1.75亿次，助力长汀河田鸡等诸多“国家地理标志”农产品、福建土特产销售。

落实新时代民营经济强省、建设两岸融合发展示范区等战略部署，发放全省首笔对台数字人民币贷款、首笔台湾居民居住证贷款；“金服云”平台贷款笔数、金额分别占比69.86%、26.34%；投放政策性贷款超556亿元，其中投放提质增产争效专项贷款笔数、金额分别占全省银行业总量的90.86%、60.74%。融入扩大内需战略，社保卡累计发卡突破2000万张，占全省常住人口近一半；助力消费贷款余额超1450亿元，发放新市民贷款余额近180亿元，比年初增长超两倍；“福膳·小吃贷”入选福建省首届服务新市民十佳金融服务产品。连续10年开展捐资助学活动，累计资助困难学生16167人，为39.66万名学生提供生源地助学贷款82.64亿元，市场份额超80%；连续3年获福建省金融机构服务乡村振兴考核评估“优秀”等次；在福建省2022年度银行机构服务民营企业和中小微企业发展激励评价中，省农信联社获一等奖，位列第

2023年，福建省农村信用社联合社实施“党建＋金融助理＋多社融合”战略工程。图为武夷山农商银行金融助理到兴田镇金丝皇菊合作社种植基地帮忙采摘金丝皇菊，并了解种植情况及资金需求　　（福建省农村信用社联合社）

一名。

推进省联社改革，改革方案行文报送国家金融监督管理总局，取得阶段性突破，推进重点农信社优化股权结构，探索建立农信特色的公司治理模式。融入数字福建建设，出台数字化转型三年行动规划，创新推出福建农信首款企业线上贷款产品。实施福农综合战略，新农主体系统实现全省县、区全覆盖。依托“福农e政”平台累计发放财政性资金97.67亿元，服务2180.75万人次，福农综合服务平台获评“2022年度福建省十大金融创新项目”二类项目，“福农e政”平台入选“非凡十年·福建金融业20件大事”，“新型农业经营主体管理及信用分级评价试点”案例入选农业农村部2022年地方金融支农十大典型案例。

建设高素质复合型的金融人才队伍，推动乡村振兴金融指导员（金融助理）与驻村第一书记、科技特派员、乡村振兴指导员等协同联动，在全省派驻金融助理6360人、聘任乡村振兴信息员4833人，推动4472名金融助理受聘为乡村振兴金融指导员，参与乡村治理。加强党建党风廉政建设，推进模范机关创建，持续深化党支部“达标创星”活动，强化监督执纪问责，组织对14家行社党委常规巡察、3家行社党委巡察“回头看”。

防范金融风险，在2021年实现高风险机构“清零”（全国第四个省份）的基础上，紧盯重点机构，“一行一策”提出帮扶措施，持续巩固化险成果。推动村镇银行改革发展化险，健全主发起行主导的治理结构，推动省外村镇银行转让退出、重点村镇银行提质化险。

（杨琳）

证　券　业

【概况】　2023年，福建辖区（不含厦门，下同）资本市场总体平稳有序运行，上市公司和挂牌公司质量提升，证券、基金、期货机构持续规范发展，推进场外市场建设，增强辖区资本市场服务地方实体经济能力。

直接融资增长。辖区企业通过资本市场累计实现直接融资2363.21亿元。其中，2家新上市公司实现首发融资23.94亿元；1家上市公司实现股权再融资3.76亿元，30家次上市公司通过发行债券融资1192.92亿元（19家次上市公司通过公司债、可转债等融资368.42亿元，11家次上市公司通过银行间市场融资824.5亿元）；187家次非上市公司通过发行公司债券、企业债、资产支持证券（证监会主管ABS），实现直接融资1138.4亿元；13家次新三板挂牌公司通过定向发行股票等方式，累计实现股权融资4.19亿元。有1家上市公司公告开展并购重组，未披露重组金额。辖区新增2家企业在沪深交易所上市，新增在审IPO企业9家（含申报北交所4家），新增辅导备案企业13家（含拟申报北交所4家），新增新三板挂牌企业6家。

上市公司质量提升。辖区共有境内上市公司105家（含北交所上市公司），总股本1407.63亿股，总市值22629.81亿元。根据上市公司披露的2023年年报，截至2023年底，辖区105家上市公司资产总额122223.27亿元、净资产14634.56亿元；2023年实现营业收入13987.47亿元，实现归属母公司股东的净利润1397.28亿元；平均每股收益0.99元，平均净资产收益率9.83%。辖区72家次上市公司累计披露实施现金分红600.48亿元。辖区共有新三板挂牌公司131家，流通市值620.93亿元，其中创新层公司47家、基础层公司84家。截至2023年底，辖区已披露2023年年报的117家新三板公司的总资产1072.10亿元、净资产237.91亿元；2023年实现营业收入365.96亿元，实现净利润10.68亿元。

证券期货经营机构发展。辖区有证券公司2家、基金公司2家（注册地在福建辖区，经营总部在上海）、证券投资咨询公司1家、证券子公司4家、证券基金分支机构438家（其中，证券分公司67家，基金分公司3家，证券营业部368家）。辖区有期货公司3家、期货子公司2家、期货分支机构77家（其中，期货分公司11家，期货营业部66家）；有期货交割库19家、交割品牌21个，另有10余个期货交割库在设立准备中。辖区2家证券公司总资产2739.79亿元、净资产609.67亿元、净资本449.50亿元；全年实现营业收入79.82亿元，实现净利润21.83亿元。辖区证券基金交易额19.62万亿元。辖区3家期货公司总资产365.23亿元、净资产29.41亿元、净资本19.96亿元，保证金余额324.94亿元；全年实现营业收入4.64亿元，实现净利润0.84亿元。辖区期货交易额7.48万亿元。辖区有已登记备案的私募基金管理人235家、私募基金产品1822只，管理资金规模1531.74亿元。

场外市场建设。海峡股权交易中心新增挂牌企业36家，新增企业融资55.84亿元。海峡股权交易中心展示企业8077家、挂牌企业220家；托管企业289家，托管总股本28.496亿股；累计实现企业融资211.35亿元。

（曾凌锋）

厦门大学、中国金融期货交易所投资者教育纳入国民教育体系合作备忘录签约仪式在厦门大学举行　（厦门证监局）

【厦门证券业概况】 2023年，厦门市新增通达创智、路桥信息、思泰克3家上市公司。截至年底，厦门共有境内上市公司67家，其中主板43家、创业板20家、科创板3家、北交所1家。上市公司总股本423.05亿股、总市值5853.11亿元。2023年，厦门上市公司发行股票和债券融资235.28亿元。

2023年，厦门67家上市公司共实现营业收入20597.53亿元，比上年减少10.43%，归属母公司股东的净利润340.90亿元，增长9.66%。厦门非上市公司通过交易所市场发行公司债和企业债筹资366.80亿元。厦门企业发行证监会主管资产支持证券（ABS）106.77亿元，基础资产主要为个人消费贷款、租赁资产、应收账款、供应链账款等。

截至2023年底，厦门有证券公司2家、证券公司分公司39家、证券营业部106家、证券投资基金公司2家、证券投资基金分公司2家、独立基金销售机构分公司1家、证券投资咨询公司1家。年内，国泰君安证券设立1家分公司，光大证券、国海证券、西部证券各设立1家营业部。长城国瑞证券有限公司在全国拥有营业网点25个；金圆统一证券有限公司在全国拥有营业网点4个。

2023年，厦门证券交易总额7.99万亿元，比上年增长3.52%；证券经营机构利润总额2.01亿元，减少46.72%。截至2023年底，各证券经营机构融资融券余额260.70亿元，股票质押回购余额70.20亿元。厦门投资者开立证券账户数为692.29万户，比上年增加45.41万户；资金账户数257.41万户，增加13.67万户；从业人员2527人，减少2人。

截至2023年底，厦门有期货公司2家、期货分公司28家、期货营业部16家。2023年，民生期货设立1家分公司，永安期货、和合期货各1家营业部升格为分公司，浙江新世纪期货、华融融达期货各撤销1家营业部。瑞达期货股份有限公司在全国拥有营业网点47个；国贸期货有限公司在全国拥有营业网点22个。厦门期货交易额10.08万亿元，比上年增长6.72%；期货经营机构实现利润总额4.86亿元，减少3.92%。截至2023年底，厦门期货投资者开户数12.46万户，比上年增加1.55万户；期货经营机构总资产334.24亿元，减少7.58%；期货从业人员969人，增加50人。

2023年，厦门证监局组织各类现场检查68家次，出具监管关注函、行政监管措施等123家/人次。全年承办各类案件15件，其中对2家涉嫌财务造假、财务“洗澡”的上市公司和1家违规担保的上市公司实控人进行立案调查，1家作出行政处罚。厦门证监局罚没款金额1850.65万元。推动法院对厦门证监局移送的2件案件作出刑事判决，强化行政追责与刑事追责衔接；与厦门市检察院签署合作备忘录，建立六大协作机制，推动行政执法与检察履职衔接。推动厦门市中院对福建省首例证券纠纷普通代表人诉讼作出民事判决，上市公司需向257名投资者赔偿5521.36万元。开展私募基金债券领域涉众、涉结构化发债，涉地方政府融资平台风险排查，持续压降私募基金风险，风险规模压降率97%。推动金交所存量风险规模压降近九成。做好城投债等债券风险排查处置，推动2家中高风险民营房企发行人化解、缓释50.9亿元债券违约风险。

年内，厦门证监局联合市金融监管局、沪深北交易所、行业协会、市场专家等力量，持续开展法规宣传和业务培训。组织上市公司、拟上市企业、证券机构、私募基金等培训40余场次，参训参会上万人次。开展全面注册制改革宣传、“5·15全国投资者保护宣传日”、防非宣传月、2023年宪法宣传周等活动，重点加强网上投教普法力度，全年普法投教宣传覆盖厦门200多万名证券期货投资者和400多万名市民。11月，厦门证监局联合中金所、厦门大学举行合作备忘录签约仪式，推动辖区投资教育纳入国民教育体系。

企业上市资源培育。2023年，厦门证监局落实福建省《加快推进企业上市行动方案》和厦门市《进一步推进企业上市提高上市公司质量若干措施》《金融支持稳经济保增长促发展若干措施》，联合沪深北交易所、市金融监管局和各区，持续开展政策宣传和业务培训。强化辅导监管，督促企业提升规范运作水平，推进IPO（首次公开募股）。年内，全市3家企业首发上市，上市公司共67家，在全国各城市中排名第19位。截至2023年底，全市有辅导备案的拟上市企业23家，其中星宸科技IPO获得证监会注册、4家企业通过交易所审核、3家企业正在申报上市。

上市公司质量提升。2023年，厦门证监局落实厦门市《进一步推进企业上市提高上市公司质量若干措施》，实施新一轮提高上市公司质量三年行动方案，持续开展上市公司治理专项活动，督导上市公司规范“三会”运作，落实独立董事新规。厦门市上市公司持续加大研发投入，国家级专精特新“小巨人”企业增至22家。全年实施并购重组51家次、交易总额147亿元；实施现金分红135.04亿元。2家上市公司获评公司治理最佳实践案例，4家入选ESG优秀实践案例，14家公司信息披露工作被沪深交易所评为A级。

证券期货机构。2023年，厦门证监局支持金圆统一证券申请设立另类子公司，支持国贸期货完成增资5亿元，支持瑞达期货向香港子公司增资1.8亿元、获批创业板ETF期权做市商资格。支持瑞达期货、国贸期货设立科技子公司，加强金融科技建设。指导金圆统一证券发挥专业优势，加强上市资源培育，保荐路桥信息在北交所成功上市，成为全市首家北交所上市公司。指导国贸期货基金销售业务展业。引导期货机构帮助实体企业防控价格风险，瑞达期货、国贸期货累计开展43个“保险+期货”项目，名义本金15.06亿元，累计为401家企业提供场外衍生品服务，名义本金1071.27亿元。

私募基金行业。2023年，厦门证监局会同厦门市有关部门联合开展私募基金“照前会商”和“双清理”，打击“伪私募”，支持辖区私募机构开展业内交流提升，建设厦门古地石等基金小镇。截至2023年底，全市登记备案私募基金管理人339家，管理基金2427只，管理规模（实缴规模）1891.05亿元。私募机构投资半导体、计算机运用、生物医药等科技创新行业，助力实体经济发展。

多层次资本市场。2023年，厦门证监局协同厦门市地方金融监管局持续指导厦门两岸股权交易中心积极提供信息展示、业务培训、管理咨询、财务顾问、融资中介“一条龙”服务，办好“台资板”，筹备“专精特新”专板。截至2023年底，厦门两岸股权交易中心挂牌展示纯托管企业4929家（其中台资企业1301家），全年实现融资8.01亿元。推动企业通过交易所债券市场融资，重点鼓励符合条件的企业通过债券创新品种融资。全年全市企业共发行公司债、企业债、资产支持证券（ABS）89只，募集资金682.68亿元，其中金圆投资集团发行全国首批两岸融合发展公司债券5亿元，发行福建省首单绿色科创债7亿元；建发房产在交易所市场发行房地产企业债券9亿元，为企业债券纳入公司债券管理体系后，房地产企业债券在交易所市场的首次发行。

（李永毅）

【兴业证券股份有限公司】 2023年，兴业证券股份有限公司实现营业收入106.27亿元，净利润26.68亿元，归母净利润19.64亿元。截至2023年末，公司资产总额2736.11亿元，较上年末增长11.29%；净资产609.71亿元，增长7.27%；归母净资产563.72亿元，增长7.86%。

财富管理业务。加强全财富业务链条协同机制，构建兴证财富投顾陪伴服务新模式，聚焦基础客户搭建“大平台、小前台”财富管理线上服务体系，并持续推进家族财富办公室服务体系建设，客户规模进一步增长；持续完善机构经纪业务服务体系，对重点机构客户的综合服务覆盖能力增强，券商交易结算领域保持先发优势；产品生态持续丰富，代销金融产品领域居行业前十；公募基金探索产品和业务模式创新，并在公募FOF（专门用于投资其他基金的基金）、个人养老金产品管理等领域保持优势；券商资管受托管理资产规模保持增长，并获批公募基金管理业务资格；私募股权基金管理多元化募资模式实现突破，管理规模增长。

机构综合服务。完善机构客户服务体系，推动机构客户扩容，股权融资业务布局注册制改革新机遇，深耕重点区域、重点行业，融资规模和业务收入居行业前列；债券融资业务保持福建区域的压倒性优势地位，并推进绿债、乡村振兴债、创新创业债、科创债等品种发行；证券研究业务创收创誉水平居行业第一梯队，并在产业研究、智库服务和绿色金融研究等领域拓展；资产托管与基金服务业务保持竞争优势，期末存续托管证券类私募投资基金产品数量行业

2023年6月16日，以“数智向兴，业以致远”为主题的兴业证券数字品牌发布仪式在福州举行 （兴业证券）

领先。

证券投资业务及其他方面。坚持价值投资，投资管理能力长期居业内前列，并布局场外衍生品业务，业务规模提升；另类投资业务结构优化，投资规模增长；国际化布局方面，新加坡子公司开业。（陈德强）

保　险　业

【概况】 截至2023年末，福建省有保险公司主体64家（包含保险法人机构3家），其中财产险公司27家、人身险公司37家，各级保险公司机构网点2324家；保险专业中介机构主体177家，各级保险专业中介机构网点377家；保险从业人员约21.2万人，其中代理制销售人员约18.2万人。

经营运行平稳。截至2023年末，福建省保险公司总资产4824.94亿元，比年初增长9.92%。全年全省保险业实现保费收入（指原保险保费收入，下同）1509.01亿元，比上年增长9.77%，保费规模居全国第13位；全省保险深度2.78%，保险密度3603.2元/人（采用2022年末人口计算）。其中，财产险保费收入371.94亿元，比上年增长3.66%；人身险保费收入1137.06亿元，增长11.93%。财产险中，车险保费收入256.04亿元，比上年增长4.53%。人身险中，人寿保险保费收入811.63亿元，比上年增长15.19%；健康保险保费收入296.99亿元，增长6.37%；意外保险保费收入28.45亿元，下降11.29%。

风险保障水平持续提升。截至2023年末，福建省保险业承担风险总额505.9万亿元，比年初增长209.36%；赔付支出528.76亿元，增长18.32%，其中财产险赔付支出272.4亿元、增长21.73%，人身险赔付支出256.36亿元、增长14.9%。

【厦门市保险业概况】 截至2023年末，厦门市有保险公司主体39家，其中财产保险公司21家、人身保险公司18家；保险专业中介机构72家；从业人员约3.46万人。保险公司资产共计936.80亿元，比年初增长10.3%。全年实现保费收入297.15亿元，比上年增长9.9%；赔付支出94.64亿元，增长12.6%。全年提供保险保障金额46.81万亿元，比上年增长17.7%。国家金融监督管理总局厦门监管局联合厦门自贸区管委会指导机构推出全国首款紧急救援返台保险服务项目——“两岸通保”，解决在大陆台胞遭遇重大意外事故后缺乏长期照护且无法使用大陆医保的问题。联合厦门市人社局等部门启动“益鹭保”保险项目，为灵活就业人员提供意外事故保险保障。成立“风险减量服务实验室”，打造“保险＋科技＋风险管理”服务体系。联合厦门市医保局等八部门推动2023版“惠厦保”将保额从350万元提高至450万元。开展保险中介市场“多乱散”问题治理，清退保险中介机构2家。

（唐福来　何林珺）

【中国人民财产保险股份有限公司福建省分公司】 2023年，中国人民财产保险股份有限公司福建省分公司（简称“福建人保财险”）为1.11亿个客户提供风险保障34.03万亿元。处理各类赔案168.29万笔，支付各类赔款132.26亿元，在应对“杜苏芮”“海葵”等重大灾害中，快速处理案件10.65万件，兑现赔款14.25亿元，大灾赔款和件数均为历年之最，理赔效率行业第一，实现大灾处理“零舆情”。

服务实体经济。围绕保障重点产业链、供应链安全稳定，累计为8866家制造业企业等提供风险保障1.22万亿元。对接新时代民营经济强省战略，创新推出企惠保、保证金替代类保险等专属产品，累计帮助3.99万家次民营企业、个体工商户释放保证金94.21亿元，带动银行放款5.87亿元。

服务科技创新。围绕科技企业研究、开发、专利申请等重点领域和关键环节，丰富科技保险产品供给，创新推出“科创保”“农业农村科技项目研发费用损失险”等一系列保障科技自立自强、助力创新成果转化的专属保险，累计为科技企业提供责任风险保障8.42亿元，为专精特新企业提供风险保障762.2亿元，为产业园区企业提供责任风险保障8801.1亿元。

服务对外开放。助力出口企业融资增信，为闽企“走出去”提供出口贸易信用保险保障55.62亿元。助力“一带一路”福建枢纽建设，在“走出去”项目保险、服务保障等方面主动对接融入，提供“一揽子”保险和跨境风险保障1174.46亿元。助力两岸融合“第一家园”建设，持续扩大保险服务覆盖，全年为台企台胞提供保险责任风险保障758.73亿元。

服务民生事业。助力社会保障体系健全，参与多层次、广覆盖、一体化的医疗社会保障体系建设，累计处理赔案254.4万笔，支付赔款47.54亿元；“惠闽宝”“三明普惠医联保”等普惠型商业健康保险为340万人提供风险保障5.64万亿元。服务乡村振兴，围绕农民增收、农业发展和农村稳定，累计为涉农业务提供风险保障5732亿元，赔付7.83亿元；为脱贫人口提供产业帮扶保险保障5.3亿元。聚焦特殊人群风险管理，持续扩大救助保险、综治保险等服务覆盖，为群众提供综治保险风险保障1164亿元，为教师和学生群体提供意外、责任险保障2125亿元，为新市民提供保障60.72亿元。

服务生态文明建设。助力绿色转型升级，聚焦“电动福建”建设，承保新能源车超15万辆，比上年增长58.2%；为新能源企业提供产业保险保障142亿元；为省内所有在建和运营核电项目，提供风险保障171.8亿元。助力企业降碳减污，提供环境污染责任险风险保障14.15亿元，为海上渔排升级改造提供近2亿元风险保障。助力保障生态高颜值，为森林固碳提供风险保障964.94亿元，生态指数保险扩面，全国首单九龙江生态指数保险落地龙岩，全省首单政策性“红树林碳汇储量指数保险”落地漳州，水质指数保险为三明全市 1.58 万平方公里流域水质提供 2.25 亿保险风险保障。

服务社会治理。落实落细风险减量管理，构建推广“保险+风险减量服务+科技”新商业模式，为八大高危行业企业及一般工商贸企业提供安全生产责任险风险保障近 1946 亿元，“城房科技保险”为 1120 栋房屋提供全生命周期风险管理；帮助企业开展风险预防服务 1.68 万次，完成汛期风险排查 3162 次；在福清建立财险业内首个防灾减灾安全宣传教育基地，助力提升社会防灾减灾意识，服务覆盖 60.2 万人次。（葛琳）

【中国人寿保险福建省分公司】 2023 年，中国人寿保险股份有限公司福建省分公司实现保费收入 259.40 亿元（不含厦门，下同），比上年增长 4.67%；销售队伍 34805 人。根据保险行业协会寿险行业统计，公司总保费、个险新单期交、短期险（不含政策性健康险）、销售队伍市场份额分别为 30.70%、41.43%、38.77% 和 47.05%，均居福建寿险市场首位。

助力乡村振兴。支持 42 个帮扶点，消费帮扶 133.23 万元。实施“铸鼎计划”，派驻 98 名年轻干部至两乡职场，提供保险产品与服务，全年涉农长险保费规模 43.9 亿元。推广“乡村振兴保”项目，在全省 1029 个乡镇街道级片区开通 1 万个线上乡村振兴服务小店，提供线上普惠保险服务 251 万人次，风险保额 5009 亿元。该项目获“福建省十大金融创新项目奖”，被中国国际扶贫中心、世界银行等机构授予“第四届全球最佳减贫案例”。

服务实体经济。中国人寿集团公司在闽投资规模 1347.25 亿元，投资额较上年末净增 91.07 亿元，增长 7.25%。国寿健康产业投资有限公司“国寿嘉园·厦门乐境”养老社区项目开工，项目总投资额 15 亿元，用地面积 5.1956 万平方米，规划为“CCRC+医疗配套”两大业态。公司与泉州市人民政府签署战略合作协议，服务泉州经济建设。公司全年服务 1.55 万家企业，覆盖企业员工 55.03 万人，提供人身保险保障 5062 亿元。为客户提供保单借款服务，全年借款总金额 283.71 亿元。公司连续两年被福建省金融工作办公室、福建省财政厅授予“服务福建经济五星保险机构”一等奖。

助力社会保障。承办居民大病保险、长期护理保险、社保补充医疗保险、福建省定制型商业医疗保险“惠闽宝”等政策性健康保险业务，提供风险保障 7.95 万亿元，承保 781 万人次、赔付 8.40 亿元。个人养老保险保费规模 1.44 亿元，商业养老保险保费规模 3.64 亿元。

拓展普惠保险。计生、银龄及女性安康等普惠保险保费规模 1.58 亿元，承保 391.3 万人次。学生险保费规模 3.86 亿元，承保 248.5 万人次。为新市民提供 63 款保险产品，为 28.3 万名新市民和 9896 个企业提供保险保障 856 亿元；优化 90 项金融服务，覆盖客户 3.64 万人。开展消费者教育宣传活动 530 场，连续四年被国家金融监督管理总局福建监管局评为“消费者教育宣传活动优秀组织单位”。

打造创新品牌。推动市场战略、销售、运营、风控等领域创新。在中国人寿总公司创新项目评选中，公司入围数量和获奖数量均列中国人寿系统第一位。其中，“五虚风险监测预警平台”“孤单云管理”项目获得总公司创新一等奖，“焕鑫计划”“核保慧算项目”“快易保项目”“市场信息数字化平台”分别获得总公司创新二等奖、三等奖、优秀奖及入围成果奖。（姚颖）

【中国平安财产保险福建分公司】 2023 年，中国平安财产保险股份有限公司福建分公司保费收入 65 亿元，支付赔款逾 51.6 亿元，纳税贡献 8.08 亿元。3 月 17 日，福建分公司在福州日报社举办的“诚信金融，共筑美好”评选活动中获“2022—2023 年金融消费者权益保护先进机构”称号；9 月 28 日，在福州日报主办的第十届“金榕奖”评选中蝉联“消费者信赖保险品牌”称号；12 月 8 日，在海峡都市报主办的年度福建“金碑奖金融评选”活动中获“年度企业社会责任贡献奖”。莆田中支获福建省创建青年文明号活动组委会颁发的 2022 年“省级青年文明号”称号及共青团莆田市委员会、莆田市青年联合会授予的“第九届莆田青年五四奖章集体”称号；分公司消费者权益保护部获评“福州市工人先锋号”；泉州中支获泉州市地方金融监督管理局授予的 2023 年金融支持灾后恢复重建“突出贡献单位”。2 名员工分别获评“福建省五一劳动模范”及福建金融系统“金融杯”车

2023 年 8 月 9 日至 10 日，平安产险泉州中心支公司在南安市成功会展中心设点，推出平安车主全损车全城赔专场活动。图为平安产险工作人员为台风“杜苏芮”受灾车主开设“绿色通道”服务（平安产险福建分公司）

险查勘定损技能竞赛三等奖。

推动政策性农业保险“提标、扩面、增品”。全年为95654个农业企业和农户提供农业风险保障18.27亿元。其中，重点围绕地标农产品进行试点创新，推出常太枇杷病虫害保险、永泰李果价格指数保险、诏安青梅价格指数保险、永春枇杷低温及芦柑价格指数保险等5款创新产品，为866户农民提供6530.6万元的风险保障。响应共建“一带一路”倡议，通过提供“整合式”境外人员风险解决方案——“平安24”，为近3000人次提供90亿元保险保障。全年为近7.28万个小微客户提供9.7万亿元的非车险风险保障。

完善互联网科技平台。针对个人用户，“平安好车主”APP持续开展以车生态为主的360°全面探索，结合大数据分析，智能推荐个性化车险方案，解锁买车险新方式，便利线上自助投保。截至2023年末，福建“平安好车主”平台注册用户数突破480万人。针对企业客户，打造“平安企业宝”APP线上安全生产专区，为企业客户提供线上安全培训、企业风险自助测评和全方位防损建议，帮助企业客户快速建立内部风控机制。

做好防灾减灾工作。借助鹰眼系统DRS2.0对“杜苏芮”和“海葵”两次台风登陆造成的重大暴雨灾情进行预测评估，并通过“平安好车主”APP、官方微信、电话等多渠道大范围推送相关灾害预警，同步到重点区域开展隐患排查等现场服务。灾情发生后，分公司快速启动重大突发事件应急预案，推出开通快速理赔绿色通道、赔款预赔快速到账、医疗费用垫付等多项应急服务举措。在两次台风灾情中，分公司接到报案2.93万笔，当年已决赔付6.82亿元，未决金额571.8万元，其中最快一笔车险案件赔付耗时31分钟，最大一笔企财险案件从接到报案至支付千万元预赔款用时23天。　（王映薇）

【中国平安人寿保险福建分公司】 2023年，中国平安人寿保险股份有限公司福建分公司总保费收入163.1亿元（不含厦门，下同），其中个人代理渠道总保费收入147.6亿元、银行邮政代理渠道总保费收入7.5亿元、其他业务渠道总保费收入7.9亿元。缴纳税金0.8亿元（实缴税款未统计退税），赔付支出37.7亿元，有效保额7.8万亿元。

完善“保险＋服务”体系。顺应客户需求变化，推出“财富、养老、保障”3个方向的保险产品，并依托集团医疗健康生态圈，持续深化“保险＋医疗健康”“保险＋居家养老”模式。医疗健康方面，全年为11.5万人次提供在线问诊，3.8万人次使用就医绿通，并为6万名客户线上发放服务积分；居家养老方面，重点推动平安居家养老一站式服务平台，公司超2100名客户获得服务权益，约1200名客户使用该项服务。

打造高质量代理人队伍。推动代理人绩优分群和精细化经营策略，开展增优培优；重点推动“平安MVP”（“平安最具价值保险代理人”）品牌，打造顶尖绩优代理人全新标杆，带动公司队伍结构改善；借助数字化手段赋能队伍经营，持续落地“三好五星”部课评价体系。全年个险人均新业务价值比上年增长62.2%。

探索创新渠道发展。推进多元渠道模式改革，强化社区网格项目改革发展新渠道，聚焦“线下社区深耕＋线上辅助运营”的方式，提升金融消费服务和保险保障能力。在福州、漳州、泉州开放1030个网格，组建约600人的员工队伍，为超12万名客户持续提供服务。

深化金融科技应用。围绕经营管理、服务运营、渠道管理，应用总公司数字化系统工程。落实“一表一会一周一制”机制，构建线上服务全流程闭环，打造“三省”服务体验，服务运营线上化水平超99%，投保及服务自动化水平超90%；以数字化赋能代理人经营，“代理人AskBob”覆盖寿险队伍核心工作场景，月使用率超90%。

服务乡村振兴战略。与漳州六鳌镇签署党建共建协议书，搭建长期服务乡村居民窗口，签订六鳌特产采买订单；开展“与希望同行”平安教育公益活动，为龙岩上杭县梅溪平安希望小学捐赠资金，并组织志愿者开展支教活动。

助力对台交流。建立台胞客户理赔身份信息验证同等化机制，推动两岸通赔。针对台胞推出两项专属医疗险理赔延伸服务举措：一是因意外或突发疾病在台湾医疗机构急诊申请理赔，在合理范围内的小额理赔金（3千元以下）予以通融赔付；二是台胞在台湾地区合法医院住院治疗而仅需理算住院津贴的险种均可正常理赔。在福清地区设立对台服务窗口，台胞客户可优先办理服务。

加强新市民金融服务。制订新市民专项行动方案，开辟新市民绿色服务通道，开展新市民专项宣传。提供4款新市民特色产品，承保保险金额约8500万元；核保差异化服务新市民1752人次，线下窗口服务新市民2.2万人次，空中客服服务新市民3.2万人次；3.8万新市民使用线上服务权益；印制发放《圆梦新市民平安践初心》宣传折页5000份。　（高昕涛）

地方金融监管

【概况】 2023年，福建省地方金融监督管理局加强对融资担保公司、小额贷款公司、融资租赁公司、商业保理公司、典当行、地方资产管理公司、区域性股权市场和交易场所等地方金融组织的设立审批、监管、服务及风险防范处置工作。各类地方金融组织发展平稳，总体运行情况良好。年内，出台加强典当行业监管工作的通知，规范典当行经营行为，形成总量适中、竞争有序的典当行业体系。推动福建武夷国际茶叶交易中心落地武夷山会展中心。

【融资担保】 截至2023年末，福建省有219家融资担保机构（含7家分支机构），其中报送报表的融资担保机构213家，合计注册资本422.56亿元，比上年末增长22.89%；净资产479.08亿元，增长 21.72%；在保余额 2389.57 亿元，增长 16.98%；融资担保在保余额 1904.23 亿元，增长 13.71%。实现融资担保总额 5981.15 亿元，比上年增加 1714.59 亿元；年度新增代偿金额 125.54 亿元，增长 15.59%；全年为 9449.71 万户（次）各类主体提供融资增信服务，增长 88.41%，其中服务中小微企业和“三农”主体 36.66 万户（次）、金额 1324.35 亿元。

【小额贷款】 截至 2023 年末，福建省有小额贷款公司 112 家（其中经批准设立的全国性网络小额贷款公司 1 家），较年初减少 2 家；资产总额 377.42 亿元，增加 28.16 亿元，增幅 8.05%；负债总额 90.04 亿元（其中福州三六零网络小额贷款有限公司发行 ABS 和股东借款 61.98 亿元），增加 34.32 亿元，增幅 61.58%；各项贷款余额 327.67 亿元，增加 14.18 亿元，增幅 4.52%；贷款户数 505.61 万户，增加 218.56 万户，增幅 76.14%。其中，网络贷款余额 104.66 亿元，较年初增加 13.83 亿元，网络贷款余额占全部贷款余额比重达 31.94%，增长 2.97 个百分点；不良贷款余额 38.89 亿元，增加 4.82 亿元；不良贷款率 11.87%，增加 1 个百分点；不良贷款拨备覆盖率 73.82%。

【融资租赁】 截至 2023 年末，福建省在市场监管部门注册的融资租赁企业 1322 家（含分公司 74 家），其中内资融资租赁企业 830 家、外资融资租赁企业 492 家。在全国融资租赁行业信息管理系统上报送报表的融资租赁企业 162 家，注册资本 306.77 亿元，融资租赁投放额 336.09 亿元，融资租赁业务收入 77.74 亿元，缴纳税金 7.88 亿元。经商务部、国家税务总局批准的内资融资租赁试点企业 12 家，注册资本 59.31 亿元，融资租赁投放额 117.70 亿元；融资租赁业务收入 10.34 亿元；缴纳税金 1.19 亿元。

【商业保理】 截至 2023 年末，福建省在市场监管部门注册的商业保理企业 250 家（含分公司 4 家）；在全国商业保理行业管理信息系统激活账号的商业保理企业 63 家，其中已上报月度数据的企业 50 家；注册资本 56.50 亿元；净资产 47.70 亿元；提供保理融资额 164.40 亿元；实现保理营业收入 4.04 亿元，其中融资保理业务收入 3.87 亿元。

【典当业】 截至 2023 年末，福建省（含厦门）共批准设立典当行 295 家，分支机构 7 家；注册资本总额 63.15 亿元，典当余额 54.22 亿元；典当总额 196.58 亿元。下发《福建省地方金融监督管理局关于进一步加强我省典当行业监管工作的通知》。落实强监管严监管要求，加强差异化监管，强化年审、“双随机”等现场监管手段应用，开展无证经营典当业务排查清理工作，公示全省纳入正常经营类的典当行名单。核查年审中发现的典当行违法违规行为线索，加大行政处罚力度。

【地方资产管理】 2023 年，福建省地方金融监督管理局引导地方资产管理公司聚焦主责主业，开展不良资产收购、处置业务，参与区域金融风险防范与化解工作，服务全省区域金融风险防范化解和实体经济发展。截至 2023 年末，全省有闽投资产管理有限公司、兴业资产管理有限公司和厦门资产管理有限公司 3 家地方资产管理公司，资产总额 325.58 亿元，负债总额 237.85 亿元。年内，3 家公司共收购不良资产总额（含本金和利息，下同）222.46 亿元，共处置不良资产总额 108.51 亿元，存量不良资产总额 922.54 亿元；全年共实现净利润 7.66 亿元。

【区域性股权市场】 2023 年，福建省地方金融监督管理局与福建证监局、厦门证监局加强监管联动，推动属地加强监管，发挥监管合力，共同促进区域性股权市场规范发展。海峡股权交易中心探索建立“股权交易＋资源环境交易＋海峡基金港＋福建省上市后备企业培育孵化基地”的业务模式，完善服务中小微企业的资本生态圈。截至 2023 年末，全省有海峡股权交易中心、厦门两岸股权交易中心 2 家区域性股权市场运营机构，共挂牌展示企业 1.46 万家，其中挂牌企业 881 家（含台资企业 140 家）、展示企业 1.37 万家（含台资企业 4283 家），共计帮助企业实现融资 287.24 亿元。

【交易场所】 截至 2023 年末，福建省纳入监管范围的交易场所共 15 家。年内，省地方金融监督管理局遏制交易场所违法违规行为；推动落地福建武夷国际茶叶交易中心，优化营商环境，助力茶产业发展。部际联席会议办公室以简报专刊形式通报《福建坚持“四抓四提升”，推进“伪金交所”预防整治工作》，供各省学习借鉴。（陈瑞裕）

编辑：林忠玉

城乡建设

城市建设

【概况】 2023年，福建省以城市建设品质提升工作为抓手推动实施城市更新行动，重点实施宜居建设、绿色人文、交通通达、安全韧性、智慧管理等五大工程，建设片区综合开发、县城更新、完整社区3类样板，全年计划完成投资4700亿元。全年共生成（含续建）项目7441个，完成年度投资5289亿元，比上年增长3%，其中住建相关领域共策划实施项目4607个，完成年度投资1429亿元，占年度投资的27%。年内，福州市获得联合国首届全球可持续发展城市奖（上海奖），厦门市山海健康步道等4个项目获得中国人居环境奖范例奖。

【城市道路桥梁建设】 2023年，福建省新改扩建城市道路852千米，新增公共停车泊位3.1万个，完成LED路灯新建改造2.4万盏，新建成综合管廊10.1千米。福州地铁5号线一期后通段和4号线首通段开通运营，累计运营里程241千米。印发《深入开展城市桥梁隐患排查治理工作方案》，进一步排查城市桥梁隐患并及时整治。各地完成13座D级城市桥梁加固改造、26座城市桥梁隐患治理，完成省委、省政府为民办实事35处城市道路隐患整治。全省城市桥梁管理业务培训班在长汀举行，各市（县、区）行业主管人员共102人参加培训。

【城镇燃气安全管理】 2023年，福建省下达燃气专项补助1000万元，全省更新改造各类燃气管道818千米、燃气厂站42座，超过年度任务目标。15个省直部门成立省燃气专项整治工作专班，在省政府安委会下设燃气安全生产专业委员会。全省开展执法868次，罚没款909万元，停产或吊销许可燃气企业17家、供应站246座，清理违规占压燃气管道102处，查处第三方施工破坏燃气管道行为80起。推进瓶装液化气规模经营，开展“瓶改管”或“气改电”。年内，第五届全国燃气行业职业技能竞赛总决赛在龙岩市举行，全国25个省（区、市）代表队、146名选手参赛。

【城市体检】 2023年，福建省九市一区全面开展城市体检工作，南平市列为城市体检省级样本城市。构建全省城市体检特色指标体系，编制印发《福建省城市体检工作技术导则》。

【老旧小区改造】 2023年，福建省出台老旧小区改造设计及现场质量安全文明管理要点，结合老旧小区改造推动电动汽车充电设施建设、既有住宅楼加装电梯摸底评估等专项工作。全省开工改造老旧小区38.2万户、2655个小区，争取中央补助资金12.88亿元，安排省级补助资金1.2亿元。年内，福州入选住建部城镇老旧小区改造可复制政策机制清单，获得2022年度全国城镇老旧

2023年，福建省4个项目获得中国人居环境奖范例奖。图为获奖项目厦门市山海健康步道 （省住建厅）

小区改造、棚户区改造和发展保障性住房工作激励；漳州、泉州各有1个小区入选住建部城镇老旧小区改造联系点。

2023年，福建省打造完整社区建设样板8个。图为厦门市东荣社区

（省住建厅）

【完整社区建设】 2023年，福建省住房和城乡建设厅、省民政厅印发《福建省完整社区建设试点工作要求（试行）》，明确完整社区建设试点评价标准。全省打造完整社区建设样板8个，福州凤湖社区等5个社区被住建部列入完整社区建设全国试点。

【城市园林绿化】 2023年，福建省编制《福建省福道网总体规划纲要（2023—2035年）》，各地新建和改造提升福道1083米、公园绿地面积1002公顷，建设郊野公园25平方千米，建成“口袋公园”337个，超过年度目标任务。福州等10个城市87个公园试点开放共享，开放面积165公顷；46个城市公园参与“国球进公园”活动，建设健身场地150个、新增乒乓球台44个。投用城市古树名木管理信息平台，建立“一树一档”，开展打击整治破坏古树名木违法犯罪活动专项行动。各地全面开展城市绿地外来入侵物种普查，完成普查资料整理和系统录入。组织2023年福建省住建系统花卉工职工岗位技能竞赛，省内120名园林工匠参加竞赛。

（省住建厅）

城市管理

【概况】 2023年，福建省住建厅继续依托城市建设品质提升专项行动，推进全省城市（县城）生活污水垃圾治理，巩固提升供水保障能力，加强内涝治理和海绵城市建设，改进城市管理，改善城市环境。

【生活垃圾治理】 2023年，福建省新（扩）建3座生活垃圾焚烧处理发电厂，开展10个省级垃圾分类示范区、7个垃圾分类试点县创建，新建生活垃圾分类屋（亭）1700座。省住建厅联合团省委、省妇联分别开展专项宣传行动，开展垃圾分类宣传周系列活动，获得全国垃圾分类知识竞赛家庭组一等奖。全省基本实现原生生活垃圾“零填埋”。住建部通报的2023年第三季度生活垃圾分类工作评估情况（最新）中，福建省入选全国4个第一档省份，在华东六省一市中位列第三名，其中厦门市连续22个季度位列同类城市第一名，福州、龙岩位列第一档，其他设区市均进入第二档。福州市红庙岭园区垃圾资源化处理项目获得“2023年中国人居环境范例奖”。

【水环境综合治理】 2023年，福建省持续巩固提升供水保障能力，全年完成供水管网新建改造1008千米，全省供水管网漏损率控制在8.5%以下。推进二次供水设施改造，结合燃气管道老化更新改造专项行动，完成234座二次供水设施改造。开展城镇居民小区地埋式二次供水水池（箱）专项整治行动，完成60个有地埋式水池小区整改。对22个市县29个供水企业开展供水规范化管理和供水企业安全运行评估。开展市县出厂水、管网水、二次供水设施、管网末梢水开展抽检，共检测水样527个，水质综合合格率99.95%。强化城市内涝治理，全年完成雨水管网（渠）新建改造701千米。在福州、漳州建设北部和南部城市排水应急救援基地，印发《福建省北部和南部城市排水应急救援基地管理办法》。南平市、龙岩市、漳州市、三明市入选国家系统化全域推进海绵城市建设示范城市，争取中央补助资金共36亿元。漳州市、南平市、龙岩市3个示范城市2022年度绩效评价获评A档。持续推进污水处理提质增效，全省新建改造污水管网1237千米，新（扩）建污水处理厂15座，新增污水处理能力51万吨/日，污水收集处理效能提升。对31座污水处理厂开展生活污水处理厂运行评估，对110座污水处理厂开展水质抽检。全省设区市城市建成区87条黑臭水体基本消除黑臭，县级城市黑臭水体消除比例71%，完成年度目标任务。

【城市精细化管理】 2023年，福建省持续深化城市管理体制改革，全省9个设区市和75个县（市、区）建立政府领导牵头的城市管理高位协调机制，占比超90%；省委编办、省住建厅联合开展全省城市管理行政执法效能评估工作；推进《福建省城市管理条例》立法调研，年内形成草案。平台建设持续发力，县级数字城管平台实现全覆盖，省级和福州市、厦门市、漳州市、泉州市、三明市、莆田市、南平市、平潭综合实验区8个市级城市运行管理服务平台完成初验，福建省“城市管理信息化水平”连续两年被《数字中国发展报告》评为全国第一梯队。管理持续优

表 5　2023 年福建省级节水型单位（企业）、小区名单表

类别	名称	所在地区
省级节水型企业	福建省鸿山热电有限责任公司、石狮市新华宝纺织科技有限公司、冠宏股份有限公司、福建清源科技有限公司、福建加多宝科技有限公司、福建冠兴皮革有限公司、皇宝（福建）环保工程投资有限公司	石狮
省级节水型单位	泉州纺织服装职业学院、石狮市明昇国际酒店有限公司、石狮市第二实验幼儿园	石狮
省级节水型居民小区	源昌锦绣壹号二期（福建省远宏物业管理有限公司）、世茂云城一期（世茂天成物业服务集团有限公司泉州分公司）、东宝花苑（福建长冠物业管理有限公司）	泉州
	中骏黄金海岸、中骏商城、宝源花园一期	石狮

化，“城管进社区”工作全面铺开，漳州市、厦门市“城管进社区”经验做法在全国现场会上作交流发言；“摊规点”模式得到推广，全省设置各类“摊规点”2600多处，提供摊位3万多个；户外广告招牌设施整治深入开展，全年排查户外广告招牌13万余处，整治问题1.4万多个，其中拆除近1万处；窨井盖治理走深走实，创建窨井盖不跳不响街区超百条，《福建省城市道路检查井盖工程技术标准》通过专家评审。强化城管队伍建设，全省举办各类培训800多场次，培训干部近4万人次，全省城市精细化管理培训班在三明市举行；统一建设全省城管执法办案系统，基本实现掌上执法、全程监督；持续巩固深化“强基础、转作风、树形象”专项行动成果，3支队伍和3名个人获评全国城管队伍“强转树”先进。

【省级节水型单位（企业）、小区】 2023年5月14日至20日，福建省住建厅组织开展城市节水宣传周活动。开展省级节水城市载体建设，全省有泉州、石狮16个单位、居民小区获评省级节水型单位（企业）、小区，详见表5。（刘用心　郑诗怡　张朋）

村镇建设

【概况】 2023年，福建省住建厅围绕农房建设品质提升、乡村环境治理、深化闽台乡建乡创合作、铁路沿线环境整治等方面推进村镇建设，全年全省完成既有裸房整治11万栋；新建乡镇生活污水管网1506千米，完成22个县（市、区）乡镇生活污水治理和9个县（市、区）农村生活垃圾治理市场化任务；完成1413处铁路沿线环境问题整改。

【农房建设品质提升】 2023年，福建省完成既有裸房整治11万栋，完成率158.9%；组织对全省35.97万户农村低收入群体住房安全全覆盖动态监测，完成834户危房改造任务，完成率100.6%。推动84个县编制村镇住宅通用图集，由县级政府出台公布，为村民提供可选户型；推动县乡采取“现场观摩＋基地实训＋技能竞赛＋专家授课”等方式，完成10万名村镇建设干部、乡镇专业技术人员和工匠年度轮训。

【乡村环境治理】 2023年，福建省新建乡镇生活污水管网1506千米，完成率177%；以县域为单位，施行乡镇生活污水治理市场化，完成22个县（市、区），全省82个县（市、区）实现市场化全覆盖。全年完成9个以县域为单位农村生活垃圾治理市场化任务，完成率112.5%；推动已完成市场化的46个县（市、区）全部出台考核机制；推动72个乡镇按“六个有”（有县乡工作机制、有湿垃圾处理设施或设备、有宣传发动、有资金保障、有垃圾减量成效、有现场会推广总结）要求落实全镇域垃圾分类机制，在湄洲岛、光泽县开展全县域农村生活垃圾分类试点。福建省推进农村生活垃圾治理市场化做法在住建部全国培训会上进行经验交流。

【闽台乡建乡创合作】 2023年，福建省持续深化拓展闽台乡建乡创合作模式，累计入闽台湾团队132支、台湾专才450多人，“陪护式”服务覆盖全省400多个村庄、87%以上的县。以服务本地居民为中心，重点围绕提升人居环境质量、开展三类农房改造（适老化、宜居化、民宿化）、完善惠民公共空间、完善乡村景观设施、完善设施运管机制、探索收益保障机制、探索闽台融合措施等七方面，探索“乡建乡创”助力乡村振兴模式，培育闽清雄江镇、罗源起步镇、三元小蕉村、平和县欧寮村等一批促进乡村振兴的合作样板项目。

【铁路沿线环境整治】 2023年4月，福建省启动新一轮巩固提升铁路沿线环境质量专项行动，发现省内13条铁路沿线环境问题1426处，完成1413处问题整改，并通过验收评估，整改完成率99%，剩余13处问题（含福厦高铁沿线4处）因矿山在开采、近期拟开发储备用地等原因纳入持续整治项目，均由县级政府制定“一问题一方案”，按序时进度推进。13条铁路沿线环境经整治提升后，乱搭乱建基本完成拆除，乡村风貌显著提升；黄土裸露、青山挂白等生态环境破坏情况得到修复；居民生活

2023 年，福建省探索闽台乡建乡创助力乡村振兴模式。图为福州市罗源县起步镇集镇环境整治样板 （陈韶华　摄）

区垃圾堆积、工地杂物乱堆放等人居环境问题得到改善；沿线市、县（区）均启动环境长效管理机制建设，持续维护铁路沿线环境。（曾繁勇）

历史风貌保护

【概况】　2023 年，福建省推进历史文化街区和历史建筑保护，初步建立包括历史文化名城、街区、名镇、名村、传统村落、历史建筑、传统风貌建筑等保护对象在内的全省历史文化保护传承体系。莆田获批第 142 座国家级历史文化名城（全省共 5 座），三明获批第 11 座省级历史文化名城；全省入选第六批中国传统村落 58 个（全省共 1193 个），新增历史建筑 731 栋（全省共 10145 栋），新增传统风貌建筑 30 栋（全省共 2519 栋）。福建省历史文化保护工作经验在住建部召开的历史文化街区和历史建筑保护利用苏州现场会上推广交流，传统村落保护活化利用经验做法入选全国住房城乡建设工作会议书面经验交流材料。在永泰嵩口召开全省历史文化保护工作现场会，探索总结推广嵩口模式、龙潭模式、南岩模式、梧林模式、青峰模式、土楼模式、泉州模式、烟台山模式、长汀模式、建瓯模式等十大模式经验，其中嵩口模式、龙潭模式和长汀模式得到国家领导和部委批示推广。

【传统建筑保护制度建设】　2023 年，福建省人大常委会通过《福建省人民代表大会常务委员会关于传承中华优秀传统文化，加强古厝古建筑保护利用工作的决议》，围绕传承中华优秀传统文化、加强古厝古建筑保护利用工作的总体要求、基本原则、保护内容、活化利用、文化阐释、落实责任等方面作出倡导性的规定。截至年底，福建省形成“两条例”（《福建省历史文化名城名镇名村和传统村落保护条例》《福建省传统风貌建筑保护条例》）、“三个文件”（闽委发〔2019〕11 号文、《关于加强历史文化名城名镇名村传统村落和文物建筑历史建筑传统风貌建筑保护利用九条措施》、《关于在城乡建设中加强历史文化保护传承七条措施》）、“一决议”《关于加强文化和自然遗产保护利用工作的决议》的历史文化保护政策体系，在全国属于领先水平。

【规划管控】　2023 年，福建省住建厅完成《福建省城乡历史文化保护传承体系规划》编制。发布《福建省历史风貌保护规划导则》。组织各类保护规划审查报批，漳州龙海石码历史文化街区和福州长乐梅花镇 2 个保护规划获省政府批准实施。截至年底，除三明市外，全部历史文化名城街区、历史文化名镇名村均完成保护规划编制。

【历史建筑活化利用】　2023 年，福建省住建厅重点推进 10 条历史文化街区（传统街巷）、60 个历史文化名镇名村传统村落的改善提升，并纳入省委、省政府为民办实事项目，共投入 2.77 亿元实施全省历史文化保护重点提升示范项目，完成投资 10.08 亿元。持续推进历史建筑（传统风貌建筑）保护修缮和活化利用，投入 5905 万元对 281 栋历史建筑（传统风貌建筑）修缮保护利用进行“以奖代补”。在漳州南靖、龙岩长汀、南平建瓯、宁德福安、三明泰宁、泉州永春 6 个县市开展城乡历史文化保护传承试点，各地共生成项目 195 个，完成投资 15.03 亿元。晋江、屏南入选全国传统村落集中连片保护利用示范县，获中央奖补资金 7500 万元，全省累计永泰、连城、晋江、屏南 4 个县市入选，数量位居全国第一。省住建厅、财政厅推进构建福建省传统村落保护利用传承体系，探索示范片区资源共建共享、产业融合发展，共同组织开展省级传统村落集中连片保护利用示范县建设，培育创建蕉城区、永春县、南靖县、长汀县、永定区、尤溪县、闽清县 7 个省级示范县。由村集体向村民收储上线传统建筑 117 栋，通过与中国城市规划设计研究院合作开发建成福建传统建筑海峡租养平台供全社会认租认养。（李映寰）

建　筑　业

【概况】　2023 年，福建省建筑业增加值 5498 亿元，占全省地区生产总值的 10.1%；增幅 5.1%，较全省地区生产总值增幅（4.5%）高 0.6 个百分点。全省建筑业总产值增幅 4.8%。年内，省住建厅公布 2023 年度福建省建筑之乡 10 个，闽清、永泰、湖里建筑业产值破千亿元，规模位居县（区）前三位。全省特一级企业完成建筑业产值占比超 67.8%，产业集中度持续提升。

【建筑业高发展政策】　2023 年，福建省实施建筑业龙头企业发展策略，印发龙头企业实施方案，新增 7 家建筑业龙头企业。支持骨干企业资质晋升，全年新增特级企业11家，共38家。支持民营经济发展，印发《福建省促进建筑业民营经济发展壮大十条措施》。开展建筑业招商，全年全省落户优势央国企57家。拓展省外市场，服务企业“走出去”发展，在华南、华北、西南、华东4个重点地区区域设立服务网点，加强与闽商合作，提升省外市场份额。

【装配式建筑发展】 2023年，福建省新开工装配式建筑1570万平方米，占新建建筑面积的32.2%。新培育4家装配式混凝土部品部件生产企业，增加产能57.4万立方米。拓宽装配式建筑发展领域，落实8个装配式装修项目和189个市政工业化项目，应用预制混凝土构件71.9万立方米。出台《福建省装配式建筑评价标准》《福建省装配式内装修评价标准》《福建省预制混凝土构件工厂评价管理办法》。调整装配式建筑工程计价规定，促进装配式工程模板支撑技术创新。

【工程招投标监管】 2023年，福建省住建厅印发《关于进一步规范工程总承包招标投标活动的通知》，要求落实招标自主权，加强招标文件管理，合理设置投标人条件和评标标准，规范加分项设置，规范“工程总承包+”管理。开展工程领域招投标突出问题专项治理，处理问题项目74个。

【建筑施工企业信用评价体系】 2023年，福建省住建厅修订《福建省建筑施工企业信用评价办法》《福建省建筑施工企业信用评价体系企业通常行为评价标准（2023年版）》。修订工程造价咨询企业信用评价办法，对1613家造价咨询企业开展信用评价和“双随机”检查，抽查造价成果文件348份，曝光违规企业156家。全省有造价咨询企业1600多家，签订造价咨询合同10160份，完成成果文件10530份。

【建筑市场管理】 2023年，福建省住建厅开展妨碍统一大市场和妨碍公平竞争措施清理工作，督查各地整改妨碍公平竞争政策文件7件。组织开展招投标“双随机、一公开”检查，查处34件串通投标案件，将114家串通投标企业列为招投标重点监管对象。加强建筑市场监管，开展全省建筑市场交叉检查。全省加大建筑市场违法行为查处力度，查处转包、违法分包、挂靠等违法行为案件66件。

【农民工权益保障】 2023年，福建省住建厅持续深化推进欠薪欠款“点题整治”工作，推进问题线索化解。全省推动2192个欠款欠薪问题线索化解，为施工企业追讨工程款15亿元，为3102名劳动者追发工资等待遇3808万元。实时监测全省3600多个工程项目，累计监测92万名农民工工资发放情况，核实、处置欠薪“紧急风险”59件、“高风险”6976件。建立欠款欠薪治理长效机制25个，总结亮点经验做法16个。

【工程造价管理】 2023年，福建省住建厅加强工程造价制度建设，修订出台福建省建设工程定额管理规定和价格信息管理规定。完善工程总承包计价依据，制订工程总承包模拟清单计量规则。推进工程造价信息化建设，制订工程造价数据交换标准与人材机数据标准。发布建筑工人实名制管理费取费标准，补充31条计价定额。全年全省各地通过工料机平台发布20余万条建筑市场人材机价格信息。公布全省统一建筑垃圾再生产品品种目录，发布建筑垃圾再生产品价格信息。 （高雄映）

房地产业和住房保障

【概况】 2023年，福建省推动完善由配租型公租房、保租房和配售型保障房构成的住房保障体系，推进城中村改造，推动城市高质量发展。年内，厦门市洋唐居住区保障性安居工程项目获全国人居环境范例奖，厦门市马銮湾保障房地铁社区一期工程A1—2地块项目获“鲁班奖”，福州、厦门、漳州、泉州、三明、龙岩等地15个保障性安居工程项目获得建设工程省级优质工程奖（闽江杯）。

【房地产业】 2023年，福建全省实现房地产业增加值2552亿元，比上年同期下降4.9%，占全省地区生产总值的4.8%；房地产业开发投资4403亿元，比上年同期下降12.7%；商品房销售面积4225万平方米，比上年同期下降15.8%；商品房销售金额4657亿元，比上年同期下降14.7%。房地产业税收收入584亿元，比上年同期增长2.7%，占全部税收收入的12.4%。

【保租房建设】 2023年，福建省将加快推动保租房建设列入省委、省政府为民办实事项目以及省纪委监委政治监督事项。出台《福建省发展保租房情况年度监测评价工作细则》，连续两年对发展保租房的设区市开展年度工作情况评价。全省开工筹集保障性租赁住房8.4万套，累计开工筹集保租房23万套。建立完善培育争先创优的工作激励机制，组织开展发展保租房成效明显的市、县年度评选，福州市入选全国发展保租房成效明显的9个城市之一，获国务院办公厅通报激励，厦门、泉州、晋江、福清获得省级激励。

【公租房管理】 2023年，福建省继续完善提升全国公租房信息系统本地化功能，实现从项目、房源到承租对象管理，从准入、使用到退出管理，从对外服务群众到对内业务管理的“一网统管”。截至2023年底，全省32万套公租房房源及其相应承租对象信息全部纳入系统，实行全生命周期管理。印发《福建省公共租赁住房分配工作实施细则》，统一运行使用系统、网上办理流程、权力监督规则、信息公开目录。系统对接入驻省网上办事大厅、“闽政通”APP，构建网络端移动端线上一体化、集成套餐服务模式，实现“网上办”“掌上办”，全年通过“公租房”APP等线上渠道申请公租房群众近1.2万户。

【棚户区改造】 2023年，福建省将棚户区改造继续纳入年度省委和省政府为民办实事项目之一，新开工棚改项目5.9万套、基本建成3.2万套，历年累计开工棚改项目90万套。年内，漳州、福清、诏安、惠安、建宁等市县获得省级棚户区改造正向激励。

（俞菲　陈曦　洪旺）

住房公积金管理

【概况】 2023年，福建省缴存住房公积金987.97亿元，比上年增长8.75%；提取住房公积金764.60亿元，增长15.00%；发放公积金个人住房贷款8.16万笔、446.30亿元，分别增长8.36%、16.57%。截至2023年底，全省住房公积金实缴人数493.74万人、实缴单位18.01万个；缴存总额8253.67亿元，提取总额5660.33亿元，缴存余额2593.34亿元；个贷总额4455.72亿元，个贷余额2273.16亿元，逾期率0.221‰。

【住房消费支持】 2023年，福建省加大力度支持租购并举。鼓励各地全面提高租房提取额度，特别是多子女家庭租房提取额度，并要求各地放宽提取条件支持缴存地无房即可提取，放宽租房提取频次，支持按月提取。推进与不动产登记部门联网共享，全省基本实现租房提取“零跑腿”“零材料”网办，全年全省租赁提取公积金57.03万人，提取金额共45.6亿元，分别比上年增长15.00%、37.87%。持续推行提取公积金支付首付款政策，缓解缴存职工筹措首付款压力，该政策被省优化营商环境办公室列为优化营商环境典型案例。全年全省共办理提取公积金支付首付款29409笔、金额35.6亿元，支持购房2.20万套、购房金额327.4亿元。优化公积金贷款使用政策。各地调整和优化公积金贷款住房套数认定、首套房及二套房最低首付款比例、公积金贷款额度等一系列政策。省住建厅、自然资源厅等四部门联合印发《关于推进不动产“带押过户”持续提升便民利企服务水平的通知》，全省各地全面开展住房公积金贷款“带押过户”业务，激活二手房市场，支持改善性购房需求，全年共办理690笔公积金贷款5.26亿元，并带动配套商业贷款3.82亿元。省直、福州、莆田、龙岩、宁德开通“商转公”业务，截至年底，共发放15325笔贷款、金额82.04亿元。

【住房公积金服务】 2023年，三明、厦门、莆田、龙岩、宁德、漳州、南平、福州8个设区市出台政策支持灵活就业人员缴存使用住房公积金，扩大住房公积金制度覆盖面，截至年底，全省共有灵活就业住房公积金实缴人员3.37万人。推动全省住房公积金一体化建设，完善“五级十五同”标准化目录清单，逐步规范地方特殊事项标准。对接闽政通、福建省网上办事大厅等系统，实现跨平台服务统一登录。配合完成涉及住房公积金的4个“一件事”套餐服务事项省级一次性对接，实现跨部门办事“一趟不用跑”“一窗联办”。深化省内跨地区数据共享和互信机制建设，全面开通“省内跨中心冲还贷”业务，实现9个公积金中心互相“冲提”，截至年底，全省有4600名职工申请该项业务，累计冲还提取金额1.66亿元。全省提前完成“租房提取住房公积金”“提前退休提取住房公积金”两项“跨省通办”任务，实现13个服务事项“跨省通办”；完成3个证明事项整合、业务流程优化以及系统对接，实现公积金个人证明事项“亮码可办”，便利异地办事。

【住房公积金运行监管】 2023年，福建省住建厅常态化监控住房公积金资金流动性，指导各地加强资金运行情况分析，年末全省个贷使用率87.66%，运行平稳可控。重视贷款逾期风险，加强贷前、贷中和贷后管理，防范个贷违约风险，保持个贷逾期率基本稳定，低于全国平均水平。加强数据治理，推进征信共享对接，全省11个公积金中心完成征信共享对接。深化应用全国住房公积金监管服务平台、电子化稽查工具，形成风险防控常态化排查机制。试点开展福建省住房公积金中心体检评估，设定指标阈值和评价标准、方法和程序，探索评估结果应用，促进公积金中心提升管理水平。加强人员队伍管理，紧盯风险点、关键环节，常态化开展廉政教育、廉政提醒。

（蔡甦）

编辑：郑　莱

农业 农村

综　　述

【农业农村发展】 2023年，福建省农林牧渔业总产值5729亿元，比上年增长4.3%，农民人均可支配收入26722元，增长6.9%，增幅继续高于城镇居民人均可支配收入增幅。

【粮食和重要农产品】 2023年，福建省粮食播种面积84.11万公顷，增加0.35万公顷；粮食产量511万吨，增加2.3万吨。肉蛋奶、菜果茶菌等“菜篮子”产品量足质优，农产品质量安全监测合格率高于全国平均水平。

【特色现代农业】 2023年，福建省实施特色现代农业高质量发展“3212”工程（福建省“十四五”期间计划建设30个重点现代农业产业园、20个重点优势特色产业集群，打造100个农业产业强镇、2000个“一村一品”专业村），新创建“福九味”中药材（包括本土道地的建莲子、太子参、金线莲、铁皮石斛、薏苡仁、巴戟天、灵芝、黄精、绞股蓝九大品种中药材）国家优势特色产业集群，漳浦、福清2个国家现代农业产业园，安溪感德镇等7个国家农业产业强镇，扶持发展“一村一品”专业村970个。打造“福农优品”福建优质农产品区域公用品牌，发布“福农优品”百品榜，安溪铁观音、福安葡萄、桐江鲈鱼、连江鲍鱼、连城红心地瓜干等5个品牌纳入农业农村部2023年农业品牌精品培育计划，闽侯橄榄、城厢鲜鸡蛋、涵江花椰菜、诏安八仙茶、桐江鲈鱼等5个农产品入选全国名特优新农产品，培育绿色有机农产品278个。

【现代农业科技和装备】 2023年，福建省启动农业关键核心技术攻关项目，实施种业振兴行动，育成农作物新品种37个，主要农作物综合机械化率提高到74.5%。新建和改造提升高标准农田7.87万公顷，设施农业面积超过16万公顷。

【宜居乡村建设】 2023年，福建省乡村美丽乡村庭院、美丽乡村微景观、美丽乡村小公园（小广场）、美丽田园、美丽乡村休闲旅游点“五个美丽”建设深入推进。农村建设品质提升5类21项重点任务超额完成，农村卫生厕所全覆盖，农村生活污水治理率达56%，农村生活垃圾收集转运处置体系全面构建，三明市沙县区入选全国改善农村人居环境激励县，厦门市海沧区、石狮市、建宁县3个县（市、区）入选全国村庄清洁行动先进县。

【农村改革】 2023年，福建省完善农村土地承包关系，推进农村承包地“三权分置”，建立“一网联通”覆盖省市县乡土地流转服务平台，发展多种形式适度规模经营。巩固提升农村集体产权制度改革成果，建成省农村集体资产监督平台，推进农村产权交易试点。

【农业防灾减灾】 2023年，福建省应对台风“杜苏芮”“苏拉”“海葵”等影响，实施抗灾救灾和灾后恢复生产。加强非洲猪瘟、稻飞虱等重大动植物疫病防控，全年没有发生重大动植物疫情。

【农田整治】 2023年，福建省批复高标准农田建设项目6400公顷，计划投资22.63亿元，完成新建和改造提升高标准农田7.87万公顷，超额完成6公顷年度任务。制定高标准农田提档升级建设指南，建立一批“五化”（即灌排化、机械化、生态化、田园化、数字化）示范片。在70个县推广应用数字农田管理模式，在15个县开展农田设施灾损保险试点。在全国率先完成第三次全国土壤普查浦城试点县任务。

【农垦】 2023年，福建省农垦系统有国有农场110个，土地总面积7.95万公顷。农垦总人口18.53万人，从业人员5.64万人。完成生产总值29.86亿元，其中第一产业13亿元、第二产业7.6亿元、第三产业9.26亿元。农场小城镇个数9个，占地面积12695.14万平方米，居民人均可支配收入2.08万元，增长13.98%。

乡村振兴

【脱贫攻坚成果巩固】 2023年，福建省强化防止返贫监测帮扶，全省没有发现新增致贫返贫现象。全省脱贫人口家庭人均纯收入22969元，比上年增长12.6%。第27次闽宁协作联席会议召开，年度协作事项扎实推进，2018—2023年，福建省连续5年在国家东西部协作考核中取得“好”的等次。

【监测帮扶】 2023年，福建省发挥“一键报贫”等平台作用，全覆盖入户走访脱贫户、监测对象，加大行业部门专项筛查力度，返贫监测标准由2022年的7908元提高到2023年的8964元，核实认定监测对象13户37人，帮助群众解决生产生活困难3.7万个。

【资金支持】 2023年，福建省安排省级以上衔接资金21亿元，扶持带动10.3万户脱贫户和监测对象发展生产，指导帮助17.16万脱贫劳动力实现稳岗就业，实施“雨露计划”支持1.11万名脱贫家庭新成长劳动力接受职业教育。

【挂钩帮扶】 2023年，福建省制定出台省领导挂钩联系乡村振兴重点县及欠发达老区苏区县方案，省领导挂钩帮扶项目509个、资金10.39亿元，经济较发达县落实帮扶资金4.995亿元，23个共建产业园区共引进企业184家、实现工业总产值700.26亿元。

【闽宁协作】 2023年，闽宁两省区党政主要领导分别率团互访，落实援宁资金6.25亿元，实施产业帮扶项目268个，选派第13批工作队赴宁夏挂职，选派617名援宁专业技术人才，帮助宁夏引进74家企业投资兴业，推动3.77万名农村劳动力、1.36万名脱贫人口稳定就业，销售特色农产品17.7亿元，闽宁协作年度重点工作全面落实。

农村经济管理

【农村承包地改革与管理】 2023年，福建省巩固和完善农村基本经营制度，稳妥开展第二轮土地承包到期后再延长30年试点，建成运行省农村经营管理综合信息应用平台，开展“小田变大田”试点，探索解决承包地细碎化问题，加强工商企业等社会资本通过流转取得土地经营权资格审查、项目审核和风险防范，推动工商企业等社会资本流转土地经营权审批制度落地落实，全省承包地经营权流转率达36%。

【农村集体产权制度改革】 2023年，福建省出台《福建省农村产权流转交易管理办法（试行）》，12个省级农村产权流转交易市场建设试点地区完成交易2633宗、金额17.7亿元。三明市、晋江市分别列入全国农村产权流转交易规范化整市、整县试点。开展农村集体资产管理“点题整治”，2023年共收回资金、资产（含拖欠租金、欠款等）1.41亿元，收回土地等资源性资产0.076万公顷，新增租金收入3432.5万元，实现村级财务线上公开。三明市沙县区西霞村入选第一批全国农村集体经济发展村级典型案例。

【现代农业经营体系建设】 2023年，福建省农业产业化省级以上重点龙头企业发展到1297家，其中年销售收入超100亿元企业5家，超10亿元企业52家，上市农业龙头企业30家。农民合作社、家庭农场两类主要经营主体16万家以上，引导新型农业经营主体与农户建立紧密型利益联结机制。新增培训高素质农民11.21万人次，农村实用技术远程培训104.9万人次，启动实施“头雁”项目。强化社会化服务，开展“供销农场”粮食生产全托管服务改革试点，推广“数字农机”“耕地认领”等模式，助力小农户参与到特色现代农业建设中。

【农业机械化】 2023年，福建省农机总动力达1323.4万千瓦，水稻耕种收综合机械化率达到81.7%，增长1.3个百分点。全省农机专业合作社达758个，作业服务面积45.6万公顷。

种植业

【粮食生产】 2023年，福建省落实粮食安全党政同责，制定省委常委会及其委员粮食安全工作职责清单、省政府领导班子及其成员年度粮食安全重点工作职责清单，实施粮食安全责任制考核，层层压紧压实责任。加大惠农扶粮政策力度，九市一区和所有涉农县（市、区）出台叠加稳粮政策，安排耕地地力补贴、实际种粮农民一次性补贴、种粮奖补资金等13.2亿元。发展双季稻种植，推广再生稻1万公顷。开展“我在乡间有亩田”耕地认领活动，复垦撂荒地0.34万公顷。开展粮食产能区增产模式攻关、粮食绿色高质高效创建，推进大面积均衡增产，实现面积、产量、单产“三增长”，全面完成粮安考核指标任务。

【良种培育】 2023年，福建省完成第三次全国农作物和畜禽种质资源普查与收集行动，共收集验收资源4377份，尤溪老树金柑入选全国十大优异农作物。杂交水稻制种面积3.85万公顷，产量1.09亿公斤，面积产量持续保持全国第一。福建海南南繁科研育种基地改扩建项目、福建省农业生物种质资源库建设项目有序推进。

【各种农产品产量】 2023年，福建省特色农产品增产增效，茶叶产量55.01万吨、增长5.6%，水果产量914.34万吨、增长5.7%，蔬菜产量1649.42万吨、增长3.1%，食用菌产量155.36万吨、增长1.4%。

闽台农业合作

【概况】 2023年，农业农村部出台《关于农业农村领域支持福建探索海峡两岸融合发展新路的若干措施》，支持福建省积极探索海峡两岸农业融合发展新路。福建省全年新增台资农业企业86家，合同利用台资1.48亿美元，累计批办台资农业项目3034个，合同利用台资46.18亿美元，农业利用台资数量和规模保持大陆第一。

【园区建设】 2023年，福建省6个台湾农民创业园（漳浦、漳平、仙游、清流、福清、惠安）连续第六年包揽国家评价前六名，累计有732家台资农业企业入园创业，引进台资12.9亿美元。9个闽台农业融合发展产业园（永泰果蔬、同安种子种苗、漳浦农机、南靖兰花、永春果业、永安林竹、邵武果业、上杭农产品加工、平潭农渔）持续推进建设。

【闽台农业科技合作】 2023年，福建省推动10个闽台农业融合发展推广县建设，新建扩建35家闽台农业融合发展推广基地，引进推广台湾农业良种148个、先进实用技术56项、引进台湾农机设备260多台（套）。

【闽台农业交流】 2023年，第十五届海峡论坛·两岸特色乡镇交流对接暨乡村振兴合作论坛活动在漳浦举行，论坛以“加强乡村振兴合作，共促两岸融合发展”为主题，两岸业界领导嘉宾、台农台企和对接企业的代表等200多人参加。闽台乡建乡创深化合作，共吸引100多支台湾建筑师团队到闽参与村庄规划建设。 （张翔）

【闽台农业合作】 2023年，福建省农业利用台资数量和规模继续保持大陆第一。全省新增台资农业项目86个，合同利用台资1.48亿美元，增长12.1%；累计批办台资农业项目3034个，合同利用台资46.18亿美元。龙岩、南平、三明、漳州、厦门等地分别举办首届海峡两岸农业交流大会、茶博会、林博会、2023海峡两岸现代农业博览会、花卉博览会等活动。龙岩漳平举办的第一届海峡两岸农业交流大会邀请两岸农业领域专家学者、创业台胞及岛内台农、有关县市及乡镇农会代表等近500人参加，促成签约项目25个，总投资额58亿元。在漳平市举办的“花茶两相宜·共话两岸情”活动上，两岸斗茶组委会与漳平台创园签署战略框架合作协议。 （周清英）

林业草场

【概况】 2023年，福建林业系统围绕国家林业和草原局及省委、省政府部署，推进十大重点工作，落实落细十项具体要求，福建省国土绿化、以国家公园为主体的自然保护地体系建设、深化集体林权制度改革、林业有害生物防控、重要基础保障工作等5个方面重点工作得到国家林业和草原局通报表扬，数量居全国第三。

【林长制】 2023年，福建省深入贯彻落实全省河湖长制林长制工作会议精神，推动各级林长履职尽责，在全国林长制督查考核中，福建省连续2年获评“优秀”等次。国家林业和草原局驻福州专员办、省林业局、省公安厅森林公安局深化长效协作，建立联合办公、联合调度、联合指导、联合通报、联合考评等“五个联合”工作机制，建立常态化案件会商机制。启动实施“推进林业基层治理体系和治理能力现代化行动”，实现全省林业基层单位无人机“一站一机、一站一员”全覆盖，初步形成五级贯通的指挥监测体系。数字赋能林长管理经验做法列入全国2023年数字政府50佳优秀创新案例。南平市林长巡山护林交树工作制度、漳州市林区治安“三色预警”等一批创新做法均系全国首创。

【林业改革发展】 2023年，福建省推进3个国家级和15个省级林业改革发展综合试点，在全省遴选并推广第一批14个林业改革发展典型案例。9月，中共中央办公厅、国务院办公厅印发的《深化集体林权制度改革方案》吸收福建省试点经验，并明确支持福建省创建全国深化集体林权制度改革先行区。组织起草《福建省建设全国深化集体林权制度改革先行区实施方案》（送审稿）经省政府常务会议研究同意上报省委研究，起草“三多”（即多方得益、多式联营、多重服务）改革试点方案作为配套文件。全省新增林权流转面积16.45

2023年11月15日至17日，福建省首届生态护林员职业技能竞赛在南靖县举行 （黄海 摄）

福建省武平南坊国有林场生物防火林带。摄于2023年12月 （黄海 摄）

万公顷，完成重点生态区位商品林赎买等3100公顷。完成新型林业经营主体标准化建设164家，带动培育新型林业经营主体342家，新增发放“闽林通”系列林业贷款24.16亿元，累计149.19亿元，受益农户11.27万户。

【造林绿化】 2023年，福建省印发《福建省国土绿化规划（2022—2030年）》《福建省防沙治沙规划（2021—2030年）》。完成植树造林6.96万公顷、森林抚育22.8万公顷、封山育林7.31万公顷，分别占年度任务的122.8%、114%、109.6%。完成森林质量精准提升22.99万公顷、重点区域林相改善4700公顷，分别占年度任务的118%、116.4%。10株古树、8片古树群入选全国“双百”古树（群），数量均居全国首位。推进泉州市21世纪海丝名城、莆田市木兰溪全流域等2个中央财政国土绿化试点示范项目建设，项目建设期为2023—2024年，项目计划建设总面积3.21万公顷，计划总投资8.2亿元，其中中央财政4亿元。

【资源保护】 2023年，省人大常委会于3月31日通过《福建省实施〈中华人民共和国野生动物保护法〉办法》，自5月31日起施行。松材线虫病疫情防控工作统筹“治、防、改，检、封、罚”措施，抓好“四个间”（时间安排、空间把握、林间作业、车间监管）重点工作，推进疫情防控攻坚行动，全省清理死亡松树88.6万株，撤销晋江市、诏安县2个疫区和建阳区漳墩镇等40个疫点，连续3年实现乡镇疫点数量、病死松树数量、发生面积“三下降”。互花米草除治工作完成除治任务9108公顷，除治复萌植株1720公顷，实现动态清零，实施生态修复1353公顷，占年度任务的115.6%。

自然保护地管理。《武夷山国家公园总体规划》获批实施，通过武夷山世界生物圈保护区第三次十年评估，在国家林业和草原局组织的国家公园建设成效评估中名列前茅，启动科普展示馆项目主体工程建设；武夷山国家公园福建片区成为全省第一个完成全流程确权登记的自然资源登记单元；编制完成《福建省自然保护地整合优化方案》，并由省政府报送国家林业和草原局；古田翠屏湖、霞浦东冲半岛等2处省级风景名胜区总体规划获得省政府批复实施；评定公布首批53处省级自然教育基地；支持福州市创建国际湿地城市，闽江河口湿地列入国际重要湿地名录；修订出台野生动物保护地方性法规。组织开展森林督查质量提升年、毁林整治专项行动等，通报15个典型案例，挂牌督办2个重点县和9个重点案件，2022年度森林督查案件查处率达100%；抓好全省森林防火工作，全年未发生重特大森林火灾和林业安全生产责任事故。

【林业产业】 2023年，福建省落实挂钩联系工作机制，及时帮助企业协调解决生产经营的困难问题。全省林业产业总产值达7651亿元、比上年增长3.4%，第一产业林业产值增长3.4%。组织开展科企、政银企保、林农林场林企等对接活动，通过“9·8”投洽会、海峡两岸（三明）林博会等展会平台开展招商推介，全省对接落实招商项目105个、总投资412.94亿元。启动实施油茶生产三年行动，建设示范基地1.45万公顷，指导尤溪县、福安市获得中央财政补助。印发《福建省林业碳汇专项发展规划（2021—2030年）》，推进龙岩市、南平市、三明市等3个全国林业碳汇试点市建设，全省累计完成福建林

福建最美古树群之一——建瓯万木林沉水樟古树群。摄于2023年 （黄海 摄）

业碳汇交易与再交易410.57万吨、6422.5万元，交易量和交易额均居全国前列。

【服务保障】 2023年，福建省审核使用林地项目3183件、5317.79公顷，其中省级以上重点项目187件、1559.27公顷，平均办理时长2个工作日。争取省级以上林业专项资金和预算内投资50.21亿元、比上年增长4.9%。完成智慧林业“123”一期建设，建成林业大数据中心和全国首个一站式林业无人机应用管理平台。持续推进“揭榜挂帅”科技攻关，全省林业科技创新平台累计67个，全国首个菌草类型国家林业和草原局重点实验室落地福建。在全国率先将竹业机械列入省级农机购置补贴目录。完成全省林木种质资源普查省级复核和验收。 （刘建波　郭洁）

畜牧业

【概况】 2023年，福建省肉蛋奶总产量406.95万吨，比上年增长7.3%。肉类产量311.41万吨，增长5.1%。其中，猪肉产量135.47万吨，增长5.8%；主要禽肉产量166.46万吨，增长4.9%；牛肉产量2.81万吨，增长4.4%；羊肉产量2.31万吨，比上年下降0.7%。主要禽蛋产量70.12万吨，增长15.3%。奶类产量25.42万吨，增长15.3%。

【畜禽良种繁育体系建设】 2023年，福建省建成国家生猪核心育种场7个、国家肉鸡核心育种场1个、国家肉鸡良种扩繁推广基地1个，建设国家畜禽遗传资源保种场7个、晋江马国家保护区1个、国家水禽基因库（福建）1个，全省持证种畜禽场达297个。

【畜禽粪污资源化利用】 2023年，福建省组织13个县实施整县推进和提升工程项目13个，支持区域性粪污集中处理中心、种养结合基地建设。更新完善畜禽粪污收集、贮存、加工、利用等环节设施设备，畜禽粪污综合利用率达93%，规模养殖场粪污处理设施装备配套率达100%。 （张翔）

水土保持

【概况】 2023年，福建省水土保持率增至92.95%，继续保持全国领先；连续5年在全国水土保持规划实施情况评估中获优秀等次。在第四届中国水土保持学术大会、2023年全国水土保持工作会议、贵阳生态文明国际论坛作典型发言；全国首单碳汇交易在福建长汀成功签约。

【综合治理】 2023年，福建实施23个国家水土保持重点工程和2个小流域综合治理提质增效、36个省级重点水土流失治理、57个水保生态村项目。全省共完成水土流失精深治理12.23万公顷，建成生态清洁小流域109.09千米，植树造林6.96万公顷，森林抚育22.8万公顷，封山育林7.31万公顷。

【监督管理】 2023年，福建落实水土保持“三同时”（同时设计、同时施工、同时投产使用）制度，全省共审批生产建设项目水土保持方案2920个，新增防治责任范围303.31平方千米；现场检查生产建设项目水土保持方案落实情况3397项次；完成生产建设项目自主验收备案1868个，验收报备核查项目533个；征缴入库水土保持补偿费3.03亿元；抽查市县审批的生产建设项目水土保持方案280个。 （张智杰）

水利

【概况】 2023年，福建省水利系统坚持“三下沉”（规划下沉、服务下沉、干部下沉）工作法，建设“一河一网一平台”（“一河”指福建幸福河，“一网”指福建大水网，“一平台”指福建水平台），水利改革发展跃上新台阶，多项工作位居全国前列，26项经验做法在全国性会议上交流推广，其中，水土流失治理、福州内河治理、幸福河湖建设经验做法分别在生态文明贵阳国际论坛、第二届联合国人居大会、全国政协十四届常委会上交流。河湖长制工作全国唯一连续6年获国家正向激励；水土保持规划实施情况评估连续5年全国优秀；水利工程质量考核连续4年获得全国优秀；最严格水资源管理考核、中央水库移民扶持基金绩效评价、中央水利资金绩效评价均获全国优秀；水旱灾害防御取得全面胜利。

【水利投资】 2023年，福建省共完成水利投资574.71亿元，比上年增加11.7亿元，占年计划（570亿元）的100.67%。全年到位省级以上资金83.41亿元，其中中央预算内资金16.45亿元、中央财政资金38.64亿元、省级预算内资金0.1亿元、省级财政资金28.22亿元，共争取增发国债资金110.6亿元，用于支持306个水利项目建设。

【水利规划】 2023年，《福建省水网建设规划》通过水利部审核，获省政府批复实施。福建、武平分别入选全国省级、县级水网先导区，福建成为全国唯一省县两级同期入选的省份。《数字孪生福建水网建设先行先试（闽江口区域）实施方案》通过水利部审查。全省小型水库建设总体方案编制完成，26座中型水库列入全国“十四五”规划。闽江、九龙江、敖江、大樟溪流域综合规划基本完成，全省防洪规划启动编制，开展防洪现状调查工作。水利“十四五”规划中期评估良好，各项目标任务进展顺利。

【水利建设】 2023年7月14日，福建最大引调水工程——平潭及闽江口水资源配置工程（简称“一闸三线”）实现全线通水，工程全长181.58千米，总投资61.6亿元，年引水量约8.7亿立方米，惠及平潭综合实验区及福州仓山区、长乐区、闽侯县、福清市等地群众

580余万人。白濑水利枢纽完成投资27.3亿元，占年度计划的101.1%；闽江干流防洪提升工程完成投资10.01亿元，占年度计划的100.1%；木兰溪下游水生态修复与治理工程完成投资5亿元，占年度计划的100%；木兰溪防洪工程白塘段、仙度段，以及闽江防洪工程三明段（二期、三期）等12个“五江一溪”防洪工程完成年度投资12.77亿元，治理河长47千米；10个重点山洪沟防洪治理项目启动实施，完成投资0.94亿元；46条中小河流治理项目完成投资9.38亿元，治理河长368.61千米；金门供水水源保障工程提前开工建设，完成投资3.05亿元，占年度计划的101.6%；福州向马祖供水二期工程大陆侧先行段动工建设，向马祖供水水源保障工程前期工作全面启动，总投资约3944万元。水土流失综合治理、农村供水保障、安全生态水系建设3项为民办实事项目超额完成治理任务，共治理水土流失面积5.56万公顷，建成安全生态水系305.7千米，新增农村供水受益人口72万人。

【水利生态价值创新】 2023年，福建省探索生态价值新路。首单水土保持项目碳汇交易在长汀签约，交易长汀县罗地河小流域综合治理水土保持碳汇10万吨，总价180万元，为全面建立水土保持生态产品价值实现机制提供示范样板。福建省水土保持试验站与厦门市碳和排污权交易中心合作开通全国首个水土保持碳汇专项账户，打造水土保持和碳汇交易平台之间的直通机制。上线运行水权交易平台，全省累计完成水权交易54笔，交易水量1357万立方米。

【打造行业示范标杆】 2023年，福建省颁布全国首个省标《幸福河湖评价导则》，搭建“5+10+N”（包括“安全河湖、健康河湖、生态河湖、美丽河湖、和谐河湖”5个一级指标、10个二级指标和若干个三级指标）三级指标评价体系，制定可量化、可操作的幸福河湖评价测算方法；与台湾水土保持技术协会联合编制省标《海峡两岸共通水土保持科教园评估准则》，率先推动两岸水土保持标准共通。

【基层服务】 2023年，福建省深化项目审批模式，优化“一件事”集成套餐服务，全年办结行政审批件4980件；创新试点“AI即办”审批品牌，实现“零等待”拿证；组建水利服务基层小分队，深入125个项目现场，协调解决要素保障问题153个；探索项目攻坚模式，建立省城乡供水一体化建设联席会议制度，实行专班运作。

【数字水利】 2023年，福建省实现“一平台”全面覆盖。整合116个单位的184个业务系统，贯通跨行业数据3.1亿条，覆盖省市县三级，基本实现全行业“一屏管水”、全社会“一屏看水”，全国首个部省共建的中国·福建水土保持科教园水保展馆投入试运行。“数字孪生”加速推进。溪源溪小流域、九龙江北溪流域等2个全国数字孪生先行先试项目通过水利部验收，数字孪生九龙江北溪入选水利部2023年数字孪生水利建设十大样板名单；聚焦打造原型、物模、数字“三条河流”，开工建设闽江下游数字孪生流域研究基地。“数字画像”创新应用。开发应用“数字画像”系统，形成集实时监测预警、动态评价分析、评价报告分析展示等功能于一体的指标体系，包含水工程、水安全、水生态、水监管、水行政等5项一级核心业务、26项二级核心业务和76项监测评价指标体系，建立起“数据共享、指标量化、精准管理”的评价体系，直观呈现各地水利工作水平。

【水利助力乡村振兴】 2023年，福建省完成美丽家园建设、产业转型升级、就业创业能力建设等移民后扶项目339个，建成省级移民后扶示范区54个。挂钩支持光泽县15个民生项目建设，下达水利专项资金6539万元。灌区续建配套改造方面，推进实施1个大型灌区和16个中型灌区改造，完成投资3.24亿元。完成水土流失治理面积5.56万公顷，占年度计划治理面积（5万公顷）的111.21%；武平、永春、泰宁、寿宁4个县水系联通及水美乡村建设完成投资8.79亿元，超额完成3.28%。实施中小河流治理项目75个，完成水库安全鉴定168座，实施水库除险加固12座。

【城乡水利水电建设】 2023年，福建省推进城乡供水一体化建设，全省73个任务县（市、区）全面开工建设，完成投资130.7亿元，新开工建设规模化水厂80座、小型供水工程447座，铺设供水管网9265千米，新增受益人口319万人，农村自来水普及率和规模化供水覆盖率分别提升至93.55%和66%，分别高于全国平均水平3.55和6个百分点。完成农村供水工程维养投资6328万元，维养工程3518处，服务人

2023年10月，三明金溪（将乐段）成功入选全国第二批美丽河湖优秀案例（省水利厅）

口441.2万人。完成120座规模化供水工程标准化管理。推动连城等25个县(区)实现单村供水工程专业管护全覆盖。实施1个大型灌区、16个中型灌区续建配套与节水改造，完成总投资3.24亿元，改造水源工程88处，整治衬砌干支渠229.27千米，更新改造渠系建筑物462处、泵站7座、量测水设施323处，新增恢复灌溉面积0.34万公顷、改善灌溉面积1.85万公顷。全省大中型灌区足额落实“两费”2.92亿元。

推进农业水价改革。累计完成改革面积73.04万公顷，占改革总面积(70.93万公顷)的103%。深化农村水电绿色发展，完成75座水电站安全生产达标评级，其中19座开展一级标准化达标创建，数量居全国前列。开展308座水电站汛前安全隐患抽查，全面完成1120处隐患整改，建立1733座重点监管小水电站目录。完成44座1万～10万立方米、坝高15米以上的电站大坝安全提升。指导推进县市建立集控中心，400多座水电站初步实现智能化。5座电站获评全国绿色小水电示范电站。

【水利科技】 2023年，福建水利系统首个省级重点实验室“省水动力与水工程重点实验室”、省级工程技术研究中心“省水动力工程技术研究中心”经省科技厅验收通过。其中2个项目获评2022年度省科技进步奖二等奖、1项获三等奖，省水利学会评选出2023年省水利科学技术奖50项。推广水利先进实用技术及产品38项，省水土保持试验站科技科获评2023年福建省最美科技工作者团队。

【水利管理】 2023年，福建省落实水利部关于加强流域治理管理的要求，成立闽江（木兰溪）、九龙江2个流域管理机构，聚焦统一规划、统一治理、统一调度、统一管理，下达40项任务清单。引入第三方力量实行小型水库、小水电站社会化管养，创建绿色小水电站10座，落实重点流域生态保护补偿资金16亿元，全省小水电站生态流量在线抽查综合评分全国第一。强化水利安全生产检查，聚焦水库、水闸、堤防工程、在建水利工程、水旱灾害防御、河湖管理等八大领域度汛安全重点开展综合大检查，实现一次检查、成果共享。水利监督工作连续3年位列全国第一方阵，省水利厅连续5年获评省政府安全生产和消防工作目标责任考核优秀单位。持续完善水法规体系，颁布《福建省水利工程管理条例》《福建省水资源条例》(修正案)，《福建省闽江、九龙江流域保护管理条例》通过省委、省政府审议；印发《福建省水利厅项目评审专家管理办法》《福建省水利厅行政审批项目评审管理办法》，全面推进项目评审专家库清理。

【水利防汛减灾】 2023年，福建省修订完善覆盖1万多个村、49座重要城市、3611座水库的防御预案，全省3611座水库实行安全巡检“零报告”。落实水利工程标准化管理，实施三类坝水库除险加固3座、安全鉴定211座，修复水毁1160处，完成小型水库雨水情自动测报设施建设931座、大坝安全监测设施建设850座，省级小型水库雨水情信息汇总平台接入水库2164座。实施全流域综合预警、省市县共同会商、水库群联合调度，共发布洪水预警338期、山洪灾害预警1215期、实时山洪预警6877次，组织会商111次，连线调度41次，成功抵御15场暴雨、8次强对流和7个台风袭击。特别是在防抗“杜苏芮”“海葵”超强台风中，提前预泄腾库16.7亿立方米，将溪源溪流域30年一遇大洪水削减为不足2年一遇，确保福州等重要城市防洪安全。

【水资源管理】 2023年，福建省万元地区生产总值用水量比2020年下降24%，万元工业增加值用水量比下降56%，农田灌溉水有效利用系数提升到0.569。累计建成县域节水型社会54个、节水型高校44所，新增节水型大中型灌区6个。深化节水行动，出台省地方标准《行业用水定额》（DB35/T772—2023)，101个水利工程项目和水利规划通过节水评价审查；推广“节水贷”，累计发放节水贷6.47亿元，实施合同节水管理项目38项；开展福州大学城片区节水型高校创建先行示范行动，推进福州大学等高校开展“一校一策”合同节水载体建设。落实水资源刚性约束。印发实施《福建省地下水管控指标方案》，全省新增取水监测站点812个，规模以上取水单位在线监测设施安装率82%，取水在线监测率93%；全省新增非水电站的取水许可400余本，新增用水统计调查名录935个，全省征收水资源费6.7亿元。指导推进水权交易，龙岩市完成全省首宗取水户间的水权交易，交易水量100万立方米，入选水利部盘活存量资产扩大有效投资典型案例。 (张智杰)

编辑：郑 莱

工业

综　述

【工业生产】 2023年，福建省工业增加值18548.3亿元，比上年增长3.4%，其中规模以上工业增加值增长3.3%。企业生产经营总体平稳，各类企业增长不平衡。新增规模以上工业企业2186家。全省规模以上工业企业中有53.3%的企业产值增长或持平，其中38.6%的企业增长10%以上。从经济类型上看，全省规模以上股份合作企业增长16.2%、股份制企业增长5.1%，国有企业、集体企业、外商及港澳台商投资企业分别下降48.3%、18.8%、2.1%。

多数行业继续增长，近半数工业产品产量增长。2023年，38个大类行业中有23个行业实现正增长，增长60.5%，有13个行业增速超10%，其中化学原料增长20.1%、黑色金属增长18.9%、有色金属增长17.9%、汽车制造增长15.6%、铁路船舶设备增长15%。全省规模以上高技术产业增加值占规模以上工业增加值的比重为18.9%，提高2.2个百分点。从工业产品看，列入统计的457种产品中，有210种产量实现增长，占比46%。

区域工业运行平稳，九市一区全部增长或持平。2023年，宁德市规模以上工业增加值增长17.1%、继续保持领先地位，漳州（5.6%）、南平（4%）、莆田（3.6%）、三明（3.5%）高于全省平均，福州、泉州均增长3.3%，平潭、龙岩分别增长1.8%和0.2%，厦门与上年持平。

产销衔接有所改善，出口行业近四成增长。2023年，全省规模以上工业累计销售产值增长0.3%。工业品产销率96.2%，提高0.25个百分点。企业应收账款和产成品库存合计9049.4亿元，增长0.1%，增速低于同期营业收入0.4个百分点，其中应收账款6747.6亿元，增长3.4%，产成品2301.8亿元，下降8.4%。全省规模以上工业出口交货值下降1.2%，32个出口行业中，有12个行业实现正增长，其中汽车制造增长70.1%、铁路船舶设备增长34.8%、电气机械增长26.6%。

质量效益显著提高，近五成行业利润增长。2023年，全省规模以上工业实现营业收入56505.5亿元、利润总额3429.3亿元，总量分别居全国第五位、第七位，分别增长0.5%、10.9%。38个工业大类行业中有18个行业利润保持增长，有色金属（256%）、化学原料和制品（65%）、汽车制造（53.9%）、电力热力（34.5%）、电气机械（29.8%）、化纤（14.8%）等11个行业增长10%以上。 （吕莎莎）

【工业投资】 2023年，福建省工业投资增长12.3%，比全社会固定资产投资增速高9.8个百分点，比全国平均增速高3.3个百分点。其中，制造业投资增长11.6%，电力、热力、燃气及水的生产和供应业增长16%，采矿业增长30%。

福州（32.4%）、泉州（19.5%）、漳州（18.2%）、南平（14.6%）增速高于全省平均，三明（10.4%）、厦门（7.2%）、龙岩（6.9%）、莆田（3.6%）保持正增长，平潭（－42.4%）、宁德（－31%）同比回落。

制造业31个子行业中，24个保持正增长，其中金属制品、机械和设备修理业（326.1%），汽车制造业（156.5%），铁路、船舶、航空航天等制造业（119.5%），文教体育用品制造业（69.5%）呈高速增长态势，增速在50%以上；化学纤维制造业（－38.6%），仪器仪表制造业（－19%），电气机械及器材制造业（－14.3%），化学原料及化学制品制造业（－13.2%），家具制造业（－8%），纺织服装和服饰业（－1.9%），酒、饮料和精制茶制造业（－0.1%）同比回落。 （郑玉辉）

石化工业

【概况】 2023年，福建省1042家规模以上石化企业累计（下同）实现营业收入5151.2亿元，比上年增长5.0%；销售产值增长6.7%；工业增加值增长17.4%；出口交货值增长3.0%；产销率91.3%，增长0.2%；利润总额139.8亿元，增长37.3%；亏损企业

156家，亏损面15.0%，亏损企业亏损额73.2亿元，减亏41.6%。产值超百亿元的企业7家：联合石化、中化泉州、福海创、古雷石化、百宏石化、申远新材料、中景石化。

【石油化工主要产品产量】 2023年，福建省重点产品产量增长的如下：原油加工量2836.4万吨，比上年增长10.0%；硫酸（折100%）285.6万吨，增长11.5%；烧碱（折100%）68.1万吨，增长160.6%；乙烯193.0万吨，增长1.8%；丙烯67.7万吨，增长15.2%；纯苯48.3万吨，增长2.9%；甲醛62.5万吨，增长55%；合成氨（无水氨）127.7万吨，增长20.1%；磷肥（折五氧化二磷100%）12.4万吨，增长3.5%；高密度聚乙烯树脂66.3万吨，增长20.3%；聚丙烯树脂28.2万吨，增长15.2%；精对苯二甲酸113.2万吨，增长29.1%；聚酯60.2万吨，增长38.6%；化学试剂88.2万吨，增长2.0%；表面活性剂23.1万吨，增长45.1%；活性炭44.1万吨，增长12.2%；橡胶轮胎外胎3044.1万条，增长6.3%，其中子午线轮胎外胎2401.8万条，增长11.6%。

下降的如下：盐酸（氯化氢含量31%）15.5万吨，下降2.1%；磷酸（含量85%）31.5万吨，下降0.1%；对二甲苯168.3万吨，下降3.7%；氮肥（折含氮100%）10.8万吨，下降70.3%；涂料148.9万吨，增长9.0%；线性低密度聚乙烯树脂49.7万吨，下降3.0%；乙二醇26.9万吨，下降24.7%。

【石油化工主要分行业情况】 2023年，福建省分行业营业收入大多呈增长态势，其中合成材料制造1128.7亿元，比上年增长12.2%；基础化学原料制造1231.1亿元，增长9.7%；专用化学品制造398.0亿元，增长0.3%；精炼石油产品制造1518.6亿元，增长0.2%；橡胶制品业371.6亿元，增长7.7%；涂料、油墨、颜料及类似产品制造194.1亿元，下降16.8%；肥料制造89.7亿元，下降14.9%；农药制造9.4亿元，下降6.6%。

【石油化工重点项目情况】 2023年12月29日，古雷炼化一体化工程二期项目获得国家发展和改革委员会、工业和信息化部、国家能源局的批复，正式纳入《国家石化产业规划布局方案（修订版）》规划项目。全年共有45个石化项目建成投产，新增产值148.2亿元，其中投资10亿元以上的工业项目漳州奇美化工有限公司30万吨/年PS项目3月投产，万华化学（福建）有限公司80万吨/年PVC一期项目4月投产，永荣科技有限公司30万吨/年己内酰胺二期项目5月投产，万华化学（福建）有限公司25万吨/年TDI扩建项目5月投产，东南电化股份有限公司江阴西部化工区高盐废水综合利用暨60万吨/年离子膜烧碱一期项目8月投产，溥泉新能源科技有限公司50万吨/年N—甲基吡咯烷酮精制项目8月投产，鲁华新材料有限公司碳五碳九分离及下游新材料项目10月投产，海德福新材料1.5万吨/年高性能氟材料项目10月投产，新安科技有限责任公司磷系阻燃剂生产项目10月部分投产，清流县东莹化工有限公司14.2万吨环保型氟产品生产扩建项目11月投产，申远新材料有限公司聚酰胺一体化项目三期20万吨/年环己酮项目12月投产，华谊三爱富氟佑新材料有限公司氟化学产业基地一期项目12月投产。

【禁化武履约系统填报】 2023年度，福建省有73家相关企业完成禁止化学武器履约系统填报。厂区总数82个，其中第二类厂区8个、第三类厂区5个、第四类厂区69个；达到宣布域值厂区66个，其中第二类厂区4个、第三类厂区4个、第四类厂区58个；达到核查域值厂区58个，其中第二类厂区3个、第三类厂区4个、第四类厂区51个。2023年12月，福建省获“全国履行禁止化学武器公约工作先进集体”称号。

【化工建设工程质量监管】 2023年10月19日福建省工业和信息化厅印发《关于开展全省化工建设工业安装工程质量调研的通知》，调研工作覆盖8个设区市15个化工园区，抽查23个项目。

（杨美芳）

机械工业

【概况】 2023年底，福建省机械装备行业规模以上企业4623家，其中大型企业419家、总资产13466.88亿元、从业人员71.4万人。2023年，福建省机械行业规模以上企业工业增加值累计增长5.4%，对全省工业增加值增长贡献率32.9%；销售产值和出口交货值分别增长4.7%、22.9%；营业收入和利润总额分别增长6.5%、增长19.7%。

【机械工业技术创新】 2023年，福建省新认定省首台（套）重大技术装备28台（套），涵盖数控机床、纺织机械、工程机械、高技术船舶、环保装备等领域，其中中国机械总院集团海西（福建）分院有限公司精密复合磨削中心（MKG1440）被认定为国内首套重大技术装备。

中国机械总院集团海西（福建）分院有限公司的精密复合磨削中心（MKG1440）攻克超精密磨削技术、多工序复合加工技术和液体静压技术；采用卧式三轴移动机构、可转位砂轮转塔，Z、X、B、C轴联动，以及基于薄膜式反馈节流器的液体静压主轴、导轨、转台技术，实现精密复合磨削中心高精、高效磨削加工；最大磨削直径400毫米，最大磨削长度1000毫米，X轴定位精度1μm、Y轴定位精度1.4μm；外圆圆度0.25μm，内圆圆度0.23μm，圆柱度0.25μm。

星云电子股份有限公司的电芯自动化成分容测试系统采用多串技术、单体电芯在线旁路技术，实现单体电芯充放电时不断流平稳退出，保障化成效果的一致性，提高充放电效率和节电节能效果；增加设备全生命周期管理，对易损件引入状态及寿命自动检测功能；增加无线异常检测及精度修复功能和多级安全保护功能，提高设备的可控管理、测试效率和安全性，创新实现化成分容高速测试串联领域的技术产业化应用，填补省内技术领域的空白。

清航装备科技有限公司 JZ-120 交叉双旋翼无人直升机，突破挥舞阻尼减震、后行桨叶失速等关键技术，降低旋翼系统操纵响应滞后性，载重比达到 50%，最大飞行速度达 192km/h，升限实测可达 4500 米；在原有的电池传动基础上，实现燃油发动，解决电池续航能力不足的弊端，增加无人机飞行的机动性能，填补国内两翼齐飞的空白。

【机械装备重点企业】 2023 年，星云电子股份有限公司、福鼎时代新能源科技有限公司列入福建省工业龙头企业名单（第六批），申达重工机械有限公司、厦门金龙汽车新能源科技有限公司等 7 家企业入选福建省工业龙头培育企业名单（第六批）；工业龙头企业中机械装备企业合计 27 家，工业龙头培育企业中机械装备企业合计 106 家。

龙净环保位列中国环境企业 50 强榜单第七位。龙工控股入选 2023 年世界工程机械 50 强。

铁拓机械有限公司沥青混合料厂拌热再生设备、科华数据股份有限公司集中式逆变器［不间断供电电源(UPS)］被工信部认定为第七批单项冠军产品，龙合智能装备制造有限公司被工业和信息化部认定为第八批制造业单项冠军企业。申利卡铝业发展有限公司、安波电机（宁德）有限公司、厦门普诚科技有限公司、厦门唯恩电气有限公司被省工信厅认定为第七批单项冠军企业。

泉州市比邻三维科技有限公司入选工信部 2023 年度增材制造典型应用场景名单。

厦门 ABB 开关有限公司中压开关智能制造示范工厂入选工信部 2023 年智能制造示范工厂揭榜单位名单。晋工机械有限公司、时代一汽动力电池有限公司、科华数据股份有限公司等 7 家企业入选工信部 2023 年智能制造优秀场景名单。

龙岩市新罗区应急抢险救援装备产业集群入选工信部 2023 年度中小企业特色产业集群名单。漳州中集集装箱有限公司、龙工（福建）铸锻有限公司、福州天宇电气股份有限公司等 6 家企业被列入工业和信息化部 2023 年绿色制造名单。漳州东方智能仪表有限公司的智能测试仪表工业设计创新中心被工信部认定为第六批国家级工业设计中心。

（郑燕雯）

汽车工业

【概况】 截至 2023 年底，福建省拥有规模以上汽车及汽车零部件生产企业 416 家，从业人员 8.7 万人。其中，汽车整车制造企业 14 家，专用车生产企业 45 家（已准入），整车生产能力约 85 万辆，基本涵盖所有类别的汽车产品，初步形成福莆宁（乘用车）、厦漳（客车）和闽西北（载货车和物流车）三大汽车产业集群。在全国率先出台《福建省“光储充检”充电基础设施建设管理指南（试行）》，填补新型充电基础设施建设等规定的空白。至 2023 年底，福建省已建成“光储充检”一体化示范站 15 座。

2023 年，全省汽车制造业工业增加值增长 15.6%，销售产值增长 14.7%，出口交货值增长 70.1%，产销率 96.96%；实现营业收入增长 14.1%，利润总额增长 53.9%。全省累计生产汽车 33.23 万余辆，其中轿车 13.08 万辆、多功能乘用车（MPV）3.33 万辆、运动型多用途乘用车（SUV）10.44 万辆、客车累计产量 3.26 万辆。其中，新能源汽车产量累计 9.79 万辆，占比 29.4%。

【福建省汽车品牌价值】 2023 年，世界品牌实验室（World Brand Lab）发布的 2023 年《中国 500 最具价值品牌》中，金龙客车以 809.79 亿元的品牌价值位列第 114 位；金旅以 446.85 亿元的品牌价值位列第 210 位。

【汽车工业科技创新】 2023 年，金龙汽车共承担国家级项目 2 项、省市级以上项目 7 项。其中，金龙汽车集团技术中心“高性能新能源客车电驱动桥系统关键技术研发及产业化”获 2023 年福建省省技术创新重点攻关及产业化项目，金龙联合公司的“面向量大面广的多类型车辆智能轮胎示范应用”和“大丝束碳纤维复合材料低成本高效制备与商用车辆的集成应用”等 2 个项目获国家科研支撑计划课题。金龙集团企业技术中心通过国家企业技术中心 2023 年度评价审核，苏州金龙公司获批江苏省省级工程研究中心，金龙新能源公司入选 2023 年国家知识产权优势企业、并获批厦门市市级企业技术中心、通过 CNAS 国家实验室认证。

2023 年，宁德时代省内生产基地电池出货量 217GWh，国内市场占有率 43%，全球市场占有率 36.8%；出货量连续 7 年（2017—2023 年）保持全球第一，位列“2022 中国企业 500 强”榜单 85 位。

2023 年，金龙“智能车载终端解决方案”项目获第五届中国工业互联网大赛二等奖；金龙汽车设计的 Merry Combo，将高比能电池、驱动电机、独立悬架和车轮集成于一体，形成一个独立的超级集成底盘模块；利用分布驱动、MTV 电池整车集成技术、电池系统分时控制等自主核心技术，其 C-WTVC每百千米能耗仅 45kwh，实现电池系统动态增容，可根据需要提升续航里程 45%，获第六届中国国际工业设计博览会优秀作品奖。

金龙纯电重卡——KT601，基于电动化底盘、一体化集成、生态化模式和智能化管理的“新四化”理念，适用于港口物流、砂石煤炭运输和钢厂内短途运输等多场景，是金龙商用车面向换电生态的标志，也是金龙25年新能源研发和制造的成果。2023年11月，金龙联合国家智能网联汽车创新中心（CICV）推出的国内首辆基于国产软硬件的L4级自动驾驶巴士获得北京智能网联汽车路测牌照，可在五环外北京市智能网联汽车政策先行区范围内进行道路测试，车辆可与路侧设备和云控平台进行数据交互，实现车、路、云协同感知与决策；其自动驾驶解决方案在高精度定位、无人驾驶感知、车辆行为预测与智能决策、四维时空决策规划等方面具有典型技术优势，在重庆永川、郑州郑东新区、福州马尾、厦门集美、江西新余、江西赣州、山西阳泉、上海等全国十余座"智慧城市"进行过商业化落地运营。

金旅客车2023年出口491万辆，增长52.8%，获"客车行业最佳雇主""高端商务客车之星""墨西哥之星"三项荣誉。其"领航者"车型获得"中国外观设计金奖"，成为福建省首个"中国外观设计金奖"获奖项目，也是2023年福建省和客车行业唯一获评"中国外观设计金奖"的企业；其自主研发的基于5G车联网双驾双控人工智能微循环自动驾驶公交客车入选福建第一批人工智能典型应用场景名单。

福龙马2023年获得"城市管家服务特级认证证书""国家级绿色工厂""2023中国环境企业50强"等荣誉，入选"福建首届品牌价值百强榜单"，连续5年入选"福建省民营企业100强""福建省制造业企业100强"榜单，"中国环卫数字化转型典型示范案例"等多项荣誉。（郑燕娈）

船舶工业

【概况】 2023年，福建省规模以上船舶工业企业完成工业总产值138.1亿元，比上年增长26.6%，创出口产值40.72亿元，增长15.8%；主营业务收入133.8亿元，增长29.2%；全年造船完工船舶94.01万载重吨，完工量增长25.5%；修船产值21.9亿元，增长8.6%；新承接订单66.93万载重吨，比上年下降38.4%；年末手持订单157.92万载重吨，下降15.3%。

【船舶工业产业布局】 2023年，福建省造修船产值分布如下：福船集团完成65.7亿元，增长51.7%；福州地区完成19.8亿元，增长30%；宁德地区完成22.7亿元，增长2.5%；漳州龙海地区完成13.9亿元，增长80.9%；军工企业民品船舶完成2.9亿元，下降23%。

【政策支持】 2023年6月，福建省印发《全面推进"电动福建"建设的实施意见（2023—2025年）》，在全国率先从示范项目建设、示范应用场景打造、核心装备研制、融资贴息、充电设备购置等方面提出电动船舶全产业链支持政策，鼓励有条件的单位、地区大力推广应用电动船舶。7月，工业和信息化部与福建省签署《加快电动船舶产业发展合作备忘录》，支持福建打造电动船舶特色产业基地，形成可复制、可推广的电动船舶产业发展经验模式，为福建加快电动船舶产业发展带来全新机遇。宁德时代等成功研发新型船用电池、变频器、箱式电源、能量管理系统、充电系统、推进系统、协同运营云平台等核心装备，在中国国际海事会展集中发布。招商局长航集团在福州设立"福建长江绿色智能船舶研究院"，中船702所东方船研在宁德设立"福建绿舟"分公司。全省初步形成上游研发设计，中游船舶建造、"三电"系统研制、运营基础配套，下游船舶应用的电动船舶产业链，落地电动船舶示范项目10型38艘，3个船型获国家级科研计划支持。2023年11月，省内下线全球最大18兆瓦直驱海上风电机组，创造全球海上风电装备新标杆；12月，中国首个国家级海上风电研究与试验检测基地在福清市开工建设，将填补国内海上风电领域大功率、全尺寸装备试验验证能力的空白。

【船舶制造】 2023年，福建船政重工全年新接生效船舶订单25艘；实现出清库存船舶12艘、落地生效4艘；完成交船36艘，其中马尾造船17艘、厦船重工3艘、东南造船13艘、福宁重工3艘；主要船型有：1100TEU集装箱船、1800TEU集装箱船、2900TEU集装箱船、3700TEU集装箱船、4200车双燃料汽车滚装船、7500车位双燃料汽车滚装船、12500DWT多用途船、油化船、85000吨纸浆船、94米拖缆船、新能源电动船、大型海洋养殖平台、远洋围网渔船、大型风电装备等。

【福建省船舶工业集团有限公司】 福建省船舶工业集团有限公司（简称福船集团）组建于1982年，是一家以船舶及海洋工程装备修造、木材加工及木竹产品制造、新能源装备制造及现代服务三大产业板块为主的省属国有企业，年造船能力240万载重吨。拥有二级企业6家、三级企业21家，其中船舶板块骨干企业有：福建船政重工股份有限公司、福建省马尾造船股份有限公司、厦门船舶重工股份有限公司、福建东南造船有限公司、福建福宁船舶重工有限公司、船政海外发展有限公司、福船海洋工程技术研究院有限公司，以及福建省船舶工程技术学校等。核心产品有：高附加值海洋工程船，包括深海采矿船、双体半潜多用途居住平台、饱和潜水支持船、海上风电一体化作业平台、中小型电力推进海工辅助船，以及敷缆船、2800客邮轮型客滚船、2100－8500CARS汽车运输船、远洋渔船以及各系列集装箱船、散货船、油船等，出口到英国、西班牙、德国、荷兰、瑞典、丹麦、挪威、希腊、美国、澳大利亚、新加坡、马来西亚等20多个国家或地区。2023年，福船集团推动产业高端化、智能化、绿色化发展，加大研发投入，融入新型工业化进程，发展新质生产力，打造高端船海装备和新能源船舶、深远海养殖装备、吸力筒导管架、海上风电运维母船等新型海洋工程装备产品体系，助力福建海洋经济高质量发展。

【船舶工业创新转型】 2023年，福船集团权属福船一帆新能源装备制造有限公司承制的全球首台16MW超大容量海上风电机组配套塔筒，最大直径达8米，最大塔节板厚47毫米，塔节展开最大长度近24米，塔节径厚比区间为120～259。

福船集团权属福建福宁船舶重工有限公司建造的现代双层纯电动游船“茉莉号”，该船总长28米，水线长26.88米，垂线间长26.26米，型宽7米，型深1.9米，设计吃水1米，载客数102人，配备宁德时代840千瓦时电池组和赛思亿电推电控，是福建省首艘入级中国船级社的纯电力推进船舶；电动观光游船“东湖之星”长27.00米，宽6.00米，型深1.60米，设计吃水0.80米，设计航速15km/h，营运航速9.3km/h，是福建省首艘取得中国船级社“绿色船舶－3”标志的纯电池动力旅游观光船。

（郭冬冬　郑燕姿）

冶金工业

【概况】 2023年，福建省拥有规模以上冶金工业企业487家，其中44家国有控股企业，营业收入占比36.9%；营业收入50亿元以上企业33家，营业收入占比85%以上。钢铁、铝、铜、钨等基本形成以龙头企业带动产业发展的格局。2023年全省冶金行业营业收入7069.69亿元，增长7.2%；其中钢铁工业2738.11亿元，增长5.8%；有色工业4359.58亿元，增长8.2%；实现利润370.54亿元，增长289.3%；其中钢铁工业22.21亿元，增长351.5%；有色工业348.33亿元，增长235.5%。

【冶金工业产品产量】 2023年，福建省铁成品矿产能532.5万吨，生铁产能1486.1万吨；粗钢产量3405.5万吨，比上年增长6.8%；生产电解铜87.2万吨，增长7.7%；电解铝7.2万吨，增长0.5%；黄金232.8吨（含合质金、重熔金），下降2.5%；单一稀土金属2304.5吨，增长2.6%；铜材9.2万吨，比上年下降15.5%；铝材144.8万吨，下降0.3%。

【冶金工业优势产业】 2023年，福建省不锈钢、钨加工材产量全国第一，其中不锈钢产量约占全国30%，细钨丝、磁控线圈市场占有率超过90%，消费类锂电磁正极材料全国第一。全省冷轧薄钢板、涂镀层钢板、不锈钢板带、IT产品用铝型材、铝PS印刷板基、高档硬质合金、高性能稀土材料、铜板带箔等高附加值产品产值占冶金产值的40%以上，超细晶硬质合金棒材、双零铝箔、高性能稀土磁性材料等产品质量达到国际先进水平。

福建省冶金龙头企业各具优势。三钢集团、厦门钨业、南平铝业、中铝瑞闽、紫金矿业、长汀金龙稀土等企业在产品档次和技术研发水平方面已达到国内或国际先进水平。紫金矿业是全国最大的矿山企业，黄金产量占全国20%，拥有中国黄金行业唯一国家重点实验室，以及国家级企业技术中心、院士工作站等科研平台。紫金矿业位列2023年《福布斯》全球上市公司第284位（全球金属矿业企业第6位、全球黄金企业第1位）、《财富》世界500强第373位、《财富》中国上市公司500强第51位。厦门钨业钨品出口、三元正极材料产量全国第一，是国家首批创新型企业，拥有国家钨材料工程技术研究中心、国家级企业技术中心和3个博士后科研工作站等。福建省不锈钢企业的红土镍矿高炉世界最大，利用低品位红土镍矿冶炼镍铁的回转窑—矿热炉（RKEF）工艺技术全国领先，青拓集团独创的“RKEF与AOD炉双联法”冶炼不锈钢工艺为国际先进水平，在节能、环保、生产成本等方面具有明显竞争优势，至2023年底产品占国内市场20%以上。三钢集团位列2023年度“中国制造业企业500强”第228位，“中国企业500强”第436位。

【冶金工业技术发展】 2023年，紫金矿业集团“高硫铜比含金铜矿多维度耦合选矿关键技术研发与集成应用”“高寒高海拔地下转露天矿安全绿色开采技术研究与工程示范”项目分别获“2023年中国有色金属工业科学技术奖”一等奖和二等奖。长汀金龙稀土有限公司入选国家创建世界一流专精特新示范企业名单。

【冶金工业重点工作】 2023年，福建省完成全年国家下达福建省的粗钢产量调控目标任务，开展严防“地条钢”死灰复燃工作，对违规新增产能行为和“地条钢”死灰复燃行为始终保持零容忍的高压态势，营造全省钢铁行业规范有序的良好发展环境，持续推动钢铁行业高质量发展。开展钢铁产能置换工作，完成福建大东海实业集团有限公司产能置换公告。根据《国家发展和改革委员会工业和信息化部关于运用价格手段促进钢铁行业供给侧结构性改革有关事项的通知》要求，安排福建省钢铁行业差别电价资金13236万元支持钢铁行业产能置换和节能技术项目。推动新材料产业创新发展，对符合条件的重点新材料产品生产企业给予近1000万元奖励；对2022年度符合条件的14家稀土及关联产品、重点新材料生产应用企业给予5200万元奖励。

【冶金工业行业规范】 截至2023年底，全省冶金行业有41家企业获得工信部规范（准入）公告，其中钢铁行业14家，钨行业5家，铜冶炼2家、焦化、稀土、铅锌行业各1家。（丘荣财）

建材工业

【概况】 2023年，福建省建材工业以建筑卫生陶瓷、建筑饰面石材、水泥、平板玻璃及深加工业等为主。拥有省级龙头企业6家，其中水泥及水泥制品1

家、平板玻璃2家、建筑饰面石材1家、建筑卫生陶瓷1家、新型墙体材料1家。主要企业有福建水泥、华润水泥、金牛水泥、红狮水泥、龙麟水泥、九牧集团、福耀玻璃、漳州旗滨、宝达建材、溪石股份等。2023年，全省规模以上建材企业2293家，实现营业收入3867亿元，利润总额251亿元，税金总额86亿元，全行业资产总额3038亿元，从业人员28.6万人；销售产值比上年下降6.0%，工业增加值下降4.0%。主要产品产量：水泥8039万吨，平板玻璃5304万重量箱，陶瓷砖产量18亿平方米，建筑石板材1.43亿平方米。

【建材工业细分行业】 建筑饰面石材行业。福建省是全国石材生产和贸易大省，石材工业营收居全国首位，主要分布在泉州，福建拥有规模大、专业化程度高、产业特色明显、在国内外市场有影响力的南安石材产业集群。福建是全国最大的石材生产和出口基地、辐射全球的世界级石材中心，拥有溪石、英良、万里石、南星大理石等骨干企业。2023年，全省规模以上石材工业企业538家，产量1.43亿平方米，全行业资产总额533亿元，实现营业收入854亿元，利润总额61亿元；税金总额17.1亿元。

建筑卫生陶瓷行业。福建省建筑卫生陶瓷主要分布在泉州晋江和南安、福州闽清及漳州长泰、平和、南靖和华安等地，形成原料、生产、市场、物流、机械模具制造及维修和产品检测等较完整的产业链。泉州陶瓷产业规模约占全省的75%，拥有九牧、铭盛、华泰、宝达、豪山等一批骨干企业。2023年，全省规模以上建筑卫生陶瓷企业246家，资产总额485亿元，实现营业收入765亿元，利润总额64亿元，税金总额20.2亿元。陶瓷砖产量18亿平方米，卫生陶瓷2178万件。

水泥行业。全省水泥企业主要分布在龙岩、三明，其中龙岩产量占全省50%以上，三明产量占全省38%左右。主要有福建水泥、华润水泥、金牛水泥、红狮水泥、龙麟水泥、塔牌水泥等龙头企业。2023年，全省规模以上水泥企业生产水泥8039万吨，产量居全国第14位，资产总额363亿元，实现营业收入232亿元，产销率95.4%，利润总额−1.26亿元，增加−123.5%，税金总额4.27亿元。

平板玻璃行业。福建省平板玻璃企业主要分布在福州、漳州，拥有福州汽车玻璃产业基地、漳州光伏玻璃产业基地，以及福耀、旗滨等龙头企业。2023年，全省共有7家平板玻璃生产企业，产量5304万重量箱，居全国第7位，实现营业收入61亿元；实现利润总额11.4亿元；税金2.9亿元。

【建材工业绿色发展】 2023年，福建省在全国率先全部淘汰落后的机立窑水泥生产线，新型干法水泥生产比例达到100%。应用新技术、新工艺、新装备实施技术改造，提高企业装备技术水平，水泥行业技术装备水平达到国内先进。建筑卫生陶瓷行业应用宽体窑、激光3D喷墨印花等先进装备提升行业装备技术水平，应用新一代信息技术实现智能生产。新型墙体材料行业应用新技术，以粉煤灰、煤矸石、石粉等废渣为主要原料，开发生产具有轻质、利废、保温、隔热等节能型新型墙体材料。平板玻璃行业引进和消化具有国际先进水平的工艺和装备，生产的LOW－E玻璃、光伏玻璃、汽车玻璃等产品处于国内领先地位，有的达到国际先进水平。持续推进水泥错峰生产常态化，巩固去产能成果，促进节能减排，推进水泥行业高质量发展。全省新型干法水泥旋窑企业水泥单位产品可比综合电耗均达到《水泥单位产品能源消耗限额标准》(GB16780－2012)，大部分达到国家标准先进值。企业余热发电、脱硫脱硝除尘技术得到广泛应用，全省新型干法水泥熟料生产线均利用生产过程排放的废气余热配套建设纯低温余热发电站，全部安装脱硝装置投入运行。水泥窑协同处置工业固废、危废、生活垃圾推进。推广应用建材窑炉烟气脱硫脱硝除尘、清洁能源以及建材智能制造、资源综合利用等共性技术，推广使用LNG替代煤气作为烧成燃料。年内，泉州市已全面完成建筑陶瓷企业“煤改气”替代工程，闽清县建筑陶瓷企业的釉烧窑已改用天然气。

（林才伟）

能源工业

【能源保供】 2023年，福建省多措并举加快电力供给，夯实电力保供基础，加大煤炭油气储备，能源基础设施保障能力持续提升，保障全省能源需求。能源生产和消费总体安全平稳，全省电力装机超8141万千瓦，比上年增长8.1%；发电3273亿千瓦时，增长6.5%；用电3089.7亿千瓦时，增长6.6%。

电力重大项目建设。2023年，福建省推进漳州核电一期、华电可门三期、华夏电力等容量替代项目建设进展，国能江阴二期开工建设。宁德核电5、6号机组获得国务院核准，核准湄洲湾电厂三期、南埔电厂三期扩建项目。投产永泰抽蓄4号机（30万千瓦）和厦门抽蓄首台机组（35万千瓦）。

电网保障。2023年，福厦特高压输变电工程投产，完善“四纵三横”电网主网架结构，提高“北电南送”能力400万千瓦。金马地区通电工作有序推进，厦门翔安与金门电力联网工程（厦门大陆侧）电源点厦门迎宾、厦门望嶝（东山）2个220千伏输变电工程建成投产。

煤炭油气有保障。2023年，福建省炼油年加工能力2900万吨，形成约400万吨原油储存能力和150万吨成品油罐。有LNG接收站接收能力630万吨，在建年接收能力1515万吨，形成海（接收站）、陆（西气东输三线等）双通道多主体气源保供格局，可统筹储气能力2.55亿立方米。2023年全省自产煤炭400万吨，比上年下降9.7%；规模以上工业煤炭消费1亿吨，比上年增长

6.7%；天然气消费量 63.9 亿立方米，增长 12.4%；汽、柴油消费分别为 595 万吨、427 万吨，增长 9.7%、4.5%。

管网基础设施建设。2023 年，福建省政府煤炭储备基地信息化系统完成升级改造，漳州 LNG 接收站及外输管道初步具备合规投产条件。福建管网二期福州至三明段建设加快推进，西三线闽粤支干线（福建段）、西三线闽粤支干线与漳州 LNG 外输管道联通工程以及漳州 LNG 接收站外输管道延伸段开工建设，川二线浙闽支干线获国家核准，闽粤联络线福建段（诏安至饶平）核准，永春—大田—永安—三明段联通工程、西三线东段和川二线互联互通工程仙游至闽清段等项目开展前期工作，福建管网二期长乐至福鼎段、漳州至诏安段等项目进行整改。

【能源工业绿色转型】 2023 年，福建省清洁能源装机 5131 万千瓦、占比 63%，发电量 1730.4 亿千瓦时、占比 56.3%。

核电发展。2023 年，福建省核电装机 1166.2 万千瓦，占全省总装机比重 14.3%；核电发电量 854.3 亿千瓦时，占比 26.1%；核电装机规模和发电量居全国第二（仅次于广东），核电装机比例和发电比例均居全国第一。全省核电安全稳定运行，安全质量环保指标总体受控，机组未发生 1 级及以上核事件。

风光水储。截至 2023 年底，全省海上风电装机 335 万千瓦，新增 24 万千瓦，另配置、核准、在建海上风电项目 890 万千瓦；光伏装机 874.5 万千瓦，新增 409.6 万千瓦，完成福建省“十四五”能源规划光伏装机规模的 175%；水电装机（含抽蓄）1606.2 万千瓦，其中抽蓄 395 万千瓦，完成规划新增目标的 94.5%；新型储能装机 15.7 万千瓦，新增 12.6 万千瓦。

绿电供给。截至 2023 年底，福建共 17 个项目参与绿电交易，发电装机容量计 64.6 万千瓦；累计成交绿电 7.68 亿千瓦时，额外成交绿证 22.42 万张。绿电交易既保障实现新能源的环境价值，又满足用户侧能源消费的绿色转型需要。

农村清洁能源建设。2023 年，福建省充电基础设施体系进一步完善，省内新建充电站 480 座，充电桩 5200 根。基本实现充电站“县县全覆盖”、充电桩“乡乡全覆盖”。云霄县列入首批农村能源革命试点县。

【能源工业安全生产】 2023 年，福建省印发全省能源领域应急突发事件信息报送工作机制，能源行业生产安全事故应急预案、年度电力安全生产工作要点等，加强行业安全风险防控和应急工作。印发 2023 年福建省陆上长输油气管道保护工作要点和福建省煤矿瓦斯防治 2023 年工作安排，推进做好全省陆上长输油气管道保护和煤矿瓦斯综合治理工作。

安全专项工作。开展迎峰度夏电力保供检查、电力安全生产重大事故隐患排查整治等，督促电力企业落实安全生产主体责任，严格落实电力行业安全生产“一岗双责”。开展水电站年度安全度汛、水电站清理整治和大坝安全专项提升行动。开展管道保护专项治理工作，督促各地管道保护主管部门和油气管道企业强化责任落实和源头管控。

强台风防御。应对超强台风“杜苏芮”“海葵”，制定并实施防御台风灾害事件预案，派出现场工作组赴厦门、漳州、泉州等地，深入防台第一线，现场协调开展防台工作，72 小时内恢复灾损用户供电，保障民生用能。

电力外送。在做好电力保供基础上，挖掘潜力，支持外送华东、广东 176 亿、21.5 亿千瓦时，分别增长 2%、395%，支援兄弟省市保供工作和杭州亚运会期间用电需求。

【能源工业改革创新】 2023 年，福建省电力中长期市场累计完成交易电量 2019.6 亿千瓦时。组织开展连续模拟试运行、三次短期调电试运行、长周期双边结算试运行，完善市场交易机制和支持系统。推进零售市场电商化交易平台线上运行，零售合同结算线上清分等工作。

服务水平全面提升。推行“一网办、刷脸办、一证办”服务，将供电服务功能融入“闽政通”等政务平台。开展“一件事一次办”“多件事联合办”。深化水、电、气、广电窗口共享服务，推出“不动产+供电”联动过户等 4 项公共联办服务。推行小微企业办电“一键通”。率先全国实施全省范围城乡“三零”普惠化服务，助力小微企业接电投产。

用能降本减负。发挥电力中长期年度交易的“压舱石”作用，引导电力用户年度合同签约比例 80%。继续推进风电、核电低价电源进入市场，形成市场多元竞争格局，平抑市场交易价格。

【能源工业合作创新】 2023 年，福建省与中核集团、中广核集团、中能建集团等签署战略合作协议，与重点能源央企在新能源、核能、非动力核技术应用、科技型环保、现代水利等领域继续深入开展合作。三峡集团在福清海上风电产业园建设产业发展联盟，东方电气在福清海域完成全球首个海上风电无淡化海水直接电解制氢海试，国家能源集团龙源电力开发建设的全球首个漂浮式风渔融合项目“国能共享号”在福建莆田南日岛海上风电场安装完成，华能自主研发建设的全球容量最大超级电容混合储能调频系统在华能罗源电厂完成与电网的联调试验，并顺利进入商运阶段。

福清海上风电国际产业园。形成大容量海上风电全产业链基地，相继下线 13MW、14.3MW、16MW、18MW 等超大容量海上风电机组，率先在福建省实现商业化并网。上海电气在莆田投资建设海上风电主机制造基地，福船一帆在漳州着力打造海上风电和高端钢构生产基地，初步形成国际一流的海上风电装备制造产业集群。国家海上风电研究与试验检测基地顺利开工，助力完善风电产业链和生态圈，形成海上风电及高端制造聚集效应。投产一道新能源科技

（漳州）有限公司东山二期项目，年新增N型TOPCon电池组件4GW产能。

在加强省内自产煤炭电煤供应的同时，通过与能源央企总部、北方煤炭主产省、大型煤炭供应保障基地衔接，争取更多优质能源资源。中海油和中石油等上游资源方，增加供应福建省的天然气长协气源，上游资源方与城燃企业、直供用户签订2023—2024年及供暖季天然气合同，共完成签订量63.7亿立方米，增加13.4%。

宁德时代新能源科技股份有限公司牵头的电池储能技术入选“十四五”第一批“赛马争先”创新平台名单。16MW海上风力发电机组整机和主轴承重大部件等4项技术装备（项目）列入国家能源局第三批能源领域首台（套）重大技术装备（项目）名单。生物油脂新途径高效超深度加氢脱氧制航空燃油关键技术开发等11个项目经国家能源局评审，列入“十四五”能源领域科技创新规划实时监测依托项目库。ABB厦门工业中心绿色微电网案例入选国家能源局能源绿色低碳转型典型案例名单。

（赵嘉）

纺织工业

【概况】 福建是纺织工业大省，涵盖化纤、棉纺、织造、染整、服装、家纺、产业用纺织品以及纺织机械等较为完整的产业链。其中，锦纶、化纤纱等产量居全国第一位，涤纶、印染布产量居全国第三位。2023年，福建省规模以上纺织服装工业营业收入6441亿元、比上年下降0.9%，工业增加值增长0.7%，销售产值下降2.2%，出口交货值下降7.3%。

【纺织工业产业布局】 2023年，福建省纺织工业主要分布在泉州、福州、莆田、三明、厦门、龙岩等地区，发展形成各具特色的产业集群，其中泉州、福州两大产业集群产值规模超过2000亿元。泉州产业链完整，有品牌、市场优势，安踏、特步、361°、匹克等运动服装企业，以及九牧王、柒牌、七匹狼、利郎、卡宾等闽派休闲男装企业在国内具有较高知名度。恒申、永荣、百宏、安踏等一批龙头企业入选中国民营企业500强。

【纺织工业细分行业】 2023年，福建省化纤新材料工业以长乐、连江等为重点，发展新型纤维素纤维、功能性纤维、差别化纤维等高技术纤维产品，推进化学纤维原液着色、低温染色、高性能纤维品种开发应用，着力开发循环再生纤维。

棉纺织造。以长乐、晋江等为重点，扩大纺纱生产数字化智能化规模，推广高性能智能织机（针织、机织）及整浆、后处理配套设备应用。加强新型纤维、多组分非棉纱线、坯布研发，加快新工艺、高品质、多品种纱线和坯布开发应用。加快推进优质、高端纺纱与织造产业链协同发展。

印染。推进晋江、石狮、长乐、尤溪、连江可门等印染集聚区产业转型升级，推广高效、优质、短流程、节能、低耗、低排放、安全可靠的绿色印染技术装备，加强数字化智能化染色、印花、后整理等技术装备和加工技术运用。推进上下游产业链协同发展，加大高端印染、后整理产品的开发应用。

服装家纺。推动云计算、大数据、人工智能、5G等新技术应用，促进服装产业以时尚创意为特色、以科技创新为动力、以智能制造为基础，加快向价值链中高端攀升，提高产品附加值。以晋江、石狮等为重点，突出运动服、休闲服、创意服等特色品类，做强“闽派”服装品牌。

产业用纺织品。加快高性能纤维材料研发，促进非织造、机织、针织及立体成型编织等共性关键技术开发应用，强化科技创新引领，促进高端替代应用，加大医疗健康、应急救援、安全防护、海洋经济、环境保护等领域拓展应用。

【纺织工业主要成效】 2023年，长源纺织5G互联网智能化纺纱生产车间等75个数字化改造项目列入省重点技改项目，总投资160亿元。连江可门绿色纺织产业园入驻项目陆续投产；晋江安东后整理园建设收尾，首批意向企业入园完成申请审批。全省24款面料获评2023年度“中国印染行业优秀面料”，数量全国第三。征集发布恒申高强度锦纶等首批19款纺织鞋服新产品。高强度锦纶等先进纺织材料指标列入省重点新材料支持目录，信泰芳纶面料入选首批奖励名单。补助资金800万元支持赛隆蜂巢结构功能性增强再生涤纶等2023年省技术创新重点攻关及产业化项目。支持“国潮泉州”品牌培育，推动泉州开拓制服工装细分市场。　（郑成）

食品工业

【概况】 2023年，福建省规模以上食品工业企业2429家，实现营业收入4998.55亿元、比上年下降2.7%，其中农副食品加工业2752.9亿元，下降3.2%；食品制造业1287.29亿元，增长0.4%；酒、饮料和精制茶制造业577.86亿元，下降9.8%；烟草制品业380.5亿元，比上年增长3.3%。全省规模以上食品工业企业实现利润总额322.44亿元，增长1.2%，占全省规模以上工业企业利润总额的18.7%，其中，农副食品加工业126.45亿元，增长1.6%；食品制造业99.97亿元，增长2.3%；酒、饮料和精制茶制造业70.73亿元，下降11.2%；烟草制品业25.29亿元，增长48.4%。

【食品工业主要产品产量】 2023年，福建省主要加工食品的产量为精制食用植物油168.92万吨，比上年增长14.7%；成品糖33.36万吨，增长18.1%；鲜、冷藏肉190.63万吨，增长10.7%；冷冻水产品129.14万吨，比上年下降10.5%；膨化食品9.26万吨，增长25.7%；糖果59.21万吨，增长2.4%；速冻食品37.47万吨，下降17.8%；罐头150.18万吨，下降1.9%；饮料酒170.8万千升，增长1.3%；啤酒164.5万千升，增长2.4%；饮料722.7万千升，下降7.1%；精制茶14.8万吨，下降10.9%；卷烟904.6亿支，增长0.5%。

【食品工业创新发展】 2023年，中宝食品、豪士食品、美一食品等企业技术中心被评为福建省企业技术中心。正味生物科技、百威雪津（漳州）、立兴食品、欧瑞园食品、豪士食品、大闽食品、喜多多食品、达利食品、武夷山水、瑞幸咖啡（屏南）等企业被评为2023年度省级绿色工厂。厦门元之道生物科技有限公司获评“2023年国家知识产权优势企业”。厦门燕之屋燕窝产业股份有限公司（01497.HK）在香港交易所主板上市。福建省亚明食品有限公司项目“中式肉类菜肴工业化加工关键技术及装备创研与应用”获“中国食品工业协会科学技术奖”特等奖；豪士（福建）食品有限公司项目“一种用于面包制作的无尘自卸式和面设备的应用”获一等奖；燕之初健康美（厦门）食品有限公司项目“鲜炖燕窝生产工艺技术的应用及产业化项目”、福建正味生物科技有限公司项目“美拉德反应改良鳗鱼骨酶解提取物风味的研究和应用”、厦门元之道生物科技有限公司项目“丹凤牡丹花肽关键技术研究及健康产品创制”、大洲新燕（厦门）生物科技有限公司项目“燕窝粥的规模化关键技术研究及其自动化产业示范”获三等奖。

【食品工业品牌提升】 傲农生物、达利食品、圣农食品、安井食品、夏商农产品、天马科技、银祥集团、元初食品、御冠食品、如意情集团、华盛水产、闽威实业、福铭食品、日兴水产、宏东渔业等企业入选“2023中国农业企业500强榜单”。方家铺子、惠泽龙酒业、庄臣酿酒、沉缸酒业、莲花峰茶厂、春伦集团、鼓浪屿食品厂、古龙食品等企业被认定为“中华老字号”。安井食品、圣农食品、达利食品、金达威入选“2023胡润中国食品行业百强榜”。安井食品、圣农、绿进、如意三宝、三餐有料、三都港、黄渔小姐、亚明、永辉超市等企业入选“2023胡润中国预制菜生产企业百强榜”。

【福建省食品工业协会】 2023年，福建省食品工业协会聚焦产业需求，举办“2023年营养、肠道菌群与健康研讨会”“PCTI2023预制菜及调味品技术创新大会”“第四届中国白酒中南核心产区高质量发展大会”等各类讲座、培训班、研讨会等，促进食品产业发展。开展诚信管理体系培训、评价工作，福建富邦食品有限公司、福建标致矿泉水有限公司、福建洛东生物技术有限公司、福建易太食品发展有限公司等4家企业通过诚信体系评价并获得证书，受邀为泉州、龙岩、宁德、三明、莆田、南平等设区市工信局、食药监局和食品协会举办的食品工业企业诚信管理体系培训班授课。制定团体标准《豆制品素食》《鱼露》，填补省内素食、鱼露产品的标准，推动相关产业高质量发展。组织企业申报中国食品工业协会科学技术奖、食品工业营养健康行动系列活动并获得相关奖项开展福建省食品工业新产品、新工艺、新技术认定，福建康之味食品工业有限公司申报的高浓度百香果果汁饮料、百香果复合果汁饮料、百香果果味汽水被认定为“福建省食品工业新产品”。全年共刊登月刊《福建食品》12期，协会官方微信公众号和协会官方网站平台发布2000多条信息。 （林辉）

森林工业

【概况】 2023年，福建省林业产业总产值达7651亿元，比上年增长3.4%。其中，第一产业林业产值1336亿元，增长3.5%；第二产业林业产值5081亿元，增长0.6%；第三产业林业产值1234亿元，增长16.5%；三次产业占比分别为17∶67∶16。木材加工产值超3000亿元。全省花卉苗木种植面积达9.47万公顷，全产业链产值达1290亿元；第三方监测调查的全省森林旅游全年接待游客2.3亿人次，直接收入1021.22亿元；全省竹产业总产值超过1100亿元，位居全国第一；林下经济种植面积超过215.27万公顷，产值达830亿元。盆栽花卉出口额、木质活性炭产量等多项指标居全国第一，造纸产业总产值位列全国第二位，纸浆、木制家具产量位列全国第三位。全省规模以上林业企业超过3000家，其中省级以上林业龙头企业225家，境内外上市企业24家。全省林业行业中国名牌产品2个、中国驰名商标37个、福建省名牌产品

上杭县白砂国有林场杉木林下套种珍贵树种南方红豆杉。摄于2023年 （黄海　摄）

将乐县龙栖山森林康养小镇。摄于 2023 年　　（黄海　摄）

258 个、福建省著名商标 170 个，仙游红木、永安竹业、建瓯笋竹等一大批区域公共品牌在全国有较高知名度。全省通过森林认证的森林面积超过 26.67 万公顷，居全国前列。全省完成福建林业碳汇交易和再交易 410.57 万吨，交易额 6422.5 万元，均居全国前列。

【政策引导】 2023 年，福建省政府办公厅印发《加快推动我省竹产业高质量发展行动方案（2023—2025 年）》，省财政安排超过 2 亿元资金，扶持推进木材加工、竹产业、花卉苗木、森林旅游、林下经济等特色产业发展。安排 1625 万元省级财政专项资金对林产加工、花卉苗木种植及设施设备购置、林下经济、森林资源培育贷款给予贴息补贴，助推产业升级。对参加设施花卉种植保险的企事业单位、合作社、种植户省级财政给予 30% 的保费补助。安排 5000 万元省级财政专项补助资金扶持林下经济发展，重点扶持“公司＋基地＋农户”等发展模式，以企业为引擎，带动林下经济发展。安排 2000 万元省级财政专项资金扶持合作社、家庭林场等新型经营主体发展。

【产业升级】 2023 年，福建省木材加工产业通过品牌创建、龙头带动、园区建设、新兴产业培育等，拓展木材精深加工、木制工艺品、人造板等高附加值产品开发。引导木材加工企业用好“三农”等税收优惠政策，在上市企业培育、科技创新、标准体系建立、森林认证等方面加强鼓励和引导。

竹产业。省级财政 2016—2025 年每年安排专项资金扶持竹产业发展，主要实施现代竹业重点县、笋竹精深加工示范县、竹产业一二三产融合发展重点县项目，带动近百亿元社会资本投资竹产业。

南靖县紫云山生态园。摄于 2023 年　　（黄海　摄）

花卉苗木产业。推广设施种植，加强品种创新，强化品牌创建，拓展市场，促进三产融合，推动花卉苗木产业加快发展，初步形成漳州水仙花、漳浦蝴蝶兰、漳平杜鹃花、清流鲜切花、连城兰花、延平百合花等十多个产业集群。新增国家授权花卉新品种 127 个，评审认定 4 个省级花卉种质资源库。

森林旅游产业。实施森林旅游精品工程，打造森林旅游示范县（市），提升改造森林公园，新建森林步道，打造森林旅游升级版，全省已授牌森林人家 910 个，其中三星级以上 291 家；至 2023 年底，拥有三元格氏栲等 9 个国家森林康养基地、泰宁县等 16 个省级森林养生城市、尤溪县汤川乡等 42 个省级森林康养小镇、将乐龙栖山等 114 个省级森林康养基地。

产业支撑。创新“福林贷”“惠林贷”“顺昌生态银行”等金融产品。龙岩市创新金融区块链服务平台，为林农贷款提供方便。漳州市与金融机构探索建设森林资源动态评估体系，实现林业“两票”登记、交易、抵押、变现等全流程管理。建成永春国家级香产业示范园区、漳平国家级户外木竹制品产业示范园区，以及莆田秀屿国家级木材贸易加工示范区、政和中国竹具工艺城、南平市建阳区竹循环经济产业园等一批专业园区。培育创建“E 知竹网”“竹师傅”“武夷山竹业网”等一批笋竹电商平台。永安市、邵武市、政和县连续多年举办“竹天下杯”“张三丰杯”“政和杯”等竹产品设计大赛。全省成立林权收储机构 47 家。加大招商引资，推进产业链招商，推进重点项目招商，推进载体园区招商，推进优质服务招商。

对外开放。推进闽台林业融合发展。定期举办海峡两岸林博会和花博会，累计引进涉林台企 200 多家，利用台资超过 30 亿元。台商在福建投资创办的林业企业超过 600 家，合同利用台资超过 20 亿美元。推进林业对外经贸合作。主要林产品年出口交货值超过 400 亿元，年进口木材超过 200 万立方米，利用广交会、厦门投洽会等平台扩大林产品贸易；应对贸易摩擦影响，开展调度、调研，了解林业外经贸动态，发挥省林产品出口商会、省林产品行业协会等平台作用，通过主动服务、落实政策、强化引导等做好服务应对工作。

（刘建波　郭洁）

医药工业

【概况】 福建省现已形成化学原料药及其中间体、化学药品制剂、生物制药、中成药、中药饮片、医疗器械等门类较为齐全的医药工业体系。2023 年，全省有规模以上医药工业企业 341 家，营业收入 601 亿元、比上年下降 16.2%，工业增加值下降 17.6%，销售产值下降 14.3%，出口交货值下降 37.8%。

【医药工业产业布局】 2023 年，福建省初步形成以厦门、三明、福州、漳州为主要支撑，重点区域协同并进的产业发展格局，4 个地区营业收入约占全省的 80%。厦门产业规模约占全省的 40%，主要分布在海沧区，重点发展生物制药、化药制剂、医疗器械等，厦门生物医药港连续入选全国生物医药产业园区综合竞争力前 15 强；三明规模约占全省的 15%，主要分布在明溪县，重点发展含氟原料药、紫杉醇提取加工等产业，三明明溪的原料药绿色生产基地特色明显；福州医药工业规模约占全省的 12%，福州江阴工业园高端抗生素原料药在行业中具有较强的竞争力；漳州集聚片仔癀、同溢堂、水仙药业等中药龙头企业；宁德柘荣是全国重要的太子参生产基地；龙岩长汀建设有专业化的医疗器械产业园。

【医药工业细分行业】 2023 年，福建省生物制药营业收入 143 亿元、比上年下降 43.1%，产业主要分布在厦门，拥有重点企业厦门特宝生物、万泰沧海生物、未名生物等。其中万泰沧海上市全球首支重组戊肝疫苗，上市全球第四支、国内首支宫颈癌疫苗；特宝生物上市国产首支长效干扰素 α2b 注射液派格宾、治疗中性粒细胞减少症的一类创新药珮金；未名生物的注射用鼠神经生长因子是全球首支正式用于临床的神经生长因子药品。

化学原料药。营业收入 96 亿元、下降 4.9%，产业主要集中在福州、三明等地，拥有重点企业福抗药业、丽珠福兴医药、南方制药、金达威等，其中丽珠福兴医药是全球独家的卡那霉素原料生产商，福抗药业是中国重要的抗生素原料药生产企业，南方制药的紫杉烷类原料药约占全国市场 60%，金达威的辅酶 Q10 全球市场占有率超 50%。

化学药品制剂。营业收入 61 亿元、下降 16.7%。产业主要集中在福州、宁德、厦门等地，重点企业有力捷迅药业、广生堂药业、力品药业、海王福药等。其中，广生堂药业抗乙肝病毒药物研发能力居全国前列，上市新冠口服小分子一类创新药泰中定；力捷迅药业注射用苯巴比妥钠市场占有率较高；力品药业口腔膜剂等较具市场竞争力，少儿多动症用药盐酸可乐定缓释片是福建省首个打进美国市场的高端制剂产品。

中药。营业收入 116 亿元、增长 0.5%。包括中成药和中药饮片，中药饮片产业主要分布在福州、宁德、南平等地，重点企业有同仁堂（福州）健康药业、仙芝楼科技等；中成药产业主要分布在福州、漳州、厦门等地，重点企业有漳州片仔癀药业、厦门中药厂、同溢堂等，其中漳州片仔癀药业位居全国中药研发实力前 10 强，是中国医药工业百强企业。厦门中药厂拥有 6 个国家中药保护品种，培育新癀片、八宝丹、肾舒颗粒、六味地黄丸等名牌产品；同溢堂药业的益安宁丸进入全国城市实体店终端中成药产品销售排行榜前十名。

医疗器械。营业收入 179 亿元、增长 2.6%。产业主要分布在厦门、福州等地，重点企业有厦门艾德生物、大博医疗、福州迈新生物、瑞声达听力等。其中，艾德生物在国内肿瘤精准治疗细分市场占有率超过 60%，产品销往全球 60 多个国家（地区）；大博医疗骨科创伤类及神经外科植入耗材的市场份额居国产品牌第二；迈新生物是全国肿瘤病理免疫组化诊断试剂的领先者；瑞声达听力是全球最大的助听力和听力诊断仪器供应基地。

【医药工业创新发展】 2023 年，厦门特宝生物的拓培非格司亭注射液（珮金）、广生堂药业的阿泰特韦片/利托那韦组合包装（泰中定）等 2 个一类创新药，力品药业的阿力哌唑口溶液改良型创新药（二类），大博医疗的椎体成形支架系统、百齿泰的颅颌面接骨螺丝钉、博益宁的椎间融合器等 81 个三类医疗器械获国内注册，184 个二类医疗器械获批并逐步产业化。全省有 40 多个一类创新药获临床试验批件，其中特宝生物的怡培生长激素注射液、盛迪医药的注射用 HR20013 等多个一类创新药正在申报国内注册认证，厦门万泰沧海生物的九价宫颈癌疫苗、汇天生物药业的玉蝴蝶祛斑膏等多个一类创新药正在开展Ⅲ临床试验等。

（李燕婷）

烟草工业

【概况】 福建中烟工业有限责任公司，最初为福建烟草工商分设，后于 2003 年 11 月成立福建中烟工业公司。2010 年 12 月，经国家烟草专卖局、中国烟草总公司批复同意更名改制为福建中烟工业有限责任公司，2011 年 7 月 8 日正式挂牌成立。公司下辖龙岩、厦门烟草工业有限责任公司 2 家卷烟生产企业，福建省龙岩金叶复烤有限责任公司 1 家打叶复烤企业，福建金闽再造烟叶发展有限公司 1 家烟草薄片生产企业，以及福建鑫叶投资管理集团有限公司 1 家多元化经营企业。截至 2023 年底，公司拥有总资产 272.62 亿元，全年实现工业总产值 363.27 亿元，比上年增加 15.33 亿元，增长 4.41%，工业增加值 306.61 亿元，增加 21.25 亿元，增长 7.45%。

【主要卷烟产品】 2023年，福建中烟工业有限责任公司生产的卷烟品牌有“七匹狼”“金桥”“古田”“石狮”等，其中“七匹狼”为全国重点卷烟品牌。许可生产“万宝路”卷烟品牌。全年卷烟销售179.75万箱，其中“七匹狼”品牌一二类卷烟销售110.73万箱。“七匹狼”品牌中支烟销量在行业各品牌中支烟中排名第一，“七匹狼（纯境）”销量在行业各中支烟规格中排名第一，“七匹狼（软灰）”销量规模突破20万箱，“七匹狼（古田金中支）”“七匹狼（古田金细支）”“七匹狼（古田红军灰）”等三款高端产品销量均超万箱。

【卷烟品牌建设】 2023年，福建中烟工业有限责任公司推进品牌重塑，在实践中迭代升级品牌体系。升级应用文化体系，以“品牌传播生态圈”内容中心为核心，加速打造“山海大IP”，构建品牌文化独特认知。丰富完善产品体系，塑造“山海＋X”产品架构，聚焦新产品开发，推出“七匹狼（古田成功细支）”等新产品，推进“七匹狼（小金砖）”等产品研发；着力老产品提质改造，延长产品生命周期，持续优化产品管理。落地转化技术体系。

【卷烟技术创新】 2023年，福建省中烟工业有限责任公司推进基于提升卷烟原料使用价值的生物技术应用研究、产品数字化辅助设计、特色功能滤棒材料、中细支卷烟产品质量提升关键核心技术攻关等重大专项研究，特色功能颗粒技术、加香加料均质技术、辅助配方设计技术、丝状梗丝工艺技术等创新成果加快应用，为产品赋能，高价值成果转化不断提速。全年参与研究国家自然科学基金项目2项、福建省自然科学基金项目1项，开展总公司科技项目研究27项，其中牵头8项、参与19项；开展行业标准项目研制20项；开展公司级科技项目研究共计270项。全年共计4项科技成果通过国家烟草专卖局科技成果鉴定，2项科技成果通过厦门市促进科技成果转化中心评价认定，72项科技成果通过公司成果验收评定。全年共获国家级科技奖励1项、省部级科技奖励4项、公司级科技奖励21项；其中“使滚筒式回潮机潮气零排放的方法”获得2023年中国专利奖优秀奖。参与制修订国家标准1项、行业标准18项。全年申请专利415件，其中发明专利197件；获得专利授权240件，发明专利61件。截至2023年底，拥有有效授权专利1589件，其中发明专利596件。

【烟草工业数字化转型】 2023年，福建省中烟工业有限责任公司推进行业一体化平台建设试点与推广应用，二维码烟标平稳切换，烟叶复烤、薄片加工实现成品打码，年内完成行业投资系统试点验证。二维码、调控、烟叶等项目如期完成阶段性验收，相关业务运转正常，整体实施进度排名位居行业前列。深耕数字化转型，企业级业务、数据双中台以及智能物流、精益营销等先行应用完成项目建设；在全省卷烟工业系统范围内推广低代码开发工具，推动自主化、自助式开发。

【烟草工业管理创新】 2023年，福建省中烟工业有限责任公司开展企业管理提升工作。发挥战略导向作用，深化执行力体系建设，构建职能条线管理工作机制，开展管理成熟度评价机制建设。推进全面风险管理体系落地实施，加强企业风险全要素全流程管控。构建问题净整改管理机制，推动问题管理标准化、规范化。深入开展全员经营，强化成本管控能力，全年实现提质增效29797万元。推进多维度创新管理机制应用，全年共实施公司级重点项目25项，公司级管理创新项目95项，各类精益改善、运营改进及合理化建议9901项。

（王瑞安）

电力工业

【电力装机】 截至2023年底，福建省发电装机容量为8141.38万千瓦，比上年增长8.1%，增加610.39万千瓦。其中，水电装机1606.24万千瓦，火电装机3716.99万千瓦（燃煤装机3009.51万千瓦），核电装机1166.20万千瓦。其他能源发电装机1651.95万千瓦，其中风电装机761.72万千瓦、光伏发电装机874.53万千瓦、储能装机15.70万千瓦。其中，清洁能源装机占比达63.03%，较上年提高2.7个百分点。

【电力生产】 2023年，福建省发电量完成3272.94亿千瓦时，比上年增长6.5%；全省发电最高负荷5296.0万千瓦（发生在2023年7月7日），上升1.4%；福建电网跨省送电最高负荷576.8万千瓦。其中，水电完成368.51亿千瓦时，减少4.8%（2023年，全省主要水库总来水量减少22.7%，比多年同期均值少18.7%，水库来水总体属于偏枯）；火电完成1763.51亿千瓦时（燃煤发电1542.62亿千瓦时），增长11.2%；核电完成854.33亿千瓦时，增长2.7%；风电完成215.74亿千瓦时，减少6.5%；光伏完成70.47亿千瓦时，增长84.7%。其中，清洁能源发电量占比达52.87%，减少1.62个百分点。发电设备平均利用小时为4182小时，减少53小时，其中火电设备利用小时为4781小时，增加413小时；核电设备利用小时为7575小时，减少125小时。

【电力供应】 2023年，福建省用电最高负荷5123.8万千瓦（发生在2023年8月7日），比上年增长5.0%。全社会累计用电3089.6亿千瓦时，增长6.6%。

第一产业用电55.44亿千瓦时、增长11.9%，第二产业用电1939.06亿千瓦时、增长6.3%，第三产业用电518.97亿千瓦时、增长11.3%，城乡居民生活用电576.12亿千瓦时、增长3.0%；第一、二、三产业和城乡居民生活用电分别拉动全省用电增长0.2、3.9、1.8、0.6个百分点。

全省工业用电1912.4亿千瓦时，增长6.5%，占全社会用电的比重为61.9%；全省工业制造业十二大主要用电行业增加较快的是有色金属冶炼和压延加工业（23.9%）、化学原料和化学制品制造业（20.5%）。

宁德、福州、漳州、厦门、泉州地区用电保持较快增长（9.8%、9.5%、7.8%、7.4%、6.2%），南平、三明、莆田地区用电低速增长（4.6%、3.2%、2.3%），龙岩地区用电负增长

2023年12月16日，国家电网有限公司福州—厦门1000千伏特高压交流工程正式投运 （宋俊岭 摄）

（下降0.4%）。2023年，福建省与外省交换送出电量201.31亿千瓦时，增长12.1%；外省输入电量17.96亿千瓦时，增长245.4%。其中，国网福建省电力有限公司与外省交换电量199.86亿千瓦时，其中向浙江省送电176.02亿千瓦时，向广东省送电23.83亿千瓦时；宁德地方水电向浙江温州送电1.28亿千瓦时，龙岩地方水电向广东送电0.17亿千瓦时。

【电网发展】 2023年，国网福建省电力有限公司以“三大三先”为目标建设省级高质量发展示范电网（“三大”是目标愿景，即建设东南清洁能源大枢纽、高能级配电网大平台、闽电数智大生态；“三先”是建设标准，即清洁发展、安全稳定、效率效益水平领先），全面推进新型电力系统省级示范区建设，推动东南清洁能源大枢纽构想落地成为政企共识。2023年起，国网福建省电力有限公司实施配电网提升三年行动，全力打造高能级配电网。截至2023年底，福建电网通过两路1000千伏浙北—福州特高压输电线路和两路500千伏输电线路与华东电网相连，通过闽粤联网直流换流站及两路500千伏输电线路与广东电网相连，省内形成“全省环网、沿海双廊”500千伏主干网架。公司有1000千伏特高压变电站2座、容量1200万千伏安，输电线路811千米；500千伏变电站28座、容量5782万千伏安（含水口升压站），输电线路6417千米；220千伏公用变电站234座、容量8511万千伏安，输电线路15249千米；110千伏公用变电站839座、容量7816万千伏安，输电线路20843千米；35千伏公用变电站513座、容量694万千伏安，输电线路12771千米。2023年12月16日，国家电网有限公司福州—厦门1000千伏特高压交流工程正式投运，推动能源绿色低碳转型，推进新型电力系统和新型能源体系建设，助力实现“双碳”目标。

2023年7月6日，国网福建超高压公司运检人员运用智能巡检机器人开展迎峰度夏特殊巡视工作 （杨婷婷 摄）

【电力工业改革创新】 2023年，福建省电力改革更深入，首次组织中长期分时段和电商化零售套餐电力交易，完成现货长周期双边结算试运行，推动出台需求响应资金支持政策、居民电动汽车充电设施分时电价政策。闽粤联网电力交易实现常态化，支撑南部电网高峰用电。国网福建省电力有限公司承办东亚及西太平洋电力工业协会大会和数字中国建设峰会“一展、一论坛、一赛道”活动。福建首家实现电网设备全过程数据贯通，首家实现110千伏以上变电站“一键顺控”全覆盖。

【供电服务】 2023年，国网福建电力完成为民办实事项目投资45.2亿元，完成率104.2%。其中，完成老旧小区供配电设施升级改造133个，完成率126.7%；完成智能电表安装578.3万只，完成率192.8%；建成40个“零计划停电示范区”，完成率100%；服务分布式光伏接入5.6万户、338.9万千瓦，完成率分别为373.3%、451.8%；新建、改造2724个农村配电网台区，完成率100.9%；推动全社会建成充电桩2145个、完成率107.3%，充换电站89座、完成率107.2%，车联网累计接入充电桩超5万个、完成率100%，绿色出行网络不断完善。2023年7月，面对台风“杜苏芮”引发的史上最强双重极端天气考验，国网福建省电力有限公司科学应对，仅用三天三夜就全面完成抢修复电任务，创造防汛抗台风新的“福建速度”。 （刘丹青）

传统优势工业

【造纸业】 2023年，福建省规模以上造纸和纸制品企业523家，其中纸浆制造3家、造纸企业125家、纸制品企业395家，实现营业收入1032.35亿元，比上年增长7.6%，利润总额67.03亿元，增长17.3%。全省完成纸浆产量42.3万吨，增长1.1%；机制纸及纸板产量963.6万吨，增长5.2%，产量继续居全国第五位。全省拥有产能100万吨以上企业2家、50万吨以上企业4家、20万吨以上企业6家、10万吨以上造纸企业9家。机制纸和纸板产量居全省前列的企业主要有联盛纸业（龙海）有限公司、玖龙纸业（泉州）有限公司、山鹰华南纸业有限公司、恒安（中国）纸业有限公司、青山纸业股份有限公司等。

2023年，青山纸业股份有限公司“天然纤维纺织新材料竹溶解浆”项目获中国林业产业创新奖一等奖；福州大学“一种利用木质素降解产物制备分散剂的方法和应用”荣获2023年福建省专利奖一等奖；联盛纸业（龙海）有限公司荣获福建省民营企业、福建省制造业民营企业和福建省创新型民营企业100强；恒安（中国）纸业有限公司获福建省2023年度省级绿色制造工厂认证；漳州港兴纸品有限公司、联盛纸业（龙海）有限公司、轻工机械设备有限公司、腾荣达制浆有限公司和万隆纸业有限公司等通过或复审通过福建省认定管理机构认定的国家级高新技术企业。

（陈德强）

【制鞋业】 福建是全国四大鞋业生产基地，也是国内最大的旅游运动鞋生产基地，在品种、品质和品牌在全国具有优势。福建鞋产量连续12年保持全国同行业第一位，全球每五双运动鞋就有一双“福建造”。2023年，全省规模以上制鞋企业实现营业收入2400亿元，比上年下降3.7%；利润总额211亿元，比上年增长0.9%。制鞋业主要分布在泉州、莆田和福州。其中，泉州产业集聚区形成以晋江市和泉州开发区为主的旅游鞋、运动鞋生产基地；以南安市为主的童鞋生产基地；以泉州台商投资区为主的鞋底、鞋材生产基地；以晋江市安海镇、安东开发区为主的真皮制造基地。莆田产业集聚区已建成中国·莆田鞋业服装城，成为闽东南最大的鞋服专业市场，形成以涵江、荔城、城厢区为中心，辐射周边县区的区域性鞋业产业集群，建设有涵江高新经济技术开发区、华林工业园区、西天尾工业园区、黄石园工业区、枫亭工业园等5个制鞋工业园区。福州以加工生产人字拖鞋和海滩拖鞋为主，产品多出口东南亚、非洲等地。泉州运动品牌领跑全国，安踏、特步、乔丹、361°、匹克等运动品牌获评“中国名牌”“中国驰名商标”，其中安踏是国内市值第一的运动品牌。培育“莆田鞋”区域品牌，莆田成为3个获评“中国鞋都”城市之一，印发《支持莆田鞋业高质量发展若干措施》，推动产业做优做强。

（郑成）

【日用陶瓷】 福建省日用陶瓷制造业主要集中在德化县，德化是全国最大的陶瓷茶具和花盆生产基地，陶瓷茶具占全国市场份额80%以上。2023年，德化县陶瓷产值577亿元，比上年增长14.9%。德化已经成为中国最大的陶瓷工艺品生产和出口基地、中国首个出口陶瓷质量安全示范区，产品远销190多个国家和地区。美洲为德化陶瓷主要出口市场之一，2023年德化对北美洲出口额为14.3亿元，其中对美国出口达13.6亿元，占比39%。

德化茶具城入驻企业近千家（含电商），形成中国唯一的陶瓷茶具专业市场及茶器文化交流聚集地。其中，高端陶瓷餐具产业有陆升集团、顺美集团、五洲陶瓷、真泰尔陶瓷等30多家国际知名陶瓷品牌。德化县以“互联网+陶瓷”为主线，围绕“一把手推动、多平台运作、全生态打造”的电商发展理念，将发展电子商务作为推动陶瓷产业拓展市场、转型升级的突破口，强力推进陶瓷电商快速发展，德化县网络零售额190亿元，增长4.4%。

（陈碧云）

【工艺美术业】 2023年，福建省工艺美术品制造业实现营业收入1017.1亿元，比上年增长3.7%，高于全省规模以上工业企业营业收入（0.5%）3.2个百分点；实现利润总额71亿元，与上年度基本持平。开展第六届工艺美术名人评选工作，共评选300位省名人。举办第十二届福建省工艺美术精品“争艳杯”大赛，评选出金奖87件，举办福建省第二届工艺品雕刻（石雕工）职业技能竞赛和福建省首届陶瓷产品设计师职业技能竞赛，开展2023年度福建省工艺美术珍品征集活动，共有102件（套）作品列入珍品馆馆藏。组织200多家企业参加第三届中国工艺美术博览会，获“百鹤杯”46件，其中“金鼎奖”12件、“百鹤奖”13件、“新锐奖”21件；获“百花奖”27件，其中金奖6件、银奖6件、铜奖15件；荣获“百花杯”15件，其中金奖5件、银奖6件、铜奖4件，在各省中名列前茅。福建省上官俊华、兰全盛、刘国文、江秀影、李惠英、吴杰、张其仕、林霖、郑雄彭、徐元宝等10个省大师工作基地获评“工艺美术大师传承创新基地”。闽江学院获评“中国工艺美术大师传承创新基地院校”。德化县白瓷产业集群入选国家级中小企业特色产业集群，仙游县仙作红木家具产业集群和安溪县藤铁工艺产业集群入选省级中小企业特色产业集群。

（刘慧川）

【家具行业】 2023年，福建省家具工业规模以上企业503家，实现营业收入471亿元、比上年下降12.9%，其中木制家具制造268亿元、比上年下降6.6%；竹、藤家具制造13亿元，比上年增长5.4%。实现利润总额24亿元、比上年下降18.9%，其中木制家具制造11亿元，比上年下降1.6%；竹、藤家具制造0.7亿元，比上年增长4.7%。家具年产量1.2亿件、比上年下降24.3%，其中木制家具0.3亿件，比上年增长4.0%。

福建省家具工业形成福州、厦门市以生产板式家具为主，莆田市以生产古典工艺红木家具为主，漳州、泉州市以生产美式实木家具、铁工艺家具、软体家具为主，三明、南平、龙岩等设区市以生产竹木制品为主的产业布局。福建省拥有金牌橱柜、凯仕捷等定制家具企业，八一永庆、和其昌、味家、新兴、祥福等竹家具企业，红梅、好事达、喜梦宝等出口型家具企业，大东方、三福、鲁艺、凯丰里等红木家具企业，舒榻等床垫软体家具企业。

（谢芳）

编辑：郑 菜

民营经济

综　述

【民营经济人士思想政治建设】　2023年，福建省创新“党建+闽商”工作模式，93家省工商联所属商会党组织覆盖率97.9%，党的工作覆盖率和党建入章率达100%。持续实施“出资人红色教育”工程，带动市县累计举办出资人培训班415期、培训1.8万多人次。围绕助力福建产业发展，举办6期“党建+产业”专题培训，市县联动开展培训1800多期、6.2万人次。实施年轻一代民营企业家培训计划，开展5场民营经济领域“同心·半月座谈”活动和新生代闽商沙龙，举办8期主题培训班、500多人次参与。

【民营企业参政议政】　2023年，福建省工商联配合省委、省政府及有关部门开展新时代民营经济强省战略规划编制有关工作，参与举办“实施新时代民营经济强省战略推进民营企业创新转型”专题协商议政会议。围绕积极发挥民营企业在恢复和扩大消费中的作用等课题开展调研，围绕优化提升政务环境等开展民主监督考察调研和界别协商活动。提交省政协十三届一次会议提案12件和大会发言7篇，建言献策成果获省领导批示17件次、省级以上表彰18篇次，社情民意信息被采用391件次，获评全国工商联社情民意信息和民营企业调查点工作先进单位，4篇民营企业季度运行状况调查报告均被省领导批转有关部门办理。

【民营经济发展】　2023年，福建省民营经济增加值全年增速4.3%；全年民营规模以上工业增加值增长3.5%，高于全省规模以上工业增加值增速0.2个百分点；扣除房地产开发投资的民间投资，比上年增长9.4%，高于全社会固定资产投资增速6.9个百分点，其中制造业民间投资增长8.1%、基础设施民间投资增长4.6%；民营经济进出口总额1.15万亿元，增长4.9%，高于全省进出口4.9个百分点。至2023年底，全省实有私营企业183.11万户、增长5.8%，实有个体工商户约558万户、增长6.6%；民营经济贷款余额2.73万亿，增长13.2%，比本外币各项贷款平均增速高5个百分点。民营经济贡献全省70.6%的税收、近70%的地区生产总值、70%以上的科技创新成果、80%以上的城镇劳动力就业和94%的企业数量。

【营商环境】　2023年，福建省根据全国工商联开展的“万家民营企业评营商环境”结果，营商环境排名全国第九、较上年上升1位，其中融资支持排名上升17位、政商关系上升4位。同口径监测事项中，78%的事项同比有所提升或继续保持高水平，平均提升幅度22%。

（章学俊）

【福建省工商联建设】　2023年，福建省工商联制定《福建省工商联2023—2027年组织建设工作规划》《福建省工商联2023—2027年所属商会建设规划》。全省工商联会员32.8万个，所属商会2219家。72家县级工商联获评全国“五好”（指“政治引领好、队伍建设好、商会发展好、作用发挥好、工作保障好”）县级工商联，74家商会获评全国“四好”（指“政治引领好、队伍建设好、服务发展好、自律规范好”）商会。省外闽籍商会908家。省级所属商会党的组织覆盖率为97.9%，党的工作覆盖率和党建入章率均为100%。

（吴雅静）

【民营经济宣传】　2023年，福建省召开5场“实施新时代民营经济强省战略推进高质量发展”系列新闻发布会，在重点新闻栏目开设“推进民营经济高质量发展”等专栏，推出20集系列访谈节目《勇立潮头——对话福建民营企业家》，发布“2023福建省民营企业百强榜单”。2023年全网有关福建省民营经济宣传相关信息超70万条，其中主要央媒报道福建省民营经济超2300条。

管理与服务

【领导机制完善】　2023年，福建省委召开十一届四次全会，审议通过《关于实施新时代民营经济强省战略推进高质量发展的意见》，省委、省政府成立以省委主要领导为组长，省政府主要领导为第一副组长、相关省领导为副组长，30个部门组成的省全面实施新时代民营经济强省战略领导小组，省委编办批复在省发改委设立民营经济发展处，并调整优化省公共资源交易中心内设机构，在省发改委形成“一处一中心”的工作构架。

【“1＋N”政策体系构建】 2023年，福建省九市一区党委政府均出台落实强省战略、促进民营经济发展壮大的政策措施。省直相关部门出台20项配套政策，构成目标明确、分工合理、措施有力、衔接有序的“1＋N”政策体系（“1”是指首先会出台一个深化国企改革指导意见,“N”是指多个配套方案）。

【民营经济的服务保障体系健全】 2023年，福建建立省领导挂钩联席重点民营企业机制，把实施战略情况纳入各级党政领导班子和领导干部工作考核等，构建营商环境数字化监测督导、日常飞行检查、季度调研服务、年度市场主体满意度调查的多层次督促落实机制。

【民营企业创新转型】 2023年，福建省出台加快推进科技创新发展政策，支持民营科技龙头企业承担国家、省级科技计划项目，参与构建多层次科技创新平台体系，由民营企业牵头设立的国家级企业技术中心67家、占比85.9%。优化大型科研仪器开放共享机制，4338台30万元以上大型仪器向民营企业开放共享服务。突出科特派服务民营企业导向，在第二产业、第三产业选认省级科技特派员比例超40%。2023年，全省高新技术企业突破1.2万家，入库科技型中小企业7200多家，科技“小巨人”企业达3100多家，其中民营企业均占90%以上。

【民营企业转型升级】 2023年，福建省支持中小企业专精特新发展，新认定专精特新中小企业1052家，新增国家专精特新“小巨人”企业42家。加强民营企业培优扶强，14家企业上榜2023中国民企500强，19家企业上榜中国制造业民企500强，新增省级单项冠军企业28家。制定工业数字化转型三年行动计划、促进人工智能产业发展十条措施等政策，开展“千员万企”数字化诊断专项行动，累计诊断服务企业近3000家。全省关键业务环节全面数字化企业比例达66.2%，居全国第三，经营管理数字化普及率81.4%，居全国第四。推动龙头企业开展产业延链成群，新增18个省级和6个国家级中小企业特色产业集群。

【民营企业对外开放发展】 2023年，福建省组织举办第六届数字中国建设峰会、首届世界航海装备大会、“2023中国（福建）—阿联酋（迪拜）经贸交流会”“中印尼‘两国双园’经贸合作交流洽谈会”等活动。全年全省民营企业备案对外投资项目404个，中方协议投资额60.2亿美元，增长12.2%。制定出台“丝路投资”支持政策，2023年累计举办“助力万企成长”外贸辅导活动33场，服务企业超3000家次。进一步优化口岸通关环境，全省进口、出口整体通关效率居沿海省（市）前列。

【民间投资】 2023年，福建省印发《关于进一步抓好抓实促进民间投资工作努力调动民间投资积极性的通知》，搭建全省统一的向民间资本推介项目的平台，强化民间投资项目融资支持。至2023年底，全省储备民间投资项目597个、总投资4234亿元，其中通过国家发展改革委公开推介项目277个、总投资2393亿元。

【政策支持】 2023年，福建省建成省市场准入效能评估平台，建立市场准入隐性壁垒发现和破除机制，全年收集、认定、破除各类市场准入隐性壁垒142条。开展涉及民营经济地方性法规、规章和规范性文件专项清理，共梳理22674份政策文件，已宣布失效88份、已废止408份、修改31份、新制定282份。实现省、市、县三级政府公平竞争审查制度全覆盖。

【工程建设招投标专项治理】 2023年，福建省建立监管“兜底”机制、问题快速响应处理和结果告知机制，累计抽取项目1209个，发现并处置问题项目146个，出台关于保障各类经营主体平等参与招投标竞争的九条措施，完善工程建设招投标监管“四个联合”协作机制（即联合联络机制、联合排查机制、联合攻坚机制、联合整改提升机制）。2023年问题项目预警次数、串通投标、挂靠或借用资质投标等招投标重点监管情形登记数量均较往年大幅减少。

【政务服务优化】 2023年，福建省出台《福建省惠企政策“免申即享”工作方案（试行）》，发布两批省级惠企政策目录清单。“党企新时空·政企直通车”平台上线“政策云配”功能，向企业提供政策匹配服务12万多次，主动向企业推送政策信息超38.89万家次；累计受理企业信件4075件，办结率100%。

完善拖欠账款常态化预防和清理机制。强化根治欠薪和清理拖欠民营企业中小企业账款，推进全省“无分歧”拖欠动态清零，列入国家清欠台账的欠款清偿率100%，累计清偿欠款超30亿元。

政务服务改革。开展“万家民营企业评营商环境”问卷调查和营商环境提升专项行动。上线“易企办”平台，围绕“办事—政策—融资—人才”四大类企业服务需求，提供便捷高效的一站式服务。推进“高效办成一件事”改革，形成37类364个“一件事”标准化目录事项。2023年，福建省政务服务事项“好差评”满意率达到99.99%，“差评”整改及时率99.99%。

税收支持。优化和延续税费支持政策，落实新增减税降费及退税缓费约

683亿元。组建“项目管家”“税收特派员”服务团队105个，为重点民营企业送政策上门3018户次。完善“闽捷办”智慧税务平台，主要办税缴费事项实现100%全程网上办，网上申报率99.5%。

【企业发展要素保障】 2023年，福建省设立3期共300亿元规模的中小微企业提质增产争效专项资金贷款，做好“科技贷”“商贸贷”“外贸贷”“创业担保贷”等政策性优惠贷款产品投放。提升融资担保增信服务，2023年底全省政府性融资担保机构融资在保余额728.10亿元，放大倍数达4.82倍。推动金融服务模式创新，“金服云”平台累计解决融资需求3209.47亿元，其中解决民营和中小微企业融资需求金额占比约90%。深化银税互动服务，帮助8.18万户小微企业获得贷款858.7亿元。

用地保障。开展工业用地“标准地”改革工作指引、操作流程制定，实施工业用地“标准地”出让，2023年全省出让工业用地“标准地”33宗、面积130公顷。建立公开版全省国土空间规划“一张图”，在全国率先实行“阳光规划”。

人才用工保障。持续优化省级高层次人才认定和支持，2023年共认定在民营企业工作的省级高层次人才648名。支持企业引进培养高层次人才，开展第八批省引才“百人计划”、第四批产业领军团队项目、第四批“雏鹰计划”青年拔尖人才项目、第四批“创业之星”“创新之星”项目，其中来自民营企业的占比分别为57%、90%、17%和55%。开展“民营企业招聘月”“春风行动”“就业援助月”“百日千万网络招聘专项行动”“金秋招聘月”等线上线下公共招聘活动，累计提供岗位216.65万个，达成就业意向23.31万人次。

【法治保障】 2023年，福建省人大常委会审议通过修订《福建省企业和企业经营管理者权益保护条例》，新增预防和惩治民营企业工作人员职务犯罪、政务诚信建设等内容。审议《福建省促进首台套技术装备推广应用条例（草案）》，助力推动福建省装备制造业高端化、智能化、绿色化发展。

民营企业和民营企业家合法权益保护。制定《实施新时代民营经济强省战略法治服务保障重点举措》，出台服务民营经济高质量发展34条司法措施、关于优化法治化营商环境激发市场主体活力的10条措施等，营造惠企安商“暖环境”。全年审结一审商事案件19.18万件，强制清算与破产案件3764件，修复企业信用3425家。

监管执法完善。建成省一体化大融合行政执法平台，实现全省46条线、4113个执法单位、8.2万名执法人员全覆盖。实施《提升行政执法质量三年行动计划（2023—2025年）》，确定各级有效行政裁量权基准文件220份，涉及执法事项9084个。制定省级公安、市场监管等13个领域“四张清单”（包括不予处罚、减轻处罚、从轻处罚和免予行政强制等四类事项），共计417项。

知识产权保护。全面推行专利行政执法省、市、县三级联动办案机制，3个国家级知识产权保护中心和2个国家级快速维权中心正式运行。与世界知识产权组织仲裁与调解中心建立涉外知识产权多元化解决机制，成立全省首个知识产权跨区域保护协作平台。

涉企法律服务优化。培育“海上枫桥”“侨乡枫桥”等调解品牌24个，实现全省“园区枫桥”机制全覆盖。加强“海丝中央法务区·云平台”建设，引进2030家法律服务机构入驻云平台，线上法律服务超100万人次。健全一站式多元解纷和诉讼服务体系，全国首创“跨域立案”诉讼服务模式、司法集约送达“185”模式和“刑事案款跨域便民缴纳系统”。创新破产重整工作机制，有效盘活资产113亿元，挽救危困企业182家。

【制度化服务企业】 2023年，福建省制定《关于规范政商交往行为推动全面构建亲清政商关系的意见》，制定激励干部担当作为20条措施，研究提出“五看五研判”的考量维度。出台《关于健全完善与商会组织、民营企业沟通协商机制的意见》，建立省、市、县三级与民营企业常态化沟通交流机制。组建“闽商”服务团，成立服务民营企业工作专班，对123家民营企业反馈的184个问题全部办结。深入实施“闽商回归”工程，组织千名省外闽商回乡考察，收集项目线索104条、涉及金额1092亿元，其中落地项目41个。

社会活动

【民营企业培训教育】 2023年，福建省工商联采用“工商联机关＋商会＋民营企业”三方联动模式推进主题教育，举办演讲比赛、培训班，组织赴福州市“‘3820’战略工程”成就展馆等开展现场教学。制定《福建省工商联2023—2027年教育培训规划》，联合省委统战部举办“红船启航”“薪火相传”“育新枝”等8期主题培训班。组建“闽商讲师团”开展线上线下宣讲100多场、录制30节线上课程。新设福州企业家之家、谷文昌干部学院为省级民营经济人士理想信念教育基地，全省有2个全国级基地、6个省级基地、75个市级基地。

【同心赋能促发展活动】 2023年，福建省工商联开展“爱拼会赢促发展　同心建功新时代”系列活动，实施“八个一百”同心赋能促发展行动，成立服务民营企业工作专班，开展“同心赋能为民营企业解难题办实事”行动，收集并办理民企诉求184件次，推动工程招投标公平竞争有关意见建议吸纳到政策文件中。组织600多家民企与8家高校科研院所对接，帮助100余家民企达成113项产学研合作项目。联合省委统战部组建“同心·闽商服务团”，为企业转型提供咨询诊断、行业趋势分析、产业链对接等服务。会同省市场监管局开展“标准创新服务新时代民营经济强省战略”系列活动，举办福建省民营经济标准创新发展大会暨2023年民营经济标准创新周福建专场活动。

【民营企业“抱团出海”服务】 2023年，福建省工商联组团参加世界华商大会、“一带一路”高峰论坛等活动，参与举办“一带一路”国际商协会大会；与省住建厅举办建筑业国企民企“抱团出海”对接会，助推17家民营企业与5家国企抱团“走出去”；组织1000多家民营企业参加“合规月月谈”培训。组织400余家民营企业与金融机构召开7场对接会，与中信银行共同启动“金融助力民营企业‘走出去’系列活动”，推动39家商会、民营企业与银行达成合作协议。全省组织评审并确认民营企业高级职称834人。

【法律服务】 2023年，福建省工商联开展“法律三进”活动500余场次，惠及民营企业数万家。全省740家律师事务所与721家各级工商联所属商会和65家县级工商联建立“万所联万会”联系合作机制。省市县三级第三方机制管委会组建实现全覆盖，全省共办理企业合规案件149件，帮助255家涉案企业平稳过渡。福建省城市市容环境卫生行业协会人民调解委员会获评全国模范人民调解委员会。在全国工商联表彰中，福建省3家商会人民调解委员会获评商会调解培育培优行动突出组织，5个案例获评百佳商会调解案例，4个案例获评民营企业产权司法保护协同创新百佳实践案例，2个案例获评首届中国企业法治建设创新典型，1个案例获评司法协同保护典型案例。

【闽商回归】 2023年，福建省工商联组织千名省外闽商回乡考察，在兰州召开“全国福建商会工作座谈会暨闽商回归推进会”，收集回归项目线索104条，涉及金额1092亿元。联合省委统战部开展“第七届世界闽商大会民企签约项目回头看”专题调研，推动解决50个重点项目存在的30多个问题。

【助力乡村振兴】 2023年，福建省工商联在三明召开“万企兴万村”行动推进会。全省2009家民营企业和商会组织参与“兴村”2640个、实施项目3248个、投入资金211.38亿元。开展“闽商塞上行”活动，促成闽商在甘肃投资项目23个、金额150多亿元，引导7家商会、企业挂钩帮扶西藏阿里边境村。开展“百城万企”民企高校携手促就业行动等，动员5000多家民营企业提供7.32万个岗位，1.26万求职者达成就业意向。

【履行社会责任】 2023年，福建省民营经济人士捐资1.77亿元用于助学助教等工作，捐资2000万元在省光彩会设立“乡村振兴光彩基金”，全省共有2009家民营企业和商会组织参与“兴村”2640个，实施“兴村”项目3248个，累计投入超210亿元。

（章学俊　吴雅静）

经济评价

【县域经济实力“十强”“十佳”“十优”县（市、区）名单】 2023年12月30日，2023年度福建省县域经济实力“十强”县（市）、经济发展“十佳”县（市）和城市发展“十优”区评价结果发布。

经济实力“十强”县（市）。排名依次为晋江市、福清市、石狮市、闽侯县、南安市、惠安县、上杭县、福安市、连江县和永安市，与2022年度“十强”县（市）一致。

经济发展“十佳”县（市）。排名依次为霞浦县、屏南县、周宁县、东山县、漳浦县、华安县、连城县、长汀县、将乐县和德化县。其中，连城县连续6年进入“十佳”。屏南县首次进入“十佳”，位居第二位。东山县排名上升43位，位列“十佳”第四名。漳浦县为新进的“十佳”。

城市发展“十优”区。分别是思明区、鼓楼区、蕉城区、湖里区、龙海区、海沧区、长泰区、翔安区、芗城区和长乐区。其中，龙海区、芗城区、翔安区为新进的“十优”区。

【福建省县域经济评价方法】 2023年，福建省县域经济评价坚持科学性、可比性原则，以省直部门提供的2022年各县（市、区）数据进行测算。2023年度的“十强”“十佳”县（市）继续沿用“一套指标、两种权重、区别对待、统一排名”的计算方法，“十强”县（市）评价主要通过存量指标衡量发展的体量和质量，体现县域经济综合实力；“十佳”县（市）评价主要通过变量指标衡量发展的速度和效益，体现县域经济发展趋势，同时入围“十强”的县（市）不再列入“十佳”县（市）名单。“十优”区评价既通过存量指标来衡量发展的体量和质量，也通过增量指标来衡量发展的速度和效益，体现市辖区的城市综合发展情况。评价指标体系不完全以GDP论英雄，既有主要经济指标，也包含科技创新、民生保障、生态保护等指标。

【福建省民营企业100强榜单发布】 2023年9月19日，福建省工商联在龙岩市举行2023福建省民营企业100强发布会，连续第六年发布福建省民营企业100强榜单，连续两年发布创新型民营企业100强榜单，制造业民营企业从50强拓展到100强，首次发布服务业100强榜单。2022年福建省民营企业100强入围门槛49.3亿元，比上年增加6.3亿元。民营企业100强营业收入总额2.14万亿元，资产总额2.1万亿元。营业收入超100亿元的民营企业47家。

（吴雅静）

编辑：郑　菜

海洋经济

综　　述

霞浦县四礵列岛有独具特色的岛礁风光，吸引着全国各地游客。图为2023年6月24日游客乘坐游艇游览四礵列岛的东礵岛　　　（郑培鍫　摄）

【福建海洋经济发展】 2023年，福建省海洋生产总值1.18万亿元，比上年增长5.5%，占全省地区生产总值的21.7%，拉动地区生产总值增长1.2个百分点。水产品总产量890.2万吨，增长3.3%，其中海水养殖产量579.8万吨，增长5.9%。渔民人均纯收入2.9万元，增长5.9%。

【政策支持】 2023年，福建省制定出台《福建省海洋经济促进条例》，《条例》经省十四届人大常委会第七次会议通过后，自2024年1月1日起施行，是全国第二部省级海洋经济促进地方性法规。印发实施《福建省近岸海域赤潮灾害渔业应急预案》《福建省海洋与渔业局关于印发福建省风暴潮灾害应急预案的通知》《福建省海洋与渔业局关于加强海洋捕捞渔船组织化建设的指导意见》《福建省海洋与渔业局福建省财政厅关于印发海洋捕捞渔船减船转产项目2023—2024年实施方案的通知》等政策文件，持续完善建设福建省海洋与渔业管理制度体系。

【海洋经济发展示范区建设】 2023年，福建省持续深化福州、厦门国家海洋经济发展示范区建设，实施示范区项目214个，总投资3519.55亿元。加快连江、石狮、秀屿、晋江、诏安、东山等6个省级海洋产业发展示范县建设，累计实施示范项目269个，完成投资15.18亿元。推进福州元洪投资区、宁德大黄鱼产业园等6个海洋与渔业产业集中区建设，2023年储备项目28个，总投资5.04亿元。

【海洋科技】 2023年，福建省海洋与渔业系统在海洋生物医药、水产品加工与综合利用、海洋渔业设施装备、渔业水域生态环境和资源保护等领域共征集海洋科技创新储备项目90项，支持实施37个关键技术开发与应用项目，持续推进海洋与渔业成果孵化转化。推进福建省海洋生物增养殖与高值化利用重点实验室建设，支持实验室围绕全省水产种业创新与产业化、水产品高值化利用、养殖尾水治理等技术难点和热点问题开展攻关，2023年该实验室新增科研项目39项，发表学术论文60篇，获得授权专利34件。成立“水产种业”“深海养殖”“智慧海洋”“水产品精深加工”“生物制药”“海工装备”等6个产业联合研发中心，实施“揭榜挂帅”涉海科研项目27个。全省海洋与渔业领域科技成果获2021年度省科技进步奖10项，其中一等奖2项、二等奖3项、三等奖5项，专利奖1项（三等奖）。（张珰妮）

渔业产业

【水产种业】 2023年，福建省全面完成全国第一次水产养殖种质资源普查任务，形成成果分析报告和省水产养殖种质资源名录。创建9家省级水产良种场，其中晋江福大鲍鱼省级水产良种场通过国家级水产良种场资格验收。建成3个水产种质资源保种场、6个规模化种业基地，17家省级水产良种场完成升级改造，夯实水产良种的保种供种基础。持续实施水产种业创新与产业化工程，试验示范皱纹盘鲍“福海1号”、大黄鱼“宁抗1号”、海参“福参1号”等一批高产、抗逆的水产新品系，海参秋季育苗取得成功。

【水产养殖】 2023年，福建省完成海上养殖转型升级任务，改造传统渔排47万口、筏式浮球2.25万公顷、新建深水大网箱965口。投建“闽投霞浦1号”等4台深远海养殖装备，连江县被评为全国首批深远海养殖类国家级水产健康养殖和生态养殖示范区。推动实施水产绿色健康养殖“五大行动”，推广8种生态健康养殖模式，健康养殖和生态养殖示范面积6666.67公顷，工厂化循环水养殖规模居全国第一，新创建6个国家级水产健康养殖和生态养殖示范区。在全国率先实行水产养殖信息化管理，全年共通报154个疑似超规划养殖图斑，核实超规划图斑34个、面积645公顷，全面清退完成。

【水产捕捞】 2023年，福建省严格管理国内渔船，落实海洋渔业资源总量管理制度，全年完成减船转产570艘、压减功率1.07万千瓦。实施近海渔船更新改造项目，对资源友好型渔船和新材料渔船改造项目予以补助。严格执行海洋伏季休渔和闽江禁渔期制度。拓展远洋渔业发展空间，指导企业开发远洋渔业新项目，推动阿曼新入渔渔船7艘，开拓安哥拉新渔场1个，优化过洋性渔场布局。实施远洋渔船更新改造13艘。全年远洋渔业产量55.08万吨，自运回46.06万吨。

【水产加工】 2023年，福建省持续提升水产加工能力，引导水产加工龙头企业加强创新研发、加快改造升级、提升品牌质量、带动产业链建设，安排水产品初加工及冷藏保鲜设施设备补助资金，全年全省新增水产品初加工及冷藏保鲜设施设备260余套。实施品牌带动战略，新增水产行业省级名牌农产品7个，农产品区域公用品牌2个。至年底，福建省水产行业拥有国家级农业产业化重点企业17家、省级龙头企业180家。

【水产品质量安全】 2023年，福建省开展食用农产品“治违禁、控药残、促提升”三年行动、水产养殖用投入品专项整治行动等一系列水产品质量安全专项整治行动，强化养殖用药监管，开展产地水产品和苗种质量安全监督抽查共4920批次，产地水产品药物残留风险监测、快速检测12718批次。组织“水产品质量安全宣传周”等宣传活动，举办水产养殖规范用药培训班133次，累计参与培训2万多人次，发放宣传材料4.5万份。全年开展水产养殖与水产品质量安全执法检查行动1800次，检查养殖企业和个体养殖者3485个，行政处罚32起。水产品质量安全形势总体稳定，省部级产地水产品监督抽查合格率为99.7%，连续17年保持在97%以上，没有发生大的水产品质量安全事故。全省4295家渔业生产主体纳入追溯系统监管，赋码数量10万多条。

（张玓妮）

渔业资源生态保护

【伏季休渔】 2023年5月1日起，至8月16日、9月16日，福建省分区域、分作业类型实行海洋伏季休渔。坚持最严格的伏季休渔执法监管，提前谋划布局、紧盯重点对象，开展中国渔政“亮剑”、福建海洋“蓝剑”等专项执法行动，采取“部门联动、夜间突袭、异地用兵、无人机赋能”等灵活多样战术，强化全时段管控、全区域覆盖、全环节监管。全年检查港口634个，巡查海域15102海里，查办案件630起，行政处罚2775.43万元，移交司法机关24起，查获违规渔获物42.74万千克，清理取缔涉渔“三无”船舶332艘，保障伏休期间渔业生产秩序稳定。

【渔业资源养护】 2023年，福建省制定福建省海洋牧场发展规划，推进福清东瀚等5个海洋牧场建设，连江县黄岐半岛海域创建国家级海洋牧场示范区。设立水生野生保护动物救护研究中心，依托“6·6八闽放鱼日”活动等大型增殖放流活动，营造全社会参与养护渔业资源的良好氛围。全年全省举办各类放流活动130余场次，放流鲢、鳙、鲷科鱼类、大黄鱼、西施舌等各类水生生物74亿单位，闽江、九龙江、汀江等流域和近海渔业资源得到有效养护。

【水域环境保护】 2023年，福建省深入治理养殖尾水排放，推动出台《福建省养殖尾水排放标准》，加强水产养殖排放口监测，监测数量增加至海水养殖排放口392个、淡水养殖排放口135个，实现规模以上养殖主体排放口等重点对象全覆盖，全省养殖排放口监管实现“一张图”管理。印发《福建省提水式海水养殖池塘尾水治理工作方案》，全面启动提水式海水养殖池塘尾水治理，年内，全省978家养殖主体完成简化登记备案，其中303家主体完成尾水治理设施设备建设，养殖水面658.8万平方米，占总任务的51%。

【水生野生动物保护】 2023年，福建省部署开展水生野生动物保护和规范利用专项行动，检查水生野生动物重点栖息地、经营利用、人工繁育等场所592个，查办水生野生动物案件13起。全省各地共救助处置海豚、海龟、江豚、中国鲎等水生野生动物87起92只（头）。

（张玿妮）

海洋基础设施建设

【渔港建设】 2023年，福建省海洋与渔业局印发《福建省渔港建设与布局规划（2020—2025年）中期调整方案》，渔港规划总数调为219个，其中第一类重点推进为130个，第二类要素保障成熟时推进89个，逐步形成以中心、一级渔港为主体，二、三级渔港和避风锚地为支撑，布局合理、功能完善、安全可靠、管理规范的海洋渔业基础设施体系。全年，累计开工建设渔港109个、完成投资35亿元；新获批晋江、东山2个国家级渔港经济区，全省4个渔港经济区累计完成投资26.6亿元。培育渔港经济新模式新业态，打造“渔养、渔研、渔产、渔冷、渔贸、渔展、渔游、渔服”综合发展的产业集群。

【渔船通信项目工程】 2023年，福建省持续推动“宽带入海”工程建设，组织实施海洋渔船卫星互联网应用项目，推广应用船载卫星通信终端。至2023年底，全省5270艘海洋渔船配备船载卫星宽带通信终端，并将数据接入福建省海洋渔船动态监控管理系统，实现福建省大中型海洋渔船宽带通信终端“应装尽装”。

【海洋预警预报】 2023年，福建省海洋与渔业局制定印发《福建省气象为农服务提质增效行动工作方案》。强化海洋观测网设备设施运行保障，确保全省130多台（套）海洋观测设备在位运行，新建2套海洋观测系统，完成4套船基系统更新，新增4套渔业小浮标。持续开展海洋生态预警监测工作，全年妥善防范8起赤潮灾害，累计发布赤潮灾害信息、监测预警信息共51期，通过信息平台发送预警41期，覆盖2万余人次，未造成渔业经济损失。

（张玿妮）

海洋渔业治理

【安全生产管理】 2023年，福建省统筹发展和安全，构建渔船网格化管理责任机制，开展渔业系统重大事故隐患排查整治专项行动，全年各级渔业行政主管部门共排查整改一般隐患5139个、重大隐患580个，全年在册渔船安全生产“零事故”，渔业安全生产形势稳定向好。

【海洋防灾减灾】 2023年，福建省开展2305号台风“杜苏芮”等7个台风和12次强冷空气过程的海上防御工作。撤离回港海上作业渔船9624艘、船上人员37894人，撤离上岸海上渔排劳力73332人、老弱妇幼7778人，实现海上无人员伤亡的目标。增补2处“商渔船碰撞高风险警示区”。深化“福渔救助志愿者联盟”建设，成员增加至349艘渔船、28个社会组织和5家协作单位。

【海洋渔业执法】 2023年，福建省围绕服务保障海洋经济高质量发展，组织开展福建海洋“蓝剑”行动25次，查获各类涉嫌违法渔业船舶326艘；拆除渔具设施2113张（顶）、违规网具7670张（顶）；清理取缔涉渔“三无”船舶440艘；清退超规划养殖面积1140多公顷；检查用海项目2984个（次）。全省共办结行政处罚案件2119起（渔业类案件2058起、海洋类案件61起），收缴罚没款5870多万元。

【渔业互助保险】 2023年，福建省围绕渔业保险“扩面、增品、提标”总体目标，全省实现签单保费4.85亿元，增长12.26%；为全省7.44万名渔工、7822艘渔船、6940公顷养殖水面提供渔业风险保障金额1063.89亿元，增长2.75%，保障规模位居全国渔业互保系统第二位。

（张玿妮）

编辑：郑 莱

数字经济

综　　述

【数字经济发展】 2023 年，福建省数字经济“独角兽”“瞪羚”企业总体呈现梯队发展稳、成长潜力足、创新能力强等特点。全省实现数字经济增加值 2.9 万亿元。借助第六届数字中国建设峰会，全省招商对接项目 606 个，总投资 3357 亿元。2023 年，全省遴选公布数字经济核心产业领域创新企业 350 家，比上年增加 34 家。

【数字经济重点项目】 2023 年 6 月，福建省数字办遴选确定 2023 年度省数字经济重点项目 191 个，项目总投资 1168 亿元，年度计划投资 260 亿元。这是福建省首次遴选确定年度数字经济重点项目。项目名单中，福州市项目数 55 个，总投资 311.8 亿元，总投资占比约 26.7%；莆田市项目数达 10 个，总投资 227.7 亿元；漳州市项目数 27 个，总投资 187.3 亿元。

【数字经济发展专项资金扶持项目】 2023 年 9 月，福建省数字福建建设领导小组办公室根据省数字办、财政厅《关于组织开展 2023 年省数字经济发展专项资金项目申报工作的通知》和《福建省数字经济发展专项资金管理办法》，经项目单位申请，所在设区市数字经济牵头部门和财政部门联合审查上报，专家评审会审核等程序，公示福州马尾物联网云计算创新中心、福建省信创产业综合服务与运维保障平台等 10 个省级数字经济发展专项资金拟扶持项目。

【信息技术应用创新解决方案入选项目】 2023 年 12 月，福建省数字福建建设领导小组办公室根据《福建省数字福建建设领导小组办公室关于开展 2023 年福建省信息技术应用创新解决方案征集工作的通知》要求，省内有关单位和信创服务企业开展项目申报。经过严格把关各申报项目，材料初审和专家区域评议，评选产生 2023 年福建省信息技术应用创新解决方案入选项目名单。公示名单包括 30 个典型解决方案和 10 个应用示范案例。 （魏骁）

电子政务

【概况】 2023 年，福建省推进重点领域信息主动公开。打造“优化营商环境”“福建省重点项目专题”“生态文明”“海洋经济”“价格管理”等专题专栏，通过专题专栏集中发布相关政策、解读回应、工作动态等信息情况；通过“民意征集”栏目，围绕《福建省固定资产投资项目节能审查实施办法（征求意见稿）》等重大政策开展草案公开、解读和意见征集、意见反馈。推动重大决策信息预公开。2023 年，发布主动公开文件 393 件，门户网站发布各类信息 3357 条，微信公众号发布信息 1875 条，官方微博发布信息 713 条。推进现行有效行政规范文件集中统一公开。完善行政规范性文件库，2023 年发布 12 件行政规范性文件。

【政策公开】 2023 年，福建省增强政策解读效果。通过门户网站“解读回应”栏目“民生关注”“政策解读”“政策问答”“惠企纾困政策”等专区，集中公开解读信息，回应社会关切问题。深入解读相关政策，通过图片、视频、新闻发布会等多种形式开展政策解读 33 次，举办在线访谈 13 期，组织召开或牵头参与全省实施新时代民营经济强省战略推进高质量发展等 17 场新闻发布会。

【建设数字化营商环境】 2023 年，福建省以信息化为支撑，聚焦市场有效、政府有为、企业有利、群众有感，全力打造市场化、法治化、便利化、国际化的一流营商环境。省发改委加强统筹协调，发挥营商办、数字办、审改办均设在发改委的优势，“三办”联动，开展数字化营商环境探索，将营商环境作为数字福建的重要应用场景，推进系统集成优化，推动数据汇聚共享，全力打造对内对外营商环境数字化闭环。

创新推出营商环境数字化监测督导机制。在国家发展和改革委的指导下，全省实施营商环境数字化监测督导机制，从营商环境日常监测、市场主体满意度调查、现场核验督导三方面，由省对市、市对县进行监测督导，力求客观真实展现全省营商环境状况，及时发现问题，督导解决问题。

提升市场主体便利度。推动审批监管更加精简有效。拓展电子证照应用，发布试行“全省办事免提交证照”清单，含有包括营业执照、身份证等高频证照在内的 327 类证照，有效简化群众办事材料提交。优化政府采购和招投标，开展“不见面开标”、远程异地评标评审，推行招投标全流程电子化，实施在线监管。推动助企稳企更加精准更加有力。推进惠企政策精准兑现，推广人策匹配机器人，推行“免申即享”模式，实现政策兑现企业“足不出户”。

【完善政府信息公开平台建设】 2023年，福建省发改委按照省政府工作要求，完成门户网站页面改造，加强门户网站页面信息实用性、准确性、及时性、规范性。优化网站服务功能，通过升级智能搜索、适老化无障碍访问、增加智能问答机器人、数据图解等功能，优化用户体验。强化网上交流互动，规范高效办理“我为政府网站找错”网民留言。巩固新媒体阵地，提升政务公开的覆盖面和影响力。建立门户网站、政务微信、政务微博之间互动连通机制，相互配合进行信息公开、舆情收集、民意调查等，共同构建服务型政府的信息公开体系。微信公众号订阅用户数6.2万人，官方微博订阅用户数近180万人，关注度和影响力稳步提升。（魏骁）

信息基础设施建设

【概况】 截至2023年底，福建省建成5G基站8.9万个，实现所有乡镇镇区和85%以上行政村的5G覆盖，在全国率先实现海岸沿线30千米5G覆盖；建成10G－PON端口57.1万个，乡镇及以上区域实现“千兆到户”能力普及，通信基础设施迈入“双千兆”时代。

【福建省新型基础设施建设三年行动计划】 2023年，福建省政府办公厅印发《福建省新型基础设施建设三年行动计划（2023—2025年）》（以下简称《行动计划》），绘出福建省新型基础设施建设未来三年发展蓝图。《行动计划》提出，到2025年，福建新型基础设施建设取得突破性进展，基本形成以新发展理念为引领，以科技创新为驱动，泛在连接、高速智能、天地一体的信息基础设施体系，数字化、网络化、智能化的融合基础设施体系，技术先进、模式创新、服务高效的创新基础设施体系。

《行动计划》包括总体要求、加速布局信息基础设施、稳步发展融合基础设施、适度超前部署创新基础设施、保障措施5个部分，共10项行动内容、31项主要任务。其中，在加速布局信息基础设施方面，加快5G网络在中心城区、交通枢纽、产业园区、商务楼宇、医院、学校、文体场馆、旅游景点等重点场所深度覆盖和乡村区域延伸覆盖，推动以多功能智能杆为载体的5G微基站建设。打造统一感知标准、统一协议适配的城市级物联感知平台，实现生产生活、市政管理协同运行。深化感知交互的新型终端研制和系统化的虚拟内容建设，搭建元宇宙应用平台，推动三维数字空间、虚拟数字人在城市管理、民生服务、商务社交、生产制造、电竞娱乐等领域应用。支持福州、厦门等建设元宇宙先行区。（魏骁）

数字经济产业

【数字产业化】 2023年，福建省数字经济增加值2.9万亿元，对地区生产总值的贡献率超53%。全省数字经济核心产业创新企业达350家；6家企业入选全国互联网综合实力百强企业，8家企业入选全国软件和信息技术服务竞争力百强企业；全省新增1家数字上市公司，累计有22家数字上市公司，147家数字企业列入省重点上市后备企业。全省5个省级数字产业核心集聚区总产值超1000亿元；集成电路和光电、计算机和网络通信设备产业集群规模超2000亿元，物联网、大数据产业发展进入全国第一梯队。福州、厦门被授予中国软件特色名城，马尾是全国物联网五大产业基地之一，设立福州、厦门、泉州3个省级人工智能产业园。全省跟踪推进191个数字经济重点项目建设，年度完成投资299亿元，超计划投资15%。

【产业数字化】 2023年，福建省深入实施现代农业高质量发展“3212”工程（2021年福建省农业农村厅、省海洋与渔业局联合印发的《特色现代农业高质量发展“3212”工程实施方案》，提出“十四五”期间，福建省将建设30个重点现代农业产业园、20个重点优势特色产业集群，打造100个农业产业强镇、2000个“一村一品”专业村），建设数字农业创新应用基地10个、农业物联网应用基地500多个。《福建省工业数字化转型三年行动计划（2023—2025年）》印发实施，全省关键业务环节全面数字化企业占比达69.1%，居全国第三位，两化融合发展水平综合指数62.5，居全国第五位；福州、厦门入选全国首批中小企业数字化转型试点城市名单，培育8个国家级互联网平台，21个国家级智能制造示范工厂；打造宁德时代、京东方、九牧卫浴等世界灯塔工厂、全球绿色黑灯工厂。全省网络零售额7926.9亿元，比上年增长7.8%，10家省重点平台交易额超100亿元。2023年内，举办2023中国跨境电商交易会、2023电商主播大赛等活动。

【第六届数字中国建设峰会】 2023年4月27日至28日，第六届数字中国建设峰会开幕式在福州举行，由国家互联网信息办公室、国家发展和改革委员会、科学技术部、工业和信息化部、国务院国有资产监督管理委员会、福建省人民政府共同主办。峰会以“加快数字中国建设，推进中国式现代化”为主题，以宣传贯彻落实《数字中国建设整体布局规划》为主线，设置“1＋3＋N”（“1”指论坛活动，包括开幕式、主论坛和分论坛。“3”是指“两展一赛”，包括数字中国建设成果展、数字产品博览会以及数字中国创新大赛。“N”是指云生态大会、人工智能生态大会、“闽江夜话”“有福之州·对话未来”等系列特色活动，以及数字经济重大项目签约系列活动）。活动共集中签约数字经济重点项目52个、总投资581亿元，项目平均投资额增长超30%。峰会期间，招商对接项目606个、总投资3357亿元。

（魏骁）

编辑：郑 茱

交通 邮政

铁　　路

【概况】　2023年，福建省境内铁路由中国铁路南昌局集团有限公司管理。至2023年底，福建省境内铁路设有265个车站，营业里程4574千米。其中，国家铁路营业里程1223千米、合资铁路营业里程3351千米。

【福厦高铁开通运营】　2023年9月28日9时15分，首发列车G9801次CR400AF新型复兴号智能动车组自福州南站驶出，标志福厦高铁全线开通运营。福州至厦门最快1小时可达，两地实现“一小时生活圈”。福厦高铁起自福州南站，经莆田市、泉州市、厦门市、漳州市，接入漳州站。福厦高铁先后跨越湄洲湾、泉州湾、安海湾等3座跨海大桥，在海上穿行长度达19.9千米，线路全长277千米，设计时速350千米。全线共设福州南、福清西、莆田、泉港、泉州东、泉州南、厦门北、漳州8座车站，其中漳州站为既有车站，福州南、莆田、厦门北站为改扩建车站，福清西、泉港、泉州东、泉州南站为新建车站。

2022年12月底，福厦高铁全线铺轨贯通；2023年8月29日，全线站房建设完成。开通运营前，国铁集团对福厦高铁各专业设备开展联调联试、检测验收和安全评估。开通运营初期，福厦高铁每日开行动车组列车8对；2023年11月全国铁路将实行第四季度列车运行图（即第四季度调图）后，每日开行动车组列车最高达62对。

【国铁集团与泰宁县联学联建基地揭牌】2023年10月19日9点，国铁集团与泰宁县联学联建基地揭牌仪式在国铁（泰宁）党建活动中心举行。中国铁路文工团总经理毛世民、南昌局集团公司党委副书记万军、泰宁县有关领导出席活动。南昌局集团公司党委副书记万军和泰宁县委书记张昌平共同为国铁集团与泰宁县联学联建基地揭牌。国铁集团与泰宁县联学联建基地位于泰宁县历史文化街区红军街内，设有铁路文化展示区、党建文化廊区、党建大厅功能区，并配套建设泰宁乡村振兴特色产品展示馆和“铁路驿站”，是一个集泰宁地方特色、党建元素、铁路元素于一体的党建活动中心。该基地在展示铁路文化、泰宁特色产品、非遗文化基础上，以“百趟专列进泰宁”活动为契机，吸引更多单位、团体到泰宁开展党日活动、春秋游等。

【福州、厦门至香港的跨境列车恢复开行】　2023年4月1日起，福州至香港西九龙站G3001/2次、厦门至香港西九龙站G3005/6次跨境列车恢复开行。2020年1月30日，作为香港与内地铁路联结关键点的香港西九龙站关闭并暂停服务，2023年1月15日恢复运营。铁路部门根据运输市场需求，逐步有序恢复内地前往香港跨境列车开行。南昌局集团公司加强运输组织，福州客运段调配经验丰富的列车长和高铁乘务员，加强业务培训和相关政策教育；福州动车段组织业务骨干，加强对G3001/2次、G3005/6次跨境列车车底检修，杜绝安全隐患；福建沿线相关车站通过各种媒体平台，向当地群众宣介上述赴港跨境列车，引流上线。

【前场多式联运监管中心通过厦门海关验收】　2023年12月，前场多式联运监管中心通过厦门海关验收，标志着厦门国际物流港有限责任公司具备铁路国联班列运营资质，成为闽南地区唯一具备海关监管场的铁路货运园区。前场多式联运监管中心是厦门市重点建设项目，位于厦门国际物流港集装箱作业区内，占地约7.6万平方米，由厦门市投资2000万元改造建设而成。

厦门国际物流港紧邻东孚铁路编组站、沈海高速出口、324国道，交通便利，是厦门港口型国家物流枢纽建设中多式联运主要承载园区和厦门海陆空立体交通中的陆运枢纽，也是厦门城市规划中的陆运口岸。该物流港是一座铁路运输综合性大型货场，包含6万平方米仓库、7.6万平方米集装箱作业区、4.5万平方米“长大笨重”区。　（曾进）

【铁路建设】　2023年，漳汕高铁、龙龙铁路武平至梅州段、温福高铁、宁德漳湾港铁路专用线等前期工作加快推进，福厦高铁、龙龙铁路龙岩至武平段建成通车，全年累计完成投资125.02亿元。

【铁路客、货运输】 2023年，福建省铁路旅客发送量1.24亿人次，旅客周转量378.6亿人千米，分别增长95.5%、97.4%；货物发送量5211万吨，货物周转量214.6亿吨千米，分别增长8.2%、3.9%。

【福厦高铁建设】 2023年9月28日，福厦高铁开通运营。福厦高铁以打造标志性、示范性工程为目标，优化14项专项设计，创建91个样板工点和13个综合精品示范段，开展12项科研课题研究，系统总结8个专题精品智能建造成果，先后获得国家专利107项，其中发明专利4项、实用新型专利103项；获得国家计算机软件著作权11项。其中，采用基于数字化信息建模的BIM技术等智能建造技术，将设计、施工、运营等全过程实行一体化管理，形成全线、全专业的“三维数字福厦高铁”；应用北斗导航系统、智能机器人、对环境友好的耐腐蚀钢材等技术和材料，提高泉州湾、湄洲湾和安海湾3座跨海大桥智能建造水平；运用智能调度指挥系统，通过高效调度和控制，保障列车运行正点率和运行效率；应用高铁灾害监测大数据分析系统，通过实时监测，及时发现并处理线路安全隐患，为列车安全运行提供可靠保障。福厦高铁开通运营后，复兴号智能动车组列车上线开行，福州至厦门、漳州最快分别55分、89分可达，厦门、漳州、泉州等地形成“半小时交通圈”，福州、厦门实现“1小时生活圈”。

【龙龙高铁龙岩至武平段开通运营】 2023年12月26日，龙龙高铁龙岩至武平段（以下简称龙武段）开通运营，原中央苏区县、革命老区县武平结束不通铁路历史，闽西地区实现“县县通铁路”。福建省委常委、常务副省长郭宁宁在武平站出席开通仪式并宣布龙龙高铁龙武段开通，南昌局集团公司副总经理张明在开通仪式上致辞。

龙龙铁路起自福建省龙岩市龙岩站，终至广东省河源市龙川西站，线路全长290千米，按龙岩至武平、武平至梅州、梅州至龙川西分段建设。龙龙铁路龙武段线路全长92.6千米，其中龙岩至古田会址段与赣龙铁路共线，新建正线长度64.3千米，途经上杭县至武平县，设古田会址、上杭北、武平等3座车站，为设计时速250千米的双线高速铁路。（翁宇腾）

2023年12月26日，龙龙铁路龙岩至武平段开通运营。图为开通运营现场（龙岩市铁路建设发展中心）

公　路

【公路建设】 2023年，福建省公路建设投资完成648.85亿元，超目标任务1.4个百分点。其中，高速公路完成投资245.77亿元，比上年增长6.6%。开工三明元溪高速公路等8个项目46千米，新改建厦门翔安机场路等3个项目56千米，福建省首座预制装配化跨海大桥翔安大桥建成通车，宁古、沙南等一大批重点项目加速推进。普通公路按照国省干线提质增效、农村公路广泛覆盖的原则，全年完成投资403.08亿元。开工建设国省干线公路103千米、建成215.4千米。省道S207线闽浙界至下党段提前贯通；国道G324线龙文区东环城路马洲大桥、省道S219线漳州迎宾路至朝阳漳滨村等建成通车。截至2023年底，福建省公路通车里程115645千米，其中国道11237千米、省道5794千米、县道14964千米、乡道41828千米、专用公路115千米、村道41707千米；公路密度95.26千米/百平方千米，提高2.28千米/百平方千米。福建省等级公路105713千米，占总里程的91.4%，较上年提高2.1个百分点；二级以上高等级公路里程19600千米，增加220千米。水泥、沥青路面里程105159千米，占总里程的90.9%，较上年提高2.3个百分点。

【“两通工程”建设】 2023年，福建省在全国创新实施“两通工程”（即“邻县高速通”“乡镇便捷通”工程），福建省人民政府成立“两通工程”工作指挥部，福建省交通运输厅成立工作专班，统筹推动“两通工程”加快实施。截至2023年底，全省实现213对邻县高速便捷通行、占比85.9%；实现733个陆域乡镇可在30分钟内上高速、占比81.8%。开通高速公路服务区出入口20个，惠及9个设区市57个乡镇。

【公路养护】 2023年，福建省高速公路对45个路段700千米全面实施绿色化、智能化隧道照明改造，提升870座隧道（单洞）亮度。高效完成10个隐患路段整治。深入开展长大桥梁结构监测、交安设施精细化提升等专项行动。

2023年12月28日，沈海高速福泉段驿坂服务区投入运营。作为福建省重点项目，驿坂服务区提升改造工程于2022年启动，项目整体用地面积约16.3公顷，总建筑面积3.5万平方米，增设后通道便捷收费站（涂岭收费站），实现服务区与G324国道共用共享　（叶晓峰　摄）

乡镇便捷通工程—林厝服务区位于G1523甬莞高速宁德段，与宁德市蕉城区八都镇猴盾畲族村毗邻，林厝服务区后通道设置2进2出共4条ETC车道和一条192米的双向双车道连接线，连接线路基宽度10米，直接连接国道104线与周边的八都镇、猴盾、洋头、闽坑等文化历史村落。摄于2023年10月　（魏禺灏　摄）

持续巩固提升路域环境，全年完成2500千米示范廊道、3500千米绿色长廊再提升。全路网路面优良率达100%，一、二类桥占99.9%，一、二类隧道占100%。

2023年，福建省普通公路完成路面改造307千米、路面修复养护267千米、预防养护1032千米，干线公路PQI值（路面使用性能指数）稳中有升。提升普通公路省际通道200千米、改造服务区4座，6处省际通道全面完成，11个乡镇路域形象明显改善。实施普通公路安全精细化提升504千米，隧道亮化6座，灾害防治485千米，全面启动二级以上自然灾害风险点处治，福建省普通公路一二类桥隧比例保持98%以上。

【农村公路】 2023年，福建省建设改造农村公路2540千米，完成危桥改造214座、安保工程1314千米，新增1713个较大自然村通硬化路。全省较大人口规模自然村（组）通畅率达85.3%，较上年提高3.8个百分点。新增10条“最美乡村‘福’路”，为前两年创建数量总和。83个县区（含开发区）9.26万千米农村公路实现灾毁投保、覆盖率达97%。寿宁、永安、惠安、泰宁等典型案例入选全国农村公路建设和养护资金长效保障机制等三类典型案例。

【创新农村客货邮融合发展】 2023年，福建建立农村客货邮融合发展工作机制，出台农村客货邮融合发展试点县奖补政策，并推动邮政公司、市县财政相应配套。2023年在连城县、永安市、明溪县、建阳区、光泽县、蕉城区等6个县区实现100%客货邮全覆盖基础上，按照“一站多能、一车多用、一人多岗、一线多运”的模式，启动首批20个试点县客货邮融合创建工作。

【运力结构】 至2023年底，福建省拥有营运汽车23.98万辆，比上年下降0.4%，其中载客汽车1.38万辆、43.24万客位，分别比上年增长3.7%和4.5%，平均座位31.41客位/辆，增长0.7%；其中班车客运车辆5729辆、11.79万客位，分别下降9.7%和13.2%；旅游包车客车8036辆、31.45万客位，分别增长16.0%和13.1%。高、中级客车占总营运客车辆数的96.8%，下降0.6个百分点。载客汽车中柴油车占客车的比重79.8%，下降0.9个百分点；纯电动车占比17.9%，提高1.7个百分点。

拥有载货汽车22.61万辆、366.87万吨位，均下降0.7%，单车平均吨位16.23吨位，基本与上年持平。其中，厢式载货汽车2.39万辆、25.39万吨位，下降5.1%和5.5%；集装箱车达3.67万辆、117.20万吨位和6.26万标准箱，分别增长2.4%、2.6%和3.8%。载货汽车中柴油车14.05万辆，占“货车+牵引车”的比重98.8%，下降0.5个百分点；纯电动车占比0.4%，提高0.21个百分点。

【公路客货运输】 2023年，福建省公

表 6　2023 年福建省公路里程表　　单位：千米

项目	总计	等级公路						等外公路
		合计	高速公路	一级	二级	三级	四级	
年底到达数	115645.188	105713.213	5963.655	1667.455	11968.981	10029.053	76084.069	9931.975
国道	11236.692	11236.692	4069.056	764.91	5343.831	733.531	325.364	
其中：国家高速公路	4062.775	4062.775	4062.775					
省道	5794.222	5794.222	1860.112	365.728	2123.575	890.726	554.081	
县道	14963.884	14472.972	34.487	378.032	2803.678	5247.567	6009.208	490.912
乡道	41828.235	39060.459		157.539	1368.075	2600.468	34934.377	2767.776
专用公路	115.194	109.303			4.941	4.164	100.198	5.891
村道	41706.961	35039.565		1.246	324.881	552.597	34160.841	6667.396

（林伟雯　王烨　郑梅娟　林宏）

2023 年 12 月，福建省第三批最美乡村“福”路名单公布。图为宁化县县道 X780“红色引领·产业振兴”示范公路　　（宁化县交通运输局）

路客货运输活动回归正常轨道，完成营业性公路旅客运输量 12024.38 万人、86.61 亿人千米，分别增长 24.6%、27.1%。公路客运量恢复至疫情前的 38.5%。全年完成营业性公路货物运输量 11.05 亿吨、1319.11 亿吨千米，分别增长 3.3%、4.6%。公路货运量回归疫情前水平。

【多式联运“一单制”专项工作】 2023 年，厦门、福州、泉州利用国家综合货运枢纽补链强链项目、其他设区市依托重点物流企业及货运枢纽，通过政策引导和市场孵化，培育一批具有跨运输方式组织能力的多式联运经营人。福建省全年共培育“光泽—邵武—重庆（冷链）”公铁联运线路、“南昌—厦门—台湾”海铁联运线路、“清流—平潭—台湾”公水联运线路等 7 条多式联运“一单制”试点线路，类型涵盖公铁联运、铁水联运、公水联运等，实现多种运输方式的深度融合与协同发展。

【机动车驾驶员培训】 2023 年 7 月，福建省实施普货驾驶员从业资格证直接申领改革，至 2023 年底累计发放道路货物运输驾驶员从业资格证 1.33 万本。全面上线出租汽车驾驶员从业资格许可“一件事”“网上办”服务，至 2023 年底全省在线办理业务 3.63 万件。推动道路运输驾驶员高频事项“跨省通办”提质增效，2023 年业务办结率达 98.4%、办理成功率达 77.9%。不断完善省驾培监管服务平台功能，研发和应用电子教学日志随机抽查、人证核验、上传学习驾驶证明等功能，提升驾驶培训质量、保障学员合法权益。2023 年，全省共有各类驾驶培训机构 713 家，教学车辆 3.05 万辆，驾驶操作教练员 3.42 万人。全年累计培训机动车驾驶员 77.78 万人次，培训合格 69.50 万人次，分别增长 17.5%和 11.0%。

【城市公交运营】 2023 年，福建省城市公交新增、更新新能源公交车 598 辆，新增公交线路 103 条，延长、优化公交线路 266 条，基本实现设区市中心城区公交站点 500 米全覆盖。至 2023 年底，福建省拥有公交车辆 2.02 万辆，下降 3.8%，其中新能源公交车占比达 91.1%，较上年提高 5.4 个百分点；年末全省拥有运营线路 2679 条，运营线路总长度 4.83 万千米，增加 166 条、2089.0 千米。全年完成公交车客运量 14.60 亿人次，增长 4.7%。

城市轨道交通

【福州地铁】 2023 年，福州地铁全年完成建设投资 158.05 亿元。截至 2023 年底，福州地铁在建线路 3 条半，建成线路 5 条。其中，在建线路分别为福州至长乐机场城际铁路（简称 F1 线）、福

福州地铁4号线为福建省首条全自动运行地铁线路，采用国际最高等级（GOA4）的全自动驾驶技术，于2023年8月27日开通

（福州地铁集团有限公司）

州市轨道交通4号线一期（后通段）、福州市轨道交通2号线东延线一期、福州市轨道交通6号线东调段。建成线路分别为福州市轨道交通1号线、福州市轨道交通2号线、福州市轨道交通4号线一期（首通段，帝封江至凤凰池19个站）、福州市轨道交通5号线、福州市轨道交通6号线（潘墩—万寿站）。

地铁运营。2023年，福州地铁进入“五线并行”时代，线网运营总里程139千米，运行图兑现率99.99%，正点率99.99%，总客运量2.28亿人次。2023年8月27日，福州市轨道交通4号线一期（首通段，帝封江至凤凰池19个站）开通后，全线网日均客运量约82.06万人次，单日最高客运量达到134.34万人次（2023年12月31日）。

运营里程。1号线运营里程为29.06千米，运营车站25个。2023年运行图兑现率100%，正点率99.99%。2023年总客运量9272.97万人次，日均客运量25.41万人次。2号线运营里程为29.35千米，运营车站22个。2023年运行图兑现率99.99%，正点率99.99%。2023年总客运量7406.99万人次，日均客运量20.29万人次。4号线一期（首通段）运营里程为22.64千米，运营车站19个。2023年运行图兑现率99.99%，正点率99.99%。2023年总客运量1894.97万人次，日均客运量14.92万人次。5号线运营里程为27.16千米，运营车站20个。2023年运行图兑现率99.99%，正点率99.99%。2023年总客运量2467.90万人次，日均客运量6.76万人次。6号线（潘墩一万寿站）运营里程为30.73千米，运营车站14个。2023年运行图兑现率99.95%，正点率100%。2023年总客运量1733.75万人次，日均客运量4.75万人次。

福州地铁4号线控制中心。摄于2023年 （福州地铁集团有限公司）

爱心服务。福州地铁持续打造“茉莉服务”服务品牌，“爱心预约”功能全面升级，实现“一次预约、覆盖全网”，提供全路径无障碍出行接续服务、适老化出行服务。1号线、2号线行车间隔缩短至4分30秒，5号线实施多点发车，6号线增开列车提升运输能力。各线路换乘衔接优化，实现福州火车南站国铁免安检换乘地铁。便民优惠措施持续推出，2023年8月28日至12月31日，开展地铁公交联票5折优惠购买、工作日17点以后以及节假日免费乘车等活动，线网运营整体效能得到大幅提升。

地铁资源开发。2023年，福州地铁深耕TOD开发，挖掘地铁沿线资源，推进站城融合。地铁·睿达项目完工并完成招租，地铁1号线南门兜站便民通道开放通行；新店、罗汉山、排下等地块打造成保障性租赁住房，盘活2号线祥坂地下空间、5号线金山站、东岭站商业资源，增加非票务收入。引入西南交大TOD研究中心联合市规划院集团对第三期沿线重点站点周边地块开发方案进行提前策划，进一步推进站城融合发展。

2023年，福州地铁召开第二届福州轨道交通产业联盟大会，与11家行业优质企业签订合作协议。福州地铁智慧产业园竣工验收，吸引10家企业落地，投资金额近4亿元，实现强链延链补链。探索从“引进来”到“走出去”的招商新模式，与昆明地铁签订战略合作协议，吸引中车唐车、成都唐源、北京声迅等央企、上市公司来榕投资。

（陈晋）

【厦门轨道交通】 2023年，厦门地铁及 BRT 日均客运量 89.4 万人次，提升近 23%；地铁线网客运强度提升至每日 0.7 万人次/千米，在国内同等城市中名列前茅；客运分担率约达 41.2%，提高近 5 个百分点。交通一体化衔接，公共交通换乘实现一码通行，车站 AED 急救设备全覆盖。厦门地铁服务打造“有爱”品牌，首班车提前至 6：00。年内地铁三期建规向国家部委申报，完成地铁主线及配套项目建设投资 94 亿元。在建 5 个地铁工程，地铁 6 号线等多条线路进度提前，BRT 厦门北首末站建成投用，风雨连廊试点项目全部完成验收移交。

首次尝试在建规阶段开展 TOD（以公共交通为导向的发展模式）项目策划规划，推进 73 片 TOD 用地研究。创新突破运用新政策完成火炬园、华荣路 2 个项目协议出让，实现降本增效。全年权益销售额近 100 亿元，在厦门和漳州区域均名列前茅，其中 TOD 自主开发项目全年销售超 75 亿元，湿地公园 TOD 项目获“城市轨道交通 TOD 示范案例”。地铁 2、3 号线过海段的技术研究与应用课题获“中国城市轨道交通协会科技进步奖一等奖”及省科技进步奖二等奖，2 号线二期工程获“鲁班奖”。

物业管理项目，获“2023 中国物业服务百强企业”称号，地铁大厦等多个项目获评“全国物业管理卓越标杆项目”。首个地铁公寓湖里公园 TOD 项目年底推出入住率已近 9 成，COCOPark、火炬园商业、第一码头 BRT 枢纽站、觅光里商业、漳州 T·ONE 商业、董任北商业等多个项目开业，打造首个自主商业街区“锦悦里”品牌；新经济产业园 2、3 号地块建成投用；波特曼七星湾曦海酒店全年入住率大幅提升首超 50%。（翁少珊）

民用航空

【概况】 2023 年，民航福建监管局共完成行政检查 1.83 万项，提出整改要求 883 项，实施行政强制 2 起、处罚 2 起。福州航推进“党建＋安全生产”，实施风险管控、技术训练、资质能力和工作作风建设等。福州机场围绕“四个杜绝、七个不发生、一个零差错、保持绿色区间运行”的目标，实施安全治理。福建空管分局选派 5 名管制员支援泉州机场，派出技术骨干 25 人次赴三明、连城、竹岐等机场开展交流培训和业务帮扶。其他单位结合运行特点，实施过程管理，保障安全主体责任落实。

【综合保障】 2023 年，福建辖区民航各运行保障单位结合实际，加大资金和设备投入，进一步提升安全保障能力，推动民航持续安全发展。

民航福建监管局协助开展辖区民航重大基础设施项目前期相关工作，支持工程建设，完善净空审核等相关许可审批流程，为辖区民航的安全发展奠定基础。福州机场加快二期的飞行区跑道及滑行道、航站区主体工程前期准备和货站主体结构及配套的海关查验综合楼建设，建成并投用跨境电商场区。福建空管分局推进福州机场二期扩建项目空管工程，塔台、管制中心工程年内封顶，场内 3 个雷达站及场外三山导航台开始施工；武夷山雷达工程启动建设。中航油福建分公司持续推进福州机场二期扩建项目供油工程、机场油库自控室搬迁项目、机场油库大型储运基地消防系统整改项目的实施。泉州机场投用新航管楼、塔台、扩建的国际厅及顺丰速运配送中心，完成扩建国内航站楼一期施工并组织二期施工。

【航空客货运输】 2023 年，民航福建监管局落实民航局 7 个阶段安全有序恢复航空市场的专项方案，分阶段对福州航、辖区 5 家运输机场开展保障能力评估，组织生产恢复。

2023 年，全省 6 家运输机场保障航班起降 34 万架次，比上年增长 74.25%，其中福州长乐国际机场起降 9.89 万架次，增长 76.59%；厦门高崎国际机场起降 17.95 万架次，增长 79.81%；泉州晋江国际机场起降 5.36 万架次，增长 51.38%；武夷山机场起降 0.23 万架次，增长 131.48%；龙岩冠豸山机场起降 0.26 万架次，增长 126.67%；三明机场起降 0.3 万架次，增长 78.08%。

全省机场全年累计完成旅客运输吞吐量 4478.64 万人次，货邮 47.22 万吨，分别增长 125.93%和 14.81%。其中，福州长乐国际机场完成旅客吞吐量 1320.47 万人次，货邮 9.26 万吨，分别增长 130.07%和 0.82%；厦门高崎国际机场完成旅客吞吐量 2410.41 万人次，货邮 31.44 万吨，分别增长 138.05%和 19.95%。泉州晋江国际机场完成客运 672.38 万人次，货邮 6.43 万吨，分别增长 81.32%和 13.88%。武夷山机场完成旅客吞吐量 19.81 万人次，增长 176.5%，完成货邮吞吐量 0.01 万吨，增长 58.74%；龙岩冠豸山机场完成旅客运输吞吐 22.38 万人次、货邮 0.06 万吨，分别增长 263.46%和 9.65%；三明机场完成旅客吞吐量 32.87 万人次、货邮 0.02 万吨，分别增长 181.26%和下降 24.32%。（江辉）

【厦门航空】 2023 年，厦门航空对标“世界一流”目标，结合典型案例剖析完成 138 项整改销号，固化建立 21 项长效机制。2023 年，厦航深化安全体系建设，形成“136”安全工作思路（“一个理念”——“减少小问题，控制中问题，杜绝大问题”；“三个步骤”——“近期抓手册、中期建体系、远期育文化”三个步骤；“六大体系”——安全文化体系，风险控制体系，过程管控体系，安全责任体系，规章手册体系，训练培训体系），实施“总分共管”安全管理模式，厘清总部与分支机构安全责任；开展覆盖全公司的安全整顿，全面深入排查隐患；实施南航—厦航风险联防联控，行业首家通过局方“双重预防机制”审定；举办集团首届事件调查竞赛、安全主题征文等系列活动，营造安全文化氛围。

厦航新总部“学习室”启用。2023

年7月25日，厦航新总部“学习室”揭牌启用，并获评全国基层思想政治工作优秀案例，至年底共接待参访学习500余场次，总参观人数超1.5万人次，成为深入学习贯彻新思想的前沿阵地，被福建省委列为“习近平新时代中国特色社会主义思想实践示范基地”和首批主题教育特色现场教学点。

厦航董事长赵东任联合国全球契约组织理事。7月25日，经外交部推荐，联合国秘书长古特雷斯签署正式文件，任命厦航董事长赵东为联合国全球契约组织理事。美国当地时间9月17日，在联合国大会周和可持续发展目标峰会期间，赵东作为中国唯一一位联合国全球契约组织理事，应邀出席联合国该组织理事会，代表中国企业界积极提供相关战略和决策建议。

再次获评全球八大“世界级航空公司”。美国当地时间9月20日，厦航凭借卓越的服务水准再次获评APEX（世界航空旅客体验协会）“世界级航空公司”大奖。其他入选“世界级航空公司”的航司包括卡塔尔航空、新加坡航空、阿联酋航空、日本航空、荷兰皇家航空、沙特航空、土耳其航空。厦航是唯一一家获评该奖项的中国航司。

（王静熠）

水 路

【运力结构】 截至2023年底，福建省拥有营运船舶1774艘、净载重量1981.39万吨、载客量2.90万客位、集装箱箱位32.97万标准箱、功率443.89万千瓦，分别比上年增长−6.7%、6.8%、−7.8%、0.5%和0.2%。

从船舶类型看，客船拥有271艘、2.74万客位，下降16.9%、8.2%；客货船拥有5艘、净载重量7019吨、载客量1618客位，与上年基本持平；货船拥有1496艘、净载重量1980.69万吨、集装箱箱位32.94万标准箱，增长−4.6%、6.8%和0.5%；拖船拥有2艘、2.14万千瓦，与上年持平。

2023年12月19日，平潭首条国际邮轮航线正式开启“平潭—菲律宾—厦门”的航线 （省交通运输厅）

从航区来看，全省拥有海洋船舶1394艘、净载重量1959.50万吨、集装箱箱位32.96万标准箱、载客量2.30万客位；分别增长−6.9%、6.9%、0.5%和−6.4%。拥有内河船舶380艘、净载重量21.90万吨、载客量6081客位，分别增长−5.9%、0.3%和−12.7%。

【运输生产】 至2023年底，福建省共有航运企业446家，增加15家；经营国内航线的有435家，国内船舶管理企业149家，无船承运人企业1866家。全年完成水路旅客运输量1088.84万人、9854.61万人千米，分别增长102.5%、84.3%；水上货物运输量完成6.30亿吨、10697.20亿吨千米，分别增长9.9%、8.3%。其中，全省完成海洋客运量987.41万人、旅客周转量7958.70万人千米，分别增长101.8%、82.2%；完成海洋货运量6.16亿吨、货物周转量10688.67亿吨千米，同比分别增长10.0%和8.3%。完成内河客运量101.43万人、旅客周转量1895.91万人千米，增长109.4%和93.6%；完成内河货运量1431.84万吨、货物周转量8.52亿吨千米，分别增长9.2%和8.9%。

【丝路海运】 2023年，“丝路海运”港航贸一体化发展被纳入国家支持高质量共建“一带一路”八项行动内容，“丝路海运”联盟持续扩容，联盟成员达到320家，“丝路海运”命名航线总数达到116条。自2018年“丝路海运”至2023年底，全国“丝路海运”命名航线累计开行1.35万艘次，完成集装箱吞吐量1587.08万标准箱，其中福建省72条“丝路海运”命名集装箱航线共开行1.15万艘次，完成集装箱吞吐量1221.96万标准箱，2条“丝路海运”命名散杂货航线共开行225航次，完成吞吐量1239万吨。举办第五届“丝路海运”国际合作论坛，发布《2023“丝路海运”建设蓝皮书》、第十二批“丝路海运”命名航线以及“丝路海运”气象导航服务。“丝路海运”国际航运综合服务平台正式推出，在贸易、法律、金融、气象等领域延伸“丝路海运”的信息化服务。

【闽江航运】 2023年，闽江航运建设完成投资1.86亿元，基本建成闽江水口坝下水位治理与通航改善工程，完成三明港沙县港区青州作业区1—3号泊位工程主体建设，南平洋坑码头12号泊位工程基本完工，竣工验收福州市“两江四岸”游船码头。全年闽江流域旅客运输量完成78.11万人、1675.22万人千米，分别增长110.4%、97.2%；货物运输量完成1431.84万吨、8.52亿吨千米，分别增长9.2%、8.9%。其中，闽江干流集装箱班轮航线实现常态化运营，全年完成93个航次，完成货

表7　2023年福建省营运船舶运输量、运力表

	运　输　量				运　力		运输量比上年增长（%）				运力比上年增长（%）	
	旅客		货物		载客量	净载重量	旅　客		货　物			
	万人	万人千米	万吨	万吨千米	客位	吨	万人	万人千米	万吨	万吨千米	客位	吨位
总计	1088.84	9854.61	63040.20	106971975.86	29034	19813937	102.5	84.3	9.9	8.3	−7.8	6.8
内河	101.43	1895.91	1431.84	85249.64	6081	218969	109.4	93.6	9.2	8.9	−12.7	0.3
海洋	987.41	7958.70	61608.36	106886726.22	22953	19594968	101.8	82.2	10.0	8.3	−6.4	6.9

（林伟雯　陈晓惠）

物运输量4.76万吨、997.97万吨千米，运送集装箱2752标准箱。

【对台航运】　2023年，闽台海上“小三通”客运航线全部复航，全年“小三通”客运航线共运营5258航次，运载旅客76.49万人次，已恢复至疫情前的37.7%。“海峡号”恢复货运直航。福建省全年完成对台货物吞吐量1877.39万吨、集装箱吞吐量74.28万标准箱，增长7.2%和2.1%。湄洲湾港罗屿40万吨大宗散货码头和福州港平潭港区分别成为大陆对台铁矿石最大中转港口、全国对台跨境电商出口最大口岸。全国首个涉台海事纠纷解决中心揭牌成立。台胞交通出行享受同等待遇，设立台胞服务专窗得到全面落实。

【船检服务】　2023年，福建省修订船检质量管理体系。2023年9月，福建省试运行新版《船舶法定检验质量管理体系》，变革工作流程，规范权力运行，确保船检工作“用制度管人，按程序办事”。船检管理信息化建设。2023年5月1日，船检APP及服务公众号正式上线启用，创新船检过程“检管服一体”新模式，实现检验过程流程化、检验流程清单化、检验清单可视化，构建过程留痕、责任可溯的管理机制，实现船检质量管控从“事后倒查”向“事前预防”、“事中监督”转变。船检质量监督。制定《2023年船舶检验质量督查方案》，完成“双随机、一公开”督查活动，启用APP船检质量抽查；对存在问题的船舶要求港设船检公司实行“‘专家审核把关’＋‘支委会研究决定’”制度，约束验船师个人自由裁量权。2023年，完成船舶图纸审查共计215套，海船检验发证840艘次、390.2万载货吨。

【内河水上交通安全】　2023年，福建省拟定《福建省内河总吨位100以下船舶最低安全配员标准》，在全国率先出台《内河非机动排筏排工适任培训考试规范》《内河冲锋舟驾驶员适任培训考试规范》，建立闽江干流内河交通安全联席、闽江航运气象服务工作和内河港航企业防污染双重预防机制。“一补两奖三送学”持续实施，全年完成水口过坝船舶船民生产生活补助、内河渡工安全考评达标奖励和社会搜救力量奖励超360万元；义务开展“送学上船、送学上门和送培到校”超50场次。

港　口

【港口建设】　2023年，福建省水运工程固定资产投资完成76.26亿元，比上年增长8.1%，超年度目标8.9个百分点。其中，港口码头项目完成71.41亿元，增长12.0%，超年度目标13.2个百分点；公共航道及防波堤项目完成4.85亿元。全年新开工福州港江阴港区壁头作业区6号和7号泊位扩能工程、福州港松下港区元洪作业区1号、2号泊位工程等9个项目，全年完工福州港沙埕港区福建鼎盛钢铁有限公司配套码头工程、福州港江阴港区13A、13B、13C号泊位工程等9个项目。新增货物通过能力3709万吨、60万标准箱。至2023年底，全省港口拥有生产用码头泊位473个，增加15个；其中沿海港口468个，增加11个；万吨级泊位208个，增加10个。

【港口生产】　2023年，福建省港口管理部门持续优化港口营商环境，拓展港口腹地，发展海铁联运。全年全省沿海港口完成货物吞吐量7.49亿吨，增长4.9%。福州港货物吞吐量完成3.32亿吨，增长10.1%；厦门港货物吞吐量完成2.20亿吨，增长0.4%，泉州港完成0.63亿吨，下降23.7%；湄洲湾港货物吞吐量完成1.34亿吨，增长21.1%。主要货种前四排名保持不变，矿建材料吞吐量完成15591.51万吨，下降10.6%；煤炭及制品吞吐量完成14758.98万吨，增长21.5%；金属矿石吞吐量完成7635.21万吨，增长14.0%；石油、天然气及制品吞吐量完成6178.52万吨，增长9.1%。

【集装箱吞吐量及航线】　截至2023年底，福建省沿海港口集装箱正常运行航线310条，其中外贸线191条（国际航线156条、内支线35条），内贸线119条，航线总数量增加4条，其中外贸线持平（国际航线减5条、内支线增5条），内贸线增加4条。其中，从福建港口始发的外贸线106条（国际航线71条、内支线35条），内贸线50条。全年累计完成集装箱吞吐量1817.87万标准箱，增长1.0%，其中内贸集装箱吞吐量完成737.51万标准箱，增长6.3%；外贸集装箱吞吐量完成1080.36万标准箱，下降2.4%，外贸集装箱占全部集装箱吞吐量的比重为59.4%，下降2.1个百分点。

【港口腹地开拓】　2023年，福建省交通运输厅联合福建省铁路建设发展中心、中国铁路南昌局集团有限公司成立协同推进铁水联运发展工作专班机制，合力推进进港铁路专用线建设、列车运力保障、港铁协同和路局联动、信息互联互通、规则标准统一等工作，及时协调解决铁水联运发展相关问题。推进港口铁路支线和港后铁路通道建设，厦门远海码头铁路专用线正式动工，助力打通铁路进港“最后一公里”。加大腹地拓展力度，厦门港口管理局联合省港口集团在湖北武汉召开“厦门港口东南物流通道（湖北）推介会”，拓展湖北腹地货源。省港口集团在江西、湖南等腹地省份设立揽货点超 10 个，推动主要船公司在江西、湖南设立提还箱点；推动南昌铁路局增开 2 列固定班列，提高内陆腹地往福建港口的货运组织效率。2023 年福建省沿海港口完成海铁联运集装箱 16.39 万标准箱、大宗货物 2557.72 万吨，分别增长 45.7%、11.2%。

【绿色港口】　2023 年，福建省沿海各港推进港口设备新能源化，推广照明新技术，促进企业用能清洁、节能增效。2023 年 10 月 18 日，厦门港新建并投用一艘新能源混合动力拖轮，该拖轮获全国首艘“绿色应急拖轮”授牌和首艘中国船级社“绿色生态船舶”附加标志。2023 年全省新增改造岸电设施 29 套，全省港口泊位岸电覆盖率达 65%；船舶靠港接电 6.6 万艘次、岸电使用量达 701 万度，增长 48.5%。厦门集装箱码头集团荣膺“亚太绿色港口”，旗下 5 个码头和泉州鸿山热电码头获评四星级“中国绿色港口”。

（林伟雯　陈晓惠）

表 8　2023 年福建省沿海港口货物吞吐量情况表

<table>
<tr><th rowspan="3">指标</th><th colspan="2">货物吞吐量（万吨）</th><th colspan="2">比上年增长（%）</th></tr>
<tr><th rowspan="2">合计</th><th></th><th rowspan="2">合计</th><th></th></tr>
<tr><th>外贸</th><th>外贸</th></tr>
<tr><td>合　计</td><td>74894.25</td><td>29051.45</td><td>4.9</td><td>12.7</td></tr>
<tr><td>进　港</td><td>43607.11</td><td>21101.73</td><td>9.3</td><td>17.2</td></tr>
<tr><td>出　港</td><td>31287.14</td><td>7949.72</td><td>−0.7</td><td>2.4</td></tr>
<tr><td>福州港</td><td>33202.14</td><td>8716.98</td><td>10.1</td><td>21.6</td></tr>
<tr><td>进　港</td><td>17361.38</td><td>6981.65</td><td>10.7</td><td>20.6</td></tr>
<tr><td>出　港</td><td>15840.76</td><td>1735.32</td><td>9.4</td><td>25.5</td></tr>
<tr><td>厦门港</td><td>22020.34</td><td>11592.03</td><td>0.4</td><td>−0.5</td></tr>
<tr><td>进　港</td><td>13198.49</td><td>6767.00</td><td>5.0</td><td>5.7</td></tr>
<tr><td>出　港</td><td>8821.85</td><td>4825.02</td><td>−5.8</td><td>−8.0</td></tr>
<tr><td>泉州港</td><td>6302.84</td><td>357.58</td><td>−23.7</td><td>−4.8</td></tr>
<tr><td>进　港</td><td>3734.83</td><td>167.10</td><td>−2.6</td><td>−12.9</td></tr>
<tr><td>出　港</td><td>2568.01</td><td>190.48</td><td>−42.0</td><td>3.7</td></tr>
<tr><td>湄洲湾港</td><td>13368.93</td><td>8384.87</td><td>21.1</td><td>27.6</td></tr>
<tr><td>进　港</td><td>9312.42</td><td>7185.97</td><td>19.4</td><td>27.8</td></tr>
<tr><td>出　港</td><td>4056.51</td><td>1198.89</td><td>25.3</td><td>24.9</td></tr>
</table>

备注：1. 福州港包括原福州港和宁德港，厦门港包括原厦门港和原漳州港。2. 湄洲湾港包括原莆田港和湄洲湾南岸港区；泉州港含泉州湾、围头湾、深沪湾 3 个港区，不含湄洲湾南岸港区。

表 9　2023 年福建省沿海港口集装箱吞吐量情况表

<table>
<tr><th rowspan="3">指标</th><th colspan="2">集装箱吞吐量（万标准箱）</th><th colspan="2">比上年增长（%）</th></tr>
<tr><th rowspan="2"></th><th></th><th rowspan="2">合计</th><th></th></tr>
<tr><th>外贸</th><th>外贸</th></tr>
<tr><td>合　计</td><td>1817.87</td><td>1080.36</td><td>1.0</td><td>−2.4</td></tr>
<tr><td>进　港</td><td>906.00</td><td>535.59</td><td>−0.2</td><td>−3.9</td></tr>
</table>

续表

指标	集装箱吞吐量（万标准箱）		比上年增长（%）	
		外贸	合计	外贸
出　港	911.86	544.77	2.1	－0.8
福州港	368.40	156.02	6.5	－3.4
进　港	186.58	76.21	3.8	－8.3
出　港	181.83	79.81	9.3	1.7
厦门港	1255.37	910.24	1.0	－2.5
进　港	622.88	452.33	0.2	－3.6
出　港	632.50	457.91	1.8	－1.4
泉州港	190.78	12.17	－8.5	11.0
进　港	94.86	6.08	－9.4	19.5
出　港	95.92	6.09	－7.5	3.7
湄洲湾港	3.31	1.93	43.5	279.8
进　港	1.69	0.96	39.5	186.9
出　港	1.63	0.97	47.9	461.0

备注：1. 福州港包括原福州港和宁德港，厦门港包括原厦门港和原漳州港。2. 湄洲湾港包括原莆田港和湄洲湾南岸港区；泉州港含泉州湾、围头湾、深沪湾3个港区，不含湄洲湾南岸港区。

表10　2023年全省沿海港口集装箱航线情况表

序号	航线名称	航线数量（条）				
		小计	福州港	湄洲湾港	泉州港	厦门港
1	国际航线	156	27	2	8	119
2	外贸内支线	35	17	1	3	14
3	内贸线	119	43	4	30	42
合计		310	87	7	41	175

备注：1. 福州港包括原福州港和宁德港，厦门港包括原厦门港和原漳州港。2. 湄洲湾港包括原莆田港和湄洲湾南岸港区；泉州港含泉州湾、围头湾、深沪湾3个港区，不含湄洲湾南岸港区。

邮　政　业

【概况】　2023年，福建省邮政管理局、省工信厅等部门出台《福建省现代物流业高质量发展实施方案》等政策文件，支持快递企业助力农特产品销售，培育邮政快递业服务现代农业金牌项目6个（业务量超1000万件）、银牌项目1个（业务量超800万件）、铜牌项目5个（业务量超500万件）。“泉州顺丰速运服务安踏集团项目”入选国家级“快递业与制造业深度融合典型项目”，泉州晋江市入选国家级“快递业与制造业融合发展试点先行区”。鼓励企业积极发展海运、空运快件，厦门启用“对台海运快件综合航运信息平台”，强化对台海运快件业务的信息化管理；福建省国际、港澳台快递业务量呈现出较快的增长态势，全行业在国民经济社会中的地位和作用更加凸显。全年福建省邮政行业寄递业务量累计完成61.34亿件，比上年增长13.42%；其中，快递业务量累计完成49.87亿件，增长16.96%。邮政行业业务收入累计完成497.18亿元，增长8.65%；其中，快递业务收入累计完成388.67亿元，增长9.53%。泉州、福州、厦门、晋江等4个城市被评为“中国快递示范城市”。至年底，全省共有邮政普遍服务网点1360个，快递服务许可企业328家、分支机构780个、快递末端网点2.03万个。

【重大项目建设】 2023年，福建省实施省级快递电商产业园区、快递企业区域总部项目建设，提升基础设施整体效能。全省7个总投资达到60亿元的重点项目进展顺利。其中，中国邮政福建智慧物流园、中国邮政泉州智慧物流园项目签订用地投资合同，进入征地报批阶段；中通快递集团福州区域总部、京东福州智能供应链运营中心项目建设进展顺利；泉州顺丰创新产业园建成投入使用，德邦厦门智慧物流园全面竣工，进入验收环节；圆通智慧供应链创新中心暨福建总部完成主体结构建设。

【邮政快递末端基础设施建设试点】 2023年，福建省进一步巩固拓展福州市新建住宅小区配建邮政快递用房试点工作成果，福州市审批配建邮政局所17个、快递用房200个，并在三明、漳州等地推广。持续完善试点机制，围绕产权归属、建设管理、运营使用等方面实现新的突破。

【邮政普遍服务保障】 2023年，福建省邮政管理局深入开展邮政普遍服务“质量和安全”专项执法检查和巡视邮件寄递、录取通知书寄递、邮票发行等专项检查。出动执法人员1965人次，对619个营业网点、287个建制村直接通邮情况进行实地检查。加快推进农村邮路汽车化，全省农村投递段道汽车化率达到65%。全省周五班以上投递建制村数量提升16.38个百分点，占比达到61.38%，建制村实地打卡率保持在99.5%以上。支持邮政企业分业经营、创新发展，保持警邮、税邮、政邮合作市县全覆盖。35个重点县把农村邮政基础设施管护体制改革列入地方政府总体方案，全省农村邮政营业网点管护率达98%，村级邮政快递综合服务站管护率达99.75%。

【农村寄递物流体系建设】 2023年，福建省进一步整合资源、创新模式，提升“6113”快递进村试点（指推动邮政、中通、圆通、韵达、申通、极兔6个品牌开展邮快合作，推进“快递进村”工程，构建“1村1站”，并作为综合服务站向社会快递公司开放；由上述快递企业共同出资，对实施邮快合作的进村快件，在原有合作标准的基础上，再按0.3元/件进行补贴）的覆盖面和深广度。全省新增试点县23个，累计覆盖48个，试点县数量占全省县（市）总数的90%。全省试点县通过“6113”模式，实现邮快合作代投进村快件1100万件，达到2022年代投件量的6.4倍。省邮政管理局联合省交通运输厅建立客货邮融合试点工作机制，采取乡邮员“一人多职”、农村客车“一车多用”、乡镇综合运输服务站“一点多能”、农村运输线路“一线多运”的“四个融合”模式，创新开展客货邮融合试点，打造三明市建宁县、漳州市长泰区、龙岩市武平县等多个客货邮融合示范县（区）。三明市邮政管理局就该项工作的典型经验在国家邮政局工作会议上作书面交流。

【快递员群体合法权益保障】 2023年，福建省落深落细落实关心关爱快递员群体工作举措，提升快递从业人员的获得感和幸福感。省邮政管理局联合团省委开展“情暖八闽·关爱小蜜蜂”“快递从业青年服务月”系列活动，构建“行业党委+行业团工委”协同发力的关爱格局。全省累计设立快递员爱心驿站等服务阵地2519个，新出台关心关爱快递员的政策文件19份，争取关爱资金及物资超过150万元，开展各类慰问活动176次、免费体检和义诊1037人次。挖掘选树行业先进典型，厦门“鼓浪屿好小哥”获得第五届全国最美快递员团队奖，漳州邮政网路运营中心获评“全国青年安全生产示范岗”，全行业获得全国“五一劳动奖章”2人、全国“五一巾帼标兵”2人。全省基层快递网点快递员参加社会保险5.5万人，其中单独参加工伤保险1.8万人，参保率92%。

【快递绿色包装治理】 2023年，福建省发挥全省塑料污染治理、生活垃圾分类、无废城市建设等领导小组成员单位的机制作用，形成绿色包装治理工作合力。开展快递包装集中抽查，结合消费者权益保障日、世界环境日等契机，举办宣传活动，绿色发展氛围愈发浓厚。实施“9218”工程（指强化包装治理、推进快递业包装绿色转型的行动，具体内容为“到年底实现电商快件不再二次包装比例达到90%，深入推进过度包装和塑料污染2项治理，使用可循环快递包装的邮件快件达到10亿件，回收复用质量完好的瓦楞纸箱8亿个”），全省电商快件不再二次包装比例98.09%，全行业不再使用不可降解的塑料包装袋和一次性塑料编织袋，使用可循环包装的邮件快件数达到3917.3万个，回收复用质量完好瓦楞纸箱数3560.35万个。

【行业人才培养】 2023年，福建省深入实施职业技能提升行动，开展快递从业人员快递收派专项鉴定考核，全省通过考核4631人次。省人社厅将快递安检专项工作纳入职业能力培训考核目录，省邮政管理局积极推进邮件快件安检培训基地建设。抓好快递工程职称评审工作，全省共有129名快递员获得快递工程技术人员初中级职务任职资格。举办全省第四届邮政行业职业技能竞赛，组队参加全国邮政行业职业技能总决赛，省邮政管理局获评优秀组织奖，福建省1名选手获得快递员赛项三等奖。

【寄递安全专项整治】 2023年，福建省邮政管理局开展重大安全事故隐患排查整治2023行动，全省邮政管理系统立案查处安全生产类案件130起，罚款159.24万元，曝光、约谈、联合惩戒企业14家。开展邮件快件处理场所“四不”问题（指企业设备设施不达标、现场管理不到位、员工着装不规范、作业操作不合规）“回头看”，重点对邮政、申通、极兔、顺丰四家品牌快递企业的省、市级处理场所

“四不”问题整治“开小灶”，立案查处安全生产类案件12起，实现“回头看”执法检查全覆盖。开展邮政业“扫黄打非”工作，累计建成“扫黄打非”进基层站点309个，截获非法出版物3批次2308件。推动邮政企业全面开通省级机要通信专线邮路，7个设区市开通市内机要通信专线邮路，保障机要通信绝对安全。开展全国两会、成都大运会、杭州亚运会等重大活动寄递安保工作，维护重大活动期间寄递渠道安全畅通。

【“联管共治”格局构建】 2023年，福建省邮政管理局与省委政法委等15个部门出台《关于进一步加强邮件快件寄递安全管理工作的实施方案》，推动构建上下联动、共治共管的工作格局。联合省公安厅等18个部门开展平安寄递专项行动，多项战果位居全国前列。省邮政管理局先后联合省国安厅、烟草专卖局、市场监管局、林业局等部门，开展寄递物流联合督导检查、涉烟违法寄递行为集中整治、互联网销售危险化学品专项治理、打击野生动植物非法贩卖“2023清风行动”等，持续彰显寄递安全联合监管效能。全省系统出动执法1.21万人次，检查寄递企业5912家次，检查发现安全问题隐患718个，立案查处企业违法案件458起，罚款501.9万元。全行业未发生较大以上安全事故。

【信息化监管】 2023年，福建省开展“绿盾”系统的管理应用，加强“四率”（即统筹部署、应用培训、系统使用以及执法案件线上办理率）指标考核。福建省邮政快递业视频监控联网数量5553台，在线率85%以上；安检机联网293台，数量排在全国第一位，平均在线率75%以上；寄递综合实名率99.9%，排在全国第二位。常态化开展“绿盾”系统巡查，通过视频监控系统巡查点位6425个、发现问题502起，依据问题线索立案处罚27起、责令改正46起、约谈3起。通过安检机视频联网系统巡查发现问题507起，依据问题线索立案处罚27起、责令改正13起、约谈25起。进一步升级改造“福建省寄递业实名收寄验视综合监管平台”和安检机联网平台，省邮政管理局联合省烟草局研发查缉数据模型，增强自建系统实战应用能力。省邮政管理局联合网信、公安等部门对快递猫、蓝电等2家寄递信息汇聚平台，开展数据信息安全风险排查，维护消费者个人信息安全。

【法治保障】 2023年，福建省制定实施《福建省邮政条例行政处罚裁量基准》，开展行政执法集中评议，建立法律顾问、公职律师制度，进一步规范邮政管理部门行政执法行为。完成《“十四五”福建省邮政业发展规划》中期评估工作。印发《福建省邮政管理局加快建设交通强国邮政篇实施方案》，选取“福州市邮政快递基础设施规划建设”“三明市多模式推进快递进村”作为第一轮专项试点任务，采取有力措施推进专项试点工作落地。

【政务服务改革】 2023年，福建省推广快递许可电子证照签发应用，优化末端网点备案流程。全年审核许可申请247次、许可变更179次、延续换领15次。组织快递企业完成快件处理场所代码申报工作，福建省成为全国首批完成申报工作的两个省份之一。加强快递企业合规经营专项执法检查，全省9个设区市的顺丰、京东、申通、中通、圆通、韵达、极兔、德邦等8家品牌快递企业，全部实现许可证地域覆盖范围与实际经营活动相一致。加强“国家邮政局政务平台和互联网＋监管系统”的运行使用，及时对福建省网上办事大厅中行政许可事项清单进行动态调整，更新“五级十五同”目录中对应行政许可事项的颗粒度要求和具体办理标准。

【快递市场秩序整顿】 2023年，福建省深入开展国际快递业务市场秩序整顿，先后检查国际快递许可企业36家、分支机构236个，针对企业违法违规行为立案查处7起，罚款15.2万元，对2家停止经营国际快递业务的企业进行注销，公告作废2家分支机构。深化农村快递服务违规收费问题治理，南平建瓯市等地的农村快递服务违规收费问题得到明显遏制。推进电商快件寄递服务专项整治，配合新疆、内蒙古等省（自治区）调查核实电商快件寄递服务问题，督促企业按照协议约定提供寄递服务。 （雷正辉）

编辑：郑　菜

信息业

电子信息制造业

【概况】 2023年，福建省电子信息制造业增加值比上年增长3%，销售产值下降1.6%，出口交货值增长4.9%，产销率为96.5%，实现营业收入9850亿元，比上年增长0.5%。根据工信部效益表数据，福建营业收入规模居全国第六位。集成电路和光电产业、锂离子电池产业等产业集群规模超2000亿元。2023年，全省共有宁德时代、新能源科技、福鼎时代、戴尔（中国）、友达光电、冠捷电子、戴尔（厦门）、蕉城时代、锐捷网络、中创新航、厦门天马微、福州京东方、冠捷显示、时代一汽、海辰储能等15家电子信息制造业企业营收超百亿元。省电子信息集团、宏发电声入选中国电子信息百强。宏发电声、火炬电子、法拉电子入选中国电子元件百强。

【集成电路产业】 2023年，福建省集成电路产业格局以厦门、泉州、福州、莆田为主的沿海集成电路产业带和以厦门、泉州为核心的“一带双核”集成电路产业，产业体系涵盖设计、制造、封测、材料与设备等上下游。设计端企业主要集中在厦门、福州，拥有集成电路设计企业100多家，重点企业有瑞芯微、星宸、优迅等。瑞芯微是国内领先的人工智能物联网芯片设计企业，累计17次获得“中国芯”优秀市场表现奖等荣誉。制造端企业主要集中在厦门、泉州、福州、莆田，重点企业有联芯、晋华、士兰、瀚天天成、三安集成、福联、福顺等。联芯是大陆28纳米芯片产品良率最高的12英寸晶圆厂之一。晋华是重要的内存芯片制造企业。瀚天天成在国内率先实现8英寸碳化硅半导体外延。封测端企业主要集中在厦门、泉州、福州，重点企业有渠梁、通富微、云天半导体等。渠梁电子封测技术水平居全球前列。材料端拥有美日丰创、恒坤股份、阿石创、博纯材料等重点企业，生产光罩、光刻胶、溅射靶材、特气等。设备端拥有芯米、鑫天虹、紫硅半导体等重点企业，提供涂胶显影机、物理气相沉积机、原子层沉积机、流体输送系统等。

【新型显示产业】 2023年，福建省新型显示产业主要分布在福州、厦门、莆田、龙岩等设区市，有厦门火炬高新区、福清融侨开发区、龙岩武平新型显示产业园等产业集聚区，产业链涵盖玻璃基板、面板、模组、整机等。上游材料装备领域，福建省基本实现玻璃基板、背光源、偏光片、特气、柔性电路板等部分材料的本地化配套。电气硝子、东旭光电是玻璃基板龙头企业。博纯材料供应锗烷、磷烷、硼烷等电子特气。恒美成功量产全球单体规模最大的超宽幅、8K超高清偏光片。中游面板模组领域，拥有厦门天马微、福州京东方、友达光电、华佳彩、宸美、宸鸿等重点企业，基本实现显示面板高低世代线齐聚、兼具a－Si、LTPS、IGZO、AMOLED等多种显示技术的发展布局。厦门天马微拥有大陆首条第5.5代及国内率先点亮的第6代LTPS（低温多晶硅）显示面板生产线，第6代OLED面板生产线已投产，第8.6代液晶面板也正加快建设。厦门未来显示技术研究院建成全球首条23.5英寸Micro－LED巨量转移工艺示范线，点亮全行业首款像素密度超400PPI的Micro－LED全彩显示模组。下游整机终端领域，拥有冠捷电子、捷星显示、稻兴电子等重点企业。福建省是全国平板显示器、笔记本电脑、液晶电视等终端产品的主要生产基地之一。年内，厦门市入围全国显示产业高质量发展十大城市。厦门火炬高新区连续三年被评为国家“五星级”新型工业化产业示范基地。福清融侨开发区聚集了以冠捷电子科技、福州京东方、捷星显示等为龙头的一大批上下游企业。武平县显示模组及材料制造产业集群入选全国首批中小企业特色产业集群名单。

【计算机和网络通信设备产业】 2023年，福建省计算机和网络通信设备产业主要分布在厦门、福州、泉州、漳州等设区市，形成了厦门火炬高新区、福州经济技术开发区、福清融侨开发区等产业集聚区。产业主要集中在下游整机终端领域，重点企业有戴尔（中国）、戴尔（厦门）、星网锐捷、锐捷网络、新大陆、神州鲲泰、中科智谷、冠睿电子、亿联网络、盈趣科技、联迪商用、汉印电子等。戴尔是目前全球最大的计算机和笔记本电脑厂商之一。星网锐捷在瘦客户机市场和虚拟桌面基础架构产品市场份额均居国内第一位。新大陆和联迪商用 POS 机出货量全国领先。汉印电子的热敏打印机国际领先。

【LED 产业】 2023 年，福建省 LED 产业主要分布在厦门、泉州、漳州、龙岩等设区市，有厦门国家半导体照明产业化基地、漳州长泰光电产业园、安溪光电产业园等产业集聚区，产业链涵盖外延片与芯片制造、封测、显示和照明应用等较为完善的。上游外延片芯片领域，福建省连续 10 多年成为全国 LED 外延片、芯片实力最强、规模最大、品种最全的生产基地之一。三安光电芯片市场占有率保持全球第一位，乾照光电占据全国近 1/3 的红黄光 LED 市场。中游封装领域，拥有开发晶、光莆电子、源磊科技等重点企业，技术水平位居全国封装领域前列。下游应用领域，拥有立达信、强力巨彩、龙胜达、通士达、阳光恩耐等重点企业。立达信的 LED 球泡灯和筒灯出口位居全国第一位。强力巨彩位居全国室内全彩和室外全彩行业前列。厦门是全球最大的高端 LED 球泡灯制造和出口基地之一。

【锂离子电池产业】 2023 年，福建省锂离子电池产业主要分布在宁德、厦门、福州等设区市，产业链包含正极材料、负极材料、隔膜、电解液、铜箔、铝箔、电芯、模组等。福建省已成为全国乃至全球最重要的锂电产业基地之一，产业发展位居全国领先水平，宁德打造全球领先的高端储能产业集群，厦门加快建设锂电新能源产业聚集区，福州发展智慧储能产业链。马尾区用户侧新型储能产业集群入选全国首批中小企业特色产业集群名单。上游关键材料领域拥有厦钨新能源、宁德青美、常青新能源（前驱体和正极材料），福建杉杉、翔丰华（负极材料），厦门恩捷、宁德卓高（隔膜），国泰华荣、福鼎凯欣、三明海斯福（电解液）等重点企业。中游电芯模组领域拥有宁德时代、新能源科技、中创新航（厦门）、飞毛腿、科华数据等重点企业。宁德时代的动力和储能电池能量密度、稳定性、可靠性等性能全球领先，出货量连续多年排名全球第一。新能源科技的聚合物锂电池产量全球第一。中创新航的锂电产能位居全国前三。飞毛腿、科华数据分别是全球重要的消费类锂电池、储能逆变器供应商之一。下游电池组件和终端应用领域，拥有宁德时代、海辰、科华数据、时代星云等重点企业。海辰、科华数据的储能柜畅销海外，时代星云“光储充检”一体化智能电源系统进入加快推广阶段。

（石春辉）

软件和信息技术服务业

【概况】 2023 年，福建省软件和信息技术服务业保持平稳较快增长，全年软件业务收入超 3000 亿元。全省已经形成创收较高、企业聚集的互联网、大数据及行业应用核心优势集群，稳健发展的工业软件、物联网（智慧城市）、集成电路设计、信息通信服务、数字文创、工业软件五大特色优势集群，以及信息安全与人工智能两大重点培育新兴集群。

产业集聚效应显现，福州、厦门两市不仅在特色产业领域优势互补形成差异化发展，收入占比也进一步提升，两地软件业务收入合计占全省 98%，获评“2023 年中国软件名城”。泉州大力布局工业软件、智能制造、卫星通信领域；莆田重点培育智慧医疗、电子商务产业，漳州发展和强化电子信息、新能源汽车、生物医药等产业；龙岩培育出一批软件开发、信息系统集成服务等相关联领域优质企业；宁德推动新能源领域软件信息技术发展；南平重点发展智慧文旅及电子商务领域；三明推动“农业＋卫星”双发展。

【重点企业】 2023 年，星网锐捷、吉比特、新大陆等 8 家企业进入 2023 年度中国软件企业综合竞争力百强。在芯片设计、信息安全、电子政务、工业信息化控制、金融科技、电力软件、信息通信等细分领域有重点企业星网锐捷、新大陆、网龙、瑞芯微、联迪、福昕、亿联等。

【福州软件园】 2023 年，福州软件园实施园区高级版标准化体系建设，制定争创“中国软件名园”发展目标，形成软件和信息技术服务、光电芯片智造、新一代信息技术为核心，产业创新服务为基础的“3＋1”产业格局，拥有规模以上企业 720 家，国家重点软件企业 10 家、全国软件综合竞争力百强企业 6 家、国家级和省级专精特新企业 22 家，还有 1 家国家制造业单项冠军培育企业、5 家企业的产品成为省制造业单项冠军产品。园区注重引进人才，构建数字人才高地，将人才作为引领园区发展的关键资源和核心竞争力，集聚各类人才 4 万余名，其中拥有博士学位的超 100 人、硕士学位的 1000 多人。

【厦门软件园】 2023 年，厦门软件园出让产业用地 18 宗、面积超 97.67 公顷。40 个省市重点项目完成投资 272.7 亿元，完成年度计划 124.9％。培育新兴特色产业，福建省人工智能产业园（厦门园区）在软件园三期挂牌并启动运营，金砖数字工业智谷全面开工建设。推动“数字＋行业”专业园区建设，分别联合市体育局、市农业农村局共同建设数字体育产业园和智慧农业产业园，推进软件园元宇宙特色园区建设。完善园区功能配套，建设园区导示系统，优化提升软件园配套建设，推动人才公寓租赁及人才房销售工作，新增投入使用人才公寓项目3个。推进绿色园区建设，园区标准化建设综合评分连续3年全省排名第一。 （刘会明）

通 信 业

【概况】 2023年，福建省电信业务收入为526.3亿元，比上年增长4.5%；按上年不变价计算的电信业务总量为537.9亿元，增长11.3%，总量、收入规模均居全国第13位。分业务看，互联网宽带接入业务收入82.5亿元，增长19.7%；移动数据流量业务收入197.2亿元，下降6.4%；IPTV、互联网数据中心、大数据、云计算、物联网等新兴业务收入111.3亿元，增长15.2%。

千兆宽带用户数量高速增长。全省（固定）互联网宽带接入用户达2261.2万户，增长5.4%。其中，接入速率在500M和1000M之间的宽带用户160.1万户，增长26.1%，占总用户数的7.1%；接入速率在1000M及以上的宽带用户494.6万户，增长135.1%，占比21.9%。

5G用户保持快速增长。全省电话用户达5581.5万户，增长0.1%，其中固定电话用户671万户，下降1.3%；移动电话用户4910.5万户，增长0.3%。5G移动电话用户达2268.7万户，增长38.3%，占移动电话用户总数的46.2%。

【信息化基础设施建设】 2023年，福建省（固定）互联网宽带接入端口达3833.2万个，具备千兆网络服务能力的10G－PON端口达70.7万个，增加25.3万个，千兆光纤网络具备覆盖超3300万户家庭能力，实现乡镇及以上区域“千兆到户”能力普及。全省移动电话基站达41.7万个，其中4G基站23.5万个，5G基站10.2万个，实现全省所有乡镇和93.4%行政村5G网络覆盖，在全国率先实现海岸线30千米5G网络覆盖。累计6个城市入选“千兆城市”，分别为厦门、福州、三明、泉州、漳州、龙岩。

推进移动物联网规模发展，协同推进NB-IoT、LTE-Cat1、5G-RedCap移动物联网网络建设，全省移动物联网终端用户达7230.9万户，其中5G物联网终端11.3万个，占移动网终端连接数（人＋物）的59.5%。

加快推进新型工业化，新增建成标识解析二级节点2个（福建联通、漳州兴政），全省标识注册量达7.4亿个，总体进入规模化发展阶段。牵头举办“绽放杯”5G应用征集大赛“5G＋水利海洋”专题赛，赛道推荐的11个项目分别获全国赛一、二、三等奖和优秀奖。联合开展“千员万企”数字化诊断专项行动，服务4000家规模以上工业企业。宁德时代5G工厂等6个项目入选工信部2023年5G工厂名录。

【网络与信息安全】 2023年，福建省通信管理局强化应急通信保障，常态化开展跨行业应急通信演练和安全检查，建立应急状态下“通信＋交通＋电力＋油料”互保机制，强台风“杜苏芮”“海葵”期间全省未出现乡镇级通信全阻，通信行业人员零伤亡。完成数字中国建设峰会、海峡论坛、投洽会、亚运会等重大活动应急通信保障。

筑牢网信安全屏障。探索“人防＋技防＋联防”省市两级反诈治理体系。举办2023年国家网络安全宣传周电信日全国主会场活动。组织通信企业开展跨行业网络安全攻防演练和技能竞赛，筹建福建5G应用安全实验室联盟。5个案例入选工信领域数据安全典型案例名单。

筑牢安全生产屏障。推进通信行业网络运行安全、工程建设质量、消防安全等安全检查，通信企业3支队伍在5G网络运行安全能力提升大赛中获奖。全省网络保持平稳运行，行业未发生重大安全生产事故。

【行业管理】 2023年，福建省通信管理局深化“放管服”改革，营商环境有序优化，增值电信业务经营许可审批时限压缩至法定时限的30%，增值电信企业加快发展达8427家，其中省证企业达7232家，增长20%，居全国第八位。

提升群众服务感知，全省建立县（区）信息通信发展联络机制，推动信息通信行业监管“最后一千米”全覆盖；组织开展第二届电信服务行业职业技能竞赛，提高通信业一线服务水平；2023年全省电信用户服务申告率下降34.2%。全省开展携号转网专题整治，创新开展垃圾信息治理，垃圾短信信访

2023年10月18日，福建省第五届网络安全职业技能竞赛暨2023年全国电信和互联网行业职业技能竞赛福建赛区选拔赛在福州举行 （福建省通信管理局）

举报量下降35%。全省残疾人及同户监护人在网并享受助残活动用户3.83万户，累计受惠达5.77万户，累计优惠金额达2844.04万元。

实施基础设施共建共享，十四部门联合印发《进一步深化福建省电信基础设施共建共享促进“双千兆”网络高质量发展工作方案（2023—2025年）》。组织完成1300余千米农村通信杆塔线路规整和100余个城市老旧小区通信设施升级改造。（吴锦芬）

【中国电信福建公司】 2023年，中国电信福建公司实施中国电信云改数转战略，建设数字基础设施、提供产品服务、增强安全保障能力，全年收入规模达到248.9亿元（含福建通服公司）。

数字基础设施建设。推进5G网络与千兆光网协同建设。新建5G基站1.6万套站、累计达4.7万套站，实现全省乡镇及以上区域全覆盖；累计建成10G－PON端口34万个，千兆光网具备覆盖1360万户家庭的能力。

完善云网算力资源布局。构建全省梯次化布局、云网边协同、多技术融合的云网融合基础设施，拥有19座星级云数据中心、1.3万个机柜，数据中心总出口带宽达34T；新增算力规模130.9PFlops，其中智能算力20PFlops，网络云已初步形成三节点异址架构布局，实现自有业务异址容灾备份。

发展卫星通信。联合省应急厅打造全国首个省级天通卫星电话应急管理平台，为全省3550个山洪灾害高风险建制村开通卫星通信业务，在防抗“杜苏芮”“海葵”等超强台风中保障通信生命线畅通。

科技创新。加大科研投入，企业研发经费投入强度2.5%。助力数字经济，联合省工信厅共同打造福建省工业企业供需对接平台，为全省2万家规模以上工业企业提供产品展示、信息发布、供需匹配、意向对接、公共服务等一站式综合服务；承接省工信厅“千员万企”数字化诊断专项行动，300名数字化专员累计为1872家工业企业提供线上线下数字化转型诊断服务，推动全省40%以上规模以上企业“上云用云”。

助力海洋经济。依托北斗定位技术，为泉州市1350艘大中型渔船提供船载卫星宽带，守护渔民出海安全；为福州市提供全市智慧海洋渔船信息服务，实现对渔船定位的实时监测和历史轨迹回溯，助力“海上福州”建设。

助力绿色经济。自主打造全国首个省级碳市场综合服务平台，全省九大行业340余家重点排放企业通过该平台进行碳交易。

助力文旅经济。打造全域旅游平台，为泉州清源山、福州鼓岭等景区提供“一码游、一屏管、一机看”的5G智慧旅游信息化服务。

数字社会建设。打造福州韧性城市。以通信韧性为核心，为福州市打造平急两用的5G通信专网、无人机移动应急保障网、城市数据保障中心，打造“中灾可控、大灾可救”的韧性城市。打造厦门平安城市。在全市部署6.4万路摄像头，基于车辆违停、地面垃圾检测、店外经营、防溺水等AI算法，为城市监管执法和家庭安全守护提供数字化、智能化手段，将厦门市域治理打造为“平安城市”标杆。持续助力乡村振兴。承接各级党委政府下达的1个县、3个乡镇、54个村、170位困难户的挂钩帮扶任务；派出驻村第一书记6名，直接投入资金181万元，消费帮扶517万元。建成超1万个数字乡村，新型5G茶产业链“茶交易元宇宙”助力武夷山茶产业发展，“5G＋专递课堂”促进泉州中小学城乡教育一体化，“5G＋VR”全景导览助力龙岩古田吴地村“红军小镇”红色旅游发展。

数字安全保障。累计投入8806人次，完成全国和省两会、第六届数字中国建设峰会等重大活动网络和信息安全保障，获评“闽盾－2023”先进集体。持续开展防范治理电信网络诈骗攻坚行动，参加工信部在闽举办的2023年应急通信演练。（何其钦）

【中国移动福建公司】 2023年，中国移动通信集团福建有限公司（以下简称“福建移动”）推动数智化转型、高质量发展，全年完成营运收入280亿元，资产规模突破570亿元，税收贡献约占通信行业的70%；服务移动用户超2980万户、政企用户超60万家、有线宽带用户1100万户、电视用户690万户、物联网用户3900万户。

新型信息基础设施和服务体系建设。加快打造以5G、算力网络、能力中台为重点的新型信息基础设施，创新构建“连接＋算力＋能力”新型信息服务体系。5G行业专网和千兆光网建设。全年新建5G基站1.3万站，总量达5.6万站，行政村覆盖率超85%。新建10GPON端口20万个，全省9个设区市城区10GPON端口占比均超25%，全部达到“千兆城市”标准。建设可靠稳定、可视可管的全光网络，实现工业企业1毫秒级时延全覆盖。算力布局优化。实施算网强基工程，持续完善数据中心布局，建成投产数据中心机架数超2.2万个，上线/引入视频AI等中台能力超300个。启动新一期智算资源池建设，形成57台GPU服务器、36PFLOPS智算能力。骨干传输“1－3－5－20”时延圈初步建成，省干路径平均时延行业领先。推动算网大脑试商用，深入构建热点、中心、边缘梯次布局的算力调度体系。能力中台建设运营。汇聚人工智能、北斗高精定位、大规模数据采集等优质能力近1000项，为各行各业提供数智化转型解决方案。打造视联网、数联网服务，提供“视频＋AI”应用、数据流通治理一站式解决方案，助力各类工业企业提升发展效能。产品体系升级。创新推进“福小圈”平台化运营，聚焦属地民生、文旅、海洋、康养、终端等行业，提供市场资源和优惠措施，打造居民“一千米生活圈”。产品品质持续提升，客户满意度继续保持领先，用户投申告指标跃升至行业第一，无线网络质量保持领先。

新型工业化提质提效。坚持将“工业互联网”作为5G发展主战场，升级迭代OnePower工业互联网平台，提供轻量化MES、ERP、工业云、能耗管理双碳等“小快轻准”（小型化、快速化、轻量化、精准化）产品服务，累计服务超200家企业。持续开展数字化诊断、5G全连接工厂专项行动，累计诊断工业企业1500余家，拓展实践5G工厂项目100余个，打造标杆50余个。

社会治理“数智化”转型。自主研发“海川”基层综合治理平台，打造村务治理、平安乡村、智慧党建、美丽乡村、智慧养老、应急管理等核心能力模块，年内为全省约1.3万个行政村提供服务，纳管公共视频监控超42万路，有效赋能乡村组织、产业、人才、文化和生态振兴。加快智慧社区升级，协同省民政厅在中山社区打造“区块链＋智慧社区”国家创新试点，打造一站式智慧社区解决方案，满足小区智能化管理、便民惠民需求，累计覆盖全省近5000个小区。打造智慧健康养老云平台，构建全流程闭环的“硬件＋连接＋服务”新型养老产品体系，累计为省民政厅、三明市民政局等超30家单位提供“数智化”能力，对443万银发群体提供云守护服务，纳管健康养老硬件14.85万件，养老机构监控覆盖率68.9％。

科技创新推动产业创新。面向战略性新兴产业和未来产业发展，聚焦人工智能、云和算力网络、6G、大数据、能力中台、安全等六大领域，实施科创计划，抢占网信领域技术发展制高点，助力高水平科技自立自强。2023年研发投入8.14亿元，增长8％。构建省内特色科创体系，入选中国移动集团协同创新基地首批N节点，“中国移动－宁德时代”信息能源联合研究院签约揭牌，“鹊桥计划”省研协同成果转化基地成功落地，海舟宝、闽港区块链跨域流通测试等自有成果转化持续推进。

企业社会责任履行。推进“数智乡村振兴计划”，累计组织购买832县农产品945.5万元、帮助销售766.5万元，为新疆洛浦县引进帮扶资金110万元，3个村被命名为中国移动2023年乡村振兴帮扶示范点，1个集体、2名个人获集团公司乡村振兴先进集体和个人荣誉称号。深化节能降碳，开展“节能焕新”行动，通过应用无线节能技术，合计节约电费2357万元，实现全省85％数据中心年均PUE（数据中心能源效率评价指标）达标，60％自有普通汇聚机房PUE小于1.5。始终保持打击电信网络诈骗高压态势，端口垃圾短信环比下降62％，3个案例进入工信部反诈创新揭榜挂帅，“打猫”行动［指针对利用GOIP（一种虚拟拨号设备）、多卡宝等猫池设备进行电信网络违法犯罪的一系列专项治理工作和打击行动，以保障人民财产安全］配合公安打击窝点259个，推送涉案线索2217条，推送涉诈线索5260条，协助缴获设备数量1518个，协助抓获犯罪嫌疑人数量992人，协助缴获号卡数量1021个。

（王欣）

【中国联通福建省分公司】 2023年，中国联通福建省分公司（简称福建联通）在全省设立9个市分公司，83个县（区）分公司。主营收入规模80亿元，利润规模7亿元，盈利能力在中国联通同规模公司中保持领先。2023年，福建联通先后获“福建服务企业100强”“中国财经TMT领袖榜优秀运营商省公司、年度运营商科技创新引领企业、网信安全杰出企业”等荣誉。

网络及服务。打造移动网、千兆宽带、算力和政企4张精品网。新建5G基站6628站，达到3.8万站；新增900M基站近1万站，达到3.2万站，移网人口覆盖率提升到99.9％，城市宽带住宅覆盖率提升到91.6％。宽带端口总规模达到512万个，FTTH端口占比95％，整体用户千兆化率行业第一，助力福州、厦门、泉州、漳州、龙岩和三明等6个城市获批千兆城市。打造福州、厦门2个高品质直连香港“一带一路”枢纽和宁夏“东数西算”中心的区域级智云中心。和宁夏联通打造的“闽宁云”算力服务厦门金龙客车项目。聚焦战略合作资源，构建差异化服务权益，累计传播用户超760万人次，参与用户超80万人次，获得“2023年通信信息行业用户满意企业”荣誉称号。

打造福建工业互联网第一品牌。落实中央新型工业化战略，加快发展新质生产力，推动中国联通智慧轻工军团落地福建，深度赋能和服务企业数字化转型升级，打造“福创”工业互联网平台、“福睿”AI能力平台，为企业提供一站式数字化转型解决方案。针对纺

2023年9月13日，中国联通智慧轻工高质量发展大会在泉州举办，中国联通智慧轻工军团正式落地泉州　（中国联通福建省分公司）

2023 年 4 月，中国联通福建省分公司连续 6 届为数字中国建设峰会提供场馆独家通信保障。图为福建联通保障团队正在对数字峰会场馆通信网络运行情况进行监测（中国联通福建省分公司）

织、鞋服、食品等轻工行业，量身打造“天梭”纺织云、“天味”食品云、“天步”智鞋云三朵行业云平台，以数据为驱动实现行业领域应用深度推广。针对中小企数字化转型共性痛点，打造一系列轻量化 SaaS 产品（Software as a Service 的缩写，指软件即服务，是一种软件交付模式，在这种模式下，软件供应商将软件部署在云端，并通过互联网向用户提供服务），帮助中小微企业花小钱办大事，也为福州、厦门中小企业数转赋能。

工业互联网专家团队建设。累计为 4500 多家企业提供数字化转型咨询诊断服务，参与编制近 50 份政府政策文件，承办 8 场省市级产业数字转型现场会，打造“5G＋工业互联网”融合标杆，在纺织、鞋服、食品、电子等领域打造工业互联网项目 500 个，福州长乐、泉州晋江、福州福清、龙岩新罗等区域工业互联网集群形成产业集聚效应。

构建工业互联网平台体系。建成福建联通工业互联网平台，打造省内运营商首个工业互联网标识解析二级节点。聚合一个产业生态圈，连续 2 届承办数字中国峰会——工业互联网产业生态大会，打造福建省工业互联网实训基地。2023 年累计获省部级奖项 60 个，其中第六届绽放杯全国二等奖 2 个、专题赛获奖 10 个，2023 年世界 5G 大会融合应用一等奖 1 个，工信部试点示范项目 2 个，2023 年工信部 5G 工厂项目 2 个等。

国际业务服务。携手省商务厅连续两年举办“全球享福品，数智共联通”国际业务发布会，构建服务出海企业、入闽企业的国际交流合作桥梁，打造全球信息通信服务第一品牌。

网信安全能力提升。获省委网信办“闽盾-2023”演习先进集体、集团网信安全创新实践技能大赛一等奖。

科技创新。落实企业创新主体作用，依托中国联通东南研究院打造扎根福建的年轻高学历研发团队，其中团队拥有博士学位 3 人、硕士学位 35 人。获国家高新技术企业、福建战略性新兴产业企业 100 强、福建省“未来独角兽”企业等荣誉。2023 年投入 1.3 亿元，研发投入强度达 1.6%，获得 93 项软著和 16 项专利，15 个项目获得“绽放杯”奖、13 个项目获得“光华杯”奖、9 个项目获得数字中国创新大赛大奖。

央企责任履行。完成第六届数字中国建设峰会、匠心网络万里行等近 50 场重要活动保障，完成抗击台风“杜苏芮”“海葵”通信保障工作。助力乡村振兴，以“八闽数字乡村平台＋通信合作社”农村集体经济模式服务近 5000 个乡村。开展“我为群众办实事”实践活动，实施数字助残，与福建残联战略合作，推出“数字助残”系列产品，服务福建 80 万名残疾人。（常诗纯）

无线电管理

【概况】 2023 年，福建省指配频率 455 个，核发电子证照近 25 万张，为 500 多名业余爱好者举办业余无线电操作能力验证考试，纳入管理的注册在用台站超 51.4 万个（不含手机和公众移动通信终端），台站数量和分布密度居全国前列。无线电频率与技术广泛应用于广播电视、公安、铁路运输、航空导航、水上交通、应急抢险、气象地震、公众移动通信等国民经济和社会发展各个领域，为国防建设发挥重要作用。全省已建成固定监测站 272 个、可搬移站 22 个、移动站 22 个、便携式监测设备 104 套，监测范围最高频段可达 26.5GHz，无线电监测网覆盖全省所有县（市、区）。

【服务 5G 系统建设】 2023 年，福建省工信厅推行专事专人制度，开展频率共享、干扰协调、保护性监测等工作，累计核发 5G 基站执照 8.8 万多张。

【对讲机产业转型升级】 2023 年，福建省工信厅完成《推动泉州对讲机产业高质量发展研究》调研报告，全面了解全球对讲机产业分布、技术标准、发展趋势，从加快“模转数”进程、推动芯片、通信标准等核心技术国产化、提升产业链自主可控能力等角度提出推动泉州对讲机产业高质量发展建议。

【统筹频谱资源使用】 2023 年，福建省工信厅增强 1.8GHz、2.4GHz、5.8GHz 频段时空复用，提升频谱资源供给精准性和可持续性，满足轨道交通、港口、机场、公安、石化等各系统各行业无线宽带接入用频需求。建立辖区内重大项目、重点行业用频需求库及无线产业制造企业政策支撑库，服务数字经济发展。

【无线电发射协调测试】 2023年，福建省工信厅开展福建片区无线电发射设备型号核准技术测试，以及无线电发射设备自检自证试点工作，飞通公司生产的水上船载对讲台年内按照自检自证试点工作要求获得自检自证型号核准证书（证号为FT－806－ZJ）。

频率协调。开展雷达频率军地协调，完成38座近海监测雷达频率协调工作，助力相关部门海域综合治理信息化智能化。对16个气象雷达进行电磁兼容分析和军地协调。完成韩国、日本等邻国卫星地球站的国际协调测算，及时向国家监测中心反馈协调的意见建议，维护国家权益。

350MHz数字集群通信系统频率使用规划与管理。出台福建省350MHz频段使用分配方案，统筹考虑司法、检察、海关等部门通信用频现状、组网方式及未来使用计划，保障党政部门通信用频需求，服务社会和公共安全管理。公安、司法等部门1000多个基站依法纳入管理。

【公众移动通信系统无线电频率使用率评价】 2023年，福建省工信厅通过公众移动通信基站数据电子交互系统采集基站数据866934条并完成校验，保障基站数据的准确性，对公众移动通信系统14个频段5个评价指标分别进行测算与分析，及时掌握福建省公众移动通信频谱资源使用情况，为频谱重耕及频率规划提供重要数据参考。

【无线电业务管理】 2023年，福建省工信厅印发《无线电发射设备管理规定》《地面无线电台（站）管理规定》《对地静止轨道卫星动中通地球站管理办法》《民用机场跑道外来物探测设备无线电管理暂行规定》《工业和信息化部关于微波通信系统频率使用规划调整及无线电管理有关事项的通知》等文件贯彻实施意见。开展频率台站数据完整性和准确性日常核查工作，针对性开展微波、雷达等台站专项核查，提升频率台站数据库质量。完善频率台站管理系统，定期同步更新相关频率台站数据到国家无线电监测中心数据库。

【无线电监督检查】 2023年，福建省无线电行政处罚案件88起，罚款6251元，没收违法所得94591元，没收设备226台。全省无线电监测累计时长1022819小时，排查无线电信号431个，消除各类无线电干扰256起，配合公安部门查处“黑广播”“伪基站”各1起，保障全省重要业务无线电通信安全。保障重大活动无线电安全，在春节春运、全国两会、防汛抗台等时期及杭州亚运会、海峡论坛等重大活动期间保障福建区域无线电用频安全。完成高考、公务员招考、法律职业资格等200多场国家和省市级考试无线电安全保障。杭州亚运会期间，选派技术骨干组建保障团队驰援浙江，进驻6个场馆为亚运赛事保驾护航。建立无线电发射设备销售巡检工作制度，处置各类违法生产、销售无线电发射设备问题线索65条，行政处罚非法销售无线电发射设备行为18起。实施航空、铁路、水上安全运行无线电频率监测和干扰查处，深入民航各单位调研并解决民航GPS卫星导航系统受干扰问题，协调处理新建福厦高铁沿线GSM－R无线通信系统干扰221起。会同公安、反恐、部队等17家单位建立无人机反制设备省级联合工作机制，全面规范无人机反制设备监管。开展全省无线电监测技术与行政执法演练。

（刘小春　白静波）

编辑：郑　莱

商贸流通服务业

综　述

【消费增长】　2023 年，福建省社会消费品零售总额 22109.57 亿元，比上年增长 5.0%，连续 8 个月逐月回升，规模保持全国第九位。按销售单位所在地分，城镇实现消费品零售额 19123.42 亿元，增长 4.8%；乡村实现消费品零售额 2986.15 亿元，增长 6.5%。按消费形态分，餐饮收入 2090 亿元，增长 10.8%；商品零售 20019.57 亿元，增长 4.5%。

【消费促进活动】　2023 年，福建省落实商务部“消费提振年”部署，出台扩消费八大行动方案（包括实施大宗消费提振行动、餐饮消费复苏行动、福品消费扩大行动、网络消费拓展行动、新业态培育行动、文旅消费推进行动、服务型消费促进行动、农村消费促进行动），持续打造“全闽乐购”品牌，组织多领域、多层次贯通全年的线上线下主题促消费活动近 1 万场，实现“季季有主题、月月有活动、周周有场景”。

【消费潜力挖掘】　2023 年，福建省市财政安排专项资金 1.8 亿元购车补贴，撬动汽车消费 40 多亿元，其中限额以上新能源汽车增长 28%。开展家电家居、竹生活消费季等活动，促进绿色智能家电家居消费，限额以上家具类商品连续 4 个月保持 25%以上增速。举办新闽菜发展大会，壮大预制菜，提升小吃产业，推广“一县一桌菜”，创建闽菜馆和美食街（城），全国首个闽菜文化博物馆正式开馆，商务部小吃产业发展现场会在沙县区召开，闽菜实现创新发展，餐饮收入额增长 10.8%。

【消费网络推广】　2023 年，福建省举办第二届福品博览会、电商主播大赛、第二届福品网购节、“数商兴农”等活动，与头部电商平台合作，“线上＋线下”融合推广福品，实现“福品 365，天天福博会”。全省网络零售规模居全国第六位。

【商贸流通体系完善】　2023 年，福建省推动内外贸一体化，融入全国统一大市场。支持培育国际消费中心城市，推动商圈、步行街、一刻钟便民生活圈建设，城市商业体系不断完善，厦门连续 4 年位居“中国城市便利店发展指数”榜首。深入实施县域商业建设行动，完善农产品市场网络，促进农村电子商务发展，乡镇快递物流站点实现全覆盖，农村网络零售规模居全国第三位。

【第二届福品博览会】　2023 年 12 月 1 日至 3 日，第二届福品博览会在福州海峡会展中心举行。本届展会为期 3 天，展览规模达 6 万平方米。展会围绕十大主题，构建“1＋3”模式，推出一个综合展区和三大专业子展，着力打造集商贸洽谈、新品发布、订货采购为一体的专业化、市场化、创新化的福品展示交流交易平台，进一步弘扬“福”文化、升级“福”消费，推进落实“福品卖全球，全球买闽货”。期间举办全闽乐购福品跨年购暨第二届福品博览会促消费启动仪式、肯尼亚市场专场推介会、福品推介暨一刻钟便民生活节启动仪式，开启福建银联定制“全闽 U 惠，百福砸金蛋”活动、第二届福博会专项消费券等一系列促消费活动。　（省商务厅）

粮食市场

【概况】　2023 年，福建省粮食和物资储备局以开展主题教育为主线、深化拓展“三争”（争优、争先、争效）行动，持续推进“三大提升行动”（指仓储管理规范化、粮食购销监管信息化、干部能力专业化三大提升行动）为载体，聚焦“一年根本好转、三年巩固提升”总体目标，年度工作会议部署的落实耕地保护和粮食安全责任制考核等“八项重点任务”顺利完成。

【落实粮食安全】　2023 年，福建省构建上下贯通的责任体系，协调成立由福建省委书记任组长，省长任第一副组长的领导小组，牵头制定耕地保护和粮食安全职责清单，召开全省耕地保护和粮食安全工作大会，福建省委主要领导出席会议部署，省市县乡层层签订责任状。构建左右联动的考核体系，牵头成立全省耕地保护和粮食安全考核工作组，联合省直相关部门开展全面预评预估，方案定实定细定到位。构建协同发力的督办体系，通过主动作为、汇报争取，推动福建省委将考核工作列入督查事项，省政府将存在的短板弱项纳入督查计划，省纪委监委将粮食购销监管信息化建设作为重点督办内容，传导责任压力。

【粮食收储调控】 2023年，福建省粮食增储扩容实现突破，全省储备规模超过国家任务的15.4%；省级规划投资14.65亿元建设65万吨仓容；加快粮库建设，规划投资29.18亿元，年内建成投用12.66万吨；20万吨省级储备订单粮食收购任务完成。举办第十九届福建粮洽会，签订粮食购销意向合同396万吨。统筹全省军粮工作，确保不断供、不漏供、不误供。打造“135应急保障圈”，实现主城区“1个小时”、周边城市“3个小时”、城市群“5个小时”应急保障；形成“两为主”的应急储备布局，省级储备布局以沿海销区、市场易波动地区为主，市县储备布局以人口密集的城镇以及交通便捷、灾害频发的缺粮地区为主布局应急储备；健全应急保障机制“三个全覆盖”，指导和制定省、市、县粮食应急预案94个，认定粮油应急供应网点1702家，全省规模以上粮食加工企业均建立社会责任储备，实现应急预案全覆盖，应急供应网点全覆盖、社会责任储备全覆盖。

【粮食购销监管】 2023年，福建省强化信息化建设，实施购销监管信息化提升行动，创新粮食购销监管信息化平台建设模式，通过福建省粮储局主导协调、省大数据集团业主承办、省数字办技术支持、省纪委监委监督推动的“四责协同”，创造建设的“福建速度”“福建模式”；强化标准化建设，召开全省标杆库建设现场会，选定福建省储备粮公司长乐直属库试点探路，出台指导性方案规范统一；强化法治化建设，发挥法治固根本、稳预期、利长远作用，推动出台《福建省粮食流通管理办法》《福建省地方储备粮安全管理办法》《福建省地方政府储备粮分级动用方案》等，推进《福建省粮食安全保障条例》立法工作，加速形成涵盖“产购储加销”全领域各环节的完备制度。

【物资储备管理】 2023年，福建省修订出台《福建省救灾物资储备管理办法》，规范救灾物资采购、管理、调拨等工作。2023年完成四批次调运任务，紧急调拨夏凉被、帐篷、折叠床、棉被等救灾物资28259件，总价值244.39万元，保障受灾群众的基本生活需求。开展“严监管强执法重处罚行动年”活动，创新建立飞行检查制度，检查各级政策性粮食库存310万吨、占全省储备规模（省内）的72%，食用植物油3万吨、占储备规模的53%。（陈舒婷）

供销合作商业

【概况】 2023年，福建省供销系统实现购进总额4293.46亿元，比上年增长12.48%；销售总额5026.08亿元，增长13.88%。全省系统社有企业实现营业总收入162.4亿元，增加40.66亿元，增长33.4%。实现利润总额4.15亿元，增加0.61亿元，增长17.28%。年内，农产品购进额1679.59亿元，增长11.64%；农产品销售额2269.4亿元，增长20.87%。消费品零售总额2510.77亿元，增长13.57%；售给生产用的农业生产资料总额206.03亿元，增长17.73%；电子商务销售额802.2亿元，增长28.15%；物流业营业额55.44亿元，增长60.18%。再生资源回收额136.2亿元，比上年减少7.75%；再生资源销售额147亿元，减少1.3%。在全国供销社系统综合业绩考核省级优胜单位中，福建省供销社获一等奖。

【为农服务】 2023年，福建省成立农资保供专班，开展农资储备工作，全省系统年度冬储化肥82.91万吨、农药3357.23吨，省级灾储化肥5.9万吨，均超额完成下达任务。编制形成全省农资网络体系建设专项规划，深入实施“绿色农资”升级行动，系统举办农资科技下乡活动150多场，指导农民精准施肥、科学用药，推进化肥农药减量增效。开展农业社会化服务，省供销社联合省农业农村厅印发文件推广“供销农场”粮食生产全托管服务改革试点经验做法，建设具有供销合作社特色的农业社会化服务体系。全省供销系统全年农业社会化服务175.6万公顷次。开展县域流通服务网络建设提升行动，指导8个县级供销社开展县域流通服务网络建设试点工作，推动建设一批农产品集采集配中心、乡镇综合超市和田头保鲜仓设施。推动生产、供销、信用“三位一体”综合合作，指导试点县供销社继续开展相关工作，开展三年试点工作评估。

【供销基层建设】 2023年，福建省推进乡镇惠农综合服务中心建设，新建省级乡镇惠农综合服务中心30个，带动市、县两级新建72个。评选表彰十佳乡镇惠农综合服务中心，拓展“一点多能、一网多用”。推进基层社改造，印发基层组织建设典型案例，指导各地供销社结合实际，提升基层社服务能力。全省系统共培育高质量发展基层社129个，改造提升薄弱基层社112个，改造升级农村综合服务社335个。推进系统农民合作社融合发展，基层社通过多种形式领办创办农民专业合作社，密切与农民的利益联结。全省系统新发展农民合作社370个。

【助力乡村振兴】 2023年，福建省推进“旅游后备箱工程”建设，举办10场“福建供销后备箱经济·助力乡村振兴”活动，农文旅融合，塑造具有供销特色的“旅游后备箱工程”品牌，拉动消费增长。举办展示展销活动，全年举办“一县一周”农产品展示展销活动19场，开展异地办展、山海协作等，举办年货节、丰收节等专场。举办第三届“三茶”融合高质量发展大会暨2023“国际茶日·福茶行天下”健康饮茶茶会、第三届“福茶杯”福建省（百姓茶、放心茶）茶叶大赛、首届中国红茶大会、首届中国白茶交易大会等，助力全省“三茶”融合发展。持续做好对口帮扶工作，拓展与新疆、西藏、宁夏供销社的战略合作，全省供销系统设立脱贫地区农产品销售专区、专柜、专馆。推进消费帮扶，全省系统依托“832”平台采购脱贫地区农产品约1.58亿元。

【供销社有企业管理】 2023年，福建省推进全省供销系统社有企业改制，完善企业治理机制。加强省、市、县三级企业合作发展，安排“保供促销工程”项目73个，共同与基层社新建为农服务项目20个。推动建设闽北（光泽）农业生产资料物流中心、三明（三元）物流中心一期、永定冷链物流基地、福供康养中心等项目。创新企业经营业态，发起成立福建省预制菜供应链协会，建设供销福菜预制菜肴研发推广中心，助力全省预制菜产业健康可持续发展。联合社会资本成立供销福油公司、供销福渔公司、新合供销公司等，拓展粮油、渔业、肉类产品等经营业务。推动建设“供销福茶社”，倡导茶饮新风尚。

（吴萌）

物流业

【概况】 2023年，福建省物流业业务收入7116.0亿元，比上年增长12.9%；实现增加值3491.6亿元，增长7.2%；完成货运量177497.92万吨，增长4.9%。其中，铁路货运完成5211.0万吨，增长8.2%；公路完成货运量110496.97万吨，货运周转量1319.1亿吨千米，分别增长3.3%、4.8%；水路完成63040.2万吨，货物周转量10697.2亿吨千米，分别增长9.9%、8.3%；民航货运完成47.2万吨，增长14.81%；全省沿海港口货物吞吐量7.5亿吨，增长5.6%，其中外贸货物吞吐量2.9亿吨，增长12.7%。通过水水中转方式经全省港口进出的大宗货物3041.6万吨，增长38.5%；通过海铁联运方式经全省港口进出的大宗货物2299.6万吨，下降5.4%；集装箱吞吐量1817.9万标准箱，增长1.0%，完成集装箱海铁联运16.4万标准箱，增长45.7%，国际中转集装箱完成103.4万标准箱，下降7.3%。福州港货物吞吐量超3.3亿吨，在全球排名第18位；厦门港集装箱吞吐量超1250万标准箱，居全国第7、全球第14位；厦门港远洋国际集装箱船舶平均在港、在泊停时居全球主要港口前5位。全省物流企业中，524家获评国家A级物流企业；获评国家级示范物流园区2家、省级示范物流园区33家，进入2023年度中国物流企业50强3家、全国冷链物流百强企业4家、星级冷链物流企业12家、网络货运省级示范企业9家、国家网络货运平台A级企业6家；21家企业被商务部列入全国商贸物流重点联系企业名单，6家商贸流通型供应链企业入选全国供应链创新与应用试点企业名单；30家物流企业列入省级物流业制造业深度融合创新发展典型案例集。

【物流基础设施建设】 至2023年底，福建省高速公路里程突破6000千米，密度位列全国前列，“六纵十横”高速公路主骨架基本形成，82%陆域乡镇便捷通高速；普通国省干线公路里程1.1万千米；沿海港口生产性泊位477个，其中万吨级及以上泊位208个。持续深化闽台融合，“小三通”客运航线全部复航，“海峡号”恢复货运直航，全年完成对台货物吞吐量1865万吨、集装箱吞吐量74万标准箱。湄洲湾港罗屿40万吨大宗散货码头和福州港平潭港区分别成为大陆对台铁矿石最大中转港口、全国对台跨境电商出口最大口岸。“丝路海运”联盟成员增至320家，命名航线增至116条，覆盖全球43个国家和地区的131个港口，高效服务国内国际双循环。创新“散改集”海铁联运新模式，培育多式联运“一单制”试点线路7条，完成集装箱铁水联运量16.4万标准箱，增长46.3%；通过水水中转、海铁联运等方式完成省外大宗货物运输2926万吨，增长34%。中欧班列（厦门）自2015年8月开通以来，累计开行1321列、运载约11.3万个标准箱，累计货值48.7亿美元。全省邮政快递企业共拥有航空线路113条、铁路线路6条、汽车线路5255条；至2023年底，全省共有具备寄递功能的乡镇惠农服务中心254个，具备寄递服务功能新型网点164个；全面实施农村客货邮融合工程，首批确定20个试点县；持续扩大快递进村试点覆盖范围，全年新增试点县（市、区）23个，总计达48个。

【软环境建设】 2023年，福建省出台多项政策措施加快推进现代物流体系建设。省政府办公厅出台《巩固拓展经济向好势头的一揽子政策措施》，省工信厅等六部门联合制定《福建省现代物流业高质量发展实施方案（2023—2025年）》，福州、厦门、泉州、漳州、龙岩等设区市分别制定出台《贯彻落实〈福建省现代物流业高质量发展实施方案（2023—2025年）〉工作分工方案》《加快推进航运金融发展行动方案（2023—2025年）的通知》《巩固拓展经济向好势头一揽子政策措施的通知》《加快农村寄递物流体系建设实施方案的通知》《关于稳住经济促进交通物流业加快发展的九条措施》等，在物流业与制造业融合发展、冷链物流、航运业、用地等方面给予政策支持，推进福建省现代物流业高质量发展。（谢秀芳）

专营专卖

【烟草专卖】 2023年，福建烟草商业系统实现税利197.6亿元，比上年增长0.01%，上缴财政230.8亿元，下降

2023年6月13日，全国统一烟叶生产经营管理平台收购环节首张二维码标签在龙岩打印完成（林麦梓　摄）

4.65%，商业增加值220.12亿元，增长4.91%，商业销售额671.11亿元（不含税），增长4.95%。

烟草生产。2023年，龙岩市、三明市、南平市3个烟叶产区中，10万担以上核心县9个，5万～10万担重点县12个，5万担以下普通县4个，重点县和核心县产能占比达到95%。全省3.3万户烟农，烟农售烟含补贴总收入50.9亿元，户均收入15.3万元。推进烟稻产业融合，与省农业农村厅联合下发《关于深入推进烟稻产业融合发展的通知》，构建粮烟协同互融互促的产业体系，全省烟后稻种植面积6.20万公顷，推动抛荒地复垦1600公顷。烟后种稻面积稳定占全省水稻面积近1/10，烟后水稻制种保障全国约1/4的杂交稻种子。联合省农业农村厅举办东南武夷南岭丘陵作业区烟稻全程机械化农机装备展示暨遴选现场会，深化烟叶生产与大农业的农机共享融合。全省共收购“翠碧一号”147.02万担。推进雪茄烟叶开发工作，福建雪茄烟叶正式纳入国家烟草专卖局《名晾晒烟名录》，连城山东中烟基地被列入烟草行业首批国产雪茄烟叶产业园，全省共收购雪茄烟叶7096.5担。开拓国际市场，出口烟叶类产品1.66万吨。

卷烟流通。2023年，福建省烟草商业系统推进城网农网一体化建设，建成4.37万户现代终端、297户“海丝新晟”核心终端、1104户农网特色示范终端。全省21万户卷烟零售户，综合毛利率12.28%，年户均盈利4.28万元。客户满意度92.28分，提高0.53分。全省烟草区域物流布局逐步落地，非法人实体化平稳运行，智慧物流、绿色物流、精益物流、供应链物流建设加速推进，人均配送效率1193.03箱/人，行业排名第12位，前进2位。在首届烟草行业物流技能竞赛中取得团体第五名。

烟草专卖监管。2023年，福建省烟草商业系统组织开展元春专项打击治理、“平安寄递”“闽剑2023”等专项行动，先后破获宁德“4·16”等一批制假案件，查处漳州“5·29”等30起海上走私案件。全年，全省累计查获烟机20台、假私烟21341件、烟叶烟丝388吨。57起案件达到国家烟草专卖局打假打私重大案件标准，8起案件被公安部和国家烟草专卖局列为部督案件。全面强化新型涉烟监管，组织实施规范电子烟市场秩序专项检查，排查取缔非法生产电子烟“黑作坊”，配合公安机关严厉打击“上头电子烟”违法犯罪案件，保护未成年人健康。2023年全省查获175起涉电子烟违法案件，其中行政处罚案件126个、刑事案件59个。“12313”烟草市场监管服务热线全年受理诉求2.33万件，总体满意率99.7%。

（周璐怡）

【盐业专卖】 2023年，福建省盐业公司实现营业收入7.3亿元，增长19%；利润总额6594万元，增长388%；盐产品销售42.27万吨，其中小包装盐9.22万吨、大包装盐33.05万吨。

2023年，福盐集团与泉州山腰盐场签订《租赁与经营合作协议》，租赁盐场部分工区、取得生产使用权并开展投资技改，增强对上游原盐的掌控能力，弥补原料盐短板，健全食盐产业链，助力开发高端福建海盐市场。

推动数字化转型，优化福盐云商营销平台，以网格化为手段推动渠道建设，实施好渠道终端ABC分类，重点推动A类终端巡访及下单工作，全年实现A类终端月均拜访率达93%以上，A类终端下单率达76%。以未加碘盐为重点优化品种结构，规范未加碘盐网点销售，借助福盐云商系统，对未加碘盐销售终端实现编号专项管理，优化无碘盐销售网点设置和巡访管理，重点加强商超维护、导购及社区宣传工作，依托无碘盐专供政策，有效提升品种结构，省内中高端盐品种结构占比8.23%，提高4.84个百分点。

以对价竞争为抓手稳固餐饮渠道，通过餐饮市场专项调研，综合考虑餐饮渠道价格因素主导的市场特点，研发多款对价产品，推进生产采购工作。以数据应用为基础，挖掘大包装盐市场潜力，对历年大包装市场数据进行分析，关注各加工用盐企业生产情况，提前开展海带、青梅、李干及麻笋等季节性加工用盐供应服务保障工作，终端销售网络全覆盖、前端供应信息早谋划、海陆运力联动，大包装盐销售实现“三连丰”。以价格管控为根本稳定市场秩序，按小包装未加碘盐品种监测各设区市每月销售价格，加强渠道窜货管控，规范电商平台销售活动，严禁省内省外、不同渠道及区域间恶意冲销行为和违反价格规定、跨区域销售等扰乱销售秩序行为，维护闽盐品牌价值和市场价格体系。以省级盐企合作为基础，开拓省外食盐市场，推动与广东省、浙江省等省级盐企的合作，继续推进驻外机构的渠道开发，加强北京、上海、河南等地的品牌及市场渠道的维护，开发礼品盐渠道、线上电商平台，推动盐业日本市场的开发。

受日本核污染水排海事件影响，从2023年8月23日起，福建省食盐市场出现异常波动。省盐业公司启动应急预案，第一时间对食盐质量、食盐生产、食盐供应等一系列工作作出部署，省内食盐定点批发企业实行全省统一调配资源、统一规划流向、组织运力配送，通过媒体渠道加强舆论引导，提醒消费者理性消费。8月23日至31日，累计供货19131吨，单日最大投放量6000吨，及时平息省内食盐市场波动。推动促成“盐政辅助员”向“食品安全员”身份转变，终端市场秩序管控能力再提升。

多渠道推进产学研用合作，推动新品开发，加强新技术合作研究与标准制定，与中盐工程技术研究院联合起草“风味食用盐”行标，与福州大学食品科学技术研究所合作开展福建海盐的化学组成与风味特性研究，为福建海盐的特有品质及市场推广提供基础数据。全方位加强品质管控，按照《食盐定点生产企业和食盐定点批发企业规范条件》规定抓好生产企业ISO9001、HACCP、ISO14001管理体系认证审核工作；与国家海洋三所合作开展生产海水、原盐产品等质量抽检工作，加大质量检测频次，确保福建海盐全过程安全。多维度推动品牌建设，制定年度品牌宣传计划，完成盐小福IP形象设计并取得商标注册，设计完成企业VI应用规范，在平面应用物料、品牌基础部分、产品推广宣传部分等方面进一步规范品牌宣传；依托“闽盐匠心”公众号、抖音平台，与福建日报等权威主流媒体合作开展品牌宣传，推出以闽盐文化理念体系为主题的推文、短视频，持续挖掘盐业文化、盐田保护、闽盐传统工艺等内容素材，塑造“闽盐”产品价值体系，提高品牌知名度和覆盖面。

2023年，福建省食盐定点生产许可证和食盐定点批发许可证5年有效期限届满，全省盐业系统按照新版食盐定点生产企业和食盐定点批发企业规范条件要求，提交换证申报材料，查缺补漏，立行立改。集团内15家企业均通过验收评审，取得新证。（俞魁）

电子商务

【概况】 2023年，福建省实现网络零售额7926.9亿元，规模居全国第六位，比上年增长7.8%，增速高于2022年水平。其中，实物商品网络零售额6993.6亿元，增长5.9%，占社会消费品零售总额的比重为31.6%，高于全国平均水平4个百分点。实现农村网络零售额2867.7亿元，规模居全国第三位，占福建省网络零售额比重为36.2%，增长10.8%。实现农产品网络零售额549.0亿元，占全国农产品网络零售额比重为8.0%，增长20.8%，增速高于全国农产品网络零售水平。2023年新创建东海跨境电商生态圈、石狮国际轻纺城跨境和直播电商产业园两个国家电商示范基地；达利食品等9家国家电子商务示范企业。

【基层调研】 2023年，福建省商务厅落实《关于在全省商务系统大兴调查研究的方案》，全面调研各重点区县，提出促消费、稳外贸、推进数字商务等领域电商方面举措。推动福建省优势产业与电商深度融合、创新提升，指导外经贸提质增效示范项目加快建设，促进民营企业健康发展。年内，在连城县举办“情连山海·数商兴农——新时期电商发展交流活动”，推进数实融合、数商兴农，推动山海电商资源对接，促进电子商务创新提质增效，商务部电子商务司领导出席并现场启动活动。

【电商节庆消费活动】 2023年，福建省创新举办“网上年货节”，集中推广福生、福器、福食、福地四大类平台和一批全网络、全平台销售的衣、食、住、行福品旗舰店，网上年货节网络零售额增长26.1%。举办“第五届双品网购节暨第二届福品网购节”活动，结合福文化、福消费特色，设置福地平台荟、“喵汪”福品惠、抖音福店汇、丝路云品会等四大专区，福建知名品牌安踏、鸿星尔克、恒安、361、乔丹实现全网零售超5.4亿元，体现对品牌、品质消费的贡献。“6·18”网购节福品热销近600亿元，增长18.7%。“双十一”网购节福建实现网零超600亿元，增长11%。举办第二届福品博览会，打造“福品直播长廊”，举办直播电商资源对接会，搭建“云尚福品·线上福博会”专区。

【龙头企业合作】 2023年，福建省商务厅对接抖音签署《商文农旅扩消费合作框架协议》，抖音开设“风味福建”专区，推动闽式风味飘香全国。一次线上活动推动连城地瓜干、屏南菌汤包、永泰山茶油等福建特优农品销量分别增长3.6倍、2.4倍和1.3倍。省商务厅与商务部电子商务司共同指导，推动抖音电商“山货上头条”在闽发布助力食用菌产业五大举措。对接京东签署《“福品闽货上京东”合作备忘录》，推动落地京东平台商家扶持共建计划，助力福建省企业数字化转型。对接美团签署《促消费合作备忘录》，在“共推促进消费新举措”“共研生活服务大趋势”“共促商户数字化转型”“共兴新闽菜升级推广”“共谋美好生活节活动”等方面开展深入合作，并运用美团“科技+零售”的优势，协助福建省级与各设区市招商引资。对接阿里指导推动阿里淘天集团淘宝直播为福建省企业推出“产业直播店新兴计划”，助力福建优质产业释放产能，提升经营效率，推动更多“福品”销往全国。

【电子商务管理】 2023年，福建省商务厅参与茶叶过度包装治理工作，参与拟定支持南平竹产业发展的政策措施。完成民营经济、疫情政策电商方面实施成效评估工作，为进一步精准出台政策措施提供支撑。指导省电商促进会争取电商企业适用企业所得税核定征收政策，促进小微电商企业降本增效。指导基层商务部门配合相关部门联合开展建盏直播行业乱象整治工作。参与研究支持“莆田鞋”区域品牌高质量发展政策措施。参与研究协调冷链“一件代发”成本高昂影响电商产业发展问题。督促各地进一步做好达标电商企业社零纳统工作，挖掘培育纳统对象。

【第二届全球数字贸易博览会福建展】 2023年11月23日至27日，由商务部和浙江省人民政府共同主办的第二届全球数字贸易博览会（以下简称“数贸会”）在杭州国际博览中心举办，福建省作为主宾省，由王金福副省长率代表团（以下简称“省团”）参会，省团借助数贸会平台，组织完成展览展示、调研座谈、招商推介等各项工作。福建省展区以“数字福建福贸全球”为主题，围绕“数字赋能产业转型升级”“数贸助力闽货扬帆出海”“数智创造引领美好生活”等三大板块，集中展示福建在数字贸易相关领域的最前沿、最新发展成果和最新应用场景。福建省利用数贸会平台，组织召开福建省政府与数贸产业企业家座谈会，推进福州、厦门、漳州、莆田相关项目招引工作。

【2023电商主播大赛】 2023年，福建省举办2023电商主播大赛。以福建为中心，联动新疆、宁夏、内蒙古等多个赛区开赛，大赛从5月持续至12月，共遴选国内外超5000名电商人才参赛，实现活动直播带货总销售成交额超55亿元。打造一批富有粉丝影响力、带货销售力、产品文化诠释能力和公益影响力的商务“网红”。 （省商务厅）

餐 饮 业

【政策支持】 2023年，福建省印发《福建省加快新闽菜创新发展三年行动方案（2023—2025年）》（以下简称《行动方案》）。《行动方案》提出，按照“政府搭台、企业唱戏、创新发展、务实求效”的总体思路，不断推进闽菜产业品牌化、特色化、规范化、规模化、国际化发展。

提升新闽菜核心竞争力。壮大新闽菜产业集群，重点培育8家全国知名龙头餐饮企业，形成一批跨省、跨境经营的闽菜连锁企业；建设15个省级预制菜产业基地，培育一批涵盖生产、冷链、仓储、流通、营销等环节的品牌企业；打造30个省级特色美食街（城），提升改造一批高品质餐饮街区。

提升新闽菜“福味”内涵。宣介推广新闽菜100道名菜、100道名小吃、100家名店、100位厨星；发挥闽菜文化博物馆等平台阵地作用，建设一批具备浓郁闽味文化和菜肴特色的“闽菜馆”。

提升新闽菜产学研销体系。建立完善闽菜行业标准化体系；建设闽菜研究发展平台，传承创新闽菜技艺，培训闽菜厨师1万人次以上；推动市场化方式设立餐饮消费投资基金，开展八闽美食嘉年华系列展销活动，提升新闽菜市场占有率。

提升新闽菜知名度和美誉度。挖掘梳理闽菜历史文化渊源，讲好美食文化故事，打造国内外知名闽菜美食IP，掀起了解新闽菜、品尝新闽菜、推崇新闽菜的美食时尚热潮，让更多闽菜精品惠及百姓生活。

【中国名小吃文旅嘉年华活动】 2023年5月22日至23日，中国名小吃文旅嘉年华活动暨沙县区文化旅游消费季在沙县小吃文化城举行，此次文旅嘉年华共设置小吃美食、文旅集市、名特优商品等100多个展位，涵盖全国14个省份及福建省内各设区市以及沙县区各乡（镇、街道）的特色小吃。由商务部主办的小吃产业发展现场会在三明沙县区召开。部分省市商务部门工作人员、国内餐饮品牌负责人、餐饮领域的专家学者等会聚一堂，共同探讨小吃背后的大产业、大民生。

【第十六届中国餐饮产业发展大会暨2023中国国际餐饮产业博览会】 2023年3月24日至26日，第十六届中国餐饮产业发展大会暨2023中国国际餐饮产业博览会（以下简称“餐博会”）在福州海峡国际会展中心举办。本次餐博会汇聚来自全国各地的三百多家优质餐饮企业参会。现场设餐饮数字化展区、水产食材区、供应链综合展区、预制菜食材展区等。餐博会同期举行第十六届中国餐饮产业发展大会、中国“世界美食之都”城市论坛、全国闽菜烹饪技能竞赛等系列活动。

【全国首个闽菜文化博物馆】 2023年3月25日，由福州市商务局、福州古厝集团牵头，福州聚春园集团具体投资建设的闽菜文化博物馆开馆。该馆位于福州市海峡奥林匹克体育中心，是中国第一个以闽菜为主题的博物馆，集中展示闽菜文化，并具研究、交流和服务等功能，是福建省文化名片之一。该馆总建筑面积13000多平方米，馆藏品1000多件。博物馆共三层，其中一、二层为常规陈列展示区域，由闽菜悠远、正宗闽味、名店盛宴和传播传承四大部分组成，通过科技赋能，以物说话，再现闽菜文化的起源、演变、发展与传承。三层为福宴馆，以闽都文化为主题，浓缩千载闽味精华，打造有味道、有体验的“闽味印象馆”。

【2023年福建省新闽菜创新技能竞赛】 2023年10月30日至11月1日，由福建省商务厅、福建省总工会联合主办，福建省财贸轻纺烟草医药工会工作委员会、福建省餐饮烹饪行业协会共同承办的2023年福建省新闽菜创新技能竞赛在龙岩市举办。本次大赛有来自全省的120名选手参与，制作了360余道美味菜肴。参赛选手在口味、烹饪技法、呈现方式、文化赋能等方面进行创新，展现出精湛高超的厨艺。评委们根据菜肴的口味、质地、色泽、造型等，对各个作品进行综合打分。大赛共设4个奖项，分别为“特金奖”“金奖”“银奖”“优胜奖”，其中30名选手获得“特金奖”。

（省商务厅）

编辑：郑　茱

对外及港澳台经济贸易

综　述

【概况】 2023年，福建省对外及对港澳台贸易顶住外需走弱和高基数等多重压力，全年进出口和对港澳台贸易保持平稳发展，呈现“大盘稳”的基本特征和“结构优”的积极变化，特别是四季度向好态势明显。

2023年福建“新三样”（新能源汽车、锂电池、光伏产品）出口动力强劲。2023年，福建省出口机电产品5185.2亿元，比上年增长11.9%。其中，锂离子蓄电池、太阳能电池、电动载人汽车等“新三样”商品合计出口1365.6亿元，增长49.8%。此外，福建省船舶出口呈现良好增长态势，全年船舶出口增长44.9%。

【民营企业进出口】 2023年，福建省民营企业进出口1.15万亿元，增长4.7%，占同期福建省外贸进出口总值的58.5%，民营企业的外贸主力军地位进一步巩固。

【第六届中国国际进口博览会】 2023年11月5日至10日，第六届中国国际进口博览会将在上海举行，本届进博会期间，福建交易团举办福建省外商投资恳谈会、福建新一轮开放政策解读和项目对接会、福建省医疗器械及医药保健采购对接会3场配套活动，各地分团也精心筹备11场配套活动，充分利用进博会开放型合作平台优势，展示福建发展新机遇，吸引跨国企业和行业龙头到福建投资兴业。在本届进博会期间还集中展示福建省医疗器械及医药保健采购对接会特别是第四季度向好态势明显。

【福建省“助力万企成长”外贸辅导活动】 2023年10月12日，福建省“助力万企成长”外贸辅导之海外市场拓展第四期“金砖国家风险分析”线上辅导举办。活动邀请中国出口信用保险公司福建分公司的老师为出口企业解读金砖国家市场风险。授课老师分别对巴西、南非、俄罗斯、印度四国的国情、主权信用评级、经济形势、与全国的贸易往来情况以及四国的市场展望做了详细解读，并对福建省外贸企业拓展金砖市场给出具体建议，鼓励企业用好出口信用保险，有效做好风险管控。至此，福建省“助力万企成长”外贸辅导在2023年度推出的四期海外市场拓展专题圆满完成，分别对全球经贸形势、RCEP国家、欧美国家、金砖国家进行了风险解读，强化市场信息共享，帮助全省企业在拓展国际市场期间有效降低风险。

（省商务厅）

出口贸易

【概况】 2023年，福建省进出口总额2808.11亿美元，比上年的2968.40亿美元下降5.4%，居全国第七位。出口总额1672.60亿美元，比上年的1814.10亿美元下降7.8%，占全省地区生产总值的21.7%，占全国出口额的5.0%，居全国第六位。

【出口商品结构】 2023年，福建省初级产品出口额128.36亿美元，占出口总额的7.6%；工业制成品出口额1521.13亿美元，占出口总额的89.7%；机电产品出口额747.26亿美元，占出口总额的44.1%；高新技术产品出口额181.61亿美元，占出口总额的10.7%。

【出口商品市场】 2023年，福建省出口国别（地区）中，出口额10亿美元以上的国家（地区）19个。其中，东盟369.26亿美元，欧盟294.68亿美元，美国287.69亿美元，日本70.01亿美元，韩国64.04亿美元，澳大利亚51.36亿美元，英国36.99亿美元，墨西哥34.33亿美元，俄罗斯34.31亿美元，印度27.47亿美元，阿联酋25.49亿美元，巴西20.20亿美元，加拿大19.33亿美元，沙特阿拉伯17.06亿美元，土耳其15.40亿美元，智利13.26亿美元，南非11.34亿美元。

表 11　2023 年福建省出口额 1 亿美元以上商品情况表

金额分类	商品名称	出口金额（亿美元）	占出口总额比重（%）
20 亿美元以上（17 种）	电工器材、服装及衣着附件、鞋靴、纺织纱线织物及其制品、水产品、塑料制品、自动数据处理设备及其零部件、家具及其零件、箱包及类似容器、电子元件、汽车零配件、钢材、陶瓷产品、灯具照明装置及其零件、通用机械设备、液晶平板显示模组、汽车（包括底盘）	1014.49	59.8
10 亿～20 亿美元（10 种）	花岗岩石材及其制品、纸浆纸及其制品、家用电器、玩具、木及其制品、体育用品及设备、基本有机化学品、船舶、未锻轧铝及铝材、手机	149.81	8.8
1 亿～10 亿美元（41 种）	玻璃及其制品、医疗仪器及器械、机械基础件、集成电路、手用或机用工具、音视频设备及其零件、橡胶轮胎、计量检测分析自控仪器及器具、伞、蔬菜及食用菌、摩托车及自行车的零配件、电动载人汽车、肥料、钟表及其零件、罐头、航空器零部件、未锻轧铜及铜材、干鲜瓜果及坚果、眼镜及其零件、美容化妆品及洗护用品、稀土及其制品、茶叶、机床、纺织机械及其零件、印刷、装订机械及其零件、钨品、摩托车、焦炭及半焦炭、包装机械、纺织原料、氧化铝、酒类及饮料、帽类、成品油、集装箱、中式成药、铁合金、食用油、婴孩车及其零件、笔及其零件	165.04	9.7
合计	68 种	1329.34	78.3

进口贸易

【概况】 2023 年，福建省进口总额 1135.50 亿美元，比上年的 1152.79 亿美元下降 1.5%，居全国第七位。

【进口商品结构】 2023 年，福建省初级产品进口额 765.36 亿美元，占进口总额的 67.3%；工业制成品进口额 356.18 亿美元，占进口总额的 31.3%；机电产品进口额 170.02 亿美元，占进口总额的 14.9%；高新技术产品进口额 129.02 亿美元，占进口总额的 11.3%。

【进口商品市场】 2023 年，福建省进口国别（地区）中，进口额 10 亿美元以上的国家（地区）20 个。其中，东盟 230.77 亿美元，澳大利亚 109.30 亿美元，美国 75.31 亿美元，巴西 74.60 亿美元，欧盟 65.72 亿美元，沙特阿拉伯 64.42 亿美元，俄罗斯 54.47 亿美元，秘鲁 43.86 亿美元，智利 42.32 亿美元，日本 32.03 亿美元，阿联酋 25.91 亿美元，韩国 23.68 亿美元，加拿大 22.48 亿美元，新西兰 20.37 亿美元，印度 17.82 亿美元，南非 17.33 亿美元，蒙古 15.50 亿美元，伊拉克 14.53 亿美元，乌克兰 10.45 亿美元。

（省商务厅）

表 12　2023 年福建省进口额 1 亿美元以上商品情况表

金额分类	商品名称	进口金额（亿美元）	占进口总额比重（%）
20 亿美元以上（10 种）	金属矿及矿砂、原油、煤及褐煤、粮食、电子元件、集成电路、大豆、航空器零部件、初级形状的塑料、纸浆	723.79	63.6
10 亿～20 亿美元（9 种）	水产品、天然气、乳品、基本有机化学品、半导体制造设备、纺织纱线、织物及其制品、原木、液晶平板显示模组	108.74	9.6
1 亿～10 亿美元（25 种）	未锻轧铜及铜材、自动数据处理设备及其零部件、肉类（包括杂碎）、食用油、锯材、钢材、食用植物油、飞机及其他航空器、计量检测分析自控仪器及器具、电工器材、美容化妆品及洗护用品、成品油、汽车零配件、塑料制品、二极管及类似半导体器件、天然及合成橡胶（包括胶乳）、通用机械设备、机械基础件、酒类及饮料、干鲜瓜果及坚果、皮革、毛皮及其制品、纺织机械及其零件、机床、纺织原料	126.86	11.2
合计	44 种	959.39	84.4

对“一带一路”共建国家进出口贸易

【概况】 2023年，福建省对“一带一路”共建国家进出口情况（155国）对“一带一路”共建国家进出口额1448.89亿美元，比上年的1470.72亿美元下降1.5%。其中，出口额787.50亿美元，比上年的808.26亿美元下降2.6%；进口额661.39亿美元，比上年的662.46亿美元下降0.2%。

【对“一带一路”共建国家进出口商品情况】 2023年，福建省对“一带一路”共建国家主要出口商品为机电产品、纺织纱线织物及其制品、农产品、服装及衣着附件等。其中，机电产品313.17亿美元、农产品69.60亿美元、服装及衣着附件68.59亿美元、纺织纱线织物及其制品57.92亿美元。自“一带一路”共建国家主要进口商品为金属矿及矿砂、原油、煤及褐煤、农产品、机电产品等。其中，金属矿及矿砂121.73亿美元，原油116.01亿美元，煤及褐煤96.63亿美元，农产品85.10亿美元，机电产品39.22亿美元。

【对“一带一路”共建国家进出口国别情况】 2023年，福建省对“一带一路”共建国家进出口额超30亿美元的国家有13个。其中，印度尼西亚187.93亿美元，菲律宾95.72亿美元，越南92.98亿美元，马来西亚92.97亿美元，俄罗斯88.78亿美元，韩国87.72亿美元，沙特阿拉伯81.48亿美元，泰国69.20亿美元，智利55.58亿美元，阿联酋51.39亿美元，秘鲁49.88亿美元，新加坡45.54亿美元，意大利34.75亿美元。 （省商务厅）

利用外资

【概况】 2023年，福建省新设外商投资企业3721家，比上年增长36.2%；实际使用外资302.6亿元，下降6.5%，超过全国1.5个百分点。

【外资实际使用】 2023年，福建省南平市实际使用外资3.1亿元，比上年增长72.8%；平潭综合实验区4174万元，增长37.6%；漳州市28.4亿元，增长9.9%；厦门市139.8亿元，比上年下降3.1%；泉州市58.8亿元，下降5.6%；福州市64.6亿元，下降9.4%；三明市2.4亿元，下降41.8%；莆田市3.3亿元，下降56.6%；宁德市1.4亿元，下降61.5%；龙岩市5094万元，下降81.3%。

【制造业实际使用外资】 2023年，福建省制造业实际使用外资137.9亿元、比上年增长14%，占全省实际使用外资45.6%，其中高技术制造业实际使用外资50.4亿元，增长35.8%。其他增长较快行业有：机械装备业18.5亿元、增长40.8%，电子信息业48.2亿元，增长44.6%。第一产业实际使用外资11.7亿元，增长537.7%；第三产业141.7亿元，下降29%；高技术产业91.9亿元，下降14.3%。

【外国对闽投资】 2023年，“一带一路”共建国家（152国）对福建省实现投资29.7亿元，比上年下降41.2%，占全省9.8%；美国6106万元，下降57.5%，占全省0.2%；欧洲2.4亿元，增长7.9%，占全省0.8%；RCEP成员国（区域全面经济伙伴关系协定15个成员国组成的经济合作组织，包含印度尼西亚、马来西亚、菲律宾、泰国、新加坡、文莱、柬埔寨、老挝、缅甸、越南、中国、日本、韩国、澳大利亚和新西兰）16.2亿元，下降63.6%，占全省5.4%；东盟14.6亿元，下降64.1%，占全省4.8%；日本9850万元，下降67%，占全省0.3%。

（省商务厅）

国际经济技术合作

【对外直接投资】 2023年，福建省备案和核准非金融类对外投资项目404个，比上年增长27.4%；中方协议投资额（以下简称“投资额”）60.2亿美元，增长125.2%；实际对外投资额28.1亿美元，增长51.4%，规模居全国第八位。全年新设境外企业234家、分支机构9家，境外企业增资项目79个。

投资额1亿美元以上项目6个，投资额合计42.1亿美元，占全省的69.9%。其中，宁德时代新能源科技股份有限公司29.3亿美元投资匈牙利的宁德时代新能源科技（匈牙利）有限责任公司是投资额最大的单个项目。

从投资主体属地看，宁德对外投资7个项目，投资额29.88亿美元；福州109个项目，投资额13.05亿美元；厦门228个项目，投资额12.24亿美元；平潭综合实验区4个项目，投资额2亿美元；泉州21个项目，投资额1.52亿美元；漳州13个项目，投资额9305.66万美元；龙岩5个项目，投资额5090.14万美元；莆田7个项目，投资额1000万美元。福州、厦门、平潭3个自贸片区内企业对外投资项目55个，占全省的13.6%，投资额6.98亿美元，占全省的11.6%。

从备案金额看，欧洲地区为福建企业对外投资主要目的地，中方投资额31.68亿美元，占全省的52.6%。投向其他地区的情况为：亚洲18.66亿美元，北美洲9.23亿美元，南美洲4893.81万美元，非洲886.59万美元，大洋洲595.76万美元。对“一带一路”共建国家和地区投资项目171个，投资额36.73亿美元，增长104.3%。

从投资行业看，投向制造业、批发和零售业及信息传输、软件和信息技术服务业项目数量居前三位，分别为131、120和38个，占比分别为32.4%、29.7%和9.4%。投资额最大的行业为制造业，投资额43.17亿美元，占比为71.7%。

【对外承包工程】 2023年，福建省新签订对外承包工程合同65份，金额5.72亿美元，下降52.0%；完成营业额9.76亿美元，下降16.3%。对外承包工程项下派出劳务人员1421人次，增加395.1%，年末在外劳务人员2481人，下降2.6%。

对外承包工程业务分布在20个国家和地区，其中在亚洲地区完成营业额

3.84 亿美元、占 39.4%，非洲地区 3.08 亿美元、占 31.5%，欧洲地区 1.92 亿美元、占 19.7%，拉丁美洲地区 0.49 亿美元、占 5.1%，大洋洲地区 0.43 亿美元、占 4.4%。塞尔维亚、菲律宾和肯尼亚为完成营业额前三位的国家和地区，分别为 1.92 亿美元、1.78 亿美元和 1.05 亿美元。

2023 年，全省有对外承包工程实绩的企业共 15 家，其中福州 10 家、厦门 3 家、龙岩 2 家；4 家企业完成营业额超过 1 亿美元，分别是中国武夷实业股份有限公司、紫金矿业建设有限公司、福建省电力工程承包公司和中国电建集团福建工程有限公司。从完成营业额看，中国武夷实业股份有限公司以 2.80 亿美元位居全省第一。从新签合同额看，紫金矿业建设有限公司以 2.71 亿美元位居全省第一。

【对外劳务合作】 2023 年，福建省外派各类劳务人员 54538 人次，增长 19.7%，居全国首位。年末在外各类劳务人员 64314 人，增长 3.8%。外派劳务人员全年实际收入 11.33 亿美元，增长 7.8%。新签劳务人员合同工资总额 8.25 亿美元，下降 13.0%。全年共向 40 个国家和地区派出劳务人员，其中亚洲地区 47772 人次，占 89.4%；欧洲地区 2241 人次，占 3.1%；非洲地区 1773 人次，占 2.4%；北美洲地区 1067 人次，占 2.0%；拉丁美洲地区 826 人次，占 1.6%；大洋洲地区 305 人次，占 0.6%；其他国家地区 554 人次，占 1.0%。劳务人员实际收入总额 5.32 亿美元，占 46.9%；新签劳务人员合同工资总额 6.31 亿美元，占 76.5%。

【对外援助】 2023 年，福建省 5 家援外培训单位共承担实施 60 个援外培训项目。执行援外技术项目 5 个，分别是福建农林大学承担实施的福建省援巴布亚新几内亚东高地省菌草、旱稻技术项目和中国援卢旺达农业技术示范中心项目，福建正原菌草国际合作有限责任公司承担实施的全国援中非菌草技术项目、援斐济菌草技术示范中心项目和援巴布亚新几内亚菌草、旱稻技术项目。

（省商务厅）

闽台经贸合作

【概况】 2023 年，闽台贸易额 906.2 亿元，比上年下降 12.6%，占两岸贸易 4.8%。其中，对台输出 547.7 亿元，比上年下降 13.9%，占大陆对台输出的 11.4%，输出规模仅次于广东、江苏和上海；自台输入 358.5 亿元，下降 10.6%，占大陆自台输入的 2.6%，闽台贸易顺差额达 189.2 亿元。台湾地区对福建省实际投资 15.9 亿元，增长 20.6%，占全省 5.3%。

【台资企业发展】 2023 年，福建省新设台资企业 2117 户，比上年增长 45.8%，全国占比 27.1%；实际利用台资 10.4 亿美元（约 72.8 亿美元，含经自由港转投），增长 156.8%，全国占比 37.7%，新设台企户数和实际使用台资额继续列全国第一。台商持续看好福建良好营商环境和巨大内需市场，近 300 家在闽台企增资扩产。

【海峡两岸融合发展】 2023 年，福建省出台《关于经贸领域支持福建探索海峡两岸融合发展新路的若干措施》，措施包含 5 方面 14 条，推动海峡两岸融合发展。《对台湾地区小额贸易的管理办法》修订工作启动。商务部明确台企申报“老字号”可合并计算在台创立经营年限，并允许福建省台企补报“中华老字号”。金门高粱酒、正新、太祖、郑福星等 4 家台企品牌获评厦门市新一批“老字号”。“支持金马企业和在福建登记注册的台资企业申报福建老字号”，作为建设两岸融合发展示范区首批 15 条政策措施之一予以发布。年内，自贸对台先行先试，大嶝、平潭对台小商品免税市场商品扩容事宜获得财政部初步同意，将从 6 大类 33 种扩大到 7 大类 54 种。福州片区安居保障工程 363 名台胞入住，平潭片区台胞职业资格一体化服务中心完成台湾地区 393 项职业证书标准比对，厦门片区为台胞研发推出大陆首个“两岸通保”组合型保险产品。

【对台招商对接】 2023 年，福建省持续落实《台湾百大暨龙头企业招商工作方案》，推动闽台电子信息、石油化工、机械装备等优势企业产业链供应链价值链融合。跟踪推进一批重点台资项目，汇总梳理重点跟踪推进的台资项目 34 个、总投资 420 亿元，利用台资 230 亿元。会同有关地方走访促进厦门联芯、奇美化工、国亨化学、统一实业等龙头企业增资扩产。2023 年，联芯、奇美、茂晶光电、君龙人寿、国亨等先后到资 42 亿元、9 亿元、4.7 亿元、3 亿元、2.5 亿元。谋划产业对接，组织到江苏昆山、吴江等地招商，开展“知名台企福建行”“福建营商环境和台商投资机会推介”等产业对接活动，协助漳州、龙岩、平潭等地举办专场对接活动，为市县对台招商提供精确、有效服务。“9·8”期间，推动福建省医药集团与全国台企联大健康委员会就共同深化两岸中医药产业融合发展、打造两岸中药材集散中心等签署战略合作协议。

【支持对台贸易】 2023 年，福建省支持福州打造榕台跨境物流通道，支持厦门开通运营直达台北港的跨境电商海运快线，支持平潭对台邮件处理中心加快投用，以及海峡号、丽娜轮复航运营。调研推动莆田加快建设东南大宗商品储运基地。支持台北市商业会在福州设立联络处并开展业务。支持平潭与台企开展加工贸易合作，支持平潭规划建设两岸航线补给基地。协调厦门、泉州、平潭等地商务部门，推动当地企业与台东企业签订采购番荔枝等台湾水果协议，落实国家对台经贸政策调整。推动古雷石化公司乙烯对台输出纳入福建省统计范围。支持小额贸易创新发展，赴商务部沟通汇报，与福州海关沟通协商，争取小额贸易市场以电商模式在线销售、扩大市场经营范围、创新监管方式等。赴小额贸易口岸实地调研，推动暂停 3 年的对台小额贸易业务全面恢复。

【服务台企】 2023 年，福建省结合商务部两岸经贸融合发展调研和主题教育专题调研，深入走访各地台商协会和部分台企业，了解台资企业生产经营中状况和存在的困难问题及诉求。帮助台企金融纾困，深入宣传推介“台企快服贷”系列产品，推动设立闽台产业基金，帮助在闽台企业缓解融资难、融资贵问题。“台企快服贷”累计审核入池企业130多家，放贷资金超1.3亿元。指导建设京东“台企好物”平台，打造台企产品上线销售“直通快车”，支持台企参加广交会、晋江食交会、南安农订会、武夷山茶博会等展会和闽货华夏行等活动。在福品博览会上首次设立“台企好物”馆，组织20余家台企集中亮相，集中展销台企特色产品。

（省商务厅）

闽港澳经贸合作

【港澳企业发展】 2023年，福建省新设港资企业972家，比上年增长23.7%，实际使用港资176.6亿元。闽港输入输出总额407.9亿元，比上年下降16%。备案投向香港项目126个，增长26%，中方协议投资额11.8亿美元，增长158.9%。新设澳资企业131家，增长14.9%，实际使用澳资3901万元。闽澳输入输出总额5.4亿元，增长32.2%。备案投向澳门的项目1个。港澳地区对福建省实际投资177亿元，下降23.2%，占全省58.5%。福建省投向香港的项目有126个，投资额为11.78亿美元。

【港澳招商对接】 2023年6月，福建省领导率团访问港澳，举办闽港经贸合作推介会暨重点合作项目签约仪式，现场集中签约项目33个，总金额609.5亿元。访问期间，福建代表团与香港企业家举行座谈会，共同探讨两地展开产业协作的新机遇、新路径。开展“香港企业福建行”“2023闽港澳经贸交流会”等活动，持续推动闽港澳产业链、创新链等“多链融合”。

【闽港澳贸易交流】 2023年，福建省联合泉州市政府举办闽港纺织服装产业国际合作对接会，签约一批优质项目。支持举办“国潮泉州品牌香江行”活动，组织发动272家福建省企业参加2023年香港时装节、香港礼品及赠品展和香港时尚家居展，是疫后福建省企业赴境外参展中规模最大、参展企业最多的展会。

【闽港澳服务业交流合作】 2023年，福建省联合香港贸发局、澳门劳工局等机构，举办“香港开新篇”闽港交流研讨会等活动。协助开展澳门中联办行财部到闽开展厨艺学习交流活动，促进“新闽菜”与“粤菜”的交流合作。加强与普华永道、瑞丰德永等港澳服务机构对接交流，持续推进双方在招商引资、产业培育、决策咨询等方面合作。

（省商务厅）

开发区与保税区建设

【概况】 2023年，福建省有省级以上开发区98家，其中国家级24家（包括经济技术开发区、高新技术开发区、台商投资区、综合保税区等类型）、省级74家（包括经济开发区、高新园区、工业园区等类型）。自贸试验区实际使用外资26.7亿元，下降14.5%，占全省8.8%。其中，福州片区6.8亿元，下降29.5%；厦门片区19.5亿元，下降9.5%；平潭片区3623万元，增长3452%。福建省有厦门象屿综合保税区、厦门象屿保税区、厦门海沧港综合保税区、福州江阴港综合保税区、福州保税区、泉州综合保税区、福州综合保税区等。

【开发区发展规模】 年内，全省开发区内的营业收入30亿元及以上的制造业企业共173家，境内上市企业127家。全省开发区（不含海关特殊监管区域）的户均产业集聚水平为87.1%，较上年提高3.3个百分点。

【开发区土地利用】 截至2023年底，福建省开发区土地利用率69.2%，比上年提高26个百分点；综合容积率为1.2，与上年基本持平。工业用地固定资产投入强度620.78万元/亩，较上年增长6.6%；工业用地产出强度632.11万元/亩。年内，全省开发区实现工业用地地均税收29.73万元/亩，其中24个国家级开发区的地均税收为48.14万元/亩，增长11.7%。

【开发区开放带动】 2023年，全省开发区实际使用外资总额229.08亿元，增长24.2%，占全省的比重为75.7%，其中高新技术产业实际使用外资金额90.17亿元，增长31.5%。全省开发区实现进出口总额12508.64亿元，其中高新技术产品进出口额2937.42亿元，增长9.1%。

【科技创新】 截至2023年底，福建省开发区有国家级高新技术企业累计8755家，增加1816家；全省开发区的高新技术企业共完成主营业务收入15086.74亿元，增长7.2%。除综合保税区外的91个开发区拥有省级以上创新研发平台1092家，国家级孵化器、众创空间64个；期末有效发明专利数44299件，占全省数的比重为48.7%；户均规模以上工业企业R&D经费占主营业务收入比重为2.2%，提高0.3个百分点；财政对科技的实际投入额为107.25亿元，增长7.0%。7个综合保税区的期末高新技术企业数121家，增加17家；实现高新技术企业主营业务收入221.94亿元，增长1.4%。

【海关特殊监管区域整合】 2023年，福建省福州江阴港综合保税区、厦门海沧港综合保税区一期完成验收工作，获海关总署批复确认验收合格，同意封闭监管、开关运作。厦门象屿保税区与厦门象屿综合保税区已经获得国务院批准合并为新的厦门象屿综合保税区，福州保税区获国务院批准整合为福州长乐国际机场综合保税区。厦门象屿综合保税区、海沧港综合保税区（二期）通过验收，并将验收结果报海关总署。

完善跨境电商综合服务平台、物流、人才服务体系等生态圈，发展“跨境电商+产业带”模式，加快高质量海外仓建设，扩大福品闽货跨境电商出口。企业利用市场采购全国通关一体化试点扩大出口规模，推动综合保税区业务创新，促进高技术、高附加值维修业务落地，推动外贸综合服务、新型易货贸易、转口贸易、离岸贸易等发展。创新服务贸易发展机制，发挥数字福建优势，发展数字贸易。（省商务厅）

编辑：郑　莱

中国（福建）自由贸易试验区·福州新区

中国（福建）自由贸易试验区福州片区

【概况】 2023年，中国（福建）自由贸易试验区福州片区（以下简称“福州自贸片区”）新增企业2038个，注册资本总额243.9亿元，其中内资2002个、注册资本223.02亿元，外资及港、澳、台资36个、注册资本20.88亿元，实际利用外资0.97亿美元，区内税收75.55亿元；全区港口货物吞吐量7376.43万吨，集装箱吞吐量完成301.06万标准箱。

【体制创新】 2023年，福州自贸片区在投资贸易便利化、金融服务创新、对台合作交流、法治保障水平等领域推出41项创新举措，其中21项经省自贸办评估认定，全国首创8项。在中山大学发布的全国54个自贸片区“2022—2023年度制度创新指数”中，福州片区排名第13。

【重点产业发展】 2023年，福州自贸片区举办2023年中国（福州）跨境电商交易会，推动纵腾集团在机场新设跨境电商监管中心，促成泛鼎集团建设鼎菱跨境综合产业园。全年跨境电商进出口销售额总额50.81亿元，其中出口39.68亿元、进口11.13亿元。

整车进口。2023年，福州自贸片区引进国内创新的“一站式”汽车检测实验室，设立汽车业务专窗、运用“互联网＋海关”服务平台为汽车出口制定一揽子快速通关措施，引进上汽名爵和东南捷虎整车出口业务（含滚装出口与新能源汽车出口），2023年出口外贸汽车24250辆，出口二手车4801辆。

先进制造。2023年，马尾区成为全国首个产品批量完成鸿蒙适配的生态标杆区，区内物联网企业达254家，以物联网为龙头的新一代信息技术产业规模达420亿元。马尾区用户侧新型储能产业集群入选工信部中小企业特色产业集群名单，聚集产业链上下游企业超20家，产值突破180亿元。

金融创新。2023年，福州自贸片区落地全省首单大宗商品跨境人民币结算业务，2023年全年福州片区累计跨境人民币结算量（经常项下＋直接投资项下）501.76亿元。福州招银租赁有限公司在区内注册成立，实现福州市金融租赁公司项目公司“零”的突破。加快建设基金小镇二期，集聚135家私募基金管理人和464只公司型、合伙型私募基金，累计基金规模1821.3亿元。

【合作交流】 2023年，福州自贸片区推进“两岸中医药融合（栽培与利用）标准共通试点”，两岸机构协会完成共通标准的相关资料和数据采集。促成台籍医学硕、博团队在瑞科医药健康产业园成立2家台资企业。对台海运业务量实现541.74万票，比上年增长21.63％，货值达4.67亿元。深化闽台金融合作，创新两岸人民币特色金融业务（贸易融资相关），累计为企业提供

2023年1月26日，1110辆上汽名爵出口车辆在福州港江阴港区启程，运往墨西哥拉萨罗卡德纳斯港（林侃 摄）

位于马尾的中国（福建）自由贸易试验区中国·福州物联网开放实验室。摄于2023年7月 （福州自贸区管委会）

资金72.43亿元。

对外贸易往来。完成境外投资备案17项，中方投资额5亿美元。“闽都号”中欧班列开通中亚线路以及“墨西哥—江阴—俄罗斯”“台湾—江阴—俄罗斯”海铁联运线路，2023年班列开行17列，运载货物1864标准箱，承运货物货值3.96亿元。

【法制监管保障】 2023年，福州自贸片区制定印发《涉自贸区消费者权益司法保护工作指南》和《涉自贸区知识产权司法保护工作指引》，提升涉自贸区消费纠纷案件的审判质效。成立自贸区知识产权（涉台）法律保护中心，组建“自贸区知识产权保护办案组”，对自贸区企业知识产权进行全方位综合性保护。设立2家涉台检察联络室，聘任2名台胞担任涉台检察联络员，延伸台胞权益保障法官工作室服务范围。

（林仕锋）

中国（福建）自由贸易试验区厦门片区

【概况】 2023年，中国（福建）自由贸易试验区厦门片区（以下简称厦门自贸片区）的地区生产总值达1094.6亿元，比上年增长2.56%；厦门市海关特殊监管区域完成进出口2155.35亿元，增长14.6%；新增外资企业349户、注册资本195.14亿元。厦门自贸片区税收收入154.72亿元；地方级税收80.33亿元，增长3%；规模以上工业产值742.48亿元；限额以上批发零售业销售额10902.27亿元。

【制度创新】 2023年6月，国务院发布的第七批向全国复制推广的自贸试验区改革试点经验中，厦门自贸片区新增1项“航空货运电子信息化”；福建自贸试验区第20批创新举措评估结果中，厦门自贸片区新增16项全国首创；新增5项国家级、2项省级。至年底，厦门自贸片区累计推出创新举措558项、全国首创142项，有31项改革试点经验被全国复制推广。《依托国家文化出口基地推进两岸文化产业融合发展》入选商务部等部门联合评选的国家文化出口基地第三批创新实践案例，《厦门自贸片区助力跨境电商“销购全球”》入选第六届全省机关体制机制创新百优案例。

【对外开放】 2023年，厦门自贸片区打造“一带一路”开放合作引领区，59条“丝路海运”命名航线完成集装箱吞吐量242.2万标准箱，占全国“丝路海运”命名航线吞吐总量57.37%；中欧班列运行稳步回暖，重启俄罗斯返程班列，累计发运113列，货值31.04亿元。深化金砖创新基地建设，开通国内首条金砖城市跨境电商空运专线厦门—巴西圣保罗全货运航线，执飞超200架次；与巴西皮奥伊州投资促进局签署合作谅解备忘录，深化金融、贸易、人才等交流合作；举办“金砖投资贸易促进论坛”，吸引12家参会企业的第三国境外机构在自贸区银行开立人民币和多币种NRA账户（境外机构境内账户）。综保区建设稳步推进，在海关总署2022年度综合保税区发展绩效评估结果中，象屿保税区质量效益指标排名连续两年蝉联全国第一，象屿综保区、海沧港综保区首次跻身全国A类；综合保税区数字监管综合服务平台年内正式上线，截至2023年12月，“分类监管”业务累计过卡3.4万票，“内贸集装箱”业务累计过卡23万箱，“跨境电商”业务累计过卡3万票，“一般纳税人”累计进出区693票。

【两岸融合】 2023年，厦门自贸片区畅通两岸经贸合作，打造对台“厦金”海运快件物流新通道，新增海天港、海沧港综保区跨境厦金航线，开通厦门港首条对台出口跨境电商“大三通”海运快线（厦门—台北直航），2023年对台海运邮快件完成3.19万标准箱，比上年增长357.96%；创新对台金融开放，设立大陆首支自贸区数字人民币台企融资增信基金，推出大陆首个组合型保险“两岸通保”，落地全省首笔台胞通过台湾手机号开通数字人民币四类账户。促进台胞就业创业，联合海事部门推动开展大陆首个台胞到厦换取大陆游艇驾驶证便利化补差换证试点，打造“培训—考证—就业”一条龙服务机制，完成大陆首批海峡两岸国际邮轮人才联合培养项目，累计服务超百名台胞。设立厦门片区台商发展服务中心，为全市台胞台企提供两岸行业标准采信、两岸航运人才培养试点等七大类服务。

【产业发展】 2023年，厦门自贸片区新增注册企业6494户，注册资本662.09亿元；新增84个项目纳入合同签约项目管理，总投资额136.59亿元；望普莱斯、中远海运码头并购等一批重

2023 年 6 月 8 日，厦门自贸片区台商发展服务中心揭牌暨两岸行业标准共通服务平台上线仪式在厦门自贸片区举行　　　　（厦门自贸区管委会）

大项目落地。举办首届自贸片区产业租赁论坛、第十届中国—中亚合作论坛陆海联通与产业合作分论坛等大型产业论坛，借助第二十三届投洽会、2023 金鸡电影节开幕式暨厦门文化影视产业签约项目仪式等平台招大引强。片区企业上榜 2 家国家级绿色工厂、1 家省级绿色工厂，2 家国家级科技小巨人，6 家专精特新企业。14 家企业入选 2023 年省数字经济核心产业领域创新企业。调整推出供应链创新、跨境电商、集成电路、两岸青创等政策，兑现各类政策资金 7.4 亿元。

【创新发展平台建设】　2023 年，厦门自贸片区实施《福建自贸试验区厦门片区创新发展平台提升行动工作方案》。航空维修产业营业收入 121.60 亿元，比上年增长 46.9%；实现新增处置引进飞机 16 架次，新增引进特色租赁资产约 130 亿元，二手飞机租赁业务居全国第一；跨境电商进出口额 236.70 亿元，增长 65%；“国际有声阅读平台”“拉美中国文化巡回展”等 4 个项目入选商务部对外文化贸易“千帆出海”行动计划；实现新型离岸国际贸易业务量达 165.2 亿美元，上线并运行“环球供应链与离岸贸易金融服务平台”；截至 2023 年 12 月底，私募基金累计落地规模 1489.11 亿元，片区产业引导基金获“中国最佳创业投资引导基金 TOP30”；厦门生物医药平台依托专业人员和查验场地，为出入境高风险特殊物品量身打造通关服务，截至 2023 年 12 月，厦门生物医药平台进出口货值 3.76 亿美元，业务量 3730 单；以厦门“芯火”双创基地为平台，辐射厦门市 80 余家集成电路设计企业，厦门自贸片区集成电路产业实现产值 22.1 亿元。

【数字自贸区建设】　2023 年，厦门自贸片区数字口岸平台通过项目第二期验收进入试运行阶段，平台全面推动关级核心系统信创化，“智能云分流”应用以来共计直接分流 6000 余票货物，压缩待查验货柜在码头内装卸和运输次数达 50%，可为每票待查货物减少流转时间约 3 小时以上。厦门自贸片区进口商品溯源平台汇聚并生成近 500 种商品超 1300 万条进口商品溯源数据，实现“来源可查、去向可追、责任可究”的数字监管链条，片区企业综合信息基础平台已归集 10 多个部门、8 个业务系统数据，涉及自贸片区企业 680 多万条数据，对片区企业 5 万多家企业进行全景画像。建成集物流管理、资讯交流和商品展销于一体的厦门自贸片区数字国际酒类交易平台，包括线上交易、酒商中心、厦门市酒协、产业资讯等功能模块。2023 年，数字酒平台入驻企业 312 家，完成年度计划 104%；数字酒平台销售额 7.25 亿元（以 B 端客户为主），完成年度计划 145%。

【营商环境优化】　2023 年，厦门自贸片区推进跨境贸易便利化专项行动，在中国报关协会等组织开展的“中国十大海运集装箱口岸营商环境测评”中连续 4 年获评最优成绩。推广多式联运“一单制”试点工作和探索铁路运输单证金融服务应用，截至 2023 年 12 月底，累计“一单制”738 票、7332 标准箱，完成金融服务超 240 万美元。率先开展商事登记确认制改革，优化从开办到注销全生命周期的全程电子化登记模式，为商事主体提供一网流转、一表申报等服务功能，以登记确认制方式办理登记的企业达 3611 家；创新上线商事主体登记确认制自主公示平台功能，强化商事主体诚信自律意识。

【海丝中央法务区自贸先行区建设】2023 年，厦门自贸片区推进国际法务运营平台建设，落地国际商事争端预防与解决组织全球首个代表处、国家知识产权局专利检索中心厦门代办处、中国海事仲裁委员会、中国国际经济贸易仲裁委员会、海峡两岸仲裁中心、香港海事仲裁协会、香港国际仲裁中心、新加坡国际仲裁中心等国内外优质法务、泛法务知名仲裁服务机构。打造海丝国际法商融合服务基地，推出“3＋N”创新服务模式，集成国际商事海事争议解决服务、国际投资贸易法律服务、国际投资贸易保障服务，以及多元化专项服务中心（N 中心）。年内，150 多家法务、泛法务机构单位入驻基地。2023 年 8 月，中国海事仲裁委员会、自贸委、市贸促会、市律师协会共同发布《中国（福建）自由贸易试验区临时仲裁指南》，填补中国自由贸易试验区和自由贸易港临时仲裁实践指引的空白。

（厦门自贸试验片区）

中国（福建）自由贸易试验区平潭片区

【概况】　2023 年，中国（福建）自贸试验区平潭片区（以下简称“平潭自贸片区”）建立政策定期研究协调机制。推动建立自贸深改领导小组协调机制，全年组织召开自贸深改专题会 11 次，“一线放开、二线管住”海关监管模式、支持对台小额商品交易市场创新发展等政策取得阶段性突破，形成政策举措 10 余项。

改革顶层设计。制定年度要点，对两岸融合发展示范区意见、新总规重点政策内容进行细化分解，形成年度推进落实的重点政策、重大项目、重要活动清单，督促推进重点政策细化落实，协调相关部门及时向国家有关部委和省直相关部门沟通，全力推进重点政策落地，在国际邮轮航线开通等方面取得突破。

制度型开放措施实施。结合片区定位特色，制定《关于贯彻落实试点对接国际高标准推进制度型开放若干措施的实施方案》，建立区分管领导定期协调、区自贸深改办统筹督促、各部门具体推进工作机制，按直接适用、研究争取、重点应用分类推进政策落地，政策可实施率 72.2%。其中，特定暂时进境货物暂不缴纳税款入境、境外服务人员专业能力评估等 13 项措施取得初步成效。

先行先试。共有 17 项制度创新成果入选福建自贸区第 20 批创新举措，获评率达 70%，其中全国首创 8 项、对台创新 4 项，台胞职业资格一体化服务、民宿发展经验等制度创新经验获省直部门高度肯定，在省内推广应用。

【创新试验】 2023 年，平潭自贸片区针对对台小额贸易推出合并申报、叠加跨境保税展示交易等系列“小切口”通关改革，简化通关流程，对台小额贸易市场进口额比上年增长 5.3%。平潭口岸通关效率长期保持福州关区前列。“一线放开、二线管住”监管方案、小贸市场经营范围扩类清单上报国家部委，“免保退”负面清单优化调整有序推进。建成省内首个设区市级一体化大数据中心基础平台。启动建设全国首个实质性开展的跨境数据安全评估项目，全链条、全流程、一站式、智能化的数据跨境合作服务平台初具雏形，推进国际互联网专用通道申报工作。探索“融合法庭”机制，与江苏昆山法院互聘台胞特邀调解员 6 名，运用“融合调解”模式调解涉台纠纷案件 8 起。建立与国家贸仲委合作机制，共同出台支持将海峡两岸仲裁中心打造成为两岸处理经贸争议重要平台的政策措施。

对台全方位深化开放。深化台胞职业资格一体化服务中心建设，在广东、北京设立分中心，并获批成为全国唯一专门面向台胞的职业技能等级评价机构，累计向台胞发放各类采信证书 2314 本。授权开展台湾居民信息综合服务试点，率先推出台胞登记注册企业“全程网办”、台胞跨境移动支付等 10 项高频数字化应用场景，拓展台湾居民居住证社会面应用场景。实施台湾居民个税补贴“免申即享”，83 名台胞领取补贴。率先开展台胞担任非宗教社会组织负责人、法定代表人试点，落地省内首个由台胞担任法人的社会组织。全省率先推出全流程台胞医疗服务，创新推行台湾健保核退代办一体化服务，推进台胞在岚就医享受台湾地区同质化医疗服务。设立针对困难台胞的专项公益基金，开展台胞困难救助工作。加快布局建设全岛游艇码头，与台湾地区游艇产业对接合作，加快落地闽台游艇自由行政策。举办 2023 海峡漂移邀请赛等赛事。

国际旅游岛打造。2023 年，平潭国际旅游岛建设加快，推进旅游产品供给、旅游管理服务、旅游品质保障等水平提升，旅游总人数突破 1000 万人次、旅游收入破 100 亿元。举办国际风筝冲浪节、国际自行车公开赛、U18 女子垒球亚洲杯等一系列高水平品牌体育赛事。举办 ChinaGT 中国超级跑车锦标赛等多项品牌赛事，启动建设 F2 赛道，加快打造集汽车文化、赛车运动、主题酒店等于一体的汽车运动产业基地。将“蓝眼泪、星空、沙滩”等气象旅游资源转化为旅游生产力。完善民宿发展顶层制度设计，破解民宿连片开发、建筑风貌管理、开办经营等领域痛点问题，实现民宿开办经营有法可依、规模化发展，2023 年，平潭民宿产业实现总收入 2.31 亿元，增长 262%。

【重点平台建设】 2023 年，平潭自贸片区建立对台跨境电商出口退货中心仓，推广跨境电商保税展示体验试点。开发远程智能施封系统，推进电商领域危险品检验模式改革，制定出台跨境电商优化提升实施方案，加快推进跨境电商转型升级。全年跨境电商保税进口出区货值预计超 60 亿元，增长 60% 以上。

海峡股权交易中心。至 2023 年 12 月底，平潭自贸片区台资板累计挂牌台企 131 家、展示台企 3000 家，实现融资 23.17 亿元，成为全国区域性股权市场中服务台企数量最多的市场。平潭金融港累计引进企业达 1021 家，资产管理规模超 3000 亿元，2023 年入港企业纳税额约占全区税收总额 35%。

两岸影视产业合作。2023 年，平潭自贸片区聚焦全球高校青年影视创作力量，打造全域海岛影视取景地、IM 两岸青年影展品牌 IP，全年第三届影展吸引近 2000 部作品参展，入围作品的 1/3 来自台湾地区。获中国广播电视社会组织联合会授予“全国影视指定拍摄景地”，全年吸引 28 家剧组到平潭拍摄。

（杨腊梅）

福州新区

【概况】 2023 年，中国（福建）自贸试验区福州新区（以下简称“福州新区”）完成地区生产总值 3127.20 亿元，比上年增长 6.3%；规模以上工业增加值增长 5.6%；固定资产投资增长 3.0%；社会消费品零售总额 1110.29 亿元，增长 6.1%。

【福建新区体制创新】 2023 年，福州新区研究出台《关于进一步完善九大片区指挥部组织架构及工作机制的通知》等系列文件，构建片区指挥部运行体系，首批引进 14 家市属国企，合力推动片区开发。探索福建新区、长乐区、自贸区联动融合机制，聚焦投资、贸易、金融等重点领域和关键环节，梳理形成第 20 批创新举措 41 项（含全国首创 8 项），并成功落地福州首只 QFLP 基金——凯辉共创。

【项目建设】 2023 年，福州新区省重点项目 84 个、年计划投资 422.5 亿元，全年完成投资 472.5 亿元，超序时进度 15.4%；市重点项目 467 个、年计划投资1232.9亿元，福州新区核心区集中开工3批次57项重点项目，总投资约389亿元。

【基础设施建设】 2023年，福州新区加快建设地铁6号线东调段、地铁快线F1滨海段、机场第二高速、滨海高速一期、国道G228线松下至元洪段等，国道G316主线通车，加速形成与中心城区“半小时交通圈”。启动区内部建设，总长17.21千米、10个道路工程建成通车，推进浛屿路、文鹤中路等总长54.43千米、27个道路项目建设，保障下沙海滨度假村、福米恒美产业园等通行需求。“两库一洞三河”等重要水利项目加快前期工作，推进雨水、供水、污水等供排水系统一体化布局。

【产业升级】 2023年，福州新区大东海、恒申、永荣、中景、金纶等企业入围中国企业500强和中国民营企业500强。推动万华25万吨甲苯二异氰酸酯（TDI）、中景90万吨丙烷脱氢制丙烯等项目投产。建成全省最大中央储备粮长乐直属库粮食仓储物流项目，新招引立华涡流纺、恒申安科罗等项目。福米恒美偏光片全球首条8K超高清的第二生产线投产，福米贴片模组产出第一片产品，阿石创ITO靶材等重点项目加速推进，临空新型显示标准化（国际）园区初步形成完整产业链条。全球最大18兆瓦、超大容量直驱海上风电机组下线，新增竞配160万千瓦装机容量、总投资350亿元的海上风电项目。落地海西新药、宽腾医疗、上海机器人产业技术研究院等项目。举办福州国际医疗综合实验区发展论坛，聘任100余名专家组建“智囊团”。

【数字经济】 2023年，福州新区东南大数据产业园新增企业主体100家。落地福建大数据交易所，累计签约数商200多家，带动产值超100亿元。福建人工智能计算中心一期、福建大数据集团算力平台已建成算力230P，纳入全国人工智能算力战略体系。中国移动数据中心入选国家新型数据中心典型案例，福建省工业互联网发展研究中心、健康医疗数商总部基地挂牌成立。建成26平方千米数字车城和智能网联汽车科创基地，完成63个路口智慧化改造，开放15条测试道路，成为全省首个规模化智能网联道路建成区和自动驾驶场景落地示范区。

【城市品质提升】 2023年，福州新区持续完善“全链条”教育体系，天津大学一新加坡国立大学合作办学项目完成首届硕士招生，推进福州新区职教城一期阳光学院、外语外贸学院等滨海校区建设，建成群众路小学滨海校区并招生，加快建设福建师范大学附属滨海小学、福州第十九中学滨海校区。国家区域医疗中心引领效应更加凸显，华山医院福建医院累计开设44个专科门诊，接诊总人数超过67万人次，福建省康复医院滨海院区一期规划床位300张全面开放，全省最大市级疾控中心——福州市疾病预防控制中心新址正式启用。加快构建多元化住房保障体系，全国首个配售型保障性住房双龙新居实现开工，安置房六期和租赁房三期、四期竣工投用。

2023年，闽江河口湿地陆海统筹生态保护修复项目成功申报国家生态文明试验区资金补助，修复工程启动建设。持续推进建设沿海防护林和城市公共绿地，新增公共绿地面积26公顷，公共绿地养护面积超170万平方米。

【对外合作交流】 2023年，中国印尼“两国双园”围绕海洋渔业、热带农业等产业，形成“走出去”“引进来”项目34个、总投资近800亿元。胜田食品、宏港纺织等园区企业布局印尼，迈出“借船出海”重要一步。新设立“两国双园”经贸创新基地，全年吸引新增商贸服务企业270家，推动生成印尼水产、青椰、矿产等贸易项目28个，全年进出口贸易总额达76.52亿元，增长26.4%。举办2023年中国（福州）跨境电商交易会，“两国双园”控股集团设立100亿元基础设施建设基金，中国印尼产业合作研究中心及福建—印尼海洋食品联合研发中心挂牌运营。

【闽港合作】 2023年，福州新区依托闽港合作咨询委员会，围绕“福建所需、香港所长”，开展线上线下考察交流80余场次，研究谋划建设香港数据容灾和存储中心、促进闽籍企业赴港发债上市等40多个合作事项，签约招赢数字股权投资基金、闽港国际贸易中心等18个、总投约85亿元的重大合作项目。承办第六届数字中国建设峰会闽港数字经济合作论坛，喜相逢集团于香港主板正式挂牌上市，成为首个受益于闽港合作平台服务、成功赴港上市的闽籍民营企业。

【两岸交流】 2023年，长乐国际机场复航3条福州—台湾航线，榕马“小三通”（指福建省与金门、马祖之间进行小规模的通商、通航和通邮）客运航线全面恢复到疫情前运力水平。恒美偏光片、光隆商务用车（新能源）零部件制造等一批重要涉台项目相继落地。建成福州新区两岸融合社区，面向台胞提供公租房房源200余套。两岸“三创”基地新增台青创企业（团队）46个，吸纳台湾青年358人。

【福州新区元洪功能区】 2023年，元洪功能区102家规模以上工业企业实现规模以上工业产值302.98亿元，比上年增长7.3%；固定资产投资47.95亿元，增长52.7%，其中工业固定资产投资25.73亿元，增长34%。新增道路9千米，开工建设海城路拓宽改造工程，启动首溪河道改造等水利工程，实施7条道路配套提升工程。启动元洪学校及幼儿园、元洪医院等项目建设，推进食品大学报批，加快搭建“产学研用”合作平台。开工建设元洪作业区1号、2号码头泊位，完成元洪第一污水处理厂三期扩建工程以及配套尾水管道改造工程。

（万粒）

编辑：郑　菜

2024 福建年鉴 FUJIAN YEARBOOK

教育

综 述

【教育事业年度发展】 2023 年，福建省有各级各类学校（不含技工学校、职业技术培训机构、成人初等学校，下同）1.53 万所，在校生 930.51 万人，毕业生 239.42 万人，招生 248.85 万人。各级各类学校教职工 72.02 万人，其中专任教师 57.17 万人。全省教育系统开展学习贯彻习近平新时代中国特色社会主义思想主题教育和“深学争优、敢为争先、实干争效”行动，实施教育领域综合改革，构建高质量教育体系，推进教育强省建设。教育事业主要指标持续上升，学前三年入园率 99.21%、高出全国平均水平 8.11 个百分点，九年义务教育巩固率 99.49%、高出全国平均水平 3.79 个百分点，高中阶段毛入学率 97.24%、高出全国平均水平 5.44 个百分点，高等教育毛入学率 64.3%、高出全国平均水平 4.1 个百分点。高校毕业生就业创业工作获国务院领导批示，“双减”政策落实、闽台教育融合、心理健康教育等工作在全国会议上作典型发言 12 次，获央视等国家级主流媒体报道推介 6 次，获中央教育工作领导小组秘书组《教育工作情况》刊发数位居全国前列。

【党建思政】 2023 年，福建省教育系统深化“一融双优”（即推进高质量党建与高水平事业发展之间的深度融合，以实现党建优和事业优）党建模式，公办高校 99.4%院系实现党政班子交叉任职、98.9%教师党支部配备“双带头人”（指既是党建带头人，又是学术带头人）支部书记，86.87%符合条件的公办中小学建立党组织领导的校长负责制，相关做法获中央组织部《组工信息》刊发。

全省教育系统学习贯彻习近平文化思想，省委书记周祖翼、省长赵龙等省领导带头到高校上思政课。全省高校全面开设“习近平新时代中国特色社会主义思想概论”课，遴选建设“习近平与福建教育故事”思政课金课 100 堂。举办全国中小学党建思政工作会议。由福建省委宣传部、省委教育工委统筹指导，厦门大学牵头联动厦门市集美区、同安区、翔安区和泉州市南安市，成立福建省大思政课研学实践圈试点建设协同中心，开展“行见八闽”大思政课研学实践圈试点建设，试点经验被新华社、《光明日报》、《中国教育报》报道，并获评第四届党建创新成果展示交流活动全国“百优案例”。

全省教育系统整体部署推进主题教育，创新“五结合七联动”（即校内与校外、课内与课外、线上与线下、课本与剧本、讲台与舞台相结合，联学、联讲、联行、联创、联演、联赛、联展）等学习形式，编印《习近平总书记在福建工作期间关于教育重要论述的孕育与实践摘录》等特色资料，相关做法获中宣部、中央教育工作领导小组等主办的刊物推介。

【体育美育】 2023 年，福建省教育厅组织调研、探索推进体育美育评价改革，以督导、考评等为抓手，推动全省中小学配齐体育美育教师。联合省体育局等部门印发《福建省学校设置教练员岗位的实施办法》，解决优质师资不足的问题。试点向社会开放 301 所学校体育场地，全省累计 955 所。深化学校体育赛事体系改革，联合省体育局举办田径、游泳、足球等赛事活动 73 场，参赛超 2 万人次。完成第一届全国学生（青年）运动会组队参赛工作，举办 18 场省内选拔赛，遴选 304 名运动员、教练员组建福建省代表团参加 9 个大项 174 个小项决赛，获得 9 金 4 银 11 铜，打破 2 项全国纪录、1 项省纪录，在全国 34 个省级代表团中列第 10 位。

实施美育浸润行动计划，开展 10 所高校与 47 所中小学美育结对帮扶工作；实施高校优秀原创文艺节目扶持计划，扶持 20 所高校 22 个优秀原创作品，示范带动高校文艺创作。举办第七届福建省大学生艺术节，收到作品超过 870 件，参与学校 75 所，遴选 121 支队伍 4000 多名师生参加省级现场展演。联合省文联举办第五届福建省大学生戏剧节暨第七届福建省大学生艺术节戏剧展演，全省高校 106 件作品参加，举办 13 场专场展演。持续推进高雅艺术进校园活动，组织 6 个专业省属院团和 6 个高校学生艺术团赴全省 79 所学校开展戏剧、音乐、舞蹈等演出交流活动 82 场次。联合文旅部门举办“大美戏剧八闽校园行”系列活动，带动各级各类学校传承弘扬中华优秀传统文化。

【中华优秀语言文化传承弘扬】 2023 年，福建省深化“书香墨香校园”建设，举办福建省第五届中华经典诵写讲大赛，参赛突破 3 万人次，遴选 650 多件作品参加国赛，决赛成绩名列前茅。举办“2024 中国诗词大会”福建赛区选拔赛活动。依托厦门大学等 4 个国家通用语言文字推广基地开展“经典润乡土”活动。遴选推荐 5 所学校参评第三批国家通用语言文字推广基地，其中三明学院通过实地考察验收。在全国首次推广国家通用语言文字表彰大会上，福建省 3 个先进集体和 8 个先进个人受到表彰。部署开展 2023 年 35 个点口头文化语料转写任务，2022 年度“语保工程”39 个点口头文化语料转写数据全部通过国家语保中心终期验收。年内，《中国语言资源集·福建》出版，共计 5 卷 12 册 500 余万字，填补福建方言缺少系统性、权威性著作的空白。

【劳动与社会实践教育】 2023 年，福建省教育厅加强大中小学劳动教育，学校 100%开设劳动教育课程，98.3%的学校具备劳动实践体验场所。组织 5 个设区市开展 2023 年中央专项彩票公益金中小学生校外研学实践活动项目申报与预算编制工作，厦门市、晋江市、三明市的 3 个研学实践教育基地营地获选活动资助对象。遴选建设第六批 13 个中小学生研学实践教育基地营地和第四批 8 个中小学生劳动教育实践基地，遴选建设 60 个第五批中小学劳动教育实践特色项目。研发全省校外研学教育管理系统，汇编出版青少年校外活动中心、中小学生社会实践基地、中小学生研学实践教育基地营地、中小学生劳动教育实践基地资料。组织开展福建省中小学劳动教育学科义务教育课程和课程标准培训班。召开全省大中小学劳动教育研讨推进会，集结编印全省各地各校劳动教育经验做法，发布福建省《劳动教育指导手册》（小初高版）。经验做法得到教育部肯定，福建省泉州市安溪县在全国中小学劳动教育实验区座谈会上作典型介绍。

【心理健康教育】 2023 年，福建省教育系统推动心理健康教育教师队伍建设，遴选建设第四批 60 所中小学心理健康教育特色学校和 20 个心理健康教育名师工作室。开展春季、秋季学生心理健康状况普测，召开 2023 年春季学期全省学校心理健康教育工作部署会、全省职业学校和本科高校心理健康教育工作现场推进会，举办全省高校思想政治工作队伍心理健康教育专题培训，出台《关于进一步加强学生心理健康教育工作的通知》。联合省委宣传部等 11 个部门举办“聚力心育健康成长”——构建“大思政”教育福建区域暨福建省“5·25”学校心理健康教育月启动仪式及相关系列活动。联合清华大学举办福建省“积极心理幸福教育”家庭教育公益活动。年内，福建省在全国学生心理健康工作视频会上作典型经验发言。

【家庭教育】 2023 年，福建省教育厅依托福建开放大学成立福建省学校家庭教育指导服务中心，晋安区、泉州市、漳平市获评全国学校家庭社会协同育人实验区，遴选建设三明市三元区教育局等 5 个省级学校家庭社会协同育人实验区，相关做法获《中国教育报》报道。遴选建设 20 个第三批家庭教育典型案例和 20 个家庭教育特色学校。以“大手牵小手适应新学期”为主题，在开学前创新开展“开学家长第一课”，全省家长逾 300 万人次在线观看直播，相关做法获《人民日报》、《光明日报》、“学习强国”等报道。

【教育综合改革】 2023 年，福建省教育厅制发《关于进一步推进教育评价改革的通知》等文件，推进教育评价关键领域改革。制发《福建省幼儿园保育教育质量评估实施方案》《福建省普通高中学校办学质量评价实施方案》《福建省特殊教育办学质量评价实施方案》等文件，组织召开全省深化教育评价改革工作推进会，推进评价方案实施。督促落实《福建省贯彻落实党的二十大精神纵深推进全面深化改革的实施方案（2023—2025 年）》，推送“2023 年福建省改革优秀案例”6 个，协调推进 6 所高校管理体制改革。

【教育督导机制体制改革】 2023 年，福建省教育厅组织编写《市县两级教育督导体制机制改革调研方案》，实施问卷调查、重要文献研究，走访九市一区和部分县（市、区）等，召开座谈会 10 余场，深入研究市县两级教育督导体制机制改革，健全“逐级全覆盖、跨级重抽查、本级促协同”教育督导体系，发布教育质量监测报告，遴选市县教育督导体制机制改革典型经验。召开市县两级教育督导体制机制改革研究实地调查研究座谈会，对市县两级教育督导体制机制情况进行分析，启动正向激励机制予以通报表扬。福建省教育督导体制机制改革经验做法在 2023 年全国教育工作会议上交流发言，并获教育部简报专版刊发。

【教师队伍综合管理改革】 2023 年，福建省教育厅探索基础教育教师队伍建设改革的新思路和新举措，形成完善试点改革方案，推动厦门市入选国家基础教育教师队伍建设改革试点（全国仅 10 个）。实施高校人员控制总量管理改革，通过“一校一核”的方式完成高校人员控制总量核定工作，省属公办高校共新增人员总量 7500 个。修订完成高等学校教师、高等学校实验技术人才、中等职业学校教师等多个系列职称评价标准。实施中小学教师“县管校聘”改革，补充公办中小学幼儿园教师 1.8 万人，启动中小学幼儿园教师职称评价标准修订。弘扬教育家精神，选树优秀典型，评选表彰省级优秀教师和教育工作者 848 人；漳州市实验小学兰臻获全国教书育人楷模（全国仅12人）。年内，63个项目获国家教育教学成果奖，其中基础教育一等奖实现“零”的突破、职业教育获奖数较上届增长60%、高等教育获奖数是上届的2.5倍。

【教材建设与管理】　2023年，福建省教育厅制发全省大中小学教材委员会2023年工作要点，开展各级各类学校教材建设和管理工作情况调研，调研报告获省委领导批示肯定。首次开展教材管理人员省级培训研讨，参培人员近200人。

教材使用。印发《关于做好进一步推进习近平新时代中国特色社会主义思想进课程教材有关工作的通知》，部署各地推动习近平新时代中国特色社会主义思想进课程教材实施工作落地落实。下发《关于报送2021—2022学年“马工程”重点教材统一使用情况的函》，指导高校推进“马工程”重点教材“应用尽用”。印发《关于做好中等职业学校思想政治、语文、历史教学用书统一使用工作的通知》，部署各地各校落实教育部中职三科课程标准要求。9月，教育部专题调研组到闽调研，对福建省思政课程教材落实工作给予肯定。

教材管理。印发《福建省中小学教材选用管理实施细则》，进一步规范教材选用工作，保障教学秩序。开展《海西家园》《公共安全教育》等地方课程教材常规性修订工作，并组织专家对修订申请进行审定。印发《关于加强中小学生课外读物进校园管理的通知》，规范进校园课外读物日常管理。部署落实中小学教辅材料和课外读物进校园负面清单管理制度，保障学生身心健康。5月，教育部副部长王嘉毅带队到闽调研肯定福建省教材建设管理工作取得的成效。

【资助帮扶育人】　2023年，福建省级及以上财政下达学生资助资金27.77亿元，较上年增长9.68%，惠及学生99.93万人（不含享受义务教育普惠性政策学生人数）。全年发放国家助学贷款19.15万笔，比上年增长12.64%；贷款金额20.07亿元，增长29.57%。帮助家庭经济困难毕业生尽快就业，对2023年及以前年度毕业的贷款学生2023年内应偿还的国家助学贷款利息予以免除。联合出台《福建省家庭经济困难学生认定办法》，识别比对全省已脱贫、低保家庭、残疾等学生21.3万人（已脱贫及监测对象学生6.5万人），并落实学生资助政策。率先在全国范围内建立事实无人抚养结对帮扶信息系统，实现对事实无人抚养儿童的“一对一”定制化帮扶和精准帮扶。年内，帮扶系统存录9457名事实无人抚养学生信息，成功结对9164名学生，结对率96.99%。持续实施“实事助学基金会”福建项目，继续开展黄廷方奖学金、华安公益助学金评审，开展“向阳花开”新华小作家暑期研学活动。

【教育普法宣传】　2023年，福建省教育厅组织开展全省学生“学宪法讲宪法”系列活动。9月22—24日，第八届全国学生“学宪法讲宪法”活动福建赛区总决赛在泉州举行，福建省代表队获总冠军1个、一等奖2个、二等奖6个、三等奖3个，福建省获优秀组织奖。全省560万名大中小学生参加网上学习和“宪法卫士”行动计划，参与数量位居全国前列。进一步加强中小学法治副校长聘任与管理工作，联合省高院举行聘任省高院高级法官担任学校法治副校长仪式，并通过线上向全省直播。邀请省委政法委负责人为“百名法学家百场报告会”高校专场作主题报告。联合省司法厅、福建师范大学在福州市钱塘小学共同举办第六届“情暖童心　法治护航”暨“蒲公英进校园”民法典宣传月主题活动。

【教育交流合作】　中外合作办学。2023年，福建农林大学戴尔豪西大学联合学院（非独立法人中外合作办学机构）获批，实现福建省引进世界排名300名以内高校举办中外合作办学机构的新突破。天津大学—新加坡国立大学福州联合学院校区启用，化学、化工、物理等3个专业首批国内硕博士生入驻，并启动招收留学生工作。

闽台教育融合发展。福建省在全国率先试点开展依据台湾“分科测验”成绩招收台生，10所高校先行试点。新增1所、总数达9所本科高校具有单独招收台生资格，新增2所、总数达26所高校开展依据台湾“学测”成绩招收台生，新增9所、总数达28所高校开展依据台湾“统测”成绩招收台生。至年底，全省有具备招收台生资格高校38所，全日制在读台生1863人。年内，厦门大学举办为期5天的“情牵厦金”

2023年7月27日，第二十二届海峡两岸大学生辩论赛在福州落幕，台湾彰化师范大学夺冠，福建师范大学、海南大学分别获得亚军、季军。图为台湾彰化师范大学、福建师范大学比赛现场　（刘广锋　摄）

两岸青年学子文化研习营，53 名台湾师生到闽参加活动。福建理工大学的闽台青年南岛语族文化根脉交流研习营等交流活动获得社会好评。福州大学、华侨大学、集美大学、闽南师范大学等高校围绕传统文化、创新创业、艺术创意等领域设立对台交流项目，吸纳 800 余名台湾青少年到闽参加活动。

闽港澳教育交流。2023 年，福建省推动闽港澳高校在人文、科技、文化等领域的交流合作，形成覆盖高校、中小学的全体系交流格局。2 月，省教育厅与澳门旅游学院签订教育交流合作协议，推动省内高校探索旅游人才合作培养新领域。华侨大学、泉州师范学院等省内高校与香港科技大学、香港理工大学、澳门大学等高校举办国际中文教育研讨会。集美大学与香港海事局联合举办“伴你启航”闽港青少年双向交流活动等。厦门理工学院等高校与澳门福建总商会、澳门大学联合举办“闽港澳大学生海丝文化研学夏令营”等活动。推动闽港澳中小学缔结姊妹校，支持姊妹校间开展形式多样的学科教研、教师培训、文体竞赛等活动。香港《镜报》、福建师范大学等共同建设“闽港澳台侨社会责任推广基地”，开展“闽港澳青少年社会责任推广大使评选”活动。9 月 2 日，香港理工大学晋江技术创新研究院在晋江市揭牌，开启校地合作新模式。

【教育数字化建设】 2023 年，福建省教育厅等六部门联合印发《福建省教育数字化战略行动三年实施方案》。省教育厅推进福建智慧教育平台优化升级，持续深化国家和福建智慧教育平台应用工作，福州格致中学和福建技术师范学院入选国家智慧教育平台应用首批十大典型创新案例。开展“智慧教育试点区”“智慧校园试点校”建设工作，首批遴选福州市鼓楼区等 5 个省级“智慧教育试点区”和福州市格致中学等 40 个省级中小学“智慧校园试点校”，面向高等学校和中职学校启动第二批省级“智慧校园试点校”申报遴选。督促指导福州市推进国家“智慧教育示范区”创建工作，初步构建“1＋4＋N”（1 个重点平台——福州市教育管理公共服务平台，4 个重点系统——智慧校园综合管理系统、教师职业能力建设管理系统、教育装备应用运维管理系统、“榕教之窗”系统，N 个子系统）智慧教育新生态。省教育厅会同有关厅局，指导福州大学、华侨大学推进国家“5G＋智慧教育”应用试点项目。福建信息职业技术学院“工程测量线上线下一体化教学应用实践共同体”以优秀成绩通过教育部验收。组织开展 2023 年“基础教育精品课”评选活动，省级推出“精品课”835 节，其中 310 节入选部级精品课。支持并指导南安市依托广电网络云平台创办福建省特殊教育资源中心南安云端学校，提供“送教送康”安置服务，实现优质特殊教育教学资源的跨时空共享。（郑锦）

基础教育

【概况】 2023 年，福建省有幼儿园 8165 所，在园幼儿 135.44 万人，专任教师 10.04 万人；小学 4886 所，在校生 369.79 万人，专任教师 20.90 万人；普通初中 1281 所，在校生 157.70 万人，专任教师 11.81 万人；普通高中 598 所，在校生 80.37 万人，专任教师 6.14 万人；特殊教育学校 76 所（不含幼儿园），在校生 3.06 万人。年内，明溪、泰宁、柘荣、长泰 4 个县（区）通过学前教育普及普惠县国家督导评估，厦门市湖里区通过“义务教育优质均衡发展县”国家督导评估。

学前教育优质普惠。2023 年，福建省将城镇公办幼儿园结构优化与质量提升工程项目列为省委省政府为民办实事项目，建设城镇公办幼儿园 195 所。全省公办园在园幼儿占比 61.66%，普惠性幼儿园覆盖率 94.57%，均高于全国平均水平。鼓励各地开展各级示范性幼儿园创建工作，确认福州市台江区鳌峰幼儿园等 13 所幼儿园为“福建省示范性幼儿园”。推动幼儿园课程游戏化和幼小科学衔接。省教育厅印发《关于开展幼儿园优秀游戏案例评选活动的通知》，共评选出优秀案例 180 篇。组织开展全省第十二个学前教育宣传月活动，遴选报送教育部 62 个学前教育宣传月视频征集案例，“学习强国”、教育部官网给予宣传报道。11 月 12 日，教育部官网推介福建省学前教育普及普惠工作经验。

义务教育优质均衡发展和城乡一体化。2023 年，全省各级政府将义务教育摆在“重中之重”优先发展的战略地位，支持 12 个先行创建县（市、区）探索县域义务教育优质均衡发展的实施路径，省级安排经费对义务教育优质均

2023 年 11 月 23 日，福州第七中学“同上一堂课，共筑伟大中国梦”城乡一体化专递课堂现场（刘广锋　摄）

衡先行创建县进行奖补。完善集团化办学运行机制，全省义务教育阶段共成立439个教育集团，涵盖2382所学校，各地总结一批集团化办学改革经验。推进城乡义务教育一体化改革发展，建成955个城乡紧密型教育共同体，确认省级义务教育管理标准化学校527所，累计81.51%的义务教育学校实现管理标准化。全省累计1600个乡村学校建设成温馨校园，遴选第五、第六批教育部和省级乡村温馨校园建设典型案例，省级及以上温馨校园典型案例总量达124个。年内，《福州以集团化办学改革推动基础教育优质均衡发展》被中央改革办《改革情况交流》采用刊发、向全国推广。

普通高中优质特色发展。2023年，省教育厅组织专家开展省级达标高中复评和现场评估（考察），3所学校通过省一级达标高中复评、8所学校晋升省一级达标高中、1所学校晋升省二级达标高中，对6所新申报晋级一级达标高中进行现场考察。组织专家到示范性普通高中建设学校开展调研指导，引导示范性普通高中建设学校打造高品质特色发展样板校。遴选确定13所省示范性普通高中，继续指导59所示范性普通高中和示范性普通高中建设学校对口帮扶211所薄弱中学工作。实施县域高中发展提升计划，遴选24所县域高中进行总金额2600万元的经费补助，改善县域高中办学条件，提高县域高中学位供给能力。

特殊教育适宜融合发展。2023年，省教育厅实施“十四五”特殊教育发展提升行动方案，持续改善特殊教育学校办学条件。支持武夷山市等地新建特殊教育学校，组织对8所特教学校开展标准化评估。至年底，全省30万人口以上特教学校基本实现县域布点全覆盖，20万人口以上县（市、区）特殊教育学校覆盖率91.3%。组织开展2023年适龄残疾儿童少年义务教育入学情况初核、安置、监测等工作，2023年全省义务教育阶段残疾儿童少年入学安置率连续四年保持在99%以上。出台《关于加强残疾儿童少年义务教育阶段随班就读工作的通知》，健全完善残疾儿童筛查鉴定、“一人一案”分类安置等制度保障，深化融合教育发展。开展特殊教育教师融合教育能力、国家通用手语等专项培训，组织特教教师参与特殊教育教师教学基本功展示、融合教育优秀教育教学案例遴选，创新推广优秀教学成果，5个案例入选全国优秀教育教学案例。

2023年9月28日，“学习新思想，做好接班人”福建省中小学生主题阅读活动在福州启动 （刘广锋　摄）

【中小学德育】 2023年，福建省教育厅遴选建设第四批50个“一校一案”落实《中小学德育工作指南》典型案例。遴选确定100个中小学学科德育精品项目，将德育内容有机融入各门课程教学中。部署开展中小学班主任和思政课教师基本功展示交流活动，遴选中小学思政课“金课”，打造思政课一体化教育样板。开展中小学思政课教学资源项目建设，结合省中青年教师教育科研项目基础教育研究专项，开展中小学思政德育课题研究。开展“学习新思想做好接班人”“学雷锋学模范”等德育品牌活动，开展未成年人思想道德建设工作调研，实施青少年读书行动，开展书香校园创建。年内，省教育厅承办全国中小学党建德育工作会议，福州市在会上交流经验做法。

【基础教育改革实验】 2023年，福建省教育厅继续支持和指导三明市、龙岩市创建教育部基础教育综合改革实验区。年内，福州市高新区入选教育部完善普惠性学前教育保障机制实验区，南平市邵武市、厦门市思明区入选教育部幼儿园保育教育质量提升实验区。确定福州市鼓楼区等20个县（市、区）为福建省基础教育综合改革实验区。确定福州市麦顶小学等112所学校为福建省义务教育教改基地校，推广应用优秀教改成果。

【考试招生制度改革】 年内，福建省教育厅出台2023年中小学幼儿园招生工作文件，首次将幼儿园招生纳入省级招生工作文件，2023年新增适龄儿童全部入学。督促各地完善义务教育免试就近入学和中小学“公民同招”政策，推动落实普通高中属地招生政策，进一步减少跨地区招生数量。各地按照“2025年各地分配比例逐步提高到不低于70%”目标，进一步提高优质普通高中招生指标分配到校的比例，并向农村初中和薄弱初中倾斜，年内，福州市、厦门市、漳州市等地已较上年提高比例。全省各地公开发布高层次人才子女入学申报渠道、办理程序，为持有福建省引进高层次人才证的人员申请子女就读优质公办幼儿园或义务教育学校提供便利。省教育厅会同省军区政治工作局落实军人子女入学优待政策。

【国家课程方案和课程标准落实】 2023年，福建省教育厅开展两轮义务教育课程方案和课程标准省级培训，分学段分学科组织开展覆盖义务教育阶段校长、教师、教研员、教育行政人员等参加培训，覆盖义务教育阶段15个学科共40场次，线下参训学员4000余人次，线上参与人员311.13万人次。组织开展普通高中新课程新教材实施专项视导工作，组织各地各校高中教师参加教育部开展的2023年普通高中三科统编教材培训。推进各地各校抓好首届实施新课程新教材的高三毕业班教学备考工作，开展2023届普通高中毕业班教学视导工作，推进各地深化高中毕业班复习教学改革；举办推进县域普通高中建设暨毕业班教学工作培训班，指导县域高中毕业班教学工作。

【"双减"政策落实见效】 2023年，福建省教育厅将"双减"（减轻义务教育阶段学生过重作业负担和校外培训负担）工作列入主题教育专项整治问题清单，完善工作机制。总结宣传各地各校好案例好做法，遴选推广省级3批47个落实"双减"工作典型案例。联合14个部门出台《关于加强新时代中小学科学教育工作的二十条措施》，全面部署在教育"双减"中做好科学教育加法。福建省校外培训治理经验在全国校外培训监管政策创新与实践培训班上作交流发言，《福建省以主题教育专项整治推进校外培训治理工作见成效》等系列案例获评全国"双减"工作优秀案例。

中小学校内提质增效。2023年，福建省开展义务教育阶段作业设计评选活动，1003个项目获评优秀作业设计。继续将课后服务纳入省纪委监委"点题整治"项目重点推进，出台深化整治城区中小学课后服务质效不高问题、满足学生和家长多样化需求的工作方案，以及实施2023年课后服务"点题整治"工作等相关文件，进一步强化学校育人主阵地作用，推进课后服务提质增效。全省参与课后服务学生436.27万人，城区义务教育阶段开展"2＋3"（"2"指作业辅导和体育活动，"3"指从科普、文艺、劳动、阅读、兴趣小组及社团活动等拓展服务中选3个项目）及以上课后服务模式的学校占比98.46%，城区义务教育阶段开展科学教育类活动的课后服务学校占比93.19%。开展实验说课比赛、小学科学案例评选等活动，"组合拳"系统推进学校教育质量提升。

中小学校外教育培训监管。2023年，省教育厅、省市场监督管理局等16个部门联合开展"深化整治校外培训机构不规范问题减轻中小学生课外负担"工作，制发工作方案，建立完善校外培训整治机制。先后对38个区县开展校外培训治理工作实地调研和监督指导。13个部门联合印发《福建省规范面向中小学生的非学科类校外培训工作实施方案》，公布《面向中小学生的非学科类校外培训清单目录》，将非学科类校外培训机构行政许可事项实施机关调整到相关行业主管部门，全省各地共新审批非学科类校外培训机构924家。开展校外培训"监管护苗"2023年暑期专项行动，全省累计出动人员1.4万余人次，实施明察暗访，抽查校外培训机构11539个次。加强学科类隐形变异培训防范治理，集中公布监督举报电话和邮箱，全省累计接到投诉举报问题线索1838条，均第一时间100%落实核查处置。打击在职教师违规开办校外培训班、有偿补课等行为，各地发现并查处中小学在职教师参与违规校外培训问题6起，对涉及的8名教师分别予以通报批评、记过、开除等处分；并对查处的典型案例进行曝光，全省各地公开通报查处案例114起。组织开展校外培训监管数据稽核专项行动，全省共完成机构稽核4676家（含已注销、转型等），完成率100%，对全省1658家合规校外培训机构进行全纳监管。组织开展校外培训"平安消费"专项行动，规范培训收费管理和预收费监管，全年退回1744名学生培训费119.04万元。开展"中小学生校外培训材料规范管理年"工作行动，实行分级分类管理，全省累计排查培训材料8174册，发现问题材料12册43处，立即责令整改，防范违规培训及超纲超前培训。省教育厅、公安厅等6个部门联合开展"安全守护"专项行动，建立健全安全管理制度，守护中小学生校外培训安全。针对面向中小学生违规竞赛活动开展专项治理工作，建立健全违规竞赛问题联合查处工作机制。

【中小学生创新素养培养】 2023年，福建省教育厅与省科协等单位共同开展福建省青少年科技创新大赛、"科普活动希望行"系列活动和青少年科学调查体验活动等，与省科协联合开展2023年福建省中学生"英才计划"遴选工作。组织普通高中学生参加中国国际大学生"互联网＋"创新创业大赛萌芽赛道比赛，省级共评出创新潜力奖10个、创新鼓励奖10个、创新入围奖20个，报送10个项目参加国赛，7个进入总决赛，3个获创新潜力奖，获奖数位居全国第二。

举办数学、物理、化学3个学科竞赛指导骨干教师培训班，180人参培。召开"强基计划"政策解读会暨高中毕业班教学工作会议，指导各地各校准确把握"强基计划"招生方案。举办2023年中小学实验教学说课活动，共评出2023年福建省中小学实验教学说课活动一等奖32名、二等奖40名、三等奖48名；8个案例入选全国中小学实验教学说课活动现场展示，入选数量位居全国第四。组织开展2023年小学科学实践活动优秀案例评选，确定100个省级小学科学实践活动优秀案例进行推广。

【乡村基础教育帮扶】 2023年，福建省教育厅支持大田县基础教育资金7911万元，遴选5名干部到大田县挂职锻炼。帮扶上杭县官庄畲族乡，倾斜支持200万元专项资金用于官庄乡改善中小学办学条件。省级安排学前教育巡回支教专项资金支持17个老区县或23个原省级扶贫开发工作重点县设立357个巡回支教点，满足边远乡村人民群众学前教育需求。指导各地完善幼儿园布局，办好乡镇中心幼儿园及分园，满足幼儿就近入学需求，做法获中央广播电视总台《新闻周刊》专题报道。

继续推进经济较发达县（市、区）对口帮扶欠发达老区苏区县制度，持续开展闽宁教育协作、援藏援疆对口帮扶工作，三明列东中学西藏初中班初中学业水平考试首次在闽举行，支持三明市与上海市、龙岩市与广州市开展对口帮扶工作，全省示范性普通高中和示范性普通高中建设学校与119所县域高中开展对口帮扶。组织部分省属和福州市中小学、幼儿园与革命老区、乡村振兴重点县屏南县8所学校开展结对帮扶，探索构建全方位立体式区域结对帮扶体系。

【儿童青少年近视防控】 2023年，福建省完成2.17万间中小学教室照明改造，有9551所中小学（幼儿园）配备健康副校长。年内，举办全省中小学校（含幼儿园）儿童青少年近视暨传染病防控工作培训班，150名校医、保健教师和卫生工作负责人参训。推进儿童青少年近视防控工作，举办近视防控宣传月、“爱眼日”等省级宣传活动，组织宣讲团开展线上、线下近视防控科普宣传教育讲座100多场；部署各级各类学校做好春、秋季学期中小学视力监测及报送工作；遴选建设首批23个“福建省儿童青少年近视防控基地”。

【控辍保学】 2023年，福建省教育厅印发《关于进一步巩固深化控辍保学工作的通知》，督促各地履行义务教育控辍保学法定职责，落实联控联保工作机制。抓住学期开学前后重要时间节点实施劝返复学专项行动，严防未成年适龄儿童少年辍学（失学）现象。进一步完善随迁子女、留守儿童、事实无人抚养儿童等特殊群体学生的关爱保护长效机制，随迁子女在公办义务教育学校就读比例达95.24%。全省建档立卡贫困家庭适龄儿童辍学人数保持动态清零，义务教育巩固率保持在99%以上。

【专门学校建设和专门教育】 2023年，福建省教育厅组织开展专门学校建设和专门教育的情况调研，举办省人大代表与相关厅局和设区市教育局调研座谈会。印发《福建省教育厅等十三部门关于加强专门学校建设和专门教育工作的实施办法（试行）》，对专门学校人员配备、经费保障、课程设置、学生管理制度进行规范，推进专门学校合理布局，满足具有严重不良行为未成年人矫治教育需求。

（郑锦）

职业教育

【概况】 2023年，福建省有高职高专50所，在校生53.01万人，招生19.93万人，毕业生15.24万人，专任教师2.18万人。全省有中等职业学校167所，在校生40.90万人，招生14.25万人，毕业生11.63万人，专任教师2.05万人。全省有独立设置的成人高校3所，成人高等教育在校生21.95万人，招生7.37万人，毕业生6.26万人。1月4日，全省职业教育大会在福州召开，副省长李德金出席会议并讲话。7月，《关于进一步推动职业教育服务经济社会发展的十条措施》出台，省教育厅统筹推进产教联合体（共同体）建设。印发《关于做好职业院校专业建设发展规划编制工作的通知》，组织全省职业学校“一校一案”编制2024—2026年学校专业建设发展规划。推进职业学校办学条件达标工程，5所国家级“双高计划”建设院校中期评价均获“优秀”等次。

【人才培养渠道贯通】 2023年，福建省政协将“畅通中职教育上升通道”列为重点提案。省教育厅推动专升本考试改革，打通专、本升学通道。新方案是专升本考试实施20多年后的首次调整，48所高职院校共备案五年制高职招生专业点604个，招考类别从20个减少为8个，并放宽报考限制，2023年专升本报考人数7.79万人、比上年增长21.6%，录取人数3.14万人、增长6.64%。推进中、高职“3+2”五年制高职教育招生，2023年新增五年制专业点71个，招收学生3.5万人。探索专本衔接试点，5所高职院校和4所本科院校开展医学类和师范类9个专业点的“3+2”贯通培养。2023年14所本科院校面向中职生招考，招生计划从上年的1500人增加至2000人，增长33%。

【市域产教联合体建设】 2023年，福建省教育厅围绕数字经济等“四大经济”和电子信息、机械制造、绿色双碳、石油化工等10个产业领域，结合区域产业发展特色，对照首批国家级市域产教联合体的遴选指标和立项标准，制定省级市域产教联合体建设指导目录。印发《福建省教育厅关于开展2023年省级市域产教联合体建设的通知》，遴选6家省级市域产教联合体建设单位，择优推荐国家级市域产教联合体，由晋江经济开发区申报的晋江市域产教联合体年内入选首批国家级市域产教联合体。

【行业产教融合共同体启动建设】 2023年，福建省教育厅按照“先组建后认定”的思路，支持国家双高校联合省内外高校、行业、企业，按照全国行业产教融合共同体的建设要求，牵头组建全国性行业产教融合共同体。截至11月，福建船政交通职业学院、漳州职业技术学院等5家职业院校先后牵头成立全国现代港口物流、全国数字工业、全国新能源汽车等6个行业产教融合共同体。根据职业院校申报材料情况，遴选推荐16个行业共同体申报国家级行业产教联合共同体。

【教育部改革重点任务推进】 2023年，福建省教育厅根据教育部《关于加快推进现代职业教育体系建设改革重点任务的通知》文件要求，序时推进11项现代职业教育体系建设改革重点任务建设项目申报。通过开展综合评议，推荐职业教育信息化标杆学校20个，专业教学资源库项目20个，虚拟仿真实训基地项目28个，行业产教融合共同体项目16个，开放型区域产教融合实践中心项目39个，一流核心课程（线下）5门，优质教材23本，校企合作典型生产实践项目8个，具有国际影响力的职业教育标准、资源和装备建设项目15个，具有较高国际化水平的职业学校6个。

【职业技能竞赛】 2023年，福建省教育厅完善学生赛体制机制，规范赛事组织等，落实福建省职业院校技能大赛竞赛基地制度，遴选确定17个竞赛基地。完成125个省职业院校技能大赛赛项，其中高职68个、中职57个，全省共5516名选手参赛。福建省第九届“互联网+”大学生创新创业大赛职教赛道暨第七届黄炎培海峡职业教育创新创业大赛报名参赛项目7.88万项，比上年增长11.70%。2023年全国职业院校技能大赛教学能力比赛中，福建省获一等奖2项、二等奖8项，是2020—2023年内福建省首获国赛一等奖2项。2023年全国中等职业学校班主任能力比赛中，福建省获一等奖1项、二等奖2项，实现该赛项福建省代表队一等奖“零”的突破。

【东西帮扶协作】 2023年，福建省12所院校结对帮扶宁夏12所院校，其中宁夏乡村振兴重点帮扶县（区）的中职学校实现全覆盖结对帮扶。在宁夏召开闽宁职业教育乡村振兴合作共同体2023年年会暨职业院校高质量发展论坛，福建船政交通职业学院与宁夏职业技术学院共同发起的“闽宁职教联盟”在宁夏银川成立，联盟由闽宁两地54所中高职学校组成，探索职业院校“集群发展”模式。省教育厅安排90万元用于泉州华侨职业中专学校、泉州市农业学校、晋江华侨职业中专学校等3所西藏中职班办学补助。安排闽江师范高等专科学校、福建幼儿师范高等专科学校等3所学校，在电子商务、幼儿保育、水利电力等3个专业接受西藏昌都市职业技术学校骨干教师跟岗培训。支持福建船政交通职业学院与昌吉职业技术学院、新疆交通职业技术学院等高职院校签署校际合作协议。

【产教融合发展】 2023年，福建省教育厅组织调研产教融合工作存在的问题及建议，通过校企座谈会、民企人才调研等，征集职业学校和企业建议97条。驻省教育厅纪检组将“推动职业教育发展”列为“一组一专项”监督专项，优化专业布局，深化产教融合、校企合作。协助起草的监督推动职业教育补短板、强弱项，助力福建经济社会发展工作方案，由驻厅纪检组提交党组会审议通过。开展民营经济人才工作调研，撰写调研报告，研制提升民营经济人才供给政策措施。

【“海丝学院”品牌打造】 2023年，福建省教育厅结合省内产业“走出去”的需要，支持优质职业院校参与“一带一路”教育行动计划，组织30多所职业院校布局建设“海丝学院”，推进“中文+职教”国际交流合作。2023年，黎明职业大学在中国澳门、吉尔吉斯斯坦分别设立1所“海丝学院”。泉州轻工职业学院、中国教育报刊社福建记者站等共同主办“海丝学院国际职业教育教师发展论坛”，探讨国际化高素质职业教育教师发展之道。黎明职业大学、泉州轻工职业学院等院校在“海丝职业院校联盟”的基础上，研制“海丝学院”标准，联络海丝沿线、中亚国家的福建商会、同乡会和中资企业，计划组建海丝学院总部、理事会，打造南方职教“出海”品牌。

【职业教育传播能力建设主题论坛】 2023年3月25日，教育部职业教育与成人教育司指导、福建省教育厅和中国教育电视台联合主办，福建船政交通职业学院承办第十一届中国大学生电视节职教系列活动之一“职业教育传播能力建设主题论坛”，论坛主题是推进职业教育传播能力建设，全国13个省（自治区、直辖市）100支队伍参加。出席论坛的嘉宾有教育部职业教育与成人教育司司长陈子季，中国教育电视台党委书记、台长袁小平，福建省教育厅厅长叶燊，中国教育电视台副台长吕学武，部分省教育厅领导以及全国近100所院校的书记、校长和宣传部部长。

【职业教育活动周】 2023年5月16—22日，2023年福建职业教育活动周系列活动举行。活动周以“技能：让生活更美好”为主题，全省200余所职业院校、2632家企业、4.9万人次教师、64.5万人次学生参与，学生参与覆盖率92%，参与总人员71.2万人次、观摩体验活动项目2542项。主活动会场设在三明医学科技职业学院，邀请省委宣传部等9个省直单位参与，共同推动福建省职教体系改革发展。

【“技能成才强国有我”主题系列活动】 2023年，福建省教育厅围绕“技能成才强国有我”主题，开展“职教生心中的二十大”活动、“未来工匠”读书行动、“悦读伴我成长”职教学生读党报活动、传承中华优秀传统文化活动、“文明风采”活动等相关工作。全省9个设区市、平潭综合实验区、50所高等职业院校、166所中等职业学校举办校级活动2103项，参与活动学生72.9万人次，学生参与覆盖率92%。依托《人民日报》、“新福建”等媒体进行宣传报道，媒体报道总数283条，其中省级及以上媒体31条、中央媒体2条。

【第十届海峡两岸暨港澳大学生职业技能大赛及创新创业成果展】 2023年，福建省教育厅组织举办第十届海峡两岸暨港澳大学生职业技能大赛及创新创业

2023年5月16日，“技能：让生活更美好”2023福建省职业教育活动周启动仪式在三明医学科技职业学院举行　　（省教育厅新闻中心）

成果展。按赛项统计，参赛院校 3781 所，参赛人数超过 1 万人。大赛有 60 个竞赛项目，其中电子竞技员和营销员（外贸）2 个项目是职业资格竞赛类项目，全省共有 32 所高校参与相关赛事承办。（郑锦）

高等教育

【概况】 2023 年，福建省有普通高等学校 89 所、在校生 113.99 万人，其中地方高校 87 所、在校生 109.30 万人。全省研究生在校生 9.05 万人，招生 3 万余人，毕业生 2.34 万人。普通本科生在校生 60.98 万人，招生 17.14 万人，毕业生 14.54 万人。普通高等教育教职工 8.43 万人，其中专任教师 5.93 万人；普通本科院校教职工 5.56 万人，其中专任教师 3.75 万人。省委书记周祖翼、省长赵龙指导，省领导常斌、康涛组织有关单位开展关于加快建设高等教育强省专项调研工作，由省教育厅、省政府发展研究中心组成工作专班，撰写《加快建设高等教育强省的研究报告》和《加强“双一流”高校学科建设调研报告》，研究成果获省领导批示。省领导张彦、常斌在暑期全省高校领导干部办学治校能力专题研讨班上，结合调研成果，对全省高等教育下一阶段重点工作进行部署。省教育厅牵头完成并向教育部报送《〈加快推进教育现代化实施方案（2018—2022 年）〉总结评估报告》；对照国家“十四五”规划纲要和福建省“十四五”规划纲要，开展《福建省“十四五”教育发展专项规划》实施情况中期评估。配合省委办公厅组织开展大学城三年行动计划落实情况调研；牵头对照《加快推进福州地区大学城高质量发展三年行动计划（2021—2023 年）》目标任务，跟踪推进，完成收官。

【高校设置规划】 2023 年，福建省教育厅组织修改完善《福建省高等学校设置“十四五”规划》，并以省政府名义报教育部备案，研制《福建省“十四五”高等学校设置分年度工作计划》，印发《关于做好“十四五”时期高校设置规划实施有关事项的函》。指导督促福州市政府和河仁慈善基金会加快推进福耀科技大学（暂名）筹建工作，福耀科技大学（暂名）第一届理事会召开第一次会议，指导审议学校设置相关议题，会议聘请中国科学院院士梅宏为校长。指导厦门海洋职业技术学院与厦门市沟通，研究相关办学资源整合方案，推进学校补齐办学短板。指导福建船政交通职业学院制定新校区建设初步方案和建设项目社会稳定风险分析研判。召开省“十四五”高校设置规划实施推进会暨中期调整布置会，推进高校设置工作。年内，福建工程学院更名为福建理工大学，福建中医药大学成为省部（局）共建高校，福州大学城联合研究生院获批建设。

【“双一流”和一流应用型高校建设】 2023 年，福建省教育厅对照国家第二轮“双一流”建设学科“切合急需，水平出色，整体达标”的遴选要求，围绕大项目、大成果、大团队、大平台、大先生等“五个重大”要素，推进“双一流”和一流应用型高校建设，完善整体建设方案、学科建设方案，分解年度建设目标任务。研制省“双一流”和一流应用型高校建设监测指标体系，建设省“双一流”和一流应用型高校建设监测平台。

【学位学科专业建设】 2023 年，福建省教育厅根据《福建省学士学位授权与授予审核管理办法》，组织对全省 35 所普通本科高校申请新增学士学位授权 224 个专业进行审核。2023 年全省高校新增本科专业 41 个，撤销或停招本科专业 22 个。根据上一轮博士、硕士学位授权审核基本条件，部署学位授权省级预审核工作。全省高校在第五轮学科评估中获评 A 类学科 19 个，比第四轮增加 8 个。

【教育教学】 2023 年，福建省教育厅推进一流本科课程建设，组织认定省级一流本科课程共 503 门，其中线上课程 18 门、线下课程 209 门、线上线下混合式课程 139 门、社会实践课程 59 门、虚拟仿真实验教学课程 78 门，首批立项省级虚拟教研室项目 51 个。遴选教育教学研究项目，组织认定 25 个研究生产教融合培养基地、24 个专业学位优秀教学案例、20 门研究生教育精品课程；组织开展 2023 年本科教育教学研究项目立项工作，遴选重大项目 78 项、一般项目 225 项、特设项目 9 项。开展“四新”工作，推进新工科、新医科、新农科、新文科建设，开展“四新”优秀教学案例遴选、专家库建设工作。推进产教融合，在首批福建省现代产业学院基础上，遴选报送第二批国家级现代产业学院 6 个；组织开展第二批省级现代产业学院申报工作，遴选立项 13 个省级现代产业学院。

【学生竞赛管理】 2023 年，福建省举

2023 年 8 月 1 日，第九届福建省“互联网＋”大学生创新创业大赛决赛在福州举行。图为决赛现场（刘广锋　摄）

办第九届“互联网+”大学生创新创业大赛，全省247所学校（含职业赛道和萌芽赛道项目参与学校）85万名师生、近22.3万个项目报名参赛，最终确定412个项目进入省赛现场赛，176个项目获省赛金奖；福建省共推荐158个项目参加国赛，38个项目进入国赛现场赛，获国赛金奖7项。加强学科专业竞赛管理，省教育厅印发《福建省高校大学生学科专业竞赛管理办法（试行）》，遴选公布省级学科专业竞赛36项。

【高校师资建设】 2023年，福建省教育厅按照《闽江学者奖励计划实施办法（2022—2025年）》，遴选公布2022年闽江学者140人，其中特聘教授68人、讲座教授72人。举办第三届福建省高校教师教学创新大赛，全省39所本科高校全覆盖参与，906个教师（团队）报名参赛。共角逐出一等奖14项、二等奖21项、三等奖36项，10所高校获优秀组织奖、3所高校获最佳进步奖。推荐14名选手参加第三届全国高校教师教学创新大赛并全部获奖，其中一等奖3项、二等奖5项、三等奖6项，省教育厅获赛区优秀组织奖，福建农林大学获参赛高校优秀组织奖。举办2023年福建省研究生导师培训班、本科高校课程思政骨干教师培训班。

【质量保障机制建设】 2023年，福建省教育厅加强高校教学评估，福州理工学院、厦门医学院、厦门华厦学院、福建商学院通过本科教学工作合格评估，省教育厅组织召开本科教育教学审核评估推进会暨福建省教育评估研究联盟成立大会、本科教育教学审核评估研讨会；对接落实厦门大学、福州大学教育部审核评估迎评工作，组织开展厦门理工学院审核评估试点评估和福建师范大学、闽南师范大学、莆田学院审核评估工作。加强硕士学位论文抽检，按照《福建省本科毕业论文（设计）抽检实施细则（试行）》，抽取全省39所本科高校的本科生毕业论文4113篇。按照《福建省硕士学位论文抽检实施办法》，抽检硕士学位论文1124篇，比上年增长12.7%，其中联合培养研究生硕士论文47篇。加强教学团队和导师团队验收，全年全省144个教学科研型、教学应用型、慕课应用型、实验教学型省级本科教学团队通过验收。

【高校科技】 2023年，福建省教育厅优化省高校重点实验室建设布局，立项新建省高校重点实验室15个，遴选建设哲学社会科学重点实验室14个；新增获批教育部重点实验室3个、医药基础研究创新中心1个。加强建设7个基础学科联盟和4个政产学研用金联盟，新建18支福建省高等学校科技创新团队，并安排专项资金支持。全省公办高校共转化科技成果571项、比上年增长28.89%，合同金额35617.72万元、增长181%；产学研合作合同6349项，合同金额187134.5万元、增长18.02%。省教育厅会同省委宣传部、省社科联立项12项马克思主义中青年骨干计划项目、立项一批以马克思主义为指导的哲学社会科学学科基础理论研究项目。全省各高校在2023年度教育部人文社会科学研究一般项目的评选中获立项83项，比上年增长17%。全省高校获批国家自然科学基金项目823项，占全省总数89%以上；获批3个教育部重点实验室、1个医药基础研究创新中心；获高等学校科学研究优秀成果奖（科学技术）6项，其中自然科学奖一等奖2项、二等奖3项，技术发明奖二等奖1项。年内，厦门大学牵头研制的全球首个戊型肝炎病毒抗原尿液检测试剂盒获批上市，厦门大学研究成果“温和压力条件下实现乙二醇合成”入选2022年度中国科学十大进展。

【民办高校规范】 2023年，福建省教育厅组织开展2022年度民办高校年度检查工作，采取学校自查、设区市复查和省级核查方式，检促管规范办学行为，23所民办高校年检结论为“合格”，13所为“基本合格”。结合主题教育，开展“健全完善民办高校年度检查实施办法和指标体系促进民办高校规范健康发展”专题调研，形成调研报告。持续推进民办高校决策机构备案管理，推进民办高校依法办学、规范办学。

【高校招生】 2023年，福建省省属高校研究生招生计划总量20265人，比上年增加1213人，增幅6.37%。其中，博士招生计划1228人，比上年增加181人，增幅17.29%；硕士招生计划19037人，比上年增加1032人，增幅5.45%。下达省属高校本科计划总量12.23万人（不含专升本计划，比上年增加1540人），安排理工农医相关专业招生计划6.55万人（增加1730人），占比49.5%、提升0.74个百分点；调减艺术、管理、法学等门类相关专业计划668人、降幅1.72%；调减新增学士学位授权专业审查存在问题的招生专业计划近200人。2023年安排高职院校分类考试招生计划11.42万人（其中本科0.2万人、专科11.22万人），比上年增加0.98万人、增幅9.37%，实际录取考生10.33万人；安排专升本招生计划3.11万人，增加840人、增幅2.77%，实际录取考生3.14万人（含录取同分退役大学生士兵考生）。

【高校毕业生就业】 2023年，福建省教育厅会同省人社厅先后组织召开5次全省高校毕业生就业创业工作部署会、推进会和调度会，建立就业攻坚行动协同联动机制，联合派出6个省级督查调研组赴九市一区开展督导检查。联合其他部门相继出台促进2023年高校毕业生等青年就业创业十条措施、应届高校毕业生就业有关政策等一系列稳就业政策措施。强化就业育人和职业规划指导，将就业教育和引导作为高校“三全育人”重要内容，实行所在高校和户籍所在地县级政府负责人“双向包干制”，困难毕业生100%有人挂钩帮扶。印发《进一步规范高校毕业生就业监测工作通知》，规范就业数据监测工作程序，建立健全工作机制，进一步明确就业监测责任和工作纪律。7月24日，中央教育工作领导小组秘书组、教育部高校毕业生就业工作专班《工作简报》刊发《福建上下聚力共促高校毕业生就业》。9月15日，中央教育工作领导小组秘书组《教育工作情况》专门刊发“福建努力确保有就业意愿的困难群体毕业生不落下一人”的经验做法。截至年底，全省高校毕业生去向落实率94.1%，其中困难毕业生群体落实率98%，高出全省平均水平 4 个百分点。福建省 2023 届高校毕业生就业工作得到教育部的肯定。

【高校项目建设】 2023 年上半年，福建省教育厅会同省发改委、财政厅等部门加快推进福建农林大学国家菌草工程技术研究中心大楼项目建设，协调安排 2023 年项目建设需求资金 1250 万元。会同省发改委批复福州大学、福建师范大学、集美大学等高校新建项目可行性研究报告和建议书，总建筑面积约 28.46 万平方米，总投资约 16.57 亿元。推进福建农业职业学院相思岭南区一期等 4 个省重点项目开工建设，增补福建医科大学上街校区科研综合楼项目为 2023 年省重点项目。开展教育强国推进工程中央预算内投资项目中期调整和补充储备工作，福州大学、福建农业职业技术学院等 7 所院校增补列入“十四五”教育强国储备院校名单。指导龙岩学院等 6 所学校申报 2023 年第一批地方政府专项债券并督促加快项目资金使用。配合省财政厅完成 7 次教育领域设备更新改造贷款项目财政贴息结算审核工作。

【福建工程学院更名为福建理工大学】 2023 年，福建工程学院经省高等学校设置评议委员会专家组进校考察、评议、公示，国家高等学校设置评议委员会专家实地考察评估，教育部公示、审议后，于 6 月获教育部批复同意更名为福建理工大学。8 月 30 日，理工科大学高质量发展研讨会暨福建理工大学揭牌仪式在福州旗山校区举行。省委常委、宣传部部长张彦出席并代表省委省政府对学校办学发展提出希望，副省长常斌出席并宣读《教育部关于同意福建工程学院更名为福建理工大学的函》。揭牌仪式后，学校举办理工科大学高质量发展研讨会，举行福建理工大学有关捐赠及签约仪式暨智慧海洋科学技术学院揭牌仪式。省直有关单位及福州市，闽侯县、福州高新区管委会有关负责人，省内高校代表及福建理工大学师生校友代表约 200 人参加。（郑锦）

终身教育

【终身教育提质培优】 2023 年，福建省级打造一批特色品牌，遴选终身教育提质培优项目 8 类 478 个，比上年增长 92%。推介学习品牌、终身教育实验项目等 145 个，比上年增长 30%。入选国家级“百姓学习之星”“终身学习品牌”16 项，其中被选为全国“事迹特别感人的百姓学习之星”1 人、“特别受百姓喜爱的终身学习品牌项目”1 个，全国仅有 7 个省（直辖市）获“双特别”推介。福建省 74 岁老人获全国“事迹特别感人的百姓学习之星”。年内，终身教育理论研究领域获全国教育科学规划 2023 年度课题项目中，入选福建省习近平新时代中国特色社会主义思想研究中心等立项的国家级、省级课题 3 项。

【高等学历继续教育规范】 2023 年，福建省教育厅印发《福建省高等学历继续教育管理办法（试行）》，推动高等学历继续教育规范发展。对所有民办非企业单位校外教学点进行实地检查评估，对在闽的 194 个高等学历继续教育校外教学点进行清理整改，撤销 110 个，清理 56.7%的校外教学点。2023 年经教育部公布备案的校外教学点 83 个（含国家开放大学校外教学点 6 个），备案专业 486 个。52 所高校备案 2022 年度非学历教育培训项目，共开展培训 1800 多个，培训收入 7.18 亿元。

【高素质农民（工）培育】 2023 年，福建省教育厅回应农民工提升学历和技能水平需求，会同省总工会继续实施农民工“求学圆梦行动”学历提升计划，全年招收农民工本专科学历继续教育 6685 人。实施乡村振兴专项人才学历提升计划，依托全省开放大学办学体系继续实施“一村一名大学生”计划，2023 年福建开放大学办学体系的 61 个教学点开展“一村一名大学生计划”招生 2254 人（本科 122 人、专科 2132 人）。

【全民终身学习活动周】 2023 年，福建省围绕“让学习成为一种生活方式”主题举办“9・28 终身教育活动日”暨全民终身学习活动周。9 月 27 日，省终身教育促进委员会各成员单位等代表共 600 余人参加开幕式，30 多万人次在线观看活动直播。全省开展全民终身学习系列活动 6500 余场，参与人 140 万人次。在“福建教育微言”等公众号和《光明日报》《人民日报》《福建日报》等媒体推介活动周成果。（郑锦）

编辑：郑　莱

科学技术

综　述

【概况】 2023 年，福建省深入实施创新驱动发展战略，争优争先争效，科技创新实现新突破。据《中国区域科技创新评价报告 2023》显示，福建省综合科技创新水平指数得分 66.07，排名比上年上升 1 位（居全国第 14 位），其中高新技术产业化指数上升 5 位（高新技术产业化效益指数提升 7 位，居全国第三位）、科技活动产出指标上升 2 位、科技活动投入指数上升 1 位、科技促进经济社会发展指数上升 1 位。全省科技进步贡献率达 60.58%，公民具备科学素质比例全国排位第七。

【科技体制机制改革】 2023 年，福建省推动出台关于加快推进科技创新发展的相关措施。创新科研项目管理办法，推进赋予科研人员职务科技成果所有权或长期使用权试点工作，开展省属公益类科研院所基本科研项目管理改革，激发各类科研主体创新创造活力。入选全省经济高质量发展先进案例 2 个，占省直机关入选比例 20%。

【科技创新平台建设】 2023 年，福建省科技厅对省重点实验室、省级工程技术研究中心等省级科技创新平台全覆盖考核评估，梳理平台数量、功能定位等情况，淘汰一批不合格平台，提升科技创新平台质效。推动国家重点实验室重组纳入全国重点实验室序列，“传染病疫苗研发全国重点实验室”获批重组入列。落地建设“海洋负排放”国际大科学计划，新建集成电路省创新实验室，引进香港理工大学晋江研究院等高水平科创平台。支持建设电子信息产业中试创新服务平台、福建省种业研发公共服务平台等，通过中央引导地方科技发展资金项目定向资助、“揭榜挂帅”项目经费资助等方式，支持平台加快建设。

【创新链产业链融合】 2023 年，福建省科技厅聚焦省重点产业发展需求，实施省级科技计划项目 3400 余项，立项“揭榜挂帅”项目 12 项，攻克一批关键核心技术，突破海水直接电解制氢等关键技术，白羽肉鸡突破国外育种技术封锁。实施高新技术企业“双倍增”行动和龙头企业“培优扶强”行动，全省高新技术企业 12080 家，比上年增长 35%。推动建设全省科技成果转移转化公共服务平台，全省登记技术合同成交额增长 29.69%。

【全社会研发投入】 2023 年，福建省科技厅拓展省基金联合资助范围和领域，投入经费比上年增长 47.6%。推进“科技贷”工作，投放金额达 75.27 亿元。累计向省内 765 家高新技术企业提供 904.3 亿元风险保障。2022 年度福建省全社会研发经费投入首超 1000 亿元，强度达 2.09%。

【区域科技创新能力提升】 2023 年，福建省新增 2 个省级高新区（柘荣高新技术产业园区、厦门海洋高新技术产业园区），实现省级以上高新区设区市全覆盖。首创国家高新区晋位奖励机制，厦门等 4 个国家高新区在全国排名持续晋升。福州入选全国创新驱动示范市，4 个县（市）入选第二批全国创新型县（市）。持续加强与京津冀、粤港澳大湾区科技合作，举办首届京闽科技合作论坛暨京闽（三明）科技项目对接活动。国际科技合作日益频繁，与德国、英国、俄罗斯等国家和地区开展科技合作项目 16 项。

【科技人才引育工作】 2023 年，福建省科技厅加强和改进青年科技人才工作，鼓励支持青年科技人才“担大任”“挑大梁”。组织申报推荐国家外国专家项目和组织实施省引才引智项目。组织申报推荐和实施各类国家级、省级人才计划（项目），推进有关高校、科研院所和重点企业引进高层次科技人才，为推动福建省高质量发展提供人才服务。优化服务水平，申请外国人来华工作许可事项实现全程网上办理。

【科技特派员制度建设】 至 2023 年底，福建省选认科技特派员 1.2 万余名，其中在第二产业、第三产业选认省级科技特派员比例超 40%。2023 年，福建省主导制定全国首个科技特派员服务规范国家标准。建立省市各级科技特派员利益共同体保护支持机制。在全国首创选认行业领域科技特派员。首次专项选认援藏科技特派员。在全国率先组建跨专业、跨领域、服务全产业链的乡村振兴科技特派员服务团。科技特派员服务基层工作案例被省委主题教育办公室列入全省《“四下基层”实践案例汇编》，作为全省深化运用“四下基层”制度走好新时代党的群众路线推进会书面交流材料。

【创新创造生态营造】 2023年，福建省科技厅推动科技伦理审查工作规范工作开展，对省级各类科技计划项目立项、经费下达等关键环节开展全覆盖科研诚信审核。深入调研探索科技评价“破四唯”工作，对科技评价制度改革提出具体思路建议。出台福建省科普事业发展“十四五”规划，牵头组织福建省科技活动周、全省“三下乡”服务等活动，打造“科普+”慢直播品牌，活动入选2023年全国科技活动周特色科技活动推荐清单，8个科普项目获科技部表彰。

【2022年度省科学技术奖评选】 2023年，根据《福建省科学技术奖励办法》的有关规定，福建省科学技术奖励委员会组织2022年度福建省科学技术奖评审，对2022年度在科学技术进步活动中作出重要贡献的科学技术人员和组织给予奖励。授予厦门大学孙世刚院士、福建省农业科学院果树研究所郑少泉研究员福建省科学技术重大贡献奖。授予布鲁诺·布里斯杰拉、辛口·帕特里克、程方等3人福建省国际科学技术合作奖。评选出省自然科学奖一等奖4项、二等奖5项、三等奖12项；省技术发明奖一等奖1项、三等奖1项；省科学技术进步奖一等奖23项、二等奖56项、三等奖93项；省科学技术成果转化奖一等奖1项、三等奖1项。

【自然科学研究系列职称评审】 2023年9月16日，2022年度福建省自然科学研究系列高级职务评审委员会会议在省科技厅召开。经评审，共有41人获得晋升高级职务任职资格、30人获得晋升中初级职务任职资格。（周琼）

发展规划与政策法规

【创新政策制定与实施】 2023年，福建省科技厅组织开展省“十四五”科技创新发展专项规划实施情况中期评估。推动出台《福建省人民政府关于加快推进科技创新发展的通知》，涵盖成果转化、平台建设、企业研发、机制创新和人才引育等5个方面20条具体政策措施。编印《2023年国家科技创新政策汇编》《福建省科技创新政策工具包》。组织企业研发费用税前加计扣除政策宣讲培训，开展研发费用加计扣除异议项目复核。

【创新战略研究工作】 2023年，福建省科技厅组织开展省创新战略项目研究，立项111项。组织三批定向委托项目，为推进科技创新工作提供决策咨询。联合省科协开展省创新战略研究联合项目研究，优化调整项目经费管理和技术指标，立项40项。开展省创新战略防风险专题研究，立项支持防风险专题项目17项。加强项目过程管理，组织召开省创新战略研究项目论文抽查咨询会。参与省重点课题“加快科技成果转化，促进产业提质增效对策研究”和“统筹推进教育科技人才一体化综合改革的思路和措施”等调研工作。

【科技依法行政】 2023年，福建省科技厅加强规范性文件、重大行政决策、行政合同（协议）等方面的合法性审核，备案规范性文件5件；对有效的84件行政规范性文件进行全面清理，废止13件。梳理报送2024年省政府立法计划项目2项，重点推进福建省科技进步条例修订，推动优化职务科技成果管理“小切口”立法。组织开展“八五”普法规划中期评估，完善落实“谁执法谁普法”等普法责任制，组织开展宪法、民法典、科学技术进步法等法律法规学习宣传，营造良好普法氛围。完成省一体化大融合行政执法平台科技条线试点运行阶段性工作。组织开展2023年度行政执法资格科技类专业法律知识考试。

【省属科研院所创新发展】 2023年，福建省科技厅、省委编办、省人社厅联合制定《关于加快推进省级科研院所章程制定工作的通知》，指导推动省属公益类科研院所加快建立职责明确、评价科学、开放有效、管理规范的现代科研院所制度。开展省属公益类科研院所基本科研项目管理改革，在继续稳定支持省属公益类科研院所自主选题研究的基础上，首次设立公益类科研院所竞争性项目。全年立项自主选题项目178项和竞争性项目73项，资助经费3905万元。对省属公益类科研院所基本科研专项开展双随机抽查，督促科研院所加强制度建设、规范项目管理。

【新型研发机构建设】 2023年，福建省科技厅开展省级新型研发机构非财政资金购买科研仪器设备软件后补助项目，立项支持26家次单位，后补助资金1751.86万元。对评估命名满三年的第二、三批省级新型研发机构常态化开展中期绩效测评，保留31家、撤销9家省级新型研发机构资格。加强跟踪监测，组织新型研发机构在线填报及省年度监测数据，撰写促进省级新型研发机构创新发展的调研报告。

【“双碳”科技创新】 2023年，福建省科技厅立项省创新战略研究项目15项，重点支持厦门大学、福州大学、福建社会科学院等高等院校、科研院所开展“福建省科技创新促进碳减排的效率评价及策略研究”“‘双碳’背景下我国开征碳税问题研究”“碳中和目标下福建省自然保护地体系内绿色产业创新：系统重构与数字赋能”等研究。研究编制《福建省科技支撑碳达峰碳中和实施方案》。

【科技统计、指标监测工作】 2023年，福建省科技厅启动实施全省区域综合科技创新评价工作，制定全省区域综合科技创新评价指标体系，组织开展全省区域科技创新评价指标体系数据采集和评价分析。开展全社会规模以上工业企业研发投入指标监测工作，重点加强对各设区市研发费用归集情况的监测预警，九市一区确定335家规模以上企业进行定期重点监测。加强高新技术产品进出口和规模以上高新技术企业等科技创新相关数据的收集和运用，强化季度经济运行科技发展情况分析。定期编发《福建科技统计研究专报》《福建省科技发展主要指标情况月报》。 （周琼）

科技资源配置与管理

【科技计划项目实施】 2023年，福建省支持新上省级科技计划项目3400余项，累计安排科技计划项目计划经费6.5亿元。支持省自然科学基金项目，联合省内高等院校、医院和科研院所组织实施省自然科学基金高校、卫生、农科、气象、海洋联合资助项目2320项，资助经费19794万元，推动福建省高校、医院、农业、气象和海洋行业的科研院所开展基础研究。立项支持省属公益类科研院所基本科研专项项目34个专题自主选题项目178项和省属公益类科研院所竞争性项目73项，资助经费3905万元。

【科技创新链和产业链精准对接工程】 2023年，福建省实施科技创新链和产业链精准对接工程，面向集成电路、物联网、大数据、人工智能、新材料、高端装备制造、现代农业技术等战略性新兴产业领域，全年组织实施省级“揭榜挂帅”项目12项，其中，“揭榜挂帅”重大技术攻关项目11项、成果转化项目1项。

【产学研协同创新】 2023年，福建省组织实施区域发展项目、高校产学合作项目和科技合作项目191项，鼓励产学研结合共同承担，凸显高校、科研院所承担项目由企业承接转化，企业承担项目由高等院校、科研院所提供技术支撑的协同创新政策导向。

2023年4月7日，全省“揭榜挂帅”项目攻关机制调研座谈会在省科技厅举行 （省科技厅）

【科技金融融合工作】 2023年，福建省科技厅强化与金融监管部门、金融机构合作，持续推进“科技贷”（指用于新技术和新产品的研制开发、科技成果向生产领域转化或应用而发放的贷款）工作，扩大服务对象和重点支持领域。全年“科技贷”累计投放1260户2167笔，投放金额83.32亿元。推进科技金融工作，与兴业银行签订战略合作协议支持科技型中小微企业发展。至年底，全省765家高新技术企业发放科技保险补贴4192.3万元，提供904.3亿元风险保障。推动福建省科技成果转化创投基金达3.75亿元，共接洽省内外项目346项，正式立项并完成尽调项目33项，已批准项目8项，实际投资项目6项，涉及生物医药、半导体、人工智能等国家重点发展的战略性新兴产业领域，投资金额约1.58亿元，带动其他社会资金跟进投资约7.6亿元。

【科技项目攻关机制】 2023年，福建省科技厅贯彻落实《进一步建立健全省级科技计划项目“揭榜挂帅”“赛马”攻关机制的若干措施（试行）》，推动“揭榜挂帅”项目需求征求、调研、咨询论证、发布榜单等工作，发布省产业

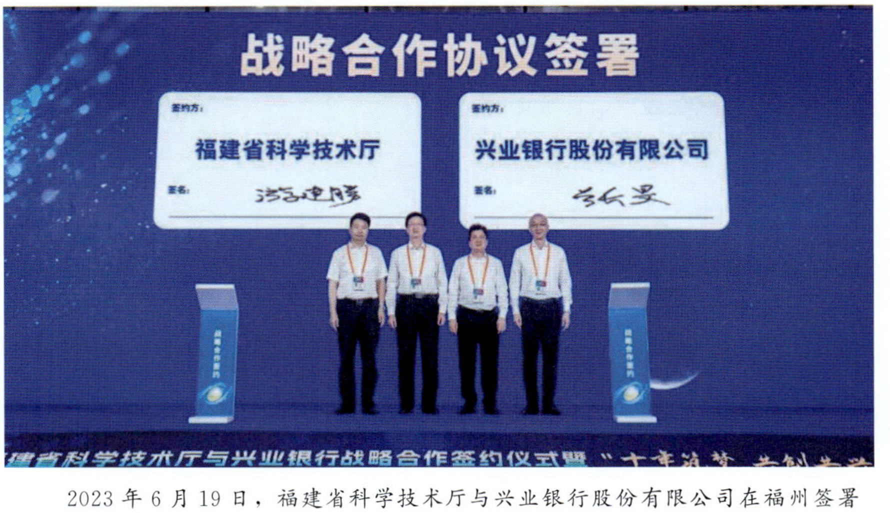

2023年6月19日，福建省科学技术厅与兴业银行股份有限公司在福州签署战略合作协议 （省科技厅）

重大科技问题攻关方向“揭榜挂帅”榜单。全年立项“揭榜挂帅”项目12项，资助经费8250万元。围绕项目生成、榜单征集、经费支持等环节，率先在工业领域启动“揭榜挂帅”科技攻关机制改革创新，同时实行“揭榜挂帅”项目由省外科研单位揭榜。（周琼）

基础研究与管理

【省自然科学基金资助体系】 2023年，福建省高度重视基础研究工作和青年科技人才培养，优化省自然科学基金资助体系方案。保留面上项目、重点项目，保持点面结合基本均衡资助格局，为60周岁以下最广泛基础研究群体提供不同类型的资助，促进学科总体均衡协调持续发展。在自然科学基金体系内设立青年科学基金，设置创新、优秀、杰出、攻关等4类青年科学基金项目，进一步衔接国家自然科学基金资助体系，细分年龄和层次，完善基础研究青年科技人才资助体系，形成促进青年科技人才培育成长发展的梯次化资助格局。

【省自然科学基金联合资助】 2023年，福建省试点多元化资助支持基础研究，扩大资助经费供给规模，启动新一期2023—2025年度省基金联合资助。全年联合单位协议投入经费约1.4亿元，比上年增加4500万元；新增联合资助单位15家，联合资助单位总数增加至64家，其中高等院校23所、医院35家、科研院所4家，以及省农科院、省气象局。

【省自然科学基金项目立项与实施】 2023年，福建省自然科学基金受理申报3749项，立项2320项（面上项目1918项、青创项目311项、杰青项目58项、重点项目33项），立项资助率62%，立项总经费1.98亿元。全年，省自然科学基金结题验收项目1077项，形成研究成果5194项，其中获授权发明专利761件、软件著作权100件，新增国家及地方行业标准17项，发表论文4313篇（被SCI或EI收录论文3206篇）。专业技术职称晋升508人，培养博士及以上人才276人，新增产值21.54亿元，新增利润4.45亿元。全省获国家杰青项目资助培养7人、获国家优青项目资助培养14人。

【区域联合基金项目立项与实施】 2023年，福建省提出的区域联合基金研究方向获立项30项、直接资助经费7750万元，其中省内单位牵头19项（占63%）、直接资助经费4927万元。另获他省指南方向立项3项，合计省内单位共获区域联合基金项目立项22项，直接经费约5700万元、间接经费约1100万元，较福建省出资联合经费4500万元超出2300万元。至年底，全省31家单位获2023年度国家自然科学基金各类项目立项944项，资助经费超4.8亿元。

【省创新实验室建设】 至2023年底，福建省拥有省创新实验室7家，汇聚全职、双聘、全时等科研人员1700多人，突破核心技术150项，成果转化200多项，拥有发明专利225件。建立创新实验室工作周报制度，持续收集汇总梳理创新实验室科研攻关、项目成果产业化等建设进展，引导创新实验室加强产学研结合，服务科技和经济发展。新建由泉州市政府牵头、依托省电子信息集团的刺桐（集成电路）创新实验室，下达省财政建设运行补助经费，拨付2023年度创新实验室建设运行补助经费4.49亿元，其中建设补助3.24亿元、运行补助1.25亿元。推动嘉庚、宁德时代创新实验室明确合作形式和分工，确定争创基地的定位和研究方向，承担国家重大科研任务。推进筹建海洋创新实验室，继续争取科技部支持和指导，对接海洋国家实验室，承接国家重大科研任务。建立省创新实验室“编制池”，专项用于创新实验室全职、全时聘用的高层次人才、核心技术骨干人才等。闽都、嘉庚创新实验室经省、市编制部门核定，各建立20名、15名人才“编制池”，缓解创新实验室人才编制需求。

【重点实验室建设】 2023年，福建省推动全国重点实验室创建，推动“传染病疫苗研发”实验室纳入全国重点实验室序列。实验室围绕中国传染病防控产品关键核心技术自立自强的迫切需求，聚焦传染病疫苗研发领域重大科学问题，推动中国传染病防治领域高质量发展。总结2022年度省重点实验室建设运行情况，对2022年度报告数据及内容进行梳理、统计及分析，编印《福建省重点实验室（2022年度）运行情况》。组织完成2023年省重点实验室（企业类）现场验收工作，福建省数字化支付安全重点实验室等18家重点实验室通过验收并授牌运行。组织开展276家福建省重点实验室考评工作，并完成评审工作。

【野外观测站建设】 2023年，福建省组织开展省野外科学观测研究站建设运行情况调研，全省在建省野外站9家，拥有科研人员226名（高级职称177名），科研用房面积2.6万平方米以上，投入科研仪器设备总值1.56亿元，长期连续观测10年以上的观测点22个；依托单位及其业务主管部门支持经费6100余万元。

【实验动物许可规范】 2023年，福建省按照《福建省科学技术厅关于印发＜开展实验动物许可“证照分离”改革工作实施方案＞的通知》，办理实验动物行政许可事项14件、涉及许可证14份（生产许可证3份、使用许可证11份）；制定《2023年度实验动物许可证年检工作方案》，组织开展实验动物许可证年检工作。至年底，全省拥有有效期内实验动物许可证50份，其中生产许可证7份、使用许可证43份。

【大型科研仪器开放共享】 2023年，福建省制定印发《福建省重大科研基础设施和大型科研仪器向社会开放共享评价考核办法》，规范加强大型科研仪器向社会开放服务评价考核。组织开展2023年评价考核工作，向15家仪器管理单位131台仪器发放补助运行奖励经费272万元。2016—2023年，省科技厅为77家（次）仪器管理单位591台（次）仪器发放评价考核奖励经费1210.5万元。省科技厅在泉州市继续开展企业非财政性资金建设、购置的科研设施仪器向社会开放服务补助试点，对泉州市15家企业66台仪器发放企业非财政资金购置大型科研仪器向社会开放服务补助试点经费200万元。2018—2023年，完成除漳州、平潭外7个设区市企业非财政资金建设和购置大型科研仪器向社会开放服务补助试点工作，补助企业104家仪器431台，发放补助金额1480.8万元。至2023年底，大仪平台收录向社会提供开放共享服务的30万元以上大型仪器4388台，原值45.13亿元。 （周琮）

高新技术与工业科技

【高新技术与工业科技项目立项与实施】 2023年，福建省高新技术及工业科技领域共安排科技计划经费16477万元，支持省级科技计划项目149项。其中，“揭榜挂帅”重大技术攻关项目8项，计划经费5390万元；重点产业产学研协同创新重大项目10项，计划经费5000万元；引导性项目52项，计划经费772万元；产学合作项目38项，计划经费1740万元；区域发展项目32项，计划经费3200万元；安排竹机械设备定向科研攻关项目9项，计划经费375万元。至年底，组织验收项目123项，验收结题率93.4%。

【新一代信息技术产业核心技术攻关】 2023年，厦门大学实现智能边缘计算终端与系统关键技术突破，研发3款国产化CPU终端产品。福州大学开展大色域量子点背光显示器关键技术研发及产业化，形成自主知识产权体系。

【新材料产业核心技术攻关】 2023年，三明海斯福开展柔性新型显示材料氟聚酰亚胺及关键单体研发与产业化，推动打破高端含氟单体、透明聚酰亚胺长期被国外企业垄断局面。福建阿石创新材料股份有限公司开展AMOLED用银合金靶材关键技术研发及产业化应用，实现新型显示产业链关键基础材料国产化，突破国外银合金靶材专利壁垒。

【新能源产业核心技术攻关】 2023年，宁德时代研发的大型锂电池储能系统成功应用于多个电池储能项目。福州大学首创研制新型低温高效氨分解制氢催化剂，开发出“氨—氢”燃料电池系统，处于国际领先水平并获企业投资推广应用。福州大学化肥催化剂国家工程研究中心团队与厦门金龙客车合作开发启动全国首辆30kW级液氨在线制氢燃料电池客车。龙源电力漂浮式风渔融合项目平台于莆田南日岛海域安装建设。

【先进制造产业核心技术攻关】 2023年，集美大学开展旋压带轮组件抗疲劳制造关键技术和示范应用，推动实现高性能旋压带轮的国产化批量生产，提升福建省基础制造和关键部件行业自主创新能力。福建雪人股份有限公司联合北京理工大学开展氢燃料电池多场景应用超高速空气压缩机关键技术研发，提升福建省氢能产业和燃料电池核心部件自主研发能力。中国机械总院集团海西（福建）分院攻坚突破超精密数控机床“卡脖子”技术难题，超高精密机床项目达到世界先进水平。

【高新技术企业培育】 2023年，福建省科技厅围绕高新技术企业政策宣传、申报认定和管理机制建设等关键环节，综合精准施策，推动实施高新技术企业“双倍增”行动。推进网络服务平台建设，实现高新技术企业认定电子化评审，通过新开发的高新技术企业网络评审系统评审企业4200多家。加强政策宣传辅导，联合省财政、税务部门开展政策宣讲，线上辅导视频企业观看量突破10000家（次）。筛选重点高新技术企业50家，前往福州、泉州、漳州、三明等地开展入企服务，做好对高新技术企业的“零距离”服务。首次制定印发《福建省高新技术企业认定管理工作规程》，建立中介机构专项报告严重失误通报制度，召开中介机构座谈会，引导规范中介机构管理，并强化监督管理效能，将高新技术企业认定过程中企业核实比例提高10%以上。全年通报中介机构16家、复核企业29家、核实企业528家（其中实地核实企业104家）。全省高新技术企业数量稳步增长，连续3年保持30%以上的增长速度。

【科技“小巨人”企业培育】 2023年，福建省以新一代信息技术、高端装备、新材料、新能源、生物与新医药、节能环保等战略性新兴产业领域为重点，新遴选科技“小巨人”企业739家，2021—2023年，福建省遴选科技“小巨人”企业总数3153家。739家科技“小巨人”企业平均研发投入占比达6.03%，平均科研人员占比超19.8%，实现营业收入超790亿元。继续加大对研发投入的财政支持力度，对其享受研发费用加计扣除政策实际发生的研究开发费用进行奖励，全年对641家科技“小巨人”企业的研发投入实行奖励1亿元，引导企业研发投入超40亿元，有14家企业连续3年获得奖励。

【科技创新券补助】 2023年，福建省科技厅按照《福建省科技创新券补助实施细则》明确规定的条件、对象、范围，继续对符合条件的科技型中小企业在研发过程中向境内高等院校、科研院所及其他企事业单位购买科技创新服务所产生的费用进行补助。全年对746家科技型中小企业发放科技创新券补助2000万元，带动购买科技服务超1.2亿元，购买科技服务费用增长33%。

【科技型中小企业创新资金项目】 2023年，

福建省科技厅组织实施全省科技型中小企业创新资金项目 63 项，支持资金 1980 万元，其中创新创业大赛获奖项目 16 项、支持资金 480 万元。38 项验收项目申请专利 56 件（发明专利 33 件），获授权专利 159 件（发明专利 12 件），软件著作权 48 件；制定国家标准、行业标准 22 项；完成产值 4.55 亿元，利税 1.07 亿元。

【科技型中小企业评价服务】 2023 年，福建省科技厅根据科技部、财政部、国家税务总局制定的《科技型中小企业评价办法》、科技部火炬中心《科技型中小企业评价服务工作指引》的有关要求，启动科技型中小企业评价服务工作。全年在国家评价工作系统注册企业新增 3038 家，注册企业总数 16225 家，7195 家科技型中小企业获得入库编号，入库企业数量增加 932 家。

【第十一届福建创新创业大赛】 2023 年，福建省举办第十二届中国创新创业大赛（福建赛区）暨第十一届福建创新创业大赛，旨在促进创投、银行、担保、融资租赁、科技服务等各类社会力量支持科技型中小企业创新发展。全省 84 家企业获 89 个奖项，27 家企业晋级全国赛，2 家企业晋级全国总决赛，1 家企业获全国总决赛三等奖，11 家企业获优秀企业称号。（周琼）

区域科技创新管理

【福厦泉自创区建设】 2023 年，福建省科技厅印发实施《2023 年福厦泉国家自主创新示范区建设工作要点》，重点推进 30 个特色园区、创新平台和重大项目建设，打造以自创区为主体的海峡科技创新中心。推进自创区协同创新，新支持协同创新平台项目 25 项。2020—2023 年，协同创新平台项目总数达 84 个，首次实现协同创新平台项目省内高新区全覆盖。福厦泉自创区工业生产总值占全省国家高新区工业总产值的 66%，全省约 81%的高新技术企业、65%的科技“小巨人”企业和 75%的新型研发机构在福厦泉自创区中成长。

福州片区全面建设科创走廊，形成“一城四区，十片多点”的空间格局，生成载体建设项目 140 个，总投资 634.2 亿元；建成研发公共服务平台 428 个，建设创新创业载体 140 个、研发公共服务平台 288 个；吸纳各类高层次人才 9947 人。闽都创新实验室研发团队推出全球首款千瓦级 KCOB 光源模组；东方电气（福建）创新研究院打造全球首个海上风电无淡化海水直接电解制氢示范工程，联合谢和平院士团队在福建兴化湾海域成功开展全球首次海上风电无淡化海水原位直接电解制氢技术海试；由福耀集团、厦门大学、福建理工大学共同完成的“复合功能化车载玻璃关键技术研发及产业化”成果，在汽车玻璃的紫外隔绝溶胶新材料及其复合功能化上，突破国外技术垄断。

厦门片区出台科技创新引领工程实施方案，树立并打造厦门科技创新品牌“苏颂工程”，首届“苏颂杯”未来产业技术创新赛吸引 12 个国家 335 项项目参赛，核心园区入驻企业超过 1600 家；“中国—金砖国家新时代科创孵化园”启动建设；海洋负排放国际大科学计划获批实施；在世界知识产权组织发布的全球百强“科技集群”中位列第 80 位，上升 11 位；嘉庚创新实验室研制的百千瓦级 PEM 电解槽入选国家能源领域首台（套）重大技术装备；翔安创新实验室新获批传染病疫苗研发全国重点实验室、国家疫苗攻关产教融合创新平台。

泉州片区实施“抓创新促应用”行动，出台“1+3+N”（“1”为纲领性文件，即《关于加强创新驱动引领高质量发展的实施意见》；“3”为智能制造数字化赋能、工业设计能力提升和专精特新企业倍增 3 个三年行动方案；“N”为 12 份系列配套政策文件）科技创新系列政策文件，推动四链深度融合；新一轮全国知识产权行政保护工作绩效考核在 157 个副省级城市及设区级市中排名第 22 名，在全省各设区市中位列首位，获国家知识产权局通报表扬。省级专精特新企业、国家级专精特新“小巨人”企业、国家高新技术企业分别增加到 338 家、46 家、2362 家。福建立亚新材有限公司等 5 家企业入围第十一届中国创新创业大赛全国半决赛，1 家入围全国总决赛。举办世界陶瓷设计大赛，吸引德国等 29 个国家和地区的 5327 件作品参赛，成为陶瓷设计创新产品首发地；举办中国机器人大赛世界杯中国赛，包括清华大学等全国知名高校在内的 260 所学校 1084 支队伍参赛，是福建省首次举办此类规模科技赛事。

【福厦泉科学城建设】 2023 年，福建省推动建设中国东南（福建）科学城、厦门科学城、泉州时空科创基地。中国东南（福建）科学城制定《2023 年高新技术企业倍增计划项目工作方案》，按照“科技型中小企业—国家高新技术企业—科技‘小巨人’企业”的创新主体全链条培育路径，申报高新技术企业认定 607 家，总数达 808 家。科技型中小企业备案 734 家，通过省科技‘小巨人’企业认定 21 家（全省总数达 103 家）。组织闽都实验室开展光电信息行业专场成果转化直通车活动，12 家企业达成成果意向对接。

厦门科学城组建管委会，投入使用科学城 I 号孵化器部分场所，引进中关村大学科技园联盟成果转化基地、摩方同创精密技术研究院等一批高能级创新创业平台，累计入驻企业 64 家。引进西南大学、江南大学等 5 家国家大学科技园设立厦门创新驿站。首个“创新飞地”——厦门科学城（北京）创新成果培育基地揭牌启用。首个联合实验室——摩方联合创新实验室启动建设，并由企业设立首期 1000 万元开放型研发资金。新签约并启动建设中国科学院理化所低密度微球及复合材料研究院、厦门蓝威可靠性系统工程研究院、中关村硬创空间中试检测服务平台 3 项项目，其中中国科学院理化所低密度微球及复合材料研究院首个科技成果产业化项目——高性能浮力材料项目于8月8日投产。詹启敏院士的厦门市创新生物医药研究院完成注册并全面启动建设。科学城Ⅱ号孵化器加快策划，储备项目50项。厦门科学城展馆首次亮相，面向全球推介科学城，推动“眼科手术机器人”等一批北京“创新飞地”储备项目来厦落地。

泉州时空科创基地新引进大国匠品（北京）科技有限公司泉州分公司、泉州丰泽本善咨询有限公司等企业入驻，园区共入驻企业18家。完成高精度地基授时系统泉州站光纤线路布设及原子钟等设备调试对接。初步完成GNSS高精度定位设备生产、调测线建设，在彭村水库大坝等水利领域推广应用GNSS高精度定位设备。完成项目立项和守时系统开发，进行泉州时间源服务平台守时系统终端应用产品开发，包括安可时间相机、安可智能时钟、安可时间同步服务等。

【高新技术产业园区建设】 2023年，福建省落实《关于促进高新技术产业开发区高质量发展的实施方案》，新增批复设立厦门海洋、柘荣2个省级高新区，实现省级以上高新区设区市全覆盖，省级以上高新区总数达12家。支持福厦泉三片区与省内高新区共建协同创新平台，促进闽东北闽西南融合发展，引导省内高新区主动融入福厦泉自创区建设。持续实施国家高新区在全国排名晋位奖励新机制，对厦门、莆田、三明等国家高新区给予晋位奖励。福州、厦门、泉州、漳州、莆田、龙岩、三明等7个国家高新区在2022年度全国国家高新区排名分别居第35位、11位、95位、115位、112位、166位、167位，其中厦门、莆田、泉州、三明位次分别提升3位、3位、2位、2位。厦门火炬高新区在全省开发区考评中排名第一位。推进福州、厦门、三明、莆田、泉州和武平6家高新区深入开展园区标准化建设工作，厦门国家高新区在试点园区评价中位列第一。

【双创载体建设】 2023年，福建省新认定国家级科技企业孵化器4家，入选数量创省历年之最。漳州“甲骨文（漳州）技术人才双创基地”和“漳州圆山创业园”2家孵化器入选国家级科技企业孵化器，漳州市在国家级科技企业孵化器领域实现零的突破。福建省拥有国家级科技企业孵化器的设区市总数达到6个。新认定大鹏云创数字产业园等10家单位为省级科技企业孵化器，新认定福建信息职业技术学院国家创新创业学院示范基地等53家单位为省级众创空间。至年底，全省省级以上孵化器和众创空间分别达到75家和380家，对科技企业孵化器认定奖励共计2项300万元。首次开展2022年度省级科技企业孵化器和众创空间考核评价工作，对45家省级科技企业孵化器和145家省级众创空间评定等级，并撤销39家省级众创空间资质。首次组织开展火炬创业导师征集和信息登记工作，选聘火炬创业导师12名，提升科技创新创业载体孵化服务能力。 （周琼）

农业农村科技

【农业科技计划项目立项与实施】 2023年，福建省支持省内高等院校、科研院所承担国家重点研发计划，“菌草食药用菌、兰花产业关键技术研究与应用示范”项目被科技部列为2023年度部省联动国家重点研发计划，“水稻高产优质高抗协同改良机制”项目入选科技部国家重点研发计划。立项支持农业领域省级科技计划项目102项，投入省级科技资金4170万元，带动科技总投入近1亿元，组织实施高校产学合作项目16项、高校产学研联合创新项目7项、区域发展项目15项、引导性项目64项（其中支持设区市农科院所建设专项项目25项）。

【县域科技创新发展】 2023年，福建省因地制宜探索差异化县域创新驱动发展路径，推动创新型县（市）建设，上杭县、武夷山市、闽侯县、武平县成功入选科技部第二批国家创新型县（市）建设名单。至年底，全省有6个国家创新型县（市）得到科技部批准命名。

【茶科技创新】 2023年，福建省科技厅立项实施茶领域省级科技计划项目59项，资助科技专项资金1152万元，带动科技总投入3142万元，支持涉茶高校、科研院所和企业围绕种质资源创新、绿色生态种植、精深加工及高值化利用、检验检测和数字化管养等领域，开展茶产业关键共性技术攻关。选认茶领域省级科技特派员110名、组建茶产业科技特派员团队104个。举办全省茶领域科技特派员培训班，有100多名全省各地的科技特派员参训。举办科技特派员与茶产业高质量发展成果展示活动，展示推介89项茶科技项目成果，搭建茶科技交流合作平台。

【海洋科技创新】 2023年，福建省加强海洋科技创新平台建设发展，推动由厦门大学牵头筹建海洋科学与技术省创新实验室，争取科技部支持厦门大学焦念志院士发起海洋负排放国际大科学计划，支持福州市海洋经济科创平台建设。全省已建有省部级以上科技创新平台115个，其中国家级5个、部级7个、省级103个。围绕海上牧场、海上风电、海洋生物医药、海洋生态综合治理、海上养殖转型升级以及水产良种繁育、海洋绿色养殖、海洋工程装备与新材料等重点领域强化海洋产业关键技术攻关，立项支持涉海省级科技计划项目254项、资助经费5744万元，省科技重大专项“智能水下网衣清洗机器人研制及产业化应用”获得立项支持，助力福建省海上牧场建设。

【科技特派员政策体系】 2023年，福建省在全国首创出台省级科技特派员利益共同体备案登记保护办法的基础上，推动各设区市制定本级选认的科技特派员建立的利益共同体备案登记和收入报告具体实施办法，建立省市各级科技特派员利益共同体保护支持机制，调动科技特派员下沉基层服务的积极性。完善科技特派员经费使用管理，制定出台《福建省科技特派员专项资金管理办法》，扩大专项资金使用范围，实行工作经费50%包干，保障科技特派员工作所需。

【科技特派员服务重点产业发展】 2023年，福建省进一步健全科技特派员服务“菜单式”供给和“订单式”需求对接机制，省、市、县三级选认12930名科技特派员服务基层一线，其中省级个人科技特派员2371名、团队科技特派员804个、法人科技特派员28个，实现乡镇全覆盖和一、二、三产业全覆盖。选认竹产业领域的省级个人科技特派员15名、团队科技特派员23个（团队成员108名），选认数字经济省级科技特派员235名、团队科技特派员238个（1115名成员），服务全省竹产业和重点企业的产业数字化升级发展工作。完善科技特派员与企业精准对接机制，举办全省科技特派员成果现场推介对接会、科技特派员与茶产业高质量发展成果展示活动、猕猴桃新品种新技术展示现场会，征集先进适用的科技特派员技术成果近700项并向企业推介，促成企业与科技特派员成功对接超过200项、合作金额突破5000万元。依托省科技特派员服务云平台推动科技特派员与企业成功对接技术需求7165项、技术成果765项。

【科技特派员服务模式创新】 2023年，福建省在全国首创选认行业领域科技特派员，省科技厅与省市场监督管理局联合选认质量技术领域省级科技特派员100名、团队科技特派员10个，鼓励引导市场监管系统科技人员为省乡村振兴和产业转型提供质量技术支撑和人才保障。按照“一县一团”“一业一团”方式在全国率先组建跨专业、跨领域、服务全产业链的乡村振兴科技特派员服务团，与省农科院共同试点组建首批6个老区苏区首批乡村振兴科技特派员服务团，分别服务寿宁、政和、建宁、光泽、宁化等老区苏区县，推动科技要素资源向老区苏区县集聚和科技成果转移转化。创新对科技特派员的金融支持，联合兴业银行在全国率先选聘首批福建省科技特派员行业专家300名、科技特派员金融服务专员100名，在“福建金服云”开设科技特派员金融服务专区，推出“科特贷”等专门融资产品，以金融赋能科技特派员工作，提升科技特派员服务乡村振兴、助力产业转型升级的能力。

2023年6月30日，由省科技厅和省农科院共同主办的老区苏区县首批乡村振兴科技特派员服务团试点工作启动仪式在福州举行　　（省科技厅）

【科技特派员制度示范】 2023年，福建省针对西藏昌都市提出的43项科技需求，首次专项选认援藏科技特派员，从全省高校、科研院所、企业中选派54名具有丰富技术服务经验的科技特派员为西藏昌都市有关需求单位提供为期1年的专项技术服务。选认援疆援宁科技特派员84名、团队15个。依托全国骨干科技特派员（南平）培训基地，承办国家乡村振兴重点帮扶县科技特派团团长培训班和全国骨干科技特派员高级研修班。江西省、广西壮族自治区、山西省、江苏扬州市等地区专门赴福建省南平市举办科技特派员培训班或学习考察福建省科技特派员经验做法。在省地方标准《科技特派员服务规范》基础上制订《农业社会化服务科技特派员服务规范》，通过国家市场监督管理总局审批并正式发布为国家标准。

2023年3月20—23日，以“担当科技特派员使命，支撑重点帮扶县发展”为主题的国家乡村振兴重点帮扶县科技特派团团长培训班在全国骨干科技特派员（南平）培训基地举办　　（省科技厅）

【科技特派员后补助项目】 2023年，福建省科技厅加大力度支持科技特派员组团进企入村，组织开展省级科技特派员后补助项目和“星创天地”建设后补助项目评审及立项工作，立项的科技特派员后补助项目91项、安排经费2600万元，引导科技特派员组团深入产业链各环节开展创业和服务，推动创新链产业链资金链人才链深度融合，助力乡村振兴。项目涉及粮食生产3项、茶产业9项、种业创新11项、海洋经济7项、数字经济3项、绿色经济11项、产业转型25项，带动科技项目总投资约2.34亿元，累计推广新品种131个，新技术、新工艺、新产品215项（次），制定新标准60项，申请（授权）专利632件，项目建立示范基地面积约38平方千米，辐射推广近200平方千米，获得收益约9.9亿元，服务4.4万余户农民，培训农民1.37万人次。

【“星创天地”建设】 2023年，福建省面向农业农村主导产业，组织各地区开展“星创天地”（星创天地是众创空间在农村基层的一种表现形式，是对星火计划的一种传承和发扬。星创天地简言之是“星火燎原、创新创业，科技顶天，服务立地”，既是农业科技创新创业服务平台，又是新型职业农民的“学校”和创新型农业企业家的“摇篮”，是农村科技创新创业服务体系的重要组成部分，是推行科技特派员制度的重要举措）认定建设工作，引导科技特派员等科技人才通过“星创天地”深入农村开展多种形式的科技服务，激发农村创新创业活力。至年底，建成省级“星创天地”170家。全省有1023名省级科技特派员参与省级“星创天地”建设，累计聚集高校、科研院所及企业科技人员等2049名创业导师到农村开展创业服务，提供创业辅导4112场次，培训大学生、新农人15.14万人次，引进新品种、新技术1037个，带动入驻企业（团队、创客）建立示范基地面积86.67平方千米，搭建“互联网+”现代农业线上平台192个，累计孵化毕业企业（团队、创客）1290家，培育入驻团队、创客成功注册为企业667个，培育入驻企业成为高新技术企业71家，孵化大学生创业815人。年内，省科技厅从自身能力建设、创新创业环境建设、服务情况与建设成效等方面对运行一年以上的省级“星创天地”开展绩效评估，对评估优良的23家“星创天地”给予后补助经费支持，下达财政经费645万元。23家福建省“星创天地”签约创业导师244名（其中省级科技特派员67名），签约入驻企业（团队、创客）467个，吸纳就业2099人，建立线上网络平台42个，开展创业培训1.3万余人次。

【帮扶任务挂钩】 2023年，福建省科技厅发挥挂钩帮扶诏安县的牵头单位作用，围绕诏安县主导产业和特色产业发展需求，给予诏安县科技专项经费、研发投入分段补助等资金2366万元，立项支持诏安县实施省级科技计划项目14项，选认省级科技特派员92名服务诏安县，支持省内外高等院校、科研院所与诏安县本土企业加大产学研合作力度。做好挂钩帮扶民族乡工作，立项支持坂中畲族乡实施科技帮扶项目“福安市坂中畲族乡科技助力特色产业发展与传统文化保护建设”，资助帮扶经费400万元。为重点帮扶地区培养本土科技人才，举办原省级扶贫开发工作重点县等重点帮扶地区科技人员培训班两期，培训学员131名；首次将福建省民族乡村科技人员纳入培训范围，培训民族乡村科技人员31名。支持省科技厅下派驻村第一书记开展驻村工作，为3个派驻村每村每年协调60万元工作经费用于美丽乡村建设。从科技特派员选派、科技项目立项实施等方面加强对上杭县湖洋镇、罗源县起步镇乡村振兴指导点的科技帮扶。

【科技特派团典型事迹宣传】 2023年，福建省科技厅以挖掘优秀科技特派团典型事迹，推广宣传先进帮扶经验和成果为主线，承办2023年度全国“大美科技特派团”微视频征集活动启动仪式有关会务工作，组织全省各地开展科技特派团微视频征集评选，向科技部推荐报送福建省优秀科技特派团微视频26个。

【星火计划项目立项与实施】 2023年，福建省科技厅推广先进适用技术成果，围绕区域农业优势特色产业发展，以优良新品种、农产品安全和绿色食品生产特色产业开发、资源节约型农业等为重点，组织立项省级星火项目69项，下达经费1500万元，示范推广新品种22项、新技术38项，开发新机具新设备2项、新肥料新饲料7项。加强对在研星火计划项目的过程管理，督促项目实施主管单位抓好项目的实施管理，提高项目结题率和财政资金使用效益。据统计，全年共完成项目验收60项，共示范新技术、新工艺、新产品34个，获专利授权111件，建立示范片近700万平方米，辐射推广25200万平方米，新增产值4.7亿元。（周琼）

【福建省农业科学院】 2023年，福建省农科院新增省级以上科研项目322项、经费约1.6亿元，其中国家级项目43项；国家自然科学基金立项11项；11项成果获得省科学技术奖，2项成果获省社会科学优秀成果奖，6项成果获省标准贡献奖；获1个国家一类新兽药证书，3项技术入选农业农村部农业主推技术，48项技术入选福建省农业主推技术。

科技创新。2023年，福建省品种选育创新方面共有62个农作物新品种通过省级以上品种审定（认定、登记），其中国家级22个、省级40个，获植物新品种权30项，入选福建省农业主导品种37个，马铃薯新品种“闽薯1号”入选国家农作物优良品种推广目录，杂交龙眼新品种“宝石1号”入选农业农村部农业主导品种，授权发明专利114项，主导编制并发布全国生鲜食用菌冷链物流领域的首个国家标准。组织开展福建省第三次全国农作物种质资源普查与收集行动，向国家种质资源库（圃）

移交4377份资源样本实物和资源数据信息，收集到南靖柴蕉、紫旭黑米等一批优异珍稀特色资源；新增种质资源3361份，累计收集保存8.2万份；创制优异种质资源252份，鉴定评价种质资源3561份，对2778份种质资源进行基因型和表型精准鉴定。

“三农”支撑。2023年，福建省科技特派员服务乡村振兴，省农科院选任省级个人科技特派员322人、团队科特派151个、法人科特派14个，科特派工作继续走在全省前列；在寿宁、政和、建宁、宁化、光泽等5个县开展老区苏区县乡村振兴科技特派员服务团试点工作，推动科技要素资源向老区苏区县集聚；全年科技人员下乡服务约9000天，推广新品种、新技术、新模式600多项次，新增经济效益10亿元以上。实施“科技村落”建设，省农科院与光泽县共建“全国农业科技现代化先行县”，通过农业农村部评估验收，成为全国首批被授予该称号的24个县之一，在科技创新示范、产业模式升级、人才引进培养、县域特色发展等方面开展一系列创新探索，发布《“科技村落”建设与管理指南》团体标准，助力光泽县崇仁村和仁厚村通过专家验收并授牌成为首批“科技村落”。开展院地合作，省农科院推进南平、莆田、漳州、宁德、龙岩等5个区域分院建设，探索建立分工合作、有效协同的全省农业科技创新体系；新建科技示范基地8个，遴选核心示范基地5个，在全省建有118个科技示范基地，直接服务县域特色产业发展。与永泰、周宁、寿宁、同安和闽侯等5个县（区）签订院地合作协议，为县域乡村产业振兴提供科技支撑。开展科企合作，与企业联合设立“福建农科优秀青年奖”，创新联合建立菌草微生物重点实验室。与龙头企业合作，新建厦门棠潮花卉种业、光阳蛋鸭种业、闽北高山土特产等3家产业研究院，累计共建有产业研究院30家，设立科研项目86个，企业投入研发经费约4000万元，完成成果转化应用34项。

对外合作。2023年，省农科院与汤加、瓦努阿图、斐济等国洽谈农业科技合作，推动与南太平洋岛国开展减贫科技合作。与中国农业科学院合作的农业高质量发展“5511”协同创新工程，在科技创新、应用示范、平台建设与人才培养等方面取得较好成效，年内通过中期评估。实施东西部协作，与宁夏农林科学院共建闽宁协作农业科技示范基地、闽宁协作农业科技培训基地，组建8个专家团队赴宁夏开展技术帮扶，推广新品种、新技术50多项；与西藏农牧科学院签署《高原农业科技联合创新中心合作共建协议》，与墨脱县开展科技合作，选派专家团队开展技术帮扶，促进墨脱白肉枇杷产业高质量发展，推进枇杷、茶叶、水稻等品种技术在万州库区示范推广。开展闽台农业合作，对接台湾农民创业园、闽台农业融合发展产业园，组织专家团队开展技术服务，与台资企业合作研发的“火龙果产期调节技术”获评福建省农业主推技术。

科研条件改善。2023年，省农科院实施福建省农业生物种质资源库建设，建立健全工作推进机制，压紧压实责任，挂图作战，年内完成主体工程建设，种质资源库大楼封顶。开展重点实验室建设，推进农业农村部亚热带特色果蔬菌加工重点实验室建设，研发一批产业关键技术，解决产业发展的共性问题。建设“兽医生物技术国家重点实验室——水禽疫病协同创新联合实验室”，借助“国家队”力量。天敌微生物扩繁基地建设项目获批，新增福建省特色农产品加工科技经济融合服务平台。提升农产品质量安全重点实验室、农业农村部风险评估实验室、全国名特优新农产品营养品质评价鉴定机构等平台服务能力，成立福建省植物品种测试中心，动物疫病检测中心获国家认可实验室CNAS资质证书。建设综合性科研试验基地，与闽侯县政府合作，计划将白沙镇约28.33公顷土地有偿划拨给省农科院作为科研试验基地；与福州市政府就埔垱院区土地收购及异地安置初步达成共识，计划在马尾琅岐共建面积约38.73公顷的琅岐现代种业科技园。

人才引育。2023年，省农科院优化调整专技岗位结构，高级职称比例提高到50%。推进青年人才培养，遴选优秀博士31名，出台《福建农科优秀青年奖实施办法》，评选出10名优秀青年人才；选派24名科技人员赴国（境）内外访学研修，推荐申报省部级以上人才32人次。（李希）

社会发展科技

【社会发展领域科技创新重点工作】 2023年，福建省制定出台《福建省医疗卫生领域科技创新联合资金项目实施细则（暂行）》，发布2023年度医疗卫生领域科技创新联合资金项目申报指南。新增设立省立医院和福建医科大学附属第二医院两单位实施联合资金项目，至年底，实施联合资金项目的单位共7家，项目经费1.64亿元。出台《福建省创新药物研发奖励资金补助实施办法》，发布年度奖补资金项目申报指南，并对受理项目组织评审。省科技厅与省公安厅签订《关于建立“科技兴警”协同工作机制的合作协议》，共同印发《关于协同推进科技兴警三年行动计划的实施意见》，并设立“科技兴警”科研专项。

【社会发展领域科技项目立项与实施】 2023年，福建省社会发展科技领域共立项各类省科技计划项目580项，总计支持科研经费超2.4亿元，支持范围包含人口健康、生物医药、资源环境及公共安全等领域。其中，立项医疗卫生领域省科技创新联合资金项目454项、“皮革废弃物制造高品质再生皮革关键技术与装备的研发及产业化”等“揭榜挂帅”项目3项。根据《福建省创新药物研发奖励资金补助实施办法》，对“依达拉奉注射液质量和疗效一致性评价”等10项仿制药项目及创新药项目“GST－HG171片完成Ⅰ期临床试验研发投入”进行研发奖补，共涉及福建广生中霖生物科技有限公司等7家企业，合计奖补资金2546.5万元。

【国家重点研发计划项目推荐】 2023年，福建省科技厅组织、指导相关单位做好国家重点研发计划项目申报工作，推荐4批9个重点研发计划专项项目16项。其中，福建中医药大学申报的“老年与慢性病常见功能障碍中医核心康复技术规范与应用研究”“基于证素辨识和状态可测原理的动静态中医临床评价方法学构建与示范研究”和福建师范大学申报的“东南特色橡塑产业提质增效循环经济集成技术示范”“亚热带山地森林复杂地形下碳汇精准计量”及龙净环保申报的“建材行业烟气多污染物短流程高效协同治理技术及示范”等5项获立项支持，经费8075万元。

【调查研究活动】 2023年，福建省科技厅围绕生物医药产业创新平台建设开展调研，梳理、分析全省生物医药产业各类平台现状、存在的问题，形成《全省生物医药创新平台建设情况分析和对策建议》。围绕“实施绿色低碳技术创新”，组织人员赴龙岩、三明、泉州等地开展调研，编制完成《加快发展方式绿色转型研究》课题调查报告。结合科技招商工作部署，先后走访中国科学院上海高等研究院、中国科学院上海有机化学研究所、中国科学院脑科学与智能技术卓越创新中心和杭州量知数据科技有限公司等单位，实地调研人才队伍建设、核心技术研发、科技成果转化等方面工作情况，推动南平市科技创意产业园发展中心与杭州量知数据科技有限公司签订《南平市绿色创新平台共建合作协议》，项目总投资1700万元。

【民生科技事业发展】 2023年，福建省完成第三批省级临床医学中心评审、认定工作，并对前两批36家中心进行初评，全省13家省级临床医学中心被国家临床医学研究中心认定为国家分中心；完成“福建省脑重大疾病与脑科学研究院”项目建设验收，面向脑科学领域，研发复杂脑血管病、脑胶质瘤、神经外科微创、脑功能性疾病及神经调控、神经危重症等诊疗诊治关键技术；完成“福建省预防医学研究院建设”项目建设验收，建设人兽共患病和重大传染病研究中心、健康相关因素研究中心、食品安全研究中心等3个平台，为保障人民群众的健康和推动公共卫生事业发展提供支撑。广生堂药业研发的抗新冠病毒小分子口服一类创新药“泰中定”获批上市；“降压复方中药清达颗粒临床前研究”项目研发的“清达颗粒”获临床试验批件；“福建省新药研发中心”项目研发的化学药品1类新药“盐酸钩吻素子”获临床试验批件。“东南轻工建材特色产业集聚区固废综合利用集成示范”项目针对泉州市纺织服装、制革制鞋和石材加工产业多源固废产量大、资源化利用率低、环境污染等问题，研发成套关键技术，生产12类创新产品，构建8项示范工程，实现纺织服装、制革制鞋、石材加工固废利用率分别大于70%、80%、90%，集聚区固废利用率不低于80%，泉州市年固废消纳量提高100万吨。 （周琼）

2023年11月15—19日，第二十五届中国国际高新技术成果交易会在深圳举办，由省科技厅牵头，省发改委、省工信厅、省政府驻深圳办事处等有关部门组成的福建代表团参展参会 （省科技厅）

科技成果转化

【中国科学院科技服务网络计划】 2023年，福建省科技厅以福建省中国科学院科技服务网络计划（STS计划）配套项目为抓手，在与12家中国科学院所属研究所合作的基础上，新推动与4家研究所签订科技合作协议，促进中国科学院技术、成果和人才等创新资源服务福建产业发展。举办中国科学院金属研究所“福建行”科技成果、项目及人才对接活动。扩大子专项广度深度，新设立晋江、三明经开区、三明高新区3项STS省级子专项。至年底，共设立STS计划子专项10项，每年经费7500万元，用于联合资助STS项目，形成“需求导向、资源共享、精准对接、多级联动”的项目运作机制。立项支持STS计划配套项目93项，省级资助经费3040万元。

【技术转移服务机构培育】 2023年，福建省科技厅对省级技术转移机构开展三年绩效考核，优化技术转移服务机构质量，加强技术转移机构管理的规范性、科学性和精准性。至年底，有省级以上技术转移机构136家（2023年取消11家、新增18家）。建立正向激励机制，对省级技术转移服务机构按工作业绩予以奖励补助，引导机构主动服务技术转移转化。给予26家技术转移机构补助867.54万元，给予9家技术合同认定登记机构补助119.74万元。优化技术合同认定登记机构布局，针对省属企业等技术合同认定登记重点群体、认定登记资源较为集中的地区以及认定登记力量较为薄弱的地区，增设省产权交易中心1家登记机构，调整南平、平潭等2家登记机构。

【技术人才队伍建设】 2023年，福建省启动福建省技术经纪专业技术职务任职资格评审工作。在自然科学研究职称系列增设技术经纪专业，着重评价技术经纪人提供技术转移转化研究和运营服务能力，为技术转移从业人才提供职业发展和职称晋升通道，于7月开始受理首批职称申报。于12月21日开展2022年度福建省自然科学研究系列技术经纪专业高级职务评审委员会会议，经评审，有13人获得晋升高级职务任职资格，28人获得晋升中初级职务任职资格。加强技术经纪人培训，实行多会场、线上线下相结合的方式，联合市县、国有企业、高等院校及宁夏、新疆等协作开展技术经纪人培训7场，培训技术转移人员近1100名。其中，8月份举办的初级技术经纪人培训实现“1+9”多会场模式，共同承办单位、分会场数量、覆盖区域、单次集中参训学员数创新高，省内外600余名技术经纪人参加培训。首次开展全省技术合同认定登记员培训，以培养一批业务能力强、政策水平高、服务意识强的技术合同登记员为目标，福建省及新疆近220名从事技术合同认定登记工作的相关人员参加培训，补充认定登记人员队伍，提升认定登记业务素质和水平。

【技术供需精准对接】 2023年，福建省推进省科技成果转移转化公共服务平台建设。完成平台一级和二级页面设计，优化功能模块，分“资源中心、政务大厅、交易大厅、活动中心、技术经理人、特色平台、远程培训”七大功能模块。至年底，平台完成相关科技创新资源导入，开发职称评审申报系统和项目征集系统并已投入使用。首次实施“揭榜挂帅”成果转化类项目，面向全国范围内高等院校、科研院所或国家级创新平台征集符合福建省重点产业发展需求且具有重大应用前景的成熟科技成果，通过发布榜单、企业揭榜的形式，做到“谁能干让谁干”，创新成果对接转化模式。立项资助“揭榜挂帅”成果转化项目1项，资助经费550万元。支持企业购买重大科技成果落地转化，落实《福建省企业重大科技成果购买和技术转移服务机构补助管理细则》，立项支持并补助390万元。

【优秀科研成果展览展示】 2023年，福建省科技厅参加宁夏科技成果转化暨人才交流合作大会，组织科技成果转化项目25项、科技管理及科研人员近30名参展参会，为宁夏亟须解决的技术难题提供9项解决方案，并在东西部科技合作展专设福建展区进行创新项目成果的展示。参加第二十五届深圳高交会，围绕“加快科技自立自强步伐建设高水平创新型省份”主题，组织30家单位携35项先进技术成果进行展览展示，13家单位的15项优秀项目参加现场路演。参加第七届海南健博会（药保会），聚焦“强化科技创新驱动医疗健康产业高质量发展”主题，推介53项医疗健康产业领域科技成果，片仔癀、阿吉安、华侨大学等21家单位的31项科技成果进行现场集中展示。

【科技成果赋权改革】 2023年，福建省科技厅推进赋予科研人员职务科技成果所有权或长期使用权试点工作。组织召开省高等院校和科研院所科技成果转化综合试点工作座谈会，就全省科技成果转化综合试点工作开展情况形成阶段性总结，并探讨存在问题的解决办法。公布2023年度科技成果转化典型案例。调查研究破解难题，开展省重点课题“加快科技成果转化，促进产业提质增效对策研究”等4个课题调查研究，实地走访科技园区、高等院校、科研院所和企事业单位67家，召开座谈会10场，发放调查问卷769份，研究分析福建省科技成果转化的现状基础和方法路径，形成调研报告4篇，提供决策咨询服务。（周琮）

科技合作交流

【科技招商】 2023年，福建省聚焦福建省“四大经济”、战略性新兴产业等领域需求，重点对接京津冀、长三角、粤港澳大湾区等科创资源密集地区，通过开展科技招商、举办重大科技招商活动等方式，招引一批延链补链强链的产业技术创新公共服务平台（项目）落地福建省或意向建设。

2023年，省科技厅与各设区市科技部门和有关县区政府形成联动机制，一体推进全省科技招商工作。至年底，科技招商小组赴上海、浙江、山东、天

2023年3月30日，首届京闽科技合作论坛暨京闽（三明）科技项目对接活动在福建三明举行（省科技厅）

津、湖北、湖南、香港、广东、新疆等地开展科技招商活动，对接香港理工大学、武汉大学、天津大学、华中科技大学、中南大学、东华大学、武汉理工大学、华南师范大学、中国科学院、山东省农科院、中电光谷联合控股有限公司、粤澳合作中医药科技产业园等知名高校、科研机构和央企等，推动香港理工大学晋江技术创新研究院等14项科创平台及项目在福建落地或意向建设，总投资近35亿元。组织举办首届京闽科技合作论坛暨京闽（三明）科技项目对接活动、2023闽港智慧城市创新技术推介会，在第21届中国国际人才交流大会期间设立福建馆等会议和活动，推介福建省科技创新环境、引才引智政策等，开展科技平台、项目、人才对接洽谈活动，实现科技招商与招才引智有机结合，促进一批项目、资金与人才引进。12月8日，组织举办全省科技系统科技招商业务培训，全省九市一区科技部门、各个国家级和省级高新区、省科技厅有关处室（直属单位）科技招商业务骨干，以及创投机构代表共60多人参加培训。

【区域科技创新合作】 2023年，福建省强化项目引导作用，重点与京津冀、粤港澳大湾区开展科技合作，实施京闽科技合作项目14项，资助资金717万元；实施泛珠区域科技合作项目19项，资助经费625万元。举办区域科技创新合作活动，举办首届京闽科技合作论坛暨京闽（三明）科技项目对接活动，现场签约项目29项，总投资24.24亿元。借助第二十三届中国国际投资贸易洽谈会平台作用，省科技厅与香港贸易发展局在厦门共同主办2023闽港智慧城市创新技术推介会活动，邀请闽港两地专家、企业代表围绕智慧城市创新发展进行主旨报告和专题推介，现场参会150多人，在线观看人数超过30万人次。拓宽区域科技合作渠道，省科技厅赴北京、香港、广东等地开展科技合作交流工作，推介福建科技创新政策、环境；天津大学、香港贸易发展局等单位有关部门负责人到访省科技厅，双方就进一步加强区域科技创新合作进行座谈交流。

2023年11月8日，海洋负排放（ONCE）国际大科学计划第二届开放科学大会暨厦门大学第九期群贤大讲堂在厦门大学科学艺术中心报告厅举行

（省科技厅）

【国际科技合作】 2023年，福建省立项支持省企事业单位与德国、英国、俄罗斯等国家和地区开展新材料、新能源、智能装备、环境保护等领域的国际科技合作项目16项，资助经费395万元。组织推荐省企事业单位申报国家重点研发计划国际合作重点专项5批次，上报科技部项目20项，申请经费约4300万元；向科技部推荐“中日青少年科技交流计划”2项、“中国—非洲伙伴研究所交流计划”4项、“发展中国家海洋食品加工技术培训班”1项。

双多边国际科技交流。2023年，福建省组织科研人员参加中法科研伙伴交流计划启动仪式、第九届东亚峰会新能源论坛、第十一届中国—东盟技术转移与创新合作大会、2023中非创新合作与发展论坛暨湖北国际技术交流会、第四届中国—南亚技术转移与创新合作大会、第十二届中意创新合作周、第五届中芬高技术领域对接会等国际科技交流活动。11月6—7日，赴重庆参加首届“一带一路”科技交流大会，会上中国首次提出《国际科技合作倡议》和“一带一路”科技创新专项合作计划。

金砖国家科技合作交流。2023年，省科技厅支持省企事业单位与巴西、南非、俄罗斯等金砖国家开展科技交流合作，立项省级科技对外合作项目4项，资助经费145万元。参加在厦门举办的中国—金砖国家新时代科创孵化园启动仪式，推动与金砖国家科技交流合作、科技创新与产业孵化工作，助力厦门金砖国家新工业革命伙伴关系创新基地建设。

【闽台科技创新融合】 2023年，福建省加强闽台科技项目、平台、人才等合作交流，实施一批省级科技计划对台合作项目。立项支持实施省级科技计划对台项目5项，资助经费160万元。加强与在闽台胞台企沟通联系，赴联芯集成电路制造有限公司、友达光电有限公司等在闽台资企业调研并座谈交流，实施惠台科技政策引导，发放《2023福建省科技创新政策工具包》等资料。组织专家团队开展“推动在闽台企科技创新融合发展的对策建议”重点调研课题研究，为闽台科技创新融合发展工作提供政策参考。

【科技对口支援工作】 2023年，福建省实施对口支援科技合作项目，立项支持省企事业单位与宁夏固原市、新疆昌吉州、西藏昌都市等对口支援地区围绕畜牧、智慧农业、肉产品加工、智能检测等领域开展对口支援科技合作项目7项，资助经费300万元。推进闽宁两省

2023 年 4 月 1 日，福建省第五期 IET 国际注册工程师认证培训在福州举行
（省科技厅）

重点聚焦技术研发、成果转化、平台建设、人才交流等方面开展全方位科技合作，持续推动闽宁科技协作创新发展。省科技厅参加“宁夏科技成果转化暨人才交流合作大会”，征集科技成果转化项目 25 项、技术解决方案 9 项，在专设福建展区展示创新项目成果 18 项。10 月，赴新疆昌吉州开展科技合作调研工作，与新疆昌吉州科技局开展座谈交流，并对已立项的援疆科技合作项目进行实地调研。11 月，新疆昌吉州科技局党组书记葛伟娟一行到访省科技厅，双方就进一步加强科技创新合作，推动乌昌石国家自主创新示范区与福厦泉国家自主创新示范区协同发展等科技援疆工作开展座谈交流。

【国际大科学计划正式获准立项】 2023 年 10 月，“海洋负排放国际大科学计划”获国务院正式批复同意立项。“海洋负排放国际大科学计划”由厦门大学焦念志院士发起，合作团队覆盖全球 33 个国家（地区）、79 个科研院校。
（周琼）

科技人才引育

【青年科技人才工作】 2023 年，福建省委组织部与省科技厅联合成立工作专班，在广泛调研、深入研究论证和征求意见的基础上，形成关于加强和改进青年科技人才工作的若干措施，鼓励支持青年科技人才“担大任”“挑大梁”。开展国家公派留学项目审核工作，指导福州大学开展中长期青年科技人才出国（境）培训行前考试、行前培训。

【国家级人才计划实施】 2023 年，福建省科技厅组织申报国家外国专家项目，多个项目获科技部立项，其中新获批国家引才引智基地数量为历年来获批数最多。组织申报推荐国家人才计划（项目），重点支持在科研一线潜心研究的科技人才，加大对福建省主导产业、战略性新兴产业和区域特色产业领域人才培养支持力度。

【省级人才计划实施】 2023 年，福建省组织实施 2023 年省引才引智计划，支持省内高校、科研院所和重点企业引进海外高层次科技人才。完成第四批省“创业之星”“创新之星”人才遴选工作，完成第一批和第二批省“创业之星”“创新之星”人才中期考核。深入实施新时代人才强省战略，引进国（境）内外一流高校、科研机构、中央企业和世界 500 强企业或高层次人才团队来闽工作，推动创新链、产业链和人才链深度融合。

【IET 国际工程师资质认证引进】 2023 年，福建省为引入国际同行评价标准体系，组织开展福建省 IET（英国工程技术学会）国际工程师资质认证工作。全省有 23 名工程人才通过培训，参与认证 15 人，其中 1 人获得会士（Fellow）荣誉。推进福建省人才评价市场化、国际化，提升中国工程师综合素质和国际竞争力。

【科技人才评价调研】 2023 年，福建省科技厅设立“福建省科技人才评价体系构建和运用研究”课题，并组织课题组人员赴山东、四川等科技人才评价改革试点省份调研学习，为下一步省科技人才评价工作提供借鉴，推动省科技人才评价工作。

【海外专家管理服务】 2023 年，福建

2023 年 5 月 20 日，2023 年福建省暨泉州市科技活动周泉州启动
（省科技厅）

省贯彻落实外国人来华工作许可制度，为外国人到闽创新创业提供便利。申请外国人来华工作许可事项实现全程网上办理，符合条件的高端外国人才，其工作资历证明、最高学位（学历）证书、无犯罪记录证明等，可采取承诺制和容缺受理的模式，为其提供便捷服务。

【“中国政府友谊奖”候选人评选】 2023年，福建省为表彰对中国现代化建设和中外交流事业作出突出贡献的外国专家，组织2023年度“中国政府友谊奖”申报、评选和推荐工作，评选4名外国专家作为福建省“中国政府友谊奖”推荐人选。

【第十二届福建省“友谊奖”评选】 2023年，福建省为表彰在福建省经济建设和社会发展中作出贡献的外国专家及国外友好人士，促进与世界各国在经济、科技、教育等方面的交流与合作，组织开展第十二届福建省“友谊奖”评选工作，评选表彰外国专家10人。

【第二十一届中国国际人才交流大会】 2023年，福建省科技厅借助中国国际人才交流大会高端引智平台，引进福建省经济社会发展急需的国（境）外高端人才、智力和项目、技术，组织全省40多家单位119名代表参加第二十一届中国国际人才交流大会，促成57家机构与福建省签订合作意向、协议，推介37家重点引智单位970个人才岗位需求，收集130余家机构信息和优势资源。

（周琼）

科学技术普及

【科普专项评选活动】 2023年，福建省举办福建省第七届科普讲解大赛和2023年全国科普讲解大赛选拔赛。举办2023年福建省优秀科普图书专家评选活动、2023年福建省优秀科普微视频专家评选活动、2023年福建省首届科学实验展演汇演活动。推荐优秀科普讲解选手3名、优秀科普图书作品7部、优秀科普作品5部、优秀科学实验展演队伍3支参加全国有关大赛，获科技部表彰项目8项。

【校外培训机构审批】 2023年，福建省印发《福建省科技类校外培训机构准入指导意见（试行）》，推动各设区市科技局开展科技类校外培训机构准入审批工作。推进县区绑定科技类校外培训机构准入审批网上办事大厅事项，全省受理近200件审批事项，审批通过80件。

【行业科普基地建设】 2023年，福建省科技厅开展年度全省科普统计调查工作，指导生态、交通、林草、体育、粮食、气象等行业主管单位打造具有福建特色的行业科普基地，推荐入选全国林草科普基地1家、国家生态环境科普基地2家、国家体育健康科普基地1家。

【福建省科普事业发展“十四五”规划】 2023年，福建省科技厅深入科学普及活动一线调研，会同省委宣传部、省科协印发《福建省“十四五”科普事业发展规划》，重点实施科普4项任务、6个重大工程。

【2023年福建省科技活动周】 2023年5月20日，福建省举办2023年科技活动周启动仪式，省级17个科普行业主管部门组织开展科普宣传活动37场次，全省9个设区市和平潭综合实验区举办各类专场科普活动150多场，开放科研机构和高校实验室23个，参与科技活动周企业数超过1000家，线下参与人数近20万人次，线上活动点击率超过1300万次。

【文化科技卫生“三下乡”活动】 2023年，福建省科技厅参与主办2023年福建省文化科技卫生“三下乡”集中服务活动，组织科技特派员服务团，在活动现场展示多项科技成果，开展技术指导、政策宣传和咨询服务等工作，捐赠物资和经费100万元，助力当地乡村振兴。

（周琼）

气　象

【气象防灾减灾与保障重大战略】 2023年，福建省人民政府办公厅印发《福建省气象灾害应急预案（修订）》，以气象预警为先导的应急响应联动机制实现市县两级全覆盖，南平市浦城县“6·23”强降雨气象服务保障群众成功避险案例获应急管理部通报表扬。“1262”城乡精细化气象灾害预警联动机制获全国推广，与省防指深化“一过程一策”扁平化业务协同联动工作机制，修订《气象防汛联防制度》，加强12小时、6小时、2小时重点防御乡镇与预警联动“叫应”服务的有机衔接和递进式服务。完善部门间联防联动和社会响应机制，突发事件预警信息发布系统实现与省应急广播系统自动直通式对接。落实高级别气象预警“12379”叫应服务工作机制，全年点对点预警短信送达1.12亿条，落实直达基层责任人预警“叫应”及部署联动上报信息1834条。强化气象灾害风险普查成果运用，完成省市县94份普查技术报告编制及全省质量抽查，建立不同时间尺度客观化定量化综合气象灾害风险预估业务，全面应用于全过程滚动预估台风、暴雨、干旱等气象灾害风险。科学调整暴雨预警信号标准。与省教育考试院、省交警总队联合做好中高考气象保障服务，保障中华龙舟赛、妈祖国际文化旅游节以及各类体育赛事等重大活动顺利举行。2023年公众气象服务满意度93分，保持在全国前列。

助力乡村振兴，推出气象指数保险产品6项，为农户、企业提供0.65亿元风险保障；为26家茶企、14家特色水果种植基地提供气候品质认证服务；开展人影作业1107次，增加降水5.95亿吨，减少雹灾经济损失8.59亿元。融入海洋经济，向116条“丝路海运”

命名的航线船队提供实时天气监测和气象海况预报服务；实施霞浦、南日岛、宁德等海上风电场和光伏发电气象专题研究，成功保障海上风电、光伏发电、“百台万吨”生态养殖平台等重大项目建设。赋能文旅经济，打造“四时福建”气象＋文旅品牌，新增气象研学旅行营地、天气气候景观观赏地各1个，蓝眼泪气象景观高票入选网络热门气象旅游典型案例，气象服务对福建省旅游总收入的贡献率达2.6%。服务两岸融合发展，中国气象局出台7条措施，支持气象服务保障福建建设两岸融合发展示范区。举办海峡两岸民生气象论坛和海峡气象青年汇活动，精细化服务台商台企，形成两岸航线、田径公开赛和沙滩风筝节等重大赛事活动和漳平永福樱花园、漳浦台湾农民创业园等典型气象服务场景。

【气象高质量发展】 2023年，福建气象高质量发展机制实现“四个全覆盖”：省、市、县三级政府出台政策文件全覆盖；市厅合作协议签订全覆盖；省、市两级政府召开专题会议全覆盖；市、县两级政府成立以地方政府领导为组长的领导小组全覆盖。健全“十四五”福建气象规划体系，推动重大工程项目落地实施，加快推进省部合作协议建设内容的落实和合作目标的达成。乌山气象园区实现整体搬迁，金山新园区全面启用。“十四五”累计到位项目资金14.79亿元，其中省局到位国债项目投资2.3亿元，厦门到位国债项目投资1.17亿元。列入2024年省级业务维持经费3328万元，比上年增长58%。根据中国气象局发布的《2023年全国气象高质量发展评估报告》，2023年福建省气象高质量发展指数得分80.6分（满分101分），较全国平均高2.9分，较2022年增长5.1%，位居全国第8。其中，气象科技创新能力位居全国第13，气象业务基础能力全国第6，气象服务水平全国第13，发展保障水平全国第8。

项目带动气象服务数字化转型发展，两项成果亮相数字中国建设峰会成果展。部门合作推动气象数字化场景应用，福州“气象精灵”融入内涝风险、城市交通等场景；厦门将气象服务嵌入“交通运行一张图”“城市体检一张图”“应急管理一张图”；泉州“泉天精采”打通业务服务链条。升级完善“知天气”APP，用户突破400万，其中基层应急责任人安装使用全覆盖，成为党委政府气象防灾减灾重要工具，台风“杜苏芮”期间访问量破500万人次。集约化建成全省多部门共享共用的预警发布系统，实现全媒体发布37个部门1850个单位的气象灾害、地质灾害等预警信息“分钟级”送达。

自主发展极速外推短临分钟级预报算法，短时强降水和雷雨大风准确率提升20%以上，支撑暴雨预警信号调整与全省试行发布业务。建设1千米级覆盖海峡区域的对流尺度数值预报业务模式并试运行。实现全省逐小时预报、10分钟间隔和500米时空分辨率的精细化表层融合预报。进一步迭代全国领先的“福建OTS算法”，在第三届全国智能预报技术方法交流大赛中，包揽全部单项第一和团体第一。次季节智能网格预测业务纳入全国试点，完成15～60天次季节客观预报系统本地部署，建立气候预测客观方法众创研发机制，4种气候客观预测方法实现业务化运行。开展暴雨和雷雨大风预警信号试行发布业务。基于雷达、卫星的定量降水评估、强对流天气自动报警产品和海雾监测产品在业务中发挥重要作用。

实现224个国家天气站六要素全覆盖；完成福建省3套交通站、169个区域站改造和15套单雨量站建设工作，进一步提升站网运行稳定性；完成2套海岛型自动气象站建设工作；完成70套国家级台站视程障碍仪建设。开展福州、邵武高空气象观测站地基遥感垂直观测系统观测设备安装调试及试运行工作，以及莆田、连城X波段天气雷达设备安装调试，不断提升遥感探测能力。采购海洋气象移动观测系统、海洋气象综合观测系统等设备，提升海洋气象观测能力。推进长汀、九仙山、平潭、宁化X波段天气雷达建设，探空观测（北斗、GNSS/MET）系统升级，健全气象雷达和观测站网布局。持续开展S波段双偏振相控阵雷达试验。持续开展海雾观测创新研究。

持续优化网络环境，省—市、市—县级带宽分别达到1Gbps和150Mbps。省级资源池CPU算力达到5000核，存储大小达到8PB。完成北斗应急通信系统接入“天擎”，实现北斗数据的“直传入云”。建立“天镜”对全业务的监控与自动化运维流程，研发基于“天擎”的数据监测告警算法，实现对新增约150种新型观测资料的实时性与完整性监控。

【气象科研与人才】 2023年，福建省做强以省部重点实验室为龙头的科创平台体系，组建高规格实验室学术委员会并召开学术委员会议，印发中国气象局海峡灾害天气重点开放实验室章程、特聘专家管理办法等7份配套文件，完成新建实验室建章立制工作；修订福建省气象局科学技术成果奖励办法，增设科普成果奖；制定《福建省气象局气象科技成果评价实施细则（试行）》，建立福建气象科技成果分类评价机制。落实第二期省气象联合基金合作协议，2023年获得立项支持18项，连续三年保持高位。台风“海葵”影响期间，组织中国气象局上海台风研究所、中国气象局台风与海洋气象预报中心、复旦大学等单位联合开展外场科学试验。印发《福建省气象局创新团队管理办法》，组建省局重点创新团队3支、青年创新团队6支。荣获福建省标准贡献奖一等奖1项，发表高质量论文37篇，其中SCI论文9篇；获专利21项、软件著作权52项、形成标准4项。现有全国台风及海洋气象专家工作组成员2人；福建省气象局杰出人才5人、领军人才8人、首席专家46人、青年英才9人。选派39名专业技术骨干参加省内短期业务学习，选送6人至国家级业务单位访问进修。

（肖铮）

编辑：郑　茱

社会科学

社会科学规划

【社科强省建设】 2023年，福建省社科联贯彻落实“深学争优、敢为争先、实干争效”行动，组织成立社科强省建设专题调研组，先后赴北京、上海、广东等10个社科先进省份和省内9个设区市、27个县级社科联和16所高校开展专题调研，共计发放调查表228份，召开座谈会41场，形成3份调研报告以及“福建省哲学社会科学重点学科情况统计表”“闽籍在外知名社科专家信息库”“2024年福建省主要科研单位拟举办社科领域高端学术研讨会、论坛情况汇总表”等材料。组织召开专题会和党组会，深入研讨推进社科强省建设的重要举措和思路打算，《关于推进福建“社科强省”建设的思考与建议》《形成八闽学派彰显福建气派——我省扎实推进社科强省建设取得新成效》等调研报告在《八闽快讯》《福建文化调查》上刊发并被中宣部采纳，获省委副书记罗东川，省委常委、宣传部部长张彦等省领导肯定性批示。制定印发《2024年推进社科强省建设重点项目和创新行动方案》，研究编制《福建省推进社科强省建设规划》，完成征求意见等工作。

【国家社科基金项目管理】 2023年，福建省年度国家社科基金立项连续3年突破200项。各类项目立项223项，总资助经费超6000多万，位列全国前列，其中重大项目、冷门绝学研究专项项目创3年来最好成绩，中华学术外译项目创历史新高。共受理国家社科基金年度项目成果鉴定结项132项，全国社科工作办已审批结项55项，其中优秀4项、良好15项、合格31项、免于鉴定4项、终止1项；高校思政课研究专项成果鉴定结项5项，全国社科工作办已审批合格结项2项；冷门绝学研究专项成果鉴定结项2项，全国社科工作办已审批良好结项1项；后期资助项目成果鉴定结项25项。组织对全省2021年度立项的191项在研的国家社科基金年度项目、青年项目、西部项目进行线下中期检查。通过中期检查，进一步增强项目负责人的履约意识、精品意识和成果转化意识，规范项目资金使用。191项项目形成专著、译著、论文集、研究报告、论文等336项研究成果。在此基础上，形成《2023年福建省国家社科基金项目年度检查报告》，上报全国社科工作办。

【省社科基金项目管理】 2023年，福建省社科基金项目共立项577项，资助经费1952.5万元，其中重大项目25项，年度项目407项（重点项目19项、一般项目128项、青年项目87项、西部扶持项目25项、台胞专项扶持项目20项、博士扶持项目128项），基地重大项目71项，重大特别委托项目19项，系列高端理论研讨会特别委托项目55项，涵盖25个学科，涉及72个科研单位。扩大博士扶持项目资助规模，从原先80项新增至128项。线上对46个科研单位的545项项目进行中期检查。线下深入厦门大学、华侨大学、福州大学、福建师范大学、福建社科院等20个科研单位开展实地中期检查，引导项目负责人按期拿出高质量研究成果。落实重要事项变更制度，共受理项目成员、成果形式、预算调整等重要事项变更356项。严把鉴定结项“出口关”，共受理省社科基金项目结项鉴定材料353项，其中免鉴定101项、优秀18项、良好137项、合格94项，结项项目没有发现存在意识形态问题。101个免鉴定结项项目中，阶段性成果在《八闽快讯》《调研文稿》《成果要报》等为省委省政府提供决策参考38篇。

【省社科研究基地建设】 2023年，福建省启动新一批福建省社会科学研究基地实地考察工作，新增确立厦门大学鼓浪屿研究中心、福建理工大学海洋文化与科技融合发展研究中心、福建江夏学院闽台传统文化现代化研究中心、闽江学院福建数字传媒经济研究中心、福建社科院当代文化发展与创新研究中心等省社科研究基地5家，省社科研究基地达34家，3年建设周期投入经费近2000万元。组织开展福建省以马克思主义为指导的哲学社会科学学科基础理论研究基地第一轮建设检查评估。制定并下发《关于开展福建省以马克思主义为指导的哲学社会科学学科基础理论研究基地考核评估工作的通知》，各基地提交2020—2023年基地考核评估材料。根据考核评估结果，福建师范大学马克思主义与当代媒介研究中心、福建师范大学当代中国马克思主义研究中心、厦门大学马克思主义的规范与认知理论研究中心、福州大学福建经济高质量发展研究中心、华侨大学21世纪海上丝绸之路研究中心、厦门大学国家治理能力建设研究中心等 6 个基地被确定为“优秀”。制定下发《2023 年度省社科研究基地重大项目选题通知》，要求 29 个基地结合基地研究方向，确定 97 个选题指南。制发《关于做好 2023 年度福建省社科研究基地重大项目申报评审立项工作的通知》，由各基地负责组织做好评审立项工作，立项省社科研究基地重大项目 71 项。

【省哲学社会科学重点实验室建设】 2023 年，福建省社科联联合省教育厅共同启动省哲学社会科学重点实验室建设工作，依托厦门大学、福州大学、福建师范大学、华侨大学等高校，试点、培育建设实验室 14 家，3 年建设周期预计投入经费 1650 万元。配套省社科基金省哲学社会科学重点实验室特别委托项目，资助经费 200 万元，加强新文科、交叉学科建设。（林诺省）

政策咨询与发展研究

【概况】 2023 年，福建省委政研室起草修改省委和省委领导各类文稿 1300 多篇，审核把关新闻稿 420 多篇，组织开展省重点课题和专题调研 42 个。通过《政研专报》《调研文稿》《智库专报》《调研内参》等，向省领导报送政策研究报告 279 件，获省领导批示 181 篇次，其中获省委省政府主要领导批示 21 篇次。

【综合文稿服务】 2023 年，福建省委政研室服务省委领导参加党的二十届二中全会、全国两会、中央经济工作会议等文稿工作。起草省委向来闽考察中央领导的汇报材料。起草省委十一届四次和五次全会、省纪委十一届三次全会、省委经济工作会议、省委每季度工作会议、省委农村工作会议和全省宣传思想文化工作会议以及全省新型工业化、乡村振兴、文旅发展等领域重要会议综合文稿。开展日常省委常委会会议、专题会议和省委领导调研、出访、会见等文稿服务。审核把关省委重要新闻稿。牵头起草省委常委会 2023 年工作要点，配合起草《关于实施新时代民营经济强省战略、推进高质量发展的意见》《关于贯彻落实〈中共中央　国务院关于支持福建探索海峡两岸融合发展新路　建设两岸融合发展示范区的意见〉的实施意见》，审核、修改省委领导交办的省委有关重要文件。先后围绕实施“深学争优、敢为争先、实干争效”行动、落实省委上半年工作会议以及省委十一届四次、五次全会精神，组织精干力量撰写系列评论员文章，刊发在《福建日报》头版。

【调查研究和决策咨询服务】 2023 年，福建省委政研室发挥省委政策研究职能部门和省调研咨询工作联席会议、省新型智库建设领导小组办公室办事机构作用，召开全省政策研究暨调研咨询新型智库建设工作会议，用好调查研究看家本领，汇聚各方合力更好服务省委决策。梳理汇编《习近平同志在福建工作期间关于调查研究的重要要求摘录》，具体起草全省大兴调查研究实施方案和开展 2023 年省重点课题调研通知，组织协调好省重点课题和省新型智库重大课题调研工作，协助省领导具体推进“实施新时代民营经济强省战略研究”“深度对接长江经济带粤港澳大湾区研究”2 项省重点课题调研，开展年度省重点课题优秀调研成果评审。组织全室调研工作，出台室机关大兴调查研究方案计划，调动全员参与调研。将案头调研与实地调研、面上调查与蹲点调研、定性分析与定量分析相结合，传承弘扬“四下基层”优良传统，保障调研工作的科学性、针对性。评选省重点智库 30 家、省重点智库培育单位 36 家，发挥智库单位调研作用。制定《省委政研室开展决策咨询推进资政辅政评价体系》，发挥政研内刊载体作用，择优刊发调研成果。其中，实施新时代民营经济强省战略课题调研成果，转化为《关于实施新时代民营经济强省战略、推进高质量发展的意见》的重要内容；围绕推进闽台融合发展开展的有关台海通道建设、台湾青年来闽就业创业、台企台资聚集发展等系列调研，为福建省制定建设两岸融合发展示范区实施意见提供重要参考；优化乡村行政区划和建制调研成果经省委主要领导批示肯定后，相关部门稳步推进有关工作；深度对接长江经济带粤港澳大湾区调研梳理形成 7 个方面问题清单并提出对策建议，推动破解对接协作的堵点难点；抓住福厦高铁开通机遇，围绕发展文旅经济提出对策建议，助推文旅经济高质量发展。（谢鸿晖）

社会科学研究与成果

【科研成果】 2023 年，福建社科院组织研究各级课题 100 余项，出版著作 8 部，发表学术论文、阐释性文章和研究报告 450 余篇。其中，权威期刊发表论文 6 篇，《人民日报》《光明日报》《经济日报》《求是》等发表文章 22 篇，核心期刊发表论文 49 篇，《红旗文稿》《中国社会科学报》《学习时报》《福建日报》等发表 90 余篇。60 余篇决策咨询报告和研究报告被省级以上各类专报件采用，其中 5 篇研究报告获党和国家领导人批示、15 篇获省部级领导批示。院舆情研究中心向中宣部直报点报送 18 篇舆情研究报告，其中 1 篇被中宣部单独采用、8 篇被中宣部综合采用。

【重点课题研究工作】 2023 年，福建社科院公开发表学术论文 220 余篇。学术论文获《新华文摘》《中国社会科学文摘》《高等学校文科学术文摘》《人大复印报刊资料》等全文转载 17 篇。成立福建社会科学院“当代文化发展与创新研究中心”，列入新一批省社会科学研究基地，整合相关领域研究力量，围绕习近平文化思想开展研究。加强调查研究，主题教育期间，确立“习近平总书记关于哲学社会科学的重要论述研究”等 6 项重点调研课题，组织开展调研 22 次，形成 6 份高质量调研报告；开展 16 项院国情省情调研课题研究，10 项调研成果发表于《海峡通讯》，13 份研究报告收入本年度《福建经济社会发展与预测蓝皮书》与《福建文化发展蓝皮书》。落实省“两办”、省委政法委通知精神，加强对德化县经济社会发展智力帮扶，设立“德化历史文化研究”“德化文旅经济高质量发展研究”2 个专项课题开展研究。

【福建省习近平新时代中国特色社会主义思想研究中心建设】 2023年，福建社科院紧扣重大节点，举办“习近平总书记关于教育的重要论述理论研讨会”“‘四下基层’与新时代党的群众路线理论研讨会”等6场高端理论研讨会。其中，《人民日报》专门开辟两个专版刊登“四下基层”研讨会文章10篇，产生重大社会反响。深化“探源研究”，修改形成“习近平在福建工作期间对马克思主义立场观点方法的创造性运用与实践探索”重大专项研究阶段性成果。设立“习近平在福建工作期间关于现代化建设的探索与实践”重大专项，确定6个子专项开展研究。设立“学习宣传贯彻党的二十大精神”和“学习贯彻全国宣传思想文化工作会议精神”重大专项；服务省委中心大局，开展“学习贯彻省委十一届四次全会精神”“深学争优、敢为争先、实干争效”重大专项研究阐释。坚持定向约稿与普遍发动相结合，以定向委托方式组织重大节点课题研究。组织开展2023年度省研究中心项目申报、评审工作。2023年，以省研究中心名义在中央“三报一刊”刊发理论文章67篇。结合主题教育和“深学争优、敢为争先、实干争效”行动，撰写以“敏言”为笔名的系列评论文章在《福建日报》头版发表。开展专项调研，调研报告《坚持“四下基层”走好群众路线》《以高品质生态环境支撑高质量发展》分别以省委名义和省研究中心名义在《求是》和《光明日报》发表。结集10场理论研讨会重要成果，形成《追寻思想足迹——福建省习近平新时代中国特色社会主义思想探源计划10场理论研讨会论文集萃》一书。拓展宣传宣讲，2023年3月，“新思想青年宣讲团”被评为全省“基层理论宣讲先进集体”。在集美大学、福建农林大学举办福建省习近平新时代中国特色社会主义思想大学生研习社主题教育“联学共研”活动。引进1名教育科研类引进生，引进博士研究生4人。通过举办研究阐释交流研讨班等多种方式，带动青年博士成长成才。新增华侨大学、福州大学、福建农林大学、集美大学和闽江学院第二批大学生研习社。

【习近平新时代中国特色社会主义思想研究宣传】 2023年，福建社科院对标省研究中心重点任务，集中全院理论骨干开展“习近平新时代中国特色社会主义思想和党的二十大精神研究阐释（2023）”“习近平文化思想研究阐释”等重大专项研究，举办福建社科院“习近平文化思想”理论研讨会。结合主题教育，开展“以学铸魂，深入学习习近平新时代中国特色社会主义思想和党的二十大精神”等4个专题研究阐释。组织相关研究所撰写《习近平经济思想在福建的理论探源与实践探索》《习近平生态文明思想在福建的孕育、实践与发展》《习近平法治思想专题研究》书稿，其中《习近平经济思想在福建的理论探源与实践探索》获国家社科基金后期资助重点项目立项资助。结集汇总2020年9月至2021年8月全院专家学者发表的研究阐释系列成果，形成《感受新思想的力量》第四辑。 （黄莹杰）

学术活动

【福建省社会科学界学术年会】 2023年，福建省社科联以“学习贯彻二十大，砥砺奋进新征程”为题，开展福建省社会科学界2023年学术年会，组织动员全省社科界深入研究、广泛宣传党的二十大精神，举办“习近平生态文明思想与中国式现代化”主题论坛，“林则徐与新疆”论坛等6个重点论坛和“毛泽东与福建历史发展——纪念毛泽东诞辰130周年理论研讨会”等23个分论坛。

【福建社科界青年学者论坛】 2023年，福建省社科联深入学习宣传贯彻党的二十大精神，引导全省社科界青年学者深刻认识党的二十大的重大意义和丰富内涵。3月11日，省社科联在福建师范大学举办2023年福建社科界青年学者论坛。中央党校（国家行政学院）一级教授、福建师范大学特聘教授许耀桐，中央民族大学教授、辽宁大学原校长黄泰岩、清华大学新闻与传播学院院长周庆安在主旨演讲环节围绕“学习贯彻党的二十大精神”主题作主旨演讲。论坛收到论文161篇，入选优秀论文62篇，37名作者作大会交流发言。

【全国各省区市社科联联席会议】 2023年11月22日，福建省社科联主办2023年全国各省区市社科联联席会议，省委常委、宣传部部长张彦出席会议开幕式并致辞，全国哲学社会科学工作办公室主任洪大用作视频致辞，30个省区市社科联与会代表围绕“学习贯彻习近平文化思想，奋力推进新时代社科普及工作高质量发展”主题展开交流研讨。

（林诺）

【研讨交流】 2023年，福建社科院举办“推动文化传承赋能高质量发展——第五届新时代文化创新论坛”“亚太区域经济合作与两岸融合发展研讨会”等，参与主办“2023福建企业100强研究发布大会暨福建企业家大讲坛”。

【学术刊物】 2023年，《福建论坛·人文社会科学版》，全年出刊12期，被《新华文摘》纸质版全文转载3篇，被《中国社会科学文摘》全文转载5篇，《人大复印报刊资料》全文转载29篇，《当代马克思主义理论与实践研究》栏目专题文章《侯官文化的当代价值思考》获省委常委、宣传部部长张彦肯定批示，该栏目获评2023年度“福建省报刊十大名栏目”。《亚太经济》全年出刊6期，全年被《人大复印报刊资料》全文转载6篇、摘编3篇。《现代台湾研究》全年出刊6期，发表的2篇文章被《人大复印报刊资料》全文转载。《学术评论》全年出刊6期，《新思想新实践阐释》栏目刊发新思想新战略宣传阐释文章23篇。 （林　诺　黄莹杰）

编辑：郑　莱

文化 旅游

公共文化

【公共文化服务体系建设】 2023 年，福建省 101 家公共文化场馆错时延时开放，提供的公共文化服务惠及群众超 4100 万人次。省重点文化设施建设项目省图书馆改扩建完成，年内举行开馆测试，初步实现正常开放。制定《推进乡村戏台、农民文化公园建设 2023 年度试点工作方案》，试点推进新建、提升乡村戏台、农民文化公园 400 多个。加快培育公共文化新型空间培育，支持各地建设 14 个公共文化新空间；在 2022 年乡村公共文化空间设计展示活动中，福建省 3 个项目入选最美乡村公共文化空间（创新案例类）TOP30，1 个项目入选网络人气项目 TOP10，1 个项目入选最佳设计/运营机构 TOP10；在 2023 年长三角及全国部分省市最美公共文化空间大赛中，福建省参赛空间获得“最美公共文化空间大奖”1 个、“百佳公共文化空间奖”6 个、“优秀公共文化空间案例奖”18 个、“优秀运营奖”1 个、“网络运营奖”3 个。年内，福州、泉州通过国家公共文化服务示范区（项目）复核验收。

【群众文化重点活动】 2023 年，福建省文旅厅组织举办打造世界知名旅游目的地福建“小小文旅推荐官”活动、第十五届福建音乐舞蹈节、经典诵读比赛、街头文化艺术展演、“阅向未来”青少年演讲比赛等重点群众文化活动，在社会上形成声势、产生反响。12 个“乡村村晚”入围全国“四季”村晚示范展示点。全年全省群众文化机构共举办各类群众文化活动 30427 场，比上年增长 35.8%；百姓大舞台演出 2570 场，增长 59.5%。

【文旅志愿服务活动】 2023 年，“春雨工程”——福建文旅志愿服务活动在云南省昆明市、西双版纳傣族自治州等地举办，拓展文旅志愿服务形式，深化闽滇两地文化的交流共融。“春雨工程”——福建文旅志愿服务边疆行活动走进西藏昌都，开展闽藏两地文化交流。“闽疆图书馆‘一带一路’文化服务志愿行”走进新疆乌鲁木齐和昌吉，加深两地公共图书馆之间的合作互助、共享交流。全省共有 16 个项目入围 2023 年“春雨工程”——文旅志愿边疆行项目；在新疆伊犁州举办的全国“春雨工程”——文旅志愿服务边疆行现场交流会上，福建省作经验交流发言。

【艺术活动】 2023 年，文化和旅游部、福建省人民政府共同主办第二届全国优秀音乐剧展演，18 部优秀音乐剧作品在厦门参加展演，近 2.5 万名观众走进剧场，超 5000 万人次线上观看。申办 2026 年第六届中国歌剧节，举办第十一届福建省中青年演员比赛，全省共 712 人报名参加戏剧曲艺木偶、音乐舞蹈杂技、器乐演奏三大类 6 个组别赛事，最终产生 243 名获奖选手，其中金奖 42 名、银奖 80 名、铜奖 121 名。举办福建省第 29 届戏剧会演剧本征文活动，征集省内外新创剧本 105 部，评选出《侯官女人》等 30 部获奖剧本。舞蹈《奋进路上》、芗剧《谷文昌》、舞蹈《春天》等参演中共中央、国务院春节团拜会文艺演出等重大演出；南音《百鸟归巢》和莆仙戏《踏伞行》首次亮相央视春晚舞台；福建艺术职业学院 70 名师生参加亚运会闭幕式和亚残运会开幕式演出。探索文旅融合创新项目，“首届海丝泉州戏剧周——2023 年全国南戏展演”打造独具魅力的戏曲文化旅游体验。启动“育见山海”福建省金牌美育村培育工程，评出首批福建美育培育村，助力文旅深度融合发展和乡村振兴。曾静萍等 6 名演员主演的 6 部剧目入选 2023—2024 年度中国戏曲像音像工程。福建省实验闽剧院陈琼入选 2023 年全国戏曲表演领军人才计划、新时代全国戏剧（旦行）领军人才，陈莉莉入选“2023 年全国地方戏精粹展演表演艺术传承英才”。

【艺术精品创作】 2023 年，福建省全面提升福建省舞台艺术和美术精品工程，全年共资助重点项目 43 项；制定出台《进一步促进直属文艺院团改革发展的工作措施》。福建芳华越剧院郑全、省歌舞剧院孙砾获中国戏剧梅花奖，福建省实现该奖项的十一届蝉联；闽剧

《生命》剧本获曹禺戏剧文学奖；福建在第九届中国戏剧节上荣获 3 个奖项，获奖数居全国第一。杂技《无形——集体顶技》斩获中国吴桥国际杂技艺术节“铜狮奖”（国内 6 个节目进入决赛）。19 个项目获得国家艺术基金 2023 年度立项资助，比上年增加 7 项，推出话剧《过海》、京剧《林祥谦》、越剧《万婴之母》、闽剧《过崖记》等一批优秀剧目。歌仔戏《侨批》等 4 部剧目圆满完成文化和旅游部“新时代舞台艺术优秀剧目展演”晋京集中示范演出，高甲戏《围头新娘》等 18 部优秀作品参加全国戏曲（南方片）、儿童戏剧、民族器乐、舞蹈、交响乐作品、音乐剧、高腔、汉剧、地方戏精粹、中国京剧艺术节等全国展演。“问漆——福建省美术馆馆藏漆艺术作品展”获全国美术馆馆藏精品展出季活动优秀项目。（曹琦）

文学艺术

【文艺创作活动与成果】 2023 年，福建省文学艺术界联合会组织实施“新时代福建山乡巨变”福建本土重点题材原创长篇小说签约作品扶持项目等，重点扶持 10 余部聚焦新时代福建山乡变革的长篇小说创作，以及扶持 20 位作家定点深入生活开展创作。开展“福建见福，福建见美”“茶乡‘福’韵不止茶”“古厝新韵”等主题采风创作，邀请省内外知名文艺家深入革命老区、基层一线采风创作和业务指导。发掘福建地域特色文化，建成第二批 58 个新时代特色文艺示范基地，实现全省市县全覆盖。编撰出版《中国历史文化名街·福建三坊七巷》《中国历史文化名镇·福建杉洋》《祈风沐雨——海上丝绸之路与八闽文化调研文集》等图书。发挥“闽派批评”传统，以“文化传承与文艺原创力”主题举办新时代闽派文艺理论家批评家学术活动周，全国近 100 名文艺理论家批评家应邀出席，推送评论文章 100 余篇。举办第十六届福建省戏剧水仙花奖、第九届福建摄影金像奖等省级赛事活动 20 余项，创作推出原创作品近万件，打磨推荐上百件文艺作品在全国性文艺赛评获奖。其中，郑全、孙砾获第九届中国戏剧奖·梅花表演奖（第 31 届中国戏剧梅花奖），闽剧《生命》获第九届中国戏剧奖·曹禺剧本奖（第 25 届曹禺戏剧文学奖）；林子豪摘得第十四届中国音乐金钟奖声乐（美声）比赛的“金钟奖”（总决赛第一名）；广场歌舞作品《展宏魁》获评“第十六届中国民间文艺山花奖·优秀民间艺术表演作品”，石雕作品《古厝新韵》获评“第十六届中国民间文艺山花奖·优秀民间工艺美术作品”。1 人获丁玲文学奖文学评论成就奖；8 人入选中国少儿戏曲小梅花荟萃展演；12 人入展全国书法临帖作品展；12 件作品入选全国画院美术作品展；8 件作品入围“小荷风采”全国少儿舞蹈展演；2 件作品亮相全国大学生曲艺周舞台。福建省文艺创作相关做法在中国文联作经验交流。

【文艺展示展演】 《闽山闽水物华新》交响合唱音乐会。2023 年 3 月 11 日晚，由福建省文联、福建省文旅厅共同主办的《闽山闽水物华新》交响合唱音乐会在北京国图艺术中心音乐厅上演。该音乐会汇集近年福建新创作的歌剧及音乐剧唱段、交响乐及部分优秀歌曲。

青阳怀古——世界遗产安溪青阳冶铁遗址考古纪实影像暨诗词书法作品展。2023 年 3 月 17—23 日，由福建省文联、省文物局指导，联合国教科文组织亚太地区世界遗产培训与研究中心（北京）、省书法家协会、省海峡民间艺术馆等联合主办的青阳怀古——世界遗产安溪青阳冶铁遗址考古纪实影像暨诗词书法作品展在省海峡民间艺术馆举行，共展出考古纪实影像和诗词书法作品近 70 件，主要包括北京大学安溪青阳考古队李佳胜博士等队员在考古发掘中的日常记录照片和安溪本土文博人、书法家易曙峰参与申遗过程中所创作的诗词、书法作品。

第二届中国·长乐三溪乡村摄影文化节。2023 年 6 月 15—22 日，由福建省文联、福建省诚信促进会、福建省乡村振兴研究会联合主办的第二届中国·长乐三溪乡村摄影文化节在长乐三溪乡举行，全国 31 个省（自治区、直辖市）的 2000 余幅摄影作品参展，最终 42 个单位和个人获奖。

福建省优秀舞蹈展演。2023 年 8 月 27 日晚，由福建省文联、福建省文旅厅主办的“艺心永向党 舞颂新时代”——福建省优秀舞蹈展演在福建省广播影视集团大剧场举行。全省各地 300 余名舞者参加展演。

第八届海峡两岸中青年篆刻展暨寿山田黄石珍宝展。2023 年 9 月 15 日至 10 月 15 日，由西泠印社、福建省文联、福建省民间文艺家协会等主办的“鱼跃福地”第八届海峡两岸中青年篆刻展暨寿山田黄石珍宝展在福建博物院举行，两岸各地共 260 余件篆刻作品、田黄石珍宝等参展，其中 120 件篆刻展品从第八届海峡两岸中青年篆刻大赛中评选产生。

首届全国新文艺群体海洋文化美术作品展。2023 年 9 月 25 日至 10 月 25 日，由中共福建省委宣传部、中国文联国内联络部指导，福建省文联、福建省美术家协会主办的“海上明月共潮生”首届全国新文艺群体海洋文化美术作品展在福州海峡文化艺术中心举行，展览邀请全国各省新文艺群体 40 名代表画家、省内新文艺群体 60 名代表画家，展出中国画、油画、漆画、水彩等类型的 100 余件美术作品。

福建省百花文艺奖历届获奖作品精品展。2023 年 9 月 28 日至 10 月 25 日，由中共福建省委宣传部、福建省文联主办的福建省百花文艺奖历届获奖作品精品展在福建省海峡民间艺术馆举行，遴选展出福建省百花文艺奖 14 个文艺门类历届获奖作品 200 件（套）。

2023 首届海峡两岸青春影展暨看见集美青春电影展。2023 年 10 月 16 日，由中国电影基金会、福建省电影局、福建省文学艺术界联合会指导，厦门市集美区人民政府、福建省电影家协会等联合主办的2023首届海峡两岸青春影展暨看见集美青春电影展在厦门市集美区嘉庚剧院开幕。影展涵盖海峡两岸高校短片大赛、开幕式、主题交流、集美采风、电影派对、“看见集美”青春影人训练营、影评征文等，吸引两岸100所高校学生创作的近600部作品参赛，最终共51部作品入围、23部作品获奖。

第五届福建省大学生戏剧节暨第七届福建省大学生艺术节戏剧展演。2023年10月22—26日，由福建省文联、省教育厅主办，省戏剧家协会承办的第五届福建省大学生戏剧节暨第七届福建省大学生艺术节戏剧展演在福州、厦门举行，共有106部作品参加初评，终评入围26所高校的46部作品，分别在厦门、福州2个赛区分作13台专场竞演。

八闽丹青奖·第四届福建省美术书法双年展获奖作品展。2023年11月7—15日，由福建省文联、福建省美协、福建省书协联合主办，福建省画院协办的八闽丹青奖·第四届福建省美术书法双年展获奖作品展在福建省画院举行。从全省近6000名美术书法作者来稿中评出美术作品金奖10件、银奖20件、入展作品140件；书法作品金奖10件、银奖19件、入展作品120件。展览展出其中59件获奖作品。

【文艺交流活动】 闽宁民间工艺美术交流展。2023年4月17—20日，由福建省文联、宁夏回族自治区文联主办的“闽宁携手山海情　砥砺奋进新征程”——闽宁民间工艺美术交流展在福建省海峡民间艺术馆举行，共展出210余件体现两地民间艺术特色的工艺美术作品。活动期间，闽宁文联还签署《闽宁两省区文艺协作交流框架协议》，加强采风创作、人才培养、展览展演、文艺宣传等方面的交流合作。

第十五届海峡论坛——海峡两岸同根文化艺术节。2023年6月8—18日，由福建省文联、福建省金门同胞联谊会等联合主办的第十五届海峡论坛——海峡两岸同根文化艺术节在厦门举行，主要包含“两岸民间工艺精品展”“两岸布袋木偶艺术节”“两岸龙狮文化交流会”等分项活动，400余名台湾同胞到闽参加。

2023“濠江之春——澳门与内地艺术家大联欢”系列活动。2023年6月20日晚，由中国文学艺术界联合会、中央人民政府驻澳门特别行政区联络办公室指导，澳门中华文化联谊会、中国书法家协会、福建省文联等共同主办的2023“濠江之春——澳门与内地艺术家大联欢”系列活动在澳门启幕。活动主要包括文艺汇演、“入古开新·当代篆刻名家作品交流展”、佛山陶艺作品展、安溪藤铁工艺展。安溪藤铁工艺展是“濠江之春”系列活动中首次由县级文联组织参与，集中展示45名工艺大师的66件艺术精品。

第十三届海峡两岸曲艺欢乐汇。2023年8月1—4日，由中国文联指导，中国曲艺家协会、福建省文联主办的第十三届海峡两岸曲艺欢乐汇在厦门举行，主要包括3场演出、1场海峡两岸调研座谈会、1场曲艺名家讲座以及1场“海宝欢乐行——台湾青少年曲艺研学活动”。

2023年“中华情·中国梦”中秋展演系列活动。2023年9月26日至10月8日，由中国文联、厦门市人民政府主办，福建省书法家协会、美术家协会、民间文艺家协会、摄影家协会等联合承办的“携手向前　共襄美好”——2023年“中华情·中国梦”中秋展演系列活动在厦门举行。活动主要包含美术书法摄影民间文艺作品展览书画笔会、中秋文艺晚会等内容，共展出海峡两岸暨港澳地区和海外华侨华人文艺家作品951件，其中美术作品293件、书法作品443件、摄影作品100件、民间文艺作品115件。

“多彩非遗　文化润疆”——闽昌书画民间文艺精品展。2023年10月9日至11月4日，由福建省文联、福建省援疆前方指挥部、新疆昌吉州文联共同主办的“多彩非遗　文化润疆”——闽昌书画民间文艺精品展在新疆昌吉州美术馆举行，闽昌两地200余件书画、工艺美术作品同台展出。活动期间，闽昌两地还携手组织书画笔会沙龙、美术沉浸式指导教学和采风创作等活动。

“大道同行”第12届中国国际民间艺术节。2023年10月11—17日，由中国文联和福建省人民政府共同主办，福建省文联、泉州市人民政府承办的“大道同行”第12届中国国际民间艺术节在泉州市安溪县举办，邀请到韩国、哈萨克斯坦等12个国家的8个艺术团，携手中国海峡两岸及港澳地区多个艺术团同台献艺。艺术节以音乐舞蹈交流演出为主，主要包括开幕式文艺演出、专场惠民演出、艺术节欢迎宴会、中外艺术家大联欢、赴安溪县基层交流演出以及赴泉州和厦门巡演等。

第二届中国·霞浦海洋诗会。2023年10月24日，由中国作家协会、中共福建省委宣传部、福建省文联等共同主办的第二届中国·霞浦海洋诗会在霞浦县下尾岛举行，诗会以“相思”为主题，“一带一路”国家诗人代表、台港澳诗人代表、鲁迅文学奖获得者代表、闽东诗群诗人代表以及媒体记者等120余人参加。活动期间，霞浦还联合漳浦、浦城启动“三浦并臻”福建特色文化品牌，旨在推进三县文化艺术交流互鉴、融合发展。

第十二届海峡两岸电视艺术节。2023年11月16—21日，由中国电视艺术家协会、台湾中华广播电视节目制作商业同业公会、福建省文联等共同主办的第十二届海峡两岸电视艺术节在泰宁举行，主要包括艺术节开幕式暨海峡两岸经典电视剧歌曲演绎、知名编剧采风座谈会、海峡两岸电视艺术论坛、海峡两岸电视主持新秀会暨艺术节闭幕式等活动，海峡两岸300余名电视艺术工作者参加活动。

第六届闽台大学生魔术交流展演。2023年12月14日晚，由福建省文联、福建省杂技家协会主办的第六届闽台大学生魔术交流展演暨福建省杂技家协会文艺惠民演出进校园活动在福建理工大学旗山校区南区演播厅举行，闽台两地10余个舞台魔术作品同台展演。

2023 年 12 月 16 日，新时代闽派文艺理论家批评家学术活动周在福州举行。图为活动周开幕式现场　　（省文联）

新时代闽派文艺理论家批评家学术活动周。2023 年 12 月 15—22 日，由中国作协创研部、鲁迅文学院、文艺报社、中国艺术报社、福建省文联联合主办的新时代闽派文艺理论家批评家学术活动周在福州举行，全国各地近 100 名知名文艺理论家、批评家出席开幕式及相关学术活动。活动周围绕“文化传承与文艺原创力”主题，开展 1 场主旨发言、2 场专题学术研讨会、1 场全国文学院院长联席会议、1 场海洋文化传承与创新交流活动和 9 场学术讲座。

第四届全国民营剧团优秀剧目展演。2023 年 12 月 15—26 日，由中国戏剧家协会、福建省文旅厅、福建省文联、晋江市人民政府联合主办的第四届全国民营剧团优秀剧目展演在晋江举行。经全国征集遴选，有 14 部近年创作的优秀剧目入围现场演出，涵盖话剧、儿童剧、布袋木偶戏等多种戏剧样式，台湾布袋木偶戏《西游记——弼马温》受邀到闽参加展演。

【文艺队伍建设】 2023 年，福建省文学艺术界联合会健全完善各省级文艺家协会“文艺英才”培养实施细则，在文艺创作、展览交流、教育培训、学术研讨等方面给予扶持。举办专业培训、承办全国性文艺培训活动等 40 余个，通过自主培训、向上送训等方式，培训文艺骨干 3000 余人次。组织文艺家深入基层、深入群众发现、挖掘、积累创作素材。加强“文艺两新”团结引领，围绕“文艺两新”建设、文艺人才培养等开展专题调研，推进“文艺两新”实践聚集地等文艺阵地建设，推动“文艺两新”会员入会、创作扶持、宣传推介等制度落实，举办“文艺两新”系列作品展等，新增省级会员近 1000 人，推动厦门市海丝艺术品中心、晋江市五店市传统街区被中国文联授予“文艺两新”集聚区实践基地。（罗永刚）

2023 年，省作协开展“百名作家进校园”活动。图为作家志愿者走进漳州市芝山中心小学开展文学讲座　　（省文联）

文化产业

【概况】 2023 年，福建省 3528 家规模以上文化及相关产业企业实现营业收入 5600.3 亿元，比上年下降 17.02%，从业人员期末人数 32.8 万人，实现利润总额 308.1 亿元。

【图书出版业】 2023 年，海峡出版发行集团出版板块实现营业收入 15.29 亿元，增长 9.10%。其中，数字出版营收 1.53 亿元，增长 29.66%。主题出版成果有《摆脱贫困》豪萨文版、乌兹别克文版、斯瓦希里文版，累计推出《摆脱贫困》7 个外文语种；《闽山闽水物华新——习近平福建足迹》获中宣部第十六届“五个一工程”特别奖。精品出版工程《八闽文库》持续推进，“要籍选刊”“专题汇编”推出新成果，《八闽文库》出版品种达 284 册；《台湾通史》等 22 个项目获得国家级奖项、列入国家重点出版规划或资助项目。根据开卷数据显示，2023 年，海峡文艺出版社等 5 家出版社整体市场排名上升，少儿产品线在细分市场排名上升 2 位，累计销量超过 20 万册的图书有 19 种。向印度尼西亚等国家和地区输出《纸上四季——二十四节气剪纸图录》等 16 种图书版权。3 种图书入选 2023 年“经典中国国际出版工程”和“丝路书香工程”项目，1 种图书入选“2022—2023 年度国家社科基金中华学术外译项目”。《中药材鉴定图典》（俄文版）等 5 种图书入选第 21 届、22 届输出版、引进版优秀图书评选。

【传统报刊业】 2023年，福建出版报纸42种，期刊174种，行业主营收入15.83亿元，发行量5.98亿份（册），基本与上年持平；广告收入7.75亿元，其中广告收入增加11.78%，增长部分主要集中在户外广告、新媒体广告等方面。报纸期刊业新媒体业务收入有所增长，逐渐成为报刊业发展的新增长点。全省24种报纸办有新闻网站，28种出版报纸网络版，14种建有内容发布手机客户端，39种开设各类微信公众号，1种开展IPTV业务，4种建有户外视频播报系统，构建全媒体传播体系正逐步成为报纸期刊业的转型方向。福建日报社（报业集团）全年实现总收入8.18亿元，实现利润2570万元。

2023年7月3—6日，2023海丝国际纪录片大会在泉州举行（省委宣传部）

【广播电视和网络视听业】 2023年，福建省广播影视集团总收入20.04亿元，增长8.12%，连续7年经营性收入实现正增长。福建广电网络集团实现营业收入52.7亿元，增长0.4%；利润2.9亿元，增长6.1%。实施福文化宣传推广，《山海福地·福气来——2023福建新春福气夜》春晚节目在全球35个网络平台同步播出，全网总传播量超22亿，海外传播量超5000万。2023年两岸广播春节大联播联合两岸百家广播媒体制作100余条福文化音频、40个短视频节目，在两岸百家电台、新媒体平台同步播出，节目覆盖海峡两岸约1.5亿人。打造视听文艺精品，推出电视剧《山海情》《去有风的地方》《一代匠师》《画眉》《执行局》《锦绣安宁》《漫长的季节》《大唐狄公案》《血战松毛岭》《漫长的季节》，电视纪录片《中国这么美》《智在匠心》，广播电视节目《晚安宝贝》《冰墩墩》，动画片《闽南》《霍童鼓狮》等作品，动画片生产数量全国排名第四。打造数字化公共服务平台，开发建设全省广播电视节目共享平台，至年底，平台汇聚优质音视频资源12万余分钟，图集文稿等21046条，入驻各级、各类广电机构189家，节目下载量超13.9万次。打造重大活动品牌，举办首届中国电视剧大会、首届海丝国际纪录片大会、影视基地峰会、影视产业推介会、海峡影视季等行业品牌活动，搭建“视听＋旅游”平台，吸引更多影视机构及项目落地福建。设立电视剧创投联盟，签约投资32.8亿元筹拍33部电视剧，推动影视产业提升。《去有风的地方》被《人民日报》称为“影视＋文旅”融合发展成功案例。《偷偷藏不住》带火厦门取景地，单日客流量最高达10万人次。

2023年6月5日，首届中国电视剧大会在厦门开幕（省委宣传部）

【电影产业】 2023年，福建省电影票房17.89亿元（含服务费），增加69.73%；放映场次381.97万场，增加16.16%；观影4309.74万人次，增加72.6%。全年票房收入占全国城市院线票房的3.26%，在全国各省（自治区、直辖市）票房排名第13位。推出具有闽派特色的“有福电影”精品，《我和我的祖国》《我和我的父辈》《金刚川》《革命者》《古田军号》《让这首歌作证》《谷文昌》《守岛人》《1921》等一批电影精品力作获“五个一工程”奖、“金鸡奖”、“华表奖”等多项国家级大奖。打造“有福电影”闽派特色品牌，推动“有福电影”影片展映，实施“百学千映”计划，以“电影艺术党课”的形式展映《守岛人》《望道》《柳青》等电影。通过“电影公益＋地方特色文艺轻骑兵”相结合的放映模式，在全国率先举办电影“大篷车”农村电影公益放映活动，优化升级农村电影公益放映。创建运营“有福电影”公众号及“有福电影”视频号，打造“有福电影”本土品牌。开办电影节展活动，办好中国金鸡百花电影节、丝绸之路国际电影节、IM

两岸青年影展和福建·东盟电影文化周——首站泰国、中国福建·马来西亚电影文化周、中国（福建）——柬埔寨（金边）电影文化交流周等海外电影节展活动，讲好中国故事。

【动漫游戏行业】 2023年，福建省动漫游戏市场进入国家新闻出版署公布的网络游戏版号总数达1075款，增长110%。福建省企业参与出版或运营58款游戏，占全国数量的5.4%。IGG（13）、4399游戏（20）、雷霆游戏（25）上榜中国手游发行商收入TOP30中。开拓海外市场，IGG（位居第10名）、ONEMT（位居第23名）、4399（位居第24名）位列中国游戏厂商出海收入排行榜前三十。在商务部、中宣部等5单位共同认定的2023—2024年度国家文化出口重点企业和重点项目名单中，福建省分别有15家（全国77家）游戏企业和3个（全国13个）游戏项目上榜，均名列全国第二位。福建网龙计算机网络信息技术有限公司、四三九九网络股份有限公司、厦门吉比特网络技术股份有限公司、福建游龙共创网络技术有限公司等4家游戏企业入围“2023年中国互联网企业综合实力前百家企业”名单。

【印刷发行业】 2023年，福建省印刷企业共计3127家，工业总产值851亿元，位居全国第五。从业人数11万人，工业产值5000万元规模以上印刷企业203家，上市印刷企业6家，通过绿色印刷认证企业43家，省级印刷示范企业38家。产业集聚初步形成，全省印刷产业形成以厦门为中心、泉州为次中心的包装装潢印刷产业带和以福州为中心的出版物印刷产业带。2023年，福建省有16家印刷企业入选“中国印刷包装百强榜”，入选数量全国第一，有3家包装印刷企业进入全国前五强。中小学教材、商业票据已实现绿色印刷全覆盖，并向教辅、少儿读物以及婴幼儿包装装潢印刷品延伸，且印刷“+文化创意”“+设计服务”等融合化发展模式不断涌现。

在出版物发行业方面，全省现有出版物发行单位4360家，其中批发企业423家，零售单位3937家，从业人员3.76万人。全省出版物发行企业形成以福建新华发行集团、厦门外图集团和中国邮政集团福建分公司为龙头，福州、泉州、厦门、漳州等地民营企业为补充的产业发展格局。特色实体书店不断涌现，新型书店朝着专业化、融合化、数字化、智能化方向不断转型，“大梦书屋”“十点书店”“主题书店”“旅游书店”等特色书店成为福建省读者的新宠，宁德市新华书店和厦门外图集团获评全国最美书店。（郝柘淞）

文化场馆

【图书馆】 2023年，福建省有县级以上公共图书馆95个。其中，省级馆2个、副省级馆2个、设区市级馆11个、县区级馆80个。在第七次全国县级以上公共图书馆评估定级工作中，全省共有87家公共图书馆获评等级馆，上等级率91.58%，其中一级图书馆42个、二级图书馆28个、三级图书馆17个。年内，省图书馆改扩建项目、古田县图书馆、东山县图书馆、武平县图书馆新馆建成并投入使用。全省共有43家公共图书馆开展错时延时服务。晋江市图书馆的《24小时城市书房：打造“不打烊”的市民公共文化空间》案例入选“基层公共文化服务高质量发展典型案例”。

【文化馆】 2023年，福建省有文化馆（艺术馆、群众艺术馆）95个，其中省级馆1个、设区市级馆9个、县区级馆85个。在第五次全国文化馆评估定级中，全省有86个文化馆评上国家等级馆，其中一级馆40个、二级馆31个、三级馆15个。

【博物馆】 2023年，福建省共有备案博物馆150家，其中，国有博物馆105家、非国有博物馆45家。2023年新增备案博物馆3家，其中国有博物馆1家、非国有博物馆2家。全省25家博物馆错时延时开放试点工作被列入省委省政府为民办实事项目。举办2023年“5·18国际博物馆日”中国主会场活动开幕式及3场论坛活动，全省各地联动举办上百场展览、社教活动。推出“福航天下——海上丝绸之路的文化印记”“中国白 向世界——德化白瓷精品特展”等四大展览，联合中国国家博物馆召开“博物馆管理论坛”，搭建馆际交流合作平台。在厦门奥林匹克博物馆举办“海峡两岸一家亲——福建省非国有博物馆联展”，成立福建省非国有博物馆联盟。（曹琦）

广播电视

【概况】 截至2023年底，福建省共有广播电台3座、电视台3座、广播电视台68座、教育电视台1座。播出公共广播节目92套，开办公共电视节目98套。东南卫视、海峡卫视、厦门卫视等3套节目上星。全年制作广播节目时间22.88万小时、播出广播节目时间53.26万小时，制作电视节目时间5.13万小时、播出电视节目时间48.54万小时。广播、电视人口综合覆盖率分别达99.89%、99.90%。有线广播电视覆盖1200.10万户，其中有线电视实际用户725.10万户、有线数字电视实际用户725.10万户。

全省共有广播电视从业人员（含社会影视机构）3.85万人。其中，管理人员6491人、经营人员5394人、专业技术人员1.54万人（包括新闻专业人员5105人、播音主持专业人员808人、艺术专业人员2124人、工程技术专业人员4521人、其他专业人员2800人），其他人员1.12万人。

【舆论宣传】 2023年，福建省贯彻《中国共产党宣传工作条例》，深化党的创新理论宣传。聚焦核心开设重点专栏，组织“思想之光”主题创作，打造理论政论节目《中国正在说》等品牌IP。建立全省广电媒体所属新媒体重大宣传联动机制，组织各级广电新媒体账号107个，联动宣发核心宣传等主题报道。组织网络视听持证机构围绕重要时期、重要节点开展主题宣传，展播视频3万多条，播放量达4亿多次。开展“中国梦”原创网络视听节目征集推选展播等活动，5部作品获评国家广电总局“中国梦”主题原创优秀网络视听节目。

重大主题主线宣传。2023年，福建省开展“放歌新时代　剧耀新征程”中国优秀电视剧八闽展播、“光影记·福建新故事”电视纪录片征集评选、“青春逐梦·强国有我”（第二季）主题短视频创作展播等活动。开设学习贯彻习近平新时代中国特色社会主义思想主题教育专题专栏181个，开办“深入学习宣传贯彻党的二十大精神”“深学争优、敢为争先、实干争效”等专栏，开展全国两会、“一带一路”国际合作高峰论坛等重要会议活动宣传报道工作，“奋进春天里”2023年全国两会特别报道获中宣部和国家广电总局表扬。

社会宣传。2023年，福建省强化福文化宣传推广，开展“福兔佑福年”全省广播春节大联播等活动，《2023福建新春福气夜》在全球35个网络平台同步播出。持续打造“海洋季风”通栏节目带，开设“海上福建”电视专区，在海博TV上线“海洋频道”，策划全国首档海洋文化类知识交互节目《海洋公开课》。依托全省广播电视节目共享平台，开设“对口支援资源”“学习强国时间”等共享专区，开展乡村振兴、防汛防台风等联办活动。统筹政法双拥、应急减灾、农业农村等社会宣传。

【精品创作】　电视剧创作生产。2023年，福建省持续实施闽派电视剧高质量发展五年行动计划，发布《闽派电视剧选题项目（第一辑）》，组织中国电视剧名家福建故事采风行活动。43部电视剧获总局批准立项，数量居全国第三位。《你的世界如此美丽》《执行局》分别入选中宣部、国家广电总局重点扶持项目，《浴血荣光》《幸福草》分别入选国家广电总局纪念毛泽东同志诞辰130周年、“一带一路”倡议提出10周年重点电视剧。7部作品在央视、省级卫视播出，《此心安处是吾乡》《画眉》《向风而行》收视率分别居全国全年电视剧第一、第四、第八名。电视剧创作生产的福建经验在第六届全省机关体制机制创新347个优秀案例中脱颖而出，获评“十佳案例”及“银奖”。《福建日报》专版报道闽派电视剧发展成效。

网络剧创作生产。2023年，福建省召开网络视听工作座谈会、网络微短剧创作研讨会，深化与爱奇艺、优酷、腾讯等重点平台合作。向国家广电总局上报重点网络影视剧规划备案申报复审146部次，91部通过国家广电总局复核取得规划备案号。梳理全省网络影视重点项目库，推动《大唐狄公案》《我的中国芯》《少年巴比伦》等重点项目创作生产。网络剧《漫长的季节》打破近8年国产剧豆瓣评分纪录，《血战松毛岭》获评国家广电总局网络视听2022年度优秀作品并在山东卫视、广西卫视等播出。入选推优作品位居全国各省市区第五位，省广电局获评国家广电总局网络视听精品节目推选活动优秀组织单位。

纪录片创作生产。2023年，福建省印发《推动新时代福建电视纪录片高质量发展三年行动计划（2023—2025年）》，开展全省电视纪录片剧本推优工作，评选扶持8部优秀剧本。指导《武夷山·我们的国家公园》《闽宁纪事2023》和微纪录片《我和我的新时代》等创作生产，2部作品在央视播出，6部纪录片获评国家广电总局优秀国产纪录片，《柴米油盐之上》获评第28届上海电视节白玉兰奖最佳系列纪录片。纪录片创作生产工作获省委领导批示肯定。

广电节目生产。2023年，福建省举办第二届全省电视创新大赛，征集59件电视节目项目，评选产生17件优秀项目。3件作品入选国家广电总局2022年度全国广播电视新闻“百佳”，2部作品获评国家广电总局优秀广播电视新闻作品，4个节目获评国家广电总局广播电视创新创优节目，2部作品获评国家广电总局第五届社会主义核心价值观动画短片扶持创作活动优秀作品。省广电局宣传管理处获评国家广电总局广播电视创新创优优秀组织机构。

公益广告制作播出。2023年，福建省开展2022年度全省公益广告扶持项目征集评审，扶持18件电视类作品、10件广播类作品、6个播出机构。开展“国家安全日”“全民阅读”等主题展播活动，在各级广电播出机构展播60多万条次、61多万分钟。《致敬新时代非遗传承人》等作品入选全国广播电视优秀公益广告作品库。尤溪县融媒体中心获评年度公益广告传播机构，厦门市新闻出版广电局获评年度公益广告优秀组织机构。国家广电总局在尤溪县融媒体中心设立“全国县域融媒体公益广告联盟”。

【智慧广电建设】　2023年，福建省深入实施“智慧广电”建设工程，加快构建媒体网络协同发展、产品服务交相创新、事业产业互促共进的发展格局。

广电媒体融合发展。2023年，福建省创新举办全省媒体融合发展工作培训班，开展广电媒体融合发展先导单位征集评审，省广播影视集团和尤溪县融媒体中心入选全国广电媒体融合先导单位，“基于共享平台的数字文化创新应用生态”项目获评“全国智慧广电网络新服务”数字文化新应用类案例。省广播影视集团启用沉浸式视频体验馆，福建广电网络集团建设全系统一体化文化宣传大屏联播联控系统。“福见——基于多模态融合的跨平台与分段式智能推荐系统”“‘千人千面’高清互动云电视智能推荐系统”分获第三届广播电视和网络视听人工智能应用创新大赛二、三等奖，“互动视频项目服务整体解决方案”获第三届高新视频创新应用大赛三等奖。

新型广电网络建设。2023年，福建省配合中国广电完成中央电视节目700兆赫频率迁移，推进地方电视节目700兆赫频率迁移，26座无线发射台站完成设备安装调试。持续推进“一省一网”整合，“全国一网”整合方案基本达成共识。颁布实施全国广电网络行业第一个地方性标准，建成中国广电IP骨干网福建节点。开展千兆业务试点，推进IPv6规模化部署和应用工作，光纤覆盖率达65%，双向网覆盖率达95%。固网业务指标和5G业务质态指标处于全国前列。

公共服务。2023年，福建省在泉州石狮、龙岩上杭开展广播电视基本公共服务县级标准化试点，完成35个基层广播电视公共服务中心组建、32个省级标准化公共服务示范网点建设。开展智慧广电服务乡村振兴专项行动，推进3个智慧广电乡村工程示范点建设。加强中央广播电视节目无线覆盖运行维护费使用管理，对7个高山台站灾后重建项目进行扶持。省级应急广播总平台通过验收，完成5个设区市级平台和13个县级平台建设。建设福建省广播电视节目共享平台，推动全省各级广电播出机构在节目创作、活动联办等方面实现共建共享。

行业发展。2023年，福建省推广“拍在福建”行动，发布新版《福建电视剧拍摄服务指南》，上线“福建省电视剧拍摄一站式服务平台”微信小程序，全省新增396个拍摄场景，吸引119个影视剧组在闽拍摄。举办首届中国电视剧大会，在第十四届海峡两岸（厦门）文博会设立福建省广播电视和网络视听馆，国家广电总局智慧广电馆亮相第六届数字中国建设峰会。批准设立福建（福州）视频直播产业基地，中国（厦门）智能视听产业基地拓展区招商90家、总注册资本9.38亿元。设立2024—2026年电视剧网络剧专项资金，评选2023年全省广播电视科技创新扶持项目，3个项目入选第三批国家广播电视和网络视听产业发展项目库，省广电局获评项目库优秀组织单位。

2023年6月16—17日，由国家广播电视总局、福建省人民政府主办，台湾有关机构参与主办的第十五届海峡论坛·海峡影视季活动在福建厦门举行

（省广播电视集团）

【行业管理】 2023年，福建省落实广播电视和网络视听宣传通报会工作机制，规范市、县转播中央台和省台新闻联播节目。加强全省广播电视自办节目和网络视听节目监听监看，编发广播电视与网络视听节目监管简报60期、网络简报20期，核查整改网络视听不良信息线索142条。落实与有关部委司局和省直机关业务主管部门常态化沟通协调机制，完成12部电视剧、5部境外影视剧、31部次网络影视剧成片审查，发行许可5部电视剧、30部电视动画片、31部网络影视剧。

安全播出保障。举办全省广电行业安全播出管理培训班，加强关键岗位和重点部位值班值守，完成第31届大运会、第19届亚运会等重要活动期间安全播出和网络安全保障工作。开展境外卫星电视管理和非法卫星地面接收设施专项整治，拆除非法设施1821座，收缴非法设施130套。开展广播电视设施保护专项行动，加强广播电视设施保护，严厉打击“灰广播”“黑广播”。推进福建省广电监测中心和福建省广电节目收听收看中心迁建工程项目建设，完成福建省广电高山台监控系统项目（二期）和电视调频发射台监控系统改造项目。

行业治理。深化文娱领域综合治理，对2021年以来电视剧、网络影视剧制作成本配置情况进行核查。推进治理电视“套娃”收费、操作复杂第一阶段工作，实现“开机看直播、收费包压减50%、提升消费透明度”等目标。举办全省广播电视传媒工作业务培训班，加强广播电视商业广告专项整治，核查整改违规广告82条次、违规养生节目3个。加强广电新媒体“标题党”“谐音梗”等不规范行为治理。健全专业频道定期巡查机制，推进关停标清电视频道和精简精办工作，开展国有影视企业社会效益评价考核，加强节目制作机构事中事后监管。

【重要活动】 2023年，福建省举办首届中国电视剧大会，设置主论坛、影视制作技术应用等20多个分论坛，推出电视剧创投、影视基地峰会等20余项活动。举办海峡论坛·海峡影视季，首次推出影视对接项目推介会，征集近100个两岸题材影视项目。举办首届海丝国际纪录片大会，发布纪实影像合作共同倡议，开展纪实影像精品展映、中外纪录片项目推介等15场活动。举办2023菲律宾·中国福建（泉州）电视周系列活动，推出“闽南文化寻迹菲律宾”联合采访和“世遗之城——外媒采风”联谊活动，在菲媒体展播优秀电视节目。举办福建省首届网络主播大赛。在第十四届海峡两岸（厦门）文化产业博览交易会设立福建省广播电视和网络视听馆，承办的国家广电总局智慧广电馆亮相第六届数字中国建设峰会。

（池华金）

新闻出版

2023 年 4 月 21 日，第九届海峡读者节暨第二届福建新华阅读大会在宁德开幕

（海峡出版发行集团）

【党的创新理论出版】 2023 年，《摆脱贫困》新增 3 种外文版，累计发行超 208 万册。《闽山闽水物华新——习近平福建足迹》获 2022 年中国版权金奖，中文简体字版发行 140 万册，繁体版在香港首发。《守望山川》等 3 个选题列入中宣部主题出版重点出版物选题。《〈福州古厝〉序》《摆脱贫困》等列入福建省主题教育特色学习材料。

【八闽文脉出版】 2023 年，《八闽文库》完成数字部分二期内容加工，“要籍选刊”“专题汇编”共出版 284 册。举办《海上丝绸之路文献集成·历代史籍编》新书发布会暨“海上丝绸之路历史文献”国际学术研讨会。开展《福建见福》等福文化图书和“闽人智慧”丛书第一批图书出版工作。《台湾通史》等 22 个项目获得国家级奖项、列入国家重点出版规划或资助项目，《八闽茶韵》等 113 种出版物获得省部级以上奖项或入选重点推荐书目。

【书香八闽建设】 2023 年，福建省发行《习近平著作选读》《习近平新时代中国特色社会主义思想学习纲要》《中国共产党章程》等 183 万册，《复兴文库》第一至三编发行量位居全国第三。海峡读者节期间，举办线上线下阅读文化活动 3000 余场。建成首家福文化主题书店、大梦书屋第 10 家门店、新华书店厦大校园店等一批复合型书店。

【闽台出版文化交流】 2023 年，福建省推进《闽台关公志》及“海峡两岸民间歌仔册校理”丛书、“闽台南音文化”丛书、“中华基因”绘本馆等图书出版。举办“书香两岸迎新春”活动、金门书展、“两岸书香”座谈会、“新课堂·新教师”海峡两岸基础教育交流研讨活动等对台交流活动。

【出版对外交流】 2023 年，福建省推介发布“图说福建与海上丝绸之路”丛书英文版。在马来西亚举办福建侨批展，在菲律宾举办福建图书展，在美国、西班牙等 5 个国家举办“全球海外华文书店春节图书联展”。“丝路书香·福建阅福驿站”落地马来西亚古晋。向新加坡等国家和地区输出《中国农学史》等 54 种图书版权。4 种图书入选“经典中国国际出版工程”“丝路书香工程”“国家社科基金中华学术外译项目”。7 家出版社荣列“2023 中国图书海外馆藏影响力出版 100 强”。中国（福建）图书展销会被国家五部委认定为 2023—2024 年度国家文化出口重点项目。

【出版数字经济发展】 2023 年，福建省深入开展国家“区块链＋版权”创新应用试点工作。福州安泰书城打造全国首个“书店中的元宇宙世界”。推进“拇指班长”IP 全版权运营项目实施，“影响力”中文版权输出项目海外访问量超过 3900 万。

【出版改革创新】 2023 年，海峡出版发行集团召开第一次党代会。印发深化改革加快发展行动方案，出台加强与民营文化、科技企业合作发展的若干措施。推进印务改革，以及主题教育用书和教材教辅印制发行。拓展版权产业，联合出品电影《吾爱敦煌》。海峡出版业务大楼建设年内封顶。（施涌钊）

历史文化遗产

【世界文化遗产】 2023 年，福建省推动《中国世界遗产预备名单》更新申报工作，全年独立申报 2 项（三坊七巷、木兰溪流域滨海水利文化景观），联合申报 8 项［嘉庚教育遗产、自强运动工业遗迹：中国传统社会迈入近代化的摇篮（船政文化史迹）、闽浙木拱廊桥（福建部分）、闽南红砖建筑、万里茶道（福建段）、海上丝绸之路（福建段）、关圣文化史迹（东山关帝庙）、中国明清城墙（汀州城墙）］。

遗产点本体保护。审核批复安平桥（南安段）保护修缮工程设计方案等 25 项遗产点本体保护修缮方案，实施福建土楼——典常楼保护修缮工程等 2 项遗产点本体保护修缮工程，完成鼓浪屿美国领事馆旧址修缮工程等 5 个遗产点修缮工程的竣工验收工作。探索世界遗产文物建筑数字化保护工程，完成城村汉城遗址世界文化遗产监测预警系统建设并验收。

文化遗产保护管理。推动泉州建设世界文化遗产保护利用典范城市，完成安平桥（晋江段）保护修缮勘察设计方案审批及资金申报，获 2023 年度国家文物保护专项资金 3000 万元。福建泉州鲤城世遗宋元古城国家文物保护利用示范区入选第二批国家文物保护利用示范区创建名单。《“泉州：宋元中国的世界海洋商贸中心”世界遗产保护管理条例》于 2023 年 11 月批准公布、2024 年 1 月起正式施行。

【历史文化保护】 2023 年，福建省 58 个村落入选第六批中国传统村落名录，莆田市被评为国家历史文化名城。全省共有国家历史文化名城 5 座，省级历史文化名城 6 座，中国历史文化街区 4 个，省级历史文化街区 45 个，中国历史文化名镇 19 个，中国历史文化名村 57 个，省级历史文化名镇 35 个，省级历史文化名村 89 个，中国传统村落 552 个，省级传统村落 641 个。省委宣传部、省文旅厅、省文物局联合制定《廊桥保护三年（2023—2025）行动实施方案》，启动闽东北廊桥之万安桥保护修复工程，对 13 座廊桥补助 280 万元。制定《闽浙木拱廊桥保护管理规划》，拍摄《廊桥寻宝》专题片，在复旦大学、上海交通大学等高校开展“廊桥申遗、全民参与”闽浙木拱廊桥巡回展。将木拱廊桥文化研究纳入国家社会科学基金重大项目“闽东文书的整理与研究”。联合省住建厅印发《关于在城乡建设中加强历史文化保护传承七条措施的通知》。

【革命文物保护】 2023 年，福建省对外公布第二批 174 处不可移动革命文物名录，其中省级文物保护单位 2 处，县（市、区）级文物保护单位 60 处，一般不可移动文物 112 处；461 件（套）可移动革命文物，其中二级文物 4 件，三级文物 79 件，一般文物 378 件。至年底，全省共登记 1831 处不可移动革命文物，143033 件（套）可移动革命文物。

【考古挖掘与科研】 2023 年，福建省完成平潭东花丘遗址等 7 项主动性考古发掘和南平建阳区回瑶棋盘山遗址等 8 项抢救性考古项目。开展海峡西岸城际铁路（福州都市圈福莆宁 F2、F3 线）、泉州—厦门—漳州城际铁路（R1 线）泉州段等 60 处基本建设项目文物调查勘探并出具支持性意见。持续推进将乐考古标本库房建设，争取国家发展改革委文化保护传承利用工程专项资金 2300 万元。福建平潭壳丘头遗址群先后成功入选“中国社会科学院考古学论坛·2023 年中国考古新发现”。编制《苦寨坑窑址保护规划》《壳丘头遗址群保护规划》《德化县屈斗宫德化窑遗址保护总体规划》并由省政府公布实施。厦门大学东南考古研究中心、福建省考古研究院光泽基地与德化工作站相继揭牌。

水下考古。组织编制《福建省水下考古项目建设规划》，国家水下文化遗产保护暨福建水下考古（平潭）基地揭牌并完成一期建设。完成国家文物局“十四五”重点海域水下遗产调查项目——福建海坛海峡海域水下考古区域调查工作，并取得重要发现。在大练岛南部海域发现确认一艘明代沉船遗址“平潭海坛海峡赤礁屿二号明代沉船”。开展漳州圣杯屿元代沉船水下考古发掘项目，出水文物标本 1.7 万余件。漳州圣杯屿元代沉船遗址水下考古发掘项目入选国家文物局“考古中国”重大项目。

成果研究转化文章。推进“考古中国——南岛语族起源与扩散研究”重大研究课题，形成《“福建省考古成果转化利用研究——以考古遗址公园为例”调研报告》，为转化利用和遗址公园建设提供理论支撑。出版《大元遗帆——漳州圣杯屿沉船调查与保护（2010—2020）》《漳州圣杯屿元代沉船考古报告之一——2021 年重点调查》等著作。

【重要陈列展览】 2023 年，福建博物院“福航天下——海上丝绸之路的文化印记”被国家文物局、中央文明办、中央网信办列入全国重点推介项目，福建中国闽台缘博物馆“骨肉天亲　血脉相连——海峡两岸家书特展”等 3 个展览被列入全国推介项目。在中国国家博物馆举办“凤鸣于溪——安溪历史文化展”“中国白——德化白瓷展”，在新疆昌吉博物馆举办“海丝遗珍——‘碗礁一号’沉船出水文物展”，在宁夏博物馆举办“闽瓷双璧　交相辉映——福建黑白瓷器展”等具有福建特色的系列展览。在中央苏区（闽西）历史博物馆举办“英雄赞歌——福建省纪念抗美援朝战争胜利 70 周年文物精品展”、在复旦大学博物馆举办“洞天遗珍——万寿岩遗址出土文物展”。福建博物院引进“大唐盛世法门珍宝——唐代文物精品特展”，联合故宫博物院举办“故宫·茶世界”茶文化特展。

【文物普查】 2023 年，福建省安排 150 万元省级文物保护专项经费，完成全省“非世遗”文物土楼建筑专项调查工作。至年底，全省列入各级文物保护单位和文物点的“非世遗”土楼共 1115 座，其中国保 10 座，省保 29 座，市县保 80 座，文物点 996 座；方形 643 座，圆形 403 座，五凤楼（府第式）30 座，其他类型 39 座。开展全省第四次全国文物普查工作，报送 2012 年（“三普”）至 2023 年福建省新发现线索 245 条。开展红色标语普查，共填报 652 处 3643 条红色标语，位居全国第二。

【全国重点文物保护单位保护】 2023 年，福建省开工实施福建土楼——振成楼外环主楼修缮工程等 14 项文物保护修缮工程。完成蔡氏古民居建筑群孝友第回向修缮工程等 46 项文物保护修缮工程的竣工验收工作。国家文物局批复同意宁海桥保护修缮等 28 项 2024 年度文物保护项目计划。

【非物质文化遗产】 2023 年，福建省牵头完成“中国木拱桥传统营造技艺”从亟须保护名录转入人类非遗代表作名录申报工作。组织 145 家国家级非遗代表性项目保护单位履职尽责情况评估。开展 2022 年度国家级、省级非遗代表性传承人传承活动评估工作，取消 4 名省级非遗代表性传承人资格。举办闽南文化生态保护区会商交流会，推进省级朱子文化生态保护区建设。创设“清新福建　共享非遗”四季主题活动品牌，“‘清新福建　共享非遗嗨一夏’主题活动”入选全国“2023 非遗与旅游融合特色活动典型案例”。印发《关于推动非物质文化遗产与旅游深度融合发展的工作方案》，“惠女秀风采，匠心承非遗体验游”入选全国非遗特色旅游线路；“福建莆田兴化府历史文化街区：彰显非遗与旅游融合发展新业态”入选 2023“旅游新业态创新发展典型案例”；全省认定 218 家非遗工坊，带动就业和助力乡村振兴；沙县小吃集团有限公司等 4

家企业入选“2023—2025年国家级非遗生产性保护示范基地”。

【海丝文化工程建设】 2023年，福建省完成《中国世界文化遗产预备名单》海上丝绸之路（福建段）更新申报工作。参加中蒙俄万里茶道申遗国际学术研讨会暨万里茶道沿线城市市长论坛、海上丝绸之路保护和联合申遗城市联盟联席会。完成锡兰侨民旧居之三、四进及护厝保护修缮工程设计方案等14个省级以上文物保护修缮勘察设计方案审批，完成九日山摩崖石刻保护修复工程等3个工程的竣工验收工作。（曹琦）

档案工作

【概况】 2023年，福建省有档案主管部门（含挂牌单位）94个，含省级1个、设区市级9个、平潭综合实验区1个、县（市、区）级83个。全省各级各类档案馆117个，其中国家综合档案馆94个、专门档案馆16个、部门档案馆2个、企业档案馆1个、事业单位档案馆4个。全省各级机关、团体、企业事业等单位档案室1590个。

至2023年底，全省各级各类档案馆馆藏纸质档案2618.2万卷、2268.4万件，电子档案720395.8GB；纸质资料131.9万册，电子资料20813.3GB。2023年，全省各级各类档案馆接收纸质档案200.8万卷、409.2万件，电子档案87674.4GB。

【档案管理与服务】 2023年，福建省挖掘馆藏红色档案资源，省档案馆联合省纪委监委、省直机关工委举办“信仰的力量——中国共产党人的家国情怀”档案文献展，41个市、县（区）档案部门承办“信仰的力量——中国共产党人的家国情怀”或“中国共产党人的家风”档案文献展，成为福建省主题教育独特品牌和重要“打卡点”。省档案局指导各级档案部门做好2023年世界航海装备大会、第一届中国侨智发展大会、第六届数字中国建设峰会以及省运会、老健会等重大活动档案管理工作。推进“迁台记忆”、侨批等特色档案资源抢救保护和活化利用工作，助力两岸融合发展和“一带一路”建设。省档案局、省档案馆依托馆藏档案资源，编写《档案参考专报》6期，为省委省政府工作决策提供参考。

政策支持。省档案局组织深入开展《中华人民共和国档案法》普法宣传和贯彻实施，对各级档案部门实施“十四五”全省档案事业发展规划实施情况进行评估。会同省人大常委会侨（台）工委、省司法厅等开展“迁台记忆”档案文献立法调研，形成《福建省闽台关系档案保护条例（草案）》，列入2024年福建省地方性法规提请审议项目。办理省档案局统一社会信用代码证书，用好省一体化大融合行政执法平台，建立并推行档案行政执法公示、执法全过程记录、重大行政执法决定法制审核“三项制度”，组织对市县档案部门和省直机关等50多家单位开展档案工作监督检查，不断推进档案工作法治化科学化规范化。

【档案资源体系建设】 2023年，福建省组织开展各级档案馆馆藏红色档案资源调查，指导各级综合档案馆加强资源整合。至年底，全省各级档案馆馆藏红色档案3.7万卷（件、册、张）。省档案馆修订收集档案范围实施细则，常态化开展省直单位到期档案、涉改单位档案等各类档案接收征集工作，馆藏档案数量突破100万卷。各级通过购买、捐赠、签订协议交换复制件等方式征集整合档案资源，漳州市实施“馆藏档案资源倍增计划”，龙岩市征集中央苏区革命历史档案、红军标语档案等1200多件（册），厦门市启动名人档案征集，不断丰富馆藏资源。

【经济领域档案管理】 2023年，福建省档案局加强省重点建设项目档案管理，组织完成31个省重点建设项目档案验收。省档案局、档案馆组建“档案专家服务团”“档案工匠服务团”，深入农村、社区、企业等基层一线“点对点”开展业务交流。龙岩市档案部门成立“档案工作进民企”服务队，采取“提前接入＋上门服务”方式，现场指导民营企业做好档案工作。

【社会民生档案】 2023年，福建省档案局出台《福建省档案开放审核暂行办法》，省档案馆应用人工智能辅助审核系统助推档案开放审核，新增向社会开放9个全宗76743件档案。全年全省各级各类档案馆提供档案利用136.9万人次、183.9卷（件）次，主要用于工作查考、学术研究和权益维护等。

【档案信息资源开发利用】 2023年，福建省“闽台关系档案文献展”被列入国台办对台交流重点项目，“开展两岸档案文化交流活动”写入福建省新形势下加强闽台民间交流实施方案。在省档案馆和厦门市集美塔举办的“共同家园 共同记忆——闽台关系档案文献展”累计接待3400多个团队、43万人次参观，其中台胞约2万人次。举办“海峡论坛·两岸档案文化交流活动”，两岸档案专家学者及学生共120多人参加。至年底，各级各部门累计征集“迁台记忆”档案文献资源5.13万件。

涉侨档案。联合中国华侨历史学会等举办第二届“侨批文化与华侨精神”研讨会和“世界记忆项目的宣传推广”主题活动，举办侨批档案入选《世界记忆名录》十周年专题巡展，世界记忆项目福建学术中心云平台上线。省档案馆与省侨办、马来西亚华人博物馆共同举办“百年跨国两地书——福建侨批展”。联合省广播影视集团拍摄《走近侨批》，第一部入选国家广电总局2023年第一季度优秀国产纪录片，第二部在福建电视台综合频道黄金时段播出。泉州市打造“1+8”侨批馆分馆，赴菲律宾举办“跨山越海两地情——泉州侨批文化展”。

档案文化宣传。全省各级档案网站16个，访问153.9万人次。档案新媒体平台30个，全年推送文章3690篇（条）。爱国主义教育基地66个，省档案馆以及三明、南平、龙岩、宁德等5家综合档案馆纳入全省首批“大思政课”实践教学基地。2023年，各级档案部门举办各类档案展览162个、接待参观85.1万人次；拍摄档案文献纪录片、微视频38部，举办档案专题讲座100场次，开放体验活动58场次、参与人数4254人次。公开出版档案资料11种、180.2万字，内部参考52种、567.89万字，期刊2种、10期。

【档案信息化建设】 2023年，福建省加快馆藏纸质档案数字化工作，至年底，全省各级综合档案馆平均数字化率达86.8%。推进数字档案馆（室）建设，指导23家数字档案馆和5家数字档案室项目建设，厦门市海沧区档案馆、上杭县档案馆成功创建全国示范数字档案馆，兴业银行通过国家档案局组织的企业集团数字档案馆建设试点验收。选取10家单位开展电子档案单套管理试点，省直机关电子档案一体化集中管理平台在全省省直机关推行，指导各地推进电子档案管理平台等项目建设。省档案馆连续六届参加数字中国建设峰会，平潭综合实验区印发《电子文件管理细则（暂行）》，规范各行业各领域电子文件管理。

【档案安全管理】 2023年，福建省档案局不定期部署加强档案安全工作，经常性深入基层检查档案库房、数字化加工场所、档案设施设备管理使用、安全保障等情况，对检查中发现的问题，要求及时消除安全隐患。各级档案部门压紧压实安全责任，落实定期安全检查、日常馆内巡查、隐患专项排查、应急值班值守等制度，经常性开展消防综合演练、重点部位排查，在应对"海葵""杜苏芮"等超强台风中，提前备齐防汛抗台物资储备，完善防台防汛应急抢险工作机制，确保档案馆实体和信息安全。

【档案馆馆库建设】 2023年，福建省推进市县综合档案馆新馆建设，持续改善馆库条件。年内，三明和丰泽、安溪、沙县、永安、福安、寿宁等8家档案馆新馆建成投用，厦门、泉州、莆田、平潭和晋安、长乐、连江、洛江、仙游、蕉城等地推进新馆建设。

【档案科研和学术研究】 2023年，福建省加强档案科技创新研究，开展"基于区块链技术的档案信息资源协同机制与共享模式研究"等3个课题研究，2个项目获国家档案局科研课题立项，2项科研成果分别获2023年度国家档案局优秀科技成果奖励二等奖、三等奖，1项课题入选中国人民大学"十佳档案管理创新案例"。省档案馆申报的"电子档案单套管理与智能应用重点实验室"被确定为首批8家国家档案局重点实验室之一。

【政府信息公开查阅利用工作】 截至2023年底，全省各级各类档案馆已开放档案212.8万卷、599.4万件，开放案卷级档案目录162.4万条、文件级档案目录1849.4万条。全省现有政府信息公开查阅场所90个，2023年利用政府公开信息1225人次、8839件次。 （梁伟灿）

旅 游 业

【概况】 2023年，福建省接待旅游总人数5.72亿人次、实现旅游总收入6981亿元，比上年分别增长45.9%、61.3%，分别高于全国28.9个、8.6个百分点。

【旅游景区】 2023年，福建省新增AAAA级旅游景区10家、AAA级旅游景区22家、AA级旅游景区14家。至年底，全省共有AAAAA级景区10家，AAAA级旅游景区124家、AAA级旅游景区272家、AA级旅游景区88家。

省级旅游度假区。至2023年底，全省共有省级旅游度假区18家。

红色旅游。2023年，福建省共培育红色旅游A级景区7个，其中AAA级景区6个、AA级景区1个。

乡村旅游。2023年，福建省共培育"金牌旅游村"30个、"全域生态旅游小镇"22个。

工业旅游。2023年，福建省推动泉州市七匹狼工业园等3家企业入选国家工业旅游示范基地，培育"观光工厂"6个、"金牌观光工厂"5个。

【文旅产业统筹管理】 2023年，福建省出台新形势下文旅经济高质量发展5个方面"23条"、促进文旅消费"10条"、释放消费潜力"27条"等激励政策，发布惠民惠企政策包，建立激励县域文旅经济争优争先争效机制。针对旅游淡季，推出金秋文旅178项利民措施、"全闽乐购"促消费144项惠民措施。

"311"重大项目带动行动。"311"重大项目带动行动即推进30个重点签约项目落地、推进100个重点在建项目建设、推出100个重大招商项目。2023年，福建省遴选确定文旅融合示范等六大类别211个重点推进项目，总投资2556.41亿元，累计完成投资230.66亿元，超额完成年度投资计划。

文旅产业推进。2023年，福建省滚动建立万亿元重点文旅投资项目库。组织赴京沪等地开展专项招商推介，全省累计签约项目192个，总投资1289.19亿元。

资金支持。2023年，福建省建立文旅企业"白名单"制度，推动3735家文旅企业入驻"金服云"平台，授信1745笔35.51亿元，累计放款27.65亿元。全年新增地方政府专项债文旅项目117个，总金额59.57亿元。

【文旅试点示范建设】 2023年，福建省新获评2个国家文化产业和旅游产业融合发展示范区建设单位、2个全国文化产业赋能乡村振兴试点县、4个国家级夜间文化和旅游消费集聚区、44家省级文化产业示范基地。安排省级专项资金4210万元，支持培育旅游演艺、音乐产业等新业态，《印象大红袍》入选全国旅游演艺精品项目，沉浸式数字文旅项目《天涯明月刀》改版升级，大型旅游演艺《最忆船政》建成试演，蟳埔女服饰等非遗产品火爆出圈。开展文旅特派员试点建设，确定15个试点县66个特色村为首批试点，相关做法得到文化和旅游部肯定。

【文旅创意营销】 2023年，福建省联合央视、新华社、人民网等央媒及省内重点媒体平台，构建多元媒体矩阵。全年在央视报道福建文旅信息合计超过150次。"市长带你游"大型全媒体系列宣传活动入选2023年中国旅游产业影响力营销推广典型案例。先后推出《来福建，好舒服》《达人说福建茶》《人生海海有福相见》《3D裸眼创意视频》《时光列车》《非凡录》等文旅创意宣传片，其中《来福建，好舒服》全网传播覆盖超2.7亿人次，《来福建，好舒服》等优秀作品获第三届全国公益旅游广告和2023南方周末年度视频营销案例奖等多个全国性奖项。《时光列车》获亚洲微电影节最佳导演奖。全年举办"来福建，坐火车，一路山海一路歌""来福建，赏樱花，邂逅浪漫赏春光""来福建，过暑假，游岛玩海嗨一'夏'""来福建，过暖冬，暖身暖心暖生活"四季营销主题活动及宁德世界地质公园文化旅游节、厦门中秋国庆旅游嘉年华等4000余场活动。

【旅游公共服务】 2023年，福建省支持各地建设示范性旅游厕所25座、旅游服务中心（点）21个、街头文化艺术项目12个。新增3家3C自驾车旅居车营地。福州旅游集散服务中心入选2023年全国旅游公共服务"十佳"案例、"这就是莆田"数字文旅平台入选优秀案例。（曹琦）

编辑：郑 莱

卫生健康

综　述

【全省卫生健康发展】 2023年，福建省医疗卫生机构总数30023个，比上年增加906个；其中各级各类医院732个，增加12个；社区卫生服务机构739个，其中社区卫生服务中心246个；社区卫生服务站493个，增加8个，其中社区卫生服务中心增加6个；乡镇卫生院877个，其中中心卫生院224个，乡卫生院653个，减少3个；村卫生室16487个，减少268个；门诊部和诊所、卫生所、医务室10742个，增加1167个；疾病预防控制机构102个，增加1个；卫生监督机构85个，与上年持平；专科疾病防治机构19个，减少2个；妇幼保健机构94个，与上年持平。全省孕产妇死亡率、婴儿死亡率、5岁以下儿童死亡率分别为7.59/10万、1.95‰、3.16‰。

2023年，全省医疗机构床位总数242062张，增加9637张，增长4.15%；全省每千人口医疗机构床位数达5.79张，增加0.24张。全省各级各类医疗卫生机构共有人员总数397322人，增加17595人，增长4.63%；其中卫生技术人员325956人，增加17834人，增长5.79%，占卫生人员总数的82.04%。卫生技术人员中，执业（助理）医师123317人，增加7219人，增长6.22%，占卫技人员的37.83%；注册护士144733人，增加8066人，增长5.90%，占卫技人员的44.40%；药剂、检验等其他卫技人员57906人，增加2549人，增长4.60%，占卫技人员的17.76%。全省每千常住人口卫技人员7.79人、执业（助理）医师2.95人、注册护士3.46人，分别增加0.43人、0.18人和0.20人。乡村医生和卫生员14760人，减少1150人。

【高水平医院建设】 2023年，福建省政府成立省创建国家区域医疗中心建设工作领导小组，省卫生健康委组建工作专班，加强项目建设统筹协调与定期调度。复旦大学附属肿瘤医院福建医院纳入第五批国家区域医疗中心建设项目。至年底，有8个项目落地福建并投入运营，2023年诊疗量、住院患者人次分别较上年增长25.88%、35.15%，开展新技术、新项目、新服务等276项。在推进已有4个省级区域医疗中心项目建设的基础上，依托3个市级和6个县级公立综合医院实施省级区域医疗中心项目扩容建设。推进临床重点专科建设和医疗"创双高"，新增9个国家级、121个省级临床重点专科建设项目。

【县域医疗服务】 2023年，三明市、南平市纳入紧密型城市医疗集团建设国家试点。继续支持59个县域医共体试点县建设完善胸痛中心、卒中中心、呼吸诊疗中心、创伤中心等"四大中心"，2023年底自评建成"四大中心"155个。紧密型县域医共体自评100%达到国家标准，监测结果位居全国第六。继续开展县域巡回医疗和派驻、"千名医师下基层"等服务。

【卫生健康科研】 2023年，福建省委托国家平台评审，立项资助第二、第三批福建省卫生健康中青年科研重大项目35项。组织开展2023年福建省卫生健康科技计划项目申报及评审工作，立项支持医学创新课题等5类项目354项。认定第三批省级临床医学研究中心21个，涵盖肿瘤、神经、消化、骨科等重点领域。

【实验室生物安全监管】 2023年，福建省依法依规审批高致病性病原微生物菌（毒）种或样本运输，审批办理准运证143件。完成生物安全二级实验室骨干人员240名培训任务，培训合格率100%。完善省实验室生物安全专家委员会，增补专家30名。开展实验室生物安全检查，抽查设区市生物安全实验室36个。市、县两级卫生健康行政部门在各单位自查的基础上，组织有关专家对1520个生物安全实验室进行现场检查指导。对2个生物安全三级实验室（福建省疾控中心生物安全三级实验室、厦门市疾控中心生物安全三级实验室）开展飞行检查。

【对口支援】 2023年，福建省开展卫生健康领域闽宁协作重点工作，明确全省22家医疗卫生机构与宁夏21家医疗卫生机构结为对口帮扶关系。组织申报第二批智力援疆创新拓展人才计划项目，累计上报4家“组团式”和8家“小组团”医疗援疆项目，项目申报数量位居各地州前列。推进医疗援藏工作，“西藏昌都市妇幼健康培训基地”正式签约落地福建省妇幼保健院。探索“互联网＋援藏”新模式，组织专家远程操控昌都市卡若区人民医院机器人在昌都成功实施国内首例大骨节病5G远程手术；利用5G网络及智慧医疗远程指导，由福建省妇幼保健院专家为昌都市妇幼保健院孕妇产妇做超声规范检查。支持挂钩帮扶县、少数民族乡和乡村振兴联系点卫生健康事业发展。

【健康扶贫成果巩固】 2023年，福建省出台《福建省医疗保障局等十部门关于印发〈福建省健全重特大疾病医疗保险和救助制度实施细则〉的通知》。建立与医保、民政、乡村振兴等部门数据比对和共享机制，完成巩固拓展健康扶贫成果同乡村振兴有效衔接数据更新工作。2023年，入户核实率和救治率分别达99.23%、99.37%，大病救治费用自付比例降至5.98%，守住不发生规模性因病返贫的底线。脱贫人口家庭医生签约率99.29%，基本实现建档立卡脱困人口“应签尽签”。

（黄守勤　许秋丽　林晓倩）

公共卫生

【概况】 2023年，福建省共报告甲乙丙类传染病26种43.84万例，报告发病率1046.77/10万。以乡镇为单位，免疫规划疫苗接种率继续保持在95%以上。新报告HIV/AIDS病例2483例，维持艾滋病疫情控制在低流行水平。出台《福建省开展艾滋病防治质量年活动方案（2023—2025年）》。福州市、厦门市，泉州晋江市、南安市等4个示范区通过国家第四轮全国艾滋病综合防治示范区创建终期评估，其中5个防治模式成功入选全国优秀经验模式。新增麻风病6例，开展规范治疗，现症病人随访到位率100%。全省肺结核报告发病率41.38/10万。全省在册严重精神障碍患者管理率95.67%，规范管理率94.01%。

印发《福建省维持血吸虫病消除状态行动方案（2023—2030年）》，健全血吸虫病监测体系，维持血吸虫病消除状态。印发《福建省地方病防治巩固提升行动方案（2023—2025年）》，启动实施“地方病防治巩固提升行动”。在省、市、县级水平上均持续保持消除碘缺乏病状态，36个病区县（市、区）达到饮水型氟中毒控制标准。继续维持疟疾消除状态。印发《福建省学生常见病和健康影响因素监测与干预工作方案（2023年版）》《福建省儿童青少年肥胖防控实施方案》，在全省所有区、县（市）开展视力不良、近视、超重肥胖、营养不足、龋病和脊柱弯曲异常等学生常见病监测。

【卫生应急】 2023年，福建省卫生应急队伍增加至382支7663人。省级卫生应急队伍开展“健康使命—2023”系列卫生应急演练。福建省立医院纳入国家紧急医学救援基地第二批项目储备库。厦门大学附属翔安区医院列入省级紧急医学救援基地。开展防汛防台防灾减灾救灾工作，组织全省卫生健康系统有效防御“杜苏芮”“苏拉”“海葵”台风，无人员死亡。

加强重大传染病预测预警，传染病网络报告覆盖率100%，网络正常运行率100%。以卫生健康系统重大事故隐患专项排查整治2023行动工作为主线，先后开展岁末年初安全生产重大隐患专项整治、冬春消防安全专项整治、燃气安全专项整治等活动。

加强安全生产监管指导，对全省46家三甲医院开展消防安全专项督导检查，各设区市卫生健康委联合当地消防救援部门同步开展全省二级以上医院消防安全专项督导检查；针对“4·18”北京长峰医院火灾事故，对全省医疗卫生机构开展消防安全隐患整改落实情况抽查检查；开展全省医疗卫生机构安全生产交叉互查，排查各项隐患。

【综合监督】 2023年，福建省在全国率先推出全省统一的诊所诊疗服务与监测预警一体化平台——“福建省诊所诊疗监督系统”（即“闽诊通”），上线诊所10142家，接诊患者超48万人次，该项目入选全省机关体制机制创新优秀案例。开展打击医疗美容行业突出问题专项治理，规范医疗美容市场秩序，检查各类单位7648家，立案82起，结案61起。

开展医疗乱象专项治理工作。开展严厉打击非法应用人类辅助生殖技术专项活动。开展消毒产品生产企业分类监督综合评价试点工作，探索建立综合评价结果与日常监管结合的工作模式。开展抗（抑）菌制剂突出问题专项整治工作，整顿和规范抗（抑）菌制剂产品市场秩序。组织消毒产品备案情况进行巡查，巡查责任单位149家、产品594个，发现问题产品456个，督促各地按照相关标准规范要求及时整改反馈。

【无偿献血】 2023年7月26日，福建省第十四届人民代表大会常务委员会第五次会议通过《福建省献血条例》，于2023年11月1日起施行。全省各设区市均建立献血工作联席会议制度，实现自体输血纳入医保支付范围及采供血信息公开。省献血办组织对《福建省免费用血实施细则（试行）》进行修订，献血者、造血干细胞捐献者及其亲属免费用血可按原流程办理。

【食品安全】 2023年，福建省启动地方特色食品柚子花、南烛叶、栀子花、三叶青等4项食品安全地方标准的制定工作。食品安全地方标准土笋冻和灵芝通过评审。修订食品安全地方标准《连城地瓜干系列产品》。加强食品安全风险监测，食品样品总体合格率92.2%。开展水产品中亚硝胺食品安全风险评估，通过国家食品安全风险评估中心专家论证，填补福建省食品安全风险评估的空白。

【爱国卫生运动】 2023年，福建省卫生健康委获全国城乡环境卫生整治优秀案例征集活动优秀组织单位。福州、三明、龙岩、宁德等4个城乡整治案例入选全国城乡环境卫生整治优秀案例。厦门、三明、泉州顺利通过国家卫生城市复审。新增福建省卫生乡镇164个、卫生村1345个、卫生社区336个。创建各类健康细胞3229家。

（黄守勤　许秋丽　林晓倩）

医政管理

【概况】 2023年，福建省启动“全面提升医疗质量行动”，建立全面提升医疗质量行动、手术质量安全提升行动、患者安全专项行动联系单位，确定专项行动牵头单位，负责省、市、县各级联系单位的跟踪指导。建立省级质控中心56个、市级质控中心357个，50%以上的县域已建立院感、麻醉、药事、护理等专业质控组织。

【医药卫生体制改革】 2023年，福建省出台《福建省进一步完善医疗卫生服务体系实施方案》，提出实施人才强卫、优质医疗、公卫保障、中医药振兴、老龄健康、数字健康、三医协同等“七个工程”。推进公立医院改革发展，指导支持三明市实施国家公立医院改革与高质量发展示范项目，80%以上绩效指标提前达标。协同落实“药价保”集成改革，省级以上药品耗材集采增至517个药品和25类高值医用耗材；健全职工医保省级统筹调剂机制，统筹比例达到50%；推行收付费一体化改革，实现九市一区DRG/DIP改革全覆盖；实施54个中医病种收付费标准，探索中西医同病同效同价；药学服务收费政策扩大到全省所有三级公立医院。推动医改与健康福建建设相结合，全省疾控机构综合改革扩大到9个设区市，全民健康管理试点扩大到20个县（市、区）。

【行政审批制度改革】 2023年，福建省修订省行政许可事项清单，调整福建省下放（委托）行政审批服务事项情况，梳理卫健部门主管的行政许可事项35项。推进行政审批服务规范化、标准化，完成福建省审批服务事项标准化目录体系调整，省级审批服务事项由148项调整为125项。组织编制福建省涉及饮用水卫生安全产品许可规定实施细则，提高下放委托事项许可实施的可操作性。开展政务服务事项名称通俗化配置，累计完成118个高频审批服务事项216个通俗名称的配置。

【药政管理】 2023年，福建省持续推进全省生物医药产业高质量发展，制定文件就临床研究、医疗机构药事会召开频率、停用限用药品、畅通“政—医—企”沟通等对省内医疗机构提出具体要求。配合省工信厅等十一部门下发《关于进一步落实福建省加快生物医药产业高质量发展的实施方案若干措施的通知》，开展3次医疗机构与省内医药企业“手拉手”对接活动。组织省内医疗机构落实药学服务收费政策。

【卫生健康规划和重点项目建设】 2023年，福建省完成《福建省“十四五”卫生健康发展专项规划》等规划实施情况中期评估。“十四五”时期全省卫生健康发展22个主要指标中，有11个指标已完成规划目标。省卫生重点项目有序推进，福建医科大学附属协和医院西院二期、省立医院金山院区二期竣工，省立医院急危重症诊治提升工程进入扫尾阶段，省肿瘤医院肿瘤防治综合大楼进入基础施工阶段。

【住院医师规范化培训】 2023年，福建省完成全省住院医师规范化培训和助理全科医生培训结业考核工作，西医类别住院医师规范化培训首次结业专业理论考试通过率位居全国第八位，助理全科医生培训首次结业专业理论考试通过率位列全国第九位，中医住院医师规范化培训首次结业专业理论考试通过率位居全国第一位。分别招收住院医师规范化培训、助理全科医生培训学员1739人、371人，中医住院医师规范化培训、中医助理全科医生培训学员262人、28人。撤销1家培训基地和3个专业基地，组织国家级专家对18家培训基地进行现场评估，提升培训质量。

【人才队伍建设】 2023年，福建省出台《福建省“十四五”卫生健康人才发展实施意见》《福建省卫生管理专业技术人员职称评审实施意见》，将申报专业拓展到非医学院校的管理类。2023年，厦门大学夏宁绍教授当选中国工程院医学卫生学部院士，实现福建省卫生健康人才入选“两院”院士零的突破。申报1个全职欧洲科学院团队和2个优青、“万人计划”青年拔尖人才等领军人才团队。联合富闽基金选派69名中青年学科骨干赴国（境）外研修；选拔23名省卫生健康突出贡献专家；确认支持第三批10名中青年领军人才，引进12个高层次人才团队。累计认定省级高层次人才476名，其中A类12名。举办卫生专业技术资格考试，完成1.2万人护士执业资格考试、3.3万人卫生中初级考试；9383人通过卫生系列高级职称实践技能考试，6066人申报高级职称评审。

【继续医学教育】 2023年，福建省获批国家级继续医学教育项目523项、省级继续医学教育项目878项。临床药师培训、全科医生转岗培训、助理全科医生培训项目获中央财政资金绩效奖励。

（黄守勤　许秋丽　林晓倩）

基层医疗卫生

【基层医疗体系建设】 2023年，福建省委办公厅、省政府办公厅印发《关于进一步深化改革促进乡村医疗卫生体系健康发展的实施方案》，加强乡村医疗卫生体系建设。强化县域医共体运行监测分析，印发《2022年度紧密型县域医共体建设监测分析报告》，试行开展26个监测指标综合分析；县域“六大中心”覆盖率均达90%以上，为基层服务470余万人次。加快长汀综合试验区建设，5家乡镇卫生院按照二级医院标准开展县域医疗次中心建设，出台县管乡用、乡聘村用等管理办法，夯实“一乡一品”工程，探索形成契合长汀实际的分级诊疗模式、医养结合山区模式。

【基层医疗卫生服务】 2023年，福建省持续开展“优质服务基层行”活动，新增116家基层医疗卫生机构达到基本标准，新增72家达到推荐标准。新增创建社区医院52家。10561个村卫生室达到基本标准，累计达标率63.97%。出台15条基层卫生健康便民惠民举措，全省1000余所基层医疗卫生机构可提供上级医院专科门诊预约服务，并基本实现开具长处方、提供延时或增加门诊等服务。实施大学生乡村医生专项计划，落实基层人才建设“三个一批”项目，5711名乡村医生纳入“乡聘村用”管理。

【基层医疗服务能力】 2023年，福建省继续开展“优质服务基层行”。印发《福建省基层卫生健康便民惠民服务若干措施》，继续实施基层医疗卫生人才队伍建设“三个一批”项目，“公开招聘一批”累计为全省乡镇卫生院招聘大专层次以上医学毕业生1509人，“定向培养一批”累计为全省乡镇卫生院和一体化村卫生所培养1365人，“培训提升一批”累计为拟报考执业（助理）医师资格的在岗乡村医生和乡镇卫生院医生进行理论和临床实践技能专项培训4063人。

【基本公共卫生服务项目】 2023年，福建省下达省级（含中央）基本公共卫生服务补助资金38.27亿元，经费标准从人均84元提高至89元。开展2022年度12类原国家基本公共卫生服务项目实施效果省级监测，重点人群满意度93.5%。

【家庭医生签约和家庭病床服务】 2023年，福建省推进家庭医生签约服务由全科向专科拓展等“六个拓展”，10714个家庭医生团队27471名家庭医生参与签约服务，常住人口签约率50.67%，重点人群签约率83.38%。在全省县（市、区）推广家庭病床服务，372家医疗卫生机构4638名医务人员参与家庭病床服务，申请建床数7163个，实际建床数4833个。

【对口支持】 2023年，福建省继续开展“深化整治边远地区和特殊人群‘看病难’问题”，8家省市级三级医院对口帮扶25个薄弱县医院，从县级及以上医院抽调2600余名中高级职称医师下基层服务，诊疗患者24万余人次；“移动医院”巡诊走进漳州和南平，为老区苏区群众提供诊疗服务4500人次。新增“整治肿瘤基因检测不规范问题”项目，全省开展肿瘤诊疗的三级公立医院按照整治要求制定完善本单位肿瘤基因检测（外送）管理办法。

【福州市医改】 2023年，福州市建立常态化卫健医保联席会议制度，将深化医改工作纳入市委市政府重点工作任务，实行每月一通报。实施集团化办医改革，横向整合8家市属公立医院，组建相当正处级规格的市第一、第二总医院；提档升级县域医共体，组建13家县级总医院，分别纳入1家由市属公立医院牵头的医联体网格；将县区级医院和基层医疗卫生机构建设提升列入为民办实事项目，全市二级及以上公立医院分片包干，与基层共建20余个联合病房，2023年县域内住院量占比较2022年提高3.5个百分点。

（黄守勤　许秋丽　林晓倩）

疾病防控

【概况】 2023年，福建省落实新冠病毒感染“乙类乙管”总体方案和国家第十版防控方案。从1月8日起，对新冠病毒感染者不再实行隔离措施，不再判定密切接触者；不再划定高低风险区；检测策略调整为“愿检尽检”；及时调整疫情监测、报告和对外发布等工作；不再对入境人员和货物等采取检疫传染病管理措施；对新冠病毒感染者实施分级分类收治，调整医疗保障政策。

【医疗救治】 2023年，福建省财政配套专项资金，改造建成重症救治床位11298张，全省二级及以上医院及所有的基层医疗卫生机构设置发热门诊（诊室）1492家。全省新冠疫情感染率、在院重症患者达峰时间均较全国高峰推迟1周。转段期间重症床位使用率稳定在88%左右。2月13日，全省在院治疗的新冠病毒感染重症患者全部清零。

【重症救治】 2023年，福建省建立全省统一的远程会诊指导平台，自3月20日起，组织省级呼吸、重症、护理专家，对市县两级公立综合医院重症救治能力进行实地调研，指导各地做好重症救治工作。3—5月举办全省重症救治技能竞赛，为基层培养1000余名重症医师、6000余名重症护士。

【监测预警】 2023年，福建省落实海关输入性变异株监测，在福州、厦门等口岸城市开展入境航空器及城市污水监测，及时发现重点关注变异株；继续发挥全省18家哨点医院、381个二级综合性医院发热门诊、1107个基层卫生医疗机构诊室哨点监测作用，实施本土疫情监测；紧盯重要时节，定期分析研判疫情形势，及时发现疫情苗头、发出预警信息，快速有效处置。

【新冠病毒疫苗接种】 截至2023年底，福建省累计接种10442.99万人次，全人群第一剂接种3992.21万人，接种覆盖率96.11%；完成全程接种3921.55万人，全程接种率94.40%；第一剂次加强免疫接种2530.04万人，第二剂次加强免疫接种 72.61 万人。

【厦门市监测预警体系建设】 2023 年，厦门市根据新形势下传染病监测预警工作需求，及时调整一体化平台的开发重点，构建呼吸道疾病症候群监测平台、监测预警分析和决策支撑平台，建立以城市污水监测、病毒变异和血清学动态监测为主的多维度监测预警体系，汇聚地铁 BRT 人流量信息、发热门诊信息、人群血清抗体检测、污水监测结果等数据，为疾病监测预警和分析研判提供全方位数据支持。2022 年 12 月 25 日，启动城乡生活污水监测，建立覆盖全市 6 个区的生活污水监测网络、国际/港澳台入厦飞机污水监测网络。2023 年 3 月，在原有的 2 家国家级哨点医院基础上，新增 6 家市级哨点医院，监测点覆盖全市所有辖区。加入口岸城市传染病监测预警联盟，联合海关修订《厦门市口岸公共卫生合作机制》，将口岸疫情防控融入“大卫生”体系。固化“三公一大”（指公安、公卫、工信、大数据部门）在流调溯源工作中的协同机制。2023 年，联合处置猴痘、输入登革热等传染病疫情 31 起，厦门市未发生本土登革热疫情。

【福建省疾病预防控制局、中医药管理局正式挂牌】 2023 年 5 月 24 日，福建省疾病预防控制局、中医药管理局揭牌仪式在省卫生健康委举行。

（黄守勤　许秋丽　林晓倩）

居民健康保健

【概况】 2023 年，福建省出台《福建省加速消除宫颈癌行动计划实施方案（2023—2030 年）》《福建省消除艾滋病、梅毒和乙肝母婴传播行动计划实施方案（2023—2025 年）》《福建省出生缺陷防治能力提升计划实施方案（2023—2027 年）》等政策文件。实施母婴安全行动提升计划和健康儿童提升计划，严格落实母婴安全五项制度，开展危重孕产妇和新生儿救治体系评估工作。完成 8 项妇幼公共卫生服务项目，覆盖 200 余万人次。全省孕产妇系统管理率、儿童健康管理率、0～6 岁儿童眼保健和视力检查率均保持在 90%以上，新生儿遗传代谢性疾病和先天性心脏病筛查率均超过 95%。开展 2023 年全省妇幼健康职业技能竞赛。

【老龄健康】 2023 年，福建省开展老年健康宣传周活动。在 21 个社区（村居）开展老年心理关爱行动。在 9 个县（市、区）、1 个乡镇组织老年营养改善行动试点。筹划阿尔茨海默病防治促进行动，开展前期调研、组织专家论证、编写技术方案、调试软件系统。持续开展为失能老年人提供健康评估与健康服务项目，为 13325 名失能老年人提供健康评估，为 12669 名失能老年人提供至少一次的健康服务。继续在福建省立医院、福建医科大学附属第一医院等 5 个基地举办全国老年医学人才培训班，完成 116 名学员的培训任务。推进老年医学科建设，全省二级及以上公立综合医院设置老年医学科比例提高至 85.8%。推进医养结合发展，龙岩市长汀县、漳州市芗城区、泉州市晋江市入选第一批全国医养结合示范县（市、区），福州市社会福利院、厦门莲花爱心护理院入选全国医养结合示范机构。组织全省医养从业人员约 1600 人参加全国医养结合工作网络培训班、全国老年医学人才培训等。在全省 9 个县（区）、1 个乡镇开展为 65 岁及以上老年人提供医养结合服务项目试点工作。省内 30 家医疗机构组成省安宁疗护专科联盟。

【职业健康】 2023 年 2 月，福建省在全国率先出台政策，将无责任主体尘肺病患者纳入全省城乡居民医保门诊特殊病种报销范围。9 月，制定《规范尘肺病临床诊断的指导意见》，无责任主体尘肺病患者身份认定实行承诺制（无需提供职业史、危害接触史等材料），凭尘肺病临床诊断疾病证明书即可向医保部门申请特殊门诊待遇。建立疑似职业病立体化新格局，对疑似职业病进入诊断程序实行“双报告”“双提醒”管理，全省疑似职业病患者进入诊断程序比例提高至 55.37%。加强职业病危害治理，省重点职业病监测覆盖所有县（区），主动监测 17 个县（区）6800 余人；9 个行业重点人群职业健康素养干预 231 家企业 1 万余名劳动者；工作场所职业病危害因素监测企业 2200 多家；对 114 家医疗机构放射诊疗设备开展检测，对 70 家非医疗用人单位放射性危害因素开展监测；完成 19 万余家企业职业病危害因素核查确认，将超标的 5692 家纳入专项治理，完成治理 3592 家，占比 63.1%。开展第 21 个《中华人民共和国职业病防治法》宣传周活动，推进职业健康保护行动，新增 44 家健康企业，选树“职业健康达人”276 人，7 家企业被评为全国健康企业建设优秀案例，1 人被评为全国“职业健康达人”。

【重点人群健康服务供给】 2023 年，福建省建设完善“云上妇幼”远程医疗服务平台，组织实施母婴安全和健康儿童行动提升计划，试点开展危重孕产妇、新生儿救治体系评估和新生儿安全项目。推行紧邻婚姻登记场所设置婚孕前保健门诊。厦门市获评第一批全国婴幼儿照护服务示范城市。全省二级及以上公立综合医院老年医学科设置比例提升至 85.8%。开展老年营养改善、心理关爱、口腔健康等行动。成立省安宁疗护专科联盟，构建终末期患者“医院—社区—家庭”三级联动模式。龙岩市入选第三批全国安宁疗护试点市。在全国范围内率先将尘肺病纳入城乡居民医保门诊特殊病种报销范围。完成职业病危害专项治理企业 3592 家，创建健康企业 138 家。

（黄守勤　许秋丽　林晓倩）

计划生育服务

【人口监测与家庭发展】 2023 年，福建省推进医育融合，组建婴幼儿照护服务专家库，建立福建托育登记服务制度。制定发布《托育服务导则》地方标准。实施幼儿园托班备案改革，鼓励支持有条件的幼儿园开设托班。在20所高职院校、96所中职学校开设婴幼儿照护相关专业。全省托育服务机构3152家，托位数15.8万个，千人口托位数3.76个。厦门、漳州在全省率先实施入托补助政策，对已备案且实行普惠的托育机构给予每人每月200～600元补助。

【计划生育家庭扶助关怀】 2023年，福建省继续实施现行各项奖励扶助制度和优惠政策。落实重特大疾病医疗保险和救助制度，对包括计生特殊家庭成员在内的对象全额资助参加城乡居民基本医保，并开展多种形式的医疗救助。深入推进计生特殊家庭“暖心行动”，新增9个省级以上“暖心家园”“心理慰藉援助中心”项目点。

【漳州市健全生育支持政策体系】 2023年，漳州市制定出台《漳州市优化生育政策促进人口长期均衡发展实施方案》《漳州市关于进一步完善和落实积极生育支持的若干措施》等系列文件，对符合政策生育二孩及三孩的漳州市户籍家庭，分别给予5000元、1万元的生育补贴。减轻产妇分娩医疗费用负担，人均医保报销比例高达81.56%。符合政策生育二孩及以上的家庭申请使用住房公积金贷款的，其最高可贷款额度在现行政策基础上另加5万元；符合相关条件购买新建商品住房的，户口所在地财政给予一次性2万元/套的购房补贴。建成优生优育指导中心12个、“亲子小屋”108个、“妈妈小屋”195家，建立孕产妇定期回访制度，计生小组长转型赋能为健康网格员，构建亲子活动、入户访视指导等联动宣传服务体系。截至年底，全市托育服务机构467家，可提供托位2.06万个，千人口托位4.07个。

（黄守勤　许秋丽　林晓倩）

中医药事业

【机构改革】 2023年5月，福建省人民政府任命福建省卫健委党组书记、主任杨闽红兼任省中医药管理局局长。福建省中医药管理局正式挂牌。

【中医药重点项目建设】 2023年，福建省推进4所国家中医特色重点医院项目建设，省立医院、省妇幼保健院列入国家中西医协同“旗舰”医院试点建设项目。8个学科入选国家中医药管理局高水平中医药重点学科建设项目。加快国家中医药传承创新中心、国家中医疫病防治基地项目建设。

【中医药服务能力】 2023年，福建省在厦门、泉州市分别遴选12个中药制剂品种开展区域调剂使用试点。支持12所县级中医医院开展“两专科一中心”（每家县级中医医院建设2个中医特色优势专科和1个县域中医药适宜技术推广中心）建设，支持11家中医医院开展共享中药房及中药配送服务试点项目建设。开展糖尿病“三师共管”中西医协同诊疗模式试点申报工作。

【中医药人才培养】 2023年，福建省公布第三届省名中医30名。开展全国第七批，省第四批、第二批基层老中医药专家师承带徒工作年度考核。7个全国名老中医药专家传承工作室、2个基层名老中医药专家传承工作室、22个省中医学术流派传承工作室建设项目验收合格。11人在省“西学中”骨干人才结业考核合格。

【中医药文化传播】 2023年，福建省举办全省首届中医药文化周活动、首届全省中医药文化书法展、全省中医师中药传统技能大赛和全省中医药针灸推拿适宜技术大赛。推进中医药文化进校园，遴选2批共48所中医药文化教育试点学校，编印《中医药文化教育（中学版）》读本。支持福建省中医药文化宣传资源平台运维，建成省级基地和建设单位共56个，培训科普讲师超过500名。挖掘闽医学派文化精华，编印《福建中医药抗疫纪实》，实施省级中医药古籍数字图书馆建设项目。

【中医药合作交流】 2023年，福建省支持平潭海峡医药健康产业园建设，推动在平潭综合实验区举办第十四届闽台中医药学术论坛。支持厦门举办2023海峡两岸中医药发展与合作研讨会，在漳州举办海丝国际中医药文化论坛暨产业发展大会。10月25日，闽澳合作会议第四次会议在福州举行，省卫生健康委与澳门特区政府卫生局签署《闽澳医疗卫生交流合作备忘录》。深化与共建“一带一路”国家与地区在中医药领域的交流合作，支持中医药海外中心建设。

（黄守勤　许秋丽　林晓倩）

编辑：郑　菜

体育

综　述

【概况】　2023年，福建省围绕打造全民健身公共服务体系“示范地”、高水平竞技体育人才“聚集地”、体育产业创新发展“新高地”、海峡两岸融合发展“先行地”等“四个阵地”规划，坚持以人民为中心的幸福理念，努力实现福建省体育事业再上新台阶。福建省颁布实施《福建省全民健身条例》《福建省全民健身实施计划（2021—2025年）》等一系列政策文件，进一步完善全民健身顶层设计。2023年，省体育局以全民健身运动会——“运动健身进万家”系列活动为抓手，广泛开展全民健身赛事活动，着力构建更高水平的全民健身公共服务体系。建设福道、举办全国和美乡村篮球大赛（村BA）、学校设置教练员岗位、打造马拉松和自行车联赛等4项工作被全国推广。

【全民健身场地设施建设】　2023年，福建省以列入省委省政府为民办实事项目的全民健身场地设施建设为重点，在全省新建20个智慧体育公园、30个游泳池和23个多功能运动场，推动新增300所学校体育场馆对外开放。

【全民健身运动会】　2023年10月14日，由福建省体育局、宁德市人民政府主办的“传承红色基因·弘扬闽东之光”2023年福建省第三届红色运动会在宁德启动。福建省各设区市及平潭综合实验区代表团、省体育局各处室负责人等共400余人参加本次运动会。福建省开展“运动健身进万家”系列活动，广泛开展全民健身赛事活动，着力构建更高水平的全民健身公共服务体系。

（钟源悦）

群众体育

【概况】　2023年，福建省连续22年将全民健身场地设施建设纳入省委省政府为民办实事项目，安排省级资金9320万元，带动各级投资超过3亿元，全省新建体育公园、多功能运动场等群众身边的全民健身场地设施1140个，健身步道突破1万千米。

【体育助力乡村振兴】　2023年，福建省体育局会同省教育厅，新增300所学校向社会开放体育场地，群众身边的全民健身场地设施供给更加丰富。在全省上下广泛开展全民健身赛事活动，举办各类全民健身赛事活动超5000场，参与人次超600万。

【2023年福建省全民健身运动会（宁德赛区），中国霞浦休闲海钓大赛总决赛】　2023年6月9日，2023年福建省全民健身运动会（宁德赛区），中国霞浦休闲海钓大赛总决赛在霞浦开赛。来自海峡两岸及港澳地区共156名选手参加本次大赛。本次比赛由中国澳门户外休闲体育总会、福建省渔业行业协会、宁德市体育局、霞浦县人民政府、中国休闲垂钓协会海洋牧场钓场建设分会、中国休闲垂钓协会矶钓分会联合主办，霞浦县文体和旅游局、霞浦县三沙镇人民政府、霞浦县海岛乡人民政府共同承办。

【2023年福建省全民健身运动会（宁德赛区）登山赛】　2023年11月12日，2023年福建省全民健身运动会（宁德赛区）登山赛暨第七届“安利”杯登山公开赛在宁德市中心城区开赛。3000名登山运动员参赛。本次赛事由宁德市全民健身领导小组主办，宁德市体育局、宁德市体育总会、宁德市总工会、共青团宁德市委员会、蕉城区人民政府、东侨经济技术开发区管委会承办，宁德市登山协会、蕉城区文体和旅游局、东侨经济技术开发区社会事务局执行。来自四川的史叶约堵、漳州的沈滨亮、厦门的陈志胜分别获得男子组前三名；来自福州的吴小梅、宁德的纪小敏、福安的林丽平分别获得女子组前三名。（钟源悦）

竞技体育

【概况】　2023年，福建省在杭州第19届亚运会上，共有39名运动员参加14个大项41个小项比赛，其中42人次获得25枚金牌、17人次获得8枚银牌、5

人次获得 5 枚铜牌，打破 3 项亚运会纪录，金牌总数超历史最好成绩 8 枚，获金牌人次位列全国第二，创福建参加亚运会历史最好成绩。参加第一届全国学生（青年）运动会，共获得公开组 33 金 29 银 31 铜，全国排名第五，福州和厦门代表团均进入全国前十。开展优秀运动员、教练员输送工作，共有 92 名运动员、27 名教练员、16 名科医保障人员在国家队备战训练。全年，除亚运会以外，福建运动健儿还在国际国内大赛上获得 71 金、52 银、39 铜的成绩。

【青少年体育】 2023 年，福建省重点加强青少年体育工作，深化体教融合，重点挖掘培育福建体育文化，在全国率先出台《福建省学校设置教练员岗位的实施办法》，并在“增编、设岗、直聘、带薪实习”等 4 个方面进行创新，夯实“从娃娃抓起”的后备人才基础。加强运动员文化和综合素质教育，开办集中教学点，出台《运动员文化教育管理考核办法》，确保全年文化学习时间不少于 300 学时。创新后备人才培养机制，探索开展运动项目试点特色县（市、区）创建工作，着力构建省、市、县齐抓共管后备人才的管理体制。全年举办省级青少年体育赛事 73 场，开展“奔跑吧·少年”儿童青少年主题健身活动 3000 场，约 63 万人次参与，新周期共 30 所学校、俱乐部和单位获评“国家高水平体育后备人才基地”，青少年运动员注册人数达 5.2 万，增长 13%。

【2023 年福建省“运动健身进万家”系列赛事活动——梦跃小勇士体能障碍挑战赛】 2023 年 7 月 9 日，2023 年福建省“运动健身进万家”系列赛事活动——梦跃小勇士体能障碍挑战赛在福州市晋安区宦溪镇南洋村开赛。本次赛事以“锻炼健康体魄　铸造体育强国”为主题，共吸引省内 300 余名青少年报名参赛。赛事结合了青少年体能特点，科学设计赛道，将趣味性、竞技性相结合，共设置了猛龙过江、轮胎阵地、四尺墙、大力水手等 33 个关卡，赛道全长约 3 千米。（钟源悦）

体育产业

【概况】 2023 年，福建省为了发挥好体育在扩内需、稳经济、促消费、激活力方面的作用，提振体育消费，不断满足人民群众对体育产品和服务的需求，省体育局加大重点运动项目产业化，探索打造马拉松和自行车全省性联赛以及羽毛球、越野、帆船等运动项目本土赛事 IP，推动赛事经济发展。以厦门马拉松、CBA 全明星周末、中华龙舟赛等六大品牌赛事为龙头，带动全省开展各类品牌赛事超过 400 项，配套举办体育促消费活动超过 20 场，各类赛事参与人数超过 260 万人次，拉动消费近 50 亿元。成功举办第 40 届体博会、首届国际篮博会等 7 场大型会展活动，参与人次超过 15 万，签约项目 24 个，总投资达 22 亿元。

【福建省路跑产业博览会】 2023 年 3 月 30 日至 4 月 1 日，福建省路跑产业博览会在厦门举行，展会涵盖福建省优秀体育企业、跑步赛事运营机构、赛事服务机构、跑步装备、智能体育、体育文创、健身康养、体育旅游、体育传媒、马拉松赛赞助商等主题展区，为跑步爱好者带来一场全新的体育嘉年华。

【体彩销量】 2023 年，福建省体育彩票销售总额达 142.79 亿元，比上年增长 37.95%；筹集体彩公益金 36.7 亿元，增长 30.23%；为社会提供就业岗位近 2 万个。2023 年，全省体育消费总规模达 957 亿元，增长 7.6%，人均体育消费达 2286.28 元。（钟源悦）

体育赛事和交流

【2023 年海峡两岸体育嘉年华暨海峡两岸青少年棒球冠军赛】 2023 年 8 月 20 日，海峡两岸体育嘉年华暨海峡两岸青少年棒球冠军赛开幕式在福建平潭举行。此次嘉年华活动涵盖了棒球、武术、舞龙舞狮、“三大球”、帆船等 28 个体育项目，涉及福建与台湾 30 项海峡两岸品牌体育交流赛事活动，着力完善增进体育的交流作用，用体育架好海峡两岸“连心桥”。

【U18 女子垒球亚洲杯】 2023 年 9 月 3 日，“2023 年 U18 女子垒球亚洲杯”在平潭圆满收官，日本队、中国台北队分获冠亚军，中国队则战胜菲律宾队斩获季军，获得前三名的队伍将共同代表亚洲征战 2024 年 U18 女子垒球世界杯。当天，亚洲垒球联合会、中国垒球协会、福建省体育局以及平潭综合实验区管委会共同签署了战略合作备忘录，并授牌亚洲垒球竞赛训练基地。

【“海洋之星杯”青少年帆船赛】 2023 年 11 月 12 日，中国帆船帆板运动协会小水手积分榜认证银牌赛事——第三届“海洋之星杯”青少年帆船赛，在厦门市五缘湾海域落幕，东道主厦门顽石青少年航海俱乐部的小水手夺走全部 12 枚金牌中的 8 枚，来自台南亚果西门帆船队的选手收获 3 金，广州云帆俱乐部获得 1 金。

【中国击剑俱乐部联赛总决赛】 2023 年 11 月 24 日，2023“珠江文体杯”中国击剑俱乐部联赛全国赛总决赛在晋江市举行。本次比赛设置个人赛和团体赛。其中，个人赛设有 U10、U12、U14、U16、17+、老将组、公开组等年龄组，团体赛设有 U10、U12、U14、U16 等年龄组。剑种设置包括女子花剑、重剑、佩剑，男子花剑、重剑、佩剑。来自全国各地近 2000 人参赛。（钟源悦）

编辑：郑　菉

2024 福建年鉴 FUJIAN YEARBOOK

社会生活

劳动就业管理

【概况】 2023年，福建省城镇新增就业53.49万人，完成年度任务的106.98%；城镇调查失业率全年均值4.8%，控制在5.5%目标以内，低于全国平均水平；失业人员再就业15.42万人，完成年度任务的154.2%；就业困难人员实现就业3.71万人，完成年度任务的154.58%。

【就业创业支持】 2023年，福建省构建动态调整的用工政策体系，出台《关于实施2023年春节期间稳工稳产促就业七条措施的通知》《促进2023年高校毕业生等青年就业创业十条措施》等一揽子稳就业政策，创新实施新增岗位补贴、毕业生就业岗位补贴等政策，吸引农民工来闽就业，引导毕业生早就业、到中小微企业就业。全年累计释放政策红利90.27亿元。线上线下常态化举办各类招聘会，保障企业生产用工需求，2023年，全省共举办各类招聘活动4841场，提供岗位216.65万个，达成就业意向23.31万人次。建立重点企业用工服务保障机制，开展“春暖农民工”服务行动，返岗复工“点对点”服务，组织包机包列包车338趟，运输1.55万名务工人员返闽返岗。

【高校毕业生就业创业】 2023年，福建省实施高校毕业生就业创业推进计划，组织开展“书记市长送岗留才进校园”活动和人社局长拓岗行动，为毕业生发掘就业岗位78061个。引导鼓励毕业生面向基层就业，省级、市级“三支一扶”（大学生在毕业后到农村基层从事支教、支农、支医和扶贫等工作）计划招募派遣毕业生1071人、427人，志愿服务欠发达地区计划和服务社区计划各招募派遣300人。加强毕业生就业公共服务，搭建供需对接平台，归集发布就业岗位信息84319条，举办各类线上线下招聘活动3846场次；为离校未就业毕业生提供“1311”（为有需求的劳动者提供1次政策宣传、3次岗位推荐、1次职业指导与1次职业技能培训）就业服务，对困难毕业生实行“双向包干制”“就业红娘”结对帮扶，实名登记2023届离校未就业高校毕业生104399人，实现就业104069人，登记困难毕业生3815人，实现就业3803人；指导各地、各高校为毕业生提供短期免费住宿或住宿补贴，5220名离校未就业毕业生享受免费住宿至8月底。实施就业见习岗位募集计划，共组织6965名毕业生参加就业见习。

【职业技能培训】 2023年，福建省累计开展补贴性职业技能培训约45.62万人次，完成目标任务的114.05%，其中农民工19.97万人次。结合先进制造业和现代服务业发展需要，探索建立“揭榜挂帅”机制，创新出台培训后实现就业奖励政策，省级共遴选15个重点培训项目、39个工种、40家优质培训单位开展重点项目培训；遴选149个适岗培训工种、3家优质培训单位开展重点群体培训。

就业管理服务。推动全省零工市场建设，建立福建省零工市场数据库，推动全省零工市场的信息归集、挂牌。至年底，全省建成零工线上服务平台12个，线下零工市场（驿站）523个，覆盖省内71个县（市、区）及开发区。组织参加第二届全国人力资源服务业发展大会，福建省参赛项目获得全国三等奖。《福建省人力资源市场条例》已列入省政府2023年度立法工作计划的地方性法规“提请审议项目”。

【脱贫攻坚成果巩固】 2023年，福建省依托脱贫人员实名数据库及动态监测平台，落实“动态清零”工作机制，持续跟踪脱贫人员就业情况，全年全省劳动年龄段内有劳动能力的脱贫人口实现就业16.97万人，培训6.96万人，公益性岗位安置1.07万人。与贵州省毕节市、云南省保山市、云南省楚雄州、河南省洛阳市、贵州省黔南州、湖北省十堰市等六地新建立劳务协作对接机制，组织人社部门及重点企业赴以上省份开展劳务（校企）对接活动7场，新签订劳务协议59份；签订省际劳务协议增至363份，覆盖18个合作省份，全年拨付劳务协作工作经费80万元。完善“省际劳务协作对接服务平台”，建立68万名中西部脱贫人口到闽就业实名台账，发放跨省就业补助资金10412.84万元，覆盖中西部脱贫人口12.96万人，涉及企业2.98万家。挂钩帮扶顺昌县乡村振兴工作入选2023年人社部乡村振兴品牌建设行动典型案例。

【劳务品牌建设】 2023年，福建省开展“一县一品”劳务品牌培育工作，建立“品牌+培训”机制，扶持培育“闽字号”劳务品牌。至年底，全省共有劳务品牌103家，总体就业规模达到141万人以上，其中23家劳务品牌带动就业规模在万人以上。参加全国劳务协作暨劳务品牌发展大会，“仙作劳务”作为福建省劳务品牌代表参展，“长汀河田鸡馆”获评“2023年脱贫地区特色劳务品牌”，1人获评“全国特色劳务品牌形象代言人”，6人获评“全国新星劳务品牌形象代言人”。全省3家家政企业入选2023年全国家政劳务品牌典型案例。 （郑婉菁）

劳动关系

【和谐劳动关系创建】 2023年，福建省深入实施劳动关系“和谐同行”能力提升三年行动。行动实施以来，全省培育和谐企业947家；分别服务指导新办企业和重点企业11886家、2960家；选树省级金牌协调劳动关系社会组织19家，金牌劳动关系协调员224名。推出“创新驱动典型示范引领，构建八闽和谐劳动关系”系列访谈，营造和谐劳动关系的良好社会氛围。开展劳动用工“查风险、强协商、保支付、促和谐”专项行动。牵头组织多部门建立维护新就业形态劳动者劳动保障权益八项工作机制，持续推进新就业形态劳动者权益保障工作。

【劳动人事争议调解仲裁】 2023年，福建省各级劳动人事争议调解仲裁机构共处理争议案件7.26万件，涉及劳动者8.43万人，涉案金额24.07亿元；调解成功率67.6%、仲裁结案率96.8%。省人社厅等九部门转发人力资源社会保障部等九部门《关于进一步加强劳动人事争议协商调解工作的意见》并提出贯彻意见；会同省总工会、省工商联、省企联联合开展基层劳动人事争议调解组织建设行动；会同共青团福建省委员会联合建立青年仲裁员志愿者联系企业活动常态化长效化工作机制。推动“仲裁+X”一站式调裁服务模式，推进“总对总”在线诉调对接工作；创新打造“人社局长调解工作室”“乡镇书记调解工作室”等调解工作品牌，2021年至2023年全省12家调解组织作为工作突出的全国基层调解组织。开展农民工工资争议速裁庭建设专项行动，会同省高院联合发布9件劳动争议典型案例，推进自贸试验区仲裁机构“阳光仲裁”，创新调解仲裁与就业帮扶协作等工作机制。持续推进调解仲裁信息化建设。应用全国劳动人事争议在线调解服务平台、福建省智慧调解仲裁信息管理系统提供线上调解仲裁服务；开展调解仲裁数字化提升行动，《仲裁庭数字化建设规范》在全国率先申报省级地方标准，全省建成省级标准化数字仲裁庭8个。福建省调解仲裁信息化建设获省直综合管理类改革创新项目评比第一名，并入选工信部2023年信息技术应用创新应用示范案例。

【劳动保障监察】 2023年，福建省全面落实《保障农民工工资支付条例》，相继出台建筑工人实名制管理、工资专用账户、工资保证金等相关制度，创新建立“甲指分包”项目欠薪治理机制、全域网格化监管机制、根治欠薪约谈制度等系列制度机制，不断健全根治欠薪全链条防控体系；建设推广覆盖省市县三级、横跨多部门的劳动监测预警大数据平台，动态监控全省工程项目，自动研判预警欠薪风险隐患，实现工资支付智慧化监管；在全国率先开通“96333”欠薪投诉专线，持续畅通维权渠道，组织开展劳动保障领域突出违法行为专项执法行动，春节前欠薪全面清零。欠薪举报投诉案件按期结案率保持100%，未因欠薪引发群体性事件和重大负面舆情。2023年，全省各级劳动保障监察机构共检查用人单位11133户，办结劳动保障违法案件22454件，为37872名劳动者追发工资等待遇3.99亿元。在国务院保障农民工工资支付工作考核中，福建省连续四年位列全国第一方阵。

【劳动能力鉴定】 2023年，福建省印发《关于加强劳动能力鉴定管理的通知》，规范劳动能力鉴定管理工作，完成劳动能力鉴定34030人。其中，因工伤残鉴定33397人；因病或非因工鉴定633人；省级再次鉴定完成1735人，改变市级等级349人，改变率20.12%。组织省级专家开展“就近鉴定”便民服务7场次、“上门鉴定”便民服务6人次，服务100多名工伤（病）职工。

【劳动工资】 2023年，福建省深入实施城镇职工、农民、困难群体、高端人才“四大群体”增收计划，多渠道促进居民增收。全年全省居民人均可支配收入45426元，居全国第七位，比上年增长5.4%，增速居全国第26位，比同期地区生产总值增速高出0.9个百分点。农村居民人均可支配收入增速快于同期城镇居民收入增速2.6个百分点。城乡居民收入比由上年的2.15：1缩小为2.1：1。推进国有企业负责人薪酬制度改革和工资决定机制改革，牵头开展新一轮省管企业负责人薪酬管理及考核办法修订工作。健全薪酬调查和信息发布制度，对全省8968户企业开展薪酬调查，涉及劳动者92万余人，向社会公布2022年企业薪酬调查信息。发布2023年全省企业工资指导线和省属企业工资指导线（全省企业工资指导线基准线为7%、下线为3%），为政府制定收入分配政策提供数据支撑。 （郑婉菁）

人力资源管理

【人才引进与培养】 2023年，福建省遴选第四批省“雏鹰计划”青年拔尖人才47名，完成第二批人选中期考核评估。至年底，全省共遴选“雏鹰计划”青年拔尖人才196名。选拔政府特殊津贴人员71名（其中专业技术人才53名、高技能人才18名）、百千万人才工程省级人选50名。新设立博士后科研流动站14家、工作站10家、博士后创新实践基地86家。落实国家博士后工作站动态调整要求，加大博士后的招收引进力度，全年进站478人，比上年增长25.8%。下发2023年度全省在闽“两院”院士及百千万人才工程国家级人选科研补助经费共计490.8万元。组织国家级和省级高层次人才和青年优秀人才近100人参加福建省高级专家国情省情研修班、红船研修班；组织省级高层次人才代表50人参加福建省省级高层次人才提升创新创业能力高级研修班。

人才智力引进。出台《福建省“四大经济”省级高层次人才认定工作若干问题回答口径（一）》《福建省2023—2024年度紧缺急需人才引进指导目录》等人才政策。全年全省新增省级高层次人才（含引进人才及现有人才）2414人，工科青年人才支持对象4229人，从省外引进各类紧缺急需高层次人才660人。依托“人才福建周”活动，征集企事业单位岗位需求8600多个，组团赴省外开展人才招聘活动，双向对接人才需求1.1万余个。举办第二届“师带徒”引凤项目大赛，意向落地人才项目63项；举办“师带徒”人才项目“揭榜挂帅”赶集日活动9场，现场路演并揭榜签约人才项目25个。实施“海外优秀青年人才来闽学术交流项目”，常态化接收海外人才简历，全年共收到500余份简历，邀请300余名海外优秀青年人才来闽学术交流，达成落地意向近百项，引进10余名海外优秀青年人才到闽创新创业。

【人才服务】 2023年，福建省推进专家服务基地建设。连城农民创业园管委会被确定为第九批“国家级专家服务基地”，获20万元建设经费支持。调整优化专家服务基地认定评估工作，遴选新增省级专家服务基地9家，给予经费补助共27万元。发放高层次人才生活津贴6481人次、6704.15万元，发放国务院政府特殊津贴1201人次、423.06万元。举办专家休假活动3期，有各类专家及家属92人参加。推动全省各地创建各具特色的“人才驿站”，累计达857家。配合省委人才办，建立“重点联系专家”服务保障工作机制，梳理“逐人逐策”工作台账。

【专家基层帮扶活动】 2023年，福建省开展“智惠八闽”专家服务乡村振兴专项行动，组织6批45人次专家深入基层一线开展帮扶活动。开展“海归英才八闽行”留学回国专家服务基层活动，组织4批39名留学回国专家深入全省20个乡村助力乡村振兴。组织京、沪医疗专家共6批、146人次，赴泉州、三明、龙岩、漳州等省内基层医院开展义诊、教学查房、疑难病例会诊等，累计与181名青年医生结成“师徒”对子，建立名医工作室11个。开展对口帮扶活动，组织12名专家赴宁夏开展闽宁协作福建专家对口支援宁夏同心县活动，承接宁夏14名专家赴福建学习交流活动。

【技能人才队伍建设】 2023年，福建省共组织25.22万人次参加职业技能鉴定及技能等级认定，获证人数18.42万人次，其中国家职业资格或职业技能等级三级（高级工）以上取证58540人次，其中：高级工53327人次、技师3418人次、高级技师1795人次；全省共有12.2万人次参加专项职业能力考核，10.24万人次取得专项职业能力考核证书。全省新增20家企业、32家职业院校（技工院校）、18家社会培训评价组织为职业技能等级认定单位；至年底累计备案职业技能等级评价机构314家，其中用人单位101家、各类院校143家、社会培训评价组织70家。有101名台湾同胞通过考试或直接采认台湾地区职业技能资格取得相应职业技能等级证书。发布第三批直接采认台湾地区职业技能资格范围目录，直接采认职业技能资格项目由34个扩大到50个。开展全省机关事业单位工勤人员岗位考核工作，有397人取得初级工证书、691人取得中级工证书、645人取得高级工证书、349人取得技师证书、50人取得高级技师资格，获证人数合计2132人。

高技能人才队伍建设。全省新增国家级高技能人才培训基地5家，总数达43家（次）；新增国家级技能大师工作室5家，总数达44家；新增省级技能大师工作室60个，总数达725个；新增全国技术能手19名。

2023年7月31日至8月1日，宁夏回族自治区留学人员和专家服务中心、福建省院士专家工作中心、同心县人社局共同举办了“闽宁协作福建专家对口支援宁夏同心县活动”。图为福建专家指导肉牛饲养技术　　（省人社厅）

2023 年 6 月 11—30 日，福建省人力资源和社会保障厅主办第二届全国技能大赛（国赛项目）福建省选拔赛。图为选拔赛现场　　（省人社厅）

职业技能竞赛。全省组织开展省级职业技能竞赛 35 场次 85 个项目。举办第二届全国技能大赛（国赛项目）福建省选拔赛，推选 140 名选手参加第二届全国技能大赛，共有 45 个项目 57 名选手获奖，获奖项目数和选手人数比上一届增长 46%，福建代表团获“优秀组织奖”。组建 58 个第 47 届世界技能大赛福建集训基地，获批 6 个第 47 届世界技能大赛国家级集训基地，授予 157 名优秀选手“福建省技术能手”称号。

技工教育。至 2023 年底，全省共有技工院校 72 所。2023 年全省技工院校招生 6.54 万人，在校生 14.22 万人；毕业生 3.2 万人，就业率达 98%。选送 10 名技工院校教师参加第三届全国技工院校教师职业能力大赛，获 1 金 6 银 3 铜，教师职业能力排名跻身全国前十，省人社厅获得优秀组织奖。2023 年 12 月，福建省技工教育联盟正式成立。

【专业技术人才队伍建设】 2023 年，福建省修订印发新闻、出版、统计、审计、工程、经济、高校、教师等 13 个系列专业职称评审标准，新增人工智能等 17 个产业职称专业。在厦门市试点对 50 项国际职业资格直接认定成全省职称，直接采认 600 多人。省人社厅会同系列（专业）主管部门组织职称评审工作。组织开展第五届特殊人才高级职称认定（评审）工作，评审通过高级职称 60 人。重新组建或调整卫生、文化艺术、工程、统计等 30 多个系列评委库。会同省卫生健康委、住建厅等统筹安排卫生、建造师等专业技术职业资格考试，报考考生 61 万人。会同省住建厅推进二级建造师电子证书发放，会同省住建、交通、水利厅部署全省建筑、交通、水利三类专业考试命题工作。会同省应急管理厅启动初级注册安全工程师考试体系建设。

专业技术人才培养。印发实施《关于加强专业技术人员继续教育工作有关事项的通知》，明确规范继续教育组织服务体系、实施规范、管理服务体系。组织实施专业技术人才知识更新工程 2023 年高级研修项目，入选国家级研修项目 4 期，遴选省级研修项目 116 期。福建船政交通职业学院入选第十二批国家级专业技术人员继续教育基地，中国海峡人才市场、厦门大学等 8 家培训机构入选数字技术工程师培育项目第二批培训机构目录。

【事业单位人事制度改革】 2023 年，福建省开展省属事业单位公开招聘工作，全年共招聘 2924 人。严格审批程序，共办理省属事业单位人员调动批复 324 件。

事业单位人事管理。推进公办高校人事制度改革，指导 29 家省属公办高校制定岗位设置实施方案，增加专技岗位 7768 个，增加 26.8%，其中高级岗位增加 4184 个，增加 32%，解决岗位总量尤其是高级岗位总量偏少问题。推进事业单位岗位设置和聘用管理，核准省属、省直事业单位岗位设置方案 85 个，审核岗位聘用调整备案 687 件，调整人员 6000 多人。推进考核奖励等各项制度落实，部署开展年度考核工作，会同省委组织部共同部署事业单位工作人员年度考核工作。开展奖励工作，办理事业单位 257 人记功、12 家事业单位记大功。组织奖励杭州第 19 届亚运会事业单位运动员教练员和有功集体、杭州第 4 届亚残运会事业单位参赛人员。指导常态化开展县以下事业单位管理岗位职员等级晋升工作。

事业单位工资管理。印发实施《全省公立医疗机构医务人员发放一次性补助方案》，完善医务人员临时性工作补助有关政策。推动公立医院工资总额管理办法修订工作。实现工资管理系统与国库统发系统的对接与数据共享。完善省属事业单位绩效工资总量管理机制，印发绩效工资总量单列清单。

【公务员考试】 2023 年，福建省受中组部公务员二局的委托开展命审题工作，在全国省级公务员四级联考中，为河北、新疆、重庆等 10 个考区提供笔试试题。完成 2024 届专业技术类引进生选拔笔试命题及考务工作。巩固提升面试考务工作。完成福建省公务员录用考试省直考区面试考务组织工作，服务考生 1900 余名；完成首次省属事业单位公开招聘工作人员集中面试的考务组织工作，为 78 个省属事业单位 640 余名考生提供考务服务。　　（郑婉菁）

收入与消费

【城镇居民收入水平】 2023 年，福建省城镇居民人均可支配收入 56153 元，比上年增长 4.3%，增幅较上年回落 0.9 个百分点，扣除价格因素实际增长 4.2%，增幅提升 0.9 个百分点。全省城镇居民人均工资性收入 35054 元，增长 4.7%，增幅回落 0.7 个百分点，占城镇居民人均可支配收入的比重为62.4%，拉动城镇居民人均可支配收入增长2.9个百分点，贡献率为66.9%。全省城镇居民人均经营净收入7509元，增长5.2%，增幅回落1.2个百分点。全省城镇居民人均财产净收入7505元，增长2.5%，增幅回落2.3个百分点。全省城镇居民人均转移净收入6085元，增长3.7%，增幅提高0.4个百分点。

【城镇居民消费水平】 2023年，福建省城镇居民人均生活消费支出37674元，增长5.6%，增幅提升0.4个百分点，扣除价格因素实际增长5.4%，增幅提升2.2个百分点。全省城镇居民人均食品烟酒支出11730元，增长5.3%，增幅提升0.3个百分点，占人均生活消费支出比重为31.1%。全省城镇居民人均衣着消费支出1847元，增长4.4%，增幅提升2.8个百分点。全省城镇居民人均居住支出10664元，下降0.1%，增幅回落3.3个百分点，占人均生活消费支出比重为28.3%。全省城镇居民人均生活用品及服务支出为2053元，增长7.3%，增幅提高0.6个百分点。全省城镇居民人均交通通信支出4379元，增长10.9%，增幅提高2.9个百分点。全省城镇居民人均教育文化娱乐支出3795元，增长12.4%，增幅提升4.2个百分点。全省城镇居民人均医疗保健支出2283元，增长10.6%，增幅提升4.2个百分点。全省城镇居民人均其他用品及服务支出921元，增长15.6%，增幅提升6.6个百分点。（范春霞）

【农村居民收入水平】 2023年，福建省农村居民人均可支配收入26722元，增长6.9%，增幅回落0.7个百分点，扣除价格因素实际增长6.9%，增幅提高1.2个百分点。全省农村居民人均工资性收入12020元，增长5.8%，增速回落2.2个百分点，占农村居民人均可支配收入比重为45.0%，拉动农村居民人均可支配收入增长2.6个百分点。全省农村居民人均经营净收入9857元，增长8.0%，增幅提高1.7个百分点，占农村居民人均可支配收入比重为36.9%，拉动农村居民人均可支配收入增长2.9个百分点。全省农村居民人均财产净收入570元，增长9.9%，增幅回落1.3个百分点。全省农村居民人均转移净收入4274元，增长7.4%，拉动农村居民可支配收入增长1.2个百分点，增幅回落1.3个百分点。

【农村居民消费水平】 2023年，福建省农村居民人均生活消费支出21746元，增长6.3%，增幅提高0.2个百分点，扣除价格因素实际增长6.3%，增幅提高2.1个百分点。全省农村居民人均食品烟酒支出7486元，增长6.0%，增幅提高1.6个百分点，占人均生活消费支出比重为34.4%。全省农村居民人均衣着消费支出1021元，增长6.1%，增幅比上年提高1.2个百分点。全省农村居民人均居住支出5125元，下降1.0%，增幅回落6.8个百分点。全省农村居民人均生活用品及服务支出1160元，增长12.2%，增幅提高2.1个百分点。全省农村居民人均交通通信支出2533元，增长9.0%，增幅提高4.9个百分点。全省农村居民人均教育文化娱乐支出2077元，增长12.7%，增幅提高1.7个百分点。全省农村居民人均医疗保健支出1849元，增长13.2%，增幅提高3.1个百分点。全省农村居民人均其他用品及服务支出493元，增长13.9%，增幅提高4.7个百分点。

（何晓莉）

社会保障

【企业职工基本养老保险】 截至2023年底，福建省企业职工基本养老保险参保1632.98万人，其中在职参保1441.95万人、退休191.03万人。全省191.03万企业离退休（退职）人员各项待遇按时足额发放，178.85万企业退休（退职）人员参与年度养老金待遇调整。开展“社保服务提升行动”，持续优化社保经办服务，实现12个高频事项“全省通办”，21个事项在全省工商、兴业等银行656家网点、1977台自助设备实现“就近办”，超过78万人社保待遇领取资格通过“静默办”实现无感认证，打造15分钟社保便民服务圈。

【机关事业单位养老保险】 截至2023年底，福建省机关事业单位养老保险参保人数155.92万人，其中在职101.62万人、退休54.3万人。连续8年与企业退休人员同步同办法调整养老金，52.47万名机关事业单位退休人员受益。持续推进经办服务便民化，20项机关保高频业务实现在全省451个建设银行网点“就近办”。

【城乡居民基本养老保险】 截至2023年底，福建省城乡居民基本养老保险参保人数达1594.95万人，参保率99.21%，待遇领取人数547.82万人。落实省委省政府为民办实事项目，2023年度基础养老金省定最低标准调整后为每人每月150元。持续开展困难群体基本养老保险帮扶工作，助力乡村振兴战略。截至2023年底，全省低保对象、特困人员、重度残疾人、返贫致贫人口等四类困难群体参加城乡居民基本养老保险共80.31万人，其中39.18万劳动年龄段困难群体享受城乡居民基本养老保险政府代缴，代缴金额7993.76万元。

【失业保险】 2023年1月1日起，福建省实施失业保险基金省级统筹，全省失业保险金标准统一调整至当地最低工资标准的90%。至年底，全省失业保险参保763.06万人，共为17.17万名失业人员发放失业保险金14.17亿元。落实失业保险稳岗返还政策，全年共发放失业保险稳岗返还资金2.35亿元，惠及企业5.86万家。

【工伤保险】 截至2023年底，福建省工伤保险参保人数为1064.61万人，按时足额发放5.25万名工伤人员各项待遇。印发《关于调整全省工伤保险定期待遇的通知》，从 2023 年 1 月起统一调整、适当提高全省参保工伤职工伤残津贴、生活护理费、供养亲属抚恤金等三项定期待遇，提高工伤职工待遇保障水平。印发《福建省工伤保险基金省级统收统支实施方案》，持续完善工伤保险省级统筹制度。

【社会保险基金监督】 2023 年，福建省坚持“四位一体”（教育、预防、监督、惩处综合工作模式）、“四防”（人防、制防、技防、群防）协同，全面开展社保基金管理巩固提升行动，不断梳理影响社保基金安全管理的易发、多发、高发风险点，出台社保基金监督举报办法等多项制度，问题整改率、资金追回率继续保持 90%以上。（郑婉菁）

医疗保障

【概况】 2023 年，福建省基本医保参保 3833.5 万人，其中职工医保 978.7 万人、居民医保 2854.76 万人。全省职工医保基金运行绩效跻身全国第三，城乡居民医保居全国第八，连续三年保持全国前列。全省生育保险参保人数 732.24 万人，生育保险享受待遇 221.16 万人次。

【医保基金运行管理】 2023 年，福建省及时编报 2024 年度全省医保基金预算草案，核实反馈福建省基金运行情况和意见。开展省本级定点医疗机构 2022 年度职工医保结算和 2023 年度职工基本医疗保险总额控制预算批复，保障基金有效运行。

预算执行进度监督。及时下达 2023 年度中央三项转移支付资金和省级财政补助资金 117 亿元，其中城乡居民医保补助 109.14 亿元、医疗救助资金 6.19 亿元、医疗保障能力提升补助资金 1.69 亿元。

基金监测与分析。制定实施基金运行监测分析能力提升行动方案，明确部门联动与职责分工，建立医保形势分析工作机制。牵头做好 2022 年度医疗保障统计运行情况分析，开展医保基金运行情况与医疗保障能力提升资金使用情况调研。

资金绩效管理。统筹协调开展国家医保局对福建省医保转移支付资金的绩效评价工作。组织编制 2023 年度省本级和全省基本医疗保险基金绩效目标，开展 2022 年度居民医保基金、职工医保基金、医疗救助补助资金和能力提升补助资金等 4 项资金绩效全省交叉评查。转移支付资金绩效评价工作综合排名位居全国前列。

民生社保领域资金专项整治。组织全省各统筹区医保部门开展自查自纠和专项整治复查，及时督促各设区市整改有关问题，进一步规范资金使用管理。组织开展省级医保信息平台建设专项审计，对发现的问题及时落实整改。

【医疗保障体系建设】 2023 年，福建省出台《福建省基本医疗保险全民参保攻坚行动方案》，构建完善全民参保基础数据库，实现参保信息实时动态查询。建立福建省基本医疗保险费征收工作会商协作机制，规范统一全省职工医保登记和缴费。

门诊特殊病种管理。全面落实医疗保障待遇清单制度，出台《关于调整规范城乡居民基本医疗保险门诊特殊病种种类的通知》，统一 34 种城乡居民医保特殊病种。制定地中海贫血、尘肺病、儿童康复治疗、学生意外伤害等 4 个病种的基本医疗保险门诊特殊病种管理暂行办法，进一步规范门诊特殊病种管理。

【医保保障健全完善】 2023 年，福建省资助参保 114 万人、医疗救助 707 万人次，救助金额 15 亿元。建立高额医疗费用支出预警监测机制和防范化解因病返贫致贫风险长效机制，会同省民政、乡村振兴等部门推送高额负担人员 6.93 万人次，认定因病致贫重病患者 502 人。

居民医保住院待遇。出台《关于完善城乡居民医保住院待遇政策的指导意见》，指导各地调整优化城乡居民医保住院待遇，加强督导监测调度，全省居民医保住院政策内报销比例较上年提升 3 个百分点。

政府定制型补充商业健康保险。“惠闽宝”“惠厦保”等政府定制型商业医疗保险加快发展，支持使用个人账户和家庭共济账户购买，参保人数 418 万人，比上年增加 68 万人。

【医保药品改革】 2023 年，福建省新增 1 批次 39 个国家第八批集采药品、1 批次国家集采骨科脊柱类耗材中选结果在福建省落地执行。持续跟进国家第九批药品集中采购、国家组织人工晶体类及运动医学类医用耗材集中带量采购、国家组织冠脉支架集采接续采购工作。

第四批药品和医用耗材省级集采。全省 49 种化学药品、24 种中成药中选，其中化学药品价格平均降幅 47.4%，中成药价格平均降幅 27.27%，可减负群众医疗费用 5.36 亿元。选择输液器等 4 类医用耗材开展省级集采，价格平均降幅 58.37%，全年可减负群众医疗费用 1.27 亿元。

省际联盟集采。福建省牵头开展覆盖 26 个省（自治区、直辖市）的结扎夹类医用耗材省际联盟集采，跟进参与河南神经外科和血液透析、浙江冠脉血管内超声诊断导管和输注泵、安徽体外诊断试剂、广东易短缺和急抢救药品、江苏冠脉药物涂层球囊接续采购等相关省际联盟集中带量采购工作，其中四川口腔种植体、天津关节骨水泥类、江西肝功生化类检测试剂等集采中选结果已在福建省落地执行。

国家、福建省部分集采药品和医用耗材到期接续工作。2023 年，福建省完成 2022 年国家组织药品集中带量采购协议期满药品福建省接续采购，通过竞价，有 81 个药品成功接续采购，价格平均降幅达 27.45%。完成国家组织冠脉支架、人工关节协议期满的接续落地工作。

【医疗服务项目价格管理】 2023年，福建省优化医疗服务价格结构和比价关系，研究完善互联网首诊、体外人工膜肺（ECMO）、口腔按诊疗结果、远程家庭病床巡诊、运动诱发电位等服务收费政策，全省各地累计调整医疗服务价格金额约7.58亿元，医疗服务价格指数位列全国第八位。规范新增和修订项目管理流程，探索分类区别化医疗服务项目新增审核运行机制，核定62项新增医疗服务项目，38项修订医疗服务项目。探索药学服务收费、整体护理按床日收费新模式，规范整合口腔种植类医疗服务价格项目，持续推进口腔种植价格治理。适应新冠病毒感染“乙类乙管”形势需要，降低公立医疗机构新冠病毒核酸检测和抗原检测价格，单人单检价格调整为每人次13元（含检测试剂），混采检测价格统一调整为每人次3.5元（含检测试剂）。

【医保基金监管】 2023年，福建省各级医保部门常态化开展日常监管、专项整治和飞行检查，完成13125家定点医药机构的现场检查，开展行政处罚337家，移送纪检监察、司法机关18家，追回违法违规资金8.95亿元。

基金监管。开展“安全规范用基金 守好人民看病钱”集中宣传月系列活动。强化审核检查责任，聚焦骨科、血液净化、心内、检查检验、康复理疗等重点领域，加强2022年医保结算费用排名前30位的重点药品、耗材检查力度，完成28家定点医疗机构现场检查。全年经审核后拒付违规费用1290.66万元。

【医保便民服务】 2023年，福建省开展跨省异地就医结算情况调研，持续扩大跨省异地就医定点机构覆盖面与门诊和门诊慢特病费用跨省直接结算机构范围，至年底，福建省普通门诊和特殊门诊跨省联网定点机构分别达14674家和8827家。推动跨省药店直接购药刷卡直接结算，至2023年6月中旬，所有统筹区已开通跨省药店直接结算。

惠民暖心服务品牌。印发《全省医疗保障惠民暖心服务品牌创建行动实施方案》，推进医保服务6个方面19项任务。优化提升县级以上医保服务标准化窗口，制定印发《福建省医疗保障经办政务服务窗口标准化建设实施方案》，医保服务事项线上可办率超过90%，10个统筹区推行外出就医备案服务采用承诺制、事后补备案等简便措施。

医保领域营商环境优化。优化医保关系转移接续，拓展医保自助查询渠道。落实政务服务“一件事一次办”，已办结企业开办一件事1221件、退役士兵参保一件事856件、新生儿出生一件事32273件。

医保服务站工作。在区域医疗中心复旦大学附属华山医院福建医院等定点机构增设医保服务站，为参保人员提供便利服务。

医保经办服务标准化建设。梳理完善医保政务服务事项，重新编制2023年全省医疗保障经办政务服务事项清单及办事指南。依托全省统一的医保服务平台，推进医保业务经办结果省内跨统筹区互认。印发《福建省医保政务服务事项全省线下通办实施方案》，开展5项业务省内线下通办。

医保业务编码数据治理。开展国家医保业务编码贯标工作，定期开展医保结算清单数据质量监测和情况通报。强化医保结算清单经办管理，完善医保结算清单管理流程，建立医保结算清单与医保费用结算联动管理机制。

协议管理相关经办服务。推进全省医药机构协议管理经办服务标准化建设，探索开展定点协议网上签约工作，建设并上线医疗保障信息平台线上定点申请业务办理模块。印发《福建省医疗保障定点医药机构协议管理经办规程（试行）》，推动全省各统筹区做好国家医保业务编码动态维护平台定点医药机构年度协议上传工作，至年底，各统筹区协议上传率达99%以上。

【“智慧医保”】 2023年，福建省优化和完善现有省级医保信息平台功能，完成福建省内参保人外省药店购药系统改造，实现省外定点药店直接结算。推进福建省医保个人信息查询和使用功能模块的应用架构并于福州地区试点上线应用。持续推进医保电子凭证和医保移动支付应用落地，其中医保电子凭证已实现亲情代展码服务，至年底，全省共有3778.67万人激活医保码（医保电子凭证），激活率达98.69%，电子凭证在医药机构的扫码结算率达44.96%。

医保业务网上办理。2023年，福建省利用医保单位网厅建设契机，加强网办业务标准化建设，推进用人单位实行医保业务无纸化申报。至年底，提供线上服务的国家政务服务事项数量达28项，超过国家设定的目标值（15项）。

（张志祥）

社会救助

【脱贫监测救助保障】 2023年，福建省民政厅印发《关于2023年巩固拓展民政领域脱贫攻坚成果同乡村振兴有效衔接重点工作安排的通知》，将防止返贫监测对象纳入低收入人口监测范围，加强数据共享和比对分析，将14.98万名符合条件的防止返贫监测对象纳入社会救助保障，对4103名对象落实12个月延保渐退期政策。在2023年台风“杜苏芮”“海葵”期间，下发紧急通知，就做好灾后救助帮扶工作作出部署，保障困难群众基本生活，防止因灾返贫。

【基本生活救助】 2023年，福建省民政厅等5部门联合印发《进一步加强社会救助兜底保障若干措施》，完善社会救助政策，明确成年无业重度残疾人单独申请低保、低保渐退、低保审核确认工作时限等规定，创新完善“以老养残”纳保政策、非户籍人员救助、家庭经济核算办法、担当免责6种具体情形等措施。至2023年底，全省共有城乡低保对象59.82万人，全年支出低保金37.72亿元；城乡低保年平均标准达

10112元。共有特困人员6.83万人，全年支出特困供养金13.05亿元；特困供养年平均标准达25380元。

【临时救助】 2023年，福建省发挥临时救助制度效能，备足用好乡镇（街道）临时救助备用金，落实“取消户籍地限制”“先行救助”等措施，对临时遇困群众给予及时救助。全年共实施临时救助18.53万人次，支出救助金3.78亿元，次均救助水平达2038元/人，比上年增长38.3%，其中对非户籍人口实施临时救助1037人次。

【低收入人口动态监测】 2023年，福建省拓展低收入人口动态监测信息平台功能运用，将全省100多万名低收入人口纳入监测范围，定期与教育、卫健、医保、住建、人社、乡村振兴、残联等部门开展数据共享比对，分析并筛查出有潜在风险的对象，及时梳理1.97万条数据推送各地开展入户摸排核实，对符合救助条件的，会同有关部门跟进落实救助帮扶措施。全面开展低保边缘家庭认定，将共同生活家庭成员人均收入在当地低保标准1.5倍以内，且家庭人均金融资产不超过当地年低保标准6倍的家庭纳入保障范围，共认定低保边缘人口28.99万人。

【服务类社会救助】 2023年，福建省加大政府购买社会救助服务力度，开展服务类社会救助试点，引导支持社会工作服务机构和社会工作者、志愿者发挥自身优势，为困难群众提供生活照料、精神慰藉、社会融入、能力提升、资源链接等多样化服务。2023年，省级财政支出政府购买服务资金2.08亿元，购买社会救助服务项目459个，探索建立结对帮扶、“爱心＋近邻”等多种救助帮扶模式，形成“微心愿”助困圆梦等一批具有地方特色的做法。

【社会救助改革】 2023年，福建省持续深化社会救助“一件事”改革，明确审核确认时限，规范工作流程，实现社会救助事项申请“一张表单、一套材料、一次提交、多方复用”。推动救助事项“掌上办”“指尖办”，在福建省网上办事大厅、“闽政通”APP中开设民政专区，实现困难群众在线自主申请救助。配齐配强基层社会救助工作力量，至2023年底，全省共配备乡镇（街道）社会救助协管员1982人、村（社区）专兼职社会救助协理员17292人，建立村（社区）社会救助服务站（点）16342个。（林哲）

【救助管理】 2023年，福建省救助流浪乞讨人员14129人次，其中未成年人604人次、智障和精神病人813人次。推动救助服务网络不断健全，全省累计有83个救助机构，实现市县全覆盖，并依托乡镇街道和社区开展“寒冬送温暖”“夏季送清凉”等专项救助行动。出动救助车辆5000多台次，工作人员1.5万多人次，在露宿人员集中地区设立开放式救助点或临时庇护避寒场所90多个，救助街面流浪乞讨、露宿人员3327人次。开展专项治理“回头看”工作和民政服务机构重大安全隐患排查整治专项行动，制定重大风险隐患、责任人和整改落实情况“三个清单”，对检查发现的问题逐一明确责任单位、责任人、整改措施和完成时限。制定《临时遇困台胞救助服务导则》地方标准，强化临时遇困台胞救助工作，推进救助管理服务标准化建设。开展以“科技赋能筑大爱，温情救助守初心”为主题的救助机构“开放日”活动，广泛宣传救助政策、工作成果，邀请人大代表与政协委员109名、媒体记者46名以及爱心人士952名参加；设立宣传点94个，发放各类宣传材料3万多份。（周希妍）

基层组织建设

【概况】 截至2023年底，福建省有城市社区3130个（新增68个、减少1个），其中福州市595个（新增14个），厦门市404个（新增6个），漳州市536个（新增12个），泉州市512个（新增23个），三明市208个（新增2个），莆田市167个，南平市290个（新增4个、减少1个），龙岩市169个，宁德市221个（新增6个），平潭综合实验区28个（新增1个）。全省有建制村14242个（新增2个、减少11个），其中福州市2197个（新增1个），厦门市147个，漳州市1556个，泉州市2046个（减少11个），三明市1739个，莆田市808个，南平市1636个，龙岩市1786个，宁德市2135个（新增1个），平潭综合实验区192个。

【基层治理创新】 2023年，福建省印发《关于加强基层治理体系和治理能力现代化建设的实施方案》。福建省民政厅与福建江夏学院签署合作框架协议暨共建“基层治理研究中心”，强化基层治理智力和人才支持。举办全省加强基层治理工作专题培训班，福州市鼓楼区探索建立“两会一员”参与基层治理机制，被人民网评选为2023年创新社会治理典型案例。霞浦县溪南镇“化解海上养殖纠纷工作法”入选全国“枫桥式工作法”经验典型。推进基层数字化赋能，开展“区块链＋智慧社区”国家创新试点，搭建民主协商、养老协同、五社联动三大应用场景，并参与第六届数字中国建设峰会数字福建专题成果展。

【基层自治】 2023年，福建省加强和规范村规民约工作，推动各地实现村规民约修订完善全覆盖。出台《福建省发挥村规民约基层治理作用若干规定》，是全国首部专门规范村规民约的地方性法规，入选福建省“十大法治事件”。推广村级议事协商新模式，罗源县凤山镇城关村等15个试点单位开展全国村级议事协商创新实验；厦门市军营村根据高山环境和资源特点，形成党组织领导下的“高山议理堂”、青创联盟、民宿自管小组等共同参与的协商制度；三明市梓口坊村作为新兴的“侨村”，实行“融侨议事”，发挥海外侨胞力量，推动侨胞参与村经济发展、土地征用、

2023年6月，宁德市救助站开展救助机构“开放日”活动。图为群众进站参观 （省民政厅）

兴办公益事业等议题协商。

【社区服务】 2023年，福建省巩固提升近邻“五助”服务，福建省民政厅会同省财政厅下达144万元近邻服务试点社区补助资金，实现事务办理、家政养老、文体娱乐等服务集中供给。福州市长乐区西关社区“五治融合五社联动——520（吾爱邻）近邻服务模式”入选全国社区治理十大优秀案例。推进社区服务标准化建设，完成第二期项目验收，宣传贯彻推广《城市社区办公及服务用房标志设置》等3个标准规范，并在5个社区完成社区服务质量认证，形成“标准制定—标准应用—评价认证—持续改进”社区服务新模式。实施城乡社区队伍建设，印发《关于城市社区工作者参加工伤保险有关问题的通知》，保障城市社区工作者因工作原因受到事故伤害或者患职业病获得医疗救治、经济补偿和工伤康复权益，推进工伤保险参保扩面。组织实施高校毕业生服务社区计划，全省统一招募300名高校毕业生到基本财力保障的县从事社区工作，并开发一批社区基层公共管理和社会服务岗位，吸引高校毕业生到社区就业。

（蔡祖宝）

社会福利和慈善事业

【养老服务业】 2023年，福建省发展养老事业和养老产业，发展公办养老机构和普惠型养老服务，强化对特困、低保、高龄、失能老年人的兜底保障，加快构建“居家有服务、兜底有保障、普惠有机制、市场有选择”的“福见康养”幸福养老体系。省级财政投入1.15亿元，建设完成300个示范性长者食堂、50个嵌入式养老服务机构。持续开展居家和社区基本养老服务提升行动，新增县级示范性养老服务网络7个，建成“家庭养老床位”近6700张，不断完善城区“一刻钟”养老服务圈。细化《福建省基本养老服务清单》，开展孤寡等特殊困难老年人探访关爱服务，全省摸底排查并探访特殊困难老年人超过18万人，月探访率达100%。综合运用土地、财政、投融资等政策，引导各类主体参与普惠养老服务供给，目前全省普惠养老床位已达1.8万张。落实《养老和家政服务标准化专项行动实施方案》，推进养老服务标准化体系建设，促进养老服务质量提升。举办全省养老护理职业技能大赛，开展“最美养老服务工作者”选树活动，遴选福建华南女子职业学院等10家单位为第三批省级养老服务人才实训基地，全省分级分类培训养老服务从业人员达2万人次。结合民政部“养老服务监管效能提升年”行动和省纪委监委“点题整治”公建民营等养老机构服务不规范问题的工作部署要求，定期开展安全检查，防范消除养老机构在建筑、消防、食品、医疗卫生等方面的安全风险和隐患。 （黄云龙）

【儿童福利】 2023年，福建省提高孤儿基本生活最低养育标准，从2023年7月1日起，集中养育孤儿基本生活从每人每月1800元提高到2100元，社会散居孤儿从每人每月1400元提高到1700元；事实无人抚养儿童基本生活保障金参照社会散居孤儿标准发放。建立孤儿基本生活最低养育标准自然增长机制，自2024年7月1日起，孤儿基本生活最低养育标准与上一年度全省居民人均可支配收入实际增幅同幅增长。截至2023年12月底，全省2134名孤儿、1.56万名事实无人抚养儿童纳入保障。

关爱服务。落实省委省政府2023年社会散居孤儿、事实无人抚养儿童和孤独症儿童探访关爱服务为民办实事项目，分类开展帮扶服务，全省全年探访关爱19.4万人次。实施“福蕾行动计划”，通过政府购买服务形式，为留守儿童、困境儿童开展心理辅导、假期关爱、亲情陪护、结对帮扶等关爱服务，2023年，省、市、县三级共投入专项补助资金7780万余元，建立777个乡镇（街道）关爱服务阵地。

儿童福利机构建设。2023年，福建省推进儿童福利机构优化提质和创新转型高质量发展，实施儿童福利机构“精准化管理、精细化服务”质量提升行动，下拨中央及省级福彩公益补助金456万元用于儿童福利机构升级改造和添置设备设施。着力将全省8家市级儿童福利院打造成集养、治、康、教、社工服务于一体的儿童福利院，厦门市儿童福利院被纳入残疾儿童康复救助服务协议管理机构。加快县级儿童福利机构创新转型，全省60个县级儿童福利院（部）有50个将所抚育儿童送养市级儿童福利院。 （连峰）

【残疾人福利】 2023年，福建省推进落实残疾人两项补贴制度，困难残疾人生活补贴标准从每人每月99元提高至107元，生活困难的重度残疾人一级、二级护理补贴标准从每人每月119元、99提高至128元、107元。全年共发放补助资金12.8亿元，困难残疾人生活补贴惠及37.15万人，重度残疾人护理补贴惠及42.3万人。贯彻民政部等4部门《关于开展“精康融合行动”的通知》，省民政厅联合省财政厅、卫生健康委、残联印发福建省实施方案。全省49个县（市、区）通过资源整合或政府购买等方式，为符合条件的居家患者提供精神障碍社区康复服务。规范管理精神卫生福利机构，全省11家精神卫生福利机构全部具备医疗资质，实际开放床位3780张、收治服务对象3543人。落实2023年度“福康工程”项目，为符合条件的困难残疾人装配假肢矫形器、配发电动轮椅车。（周昊　高凤英）

【慈善事业】　截至2023年底，福建省登记认定的慈善组织共949个，其中基金会521个、社会团体230个、民办非企业单位198个。组织开展慈善组织年报工作，全省共有873家慈善组织完成年报。落实税收优惠政策，印发《关于做好2022年度到期的公益性社会组织捐赠税前扣除资格确认工作的通知》，省民政厅与省财政厅、省税务局联合审查，确定256家社会组织获得公益性捐赠税前扣除资格。组织举办全省民政系统慈善工作者、全省慈善总会系统及省级慈善组织负责人培训班3期，培训人数超500人次。实施“乐善福行”专项行动，印发《福建省民政厅关于实施“乐善福行”专项行动的通知》，在全省部署实施“乐善福行”专项行动，实施慈善“十百千”工程，全年动员引导慈善组织开展扶老济困、助残护幼、助学恤病、乡村振兴等各类慈善项目，帮扶群众超155.9万人次。指导福建省慈善总会举办第五届“善行八闽——公益慈善项目大赛”，共467个项目参赛，评出特等奖及一、二、三等奖61个。9月24日，举办善行八闽——优秀公益慈善项目推介会，副省长林瑞良、省慈善总会会长雷春美出席并讲话。部署实施福建省“阳光慈善”工程。2023年9月中旬，印发《关于深入实施“阳光慈善”工程的通知》，推动全省各级慈善组织做好信息公开。指导泉州晋江市不断优化慈善政策环境、创新体制机制、革新群众观念，总结形成晋江慈善经验，在全省推广。晋江市实施“移风易俗、捐资行善”慈善项目获第十二届“中华慈善奖”。组织开展慈善主题宣传活动，福建省民政厅印发《关于组织开展第八个“中华慈善日”主题宣传活动的通知》，指导各地组织开展以“携手参与慈善，共创美好生活”为主题的慈善宣传活动。汇编印发《首届福建慈善奖事迹材料汇编》。（江泽）

2023年，第五届“善行八闽——优秀公益慈善项目宣传推介会”在福州举行（省民政厅）

【收养】　2023年，福建省贯彻落实《中华人民共和国民法典》、新修订的《中国公民收养子女登记办法》及《福建省收养评估实施办法》等收养法规政策，依法依规开展收养登记管理服务。截至2023年12月31日，全省中国公民收养登记279例、解除收养登记16例，涉外收养登记2例。（连峰）

【社会工作和志愿服务】　2023年，福建省将社会工作人才专项列入“十四五”人才发展规划，纳入年度省对设区市人才责任制和乡村振兴战略省对市考核予以推进，印发《2023年社会工作人才支持专项工作方案》，强化社会工作人才培养、评价、激励、使用等环节。加大全国社会工作者职业水平考试动员

2023年3月21日，由福建省民政厅主办、厦门市民政局和厦门市社会工作协会协办的福建省2023年社会工作主题宣传活动启动仪式在厦门市举办（省民政厅）

2023 年 11 月 28 日，“两岸社工融合发展与基层治理创新”第二届闽台社会工作与社会服务研讨会开幕式在福州市马尾区举办　（省民政厅）

力度，全年报考和通过人数分别达 6.74 万和 1.76 万，比上年分别增长 55%和 48%。通过举办专题培训、搭建在线课程等方式强化人才培育，全省持证社工 5.6 万人，每万人持证社工 13.4 人，提前并超额完成“十四五”既定目标（每万人 10 人）。高级社会工作师 32 人，数量居全国前列。举办“推进‘五社联动’　关爱‘一小一老’”社会工作主题宣传活动，依托主流媒体传播展示社会工作发展成果，营造良好社会氛围。

基层社会工作服务平台。2023 年，福建省在乡镇（街道）社工站全覆盖的基础上，开展社工站建设中期评估，并委托第三方对 341 个乡镇（街道）社工站进行抽查规范。强化培育示范站点，开展优秀案例评选，上下联动实施社工站星级评定工作，评定五星站点 91 个、四星站点 219 个、三星站点 446 个，打造一批具有福建特色的基层社会工作服务品牌。2023 年，全省整合投入购买服务资金 1.4 亿元，镇街社工站共计服务各类有需要群体 133 万人，入户探访困难群众 16.2 万户，联动培育社会组织 3392 家，带动志愿者 5.3 万人，链接慈善资金 1786 万元。实施闽宁协作社会工作“牵手计划”，深化采认台湾地区社会工作师资格，举办“两岸社工融合发展与基层治理创新”等研讨会，持续深化闽宁社会工作协作和闽台社会工作融合发展。

志愿服务行政管理。2023 年，福建省全面开展志愿服务记录与证明抽查工作，通过“双随机”和联合执法等方式，省级抽查 22 家、市县抽查 600 家志愿服务组织，进一步强化志愿服务行政管理工作，保障志愿者和志愿服务组织等志愿服务活动参与者的合法权益。加强志愿服务信息系统推广应用，截至 2023 年底，全省在“全国志愿服务信息系统”中注册的志愿者超过 704 万人，志愿服务队伍 7.8 万支，记录志愿服务时长达 1.97 亿小时。探索“社工＋志愿者”协同服务模式，深化“五社联动”机制，开展形式多样的志愿服务活动。

（谢美葵）

老区建设

【法规政策支持】 2023 年 1 月 1 日，《福建省红色文化遗存保护条例》正式施行。2023 年 6 月 9 日，省民政厅、省委党史和方志办联合印发《关于进一步做好未列入革命文物红色文化遗存保护工作的通知》；9 月 22 日，省民政厅、省老区办、省委党史和方志办联合印发《福建省未列入革命文物不可移动红色文化遗存认定规范》；11 月 7 日，省红色文化遗存保护利用工作联席会议办公室印发《福建省红色文化遗存保护利用工作联席会议制度》；12 月 30 日，省委办公厅、省政府办公厅联合印发《关于加强红色文化遗存保护利用工作的意见》。

【老区建设发展】 2023 年，福建省贯彻落实党中央和国务院、省委省政府出台的支持革命老区振兴发展和闽西革命老区高质量发展示范区建设有关政策精神，发挥省革命老区扶建领导小组作用，建立全省促进老区发展政策、规划实施情况评估机制，并启动首次评估工作。

老区村振兴发展。2023 年，由福建省民政厅负责分配的 2000 万元中央财政衔接推进乡村振兴补助资金，全部用于支持革命老区村民生事业和经济发展，全省共补助 225 个小型公益性基础设施、特色优势产业、人居环境整治项目，并带动各级资金投入 2677.44 万元，超过 19.2 万老区群众受益。在三明、龙岩市选取 21 个革命老区村作为示范村开展试点工作，培育一批老区乡村振兴领域典型。

老区共建活动。2023 年，宁德市试点推进社区老区“一方水土两方人，社区农村一家人”共建活动，推动城市与乡村优质资源的双向流动，赋能乡村振兴高质量发展。推动“阳光 1＋1”牵手计划工作平台建设，引导社会力量参与老区振兴发展，推动省医务志愿者协会、省志愿者公益基金会等开展关爱革命“五老”人员及遗偶爱心募捐活动；省东南科技产业开发研究院帮助挂钩老区村联系科技特派员，提供相关技术支持；省职业经理服务行业协会建立乡村振兴共享直播间，推动老区“红加绿”产业发展。

【红色文化遗存保护】 2023 年，福建省民政厅牵头建立福建省红色文化遗存保护利用工作联席会议制度，联合省委党史和方志办出台《关于进一步做好未列入革命文物红色文化遗存保护工作的通知》《福建省未列入革命文物不可移动红色文化遗存认定规范》等文件，加强和规范红色文化遗存管理工作。推进未列入革命文物的红色文化遗存保护利用，省级安排 2000 万元专项资金补助

闽西革命老区高质量发展示范村建设部分试点组图——左上三元区岩前镇岩前村、左下泰宁县开善乡池潭村、右上上杭县白砂镇碧沙村、右下武平县湘店镇湘洋村。摄于2023年（三明市、龙岩市民政局）

83个未列入革命文物的红色文化遗存修缮保护、展陈提升项目，共接待7.35万社会各界人士参观学习。

【“五老”人员优待管理】 2023年，福建省开展革命“五老”人员及其遗偶优待抚恤工作，及时跟进了解全省革命“五老”人员及遗偶相关情况。全年全省共发放革命“五老”人员定期生活补助和医疗补助资金2413万元；完成2023年革命“五老”人员定期生活补助提标工作，从2023年8月1日起，补助标准从1870元/人/月提高至1990元/人/月。2023年元旦春节期间，开展慰问革命“五老”人员及其遗偶和老区困难群众活动，共发放慰问金200多万元，慰问革命“五老”人员及其遗偶和老区困难群众2000多人次，发动社会组织力量募集资金30多万元，为困难革命“五老”人员及其遗偶送去560份“爱心大礼包”。

【老区宣传】 2023年，福建省开展福建省老区苏区高质量发展政策体系建设调研。开展新时代进一步推动革命老区振兴发展、未列入革命文物红色文化遗存保护利用工作等相关政策文件解读。接受《中国社会报》关于“‘四下基层’增进八闽大地民生福祉”主题采访。开展“福建红色地名文化”等系列宣传报道。发挥《红土地》宣传老区苏区红色文化主阵地作用，通过网络、电视、报纸、杂志等各种媒介推动红色文化传播。

（陈瑜芳）

婚姻家庭

【婚姻登记管理】 2023年，福建省设107个婚姻登记机关，其中市级婚姻登记机关3个（福州、厦门、三明），区县级婚姻登记机关86个，乡镇婚姻登记机关18个。2023年全省结婚登记18.08万对，离婚登记6.87万对。其中，涉台湾居民结婚登记1089对，离婚登记113对；涉香港居民结婚登记1523对，离婚登记130对；涉澳门居民结婚登记96对，离婚登记8对；涉华侨人员结婚登记314对，离婚登记55对；涉外结婚登记2628对，离婚登记202对。升级改造婚姻登记系统，新增婚姻登记“全省通办”“跨省通办”、婚姻登记预约预审、为妥善处理冒名顶替或弄虚作假方式办理婚姻登记的撤销婚姻登记等功能。2023年6月1日起，全省正式开展内地居民婚姻登记“跨省通办”试点工作。

【婚姻登记服务品牌建设】 2023年，福建省推进民政“山盟海誓”婚姻登记服务品牌建设。全省在“5·20”、七夕期间共举办各类“山盟海誓”集体婚礼和文化联谊活动56场。全年福建省89个县级以上婚姻登记机关中，有84个设立结婚登记颁证室，共为1.09万对新人提供日常颁证服务及特殊节日颁证服务。各地创设户外颁证场所，沙县区设立东门古街结婚登记便民服务点，福鼎市、霞浦县、石狮市设立户外颁证点。

【闽台婚姻家庭交流】 2023年，福建省举办“山盟海誓”集体婚礼暨2023年闽台婚姻家庭交流活动和“山盟海誓·爱在闽越”幸福中国七夕集体婚礼活动，通过集体婚礼、交流座谈、参观考察等活动，搭建两岸婚姻家庭群体沟通交流平台。在永泰先后举办以“乡村振兴、两岸同行”和“加强婚姻家庭建设、促进闽台融合发展”为主题的闽台婚姻家庭融合发展恳谈活动，推动闽台同胞走近走亲、两岸婚姻家庭先融先合。

（陈娴　高凤英）

【家庭文明建设】 2023年，福建省学习宣传《习近平关于注重家庭家教家风建设论述摘编》《习近平走进百姓家》，引领广大家庭弘扬中华民族传统美德，促进家庭和睦、亲人相亲相爱、下一代健康成长。培育选树各级各类家庭典型7.4万户，创新推出“八闽家庭福卡”，组建“礼遇最美”爱心联盟，向最美家庭提供体检、保险、信贷、购书等多重礼遇，营造德者有得浓厚氛围。举办“最暖万家灯火处”八闽家主题影像故事展、编印家主题故事汇。以“最是清风传家远”为主题联动省纪委监委等部门开展清廉家风宣传教育300多场，线上线下覆盖3.2万人次，引导广大家庭弘扬优良家风、涵养清正作风。推广三明大田县“不送彩礼送保障”妇联组织参与移风易俗创新做法；发起“简约不减爱，幸福见万家”倡议，指导武夷山、晋江开展移风易俗试点建设工作。

【家庭教育指导服务】 2023年，福建省妇女联合会联合省教育厅等11部门共同落实新一轮家庭教育五年规划，组织“一法一条例”万场巡讲，推进落实全省家庭教育推进会部署要求。在全省221个社区（村）开展家校社共育协同育人试点工作，构建家校社协同育人工作机制获评全省机关体制机制创新百优案例。创新以数字化手段赋能家庭教育，集成数字化家教课程体系、构建数字化家教服务平台、打造数字化家教宣传阵地。精选3.6万讲（篇）家庭教育讲座、课程、文章入库全省数字化家庭教育资源库，制作家庭教育优质指导公开课视频200讲，推荐“我最喜爱的家庭教育图书”40本。举办“亲子共沐书香·福进福见万家”家庭亲子阅读6500多场，参与家庭23.8万户，组建“家庭教育志愿者联盟”“家长榜样队”446支，开展家教沙龙、家庭文化节等1.3万场，参与家长超50万人次。

【家庭关爱服务】 2023年，福建省聚焦婚育服务、倡扬新型婚育文化，联合省旅发集团持续举办“缘启之旅”交友活动60期，2180名青年参与，成功牵手256对。实施“爱在开端”0～3岁科学育儿社区家庭支持项目，提供早教公益指导3200多场，参与家庭4.8万多户。围绕“抓培训、促就业，强品牌、出标准，建联盟、树典型”，全省统一打造“闽姐姐”巾帼家政服务品牌，举办“闽姐姐”巾帼家政培训461场，推出218门在线课程，各地联动成立“跨区域巾帼家政联盟”，实施“闽姐姐”家政进社区“四带四促”行动，推动资源共享、阵地共建、工作共做。（林燕）

地名　勘界

【地名管理】 2023年，福建省推进《地名管理条例》贯彻落实，福建省民政厅与省住建厅联合发布《关于做好住宅区、楼宇命名更名管理工作交接的通知》，推进住宅区、楼宇命名更名管理职能移交工作。福建省民政厅、省公安厅和省标准化研究院联合制定的《标准地址编制规范》获第九届福建省标准贡献奖二等奖。

【地名文化宣传品牌建设】 2023年，福建省组织开展“有福的地方是我家——八闽红色地名巡礼”系列宣传活动。《有福的地方是我家》系列视频获评“第十届亚洲微电影艺术节”中国民政单元最佳作品。

【“乡村著名行动”】 2023年，福建省民政厅制定出台《“乡村著名行动”实施方案》，明确5个方面14项重点工作，分阶段有序推进。命名更名地名880余个，设置地名标志1940余块，安装楼门牌57200余块，通过百度、高德地图等平台采集录入各类地名、兴趣点1800余条。（陈荔）

【界线管理】 2023年，福建省政府发布2023—2027年省县乡三级行政区域界线联检工作计划安排，完成1条省级界线闽粤线、44条县级和302条乡级界线联检工作任务。依法实施界线界桩管控，深入开展行政区域界线领域风险防范化解活动，全省未发生因界线实地位置认定不一致引发的纠纷。深化平安边界创建，加强跨区域、跨部门协作，与广东省签订平安边界建设协议书，组织开展平安边界创建考评。分级落实界线界桩管护经费，福建省民政厅拨付省级界桩维护和界线管理专项经费30.7万元。引进社会力量参与界线管理，全省共有省县乡三级界线界桩管护员1579名。（江树跃）

殡葬管理

【殡葬服务】 2023年，福建省民政厅会同省发改委分解下达2700万元殡葬设备购置项目，全省共采购火化炉24台、遗体接运车37辆、冷藏设备358门、消毒设备6套。针对清明节特殊节点，做好安排部署，实现“平安清明”目标。

【殡葬业整治】 2023年，福建省开展巩固和深化“活人墓”等突出问题专项整治，与“全省巩固提升铁路沿线环境质量专项行动”相结合，对2018—2023年整治情况开展“回头看”，全省共摸排违建坟墓2998座，全部落实整改，整治完成率100%。加快公益性安葬（放）设施建设，新批准建设3个城市公益性公墓、98个乡村公益性骨灰楼堂，省级安排1500万元专项资金对新建乡村公益性骨灰堂进行补助。

【殡葬信息化建设】 2023年，福建省优化殡葬工作程序，增强殡葬信息系统的实用性和操作性，组织开展全省殡葬工作信息化培训，提升殡葬机构人员信息化水平。全年福建省殡葬服务管理信息系统已覆盖至全省所有殡仪馆、殡仪服务中心和50%以上的公墓和骨灰楼堂，实现与民政部实时交换数据。推进“公民身后一件事”工作。

【网络祭扫平台检查】 2023年，福建省民政厅制发《关于开展网络祭扫平台自查自纠工作的通知》，明确排查范围和内容，细化整改措施，组织指导各地迅速开展网络祭扫乱象变味问题摸底排查。密切关注网络祭扫平台的运营情况，定期监测，加强与地方网信办协作，摸排违法违规线索，及时处置相关舆情。（池国才）

社会组织管理

【社会组织建设】 2023年，福建省创新举措引导社会组织助力乡村振兴，搭建社会组织助力乡村振兴对接平台，建设社会组织助力乡村振兴共享直播间，创新社会组织“短视频+直播”参与方式。福建省民政厅联合省乡村振兴局举办“阳光1+1·奋进新征程”社会组织助力乡村振兴公益创投大赛及项目推介会，37个获奖项目发挥示范引领作用。全省社会组织生成助力乡村振兴项目314个，投入经费近1.6亿元，21.6万名群众受益。引导社会组织助力高校毕业生就业，指导社会组织通过搭建就业对接平台等方式推进工作，全省社会组织发布招聘岗位2.82万个、就业见习岗位2万多个，1.84万多家会员单位发布招聘岗位19.55万个。探索社会组织“走出去”工作，率先试行台胞担任台胞企业协会法人政策，开展两批国外相关研修班到省级社会组织孵化基地交流活动，引导社会组织援外抗震救灾。发挥省级社会组织孵化基地培优功能，全年共服务近500家社会组织、6000多人次。

【社会组织监管】 2023年，福建省强化社会组织年报工作，加强工作指导，开展年报结果公开及问题整改指导和审核工作，抽查市、县两级年报审核质量，本年度全省社会组织年报率达94.5%，其中省本级年报率达96.3%。深化评估工作，56家全省性社会组织获评估等级，其中AAAAA级17家、AAAA级13家、AAA级24家。注重数字赋能，升级社会组织登记和年报系统，建立社会组织数据季度抽查制度，全省完善空值数据2.6万多条。

【非法社会组织整治】 2023年，福建省深化“僵尸型”社会组织出清，纳入年度平安综治考核内容，设立退出机制观察点探索简易注销程序，建立定期通报制度，全年全省共出清“僵尸型”社会组织1700多家。开展论坛活动专项清理整治。开展持续规范行业协会商会收费助力市场主体减负纾困工作，通过年报、双随机抽查、专项审计等措施推动工作落实，年内，全省有289家行业协会商会为企业减负4360多万元，惠及企业近1.4万家。开展行业协会商会服务高质量发展专项行动，部署“十个一批”重点任务并推动落细落实。开展打击整治非法社会组织专项行动，全省共摸排非法社会组织线索53个，公布一批已劝散非法社会组织名单。（李锋华）

民族事务

【民族乡村挂钩帮扶】 2023年，福建省挂钩帮扶单位发挥政策、资金、项目、人才等优势，全年累计落实到位资金7900万元；举办“同心·半月座谈——福建省挂钩帮扶民族乡村工作交流座谈”活动，对1999—2023年福建省挂钩帮扶民族乡村工作进行总结、交流、座谈。

民族资金扶持产业项目。2023年，福建省安排中央少数民族发展任务资金3512万元，支持102个产业项目实施，占资金总量的74.11%；安排省级少数民族补助款697万元，支持34个产业项目实施，占省级少数民族补助款中用于经济发展方向资金量的58.64%。通过专家评审，首次重点扶持38个产业项目发展。与福建省农信联社、中国邮储福建分行建立战略合作关系，省农信联社发布100亿元专项信贷资金支持闽台民族乡村振兴。与中国社会科学院民族学与人类学研究所、宁夏民委、中国联通福建分公司等5家单位签订战略合作协议，助力“共同家园、共同富裕、共同进步”。利用各类活动平台，促成两岸民族乡村签订18个“乡对乡”“村对村”“协会对乡村”产业合作协议，有5个闽台合作产业项目列入全省2024年重点扶持产业项目，予以资金支持。鼓励各地充分发挥闽台双方资源优势，对接民族乡村振兴需求。

少数民族资金管理。2023年，福建省安排民族发展补助资金7239万元（中央资金4739万元、省级资金2500万元），共实施项目354个。整理编印《中央和省级民族资金使用管理与绩效监控规章制度汇编》，举办2023年全省中央和省级民族资金使用管理绩效监控业务培训班。贯彻落实《福建省巩固拓展脱贫攻坚成果和乡村振兴项目库建设管理指南》，组织人员先后赴罗源县、漳浦县、华安县、宁化县、永安市、建阳区、松溪县、福安市、霞浦县等县区乡村开展资金政策宣讲，有针对性地进行督促、指导。制定出台《福建省少数民族发展补助资金绩效管理若干措施（暂行）》，实施衔接资金日常监控评价。引进第三方机构协助做好实施项目每季度现场核查工作和每年6月、10月的资金绩效“双监控”工作。组织对各地2023年度资金绩效情况进行评价考核，现场考核范围覆盖全省9个市（区）22个县、54个乡镇。在资金分配中加强绩效评价结果应用。（钟燕）

【福建青少年学生主题演讲大赛】 2023年4月21日，“福籽同心爱中华”福建青少年学生主题演讲大赛颁奖及展演活动在三明学院举办。从获奖的作品中选送116件参评，经初赛、复赛等环节，并经专家评审一等奖8项、二等奖13项、三等奖22项，从中精选5项优秀获奖作品参加本次展演。（央金拉姆）

【“两岸民族共好”论坛】 2023年4月21日，由福建省民族团结进步协会与台湾少数民族历届乡镇市区长策进协会共同主办的“两岸民族共好”论坛在三明永安复兴堡举办。论坛是中华一家亲·

2023 海峡两岸各民族欢度“三月三”暨福籽同心爱中华·福建省第十届“三月三”畲族文化节的主要活动之一，以“主旨分享＋座谈＋展会＋签约”形式，通过对时代课题“乡村振兴”“民族团结”开展研讨，搭建两岸学术交流互动平台，促进两岸学术与产业融合，推动两岸经济文化交流合作。有关领导嘉宾、两岸专家学者以及企业代表等 100 余人参会参展，其中台湾的专家学者和展商有 50 多人。活动同期还举办两岸各民族“两岸同心·共同富裕”优良产品成果展示。（钟燕）

【“三月三”畲族文化节活动】 2023 年 4 月 23 日，中华一家亲·2023 海峡两岸各民族欢度“三月三”暨福籽同心爱中华·福建省第十届“三月三”畲族文化节活动在三明永安举办。活动由国家民委、国台办、全国台联、省政府指导，省民族宗教厅、中华民族团结进步协会、海外联谊会等共同主办，新党主席吴成典视频致辞，台湾少数民族 16 个族群 80 多名代表参加，福建省民族团结进步协会与台湾少数民族历届乡镇市区长策进协会签署《两岸民族团结共同宣言》，系列活动全网总传播超过 1.5 亿人次。活动设有“两岸民族共好”论坛、“闽王与畲”休戚与共专场、“畲客融合”共同家园专场、“福籽同心爱中华”主题展等。

【福建省第十届少数民族传统体育运动会】 2023 年 4 月 23—27 日，福建省第十届少数民族传统体育运动会在南平举办。运动会由省民族宗教厅、省体育局共同主办，南平市人民政府承办，首次将竞赛项目由传统 6 类增加至 7 类，台湾少数民族历届乡镇市区长策进协会理事长潘荣宗等嘉宾现场观摩运动会，邀请 24 名台湾花莲的少数民族传统舞蹈研习班学生参赛。全省 9 个设区市和平潭综合实验区共成立 10 个代表团，有 27 个民族的 1300 多名运动员、教练员、裁判员等参加比赛，青年志愿者 200 多人参与大会组织和赛事服务活动。运动会共决出竞赛项目 40 枚金牌、40 枚银牌、44 枚铜牌，表演项目 6 个金奖、6 个银奖、5 个铜奖，台湾花莲表演队获得表演项目特别奖，福州市等 10 个代表团、17 支运动队、80 名运动员、10 名裁判员获得体育道德风尚奖，南平市民族宗教局、体育局等 20 个单位获得优秀组织奖。（彭辉）

【第十五届海峡论坛·两岸各民族携手向未来活动】 2023 年 6 月 17—19 日，由福建省民族团结进步协会、台湾少数民族历届乡镇市区长策进协会共同主办的第十五届海峡论坛·两岸各民族携手向未来活动分别在厦门和宁德霞浦两地举办，有包括台湾同胞在内的两岸民间协会、专家学者、企业家等 100 余人参加。活动以“两岸共好·富裕共享”为主题，通过“文旅＋展览＋论坛＋签约”等形式，融入吃住行游购娱等有形有感元素，借助美食美味、祖先祖祠、行来行往、福籽福游、乐享乐购、非遗非凡等闽台交流，生动展示两岸同根同源、一脉相承的日常饮食风俗、历史文化记忆、经贸联系往来。（钟燕）

【福籽同心爱中华活动】 2023 年 9 月 22 日，福建省民族宗教厅联合省农业农村厅、省文旅厅、省农信联社，在漳州市华安县成功举办福籽同心爱中华——2023 年中华一家亲·海峡两岸各民族共庆“中国农民丰收节”活动，台盟中央代表应邀出席，福建省民族团结进步协会、贵州省毕节市赫章县代表，以及台湾少数民族历届乡镇市区长策进协会、中华两岸少数民族文化经贸交流协会等台湾社团各民族代表 150 余人参加活动。省农信联社安排 100 亿元信贷资金支持闽台民族乡村振兴，助力两岸融合发展示范区建设。其间，福建省民族团结进步协会在华安县送坑村闽台缘同心馆举行“中华民族共同体建设闽台实践基地”揭牌仪式。（彭辉）

【主题宣传月活动】 2023 年 3 月 6 日，“福籽同心爱中华·2023 福建省铸牢中华民族共同体意识主题月”活动在福安市举办开幕式。福建省民族宗教厅联合团省委、省教育厅等单位，发动全省高校 192 支社会实践队、民族团结进步教育基地等，开展社会实践，助力民族乡村共同富裕，活动共收到 105 篇调研报告、78 个活动视频作品。

【“三创促三交”品牌】 2023 年 9 月 1—3 日，福籽同心爱中华·首届福建省民族乡村“三创（创业、创新、创优）促三交（交往、交流、交融）”训练营线下活动在福州举办。训练营活动由省民族宗教厅、省教育厅和中国邮政储蓄银行福建省分行共同主办。430 个团队 2331 名队员和 500 多名个人报名；经过线上训练、项目提交、资格审查、线上评审等环节，38 个项目分获一、二、三等奖。有 5 个获奖团队与有关民族乡、企业现场签约，获得金融机构授信，有 4 个获奖团队项目在民族乡村落地。

【“青雁计划”新生代企业人才培训班】 2023 年 10 月 23—28 日，“青雁计划”新生代企业人才培训班在泉州、厦门举办，新疆的青年企业家、创业者、在福建高校就读的新疆籍大学生共计 58 人参加，组织专家授课、交流研讨、实地参观福建知名企业、座谈交流等方式，支持闽疆两地企业、创新创业团队深化合作、交往交流交融。培训期间，相关企业家与新疆籍参训大学生达成就业意向 11 个。

【“云上民族村寨”工程】 2023 年，福建省建成“福建省云上民族乡村应用系统”，在第六届数字中国建设峰会“数字乡村”馆展示。有 7 个民族乡和部分民族村实施“云上民族村寨”工程，6 个民族乡村接入福建省云上民族乡村应用系统。（钟燕）

【民族团结进步创建】 2023 年，福建省根据国家和省创建示范活动管理办法，择优推荐的泉州南安市码头镇、三明列东中学、龙岩第一中学等 3 个单位入选第十一批全国民族团结进步示范区示范单位。择优评出全省民族团结进步重点区重点单位培育对象 36 个，莆田福莆仙东岳观被列入民族团结进步示范宗教活动场所培育对象名录。

【全省民族团结进步创建工作培训班】2023 年 8 月 29 日至 9 月 1 日，全省民族团结进步创建工作培训班在华侨大学继续教育学院举办，各设区市、平潭综合实验区民族工作负责人及拟申报全省（全国）民族团结进步示范区示范单位的单位负责人共 48 人参加，培训班采取专家授课、视频辅导、现场教学和讨论交流等方式进行，规范民族团结进步创建工作，促进不同层次、不同类型、不同领域的示范典型系统培育。（陈锋）

宗教事务

【宗教界发展建设】 2023 年 5 月 29 日，福建省佛教协会在晋江召开第九届第四次理事会，会议听取省佛协九届三次理事会以来工作报告，副秘书长以上人员年度述职并评议，理事以上成员约 150 人参会。7 月 5 日，福建省伊斯兰教协会在南平邵武召开以“从严治教、崇俭戒奢”为主题的“解经、讲经、用经”中国化福建实践活动会，省伊协常务理事以上人员共 22 人参会。

【宗教界文化交流】 2023 年 4 月 22—23 日，福建省佛教协会在福州平潭举办“同心同德同行”第九届禅之声论坛，佛教界代表及信众约 300 人参加。

5 月 27—31 日，福建省佛教协会与台湾“中国佛教会”在泉州晋江联合举办“中华一家亲　牵手向未来”第十届闽台佛教论坛。论坛期间还举行闽台佛教界缅怀黑水沟罹难同胞超荐祈福法会暨“闽台佛教交流中心”揭牌仪式，海峡两岸佛教界人士，以及香港、澳门等地 600 多名佛教界法师及护法善信参加。

5 月 29—30 日，福建省佛教协会与台湾“中国佛教会”首次以线下交流的方式在泉州晋江举办中华佛教讲经交流会，福建各地及台港澳地区等 9 位法师围绕“加强人才培养、延续法脉传承、弘扬祖庭文化”讲经说法，佛教界人士及信众约 300 人参会。

9 月 26 日，福建省佛教协会在宁德古田举办圆瑛法师入台弘法 100 周年纪念座谈会。海峡两岸佛教界代表和专家学者共 40 余人座谈，并回顾圆瑛法师入台弘法百年来的历史影响和对促进两岸佛教交流交融的重要意义，展现闽台一家亲、佛教亲上亲。

10 月 20—21 日，福建省佛教协会在福州福清举办“天下黄檗　千载胜因”第三届国际黄檗禅论坛，以黄檗文化缔结中日佛教黄金纽带关系，为中日民间友好、增进中日佛教友谊积攒新动能。论坛收录论文 39 篇，海内外佛教界代表人士、专家学者和社会各界人士约 200 人参加论坛。

10 月 28 日，福建省佛教协会与菲律宾佛教联合会在泉州南安雪峰禅寺共同举办“中华一家　从心出发”首届侨僧文化交流系列活动，并联合发表宣言。15 个国家与地区的佛教界代表、华侨居士代表共计 1000 余人齐聚侨乡，共话祖庭情谊、共叙中华一家、共论从心出发。

11 月 8—11 日，福建省佛教协会在莆田广化寺举办第五届海丝佛教论坛暨福建佛学院创办 40 周年纪念活动。论坛聚焦“佛教教育国际化与文明互鉴”“佛教教育中国化与健康传承”等议题，

2023 年 5 月 27—31 日，“中华一家亲　牵手向未来”第十届闽台佛教论坛在泉州晋江举办　（省民族宗教厅）

2023 年 5 月 9—12 日，第七届中华梦乡·福清石竹山梦文化节暨海峡两岸（福清）道教论坛在福清石竹山举办　（省民族宗教厅）

收录论文 51 篇。海内外佛教界代表人士、专家学者和社会各界人士约 1000 人参加论坛。

道教文化交流。5 月 9—12 日，第七届中华梦乡·福清石竹山梦文化节暨海峡两岸（福清）道教论坛在福清石竹山举办，海内外近 1000 名代表与信众参加，其中台湾道教界人士及信众近 600 人。

伊斯兰教文化交流。5 月 23—24 日，福建省伊斯兰教协会与陕西省伊斯兰教协会联合举办“第三届伊斯兰教与海上丝绸之路论坛”，省内外专家及穆斯林代表 70 多人参会，收录 17 篇论文。

民间信仰交流。11 月 18 日，第十五届海峡论坛·陈靖姑文化节在海峡两岸交流基地古田临水宫祖庙举行，活动以“千年临水情　两岸一家亲”为主题，巩固和深化两岸“人同宗、神同源”的共识和认同，并着力提升陈靖姑信俗文化在海外的知名度、影响力。

（李　青　肖文鸿）

库区移民

【概况】 2023 年，福建省共有在建的大中型水库（含抽水蓄能电站）33 个，涉及搬迁人口 5.23 万人、生产安置人口 2.62 万人。为 47.24 万名直补移民发放直补资金，因地制宜实施环境整治、特色农业、产业发展、乡村旅游等项目，加快建设机制活、产业优、移民富、生态美的新福建库区。

【移民搬迁安置】 2023 年，福建省采取会前讨论和预审的办法，加强移民安置规划设计和移民安置验收工作指导，高质高效完成古田溪混合式抽水蓄能电站移民安置规划（大纲）审查、沙县双溪水库工程竣工移民安置验收等 26 项审查验收事项，较好服务全省水利水电项目建设大局。

重点项目建设。围绕重点项目建设，开展调查研究和工作剖析，梳理总结白濑水利枢纽工程移民安置工作，赴浙江省协调推进宁德上白石水利枢纽工程移民安置规划大纲编制等事项，召开闽浙两省交溪流域水资源开发移民安置工作协调会，列入国家 172 项重大水利工程的泉州白濑水利枢纽工程移民安置工作、宁德上白石水利枢纽工程移民安置前期工作取得重大进展。

事中监管。出台《关于加强和规范全省大中型水利水电工程移民安置规划实施工作指导意见》，汇编制作《移民安置工作实务》，对 2012—2023 年已建（在建）的大中型水库（含抽水蓄能电站）及 50 年一遇以上防洪防潮及引调水工程移民安置工作情况进行梳理，全面总结工作经验、提升工作质效。

【移民后期扶持】 2023 年，福建省水利水电工程移民发展中心指导各地分四批建设 54 个省级移民后扶示范区。编制《福建省大中型水库“润泽库区、造福移民”工程实施方案》，推动移民后扶工作与乡村振兴、水利发展有机融合，推进后期扶持转型升级由示范探索到全域推广转变。

美丽家园打造。从解决移民村基础设施薄弱问题为重点转向建设更高水平的宜居宜业美丽移民乡村，对移民人数相对集中的移民村，整合资金，加强系统治理，以山水林田湖草综合治理助力乡村振兴；对移民安置分散的移民村，按照什么问题突出就解决什么问题的原则，实行单项治理补短板，打造显山露水、记得住乡愁的美丽移民家园。

移民增收工作。2023 年，福建省水利水电工程移民发展中心指导各地因地制宜开展资产购置、乡村旅游、特色农业等项目市场化运作，推动库区三产融合发展，培育壮大库区特色产业，激发库区发展内生动力。以解决移民就业增收为目标，以市场需求和移民需求为导向，创新模式在全省 56 个县（市、区）完成职业技能和实用技术培训 200 多期，培训移民 13543 人次。

【资金项目监管】 2023 年，福建省建立健全“设定目标、明确责任、过程监督、绩效评价”的管理模式，按照项目核准入库、方案提前编制、计划分类审核、实施分级管理、资产归属确权、投资决算审计、项目竣工验收、工程建后评估、成果移交管护等环节实施闭环管理，实施资金分批下达、项目分级管理、工作包片推进、省市县协调联动和绩效综合考评等工作机制。组织开展“监督护航、赋能发展”监督年活动，采取“带题检视”“点题整治”等针对性措施，组织完成 10 个县（市、区）移民后扶政策实施情况稽察、8 个县（市、区）示范区项目专项审计、9 个县（区）稽察发现问题整改评估，指导福州市、罗源县做好霍口水库移民安置存在问题整改和各设区市对所辖 20 个县（市、区）的移民后扶政策实施情况稽察，强化项目、资金、监管部门三方会商机制，全链条加强移民资金和项目监督管理。贯彻落实水利部数字孪生水利建设有关要求，编制全省水利水电工程数字移民规划，以“整体规划，分步实施”为原则，综合运用大数据、云计算、数字孪生、人工智能等最新技术手段，建设全省水利水电工程移民数字化监管平台，加快新型科技与传统移民管理工作的融合发展。

【库区稳定建设】 2023 年，福建省按照“三到位一处理”（责任到位、措施到位、投入到位、处理到位）的原则，用心用力用情解决移民群众的困难问题，围绕实施“造福移民、润泽库区”工程，发挥后期扶持政策和三峡后续政策作用，从根本上解决移民群众的发展与增收问题。以创建“平安库区”为载体，坚持常态化会商预警预测工作，建立每月一研究、每半年一次形势分析的常态化分析研判机制，实行重点时段值班值守和库区稳定信息日报告制度，开展重要时间节点维稳安保工作。举办全省移民信访维稳工作培训班和政策法规宣传季活动，采取送法下乡等形式，宣传普法。

（陈仨颖）

编辑：郑　茉

应急管理

综　述

【应急管理发展】 2023年，福建省统筹发展和安全，全年全省共发生各类生产安全事故553起、死亡420人，比上年减少68起、52人，均下降11.0%；其中较大事故12起、死亡42人，增加3起、死亡人数持平；没有发生重大以上事故。有效防御15场暴雨、2个登陆台风、5个影响台风和低温雨雪冰冻灾害，成功防御超强台风“杜苏芮”和极端降雨台风“海葵”。及时处置森林火灾7起，下降65%。首次筹备全省初级注册安全工程师职业资格考试。筹备福建省自然灾害防治技术研究院，全面完成乡村两级防汛能力“十个有”标准化建设。矿山安全监管执法、灾害救助、自然灾害风险普查、应急救援力量建设、危化品安全监管等工作做法获全国转发或在全国作典型发言。省应急指挥中心被列为“省直机关主题党日活动基地”。2023年，福建省安全形势总体稳定，在全国安全生产和消防工作考核巡查中获优秀等次。

【完善应急指挥机制】 2023年，福建省实施智慧应急“星火计划”，完善省应急指挥中心运行机制，实行特色联合值班值守模式，升级应急管理数据治理系统，对接53个部级业务系统，横向汇聚省直26家部门、纵向汇聚各设区市427项信息，接入32万路各类监控视频，建设全省共用、共治、共享的应急管理大数据中心。建成应急值守、应急资源“一张图”，实现一图全览、快速指挥。

【风险监测和综合减灾】 2023年，福建省推动数字监测预警，完成140家危化品重大危险源企业双重预防机制数字化建设，46座尾矿库完成在线监测；全国试点“互联网＋特种作业人员综合服务”管理系统建设，汇聚人员、设备等信息4.8万条，规范电气焊作业人员管理；推进全国中小河流遥测告警试点，深化普查成果应用，13起自然灾害避险案例获全国通报表扬。健全省、市、县、乡四级森林防灭火指挥体系，强化火情监测、火险等级预警预报，开展重大火险隐患和野外火源专项治理行动，排查整改隐患5285处，核查火情热点1663起，及时处置森林火灾7起，下降65%。强化基层防汛应急能力，为3550个山洪灾害高风险行政村配备卫星电话，为19.72万名乡村防汛干部配齐“五小件”；健全抗震救灾工作机制，加强地震重点危险区房屋建筑和设施抗震设防，完成360个自然灾害避灾点提升建设工程，推动省级区域性防汛抗旱应急救援中心、沙县现代化消防综合训练基地建设。

【救援协调】 2023年，福建省加强预案管理和演练，在全省12个县（区）157个乡镇（街道）试点应急预案体系建设，制定修订各级应急预案5100余个。举办8场省级应急演练，指导市县开展演练398场，推动部门开展演练1200多场，组织社会各类单位开展演练1.8万余场。授牌首批28支省级应急救援队伍和10个省级应急救援培训基地，强化4支国家专业应急救援队伍建设，组建航空应急救援中心。持续强化救灾救助，出台《灾后民生救助保障实施方案》，对房屋损坏需要重建的重点户补助标准从每户2.5万元提高到5万元，一般重建户补助标准从每户2万元提高到4万元。争取中央自然灾害救灾资金5.06亿元，增长116.8%，创近20年新高。调拨救灾物资16.37万件，落实2.85万受灾户获赔农村住房保险，支付理赔款1.12亿元，资金赔付到位率100%。

【应急教育训练】 2023年，福建省实施“五个一百”安全应急保障提升工程为民办实事项目，总投入1.42亿元，在全省建成100个应急保障类项目、100个救援力量建设类项目、100个安全技能提升项目、100个安全宣教联播项目、100个安全文化示范园（馆）。出台应急管理专家管理办法，建立8个专家组。开展应急干部实战大练兵，推进全省应急管理系统干部教育培训工作，组织市县乡党政主要负责人6917人次参加集中培训，组织25个班次、2.46万人次参加应急管理业务培训。开展防灾减灾宣传日、安全生产月等安全宣传“五进”活动，组织逃生演练、自救互救等活动4368场，95.4万人次参与。福建省安全网络知识竞赛位居全国第六名。（省应急管理厅）

防汛抗旱

【概况】 2023年，福建省组织汛前排查9.28万人次，排查各类风险点5.07万处，发现并整治问题4482个，修复水毁工程设施1581处。全年共防御15场暴雨、2个登陆台风、5个影响台风，省级启动防汛应急响应26次48天，启动救灾应急响应3次，提前布防各类应急抢险力量18.22万人次，累计下沉干部84.13万人次，紧急避险转移78.56万人次，紧急转移安置34.22万人次，转移养殖渔排上人员9.29万人次，组织渔船、施工船等各类船舶避风8795艘次。各级累计发布预警消息近5万条次、短信超10亿条次；累计出动应急力量31.92万人次、装备11.03万台（套），救助遇险人员10648人，疏散转移3.66万人，最大限度避免伤亡、减轻损失、降低影响。

【“杜苏芮”台风】 2023年7月21日，第5号台风“杜苏芮”编号生成，7月29日停止编号。7月28日9时55分以强台风级在晋江市沿海登陆，是有完整观测记录以来登陆福建省第二强的台风。福建省海域、陆上全境均遭受严重风雨影响，历时近5天。过程最大为涵江区新县镇820毫米，小时雨强最大为荔城区新度镇151.2毫米。造成全省266.69万人受灾，农作物受灾面积3.74万公顷，直接经济损失147.55亿元。

【“海葵”台风】 2023年8月28日，第11号台风“海葵”编号生成，9月6日停止编号。9月5日5时20分以热带风暴级在漳州市东山县沿海登陆。台风“海葵”降雨强度大、极端性强，福州市区、宁德市区、长乐和永泰四地日降雨量破当地历史极值纪录，厦门市区、闽侯、仙游和长泰四地日降雨量破当地历史同期纪录。造成全省211.3万人受灾，农作物受灾面积2.04万公顷，直接经济损失107.03亿元。

（省应急管理厅）

抗震救灾

【概况】 2023年，福建及其近海地区共发生ML2.0级以上地震71次，其中2.0～2.9级63次，3.0～3.9级7次，5.0～5.9级1次，最大地震为10月23日广东南澳海域ML5.0级地震。2023年福建及近海地区2级以上地震活动频次及强度水平较2022年显著增强。

2023年，台湾海峡地区共发生ML3.0级以上地震6次，其中3.0～3.9级地震5次，4.0～4.9级地震1次，最大地震为4月22日台湾海峡南部ML4.8级地震。2023年台湾海峡地区3级以上地震活动频次和强度较2022年有所增强。

2023年，台湾地区共发生MS5.0级以上地震5次，其中5.0～5.9级5次，最大地震为10月24日台湾花莲海域5.9级地震。2023年台湾地区地震活动频次和强度水平较2022年显著减弱。

【防震减灾科技创新】 2023年，福建省持续推进海洋地震研究基地科学实验楼基础设施建设，完成海洋压力模拟实验舱、振动试验台、装备库卸货平台等建设工作，完成海洋探测设备运维保障智慧管理平台建设。开展2023年度陆海地震观测与探测工作与工作方案的编制工作。开展“一带一路”地震监测台网项目建设，完成科考船改造的详细设计及改造施工工作。完成17套专业设备的到货验收及安装调试工作，其中10套专业设备完成海试验收航次。完成泉州1604年7.5级地震构造环境探查项目的海域探测数据采集，获得146千米测线及3个固定点的广角地震探测原始数据；推进沿海城市地震灾害风险防范工作，选取福建沿海地区高层建筑为试验点，在高层建筑内布设结构观测台阵，对结构开展动力特性和地震反应分析；开展强地面运动模拟技术系统研制工作，初步完成泉州主城区强地面运动模拟；完成东圳水库分布式光纤地震观测系统部署及测试工作。

海洋地震科技创新研讨。建立联合创新基地，厦门海洋地震研究所与闽江学院、中天科技共同组建光纤传感技术工程应用中心，与福州大学土木工程学院、福州市规划设计院分别签订战略合作框架协议，组建韧性城市及防灾减灾协同创新中心，开展地震观测技术研究。组织召开海洋所科学发展规划编制研讨会、海洋科学联合创新发展研讨会，邀请中国科学技术大学、中国科学院大学、中国科学院南海所、自然资源部海洋二所、英国剑桥大学、台湾大学等高校、科研院所的相关领域的专家学者到海洋所开展学术交流与项目合作研讨。组办2023年闽台地震科技交流合作研讨会暨第二届海洋地震科学与工程研讨会。2023年厦门海洋地震研究所继续为中国科学院大学、厦门大学开展海洋地震与地球物理野外教学实践，与厦门大学签订野外教学实践基地共建协议。参与拍摄1部海洋地震装备宣传片，为《厦门日报》提供稿件等，提高公众防震减灾意识。2023年助力国家涉海科技创新，编制完成巨灾防范工程《近海海域浅层地震勘探技术指南》，联合中国地震局地质所完成《海域活动断层探测》团体标准建议稿编制，完成编制《中国海洋地震观测规划（2023—2035年）》。

地震监测预警工程建设。推进福建及海峡地震观测网工程建设，完成5个重力台土建和15套地球物理台网仪器的更新及INSAR大地形变观测平台建设；完成2个海上浮标地震台建设；1个水库主动源激发台正在建设；国家地震预警与烈度速报工程福建子项目的3个单位工程通过专家验收，实施项目观测。“一带一路”地震监测网福建子项目2023年度完成综合台土建工程、设备安装调测及数据接入，观测技术系统运行正常。岛礁台土建工程完工，完成设备采购、安装调测及数据接入，潜浮标项目完成施工地点选址论证工作、首台套生产装配及海上验证试验工作，科考船完成19个合同设备采购，其中17个合同到货验收，部分设备完成海试验收航次；船舶改造工程交工验收。完成国家地震烈度速报与预警工程福建子项目并正式运行，加强全省预警信息终端运维管理并纳入市县地震工作考核，提升预警终端在线率。拓展地震预警信息服务渠道，与移动通信签订预警信息发布协议，与广电及“闽政通”APP、电信智慧音箱、“新福建”APP等多个信息发布媒体进行技术对接。联合上海铁路监督管理局、省自然资源厅等单位建立铁路沿线自然灾害监测预警协调机制，为南昌铁路局提供定制化地震预警服务，在高速铁路11个工务站段安装13台地震预警信息发布终端并稳定运行。

【地震应急与安全监管】 2023年，福建省共妥善处置2次对全省造成较强震感地震，分别是毗邻的广东南澳海域5.0级地震和台湾花莲5.4级地震。利用地震活动性等相关资料，对2023年10月23日广东南澳5.0级地震做出较准确的年尺度预测，地震后及时向中国地震局和福建省委省政府报告震情、灾情和舆情，准确提供震后趋势判定意见，加强涉震舆情引导，及时回应社会关切，维护社会安定稳定。加强地震安全性评价报告审查，完成重大工程地震安全性评价报告技术审查47项；推进地震易发区房屋设施加固工程，与住建部门协调建立数据共享机制，开展房屋设施抗震设防信息采集，上传加固房屋设施信息2510条、新建房屋设施信息15229条；“深地震反射探测”项目通过中国地震局震防司组织的专家验收，获评优质工程；“莆田市城市活动断层探测与地震危险性评价”项目通过总验收。动员、指导福州、莆田、泉州、三明等地争取当地政府支持，推进实施活动断层探测、浅层地震物理勘探等项目，实施福清、仙游和三元区等地浅勘项目，实施泉州东海片区活动断层探测等，全部通过验收；以特大型水利水电设施开展一般性评估试点，开展泉州白濑水利枢纽重大基础设施地震灾害风险一般性评估报告编制；联合应急、水利等相关部门，组成省、市、县执法检查组，依法对金钟、棉花滩等6座大型水库的专用地震监测台网建设运行、抗震设防要求落实等情况开展行政检查，对发现的问题出具整改意见书督促整改。

【防震减灾公共服务】 2023年，福建省地震局联合省教育厅、省民族宗教厅和省科协等印发《关于开展“地震科普携手同行”主题活动的通知》，部署防震减灾科普宣传年度重点工作任务，组织开展一系列各具特色的线上线下科普宣传活动。组织传播师参加防震减灾科普“六进”活动，选拔优秀的传播师参加全国科普讲解大赛等，充实科普人才队伍。组织开展防震减灾科普讲解大赛和重要时段主题宣传活动，开展“地震科普，携手同行”主题活动，开展以民族中小学校为重点的“五个一”系列公益活动，推进实施图书捐赠、科普讲座、地震演练、主题班会、师资培训等，重点向新疆、贵州252所学校支援科普图书11000余册，向泉州、漳州等地10余所学校捐赠科普图书2000余册。开展科普“进社区”“进乡村”活动。联合省应急厅、省科技厅设计科普挂图，在全省1700多个社区科普画廊开展展示宣传；加强科普宣传阵地建设，开展防震减灾科普教育基地、科普示范学校创建和评选认定工作。加强融媒体科普作品创作，制作完成《福建省地震灾害风险普查项目综述》宣传片，编辑出版5·12防震减灾主题宣传挂图，在全省5100多个科普画廊展示宣传。在中国地震局公众号开展线上地震IP形象系列宣传活动，推动网络投票评选，福建省地震局新蟾童形象获评“公众最喜欢的IP形象”第二名。开发创作蟾童科普形象文创产品并在科普宣传互动中投入使用。结合福建地域特色创作建筑抗震宣传片，参与策划组织并参加2023年福建省“5·12全国防灾减灾日”福州高级中学防灾减灾大型现场活动，全网超过300万人次收看此次活动直播，应急管理部微信公众号、央视网专门转发和报道活动。与福建交通应急广播联合主办“地震奇妙游”科普研学活动。

（郑小菁　陈莹）

安全生产监督管理

【安全生产组织领导】 2023年，福建省强化安全生产考核巡查，实行较大事故“双通报”，定期印发安全风险提示函，首创每月动态发布安全风险指数。制定领导干部责任清单，开展“三员三促”活动，挂钩服务全省83个县（市、区）。明确安委会成员单位职责分工，厘清校外培训机构等12个监管盲区。强化挂牌督办、警示通报、约谈、公开曝光等措施，共挂牌督办较大事故9起，约谈2次，曝光企业128家。组织15批次105个省级指导检查组或驻守督导组开展明察暗访，一体压实属地、领导干部、部门、企业安全生产责任。

【安全生产专项整治】 2023年，福建省开展重大事故隐患排查整治2023行动，建立重大事故隐患数据库，编制13项排查标准、8个领域重要检查事项，明确11个重点领域整治内容，检查企业39.4万家，排查整治重大事故隐患2.74万项，责令停产整顿1876家，罚款3.74亿元，公布典型案例1880个。推动成立燃气和渔业船舶专业委员会。危化品方面，全国推广危化品立体化监管机制，危化品安全风险集中治理居全国第五名，泉惠、古雷、江阴、泉港、吉口等5家化工园区完成D级化工园区创建。工贸方面，全国首创《工贸行业小微企业安全生产标准化基本规范》，举办全省首届焊工职业安全技能竞赛，深化“安全生产标准化＋双重预防＋监管执法＋信息化监管平台”全链条监管模式，收纳管理企业5.1万家。矿山方面，开展矿山综合整治，销号治理尾矿库11座。实施非煤矿山安全标准化提升三年行动。

【安全生产监督执法】 2023年，福建省完善安全法治建设，加快《福建省安全生产条例（修改）》立法进程，完成法治建设中期评估。深化行政审批制度改革，调整更新行政许可事项标准16项。完善安全生产行政执法与刑事司法衔接制度。组织558名干部参加行政执法资格培训考试。在36个县（市、区）开展乡镇连片联合执法试点，入选全国应急管理综合行政执法改革典型经验做法。推进“互联网＋执法”，全省工贸专项执法覆盖率居全国第二。报送典型执法案例620个，安全生产执法次数、处罚次数分别提高44.2%、43%，罚款数额增加19.3%。强化举报奖励，受理举报件数、发放奖励金额分别增长113.7%、137.7%。 （省应急管理厅）

消防救援

【概况】 2023年，福建省发生火灾24774起、死亡47人（不含放火16人）、受伤92人，造成直接财产损失3.05亿元，未发生重大以上火灾，消防安全形势总体平稳。全省消防救援队伍接处警6.6万起，出动消防救援人员63.5万人次，抢救被困人员9537人，疏散遇险人员2.6万人，抢救财产价值6.64亿元。完成崇武海域“3·30”货船火灾、泉港“12·20”石化园区火灾处置、抗击强台风“杜苏芮”及台风“海葵”等急难险重任务。全省队伍12个集体、25名个人获省部级以上表彰，7个集体、13名个人获厅局级表彰，13个单位和15名个人被地方党委记功。福州、龙岩支队分别被市委市政府记二等功、三等功；平潭支队被实验区党工委、管委会授予“岚岛卫士”称号。

【消防安全治理】 2023年，福建省人大常委会审议通过新修订的《福建省消防条例》。配套制订信用管理、消防远程监控等制度标准。开展消防安全重大风险隐患专项排查整治和全生命周期消防安全宣传教育培训攻坚行动。推进各级政府挂牌督办422家重大火灾隐患单位，组织专家团队对1693家医院、894家养老机构、3396栋超高层建筑和422家重大火灾隐患单位进行消防“体检”。建强镇街消防工作站（所）、社区（村）微型消防站，培训推广基层消防“5＋3”（5个检查重点——“三合一”场所、弱势群体、火源、电动自行车、易燃材料；3项措施——畅通疏散通道、防火墙硬隔离、配备逃生面罩）必查，与89.7%的乡镇（街道）签订消防执法赋权承接确认书，编制消防执法指导手册。省委省政府将全省42万户低收入群体居住环境消防安全改造工程作为省级为民办实事项目，各级共投入2.1亿元开展专项改造。全年检查单位13.7万家，督促整改火灾隐患10.6万处，圆满完成第15届海峡论坛、第6届数字中国建设峰会和第23届“9·8”投洽会消防安保任务。

【救援能力建设】 2023年，福建省消防救援总队出台《执勤岗位常态化训练和考核工作机制》《支大队训练计划制定工作指南》等，研发“战训生涯”训练管理系统，规范队伍训练目标和计划制定。开展支队级全勤指挥部桌面推演、消防救援站实战化练兵比武。差异化布局新能源、烟火特性等17个教学训练点，挂牌成立30个实训基地。加强与相关国家和地区的交流互鉴，组建20支168人教学训练团队，制作30个线上教学课程包，编写《CFBT室内烟火特性训练技术》等17类50余本教材。举办第二届全省消防行业职业技能竞赛，开展难点火灾扑救、抗震救灾、抗洪抢险、城乡排涝、战勤保障等实战演练，编制高层、地下、大跨度大空间建筑灭火救援专业队及搜救犬队伍建设指导意见，开展专业队、攻坚组验收考核。对388支乡镇专职消防队、70支企业专职消防队建设情况开展达标验收。完成全省智能指挥系统本地化应用，探索“卫星＋基站＋自组网”通信模式，加强通信装备配备，更新维护车辆、人员、水源等关键数据9.4万条，完善战例资料库。完善“一体化”战备值守制度，强化指挥岗位训练，对省、市、县三级火灾隐患单位逐一熟悉测试、评估建档、修订预案、实战演练。将通过验收的专职消防队伍纳入两级指挥中心统一调度，参与各类警情处置7000余起。基层队站接警出动效率提升55%，初战用时提速10分钟，扑救时长超30分钟的火灾减少40%。

【消防队伍基层基础建设】 2023年，福建省消防救援总队开展“十四五”规划中期评估，推动各地分部门分解承接目标任务。国家级化工救援基地完成一期建设，总队训练基地三期完成土地控制性详细规划变更，推动消防站竣工8座、开工新建13个，动工建设备勤公寓240套，建成或协调争取备勤公寓101套。总队应急装备物资储备库竣工投用，8个支队应急物资储备库完成建设。在三明沙县建成现代化烟火特性训练中心、水域救援基地等设施。开展装备实战性能测试，编制8个大类407款消防车辆装备主要技术参数条款，完善负面行为预警清单，规范采购流程、提高采购效率。新采购消防车147辆，消防装备器材1.3万件（套），灭火药剂867.2吨，并通过“车辆＋模块厢”改造，解决车辆缺配问题。组织4次省级跨区域战勤保障拉动演练，与交通、物流单位签订联勤合作协议135份，配备运输车149辆、搬运机械等前送装备模块337个。开展装备技术巡检、数据核查、车辆监理等工作，推广应用伙食管理系统。出台《支队级以上领导干部

表 12　2023 年福建省分地区火灾综合情况表

<table>
<tr><th rowspan="3">地区</th><th colspan="6">火灾概况</th><th colspan="4">较大火灾</th></tr>
<tr><th rowspan="2">起数</th><th rowspan="2">死人</th><th rowspan="2">伤人</th><th colspan="3">损失</th><th rowspan="2">起数</th><th rowspan="2">死人</th><th rowspan="2">伤人</th><th rowspan="2">直接损失（万元）</th></tr>
<tr><th>直接损失（万元）</th><th>烧毁建筑（平方米）</th><th>受灾户数</th></tr>
<tr><td>合计</td><td>24774</td><td>63</td><td>92</td><td>30476.52</td><td>327578.36</td><td>16478</td><td>6</td><td>15</td><td>0</td><td>3236.67</td></tr>
<tr><td>福州市</td><td>4957</td><td>14</td><td>26</td><td>3204.83</td><td>49362.03</td><td>4463</td><td>2</td><td>6</td><td>0</td><td>26.67</td></tr>
<tr><td>厦门市</td><td>2635</td><td>4</td><td>14</td><td>2972.60</td><td>14350.25</td><td>1141</td><td>1</td><td>3</td><td>0</td><td>204.31</td></tr>
<tr><td>莆田市</td><td>2929</td><td>2</td><td>3</td><td>1875.50</td><td>49551.51</td><td>914</td><td>0</td><td>0</td><td>0</td><td>0</td></tr>
<tr><td>三明市</td><td>948</td><td>4</td><td>4</td><td>1609.50</td><td>16272.70</td><td>841</td><td>0</td><td>0</td><td>0</td><td>0</td></tr>
<tr><td>泉州市</td><td>6323</td><td>14</td><td>24</td><td>8314.63</td><td>69770.86</td><td>3663</td><td>0</td><td>0</td><td>0</td><td>0</td></tr>
<tr><td>漳州市</td><td>2296</td><td>9</td><td>13</td><td>5342.32</td><td>44684.50</td><td>1858</td><td>1</td><td>3</td><td>0</td><td>5.03</td></tr>
<tr><td>南平市</td><td>1404</td><td>5</td><td>1</td><td>1784.43</td><td>24737.01</td><td>1039</td><td>0</td><td>0</td><td>0</td><td>0</td></tr>
<tr><td>龙岩市</td><td>1227</td><td>4</td><td>5</td><td>3838.71</td><td>25310.90</td><td>864</td><td>1</td><td>0</td><td>0</td><td>2901.47</td></tr>
<tr><td>宁德市</td><td>1620</td><td>7</td><td>2</td><td>1418.87</td><td>22228.60</td><td>1465</td><td>1</td><td>3</td><td>0</td><td>99.19</td></tr>
<tr><td>平潭综合实验区</td><td>435</td><td>0</td><td>0</td><td>115.13</td><td>11310</td><td>230</td><td>0</td><td>0</td><td>0</td><td>0</td></tr>
</table>

说明：1. 统计数据起止时间为 2023 年 1 月 1 日至 12 月 31 日；2. 统计口径为全口径，包含刑事放火、生产经营性火灾等；3. 全年未发生重大、特别重大火灾事故。

（郭成传）

"四下基层"工作制度》。国家消防救援局拨付 1 亿元国债资金，推动各级训练基地等项目建设。以立法形式明确将国家综合性消防救援队伍及人员纳入地方表彰和奖励范围，将外省籍预备消防士优待金发放纳入县级政府保障，推进职业健康中心和基层卫勤保障"三个一"建设，落实指战员休假政策，开展 39 批次 1831 人康养活动。

2023 年 7 月 25 日，福建省森林消防总队完成台风"杜苏芮"抢险救援任务。图为救援现场　（童鹏程　摄）

森林消防

【概况】　2023 年，福建省森林消防总队制定《安全管理重点问题防范流程清单》，召开教育管理重点问题剖析会。推动防灾减灾治理模式向事前预防转型，派人常态参与驻地应急指挥中心联合值班，在 5 省 12 个高火险区靠前驻防，牵头防灭火联演联训 18 次、培训地方骨干 1.1 万人次。

福建省森林消防总队在龙岩支队开展按纲抓建过程控制试点，组织预任中队主官培训。开展"应急使命"和"蓝保"系列输送演习，协调市（县）级部分应急装备委托队伍平时代储，与三一重工、福建侨龙等装备企业签订战时征用合作协议。开展"保障训练规范月"创建等活动，开展"冬季大练兵"、野外驻训和新消防员入职训练，组织"驰援·2023"防汛防台风拉动和应对低温雨雪冰冻灾害演练，逐级开展"火焰

2023 年 11 月 21 日，福建省福州市鼓山风景区发生森林火灾，福建省森林消防总队出动 145 人、13 台车完成扑救任务。图为扑救现场　（卢文锋　摄）

蓝”实战化比武，特勤大队在两项世界绳索救援竞赛中获佳绩。组织八类业务骨干培训 22 批次取得资格认证。全年出动 1.5 万余人次完成 80 起综合救援任务、259 次防火勤务。张永爱被应急管理部表彰为第六届“全国 119 消防先进个人”、第二届“中国消防忠诚卫士”；福建省森林消防总队政治部党支部、福建省森林消防总队三明市支队三明大队一中队党支部、福建省森林消防总队龙岩市支队上杭大队三中队党支部、福建省森林消防总队龙岩市支队上杭大队四中队党支部 4 个党支部被中央和国家机关工委评为“四强”（政治功能强、支部班子强、党员队伍强、作用发挥强）党支部。

【台风“杜苏芮”抢险救援任务】 2023 年 7 月 25 日，福建森林消防总队启动应急响应，全队伍转入一级战备。全队累计动用 871 人次、车辆 119 台次，前置南平光泽、三明永安和清流、泉州安溪、龙岩漳平和连城、厦门集美 7 个重点方向备汛，在福州、南平、宁德、泉州、厦门、武夷山等方向担负营救群众、积水排涝、道路抢通、护坡加固等任务 18 起。累计救助转移群众 1643 人，清除倒木抢通道路 25 千米，加固护坡、抢救设施 300 余处，发放物资 500 余件，排涝 35 万立方米。特别是福州市仓山区某机场排涝任务，29 日 10 时接到省防指命令后，总队迅即调集特种救援大队指战员从青口、荆溪镇 2 个方向紧急转场救援，携带龙吸水、排涝泵等大型排涝设备 6 台，各类救援装备 300 余件套，排涝抢险，全体指战员奋战 22 小时，排水 28 万立方米，完成任务。

【福州鼓山森林火灾扑救任务】 2023 年 11 月 21 日 14 时 35 分，福建森林消防总队特勤大队接福州市应急管理局商请：福建省福州市鼓山风景区发生森林火灾。14 时 40 分，福建森林消防总队特勤大队前往扑救。15 时 40 分，队伍到达火场附近。15 时 55 分，根据联指部署，队伍分为两组：一组由大队长带队采取常规机具灭火方式对东北侧火线进行扑打；二组由教导员带队采取架设水泵以水灭火和常规机具灭火相结合的方式对西南侧火线进行扑打。地方专业队 30 人配合大队行动。17 时 25 分，火场明火全部扑灭，队伍组织清理；17 时 50 分，火场实现无火、无烟、无气，移交地方看守，队伍收拢人员和装备；19 时 05 分，队伍组织撤离归建；20 时 10 分，队伍全部安全归建。任务中，队伍共扑打火头 4 个，扑灭火线 1700 米，清理火线 1500 米，清理烟点 20 余处。

（甄小龙）

编辑：郑　莱

市县概览

福 州 市

【概况】 福州市位于福建省东部。1949年设立地级市。2023年辖6个区、1个县级市、6个县，土地面积11861.39平方千米（不含平潭），海域面积8200平方千米（不含平潭）。年末户籍人口734万人；常住人口846.9万人，其中城镇人口625.9万人。人口自然增长率2.92‰。耕地面积9.85万公顷，粮食种植面积8.73万公顷，粮食产量49.63万吨。林业用地面积73.07万公顷，森林覆盖率51.77%。重要矿产资源有砂、石、土、地热等。重要海洋生物资源有福州金鱼、琅岐青蟹、长乐漳港海蚌、连江官坞海带等。主要旅游资源有森林、海滩、温泉、园林等，景点有三坊七巷、上下杭、烟台山、鼓山、于山、镇海楼、西湖公园等。地方特色文化有闽都文化、海丝文化、侨乡文化等，形成三坊七巷文化、船政文化、昙石山文化、寿山石文化等四大文化品牌。著名人物有林则徐、沈葆桢、严复、林觉民、冰心、林徽因、陈景润等。

2023年，福州市获得首届全球可持续发展城市奖（上海奖）、全国首批中小企业数字化转型试点城市、全国夜间经济新锐十城、国际（闽菜）美食之都、全国创新驱动示范市、国家知识产权保护示范区建设城市、中国年度最佳引才城市、首批全国网络市场监管与服务示范区、全国首批社会治安防控体系建设示范城市等全国性荣誉称号；中国—印度尼西亚经贸创新发展示范园区获国务院批复，中国—印度尼西亚“两国双园”项目入选第三届“一带一路”国际合作高峰论坛务实合作项目清单；苍霞新城老旧小区改造提升、红庙岭园区垃圾资源化处理获中国人居环境范例奖，闽江河口湿地入选国际重要湿地名录和全国山水工程首批优秀典型案例。

2023年，全市地区生产总值12928.47亿元，比上年增长5.2%。其中，第一产业增加值721.59亿元，增长4.0%；第二产业增加值4675.12亿元，增长4.8%；第三产业增加值7531.77亿元，增长5.5%。人均地区生产总值152846元，增长4.9%。一般公共预算总收入1189.77亿元，增长12.3%；其中地方一般公共预算收入754.08亿元，增长8.0%。规模以上工业增加值增长3.3%。农林牧渔业总产值1235.28亿元，增长4.1%。固定资产投资（不含平潭）增长3.2%。社会消费品零售总额4963.76亿元，增长6.1%。外贸出口额2558.11亿元，增长0.2%；实际利用外资9.2亿美元，下降16.7%。城镇居民人均可支配收入58009元，增长4.3%；农村居民人均可支配收入28636元，增长6.7%。全社会用电量616.5亿千瓦时，年末基本养老保险参保城镇企业职工325.87万人，城乡居民养老保险人员253.59万人。职工基本医疗保险参保人数189.28万人，城乡居民基本医疗保险参保人数495.29万人。全市污水处理率96.5%，城镇生活垃圾无害化处理率100%。

【21世纪海上合作委员会理事会会议】 2023年6月2日，2023年21世纪海上合作委员会理事会会议在福州召开。福州市市长、21世纪海上合作委员会主席吴贤德，新西兰地方政府协会主席、21世纪海上合作委员会联合主席斯图尔特·克罗斯比，印度尼西亚雅加达首都特区经济与金融事务区域副秘书长、21世纪海上合作委员会联合主席代表斯里·哈雅提莉在现场或通过视频致辞。委员会会员、协作会员、顾问等在线下或线上参会。福州市作为委员会永久会址和秘书处所在地，推动委员会加快构建有效的对话机制和协调联动机制，增进会员间在海洋新兴产业发展、海洋生态保护、海洋文化交流、滨海旅游和港口建设等领域交流合作，深化贸易往来，推进海洋命运共同体建设，实现互利互惠、共同繁荣。

【2023“鼓岭缘”中美民间友好论坛】 2023年6月28日，2023“鼓岭缘”中美民间友好论坛在福州举行。省委书记、省人大常委会主任周祖翼在开幕式上宣读习近平主席贺信并致辞。省委副书记、省长赵龙主持论坛开幕式。中国驻美国大使谢锋通过视频致辞。美国驻广州总领事耿欣、美国鼓岭文化研究专

家穆言灵、中国人民对外友好协会会长林松添在论坛开幕式上致辞。论坛上，省委常委、福州市委书记林宝金作发言并发布论坛成果。省对外友好协会与美中友好城市协会的主要负责人签署建立友好合作关系备忘录，福州市对外友好协会与美国塔科马市的负责人签署关于进一步加强友好交流合作的谅解备忘录。

【2023世界航海装备大会】 2023年10月12—15日，由福建省人民政府、工业和信息化部、交通运输部联合主办的2023世界航海装备大会在福州举行。大会以“承载人类梦想，驶向星辰大海”为主题，按照“1＋6＋1＋N”（1个开幕式暨主论坛、6场专题论坛、1个成果展以及N场同期活动）的架构设计。开幕式暨主论坛地点设在福州海峡国际会展中心，邀请航海装备领域国内外机构组织、专家学者和知名企业负责人出席并作主旨报告。成果展集中展示党的十八大以来航海装备领域获得权威奖项的产品、技术和解决方案，以及航海装备发展方面取得的突出成就。大会聚焦航海装备专业领域，按照“3＋3”的格局设置6场专题论坛，其中3场为技术文化基础设施领域的综合性论坛（亚洲造船技术论坛、国际深水港建设论坛和世界海洋文明交流互鉴论坛），3场为重要应用领域的专业论坛（深远海养殖装备及产业生态论坛、内河船舶绿色智能发展论坛、国际船艇产业发展论坛）。大会同期举办多场活动，包括中国船舶集团主办的2023中国海洋装备博览会、船舶产业链供应链生态大会等。作为特色活动，船艇展在福州港马尾青州作业区举行，展示海巡船、救助船、科考船等。

【2023中国海洋装备博览会】 2023年10月12日，由中国船舶集团主办的2023中国海洋装备博览会在福州海峡国际会展中心举行。福建省副省长、党组成员林瑞良，中国船舶工业行业协会会长郭大成，中国船舶集团副总经理盛纪纲，福州市委副书记、市长吴贤德等领导出席。大会以“开放海洋　装备未来”为主题，吸引14个国家和地区的715家企业参展，集中展示6500多项海洋装备领域的优秀产品、先进技术和解决方案，包括无人船、水下机器人、智能化港口设备、智慧海洋系统、各式游艇以及相关供应链产品等，展现中国海洋装备领域发展的最新成就。博览会为期4天，全球各类船东、海运集团、航海装备总装制造企业等约3万名专业采购商到会参观接洽，参观客流总量18万人次，落实交易签约金额436亿元，意向成交金额180亿元，涉及临港项目、海上牧场、绿色能源、海洋渔业装备等。

【“项目攻坚增效年”专项行动】 2023年，福州市开展“项目攻坚增效年”专项行动，动建旭川新材料、三钢闽光产能置换等项目835个，建成福达智能仪表、恒申特种气体等项目601个，项目工作正向激励综合考评保持全省第一。开展招商攻坚行动，落地产业项目728个，引进中石油LNG、永荣锦逸新材料、青山航海装备产业园等投资30亿元以上项目23个。（葛丽斌）

【鼓楼区】 地处福州市城区西北部，面积35.43平方千米，2023年辖9个街道、1个镇，共69个社区。年末常住人口67.80万人，户籍人口63.38万人，人口出生率6.02‰，人口自然增长率0.01‰。年内入选首批国家文化产业和旅游产业融合发展示范区建设单位，位居全国市辖区高质量发展百强第17、创新百强区第18。获评福建省建筑之乡。

2023年，鼓楼区实现地区生产总值2850.67亿元，比上年增长5.2%。经济结构上，实行“优二强三”战略，以第三产业为主导，做精都市型工业，第二产业增加值占地区生产总值比重14.9%，第三产业增加值占地区生产总值比重85.1%。一般公共预算总收入63.95亿元，增长11.9%；其中地方一般公共预算收入40.61亿元，增长16.3%。一般公共预算支出达37.5亿元，增长3.7%。城镇居民人均可支配收入68636元，增长4.4%。工业增加值125.4亿元，增长3.1%；规模以上工业总产值101.17亿元。推动新能源、集成电路、光电信息产业规模化、特色化、集群化发展，全区有省级工业龙头企业10家、市级工业龙头2家、市级软件和信息化龙头企业11家。福州亿得隆电气技术有限公司等15家企业入选2023年《福州市名优产品目录》。推进福州软件园高级版标准化建设，竣工投产软件信息产业基地，建成福山数字人才港等七大共享空间，入选中国软件名园试点园区名单，营收突破1800亿元。第三产业增加值2426.81亿元，增长6.9%，占全市的32.2%。社会消费品零售总额1528.65亿元，增长6.1%，占全市的30.8%。金融业增加值801.48亿元，占全市的46.6%。朱紫坊基金港资金管理规模1807亿元。数字经济规模占全区地区生产总值比重66%，56家企业入选省数字经济创新企业，福州市元宇宙产业创新基地入驻企业32家，人工智能产业加速中心与软件园A区组团入选省级人工智能产业园。搭建“乐福游”数字文旅平台，推出6个“温泉＋”复合业态空间，贯通“西湖—白马河—东西河”内河游航线。全年接待国内游客2905.21万人次，增长43.1%；国内旅游收入239.34亿元，增长62.5%。三坊七巷获评全国示范步行街。有市级总部企业45家，居全市第一；省市重点上市后备企业61家。建成香格里拉中心TOD城市公园综合体，打造数字人民币示范商圈。重点商圈客流量增长38.5%，销售额增长16.4%，东街口、熙街口商圈营业额分别达128亿元、77亿元。实际利用外资22463万美元；进出口总额581.2亿元。与中船风电等15家企业签订战略合作协议，引进永辉科技等项目274个，总投资568.7亿元。开展“项目攻坚增效年”行动，129个省、市重点项目完成投资190.7亿元，13个项目获扶持资金及专项债1.28亿元。实施海丝核心区国际金融中心建设三年行动，招引项目52个，注册资本239亿元。“以投促引”带动资本投向省内项目387亿元。

城乡建设与管理。2023年，鼓楼区实施老旧小区改造项目167个，“投融资＋建设＋运营”“共建基金池”的做法获住建部推广。凤湖社区入选全国完整社区建设试点名单，责任规划师制度在全省推广。实施建华支巷等环境综合整治项目11个，提升道路街巷6条，新建智慧灯杆265根，新增保障性租赁住房1900套，增设既有住宅电梯107台。竣工回迁书香红墙等6个项目1517套安置房。在全市首创“城市建管日”，解决问题5.3万个。率先实现垃圾分类社区物业自治，积分兑换平台顺利运行。新建公共停车场6个，新增停车泊位458个，设立首批“外卖小哥”专属停车点，多方联动破解医院周边交通堵塞难题。

社会事业。2023年，鼓楼区新增载体面积17.37万平方米，汇集61个国家和省、市级创新平台，涵盖全区90%专精特新企业、57%高新技术企业。打造海洋经济科创高地，入驻申昊科技等企业32家，落地国际院士科创中心等平台7个。分期建设新能源科创中心，落地东方电气等企业33家，引进省数智双碳创新研究院等平台。企业研发经费比上年增长17.9%。福晶科技入选国家企业技术中心。认定高新技术企业239家，新增省科技“小巨人”企业19家、省级众创空间2家、省级科技企业孵化器1家，立项省科技计划项目13项。选认省级团队科技特派员1个、省级个人科技特派员3人。调整优化区属教育集团，提速建设7所学校。获评全国中小学科创实验基地区、全省基础教育综合改革实验区。课后服务做法入选全省“双减”典型案例。鼓楼区举办“国际博物馆日”中国主会场等文博活动，出版《你未熟知的鼓楼名人》等书籍，《建国带你去巡山——鼓楼摩崖题刻》等原创短视频浏览量逾8024万次。新增非遗代表性传承人21人，建成非遗传承示范基地7家，活化利用古厝12处，修缮文物建筑3处，新增健身路径15条，开展文体活动262场，惠及群众逾30万人次。鼓楼区输送的运动员林雨薇在杭州第十九届亚运会获女子100米栏金牌。完善疾控体系建设，依托区卫健局成立鼓楼区疾病预防控制局。推进城区集团化办医改革，采取“一院多区”的集团办医模式，建设鼓楼区总医院。通过国家慢性病综合防控示范区复审，被授予第五轮全国艾滋病综合防治示范区。在全省率先实现疫苗全流程数字化管理、开展乙肝规范化治疗试点。建成医养结合“健康小屋”12家。全区医疗卫生机构床位达11859张，每千人拥有床位17.62张；卫技人员21892人，每千人拥有卫技人员32.29人。财政用于民生支出26.976亿元，占一般公共预算支出的74.8%。新增就业3.43万人，失业人员实现再就业8626人。实施稳岗返还政策，重启一次性扩岗补助，为企业减少成本2328.55万元。获评全国首批“法治人社建设优秀单位”。76家“长者食堂·学堂”提供助餐助学服务逾200万人次，用餐量、银龄福卡办卡量均居全市第一。设置养老照料床位1297张，长护险签约服务2057人，占全市30%。新增托育机构8家、托位688个，南街街道、水部街道建华社区入选全市首批儿童友好城市建设示范点。建成全市首条网络餐饮示范街。提升闽江北岸鼓楼段环境，建设“两山两园”慢道5千米、公园绿地5公顷。发动47万余人次参与全域治水，空气质量优良率98.6%，西北区饮用水源保护区水质连续28年保持100%达标。福山郊野公园获评生态环境部“生物多样性优秀案例”“绿色低碳典型案例”。打造全国首个政务法务融合服务大厅，新入驻窗口单位13家，一站式提供1324项政务服务和180项法务、泛法务服务。国家智能社会治理实验综合基地完成中期评估，输出阶段性成果25项。“鼓楼智脑”拓展子平台13个。“一线处置”机制解决民生事项6.7万件，满意率99.86%，上升1.34%，获评教育部十佳典型主题案例。“家在鼓楼”小区事务服务中心新纳管小区42个，比上年增长107%。

海洋经济科创高地启用。2023年，鼓楼区创新打造海洋经济科创高地，选址福州软件园双创新城，配置27层、面积5.6万平方米办公区域，规划建设海洋产业加速中心、海洋协同创新中心，主攻平台聚集、试点示范、数字化转型三个方向，突出海洋技术转化、海洋人才培育、海洋科创赛道和涉海金融服务四大特色，联动全市乃至全省、全国涉海资源，对接青岛、舟山等国内成熟海洋科创平台。组建海洋科创联盟和海洋金融产业联盟，引导朱紫坊基金港千亿基金投向涉海领域，推动全国涉海创新链、产业链、资金链、人才链深度融合。至年底，已入驻申昊科技等企业32家、榕港院士科创中心等平台7个。

城市旧改“百日会战”行动。2023年，鼓楼区推进城市旧改“百日会战”行动，利用100天左右时间，按照“一次谋划，整体平衡，梯次推进”原则，全力推动旧改征迁工作提速增效，形成全面铺开、接续启动、有序出让的旧改项目滚动发展态势。首创签约预登记、现场线上直播、法务特派员工作室等工作方法，完成屏西小区等9个项目31万平方米的征迁，出让高工小区等8幅15.67公顷地块。

“一刻钟幸福圈”建设。2023年，鼓楼区以居民集中居住区为中心，以步行15分钟为半径，在全区划定25个面积约1.5平方千米的“一刻钟幸福圈”。创新“一核、双擎、多元”运行机制，突出便民和智能为双引擎，健全医、食、学、行、购、托、业、养、健、情等十大配套，并对25个“幸福圈”进行星级评定。实施补强项目198个。创新打造“树兜幸福里”等一站式社区服务综合体，实现“一圈一品牌，圈圈有特色”。（鼓楼区委党史方志室）

【台江区】 位于福州市城区中部，2023年辖10个街道、52个社区，陆地面积14.73平方千米，水域面积2.36平方千米。年末户籍人口32.4万人，常住人口 41.5 万人。人口自然增长率 1.95‰。台江区城镇村及工矿用地 1492.39 公顷，交通运输用地 9.78 公顷，水域及水利设施用地 206.34 公顷。无耕地、园地、草地资源。主要旅游景点有“闽江游”项目、“闽江之心”步行街、闽江公园、茶亭公园、南公园、上下杭历史文化街区、南公河口特色历史文化街区、苍霞特色历史文化街区、柔远驿、古田会馆、陈文龙尚书庙、大庙山等。2023 年，台江区获评 2021—2025 年度第二批全国科普示范县（市、区），台江区苍霞新城老旧小区改造提升项目获 2023 年中国人居环境范例奖。

2023 年，全区地区生产总值 713.26 亿元，比上年增长 3.5%。其中，第三产业增加值 655.20 亿元，增长 3.8%。固定资产投资 156.45 亿元，增长 8.6%。社会消费品零售总额 322.09 亿元，增长 9.0%。实际利用外资 4258 万美元。一般公共预算总收入 25.52 亿元，增长 18.0%；其中地方一般公共预算收入 16.23 亿元，下降 10.8%。城镇居民人均可支配收入 6.31 万元，增长 4.3%。

“福”文化街开街。2023 年 1 月 6 日，位于台江区苍霞特色历史文化街区的“福”文化街正式开街。引入建设“福”文化博物馆、中平旅社、百福长廊等一批“福”文化标志性项目，完成“福酒”、“福茶”、“福艺”、“城市会客厅”、中平旅社等“福”文化 IP 业态入驻，举办首届福建“福”文化嘉年华、幸福出发美食“福”集市等系列活动，为市民游客提供全景式、沉浸式的“福”文化消费体验。

“三争三领三比”行动。2023 年 2 月 15 日，台江区印发《关于实施“聚力‘三争三领’目标，深化‘1234’机制，高水平建设现代化国际城市核心区”行动的工作方案》，开展“三争三领三比”（“三争”即深学争优、敢为争先、实干争效，“三领”即党建领航、经济领跑、民生领先，“三比”即比态度、比担当和比成效）行动。深化“闽江之心”红色教育示范区建设；建成启用连家船民上岸纪念广场；持续优化“选育管用”工作，分批次分领域推进一线考核、蹲点调研工作，对 74 名“勇于拼搏争先创优”先进个人进行通报表扬；深入实施“有台聚才 有才临江”人才工作品牌，全年新认定国家级人才 1 名、省级高层次人才 10 名、市级高层次人才 137 名、区级 G 类人才 112 名、高技能人才 533 名；完成 48 栋楼体夜景设施提升等项目；引进华福资管、以福基金等 7 个金融项目；完成 5 幅 12.6 公顷旧屋区征收；完成苍霞新城改造提升二期工程；选派 461 名科级干部担任小区“第一书记”；全面推广“易说事”小程序。年内，台江区获评全国科普示范区、全省城乡建设品质提升绩效优异区。

上下杭入选国家 AAAA 级旅游景区。2023 年 12 月 19 日，位于台江区的福州市上下杭景区成功列入国家 AAAA 级旅游景区名单。上下杭历史文化街区紧邻苍霞闽江北岸，街区占地面积 31.73 公顷，核心保护范围面积 23.53 公顷，有文物建筑 100 处，公布历史建筑 11 处，公布传统风貌建筑 20 处，具有深厚的历史文化底蕴。

苍霞新城老旧小区改造提升项目获 2023 年中国人居环境范例奖。台江区从 2021 年开始，对苍霞新城片区开展全方位改造提升。项目占地面积 145333 平方米，涉及苍霞新城嘉和苑、嘉华苑、嘉盛苑、嘉惠苑、嘉兴苑 5 个组团，共 42 栋楼 3441 户，改造总面积约 26 万平方米。项目实施分为两期，第一期为示范区建设，第二期为成片式建设，总投资 35354 万元（含上下杭金银里步行街景观改造 11600 万元）。该项目在 2023 年 12 月 26 日获评住房城乡建设部颁布的 2023 年中国人居环境范例奖。

（台江区委党史方志室）

【仓山区】 位于福州南大门，辖整个南台岛，区域面积 146.24 平方千米，2023 年辖 8 个街道、5 个镇，共 116 个社区、102 个行政村。年末户籍人口 70.35 万人，常住人口 118.50 万人。耕地 164.89 公顷，林地面积 741.78 公顷，森林覆盖率 7.73%。森林活立木蓄积量 9 万立方米。行政界内湿地总面积 157.13 公顷。全区有福州烟台山景区、春伦茉莉花茶文化创意产业园景区 2 家国家 AAA 级旅游景区；有螺洲古镇、林浦古村、阳岐古村、梁厝特色历史文化街区、金山寺、飞凤山公园、花海公园、海峡文化艺术中心、金牌观光工厂等重要旅游资源；怀安窑址、陈靖姑信俗文化等海丝文化资源。获全国市辖区高质量发展百强区、全国首届自然资源节约集约示范县（市）、国家知识产权强县建设示范县等荣誉。

2023 年，仓山区生产总值 1048.97 亿元，比上年增长 2.2%。一般公共预算总收入 41.39 亿元，增长 32.5%；其中地方一般公共预算收入 26.28 亿元，增长 18.6%。固定资产投资 486.98 亿元，增长 3.2%。社会消费品零售总额 563.07 亿元，增长 0.3%。进出口总额 300.30 亿元，增长 0.2%；实际利用外资 1.43 亿美元。居民人均可支配收入 53140 元，增长 3.1%。

烟台山商圈文旅。2023 年，福州烟台山获评第三批国家级夜间文化和旅游消费集聚区。举办第三届烟台山国际文化艺术节、烟山品牌日等活动，吸引客流 1110 万人次，日接待人数约 3 万人次，销售 4.29 亿元，全网曝光量破两亿，跃居“福建热门旅行目的地 TOP1”“福州商圈热门榜 TOP1”，入选“福州年度必玩榜”“银杏节收入全国热点榜”等众多榜单，成为省内热门旅游目的地。持续开展新春文化旅游月、“烟山制造”嘉年华、海丝奇妙夜等系列文旅活动。推出古厝沉浸式高端访谈专栏，在烟台山古厝搭建专属访谈会客厅，展现烟台山古韵新生的魅力，10 期节目观看关注总量破亿。发展集聚观光游憩、文化体验、特色餐饮、时尚购物、旅游演艺、精品民宿等多元文旅消费场景。建设“数字文旅，剧游南台”文旅融合数字平台，创作烟台山实景解谜剧本，推出数字剧游特色项目。完成戏梦蝶园、烟山方舟等 2 处民宿联审备案，完善旅游消费场景；创新打造“烟山旧”沉浸式剧场，第一部《雀起无声》获评福州市文化旅游精品演艺项目、福建省数字文旅应用场景示范项目等；引入模范书局、臻庭酒店等近300家商户，涵盖零售、餐饮、酒店、休闲娱乐等多元业态。

江心公园整体提升为爱情岛。2023年，仓山区以整体环境提升为落脚点，把江心公园打造为爱情岛，成为闽江之心的热门打卡点。围绕婚恋的相亲、约会、求婚、领证、婚礼等主题内容，融入相思桥、月老树等爱情元素，打造全国首个爱情岛屿IP，重新将江心岛命名为“爱情岛”。岛上独具一格的婚姻登记处是爱情岛整体提升的重要内容，婚姻登记处的设计方案获得福建省优秀建筑创作奖一等奖。以“周周有活动，月月有惊喜”为方向，举办百余场文艺活动，持续擦亮“浪漫爱情”IP，为爱情岛注入时代新活力，丰富岛屿的文化内涵。8月22日，爱情岛开放。（陈暖）

【晋安区】 位于福州市城区东北部，面积551.69平方千米，2023年辖4个镇、3个街道、2个乡，共94个社区、115个行政村。年末户籍人口47.14万，常住人口118.50万。人口出生率6.19‰，人口自然增长率0.33‰。开展“项目攻坚增效年”专项行动，开工建设项目63个、竣工43个，7个省重点项目和119个市重大项目完成年度投资497.73亿元。入选第七批国家生态文明建设示范区、全国绿色发展百强区、全国科技创新百强区、全国新型城镇化质量百强区、2023中国市辖区高质量发展百强、全省基础教育综合改革实验区、省家校社协同育人试点区。

2023年，晋安区实现地区生产总值1201.07亿元，比上年增长6.7%。三次产业结构比例为0.8：24.2：75。一般公共预算总收入34.71亿元，增长31.7%；其中地方一般公共预算收入21.49亿元，增长24.1%。固定资产投资425.57亿元，增长8.8%。城镇居民人均可支配收入5.9万元，增长5.1%；农村居民人均可支配收入2.9万元，增长7%。实现农林牧渔业总产值15.5亿元，第一产业增加值9.63亿元，增长4.6%。全区水果种植面积约1466.67公顷，茶叶种植面积保持1000公顷以上，产量2793吨，生猪存栏3万头，有养殖水面93.93公顷，渔业产量618吨。新增“三品一标”农产品5个，鹅鼻萝卜、日溪莲田甲鱼入选全国名特优新农产品名录。培育新型农业经营主体14家，新增农业产业化省级龙头企业2家、省级优质农产品生产基地2个，日溪乡梓山村（食用菌）获评省级“一村一品”专业村。实现工业增加值142.34亿元。实施“工业提振三年行动”，推进福兴经济开发区改造提升，滚动盘活产业用地11.13公顷，新建标准厂房35万平方米，启动“工业上楼”试点项目，湖塘科创园、晋安三创中心等如期建成，福兴经济开发区列入省级人工智能产业园先行区。围绕光电、生物医药、新材料等产业重点领域，推进高意全球销售中心落地，三耀科技高性能激光器生产线等项目建成投产，重点企业“数转智改”等技改投资增速超过100%。实现第三产业增加值900.97亿元，增长6.5%；社会消费品零售总额973.53亿元，增长10.9%。发展新业态、新模式，新增限额以上商贸企业406家。实现进出口总额333.6亿元，增长5.2%；实际利用外资8680万美元，增长199%。

晋安湖夜景。摄于2023年 （晋安区）

创新型都市产业项目对接大会暨福州市与省属企业项目对接会。2023年6月18日，晋安区创新型都市产业项目对接大会暨福州市与省属企业项目对接会在福兴经济开发区举办，吸引300多家区内外大型央企、国企、民企、外企及科研院所、行业组织等参加，签约光电信息、数字孪生等领域的重点项目32个、总投资208亿元。

第八届“创客中国”光电中小企业创新创业大赛。2023年10月8—9日，第八届“创客中国”光电中小企业创新创业大赛决赛在晋安区举行。作为“创客中国”首个国家级光电行业专题赛，该大赛以“光驰电掣新动力，产业兴邦创未来”为主题，吸引全国264个项目参赛、4支产业基金现场对接，最终19个项目分获企业组、创客组一、二、三等奖。（詹文欣）

【马尾区】 位于福州市东南部、闽江下游北岸，2023年下辖4个镇街、4个功能园区。土地面积275.66平方千米。年末户籍人口19.87万人，常住人口29.7万人。人口自然增长率3.22‰。耕地面积915.49公顷，粮食播种面积297.55公顷，粮食产量1525吨。林地面积14739.74公顷，森林覆盖率47.45%，森林蓄积量92.82万立方米。矿产资源8种，金属矿有钍矿、钍铌矿、铌钍矿、铁锰矿；非金属矿有高岭土矿、河砂矿、矿泉水、花岗岩石材

2023 年 1 月 18 日，位于马尾区的中国船政文化城核心区正式开园
（福建船政文化管委会）

矿。海域面积约 44 平方千米，海岸线 58 千米，海岛 8 个，其中居民海岛 1 个。福建马尾闽江河口湿地省级自然保护区总面积 869 公顷，主要保护对象为重点滨海湿地生态系统、众多濒危动物物种和丰富的水鸟资源。主要旅游景点有中国船政文化城核心区（船厂片区）、罗星塔、昭忠祠、龙鼓度假区、红光湖公园等。年内，马尾区获评 2023 年度全国先进制造业百强园区、科技创新百强区、高质量发展百强区、中国水产品预制菜之都等荣誉。

2023 年，全区实现地区生产总值 700.44 亿元，比上年增长 5.0%。其中，第一产业增加值 14.98 亿元，增长 4.5%；规模以上工业产值 711.27 亿元，增长 1.2%；规模以上工业增加值增长 1.2%；建筑业增加值 154.68 亿元，增长 15.5%；第三产业增加值 301.19 亿元，增长 3.2%。人均地区生产总值 236236 元，增长 4.9%。农林牧渔业总产值 25.46 亿元，增长 4.5%。固定资产投资 153.43 亿元，增长 15.5%。社会消费品零售总额 218.88 亿元，增长 5.8%。实际利用外资 6064 万美元，下降 31.4%。一般公共预算总收入 40.90 亿元，增长 19.8%；其中地方一般公共预算收入 26.48 亿元，增长 16.4%。城镇居民人均可支配收入 64049 元，增长 4.1%；农村居民人均可支配收入 36858 元，增长 6.5%。

首届福建省水产预制菜产业发展大会。2023 年 12 月 15 日，以“品味山海 预制未来”为主题的首届福建省水产预制菜产业发展大会暨 2023 年福州佛跳墙文化节启动仪式及高质量发展论坛活动在马尾中环广场举行。活动现场，中国水产流通与加工协会为福州经济技术开发区（福州市马尾区）授予“中国水产品预制菜之都”牌匾，福建省预制菜供应链协会与京东集团签订框架协议、中交冷链与江南大学签署合作协议、福州市佛跳墙协会与联合利华餐饮策划签订合作协议、马尾区预制菜产业发展协会与福建中检华日食品安全检测有限公司签订合作框架协议。

2023 年 1 月 21 日，第二十一届两马同春闹元宵灯会在东江滨公园举行。图为位于东江滨公园的主题灯组　（马尾区委宣传部）

中国船政文化城核心区开园。2023 年 1 月 18 日，位于马尾区的中国船政文化城核心区开园。中国船政文化城，占地 116 公顷，按功能定位分为官街片区、船厂片区、马限山片区、旧港区片区、罗星塔片区等五大片区。其中，中国船政文化城核心区——船厂片区，经过古建筑保护修缮和活化利用后，中国船政文化博物馆（新馆）、船政书局、轮机车间、绘事院、铁胁厂等重要工业建筑，创新性地将科技元素和船政文化相融合，实现从“外貌”到内在“气质”的蜕变。12 月 23 日，国内首个折叠渐进式多维体验剧《最忆船政》在船政文化城核心区内正式公演。

第二十一届两马同春闹元宵灯会。2023 年 1 月 21 日（除夕）至 2 月 6 日（农历正月十六），第二十一届“两马同春闹元宵”灯会在马尾区举行。灯会以“砥砺奋进新时代，同根同春共圆梦”为主题，设计“有福之州”“海纳百川”“万家灯火”“魅力船政”“福兔贺春”“童真天趣”等主题灯组，其中东江滨公园为主展区、有 23 个灯组，船政特色历史文化街区为次展区、有 6 个灯组。活动期间日平均人流量约 3 万人，正月十五当天人流量约 10 万人。

（马尾区委党史方志室）

【长乐区】　位于福州市东部，2023 年辖 5 个街道、11 个镇、2 个乡，土地面积 729 平方千米。年末户籍人口 77.39 万人，常住人口 81.4 万人。人口自然增长率 0.08‰。耕地面积 1.11 万公顷，

长乐区人民医院。摄于2023年（姜亮　摄）

粮食播种面积1.16万公顷，粮食总产量7.09万吨。林业用地面积2.69万公顷，森林蓄积量135.6万立方米，森林覆盖率19.47%。重要矿产资源有金属矿产铁、锰、钨、钼，非金属矿产花岗石、石英砂、砖瓦用黏土、高岭土、叶蜡石、矿泉水等。重要海洋资源有带鱼、大黄鱼、小黄鱼、蓝园鲹、鲐鱼、马鲛鱼等700种海洋鱼类，省级海蚌资源增殖保护区面积2.07万公顷。主要旅游景点有国家级文物保护单位漳港显应宫、圣寿宝塔、九头马古民居，国家级自然保护区、全国“魅力湿地”闽江河口国家湿地公园，中国历史文化名村琴江满族村，福建省级历史文化名村三溪村、二刘村，省革命基点村南阳村，省文学创作中心、对外文学交流中心与省爱国主义教育示范基地冰心文学馆，以及梅花古城、猴屿洞天生态旅游景区、下沙海滨度假村等。

2023年，长乐区位列全国综合实力百强区第62位、中国工业百强区第37位、市辖区高质量发展百强第37位、绿色发展百强区第68位、新型城镇化质量百强区第76位、科技创新百强区第93位，长乐经济开发区入选中国省级开发区高质量发展百强。福州新区成为全省首个规模化智能网联道路建成区、自动驾驶场景落地示范区，入选全省绿色高产高效行动示范县、县域节水型社会达标区。

2023年，长乐区地区生产总值1246.35亿元，增长3.1%。其中，第一产业增加值80.98亿元，增长4.6%；第二产业增加值699.50亿元，增长1.1%；工业增加值增长1.0%；第三产业增加值465.88亿元，增长6.2%。规模以上工业总产值2629.39亿元，下降5.5%。农林牧渔业总产值138.27亿元，增长4.6%。固定资产投资完成570.95亿元，下降13.7%。社会消费品零售总额222.62亿元，增长6.4%。出口总值160.60亿元，增长31.0%；实际利用外资4028万美元，增长50%。一般公共预算总收入91.75亿元，下降4.7%；其中地方一般公共预算收入64.28亿元，下降5.5%。城镇居民人均可支配收入59923元，增长4.4%；农村居民人均可支配收入32445元，增长6.2%。

乡村振兴。2023年，长乐区聚焦闽江口、董奉山等重点区域，推进乡村振兴项目96个，打造13个省级、15个市级“一村一品”示范村，猴屿乡获评省级乡村振兴示范乡镇，新增乡村振兴省级试点村10个、市级四星级以上村6个。策划生成总投资95亿元的金峰镇启动区项目11个，金峰镇、潭头镇入选全省首批政策性金融支持乡村振兴整镇推进试点，金梅潭片区EOD项目一期等启动建设。落实耕地保护与粮食安全责任制，改造提升高标准农田266.67公顷，完成粮食播种面积1.16万公顷，全省最大储备粮库——中央储备粮长乐直属库粮食仓储物流项目建成。建成省内首座桩基桁架式智能养殖平台，提升改造潭头二级渔港。入选全省绿色高产高效行动示范县，区现代农业（蔬菜）产业园获评市级现代农业产业园，鹤上镇获评市级农业产业强镇，福建元成豆业有限公司、长乐聚泉食品有限公司入围福建农业产业化龙头企业100强，认证绿色食品产品6个、省级优质农产品生产基地2个，培训高素质农民3000余人次。开展“护河爱水、清洁家园”“六清一改”“五个美丽”等行动，完成村庄规划编制23个，建设“绿盈乡村”高级版4个、中级版12个，新建“美丽乡村”庭院310户、微景观115处。

（胡方磊）

【福清市】 位于福州市南部。2023年辖7个街道、17个镇。年末户籍人口140.64万人，常住人口141.40万人。市域面积2430平方千米。全市耕地面积2.6万公顷，粮食播种面积1.92万公顷，粮食产量10.93万吨。林地面积6.63万公顷，森林覆盖率30.25%，森林总蓄积量635.85万立方米。海岸线总长度408千米，海域面积911平方千米，其中浅海面积539.2平方千米，滩涂317平方千米，垦区池塘面积54.8平方千米。全市有海岛174个，其中无居民海岛166个、有居民海岛8个。全市水产品总产量68.43万吨。矿产以非金属矿产居多，以建筑用石料、饰面用石材、叶蜡石为主。主要旅游景点有石竹山风景区、黄檗山风景区、灵石山国家森林公园、后溪旅游区、瑞岩山景区、东关寨景区、永鸿文化城、罗汉里红色旅游景区等。2023年，县域发展潜力居全国百强县第9位，县域经济实力提升至全国百强县第14位。

2023年，福清市实现地区生产总值1682.79亿元，比上年增长6.8%。其中第一产业增加值139.62亿元，增长4.0%；第二产业增加值796.10亿元，增长7.1%；规模以上工业增加值增长4.6%；第三产业增加值747.07亿元，增长6.9%。规模以上工业总产值

2339.35亿元，增长4.9%。农业总产值245.78亿元，增长4.0%。固定资产投资增长4.6%。社会消费品零售总额435.34亿元，增长8.6%。实际利用外资16724万美元。一般公共预算总收入204.45亿元，增长20.9%；其中地方一般公共预算收入131.27亿元，增长12.0%。城镇居民人均可支配收入59157元，增长4.4%；农村居民人均可支配收入34284元，增长7.1%。

福厦高铁福清西站正式启用。2023年9月28日，福厦高铁福清西站正式启用，迎来首趟停靠列车。福清西站位于宏路街道石竹路南侧、沈海高速福清段西侧，距离福清市中心约5千米。作为福厦高铁的重要节点，福清段约34.4千米，约占整个福州段的60%，途经7个镇街。福清西站在设计上采用“三福之地、展翼腾飞”的设计理念，融入山水入梦的特色。站台为2台4线，设进站天桥一座。站房总建筑面积近1.5万平方米，站房主体为两层，采用线侧下式布局，进出站流线型式为下进下出，方便旅客对接公路交通系统。候车厅配有母婴室、贵宾室、军人候车区等。配套设置17部电梯，地下停车场配备400多个停车位。（陈晔）

【闽侯县】 位于福州市西南侧，2023年辖1个街道、8个镇、6个乡，共342个行政村（社区）（含高新区）。土地总面积2126.26平方千米。年末户籍人口73.33万人，常住人口102.7万人（含高新区），人口自然增长率0.42‰。耕地面积17179.84公顷，粮食播种面积1.13万公顷，粮食产量5.96万吨。林地面积14.11万公顷，森林覆盖率54.88%，森林蓄积量1323.33万立方米。重要矿产资源有建筑用石料、矿泉水、钼、地热（温泉）、叶蜡石等。主要旅游景点有五虎山国家森林公园、雪峰崇圣禅寺、闽都民俗园、闽越水镇、凤翔首邑温泉旅游度假村、三叠井森林公园等。2023年，闽侯县排名全国县域发展潜力百强县第12位、全国县域经济基本竞争力百强县第42位、全国县域经济和社会综合发展百强县第44位、全国县域高质量发展百强县第45位、县域投资竞争力百强县第56位。入选第二批国家创新型县（市）建设名单，排名创新百强县第24位。

2023年，闽侯县实现地区生产总值1030.5亿元（含高新区），增长3.5%。其中，第一产业增加值59.62亿元，增长3.8%；第二产业增加值554.98亿元，增长5.4%；第三产业增加值415.90亿元，增长1%。规模以上工业总产值1080.58亿元，增长4.7%。农林牧渔业总产值98.70亿元，增长3.8%。固定资产投资632.29亿元，增长14.1%。社会消费品零售总额346.91亿元，增长5.6%。实际利用外资2410万美元。一般公共预算总收入143.40亿元，增长0.2%；其中地方一般公共预算收入91.86亿元，下降8.8%。城镇居民人均可支配收入5.57万元，增长4.9%；农村居民人均可支配收入2.77万元，增长6.6%。

“侯官讲坛”暨主题教育特色公开课。2023年，闽侯县以学习贯彻习近平新时代中国特色社会主义思想为主题，结合传承弘扬“侯官文化”“昙石山文化”等地方特色，注重提升干部理论素养和专业能力，在县委党校举办“侯官讲坛”暨主题教育特色公开课，并通过“遇见闽侯”“家住闽侯”公众号直播、录播。公开课第一讲于9月22日开讲，年内举办5期，邀请专家学者讲授“侯官文化”专题辅导报告10场次。

闽侯工艺品城市展厅建设。家具装饰工艺品产业是闽侯县支柱产业之一，2020年被商务部认定为国家外贸转型升级基地（家具装饰工艺品）。2023年10月，位于闽侯县荆溪镇的闽侯工艺品城市展厅开馆，作为集中展示闽侯家居装饰工艺品企业及相关展品、开展洽谈交易的窗口。展厅分地下一层和地上三层，设置工艺品标准展厅、产品发布区和金融服务县域工艺品产业展厅3个区域。至年末，闽侯闽兴编织品有限公司、闽侯县倍特家居有限公司等23家龙头工艺品企业入驻。闽侯县依托工艺品同业公会，引导工艺品企业参展，开展“我为工艺品产业发展作贡献”系列活动，通过抖音等自媒体渠道推广“闽侯工艺品”区域公用品牌。全年，闽侯工艺品城市展厅举办主题活动33场次，累计接待公众3.5万人次。（吴娟娟）

【连江县】 东濒台湾海峡，西傍福州，区域总面积4280平方千米，其中陆地面积1168平方千米，海域面积3112平方千米。2023年辖22个乡镇，有282个村居。年末常住人口64.60万人，户籍人口67.49万人。2023年，首次入选全国县域高质量发展百强县，蝉联全国GDP百强县、全国县域发展潜力百强县、全国双拥模范县、全国乡村振兴百强县、全省县域经济实力十强县，获评国家级水产健康养殖和生态养殖示范区，蝉联“中国海带之乡”，获评“中国生态食材（鲍鱼、鱼丸、海带）之都”与“中国美食地标之都”。

2023年，连江县实现地区生产总值788.25亿元，比上年增长7.2%，增速排名位居福州全市第一。其中，第一产业增加值194.39亿元，增长3.9%；第二产业增加值294.47亿元，增长8.9%；工业增加值217.61亿元，增长9.1%；第三产业增加值299.39亿元，增长7.5%，三次产业结构比例24.7∶37.3∶38.0。一般公共预算总收入52.50亿元，其中地方一般公共预算收入35.99亿元。固定资产投资额401.06亿元。城镇居民人均可支配收入47357元，增长5.1%；农村居民人均可支配收入26135元，增长6.6%。

连江县总医院揭牌。2023年10月3日，连江县总医院揭牌。连江县总医院由连江县医院牵头，整合县医院、县精神病院和凤城镇社区卫生服务中心、敖江镇卫生院、江南镇卫生院、琯头镇中心卫生院、浦口镇卫生院、东湖镇卫生院等6个基层医疗卫生机构，实行集团化办医，促进优质医疗资源下沉到基层。作为连江县总医院的中枢，县医院新院按照三级综合性医院标准建设，拥有1020张床位、810个车位。

首届连江鲍鱼产业战略发展大会。2023年5月9日，以“鲍走天下·鱼你共赢”为主题的2023首届连江鲍鱼产业战略发展大会暨源丰鲍鱼助力乡村振兴高峰论坛在连江县举行。大会活动内容涵盖领导致辞、授牌仪式、嘉宾主旨演讲、战略品牌签约仪式、新品发布、晚宴等环节，旨在共议鲍鱼产业战略发展，共同推进海洋经济发展，彰显连江鲍鱼产业助力乡村振兴共融经济新风貌。连江县已经形成鲍鱼育苗、养殖、加工、流通、饵料生产、餐饮、旅游等相配套的完整产业链，并诞生一批鲍鱼链主企业，推动连江海洋经济高质量发展。（黄涛）

【闽清县】 位于福州市西北部，2023年辖11个镇、5个乡，土地面积1494平方千米。年末户籍人口31.92万人，常住人口26.2万人。全县耕地面积9530.91公顷，粮食播种面积9650公顷，粮食产量5.49万吨。林地面积10.45万公顷，森林覆盖率69.92%，森林蓄积量949.81万立方米。已发现矿种（含亚矿种）有高岭土、叶蜡石、陶土、金、银、铜、铅、锌、钼、铁、锰、钴、黄铁矿、钨、石英、紫砂土、玄武岩、花岗岩、建筑用凝灰岩、辉绿岩、流纹岩、矿泉水、地热等。主要旅游景点有七叠温泉景区、宏琳厝景区、白岩山景区、九野小镇景区、云溪漫谷景区、遇见心上莲景区等。

2023年，全县地区生产总值470.54亿元，比上年增长6.6%。其中，第一产业增加值44.68亿元，增长4.7%；第二产业增加值261.86亿元，增长6.8%；工业增加值98.26亿元，下降7.5%；第三产业增加值163.99亿元，增长6.9%。规模以上工业增加值下降10.4%。农林牧渔业总产值70.3亿元，增长4.7%。固定资产投资161.6亿元，增长19.2%。社会消费品零售总额46.13亿元，增长6.4%。完成出口总额35.01亿元，增长18.2%。实际利用外资429万美元。一般公共预算总收入31.58亿元，增长3.1%；其中地方一般公共预算收入20.35亿元，增长12.1%。城镇居民人均可支配收入41419元，增长3.6%；农村居民人均可支配收入21566元，增长6.2%。

茶口粉干获奖。2023年3月，闽清因茶口粉干入选农业农村部第十二批全国“一村一品”示范村镇，获评2022年全国乡村特色产业产值超十亿元镇和超亿元村。闽清茶口粉干远销美国、加拿大、日本、马来西亚等海外市场。茶口村60%以上农户从事粉干加工业，全村年产粉干2.5万吨，年产值超3亿元。

“央地＋政企”战略签约仪式暨闽清县绿色建筑产业园招商推介会。2023年7月19日，以“绿色发展，智能制造”为主题的“央地＋政企”战略签约仪式暨闽清县绿色建筑产业园招商推介会在闽清县召开。县政府与中建科技有限公司、中建科技有限公司与福州市地铁实业有限公司签订战略合作框架协议。签约后政企三方共同启动地铁管片生产线投产。

第七届中国·福州（闽清）橄榄节。2023年12月9日，以“闽清橄榄，幸福味道”为主题的第七届中国·福州（闽清）橄榄节在闽江之心——青年广场盛大开幕。省农业农村厅副厅长袁忠贤，福州市政府副市长林治良、市政府副秘书长翁华锋、市农业农村局局长林健，闽清县领导孙利、赵春荣、刘久兴、郑晓春、林燕青等出席活动。橄榄节由福州市农业农村局、闽清县人民政府主办，闽清县农业农村局、梅溪镇人民政府承办。（闽清县委党史方志室）

2023年12月9日，以“闽清橄榄，幸福味道”为主题的第七届中国·福州（闽清）橄榄节在闽江之心——青年广场开幕（闽清县融媒体）

【罗源县】 位于福州市东北部，2023年辖6个镇、5个乡，有13个社区、189个行政村。土地面积1187.18平方千米。年末常住人口26.1万人，户籍人口26.9万人。粮食播种面积6390公顷，总产3.57万吨，油料作物播种233.27公顷，产量532吨。林地面积8.03万公顷，森林覆盖率54.26%，乔木林蓄积量450.74万立方米。重要矿产资源有铁、铅、锌、钨、钼、高岭土、叶蜡石、饰面用花岗岩、饰面用辉绿岩、建筑用凝灰岩、地热、矿泉水等11种。海洋生物资源有海带、海马、紫菜、鲍鱼、大黄鱼等。主要旅游景点有国家AAAA级旅游景区罗源湾海洋世界、国家AAA级旅游景区畲山水景区；全国重点文物保护单位陈太尉宫、栖云洞南宋十八罗汉石像；中国少数民族特色村寨、全国乡村旅游重点村福湖畲村；红色景点百丈红色旅游综合体、林可彝故居；全国面积最大的天然更新水松群落西兰乡水松林自然保护小区；古寺碧岩寺、圣水寺；美丽畲村八井村、竹里村；“鸟中大熊猫”黑脸琵鹭、一级保护鸟类卷羽鹈鹕；北山红树林公园等。2023年，罗源县获评国家农产品质量安全县、省级双拥模范县、省钢铁产业链发展重点县，跻身全国县域高质量发展百强县、全国县域发展潜力百强县。

2023年，罗源县地区生产总值451.14亿元，比上年增长6.7%。其中，第一产业增加值62.69亿元，增长4.2%；第二产业增加值242.10亿元，增长8.5%；第三产业增加值146.35亿元，增长5.1%。规模以上工业完成产值711.3亿元，增长9.1%，规模以上工业增加值11.1%。农林牧渔业总产值108.20亿元，增长4.2%。固定资产投资198.2亿元，增长15.4%。社会消费品零售总额69.5亿元，增长5.7%。进出口总额51.8亿元；实际利用外资719万美元。一般公共预算总收入21.82亿元，增长47.2%；其中地方一般公共预算收入15.29亿元，增长29.9%。城镇居民人均可支配收入43407元，增长4.8%；农村居民人均可支配收入22120元，增长8.0%。

畲乡基层调解工作法获奖。2023年，针对之前畲乡基层组织凝聚力不强、山林地界纠纷多等问题，霍口乡创新“三色融合”畲乡矛盾化解工作法，通过红色党建、蓝色平安、绿色发展“三色”融合，保障畲乡安定稳定，提升畲乡自治水平，促进民族团结融合，推动形成守望互助、平安共建的和谐社会生态。年内，《霍口乡“三色融合”畲乡矛盾化解工作法》被省委政法委评为全省新时代“枫桥经验”先进典型做法。

民族团结活动。2023年4月29日至5月1日，罗源县举办2023年“三月三”暨第十五届“畲族·风”民俗文化旅游节活动。5月26日，罗源县“凤舞畲乡·春季村晚”暨“畲风海韵”文旅品牌主题推广活动在松山镇八井村举行。8月8日，开展第十一届海青节之“同根同源中华情”海峡两岸好文章青少年文学交流活动。10月5日，县委统战部联合开展“情暖中秋迎国庆，民族团结一家亲”主题活动。11月，白塔乡入选“全省民族团结进步重点单位”培育对象。（郑榕）

【永泰县】 位于福州市西南部，2023年辖9个镇、12个乡，土地面积2229.86平方千米。年末户籍人口37.86万人，常住人口28.7万人。耕地面积1.13万公顷，粮食播种面积1.74万公顷，粮食产量9.81万吨。林地面积17.41万公顷，森林覆盖率69.37%，森林蓄积量1398万立方米。重要矿产资源有铅矿、锌矿、钼矿、金矿、银矿、地热（温泉）、矿泉水。主要旅游景点有青云山、云顶、天门山、百漈沟、欧乐堡海洋世界、赤壁等。

2023年，永泰县入选全国县域旅游发展潜力百佳县，获评中国文旅融合创新典范县、2023年美丽中国首选旅游目的地。“清新永泰自然行”线路入选“2022‘驾游中国’最受欢迎全国自驾旅游精品线路”。永泰县嵩口镇（李果）入选首批国家农业产业强镇，嵩口镇月洲村获评第三批全国乡村治理示范村。“永泰绿茶”获评2023年全国名特优新农产品，卢峰茶业获评国家级生态农场，福建胜华农业科技发展有限公司入选第五批国家林业重点龙头企业名单。永泰县白云乡北山寨入选国家文物局《文物建筑保护利用案例解读》。岭路乡凤落村入选全国红色美丽村庄建设试点村。“爱在同安”庄寨之旅线路入选全国乡村旅游精品线路。16个单位获评全国第三批节约型机关。

2023年，全县地区生产总值374.31亿元，增长2.7%。其中，第一产业增加值69.67亿元，增长4.4%；第二产业增加值194.43亿元，增长5%；工业增加值20.59亿元，下降0.6%；第三产业增加值110.22亿元，下降2.2%。人均地区生产总值13.06万元，增长2.3%。规模以上工业总产值55.79亿元，下降4.1%。农林牧渔业总产值110.05亿元，增长4.4%。固定资产投资133.09亿元，增长0.2%。社会消费品零售总额36.63亿元，下降0.3%。外贸出口额35亿元，增长38.6%；实际利用外资501万美元，下降66.6%。一般公共预算总收入19.68亿元，增长22.2%；其中地方一般公共预算收入13.45亿元，增长17.7%。城镇居民人均可支配收入40072元，增长3.7%；农村居民人均可支配收入21006元，增长6%。

永泰抽水蓄能电站全容量投产。2023年3月28日，永泰抽水蓄能电站4号机组投产发电，标志着福建省属国有企业自主建设、自主运营的首个抽水蓄能电站全容量投产发电。永泰抽水蓄能电站位于福建省永泰县白云乡，由福建永泰闽投抽水蓄能有限公司投资开发，项目总投资67亿元，总装机容量120万千瓦，安装4台单机容量为30万千瓦的可逆式水泵水轮发电机组，设计年发电量12亿千瓦时，承担福建电网调峰、填谷、调频、调相及紧急事故备用任务。电站通过促进消纳风、光、核等清洁能源，推动绿色低碳高质量发展，

2023年3月28日，永泰抽水蓄能电站全容量投产　（永泰县融媒体中心）

2023 年 4 月 15 日，以“精工细作春茶香　永泰细茶新出发”为主题的 2023 年永泰细茶节在同安镇草木谷闽台茶文化艺术中心举行　（永泰县融媒体中心）

全省首个水禽粪污利用碳减排项目上线交易。2023 年，福建首个水禽粪污利用碳减排交易项目——永泰县金蛋发展有限公司开发的蛋鸭粪污资源化利用 VCS 项目上线交易，实现福州市碳汇 VCS 项目开发零的突破。由福建省农业生态环境与能源技术推广总站、福州市农业农村局等部门联合海峡资源环境交易中心和福建环融环保有限公司，为永泰金蛋公司设计 VCS 标准碳汇开发方案。项目涉及 90 万羽蛋鸭产生的粪污，利用高温好氧发酵堆肥系统，每年可将 15 万吨鲜鸭粪转化为 3 万吨有机肥，其间减少的甲烷排放量相当于 3.6 万吨二氧化碳。

入选闽台乡建乡创合作样板县。2023 年，永泰县入选闽台乡建乡创合作样板县，获得省级补助资金 1000 万元。葛岭镇溪洋村入选 2023 年闽台乡建乡创省级样板村，为 2023 年福州市唯一的省级样板村。完成栖心民宿改造提升、适老化农房改造、宜居化农房改造、农特产品展示馆、文埕湾至吊枧古驿道提升、农特市集摊位、游客服务中心、梅林步道、生态停车场、过溪汀步良埕梅景会客厅等项目建设。永泰县有 8 个团队入选省住建厅“引进台湾建筑师团队开展乡建乡创陪伴式服务”团队。

“嵩口模式”推广。2023 年，“嵩口模式”获得中宣部批示推广。8 月 14 日，推广“嵩口模式”媒体通气会在永泰县嵩口镇召开。省委宣传部、省住建厅与福州市、永泰县等共同介绍嵩口镇复兴发展经验，吸引央视网等各级主流媒体宣传报道“嵩口模式”发展经验和改造历程。嵩口镇是全国第四批中国历史文化名镇，镇内保留有成片的历史街区和明清民居建筑群，拥有“两张”文化、赶墟文化、耕读文化、海丝文化、民俗文化。在保护活化利用古镇的过程中，按照“修旧如旧”原则，修复 163 座明清古建筑，有序恢复古镇赶圩节、三出宴、佟唱、纸狮、藤编、武术等民俗文化元素，咖啡馆、书店、电影院等现代功能在古建筑中扎根，形成“自然衣、传统魂、现代骨”的“嵩口模式”。协调古厝租赁、托管、补助和房屋使用权置换等活化方式，嵩口镇完成 35 座古民居的租用流转。10 月，嵩口镇入选住建部发布的《历史文化保护与传承示范案例（第二辑）》。11 月 1 日，“访传统村落　寻文明之根”新华社新媒体中心大型融媒体活动首站到嵩口古镇，以直播方式探寻嵩口古镇，宣传当地保护与建设传统村落的故事。直播在新华社客户端、抖音、快手和“大美永泰”视频号等多家平台同步直播，全网播放量超 76 万人次。

永泰细茶节。2023 年 4 月 15 日，永泰细茶节在永泰县同安镇草木谷拉开帷幕。活动由闽台茶文化艺术中心举办，海峡两岸茶业交流协会副会长吴晓丁等省市领导嘉宾参加活动。活动现场还设置细茶展示区、永泰好物区、围炉煮茶区、永泰奶茶区等。　（魏美妹）

厦门市

【概况】　厦门市位于福建省东南端，是中国东南沿海著名的港口风景旅游城市。1980 年获批设立厦门经济特区，1988 年中央批准实行计划单列市，升格为副省级城市，授予地方立法权。2023 年下辖思明、湖里、集美、海沧、同安、翔安 6 个区，土地面积 1698.78 平方千米（其中城区面积 464.77 平方千米），海域面积 390 平方千米。常住人口 532.7 万人，户籍人口 302.08 万人，城镇化率 90.81%，人口自然增长率 3.2‰。全年农作物总播种面积 2.06 万公顷，其中粮食播种面积 0.41 万公顷，粮食总产量 2.60 万吨。重要矿产资源有钍、铁、锰、铜、钨、铅、钛、钼、锌等。海域范围内有各类海洋生物近 2000 种，文昌鱼和中华白海豚为国家一类保护动物，鲎为福建省重点保护的珍奇动物。主要旅游景点有鼓浪屿、中山路、厦门大学、万石植物园、胡里山炮台、南普陀寺、曾厝垵、环岛路等，全年接待国内外游客 10987.01 万人次，增长 67.3%，旅游总收入 1567.31 亿元，增长 83.3%。厦门市市树为凤凰木，市花为三角梅，市鸟为白鹭。南音、高甲戏、歌仔戏、答嘴鼓、漆线雕、讲古、中秋博饼等入选国家级非物质文化遗产。人口中以汉族居多，另有满族、壮族、畲族、苗族、高山族等 20 多个少数民族，是侨乡和台胞的主要祖籍地，通行闽南方言，形成以红砖古厝、嘉庚建筑、鼓浪屿万国建筑等特色历史建筑风格。最具代表性的“鼓浪屿历史国际社区”作为世界文化遗产于 2017 年 7 月被联合国教科文组织列入世界文化遗产名录。历史上曾涌现出苏颂、郑成功、吴夲、林语堂、陈嘉庚等名人。

2023 年，厦门市中山路入选全国示范步行街，夜间经济城市发展指数、消费者满意度均位居全国前列，城市便利店发展指数蝉联全国第一。电子信息产业入选国家外经贸提质增效示范产业，3项工作获评全国服务贸易创新发展试点最佳实践案例。连续3年跻身“新型显示十大城市”，获评中国软件名城、全国中小企业数字化转型试点城市，位列全国先进制造业百强市第18位、智能制造城市二十强。改革热度指数全国领先。城市平均综合信用指数排名全国第一。厦门市上榜中国十大“大美之城”，鼓浪屿、筼筜湖、东南部海域分别获评国家和美海岛、美丽河湖、美丽海湾，生态文明建设工作获国务院督查激励，城市宜居指数位居全国前列。文明城市测评成绩位居全国前列。轨道交通2号线二期工程等3个项目获鲁班奖。东西部协作3项创新做法在全国推广。2项基础教育教学成果全省首次获评国家级一等奖。厦门马拉松获全球首个特别贡献奖。获评首批全国社会治安防控体系建设示范城市。法治政府建设评估进入全国前十。市政府网站绩效评估位居15个同类城市第一，“12345”热线蝉联全国政务热线服务质量评估最高等级。厦门市行政审批管理局报送的“一件事一次办”服务系统入选全国数字政府创新成果和实践案例，工程建设项目审批制度改革稳居全国前列。

2023年，全市实现地区生产总值8066.49亿元，比上年增长3.1%。其中，第一产业增加值27.73亿元，下降4.0%；第二产业增加值2867.94亿元，下降2.8%；第三产业增加值5170.81亿元，增长7.0%。一般公共预算总收入1577.06亿元，增长5.6%；其中地方一般公共预算收入932.10亿元，增长5.5%。规模以上工业增加值与上年持平。农林牧渔业总产值59.35亿元，下降2.8%。固定资产投资增长0.5%。社会消费品零售总额2743.33亿元，增长2.9%。外贸进出口总值9470.44亿元，增长2.7%，其中，出口4474.48亿元，下降3.9%，锂电池、电动载人汽车、太阳能电池等“新三样”出口454.90亿元，增长1.7倍；进口4995.95亿元，增长9.4%。实际使用外资19.74亿美元。全体居民人均可支配收入71062元，增长4.5%；城镇居民人均可支配收入72880元，增长3.4%；农村居民人均可支配收入34206元，增长5.8%。

全市用电总量360.73亿千瓦时。全市城镇新增就业16.47万人。参加基本养老保险562.30万人，增长4.7%；参加工伤保险297.31万人，增长2.3%；参加失业保险275.64万人，下降4.1%；参加基本医疗保险471.92万人，增长0.3%；参加生育保险270.56万人，下降3.4%。城镇生活污水集中处理率100%，城镇生活垃圾无害化处理率100%。

【综合改革试点】 2023年，中共中央、国务院发布《关于支持福建探索海峡两岸融合发展新路　建设两岸融合发展示范区的意见》，提出“支持厦门与金门加快融合发展，支持厦门开展综合改革试点，以清单批量授权方式赋予厦门在重点领域和关键环节改革上更大自主权”。厦门聚焦重点领域和关键环节，按照一项改革任务对应编制一份改革方案、一套操作规范、一组应用场景、一个评估体系的标准，加大先行先试探索力度，加快在规则、规制、管理、标准上全方位突破，统筹推进改革任务落地实施。

【现代化产业体系】 2023年，厦门“4+4+6”（4个支柱产业集群+4个战略性新兴产业+6个未来产业）现代化产业体系加快构建，电子信息、机械装备、商贸物流、金融服务四大支柱产业集群规模超2万亿元，分别达到3975.5亿元、2365.6亿元、1.2万亿元、2042.4亿元；生物医药、新材料、新能源、文旅创意4个战略性新兴产业增加值占规模以上工业增加值46.6%，分别达到847亿元、1007.8亿元、794.3亿元、2057.9亿元；第三代半导体、未来网络、前沿战略材料、氢能与储能、基因与生物技术、深海空天开发6个未来产业骨干企业达176家。

【金砖创新基地建设】 2023年，厦门启动建设中国—金砖国家新时代科创孵化园。金砖创新基地围绕“国家所需、地方所能、金砖国家所愿”，聚焦政策协调、人才培养、项目开发三大重点任务，发布2023年重点工作任务清单77项、重点项目清单4项、政策建议清单6项；新启动9项课题研究，开展人才培训31场，覆盖94个国家、超124.4万人次；新签约22个金砖合作项目，总投资超136.4亿元，对金砖国家进出口增长14.4%；举办金砖国家新工业革命伙伴关系论坛等20多场金砖交流活动。

【科技创新引领工程】 2023年，厦门市实施科技创新引领工程，召开改革开放至2023年厦门市科技领域最高规格、最大规模的科技创新大会，中国—金砖国家新时代科创孵化园揭牌，海洋负排放国际大科学计划加快实施，厦门科学城建设提速，省级海洋高新技术产业园区启动建设，省创新实验室3名科学家新当选“两院”院士，全市全社会研究与试验发展经费投入强度达3.3%，净增国家级高新技术企业超过600家、总数超过4200家，新培育国家级专精特新“小巨人”企业22家、中国制造“隐形冠军”企业21家、省级科技“小巨人”企业167家，海辰储能和6家企业分别入选独角兽、潜在独角兽企业榜单，占全省78%，落地建设6家新型研发机构。启动企业千亿元研发投入引领计划，实施企业技术创新能力提升行动，出台推动企业加大研发投入11条措施，组织实施181个重大技术攻关、“揭榜挂帅”、产学研合作等项目，拨付各类科技扶持资金21.6亿元，支持企业实施513项高新技术成果转化项目，有效发明专利拥有量增长19.4%，技术合同交易额增长29.3%。实施“群鹭兴厦”人才工程，新增国际化人才3382人，吸引近8万名高校毕业生在厦就业，蝉联“中国年度最佳引才城市”。

科技集群、科技强度排名分别跃升至全球百强第80位和第81位，分别提升11位、12位。

【营商环境建设】 2023年，厦门市加快推进营商环境建设工作，举办全国优化营商环境现场会和首届营商环境论坛，印发《厦门市再创营商环境新优势助力企业高质量发展行动方案》，配套实施三批营商环境重点提升任务清单共141项，营商环境数字化监测督导排名全省第一。持续提升"e政务"自助模式，年办件量首次突破200万，并与12个省62个城市实现自助"跨省通办"，获国务院办公厅政务办认可并参与研制国家标准。每季度开展营商环境体验活动，全国首创营商环境监督联系点249个，开展千名处级干部进千企的"益企服务"行动，实现优惠政策"直达快享""应享尽享"。建成一体化政务服务平台，实现政务服务由"一网通办"向"一网好办"提升。全市所有业务系统接入共享协同平台，建成五大基础数据库，汇聚数据超80亿条，实现各级各部门网络、数据、业务互联互通，"全省办事免提交证照"清单的357类证照均实现调用，911项政务服务事项实现"免证办"。深化商事登记一体化改革，编制住所经营场所禁限设区域目录，率先探索实施商事登记确认制改革。发布全国首个区域评估（环境影响）市级地方标准，推进工业用地"标准地"改革，实现一般工业用地"交地即开工"，在全省率先实现不动产登记税费同缴。全面推行不动产"带押过户"。实行政府采购及工程招投标全流程电子化，推进电子交易平台建设。全市范围内开展标准化远程异地评审，探索建立闽西南远程异地评标合作机制。完善招投标市场主体的信用评价体系。升级"财政+金融"政策体系，应急还贷资金服务企业938户，节省过桥费用1.9亿元，万余家企业通过增信基金获得贷款超300亿元，技术创新基金为企业提供资金150.7亿元。建成全省首个中小微企业首贷续贷中心，配套首贷续贷专项增信子基金，帮助中小微企业获首次贷款超7亿元。网上办税申报率和缴费率超99%，建设智慧办税厅，打造"15分钟办税圈"。创新"房产交易税收全程网办"，二手房交易税收和土地出让金同征同管。全国首批上线全面数字化电子发票，推出9项社保费"一件事一次办"服务。推出关企互动、查验免预约等211项口岸数字化功能，每年为企业节约成本超1.5亿元。大数据覆盖18个领域57类监管对象，全面推行分级分类监管。重要产品追溯示范建设评估验收名列全国第一。建成全国首个"两岸行业标准共通服务平台"。建成全市统一公共信用信息共享平台，平均综合信用指数保持第一。建立知识产权纠纷行政处理优先机制，开展涉外知识产权纠纷委托调解护航企业"出海"，化解100多起企业维权案件。（曹原）

【思明区】 位于厦门市南部（含鼓浪屿全岛），三面临海，与小金门诸岛和漳州隔海相望，土地面积84.28平方千米。2023年，全区常住人口106.6万人，户籍人口93.28万人。下辖10个街道办事处，设有98个社区居委会。主要旅游景点有世界文化遗产地鼓浪屿、厦门大学、南普陀寺等。厦门东南部海域（思明岸线）、筼筜湖入选国家级"美丽海湾""美丽河湖"优秀案例，鼓浪屿入选全国首批"和美海岛"示范创建名单，思明区获评国家体育产业示范基地、中国体育旅游精品项目十佳目的地，中山路入选第三批全国示范步行街，深田、莲兴、前埔南等8个社区被纳入商务部"一刻钟便民生活圈"试点名单，"智慧思明"相关经验做法入选中国信息协会"2022—2023数字城市创新成果与实践案例"，老年人心理关爱项目获国家典型经验推广，食品经营许可证办理"证前指导"上榜国务院办公厅2022年度深化商事制度改革真抓实干成效明显予以激励名单，溪岸、莲薇创建健康社区案例入选第十六届中国健康教育与健康促进大会优秀实践案例，开元、梧村街道社区卫生服务中心"优质基层行"建设获国家部委通报表扬。

2023年，思明全区完成地区生产总值2729.53亿元，比上年增长5.6%。其中，第二产业增加值345.08亿元，下降3%；第三产业增加值2381.68亿元，增长7.2%。规模以上工业增加值比上年增长8.8%。全社会固定资产投资比上年增长46.3%。社会消费品零售总额1080.24亿元，比上年增长4.7%。实际利用外资3.53亿美元。一般公共预算总收入410.12亿元，增长0.01%；其中地方一般公共预算收入77.53亿元，增长4.9%。城镇居民人均可支配收入88425元，比上年增长4.1%。

思明体育时尚季。2023年4月9日至8月7日，思明区举办以"品时尚体育·游美丽思明"为主题的2023思明

2023年10月27日，筼筜湖入选美丽河湖优秀案例名单　（张奇辉　摄）

2023 年 10 月 21 日，首届“厦金同城圈”龙山夜市文化节在思明区龙山文创园启动　（思明区委）

体育时尚季，把东坪山公园、鼓浪屿、环岛路沙滩等优质自然资源和人文景点融入特色体育赛事，举办 2023AMOY50 厦门（思明）城市越野赛、2023 中国田径街头巡回赛厦门站、全民健身山海徒步赛、厦门运动元宇宙数字公路自行车赛、思明区闽南王格斗冠军赛、2023 第十届舞动两岸青少年艺术节六大赛事，开启“东坪山山海运动圈”“沙滩滨海运动带”两大运动热点。赛事联合酒店、餐饮、景点资源，为参赛运动员提供“赛事旅游消费套餐”，盘活带动沙坡尾、环岛路、东坪山旅游经济圈，超 60 家媒体进行宣传报道，传播量超 9000 万人次，带动体育消费 3000 万元。

*筼筜湖治理经验入选国家级“美丽河湖”优秀案例。*2023 年 10 月，筼筜湖治理经验入选生态环境部第二批美丽河湖优秀案例。思明区通过依法治湖、科学施策、多方共治，推动构建市、区、街三级管理体系，系统性治理湖区污染。强化湖水环境质量提升，建立问题联合快处机制，构建“发现问题、溯源排查、应急截流、长效整治”链条式管理，先后关停、搬迁污染企业 125 家，建设污水提升泵站 16 座、海水泵站 1 座，分期完成对湖区周边 36 条排洪沟、27 个大型排洪沟口等的全面截污，减少污水入湖。筼筜湖蝶变为“都市绿肺”和“城市会客厅”，形成一系列可复制可推广的科学系统治理经验。

*厦金同城圈—龙山夜市。*2023 年 10 月 21 日，首届“厦金同城圈”龙山夜市文化节在思明区龙山文创园启动，每周五、周六、周日常态化举行。夜市文化节现场设有老字号区、非遗区、闽味区、台味区、游戏区等，共有 70 多个摊位，联动打造文创市集、小吃摊位、潮流舞台等公共区域。启动仪式邀请 20 名金门县新住民互助协会同胞参加。

（胡蓝心）

【湖里区】　位于厦门岛北部，八山横贯两水，三面海域环抱，与金门岛隔海相望。2023 年辖 5 个街道 59 个社区。土地面积 73.9 平方千米。年末户籍人口 42.68 万人，常住人口 100.1 万人。人口出生率 7.21‰，人口死亡率 3.51‰，人口自然增长率 3.70‰。辖区建设用地 63.46 平方千米、占厦门岛的 54.8%。规划湖里创新园、东部科技创新园等产业功能区 12 个、面积 28.4 平方千米，主要产业包括高端制造、商贸物流、新兴金融、创意创新等，形成计算机、通信和其他电子设备制造业千亿元产业链。森林覆盖率 8.95%、蓄积量 2.4 万立方米，林地保有量 527 公顷。湿地保有量 2996 公顷，已发布湿地名录 1442 公顷。拥有 30 千米海岸线，1 个天然内海湾五缘湾，自然岸线保有率 21.75%。五缘湾栗喉蜂虎自然保护区、五缘湾湿地公园列为厦门市第一批野生动物迁徙通道。主要旅游景点有五缘湾、仙岳山公园、五通灯塔公园、厦门海堤纪念公园、特区纪念馆、神山党员综合教育基地、惠和石文化园、环岛慢行道等。2023 年，湖里区获全国国土资源节约集约模范区、投资竞争力百强区、旅游综合实力百强区等荣誉称号。

2023 年，全区地区生产总值 1724.18 亿元，比上年增长 1.5%。其中，第二产业增加值 609.94 亿元，下降 4.9%；第三产业增加值 1114.24 亿元，增长 5.6%。三次产业结构为 0∶35.4∶64.6。按常住人口计算，人均地区生产总值达 172677 元，增长 3.7%。规模以上工业总产值 457.66 亿元，下降 4.3%。固定资产投资增长 29.4%。社会消费品零售总额 548.16 亿元，增长 3.1%。合同利用外资 2.86 亿美元，实际利用外资 0.75 亿美元。一般公共预算总收入 288.12 亿元，其中地方一般公共预算收入 59.46 亿元。城镇居民人均可支配收入 71514 元，增长 3.2%；城镇居民人均消费性支出 44805 元，增长 4.8%。

（蔡培育）

【集美区】　位于福建省东南部（集美区位于厦门市西北部）。2023 年辖 2 个镇、4 个街道。土地面积 275.79 平方千米。年末户籍人口 42.54 万人，常住人口 100.10 万人。集美区背山面海，各种土地类型自西北向东南呈阶梯状分布。区境山脉属戴云山脉与博平岭的延伸部分，主要山脉相对集中在西北与长泰区、东北与同安区交界处。主要山峰有 62 座，其中海拔 800 米以上山峰 5 座，最高峰为海拔 963 米的钉顶尾山。集美区海域为厦门西部海域和同安湾海域的一部分，面积约 40 平方千米。海岸线全长 21 千米。全区 21 个村有临海滩涂，总面积 3841 公顷。区境的河流多发源于西部丘陵山地，具有河面狭、河床浅、支流少、流程短的特点。境内较长的河流有后溪（芦溪）、深青溪和瑶山溪。境内多年平均水资源总量 2.17 亿立方米，其中地表水 1.82 亿立方米、地下水 0.35 亿立方米。全区水能资源理论蕴藏量 1926 千瓦，可开发总装机容量1605千瓦。林业用地104.98平方千米（含国营坂头林场），约占土地面积的37.82%。森林覆盖率38.15%。被列入国家一级保护的陆生野生动物有穿山甲、小灵猫、白颈长尾雉，国家二级保护的动物有蟒蛇和猕猴、中华鬣羚（别名苏门羚）、红隼、仓鸮、草鸮；被列入CITES公约（濒危野生动植物种国际贸易公约）附录二级保护的动物有眼镜蛇。

集美是福建省著名的旅游风景区，厦门四大游览区之一。辖区有5个国家AAAA级旅游景区（集美鳌园、厦门园林博览苑、诚毅科技探索中心、厦门老院子景区、灵玲国际马戏城）、1个国家AAA级旅游景区（双龙潭生态运动景区）。获得全国综合实力百强区称号，是全市唯一上榜的行政区；获评全国信访工作示范县（区）、全省信访工作法治化试点区；入选全国科技创新百强区、全国新型城镇化质量百强区；完成全国市域社会治理现代化试点省级验收和中央复核工作；通过国家慢性病综合防控示范区建设考评。集美工业机器人产业集群入选2022年度（首批）工信部中小企业特色产业集群。

2023年，集美区农作物播种面积2530.6公顷（37959亩），比上年下降9.59%。其中，粮食作物面积221.8公顷（3327亩），下降4.18%，总产量1342吨，下降4.07%；蔬菜1846.2公顷（27693亩），总产量4.7万吨，分别下降5.10%和4.86%；水果1789.2公顷（26838亩），总产量2.59万吨，分别下降4.52%和7.17%；花卉306.2公顷（4593亩），下降35.74%。全区全年地区生产总值993.48亿元，比上年增长2.6%，其中，第一产业增加值3亿元。三次产业结构比例优化调整为0.3∶44.4∶55.3，第三产业比重比上年增加4.4个百分点。规模以上工业总产值1052.41亿元，比上年下降3.8%。农林牧渔业总产值7.02亿元，下降1.1%。批发零售业销售额2756.7亿元，比上年增长37.6%；社会消费品零售总额241.09亿元，增长4.6%。进出口额累计503.8亿元，下降10.35%；其中，出口额442.5亿元，下降9.21%，进口额61.3亿元，下降17.81%。实际利用外资1.04亿美元，下降55.4%。一般公共预算总收入151.27亿元，其中地方一般公共预算收入45.87亿元。城镇居民人均可支配收入65131元，比上年增长2.9%；农村居民人均可支配收入41406元，增长5.8%。

集美中央活力区建设。2023年，集美区发布集美新城“中央活力区（CAZ）”建设规划，携手22家企业成立集美CAZ商业联盟。推动联盟企业联合举办CAZ首届环湾骑行等大型活动，指导各大商业体开展线上线下活动49场，实现客流357万人次、营业额1.84亿元。功能区内新增集美区儿童公园、杏林湾人才步道等公共服务设施、“锦悦里”商业街区等服务配套。推动街区文娱资源发展，打造嘉庚剧院、闽南戏曲艺术中心、星巢沃克秀、水舞秀等现代城市休闲文旅产品，全年共演出话剧、演唱会、音乐会262场次，吸引观众20.7万人次。策划升级CAZ标志性主题活动和特色文旅商贸活动，举办“青年潮玩节”“集美欢乐购”“CAZ青春市集”等促消费品牌活动，发放消费补贴1100余万元，拉动消费超6.5亿元。全年举办集美中央活力区（CAZ）发布活动、第十届厦门文化产业年度风云榜、首届中国电视剧大会、IAI（由亚太设计师联盟主办的权威国际赛事）创意设计节、阿尔勒国际摄影节等大型文体旅活动，并开设“CAZ移动直播间”，在小红书、抖音、微博、公众号等新媒体渠道全线宣传，线下累计设置灯杆旗437根、投放载有CAZ广告的铛铛车7辆和公交候车厅海报50块，提高CAZ视觉元素在辖区内的覆盖面和渗透度。CAZ及环杏林湾景区全年接待游客超1200万人次，增长97%，实现旅游收入超78亿元，增长104%。

（集美区委党史方志室）

【海沧区】 位于厦门市西南部，2023年辖4个街道50个村（社区），其中15个建制村、12个“村改居”社区、23个城市社区，及天竺山林场。土地总面积184.73平方千米。年末常住人口62.2万人，户籍人口30.88万人。人口自然增长率9.3‰。全区耕地面积530.54公顷，粮食播种面积74.73公顷，粮食产量401吨。林地面积0.53万公顷，森林覆盖率28.43%，活立木蓄积量46.9万立方米。重要矿产资源有地热（温泉）、建筑用花岗岩和饰面用花岗岩3种。重要海洋资源有石斑鱼、鲈鱼、鲢鱼、长毛对虾、斑节对虾、锯缘青蟹、牡蛎、花蛤等。重要植物资源有马尾松、杉木、桃金娘、车桑子、凤眼莲和浮萍、空心莲子草等。主要旅游景点有日月谷温泉主题公园、厦门天竺山森林公园2处国家AAAA级景区。2023年，天竺山景区获评国家级自然教育基地、福建省森林康养基地。2023年，海沧区首次进入“中国工业百强区”前五十强，位列第42位。减污降碳协同增效试点工作入选全国典型案例。海沧街道渐美村入选“全国乡村治理示范村”，东孚街道洪塘村获评“福建省金牌旅游村”。

2023年，海沧区实现地区生产总值1010.43亿元。其中，第一产业增加值1.60亿元，第二产业增加值566.95亿元，第三产业增加值441.87亿元。规模以上工业增加值606.58亿元，实现销售产值1818.11亿元，出口交货值415.34亿元。人均地区生产总值16.27万元。规模以上工业总产值1870.84亿元。农林牧渔业总产值4.26亿元（现价），增长0.3%（按可比价）。固定资产投资（不含农户）下降9.5%。社会消费品零售总额320.33亿元，增长2.2%。实际利用外资2.20亿美元，增长14.8%。一般公共预算总收入232.88亿元，其中地方一般公共预算收入41.16亿元，增长4.4%。全体居民人均可支配收入66887元，增长3.5%；全体居民人均消费性支出46331元，增长5.1%。

百兆瓦柔性（轻质化）钙钛矿组件

生产基地项目落地。2023年7月14日，厦门市海沧区人民政府、福建自贸试验区厦门片区管理委员会与大正（江苏）微纳科技有限公司（以下简称大正微纳）在海沧半导体产业园举行签约暨揭牌仪式。该项目为全球第一条百兆瓦柔性（轻质化）钙钛矿组件生产基地项目。一期计划投资3亿元。项目的落地填补了海沧区第三代太阳能电池产品市场空白，更为海沧新能源新材料产业链起到强链补链的作用。大正微纳是全球首家大规模生产柔性钙钛矿太阳能电池组件的公司，已建设完成MW级柔性钙钛矿产线中试，为柔性（轻质化）钙钛矿电池供应商和钙钛矿电池组件制造商。

“平等保护台胞立案权利，探索两岸融合发展新路”项目获奖。2023年2月15日，该项目获评“全国法院十大最具品质一站式建设改革创新成果奖”，系福建省唯一入选。项目打造“全时空”诉讼服务，全省率先为台籍当事人提供跨境立案诉讼服务，“跨海峡”实现身份核验一网通办、代理见证远程可办、登记立案及时即办，跨境立案10件次。实现“无间断”诉讼服务，全市率先设立24小时自助诉讼服务厅，通过人脸识别、智能云柜、诉服一体机等突破工作日时限。完成全省首例福建法院涉台司法服务网线上立案工作，推广多重立案平台。邀请人大代表、政协委员、台胞代表等见证监督跨境诉讼服务，邀请台湾实习生、台胞调解员、政法单位代表、律师代表参与“跨境立案诉讼服务宣传”主题开放日。

减污降碳协同增效试点工作。2023年，海沧区践行国家“双碳”目标，坚持生态优先、绿色低碳的发展道路，聚焦工业领域低碳转型、绿色低碳发展示范区建设、碳中和示范工程建设等，推动社区、景区、码头和工业园区纳入低碳试点创建，全面实施绿色低碳行动。已创建完成“一星级”低碳社区4个，“二星级”低碳社区、“二星级”近零碳景区、“二星级”低碳工业园区各1个，构建起全方位、多层次的低碳试点体系。2023年，海沧区减污降碳协同增效试点工作入选全国典型案例。（蔡秋娟）

【同安区】 位于厦门市北部，东与翔安区相连，南与湖里区隔海相望，西南与集美区相连，北与泉州市南安市、安溪县交界，西北与漳州市长泰区接壤。全区土地面积669.05平方千米，海岸线长20.29千米，森林覆盖率39.7%。2023年辖4个镇、7个街道，共81个行政村、63个社区。年末户籍人口45.83万人，常住人口89.50万人。人口自然增长率2.59‰。2023年，同安区文明城区创建工作测评位居全省第八，跻身全国预制菜产业基地百强榜第六位，获评“四好农村路”全国示范县和省级全域生态旅游示范区、省级生活垃圾分类示范区，继续保有国家外贸转型升级基地（运动健身器材）、国家级出口健身器材质量安全示范区、国家农业科技园等荣誉称号。

2023年，同安区地区生产总值721.69亿元，比上年增长1.5%。规模以上工业增加值下降2.5%。固定资产投资增长12.3%。一般公共预算总收入122.16亿元，其中地方一般公共预算收入33.5亿元，分别增长17.5%和4.6%。社会消费品零售总额410.99亿元，下降2.9%。实际利用外资0.82亿美元，下降35.2%。城镇居民人均可支配收入60999元，增长2.9%；农村居民人均可支配收入31514元，增长6.2%。

2023年，同安区农林牧渔业总产值23.51亿元，增长2.6%。粮食播种面积2200公顷，粮食总产量1.3万吨，新增高标准农田680公顷、设施大棚14.2公顷。实施果树高接换种49公顷，完成4个品牌“三品一标”认证，同安梅山猪入选全国名特优新农产品目录。举办首届厦台现代农业技术交流大会，引入北京大学现代农业研究院厦门实验站、厦门市农芯种业研究院，闽台合作育种协同创新平台基本建成，百利龙程子虾繁育产业园正式投产。成立全市首家现代农业综合服务中心，组织系列助农活动，20家金融机构挂钩结对帮扶村（社区）。推行“国企＋村集体”摘牌工业用地市场化运营模式，推进四口圳发展用地保障性租赁房等项目，81个行政村集体经济收入均超50万元，农村居民人均可支配收入增幅位居全市第一。

2023年，同安区新增规模以上工业企业125家，全区规上工业总产值完成1346.83亿元，增长1.5%。规模以上工业用电量25.75亿千瓦时，增长7.5%；产销率96.5%，提高2.2个百分点。海辰储能成为福建首批、厦门首家中国独角兽企业，保沣实业等6家企业入选省制造业民营企业100强，规模以上高技术产业增加值增长24.5%。厦

2023年10月27日，首届厦台现代农业技术交流大会在同安举行。图为参会嘉宾参观本地特色农产品展台　（同安区委党史方志室）

海辰储能厦门基地生产车间，2023 年摄　　（海辰储能）

门时代一期试产，科达利结构件等上下游企业投产，新能安等龙头企业达产，新能源产业链产值增长 180%。"数菜联"平台等项目签约落地，预制菜核心生产企业增至 34 家，同安区跻身全国预制菜产业基地百强榜第六位。华润喜力啤酒生产基地、东亚机械等开工建设，成业辰、尚丰品等项目增资扩产，工业投资增长 27.9%。

2023 年，同安区第三产业增加值 366.59 亿元，增长 6.9%。第三产业增加值占地区生产总值比重达 50.8%，提高 2.9 个百分点。商贸业实现较快增长，新增 4 家年销售额 50 亿元以上企业，批发零售业销售额完成 3140.82 亿元，增长 15.8%。住宿餐饮业大幅回升，住宿业营业额完成 6.06 亿元，增长 56.8%；餐饮业营业额完成 6.96 亿元，增长 8.5%。开展环东风情季等系列促消费活动，培育潘涂海蛎夜市等特色品牌，发放消费补贴超 450 万元，带动直接消费近 4 亿元。举办乡厨争霸赛、波特曼之夜等文旅主题活动，厦门国际时尚周首次落地同安，希尔顿花园酒店开业运营，全年旅游接待 767.78 万人次、旅游收入 96.61 亿元，分别增长 61.2%、68.8%。

招商引资。2023 年，同安区开展"招商引资提质年"活动，紧抓"9·8"投洽会、市科技创新大会、全区招商大会等契机，推动美图美术馆等 52 个项目落户，总投资 454.7 亿元。区领导分批带队外出招商 38 批次累计 128 天，走访对接企业、项目 169 家（次），促成红星美凯龙全国商业运营总部等 15 个项目签约，总投资 185.18 亿元。创新"基金+产业"招商，举办母基金年度论坛暨第四届鹭江创投论坛，引进万皮思总部、溪木源区域总部等项目，累计落地特房梅花等 34 只基金。推动生成汇盛生物等 12 个增资扩产项目，招引中科海锐等 12 个"零地招商"项目。

城乡建设。2023 年，同安区拓展优化发展空间，开展重大片区规划编制，启动西湖片区建设，推进地铁 6 号线（集同段）、省道 206 线（华城三路——同安大道段）改造工程等项目，福厦高铁（同安段）、海翔大道（官浔立交——西柯立交）完善工程、国道 324 复线（同安段）二期主体工程实现通车。开发建设"两大新城"，全年完成固定资产投资 332 亿元，占全区比重超 60%。同安新城能级提升，银城智谷二期竣工投产，新经济产业园一期建成开园，"鸟巢展厅"辰星展览中心开放营业，厦门科学城 I 号孵化器正式投用，转移转化省部级重大关键技术 4 项，新增市级科技企业孵化器 3 家；同翔高新城同安片区建设提速，和储储能、中能瑞新等项目签约落地，嘉戎二期、碳飞复材、苏颂天文馆等项目开工建设，晋大纳米、三德信等项目竣工投产，累计入驻企业 160 余家、员工超 2.2 万人。全面提升同安老城，完成 14 个老旧小区和 5 个农贸市场改造，完成 20 平方千米正本清源项目，新改建雨污水管网 12 千米、燃气管道 24.7 千米，新增绿道 12.01 千米、园林绿地 91.38 公顷。推进乡村振兴，实施 82 个乡村振兴项目和 19 个农村建设品质提升项目，提升改造农村道路 21.5 千米，获评"四好农村路"全国示范县；建设美丽庭院 50 个、美丽微景观 190 个，汀溪镇古坑村入选全省乡村"五个美丽"建设典型案例，莲花镇莲花村获评中国美丽休闲乡村。

生态环境建设。2023 年，同安区推进中央和省生态环保督察反馈问题整改，实施蓝天保卫战，完成涉挥发性有机物企业治理 24 家、"散乱污"企业整治 33 家，推动企业锅炉窑炉升级改造

2023 年 9 月 28 日，第三届同安区乡厨争霸赛启动。图为评审团成员品鉴美食（同安区委党史方志室）

76 家；开展城市扬尘“点题整治”，空气质量优良率达 97.8%，空气质量综合指数连续 4 年排名全市第一。打好碧水保卫战，创新农村生活污水治理模式，完成 267 个入河排口、7 个入海排口分类整治，水环境功能区达标率 94%，国省控断面水质优良率 100%，埭头溪治理荣获全省水环境综合治理区域样板评比第一名，同安湾通过省级美丽海湾专家评审。打好净土保卫战，开展 26 个用途变更地块土壤污染状况调查，完成 25 家涉镉等重金属重点行业企业排查，受污染耕地安全利用率 93%，危险废物规范化处置率 100%。推进生态保护与修复，完成植树造林 67.3 公顷、森林抚育 749.4 公顷，完成水土流失治理面积 67 公顷、矿山生态修复面积 8127 平方米。深化“绿盈乡村”创建，汀溪镇上榜全省第三批高级版“绿盈乡镇”，五显镇垵炉村、莲花镇莲花村上榜高级版“绿盈乡村”。推动绿色低碳转型，完成年度减排任务及排污权核定，清洁生产企业审核实施率 100%，城镇绿色建筑节能强制性执行率 100%；建成新能源停车场 24 个、投用纯电动公交车 53 台。

社会事业。2023 年，同安区新增省、市示范幼儿园 7 所，建成厦门市中小学生综合实践基地二期，100%通过省级义务教育管理标准化学校验收。第二外国语学校高中部等 14 个新改扩建项目竣工投用，新增学位 1.7 万个。建成美林街道社区卫生服务中心改造等 4 个卫生项目，苏颂医院开业运营，五显卫生院新院区正式投用，中医院急救站挂牌启用。发布首条苏颂主题研学路线，开展“文化大篷车”等活动，完成 14 处不可移动文物保护修缮。举办环东半程马拉松、铁人三项亚洲杯等体育赛事，新改建近邻运动场 46 个。发放稳岗资金 1.6 亿元，城镇新增就业 2.07 万人。开展困难群众帮扶，为 4500 余名低保对象和特困人员提供兜底保障，投入救助补助资金 1.1 亿元，大病医疗救助保险惠及全区户籍居民。完善住房保障体系，祥平保障房地铁社区三期工程等项目竣工验收，新增安置房 2215 套、保障性租赁房 7578 套。强化“一老一小”服务，改造提升农村幸福院 10 家，建成投用未成年人保护工作站 2 个，新增家庭养老床位 128 张、普惠性托位 345 个。

社会治理。2023 年，同安区推进基层治理法治化建设，顶村村获评“全国民主法治示范村”。健全议理堂驻所（队）、诉调对接等机制，调解各类纠纷 5600 件，调解成功率 99.9%；信访事项一次性办结率达 98.1%，“治重化积”化解率达 100%。实施城中村现代化治理三年行动，打造四口圳、梧侣等首批 6 个试点村，47 个城中村改造项目竣工，“西湖经验”全市宣传推广。强化建筑废土监管，立案查处违法倾倒渣土行为 156 件。推进 8 个垃圾分类试点小区建设，投用 25 座垃圾分类屋（亭），创建省级生活垃圾分类示范区。处置“两违”134.1 万平方米，规整缆线 7.8 万米，实现 243 个无物业小区“有人管”，文明城区创建工作测评位居全省第八。开展重大事故隐患专项排查整治 2023 行动，整改问题隐患 2.67 万条，全年未发生较大以上安全生产事故。推进平安同安建设，刑事警情下降 19.2%，涉“食药环知森”领域打击质效全市第一。

华润新建产能 40 万千升啤酒工厂项目开工。2023 年 1 月 8 日，华润新建产能 40 万千升啤酒工厂项目在同安开工建设。该项目位于同安区同安大道与新民大道交叉口东北侧，总投资 12.14 亿元，总用地面积 14.75 万平方米，总建筑面积 8.18 万平方米，主要建设酿造综合车间、包装综合车间、污水处理系统、综合楼等。

厦门科学城·同安区第一届科技服务节。2023 年 4 月 25 日，由厦门市科学技术局、同安区人民政府指导，同安区工业和信息化局、同安区科学技术协会、厦门产业技术研究院等单位联合主办的厦门科学城·同安区第一届科技服务节在厦门科学城Ⅰ号孵化器启动。科技服务节以“科技赋能同创未来”为主题，采取“政府＋协会、研究院、产业中心＋相关企业”三向奔赴模式，为企业提供精准科技服务指导。至 10 月 24 日活动结束，累计举办各类主题活动 16 场（培训会 6 场、宣讲会 3 场、对接会 3 场、专题沙龙 2 场、论坛 1 场、研讨会 1 次），40 名相关领域的专家、导师到场授课，吸引超 1000 家次企业参与。

海辰储能上榜 2023 中国独角兽企业榜单。2023 年 6 月 20 日，新经济智库长城战略咨询发布《中国独角兽企业研究报告 2023》，位于同翔高新城同安片区的海辰储能上榜 2023 中国独角兽企业榜单，成为福建首批、厦门首家中国独角兽企业。海辰储能于 2019 年落

2023 年 12 月 10 日，第十二届厦门苏颂文化节在同安开幕。图为文化节主题研讨活动现场　（同安区委党史方志室）

户同安，专业从事锂电池核心材料、磷酸铁锂储能电池及系统的研发、生产和销售。2021年首批产品量产，2022年电力储能电池全年交付量达5吉瓦时，2023年产值破百亿元。

同安区“丰收季”活动。2023年9月23日，中国农民丰收节同安区“丰收季”活动在莲花镇莲花村开幕。活动由厦门市农业农村局、同安区人民政府、同安区委宣传部指导，同安区农业农村局、共青团同安区委、同安区各镇（街）人民政府（办事处）联合主办，以“庆丰收·促和美·银城丰收曲”为主题，举办农特产品展销会，开展“品味同安　品味传承”同安凤梨穗龙眼采摘节体验、“媒体采风沉浸‘乐’丰收”同安现代化农业体验、“农业丰收体验团‘趣’游乡村”同安乡村游等配套活动，突出展示“三农”发展新成果和乡村振兴新面貌，凝聚推动乡村振兴战略实施的强大动力。

第十二届厦门苏颂文化节。2023年12月10日，由厦门市委宣传部、市社会科学界联合会、市科学技术局、中华中医药学会指导，同安区委宣传部、区社会科学界联合会主办的第十二届厦门苏颂文化节在同安区美峰科创公园开幕。文化节以“博闻本草　银城开新”为主题，聚焦“本草文化”，举办中医药传承创新发展研讨会，开展项目签约、文旅研学推介等系列活动，全方位挖掘苏颂精神的内涵，推动苏颂文化向新时代文化实践创造性转化、创新性发展。（蔡杰）

【翔安区】　位于厦门市东北部，2023年辖2个镇、7个街道。全区陆域总面积415.70平方千米（其中滩涂面积为59.83平方千米），大陆海岸线长95.8千米，占厦门市大陆海岸线总长的38%。年末户籍人口43.79万人，常住人口64.7万人。2023年，耕地面积0.48万公顷，粮食播种0.16万公顷，粮食产量1.09万吨。林地面积0.95万公顷，森林覆盖率19.28%，乔木蓄积量62.90万立方米。主要旅游景点有香山省级风景名胜区、大宅乡村旅游示范点、大帽山境、大嶝小镇、厦门红珊汽车文化公园、英雄三岛战地观光园、澳头渔港特色小镇、内厝繁星基地、下潭尾湿地公园。

2023年，翔安区获全国“2022高质量发展十佳城区”、中国工业百强区、国家乡村振兴示范县创建试点、国家农产品质量安全县、全国“平安农机”示范县、全国节水型社会建设达标县（区）等称号；小嶝小学获评全国乡村温馨校园建设典型案例学校，区图书馆获评全国一级图书馆，区卫健局疾病预防控制中心获全国肿瘤登记工作进步奖，大嶝医院获评全国基层呼吸规建项目优秀单位，区行政审批事务中心获评全国巾帼文明岗，金海街道澳头侨联获评全国侨联系统“侨胞之家”典型单位，新圩镇古宅村获评全国示范性老年友好型社区，市第五医院获评全国公立医院高质量发展优秀案例。

2023年，全区地区生产总值887.17亿元，比上年增长7.0%。其中，第一产业增加值9.05亿元，下降8.7%；第二产业增加值560.93亿元，增长5.0%；规上工业生产总值1642.23亿元，增长3.9%；第三产业增加值317.20亿元，增长11.8%。规模以上工业增加值498.98亿元，增长15.0%。农林牧渔业总产值20.01亿元。固定资产投资664.25亿元。社会消费品零售总额142.52亿元，增长5.9%。实际利用外资1.15亿元。一般公共预算总收入115.11亿元，增长16.9%；其中地方一般公共预算收入31.48亿元，增长12.6%。城镇居民人均可支配收入52161元，增长3.8%；农村居民人均可支配收入30916元，增长5.5%。（许晨光）

漳州市

【概况】　漳州市位于福建省最南端，毗邻厦门，与台湾隔海相望。1985年设立地级市。2023年辖4个区、7个县和4个开发区、1个国家级高新区。漳州市南北长187千米，东西宽127千米，陆地面积1.29万平方千米，海域面积1.86万平方千米。年末户籍人口525.03万人，常住人口506.3万人，其中城镇常住人口325.0万人；人口自然增长率为−0.59‰。漳州山、海、江、平原兼备，福建第二大江九龙江横贯全境，九龙江下游冲积平原——漳州平原是福建最大的平原。森林覆盖率45.18%、森林蓄积量5322.85万立方米。粮食播种面积6.2万公顷（含大豆2.19万公顷），产量42.12万吨。资源储量的矿产39种，包括能源矿产1种、金属矿产13种、非金属矿产24种、水气矿产1种。重要海洋资源有鱼、虾、贝、藻等400多种。主要旅游资源有AAA级以上旅游景区30家，其中AAAAA级旅游景区1家——福建土楼（南靖）旅游区，AAAA级旅游景区15家——龙文区云洞岩景区、长泰区十里蓝山景区、漳浦县东南花都花博园景区、翡翠湾滨海景区、天福茶博物院景区、天福“唐山过台湾”石雕园景区、漳州滨海火山国家地质公园景区、云霄县金汤湾旅游区、东山县风动石景区、马銮湾景区、平和县三平景区、高峰谷景区、华安县官畲景区、福建土楼（华安）旅游区、长泰区天柱山欢乐大世界景区。漳州物华天宝、人杰地灵，是国家历史文化名城、闽南文化重要发祥地、国家级闽南文化生态保护区核心区，有世界文化遗产1处（南靖、华安土楼），国家级非遗项目17项，漳浦剪纸、漳州布袋木偶戏、“送王船”民俗文化入选联合国教科文组织非遗名录。著名历史人物有陈元光、周匡物、林震、高登、潘荣、张燮、黄道周、蔡新、蓝理等，著名当代人物有高捷成、郭有品、李林、林语堂、彭冲、谷文昌、陈忠和等。

2023年，漳州获“中国鲍鱼种苗之都”“中国蛤类种苗之都”称号，首次上榜中国外贸百强城市，入围2023年全国先进制造业百强市，漳州国家农业绿色发展先行区顺利通过评估，九龙江西溪入选全国“最美家乡河”。

2023 年 1 月 5 日，福建能化集团福海创公司年产 300 万吨精对苯二甲酸（PTA）扩建项目开工仪式在漳州古雷石化基地举行。图为开工仪式现场

（林忠　摄）

2023 年，全市地区生产总值 5728.43 亿元，比上年增长 5.9%。其中，第一产业增加值 599.34 亿元，增长 5.5%；第二产业增加值 2694.45 亿元，增长 5.5%；第三产业增加值 2434.64 亿元，增长 6.5%。三次产业比例由上年的 10.5∶47.6∶41.9 调整为 10.5∶47.0∶42.5。全年人均地区生产总值 113087 元，增长 6.0%。一般公共预算总收入 407.8 亿元，增长 19.6%；其中地方一般公共预算收入 279.3 亿元，增长 11.5%。规模以上工业增加值增长 5.6%。农林牧渔业总产值 1117.88 亿元，增长 5.5%。固定资产投资增长 8.1%。社会消费品零售总额 2080.09 亿元，增长 9.2%。进出口总额 1218.1 亿元，增长 1.6%；其中出口 857.3 亿元、增长 5.3%，进口 360.9 亿元、下降 6.3%。城镇居民人均可支配收入 48736 元，增长 5.1%；农村居民人均可支配收入 27788 元，增长 7.7%。全年新增城镇就业人数 4.21 万人，其中城镇失业人员再就业 1.4 万人、城镇困难群体再就业 0.35 万人。参加职工基本养老保险人数 165.56 万人，增加 14.88 万人。职工基本医疗参保人数 85.09 万人，增加 2.34 万人。1.53 万人享受城市最低生活保障，8.85 万人享受农村最低生活保障，1.05 万人享受农村特困人员救助供养。

【产业发展】 2023 年，漳州市深入开展“产业发展项目建设提升年”活动。开展“七比一看”（比招商引资、比做强工业、比项目建设、比乡村振兴、比生态文明建设、比耕地保护与征地拆迁、比争取资金和资金使用绩效，看高质量发展实效竞赛），出台《巩固拓展经济向好势头的一揽子政策措施》《漳州市稳外贸稳外资促消费激励措施》《促进工业高质量发展若干措施》等政策。漳州市入围 2023 年全国先进制造业百强市。石英钟表产业集群入选首批国家中小企业特色产业集群。深入实施特色现代农业工程，漳州国家农业绿色发展先行区通过评估，漳浦县入选国家现代农业产业园创建名单。总投资 711 亿元的古雷炼化一体化二期项目通过国家发展改革委“储转规”评审。总投资 420 亿元的中沙古雷乙烯项目进入实体工程建设阶段。总投资 192 亿元的联盛林浆纸一体化项目一期生产线 6 月投产。

【福海创公司年产 300 万吨精对苯二甲酸（PTA）扩建项目】 2023 年 1 月 5 日，福建能化集团福海创公司年产 300 万吨精对苯二甲酸（PTA）扩建项目开工仪式在漳州古雷石化基地举行。该项目计划总投资 57.7 亿元，在已有 450 万吨 PTA 生产装置基础上实施年产 300 万吨 PTA 扩建项目，扩容后将达到年产 750 万吨生产规模。项目引进世界最先进的 PTA 生产工艺，具有技术成熟度高，装置能耗物耗低于国家标准规定的先进值、低于同类装置数值，加工成本低等竞争力。该项目是福建省能源石化集团在古雷石化园区“十四五”规划千亿元石化产业链延伸过程的重要环节，装置与上游原料 PX 装置毗邻，下游契合企业聚酯产业发展战略要求，通过扩大企业规模，使上下游企业形成战略联盟，达到企业规模化经营战略。

【《国务院关于同意设立中国—菲律宾经贸创新发展示范园区的批复》】 2023 年 1 月 19 日，《国务院关于同意设立中国—菲律宾经贸创新发展示范园区的批复》发布。批复显示，同意在福建省漳州市设立中国—菲律宾经贸创新发展示范园区。漳州园区建设以诏安工业园区、东山经济技术开发区、漳州招商局经济技术开发区、常山华侨经济开发区和古雷港经济开发区 5 个园区为依托，构建“一园、五片区、多基地（中心）”的空间布局，总规划面积 266.73 平方千米。

【《福建土楼活化利用》专题展览】 2023 年 11 月 16 日，应法国国家建筑博物馆邀请，《福建土楼活化利用》专题展览在巴黎建筑与遗产城博物馆展厅开幕。展览展出漳州 7 座活化利用试点土楼的成果模型，涉及的土楼分别为平和县的宾阳楼、寨河旧楼，南靖县的翠美楼、进士楼、诗德楼，以及华安县的昇平楼、丰楼。还展出土楼图片、视频、征集的实物桌椅和夯筑的土楼片段墙等，展示土楼建筑的文化内涵和活化利用成果。（江细珍　朱圣平）

【芗城区】 位于漳州市西北部，2023 年辖 2 个镇、8 个街道、1 个开发区。土地面积 264.59 平方千米。年末户籍人口 50.59 万人，常住人口 64.36 万人。人口自然增长率 −7.49‰。2023 年，芗城区耕地面积 1241.66 公顷，其中粮食播种面积 626.7 公顷，粮食产量 3324 吨。林地面积 10411 公顷，森林覆

2023 年 1 月 5 日，芗城区西湖生态园正式开园　　（芗城区）

盖率 39.4%，乔木林蓄积量 29.06 万立方米。重要矿产资源有地热、矿泉水、建筑用石料、饰面用花岗岩、砖瓦用黏土、耐火黏土、高岭土、泥炭等。主要旅游景点有漳州古城、林语堂文化园、西湖生态园、西院湖生态园、威镇阁等。

2023 年，芗城区获评全国医养结合示范区；漳州古城获评国家级旅游休闲街区、海峡两岸交流基地；金峰开发区入选全国省级开发区高质量发展百强榜单；天宝镇入选全国农业产业强镇创建名单；巷口派出所被命名为全国“枫桥式公安派出所”；西桥街道南台社区、天宝镇珠里社区获评全国民主法治示范社区。

2023 年，全区地区生产总值 957.93 亿元，比上年增长 6.7%。其中，第一产业增加值 11.13 亿元，增长 2.8%；第二产业增加值 422.31 亿元，增长 6.9%；第三产业增加值 524.49 亿元，增长 6.7%。人均地区生产总值 148956 元，增长 6.6%。规模以上工业总产值 752.38 亿元，增长 1.3%。农林牧渔业总产值 20.48 亿元，增长 3.01%。固定资产投资 260.91 亿元，增长 8.12%。社会消费品零售总额 355.4 亿元，增长 7.2%。外贸出口额 74.59 亿元，增长 8.15%；实际使用外资 1695 万美元。一般公共预算总收入 36.98 亿元，增长 11.1%；其中地方一般公共预算收入 22.48 亿元，增长 11.3%。规模以上工业增加值增长 1%。城镇居民人均可支配收入 54803 元，增长 5.3%；农村居民人均可支配收入 27695 元，增长 7.7%。

2023 年 9 月 22—25 日，“四海同心·‘芗’拥同行”港澳台侨青年同心交流活动在芗城区举行　　（芗城区）

“四海同心·‘芗’拥同行”港澳台侨青年同心交流活动。2023 年 9 月 22—25 日，芗城区举办“四海同心·‘芗’拥同行”港澳台侨青年同心交流活动。50 多名港澳台侨青年代表参观展馆、走访企业，感受当地文化底蕴及城市发展。活动由漳州市委统战部指导，芗城区委统战部（侨办）、芗城区委人才办主办。活动搭建港澳台侨青年创新创业平台，加深漳州与港澳台侨青年的同心交流。芗城区港澳台侨同心会客厅在活动期间揭牌。　（蔡昕妤　许舒琪）

【龙文区】　位于漳州市中部，2023 年辖 5 个街道、1 个镇、1 个省级开发区，土地面积 126 平方千米。年末户籍人口 22.52 万人，常住人口 30.76 万人。人口自然增长率 1.05‰。耕地面积 692.89 公顷，粮食播种面积 66.5 公顷，粮食产量 469 吨。林地面积 2816.24 公顷，森林覆盖率 15.22%，活立木蓄积量 28.36 万立方米。重要矿产资源有地热（温泉）。主要旅游景点有国家 AAAA 级旅游景区云洞岩风景名胜区、国家 AAA 级旅游景区福建省海丝钟表博物馆、省级旅游休闲街区闽南水乡、省级历史文化名村湘桥村、省级文物保护单位扶摇关帝庙。

2023 年，龙文区石英钟表产业集群被工信部评为 2022 年度中小企业特色产业集群；恒丽钟表工业园区被文化和旅游部评为国家工业旅游示范基地；青蛙王子（福建）婴童护理用品有限公司和百威雪津（漳州）啤酒有限公司入选国家级绿色工厂；青蛙王子工业设计中心被中国轻工业联合会认定为 2023 年度中国轻工业工业设计中心；漳州市天辰纸品包装有限公司入选“2023 中国印刷包装企业 100 强”；福建晟育投资发展集团有限公司入选“2023 中国服务业 500 强”；蓝田街道福隆社区入选全国完整社区建设试点；景山街道社区卫生服务中心通过国家社区医院验收；郭坑镇“全民‘村 TV’让文明乡风遍地开花”经验做法入选第四批全国“文明乡风建设”典型案例；郭坑镇口社村获评“第

2023 年，郭坑镇“全民‘村 TV’让文明乡风遍地开花”经验做法入选第四批全国“文明乡风建设”典型案例。图为 8 月 5 日郭坑镇洛滨村举办“百姓大舞台，全民村 TV”活动　　（龙文区）

三批全国乡村治理示范村”；龙文区税务局第一税务分局（办税服务厅）被中华全国总工会授予“全国五一巾帼标兵岗”。

2023 年，龙文区地区生产总值 454.65 亿元，比上年增长 6.6%。其中，第一产业增加值 4.96 亿元，增长 6.1%；第二产业增加值 167.82 亿元，增长 5.6%；第三产业增加值 281.87 亿元，增长 7.1%。人均地区生产总值 148023 元，增长 6.3%。规模以上工业总产值 293.55 亿元，增长 5%。农林牧渔业总产值 8.51 亿元，增长 6.3%。固定资产投资 271.71 亿元，增长 6.1%。社会消费品零售总额 276.18 亿元，增长 9.4%。外贸出口额 61.22 亿元，增长 0.01%；实际利用外资 304 万美元，下降 83.67%。一般公共预算总收入 21.35 亿元，下降 2.1%；其中地方一般公共预算收入 14.29 亿元，下降 11.2%。城镇居民人均可支配收入 55642 元，增长 4.9%；农村居民人均可支配收入 29884 元，增长 7.8%。

石英钟表产业。龙文区是漳州市钟表企业最主要聚集地，集群内有上下游及配套企业 130 家，其中国家级高新技术企业 7 家、专精特新“小巨人”企业 7 家，产值年均增速 18% 以上。2023 年，龙文区落实《漳州市人民政府办公室关于扶持钟表产业转型升级八条措施的通知》，针对钟表行业涉及的高端精密装备和新兴消费电子两类产业的特点，编制产业链招商地图，招引产业上下游优质企业，补齐石英钟表产业链；组织开展中国（蓝光杯·漳州）钟表设计大赛，提升钟表原创设计水平，推动钟表产业转型升级。1 月 11 日，龙文区石英钟表产业集群被工信部评为 2022 年度中小企业特色产业集群；10 月 10 日，恒丽钟表工业园区被文化和旅游部评为国家工业旅游示范基地。

2023 年 10 月 8 日，第十五届海峡两岸（福建·龙文）中华武术大家练活动在龙文区吾悦广场举行　　（龙文区）

郭坑镇“全民‘村 TV’让文明乡风遍地开花”经验做法入选第四批全国“文明乡风建设”典型案例。2023 年，龙文区郭坑镇把文化振兴作为乡村振兴的重要路径，聚焦农村精神文化生活短板，转变“大操大办、铺张浪费”等不良习俗，探索打造接地气、有特色的“百姓大舞台、全民村 TV”品牌，用群众的方式解决农村突出问题，用群众的语言倡导文明乡风建设，在潜移默化中引导群众讲文明、树新风、兴产业。全年共举办“村 TV”18 场，参与群众 2 万余人次，形成“周周有看头，月月有亮点”的活动氛围。10 月 20 日，“全民‘村 TV’让文明乡风遍地开花”入选农业农村部第四批全国“文明乡风建设”典型案例。

第十五届海峡两岸（福建·龙文）中华武术大家练活动举行。2023 年 10 月 8 日，第十五届海峡两岸（福建·龙文）中华武术大家练活动在龙文区吾悦广场举行。该届活动以“情系两岸，武会龙文”为主题，有来自台湾、漳州约 300 名武术爱好者共同上演精品传统武术节目，CCTV、中国新闻网、人民网、中国经济网、《福建日报》、《闽南日报》、漳州电视台、《香港商报》、《海峡导报》、东南网、闽南网、台海网等多家媒体关注报道该届活动。

（龙文区委党史方志室）

【龙海区】　位于漳州市东部，2023 年辖 12 个乡（镇、街道）场，土地面积 976.39 平方千米（不含漳州台商投资区、漳州开发区、漳州高新区的九湖镇和颜厝镇，下同）。年末户籍人口 58.41 万人，常住人口 58.89 万人。人口自然增长率 −1.3‰。耕地面积 7416.94 公顷，粮食种植面积6483.2公顷。林地面积4.31万公顷（含漳州台商投资区、漳州开发区、漳州高新区的九湖镇和颜厝镇），活立木蓄积量392.45万立方米，森林覆盖率27.81%，国家级生态公益林面积373.4公顷，省级生态公益林面积8111.2公顷，境内红树林总面积566.67公顷。重要矿产资源有花岗岩、高岭土、温泉、矿泉水。海岸线长226.27千米，海域面积1004平方千米（含漳州台商投资区、漳州开发区、漳州高新区的九湖镇和颜厝镇）。主要旅游景点有石码历史文化街区、白塘湾旅游综合体、鹭凯生态庄园、西溪文化生态园、月港历史风貌区、埭美古村落群等。年内，龙海区位居全国高质量发展百强区第60位、获评福建省城市发展“十优”区。龙海区东园镇入选首批国家农业产业强镇。

2023年，全区地区生产总值632.88亿元，增长5.3%。其中，第一产业增加值63.82亿元，增长6.4%；第二产业增加值337.35亿元，增长4.3%；第三产业增加值231.71亿元，增长6.6%。三次产业结构比例为10.1∶53.3∶36.6。规模工业总产值578.87亿元，增长5.0%。农林牧渔业总产值121.37亿元，增长6.5%。固定资产投资163.08亿元，增长10.3%。一般公共预算总收入31.77亿元，增长34.5%；其中地方一般公共预算收入22.17亿元，增长11.7%。出口总值30.86亿元，下降1.4%；实际利用外资869万美元。社会消费品零售总额201.83亿元，增长9.5%。城镇居民人均可支配收入50360元，增长4.7%；农村居民人均可支配收入29089元，增长7.7%。

*第四届中国食品名城（漳州）食品交易会暨第三届龙海国际休闲食品博览会。*2023年6月16—18日，第四届中国食品名城（漳州）食品交易会暨第三届龙海国际休闲食品博览会在龙海食博园举行。展会以“美味漳州·香约龙海”为主题，展览面积4.6万平方米，设置展位522个，共有439家企业参展。其间，还举行招商项目租赁签约仪式、中国健康食品产业趋势发展论坛、政银企金融对接活动等。

*纪念“龙江风格”诞生60周年系列活动。*2023年6月21日，龙海区在龙江文化生态园举行纪念“龙江风格”诞生60周年系列活动启动仪式，活动以“龙江风格谱新曲　扬帆龙海振雄风”为主题，举行大型纪录片《国家记忆》之《龙江颂歌》开机仪式、“龙江风格”传承研究会授牌、专场文艺演出、“龙江风格爱国主义教育研学基地”项目奠基培土、《追寻龙江风格的历史轨迹》赠书仪式等。年内，“龙江风格”展示馆被列为省级、市级社科基地。

*漳州市龙海区石码街道撤镇设街道。*2023年9月3日，龙海区石码街道举行撤镇设街道揭牌仪式。石码街道办事处所辖行政区域及驻地与原石码镇所辖行政区域及驻地相同，辖区面积5.26平方千米，下辖16个社区和4个村，人口7.01万人。

*祖国大陆首尊神像金身入岛巡安。*2023年10月29—31日，海澄都城隍文化交流团114人到金门开展海澄都城隍金身绕境巡安活动和宗教文化交流活动，增进两岸同胞彼此了解，推动融合发展。绕境巡安和宗教文化交流活动是2020年以来祖国大陆首尊神像金身入岛巡安。

*长三角招商推介会。*2023年11月6日，漳州市长三角地区龙海“零碳”产业园招商推介会暨项目集中签约仪式举行，会上龙海集中签约12个项目，总投资123.75亿元，项目涵盖零碳深冷产业园、深海装备养殖、冷能梯次利用、冷链仓储物流、食品加工等多个产业领域，其中30亿元项目2个。2月，“拢来龙海·给你精彩”龙海区长三角招商暨海洋经济专场招商推介会在上海举行，现场共签约27个项目，总投资122.73亿元。4月，龙海区“龙年龙海·一起精彩”招商推介会在上海举行，现场签约12个项目，总投资35.14亿元，项目涵盖仓储物流、冷能热能利用、码头建设等领域。

*第二届月港海丝文化学术研究会暨2023年度福建省闽南文化研究会年会。*2023年12月16—17日，第二届月港海丝文化学术研究会暨2023年度福建省闽南文化研究会年会在龙海区举行。会议以“大月港·大航海”为主题，海峡两岸的200余名专家学者参加，以新视野、新史料、新见解深化认识大航海时期大月港的地位、作用和价值，促进月港海丝文化交流，助力福建文化强省建设。12月17日，龙海区月港海丝新馆开馆，新馆以“月是海上明”为主题，设有7个展示区域，用全新的视觉传达海上丝绸之路文化。（杨海珍）

【长泰区】　位于漳州市东北部，2023年辖4个镇、1个乡，土地面积912.67平方千米。年末户籍人口20.94万人，常住人口23.16万人。全区耕地面积1.55万公顷，粮食播种面积0.6万公顷，粮食产量3.93万吨。林地面积6.05万公顷，森林覆盖率67.19%，活立木蓄积量485.5万立方米。重要矿产资源有高岭土、叶蜡石、钾长石、花岗岩等。主要旅游景点有福建天柱山国家森林公园、十里蓝山景区、古山重景区、鼓鸣岩风景区、天成山风景区、吴田山风景区等。2023年长泰区获评首批全国县域商业领跑县、全国学前教育普及普惠区。

2023年，全区地区生产总值406.04亿元，增长5.2%。其中，第一产业增加值22.85亿元，增长5.6%；第二产业增加值270.33亿元，增长4.9%；工业增加值201.49亿元，增长3.1%；第三产业增加值112.86亿元，增长5.6%。规模以上工业总产值497.9亿元，增长3.6%。农林牧渔业总产值45.1亿元，增长5.7%。固定资产投资115.9亿元，增长4.3%。社会消费品零售额113.05亿元，增长7.3%。一般公共预算总收入27.85亿元，增长18.1%；其中地方一般公共预算收入18.6亿元，增长13.1%。城镇居民人均可支配收入50733元，增长5.1%；农村居民人均可支配收入29108元，增长7.8%。

2023年中国·长泰乡村气排球公开

赛。长泰区以乡村气排球联赛为重要抓手，举办村村赛、乡镇赛、全区赛，丰富群众体育文化生活，全面构建“15分钟健身圈”，建成文体中心、聚牛山健康步道、健康一条街、健康主题公园等场所场地，涵盖区、镇、村三级的公益公园和运动场地超过100个，其中主城区内可供群众运动的场所18个。新建和改造气排球场地近100个，覆盖全区58个建制村。2023年11月25—27日，长泰区承办2023年中国·长泰乡村气排球公开赛，线上线下观看人数超3千万人次，抖音主话题“长泰乡村气排”播放量超过8900万。（李文）

2023年1月25日，漳浦县剪纸艺人高少萍、黄丽蓉、魏琴、陈敏蓉带上漳浦剪纸亮相中央电视台戏曲频道《一鸣惊人》栏目春节特辑——《春风里中国年》节目演出。图为演出现场（漳浦县剪纸协会）

【漳浦县】 位于漳州市东南部，2023年辖13个镇、4个乡，陆地面积1701.6平方千米。年末户籍人口94.29万人，常住人口85.25万人。全县耕地面积2.02万公顷，其中粮食播种面积1.60万公顷，粮食产量11.43万吨。林地面积11.78万公顷，森林覆盖率55.28%，活立木蓄积量500.8万立方米。矿产资源主要以砂、石、土等非金属矿种为主，兼有铝土矿、钨矿、锡矿、铁矿、铅矿、锌矿等金属矿种。县境的海湾有浮游动物50种、大型底栖生物197种、鱼类202种、虾蟹类59种、头足类8种；2023年，漳浦县水产品总量28.6万吨。拥有国家AAAA级旅游景区5个——滨海火山地质公园、翡翠湾、天福茶博物院、天福石雕园、东南花都，国家AAA级旅游景区2个——龙美湾旅游区、HOORAY欢乐岛景区，国家级文物保护单位5处——赵家堡—诒安堡、文庙大成殿、锦江楼、蓝廷珍府第、黄道周讲学处，以及省级文物保护单位16处。

2023年，全县地区生产总值683.55亿元，比上年增长7.6%。其中，第一产业增加值105.8亿元，增长4.4%；第二产业增加值257.54亿元，增长10.3%；工业增加值208.19亿元，增长10.6%；第三产业增加值320.21亿元，增长6.6%。人均地区生产总值80252元，增长7.5%。规模以上工业总产值1138亿元。农林牧渔业总产值197.1亿元。固定资产投资324.31亿元，增长10.8%。社会消费品零售总额301.97亿元，增长10.2%。外贸出口总额42.45亿元，下降13.7%；实际利用外资15.8亿元，增长25%。一般公共预算总收入41.27亿元，增长291.1%；其中地方一般公共预算收入35.14亿元，增长93.3%。城镇居民人均可支配收入49969元，增长4.8%；农村居民人均可支配收入30679元，增长7.6%。

漳浦剪纸亮相央视春节特别节目。2023年1月25日，漳浦县剪纸艺人高少萍、黄丽蓉、魏琴、陈敏蓉带上漳浦剪纸亮相中央电视台戏曲频道《一鸣惊人》栏目春节特辑——《春风里中国年》节目演出。节目演出现场，漳浦剪纸艺人用一张红纸、一把剪刀，剪出《福满乾坤》《喜上眉梢》《金玉满堂》《一起向未来》等作品，介绍漳浦剪纸的起源、特点，现场教授剪窗花和小白兔。

2023年漳州圣杯屿水下考古发掘工作收官。2023年5月，漳州圣杯屿元代海船水下考古工作再次启动。10月10日，漳州圣杯屿全部出水文物安全运达漳州市博物馆。10月16日，项目组田野工作全部结束，2023年漳州圣杯屿水下考古发掘工作收官。漳州圣杯屿元代海船遗址位于漳州古雷港经济开发区杏仔村东南海域，东北距离圣杯屿200米，处于古代海上丝绸之路南洋航线和东洋航线（福建至台湾南下菲律宾航线）的交会处，是中国已发现的保存较好的元代海船遗址之一。

第十五届海峡论坛·两岸特色乡镇交流对接暨乡村振兴合作论坛举行。2023年6月15—16日，由海峡两岸农业交流协会、福建省农业农村厅共同主办的第十五届海峡论坛·两岸特色乡镇交流对接暨乡村振兴合作论坛在漳浦举行。论坛会上，10个闽台乡村振兴合作对接项目进行现场签约。两岸特色乡镇交流对接暨乡村振兴合作论坛以“加强乡村振兴合作，共促两岸融合发展”为主题，围绕全面推进乡村振兴的战略部署，与台湾同胞分享大陆乡村振兴的发展机遇，加强两岸乡村合作、深化人才交流、共享发展经验。（林雪芬）

【云霄县】 位于漳州市南部，2023年辖6个镇、3个乡和1个经济开发区，土地面积1020.03平方千米（不含常山）。年末户籍人口46.36万人（含常山），常住人口41.33万人。年内，云霄县和平乡入选福建省“全域生态旅游小镇”名单，火田镇白石村入选福建省“金牌旅游村”名单。

2023年，全县地区生产总值262.24亿元，比上年增长6.5%。其中，第一产业增加值60.08亿元，增长5.4%；第二产业增加值90.40亿元，

2023 年 8 月 29 日，中核陈岱 5 万千瓦渔光互补项目实现并网发电

（林应涛　摄）

增长 10.1%；工业增加值 58.15 亿元，增长 5.7%，规模以上工业增加值增长 6.5%；第三产业增加值 111.75 亿元，增长 4.0%。规模以上工业总产值 95.17 亿元，增长 6.8%。农林牧渔业总产值 105.64 亿元，增长 5.6%。固定资产投资 162.92 亿元，增长 13.3%。社会消费品零售总额 123.98 亿元，增长 8.1%。实际利用外资 418.00 万元，增长 27.8%。一般公共预算总收入 14.14 亿元，增长 16.9%；其中地方一般公共预算收入 10.45 亿元，增长 14.4%。

重点项目。2023 年，云霄县核电用海、抽蓄用地获国务院批准；核电 1 号机组完成冷试，全面转入调试阶段；3 号机组启动负挖，核应急指挥中心、核五生活配套等项目建成投用；抽水蓄能电站完成征迁 372 公顷，下水库导流洞贯通；光伏赛道表现亮眼，陈岱 5 万千瓦渔光互补项目实现并网发电，中核汇能列屿光伏项目、浙能东厦光伏项目获 115 万千瓦光伏指标，占全省 21.6%。

云霄枇杷文化节开幕。2023 年 3 月 10 日，“漫步云霄　乐悠和平”2023 年云霄枇杷文化节在和平乡启动，现场集中签约 17 个项目，涵盖农产品产供销大数据平台建设、枇杷系列产品触网销售、红色文旅、青少年研学基地共建等项目。活动期间，上万游客在和平乡游园赏景，体验现场采摘枇杷的乐趣，一览云霄各个乡镇的风景，品味云霄特色美食。

云霄开漳圣王文化祖地获批“海峡两岸交流基地”。2023 年 2 月 8 日，国务院台湾事务办公室举行例行新闻发布会，公布中共中央台办、国务院台办最近批准设立 9 个海峡两岸交流基地，福建云霄开漳圣王文化祖地上榜。4 月 15 日，“海峡两岸交流基地”授牌仪式在云霄县将军山公园归德楼广场举行。

开漳圣王文化节开幕。2023 年 6 月 18 日，由漳州市人民政府主办，中共云霄县委、云霄县人民政府承办的第十五届海峡论坛·第九届海峡两岸（福建云霄）开漳圣王文化节在云霄县将军山公园开幕。祭祀大典在场祭拜的 87 姓开漳后裔达上千人，彰显两岸同根同源、融合发展的深厚情谊，推动两岸共同弘扬中华文化，促进两岸同胞心灵契合。

《国家记忆》播出向东渠重大主题纪录片。2023 年 11 月 9—10 日，中央电视台中文国际频道《国家记忆》栏目播出向东渠重大主题纪录片《一渠清水向东流》，讲述云霄、东山 5 万多名建设者如何劈岩凿壁、移山填壑、拦河截流、架槽铺管，耗时两年半，用双手在层峦叠嶂间建成全长 85.81 千米的生命之渠，历史性地解决两县百姓千百年来的工农业和生活用水难题。

2023 电商主播大赛开赛。2023 年 11 月 27 日，由福建省商务厅、福建省互联网信息办公室、福建省广播电视局、福建省广播影视集团共同主办的 2023 电商主播大赛十强争霸赛在云霄县开赛。10 支电商直播队伍入围本次比赛，经过 2 小时激烈角逐，累计实现 GMV 超 23.4 万元，带动“福品”销售超 2000 件。

（吴若阳）

【诏安县】 位于漳州市最南端，2023 年辖 10 个镇、5 个乡、1 个省级工业园区，共有 217 个行政村、36 个社区。县域总面积 1916.84 平方千米，其中陆域面积 1300.48 平方千米，海域面积 616.36 平方千米。年末户籍人口 67.74 万人，常住人口 55.17 万人。诏安县地处闽粤沿海花岗岩亚区，地貌类型多样，有山地、丘陵、台地、平原、盆地、浅海、滩涂。境内自然资源丰富，动植物种类众多，有国家一级野生保护植物 2 种、国家二级野生保护植物 14 种。已探明的金属类矿产主要为铅、锌、银 3 种，非金属类矿产主要为钾长石、钠长石、水泥标准砂、玻璃用砂、脉石英、高岭土等 6 种。全县耕地面积 10004.12 公顷，粮食作物播种面积 1.05 万公顷，粮食产量 7.27 万吨，增长 0.1%。2023 年度森林面积 5.64 万公顷，森林蓄积量 508.29 万立方米，森林覆盖率 43.38%。全县自然保护地整合优化后面积 8586.67 公顷。湿地面积 1.69 万公顷。诏安境内有新石器时代和商周时期的遗址，唐代以来众多府第祠堂、寺庙宫观、书院、楼堡、牌坊及名人墓葬广泛散布于全县各处，还有大量的辛亥革命后革命文物史迹及纪念建筑。县内有国家级文物保护单位 1 处，省级文物保护单位 18 处，县级文物保护单位 182 处。主要旅游地有国家 AAA 级旅游景区九侯山、国家森林公园乌山、国家海洋公园城洲岛及中国传统城镇南诏镇、中国传统村落山河村与湖内村等。

2023 年，全县地区生产总值 356.32 亿元，比上年增长 5.4%。其中，第一产业增加值 63.47 亿元，增长 5.0%；第二产业增加值 165.59 亿元，增长 5.2%；第三产业增加值 127.26 亿元，增长 5.7%。农林牧渔业总产值 117.19 亿元，增长 5.1%。固定资产投资增长 9.9%。一般公共预算总收入

12.05亿元，增长44.5%；其中地方一般公共预算收入8.03亿元，增长37.3%。社会消费品零售总额129.77亿元，增长10.1%。外贸出口总额58.74亿元，增长16.3%；进口总额1.46亿元，增长131.7%；实际利用外资1.68亿元，增长89%。城镇居民人均可支配收入40999元，增长6.3%；农村居民人均可支配收入25106元，增长8.9%。

中菲经贸创新发展示范园区诏安片区建设。2023年，诏安编制完成片区产业发展总体规划、空间概念规划，策划对接40个总投资2032.67亿元支撑项目，推动进口肉（种）牛隔离场等16个总投资43.81亿元的项目正式签约。攻坚突破重大基础设施建设，诏安港区深水码头、漳汕高铁诏安南站两大核心基础设施取得突破性进展，即将进入实质性落地阶段，杭深铁路诏安站开通货运业务及扩建提升获得国铁集团支持，哈溪水库纳入国家“十四五”中型水库建设方案，霞宫高速纳入省中长期高速公路网规划。

区域经济合作。诏安发挥对接粤港澳大湾区桥头堡作用，融入粤港澳大湾区发展战略，全面参与大湾区产业分工，促进产业转型升级。深化诏台食品加工、现代农业、商贸物流、文化旅游等产业合作，引进、试验、示范一批台湾新优良种、新技术、新机具，打造3个闽台农业合作推广核心示范基地、4家闽台农业融合发展基地，推动7个村（社区）列入闽台乡建乡创示范点。

城乡建设。诏安深入实施“大城关”战略，科学规划城市空间布局，有序推进61个城市建设品质提升项目，诏安大酒店、文化艺术中心建成投用，古城开发与保护科学实施，漳汕高铁诏安南站主线工程征迁工作扎实开展，交通路网进一步完善，城市功能品质持续优化。深入开展“百村示范、整县推进”3年行动，初步打造70个人居环境整治先进典型村，成功创建省级乡村振兴示范乡镇1个、示范村11个，14户庭院获评省美丽乡村庭院之星。

（傅伯宇　章诗曼）

【平和县】 位于漳州市西南部，2023年辖10个镇、5个乡、1个国营农场、1个工业园区，土地面积2309.57平方千米。年末户籍人口58.93万人，常住人口45.31万人。耕地面积3514.03公顷，其中粮食播种面积4006公顷，粮食产量2.36万吨，林地面积17.9万公顷，森林覆盖率73.02%，活立木蓄积量1196.57万立方米。探明的矿产有15种（不含建筑用石料），包括铜、铅、锌、钼、金、银、铍、轻稀土矿8种金属矿种；明矾石、硫铁矿、叶蜡石、玻璃用脉石英、饰面用石料、矿泉水等7种非金属矿种以及地热。全县有国家AAAA级旅游景区2个——平和县三平风景区、高峰谷景区；国家级风景名胜区、国家地质公园1个——平和县灵通风景区。年内，平和县获评第四批福建省全域生态旅游示范县、省级园林县城，入选福建省闽台乡建乡创合作样板县。

2023年，全县地区生产总值318.18亿元，比上年增长6.7%。其中，第一产业增加值62.50亿元，增长6.5%；第二产业增加值87.43亿元，增长8.6%；工业增加值63.04亿元，增长7.0%；第三产业增加值168.24亿元，增长5.7%。人均地区生产总值70145元，增长6.6%。规模以上工业总产值188.95亿元，增长6.9%。农林牧渔业总产值119.86亿元，增长6.5%。固定资产投资92.77亿元，增长9.1%。社会消费品零售总额120.48亿元，增长10.4%。外贸出口额7.26亿美元，增长58.9%；实际利用外资503万美元，下降11.75%。一般公共预算总收入12.92亿元，增长23.8%；其中地方一般公共预算收入9.17亿元，增长14.3%。城镇居民人均可支配收入41544元，增长5.1%；农村居民人均可支配收入26955元，增长7.2%。

重点项目建设。2023年，平和县官峰水库列入国家“十四五”中型水库规划，主体工程开工建设；梨仔坑应急水源工程试通水。改进制茶工艺，加大推介力度，举办“三平杯”白芽奇兰暨首届柚香奇兰茶王赛等赛事，参加北京“三茶”统筹高峰论坛，联合中国农科院茶叶研究所成立全省首个县级“陈宗懋院士团队平和工作站”；全县涉茶产值5.6亿元。柚香奇兰茶产量突破20万千克，柚花用量超50万千克，新增产值1.2亿元。举办“柚香飘北京·产业促振兴”等展销活动，新增限上贸易企业70家。成立电商行业协会，电商交易额34亿元，增长6.25%。三平康养小镇加速推进，全域旅游集散服务中心建成投用；灵通山成功创建国家AAA级旅游景区，大芹威士忌观光园入选省观光工厂。出台支持文旅人才培养、民宿发展等政策，上线“云上平和”小程序，旅游人数、收入均增长35%以上。

城乡建设。2023年，平和县编制完善国土空间总体规划和道路、排水防涝等专项规划。建成智慧体育公园，新建绿道11.5千米、公园绿地5.33公顷，县城绿化覆盖率达44.66%。推进工业园区标准化建设，纵三路、西南地块九道路建成通车，污水处理厂提标扩建、污水管网二期推进；提升城区供水基础设施，改造供水管网48千米，完成7个商住小区、8个公建单位供水替换。实施第二污水处理厂一级A提标改造工程，新建改造雨污分流管网10.8千米。强化“卫片图斑”整治，处置“两违”52.86万平方米。实施文峰高速至三平、九峰互通至镇区路面等改造，安厚农场至安厚互通连接线工程建成通车，3个安全生态水系建成投用。实施“十镇百村”试点示范工程项目77个，建设省级“一村一品”示范村6个，改造危桥6座，新建改造农村公路55千米、乡镇污水配套管网12.2千米。编制村庄规划38个，驻村第一书记、乡贤促进会实现全县各村全覆盖。持续推动土楼活化利用，坂仔镇宾阳楼、五寨乡寨河旧楼作为活化利用试点土楼，赴法国国家博物馆参展，获2023年豪瑞可持续建筑大奖赛亚太地区唯一金奖。芦溪镇秀芦村获评中国传统村落，南胜镇欧寮村成为省级闽台乡建乡创合作样板村。

社会事业。2023年，平和县累计新增就业2666人。推进“公建民营”“医养结合”改革，完成3家敬老院和3家区域性养老服务中心建设，建成2个长者食堂，政府购买居家养老服务6万余人次，新东社区入选全国示范性老年友好型社区。开通5条“定制班车进校园”线路。生命公园建成4个、开工建设33个。与闽南师范大学合作共建“信访+社会治理服务中心”，初信初访和积案化解成效显著。“平和县蜜柚运输车辆通行‘绿色通道’预约抽免检工作合作备忘录”签约仪式在漳州举行，建立全国首个“绿色通道”抽免检工作机制，开启蜜柚高速运输快速通道，蜜柚生产加工贸易一体化发展获全国典型推广。

社会民生。2023年，平和县完成11个为民办实事项目。加快金华小学扩建、第六实验小学等14个项目建设，追加教师公积金财政配套资金1480万元，补充新任教师121名，举办纪念“平和暴动”95周年活动。县医院迁建主体结构封顶，加快推进县公立中医院组建，搭建数字公共卫生服务一体化平台。

生态文明建设。2023年，平和县落实花山溪整改倒排工期实施方案，流域水质稳定达标，县城饮用水源达标率100%。开展第三轮中央生态环保督察问题立行立改。推进蓝天、碧水、净土行动，2个国控断面、9个省控断面水质达标率100%；空气质量优良率99.1%。10个村庄农村生活污水处理设施建成投用。加强县城及“千吨万人”饮用水源地规范化建设，强化水质监测预警。推进河长制、林长制工作全面见效，与永定区、大埔县建立水生态环境保护新模式，造林绿化完成6606.67公顷。探索种养加一体化生态循环农业，总结“菜—稻—菜”等模式，建成坂仔镇旱粮种植等“四大示范片”，新陂村建成全省首个生态环保型高标准农田。

（周志鸿）

2023年11月23—25日，第三十届中国（南靖）兰花博览会在南靖县体育中心举办

（南靖县委党史方志室）

【南靖县】 位于漳州市西北部，面积1962平方千米。2023年常住人口30.09万人，户籍人口34.54万人。辖11个镇、1个国家级高新园区、1个土楼管委会，共有185个村（居）（不含划归漳州高新区的18个村）。2023年，南靖县有耕地面积1.17万公顷，粮食播种面积5933.33公顷，粮食产量3.84万吨。林地面积14.68万公顷，森林覆盖率73.35%，活立木蓄积量893.25万立方米。重要矿产资源有地热、钼矿、水泥用灰岩、华安玉、饰面石材等。主要旅游景点有福建土楼（南靖）景区、科岭国家AAA级红色旅游景区、鹅仙洞、乐土亚热带雨林等。

2023年，南靖县获评“四好农村路”全国示范县、全国首批农业产业（茶叶）强镇、全国种植业“三品一标”基地、全国乡村精品旅游线路、全国第二批“天气气候景观观赏地”，国家级高山茶种植标准化示范区项目通过验收。

2023年，全县地区生产总值379.87亿元，比上年增长0.1%。其中，第一产业增加值89.31亿元，增长7.3%；第二产业增加值147.23亿元，下降7.3%；规模以上工业总产值187.57亿元，下降19.3%；第三产业增加值143.34亿元，增长4.0%。农林牧渔业总产值154.09亿元，增长7.3%。固定资产投资91.5亿元，增长2.6%。社会消费品零售总额130.83亿元，增长11.8%。实际利用外资1128万美元，增长75.2%。一般公共预算总收入17.14亿元，增长21.7%；其中地方一般公共预算收入12.55亿元，增长25.2%。城镇居民人均可支配收入44419元，增长5.1%；农村居民人均可支配收入26939元，增长8.0%。

第三十届中国（南靖）兰花博览会。2023年11月23—25日，第三十届中国（南靖）兰花博览会在南靖县举办。中国兰花博览会简称“兰博会”，由中国花卉协会兰花分会创办。此次为首次在县级城市举办。有2000多家兰花参展，展会期间实现交易额1.1亿元。活动以“兰香土楼·五福南靖”为主题，展示南靖县兰花产业发展的新技术、新成果，加强兰文化的研讨与发展。通过举办国兰精品展，展示产业发展成果，推动兰花产业融合发展。

（谢福林）

【东山县】 位于漳州市南部沿海，2023年辖7个镇，土地面积243.46平方千米。年末户籍人口22.2万人，常住人口22.07万人。人口自然增长率−1.22‰。耕地面积2570.53公顷，粮食播种面积1461.27公顷，粮食产量

9739吨。林地面积5933公顷，森林覆盖率22.6%，活立木蓄积量44.7万立方米。重要矿产资源有硅砂。重要海洋资源有渔场、浅海、滩涂、盐场港道、纳潮沟及围垦区。主要旅游景区景点有风动石景区、马銮湾景区、东门屿景区、九仙山、南门湾、苏峰山环岛公路、鱼骨沙洲、谷文昌纪念馆、中驰山庄、彩蝶湾、南屿双面海等。

2023年，全县地区生产总值273.91亿元，增长8.2%。其中，第一产业增加值52.72亿元，增长4.8%；第二产业增加值104.63亿元，增长8.4%；工业增加值73.46亿元，增长9.5%；第三产业增加值116.55亿元，增长9.2%。人均地区生产总值123968元，增长8.2%。规模以上工业总产值256.06亿元，增长14.2%。农林牧渔业总产值110.83亿元，增长4.9%。固定资产投资85.97亿元，增长10%。社会消费品零售总额100.89亿元，增长11.2%。外贸出口额128.24亿元，增长1.1%；实际利用外资1687万美元。一般公共预算总收入21.98亿元，增长8.5%；其中地方一般公共预算收入15.78亿元，下降3%。城镇居民人均可支配收入48301元，增长4.9%；农村居民人均可支配收入32165元，增长7.7%。2023年，东山县获评中国鲍鱼种苗之乡、全国平安渔业示范县、“四好农村路”全国示范县，入选国家级沿海渔港经济区试点。东山县道路交通事故损害赔偿纠纷调解委员会获“全国模范人民调解委员会”称号。

东山关帝庙被国台办设立为“海峡两岸交流基地”。2023年2月8日，国务院台湾事务办公室举行例行新闻发布会，介绍中共中央台办、国务院台办最近批准设立9个海峡两岸交流基地，福建漳州东山关帝庙位列其中。

纪念东山保卫战胜利70周年研讨会。2023年7月6日，东山县召开纪念东山保卫战胜利70周年研讨会。全国各地的党史、军史研究学者、参战老兵、参战老兵家属、老民兵代表及有关部门代表共70多人参加研讨会。通过召开研讨会，缅怀革命先烈的丰功伟绩，挖掘珍贵的战役精神，汲取开创未来的智慧力量，传承东山保卫战精神。

（黄克桐 陈锦生）

【华安县】 位于漳州市西北部，2023年辖6个镇、3个乡，土地面积1277.60平方千米。年末户籍人口15.70万人，常住人口13.18万人。耕地面积4419公顷，粮食播种面积2661.4公顷，粮食产量1.80万吨。林地面积9.58万公顷，森林覆盖率65.11%，活立木蓄积量843.04万立方米。重要矿产资源有地热、铁矿、钨矿、锡矿、石墨、高岭土、矿泉水。主要旅游景点有福建土楼（华安）旅游区、秋千谷景区、福建华安坪水畲寨旅游景区、官畲风景区、高石·云溪谷等。

2023年2月，华安县入选自然资源部首批全国自然资源节约集约示范县（市）名单。7月，华安县“两岸民族一家亲 交融发展促振兴——闽台两岸共同举行农民丰收节活动”项目被列入国家民委“各族青少年交流计划2023年全国试点示范项目”，系福建省唯一入选项目。10月，入选生态环境部公布第七批生态文明建设示范区名单。华安县华丰镇平湖社区入选2023年全国示范性老年友好型社区拟命名名单。华安县融媒体中心选送作品《土楼不土，尽显科学与艺术之美》入选“学习强国”2023年夏季全国县级融媒优秀作品。

2023年，全县地区生产总值220.83亿元，比上年增长4.6%。其中，第一产业增加值39.70亿元，增长5.8%；第二产业增加值117.41亿元，增长3.0%；工业增加值95.06亿元，增长2.1%；第三产业增加值63.72亿元，增长6.6%。人均地区生产总值166288元，增长5.5%。规模以上工业总产值210.57亿元，增长0.4%。农林牧渔业总产值67.14亿元，增长5.9%。固定资产投资76.06亿元，增长9.1%。社会消费品零售总额47.95亿元，增长10.3%。外贸出口额9.27亿元，下降21.34%；实际利用外资999万美元，完成率105.2%。一般公共预算总收入11.13亿元，增长31.4%；其中地方一般公共预算收入7.76亿元，增长29.3%。城镇居民人均可支配收入44966元，增长4.8%；农村居民人均可支配收入26560元，增长7.3%。

第二届中国冻干食品产业峰会暨项目对接会华安分会场活动。2023年4月22日，第二届中国冻干食品产业峰会暨项目对接会华安分会场活动在华安经济开发区举行。峰会上，“漳州华安冻干食品产业园”揭牌，成为全国首个以“冻干食品产业园”命名的园区。华安县成功签约4个项目，总投资20亿元。

美丽乡村打造。2023年6月8日，省委书记周祖翼深入华安县调研。在华安县立兴食品股份有限公司，周祖翼深入企业生产车间、实验室、检测中心，鼓励企业加大研发力度，注重绿色低碳发展，担负起污染防治主体责任，从源头减少污染物排放，守好“第一道防线”。10月28日，生态环境部在山东济南进行表彰授牌，华安县委书记叶毓上台接受颁奖，并在生态文明示范建设论坛上作经验交流发言。第七批生态文明建设示范区共104个，其中福建省5个，漳州市仅华安县上榜。（郑雪慧）

【漳州台商投资区】 位于漳州市东部，2012年1月获国务院批准设立，是漳州中心城区和厦门市环岛“半小时经济圈”和海湾型城市建设重要组成部分。2023年，漳州台商投资区下辖角美镇及52个村（居、场），区域总面积163.7平方千米。年末户籍人口16.72万人，常住人口24.20万人。全区耕地面积1596公顷，其中，粮食播种面积411.67公顷，粮食产量2806吨。林地面积4594.31公顷，森林覆盖率29.79%。主要旅游资源有白礁慈济宫、江东古桥、林氏义庄、天一总局、东美曾氏番仔楼5个国家级重点文保单位。

2023年，漳州台商投资区在国家级经开区综合考评排名第182位，跃升28名；角美镇入选全国综合实力千强镇前

40 强，系全市唯一。

2023 年，全区地区生产总值 460.29 亿元，比上年增长 7.4%。其中，第一产业增加值 7.29 亿元，增长 3.7%；第二产业增加值 344.12 亿元，增长 7.6%；第三产业增加值 108.89 亿元，增长 6.8%。人均地区生产总值 190154 元。规模以上工业总产值 659.84 亿元，增长 10.4%。农林牧渔业总产值 14.18 亿元，增长 3.9%。固定资产投资 123.72 亿元，增长 3%。社会消费品零售总额 82.23 亿元，增长 8.8%。外贸出口额 20.21 亿美元，增长 6.28%；实际利用外资 889 万美元。一般公共预算总收入 34.7 亿元，增长 45.5%；其中地方一般公共预算收入 24.36 亿元，增长 28.4%。城镇居民人均可支配收入 50360 元，增长 4.7%；农村居民人均可支配收入 29089 元，增长 7.7%。

体制机制改革。2023 年，台商区 7 个正科级事业单位挂牌成立。深化国资国企改革，将原有 5 家国企优化重组为 4 家。区资产运营集团、轨道交通公司分别获 AA＋、AA 主体信用评级，其中区资产运营集团系全省第三、全市县区国企首家获 AA＋信用评级。

“转作风、提效能、勇争先、迎七一”攻坚行动。自 2023 年 5 月 10 日开始，在全区范围内持续开展“转作风、提效能、勇争先、迎七一”攻坚行动，主要在项目要素保障和企业服务、村容村貌提升、城市建设品质提升、生态环境治理提升、干部作风提升等 5 个领域展开攻坚行动，有效推进 13 个项目新开工，8 个项目竣工。其中，超节点计划助力 7 个项目提前开工，2 个项目提前投产。农村人居环境、城市品质形象、生态保护修复等方面工作也呈现出良好势头。

厦门轨道交通 6 号线漳州（角美）延伸段项目全线贯通。2023 年 9 月 29 日 8 时 50 分，台商区角美地铁文圃路站—角海路站右线盾构区间盾构机顺利贯通，“龙江 17 号”历时 112 天完成掘进使命，自此厦门轨道交通 6 号线漳州（角美）延伸段项目实现全线贯通。厦门地铁 6 号线漳州（角美）延伸段项目，总投资 84.07 亿元，全长 9.8 千米，其中漳州境内 8.2 千米，全线设站 7 座，分别为龙江明珠站、石美站、角江路站、龟山站、文圃路站、角海路站、社头站。此次贯通的盾构区间（文圃路站—角海路站右线）全长 722.078 米，采用复合式土压平衡盾构机掘进，共计 601 环，区间设置一座联络通道及泵房，采用暗挖法施工。（徐臻　颜立）

泉州市

【概况】 泉州市位于福建省东南部。1986 年设立地级市。2023 年辖鲤城、丰泽、洛江、泉港 4 个区，晋江、石狮、南安 3 个县级市，惠安、安溪、永春、德化、金门（待统一）5 个县和泉州经济技术开发区、泉州台商投资区，土地面积 11295.2 平方千米（市区面积 896.42 平方千米）。重要矿产资源有煤、地热、铁矿、金矿、铅、锌矿、钼矿、高岭土、陶瓷土、叶蜡石、萤石、水泥用灰岩、玻璃用砂、建筑用石料等。重要海洋资源有渔业、滨海旅游、矿产、海洋能和风能等丰富的海洋资源。旅游资源丰富，截至 2023 年底，泉州有 54 家 A 级旅游景区，其中 AAAAA 级 1 家（清源山），AAAA 级 14 家，AAA 级 31 家；省级旅游度假区 4 家；全国乡村旅游重点镇 1 个（崇武镇）、全国乡村旅游重点村 4 个、福建“全域生态旅游小镇”9 个、福建省金牌旅游村 16 个；国家级旅游休闲街区 2 个、省级旅游休闲街区 2 个；省级观光工厂 34 家、省级工业旅游示范基地 4 个。泉州是国务院首批公布的 24 个国家历史文化名城之一，首届东亚文化之都。2021 年 7 月 25 日，“泉州：宋元中国的世界海洋商贸中心”列入《世界遗产名录》。泉州文化遗产资源丰富，有各级文物保护单位 945 处，其中全国重点文物保护单位 44 处、省级文保单位 104 处。世界级非物质文化遗产代表性项目 6 个、国家级 36 个、省级 128 个、市级 262 个、县级 696 个。各级代表性非遗传承人 1683 人，其中国家级 53 人、省级 204 人，建有泉州非遗馆等一大批非遗展览展示体验场馆和 166 个市级非遗传习所。2023 年，泉州市获评首批全国社会治安防控体系建设示范城市、全国第三批城市一刻钟便民生活圈试点地区、第四批社会信用体系建设示范区、功能性流通支点城市、第二批建设国家儿童友好城市、全国首个加快推进围填海历史遗留问题处理试点市、第二批知识产权纠纷快速处理试点地区、国家知识产权强市建设示范城市、2022 城市营商环境创新城市、十大旅游向往之城、中国美食旅游十城、海上丝绸之路中国影响力城市（2023）、中国散文之乡等。

2023 年，泉州市地区生产总值 12172.33 亿元，比上年增长 4.8%。其中，第一产业增加值 261.66 亿元，增长 3.9%；第二产业增加值 6469.12 亿元，增长 4.1%；第三产业增加值 5441.55 亿元，增长 5.7%。三次产业比例为 2.1∶53.2∶44.7。全年人均地区生产总值 137060 元，增长 4.6%。年末常住人口 888.3 万人，户籍人口 775.7 万人。全年人口出生率 7.43‰，自然增长率 0.11‰。全年农林牧渔业总产值 474.20 亿元，增长 3.9%。粮食播种面积 8.77 万公顷。粮食产量 51.12 万吨，增产 0.5%。全年全部工业增加值增长 3.0%。规模以上工业增加值增长 3.3%。年末发电装机容量 1136.37 万千瓦，增长 9%。全市发电量 465.49 亿千瓦时，增长 7.38%。用电量 642.53 亿千瓦时，增长 6.19%。其中，工业用电量 416.98 亿千瓦时，增长 5.12%。规模以上服务业企业营业收入增长 2.6%。全年新建、改建公路 396 千米。年末公路通车总里程 19879 千米，增加 1003 千米。公路密度 180.7 千米/百平方千米。铁路总里程 541.39 千米，其中高铁里程 188.36 千米。全年货物运输总量 39383 万吨，增长 7.8%；旅客运输总量 4279.49 万人次，增长 86.8%。全年社会消费品零售总额

6271.34亿元，增长4.8%。全年固定资产投资增长11.5%。全年货物进出口总额2599.29亿元，下降4.0%。其中，出口额1885.52亿元，下降5.3%；进口额713.77亿元，下降0.5%。全年新设外商直接投资企业764家，增长30.2%。投资总额22.6亿美元，增长50.4%；合同外资17.4亿美元，增长20.2%；实际使用外资8.5亿美元，下降12.8%。全年一般公共预算总收入1018.47亿元，增长10.6%；其中地方一般公共预算收入580.79亿元，增长10.3%。一般公共预算支出850.27亿元，增长5.3%。全年居民人均可支配收入49486元，增长6.0%；人均消费支出31638元，增长6.5%。城镇居民人均可支配收入60697元，增长5.1%；人均消费支出37116元，增长6.2%。农村居民人均可支配收入29596元，增长7.3%；人均消费支出21920元，增长6.6%。城乡居民人均可支配收入比值2.05，缩小0.04。全年接待国内外游客8652.97万人次，增长53.9%。年末环湾建成区面积260平方千米，增加9.5平方千米。其中，中心市区建成区面积达173.6平方千米，增加4.9平方千米。

【“惠民生补短板”专项行动】 2023年，泉州市坚持超七成五财力投入民生，完成40个为民办实事项目，新建374个“党建+”邻里中心。公共就业服务和社会保障方面，城镇新增就业9.32万人，失业人员实现再就业1.71万人，完成职业技能培训6万人次。实施全民参保计划，推行五险“一区通办”服务，“社银一体化”服务成为全国典型，全市新增“五险”参保人数30.1万人次、住房公积金归集6.7万人。建设养老床位2000张，创建老年人健身康乐家园数量居全省首位。建立社会救助“一事一议”制度，完成儿童福利机构优化提质和创新转型工作。教育方面，实行中心市区公建配套学校与城市规划、设计、建设、验收、交付使用“五同步”，中心市区研究教育用地65.11公顷；全市新增公办幼儿园学位1.3万个、中小学学位3.25万个；建设乡村温馨校园特色校50所，创建“名优校+”教育发展共同体100个，“5G+专递课堂”试点学校覆盖所有县（市、区）。实施基础教育引才“百千”行动，引聘博士、研究生、高校优秀毕业生从事基础教育1348人，开展市直中小学校长职级首聘。首次实施高中、中职、技工学校一体化平台招生，建成泉州技师学院，成立泉州市产教融合联盟、产教融合研究院，入选国家职业教育产教融合典型案例。卫健事业方面，全市新增卫技人员4000名、医疗床位1549张、普惠性婴幼儿托位3322个。上海六院福建医院晋东院区开工建设，市妇产医院二期、市正骨医院北峰院区建成验收。与福建医科大学、福建中医药大学签订战略合作协议，建成泉籍名医库、临床学科专家库，新增国家、省级临床重点专科15个。优化医疗资源布局，11家县域总医院诊疗量增长7.9%，遴选建设县域医疗卫生次中心20家，建成星级暖心服务医疗站点30个。成立市县两级疾控局，抓好新冠病毒感染、登革热等重点传染病防控。开展非急救转运社会化服务试点，建成全省首个心理援助热线短号平台。深化“三医协同”改革，推进公立医院同级检查结果互认，药品和医用耗材集中采购范围分别扩大至494种、35种，获批成立省药品监督管理局泉州服务工作站；DRG支付方式改革实现符合条件的二级以上医疗机构全覆盖，24家二级以上医疗机构实施信用医保，实现“先诊疗后付费”，“一人一档+大数据+网格化”基本医保参保做法在全国推广。文化体育事业方面，推进安平桥、顺济桥遗址等11个重点文物抢险加固、保护修缮工程，泉州古城成为全省首个国家文物保护利用示范区创建单位，与联合国教科文组织合作举办“古厝新声”泉州可持续生计试点活动。举办海丝国际艺术节、中国国际民间艺术节、海丝国际纪录片大会、首届中国电影编剧周、海丝泉州文学周。奠基蔡国强当代艺术中心，新增工艺美术大师传承创新基地3个，建成新型公共文化空间24个，举办常态化公益性惠民演出活动超1200场，顺利通过国家公共文化服务体系示范区复评验收。第十九届杭州亚运会收获7金6银2铜，成绩居全省第一；举办国际大体联足球世界杯、首届国际篮球博览会、第十二届市运会。

（谢晓艺）

【鲤城区】 位于泉州市东南部，2023年辖开元、鲤中、海滨、临江、江南、浮桥、金龙、常泰等8个街道，土地面积51.83平方千米。年末户籍人口28.40万人，常住人口39.9万人。人口自然增长率−0.57‰。2023年，泉州古城成为全省首个入选国家级文物保护利用示范区创建单位，文保工作机制得到《中国文物报》宣传推广，2个案例获第45届世界遗产大会“全球世界遗产教育创新案例奖”，中山中路保护利用获评中国人居环境奖。

2023年，全区地区生产总值567.83亿元，比上年增长8.4%。其中，第一产业增加值0.19亿元，增长3.3%；第二产业增加值189.80亿元，增长8.4%；工业增加值141.12亿元，增长4.3%；第三产业增加值377.84亿元，增长8.4%。规模以上工业增加值增长7.1%。农林牧渔业总产值4228万元，增长3.5%。固定资产投资增长27.2%。社会消费品零售总额318.90亿元，增长3.6%。一般公共预算总收入26.17亿元，增长18.8%；其中地方一般公共预算收入16.12亿元，增长15.8%。城镇居民人均可支配收入58880元，增长5.2%。

经济新形势应对。2023年，鲤城区出台实施各类惠企政策10份，推动超5400家企业入驻线上惠企平台，减免缓退各项税费超4.8亿元，兑现惠企资金1.1亿元。实施“项目奋战年”规划，65个在建重点项目完成投资138.4亿元，27个项目建成或部分建成，首次获得全省项目工作正向激励。开展“最闽南”本地生活嘉年华等“一月一主题”

消费活动12场，拉动消费5亿元；投用晋悦·春江里商业综合体，培育大尾夜市等7个夜间经济示范点；新增商贸市场主体超万家。

产业发展新动能培育。2023年，鲤城区引进国家级人才、创新产业国内外博士7人，新增省级博士后创新实践基地1个、“金蓝领俱乐部”平台1个；科创中心、紫华园等6个项目建成投用，新增产业空间超50万平方米；出台园区增产增效政策措施，招引莱卡智能工厂、芯迈科技等25个工业项目入驻，新增产业面积使用率超85%；高新区综合发展水平位居全省开发区前10强。创新设立驻粤港澳大湾区招商中心等4个“两地双园双中心”平台；开展招商活动66团次；举办项目路演、产业链“早午晚餐会”、恳谈会等26场次；推动签约项目130个、总投资超900亿元，科大讯飞等3家国内500强企业入驻。全年实现产值（营收）超77亿元，纳税近4亿元。

文旅产业发展。2023年，鲤城区修缮花桥慈济宫等7处文保单位，举办“走进世遗·遇见非遗”等展演，新增国家级传承人1名，设立世遗古城文化保护与发展公益基金；举办首届海丝泉州数字文创博览会、百年中山路庆典等活动，承办中国电影编剧周、海丝泉州文学周、海艺节等，实施泉州演艺剧场、人民文学出版社创作基地、荣宝斋等30个文旅项目；总投资近85亿元，新增2家省级文化产业示范基地。建设中斯文化艺术馆等4处特色主题馆；发布泉州首个城市NFT数字藏品，上线“AI游古城”“刺桐博物之城”平台。全区旅游收入超百亿元、旅游人数突破千万人次。优化提升2家公共文化服务中心、3家文化陈列馆。建成投用区级侨批馆和智慧体育公园、20个健身公园及30个文旅驿站等新型文化场所，区图书馆入选全国一级图书馆，刺桐艺术馆入选省新时代特色文艺示范基地，西街菜市场获评省“五星级”文明集市。

（陈乐怀）

【丰泽区】 地处泉州市区中心区域，东隔洛阳江与惠安县相望，东南临泉州湾，南隔晋江与晋江市相邻，西与鲤城区、南安市毗邻，北与洛江区接壤。2023年辖8个街道共83个社区。全区面积129.25平方千米，其中陆地面积113.24平方千米（城市建成区面积70平方千米，森林面积27平方千米），水域面积16.01平方千米。海岸线长19.78千米。年末常住人口73.3万人，户籍人口33.25万人。人口自然增长率0.88‰。全区耕地面积247公顷，粮食播种面积61公顷，粮食产量324吨。境内已探明的矿产以花岗岩、辉绿岩等非金属矿产资源为主。全区有林地面积2509公顷，森林覆盖率达20.89%。旅游资源有国家重点风景名胜区清源山以及后渚港等，有国家级重点文物保护单位4处、省级文物保护单位8处、市级文物保护单位44处，老君岩、弥陀岩、三世佛、灵山圣墓、南少林寺、海印寺等是其中的代表，还有南戏、南音、南少林武术等珍贵的非物质文化遗产。

2023年，丰泽区地区生产总值902.23亿元，比上年增长4.8%。其中，第一产业增加值2.05亿元，增长2.1%；第二产业增加值158.18亿元，增长6.7%；第三产业增加值742亿元，增长4.3%。人均地区生产总值123678元，增长3.8%。城镇居民人均可支配收入71140元，增长5.4%。社会消费品零售总额增长5%。一般公共预算总收入增长11.9%。携手各大商圈举办促消费活动近100场，发放消费券5000万元，撬动消费超18亿元，网络零售额增长10.5%。精心打造“这YOUNG的丰泽，这YOUNG的夜”系列品牌，培育东海有风、鹿屿集市等10个夜经济示范区，“蟳埔·簪花围”话题点击量超20亿次，全区接待游客超1000万人次，旅游收入增速超50%。稳外资稳外贸，组织企业海外抢单，对RCEP市场出口额增长24.6%，合同外资增长26.6%，东海跨境电商生态圈获评国家电子商务示范基地。

数字园区建设。2023年，丰泽区泉州数字经济产业园列入全省人工智能产业园三大园区；海丝中央法务区泉州片区列入全省三大园区，首创金融纠纷一体化调处模式入选全国改革典型案例。泉州工程机械产业技术创新研究院等4个科创平台落地建设，申报国家级高新技术企业145家，新增省级科技“小巨人”企业10家、创新型中小企业62家，匹克入选全国民营企业发明专利500强，全区技术合同交易金额增长155%。加快绿色数字技改，实施重点技改项目21个，完成投资13.9亿元，推动60家企业“上云上平台”，规模以上高技术产业增加值增长63.3%。新增省级博士后创新实践基地2家，引进培养高技能人才263人、高层次人才441人，吸引到丰泽留丰泽大学生1.9万人。

专业园区建设。2023年，丰泽区泉州数字经济产业园完成投资19.2亿元，新建标准厂房50万平方米，机器人产业园投产，签约项目36个、总投资230亿元。泉州建筑服务产业园举办首届泉州建筑产业节，改造提升楼宇7.4万平方米，新增施工总承包一级资质企业3家，实现税收5500万元。海丝中央法务区入驻法务机构262家，金融纠纷一体化调处中心成功调处案件4.01万件、总标的金额28.7亿元。知创产业园新入驻高端知识产权机构12家，专利审查授权时间最快缩短到3天。

“蟳埔”IP打造。丰泽区面对蟳埔乡村文化产业发展规模较小、市场信息闭塞等短板，举办蟳埔民俗文化节、“蚝”听音乐会等一系列活动，指导成立丰泽区蟳埔簪花围民俗文化协会，开发“海丝·蟳埔”民俗文化节、渔人码头·涨海集市等，打造蟳埔文化IP品牌。

（丰泽区委党史方志室）

【洛江区】 位于泉州市中心城区东北部，2023年辖2个街道、3个镇、1个乡，土地面积374.82平方千米。年末户籍人口21.47万人，常住人口25.8万人。人口自然增长率0.31‰。2023年，洛江区耕地面积3600公顷，粮食播种面积1900公顷，粮食产量1.21万吨。林地面积2.25万公顷，森林覆盖率54.58%，森林蓄积量148.76万立方米。矿产资源有高岭土、陶瓷土、耐火用黏土、砖瓦用黏土、建筑用花岗岩（凝灰岩）、饰面用及雕刻用辉长岩、冶金用石英岩、建筑用砂、矿泉水等。区内主要旅游景区（点）有全国重点文物保护单位、中国四大古桥之一的洛阳桥，有儒、释、道三教合一的国家AAA级旅游景区仙公山，还有田格里拉生态园、九品莲花生态园、后深溪旅游区、俞大猷公园、紫楹山庄、乡韵农场、铭楷休闲山庄、泉州海丝野生动物世界、大湖生态休闲农庄、罗溪森林公园、龟峰岩、洪泗村“红色荣耀”旅游基地、龙潭溪、虹山观瀑景区、石龙谷、樱梅园、乡韵花湾等一批景区成为旅游新亮点。

2023年，洛江区地区生产总值369.17亿元，比上年增长4.8%。其中，第一产业增加值5.44亿元，增长4.0%；第二产业增加值216.64亿元，增长4.5%；工业增加值181.41亿元，增长4.2%；第三产业增加值147.10亿元，增长5.2%。人均地区生产总值143648元，增长4.1%。农林牧渔业总产值11.24亿元，增长4.3%。社会消费品零售总额105.73亿元，增长9.8%。实际利用外资936万美元，下降55.1%。一般公共预算总收入30.8亿元，增长12.9%；其中地方一般公共预算收入20.05亿元，增长22%。城镇居民人均可支配收入54019元，增长6.8%；农村居民人均可支配收入25349元，增长6.4%。

政务审批“圩日”服务新模式推行。2023年，洛江区推出审批“圩日”服务新模式，由洛江区行政服务中心牵头组织区自然资源局、区住建局、区市场监管局、区不动产登记中心等部门组建联合服务团队，将企业办理高频事项和项目审批常办事项整合，打通服务“最后一百米”，送服务到项目、企业经办面前，各行政审批部门由“窗口分散等办事”变“上门组团送服务”，各部门现场能予答复的马上跟进落实，不能马上解决的把具体问题带回研究讨论、及时告知商讨结果。全年“圩日”审批服务队伍为辖区内30多个涉企审批项目审批提速增效。

“世遗海丝情·泉台同心缘”2023年文化交流。2023年7月22日，洛江区举办“世遗海丝情·泉台同心缘”2023年文化交流活动。活动以泉州申遗成功两周年为契机，以中华优秀传统文化、世遗文化、海洋文化、闽南文化为纽带，以“传奇、传说、传承”为核心，开展第五届“蔡襄杯”闽台中小学生书法大赛、“古桥新声”主题音乐节、“魅力蓝染”体验、幸福洛江·快闪、非遗市集等文化活动，通过沉浸式互动体验宣传推广泉州世界遗产价值体系，展现两岸同根同源的文化精髓，加强两岸青少年沟通交流，推动两岸共同弘扬中华优秀传统文化，促进两岸同胞心灵契合。

俞大猷诞辰520周年大会举行。2023年12月23日，“赓续英雄文脉 辉映时代光芒”纪念民族英雄俞大猷诞辰520周年大会在泉州市洛江区俞大猷纪念馆广场举行。大会同时启动洛江区首届俞大猷文化节，公布俞大猷英雄文创大赛、讲解员大赛获奖名单，并发布俞大猷卡通形象。12月23—25日，举办俞大猷国际学术研讨会暨第二十三届明史国际学术研讨会、天娇杯“洛江论剑”《剑经》研讨会、俞大猷主题书画展等活动。（洛江区委党史方志室）

【泉港区】 位于泉州市东北部，2023年辖6个镇、1个街道，土地面积341平方千米。年末户籍人口41.68万人，常住人口36.3万人。人口自然增长率0.03‰。耕地面积4121.05公顷，粮食播种面积2075.53公顷，粮食产量1.2万吨。林地面积11054.68公顷，森林覆盖率28.32%。水产品产量9.58万吨，主要有牡蛎、鲍鱼、鲈鱼、海带、紫菜等。主要旅游景点有中国历史文化名村后龙镇土坑村、涂岭镇樟脚村，全国文明村涂岭镇黄田村、界山镇东张村、涂岭镇前欧村，中国美丽休闲乡村南埔镇惠屿村，山腰盐场，峰尾古城等。2023年入选中国工业百强区，获评为全国科技创新百强区、全国“平安农机”示范县。

2023年，泉港区地区生产总值561.75亿元，比上年下降9.9%。其中，第一产业增加值14.03亿元，增长3.3%；第二产业增加值363.19亿元，下降16%；工业增加值300.81亿元，下降18.4%；第三产业增加值184.54亿元，增长6.8%。农林牧渔业总产值25亿元，增长3.6%。固定资产投资（不含农户）下降5.4%。社会消费品零售总额159.38亿元，增长3.2%。实际利用外资0.55亿美元，下降59.4%。地方一般公共预算收入24.37亿元，增长10%。城镇居民人均可支配收入46293元，增长5.1%；农村居民人均可支配收入28446元，增长8.1%。

“福船故里·海丝扬帆”福船文化节系列活动举办。2023年7月24—30日，纪念郑和下西洋618周年、泉州市申遗成功两周年暨“福船故里·海丝扬帆”福船文化节在泉港举行。活动举行“福传泉港”个性化邮票首发仪式和《福建乡土》泉港专刊、《福寿泉港——人文历史厚重的海港新城》编撰启动仪式，结合文创汇、无人机群表演、烟花秀、书画展、文艺演出等形式，开展文化文艺活动12项，吸引群众参与1万多人次，网络直播在线观看5万多人次。

福厦铁路客运专线泉港站通车运营。2023年9月28日，福厦铁路客运专线泉港站投入运营，填补泉港没有高速铁路站点的空白。福厦铁路客运专线泉港段里程17.6千米，总投资32亿元（含征迁），泉港高铁站站房占地面积1万平方米，建筑面积1.8万平方米，投资2.2亿元；车场规模2台4线（含正线）。福厦铁路客运专线全长277千米，是中国首条设计时速350千米的跨海铁路，通车后从泉港乘坐高铁40分钟内可抵达福州市、厦门市。

沈海高速驿坂服务区开业运营。

2023 年 12 月 28 日，福建高速公路沈海线驿坂服务区 A 区历经 16 个月提升改造，开业运营。A 区总面积 11.67 公顷，总建筑面积 3.5 万平方米，商业面积 9388 平方米，是全省首个国道与高速双边开放服务区，也是省内最大的服务区商业综合体。（陈小燕）

【石狮市】 位于泉州市东南部，2023 年辖 2 个街道、7 个镇，陆域面积 158.9 平方千米。年末户籍人口 37.80 万人，常住人口 69.80 万人。耕地面积 2175 公顷，粮食播种面积 1131.7 公顷，粮食产量 5419 吨。林地面积 2100 公顷，森林覆盖率 13.03%，活立木蓄积量 8.2 万立方米。主要旅游景点有宝盖山景区、六胜塔、石湖码头（林銮渡）、永宁古卫城、福建省世茂海上丝绸之路博物馆、十里黄金海岸度假区。2023 年，石狮市获评全国科普示范市、中国服装产业数字化转型示范城、全国村庄清洁行动先进县、全国第六批节水型社会建设达标县。

2023 年，石狮市地区生产总值 1200.34 亿元，比上年增长 5.5%。其中，第一产业增加值 32.76 亿元，增长 1%；第二产业增加值 500.24 亿元，增长 6.2%；工业增加值 438.46 亿元，增长 4.7%；第三产业增加值 667.33 亿元，增长 5%。农林牧渔业总产值 61.61 亿元，增长 1.2%。固定资产投资增长 9.7%。社会消费品零售总额 647.43 亿元，增长 0.9%。外贸出口额 423.68 亿元，下降 3.4%；实际利用外资 6545 万美元，增长 74.2%。一般公共预算总收入 70.05 亿元，增长 20.6%；其中地方一般公共预算收入 50.34 亿元，增长 15.4%。城镇居民人均可支配收入 76191 元，增长 4.1%；农村居民人均可支配收入 36589 元，增长 7.2%。

*“宋元海丝宴”亮相中国国家博物馆。*2023 年 2 月 20 日，石狮“宋元海丝宴”作为优秀地域饮食文化的代表，亮相中国国家博物馆的“中国古代饮食文化”展览。该展览是全国首个走进国家博物馆的县级市美食专展。“宋元海丝宴”是兼具世遗文化传承和闽南菜特色的文化主题名宴，以南宋福建泉州石狮籍美食家林洪的著作《山家清供》为还原蓝本，兼收闽南名菜，集山珍、海味于一席，融海丝、商贸、宗教等元素于一体，将菜品、宴席与宋元器皿、场景、乐曲、诗词等融合，展现宋元时期世界海洋商贸中心独特的美食文化。

*石狮获“闽菜地标美食城市”称号。*2023 年 2 月 22 日，“闽菜地标美食城市”授牌暨“宋元海丝宴”推介仪式在石狮服装城展览艺术中心举行。仪式上，对“宋元海丝宴”进行宣传推介；颁发“闽菜地标美食城市”“闽菜地标美食名宴”牌匾；向石狮市荣誉国际酒店、石狮市绿岛国际酒店颁发“地标美食代表性企业”和“宋元海丝宴研发创新特别贡献奖”；向首届宋元海丝宴暨闽南菜传承创意大赛获奖企业颁奖；举行“闽南美食·海丝共享”薪火计划启动仪式。

*石狮籍运动员首次获亚运会冠军。*2023 年 9 月 28 日，在杭州第 19 届亚运会击剑项目女子团体花剑决赛中，由陈情缘、黄芊芊、王雨婷、王英瓔组成的中国队战胜韩国队夺得冠军，其中王英瓔为石狮籍运动员，系石狮建市以来首位亚运会冠军。

*2023 年世界石狮同乡恳亲大会举行。*2023 年 10 月 30 日，2023 年世界石狮同乡恳亲大会暨第三届石狮市海外联谊会、第五届世界石狮同乡联谊会、第一届世界石狮青年联谊会理监事就职典礼举行。福建省、泉州市、石狮市领导，石狮市直部门、各镇（街道）、高新区负责人，“一带一路”沿线 49 个国家和地区的石狮籍侨亲乡贤代表和港澳同胞、台湾同胞代表，重要客商代表参加。举行重大项目签约仪式，签约 31 个，总投资 200.72 亿元，其中上台签约的项目 14 个，总投资 116.11 亿元。

（林荣荣）

【晋江市】 位于泉州市东南部，2023 年辖 13 个镇、6 个街道以及晋江经济开发区，陆域面积 649 平方千米，海域面积 957 平方千米。年末户籍人口 126.41 万人，常住人口 208.0 万人。人口自然增长率 0.31‰。耕地面积 1.27 万公顷、粮食播种面积 3600 公顷，粮食产量 2.45 万吨。林地面积 7821 公顷，森林覆盖率 9.2%，活立木蓄积量 40.94 万立方米。优势矿产主要是饰面用花岗岩、建筑用石材、玻璃用砂和铸型用砂 4 种。水生生物资源丰富、种类繁多，海洋捕捞的主要渔获种类有 100 多种，经济价值较高的有带鱼、鲨鱼、海鳗、鲳、鲷、毛虾、梭子蟹、鱿鱼、乌贼等；浅海滩涂和陆上工厂化养殖的主要贝藻类有牡蛎、缢蛏、花蛤、鲍鱼、紫菜等 20 多种；海珍品有大黄鱼、石斑鱼、西施舌、鲍鱼、海参、日本对虾、青蟹等 10 多种。主要旅游景点有安平桥（五里桥）景区、草庵、磁灶窑址（金交椅山窑址）、五店市传统文化旅游区、梧林传统古村落、深沪湾海底古森林遗迹国家级自然保护区、安海龙山寺、紫帽山旅游度假区、九十九溪流域田园风光、灵源山风景区、围头战地文化渔村、西资岩、陈埭丁氏宗祠、施琅纪念馆、七匹狼中国男装博物馆、南天寺等。

2023 年，晋江市获评全国首批营商环境创新县（市）、全国首批自然资源节约集约示范市、国家级传统村落集中连片保护利用示范县、全国医养结合示范县、全国县域旅游综合实力百强县。磁灶镇获评全国乡村治理示范镇；经济开发区获批国家级绿色工业园区、五星级国家新型工业化产业示范基地；三创园获评国家级科技产业孵化器；梧林传统村落获批国家 AAAA 级旅游景区；七匹狼工业园获批国家工业旅游示范基地；梧林传统村落保护利用项目获评 2023 年中国人居环境奖；东石镇檗谷村入选第六批中国传统村落名录。

2023 年，全市地区生产总值 3363.50 亿元，比上年增长 6.5%。其中，第一产业增加值 22.88 亿元，增长 0.5%；第二产业增加值 1968.67 亿元，增长 6.3%；工业增加值 1890.99 亿元，增长5.9%；第三产业增加值1371.95亿元，增长6.8%。人均地区生产总值16.19万元，增长6.2%。农林牧渔业总产值47.84亿元，增长0.7%。社会消费品零售总额1754.13亿元，增长5.1%。外贸出口额104.35亿美元；实际利用外资3.34亿美元，增长2.6%。一般公共预算总收入250.69亿元，增长8.5%；其中地方一般公共预算收入152.95亿元，增长1.4%。城镇居民人均可支配收入65005元，增长4.8%；农村居民人均可支配收入34322元，增长7.5%。

创新发展“晋江经验”首次写入中央文件。2023年7月19日，《中共中央国务院关于促进民营经济发展壮大的意见》正式发布，“晋江经验”写入文件。文件指出要“不断创新和发展‘晋江经验’，及时总结推广各地好经验好做法，对行之有效的经验做法以适当形式予以固化”。

晋江县域经济和社会综合发展指数跻身全国第三。2023年11月28日，全国县域经济研究咨询专业智库和社会组织——中郡研究所完成并发布《第二十三届县域经济与县域发展监测评价报告》。评价结果显示，晋江市位列全国县域经济和社会综合发展百强县第三名、全国县域经济基本竞争力百强县第四名。2023年，晋江市地区生产总值突破3300亿元，经营主体超31万户、企业总量近10万家，“四上”企业突破4800家，13家企业入围全省制造业百强。

自然资源部低效用地再开发试点工作集中调研在晋江开展。2023年9月13—15日，自然资源部到晋江开展低效用地再开发试点工作集中调研。自然资源部副部长刘国洪，北京、上海、河北等试点省（市）自然资源主管部门有关负责人，南京、杭州、深圳等试点城市自然资源主管部门有关负责人参与调研。调研组到晋江集成电路（科学园）产业社区、石狮灵秀“三生融合”发展示范区、梧林传统村落项目等进行现场调研，并开展座谈交流。晋江市获评全国首批自然资源节约集约示范县（市）。

2023年9月28日，高铁泉州南站正式通车。图为泉州南站外景

（秦越　摄）

晋江运动员亚运会金牌数和奖牌数创历史新高。2023年9月23日至10月8日，在杭州第19届亚运会上，晋江籍运动员共收获5金2银1铜，获得金牌数占全省20%，奖牌数占全省21%。

抵御台风“杜苏芮”。2023年7月28日，“杜苏芮”以15级的强台风级风力登陆晋江沿海，该台风是自1961年有气象记录以来，正面袭击晋江的最强台风。晋江市第一时间激活防灾救灾应急体系，调度、集结1200多名机关党员、3800多个基层党组织、5万余名党员到一线，最快速度转移3.4万名群众，集结548支抢险队伍、8281名抢险队员，52支灾后恢复重建技术队伍、2447名技术队员开展灾后重建，两天内基本恢复生产生活秩序，实现“零亡人、少损失”的目标。

金门供水水源保障工程开工建设。2023年2月20日，福建省金门供水水源保障工程在晋江开工建设。金门供水水源保障工程总投资31.3亿元，主要建设湖库连通、水源地保护两大工程，总工期41个月。湖库连通工程计划建设输水线53千米、泵站3座，连通新安、东山、草洪塘、溪边、龙湖等水库和引水二通道。水源地保护工程计划对东山、溪边、草洪塘、龙湖等水库水源地实施保护和治理。

高铁泉州南站正式通车。2023年9月28日，中国首条设计时速350千米的跨海高铁——福州至厦门至漳州高铁（简称“福厦高铁”）开通运营，地处晋江永和镇坂头村的泉州南站也在当天正式投用。福厦高铁泉州南站是一座二级站，3台7线（含正线），站房总建筑面积3万平方米。　（林惠娇）

【南安市】　位于泉州市西南部，2023年辖21个镇、3个街道、2个乡、2个省级经济开发区，土地面积2031平方千米。年末户籍人口165.92万人，常住人口153.1万人。人口自然增长率−0.26‰。耕地面积2.28万公顷，粮食播种面积2.56万公顷，粮食产量15.16万吨。林地面积10.59万公顷，森林覆盖率42.81%，活立木蓄积量564.37万立方米。海岸线长32.8千米。重要矿产资源有铁锰矿、钼矿、钨矿、泥炭、饰面用花岗岩、饰面用闪长岩、工艺用辉绿岩、建筑用花岗岩、建筑用凝灰岩、建筑用砂、陶瓷土、高岭土、绢云母、伊利石、叶蜡石。主要旅游景点有九日山风景旅游区、郑成功文化旅游区、蔡氏古民居建筑群、五里桥、凤山寺风景区、灵应寺风景旅游区、天柱山休闲旅游区、雪峰寺、黄巢山自然风景区、山美湖风景区、光前学村、英良石材自然历史博物馆等。

2023年，南安市在全国工业百强排名第12位，赛迪百强县排名第20位，中国百强县排名第15位，全国投资潜力百强排名第25位，全国数字百强排名第17位，县域投资竞争力百强排名第23位，全国综合实力百强排名第33位，全国新型城镇化质量百强县市排名第36位，全国科技创新百强排名第41位。

2023年，全市地区生产总值1706.75亿元，比上年增长6.2%。其中，第一产业增加值34.84亿元，增长3.6%；第二产业增加值982.60亿元，增长6.3%；工业增加值905.13亿元，增长5.3%；第三产业增加值689.31亿元，增长6.3%。农林牧渔业总产值60.35亿元，增长3.9%。固定资产投资增长11.5%。社会消费品零售总额878.01亿元，增长6.3%。外贸出口额166.22亿元，增长6.4%；实际利用外资7003万美元，增长10%。一般公共预算总收入115.63亿元，增长15.4%；其中地方一般公共预算收入74.31亿元，增长8.9%。城镇居民人均可支配收入60077元，增长4.3%；农村居民人均可支配收入31753元，增长7.8%。

第19届中国（南安）国际水暖泵阀消防器材交易会。2023年4月1—3日，福建省工业企业供需对接平台全国绿色建材下乡活动（福建站）暨南安市泛家居主题展——第19届中国（南安）国际水暖泵阀消防器材交易会在南安市成功国际会展中心举办。展会以“供需对接·产业赋能”为主题，设置水暖、泵阀、消防器材、铜阀门、绿色建材五大展区、八大精品展馆，设展位1100个，展商近500家。展会延续“线上+线下”联动办展模式，同时开展2023五矿化工行业基地交流会、2023中国水暖卫浴产业链高峰论坛等活动。展会吸引12个省市461家企业参展，观众人数6.9万人次，达成意向成交金额63亿元。

第16届海峡两岸（泉州）农产品采购订货会。2023年9月7—9日，第16届海峡两岸（泉州）农产品采购订货会在成功国际会展中心举行。展会设15个线下展区，面积约2.6万平方米，设置展位784个，其中台胞台商企业及大陆台资企业展位、“一带一路”沿线国家企业展位394个，大陆特色农业企业展位390个。

第九届南安（国际）凤山文化旅游节。2023年10月15—18日，第九届南安（国际）凤山文化旅游节在诗山凤山寺开幕。海内外的嘉宾、相关宫庙代表和群众、信众代表等1800余人参加。其中，港澳台地区嘉宾1000多人，东南亚国家嘉宾近500人。旅游节以“福见千年凤山圣地，传颂忠孝仁义美德”为主题，活动包括开幕式、闽南传统成人礼、广泽尊王雕像和众神像点睛仪式暨文化园落成开园式、太极拳大赛、丝路寻梦·溯源之旅、“时光·拾光”凤山文化发展主题图片展、凤山寺系列民俗活动等。

第23届中国（南安）水头国际石博会。2023年11月8—11日，第23届中国（南安）水头国际石博会暨石设计周及第七届中国（南安）泛家居主题活动周系列活动在南安市石材产业展示中心举行。展会以“石未来·新水头”为主题，400多家国内外参展商参展，20多位设计院长，1000多名设计精英，40个国内主要石材集聚地的超5000人专业采购团队、80家异地石材商协会参加活动。

第十五届世界南安同乡联谊恳亲大会。2023年11月19日，南安市在撤县建市30周年之际，“践行新思想　建功新时代”活动暨第十五届世界南安同乡联谊恳亲大会举办，1000多名南安海内外乡亲乡贤参会。现场集中签约10个项目，计划总投资额205.3亿元，涵盖乡村振兴、机械装备、日用轻工、食品饮料、文体旅经济、商贸服务业、交通运输业、总部经济等各个领域。

（林雪鈮）

【惠安县】 位于泉州市东部，介于泉州湾与湄洲湾之间，东濒台湾海峡，东南隔泉州湾与石狮市相望，西接洛阳江，西北与仙游县毗连，南临泉州湾海域，北邻泉港区。区域总面积573.44平方千米（不含泉州台商投资区，下同）。2023年辖12个镇共218个村（社区）。年末户籍人口83.03万人，常住人口79万人。人口自然增长率0.18‰。

2023年，惠安县耕地面积1.35万公顷，其中粮食播种面积0.93万公顷，粮食产量4.87万吨。林地面积1.37万公顷，其中生态公益林面积0.85万公顷、商品林面积约0.54万公顷，森林蓄积量97.10万立方米，森林覆盖率22.43%。矿产资源主要以非金属矿产花岗石为主，估算全县花岗石资源总储量在1亿立方米以上。野生动物有鹿、野猪、野山羊、穿山甲及各种鸟类。珍贵动物有鹁鸟、鹧鸪和水獭等。植物有乔灌木109科336种（含古树名木119株，主要有榕树、白兰、黄连木、秋枫等）。境内流域面积在50平方千米以上的河流有3条。县域周边有3座大中型水库，承担着惠安供水任务。拥有湄洲湾、大港湾、泉州湾等三大港湾，管辖海域面积1317平方千米，无居民海岛74个，已设置岛碑的无居民海岛29个。主要旅游景点有集滨海风光、历史文物、风俗民情、雕刻艺术于一体的国家AAAA级景区崇武古城和中国八大最美海岸线之一、有“南方北戴河”之称的崇武海岸。

2023年，惠安县被中央精神文明建设指导委员会办公室授予2021—2023年创建周期全国文明城市提名城市（县级），被交通运输部、财政部、农业农村部、国家邮政局、国家乡村振兴局联合评为“四好农村路”全国示范县，被交通运输部确定为第三批城乡交通运输一体化示范创建县，被中国诗歌协会授予“中国诗歌之乡”，崇武镇被文化和旅游部评为第二批全国乡村旅游重点镇。

2023年，全县地区生产总值（不含泉州台商投资区，下同）1250.23亿元，比上年增长5.6%。其中，第一产业增加值35.94亿元，增长6.4%；第二产业增加值831.54亿元，增长4.7%；工业增加值679.61亿元，增长4.1%；第三产业增加值382.75亿元，增长7.9%。人均地区生产总值158157元，

2023年10月10日，福建省第二届工艺品雕刻（石雕工）职业技能竞赛开幕式在惠安雕艺文创园泉州市元璞雕刻艺术有限公司举办

（惠安县委党史方志室）

增长5.6%。农林牧渔业总产值62.50亿元，增长6.5%。固定资产投资增长8.5%。社会消费品零售总额500.29亿元，增长5.9%。实际利用外资9663万美元，下降42.4%。一般公共预算总收入125.08亿元，增长0.5%；其中地方一般公共预算收入50.53亿元，增长14.9%。城镇居民人均可支配收入56806元，增长3.7%；农村居民人均可支配收入30254元，增长6.9%。2023年，惠安县位居全国百强县第27位、工业百强县第13位，连续29年蝉联全省县域经济实力十强县（市）。

福建省第二届工艺品雕刻（石雕工）职业技能竞赛。2023年10月10日，福建省第二届工艺品雕刻（石雕工）职业技能竞赛在惠安雕艺文创园泉州市元璞雕刻艺术有限公司开幕。全省6个设区市33名选手参加，总成绩第一名选手获得“福建省技术能手”荣誉，并认定为本职业“技师”等级。

2023年全国轻工行业职业技能竞赛——全国工艺品制作（石雕工）职业技能竞赛。2023年12月14日，2023年全国轻工行业职业技能竞赛——全国工艺品制作（石雕工）职业技能竞赛总决赛在惠安雕艺文创园会展中心开幕。全国10个省市共73名选手参赛，对总成绩前三名选手授予“全国轻工技术能手”称号。（林清泉）

【安溪县】 位于泉州市西南部，2023年辖15个镇、9个乡，土地面积3057.28平方千米。年末户籍人口119.17万人，常住人口99.1万人。耕地面积1.2万公顷，粮食播种面积1.83万公顷，粮食产量9.48万吨。林地面积21.84万公顷，活立木蓄积量953万立方米，森林覆盖率65.77%。主要旅游景点有清水岩风景区、凤山风景旅游区、洪恩岩风景区、志闽生态旅游区、国心绿谷生态茶庄园、花千谷景区、溪禾山铁观音文化园等7家A级旅游景区，此外还有李光地故居、云中山、白石岩等旅游景点。2023年，安溪县位列全国经济综合实力百强县市第51位、全国绿色发展百强县市第49位、全国投资潜力百强县市第9位、全国科技创新百强县市第71位，获评2023年度“三茶”统筹融合发展县域、“百茶贸易之都”、“四好农村路”全国示范县。

2023年，全县地区生产总值920.03亿元，比上年增长3.5%。其中，第一产业增加值64.87亿元，增长4.8%；第二产业增加值454.22亿元，增长2.8%；工业增加值379.2亿元，增长2.6%；第三产业增加值400.94亿元，增长4.1%。农林牧渔业总产值106.78亿元，增长5.1%。固定资产投资343.2亿元，增长11.5%。社会消费品零售总额713.67亿元，增长4.5%。外贸出口额30.9亿元，下降17.1%。实际利用外资0.44亿元，增长12.8%。一般公共预算总收入50.91亿元，增长11%；其中地方一般公共预算收入38.09亿元，增长20.8%。城镇居民人均可支配收入43032元，增长6.3%；农村居民人均可支配收入24012元，增长7.5%。

“凤鸣于溪——安溪历史文化展”在北京举行。2023年6月20日，由中国国家博物馆、福建省文物局主办，泉州市文化广电和旅游局、安溪县人民政府承办的“凤鸣于溪——安溪历史文化展”在中国国家博物馆开展。160余件（套）展品、100多幅图片集中亮相，从人文底蕴、特色物产、工美民艺等方面带观众领略不同历史时空下的安溪，立体再现丰富多彩的茶乡文化图景。展览共分为“溪水流长”“茶韵香悠”“藤姿铁艺”“民俗乡情”四大单元，涵盖瓷器、竹器、金属器、藤器、水晶器等材质，以及乐器、服饰、书法、文献等种类，系统展示安溪的历史文化、艺术创造和民俗风情，展现自古及今的安溪人民编织美好生活的精神风貌。展览为期3个月。

安溪获评2023年度“三茶”统筹融合发展县域等称号。2023年11月18—20日，第十九届中国茶业经济年会、2023“一带一路”赤壁青砖茶产业发展大会在湖北省赤壁市举办。年会上，安溪县被列入“2023重点产茶县域”名单、获“2023年度‘三茶’统筹融合发展县域”称号及“茶叶产区品牌强度”第一名、被授予“百茶贸易之都”称号，八马、华祥苑、日春三家安溪茶企被中国茶叶流通协会授予“2023年度综合实力引领茶企”称号。

第12届中国国际民间艺术节举办。2023年10月13—17日，由中国文学艺术界联合会、福建省人民政府主办的第12届中国国际民间艺术节在安溪举办。印度、哈萨克斯坦、韩国、摩洛哥、尼泊尔、荷兰、菲律宾、波兰、斯里兰卡、坦桑尼亚、赞比亚、津巴布韦等12个国家的艺术家与福建、青海、新疆以及港澳台地区的多个艺术团体齐聚安溪，为安溪人民带来文化交流互融的盛会。艺术节期间，举行艺术团专场惠民演出、基层巡演、中外艺术家联欢等文艺展演。安溪县组织各国艺术家、驻华使节等150多人，与乌龙茶（铁观音）制作技艺国家级非遗传承人、安溪铁观音大师、安溪铁观音名匠等36名茶人共同品鉴安溪铁观音韵味；在安溪竹藤编非遗传承人讲解下，艺术团成员共同体验藤艺编织。

安溪铁观音茶文化系统获全球重要农业文化遗产证书。2023年5月22日，联合国粮食及农业组织在意大利罗马举行2023年全球重要农业文化遗产系统授证仪式。安溪铁观音茶文化系统获评“全球重要农业文化遗产”。

《安溪年鉴（2022）》获评“中国精品年鉴”和全国特等年鉴。2023年3月，《安溪年鉴（2022）》入选第七批中国精品年鉴。9月，中共安溪县委、县政府为中共安溪县委党史和地方志研究室记集体三等功。12月，《安溪年鉴（2022）》获评第九届全国地方志优秀成果（年鉴类）特等年鉴。　（苏锦生）

【德化县】　位于泉州市西北部，2023年辖12个镇、6个乡，土地面积2232.16平方千米。年末户籍人口35.52万人，常住人口33.9万人。人口自然增长率0.09‰。耕地面积1.43万公顷，粮食播种面积0.93万公顷，粮食产量6.21万吨。林地面积17.87万公顷，森林覆盖率73.7%，活立木蓄积量2103万立方米。全县年均降水量1769毫米，为全省多雨区之一。县内有德化黑鸡、德化黑兔、德化淮山、德化黄花菜、十八学士茶花、德化梨、德化黑羊、大铭生姜等8个国家农产品地理标志、11个全国名特优新农产品及一个地理证明商标“赤水掌瓜”，获评中国早熟梨之乡、中国油茶之乡、中国竹子之乡。重要矿产资源有陶瓷土（包括高岭土矿、瓷石矿）、铁、黄金、石灰石、地热水等矿种29个，其中金属矿11种、矿床点38处，非金属矿18种、矿床点139处。已探明资源储量的有铁、

德化县石牛山。摄于2023年　（德化县委党史方志室）

金、陶瓷土等18种，其中铁7693万吨、金33吨、陶瓷土1137万吨、石灰石上亿吨。主要旅游景点有“七区两园”（戴云山国家级自然保护区，石牛山国家地质公园、国家森林公园、国家AAAA级旅游景区，九仙山国家AAAA级旅游景区，云龙谷国家AAA级旅游景区，岱仙湖、龙门湖、银瓶湖国家级水利风景区）9块“国字号”生态旅游品牌，位列中国县域全生态百优榜，获评首批国家生态文明建设示范县、国家生态县、国家园林县城、全国绿化模范县，以及中国最佳生态旅游县、国家全域旅游示范区、全国县域旅游发展潜力百佳县、全国休闲农业重点县等。2023年，德化县获评全国首批自然资源节约集约示范县、全国休闲农业重点县，入选全国县域旅游发展潜力百佳县，蝉联福建省经济发展“十佳”县。

2023年，全县地区生产总值374.63亿元，比上年增长6.1%。其中，第一产业增加值14.01亿元，增长4.8%；第二产业增加值221.66亿元，增长7.5%；工业增加值166.68亿元，增长6.9%；第三产业增加值138.95亿元，增长4.2%。人均地区生产总值110672元，增长5.8%。规模以上工业增加值增长6.9%。农林牧渔业总产值26.9亿元，增长5.1%。固定资产投资增长24%。社会消费品零售总额163.17亿元，增长8.2%。一般公共预算总收入27.10亿元，增长19.7%；其中地方一般公共预算收入18.48亿元，增长15.7%。城镇居民人均可支配收入

2023年9月19—25日，德化县举办2023德化国际陶瓷文化周活动。图为活动开幕式现场　（德化县委党史方志室）

44846元，增长5.1%；农村居民人均可支配收入22916元，增长8%。

德化国际陶瓷文化周活动。2023年9月19—25日，2023德化国际陶瓷文化周在世界陶瓷之都德化举办。活动以德化国际陶瓷博览会为核心，以“五彩斑斓中国白”为主题，分成“不虚瓷行”“悦瓷盛典”“登峰造瓷”“乐瓷不疲”四大板块，涵盖国际陶瓷博览会、供需对接会、美食文化节等60多项子活动。活动打造全民参与、全城狂欢的陶瓷文化盛宴和互利共赢、优势互补的经贸平台，旨在生动展现世界瓷都的瓷意之美、人文之美，进一步扩大德化陶瓷的国际影响力。

省“环戴云山”绿色经济产业区域联盟成立。2023年10月18日，福建省“环戴云山”绿色经济产业区域联盟成立大会在德化县举办。联盟由德化县首倡，包含泉州市德化县、永春县，福州市永泰县，三明市大田县、尤溪县，莆田市仙游县。区域联盟将通过建立“政策环、产业环、资金环、人才环、生态环”的五环发展机制，将四市六县农林业、旅游业等资源要素串联起来，推动生态资源优势转化为产业优势、经济优势、发展优势，打造“环戴云山”绿色经济产业带，为区域产业融合发展注入新的动力和活力，实现四市六县“大区域”“大市场”“大产业”协同振兴目标。

（邱巧丽）

【永春县】 位于泉州市西北部，2023年辖18个镇、4个乡，土地面积1455.44平方千米。年末户籍人口59.19万人，常住人口41.3万人。人口自然增长率－1.73‰。2023年，永春县有农用地13.10万公顷，粮食播种面积1.46万公顷，粮食产量9.12万吨。林地面积10.56万公顷，森林覆盖率69.69%，活立木蓄积量738.46万立方米。重要矿产资源有煤炭、水泥用灰岩、高岭土等，其中煤炭保有储量7674.32万吨，水泥用灰岩探明储量32819.29万吨，高岭土资源储量1234.27万吨。主要旅游景点有国家AAAA级旅游景区2个（牛姆林、北溪文苑），国家AAA级旅游景区5个（百丈岩、魁星岩、乌髻岩、仙洞普济寺、雪山旅游区），国家AA级旅游景区5个（老醋文创园、余光中文学馆、云河谷景区、中国香都、埔头农业公园）；全国农业旅游示范点2个（北溪和仙岭－汤城－观山片区）；省级观光工厂3个、省级生态旅游示范区3个、省全域生态旅游小镇2个、省“金牌旅游村”4个、省级乡村旅游特色村26个。全县有中国历史文化名镇1个（岵山镇）、中国历史文化名村1个（五里街镇西安村）、省级历史文化街区1个（五里街历史文化街区）。

2023年，永春县获评国家农产品质量安全县、2023年“五好两宜”和美乡村试点试验县、“乐龄陪伴——农村留守老年人关爱工程”示范县。

2023年，永春县地区生产总值414.82亿元，比上年增长5.4%。其中，第一产业增加值29.12亿元，增长4.0%；第二产业增加值194.02亿元，增长4.9%；工业增加值167.82亿元，增长4.0%；第三产业增加值191.68亿元，增长6.3%。人均地区生产总值99717元，增长6.5%。规模以上工业增加值增长6.5%。农林牧渔业总产值52.76亿元，增长4.2%。固定资产投资增长10.9%。社会消费品零售总额198.03亿元，增长4.9%。外贸出口额（出口商品总值）63356万美元，增长16.5%；实际利用外资307万美元，下降80%。一般公共预算总收入22.32亿元，增长10.0%；其中地方一般公共预算收入15.14亿元，增长9.4%。全体居民人均可支配收入33852元，增长6.3%。其中，城镇居民人均可支配收入41683元，增长5.8%；农村居民人均可支配收入23258元，增长6.8%。

国家农业产业强镇建设。2023年，永春县发掘岵山镇闽南地区千年古镇和水果之乡优势，推进国家农业产业强镇建设。引导岵山镇专业合作社在市场经济条件下发展适度规模经营、发展现代农业，打造以龙头企业为引领、以合作社为纽带、以家庭农场为基础的农业产业化联合体，带动小农户融入现代农业发展。至2023年底，岵山镇有设区市级（含）以上龙头企业3家，设区市级（含）以上示范社1家。岵山镇全年完成66.67公顷荔枝种植基地提升工程，完善荔枝仓储与保鲜冷藏中心等基础配套设施，完成荔枝产品展厅、农产品电商平台建设13处，助推荔枝销售1600余吨。至2023年底，岵山荔枝产量约4300吨。岵山镇荔枝产业从业农民4926人，从业农民人均可支配收入29978元。

永春五里街亮相央视《美美与共》。2023年12月9日，永春县协助央视栏目组摄制的《美美与共》第三期节目在央视综合频道播出。至12月底，“美美与共”主话题及相关话题阅读量累计超7亿，电视端观众超1.53亿，微博平台节目主话题阅读量超10亿。永春融媒平台同步开展新闻链接、深度解读等二次传播，“美美与共”节目在永春融媒视频号总播放量27.7万次。

永春佛手、永春香亮相联合国总部。2023年5月18—23日，永春县政府县长张照绿作为泉州文化推广大使随泉州市文化代表团赴联合国总部、华盛顿美国华人博物馆、中国驻美大使馆等地参加“茶和天下”文化交流研讨会、雅集体验等活动，茶艺师和艺术家们为各国来宾展示茶艺和香道，推广永春佛手和永春香。（颜志嘉　林联勇）

【泉州台商投资区】 位于泉州市中心城区东部，2023年辖3个镇、1个乡，土地面积220平方千米。年末户籍人口23.13万人，常住人口34.04万人。人口自然增长率0.28‰。耕地面积0.34万公顷，粮食播种面积0.17万公顷，粮食产量0.82万吨。林地面积0.43万公顷，森林覆盖率20.08%，活立木蓄积量19.18万立方米。海洋生物627种以上，其中鱼类291种。全区地处泉州湾出海口，拥有被誉为“全国八大最美海岸带”之一的“崇武至秀涂海岸带”；

八仙过海欧乐堡景区。摄于2023年　　（泉州台商投资区融媒体中心）

有泉州市“城市之眼”之称的百崎湖，湖面面积357公顷，沿湖岸线26千米。主要旅游景点有洛阳桥、八仙过海欧乐堡景区、海丝艺术公园、海丝生态公园、玉沙湾、月亮湾、龟山湾、浮石营地、上塘雕艺街等。

2023年，泉州台商投资区《数字赋能“治未病”：“亲清家园”智慧监督服务平台探索与实践》获评“中国廉洁创新奖”，八仙过海欧乐堡景区获评国家AAAA级旅游景区。农林水与生态环境局被国家林业和草原局评为“全国松材线虫病疫情防控攻坚行动先进单位”。

2023年，全区地区生产总值420.97亿元，比上年增长7.2%。其中，第一产业增加值5.53亿元，增长5.3%；第二产业增加值290.55亿元，增长8.1%；工业增加值238.47亿元，增长5.0%；第三产业增加值124.89亿元，增长4.7%。人均地区生产总值164441元，增长4.3%。规模以上工业总产值698.89亿元，增长3.2%。农林牧渔业总产值11.42亿元，增长5.5%。固定资产投资187.55亿元，增长24.1%。社会消费品零售总额107.66亿元，增长4.3%。实际利用外资4691万美元，增长15.9%。一般公共预算总收入32.98亿元，增长14.2%；其中地方一般公共预算收入21.19亿元，增长15.5%。城镇居民人均可支配收入56806元，增长3.7%；农村居民人均可支配收入30254元，增长6.9%。

泉州台商投资区乡村振兴发展。2023年5月17日，泉州台商投资区召开全区乡村振兴工作大会，成立乡村振兴促进会，成立全省首个采用“高校＋政府＋国企”合作模式的乡村振兴学院，设立乡村振兴发展基金1500万元，举行台商区国企、工商联和商会挂钩联系乡村振兴点签约仪式。承办“海丝乡愁——遇见最美村庄”抓党建促乡村振兴主题宣传推介活动，发展龙苍“五番”IP近郊周末游、浮石营地等旅游项目，创建乡村振兴省级试点村2个、实绩突出村3个、示范创建村3个、省市级美丽宜居培育村庄4个，市级乡村振兴示范线3条、第一批泉州市级整镇推进“五好”乡镇1个。建成洛阳、百崎等乡镇农村电商综合服务平台，实现快递网络村村通、淘宝村乡镇全覆盖。

海峡论坛两岸文旅融合交流会举行。2023年7月5日，泉州台商投资区举办第十五届海峡论坛“缘起泉州湾　同抒闽台情”两岸文旅融合发展交流会，两岸文旅协会、旅游行业工作者等250多人与会，其中台胞120人。泉州台商投资区、金门县、澎湖县分别进行旅游推介，两岸文旅企业代表举行旅游合作签约仪式。其间举办海峡两岸文旅产业发展研讨会、“宋元中国·海丝泉州”参访活动、海峡两岸特色美食节、音乐周和为期一个月的“潮起聚海丝”两岸沙雕艺术节等系列活动。

福厦高铁新泉州东站及配套项目完工。高铁新泉州东站位于泉州台商投资区东园镇，东站站房于2023年9月28日完工并投入使用，12月25日，东站站前广场及市政配套工程项目竣工。站房建筑面积19999平方米，站台为2台5线。站前广场用地面积约11.2万平方米，总建筑面积23.03万平方米。

泉州台商投资区综治中心建成投用。2023年10月8日，泉州台商投资区综治中心揭牌并投入使用，中心进驻矛盾纠纷多元化解中心、网格化服务管理中心等6个中心，全面整合公、检、法、司等14家单位调解资源入驻，设置信访服务、涉法涉诉、法律援助、劳动仲裁、生态环保类等10个矛盾纠纷诉求服务窗口及心理疏导室、首席法律咨询专家工作室等9间功能室，常态化开展联合接访、联合调处、指挥调度等工作。

第二届福建省海洋文化论坛举办。2023年11月6—8日，第二届福建省海洋文化论坛在泉州台商投资区举行。此次论坛以“赓续海丝文化　赋能海上福建”为主题，发布《中国海洋文化发展报告》蓝皮书和《泉州涉海遗产活化和海洋文化载体培育纲要》，授牌成立全国海洋意识教育基地，签署《建立地区海洋文化交流合作机制，推进海洋经济高质量发展》倡议。5名国内知名院士专家受聘泉州市海洋经济产业首席专家。论坛期间举办泉州海产优品展等系列活动。

（洪伟芳）

【泉州经济技术开发区】　地处泉州南大门，是泉州南翼新城的重要组成部分，于1996年12月开始开发建设，2010年6月升格为国家级经济技术开发区，规划面积31.5平方千米，包括：经国务院批准纳入国家级开发区范围的面积12.5平方千米（含综合保税区3平方千米）；与晋江市合作开发的泉州特种汽车基地4平方千米；与南安市政府合作开发的官桥园区15平方千米。有商住小区18个，在建楼盘小区1个，常住人口45359人。2023年全区共有各类市场主体 13879 家，规上工业企业 133 家，限上企业 148 家，产值超亿元企业 38 家；税收超亿元企业 2 家，超千万元企业 14 家；上市企业 8 家，拟上市重点企业 3 家。拥有中国驰名商标 11 件，作为主要起草单位参与国家行业标准制定企业 10 家；有国家级工程技术研究中心 1 家、工业设计中心 1 家、专精特新“小巨人”企业 2 家、绿色工厂 1 家、两化融合贯标 7 家、高新技术企业 78 家、科技型中小企业 61 家；省级专精特新中小企业 12 家、科技“小巨人”企业 22 家、制造业单项冠军（产品）2 项、企业技术中心 9 家、新型研发机构 2 家、技术转移机构 4 家。拥有国家级博士后科研工作站 4 个、省级博士后实践基地 2 个。拥有省级院士工作站 1 家、市级院士工作站 1 家、市级专家工作站 2 家，引进市级人才团队项目 1 个。

2023 年，全区地区生产总值 194.34 亿元。工业增加值 128.59 亿元。经济稳中向好态势不断巩固和扩大，实现规模以上工业增加值增长 5.2%。固定资产投资增长 26.5%。社会消费品零售总额增长 4.6%。一般公共预算总收入增长 13.1%，其中地方一般公共预算收入增长 12.6%。实际利用外资额 13193 万美元，总量居全市第二，占全市比重 9.8%，完成年度计划 263.9%，增长 5.1%，排名全市第一。

物理空间拓展。2023 年，开发区深化与天津规划设计院关于低效用地再开发专项规划编制的合作，围绕二次开发、深度开发及低效提升，对开发区全域开展空间规划修编、产业布局优化，盘活 15.1 万平方米的产业发展空间。标准化试点园区新引进恺英网络泉州数字软件中心、数字科技及创新创业众创空间基地、荣信研发及数字化智造中心、利讯国际 IP 商业生态中心、聚拢共业 IP 品牌运营中心等 8 个优质项目。

产业帮扶。2023 年，开发区引导帮助占比近 80% 的纺织鞋服企业向数字化、品牌化、差异化发展，纺织鞋服产业增加值增速达 9.5%。全年新增数字化生产线 8 条、数字化车间 1 个，“上云上平台”企业 18 家。落实“政银企担”融资对接机制，获批授信企业 11 家，授信 1.11 亿元、放款 7029.5 万元，区银行机构给予企业 2.79 亿元的续贷支持。出台《推进生物医药产业发展若干措施》，从新批药号、新取得二类三类医疗器械注册证书等 7 个方面扶持生物医药产业发展。洽谈引进超维义齿生产研发基地，建立 4 条义齿类生产线，规上生物医药产业增加值增速达 38.5%。培育数字经济领域创新企业。

招商引资。2023 年，开发区对外招商活动上百场，实地走访考察 23 家企业，洽谈素问九州智能医疗机器人研产中心、同创鞋业生产基地以及康佳之星创新产业园、蓝昭生物等一批意向入驻项目。吸引数字科技及创新创业众创空间基地、荣信研发及数字化智造中心、聚拢共业 IP 品牌运营中心、高特激光精密光电器件生产基地等 4 个域外招商项目签约入驻智能产业园。签约招商合作项目 58 个，总投资额约 250.17 亿元，分别完成全年目标任务的 116%、100.06%。2023 年项目履约率 91.3%、开工率 74.1%；2022 年项目开工率 79.8%。（泉州经济技术开发区）

三明市

【概况】 三明市位于福建省西部和西北部，东依福州市，西毗江西省，东南邻泉州市，西南接龙岩市，北傍南平市，1983 年设为地级市。2023 年，三明市辖 2 个区、8 个县、1 个县级市，土地面积 2.29 万平方千米。年末户籍人口 284.38 万人，常住人口 242.9 万人，其中城镇常住人口 160.07 万人。人口自然增长率-2.05‰。

三明是福建省主要农作物产区，粮食、水果、笋竹、食用菌和苗木花卉等产量居全省前列，2023 年耕地面积 16.34 万公顷，粮食播种面积 16.21 万公顷，粮食产量 95.88 万吨，增长 0.5%。森林覆盖率 77.12%，森林面积 177.1 万公顷、约占福建省的 22%，森林蓄积量 2.1 亿立方米、约占全省的 1/4，被誉为“中国绿都”“绿色宝库”。已发现各类矿产 79 种，在储表已登记入册的矿产 49 种，其中煤储量约占福建省的 35%，钨、铁、铅锌、石灰岩、萤石、稀土、重晶石等矿产储量在福建省占有重要位置。全年水资源总量 169.54 亿立方米，占全省的 17.3%。拥有泰宁世界自然遗产、世界地质公园和全球重要农业文化遗产——尤溪联合梯田等 3 个世界级品牌及 200 多处国家级文化旅游资源品牌；拥有国家 A 级旅游景区 77 个，数量居福建省首位，其中 AAAAA 级旅游景区 1 个、AAAA 级景区 23 个、AAA 级景区 53 个。

三明是闽江之源，福建的母亲河发

2023 年 5 月，三明入选全国第三批海绵城市建设示范城市。图为海绵城市建设项目东江滨公园（三明市）

源于三明；是闽人之源，在万寿岩发现的古人类遗址，把福建人类活动的历史推向18万年前；是闽学之源，“闽学四贤”中的杨时、罗从彦、朱熹都出生在三明；是闽师之源，三明学院的前身是福建最早的师范学校——全闽师范学堂，开国上将、原福建省委第一书记叶飞专门题赠“闽师之源”。三明还是客家祖地，宁化石壁是中国历史上客家人大迁徙的中转站，建有世界唯一的客家公祠，是世界客属寻根谒祖的朝圣中心。

三明全域都是中央苏区县，自1927年开始，中国共产党就在宁化、清流、明溪（归化）、建宁、泰宁、将乐、沙县、永安、尤溪、大田等县传播革命思想，进行革命活动。此后，工农武装斗争的星星之火四处点燃。进入20世纪30年代前期，境域内普遍建立工农政权苏维埃政府，是中央苏区的核心区，是中央红军长征的四个出发地之一，是二十年红旗不倒的革命根据地，是伟人革命的重要实践地，毛泽东、朱德、周恩来等老一辈革命家曾在三明从事重要革命实践，为中国革命作出重大贡献。毛泽东在三明革命实践时写下“风展红旗如画”的诗句，已成为三明中央苏区红色文化品牌的鲜明写照。

2023年，三明市地区生产总值3007.10亿元，比上年增长1.8%。其中，第一产业增加值355.08亿元，增长4.6%；第二产业增加值1342.53亿元，与上年持平；工业增加值982.24亿元，增长2.7%；第三产业增加值1309.49亿元，增长3.0%。人均地区生产总值123141元，增长2.8%。一般公共预算总收入170.99亿元，增长8.2%；其中地方一般公共预算收入117.97亿元，增长5.9%。规模以上工业增长3.5%。农林牧渔业总产值600.61亿元，增长4.6%。固定资产投资增长2.8%。社会消费品零售总额914.17亿元，增长3.5%。外贸出口额147.8亿元，增长8.6%；实际利用外资2.44亿元，下降41.8%。城镇居民人均可支配收入46517元，增长4.2%；农村居民人均可支配收入24822元，增长6.9%。社会用电量185.70亿千瓦时。城乡居民社会养老保险参保人数124.36万人。基本医疗保险254.64万人，占常住人口比率103.78%，职工医保参保45.26万人。城镇生活污水集中处理率97.63%，城镇生活垃圾无害化处理率100%。

2023年，三明市列入国家流通战略支点城市，分别入选全国紧密型医疗集团建设试点城市、全国海绵城市建设示范城市、低碳城市试点优良城市、第二批中央财政支持普惠金融发展示范区，国家卫生城市通过复审，获批全省首个国家农产品质量安全市、全国农村产权交易规范化整市试点、省级历史文化名城，“完善生态法治体系、推进生态文明建设”做法获中央依法治国办通报表扬。

【经济发展】 2023年，三明市出台金融支持地方经济9条、合力抓工业稳增长20条、促进民营经济发展32条等系列政策措施。推行全生命周期服务管理，组建专班攻坚18个重点突破项目，永安抽水蓄能电站等114个重点项目开工，闽赣省际（建宁）公铁联运物流园铁路专用线等80个重点项目竣工，新签约亿元以上项目399个，争取增发国债项目137个、专项债项目86个、列入省级规划“两通”项目25个。持续开展“乐购三明”系列促消费活动，接待游客5638.89万人次，增长44.4%；旅游总收入469.82亿元，增长52.3%。建立促进民营经济发展“1+N”政策体系，新登记民营经营主体4.5万户，增长5.5%。8家企业入围全省民营企业百强相关榜单，2家在新三板挂牌上市。落实延续、优化、完善的系列税费优惠政策合计22.07亿元，其中新增减税降费17.93亿元，贷款余额增加249.09亿元，增长11.86%，新增“四上”企业596家，建筑企业新增特级资质1家、一级资质8家。

【产业转型升级】 2023年，三明市坚持“稳一优二进三”（稳定农业基础，优化工业结构，促进第三产业发展）思路，构建现代化产业体系，提高产业发展质量。生物医药和新材料产业产值分别增长12.5%、10.6%，新增国家高新技术企业43家、专精特新企业30家。基本完成市区工业园区整合，三明经开区、高新区新签约亿元以上项目26个，实现税收9.41亿元，增长15.5%。三明中关村科技园新落地科技型企业89家，举办首届京闽科技合作论坛暨京闽（三明）科技项目对接活动。编制市、县两级矿产资源总体规划，组建三明市数据集团，工业互联网人才培养与应用创新基地（三明中心）揭牌运营，海丝卫星数据运营中心开工建设，8家企业入选全省数字经济“独角兽”或“瞪羚”企业。

【区域对口合作】 2023年，沪明对口合作全面推进，上海市与三明市对口合作第一次联席会议召开，上海市政府、市政协主要领导先后率团到三明调研推动对口合作工作，签订双方区县结对和十个重点领域合作协议。上海市设立沪明对口合作专项资金，福建省级财政1∶1配套，三明市制定出台支持沪明对口合作专项优惠措施53条，沪明临港产业园、上海三明大厦揭牌运营，圆周产业招商基金设立运作，83所学校、卫健系统32个单位与上海结对共建，华东师大附属三明中学开班办学。中央国家机关及央属企业对口支援三明工作座谈会在北京召开，第十八届林博会、第二届海峡两岸（三明）乡村融合发展论坛、沙县小吃旅游文化节暨海峡两岸美食节、海峡两岸各民族欢度“三月三”活动、海峡两岸暨港澳台地区基础教育交流活动等举办。

【重点领域改革】 2023年，三明市持续推动改革向纵深发展，药械质量安全管理、林权不动产确权登记、“福路贷”融资模式等一批改革新举措在全国推广，林长制、沙县乡村振兴等工作获国务院督查激励。医改方面，新增永安市、尤溪县2家医院建设省级区域医疗中心，与上海瑞金医院签订战略合作协议，三明市第一医院生态新城院区投入使用，医保、医疗、医药“三医”协同向纵深发展，公立医院出院患者和职工满意度均居全省第一位。林改方面，“林票2.0”全国首发，林业碳票实现全国跨区域交易，林改6项创新成果列入中办、国办印发的《深化集体林权制度改革方案》，并在国务院新闻发布会上发布。教改方面，基础教育综合改革入选福建省改革试点成果表扬名单，新培育省、市级名优骨干教师282名，新组建市级以上名师工作室50个，新增学位1.33万个。绿色金融改革方面，普惠小微贷款增长27.6%；全国首创“低碳贷”“绿消贷”等金融产品，绿色信贷余额249.48亿元、增长54.14%。

【城乡建设】 2023年，三明市编制完成市县国土空间总体规划，统筹划定“三区三线”。实施城市品质提升项目962个、完成投资259亿元，加快推进124个老旧小区改造，新建和改造燃气管道311千米、市政污水管网108千米。耕地保护和粮食安全责任制考核工作走在全省前列，完成抛荒地复耕1753.33公顷，杂交水稻制种面积、产量均保持全国第一，新增省级农业龙头企业44家、“三品一标”认证农产品79个。实施省级“百镇千村”试点示范工程，推进美丽乡村庭院、美丽乡村微景观、美丽乡村小公园（小广场）、美丽田园、美丽乡村休闲旅游点“五个美丽”乡村建设，5个乡镇、61个村入选第二批省级乡村振兴示范镇、村创建名单。开展生态环境突出问题综合整治攻坚，推进第三轮中央生态环保督察交办信访件和通报典型案例立行立改、全面整改，市、县空气质量达标率均为100%、全省唯一，7个县进入全省空气质量前十名、数量全省第一，55个国省控和76个小流域断面水质达标率100%。

【民生实事】 2023年，三明市完成省、市为民办实事项目全部41项，民生支出290.94亿元，占一般公共预算支出的80.5%。出台促进青年就业创业十条措施，高校毕业生就业率94.5%，城镇新增就业1.1万人。建成全省首家设区市级阿尔茨海默病康复中心，建设示范性长者食堂46个、嵌入式社区养老服务机构8个，新增托育托位1900个。创设新时代市民文明实践讲堂，开展“百姓大舞台”“半台戏”等2045场公益惠民活动，完成革命文物专项调查，革命文物数量居全省第二，长征国家文化公园（三明段）20个重点项目建成。开展重大事故隐患专项排查整治2023行动、道路交通安全综合整治“百日会战”，普通公路安全“微改造”做法被全国推广，生产安全事故数、死亡人数实现“双下降”。加强金融、房地产、地方政府债务风险防控，不良贷款率0.68%、保持在较低水平，4个“保交楼”项目顺利推进。实施食品药品监管，中央信访联席办交办的11件重点信访事项全部化解，成为全省唯一实现化解率100%的设区市，群众安全感率居全省第二位。（三明市政府办）

2023年7月25日，三明市第一医院生态新城院区投入使用（三明市）

【三元区】 位于三明市中部，2023年辖7个街道、1个乡、4个镇，土地面积1151.42平方千米。年末户籍人口30.77万人，常住人口41.2万人。人口自然增长率3.11‰。耕地面积4341公顷，粮食播种面积3060公顷，粮食产量1.91万吨。林地面积9.6万公顷，森林覆盖率77.62%，活立木蓄积量1235.4万立方米。可供开发利用的矿产主要有矿泉水、地热、煤、石灰岩、萤石、石英、建筑用砂石等。主要旅游景点有国家AAAA级旅游景区万寿岩文旅小镇、瑞云山景区、格氏栲国家森林公园、福建三钢工业旅游区，国家AAA级旅游景区清枫谷景区和全国重点文物保护单位正顺庙。

2023年，三元区地区生产总值713.11亿元，比上年增长3.7%。其中，第一产业增加值26.55亿元，增长5.6%；第二产业增加值319.02亿元，增长2.9%；第三产业增加值367.54亿元，增长4.4%。农林牧渔业总产值45.41亿元，增长5.6%，其中，农业产值27.56亿元，增长6.2%；林业产值8.29亿元，增长8.0%；畜牧业产值8.07亿元，增长3.5%；渔业产值0.68亿元，下降6.9%；农林牧渔服务业产值0.80亿元，增长4.6%。规模以上工业增加值增长7.5%。固定资产投资增长11.1%。社会消费品零售总额222.08亿元，增长6%。一般公共预算总收入15.30亿元，增长4.7%；其中地方一般公共预算收入10.63亿元，增长1.4%。城镇居民人均可支配收入51074元，增长3.5%；农村居民人均可支配收入27354元，增长7.1%。

重点项目建设。制定《项目策划生成工作方案》，谋划储备亿元以上重大项目 92 个、总投资近 350 亿元，获批预算内投资项目 10 个、补助资金 7321 万元，争取地方政府专项债项目 5 个、2.7 亿元，一般债项目 10 个、0.8 亿元，获得第一批特别国债项目 4 个、1.1 亿元。强化项目全生命周期管理，落实重点项目协调工作机制，113 个区重点项目完成投资超 121 亿元；三明盈科产业园等 32 个项目开工，总投资 103 亿元；润祥氟新材料等 44 个项目投产，完成投资近 160 亿元。

城乡建设。完成三钢万寿岩学院二期地块、翁墩武警安置地块、学区路及徐锦家园周边道路、台江 A 地块周边道路等 13 个项目征迁工作。实施老旧小区改造项目 63 个，完成投资 1.2 亿元。集中力量解决白沙片区省一建 C 地块、明恒基布公司地块、纤维板厂地块等 8 个历史遗留问题。入选省闽台乡建乡创合作样板县。

乡村振兴。落实耕地“进出平衡”，流入耕地 108.6 公顷。完成建设高标准农田 466.67 公顷，撂荒地复垦复种 261.8 公顷，粮食播种面积达 3060 公顷。投入资金近 2 亿元，建成投产一批现代农业重点项目。忠山村、沙阳村、米洋村等 6 个村获批省级“一村一品”专业村。岩前镇获批全省乡村振兴特色重点镇。投入 6000 多万元实施“五个美丽”项目，中村乡顶太村入选“中国美丽休闲乡村”，洋溪镇获评“省全域生态旅游小镇”。

社会事业。总投资近 7 亿元，完成省市区为民办实事项目 48 项。开启教育高质量发展三年行动，改扩建学校 20 多所，被确定为省基础教育综合改革实验区。校外培训机构治理经验入选福建省第五批落实“双减”工作典型案例。医防融合，打造基层医改示范点 7 个，在全省首创消防、医疗联创联建急救站。通过国家卫生城市复审，推进婴幼儿照护服务“一街一普惠”建设，全区每千人口拥有托位数达 4.2 个。获得全省“文旅品牌强县正向激励”。区少体校获评国家高水平体育后备人才基地。落实稳岗扩岗奖励、补贴，完成城镇新增就业任务。“园区枫桥”机制被全国总工会列入基层劳动关系公共服务样板第一批站点培育名单。探索“家门口”养老模式和特殊老人探访机制，为 636 名“六类老人”提供线下实体援助服务。落实食品安全“两个责任”，巩固治理“餐桌污染”建设“食品放心工程”行动成效，实施医药领域安全监管，全区未发生重大食品药品安全事故。实行《三元区文明城市（区）创建工作惩戒制度》，投入资金 1 亿元，完成市场改造、基础设施提升等 5 类创城补短板项目，通过省委文明办组织开展的全国文明城市模拟测评。落实党政领导平安建设责任制，深化“一党委三中心”机制，全区刑事、民事、电诈警情分别下降 39%、35.5%、19%。开展“治重化积”攻坚，完成中央信访联席办交办的三批次 123 件信访积案化解工作。执行红色隐患区级党政领导挂钩制度，强化市区 82 个重点安全风险点管控，全区未发生较大以上生产安全事故。

生态文明建设。落实生态环保目标责任制，开展中央督察信访问题整改工作，信访件办结率 100%。打好“蓝天、碧水、净土”保卫战，空气质量优良达标天数比例 100%，国（省）控断面Ⅲ类水质、饮用水水源地水质达标率 100%，工业固废、医疗废物安全处置率 100%。重点培育丰产竹林、国家储备林等高价值森林资源 733.33 公顷。入选省级森林养生城市。

第三产业。实施“做大三产、做强三产”三年行动方案（2023—2025 年）。坚持规划引领、政策保障、重点扶持和专班推动，11 个三产主要支撑指标中，零售业销售额、交通客货运周转量等 5 个指标增长率居全市前五。第三产业占三次产业比重首次超过 50%，比上年提高 5.8%。实施三产重点项目 101 个，完成投资近 18 亿元，其中三明爱琴海购物中心、希尔顿欢朋酒店、万达“璀璨·元城明悦”等 53 个项目建成运营。闽光云商、福建海丝数字科技等 4 家企业入选省数字经济领域“独角兽”“瞪羚”企业名单。成功举办专业大型营业性演出，集聚六路商圈“人气”，拉动周末消费近亿元，成为全省第四个承办大型营业性演出的城市。全年培育新增限上商贸业企业 85 家、规模以上服务业企业 21 家，培育数量为全市最多，在库规上、限上企业家数约占全市的 1/4。

国企改革。整合农林水、交通、矿产、文旅等资源，新组建农林投资发展集团，国企规模持续壮大。优化国有资产结构，国有总资产达 102.6 亿元。开展“企业效益提升年”活动，强化运营考核，完善薪酬激励、工程管理等制度，国企总营收达 7.3 亿元，实现税利 6000 多万元。实施银行业机构服务区属国企发展考评，国企投融资能力有效提升，区属国企在经济社会发展中的重要支撑和保障作用不断增强。

开放合作。实施《杨浦区与三元区对口合作行动计划（2023—2025）》，双方在教育、卫健、文旅、科技和人才交流等 15 个领域加强互访交流，沪元开启全方位、多领域对口合作。坚持以商招商、产业链招商，区“一把手”走出去、请进来招商 26 场次，全区签约项目 31 个、总投资近 124 亿元，其中当年开工项目 15 个、总投资 60 多亿元，签约项目当年转化率接近 50%。全年完成出口总额 17.6 亿元。（王培敏）

【沙县区】 位于三明市北部偏东，2023 年辖 2 个街道、6 个镇、4 个乡，土地面积 1815 平方千米。年末户籍人口 26.95 万人，常住人口 24.7 万人。人口自然增长率－3.66‰。耕地面积 1.14 万公顷，粮食播种面积 1.17 万公顷，粮食产量 7.53 万吨。林地面积 14.11 万公顷，森林覆盖率 77.92%，活立木蓄积量 1537.5 万立方米。矿产资源种类较多，但储量较小，分布零散，且以非金属矿产为主，亦有部分稀有金属矿产，已开发利用的矿种有建筑用凝灰岩、熔剂用石灰岩、玻璃用脉石英、建筑用花岗岩、萤石等 5 种。沙县区共有国家 AAAA 级旅游景区 1 个

（沙县小吃文化城）、AAA级旅游景区5个（七峰叠翠森林公园、荷山红军遗址、如意湖·湿地公园、俞邦·沙县小吃第一村、南阳罗岩福道），国家地质公园1个（三明郊野国家地质公园），省级旅游度假区1个（淘金山旅游度假区），省级风景名胜区1个（七仙洞—淘金山），全国休闲农业与乡村旅游示范点、省级乡村旅游四星级经营单位1个（马岩生态园），全国乡村旅游重点村1处（俞邦村），省级全域生态旅游小镇1个（夏茂镇），省级金牌旅游村2处（俞邦村、水美村），省级森林公园3处（大佑山、罗岩山、天湖），省水乡渔村示范基地4处（马岩生态园、恒德温泉农庄、上官农场、车头农场），旅游休闲集镇1个（富口镇），旅游特色村13个，旅游扶贫村7个，全国重点文物保护单位1处（水美土堡群），国家级非物质文化遗产1个（沙县小吃制作技艺）。

2023年5月，沙县区获评全国乡村产业振兴、改善农村人居环境激励县；11月，沙县小吃文化城被中共中央台湾工作办公室、国务院台湾事务办公室评为海峡两岸交流基地。2023年1月，沙县区司法局被中华全国人民调解员协会评为组织宣传人民调解工作先进集体，沙县区侨联被中华全国归国华侨联合会评为全国侨联系统“侨胞之家”典型选树单位；3月，沙县区夏茂镇（沙县小吃）被农业农村部认定为“2022年全国乡村特色产业产值超十亿元镇”；4月，沙县区检察院“1·25”跨省倾倒铝灰办案团队被生态环境部评为“表现突出集体”，沙县公安分局夏茂派出所被公安部、中华全国总工会评为全国公安机关成绩突出集体，沙县区第五中学被教育部、中央军委政治工作部认定为全国国防教育示范学校；5月，沙县团区委“返家乡”工作获团中央通报表扬，沙县区城关第三小学被教育部认定为首批全国健康学校建设单位；11月，沙县区图书馆被文化和旅游部评定为全国县级以上公共图书馆一级图书馆，沙县区高桥镇杉口村入选第三批全国乡村治理示范村。

2023年10月2日，沙县第一中学举行百年校庆系列活动。图为校庆文艺晚会
（沙县区融媒体中心）

2023年，沙县区地区生产总值347.33亿元，比上年增长1.0%。其中，第一产业增加值35.33亿元，增长4.4%；第二产业增加值177.94亿元，下降1.0%；工业增加值123.88亿元，下降0.1%；第三产业增加值134.06亿元，增长2.9%。人均地区生产总值140053元，增长1.6%。规模以上工业增加值增长0.7%。农林牧渔业总产值59.85亿元，增长4.3%。固定资产投资89.08亿元，增长24.1%。社会消费品零售总额116.14亿元，增长5.6%。外贸出口额2.37亿美元，增长13.9%；实际利用外资700万美元。一般公共预算总收入15.19亿元，增长8.0%；其中地方一般公共预算收入11.16亿元，增长5.5%。城镇居民人均可支配收入47714元，增长4.8%；农村居民人均可支配收入27751元，增长6.8%。

沙县小吃文化城获批国家级“海峡两岸交流基地”。11月29日，中共中央台湾工作办公室、国务院台湾事务办公室批复沙县小吃文化城设立海峡两岸交流基地；12月7日，在2023年中国（沙县）小吃旅游节暨海峡两岸美食节开幕式上，国台办交流局局长黄文涛为沙县小吃文化城“海峡两岸交流基地”授牌。沙县区开展闽台龙舟邀请赛、海峡两岸篮球邀请赛、海峡两岸首届消防救援融合发展研讨会、中国（沙县）小吃旅游文化节暨海峡两岸美食节等活动（赛事）10余场，打造沙县闽台美食广场、台湾士林夜市·沙县美食街、海峡两岸小吃文化展示馆、海峡两岸茶席美学馆等系列文化展示交流载体，推进海峡两岸小吃文体交流和农产品原料产业、食疗产业融合发展。

沙县第一中学百年校庆。2023年10月2日，沙县第一中学庆祝建校一百年系列活动举行。学校组织召开庆祝大会、校庆捐建项目揭牌仪式、文艺晚会等系列活动。200多名校友畅游沙溪，共迎沙县第一中学百年校庆，500余名校友参加校庆预热活动健康跑，超1000名观众通过网络预约观看书法比赛、十佳歌手赛、十佳演讲人比赛等校园开放日赛事，2000余人次参加南京农业大学校长陈发棣、中国人民大学教授叶剑平等6名杰出校友的讲座；校庆文艺晚会吸引3000余名校友和教职工现场观看，13.81万人次在线观看直播；2280名校友和爱心人士通过沙县区教育发展促进会捐赠，累计捐赠达2080万元。

沪明合作。2023年，沙县区与上海市杨浦区在文旅、教育、医疗、小吃产业等领域签订31个专项合作协议，重点推进12个、总投资51.74亿元的项目建设，其中总投资15.2亿元的纬景储能液流储能设备生产等4个项目动工建设。梅子根咸鸭蛋、醉有才面干等产品进驻杨浦区商贸集团供应链，举办2023年沪明合作农业科技成果展示推介活动。沙县小吃首家上海高校（上海工

2023 年 5 月 22 日，商务部小吃产业发展现场会在沙县召开

（沙县区融媒体中心）

艺美术学院）档口和首家上海社区示范店（阳普邻里·腾越店）正式营业，上海沙县小吃运营中心开工建设。沙县区总医院、妇幼保健院和沙县一中等 9 所学校，分别与上海医院学校结对共建。累计接待上海疗休养团队 8 批次、上海各类干部培训 22 个班次，马岩山庄被认定为“上海名医名师（三明）疗休养基地”。

商务部小吃产业发展现场会召开。2023 年 5 月 22 日，商务部小吃产业发展现场会在沙县召开。会议由商务部主办，福建省商务厅、三明市政府协办，商务部服务贸易和商贸服务业司司长王东堂主持会议并讲话，省商务厅副厅长黄德智出席会议，三明市市长李春出席会议并致辞。福建、四川、江西等商务主管部门、行业协会负责人、平台企业相关负责人参加会议。会上，部分地方代表、国家级行业协会、平台企业围绕发展小吃富民产业开展经验交流。中国烹饪协会、中国饭店协会、世界中餐业联合会分别与三明市商务局签订战略合作协议。

沙县农村产权交易中心生态产品交易平台正式启用。2023 年 11 月 6 日，三明“林票 2.0”（林业生物资产票据）首发问世，第一批六宗“林票 2.0”产品标的在全省首个区域型农村综合产业交易平台——福建沙县农村产权交易中心发布挂牌。沙县农村产权交易中心通过推进林权流转交易，把林票、碳票市场交易作为三明市生态产品价值发现的“拳头”产品进行重点突破，以沪明对口合作为契机，于 3 月 23 日与上海交易集团、上海农村产权交易所签署合作协议，建立合作运营关系，借助上海交易集团专业力量，通过开展森林资源的要素化、资本化、金融化的创新和研发，形成“林票 2.0”这一可上市交易的生态产品。沙县农村产权交易中心在原有“四统一”功能（即统一信息发布、统一网络竞价、统一资金结算、统一交易鉴证）的数字化农村产权线上交易平台基础上升级改造，建设生态产品交易系统，并搭建林业生物资产票据公开登记系统，采用数字签名、盲水印、二维码等技术，用区块链确保电子林票信息安全可靠，不可篡改、不可仿造。升级后的生态产品交易系统可实现提供“林票 2.0”挂牌、交易、鉴证等全流程功能，并通过与公开登记系统的结合，为客户提供票据查询、查验、追溯服务。截至 2023 年底，福建沙县农村产权交易中心累计成交金额 12 亿元。

（罗丽华）

【永安市】 位于三明市南部，2023 年辖 8 个镇、3 个乡、4 个街道，土地面积 2931 平方千米。年末户籍人口 32.04 万人，常住人口 33.5 万人。人口自然增长率－2.17‰，城镇化率 74％。耕地面积 1.80 万公顷，粮食播种面积 1.1 万公顷，粮食产量 6.69 万吨。林地面积 24.33 万公顷，森林覆盖率 76.25％，活立木蓄积量 2451 万立方米。重要矿产资源有石灰石、无烟煤、石墨、重晶石等。主要旅游景点有桃源洞—鳞隐石林国家级风景名胜区、天宝岩国家级自然保护区、九龙竹海国家森林公园、安砂龙头国家湿地公园、槐南安贞堡、永安中央红军标语博物馆、小陶甘乳岩·玉带龙泉、霞鹤生态农庄、青水畲寨、吉山抗战文化主题公园。

2023 年，永安市地区生产总值 495.61 亿元，比上年增长 3.3％。其中，第一产业增加值 39.10 亿元，增长 4.7％；第二产业增加值 264.31 亿元，增长 3.4％；第三产业增加值 192.20 亿元，增长 3.0％。规模以上工业增加值增长 6.5％，其中机械汽车、纺织、化学、建材、林产五大主导产业增加值增长 8.3％。农林牧渔业总产值 65.97 亿元，增长 4.6％。固定资产投资（不含农户）82.84 亿元，增长 16.1％。社会消费品零售总额 145.69 亿元，增长 1.4％。进出口总额 17.85 亿元，实际利用外资 0.30 亿元。一般公共预算总收入 28.85 亿元，增长 8.7％；其中地方一般公共预算收入 21.10 亿元，增长 5.1％。城镇居民人均可支配收入 47317 元，增长 3.8％；农村居民人均可支配收入 26072 元，增长 7.4％。

重点项目建设。推进项目接续，谋划亿元以上重大项目 122 个、总投资 628.6 亿元；争取第一批、第二批专项债项目 5 个，获得债券额度 10.6 亿元；水泥节能减排及数字化建设等 49 个项目开工建设，永安锂离子电池负极材料等 16 个项目竣工投产，总投资 75 亿元的抽水蓄能电站项目开工建设。建新轮胎年产 150 万套全钢子午线轮胎生产线项目 7 月部分投产，申请技改贴息贷款 1.7 亿元，累计放款 1.53 亿元。福维公司年产 42 万吨钙化物项目竣工试运行。本地微晶石墨资源开发利用投入中试，形成国内首条完整的石墨烯热管理产业链条，完成甫弼、高椅山、琼口、后埔等微晶石墨矿的采样分析工作。建成年产 5 万台 M20－TGS 中重卡车身总成生产线，海西重汽具备车身大型覆盖件的生产能力。鲲驰影业（上海）有限公司在永安全景拍摄电视剧《暗潮缉凶》，带动永安消费。推进招商引资，开展各类招商活动104场，新签约项目62个、总投资172.83亿元，其中亿元以上项目43个、总投资161.64亿元。发挥技改设备奖补和技改贴息贷款政策，永安市27个项目申报省重点技改项目，8个项目获批省级技改贴息贷款额度6.11亿元，5家企业获得技改奖补资金888.6万元。

城乡建设。完成城市建设品质提升项目127个，总投资19.46亿元。入选省级样板工程的燕南街道巴溪湾完整社区、文创园新区建设、贡川镇集镇环境整治3个项目为永安市争取项目建设资金3000万元。其中，巴溪湾完整社区作为国家级完整社区建设试点，获正向激励金300万元。启动老旧小区改造工程，争取项目资金2788万元，受益住户5917户，景泰秀水小区打造成精品示范小区。1月，总投资750万元的黄竹洋路改造项目竣工通车；龟山公园步虹桥竣工通行，桥长254米，宽3.2米，高16.55米，横跨燕江，与下渡村连接，总投资1650万元。4月，巴溪西岸慢线（益民新村小桥至新华桥段）景观改造提升工程完工并开放，全长0.5千米，建设总面积1万平方米，采用人车分离式绿道设计，沿线设置休闲广场、亭廊、步行慢道、儿童微乐园等。

社会事业。全年民生支出32.15亿元，占一般公共预算支出的81.37%。省、三明和永安市级为民办实事项目9类41项，完成投资6.6亿元。实施可移动文物预防性保护工程，投入资金200万元，永安文庙夜景工程、复兴堡房屋改造项目完成。“川剧变脸”罗滨勋获“十佳街头文化艺术达人”称号。新建和扩（改）建教育建设项目6个，总投入8350万元，新增学位2870个，市委党校新校区建成启用，三明技师学院入选国家级高技能人才培训基地。永安总医院新院区门诊楼启动搬迁，总医院被纳入省级区域医疗中心建设项目，泌尿外科等3个专科获评三明市级临床重点专科。体育中心全天候免费对外开放，400米田径场塑胶跑道、300米运动场改造、风雨跑道及顶棚建设完成，总投资398万元，向15个村（社区）配送体育健身器材价值33万元。“福路贷”项目完成投资5000万元，经验模式获评交通运输部典型案例，全省“福路贷”现场会在永安召开。养老服务优化，建成4所长者食堂、2所社区嵌入式养老机构。城镇新增就业2131人，城乡居民养老保险基础养老金标准提高至150元/月。燕北街道江滨社区、槐南镇洋头村分别获评“全国民主法治示范社区”“全国乡村治理示范村”。

生态文明建设。2023年，永安空气、水、土壤质量保持稳定，国、省控考核断面水质优良率100%，环境空气质量优良率100%。完成第三轮中央生态环境保护督察配合保障任务，尼葛开发区异味扰民问题、桃源洞—鳞隐石林国家级风景名胜区违规采矿问题完成整改。燃煤锅炉、机砖厂、机制炭和铸造企业专项整治完成，水泥行业超低排放改造项目获省上补助资金2552万元，金牛、万年水泥纳入中央生态环境资金项目实施库，合计奖补资金1548万元。沙溪流域水环境综合治理与绿色低碳循环产业融合发展（EOD）项目通过牵头行国开行银团审批授信，授予贷款额度18.66亿元、期限30年。沙溪流域文川溪（洪田段）水环境综合治理、贡川桥断面上游溯源等6个项目获补助资金3055万元。天然林收储改革获国家林草局专刊推广，累计收储400公顷。11个乡镇成立生态综合管护队，推行乡镇生态综合管护模式，曹远镇被列为生态综合管护队伍建设提升试点镇，青水畲族乡被命名为福建省森林乡镇，贡川镇集凤村列入第六批中国传统村落。12月，永安龙头国家湿地公园被认定为福建省首批省级自然教育基地。

浦永合作。2023年，上海市浦东新区与永安市两地主要领导带队互访10次，各级企事业单位开展互访交流活动150次，达成年产20万套半导体及光伏用热场材料等合作项目34个、总投资30.2亿元，达成医联体协作帮扶等55个合作事项。金桥·永安新型碳材料产业协同发展中心挂牌成立，石墨烯新材料进入上汽整车散热试验阶段；引进首支浦东新区私募股权投资基金，完成第一笔5500万元股权投资；永安总医院挂牌“上海仁济医院医联体协作医院”暨“名医工作室”；与上海音乐学院共建红色音乐教育实践基地，联合举办“不忘初心向未来，同心同韵谱华章”《永安之夜》专场音乐会；中央红军标语博物馆与中共一大纪念馆签订结对共建协议；燕江国际酒店成功入选上海市职工疗休养基地，接待上海游客7420人次。国际（永安）竹博会在上海举办，以“会中会、展中展”方式融入2023年“长三角文博会”；永安特色农

三明市永安总医院新院区。摄于2023年　　（三明市永安总医院）

产品馆在上海浦商集团旗下的浦乐汇（长青生活馆）营业，上柜特色农产品57款；两地人才交流频繁，选派9名领导干部到浦东新区重点部门、重要园区挂职跟班，开展赴上海培训班次4期168人次，承接浦东新区3批127名处级干部进修班学员到永安开展现场教学。

三明市永安总医院新院区建成。2023年7月31日，三明市永安总医院举行新院区门诊楼搬迁启动仪式。三明市永安总医院新院区坐落于永安市荣康东路北侧，项目总投资11.13亿元。总用地面积12.62万平方米，其中建筑占地面积3.98万平方米。总建筑面积17.62万平方米，其中门诊楼、行政楼、急诊楼、医技楼5.95万平方米，病房楼9.61万平方米，动力楼、机房及附属建筑2.06万平方米。门诊楼一层设置社会服务中心、门诊收费处、医保办、中西医药房、儿科诊区、内科诊区及部分外科诊区，二楼设置门诊手术部、换药室、眼科诊区、耳鼻喉科诊区、皮肤科诊区及外科诊区，三楼设置口腔科及灾备机房，四楼设置行政后勤办公室、图书馆、病案室，五楼设置健康管理中心。

福建省第十届“三月三”畲族文化节。2023年4月17—23日，中华一家亲·2023海峡两岸各民族欢度“三月三”暨福籽同心爱中华·福建省第十届“三月三”畲族文化节活动在永安市举办。活动包括开幕式暨联欢晚会、“两岸民族共好”论坛、“福籽同心爱中华”主题展、闽台融合（永安）林竹成果展暨永安竹文化展、石榴籽“民族好物”带货直播、“福籽同心爱中华”福建省青少年学生主题演讲大赛展演、美食嘉年华·共“飨”团结宴、“闽王与畲”休戚与共专场、“畲客融合”共同家园专场。畲族文化节开幕式暨联欢晚会由新媒体平台23个账号共同直播，吸引全网2400万网友围观。截至4月27日18时，全网传播量超1.4亿。

桃源洞景区发现极危物种丹霞梧桐群落。2023年5月，永安市桃源洞景区内发现被《世界自然保护联盟濒危物种红色名录》《中国物种红色目录》列为极危物种、国家二级重点保护野生植物丹霞梧桐群落，为极小种群植物。这是在福建省首次发现该物种的分布。经调查，全市发现的丹霞梧桐有50株，最大的胸径40厘米，最高20米，盛开的花朵如同一团团紫色烟霞。永安桃源洞是丹霞地貌，适合丹霞梧桐生长。8月，永安市人民法院在景区为该物种颁布濒危野生植物司法保护令。9月，中国科学院华南植物园专家到桃源洞现场采集植物样本。（邓水燕）

2023年4月21日，福建省第十届“三月三”畲族文化节青水畲族乡活动现场
（永安市民宗局）

【清流县】 位于三明市西部，2023年辖7个镇、6个乡，土地面积1806.33平方千米。年末户籍人口15.03万人，常住人口11.3万人。人口自然增长率−0.82‰。耕地面积1.22万公顷，粮食播种面积1.49万公顷，粮食产量8.12万吨。林地面积15.19万公顷，森林覆盖率78.26%，活立木蓄积量1880万立方米。重要矿产资源有无烟煤、钨、铅、锌、萤石、石灰石、辉绿岩、稀土、地热、矿泉水等17种。主要旅游景点有国家AAAA级旅游景区天芳悦潭旅游区，国家AAA级旅游景区中华桂花文化园、清流赖坊古镇、清流林畲红色小镇、李家冷泉小镇。2023年，清流县获全国平安农机示范县、全国平安渔业示范县称号，2022年度县级财政管理绩效综合评价结果进入全国前200名。

2023年，清流县地区生产总值137.72亿元，比上年下降8.4%。其中，第一产业增加值32.02亿元，增长5.4%；第二产业增加值43.79亿元，下降25.2%；工业增加值25.45亿元，下降0.3%；第三产业增加值61.91亿元，增长4.2%。人均地区生产总值121023元，下降7.1%。规模以上工业总产值40.76亿元，下降9.1%。农林牧渔业总产值54.19亿元，增长5.4%。固定资产投资17.19亿元，下降60.7%。社会消费品零售总额51.83亿元，下降1.8%。外贸出口额1.74亿美元，增长13.13%；实际利用外资238万美元，下降65.76%。一般公共预算总收入8.2亿元，增长13.4%；其中地方一般公共预算收入5.65亿元，增长12.4%。城镇居民人均可支配收入40380元，增长4.0%；农村居民人均可支配收入23623元，增长7.0%。

重点项目建设。实施重点项目142个，组建36个重点攻坚专班，全年完成投资65亿元以上，雅鑫电子新型超纯系列清洗材料、嵩溪污水处理厂等45个项目竣工投产，中欣高宝新型电解液、全域旅游基础设施（一期）等55个项目开工建设。新签约亿元以上项目33个，总投资149.2亿元，超5亿元项目6个。

城乡建设。推进总投资59亿元的33个城市品质提升项目，龙城街街区综合整治、城区福道等12个重点项目竣工投入使用，建成全市首个污水管网诊断溯源系统。开展“微改造、大提升”活动，投入1300余万元，下沉干部1.2万余人次，累计整治老旧小区、背街小巷“灯不明、路不畅、管不通”等问题315个，拆除“两违”面积2.3万平方米。加快建设宜居宜业和美乡村，深入实施农村人居环境整治攻坚三年行动，推进43个重点村集中整治，以点带面实现人居环境明显改善，赖坊镇赖武村、余朋乡东坑村被列入中国传统村落名录。

社会事业。坚持县财政80%以上支出投入社会民生事业，33个重点为民办实事项目全部落实。强化就业优先政策，加大困难大学毕业生就业“一对一帮扶”，城镇登记失业率控制在5%以内。加快教育优质均衡发展，职高实训综合楼、虹桥幼儿园等8个重点项目竣工投用，省物理、化学学术年会接连在清召开，教育教研能力提升。补齐卫生健康短板，实施“清医惠清”工程，开设名医工作室11个，李家卫生院整体搬迁项目完成主体建设，基层诊疗量占比达60%以上，全县人均预期寿命持续高于全省、全市平均水平。健全养老服务体系，新建嵌入式养老服务中心和3个长者食堂，被列入全国居家和社区基本养老服务提升行动项目试点县。在全市率先启动乡镇消防救援中心站建设，事故数和死亡人数“双下降”，安全风险指数居全省第八位、全市第一位。

生态文明建设。完成第三轮中央生态环保督察信访件和反馈问题整改提升。深化“蓝天工程”，控制空气污染物排放，实施工地施工、物料运输、道路扬尘管控，削减大气污染物排放，空气质量综合排名居全省县级城市第四位。深化“碧水工程”，落实河湖长制责任，整治农业面源污染，优化畜禽水产养殖专项治理，加大入河排污口排查溯源和整治，推进安砂水库及周边水系综合治理，城乡饮用水源水质达标率均为100%。深化“净土工程”，推进绿色矿山创建，实施涉重金属行业企业、危险废物等土壤污染源头防控，实施农药、化肥减量行动，全面落实农村生活垃圾闭环处理，确保土壤环境安全。

清流籍运动员葛曼棋参赛获佳绩。2023年4月16日凌晨，在汤姆琼斯田径邀请赛女子100米比赛中，葛曼棋以11秒48获得第八名；在女子4×100米接力比赛中，由葛曼棋等人组成的中国队以43秒63摘得铜牌。7月12日，亚洲田径锦标赛女子4×100米接力决赛，由梁小静、韦永丽、袁琦琦、葛曼棋组成的中国队以43秒35的成绩夺冠，为中国夺得第25届亚洲田径锦标赛第一金。8月6日，获得成都大运会女子4×100米接力冠军。9月2日，2023世界田联钻石联赛女子100米国内组，以11秒33（+0.7）夺冠。9月30日，杭州第19届亚运会田径女子100米决赛中，葛曼棋以11秒23夺得金牌。10月3日，在杭州第19届亚运会田径女子4×100米接力决赛中，葛曼棋与梁小静、韦永丽、袁琦琦组成的中国队以43秒39的成绩获得金牌。11月9日，第一届全国学生（青年）运动会（校园组）女子大学乙组100米决赛中，葛曼棋以11秒56的成绩摘得金牌。

国家飞碟射击集训队2023年世界杯参赛运动员选拔赛。2023年2月18—27日，清流首次承办国家飞碟射击集训队2023年世界杯参赛运动员选拔赛，接待16支参赛队伍59名参赛人员（含参赛运动员和所有工作人员）及裁判员16人。选拔赛分两场进行，第一场比赛时间为2月20—21日，第二场比赛为2月25—26日。两场比赛结束后，产生飞碟射击队参加塞浦路斯站、埃及站世界杯的参赛阵容。

2023年全国U18射击锦标赛（飞碟项目）。2023年8月4—11日，清流县承办2023年全国U18射击锦标赛（飞碟项目），接待11支队伍121名参赛人员（含参赛运动员和所有工作人员）及裁判员19人。比赛项目包括男、女多向资格赛75靶，男、女双向资格赛75靶，男、女多向资格赛50靶，男、女双向资格赛50靶，双向混团资格赛。

（蒋李辛　刘一杰）

【宁化县】 位于三明市西部，2023年辖11个镇、5个乡，土地面积2407.46平方千米。年末户籍人口36.4万人，常住人口25.1万人。人口自然增长率0.14‰。耕地面积3.16万公顷，粮食播种面积3.19万公顷，粮食产量18.01万吨。林地面积18.21万公顷，森林覆盖率73.78%，活立木蓄积量1663.7万立方米。重要矿产资源有钨、锡、锌、稀土、萤石、石灰岩等。主要旅游景点有天鹅洞群国家地质公园、牙梳山省级自然保护区、东华山省级森林公园、蛟湖小镇、客家祖地、中国印刷博物馆宁化分馆、玉扣纸制作工艺专题展示馆、下曹村国家级历史文化名村、石壁镇国家级历史文化名镇、北山革命纪念园、长征精神教育基地、石壁陈塘红军第四战地医院旧址群、凤凰山红军长征出发地旧址群等。2023年1月，宁化县被中国科协命名为2021—2025年度第二批全国科普示范县。

2023年，宁化县地区生产总值237.83亿元，比上年增长2.8%。其中，第一产业增加值32.53亿元，增长4.1%；第二产业增加值94.75亿元，增2.7%；工业增加值47.60亿元，与上年持平；第三产业增加值110.56亿元，增长2.4%。人均地区生产总值93875元，增长5.0%。规模以上工业增加值增长0.6%。农林牧渔业总产值55.07亿元，增长4.1%。固定资产投资增长15.9%。社会消费品零售总额72.51亿元，增长4.7%。外贸出口额13.8亿元，增长17.35%；实际利用外资707万美元。一般公共预算总收入10.47亿元，增长28.0%；其中地方一般公共预算收入7.68亿元，增长20.1%。城镇居民人均可支配收入38333元，增长4.6%；农村居民人均可支配收入23135元，增长7.2%。

第29届世界客属石壁祖地祭祖大典举行。2023年11月5日，第29届世界客属石壁祖地祭祖大典在宁化县石壁镇举行。祭祖大典由宁化县人民政府、三明市客家联谊会、马来西亚客家公会联合会、泰国曼谷惠州会馆、新加坡茶阳（大埔）会馆、香港两岸客家联会、澳门客属社团联合总会联合主办。马来西亚、加拿大、澳大利亚等国家和中国台湾、香港、澳门、北京、河南、陕西、山东、云南、四川、广西、浙江、广东、江西、福建等地区112个社团，祭祖嘉宾、新闻媒体、观礼游客和宁化县宗亲等1.1万余人参加。祭祖大典采用“线上+线下”方式同步进行，有升祭旗、敬献花篮、行上香礼、行奠帛礼、行奠酒礼、恭颂祭文、诵读祖训、乐舞告祭、祈福发彩9个仪程，全程网络直播，超400余万人次观看。

长征国家文化公园——宁化县中央红军长征出发地核心展示园（淮土）完工。2023年12月，宁化县中央红军长征出发地核心展示园（淮土）建设项目完工。项目位于淮土镇凤凰山村，为长征国家文化公园（福建段）重点项目。项目主体包括新建号角催征雕塑、长征出发纪念广场、情忆广场、红菱广场、游客服务中心；改建列宁小学展厅；保护修缮凤凰山红军长征出发地旧址群（王宅、看病所、五通庙）。项目规划区域149公顷，重点建设区24公顷，2021年6月开工，总投资9875万元。

福建省自行车联赛（宁化站）举行。2023年5月14日，“来福建·到宁化·长征之路再出发骑聚红土地·重走长征路”2023年福建省自行车联赛（宁化站）暨中国旅游日宁化分会场活动在宁化县举行。比赛线路全长9.3千米，以绕圈方式进行，从宁化县长征精神教育基地出发，经过慈恩塔、福宁桥等宁化地标。比赛设置男子公路中、青年组，男子山地中、青年组和女子公路组5个组别，全国各地的35支骑行队共800多名自行车运动爱好者参加。公路车男子青年组冠军刘振龙，公路车男子中年组冠军范伟，女子公路组冠军庄瑾菁，山地车男子青年组冠军陈道雄，山地车男子中年组冠军吴刚，男子公路青年组团体冠军福建丰信森地客车队。当天还举行儿童平衡车竞赛，180余名萌娃参加。其间还举办水幕秀、灯光秀和客家小吃品鉴会等活动。（赖慧珍）

【建宁县】 位于三明市西北部，2023年辖4个镇、5个乡，土地面积1716.34平方千米。年末户籍人口15.18万人，常住人口11.2万人。人口自然增长率－3.16‰。耕地面积1.89万公顷，粮食播种面积1.41万公顷，粮食产量9.14万吨。森林覆盖率达72.51%，林地面积13.11万公顷，活立木蓄积量1357.82万立方米。建宁县水资源丰富，境内河流属闽江流域。主要溪河13条，境内河道干流总长度397千米，年径流总量11.63亿立方米，河流流域面积1716平方千米。濉溪是境内主要河流，也是金溪水系上游的主要河流。建宁县已发现金、银、铅、锌、玻璃用脉石英、冶金用脉石英、高岭土、饰面用花岗岩等矿产24种，查明资源储量的有17种，其中金属矿产7种、非金属矿产10种。矿产资源主要为小型及以下规模，个别达中型（饰面用花岗岩），可供开发利用的矿产主要有饰面用花岗岩、高岭土、建筑用砂石等。建宁县旅游资源丰富，有国家AAAA级旅游景区3个，分别是闽江源生态旅游区（金铙山）、建宁县中央苏区反“围剿”纪念园、水尾红军小镇；国家AAA级旅游景区5个，分别是高峰香溪花谷旅游区、枫元休闲赏花旅游区、上坪书香水村、修竹荷苑、红色桂阳旅游景区；其他旅游点有坪上梯田莲海、梅花垇、九县石、雪山岽—武镇岭阻击战研学基地、黄坊乡少共国际师红色研学基地、里心花果山、上庄农场、郊野垂钓基地等。

2023年2月，建宁县现代农业产业园被认定为国家级现代农业产业园，获评全国村庄清洁行动先进县、省级全域生态旅游示范区、全国乡村建设评价样本县、全国深呼吸生态旅游魅力名县、2023年度全省乡村振兴重点工作激励县，“农村客运+农村物流”模式作为全省唯一入选第四批全国农村物流服务品牌。闽江源生态旅游区连续3年入选“中国体育旅游精品项目”；革命老区乡村振兴示范区项目被列入全国乡村振兴范例库；被列入全省林业站综合改革试点县；“建宁五子”区域公用品牌更加响亮，全产业链实现产值105亿元，2个产品获中国绿色食品博览会金奖。

2023年，建宁县地区生产总值153.03亿元，比上年增长1.1%。其中，第一产业增加值23.31亿元，增长5.7%；第二产业增加值79.78亿元，增长1.3%；工业增加值37.53亿元，下降0.3%；第三产业增加值49.94亿元，下降1.3%。人均地区生产总值136026元，增长1.9%。规模以上工业增加值增长0.4%。农林牧渔业总产值41.65亿元，增长5.5%。固定资产投资增长15.8%。社会消费品零售总额43.04亿元，增长3.3%。一般公共预算总收入4.72亿元，增长2.3%；其中地方一般公共预算收入3.46亿元，增长4.3%。城镇居民人均可支配收入38712元，增长3.4%；农村居民人均可支配收入23261元，增长6.2%。全社会工业用电量2.59亿千瓦时，增长15.9%。

大捷塔项目建设。建宁县大捷塔总投资1400万元，于2022年9月开工，2023年5月31日竣工。该项目位于第二次反“围剿”建宁大捷最后一战主战场的东山旧址，旨在打造建宁红色文化地标景观。建宁县是第二次反“围剿”最后一仗的决胜之地，东山是主战场。2018年县第十七届人民代表大会第二次会议期间，人大代表提出建塔纪念、发展红色旅游的建议。在广泛征求意见建议后，县委县政府决定在东山主战场原址建设一座古塔，纪念建宁大捷，并取名“大捷塔”。（艾玲朝）

【泰宁县】 位于三明市西北部，武夷山脉中段的杉岭支脉东南侧，2023年辖3个镇、6个乡，土地面积1539.38平方千米。年末户籍人口13.54万人，常住人口10.1万人。人口自然增长率－3.19‰。耕地面积1.13万公顷，粮食播种面积0.98万公顷，粮食产量5.89万吨。林地面积12.49万公顷，森林覆盖率76.79%，活立木蓄积量0.14亿立方米。重要矿产资源有黄金、高岭土、硅石、花岗岩石材等28种。主要

2023 年 9 月 29 日晚，由泰宁县人民政府主办的“泰宁晚茶　烟火宋潮”主题夜市正式拉开帷幕。图为泰宁古城“烟火宋潮”旅游场景

（泰宁县融媒体中心）

旅游景点有大金湖、上清溪、寨下大峡谷、九龙潭、状元岩、猫儿山、泰宁古城和地质博物苑等。

2023 年，泰宁入选第四批国家农村产业融合发展示范园创建名单、2023 中国最美县域榜单、全国农村集体经营性建设用地入市试点县；获评 2022 年度“四好农村路”全国示范县；泰宁尚书街入选第三批国家级旅游休闲街区。

2023 年，泰宁县地区生产总值 87.80 亿元，比上年下降 7.6%。其中，第一产业增加值 17.16 亿元，增长 4.7%；第二产业增加值 23.21 亿元，下降 27.8%；工业增加值 9.58 亿元，下降 15.1%；第三产业增加值 47.4 亿元，增长 3.9%。规模以上工业增加值下降 18.6%。农林牧渔业总产值 30.2 亿元，增长 4.7%。固定资产投资下降 64.4%。社会消费品零售总额 30.0 亿元，增长 3.0%。全年外贸进出口总额 11.5 亿元，增长 2.7%；实际利用外资 6 万美元，下降 83.1%。一般公共预算总收入 5.2 亿元，增长 20.1%；其中地方一般公共预算收入 3.7 亿元，增长 15.7%。城镇居民人均可支配收入 42329 元，增长 3.9%；农村居民人均可支配收入 23632 元，增长 7.7%。

文旅发展。2023 年，泰宁县耕读李家青普文化行馆等项目落地开工，锦江国际度假酒店主楼封顶，旅游商务综合楼、梅花岛康养基地等项目建成投用，打造大金湖观鹰等休闲旅游新业态。大金湖景区水位调度、金湖游船经营权整合事项落地落实，与上海锦江国际集团等公司签订四方合作协议，合资成立福建环大金湖发展有限公司。通过联合国教科文组织世界地质公园再评估，与西班牙索夫拉韦—比利牛斯世界地质公园、龙岩地质公园缔结姐妹公园。红色岭下获评国家 AAA 级旅游景区。举办第十二届海峡两岸电视艺术节暨中国丹霞（泰宁）文化旅游节，亮相上海电视节，入驻长三角影视发展联盟。首部闽剧电影《双蝶扇》在泰宁取景拍摄。举办中国铁路旅游“丹山碧水·福建泰宁”主题推介会、“沪动泰宁”文旅宣传月、状元文化节、“爱载大金湖”户外集体婚礼等活动和马拉松、汽车场地越野等环大金湖系列赛事 60 余场次。举办“发现不一样的泰宁”短视频创作大赛，各网络平台曝光量超 1 亿次。

产业发展。2023 年，泰宁县重点打造岩茶、竹、金湖有机鱼等优势产业，开展“三个百家”（百家电商直播产业、百家轨道运输“上山下田”、百家电烤房建设）特色农业培育行动，全面推广山地运输轨道和竹笋电烤房建设，培育渔味馆 112 家、茶产业经营主体 109 家、笋竹经营主体 128 家。泰宁岩茶、黄花菜、大米、红茶入选全国名特优新农产品名录。推进工业园区扩园并园，实施补短板项目 20 余个，建成投用综合服务中心、物流仓储中心等项目，盘活闲置厂房 3.2 万平方米。引进落地新创艺竹木、晋泰新材料、中琉环保等工业项目 12 个，新增培育规模以上工业企业 4 家。全年常态化开展古城街头文化，晚茶夜经济迅速发展。大金湖电商直播中心和供销名特优产品展销中心揭牌运营，农村电商直播间实现乡村全覆盖。

生态文明建设。2023 年，泰宁县落实河湖长制、林长制、路长制，持续开展“百里河湖百里路，委员联巡为民督”活动。松材线虫病防控工作经验在全省推广，“交通＋乡村振兴”入选全国农村公路助力共同富裕典型案例。完成造林绿化 4466.67 公顷、水土流失治理 1000 公顷、生态水系建设 18.6 千米，城区空气优良天数比例、县域水环境质量达标率均为 100%。实施园区、企业节能循环化绿色改造提升行动，有序发展清洁能源，加快布局建设充电基础设施，建成充电桩 230 个，推进金湖电动船舶更新改造。

城乡建设。2023 年，泰宁县实施金湖大道综合提升一期、老旧社区改造 2 个、城市品质提升项目 77 个，新增垃圾分类亭（屋）33 座，新改建雨（污）水管网 7.1 千米、市政道路 4.3 千米，新增城区停车泊位 150 个。完成苏维埃政府旧址等 103 栋历史建筑保护修缮和 20 余条古城街巷、5 处牌坊整治提升，培育“一乡一馆”等主题馆 24 家，形成工艺美术大师一条街、泰宁晚茶一条街和“烟火宋潮”国风集市、大金湖鱼城等特色商业街区。尚书街入选国家级旅游休闲街区，古城入选国家级夜间文化和旅游消费集聚区。设立历史文化名城保护中心，在全国率先成立城乡历史文化保护传承公益诉讼工作站，形成较为完善的城乡历史文化保护传承工作体系。开展乡村建设行动，落地实施城乡供水一体化、水系连通及水美乡村建设、闽江防洪工程三明段（二期）泰宁段等项目，库区移民后期扶持示范项目在省级评估中获得优秀等次。泰宁县入选“四好农村路”全国示范县，连续 7 年上榜“中国最美县域”。际溪村入选

2023 年 10 月 22 日，2023 泰宁环大金湖马拉松赛暨“奔赴山海·直通厦马”马拉松联赛（首站）在泰宁鸣枪开赛。图为选手们冲出起跑线

（李少兰　摄）

全省闽台乡建乡创合作样板村，水际村入选全省乡村“五个美丽”建设典型案例，新桥乡获评全省全域生态旅游小镇。推进乡村振兴，梅口乡和岭下村等 5 个村分别纳入新一轮省级乡村振兴示范乡镇和示范村。

社会事业。2023 年，泰宁县城西学校、浦武高速邱洪出入口等项目落地建设，立仁民办高级中学、丹霞幼儿园文昌分园招生开学，新建县总医院正式启用，泰宁成为全省首批通过学前教育普及普惠国家评估认定的县域。提升基本养老服务，新建 2 所长者食堂，县失能照护中心投入使用。泰宁籍运动员谢远聪夺得 19 届杭州亚运会皮划艇激流回旋项目金牌；音乐快板《家庭健康公约就是好》作为福建省唯一受邀节目在中国家庭健康大会上演出。严格落实食品安全“两个责任”，持续加强药品安全监管，灵秀商城美食街被授予省级食品安全示范街称号。

2023 泰宁环大金湖马拉松赛开赛。10 月 22 日，2023 泰宁环大金湖马拉松赛暨“奔赴山海·直通厦马”马拉松联赛（首站）在三明泰宁鸣枪开赛。比赛共吸引埃塞俄比亚、黎巴嫩等国际选手及国内各地 6000 余名选手参赛。赛事赛道分布在大金湖、泰宁古城等旅游主景区，将秀丽的丹霞风光、厚重的历史人文融入赛事中，是一场具有地域特色和影响力的高规格、专业化的马拉松赛。

“泰宁晚茶　烟火宋潮”主题夜市。2023 年 9 月 29 日晚至 10 月 6 日，泰宁县举办“泰宁晚茶　烟火宋潮”主题夜市。夜市活动现场不仅有当地和全国各地的风味小吃，展示大源傩舞、川剧变脸、“状元娶亲”等非遗表演，还有大人密折、博饼出状元等趣味互动，既为市民游客提供新的消费体验，也让泰宁古城更富“烟火气”。“泰宁晚茶”成为泰宁夜经济的主打品牌。

“三争”（争政策、争项目、争资金）活动。2023 年，泰宁县开展“沪动泰宁·合作共赢”福建泰宁文旅产业招商上海推介会等活动 204 场次，全年招引落地亿元以上项目 31 个、合同总投资 72.12 亿元。开展“三争”活动，推动国家农村产业融合发展示范园等 158 个事项项目纳入上级支持范畴，全年争取各类补助资金 16.08 亿元。深化国铁集团对口支援、沪明对口合作工作，落地建设动车站站前广场提升工程、国铁（泰宁）党建活动中心等 11 个国铁集团重点帮扶项目，推动 16 家企业、122 款特色产品入驻铁路“三网一柜”；古城业态与旅游基础设施提升工程累计获得沪明合作专项和省上配套资金 1680 万元支持。大力推进科技创新，成功举办东南科技论坛，全县设立产学研合作平台 5 个，成为全省首批文旅特派员试点县。

（陈嘉君）

【明溪县】　位于三明市中部，2023 年辖 4 个镇、5 个乡，土地面积 1730 平方千米。年末户籍人口 11.46 万人，常住人口 9.4 万人。耕地面积 1.07 万公顷，粮食播种面积 1.43 万公顷，粮食产量 8.08 万吨。林地面积 15 万公顷，森林覆盖率 82.12%，活立木蓄积量 1996.4 万立方米。全县探明储量 15 种，其中重晶石、萤石、宝石的储量位居全市前三位，尤以宝石资源最为独特，与山东昌乐、江苏六合、海南文昌并称为“中国四大蓝宝石产地”；明溪蓝宝石与福州寿山石、华安玉一起并称“八闽名石”。主要旅游景点有滴水岩国家 AAAA 级旅游景区、御帘古村国家 AAA 级旅游景区、明溪肖家山古村落国家 AAA 级旅游景区、明溪翠竹洋火山口国家 AAA 级旅游景区、夏阳紫云村观鸟基地、明溪日出旦上红色旅游景区、闽学鼻祖杨时的诞生地——龙湖杨时故里、胡坊红军旧址群（胡坊中央红军村）、南山遗址、瀚仙洋龙村油菜花田、盖洋村头万亩苗木基地、夏坊中溪村观鸟胜地等。明溪县地处全球三大候鸟迁徙重要通道之一，有“中国黄腹角雉之乡”之称，被评为“中国候鸟旅居小城”，全县记录在册的鸟种 300 多种，有国家一级保护鸟种黄腹角雉、白颈长尾雉、中华秋沙鸭、东方白鹳、黑脸琵鹭、黄胸鹀、乌雕、海南鳽等 8 种，国家二级保护鸟种白鹇、领角鸮、灰林鸮、环颈雉等 62 种。2023 年 1 月，明溪县被自然资源部认定为全国首批自然资源（土地类）节约集约示范县。10 月，被水利部评为国家节水型社会建设达标县。

2023 年，明溪县地区生产总值 123.33 亿元，增长 1.2%。其中，第一产业增加值 24.24 亿元，增长 4.0%；第二产业增加值 52.88 亿元，下降 0.4%；工业增加值 35.26 亿元，下降 0.4%；第三产业增加值 46.21 亿元，增长 1.7%。规模以上工业增加值增长 0.3%。农林牧渔业总产值 40.24 亿元，增长 3.9%。固定资产投资（不含农户）增长 13.1%。社会消费品零售总额

2023 年 9 月 17 日，明溪县举行欧洲进口商品交易中心示范项目暨欧起航电商直播基地运营启动仪式 （明溪县）

25.46 亿元，下降 1.6%。实际利用外资（验资口径）330 万美元。一般公共预算总收入 6.85 亿元，增长 12.6%；其中地方一般公共预算收入 4.45 亿元，增长 11.6%。城镇居民人均可支配收入 39007 元，增长 5.2%；农村居民人均可支配收入 23174 元，增长 7.6%。

明溪县文旅专场推介会。2023 年 6 月 6—7 日，明溪县文旅专场推介会在上海市嘉定区新桥文化体育中心举行，上海嘉定区各街道社区居民 600 余人参加活动。推介会由三明市文化和旅游局、东方网、上海市民文化协会主办，上海东方数字社区发展有限公司、明溪县文体和旅游局承办。活动现场通过播放明溪文旅宣传片、文旅资源现场介绍、发放宣传册、互动问答等环节，全方位展现明溪文旅资源特色。

明溪县欧洲进口商品交易中心示范项目暨欧起航电商直播基地。2023 年 9 月 17 日，明溪县欧洲进口商品交易中心示范项目暨欧起航电商直播基地正式投入运营。欧起航电商直播基地作为综合服务基地，集电商直播、电商培训、产品展示、购物体验、物流仓储、快递集发于一体，经营意大利、美国、澳大利亚、韩国等国家的 1.5 万个品牌的进口商品，涵盖进口酒水、大牌美妆、食品保健、家清日用等，配置场景风格各异的直播间 10 余个，为市民提供具有欧陆风情特色的购物、观光、物流一体式服务场所，是明溪县进口商品的集散中心及直播电商的销售基地，并为进出口企业提供仓储物流、海关、商检、保税等方面的便利，助力明溪扩大产业结构，促进传统产业的转型升级。

预防化解涉侨纠纷工作法入选全国新时代“枫桥经验”先进典型。2023 年 11 月 6 日，中央政法委对 104 个“枫桥式工作法”的先进典型进行表扬并授牌，明溪县沙溪乡的预防化解涉侨纠纷工作法入选，被评为全国新时代“枫桥经验”先进典型，全省仅有 3 个工作法入选，是三明市唯一的获评单位。作为“八闽旅欧第一乡”，沙溪乡着眼便侨、护侨、安侨、稳侨，创新推出“侨乡枫桥”解纷工作法，针对涉侨婚姻家庭、土地山林、生产经营矛盾纠纷较为突出、排查化解存在时空障碍等问题，探索创新涉侨矛盾纠纷多元排查化解和服务工作机制，实现“小事不出村、平安不出事、服务不断档”，及时把涉侨矛盾纠纷解决在基层、化解在萌芽状态。沙溪乡先后获全国为侨公共服务体系示范单位、全国未成年人思想道德工作先进单位等荣誉称号。 （邓静倩）

【将乐县】 位于三明市西北部，2023 年辖 8 个镇、5 个乡，土地面积 2241 平方千米。年末户籍人口 18.42 万人，常住人口 14 万人。人口自然增长率 −2.61‰。耕地面积 1.2 万公顷，粮食播种面积 1.21 万公顷，粮食产量 7.74 万吨。林地面积 19.85 万公顷，森林覆盖率 80.97%，活立木蓄积量 0.26 亿立方米。重要矿产资源有水泥用石灰岩、煤、萤石、铅、锌、钨、铜、方解石、地热等。5 月，在全省首次发现以锂为主，并伴生有铍、铌、钽、铷等多种元素的稀有金属矿床。主要旅游景点有国家 AAAA 级旅游景区玉华洞、国家自然保护区龙栖山、常青旅游区、蛟湖景区、文博小镇、良地古民居、梅花谷等。

2023 年，将乐县获得国家级健康县、全国信访工作示范县、全国未成年人保护示范县、2023 健康中国·康养旅游百强县等荣誉，连续 6 年入选“中国最美县域”榜单。三明金溪（将乐段）被生态环境部列为全国第二批美丽河湖优秀案例，“以全民健康为基石　深化‘健康将乐’建设”工作被国家卫生健康委办公厅、全国爱卫办列为 2022 年度健康县区建设优秀案例。

2023 年，将乐县地区生产总值 195.73 亿元，比上年增长 3.5%。其中，第一产业增加值 23.37 亿元，增长 4.9%；第二产业增加值 88.42 亿元，增长 3.8%；工业增加值 64.15 亿元，增长 5.5%；第三产业增加值 83.93 亿元，增长 2.7%。人均地区生产总值 138742 元，增长 4.7%。规模以上工业总产值 200.81 亿元，增长 0.7%。农林牧渔业总产值 38.74 亿元，增长 4.8%。固定资产投资 86.1 亿元，增长 3.4%。社会消费品零售总额 62.07 亿元，增长 0.6%。外贸出口额 1.77 亿美元，增长 2%；实际利用外资 201.655 万美元，下降 60%。一般公共预算总收入 10.67 亿元，增长 8.6%；其中地方一般公共预算收入 7.69 亿元，增长 7.7%。规模以上工业增加值增长 7.3%。城镇居民人均可支配收入 44984 元，增长 3.7%；农村居民人均可支配收入 25014 元，增长 5.4%。

生态价值转化。2023 年，将乐县持续推动生态价值转化，常口村作为全国政协“推动建立生态产品价值实现机制”远程协商会的 4 个视频连线点之一，向全国展示生态产品价值实现福建经验，承办习近平生态文明思想与中国

国家自然保护区龙栖山风貌。摄于2023年　（将乐县）

式现代化研讨会、首个全国生态日福建活动，蹼泳世界杯黄金总决赛在将乐举办。

民生事业。2023年，将乐县用心用情做好民生事业，在全市率先打造零工市场平台，留守儿童自主管理、主动服务“1235”工作机制被列为福建省典型案例，设立全市首家退役军人权益共维中心；成功避险一起滑坡灾害，被应急管理部通报表扬。

常口村“两山”路径实践获评全国绿色低碳典型案例。2023年，将乐县林业改革深度不断拓展，推动县属国企上市公司金森公司与上海环交所合作，联合制定林业碳票团体标准，加入全国碳中和行动联盟，实现林业碳票全国首次跨区域销售，“常口村‘两山’路径的生动实践”被生态环境部列为全国46个绿色低碳典型案例之一。　（林燕）

【尤溪县】 位于三明市东部，2023年辖11个镇、4个乡，土地面积3463平方千米。年末户籍人口44.1万人，常住人口33.3万人。人口自然增长率0.74‰。耕地面积2.23万公顷，粮食播种面积2.25万公顷，粮食产量13.74万吨。林地面积26.17万公顷，森林覆盖率78.48%，活立木蓄积量2576.82万立方米。全县流域面积9440平方千米，水电资源理论蕴藏量81.5万千瓦，其中可开发装机72.2万千瓦。2023年年底，全县拥有水电站209处，装机62.17万千瓦。尤溪县境内已探明矿种有31种，矿床、矿化点202处，其中中型以上规模的矿床6处，22个矿种得到开发利用。重要矿产资源有黄金矿、铅锌矿、石灰岩、大理岩、白云岩等。主要旅游景点有侠天下景区、朱子文化园、桂峰古村落、九阜山生态旅游区、古溪星河休闲旅游度假区5个国家AAAA级旅游景区；国家水利风景区——闽湖景区、高春生态旅游区、枕头山省级森林公园、半山三诚文化旅游区、尤溪古银杏林生态旅游区、全球重要农业文化遗产——联合梯田、洋中花天下、京口闽中红军旧址、尤溪口渔乐小镇、久泰小镇生态景区、尚农生态旅游区、书京土堡景区12个国家AAA级旅游景区，是国家全域旅游示范区、全国休闲农业和乡村旅游示范县、福建省全域旅游试点县。

2023年10月19—20日，2023年蹼泳世界杯黄金总决赛在将乐举行。图为比赛现场　（将乐县）

2023年，尤溪县获评全国“平安农机”示范县；被水利部认定为全国第六批节水型社会建设达标县；台溪乡获评全国“一村一品”示范村镇、超十亿元镇，洋中镇后楼村获评超亿元村；洋中镇水圳村、梅仙镇梅仙村、西滨镇后坪畲族村等3个村入选第六批中国传统村落名录。

2023年，尤溪县地区生产总值262.46亿元，比上年增长2.4%。其中，第一产业增加值56.79亿元，增长4.4%；第二产业增加值80.87亿元，下降0.7%；第三产业增加值124.80亿元，增长3.8%。人均地区生产总值78231元，增长3.8%。农林牧渔业总产值94.29亿元，增长4.4%。固定资产投资（不含农户）增长14%。社会消费品零售总额78亿元，增长3.8%。实际利用外资（验资口径）167.4万美元。一般公共预算总收入13.43亿元，增长21.24%；其中地方一般公共预算收入9.44亿元，增长7.31%。城镇居民人均可支配收入44627元，增长4.2%；农村居民人均可支配收入25701元，增长6.7%。

共青团福建省委2023年中国农民丰收节“青耘福建”省级示范直播助农活动。2023年9月26日，由共青团福建省委员会、共青团三明市委员会指

2023 年 11 月 28 日，《闽学四贤行迹与歌吟集》首发式在尤溪县南溪书院举行
（尤溪县）

导，共青团尤溪县委员会联合尤溪县农业农村局、尤溪县联合镇人民政府主办的 2023 年中国农民丰收节“青耘福建”省级示范直播助农活动在尤溪县联合镇梯田农耕文化博物馆举办。团市委为全国乡村振兴青年先锋周青颁发福建省青年五四奖章（个人），为三明市青年之家揭牌。活动通过“尤溪团团共享直播间”展示销售尤溪食用菌、茶叶、茶籽油、水果、联合花生及大米等农特产品。

*林雨薇亚运会夺冠。*2023 年 10 月 1 日，在杭州第 19 届亚运会女子 100 米栏决赛中，尤溪籍运动员林雨薇以 12 秒 74 的成绩夺得金牌，创造个人最好成绩，并达到巴黎奥运会参赛标准。

*第二届考亭论坛系列配套活动。*2023 年 11 月 28—29 日，第二届考亭论坛系列配套活动“朱子家风家训及童蒙教育思想的时代意义”主题学术研讨会在尤溪县举行，80 多名全国相关领域的专家学者到场，探索朱子文化传承发展的有效路径，持续推动朱子文化创造性转化、创新性发展。

*《闽学四贤行迹与歌吟集》新书首发式。*2023 年 11 月 28 日，《闽学四贤行迹与歌吟集》新书首发式在尤溪举行。该书由三明市社会科学界联合会编著，2023 年 10 月由海峡书局出版，总字数 13.6 万字。《闽学四贤行迹与歌吟集》主要辑录“闽学四贤”（杨时、罗从彦、李侗、朱熹）相关史传、行状、墓志铭、年谱等文献史料，是首次对与“闽学四贤”相关的历史印记进行汇总。该书的出版，对推进闽学文化品牌建设具有重要意义。

*央视《焦点访谈》聚焦尤溪林改。*2023 年 11 月 29 日，央视《焦点访谈》播出《深化林改山美民富》节目，向全国人民介绍尤溪作为南方集体林区重点县在林业改革上的有益探索和成效。尤溪县是全国集体林区林业产权制度改革试点县，也是全国集体林权制度改革先进典型县。尤溪县通过发展家庭林场、林业专业合作社、股份林场，鼓励发展“公司＋林农＋基地”，探索发展委托经营模式，培育发展林业经营专业大户等，实现山绿、林活、农富。

*融媒体发展“尤溪现象”专题研讨会在北京召开。*2023 年 12 月 22 日，由中国传媒大学主办、中国传媒大学政府与公共事务学院承办的融媒体发展“尤溪现象”专题研讨会在中国传媒大学举行。中国传媒大学、北京大学、清华大学、中国人民大学、北京师范大学、国家广电总局发展研究中心、中国社会科学院新闻与传播研究所、中国新闻出版研究院等国内知名高校和研究机构的学者，中国记协、中央广播电视总台、中广联合会微视频短片委员会等行业协会和新闻媒体的专家，福建省委宣传部、三明市委宣传部、尤溪县委等地方党委部门的代表参会，聚焦福建省尤溪县融媒体中心十年发展典型经验，探索可借鉴、可复制、可推广的融媒体发展路径。
（陈晶）

【大田县】 位于三明市东南部，2023 年辖 12 个镇、6 个乡，土地总面积 2233.12 平方千米。年末户籍人口 40.5 万人，常住人口 29.1 万人。人口自然增长率 1.26‰。耕地保有量 1.63 万公顷，粮食播种面积 1.66 万公顷，粮食产量 9.03 万吨。林地面积 18.15 万公顷，森林覆盖率 73.09%，活立木蓄积量 1810 万立方米。重要矿产资源有煤、铁、硫、铅、锌、石灰石、瓷土等。主要旅游景点有大仙峰·茶美人、灵动济阳、桃源里花海乐园、五龙山生态旅游区、五彩大石、湖美七星湖、张坑古村落等。2023 年 10 月，大田县总医院被省卫生健康委评为“全国健康促进医院”；10 月，大田县获评省级森林养生城市。

2023 年，大田县地区生产总值 253.14 亿元，比上年增长 1.4%。其中，第一产业增加值 44.67 亿元，增长 3.8%；第二产业增加值 117.56 亿元，增长 1.7%；工业增加值 101.35 亿元，增长 0.7%；第三产业增加值 90.91 亿元，下降 0.2%。人均地区生产总值 8.63 万元，增长 3%。规模以上工业总产值增长 1.6%。农林牧渔业总产值 74.96 亿元，增长 3.8%。固定资产投资增长 16.2%。社会消费品零售总额 67.33 亿元，增长 4.5%。地方一般公共预算收入 10.05 亿元，增长 14.9%。
（陈妮　林生钟）

莆田市

【概况】 莆田市位于福建沿海中部，1983 年设立地级市。2023 年辖 1 个县、4 个区、2 个管委会，土地面积 4127.72 平方千米。年末常住人口 317.9 万人，户籍人口 367.48 万人。人口自然增长率－1.25‰。耕地面积 4.91 万公顷，粮食播种面积 3.09 万公顷，粮食产量 18.95 万吨。全年植树造林总面积 0.34

万公顷，森林覆盖率 45.10%。境内有探明并上资源储量表的矿区 9 个，其中以非金属矿建筑用石料和饰面用石材为主，镍、化肥用蛇纹岩、滑石、矽线石 4 种矿产的资源储量居全省第一。金属矿产少，仅铅、锌、银、钼等有一定的远景储量。能源矿产仅有地下热水，储量较丰富，开发利用前景良好。境内海洋矿产资源主要有浅海砂矿资源以及相邻的台湾海峡海底油气资源。全市有浅海砂矿区 3 处，面积 295.21 公顷，乌蚯屿凹陷油气区位于乌蚯屿东南方约 50 千米处，初步勘探油气区面积约 6000 平方千米，生油地层平均厚度 0.8～1 千米，石油储量 2.7 亿吨。境内盐业资源丰富，拥有原盐生产面积 1322 万平方米，年产食盐 13 万吨，为福建省三大主要产盐区。境内海域面积 1.1 万平方千米，海洋功能区划面积 4098 平方千米，从东至南有兴化湾、平海湾、湄洲湾三大海湾。海岸线总长 443 千米，其中大陆岸线 336 千米，海岛 267 个。湾内有南日岛、湄洲岛等岛屿，海洋资源丰富。境内沿海风能资源丰富，年有效风能 338.2 千瓦小时/平方米，年有效风速小时 2312 小时。兴化湾和湄洲湾两大海湾潮汐能可开发的装机容量 360 万千瓦，占全省海洋潮能总容量的 36%。境内海洋生物资源丰富，其中脊椎动物 323 种、无脊椎动物 306 种，其中可供养殖的具有很高经济价值的有虾、蟹、贝、螺、蛏、牡蛎、花蛤、泥蚶等 38 种，兴化湾有 769 种海洋生物，其中浮游生物 225 种、底栖生物（包括潮间带）544 种、经济种 200 多种，可供养殖的有数十种，湄洲湾、平海湾、兴化湾渔业品种有 350 余种，其中主要分布优势鱼类 100 余种、甲壳动物 30 余种、藻类 10 多种。莆田市水产养殖业较为发达，而且品种繁多，贝类主要有海蛎、鲍鱼、缢蛏、花蛤等，海藻主要有海带、紫菜、龙须菜、红毛藻、麒麟菜等，以及石斑鱼、海蜇、海参、青蟹等。境内平海湾及南日岛海域是福建省主要水产养殖区和多种经济鱼虾类产卵区。

2023 年，莆田市有国家旅游度假区、AAAAA 级旅游景区湄洲岛妈祖文化旅游区，AAAA 级旅游景区九鲤湖景区、菜溪岩风景区、九龙谷生态风景区、莆田绶溪公园、莆田工艺美术城、瑞云山景区，有 AAA 级旅游景区 16 家。有省级旅游度假区 1 家（九鲤湖），省级全域生态旅游示范区 1 个、生态旅游示范区 4 个、观光工厂 6 家，体育、养生旅游休闲基地 5 个，全国乡村旅游重点村 3 个，省级全域生态旅游小镇 7 个、金牌旅游村 11 个。

2023 年，莆田市获评国家历史文化名城、国家食品安全示范城市、中国食品产业名城；继温州、晋江之后第三个获“中国鞋都”称号；河长制湖长制获国务院督查激励奖励；湄洲岛以全国第一的成绩入选全国首批“和美海岛”名单。

2023 年，莆田市地区生产总值 3070.73 亿元，比上年增长 3.6%。其中，第一产业增加值 149.94 亿元，增长 3.5%；第二产业增加值 1503.32 亿元，增长 2.9%；第三产业增加值 1417.47 亿元，增长 4.4%。第一产业增加值占地区生产总值的比重为 4.8%，第二产业增加值比重为 49.0%，第三产业增加值比重为 46.2%。人均地区生产总值 96291 元，增长 4.2%。农林牧渔业总产值 281.75 亿元，增长 3.6%。固定资产投资增长 1.6%。社会消费品零售总额 1872.64 亿元，增长 3.8%。农村居民人均可支配收入 26316 元，增长 6.5%；城镇居民人均可支配收入 48371 元，增长 3.8%。年末参加城镇职工基本养老保险 83.02 万人，比上年末增加 2.57 万人。企业参加基本养老保险离退休人员 6.94 万人，全部实现养老金按时足额发放。参加基本医疗保险 314.02 万人。参加失业保险 31 万人，比上年末增加 0.71 万人。市县生活垃圾无害化处理率 100%，市县污水处理率 98.33%。

【莆田市建市 40 周年】 2023 年 11 月 16 日，莆田市建市 40 周年绿色高质量发展大会召开，大会举行“莆田市最美人物”“莆田市荣誉市民”授牌仪式，发布莆田城市 LOGO、城市吉祥物和城市宣传口号。全力推进木兰溪全流域综合治理，木兰溪综合治理写入国家“十四五”规划和 2035 年远景目标纲要。经济总量提级进位，莆田地区生产总值从 1983 年的 6.21 亿元增加到 2023 年的 3070.73 亿元，一般公共预算总收入从 1983 年的 0.73 亿元增加到 2023 年的 252.35 亿元，外贸进出口总额从 1983 年的 0.21 亿美元增加到 2023 年的 641.94 亿美元。打造鞋服、工艺美术、食品、新型功能材料、电子信息、新能源、高端装备、生命健康、数字经济、海洋经济、绿色经济和文旅经济等 12 条重点产业链，百威雪津、三棵树、赛得利、中海油 LNG、永荣 CPL、华峰系列项目等产业龙头相继投产，鞋服产业迈入千亿元集群。莆田建成区面积从 2010 年的 68.88 平方千米扩大到 2023 年的 150.26 平方千米，常住人口数从 1990 年的 262.5 万人增加到 2023 年的 317.9 万人。莆田全体居民人均可支配收入从 2010 年的 12428 元增加到 2023 年的 38867 元，民生支出从 2012 年的 93.06 亿元稳步增加到 2023 年的 219.75 亿元，获得国家历史文化名城、全国文明城市、国家园林城市、中国人居环境范例奖等国家级名片。

【莆田市河长制湖长制工作获国务院督查激励】 2023 年 5 月，国务院办公厅发布《关于对 2022 年落实有关重大政策措施真抓实干成效明显地方予以激励的通报》，莆田市河长制湖长制工作获得 2022 年度国务院督查激励，是 2022 年度全省该项工作唯一获得城市。2017 年全面推行河长制工作至 2023 年，莆田市始终把河长制湖长制工作摆在重要位置，由莆田市委市政府主要领导担任河长，首创河长日、流域双河长，创新河长履职“三个三”（即三图、三统、三单，“三图”指河长职责的地图、图表或示意图，用于明确河长的责任区域和职责范围；“三统”涉及河长职责的统一管理、统一协调和统一监督等方面；“三单”指任务清单、问题清单和责任清单）。率先构建“河湖长带头巡、部门属地协同守、人大政协联动督、纪检监察专项巡、民间力量合力护”守河护水体系和“岸上查、点上测、网上管、天上巡”四维一体监控体系，并探索建立“区域＋部门＋云端”多域跨界协同河湖管护机制和“立法＋执法＋司法＋审计”多维生态法治护航机制，推动河湖长制实现有名、有责、有能、有效。

【莆田市获评“中国鞋都”称号】 2023年6月，中国轻工业联合会、中国皮革协会联合发文，授予莆田市“中国鞋都”称号。鞋服产业是莆田市的支柱产业、民生产业，是产值规模超千亿元的产业集群。莆田市委市政府重视鞋服产业发展，围绕“俯下身子抓产业、一心一意谋发展”，聚力打造“匠心智造产业新城”，成立莆田市鞋服产业发展暨招商工作专项领导小组，推动鞋服产业高质量发展。至2023年底，全国只有温州、晋江、莆田3个城市获“中国鞋都”称号。

【湄洲岛、南日岛入选“和美海岛”名单】 2023年6月8日，自然资源部公布“和美海岛”名单，全国33个海岛入选。福建省有6个海岛成为首批上榜的“和美海岛”，莆田市的湄洲岛、南日岛名列其中。“和美海岛”创建示范工作是经全国评比达标表彰工作协调小组办公室批准，由自然资源部组织开展的国家级创建示范活动。重点考评生态保护修复、资源节约集约利用、人居环境改善、绿色低碳发展、特色经济发展、文化建设和制度建设等7个方面的指标。和美海岛每5年组织一次评选，称号有效期5年。

【莆田市获评“中国食品产业名城”】 2023年12月26日，中国轻工业联合会、中轻食品工业管理中心发出通知，授予莆田市“中国食品产业名城”称号。至年底，莆田市加大对食品产业的扶持力度，落实好相关产业发展规划，优化产业结构和布局，推进延链补链强链，推动食品产业高质量发展；发挥龙头企业带动作用，加大研发投入，推进产品和工艺创新，加快数字化转型；完善检验检测、标准质量、产品溯源等公共服务平台建设，筑牢食品安全防线；加大品牌培育和宣传推广力度，推动美食文化赋能，开拓国内外市场，提高莆田市食品产业美誉度和影响力。（陈颖兴）

【仙游县】 位于莆田市西南部，2023年辖1个街道、12个镇、5个乡，共有54个社区和271个行政村，土地面积1835平方千米。年末户籍人口117.51万人，常住人口89.70万人。人口自然增长率－0.72‰。耕地面积1.78万公顷，粮食播种面积1.37万公顷，粮食产量8.53万吨。境内矿产资源有饰面用石材、建筑用石料、建筑用砂、砖瓦用黏土、高岭土、叶蜡石、石英、钾长石、明矾石、地下热水、矿泉水、钼、金等，其中钾长石、高岭土2种被列入福建省矿产资源储量表。林地面积13.32万公顷，占土地总面积的72.5%，乔木林面积10.37万公顷，经济林（乔木经济林加灌木经济林）面积1.37万公顷，竹林面积1.09万公顷。全县森林覆盖率71.43%，活立木蓄积量935万立方米。仙游县野生动植物资源丰富，有维管束植物209科802属1772种。境内土壤有红壤、砖红壤性红壤、黄壤、草甸土、紫色土、新成土、滨海风沙土、滨海岩土和水稻土等11个土类20个亚类53个土属。主要植被类型为湿地松、马尾松、桉树、杉树、枫树等，乔木层树种单一。仙游县有国家AAAA级旅游景区2个（九鲤湖和菜溪岩）、国家AAA级旅游景区5个、国家AA级旅游景区4个。有2项国家级非物质文化遗产、1个国家水利风景区、1个中国传统村落、1个全国休闲农业与乡村旅游示范点、1处省级森林公园、2处省级生态旅游示范区。

2023年，全县地区生产总值646.40亿元，比上年增长6.3%。其中，第一产业增加值25.92亿元，增长5%；第二产业增加值313.75亿元，增长6.4%；工业增加值279.39亿元，增长6.5%；第三产业增加值306.73亿元，增长6.4%。规模以上工业总产值624.06亿元，增长8.6%。农林牧渔业总产值48.79亿元，增长5%。固定资产投资109.72亿元，增长0.8%。社会消费品零售总额402.39亿元，增长11.9%。外贸出口额37.57亿元，下降1.03%；实际利用外资1021万美元，下降59.7%。一般公共预算总收入52.51亿元，增长11.2%；其中地方一般公共预算收入30.97亿元，增长4.5%。城镇居民人均可支配收入41609元，增长3.8%；农村居民人均可支配收入23943元，增长6.8%。

（仙游县委党史方志室）

【荔城区】 位于莆田市中心地带，2023年辖2个街道、4个镇，土地面积302.56平方千米。年末户籍人口63.47万人，常住人口66.7万人。人口自然增长率－1.23‰。耕地面积0.65万公顷，粮食播种面积0.42万公顷，粮食产量2.51万吨。林地面积0.5万公顷，森林覆盖率16.86%，活立木蓄积量29.29万立方米。矿产资源以非金属矿产为主。重要海洋资源有海鳗、小黄鱼、鲷鱼、马鲛鱼、鲳鱼、大弹涂鱼、河豚、梭子蟹、青蟹、鱿鱼等。主要旅游景点有莆田工艺美术城、后黄景区、西隐亭景区、南少林景区、五侯山景区、兴化府历史文化街区景区等。

2023年，荔城区获评全国“平安农机”示范县、消费品工业“三品”战略示范城市、心血管病高危人群早期筛查与综合干预项目先进项目点。

2023年，全区地区生产总值593.88亿元，比上年增长0.2%。其中，第一产业增加值18.09亿元，与上年持平；第二产业增加值271.35亿元，下降1.9%；第三产业增加值304.45亿元，增长2.3%。人均地区生产总值88733元，增长0.8%。农林牧渔业总产值33.29亿元，增长0.2%。固定资产投资增长8.6%。社会消费品零售总额516.56亿元，与上年持平。外贸出口额91.02亿元；实际利用外资2158万美元，增长62%。一般公共预算总收入48.85亿元，增长0.3%；其中地方一般公共预算收入30.06亿元，下降7.8%。城镇居民人均可支配收入53821元，增长3.6%；农村居民人均可支配收入29872元，增长6.5%。（颜黎丹）

【城厢区】 位于莆田市中部，2023年辖3个街道、4个镇，共有19个社区和101个村。土地面积505平方千米。年末户籍人口45.07万人，常住人口54.2万人。人口自然增长率－0.66‰。耕地面积0.26万公顷，林地面积2.18万公顷，森林覆盖率34.37%，活立木蓄积量121.27万立方米。重要矿产资源有金属矿产8种，非金属矿产10种，能源矿产泥煤、地热水2种。重要海洋资源有海域面积约3300公顷，大陆海岸线全长24.03千米，其中人工岸线24.00千米，河口岸线0.04千米。海洋资源开发以渔业为主，港口用于渔船停泊与避风以及渔业运输，海洋养殖面积约1666.67公顷。全区海水养殖品种主要有牡蛎、花蛤、缢蛏、梭子蟹、青蟹等，淡水鱼类共有81种，隶属于21科。地表水资源方面，辖区内拥有流域面积50平方千米以上河流4条（木兰溪、延寿溪、莒溪及院里溪）、流域面积20～50平方千米的河流7条，总长336.88千米，流域面积556.14平方千米；湖泊1个，即东圳水库，面积17.76平方千米。有各类水库26座。海堤7段共20.85千米，保护面积2327公顷，保护人口4.20万人。旅游资源方面，辖区内有全国重点文物保护单位宋代大型水利工程木兰陂和广化寺释迦文佛塔，省级文物保护单位石室岩砖塔、延寿桥、林兆恩墓、李富墓、东汾五帝庙等5处；有国家级森林公园九龙谷国家森林公园、省级森林公园天马山公园等2处；有国家AAAA级旅游风景区全国农业旅游示范点九龙谷景区、国家AAA级旅游风景区御庄园温泉度假村、省级风景名胜区凤凰山公园。千年古刹广化寺被列为福建“四大禅林”之一，名列福建十佳风景名胜区。城厢区盛产莆田四大名果——荔枝、龙眼、枇杷、橄榄，常太镇拥有“中国枇杷第一乡”称号。

2023年，全区地区生产总值584.84亿元，比上年增长4.0%。其中，第一产业增加值10.65亿元，增长1.3%；第二产业增加值207.30亿元，增长5.2%；工业增加值163.97亿元，增长6.8%；第三产业增加值366.89亿元，增长3.4%。人均地区生产总值107564元，增长4.6%。规模以上工业总产值509.7亿元，增长7.4%。农林牧渔业总产值21.56亿元，增长1.6%。固定资产投资增长9.1%。社会消费品零售总额664.6亿元，增长1.6%。一般公共预算总收入33.30亿元，下降4.6%；其中地方一般公共预算收入22.92亿元，下降9.8%。城镇居民人均可支配收入56009元，增长4.3%；农村居民人均可支配收入29088元，增长5.9%。

实体经济发展。新增国家级高新技术企业24家、省级专精特新中小企业9家、科技“小巨人”企业7家；加强创新资源对接，联合7家高校院所开展战略合作，推动11个产学研合作项目落地；加大创新载体建设，新增省级科技企业孵化器1家、众创空间3家、技术转移机构1家，中电科创城落地福州大学国家大学科技园科创中心。推进“智改数转”，创新开展企业咨询诊断，打造力奴、坤英奇等标杆示范案例4个，新增企业“上云上平台”21家，中电望辰、锐马电气入选工信部典型案例。培育品牌标杆，新增注册商标2353个，新增国家知识产权优势企业5家；全区有效发明专利530件，居全市第一；亚明食品获“中国食品工业协会科学技术奖”特等奖、入选胡润中国预制菜生产企业百强榜，腾晖工艺木雕、“天桂”桂圆干入选中国外交部礼品清单。推动绿色转型，新增省级绿色工厂2家，华林经济开发区获评省级绿色工业园区。

商贸消费。出台服务业增产增效扶持政策，创新组建“商务服务队”，新引进落地平台总部企业16家，新增联创等3个10亿元级特色商圈楼宇，百家亿元龙头企业年营业额突破150亿元。提速发展电商产业，鼓励电商产业与本土供应链融合发展，搭建常态化对接平台，限上电商企业销售额增长超20%；莆田国际陆港试点全省口岸转关货物直通模式，通关跨境包裹超80万件，全区跨境电商出口额增长37%。持续释放消费活力，引进知名首店22家，完成筱塘市场、下磨市场改造，开展“全闽乐购·富美城厢”等促消费活动20余场次。加快文旅产业融合，大型木雕《京杭大运河》《百里兰溪图》开工并亮相央视《非遗里的中国》，木兰溪十里风光带一期建成，莆阳福道、泗华郊野公园加快建设，全年游客接待量、旅游收入分别增长40.2%、48.6%。

产业环境优化。落实新时代民营经济强区战略，开展“商会组织建设年”活动，率先实现镇（街道）商会全覆盖。开展“企业大走访”，建设营商环境综合服务平台，建成全省规模最大的智慧税务办税云厅，累计减税降费超5亿元，市场主体活力不断增强，全区企业总数突破4万户，首次位居全市第一。建成全市首个金融服务中心，举办政银企对接活动10场次，支持中小微企业融资近10亿元，新增省级重点上市后备企业3家，引导更多社会资本参与产业发展。市人力资源服务产业园投入运营，开展“城厢人才月”系列活动，新增省级博士后创新实践基地1个，引进和培育省市高层次人才306名。

（陈伟家　郑美梅）

【涵江区】 位于莆田市东北隅，处在木兰溪下游，濒临兴化湾，依山面海，与台湾一水之隔。东与福清市相接，西分别与仙游县、荔城区相连，南隔兴化湾与荔城区、秀屿区相望，北与永泰县相邻。全区土地面积799.5平方千米。2023年辖2个街道、9个镇、1个乡和1个商城管委会。涵江盛产枇杷、龙眼、荔枝、柿子四大水果，蘑菇、香菇等食用菌，鳗鱼、牡蛎、海蛏、跳鱼、蟳蟹

2023 年 8 月 1 日“杜苏芮”台风袭击涵江。图为涵江区人武部民兵在转移受困群众　　（郭宇航　摄）

等水产品，“土笋冻”更是海珍品。海岸线长 26 千米，可供养殖的滩涂面积 1333.33 公顷。森林覆盖率 67.09%。矿产资源主要有金属类、非金属类和能源，开发利用的有铅锌矿、叶蜡石、高岭土、建筑用石料、荒料石材、建筑用砂和地热水、矿泉水等。境内旅游资源丰富，有白塘湖、雁阵山、瑞云山、夹漈山、永兴岩等，还有千年古刹囊山寺、国欢寺，省级森林公园大洋瑞云山森林公园、新县夹漈山森林公园等。

2023 年，全区地区生产总值 668.4 亿元，比上年增长 3%。其中，第一产业增加值 19.29 亿元，增长 3.3%；第二产业增加值 426.54 亿元，增长 1.9%；第三产业增加值 222.57 亿元，增长 5.1%。规模以上工业增加值增长 1.1%。固定资产投资增长 7.2%。农林牧渔业总产值增长 3.7%。社会消费品零售总额 161.41 亿元，增长 1.6%。一般公共预算总收入 46.65 亿元，其中地方一般公共预算收入 30.14 亿元。外贸出口总额 55.6 亿元；实际利用外资 730 万美元。城镇居民人均可支配收入 45805 元，增长 3.3%；农村居民人均可支配收入 25090 元，增长 6.1%。

第 5 号台风“杜苏芮”。第 5 号台风“杜苏芮”是 2023 年登陆中国的最强台风，也是有完整观测记录以来登陆福建的第二强台风。至 2023 年 8 月 1 日下午，特大暴雨造成 13.2 万群众受灾，紧急转移 2800 人，房屋受损 2259 间，房屋倒塌 999 间，农作物受灾 1666.67 公顷，成灾面积 1266.67 公顷，交通道路中断 5 条，电力线路受损 42.4 千米，供电中断 32 条次，出现山体滑坡 23 处，直接经济损失 10 亿元。省、市启动预警后，区防汛指挥部按预案对应启动区级防台风应急响应，关停 5 个 A 级旅游景区，登记在册的 37 艘捕捞渔船、2 艘捕捞船、135 艘乡镇船舶停靠安全港湾，通过北斗平台、电子围栏实时定位监管船舶动态，先行转移易灾人员 452 人，转移受困群众 313 人。7 月 27 日 8 时和 16 时，莆田城区日降雨量破全省国家观测站最大日降雨量历史纪录，区委区政府实时调度陈桥涵坝等 5 个闸口泄洪 14 次，最大限度发挥水利工程效益，未出现海水倒灌影响排洪泄洪情况，公布 24 小时民生诉求热线，对受损农村公路 1017 千米开展勘测重建；发布重点企业、重点项目复工复产提示函。7 月 31 日上午，42 个在建工程全部复工。

产业培优育新。2023 年，涵江区深入推进“一区多园”联动发展，高新区获评国家级绿色工业园区、综合发展水平全国排名再提升 5 位，城北工业园（二期）等园区建设持续加速，助力 12 条产业链集群强链。百威雪津再度获评国家级水效领跑者企业，入选全省 4 个“百强”榜单，啤酒出口量首次突破 15 万吨，麦芽、热电联产等配套产业加速落地，申报“中国啤酒制造之城”通过专家评审；方家铺子入围全国商标品牌建设优秀案例，预制菜产业上榜全国基地百强名单。传统产业转型提质，全冠机械等 2 家企业智造方案分别列入工信部工业互联网 APP 优秀解决方案、智能制造优秀场景，四君子古典家具作品《合璧》亮相“一带一路”国际合作高峰论坛。新兴产业“链”出活力，云度汽车成功开辟西班牙、法国等欧洲市场，全新 C5 车型样车下线，依吨电路荣获全国创新创业大赛优秀企业奖，华佳彩获国际显示技术创新大奖“一金三银”奖项、获评省级制造业单项冠军企业。深入推进数字经济产业集聚区建设，2 家企业分别入选省数字经济领域“未来独角兽”“瞪羚”企业；加快创建

2023 年 1 月 17 日，“莆阳开春”启动仪式在白塘湖公园玉兔广场举行　　（朱秀花　摄）

绿色制造体系，新增国家级绿色工厂1家、省级绿色工厂2家，规模以上工业增加值能耗下降3%；盘活733.33公顷海域，布局启动全省最大的700兆瓦渔光互补产业基地建设；开展莆阳开春、爽夏、赏秋等文旅活动，接待游客总人数、旅游总收入分别增长35%、36%。现代服务业加速发展，四大电商园区新聚集企业超200家，平台经济年交易额增长10%。

莆田高新技术产业开发区获评国家绿色工业园区。2023年，莆田高新区先后被认定为国家级新型工业化产业示范基地、国家高新技术产业标准化试点园区、福建省循环经济示范试点单位、福建省绿色园区等。园区有28家企业通过省、市清洁生产审核；培育1家国家级绿色供应链、1家国家级新能源产业创新示范区核心基地、1家省级绿色工厂；云度新能源汽车获评“国家绿色供应链管理示范企业”，百威雪津啤酒获国家级“2022年重点用水企业、园区水效领跑者”称号。年内，工信部公布2022年度绿色制造名单，莆田高新技术产业开发区获评国家绿色工业园区。

“涵江智造”云度新能源汽车出口欧洲。2023年10月18日，“高质量发展护航　实力云度扬帆出海”产业园入驻签约暨云兔出海发车仪式，在云度新能源汽车有限公司举行。首批150台云兔“出海”发往欧洲市场，标志着云度汽车的全球化进程迈出极为关键的第一步，批量出口海外。出海的云兔在海外的车型名为Yudo3，作为一款国民精品车，云兔凭借其“兔式运动美学”树立精品小车的全新颜值标杆，带来越级智娱体验，标配17项同级领先智娱装备，打造移动的娱乐大客厅。云兔还拥有超越同级的续航能力，最大续航里程达到415千米（CLTC综合工况）。该批次400台云兔订单出口海外，后续将陆续完成车辆交付。

涵江区通过第六批县域节水型社会达标建设复核。2023年，涵江区委区政府将节水型社会达标建设纳入年度重点工作，开展技术培训，推广节水器具，利用节水型社会达标建设工作平台，对各机关单位及部分重点用水行业企业开展节水培训。全区范围内公共场所及新建居民小区节水型器具普及率达100%。以节水型社会建设为契机，遴选52家具有行业代表性的企业、单位、居民小区作为节水载体标杆示范创建单位。开展企业、单位内部用水计量器具安装完善工作，安装不同口径计量水表17只；对非节水型器具及存在漏损隐患的用水器具进行改造，累计改造、更换厕具冲水红外感应器124套、按压阀82套和快开式龙头500余个。指导百威壹津啤酒有限公司深入开展节水精细化管理，使其成功入选工业和信息化部、水利部、国家发展改革委、市场监管总局公布的2020年、2022年重点用水企业水效领跑者企业名单。年内，水利部公布第六批节水型社会建设达标县（区）名单，涵江区通过第六批县域节水型社会达标建设复核。（范将）

【秀屿区】 位于莆田市东南部，2023年辖7个镇，土地面积526.31平方千米。年末户籍人口72.86万人，常住人口48.2万人。人口自然增长率−2.12‰。耕地面积1.42万公顷，粮食播种面积0.67万公顷，粮食产量4.08万吨。林地面积0.87万公顷，森林覆盖率10.07%，活立木蓄积量47万立方米。重要矿产资源有铁、钨、铜、铅、钼等金属矿产5种；有矽线石、化肥用蛇纹岩、滑石、长石、脉石英、高岭土、矿泉水、花岗岩（含饰面用和建筑用）等非金属矿产8种。秀屿区海域面积2800平方千米，海岸线总长301千米，其中大陆岸线176千米、海岛岸线125千米。重要海洋资源有海盐、风能、潮汐能，以及海洋生物769种。主要旅游景点有国家AAA级旅游景区5个（天云洞风景区、后海渔村、土海湿地景区、南日九重山风景区、汀港山景区），国家AA级旅游景区6个（东庄嵩山旅游景区、上塘金银珠宝城、南日镇烈士纪念碑、浮叶村、皇帝山、九龙山景区）。2023年，秀屿区通过“中国银饰之都”“全国平安渔业示范县”复评，获评全国品牌产业园示范基地、省级农产品质量安全县。

2023年，全区地区生产总值450.20亿元，比上年增长5.6%。其中，第一产业增加值53.64亿元，增长4.6%；第二产业增加值245.64亿元，增长5.3%；工业增加值223.46亿元，增长5.6%；第三产业增加值150.92亿元，增长6.4%。规模以上工业总产值617.70亿元，增长8.7%。固定资产投资225.5亿元，增长4.3%。社会消费品零售总额100.31亿元，增长10.2%。外贸出口额27.29亿元，下降2.0%。一般公共预算总收入30.39亿元，增长82.7%；其中地方一般公共预算收入20.12亿元，增长52.2%。城镇居民人

2023年4月28日，“福往福来”湄洲岛至南日岛海上游航线首航仪式在南日岛举行（秀屿区）

均可支配收入40723元，增长4.1%；农村居民人均可支配收入27502元，增长6.9%。

“福往福来”湄洲岛至南日岛海上游航线启航。2023年4月28日，“福往福来”湄洲岛至南日岛海上游航线首航仪式在南日岛举行。“福往福来”海上游航线是莆田市打造的又一条跨岛海上旅游线路，该航线围绕湄洲岛和南日岛两大海岛开拓跳岛海上旅游线路，构建莆田沿海旅游发展新格局。游客能够在两个海岛之间进行来回游览，感受“心灵祈福、海上观光、海岛畅游”的全新体验。

“莆阳爽夏·爱在土海”2023土海湿地文化旅游节。2023年4月29日，“莆阳爽夏·爱在土海”2023土海湿地文化旅游节启动仪式在秀屿区土海湿地公园举行。土海全域面积173.33公顷，水域面积66.67公顷，湿地生态资源丰富，吸引白鹭、山雀、翠鸟等数十种国家级、省级重点保护野生飞鸟动物，莆田二十四景之一“清塘栖鹭”正是土海的美景。“莆阳爽夏·爱在土海”活动，打造诗林祈愿树、水母灯爱情长廊等多个网红打卡点，配套有“宜居宜业”房展会、湿地音乐节、非物质文化遗产展演活动、啤酒烧烤露营等多个系列活动。

秀屿区医院加入莆田市第一医院医疗集团揭牌仪式举行。2023年7月5日，秀屿区医院加入莆田市第一医院医疗集团揭牌仪式举行。莆田市第一医院是市级现代化三甲综合医院，名医荟萃、管理先进、技术雄厚，推进医疗卫生服务体系建设、基本公共卫生服务、公立医院改革等各项事业发展。

2023年第四届“七夕”上塘银饰小镇缤纷季活动揭幕。2023年8月22日，由秀屿区人民政府、莆田市商务局、莆田市工信局等部门联合主办的第四届“七夕”上塘银饰小镇缤纷季活动在秀屿区上塘珠宝城珠宝交易中心广场隆重开幕。活动现场，举办“上塘杯”国潮文创首饰设计大赛颁奖仪式，并举行深圳设计协会与上塘珠宝城服务中心设计战略签约、标准化厂房意向入驻签约仪式。近1万人参加活动，感受中华传统文化的“新潮”魅力。

2023年9月11日，莆田市实验小学秀屿分校揭牌仪式举行　（秀屿区）

莆田市实验小学秀屿分校揭牌仪式举行。2023年9月11日，莆田市实验小学秀屿分校揭牌仪式举行。莆田市实验小学秀屿分校占地面积约2.2公顷，总建筑面积2.03万平方米，工程项目总投资1.1亿元。校区位于高铁新城片区站前路西侧、岐山路东侧、岐厝路南侧交界处，于2023年3月正式投入使用，现有15个教学班，学生639名。

北京大学附属中学莆田学校揭牌。2023年9月22日，北京大学附属中学莆田学校举行揭牌仪式，北京大学党委书记郝平等领导共同出席仪式。北京大学附属中学莆田学校位于莆田火车站高铁新城片区。学校分两期建设，一期项目用地面积约10.15公顷，总建筑面积约12万平方米，总投资约5.8亿元。由教学楼、实验楼、综合楼、图书馆、学生宿舍楼、职工宿舍、体育馆、食堂、活动中心楼、田径场、篮球场、羽毛球场等组成，拟于2024年9月完成竣工验收并投入使用。

全球首个漂浮式风渔融合项目落户南日岛。2023年9月24日，全球首个漂浮式风渔融合项目“国能共享号”平台抵达莆田南日岛海上风电场水域。漂浮式风渔融合项目“国能共享号”平台由龙源电力负责开发建设，为全球首个深远海浮式风电与养殖一体化设计项目，被列入福建省科技重大专项项目。该平台中间取正六边形作为养殖区域，养殖水体容积约1万立方米，可用于养殖1年期以上的中等鱼苗。平台上配套安装一台4兆瓦海上风电机组以及轻质柔性光伏组件，达到集约化用海、跨产业间融合发展的开发目标。

莆田市中秋国庆黄金周促消费启动仪式暨秀屿区南日鲍啤酒节活动。2023年9月28日，“全闽乐购·惠聚莆阳”莆田市中秋国庆黄金周促消费启动仪式暨秀屿区南日鲍啤酒节活动举行。活动以“燃鲍秀屿　一起HIGH啤”2023年秀屿南日鲍音乐啤酒节暨秀屿万达周年庆为主题，为期14天，囊括南日鲍鱼啤酒美食展、地名大会展、万达星夜市集开街、秀屿万达一周年系列庆祝活动、“全闽乐购，富美秀屿”“燃鲍秀屿　一起HIGH啤”中秋国庆促消费活动等众多精彩活动。

首届中国（莆田）佛教造像艺术展览会。2023年11月10日，以“‘屿’佛缘聚，福见莆阳”为主题的首届中国（莆田）佛教造像艺术展览会，在位于秀屿区的莆田会展中心开幕。展会总展览面积约8000平方米，吸引近100家品牌企业参展。展品范围包括佛像雕塑、寺院建筑、香品香具、蜡烛灯具、佛堂用具、僧服绣品、陶瓷艺品、工艺礼品、银饰、素食有机产品、书画音像等，从佛禅、技艺、集采等维度呈现一场高规格的佛教用品盛会。

2023年秀屿区第五届中国农民丰收节暨首届番薯节举行。2023年11月14日下午，2023年秀屿区第五届中国农民丰收节暨首届番薯节在秀屿区土海湿地公园举行。现场设置联盟企业品牌展示区、农业科技展示区、甘薯美食区3个区域，邀请当地甘薯种植户、相关企业前来参展，进行当季甘薯、地瓜酒、甘薯干、甘薯条、甘薯淀粉、甘薯零食等衍生产品及甘薯丸、烤甘薯、拔丝甘薯等特色美食展示。秀屿区甘薯常年种植面积4466.67公顷、产量2.9万吨，是秀屿区最大宗的粮食作物，种植规模居全省前列，对全市农业发展起着至关重要的作用。（陈金呈）

【湄洲湾北岸经济开发区】 位于莆田市东部，2023年辖3个镇共38个行政村，土地面积130.71平方千米（含滩涂等）。年末户籍人口18.51万人，常住人口8.3万人。人口自然增长率－2.26‰。耕地面积2467公顷，粮食播种面积457公顷，粮食产量0.27万吨。林地面积776公顷，森林覆盖率10.07%，活立木蓄积量4.7万立方米。重要矿产资源有饰面用花岗岩、矽线石。重要海洋资源中，养殖品种有鲍鱼、牡蛎、花蛤、对虾、海带、龙须菜、紫菜、红鱼、红斑、云龙斑、包公鱼等，捕捞品种有带鱼、鱿鱼、黄鱼、海鳗等。主要旅游景点有贤良港天后祖祠、妈祖阁、莆禧古城、紫霄洞、东吴石塔、大屿岛、盘屿岛、紫玉湖湿地公园、蓝色海湾、妈祖路堤、女儿湾黄金沙滩等。

2023年，全区地区生产总值104.02亿元，比上年增长1.5%。其中，第一产业增加值17.16亿元，增长4.5%；第二产业增加值35.20亿元，下降2.2%；工业增加值25.02亿元，下降0.1%；第三产业增加值51.65亿元，增长3.8%。人均地区生产总值12.53万元，增长2.1%。规模以上工业总产值91.75亿元，下降1.8%。农林牧渔业总产值31.65亿元，增长4.3%。固定资产投资下降26.0%。社会消费品零售总额23.24亿元，增长10.1%。外贸出口额37.64万美元，下降20.8%。一般公共预算总收入7.17亿元，增长70.7%；其中地方一般公共预算收入5.20亿元，增长34.0%。城镇居民人均可支配收入40723元，增长4.1%；农村居民人均可支配收入27502元，增长6.9%。

海水提取氯化钾项目（一期）现场举行开工。2023年6月29日，东方集团旗下东方海钾（莆田）海洋科技有限公司年产10万吨海水提取氯化钾项目开工奠基仪式在莆田市北岸经济开发区举行。海水提钾是东方集团近年着力推进的重点项目之一。“沸石离子筛法海水提钾技术”是以海水为基本原料，通过海水汲提、沸石离子筛富集、蒸发、结晶等物理过程生产氯化钾。该技术是东方集团首席科学家、河北工业大学袁俊生教授团队在国家重点科技计划长期支持下，历经40年产学研联合攻关，创新出的具有中国原创性自主知识产权、国际领先水平的海洋高新技术成果，在国际上率先突破海水提钾成本关，共获授权专利28项，获国家及省部级科技奖4项。

2023年农民丰收节、首届蒋山紫菜文化节。2023年11月17日上午，2023年农民丰收节、首届蒋山紫菜文化节暨“福建供销后备箱·助力乡村振兴”系列活动开幕式在北岸经济开发区举行。现场举行签约仪式，福建省供销云厨餐饮管理有限公司、福建省福供食品有限公司和蒋山村股份经济合作社、莆田市蒋山振兴乡村建设投资有限公司分别签约。开幕式现场同时候安排展销区、趣味比赛区。展销区设置后备箱经济助力区、舌尖美食体验区、农产品展销区等不同展区，共35个展位，涉及30多个品种。（湄洲湾北岸经济开发区）

南平市

【概况】 南平市位于福建省北部。1995年设立地级市。2023年辖2个区、3个县级市、5个县，土地面积2.63万平方千米。年末户籍人口312.07万人，常住人口263万人。人口自然增长率－2.65‰。南平是全球同纬度自然生态和生物多样性最好的地区之一，素有“福建粮仓”“南方林海”“中国竹乡”之美誉。全市耕地面积19.27万公顷，粮食播种面积18.8万公顷，粮食产量118.82万吨。林地面积216.84万公顷，森林覆盖率78.89%。闽江和建溪、富屯溪干支流水力资源理论蕴藏量为387.37万千瓦，居福建省各设区市第一位。全市有植物1790多种；各种高等动物兽类近百种，分属22科46属，约占全国四分之一；鸟类近400种，占全国超过1/3，中华小隼、山鹧鸪、黄腹角雉、蜂鸟、白颈长尾雉等仅在闽北繁殖生长；武夷山自然保护区有“蛇的王国”之称。重要矿产资源有铀、钽、铌、金、萤石、叶蜡石、硫铁矿、石墨、透辉石、铅、锌、铜、石灰石、饰面石材、高岭土等。主要旅游资源有武夷山、延平茫荡山和延平湖、政和佛子山、顺昌宝山和华阳山、邵武天成奇峡、建瓯归宗岩、浦城浮盖山、松溪湛卢山、光泽乌君山等，主要景点有武夷山九曲溪、天游峰和城村汉城国家考古遗址公园，延平溪源峡谷、邵武和平古镇、建阳考亭书院和武夷梦华录、顺昌合掌岩等。

南平有4000多年的历史，10个县（市、区）建县都在千年以上，是福建文化的发源地之一、中原文化入闽的主要通道。南平历史文化积淀深厚，是闽越文化、朱子文化、武夷茶文化、建本建盏文化的发源地。理学家朱熹在南平“琴书五十载”，闽北因此也被称为朱子理学的摇篮，为“闽邦邹鲁”“道南理窟”。南平人杰地灵，人才辈出，历史上曾出过2000多名进士，配祀孔庙的13名福建人士中10名属于闽北籍。南平不仅是抗金英雄李纲、婉约首唱柳永、法医鼻祖宋慈、西昆诗人杨亿的故里，还有江淹、蔡襄、陆游、辛弃疾、文天祥、海瑞、郑成功等众多历史名人留下的足迹。南平的10个县（市、区）都是原中央苏区县。革命战争年代，福建省委曾几度驻在闽北，有“红旗不倒”的赞誉。

2023年，南平市国家农业绿色发展整市域创建先行区进展评估位居全国第一，海绵城市建设绩效评价结果为全国A档，武夷新区体育中心项目获中国建设工程鲁班奖；延平、建阳获批国家生态文明建设示范区；松溪获评全国“绿水青山就是金山银山”实践创新基地。

2023年，全市地区生产总值2270亿元，比上年增长5%。其中，第一产业增加值381.60亿元，增长4.4%；第二产业增加值809.95亿元，增长6.1%；第三产业增加值1078.45亿元，增长4.3%。人均地区生产总值85969元，增长5.8%。一般公共预算总收入164.06亿元，增长11.4%；其中地方一般公共预算收入113.37亿元，增长8.9%。工业增加值504.37亿元，增长3.5%；规模以上工业增加值增长4%。农林牧渔业总产值675.32亿元，增长4.4%。固定资产投资（不含铁路）增长2.7%。社会消费品零售总额842.56亿元，增长6.5%。外贸出口额125.36亿元，下降13.0%；实际利用外资4383万美元，增长65.8%。城镇居民人均可支配收入42867元，增长4.3%；农村居民人均可支配收入23327元，增长7.1%。社会用电量137.04亿千瓦小时。年末从业人员122万人。参加城镇职工基本养老保险80.92万人，新型农村社会养老保险135.73万人，城乡居民医疗保险231.79万人。市县生活垃圾无害化处理率100%，市县污水处理率99.48%。

【环武夷山国家公园保护发展带建设】 2023年，南平市聚焦省委省政府提出的打造世界级旅游目的地和福建会客厅的目标定位，建立书记、市长任双组长的环武夷山国家公园保护发展带（以下简称“环带”）工作领导小组，调整充实市环带办力量，建立健全推动环带工作机制，全面系统推动环带建设。强化顶层设计，按照“国际标准、中国定位、武夷山特色”的要求，编制完成环带总体规划和生态保护、绿色发展、民生改善3个专项研究，发布国内首部全方位解析环带上水资源、水环境、水产业特色的《南平市环武夷山国家公园保护发展带水资源白皮书》和《武夷岩茶品质化学与健康养生功能白皮书》，编制《朱子文化（南平）生态保护区规划》，制定环国家公园风景道路、城镇风貌、生态旅游、绿色交通、酒店民宿等一系列标准体系，“一环三带”（国家公园协调保护环、崇阳溪山水人文保护带、麻阳溪山水人文保护带、富屯溪山水人文保护带）为骨架、“四核多节点”（武夷山、建阳、邵武、光泽4个城区和若干个重点村镇）为支撑的发展格局逐步构建。全力项目攻坚，围绕“绿色生态产业园”和“优秀传统文化创造性转化、创新性发展”策划生成首批6个大类15个“两园”项目，为进一步完善国家公园管理制度提供支撑；聚力攻坚风景道项目，推进国家公园1号风景道贯通、风景道配套设施建设、智慧管理系统、风景道沿线重点村镇打造等重点项目16项，总投资48.9亿元，年度投资14.6亿元，实现以线性工程串联闽北最优质的景区景点、特色村镇、历史文化、田园山水等点状空间与资源。推动国家公园1号风景线提档升级，42个观光体验点升级改造，形成武夷山国家公园探秘之旅、寻茶之旅、朱子文化之旅的主题游精品路线；圆满完成“国家公园1号风景道”国际设计创意大赛，对风景道全线品牌设计元素、宣传口号及沿线首批14个精品节点的建筑设计及规划提升方案开展国际征集，五大洲21个国家和地区的3400家单位参赛，设计创意大赛达到以赛促宣的效果。

【武夷山国家公园总体规划发布】 2023年8月19日，在青海省西宁市举行的第二届国家公园论坛上，国家林业和草原局发布包括武夷山国家公园在内的首批国家公园总体规划。武夷山国家公园总体规划作为国家公园保护、建设和管理的纲领性、指导性文件，规划期为2023—2030年，明确总体要求、边界区划、建设布局、管控要求和弹性管理政策，规划保护管理、监测监管、科技支撑、管控要求、教育体验、和谐社区等重点任务。武夷山国家公园是首批国家公园之一，植被类型丰富，具有中亚热带原生性常绿阔叶林典型生态系统，两栖和爬行类动物资源丰富度高，是东南动植物宝库、世界著名的生物模式标本产地。2022—2023年底，武夷山国家公园（福建片区）突出自然和人文兼备、保护和发展兼容、全民和集体兼顾、科研和游憩兼具的总体思路，通过坚持改革思维，完善管理体系；坚持生态第一，提升保护成效；坚持合作共赢，健全监测体系；坚持互促共赢，提升协调发展；坚持风险防范，消除安全隐患等一系列举措，构建“一规范四联动”生态执法体系、“一中心四服务”协调发展机制，开展多领域、多课题合作研究，持续推进武夷山国家公园高标准、高质量建设，取得阶段性成效。自正式设立以来，武夷山国家公园生态系统的原真性、完整性得到有效保护，旗舰物种种群数量得到恢复，其中福建片区累计发布22个新物种。

【鸟翼类恐龙——“奇异福建龙”在政和县发现】 2023年9月6日，国际学术期刊《自然》发表中国科学院古脊椎动物与古人类研究所王敏团队和福建省地质调查研究院合作完成的有关福建省内中生代地层和古脊椎动物的研究成果，研究团队在福建省政和县距今1.48亿—1.5亿年前晚侏罗纪地层中，发现1件保存近乎完整的恐龙化石。该化石于2022年10月在政和大溪盆地被发现，经过近一年的修复和分析，研究团队认为发现的新物种前肢与始祖鸟相似，后肢相对细长，在体型上介于恐龙和鸟类之间，是一类善于奔跑的或者生活在水边的小型兽脚类恐龙，并将其命名为“奇异福建龙”。“奇异福建龙”是所知世界上侏罗纪最晚期和地理位置最南的鸟翼类恐龙，也是福建省内首次发现的恐龙化石。除了“奇异福建龙”外，研究团队还发现大量保存完好的爬行动物，包括水生/半水生的龟鳖类、离龙类。基于化石丰度和多样性，以及确切的年代学框架，研究人员将其命名为“政和动物群”（Zhenghe Fauna）。

【第二届考亭论坛举行】 2023年11月13—14日，由福建省委宣传部、中国社会科学院哲学所主办，中国朱子学会、中华朱子学会协办，南平市委市政府承办的第二届考亭论坛在南平举行。论坛主题为“融通朱子文化，夯实文明根基，不断开辟马克思主义中国化时代化新境界”，设1个主论坛和3个平行分论坛，近50名专家学者进行主题分享交流。活动期间，举行国际儒学联合会朱子研修基地授牌仪式、尼山世界儒学中心与南平市战略合作签约仪式，开展包括福建省朱子学术方法与闽派社会科学构建专家座谈会在内的学术交流会议、考亭书院学术委员会议，以及文化实地考察、精品剧目展演等多场活动。

【2023年福建南平绿色高质量发展暨碳计量人才峰会】 2023年12月5—6日，由中共南平市委、南平市人民政府、国家遥感应用工程技术研究中心、国家碳计量中心（福建）共同主办的2023年福建南平绿色高质量发展暨碳计量人才峰会在延平区召开。峰会聚焦“双碳”主题，围绕新兴“双碳”产业，开展峰会主论坛、“双碳”产业武夷高峰论坛等活动，并在延续2022年的主旨演讲、“揭榜挂帅”发榜、科特派院士专家工作站授牌、校地战略合作等特色载体的基础上，新增国家碳计量中心（福建）揭牌、成果发布、“双碳”产业招商推介、人才主题元素发布等环节。通过峰会的平台载体，南平还在线上线下等多渠道对国家碳计量中心（福建）、环武夷山国家公园保护发展带、武夷山水品牌等进行集中宣传和推介，更好地提高南平聚才引才要素知晓度、影响力。峰会期间，中国首套碳排放中观监测激光雷达高端装备正式发布，是国家碳计量中心（福建）落地南平后推进的产业化项目最新成果。

【省级朱子文化（南平）生态保护区设立】 2023年12月28日，福建省文化和旅游厅公布福建省省级文化生态保护区名单，设立省级朱子文化（南平）生态保护区。南平是朱子学的发源地，是福建省朱子文化遗存最集中的区域。朱子足迹遍布南平市10个县（市、区），朱子文化遗存遍布全境。2021—2023年，南平市加大朱子文化保护传承力度，编制完成《朱子文化（南平）生态保护区总体规划》。与中国社科院哲学研究所联合设立宋明理学研究中心，共同开展朱子学研究，取得诸多成果。截至2023年10月，南平市有朱子文化相关文化遗迹遗存160处，相关非遗项目103项，相关非遗项目市级以上传承人85人。

【国家标准《农业社会化服务科技特派员服务规范》发布实施】 2023年11月27日，在以福建省地方标准为蓝本的基础上，南平市延平区等10多家单位共同起草的《农业社会化服务科技特派员服务规范》通过国家市场监督管理总局（国家标准化管理委员会）正式发布实施。服务规范全面梳理和总结全省推行科特派制度24年来的好经验、好做法，明确和细化科技特派员术语和定义、人员要求、服务实施、服务评价与改进等基本要素，重点突出科技特派员的服务内容要求，涵盖政策宣讲、科普宣传、业务指导、技能培训、技术成果引进和推广、科技研发、人才培养、创新创业等内容，突出科特派工作“订单式”需求对接、“菜单式”服务供给的特色，是福建省乃至全国科技特派员管理和服务向规范化、制度化迈进的重要举措。（南平市委党史方志室）

【延平区】 位于南平市南部，2023年辖13个镇、2个乡、6个街道。年末常住人口44.3万人，户籍人口48.45万人。主要旅游景点有国家AAAA级旅游景区溪源峡谷，有被誉为“福建庐山”“避暑胜地”的省级风景区茫荡山等。

2023年，全区地区生产总值457.27亿元，比上年增长3.8%。其中，第一产业增加值42.48亿元，增长5.5%；第二产业增加值165.79亿元，增长3.5%；第三产业增加值249.00亿元，增长3.5%。一般公共预算总收入12.15亿元，增长12.3%；其中地方一般公共预算收入8.85亿元，增长10.3%。城镇居民人均可支配收入43277元，增长2.6%；农村居民人均可支配收入25136元，增长5.6%。农林牧渔业总产值80.90亿元，增长5.5%。规模以上工业增加值增长5.0%。固定资产投资下降6.2%。社会消费品零售总额121.21亿元，增长5.8%。

巡河“交水”联合行动。2023年，延平区牵头闽江上游9个县（市、区）开展巡河“交水”联合行动，彻底解决2019年禁止河道采砂后长期遗留的采砂场、采砂船等河湖乱占、乱采、乱堆、乱建问题。建立无人机常态化巡河、流域常态化保洁等机制，集中排查整治散养生猪点182处、4819头，巩固畜禽养殖污染整治成果，整治偷养生猪违法行为，处置茫荡山“5·8”事件。

城区建设。2023年，延平区人民路办公区、八一路环岛办公区顺利入驻启用，一批民生领域历史遗留问题得到解决。2010年因灾损毁的石佛山景区全面修复，免费开放；2015年开工的正荣楼盘遗留的“断头路”全面贯通；2017年开工以来长期停滞的九峰隧道项目快速掘进，右洞已贯通；2017年以来雅阁酒店、成功山水等历史遗留问题全面化解。浦南高速连接线湖尾路段、延平南（高速口）至延平大桥国道亮化工程、青少年校外体育活动中心、开元实验学校等一批项目建成投用，新大桥北向引桥等30个总投资超66亿元的项目加快建设。

改革创新。2023年，延平区持续深化工业、财政、国企“三项改革”。工业体制改革围绕与南平工业园区相配套，明晰区属四大平台定位，夏道园区致力发展新材料产业，炉下园区深耕机械装备制造产业，南山园区做大做优冶金建材产业，大横园区创新打造绿色农业和竹木加工业。推进财政体制改革，区财政预算绩效管理评价连续两年全市第一。国企改革成效逐步显现，发行5.4亿元非公开发行公司债，创下福建省区县级同类别私募债票面利率历史最低，走出原区属国企难以为继的困局。

（李远圆）

【建阳区】 位于南平市中部，别称潭城，2023年辖8个镇、3个乡、5个街道，共195个行政村、39个社区，面积3383平方千米。年末户籍人口36.69万人，常住人口34.6万人。耕地面积3.13万公顷，粮食播种面积3.17万公顷，粮食产量21.02万吨。森林面积18万公顷，森林覆盖率78.24%。主要旅游景点有考亭花花世界、考亭古街、建盏文创园、太阳山革命历史纪念园等。1994年撤县设市，2015年3月撤市设区。建阳区公元205年置县，是福建省最早设置的五县之一，获评中国地名文化遗产"千年古县"，是宋代理学家、教育家、哲学家朱熹的故里，"世界法医学鼻祖"宋慈和程门立雪主人公游酢的家乡。建阳是宋代三大印刷中心之一，享有"图书之府""建本之乡"美誉，是宋代八大窑之一"建窑建盏"原产地，被授予"中国建窑建盏之都"。建阳作为全省首个国家级生态示范区，是全球同纬度生态环境最好的地方。建阳是全国商品粮基地、优质果品基地重点县和小白茶、水仙茶、正山小种发源地，橘柚、葡萄、茶叶等特色农产品名扬省内外，"建阳橘柚""建阳白茶"等获国家地理标志产品保护、国家地理标志证明商标。建阳是福建重要的老区县、中央苏区县和"红旗不倒"县。

2023年，建阳区获第七批国家生态文明建设示范区、中国建窑建盏之都、"2023福建省乡村振兴热度指数"参与度前十名单、全国首批文化产业赋能乡村振兴试点、全省基础教育综合改革实验区、全国第十批"健康县区"、全省创建国家"两纲"示范县培育对象等荣誉称号。

2023年，建阳区地区生产总值287.62亿元，比上年增长5.2%。其中，第一产业增加值48.54亿元，增长3.7%；第二产业增加值108.66亿元，增长3.8%；第三产业增加值130.42亿元，增长7.0%。一般公共预算总收入19.34亿元，增长7.0%；其中地方一般公共预算收入14.74亿元，增长5.1%。城镇居民人均可支配收入43990元，增长3.3%；农村居民人均可支配收入23669元，增长7.2%。农林牧渔业总产值82.50亿元，增长3.8%。规模以上工业增加值增长5.9%。固定资产投资下降10.9%。社会消费品零售总额106.03亿元，增长5.8%。

建阳小白茶推介。2023年5月27日，建阳区在中国（济南）第十七届国际茶产业博览会暨第十一届茶文化节现场，举办建阳小白茶品牌推介会。推介会通过专家和企业推介的方式，宣传建阳的好山、好水、好茶，提升建阳小白茶的知名度和市场影响力。参展的建阳茶企代表为现场嘉宾和茶友献上宋代文化点茶表演，建阳区政协主席方丹青为2名点茶师颁发"建阳茶文化推广大使"荣誉证书。

福建省第十七届"书香八闽"全民读书月活动。2023年9月28日，福建省第十七届"书香八闽"全民读书月（建阳分会场）暨中华经典诵读大会（第一季）福建站启动仪式在建阳考亭书院观书园广场举行。读书月的主题是"学习新思想，建设新福建，书香伴我行"。活动现场举行"书香建阳"全民阅读公益捐赠仪式，中国出版集团研究出版社、商务印书馆·涵芬楼书店联合捐赠首批图书30万元码洋，海峡出版发行集团捐赠图书20万元码洋，首批"书香建阳　全民阅读"爱心企业捐款260万元。

福建省自行车联赛举办。2023年10月15日，2023年福建省自行车联赛（建阳站）暨首届建阳自行车公开赛举办。比赛由福建省体育局主办，福建省社会体育指导中心、南平市体育局、建阳区人民政府承办，建阳区文体旅局协办。比赛项目分为男子公路青年组（46千米）、男子公路中年组（27.6千米）、男子山地青年组（27.6千米）、男子山地中年组（27.6千米）、公路车女子大众组（27.6千米）。省内外70多支俱乐部车队600多人参加，选手们从南平市体育中心出发，沿着环形赛道绕圈，单圈约9.2千米，海拔爬升约80米。

福建省全民健身运动会广场舞（健身操舞）总决赛举行。2023年11月27日，"舞动巾帼风采，悦享健康生活"2023年福建省全民健身运动会广场舞（健身操舞）总决赛在建阳区体育馆举行。比赛由福建省全民健身领导小组、福建省体育局、福建省妇女联合会共同主办；南平市体育局、南平市妇女联合会、南平市建阳区人民政府共同承办；南平市建阳区文化体育和旅游局协办。广场舞（健身操舞）比赛是2023年福建省全民健身运动会全省总决赛9个比赛项目之一，全省各设区市（区）9支代表队200余人参赛。

（建阳区委党史方志室）

【邵武市】 位于南平市西部，2023年辖12个镇、3个乡、4个街道，土地面积2859.4平方千米。年末户籍人口29.54万人，常住人口26.8万人。人口自然增长率－2.85‰。耕地面积2.36万公顷，粮食播种面积3.12万公顷，粮食产量18.20万吨。林地面积243.25万公顷，森林覆盖率78.95%，活立木蓄积量2500万立方米。重要矿产资源有金、铜、铅、锌、铁、钼、钨、铀等。主要旅游景点有和平古镇、金坑红色旅游景区、天成奇峡、武夷温泉度假区、云灵山峡谷漂流5个国家AAAA级旅游景区，小隐于竹、卫闽迷宫小镇等4个国家AAA级旅游景区。2023年，邵武市氟材料产业集群入选国家中小企业特色产业集群，推动氟新材料产业链高质量发展的经验做法入选全国首份《县域重点产业链发展白皮书》典型案例；获评中国特色竹乡；承办全省深入学习"千万工程"经验建设福建美丽乡村现场会；被评为全国大豆重点县。

2023年，全市地区生产总值

278.81亿元，比上年增长4.5%。其中，第一产业增加值37.17亿元，增长4.4%；第二产业增加值118.31亿元，增长5.6%；工业增加值80.91亿元，增长0.9%；第三产业增加值123.33亿元，增长3.3%。人均地区生产总值10.35万元，增长5.4%。规模以上工业增加值增长0.5%。农林牧渔业总产值64.21亿元，增长4.4%。固定资产投资增长4.0%。社会消费品零售总额137.08亿元，增长5.3%。外贸出口额14.40亿元，下降42.6%；实际利用外资110万美元，下降53.4%。一般公共预算总收入19.79亿元，增长20.6%；其中地方一般公共预算收入14.29亿元，增长9.9%。城镇居民人均可支配收入43941元，增长3.6%；农村居民人均可支配收入26899元，增长6.4%。

邵武市氟材料产业集群入选国家中小企业特色产业集群。2023年10月18日，工信部公布2023年度中小企业特色产业集群名单，邵武市氟材料产业集群入选。邵武市通过“规划招商”“产业链招商”“以商招商”等方式，引进一批全球前20强氟新材料龙头企业落户金塘园区。截至7月，园区入驻氟新材料生产企业及关联企业55家，总投资365亿元。

邵武“武夷竹立方”生态科创馆开馆。2023年4月11日，邵武“武夷竹立方”生态科创馆开馆。国家林草局、省工信厅、省林业局、中国林产工业协会、北京林业大学、南京林业大学、中国林科院等单位的专家学者和相关领导近500人出席开馆仪式，国内外20家知名企业现场签约订货，成交金额2.27亿元。该馆位于邵武黄峭广场，总面积6300平方米，由设计大赛成果展示区、政产学研用交流中心、展会展示活动区、直播基地、竹家居生活体验区、生态银行等主题空间构成，是集展示、体验、营销、活动组织于一体的综合性竹产业馆。

邵武“元·和平”数字体验馆开馆。2023年12月29日，邵武“元·和平”数字体验馆开馆。该馆位于邵武黄峭广场，面积1200平方米，是全国首个元宇宙综合技术体验空间。数字体验馆包括元和平系列内容（含和平建筑、和平宝藏、和平宇宙等十大数字主题）、数字光影、国际电影课堂、中华书院文脉、数创非遗、元·赛博空间（含数字街区、激光挑战、魔幻森林等六大主题）、旅游集散中心等。

（王娜　余彩霞）

【武夷山市】　位于南平市西北部，闽赣两省交界处。2023年辖3个街道、3个镇、4个乡，共115个行政村，土地面积2813平方千米。年末常住人口26万人，户籍人口24.72万人。重要矿产资源有石墨、钼矿、铅锌、银等。主要旅游景点有国家AAAAA级旅游景区武夷山风景名胜区，以及国家AAAA级旅游景区武夷山大安源旅游景区、大红袍体验中心、武夷山自遊小镇汽车主题乐园景区、武夷香江茗苑等。

2023年，武夷山市创新探索法治护航生态文明建设“武夷实践”获评中国改革2023年度地方全面深化改革典型案例，获评国家水土保持示范县。《探索武夷山国家公园生态保护补偿机制建设》和《武夷山市积极推动“三茶”统筹创新发展》入选全国生态综合补偿试点典型案例。入选第二批全国创新型县（市）建设名单。国家数字乡村试点建设终期评估居全国前20、全省第一。财政管理绩效综合评价进入全国前20。入选国家文化产业和旅游产业融合发展示范区建设名单。2023年中国县域旅游综合竞争力百强县排名第11位、综合实力百强县排名第33位。武夷岩茶文化系统入选第七批中国重要农业文化遗产。完成武夷山世界生物圈保护区第三个十年现场评估，国家地理标志产品保护示范区通过验收。《健康武夷——重塑全民健康新格局》入选国家医疗卫生服务提质增效创新实践典型案例。

2023年，武夷山市地区生产总值240.5亿元，比上年增长5.2%。一般公共预算总收入15.46亿元，增长18%；其中地方一般公共预算收入10.97亿元，增长13.1%。固定资产投资增长6%。城镇居民人均可支配收入44188元，增长3.8%；农村居民人均可支配收入25377元，增长6.8%。

武夷山国家公园发现新物种。2023年1月7日，武夷山国家公园发布生物资源本底调查的阶段性成果，发现一批新种。2021年4月至2023年底，发现武夷林蛙、多形油囊蘑、无凹带蜉金龟、武夷山毛泥甲、武夷山诺襀、三叉诺襀等6个新种，加上之前发现的雨神角蟾、福建天麻、武夷凤仙花、武夷山对叶兰、武夷山孩儿参等5个新种，累计发现11个新种。还调查到玉兔粘猎蝽、裂小蘑菇、亚洲靴耳等12个中国新记录种以及四川鳞盖蕨、袍波纹蛾、曲星文衣等100多个武夷山新分布种。

城村汉城国家考古遗址公园正式授牌。2023年4月18日是国际古迹遗址日，国家文物局在湖北武汉举行国家考古遗址公园现场工作会，对城村汉城国家考古遗址公园在内的第四批国家考古遗址公园进行授牌。第四批国家考古遗址公园评定工作于2022年4月启动。城村汉城遗址2013年被列入国家考古遗址公园立项名单，2022年12月正式入选。城村汉城遗址于1958年第一次全国文物普查时被发现，经过60多年的考古勘探与重点发掘，发现城墙、城门、宫殿、作坊、墓葬等遗迹，出土陶器、砖瓦、铁器、铜器等大量文物。学术界基本判定该城为西汉闽越国时期的都城之一，也是福建境内发现的唯一有城墙环绕的上古时期大型城市遗址，被誉为“东方的庞贝古城”。

海峡两岸茶业博览会。2023年11月16日，第十五届海峡两岸茶业博览会在武夷山开馆。开馆式上，发布武夷红茶健康养生功能，武夷岩茶文化入选第七批中国重要农业文化遗产名单，《武夷山水·茶空间建设通则》团体标准，红茶、白茶冲泡品饮标准器具，武夷茶宴大赛成果等5项研究成果。展会面积4.5万平方米，设立标准展位1900个，包括全国名茶馆、省市组团馆（含台湾馆）、茶机械/茶器具馆、茶包装馆等4个主题馆。其中，台湾馆设150个展位，参展企业超120家。共邀请参展企业813家、VIP采购商4367家，全国各地著名茶产区茶企茶人、“一带一路”国家有影响力的客商参展。

“三茶”统筹武夷论坛。2023年9月8日，第二十三届中国国际投资贸易洽谈会在厦门国际会展中心开幕。投洽会期间，由福建省商务厅、福建省农业农村厅、中国农业科学院茶叶研究所、全国茶叶标准化技术委员会指导，南平市人民政府主办，南平市商务局、南平市农业农村局、武夷山市人民政府联合承办的以“南平好茶　世界共享”为主题的第三届中国武夷红茶国际交流活动暨2023年骏眉红茶产业发展论坛在厦门举办。活动还得到福建省人民政府外事办公室、正山堂茶业的支持，邀请加拿大、塞内加尔、加纳、斯洛伐克等国驻华总领事，中坦福环球（福建）科技有限公司、美国阳光集团、香港豪建事业集团等企业参加。

首届全国围炉煮茶节。2023年12月22—24日，武夷山首届全国围炉煮茶节在中华武夷茶博园举行。武夷山举办“海丝起点，清新福建”暖冬推广季暨全国旅行商大会“薪火试新茶·围炉趁年华”武夷山首届全国围炉煮茶节。活动推出“一、十、百、千、万”为内容的围炉煮茶活动，即发布一个围炉煮茶标准、推出十个最美围炉煮茶点、发放百万元消费券、组织千家茶企、吸引万人围炉活动。围炉煮茶节设置环国家公园保护发展带分会场、企业分会场、禅茶分会场，分别在五夫镇、武夷街道、星村镇、兴田镇、上梅乡、香江茗苑、三木自游小镇、酷野谷、度假区沿街、天心永乐禅寺、白云禅寺、天成禅寺、妙莲寺举办13个配套活动。

（武夷山市委党史方志室）

【建瓯市】　位于南平市东南部，闽江上游，武夷山脉东南侧，2023年辖10个镇、4个乡、4个街道，土地总面积4233平方千米。年末常住人口42.2万人，户籍人口53.41万人。人口自然增长率-2.2‰。建瓯是福建省面积最大、闽北人口最多的县级市；是全国农村产业融合发展试点示范县、中国竹子之乡、中国锥栗之乡、中国根雕之都、国家现代农业示范区、国家有机产品认证示范创建区、中国东南白酒名城。建瓯属亚热带海洋性季风气候，年平均气温20.3℃，全年总降水量1512.6毫米。竹、木等农林资源总量位居全省、全国前列，全市林业用地面积31.25万公顷，森林面积30.26万公顷，全市森林覆盖率72.08%。竹林面积12.13万公顷，其中毛竹林9.24万公顷，竹材（毛竹和篙竹）总产量5691万根、增长7.0%，其中毛竹4815万根、增长7.0%，笋干产量63015吨、增长4.8%。毛竹林面积、立竹量、竹材和笋干产量均居全国县（市）之首。被评为中国特色农产品优势区、国家有机笋产品认证示范创建区（市）。板栗产量35490吨，增长4.9%。水果产量234504吨，增长4.1%。全年农作物总播种面积5.20万公顷，增长0.9%。粮食作物播种面积3.35万公顷，下降0.1%。粮食总产量21.17万吨，下降0.1%。

建瓯市河流主要属闽江建溪流域，境内有5千米以上河流131条，总长1569.2千米；10千米以上51条，总长1079千米；流域面积50平方千米以上的26条；100平方千米以上的15条；1000平方千米以上的有建溪、崇阳溪、南浦溪、松溪。

建瓯市发现的矿种计有30种，其中金属矿产14种、非金属矿产13种、能源矿产2种（无烟煤、地热）、地下水（矿泉水）1种。探明有资源储量的矿产16种，具小型以上规模的矿产地25处，另有矿（化）点134处，其中，优势矿种有金银、紫砂土、铅锌矿、透辉石；次优势矿种有铜、钨、钼、白云岩、饰面用花岗岩；紧缺矿种有无烟煤、铁、锰。建瓯市植物物种丰富，全市共有维管束植物187科682属1697种，其中，国家一级保护的6种，国家二级保护的20种，省级保护的22种。建瓯森林资源丰富，素有“绿色金库”之称。自然环境适宜森林动物的栖息繁衍，是福建省野生动物的主要栖息地之一，森林动物有两栖类、爬行类、鸟类、兽类等4纲28目318种，其中列为国家一级保护的有13种，国家二级保护的有68种，省重点保护的有56种。主要旅游景区、景点有归宗岩、万木林自然保护区、黄华山公园、坑里公园、云际山公园、省四星级乡村旅游村小松湖头等景区，建宁府孔庙、东岳庙、光孝禅寺、鼓楼、通仙门、中共闽北临委旧址、北苑御茶园摩崖石刻等景点。

2023年，全市地区生产总值312.07亿元，比上年增长5.4%。其中，第一产业增加值62.89亿元，增长4.2%；第二产业增加值105.15亿元，增长8.0%；第三产业增加值144.03亿元，增长4.0%。三次产业比重为20.2∶33.7∶46.2。工业增加值76.90亿元，增长5.8%。规模以上工业增加值增长8.6%，规模以上工业产值增长15.8%。农林牧渔业总产值107.42亿元，增长4.2%。社会消费品零售总额175.34亿元，增长7.2%。一般公共预算总收入17.53亿元，增长17.9%；其中地方一般公共预算收入12.30亿元，增长9.8%。城镇居民人均可支配收入43139元，增长5.0%；农村居民人均可支配收入24947元，增长8.2%。

历史古城建设。开展“建州文化宣传年”活动，征集朱子文化遗存35项，朱子系列故事等15个项目列入南平非物质文化遗产名录；推进历史文化名城保护提升，完成五经博士府、朱文公祠主体修复，举办“千年建州·中秋国庆嘉年华”活动，铁井栏—紫芝街历史文化街区假期客流量达74万人次；完成江滨中路等6个项目征迁任务，涉及815户26.4万平方米，开出房票5.6亿元；实施品质提升攻坚项目69个，完成道路“白改黑”、强弱电下地、污水管网建设28千米，建州大桥（三江口大桥）钢拱合龙，政和门大桥（水南二桥）竣工通车，建州博物馆全面开放；启动保障性安居工程959套，被列为省理学名城城市更新建设样板，通过“中国根雕之都”复评。

茶旅文化融合。茶产业深度融合，设立北苑贡茶文化研究院，举办首届北苑贡茶文化节，《北苑御焙遗址文物保护规划》通过国家文物局批复，制定北苑贡茶（乌龙茶）等系列团体标准7项；谋划14个、总投资15亿元北苑复兴项目，打造9个全竹茶空间，完成全球首款点茶机研发，全国首个茶文化民宿集群“大地指纹”项目开工建设；新增SC认证茶企20家、“宋代研膏茶工艺复原”等专利2项，“东峰矮脚乌龙”获农业农村部品种登记，上榜省首届品牌价值百强。

智慧竹业建设。出台《加快推动竹产业高质量发展行动方案》等系列政策，开工建设3个竹材初级加工园区，打造16个竹材物理分解点；成立省笋竹集团，美新科技、美和家居、七贡食品等重点项目加快推进，君韵竹木等13个笋竹产业项目竣工投产，获全省首张竹木地板产品碳足迹认证；承办首届武夷竹产业高质量发展峰会，入选省2024年度竹产业一二三产业融合发展重点县。

山海酱酒之城。建立高粱增产增效示范片100公顷，福酒产业园开工建设，中华福酱文博园、双龙戏珠白酒扩建项目有序推进；举办第二届福酒高质量发展大会，发布《建瓯产区酿酒微生态特征报告》，“福酱”入选“9·8”厦洽会指定礼宾用酒，酒业实现税收再翻番，获评“中国山海酱酒之城”。

建州街巷大观。2023年12月，展现地方特色的街巷指南——《建州街巷大观》正式出版。全书翔实介绍建瓯36条街72条巷的名称变迁及人文典故，为读者奉献一幅穿越时空的“锦绣建州”图卷。是熔铸建州街巷图文大观、芝城城址城门大全、乡村四大民居集萃等于一炉的“千年建州·理学名城”的百科全书。

“坐谈建州”。2023年是“坐谈建州”抖音直播3周年。建瓯市依托网络直播平台，呈现建瓯地方特色的历史文化、红色文化、民俗文化、产业文化和美食文化，观看人次突破2000万。“坐谈建州”安排建州笋竹文化、建溪水美文化专场、建州酒史酒文化专场、建瓯美食小吃文化专场、红色文化专场、“铁井栏·紫芝街”历史文化街区专场、著名史学家袁枢专场等6个专场。

首届武夷竹产业高质量发展峰会。2023年5月26日，首届武夷竹产业高质量发展峰会在建瓯举办。峰会由国际竹藤中心、福建省工业和信息化厅、福建省林业局指导，中国竹产业协会、南平市人民政府主办，南平市工业和信息化局、南平市林业局、建瓯市人民政府、福建省协同创新院竹产业（建瓯）分院承办。以“小竹子大产业—以竹代塑 ‘竹’生活更美好”为主题。峰会现场，举行全国竹产业高质量发展示范市、国际竹藤中心武夷研究基地、中国竹工机械产业基地、中国竹产业协会竹家居与装饰分会、中国笋竹之都、全国“竹林四库”建瓯示范区等授牌仪式。有16个项目在现场签约，其中产业项目14个，总投资28.3亿元；购销项目2个，其中笋制品采购项目意向成交金额4.1亿元，竹编安全帽购销项目意向成交120万顶。

建瓯市第一张“多式联运”一单制票据上传。2023年9月11日，建瓯市第一张“多式联运”一单制票据上传成功。该张票据由福建鲲鹏供应链管理有限公司开具上传，采用公铁联运方式，托运人为圣象集团有限公司，从建瓯出发运往四川成都。货物从陆运到铁运再到陆运，全程实现“一箱到底、一次托运”无缝衔接，“门到门”直达，全程一站式服务。这标志着建瓯市“多式联运”一单制取得“零”的突破，实现多式联运“一份合同、一张单证、一次付费、一单到底”的“一单制”全程运输模式。 （薛颖）

【顺昌县】 位于南平市西南部，2023年辖1个街道、8个镇、3个乡，土地面积1979.5平方千米。年末户籍人口22.28万人，常住人口17.2万人。人口自然增长率－3.64‰。耕地面积1.18万公顷，粮食播种面积8013.33公顷，粮食产量4.74万吨。林地面积16.68万公顷，森林覆盖率80.37%，活立木蓄积量1854万立方米。重要矿产资源已探明有色金属、非金属25个矿种127个矿点，主要有铁、铜、铅锌、钨、锰、石灰石、花岗石、高岭土、铅锌矿、蛇纹石、萤石、瓷土等。水泥用石灰岩矿产资源丰富，现保有基础储量资源共约2亿吨；萤石保有矿石资源储量约200万吨；铅锌为具有开发潜力的矿种，目前保有铅锌资源量约1.9万吨。主要旅游景点有宝山、华阳山、合掌岩和元坑古镇、洋口红色旅游小镇等。

2023年，顺昌县“大圣文化”入选第一批全国“一县一品”特色文化艺术（文旅融合类）典型案例。国家级南平顺昌公共法律服务标准化试点项目通过国家标准委终期评估验收并发布；顺昌县《村（居）公共法律服务协理员管理导则》获批省地方标准，成为全省司法行政系统公共法律服务类首个地方标准。“森林生态银行·四个一”林业股份合作经营模式在全市推广，创新“一元碳汇”项目入选首批《福建省林业改革发展典型案例》。《点竹成金，零碳顺昌——顺昌竹产业与金融碳汇创新实践方案》入选联合国教科文组织和国际竹藤组织《世界遗产地减碳和低碳发展创意与实践案例集（优秀实践类）》并获一等奖。埔上镇入选国家级农业产业（柑橘）强镇创建名单。大干镇良坊村入选第三批全国乡村治理示范村。

2023年，全县地区生产总值153.29亿元，比上年增长5.8%。其中，第一产业增加值22.48亿元，增长5.8%；第二产业增加值52.18亿元，增长3.9%；第三产业增加值78.63亿元，增长7.2%。人均地区生产总值88350元，增长7.6%。农林牧渔业总产值38.77亿元，增长5.8%。固定资产投资增长9.9%。社会消费品零售总额38亿元，增长8.4%。实际利用外资1.1万美元。一般公共预算总收入9.16

2023 年 6 月 24—25 日，“发展中国家菌草技术培训班”到顺昌县参观考察
（徐华山　摄）

亿元，增长 16.1%；其中地方一般公共预算收入 6.79 亿元，增长 13.1%。城镇居民人均可支配收入 39554 元，增长 4.6%；农村居民人均可支配收入 22450 元，增长 7.2%。

“发展中国家菌草技术培训班”到顺昌县参观考察。2023 年 6 月 24—25 日，由商务部主办的“发展中国家菌草技术培训班”，到顺昌县参观考察。其间，培训班学员们先后到新菌都菇业发展有限公司、金富羊业菌草养羊基地、郑坊镇兴源村食用菌跨村联建示范基地、顺昌菌草科技小院等地，了解顺昌县菌草产业发展情况、食用菌与畜禽养殖高效循环农业发展模式及菌草的综合利用情况。

顺昌县大历镇的金斗山大圣庙发现“活”石像。2023 年 6 月 2 日，顺昌县文保及史志部门在大历镇金斗山大圣庙新发现头部可“旋转”的石像。金斗山位于大历镇南部，山中峡口建有一座大圣坛庙，总面积约 320 平方米。庙亭为清康熙年间重建，祭坛建于明代，前庙后坛，坐西朝东。庙亭正中祭祀台上置四尊坐姿石佛像（乍看像站立），高的 75 厘米，矮的 66 厘米，中间两尊石佛像打磨光滑，线条清晰，头部可以自由转动，在顺昌乃至闽北实属罕见。

顺昌“灌蛋”走进三坊七巷活动举办。2023 年 11 月 18 日，“大圣祖地福见顺昌丨顺昌非遗（灌蛋）技艺展示暨文旅推介走进福州三坊七巷”活动成功举办。灌蛋是顺昌一道地方特色小吃，又称“银包金”。每到大年三十，当地百姓都有制作灌蛋的习俗，有团团圆圆、生活安康、财源广进等美好寓意。2010 年，顺昌灌蛋入选第三批南平市非物质文化遗产代表性项目名录。随着灌蛋手工技艺的传承和发展，不少顺昌人将灌蛋带至上海、福州、厦门等地。2023 年，顺昌县成立灌蛋专班，全方位助推灌蛋产业创新性发展。

顺昌县发现野生鸳鸯越冬群。2023 年 11 月，顺昌县埔上镇河长制工作人员在埔上镇区至九龙山的一处山涧里巡查时，发现一个越冬的野生鸳鸯群，数量达 70 多只。鸳鸯是国家二级保护野生动物，对栖息地环境要求较高，被称为“水质检测员”。近年来，顺昌县埔上镇通过开展小流域综合整治等措施，提升当地生态环境，越来越多的候鸟选择在顺昌繁衍后代。

顺昌赶集·柑橘“圣”会。2023 年 12 月 1 日，顺昌赶集·柑橘“圣”会在县竹乡广场国潮全民夜市街开市，全县 12 个乡镇（街道）、20 家生产经营主体和 59 个村的“土特产”集体亮相。活动期间，举办顺昌柑橘优质果评选颁奖活动，邀请省内 5 名专家对果农选送的 56 种样品进行评选，涵盖芦柑类、橘柚类、其他杂柑类。举行顺昌柑橘产业高质量发展座谈会、顺昌柑橘出口发车仪式、市民最喜爱的柑橘生产主体评选等活动。

第六届全国杉木学术研讨会召开。2023 年 12 月 5 日，第六届全国杉木学术研讨会在顺昌召开。活动由中国林学会主办，中国林学会杉木专业委员会、福建农林大学、国家林草局杉木工程技术研究中心、南平市林业局、顺昌县人民政府承办，全国高等院校和林业科研院所，各地林业主管部门、林业生产企业、新闻媒体等 300 余人参加。活动以“新时代杉木产业高质量发展”为主题，通过认购“一元碳汇”37 吨，抵消活动期间产生的 36.75 吨二氧化碳排放当量，实现“零碳”会议。顺昌县人民政府、贵州省黎平县人民政府、湖南省会同县人民政府签订杉木产业发展战略合作框架协议，将在杉木历史、文化、地

2023 年 6 月，顺昌县大历镇金斗山发现“活”石像　　（徐华山　摄）

2023年，顺昌县发现规模较大的野生鸳鸯群。图为摄于12月6日的野生鸳鸯群 （姜立　摄）

理信息及建筑结构等方面的研究及杉木种质资源、培育、深加工应用等领域加强合作，三方还共同发起倡议成立“中国杉木产业联盟”，推进“中国杉木之乡”品牌建设。 （陈玉玲）

【浦城县】 位于南平市北部，2023年辖2个街道、9个镇、8个乡、1个水库管理处，县域面积3383.02平方千米。年末户籍总人口41.29万人，常住人口29万人。耕地面积3.38万公顷，占土地总面积的10.01%。

2023年，浦城县地区生产总值195.2亿元，比上年增长3.5%。其中，第一产业增加值42.34亿元，增长3.3%；第二产业增加值63.62亿元，增长3.4%；第三产业增加值89.24亿元，增长3.6%。农林牧渔业总产值79.18亿元，增长3.3%。固定资产投资增长8.0%。城镇居民人均可支配收入为40009元，增长4.8%；农村居民人均可支配收入21263元，增长6.9%。城乡居民养老保险参保19.42万人，城镇职工基本养老保险参保人数7.87万人；城乡居民医疗保险参保人数32.17万人，城镇职工医疗保险参保人数3.43万人；生育保险参保人数1.56万人；全县工伤保险参保4.14万人；失业保险参保人数2.34万人，领取失业金275人。

浦城美术馆/范迪安美术馆开馆。2023年10月20日，浦城美术馆/范迪安美术馆开馆。该馆位于浦城县梦笔山西麓，占地面积4.33公顷，总建筑面积为3.3万平方米，共4层，由中国美术家协会主席范迪安勾绘概念草图，是一座在全国县城美术馆中面积最大，在展览陈列、艺术典藏、公共美育、学术研究与交流等公共文化服务上功能齐全、环境优美、格调高雅的现代形态美术馆。

浦城王家洲水库引水工程通水。2023年12月26日，浦城县举行城乡供水一体化项目王家洲水库引水工程通水仪式。该项目分为东部片区、西南片区、独立供水片区、单村供水及分散式供水片区等4个片区（子项），总投资13.72亿元，2021年9月开工建设，至2023年底，累计完成投资近3.5亿元。2023年1月，城区的东区水厂扩建工程顺利完成并交付使用。4月16日，开工建设忠信镇雁塘村的雁塘水厂。5月31日，富湖规模化水厂开工建设，同步实施莲塘镇山桥、马西、横源等村城区自来水管网延伸入户工作。12月26日，完成王家洲水库到西岩水厂段管道通水，正式将管网延伸到乡村，惠及城区及南浦、河滨、莲塘、万安4个乡镇（街道），并率先实现供水一体化，实现偏远乡村与城市供水的“同网、同源、同品质、同服务”。 （柯华　赖煜菁）

【光泽县】 位于南平市西部，2023年辖3个镇、5个乡，土地面积2240.25平方千米。年末户籍人口15.87万人，常住人口12.7万人。人口自然增长率−2.23‰。耕地面积1.54万公顷，园地面积0.11万公顷，林地面积19.34万公顷，草地面积0.11万公顷，森林覆盖率81.77%，武夷山国家公园在光泽境内达2.52万公顷。全境内已探明地下矿藏有22种，其中金属矿产9种、非金属矿产11种、能源矿产1种、其他矿产1种。有色金属矿产主要以铜、铅、锌为主，且伴有金、银等多种有益成分，非金属矿产主要有萤石、饰面花岗石材、高岭土、钾长石、石灰岩及建筑用“沙、石、土”等。境内千米以上山峰500余座，北溪、西溪、富屯溪、信江、赣江水系5个，溪流300多条。有以圣农信赖之旅、乌君山景区、大洲谈判旧址、牛田反“围剿”斗争前线、东方县苏维埃政府旧址、光泽县苏维埃政府旧址、杉关景区、商周池湖遗址、武夷天池、崇仁明清古街、神山景区等景点和华东K2线形成的大武夷旅游精品线路。2023年，光泽县获评全国首批、全省唯一“农业科技现代化先行县”“全国信访工作示范县”。

2023年，全县地区生产总值134.12亿元，比上年增长7.0%。其中，第一产业增加值50.85亿元，增长4.7%；第二产业增加值42.37亿元，增长13.5%；第三产业增加值40.90亿元，增长3.5%。农林牧渔业总产值96.08亿元，增长4.7%。一般公共预算总收入7.84亿元，增长15.1%；其中地方一般公共预算收入5.70亿元，增长12.6%。固定资产投资增长8.3%。社会消费品零售总额26.84亿元，增长5.8%。城镇居民人均可支配收入39690元，增长5.1%；农村居民人均可支配收入19991元，增长7.7%。

“现代养殖+分布式光伏”精品工程。2023年10月，三峡圣农分布式光伏项目实现首期45兆瓦全容量并网，通过“自发自用、余电上网”的运营模式，实现资源高效开发利用，有效降低养殖用能成本，推动福建乃至全国绿色低碳产业发展。该项目每年可提供清洁电能 4555.7 万千瓦时，与相同发电量的火力发电厂相比，每年可节约标煤 1.4 万吨，每年可相应地减少二氧化碳排放量 3.8 万吨、二氧化硫 7.3 吨、烟尘 1.5 吨。被列入国家发展改革委新能源领域增量混改重点推进项目和南平市 2022 年重点建设项目。

环武夷山国家公园保护发展带建设。2023 年，浦城县打造环武夷山国家公园保护发展带光泽风景道，建成武夷山国家公园西大门、玲珑水文化平台等示范项目，环闽江源最美骑行车环道示范段基本形成，3 条特色风景道和 1 个文旅综合服务片“串珠成链”。“一环四通道”加快构建，山头村至江西冷水镇、国道 G322 线“白改黑”等出省通道项目有序推进，花山界省界服务区、“闽赣司机之家”建成投用。文旅业态不断拓展，推出环带沿线游览打卡点 31 个，圣农“信赖之旅”旅游路线全面推向市场，干坑林场获评省级森林康养基地，旅游总人数和总收入分别增长 39%、45%。 （浦城县委党史方志室）

【松溪县】 位于南平市东北部，土地总面积 1043 平方千米，2023 年辖 2 个镇、6 个乡、1 个街道。年末户籍人口 16.37 万人，常住人口 12.8 万人。2023 年，松溪县获“第七批‘绿水青山就是金山银山’实践创新基地”“中国最佳绿色生态旅游名县”“九龙大白茶原产地”“茶叶出口基地县”“中国宝剑之乡”等荣誉称号。

2023 年 12 月 25 日，“百里松荫 蔗启未来”第七届“千年松溪·百年蔗”科技文化旅游节开幕现场 （松溪县融媒体中心）

2023 年，全县地区生产总值 92.91 亿元，比上年增长 6.5%。其中，第一产业增加值 16.41 亿元，增长 3.2%；第二产业增加值 32.54 亿元，增长 12.0%；第三产业增加值 43.96 亿元，增长 3.9%。一般公共预算总收入 4.96 亿元，增长 21.9%；其中地方一般公共预算收入 3.44 亿元，增长 14.3%。城镇居民人均可支配收入 37907 元，增长 5.1%；农村居民人均可支配收入 18189 元，增长 8.0%。农林牧渔业总产值 27.64 亿元，增长 3.3%。规模以上工业增加值增长 8.4%。固定资产投资增长 6.5%。社会消费品零售总额 39.51 亿元，增长 7.1%。

2023 年 4 月 11 日，松溪龙源生态休闲景区茶农采茶景象 （松溪县融媒体中心）

创新“吃茶话事”工作机制。2023 年，松溪县将“吃茶”习俗与听民意、聚民智、解民忧的基层治理工作相结合，在凉亭长廊、农家小院等村民茶余饭后自发聚集地，打造“吃茶话事”点，推动县乡村三级干部常态化下沉，现场为民办实事、解难题。该创新做法被全市推广，建成“吃茶话事”点 171 个，累计解决民生问题 568 件。

讲习班宣讲模式。2023 年，松溪县聚焦用党的创新理论武装全党、教育人民这个首要政治任务，建立健全松溪县统一的理论宣讲品牌——松溪讲习班，在群众生产、生活活跃场所和重要工作现场等点位，推动宣传党的路线、方针、政策下基层。松溪讲习班全年开展讲习活动 1200 余场，受众 8.2 万人次，被评为中宣部“基层理论宣讲先进集体”和福建省“基层特色宣讲团”。

全国“两山”实践创新基地创建。2023 年，松溪县牢固树立“绿水青山就是金山银山”的发展理念，探索生态价值和生态优势转化的有效路径和模式，试点“金土地”、统筹“三茶”“三蔗”、探索“庭院＋”，逐渐形成融发展生态农业、串联生态旅游、逐绿生态经济、流转生态金融、引领制度创新等 5 种具有松溪特色的转化模式，在“实现生态保护、绿色发展、民生改善相统一”上取得显著成效，成功创建第七批全国“两山”实践创新基地。

（松溪县委党史方志室）

【政和县】 位于南平市东北部，土地面积1744.24平方千米，2023年辖1个街道、4个镇、5个乡。年末户籍人口23.32万人，常住人口17.4万人。

2023年，政和县获评“三茶统筹”先行县域、“高山白茶核心产区”、“中国高山蔬菜之乡”，被命名为第三批省级农产品质量安全县；澄源乡入选首批国家农业产业强镇。“政和白茶”“政和工夫”区域公用品牌价值分别达60.58亿元、41.88亿元，连续3年进入全国百强榜单；省竹标委落户政和，成为全省首个竹产业标准化组织。县级财政管理绩效综合评价排名全国第88名、全省第三名，连续4年获财政部正向奖励，是全省唯一连续4年进入全国排名前200名的县。杨源乡大溪村发掘“奇异福建龙”“政和动物群”古生物化石，是已知侏罗纪最晚期、地理位置最南的鸟翼类恐龙，也是福建省内首次发现恐龙化石，政和成为目前全球在整个侏罗纪发现鸟翼类恐龙化石3个保存地之一。

2023年，全县地区生产总值118.21亿元，比上年增长6.6%。其中，第一产业增加值24.29亿元，增长6.0%；第二产业增加值42.04亿元，增长9.3%；第三产业增加值51.88亿元，增长4.8%。一般公共预算总收入6.97亿元，增长11.2%；其中地方一般公共预算收入4.70亿元，增长8.5%。城镇居民人均可支配收入37954元，增长5.0%；农村居民人均可支配收入18665元，增长7.1%。工业增加值增长4.7%，规模以上工业增加值增长7.5%。农林牧渔业总产值41.71亿元，增长6.1%。固定资产投资增长7.0%。社会消费品零售总额65.78亿元，增长7.2%。

星合柒号茶厂投产。三茶融创园入驻14家企业，瑞和白茶庄园、罗金山茶旅康养等项目加快推进，完成政和白茶国家标准修订、政和白茶泡茶器具等3项团体标准制定。实施竹产业高质量发展行动，推出九大类型竹空间应用场景，“以竹代塑”示范县加快建设，完成竹产业链产值67亿元。

2023年11月12日，福建省竹产业标准化技术委员会在政和成立

（政和县融媒体中心）

全域旅游。2023年，政和县出台融入大武夷旅游圈发展5条措施，全年接待游客人数增长25.5%，实现旅游收入增长29%。佛子山风景名胜区总体规划通过国家林草局审核，洞宫山红河谷生态文明体验区、翡翠锦屏AAA级旅游景区提升等项目有序推进，以佛子山、洞宫山、石圳湾为金三角的全域旅游发展格局初步形成，“秋色山景、生态康养”之旅成为全市唯一入选全国乡村旅游精品线路。获评“健康中国·康养旅游百强县”“中国最美乡村旅游目的地”，廖俊波先进事迹传习地入选省级职工疗休养示范基地。（陈其香）

龙岩市

【概况】 龙岩市位于福建省西部，1997年5月撤地设市。2023年辖2个区、1个县级市、4个县，总面积19028平方千米。

2023年，全市地区生产总值3317.96亿元，比上年增长3.8%。其中，第一产业增加值322.86亿元，增长3.9%；第二产业增加值1339.06亿元，增长2.3%；第三产业增加值1656.04亿元，增长5.0%。一般公共预算总收入362.53亿元，增长1.7%；其中地方一般公共预算收入172.7亿元，增长4.4%。城镇居民人均可支配收入47879元，增长4.1%；农村居民人均可支配收入26056元，增长6.8%。

【闽西革命老区高质量发展示范区建设】 2023年，闽西革命老区高质量发展示范区向上争取政策资金224.8亿元，龙岩新机场获国务院、中央军委批复同意，龙龙高铁龙岩至武平段建成通车、武平至梅州段启动建设。广龙对口合作取得丰硕成果，构建起特色合作体系，广州4家世界500强企业项目落地龙岩。生态环境综合整治成效明显，主要流域优质水比例65.8%、多年来首次超过全省平均水平。中心城市拓展新的发展空间，南部新城、北部新城开发建设有序推进。

【产业支撑】 2023年，龙岩市出台促进民营经济发展政策，实施“供需赋能助企强链”行动，推动有色金属、机械装备、新材料等重点产业提质发展，应急抢险救援装备产业集群入选全国特色产业集群。全市新登记市场主体8万家，新增规模以上工业企业119家，紫金铜业获中国工业大奖。实施科技创新行动计划，组建有色金属等四大产业研究院，新增国家高新技术企业90家、省级专精特新企业57家，晶旭半导体获全国颠覆性技术创新大赛最高奖，金龙稀土入选国家智能制造示范工厂。3家建筑施工企业晋升特级资质，实现“零”的突破。实施文旅经济高质量发

展行动，开展“百万老广”“百万阿拉”游龙岩等活动，打响“五大游”（古田红色游、永定土楼游、长汀古城游、丹霞温泉游、休闲生态游）文旅品牌，全市接待游客、旅游总收入分别增长40%、45%。组织“全闽乐购·万商云聚惠龙岩”等促消费活动，支持汽车等大宗消费，新增限上商贸企业290家。深化“每月开竣工”互比互看等活动，“十百千”项目超额完成年度投资任务，紫金锂元、常青新能源二期等1059个项目新开竣工。举办“11·8”海峡两岸机械产业博览会暨中国龙岩投资项目洽谈会、粤港澳招商推介会等重大招商活动，全市新签约项目660个，其中10亿元以上项目49个。上杭、武平入选国家创新型县建设名单。

【城乡建设】 2023年，龙岩市实施交通通达工程，全市新改建城市道路56千米、农村公路395千米，新增城市公共停车位1340个。中心城区绕城高速实行差异化收费政策，有效解决大货车“穿城而过”带来的交通安全隐患问题。实施安全韧性工程，全市新改建雨污水管网187千米、供水管网68千米，获评海绵城市中央财政资金绩效评价A档。中心城区南翼污水处理厂扩建工程顺利通水，铁山污水处理厂扩建及提标改造工程春节前后可建成投用。龙岩植物园、龙州湿地成为市民打卡休闲新去处。创新推行乡村建设工作机制，乡村振兴“一县一片区”建设经验在全国推广。落实耕地保护和粮食安全责任，出台稳定粮油生产九条措施，新建成高标准农田1.51万公顷，超额完成省下达的粮食生产任务。七大特色农业全产业链产值1070亿元，新增1家国家级农业产业化龙头企业。永定入选全国文化产业赋能乡村振兴试点。武平获评国家农产品质量安全县、“四好农村路”全国示范县。长汀获评全国农作物病虫害专业化“统防统治百强县”。漳平入选国家农村产业融合发展示范园、农业现代化示范区创建名单。

【“山水龙岩”品牌打造】 2023年，龙岩市配合开展中央生态环保督察工作，解决群众身边的突出环境问题。打造“山水龙岩”品牌，深入推进河湖长制、林长制工作，系统实施中心城区幸福河湖建设等山水林田湖草沙一体化保护和修复工程。全国首单水土保持项目碳汇成功交易，水土保持工作机制在全国推广。取消人工商品林主伐年龄限制等创新举措写入国家深化林改方案，林业碳汇损失计量及赔偿机制写入全国两会最高人民法院工作报告。林业金融区块链融资服务平台入选全国典型。林业碳汇指数保险获中国碳达峰碳中和典型案例一等奖。5家企业入选国家级绿色工厂。上杭获评全国水土保持示范县。长汀、武平获评全国自然资源节约集约示范县。武平入选全国县级水网先导区。

【改革创新】 2023年，龙岩市推动建立中央国家机关、央企对口支援龙岩联席会议机制，新罗能源互联网产业园、长汀中建绿色建材产业园等项目加快实施，对口支援工作走深走实。闽粤两省联合印发广龙合作方案，省里出台17条支持措施，广州与龙岩市签订对口合作协议、建立党政联席会议机制，设立对口合作专项资金。广龙合作产业园正式揭牌。广州31所重点学校与龙岩市36所学校、广州11家医院与龙岩市12家医院结对共建，400多名医疗专家分批“组团”奔赴老区义诊。深化新时代厦龙山海协作，新签约闽西南协同发展区项目267个、总投资478亿元。探索海峡两岸融合发展新路，全国首创向台农发放林下经济不动产权证，举办第一届海峡两岸农业交流大会，漳平台湾农民创业园连续7年在国家考评中排名第一。深化“一窗受理、集成服务”改革，“无差别综合窗口”实现市县全覆盖。推行工业用地“标准地＋承诺制”改革。入选全国公共就业创业服务示范城市创建名单。人社惠老服务超市、劳动保障维权服务超市入选全国典型。中小企业发展环境评估排名全省第二。龙岩市在全国优化营商环境现场会上作典型发言。上杭入选中央财政支持普惠金融发展示范区。武平入选国家农村综合性改革试点。

【民生项目】 2023年，龙岩市创建全国市域社会治理现代化试点合格城市。30项为民办实事项目全面完成。实施“总校制”办学改革、义务教育小片区管理，扩大优质教育供给，义务教育主要学科质量监测成绩居全省前列。实施“医疗创双高”工程，国家级临床重点专科实现“零”的突破，省级区域医疗中心——市第一医院东部综合院区开工建设。加大特殊困难群体兜底保障，发放低保金3.3亿元、特困供养金1.6亿元、残疾人“两项补贴”8641万元。实施“一老一小”服务保障，乡镇（街道）长者食堂实现全覆盖，新增普惠性托位1000个。完善“12345”热线接诉即办、热点诉求“一周一调度”机制，推动解决中心城区新建道路管养、易涝积水点整治等一批多年未能破解的难题。打造“红土枫桥”品牌，基层治理“1334才溪工作法”在全国推广，连城入选全国信访工作法治化试点县。信贷资产质量保持全省前列。举办纪念毛泽东才溪乡调查90周年活动。

【法治政府建设】 2023年，龙岩市人民政府坚持重大事项向市委请示报告，自觉接受人大及其常委会法律监督、工作监督和政协民主监督，办理人大代表建议228件、政协委员提案339件，满意和基本满意率100%。推进党风廉政建设和反腐败斗争，落实中央八项规定及其实施细则精神，加强重点领域、关键环节廉政风险防控，持续巩固风清气正的政治生态。（龙岩市委党史方志室）

【新罗区】 位于龙岩市中东部，2023年辖10个街道、10个镇，土地面积2673.1平方千米。年末常住人口85.80万人，户籍人口62.60万人。人口自然增长率3.51‰。粮食作物播种面积8012.33公顷，增长2.1%。粮食总产量5.17万吨，增长1.45%。森林覆盖率达79.83%，活立木蓄积量2242.8万立方米，自然保护区面积30134.7公顷，湿地保护面积3805公顷。境内植被有常绿阔叶林、落叶阔叶林、常绿针叶林、针阔混交林、竹林、灌丛、草丛等各个种属，主要乔木有29种、常见灌木有14种、草本3种、藤本2种。常见兽类22种、鸟类37种、鱼类23种、两栖类6种、爬行类8种、昆虫6种、贝类4种。境内探明矿产60余种，其中无烟煤探明储量4亿吨、铁矿5亿吨、石灰石8亿吨、优质高岭土5000万吨，均为福建省之最；境内河流广布，绝大部分属于九龙江水系，多年平均径流总量为45.97亿立方米，地表水多年平均总量28.77亿立方米。多年平均地下水资源储存量6.75亿立方米，可开发利用的水能蕴藏量30多万千瓦。境内旅游资源丰富，主要旅游景区景点有国家AAAA级旅游景区龙硿洞，国家AAA级旅游景区竹贯古村落景区、培斜福海龙乡景区、东肖红色旧址群、中央苏区（闽西）历史博物馆、七彩蓝田生态农业观光园景区、福建紫金山旅游区、富溪大峡谷、江山风景区，以及闽西工农银行旧址、中共红四军前敌委员会旧址新邱厝等多处革命旧址（遗址）。

2023年，新罗区获评2023年度全国综合实力、投资潜力、绿色发展、科技创新、新型城镇化质量等“五个百强区”。

2023年，新罗区地区生产总值1149.58亿元，比上年增长3.4%。其中，第一产业增加值54.37亿元，第二产业增加值498.14亿元，第三产业增加值597.07亿元，分别增长4%、1.2%和5.3%。三次产业比重由上年的4.8∶43.8∶51.4调整为4.7∶43.3∶51.9。规模以上工业总产值下降2.2%，规模以上工业增加值下降0.8%。农林牧渔业总产值101.2亿元，增长4.1%。固定资产投资下降27.3%。其中，第一产业投资增长245.9%，第二产业投资增长15.3%，第三产业投资下降8.3%。社会消费品零售总额538亿元，增长3.6%。实际利用外资直接投资145万美元，下降92.5%。国内旅游营业收入185.47亿元，增长47.5%。进出口额72.67亿元，其中外贸出口70.13亿元、进口2.54亿元，分别下降6.2%、5.5%、25.8%。一般公共预算总收入35.49亿元，下降8.2%；其中地方一般公共预算收入23.05亿元，下降15.3%。全年财政支出43.88亿元，下降3.1%。

北部新城建设启动。2023年1月29日，龙岩市北部新城开发建设正式启动。北部新城由未来城片区和银雁新城片区组成，总规划用地面积168平方千米，规划三创园、数智科创园、龙净智慧环保产业园、能源互联网产业园、生态轻纺产业园、生物精细化工产业园、生态农业产业园、新材料（新能源）产业园等八大专业园区，重点发展“3+N”（“3”即机械装备、精细化工、能源互联网，“N”即建材、农副产品加工、数字经济、高端纺织、商贸物流、文旅康养等）产业。北部新城八大专业园区新签约、新开工、新投产项目分别为74个、81个、63个。至年底，北部新城八大专业园区进驻企业超100家。

对口支援。与国家电网7家产业单位开展战略合作，网能科技、仪芯电子等17个产业项目落户能源互联网产业园，总投资超68亿元。与广州市黄埔区签订合作协议，与广州建筑、越秀、交投建立结对关系，教育、医疗、干部人才交流、文旅康养等对口合作实现“多点开花”。山海协作快步跟进，与集美区常态化开展互访活动，与厦门大学建立校地全面战略合作关系。

（张文强　张海芬　刘可明）

【永定区】　位于龙岩市南部，2023年辖1个街道、17个镇、6个乡，土地面积2226.45平方千米。年末户籍人口46.31万人，常住人口31.1万人。人口自然增长率－3.41‰。耕地面积1.55万公顷，粮食播种面积1.61万公顷，粮食产量10.17万吨。林地面积16.92万公顷，森林覆盖率76%，活立木蓄积量1751.95万立方米。全区有矿产资源36种，其中能源矿2种（煤和地热）、金属矿7种（铁、锰、铅、锌、钼、银、铜）、非金属矿产4种（水泥用灰岩、饰面用花岗岩、砂岩、耐火黏土）、水气矿1种，重要矿产资源有煤炭、地热、水泥灰岩、饰面用石材、铁、锰、铅、锌、钼、耐火黏土等10种。水力资源理论蕴藏量121.7万千瓦，可开发73.1万千瓦，开发70.5万千瓦，占可开发量的96.5%。境内装机容量60万千瓦的棉花滩水电厂为福建省第二大水电厂。地热资源储量居龙岩市前茅，年产热水255万立方米以上。主要旅游景点有世界文化遗产、国家AAAAA级旅游景区——福建土楼永定景区，国家AAAA级旅游景区——永定天子生态旅游区，国家AAA级旅游景区13处；国家级森林公园——王寿山（东华山）。位于培丰镇的福能矿山公园福建省煤矿遗址公园为井上井下立体式工业遗址特色公园。有县级以上文物保护单位173处（201个点），其中全国重点文物保护单位3处（13个点）、省级文物保护单位34处（51个点）。还有茫荡洋、南华山、紫云山、天子岽等自然景观，金砂、岐岭牛牯扑、中央红色交通线、高陂和虎岗红色旧址群等红色景区景点。福建土楼博物馆、胡文虎纪念馆是中国华侨国际文化交流基地。2023年，永定区入选首批全国文化产业赋能乡村振兴试点名单，获评福建省全域生态旅游示范区，被授予“福建省首批重点影视外景拍摄基地”。

2023年，永定区地区生产总值344.67亿元，比上年增长4.3%。其中，第一产业增加值39.63亿元，增长3.7%；第二产业增加值133.40亿元，增长4.4%；第三产业增加值171.64亿元，增长4.4%。人均地区生产总值10.98万元，增长6.1%。规模以上工业增加值增长0.9%。农林牧渔业总产值70.49亿元，增长3.8%。固定资产投资下降6.3%。社会消费品零售总额148.25亿元，增长3.1%。外贸出口额2.64亿元，增长28.4%。一般公共预算总收入15.89亿元，增长5.1%；其中地方一般公共预算收入11.53亿元，增长9.1%。城镇居民人均可支配收入5.02万元，增长3.4%；农村居民人均可支配收入2.71万元，增长7.5%。

“我们的中国梦”中国交响乐团专场音乐会走进永定。2023年2月21日，中国交响乐团在永定第一中学科技艺术馆举行“我们的中国梦——文化进万家活动”永定专场音乐会。音乐会由中宣部、文化和旅游部主办，中国交响乐团、永定区委、永定区人民政府承办。音乐会演出莫扎特的《G大调弦乐小夜曲》四重奏、福建民歌《采茶曲》、大中小提琴演奏《花好月圆》、四重唱《不忘初心》、女高音独唱《春风十万里》、男女二重唱《灯火里的中国》等，结合龙岩各地景区、景点，演出《古田，血脉永恒》《土楼的春天》《冠豸山的传说》等歌曲。

全省绿色低碳试点建设片区。2023年3月8日，永定中心城区以综合评分第一名的成绩被省住建厅列为福建省城乡建设领域绿色低碳试点，成为2023年度龙岩市唯一的绿色低碳试点片区项目，获得省级专项补助资金500万元。

福建省首批重点影视外景拍摄基地。2023年5月10日，福建省重点影视外景拍摄基地授牌仪式暨第一次工作会议在宁德市屏南县召开。永定区被省委宣传部、省电影局授予“福建省首批重点影视外景拍摄基地”。永定区的主要外景点有福建土楼客家民俗文化村、高北福建土楼王、初溪古村落、中川古村落、抚市土楼群、龙湖、伯公凹交通小站、金砂红色旧址群、西陂村苏维埃红色旧址群、南江土楼群等。

中央文化和旅游管理干部学院永定培训基地揭牌。2023年5月22日，中央文化和旅游管理干部学院永定培训基地在永定区委党校揭牌。培训基地的设立，是中央文化和旅游管理干部学院结合调研工作，遴选全国优质资源、优秀案例、优良作风的“三优”单位或区域，合作共建“中央文化和旅游管理干部学院培训基地”的典范。

凤城夜市正式运营。2023年8月2日，位于下坑的永定区凤城夜市正式开街营业。凤城夜市经济项目占地面积约2.17公顷，总投资约2000万元，设有105个摊位，能一次性解决200多人就业。

永定入选首批全国文化产业赋能乡村振兴试点名单。2023年10月20日，文化和旅游部办公厅、教育部办公厅、自然资源部办公厅、农业农村部办公厅联合印发《关于公布首批文化产业赋能乡村振兴试点名单的通知》，龙岩市永定区入选首批63个全国文化产业赋能乡村振兴试点名单。永定区依托丰富的文旅资源，特色鲜明的乡村产业，“东楼西湖北线”的全域旅游格局，提出创新工作机制，出台文化和旅游产业用地优惠政策，申报省级文旅产业特派员试点县，推进乡村振兴“一县一片区”、省级乡村振兴试点村、实绩突出村项目建设等25项试点工作任务，探索形成一批具有永定特色的乡村振兴模式和经验，示范引领全区乡村振兴，打造独具特色的试点示范样板。根据《新形势下促进文旅经济高质量发展激励措施》，福建省给予永定区100万元奖励。

“永定红”石矿山获第六届“年度价值矿山”金奖。2023年11月7日，第六届“金钥石”奖颁奖典礼在中国（南安）水头国际石博会举行。福建客家矿业投资发展集团有限公司选送的“永定红”矿山获“年度价值矿山”金奖，成为全国2023年度4家“年度价值矿山”金奖之一。“永定红”绿色矿山位于永定区洪山镇“永定红”石材矿区。“永定红”花岗岩是福建省花岗岩资源整体性最好且品质较优的矿区，拥有悠久的开采历史。

2023“天永杯”福建永定土楼马拉松赛开赛。2023年12月3日上午8时，2023“天永杯”福建永定土楼马拉松赛在永定区湖坑镇土楼风情街鸣枪开赛，3500余人参赛。赛事由中国田径协会认证，福建省体育局指导，龙岩市体育局、龙岩市文化和旅游局、龙岩市永定区人民政府、广州市天河区人民政府主办，龙岩市永定区文化体育和旅游局、广州市天河区文化广电旅游体育局承办，福州市长乐区文化体育和旅游局、湖坑镇人民政府、高头镇人民政府、古竹乡人民政府、福建客家文化旅游集团有限公司协办。比赛分全程马拉松（全长42.195千米）、半程马拉松（全长21.0975千米）和全长5千米的土楼风情跑3个项目。

永定第一中学举行110周年校庆。2023年12月17日，永定第一中学举行建校110周年庆祝大会。“永定一中教育发展基金”捐赠平台收到110周年校庆捐赠2322万元。永定第一中学办学110年，培育优秀毕业生5万余人，走出中国科学院院士卢衍豪、中国人民解放军少将赖铭传、字节跳动创始人张一鸣等杰出校友。2023年学校高考本科上线率98.5%，录取清华大学、北京大学4人，录取“双一流”大学165人。

（张镜宏　钟杰）

【上杭县】　位于龙岩市中部，2023年辖17个镇、4个乡，土地面积2854.48平方千米。年末户籍人口50.67万人，常住人口36.8万人。耕地面积2.22万公顷，粮食播种面积2.45万公顷，粮食产量16.04万吨。林地面积22.91万公顷，森林覆盖率77.04%，活立木蓄积量2439万立方米。重要矿产资源有金、铜、铀、钼、铁、锰、铅、锌、稀土、石灰石、白云岩、萤石、瓷土、矿泉水和地热等矿种43个，查明矿点355处。金、铜及稀土资源量在全省具有较大的优势。全县开发利用矿种7个，主要有金矿、铜矿、建筑用花岗岩、建筑用砂岩、制灰用灰岩、萤石、白云岩等。全县旅游景点有古田会议旧址、毛泽东才溪乡调查旧址、梅花山国家自然保护区、上杭国家森林公园、紫金山国家矿山公园、城区汀江绿道等国家级旅游品牌，先后荣获“中国优秀旅游县”、全国十大“县域旅游之星”、全国“休闲农业与乡村旅游示范县”等称号。2023年，上杭县连续8年入选福建省“县域经济实力十强县”，全国县域综合竞争力百强县进位至第87位。

2023年，上杭县地区生产总值526.14亿元，比上年增长4.6%。其中，第一产业增加值60.5亿元，增长4.2%；第二产业增加值204.78亿元，增长2.7%；工业增加值121.27亿元，增长2.9%；第三产业增加值260.86亿元，增长6.2%。人均地区生产总值14.2万元，增长5.8%。规模以上工业增加值增长4.7%。农林牧渔业总产值102.28亿元，增长4.2%。固定资产投资增长9.5%。社会消费品零售总额183.4亿元，增长7.6%。外贸出口额55亿元，实际利用外资7万美元。一般公共预算总收入53.6亿元，增长1.1%；其中地方一般公共预算收入37.89亿元，增长11.2%。城镇居民人均可支配收入52668元，增长4.4%；农村居民人均可支配收入25857元，增长7.0%。

“清代民国客家祖地族谱”入选第五批中国档案文献遗产名录。2023年1月13日，由客家族谱博物馆、龙岩市档案馆、上杭县档案馆联合申报的“清代民国客家祖地族谱”成功入选第五批中国档案文献遗产名录。客家族谱博物馆、龙岩市档案馆、上杭县档案馆收藏有160多个姓氏、3600多部、20000多册客家族谱。其中，清代至民国时期的“客家祖地族谱”达4900多册，地域以客家祖地闽西为主，覆盖与闽西有祖源关系的粤、赣、台等客家地区。

上杭县首个“全国示范性老年友好型社区”揭牌。2023年2月，上杭县临江镇镇西社区被国家卫生健康委、全国老龄办表彰命名为“2022年全国示范性老年友好型社区”，上杭县首个社区获评“全国示范性老年友好型社区”。上杭县临江镇镇西社区位于上杭县城区西段，下辖4个网格8个居民小组，有1617户4058人，其中社区60岁以上老人859人。社区整合资源，发挥社区服务网络优势，探索“四就近”服务和嵌入第三方优质服务，完善老年助餐、长者照护、日间服务等为老服务，为老年人打造家门口幸福养老的社区。2月8日，上杭县举办首个“全国示范性老年友好型社区”揭牌仪式。

上杭县获2023年度福建省“建筑之乡”称号。至2023年底，上杭县有资质企业242家，其中一级总承包企业26家、二级总承包企业45家、三级总承包企业161家，其余专业承包资质企业10家，骨干企业占总数的29.34%；有20家建筑企业产值超过10亿元，其中7家产值超过30亿元、1家产值超过50亿元。全县建筑业从业人员达10万人。2022年全县建筑业产值733.54亿元。2023年度福建省“建筑之乡”名单由福建省住房和城乡建设厅公布。

上杭县首次发现恐龙蛋。2023年5月，福建省地质调查研究院科研团队在上杭县临城镇黄竹村发现整窝恐龙蛋及零星恐龙蛋壳碎片，经中国科学院古脊椎动物与古人类研究所鉴定，发现的恐龙蛋为长形蛋类。该发现是继上杭恐龙足迹群化石之后的又一次重大发现，填补了福建省恐龙研究的又一空白。

紫金矿业居《福布斯》全球2000强第284位。2023年6月8日，全球知名商业杂志《福布斯》公布2023年全球企业2000强排行榜，紫金矿业挺进前300位，跃居第284位，较上年提升41位。

上杭县图书馆新馆投用。2023年6月12日，位于上杭城区客家缘文化中心的上杭县图书馆新馆正式开馆运行。上杭县图书馆新馆是客家缘文化中心项目建设内容之一，总投资8500万元，占地面积2.2万平方米，建筑面积1.8万平方米，设计馆藏图书50余万册、座位1200个。

国家矿山应急救援福建队揭牌成立。2023年6月29日上午，国家矿山应急救援福建队揭牌仪式在紫金山金铜矿举行。矿山救援福建队有指战员150名，主要承担福建省区域内矿山事故灾害的应急处置任务，辐射服务闽粤赣等东南地区。建队至2023年底，先后参加各类事故灾害救援1000余起。

上杭县在全市率先建成党史方志数字化平台。2023年6月，上杭县党史方志数字化平台正式启用，是龙岩市建成的首个县级党史方志数字化平台。“上杭史志数字化平台”自2022年下半年动建，依托县数字办数据库，在对“上杭党史方志网”进行改版升级的基础上，建设开发H5手机站点，通过“杭好办”公众号实现链接；在档案馆、图书馆等公共场所放置一批触摸点播终端机，搭建起互联网（PC端）、微信、终端触摸机等“三位一体”的互联共享的史志数字化平台，为群众浏览查阅提供方便。至2023年底，上杭县完成第一期史志资料书籍审核上传，包括《上杭县志》《上杭年鉴》《中国共产党福建省上杭县历史第二卷（1949—1978）》等。

龙龙高铁上杭段正式开通。2023年12月26日，龙龙高铁上杭段正式开通。龙龙高铁连接福建省龙岩市与广东省龙川县，福建段新建正线全长64.3千米，其中上杭段53.8千米，新建上杭、武平2个车站，改建扩能古田会址站，设计时速250千米。

上杭县第二中学举行庆祝建校110周年活动。2023年12月30日，上杭县第二中学举行建校110周年庆典活动。上杭县第二中学创办于1913年，1981年更名为“上杭县第二中学”。

（上杭县委党史方志室）

【武平县】 位于龙岩市西南部，2023年辖1个街道、14个镇、2个乡，土地面积2635平方千米。年末户籍人口38.59万人，常住人口26.96万人。耕地面积1.92万公顷，粮食播种面积2.41万公顷，粮食产量15.71万吨。林地面积21.85万公顷，森林覆盖率79.22%，活立木蓄积量2890万立方米。蕴藏丰富的金、银、铜、钼、钨等金属矿和白云石、石灰石、萤石、钾长石、膨润土、高岭土、稀土、瓷土等非金属矿。其中，已探明的白云石储备量12173万吨、金属银储备量3278吨、煤炭储备量13470万吨、膨润土储备量1700万吨、稀土储备量5000吨。拥有3个国家AAAA级旅游景区（梁野山景区、千鹭湖景区和狮岩景区），4个国家

AAA级旅游景区（文博园景区、平桥翠柳城市森林公园景区、刘亚楼将军故居景区、红四军入闽第一村景区），以及武夷山国家森林步道（武平段）、中山国家历史文化名镇等。

2023年，武平获评首批全国自然资源节约集约示范县、全国第一批县级水网先导区、“四好农村路”全国示范县、国家农产品质量安全县、国家知识产权强县建设试点县、全国节水型社会建设达标县、全国科普示范县，入选国家创新型县建设名单。

2023年，全县地区生产总值312.84亿元，比上年增长3.8%。其中，第一产业增加值40.4亿元，增长3.9%；第二产业增加值122.63亿元，增长3.5%；第三产业增加值149.81亿元，增长4.1%。人均地区生产总值114888元，增长5.4%。农林牧渔业总产值73.16亿元，增长4.0%。社会消费品零售总额166.79亿元，增长4.5%。一般公共预算总收入13.48亿元，增长11.3%；其中地方一般公共预算收入9.34亿元，增长9.4%。城镇居民人均可支配收入45009元，增长4.0%；农村居民人均可支配收入24909元，增长6.9%。

*林改“武平经验”拓展。*2023年，武平县制定实施深化林改十条措施，在林改“四问”（“山要怎么分”“树要怎么砍”“钱从哪里来”“单家独户怎么办”）的基础上，新增“林要怎么管”“产业怎么兴”“两问”，其中“取消人工商品林主伐年龄限制”等多项举措上升为国家决策。建立全省首个“玩转碳生活”低碳社会创建信息管理平台，被列为省碳中和试点单位。武平灵芝正式纳入国家食药物质目录，列入福建“福九味”中药材产业集群建设项目，并以13.7亿元品牌价值再次荣登“2023中国食用菌产业区域品牌价值评价榜单”。

*龙龙高铁龙武段正式通车。*2023年12月26日上午8点01分，D9958次列车由龙岩站出发，8点47分抵达武平站，标志着龙龙高铁龙岩至武平段正式开通运营，结束了武平不通铁路的历史。

*新型显示产业发展。*2023年，武平新型显示产业实现从无到有、从有到优、从优到聚、由聚成势的发展过程，形成产业集聚，建成100万平方米标准厂房；落户新显企业115家；税收收入超7000多万元；全产业链产值近百亿元。武平显示模组及材料制造产业集群为全省五个之一、全市唯一入选国家首批中小企业特色产业集群。新型显示产业被《福建省县域重点产业链发展白皮书（2023）》列为重点发展类型。

（武平县委党史方志室）

【长汀县】 位于龙岩市西北部，2023年辖13个镇、5个乡，土地面积3104.16平方千米。年末户籍人口54.11万人，常住人口39.28万人。人口自然增长率－0.96‰。粮食播种面积2.56万公顷，产量17.46万吨。农林牧渔业总产值76.9亿元。河田鸡出笼突破1600万羽。林下经济经营面积达12.8万公顷。新培育“三品一标”（无公害农产品、绿色食品、有机食品和农产品地理标志）1个、省级优质农产品标准化示范基地1个、市级以上龙头企业14家、示范家庭农场41家、示范合作社39个。河田、南山分别入选国家和省级农业产业强镇。长汀县是国家历史文化名城，全县有全国重点文保单位4处12个点、省级文保单位37处49个点、县级文保单位80处81个点，国家级传统村落12个、省级传统村落2个，国家级历史文化名村5个、省级历史文化名村2个，中国历史文化名街1条，国家工业遗产1处。主要旅游景点有长汀红色旧址群国家AAAA级旅游景区（中共福建省委旧址、福建省苏维埃政府旧址、福音医院旧址，以及红四军司令部、政治部旧址等全国重点文物保护单位和全国重点烈士纪念建筑物保护单位——瞿秋白烈士纪念园等著名红色景点），长汀历史文化名城旅游区（汀州古城墙、四大历史街区、卧龙书院、汀州八喜馆、大夫第等），汀江源国家自然保护区、汀江国家湿地公园、客家山寨丁屋岭等。

2023年，长汀县成功签约全国首单水土保持项目碳汇交易，成功举办联合国开发计划署—全球环境基金天保GEF项目启动会，承办第二届省老区苏区乡村振兴研讨会，举办公祭客家母亲河大典、名城保护日暨首届汀州国际文化交流节、全国著名作家走进长汀等系列活动，被评为全国医养结合示范县、全国首批自然资源节约集约示范县、“中国长寿之乡”，店头街历史文化街区获评国家级旅游休闲街区、羊牯汀江水利风景区入选国家水利风景区名单。

2023年，全县地区生产总值344.89亿元，比上年增长4.1%。其中，第一产业增加值43.41亿元，增长4.4%；第二产业增加值126.94亿元，增长2.8%；第三产业增加值174.53亿元，增长5.2%。一般公共预算总收入18.5亿元，增长34.0%；其中地方一般公共预算收入11.9亿元，增长18.3%。规模以上工业增加值下降2.7%。固定资产投资增长7.0%。社会消费品零售总额182.24亿元，增长4.5%。城镇居民人均可支配收入34996元，增长4.5%；农村居民人均可支配收入23852元，增长7.1%。

*“到最美丽的小城去”全国著名作家走进长汀活动。*2023年5月11—15日，中国作协副主席、全国政协文史和学习委副主任阎晶明率全国著名作家刘醒龙、苏童、王跃文、潘向黎、刘琼、舒婷、陈仲义、陈毅达、谢有顺等走进中国历史文化名城长汀，开展采风调研活动。活动期间，作家们游古街、品美食，感受名城之韵，走进校园，赠书签名，与师生对话文学艺术，举行文学讲座；打卡省苏旧址、辛耕别墅等红色圣地，开展瞻仰革命烈士、文化先驱瞿秋白主题活动；探寻参观水保科教园、传统村落水口村、客家山寨丁屋岭，并开展义务植树等活动。

*中国长汀国家历史文化名城保护日暨首届汀州国际文化交流节活动。*2023年11月28日晚，2023中国长汀国家历

史文化名城保护日暨首届汀州国际文化交流节启动仪式在三元阁广场举行。活动以国际文化交流为核心，以让世界看见长汀为主线，紧扣时代脉搏，通过一系列精彩纷呈的节目，带领大家走进长汀的历史长卷，深入了解这座城市在发展中与国际友人的互动故事。

新时代路易·艾黎精神的现实意义研讨会。2023年11月28日，长汀县第11个历史文化名城保护日，路易·艾黎精神研讨会在长汀卧龙书院讲坛举行。研讨会以"新时代路易·艾黎精神的现实意义"为主题，采取线上、线下相结合的方式进行。

长汀县水土保持科技示范园获评"全国水土保持科普教育基地"。2023年，经中国水土保持学会2023年学科发展与科普工作委员会会议暨全国水土保持科普教育基地评审会会议评选，福建省长汀县水土保持科技示范园等10家单位被评定为中国水土保持学会第七批"全国水土保持科普教育基地"。长汀县水土保持科技示范园地处河田镇露湖村，始建于2000年4月，占地面积121.25公顷，建有中国·长汀水土流失治理科教馆、项南纪念广场、初心花园、公仆园区、试验区、物种园区和对照区等。

长汀县红十字生命教育体验馆揭牌成立。2023年11月23日，长汀县红十字生命教育体验馆在庵杰乡跃龙门研学基地揭牌。体验馆集宣传展示、互动体验、专业实训于一体，包含红十字运动、应急救护知识、户外逃生自救、溺水安全、交通安全、消防安全等6个教学模块，可以满足广大群众学习应急救护、突发事件应对等急救知识的需求。

（黄倩昱）

【连城县】 位于龙岩市西北部，2023年辖12个镇、5个乡。年末户籍人口33.29万人，常住人口24.52万人。人口自然增长率－1.98‰。农作物播种面积3.41万公顷，粮食总产量12.99万吨。森林覆盖率81.49%，居全省第三，空气质量优良天数比例100%。建成"一沿两环"生态文明森林景观带5333.33公顷，更新造林面积1797.67公顷，罗胜古杉木王、连城福建柏古树群入选全国"双百"古树。是中国红心地瓜干之乡、中国连城白鸭之乡、中国优秀旅游县、中国文化旅游大县、中国客家民俗文化之乡、中国温泉之城、中国客家美食名城、全国武术之乡、中国客家硒都、全国休闲农业与乡村旅游示范县、世界兰花之乡、世界地瓜之都。

红色圣地。连城是著名革命老区、原中央苏区县，是中央红军长征前东线最后一战"松毛岭战役"主战场。1929年，毛泽东曾率红四军3次进驻连城，领导著名的"新泉整训"，起草《古田会议决议》。

客家祖地。连城是客家人最早的集散地和最大的聚居地之一，被誉为古中原文化的"活化石"。拥有国家历史文化名村3个、中国传统村落16个、国家重点文物保护单位5处85个点、国家级非物质文化遗产8项。

旅游胜地。连城拥有3个国家AAAA级旅游景区和12个国家AAA级旅游景区。冠豸山是国家级重点风景名胜区，与武夷山并称"南豸北夷，丹霞双绝"。

美食天地。连城拥有全国名菜48道，有客家美食店、小吃店680余家，美食从业人员4万余人。连城白鸭入选2017年厦门金砖会晤食材供应。

2023年，全县地区生产总值319.85亿元，比上年增长3.2%。其中，第一产业增加值43.29亿元，增长3.6%；第二产业增加值130.14亿元，增长1.7%，其中工业增加值78.22亿元，增长0.9%；第三产业增加值146.43亿元，增长4.4%。人均地区生产总值129706元，增长4.5%。农林牧渔业总产值73.69亿元，增长3.7%。固定资产投资增长5.9%。社会消费品零售总额148.53亿元，增长4.0%。一般公共预算总收入13.03亿元，增长11.9%。城镇居民人均可支配收入41270元，增长4.3%；农村居民人均可支配收入23868元，增长6.7%。

（陈丽金）

【漳平市】 位于龙岩市东部，2023年辖2个街道、11个镇和3个乡，土地面积2955.73平方千米。年末户籍人口28.50万人，常住人口24.79万人。人口自然增长率1.42‰。耕地面积9870.28公顷，粮食作物播种面积9466.67公顷、产量6.2万吨。活立木蓄积量2454.75万立方米，森林覆盖率81.71%。境内发现矿产资源26种，其中能源矿产1种、金属矿产7种、非金属矿产18种。2020年查明，全市累计资源储量的上表矿区73处，其中大型矿床2处、中型矿床5处、小型矿床66处，对玉石、锡、石墨、长石、钨、水泥用灰岩、锌矿、硫铁矿和萤石等10种矿产进行程度较高的地质勘探工作，保有资源储量在龙岩市占比大于20%。

漳平市是全国休闲农业与乡村旅游示范市，境内有国家AAAA级旅游景区九鹏溪景区，国家AAA级旅游景区象湖红色革命旧址群、永福樱花茶旅景区、漳平水乡茶汇景区、古韵东湖景区，全国休闲农业与乡村旅游示范点永福高山休闲农业旅游区，全国特色景观旅游名村赤水镇香寮村，国家森林公园天台森林公园，省级历史文化名镇双洋镇，漳平水仙茶传统制作技艺入选联合国人类非物质文化遗产代表作名录，全国重点文物保护单位1处（奇和洞遗址），省级文物保护单位7处。

2006年，漳平市被中共党史研究室确认为原中央苏区县，先后获中国县域科学发展试点县、国家可持续发展综合实验区、全国农村产业融合发展试点示范县、中国花木之乡、中国杜鹃花之乡、中国现代民间绘画之乡、中国观赏石之乡、中国名茶之乡、全国重点产茶县、全国科技工作先进市，入选国家农村产业融合发展示范园、国家农业现代化示范区创建名单、全国重点产茶县域、中国最美乡村旅游目的地、中国最佳绿色生态旅游名城、省级乡村振兴重点工作激励县。

2023年，漳平市地区生产总值319.99亿元，比上年增长3.4%。其中，第一产业增加值41.26亿元，增长3.5%；第二产业增加值123.04亿元，增长3.6%，其中工业增加值76.99元，增长1.1%；第三产业增加值155.69亿元，增长3.3%。人均地区生产总值128277元，增长4.5%。规模以上工业增加值增长0.9%。农林牧渔业总产值68.84亿元，增长3.6%。固定资产投资增长4.5%。社会消费品零售总额119.86亿元，增长2.2%。外贸出口总额15.64亿元，实际利用外资210万美元。一般公共预算总收入15.95亿元，增长16.9%；其中地方一般公共预算收入11.16亿元，增长5.4%。城镇居民人均可支配收入45692元，增长4.2%；农村居民人均可支配收25738元，增长6.1%。

东湖村古韵东湖景区获评国家AAA级旅游景区。2023年9月11日，古韵东湖景区被评为国家AAA级旅游景区。东湖村位于漳平市溪南镇，地处九龙江上游感化溪畔，平均海拔402米，森林覆盖率90%，为省级生态村。东湖村历史悠久，村中保存明清两代古民居建筑群，有古民居28座，先后入选第五批国家级传统村落名录、中国美丽休闲乡村名单、第二批省级传统村落名录，获评省级乡村振兴示范村、省级精神文明村、省级美丽休闲乡村、闽西十大最美古村落、龙岩市三星级旅游村、龙岩市十佳乡风文明村。

第一届海峡两岸农业交流大会举行。2023年10月23—27日，第一届海峡两岸农业交流大会在漳平市举行。活动围绕“深化两岸农业交流，携手共创美丽乡村”主题，分享乡村振兴和产业发展经验，展望两岸农业未来合作前景。大会签约项目25个，总投资额58亿元，主要涉及台湾名优农产品种植、农产品加工、三产融合等领域。

明代航海家王景弘学术研讨会召开。2023年10月28日，“海上巨人国史之光”明代航海家王景弘学术研讨会在漳平举行。会议收录研究论文28篇，研究重点涉及王景弘的历史地位与文化价值、王景弘下西洋的历史意义与现实启示、王景弘下西洋航程与“一带一路”发展的联系、王景弘文化资源的开发利用等。

漳平籍科学家郑南峰当选中国科学院院士。2023年11月22日，中国科学院公布2023年中国科学院院士增选当选院士名单，漳平籍科学家、厦门大学教授郑南峰当选中国科学院院士。郑南峰院士1977年出生于漳平市，为漳平第一中学1994届校友，任厦门大学化学化工学院教授、博士生导师，能源材料化学协同创新中心副主任，纳米材料制备技术国家地方联合工程研究中心主任，中国化学会会士，长期从事功能材料表界面化学方面的研究。（杨砚涵）

宁德市

【概况】 宁德市地处福建省东北部，2000年11月撤地设市，2023年辖1个区、2个县级市、6个县和1个国家级经济技术开发区，土地面积1.34万平方千米。年末户籍人口354.66万人，常住人口315.7万人。宁德是习近平同志工作过的地方，是习近平新时代中国特色社会主义思想的重要萌发地。地处大陆黄金海岸线中段，具备“北承南联、西进东出”的区位优势。沈海高速公路、宁武高速公路、温福铁路临港临城穿越，合福铁路、衢宁铁路穿境而过，全市县县通高速，漳湾作业区正式对外开放。境内海域面积4.45万平方千米，大陆海岸线1046千米，均约占全省1/3。坐拥“世界不多、中国仅有”的东方大港——三都澳，澳内海域714平方千米，10米以上的深水水域174平方千米，深水岸线88千米，主航道水深30～115米、无碍航暗礁，50万吨级巨轮可全天候自由作业，是建设大型物流港、储备港和中转港的理想港址。宁德是全球最大的聚合物锂离子电池生产基地和全球最大的不锈钢生产基地，锂电新能源、不锈钢新材料两大主导产业实现千亿元产值。宁德集山、海、川、岛、湖、林、洞于一体，拥有“海上仙都”太姥山、“亲水天堂”白水洋、“全国独有”鸳鸯溪、“名山奇峡”白云山、“海上天湖”三都澳、“华东第一瀑”九龙漈瀑布等一批国家级和省级风景名胜区，境内四季分明，气候宜人，生态环境和空气质量全优，是中国东南沿海休闲度假和生态旅游的胜地。宁德红色文化、宗教文化、畲族文化、廊桥文化、海洋文化交相辉映，是中央红军长征前全国革命主要根据地之一和三年游击战争时期南方15块游击区之一。老一辈无产阶级革命家和革命前辈邓子恢、陶铸、叶飞、曾志等都在宁德红色土地上领导过革命，全市有1.1万名烈士、4万余名群众为革命事业献出生命。宁德是全国最大的畲族聚居地，畲族人口达20万人，占全国畲族人口的1/4、全省的1/2。

2023年，宁德市地区生产总值3807.33亿元，全市12项主要经济指标中6项增幅居全省第一，其中地区生产总值比上年增长8.6%、规模以上工业增加值增长17.1%。一般公共预算总收入361.51亿元，增长32.6%；其中地方一般公共预算收入209.88亿元，增长25.3%。进出口总额1500.2亿元，增长16.2%。城镇居民人均可支配收入44639元，增长4.4%；农村居民人均可支配收入24819元，增长7.4%。中国百强城市排名再晋10位、位列第82位；蕉城蝉联全国“百强区”、全省“十优区”，福安蝉联全国“百强县”、全省“十强县”，霞浦、屏南、周宁位居全省“十佳县”前三名，东侨跻身国家级经济技术开发区第22位。建立为民办实事项目全流程管理机制，完成为民办实事项目40件。全年民生支出超330亿元，增加32.9亿元。

【第一产业】 2023年，宁德市实施优势农业提效专项行动，开展“我在宁德有亩田”活动，粮食总产量达48.1万吨。屏南全国首创建成“大食物馆”。

推进优势农业提效项目188个，特色产业全产业链规模突破2300亿元。获评全国重点产茶县域6个、国家农业产业强镇5个，福安获批创建国家农业现代化示范区，蕉城、福鼎获评国家级水产健康养殖和生态养殖示范区，柘荣列入"福九味"中药材国家优势特色产业集群建设县。发布特色农业产业发展蓝皮书5部，新增全国名特优新农产品3个、地理标志证明商标3个、"两品一标"82个，上榜"福农优品"百品榜16个、省级百强龙头企业9家，古田银耳入选大国好货"一县一品"特色产品，福安葡萄、桐江鲈鱼入选全国农业品牌精品培育名单，寿宁乌茶首发亮相央视，福鼎白茶连续14年位列中国茶叶区域公用品牌十强。举办全国大黄鱼文化节、白茶交易大会、红茶大会等活动，获评大黄鱼美食地标城市。

【第二产业】 2023年，宁德市四大主导产业实现产值5806亿元。其中，锂电新能源产业2948亿元，福鼎时代4号工厂、屏南时代三期等17个项目建成投产；不锈钢产业2095亿元，青拓90万吨高性能不锈钢、1780毫米热连轧等项目建成投产；新能源汽车产业452亿元，年产量创新高、达34万台，名爵4EV蝉联中国纯电车出口量第一；铜材料产业311亿元，阴极铜年产量42.6万吨。加快培育"三大产品"，船舶电动化示范推广，累计交付使用110艘，全省首批海上电动船舶充电站建成投用；青拓电动矿卡成功下线，全国首条高速重卡换电绿色物流专线"宁德—厦门干线"开通；举办大健康（按摩器具）产业创新暨电商发展大会，按摩器网络零售额突破百亿元大关。

【第三产业】 2023年，宁德市实施"现代服务业突破年"活动，霞浦京东智慧物流产业园等项目建成投用，新增A级物流企业6家。漳湾作业区21号等6个泊位投产运营，迈进15万吨级"大船时代"，港口货物吞吐量达7839万吨。实施传统产业数字化转型专项行动，完成智能制造诊断企业45家，实施省、市重点技改项目111个；新增数字技术创新应用场景214个，建成投用市大数据产业园一期，时代润智获评国家级重点软件企业，入选中国新型智慧城市百强第80位。

【城乡建设】 2023年，宁德市实施"城市品质提升年"活动，推进项目725个，完成老旧小区改造62个，加装电梯77台；新改建公园绿地108.6公顷、福道136.1千米。完成主城区总体城市设计和东湖、赤鉴湖片区城市设计。常态化推进全国文明城市创建，实施"十个十"民生工程，口袋公园、涝点整治、遮阳避雨设施等一批项目建成投用；新装背街小巷路灯1941盏。实施中心城区交通拥堵治理专项行动，连城路一、三期建成通车，北湖滨路、惠风路、学院路、天山路三期等断头路相继打通；新开通定制公交线路9条，新增停车位806个、充电桩738个。海西天然气管道长乐至福鼎段缺陷整改正式启动。实施"重大基础设施攻坚年"活动，温福高铁通过预可研评审，漳湾铁路专线可研获批，车里湾互通、沙埕互通开工建设，宁古高速、宁上高速霞浦至福安段、国道228加快推进，新改建国省干道61.9千米。实施闽东大水网建设专项行动，上白石水利枢纽工程前期取得突破，完成环评批复和移民大纲审查；城乡供水一体化、中心城区湖库连通工程有序推进，市第三供水厂10扩20项目建成投用；新改建供水管网72.5千米、雨污管网200.2千米。建成投产110千伏以上输变电工程16个，新建5G基站3840个。霞浦核电1号机组建成投产，宁德核电5号、6号机组、古田溪混合式抽蓄项目通过核准。实施农村人居环境分类晋级专项行动，标准版、提升版村庄覆盖率分别提高到62%、32%；创建金牌旅游村112个、"五个美丽"（指美丽乡村庭院、美丽乡村微景观、美丽乡村小公园、美丽田园、美丽乡村休闲旅游点）示范点2140个；整治裸房1.2万栋，保护和整治提升传统村落11个，全域实行生活垃圾干湿分类的乡镇35个、行政村1010个。持续落实支持少数民族村、老区基点行政村和海岛振兴系列政策，实施强村富民惠民"三个一批"（指签约一批、开工一批、投产一批）项目1682个。新改建农村道路405千米，周宁、古田获评"四好农村路"（指建设好、管理好、养护好、运营好的农村公路）全国示范县，寿宁农村公路建养机制入选全国典型案例。实施生态环境综合治理，推进污染防治项目56个，整治入河入海排污口351个，建设生态清洁小流域13.2千米，重点流域、主要湖库、县级饮用水水源地水质达标率100%。完成植树造林9733.33公顷，治理水土流失1.29万公顷。2023年6月12日，"三库+碳库"与习近平生态文明思想理论研讨会在周宁举办。寿宁获评"世界长寿乡"，周宁获评"中国天然氧吧"，东侨入选全国首批减污降碳协同创新试点。

【改革开放】 2023年，"四下基层"制度化宁德实践入选中国改革年度地方典型案例，乡村振兴特聘指导员、根治欠薪"三三"工作机制（即按照预防欠薪、排查欠薪、解决欠薪三个环节来强化属地政府、主管部门、用工企业三方责任）等60余项改革经验在全国全省推广。加快国家级普惠金融改革试验区建设，普惠型小微贷款余额增速超30%、涉农贷款增速达17.4%，金融机构本外币存贷款余额均突破4000亿元大关。深化国资国企优结构促发展综合改革，市属国企资产总额达800亿元。实施营商环境创优专项行动，开展创新试点24项，入选国家级营商环境典型案例7项。启动实施数字赋能"131"工程（即建设"一个平台、三类应用、一个智能中枢"），一体化政务服务平台、工程审批管理系统、数字化监测督导平台建成投用，政务数据总量提升至50亿条。推行政务服务大厅综合窗口改革，"跨域通办"高频事项达354项，"一件事一次办"事项达240项，"一趟不用跑"事项占比85%。扩大开放交流合作，“宁德－福州江阴－台湾”集装箱航线、中欧班列开通，跨境多式联运“一单制”线路成功落地。宁德市组建的中国援助塞内加尔医疗队获全国卫生援外工作表现突出集体，78个国家党宾国宾到宁德参观访问。新增省级对台交流基地1个、闽台农业融合发展推广基地4家、闽台乡建乡创合作项目8个，举办各类涉台交流活动75场。

【科技创新】 2023年，宁德市全社会研发投入增长55.6%、强度3.37%，均居全省第一，规模以上工业企业研发活动覆盖面提高至50.2%。新增国家级高新技术企业60家、省级以上专精特新和“小巨人”企业45家；新增专利授权5616件、国家知识产权优势企业4家，PCT（即《专利合作条约》）国际专利申请数连续4年全省第一；新发布储能、按摩器具、食用菌、太子参等各类标准22项。宁德时代发布全球首款4C超充电池、凝聚态电池，青拓集团轧出0.015毫米世界最薄手撕钢；广生堂抗新冠病毒口服创新药获批上市；大黄鱼和鲍鱼基因组育种芯片、海参秋季规模化繁育技术实现新突破。蕉城上榜全国创新“百强区”，柘荣获批省级高新区。实施新时代“三都澳人才”强市战略，新引进认定省级高层次人才、省工科类青年专业人才、市“天湖人才”2113人，新认定技能人才2.35万人，入围中国最具人才吸引力百强城市。宁德时代曾毓群获诺贝尔可持续发展特别贡献奖，吴凯获“国家卓越工程师”称号。

【社会民生】 2023年，宁德市加大社会保障力度，城镇新增就业3.3万人，城镇职工基本养老保险参保人数111万人，医保住院报销起付线下调20%以上。建成嵌入式养老服务机构7个、互助孝老食堂155个，新增全国示范性老年友好型社区3个；新投用普惠托育机构13家、普惠托位1336个。新开工保障性租赁住房2512套。深化教育扩量提质专项行动，实施补短板项目55个，新增学位1.75万个。新增示范性幼儿园37所、省级义务教育管理标准化学校31所、市级乡村温馨校园43所。市职教园一期、衡水育才中学二期、蕉城七小等项目建成投用。中央厨房建成运营。宁德职业技术学院新能源汽车产业学院获批省级试点，宁德师范学院《高等代数》入选国家级一流本科课程。深化医疗卫生服务提升专项行动，实施补短板项目54个，新增建设床位2035张。新增省级临床重点专科5个，完成县级综合医院卒中中心、胸痛中心、呼吸诊疗中心、创伤中心标准化建设11个，建成社区医院9个。市医院迁建二期、市中医院病房楼等建成投用，市医院、福鼎市医院列入省级区域医疗中心建设单位，全国首家“畲医院”挂牌设立。繁荣发展文化事业，小康电视节目工程荣誉揭晓主题晚会连续3届在宁德举行，“中国诗歌之乡”花落霞浦，柘荣剪纸亮相海外。举办畲族歌舞团建团35周年活动，建成全国最大畲族文献资料库、全省首个设区市级文物智慧云平台。闽东苏区纪念馆获评全国巾帼爱国主义教育基地。开展文化惠民活动1300多场次，新建“百姓大舞台”11个，福安下白石、寿宁下党入选全国“四季村晚”示范展示点。开展宁德马拉松等全民健身活动300多场，闽东健儿摘得亚运会等国家级以上赛事金牌30枚、老健会金奖17项，收获省少数民族运动会奖牌总数和金牌数“两个第一”。

【世界储能大会在宁德举行】 2023年11月9日，首届世界储能大会在福建省宁德市开幕。大会以“全球视野　全新储能”为主题，由宁德市人民政府、福建省工业和信息化厅、工业和信息化部装备工业发展中心联合主办。依托宁德时代等领军企业的强大牵引力，宁德在储能赛道上抢抓机遇、率先开跑，储能电池全球市场占有率超过40%，连续两年位居全球第一。

【原创歌剧《鸾峰桥》走进中央歌剧院】 2023年2月28日，宁德首部原创歌剧《鸾峰桥》亮相中央歌剧院剧场。《鸾峰桥》是一部讴歌中国共产党坚强领导一心为民的当代歌剧，是一部讴歌人民群众自强不息共同富裕的当代歌剧，是一部讴歌时代精神民族复兴的当代歌剧。该剧由中共宁德市委、宁德市人民政府共同出品，宁德市畲族歌舞团、福建省歌舞剧院、寿宁县北路戏保护传承中心、闽江学院联合创排演出，福州海峡交响乐团和爱乐汇交响乐团共同演奏。

【“四下基层”与新时代党的群众路线理论研讨会在宁德举行】 2023年7月21日，由福建省委和人民日报社联合主办的“四下基层”与新时代党的群众路线理论研讨会在宁德举行。“四下基层”是习近平同志在福建宁德工作时大力倡导并身体力行形成的制度。研讨会旨在深入研究“四下基层”的时代价值、科学内涵和重大意义，梳理其与新时代党的群众路线的内在关系，推动学习贯彻习近平新时代中国特色社会主义思想走深走实。（周小迟）

【蕉城区】 位于宁德市东北部的鹫峰山南麓、三都澳之滨，东与霞浦县隔海相望，东北与福安市相连，北接周宁县，西倚屏南县、古田县，南邻罗源县。2023年辖11个镇、3个乡、2个街道及1个省级开发区（三都澳经济开发区），土地面积1505.5平方千米，海岸线总长235.3千米，海域总面积280平方千米。年末户籍人口55.10万人，常住人口65.4万人。人口自然增长率1.07‰。耕地面积0.98万公顷，粮食播种面积0.53万公顷，粮食产量2.73万吨。林地面积10.27万公顷，森林覆盖率57%，活立木蓄积量656.79万立方米。重要海洋资源有官井洋大黄鱼国家级水产种质资源保护区。霍童线狮、畲族“双音”被列为国家级非物质文化遗产，“中国水密隔舱福船制造技艺”被列入世界非物质文化遗产名录，黄鞠水利入选世界灌溉工程遗产名录。主要旅游景区（点）有霍童古镇、洋中古镇、三都澳斗帽岛、上金贝“中华畲家寨”景区等4个国家AAA级旅游景区，赤溪颐兰国学基地、霍童桃花溪红色旅游景区、猴盾畲歌茶韵等3个国家AA级旅游景区。主要地方产品有天山绿茶、天山红茶、晚熟龙眼、晚熟荔枝、枇杷、草莓等茶果，官井洋大黄鱼、二都蚶、太平洋牡蛎等水产品。

2023年，蕉城区获“全国地级城市市辖区高质量发展百强”“中国工业百强区”“全国创新百强区”“省城市发展‘十优’区”“全国‘平安农机’示范县”等荣誉称号。

2023年，全区地区生产总值1340.1亿元，比上年增长10.4%。其中，第一产业增加值43.89亿元，增长3.8%；第二产业增加值955.93亿元，增长13.7%；第三产业增加值340.28亿元，增长2.0%。人均地区生产总值20.62万元，增长8.5%。规模以上工业增加值增长20.7%。农林牧渔业总产值86.43亿元，增长3.9%。社会消费品零售总额183.46亿元，增长3%。外贸出口额506.8亿元，增长18.46%；实际利用外资200万美元，下降94.3%。一般公共预算总收入76.76亿元，增长26%；其中地方一般公共预算收入38.49亿元，增长26.2%。城镇居民人均可支配收入46862元，增长5.4%；农村居民人均可支配收入24873元，增长7.5%。

第七届中国（宁德）大黄鱼文化节。2023年11月24—26日，第七届中国（宁德）大黄鱼文化节在宁德市举办，活动通过品牌宣传、质量引领、产销对接、产业高峰论坛、文化旅游、餐饮美食等形式，传播宁德大黄鱼、宁德大黄鱼区域公共品牌形象及展示特色产业文化，助力宁德大黄鱼享誉全国、游向世界。（周统康　陈洋洋）

福安市白云山风景。摄于2023年　　（席国胜　摄）

【福安市】 位于宁德市东北部，东邻柘荣县、霞浦县，西连周宁县，北毗寿宁县、浙江省泰顺县，南接蕉城区、三沙湾。2023年辖1个省级经济开发区、13个镇、5个乡、4个街道，总面积1880平方千米。年末户籍人口67.21万人，常住人口59.9万人。人口自然增长率−0.94‰。耕地面积1.64万公顷，粮食播种面积1.61万公顷，粮食产量7.76万吨。林地面积11.3万公顷，森林覆盖率55.35%，活立木蓄积量975.39万立方米。重要矿产资源有银、金、钼、铜、铅、锌、饰面用石材、叶蜡石、高岭土、脉石英、建筑用砂石等。重要海洋资源有大黄鱼、梅童鱼、凤尾鱼、虾蟹类、贝类苗种等水生生物259种。主要旅游景点有世界地质公园、国家AAAA级旅游景区白云山，国家AAA级旅游景区、中国历史文化名村廉村，国家AAA级旅游景区穆云景区，国家AAA级旅游景区、“闽东延安”红色旅游基地柏柱洋，刺桫椤省级自然保护区瓜溪，“坦洋工夫”历史文化名村坦洋，以及松罗天池草场、金山大峡谷等自然、人文景观。

2023年，福安市获评全国县域高质量发展百强县、全国工业百强县、国家农业现代化示范区、全国茶业高质量发展县域、全国重点产茶县域、最美中国文化旅游名县等。

2023年，全市地区生产总值835.64亿元，比上年增长10.3%。其中，第一产业增加值62.44亿元，增长3.0%；第二产业增加值512.98亿元，增长12.1%；第三产业增加值260.21亿元，增长8.8%。人均地区生产总值138811元，增长11.3%。规模以上工业总产值2327.5亿元，增长7.4%。农林牧渔业总产值107.68亿元，增长3.1%。固定资产投资下降22.6%。社

福安湾坞半岛是福安不锈钢千亿元产业集群所在地。摄于2023年　　（吴庆堂　摄）

会消费品零售总额178.63亿元，增长4.6%。外贸出口额66.28亿元，降低19.74%。一般公共预算总收入76.05亿元，增长15.2%；其中地方一般公共预算收入44.45亿元，增长12.3%。城镇居民人均可支配收入48266元，增长4.8%；农村居民人均可支配收入25814元，增长7.9%。

不锈钢千亿元产业集群。以青拓集团为龙头的福安不锈钢新材料产业集群是全球最大的不锈钢生产和深加工基地。2023年，完成产值2023.79亿元，建成宁德市第二个两千亿元产业集群，3家企业入选福建民企100强、制造业企业100强。

福安市政府门户网站绩效评估首次进入全国十强。2023年12月20日，福安市政府门户网站获评全国政府网站（区县级）绩效评估第8名。“做深做实政策服务——福安市打造一体化招商服务平台”创新案例入选2023年全国政府网站（区县级）“十佳”优秀创新案例。

（谢再城　谢先荣）

【福鼎市】 位于宁德市东北部，2023年辖3个街道、10个镇、3个乡及龙安开发区。年末户籍人口60.27万人，常住人口56.80万人。人口自然增长率－0.90‰。粮食播种面积1.32万公顷，粮食产量6.52万吨。林地面积8.60万公顷，森林面积6.71万公顷，活立木蓄积量356.48万立方米，森林覆盖率43.42%。福鼎市内溪流纵横密布，流域面积在100平方千米以上的河流有5条、50～100平方千米的河流有4条。福鼎市境内多年平均地表水水资源总量17.88亿立方米，平均每平方千米水资源117.2万立方米；人均水资源量3105立方米。福鼎市发现的矿产有铜、铅锌、银、镉、铁、稀土、叶蜡石、玄武岩、花岗岩等30余种，探明储量的有铅锌、银、铜、镉、硫铁矿、叶蜡石、玄武岩、花岗岩等，其中中型矿床2处，为大嶂山饰面用玄武岩矿山和福鼎叠石银铜铅锌矿床（含伴生硐、银、硅灰石）。境内有野生动物69目239科665属904种，有国家Ⅰ级保护动物11种。境内已查明植物769属1392种，有国家一级野生植物水松、银杏、苏铁及南方红豆杉，国家二级野生植物福建柏、鹅掌楸、凹叶厚朴、闽楠、浙江楠、花榈木、红豆树、金豆。福鼎市海域面积1.49万平方千米，适合养殖水域总面积19771.4公顷。海岸线长371千米，其中有居民海岛岸线87千米；大小岛礁151个，其中岛屿81个。福鼎海域水生生物有鱼、虾、贝、藻类和其他生物共700多种。以台山岛周围的台山渔场为中心，辐射至闽东和浙南渔场，60米等深线以内，均是渔业常年生产的渔场。福鼎市是福建省首批全域生态旅游示范县。主要旅游景点有世界地质公园、国家AAAAA级旅游景区、国家级风景名胜区太姥山，中国十大最美海岛嵛山岛，国家AAA级旅游景区牛郎岗海滨景区、九鲤溪瀑景区、绿雪芽白茶庄园和柏洋文化旅游区4处。形成以太姥山景区为核心，嵛山岛、九鲤溪、牛郎岗、小白鹭、赤溪、翠郊等景点和乡村旅游点众星拱月的休闲观光旅游体系。

2023年，福鼎市获评全国水产健康养殖和生态养殖示范区、“平安农机”示范县、中国栀子花之乡、第五批节水型社会建设达标（区）、“四好农村路”省级示范县、省级城乡精神文明融合创建试点县。桐江鲈鱼入选全国农业品牌精品培育名单、名特优新农产品，嵛山岛获评全国“和美海岛”，太姥山景区上榜省级五钻级智慧景区、品牌价值百强。磻溪镇赤溪村入选全国乡村治理示范村。

2023年，福鼎市地区生产总值562.43亿元，比上年增长13.5%。其中，第一产业增加值81.05亿元，增长3.2%；第二产业增加值310.58亿元，增长23.3%；第三产业增加值170.80亿元，增长2.5%。农林牧渔业总产值139.96亿元，增长3.3%。工业增加值292.14亿元，增长27.2%。规模以上工业增加值增长42.0%。固定资产投资下降15.0%。社会消费品零售总额209.27亿元，增长2.9%。一般公共预算总收入40.76亿元，增长11.8%；其中地方一般公共预算收入24.07亿元，增长0.7%。金融机构本外币存款余额431.80亿元，增长7.5%；金融机构本外币贷款余额704.16亿元，增长12.2%。城镇居民人均可支配收入47558元，增长4.7%；农村居民人均可支配收入25002元，增长7.8%。

2.5万吨“禾源顺89”集装箱船吉水。2023年3月20日，由福建省立新船舶工程有限公司承建的2.5万吨“禾源顺89”集装箱船吉水。“禾源顺89”船长167.05米、宽25.3米，船型深13.3米，船载重量2.5万吨，有1500个集装箱箱位，是立新船舶建造

2023年5月19日，“山海仙境·爱在福鼎”——2023中国旅游日宁德分会场活动在太姥山景区举行

（刘超超　摄）

2023年11月30日，首届国际白茶大会在福鼎市文化艺术中心举行。图为演出表演　　（夏岩缘　摄）

的首艘2.5万吨级集装箱船，也是福建省民营企业建造的最大吨位的集装箱船。

法国开发署贷款福鼎项目协议签署。2023年4月6日，财政部和法国开发署签署福建省福鼎市建设山水林海一体化保护管理与合理利用示范项目贷款协议。该项目获法国开发署8000万欧元贷款，贷款期限20年（含6年宽限期），主要建设内容包括山水林海生物多样性保护与恢复、生态旅游和社区发展转型升级以及能力建设等。该项目获欧盟—中国生物多样性基金172.4万欧元赠款支持，是法国开发署在中国实施的第一个“海洋和沿海生物多样性”项目，也是福建省引入的第二个法开署贷款项目。

福鼎白茶参加迪拜中国文化周活动。2023年9月23日，由中国驻迪拜总领事馆、迪拜市政府、丝绸之路城市联盟、迪拜“拥抱中国”联席会主办的“2023迪拜中国文化周”活动在迪拜中国城举行。福鼎白茶作为中国茶唯一代表参加活动开幕式，并与“丝绸之路”城市迪拜携手开展“福鼎白茶诗乐茶会”活动。活动为期5天，其间开展中阿科技文化合作论坛、丝路百花交流展、福鼎白茶圆桌论坛等文化交流活动。

首届国际白茶大会举办。2023年11月30日，以“白茶之源福鼎，筑梦远航共赢”为主题的首届国际白茶大会在福鼎市文化艺术中心举行。联合国相关机构、国际茶界专家学者、行业领军企业家、驻华使馆代表、茶叶主产区相关负责人及采购商代表等各界嘉宾参加。开幕式上，福鼎市被国际茶叶委员会、中国食品土畜进出口商会确定为国际白茶大会唯一举办地。大会举办“国际白茶发展”主旨演讲、福鼎白茶传统制茶技艺非遗项目与茶乡之旅、“国际友人话白茶”圆桌会议等多项活动。

（王亦群　张媛钰）

【霞浦县】　位于宁德市东北部，2023年辖3个街道、12个乡镇，陆地面积1712平方千米。年末户籍人口54.73万人，常住人口47.9万人。人口自然增长率－2.24‰。霞浦县是全省10个渔业重点县之一，海域面积2.89万平方千米、海岸线510千米、浅海滩涂1766.7平方千米、岛屿442个，均居福建省沿海县份首位。海洋鱼类700多种，滩涂生物300余种，盛产大黄鱼、海带、紫菜、刺参、鲍鱼等，年水产品总量位居全省前列。享有“中国海带之乡”“中国紫菜之乡”“中国南方海参之乡”“中国海带苗之乡”“中国生态大黄鱼之乡”的美誉。霞浦县境内有杨家溪、罗汉溪、玉潭樱花谷等旅游景区和道教、佛教等自然人文景观，分布着大京、高罗等10多个沙滩，尤其是海滩摄影独具特色，每年均有大量海内外摄影爱好者到县内拍摄，获“全国摄影创作基地”称号，被誉为中国“十大风光摄影圣地”“中国最美丽的滩涂”。霞浦县耕地面积1.42万公顷，粮食播种面积0.86万公顷，粮食产量4.36万吨。林地保有量9.73万公顷，森林覆盖率51.31%，活立木蓄积量605万立方米。

2023年，霞浦县蝉联福建省县域经济发展“十佳”县榜首，政府网站绩效评估进入全国前十，获“中国诗歌之乡”“中国滨海生态康养基地”“2023国民休闲度假旅游目的地”“中国最美乡村旅游目的地”等称号。溪南镇海上矛盾化解工作法入选全国新时代“枫桥经

霞浦东海一号线融合“交通+旅游”，推动沿线民宿、餐饮和农业观光等旅游产业的发展。图为摄于2023年3月的一号线景观闾峡村段鸟瞰　　（林忠玉　摄）

2023年8月3日，全省首个县域文旅经济发展大会——“画本霞浦　千鲜之城”霞浦县文旅经济高质量发展大会举办。图为首批宁德市“金牌旅游村”授牌　　（霞浦县融媒体中心）

验”先进典型。茶岗村、上村村入选第六批中国传统村落名录，半月里村获评全国美丽宜居村庄，古县村获评全国乡村治理示范村。水潮小学入选全国国防教育示范学校，县医院获全国改善医疗服务能力奖。

2023年，霞浦县地区生产总值371.53亿元，比上年增长2.3%。其中，第一产业增加值96.92亿元，增长4.0%；第二产业增加值116.47亿元，下降2.8%；第三产业增加值158.14亿元，增长5.7%。农林牧渔业总产值180.86亿元，增长4.1%。规模以上工业增加值下降13.1%。固定资产投资下降35.1%。社会消费品零售总额116.49亿元，增长2.3%。一般公共预算总收入31.64亿元，增长3959.4%；其中地方一般公共预算收入23.72亿元，增长171.3%。金融机构本外币贷款余额464.22亿元，增长15.5%。城镇居民人均可支配收入44226元，增长3.4%；农村居民人均可支配收入25267元，增长6.2%。

省委常委会主题教育第二次读书班赴霞浦现场教学。2023年5月27日，省委常委会学习贯彻习近平新时代中国特色社会主义思想主题教育第二次读书班赴霞浦现场教学。省委书记周祖翼、省长赵龙、省政协主席滕佳材等领导参加，先后参观“把心贴近人民·四下基层发源地”主题展、东山村幸福之路展示馆等教学点，实地重温习近平同志当年下访接待群众、深入乡村开展调查研究、推动落实茅草房改造等生动实践，感悟习近平新时代中国特色社会主义思想的真理伟力。

文旅经济高质量发展大会。2023年8月3日，“画本霞浦　千鲜之城”霞浦县文旅经济高质量发展大会举行，会议是全省首个县域文旅经济发展大会，众多省市县领导、文旅专家、国内头部文旅企业负责人参会。会议先后开展重点项目启动仪式、产业发展交流、文旅资源推介、项目签约仪式等活动，为推动霞浦县文旅经济高质量发展注入新动能。

海参秋季规模化育苗繁育验收。2023年12月6日，福建省水产研究所海参创新团队和福建一嘉苗业公司合作开展的海参秋季规模化育苗繁育试验进行现场验收。经取样测量，试验培育出的仿刺参“福参1号”新品系F3代苗种体态伸展良好、体色鲜艳、刺完整、附着力强，通过验收。育苗繁育试验的成功验收填补了中国南方地区仿刺参育种和育苗的空白，标志着福建省在海参（仿刺参）秋季规模化苗种繁育方面取得新的突破。　（洪伟）

【寿宁县】　位于宁德市北部，2023年辖8个镇、6个乡，土地面积1433平方千米。年末户籍人口25.51万人，常住人口17.1万人。人口自然增长率−2.85‰。耕地面积1.36万公顷，粮食播种面积1.05万公顷，粮食总产量5.39万吨。林地面积10.32万公顷，活立木蓄积量628.83万立方米，森林覆盖率60.69%。大小径流1700余条，年平均流量22亿立方米，水能蕴藏量50万千瓦，年发电量16亿千瓦时。重要矿产资源有叶蜡石、饰面石材、建筑用石料、白云岩、脉石英、明矾石、硫铁矿、矿泉水等。主要旅游景区（景点）有国家AAA级旅游景区难忘下党红色旅游景区、西浦旅游景区、云上花田旅游景区，国家AA级旅游景区垅上茶乡旅游景区，以及杨梅洲峡谷国家森林公园、官台山古银硐国家地质公园、黄槐湖景区、三峰公园、南山风景区、仙岩景区、芎坑原始森林、三关胜境等。

寿宁县南阳镇老区基点村含溪村景观。摄于2023年2月　（吴苏梅　摄）

2023 年 10 月 1 日晚，寿宁美食街正式开街　　（郑永桦　摄）

2023 年，寿宁县获评全球第十个“世界长寿乡”，获评全市首个“全国信访工作示范县”。上榜 2023 年国家乡村振兴示范县创建名单，获评全国茶业百强县和“全国特色魅力茶乡”荣誉。农村公路建养机制经验入选国家典型案例，入选第七批“四好农村路”省级示范县。下党乡下党村获评全国民主法治示范村、全国生态文化村、省级美丽休闲乡村，下党学校获授全国新时代雷锋学校。武曲镇承天村获评第三批全国乡村治理示范村。鳌阳小学入选全国中小学国防教育示范校。润昌旺茶叶专业合作社被认定为国家农民合作社示范社。科技特派员工作总站获评 2022 年全国文化科技卫生“三下乡”集中服务活动优秀团队。

2023 年，寿宁县地区生产总值 115.17 亿元，比上年增长 2.0%。其中，第一产业增加值 20.10 亿元，增长 3.0%；第二产业增加值 37.75 亿元，下降 9.3%；第三产业增加值 57.33 亿元，增长 9.4%。农林牧渔业总产值 33.98 亿元，增长 3.1%。规模以上工业增加值下降 13.5%。固定资产投资下降 49.5%。社会消费品零售总额 31.38 亿元，下降 5.7%。一般公共预算总收入 6.02 亿元，增长 3.1%；其中地方一般公共预算收入 4.07 亿元，增长 0.7%。金融机构本外币贷款余额 112.00 亿元，增长 19.95%。城镇居民人均可支配收入 34925 元，增长 4.5%；农村居民人均可支配收入 21986 元，增长 8.2%。

*全县消防队伍技能比武竞赛活动。*2023 年 11 月，寿宁县开展多种形式消防队伍技能比武竞赛活动，全县 14 个乡镇志愿消防队伍参加比赛。比赛设有 8 千克干粉灭火器灭火操、一人两盘水带连接操、百米负重、塔基攀登挂钩梯、手抬机动泵单干线等 7 个比赛科目，全方位检验和提升多种形式消防队伍灭火救援实战能力，集中展示良好的战斗素养和精神面貌。

*寿宁美食街正式开街。*2023 年 10 月 1 日晚，位于鳌阳镇福宁街的寿宁美食街开街。美食街可以品尝到各地著名美食、网红美食，也能品尝到一些古老而传统的小吃，还设置多个打卡点和网红标识。

*寿宁县第七届寿橙丰收节暨助农直播带货大赛。*2023 年 12 月 2 日上午，寿宁县第七届寿橙丰收节暨助农直播带货大赛在武曲镇承天村启动。武曲镇发展纽荷尔脐橙、红美人、橘柚、沃柑、砂糖橘等 10 多个品种，柑橘类水果种植面积达 373.33 公顷。承天村“村村有直播”直播基地，10 个主播在直播间开展直播带货。活动当日，主办方还为直播带货大赛、短视频大赛、寿橙评比等各类比赛获奖者颁发奖状和奖金。

*寿宁县第八届美丽乡村公益行暨第五届车岭攀岭节活动。*2023 年 10 月 14 日，寿宁县第八届美丽乡村公益行暨第五届车岭攀岭节活动举行。赛事分为男子登天组和女子登天组，以及鼓励更多喜爱健身的群众加入登山比赛行列的体验组，共计 103 名选手参赛。赛程全程约长 7000 米，有 12900 多级台阶，跨斜滩镇、清源镇。　（郭杨宇　刘宗鑫）

【周宁县】　位于宁德市西北部，2023 年辖 6 个镇、3 个乡，土地面积 1035 平方千米。年末户籍人口 20.91 万人，常住人口 14.3 万人。人口自然增长率 −2.66‰。全县耕地面积 6644.93 公顷，粮食播种面积 5058.07 公顷，粮食产量 2.81 万吨。林地面积 8.22 万公顷，森林覆盖率 72.96%，活立木蓄积量 488.6 万立方米。重要矿产资源有明矾矿、珍珠岩、高岭土、稀土、铅、

周宁县苏家山航拍图。摄于 2023 年　　（周宁县委党史方志室）

2023年6月12日，"三库＋碳库"与习近平生态文明思想理论研讨会在周宁县开幕　　（汤文娟　摄）

锌、铁等。主要旅游景点有九龙漈、鲤鱼溪、陈峭、仙凤山、苏家山、蝙蝠洞等。2023年，周宁县获评全国自然资源节约集约示范县、中国天然氧吧、全国红茶重点产区、节水型社会建设达标县、避暑旅游目的地、"四好农村路"全国示范县、全国"绿水青山就是金山银山"实践创新基地等。

2023年，全县地区生产总值112.31亿元，比上年增长2.3%。其中，第一产业增加值10.41亿元，增长5.9%；第二产业增加值40.37亿元，增长2.6%；工业增加值33.74亿元，增长6.2%；第三产业增加值61.52亿元，增长1.5%。人均地区生产总值77721元，增长3.0%。规模以上工业总产值54.12亿元，增长9.6%。农林牧渔业总产值18.88亿元，增长6.0%。固定资产投资22.20亿元，下降19.2%。社会消费品零售总额29.42亿元，下降1.1%。外贸出口额6344万元，增长78%；实际利用外资200万美元，增长100%。一般公共预算总收入7.11亿元，增长73.0%；其中地方一般公共预算收入5.33亿元，增长47.6%。城镇居民人均可支配收入38638元，增长4.4%；农村居民人均可支配收入23050元，增长7.0%。

"三库＋碳库"与习近平生态文明思想理论研讨会。2023年6月12日，由福建省习近平新时代中国特色社会主义思想研究中心、中共宁德市委指导，中共福建省委党校、福建日报社、福建省社科联、福建社科院、福建省习近平新时代中国特色社会主义思想研究中心宁德实践基地联合主办，中共周宁县委、宁德市社科联承办的"'三库＋碳库'与习近平生态文明思想理论研讨会"在周宁县召开。与会专家学者围绕"三库＋碳库"重要理念与习近平生态文明思想的逻辑关系展开深入交流研讨，取得丰硕理论成果。

第五届生态康养与健康养老大会暨周宁首届康养旅游季活动。2023年8月12日，第五届生态康养与健康养老大会暨周宁首届康养旅游季活动在周宁县旅游集散中心（工人文化宫）和鲤鱼溪举办。大会围绕"生态康养与健康养老""生态康养产业的创新和探索""微生态康养保健—老年肠道菌群与健康""创新旅游康养产业与健康养老模式"等主题，就森林疗养、食品营养、保健康复、健康服务业、养老服务业等领域展开深入交流，助力周宁生态康养产业高质量发展。集研发、智造、销售、服务于一体的华东菌群生命疗养基地在会上正式签约落地。

"百茶归巢·周宁有鲤"北京鸟巢·福建周宁高山云雾茶推介会。2023年9月16日，"百茶归巢·周宁有鲤"北京鸟巢·福建周宁高山云雾茶推介会在北京鸟巢金色大厅举行。周宁县与鸟巢文化中心发布联名产品"庆奥运十五周年·周宁高山云雾纪念茶套装"，并发布《周宁高山云雾茶团体标准》。（陈夏芳）

【柘荣县】　位于宁德市北部，2023年辖2个镇、7个乡，土地面积538.21平方千米。年末户籍人口11.03万人，常住人口9.2万人。人口自然增长率－2.27‰。耕地面积4709.77公顷，粮食播种面积4683.67公顷，粮食产量2.57万吨。重要矿产资源有银、饰面石材、建筑石料、高岭土。主要旅游景点有鸳鸯草场、东狮山、九龙井、富溪商贸古镇、靴岭尾剪纸文创田园、黄柏中华游氏文化园、溪口旧时光风情慢村、烽火西竹岔红色教育基地、半岭茶药康养主题村。

2023年，柘荣县太子参入选2023年第三批全国名特优新农产品、福建省首批"福农优品"百品榜，城郊乡创成首批国家农业产业强镇、入选全省第二批乡村振兴示范乡镇培育对象。柘荣县获评全国重点产茶县域、茶叶投资价值新锐县域，柘荣县高山白茶入选2023年福建十大农产品区域公用品牌。柘荣剪纸入选"中国礼物"名单。柘荣县被认定为学前教育普及普惠县。

2023年，全县地区生产总值86.99亿元，比上年增长2.8%。其中，第一产业增加值10.38亿元，增长4.1%；第二产业增加值33.81亿元，下降0.9%，其中工业增加值20.66亿元，下降8.8%；第三产业增加值42.80亿元，增长5.6%。规模以上工业增加值下降24.7%。农林牧渔业总产值18.57亿元，增长4.2%。固定资产投资下降19.0%。社会消费品零售总额39.03亿元，增长4.4%。一般公共预算总收入5.87亿元，增长2.7%；其中地方一般公共预算收入3.66亿元，下降4.0%。城镇居民人均可支配收入35650元，增长3.8%；农村居民人均可支配收入22007元，增长7.7%。

柘荣县创成全市首家省级高新区。2023年1月18日，柘荣高新区创建通过省政府常务会议，成为宁德市首家省级高新区。柘荣高新区将享受国家和省里高新技术产业相关政策支持，对于优化柘荣产业结构、招商引资和提升柘荣高新技术产业发展水平有重要意义。

*中国·柘荣第五届马仙信俗文化节暨非遗艺术节开幕。*2023年8月22日，第五届马仙信俗文化节暨非遗艺术节在柘荣县仙屿公园开幕。柘荣县委县政府重视非遗文化的保护、传承和弘扬，成立非遗传承中心，把剪纸文化融入城市建设、嵌入乡村院落，精心塑造"华夏剪纸城"，丰富完善马仙信俗孝德之核心、平安之要义，打造中国马仙信俗朝圣中心。

*2023柘荣太子参产业暨生物医药产业招商推介会开幕。*2023年9月1日，由中国中药协会主办，中共柘荣县委、柘荣县人民政府承办的2023柘荣太子参产业暨生物医药产业招商推介会开幕式在县体育中心举行。全国知名专家（院士）、知名制药企业、意向投资客商、柘荣异地商会代表、本地投资兴业的企业家代表共聚柘荣，掀起招商引资热潮。

*"我的海丝故事"国际短视频大赛暨2023鸳鸯草场星空露营音乐节启动。*2023年8月5日，"我的海丝故事"国际短视频大赛暨2023鸳鸯草场星空露营音乐节启动仪式在柘荣举行。大赛启动的还有第二届鸳鸯草场星空露营音乐季，音乐季邀请多个知名乐队到场，以音乐、美食、露营与自然美景融于一体的独特活动，为音乐爱好者和户外爱好者提供别具一格的体验。

*第二十二届八大处中国园林茶文化节暨首届福建柘荣高山白茶文化周活动开幕式举行。*2023年4月28日，以"这山·这水·柘有好茶"为核心主题的第22届八大处中国园林茶文化节暨首届福建柘荣高山白茶文化周活动开幕式在北京市举行。文化节以柘荣高山白茶作为主题茶品，以弘扬先进文化和推动茶经济发展为宗旨，打造以健康为名的茶文化体验，传播以八大处为核心的登山品茗康养之旅以及以福建柘荣白茶为主题茶品的文化集合。（魏诗泽）

【古田县】 位于宁德市西南部，2023年辖8个镇、4个乡、2个街道，土地面积2372.83平方千米。年末户籍人口41.25万人，常住人口31.4万人。人口自然增长率－3.7‰。耕地面积1.68万公顷，粮食播种面积1.92万公顷，粮食产量11.23万吨。林地面积17.54万公顷，森林覆盖率67.83%，活立木蓄积量1246.06万立方米。拥有福建省最大的人工淡水湖——古田翠屏湖。重要矿产资源有铁、铜、铅、锌、钨、钼、稀土、银和金等金属矿和叶蜡石、花岗石、陶黏土、硅石、泥炭土、高岭土、萤石、黄铁矿、矾灰熔岩、矿泉水、温泉等非金属矿。主要旅游景点有翠屏湖、临水福地景区、千年古刹极乐寺、泮洋高岗草场、杉洋历史文化名镇、卓洋廖厝温泉、卓洋前洋古民居、平湖圆瑛故里、大桥钱来山风景区、金翼之家、蘑菇部落、凤埔乡白岩洞、利洋景区、杉洋白溪草场等。2023年，古田县获评创建国家农产品质量安全县、国家级"互联网＋"农产品出村进城试点县、"四好农村路"全国示范县、"中国天然氧吧"。古田县翠屏湖景区被评定为国家AAAA级旅游景区。

2023年，全县地区生产总值253.87亿元，比上年增长3.6%。其中，第一产业增加值57.38亿元，增长5.1%；第二产业增加值73.87亿元，下降1.4%；第三产业增加值122.62亿元，增长5.8%。人均地区生产总值80722元，增长4.9%。农林牧渔业总产值99.49亿元，增长5.2%。工业增加值57.76亿元，下降3.6%；规模以上工业增加值下降10.4%。固定资产投资增长2.5%。社会消费品零售总额102.03亿元，增长2.0%。一般公共预算总收入13.11亿元，增长19.8%；其中地方一般公共预算收入9.56亿元，增长10.5%。城镇居民人均可支配收入42386元，增长4.2%；农村居民人均可支配收入26299元，增长8.0%。

*中国银耳产业发展蓝皮书发布会。*2023年7月17日，由中国食用菌协会、古田县人民政府主办，中国经济信息社、中国食用菌协会银耳产业分会承办的"中国银耳产业发展蓝皮书发布会"在北京举办。蓝皮书系统阐述大健康和乡村振兴战略背景下，中国银耳产业面临的机遇与挑战，记录中国银耳主产区的产业发展现状。同时聚焦新时代新征程背景下银耳产业发展的热点问题，梳理银耳产业在种业创新、绿色生产、精深加工、品牌建设和营销及全产业链数字化平台建设等方面的现状及问题，提出推动中国银耳产业向现代化发展的实施路径。发布会期间还进行特色产品展示和银耳招商项目签约，达成投资、贸易相关合作超50亿元。

*圆瑛法师与宗教中国化论坛活动。*2023年9月25—27日，以"智慧互鉴·和谐共融"为主题的圆瑛法师与宗教中国化论坛活动在古田县举办，台港澳同胞、海外侨胞以及来自各地的高僧大德、佛教中国化的研究学者、圆瑛文化爱好者齐聚古田，展开文化交流。活动开幕式上举行福建省爱国主义教育基地、福建省对台交流基地、福建省华侨文化交流基地揭牌仪式及福建省圆瑛法师思想研究基地授牌仪式，并启动福建省圆瑛文教基金会。活动还举办圆瑛法师与宗教中国化学术论坛、"复兴之路·圆瑛之光"书画展暨书画家笔会以及圆瑛法师入台弘法100周年座谈会。

*古田县医院迁建工程竣工。*2023年12月28日，古田县医院迁建工程PPP项目通过竣工验收并举行竣工仪式。该项目是省、市重点项目和古田县重点民生工程，总投资约9.5亿元，项目规划用地11.09公顷，总建筑面积11.8万平方米，建有门诊楼、医技楼、病房楼、感染楼、行政教研楼、学术中心等基本设施。（张晨曦）

【屏南县】 位于宁德市西部，县域面积1487平方千米，2023年辖5个镇、6个乡。年末户籍人口18.66万人，常住人口13.7万人。人口自然增长率－3.02‰。屏南县是全国农村改革试验区、全国传统村落集中连片保护利用示范县、中国传统村落文化创意产业发展示范县、中国民间文化艺术之乡、中国民间药膳示范县、国家东部生态文明旅游区、国家生态文明建设示范区、省重点侨乡。屏南县是革命老区县，拥有革命旧址、旧居和战斗遗址56处，叶飞等老一辈革命家曾在这里战斗过，新四军第三支队第六团北上抗日曾在这里集结、整编、出发，是全国红色旅游经典景区、全省26个重点苏区县之一，被誉为“红旗不倒县”。屏南县也是高山生态县，拥有独特的生态气候优势，平均海拔830米，森林覆盖率达73.05%，年平均气温17℃，冬无严寒，夏无酷暑，是国家重点生态功能区、省级生态县、省级园林县城、省级森林县城，是全省少数保持水、大气、生态环境质量均为优良等级的县份之一。屏南县是风景名胜县，拥有世界地质公园、国家级风景名胜区、国家AAAAA级旅游景区、国家绿色旅游示范基地、国家体育旅游示范基地白水洋·鸳鸯溪，国家AAA级旅游景区漈下、北墘、双溪、小梨洋、漈头，国家森林公园天星山，全国乡村旅游重点村龙潭，以及仙山牧场、茶盐古道、水松林等一批景点。屏南县是文化厚重县，拥有中国传统村落25个、中国历史文化名镇名村3个、中国传统建筑文化旅游目的地7个、国家级非物质文化遗产4项、全国重点文物保护单位2处11个、古代廊桥56座，木拱桥传统营造技艺被列入世界急需保护的非物质文化遗产名录，是中国木拱廊桥文化之乡、中国民间武术文化之乡、中国红釉黄酒文化之乡、中国草本养生文化之乡。屏南县是全省最大的花椰菜生产基地和夏季高山蔬菜种植基地，每年为全省夏秋淡季供给蔬菜20%以上，并建有全省最大的文心兰种植基地。邦普时代新能源、时代电子科技、润能新材料等宁德市主导产业链项目落地屏南，高新技术产业园是宁德时代在宁德市山区县中最大、最成熟的配套基地。

2023年，屏南县地区生产总值129.30亿元，比上年增长3.2%。其中，第一产业增加值18.55亿元，增长6.2%；第二产业增加值54.36亿元，增长3.8%；第三产业增加值56.39亿元，增长1.7%。农林牧渔业总产值32.44亿元，增长6.3%。工业增加值49.44亿元，增长7.3%。规模以上工业增加值下降5.2%。固定资产投资下降35.4%。社会消费品零售总额44.86亿元，增长0.1%。批发业商品销售额13.19亿元，增长22.6%；零售业商品销售额39.28亿元，下降1.6%；住宿业营业额2.14亿元，增长18.4%；餐饮业营业额6.87亿元，增长4.0%。一般公共预算总收入5.38亿元，下降9.4%；其中地方一般公共预算收入3.73亿元，下降24.7%。金融机构人民币存款余额102.12亿元，增长6.4%；贷款余额为112.90亿元，增长12.5%。城镇居民人均可支配收入37074元，增长4.3%；农村居民人均可支配收入22156元，增长6.4%。

“传统村落万里行”网评品牌活动走进屏南。2023年2月18—19日，由中共中央宣传部、中央网信办、住房和城乡建设部、新华通讯社在京联合启动传统村落保护宣传活动“发现最美　你评我论”——“传统村落万里行”网评品牌活动走进屏南。活动期间，采访团一行先后到屏南县熙岭乡龙潭村、甘棠乡漈下村，实地了解屏南保护传统村落的实践路径，总结屏南创新求“变”探索古村落保护与活化利用的经验，以生动笔触与画面记录老屋“活”起来、古村“美”起来的历程，全方位、多角度、立体化展现传统村落焕发新时代的魅力与风采的过程。

福建省乡村振兴工作机制创新现场推进会。2023年5月17日，福建省委扶贫开发成果巩固与乡村振兴工作领导小组办公室在屏南县召开福建省乡村振兴工作机制创新现场推进会。会议重点展示屏南县熙岭乡龙潭村的“一人一策”引才留才、新村民政策、古村落保护利用“认租”“工料法”、党建联村共建、发展壮大村级集体经济等情况，熙岭乡四坪村的乡村振兴研究院、特聘指导员、“我在屏南有亩田”等情况，代溪镇北墘村的传统黄酒文化挖掘开发、联农带农、美丽乡村庭院、美丽乡村微景观、美丽乡村小公园（小广场）、美丽田园、美丽乡村休闲旅游点建设等情况，溪角洋工业园区农产品电子商务产业园的电商平台建设、主播培训、直播带货等情况。

第十二届宁德世界地质公园文化旅游节。2023年9月17日，第十二届宁德世界地质公园文化旅游节在屏南县双溪古镇开幕。旅游节以“清新福建·山海宁德·浪漫屏南”为主题，由福建省文化和旅游厅、宁德市人民政府主办，宁德市文化和旅游局、宁德市林业局、宁德市旅发集团、屏南县人民政府承办。开幕式演艺节目主题为“千年之约·浪漫屏南”，分“初见”　“追寻”“缘牵”“好合”等4个篇章，采用多媒体情景交互式演出形式，展现屏南得天独厚的生态资源、自然景观、人文底蕴。

大食物观与粮食安全研讨会。2023年11月24日，大食物观与粮食安全研讨会在屏南县举办，省内外高校、科研院所的专家学者和“三农”工作者们齐聚一堂，共同探讨保障粮食安全、助力乡村振兴新路径。研讨会由福建省乡村振兴研究会、福建农林大学、宁德市委、宁德市人民政府指导，屏南县委、屏南县人民政府主办，以“大食物观与粮食安全”为主题，旨在更好地践行大食物观。研讨会期间举行“屏南800”生态公共品牌发布仪式，举行全国首个“大食物馆”揭牌仪式，推进粮食安全与生态文明建设，研究总结闽东特色的乡村振兴之路。　（郑传金）

平潭综合实验区

【概况】　平潭位于福建省东部，由126个岛屿和702个礁石组成，主岛海坛岛是中国第五大岛、福建省第一大岛。平潭与台湾隔海相望，是祖国大陆距离台湾本岛最近的地方，最近距离为68海里。历史上平潭是东南沿海对台贸易和海上通商中转站，是改革开放以来全国最早设立台轮停泊点和开展对台小额贸易的地区之一。2009年9月，福州（平潭）综合实验区成立。2010年2月，福州（平潭）综合实验区更名为福建省平潭综合实验区，行政级别为正厅级。2023年辖金井、海坛、君山、苏平4个片区，土地面积396.15平方千米，海域面积6064平方千米。年末户籍人口45.29万人，常住人口38.1万人。人口自然增长率5.76‰。耕地面积0.63万公顷，粮食播种面积0.37万公顷，粮食产量1.9万吨。林地面积1.2万公顷，森林覆盖率30.93%。重要矿产资源有石英砂、花岗岩，石英砂储量约16亿吨，花岗岩储量约7.7亿立方米。平潭是著名的渔业基地，蕴藏着丰富的渔业资源，有锯缘青蟹、坛紫菜、贻贝、中国鲎、中华仙女蛤等鱼、虾、蟹、贝、藻类资源934种；海滨沙滩长约70千米，分布在海坛湾、坛南湾、长江澳、山岐澳等地。海洋新能源有风能、潮汐能、波浪能、潮流能等。平潭四面环海，旅游资源丰富，山、海、湖、滩、澳交错分布，旅游景观极具代表性，有半洋石帆、东海仙境、海坛天神、南寨山等海蚀地貌景观，有海坛湾、坛南湾、长江澳等沙滩海岸，有浮游生物释放荧光的“蓝眼泪”奇观，更有龙凤头海渔广场、南北部滨海生态廊道、68小镇、将军山等热门景点。1994年被列入国家重点风景名胜区，1999年被列入世界遗产预备名单，2006年被列入首批中国国家自然遗产名录。

平潭历史悠久，岛上遗存有距今6000—5500年的壳丘头遗址群，是迄今福建沿海地区时代最早的新石器时代遗址；地处海上丝绸之路航线，海坛海峡发现有“碗礁一号”等宋元明清时期沉船遗址，被确定为第七批全国重点文物保护单位及福建首批省级考古遗址公园；城关五福庙供奉有“海坛城隍”和“台湾城隍”，形成独特的“一庙两城隍”，见证闽台两地文化交流及清代海坛水师戍台御敌的历史，为两岸信众所推崇。非物质文化遗产有传承自明朝戚继光部队抗击倭寇而操练的“藤牌操”“灯牌蛇”，有获国家地理标志证明商标的“平潭贝雕”。民居建筑独具特色，海岛先民就地取材，利用岛上的花岗岩建造起石头厝，外形简洁美观，冬暖夏凉，其坚固性足可抵挡台风海潮的侵害。特产有“三鲜三宝三贡品”，“三鲜”为丁香鱼、目鱼干、虾米，“三宝”为水仙花、贝雕、草燕，“三贡品”为金鳗、坛紫菜、蝴蝶干。

2023年，平潭综合实验区地区生产总值370.19亿元，比上年增长3%。其中，第一产业增加值43.51亿元，增长3.5%；第二产业增加值88.41亿元，增长5%；工业增加值15.91亿元，增长2.8%；第三产业增加值238.26亿元，增长2.2%。人均地区生产总值97034元，增长4.2%。一般公共预算总收入43.09亿元，增长6.9%；其中地方一般公共预算收入25.41亿元，增长7.9%。规模以上工业增加值增长1.8%，回落3.3个百分点。农林牧渔业总产值82.93亿元，增长3.5%。固定资产投资增长3.8%。社会消费品零售总额57.2亿元，下降3.9%。外贸进出口总值170.6亿元，下降19.2%。其中，出口额89.9亿元，下降26.1%；进口额80.7亿元，下降9.8%。实际利用外资601万美元，增长27.9%。城镇居民人均可支配收入50788元，增长4%；农村居民人均可支配收入23787元，增长6.8%。社会用电量12.4亿千瓦时，增长7.5%。新增城镇就业人口2394人，城镇失业人员再就业930人。参加城镇职工基本养老保险6.27万人，增长10%；参加城乡居民养老保险20.13万人，下降2.52%；参加城镇职工基本医疗保险5.04万人，增长0.45%；参加城乡居民基本医疗保险34.47万人，下降1.36%。城镇生活污水处理率99.98%，城镇生活垃圾无害化处理率100%。2023年，海坛岛获评全国“和美海岛”称号，平潭县获评省级农产品质量安全县。

【实验区先行先试】 2023年，《平潭综合实验区总体发展规划（2023—2035年）》获国务院批复，平潭综合实验区制定游艇旅游业发展、跨境电子商务优化提升、海峡两岸仲裁中心建设等创新措施，率先实施台资企业注册业务“全程网办”、台湾居民个税补贴“免申即享”、台湾人才职业晋升机制、全流程台胞医疗服务，福建省首个由台胞担任法人的社会组织“岚台同心社工服务中心”成立。推出海上风电“净零碳”模式、知识产权行政司法“三同步”工作机制等17项创新举措，其中全国首创8项。民宿“承诺备案＋全程网办”新模式案例入选“中国改革2023年度地方全面深化改革典型案例”。创新远程智能施封系统、进境拼箱货物“拆单”放行等措施，提高口岸通关便利化水平。创新投融资模式，区属国企实现自主融资约70亿元，中能建、省能化集团等项目落地平潭。全球首台16兆瓦超大容量海上风电机组在平潭安装并网、创单机单日发电量世界纪录，全省首个大型集中式共享储能电站开工并获批国家新型储能试点示范项目，全国首个全链条、全流程、一站式的数据跨境服务平台投入试运行。

【经济结构调整】 2023年，平潭综合实验区发展特色产业，风电行业产值增长24.2%，建筑业总产值增长14.5%，水运总周转量增长12.2%，船舶总运力突破600万载重吨、占全省运力超1/4。签约社会投资项目79个、计划总投资339亿元，15个省重点项目超额完成年度计划，政府性投资完成115亿元、比上年增长70%；全年新登记市场主体2.5万户、增长1.7倍。增强科创支撑，新认定国家高新技术企业12家、省级科技“小巨人”企业3家、省“瞪羚”企业1家。新立项国家重点研发计划项目1个，列入省级科技计划项目14个。新增发明专利45件、注册商标1073件，分别增长31.8%、8.3%，新评定国家、省知识产权优势企业各2家。实施“智汇平潭”全方位引才计划，招引人才837名、增长43.39%。

【国际旅游岛建设】 2023年，平潭综合实验区接待国内外游客1026.15万人次，实现旅游总收入105.84亿元。平潭国际邮轮中心开港并实现首航，风筝冲浪运动员陈静乐夺得平潭历史上首枚亚运金牌，壳丘头遗址群最新考古成果在北京发布。打造浪漫岛、欢乐岛、活力岛、舒心岛，推出“星球唤想·蓝眼泪”“岚起山海图”、龙山俚欢乐街、龙王头·蓝眼泪海街、渔人码头等消费新场景，新增酒店住宿床位4500个，限上住宿业、餐饮业营业额分别增长60%、20%。棒球公园、水上卡丁车基地等建成投用，举办U18女子垒球亚洲杯、亚洲沙滩排球锦标赛、国际汽联F4方程式中国锦标赛、第十届平潭国际风筝冲浪节等体育赛事62场，举办《李白》《天鹅湖》等优秀剧目和跨年烟花秀、IM两岸青年影展、蓝眼泪音乐节等演艺活动152场。

【岚台交流】 2023年，平潭“海峡号”货运复航，澳前台湾小镇1号免税商城开业。台胞职业资格一体化服务中心入选国家职业技能等级评价机构，采信服务从平潭走向全国，受益台胞累计超2000人。台东县议会、台湾中华全球孙中山同盟总会、台湾旅行商业同业公会等团组到访。举办第十二届共同家园论坛、第七届海峡两岸村里长交流会、第十四届闽台中医药学术论坛等涉台交流活动120余场，参与台胞超3000人次。

【对外交流拓宽】 2023年，蒙古人民党总书记、太平洋岛国政治家联合考察团、中国—太平洋地区民间友好论坛嘉宾团等10余批200多名高级别外宾到平潭考察，中国—太平洋岛国海洋防灾减灾合作研讨会、环太平洋史前文化学术研讨会等高规格涉外活动在平潭举办。平潭与太平洋中国友好协会签订建立友好合作关系备忘录，与巴布亚新几内亚马当省马当市、汤加塔布岛签订友好城市关系意向书，国际“朋友圈”不断扩容。

【城乡环境改善】 2023年，平潭综合实验区以城乡融合为目标，打造“田园风光、城市生活”。

*加快城乡建设。*实施海洋科技文化中心、大练旅游环岛路等城乡建设品质提升项目136个，完成投资42.1亿元，项目数、投资额分别比上年增长27%、33%；北部生态廊道入选全国第一批交通与旅游融合发展典型案例；新建及改建城乡供水管网近100千米、污水管网44千米，改造老旧小区19个；金井新城、高铁中心站商圈业态丰富，商业氛围更加浓厚。

*推进乡村振兴。*分批推进60个村庄13个连片规划编制，选定10个村开展整村示范整治，“骑”妙追“泪”之旅入选文化和旅游部全国乡村旅游精品线路，多个村庄获全国“一村一品”示范村、省级“水乡渔村”休闲渔业示范基地、省级美丽渔村等称号。落实耕地保护和粮食安全责任制，完成复垦复耕300余公顷，超额完成粮食播种3666.67公顷、总产量1.9万吨的省定任务。

*实施生态保护。*推进中央第三轮生态环保督察问题整改工作，加大无居民海岛保护力度。成立实验区幸福河湖促进会，整治修复君山环岛沿线、大澳湾等海岸线生态功能，清退超规划养殖面积30公顷，改造传统养殖渔排6.8万口、筏式养殖泡沫浮球1200公顷，近岸海域国控点位水质优良面积比例达到94.6%，全年空气质量综合指数为1.95，位列全省第一。

【民生福祉建设】 2023年，中华人民共和国成立后福建最大引调水工程“一闸三线”全线贯通，大樟溪水源引入平潭三十六脚湖，通过南部、北部2个水厂为枢纽输送给平潭综合实验区城乡居民及用水企业，每日最大供水量可达75万吨。提升社会公共服务，改扩建城关第二幼儿园等6所学校，新增公办学位1170个，学前教育公办率、普惠率、义务教育公办率分别提高5.6%、3.7%、1.5%，超过省定标准。福建医科大学附属协和医院胸外科等4个专科入驻平潭分院，落地7个两岸名医工作室，区中医院投入使用；健全区级医院和基层医疗卫生机构双向转诊机制，开展联合病房建设。举办招聘会51场次，新增城镇就业人口2618人；面向14类老年群体，制定27项基本养老服务项目，开展“社区＋物业＋养老”服务项目试点，关心关爱离退休干部；城乡居民基础养老金标准、低保标准保持全省前列，残疾人两项补贴、优抚对象抚恤和生活补助待遇提升。设立31个村级联合党委，实现村居全覆盖，上楼村获评全国乡村治理示范村，红山社区获全国文明实践巾帼志愿阳光站。完成“保交楼”项目13个，交付住宅8000余套。

（蔡荫　游岚钦）

编辑：郑　莱

人物

【福州市】

劳动模范

马小伟　王林敏　王秋琳　王　缘
王　榆　毛有仓　卢云长　卢　健
刘　伟　江叔山　江　航　江　烽
许晓霞　孙朝阳　吴晓莉　何学智
何宝平　何　献　张必诚　陈开注
陈水银　陈旭龙　陈秀荣　陈　忠
陈海清　陈章宇　陈　晶　林友亭
林向武　林连忠　林国镜　林望嵩
欧丽彬　卓文海　卓宇枫　周华官
周　林　郑国珍　胡玉柳　柯　琳
柳海榕　侯艳梅　姚朝响　翁秀英
翁茂荣　高小平　高向登　高理清
陶武样　黄永剑　黄廷松　黄宗明
黄　燕　镇千金

先进工作者

毛丽华　方晓敏　刘小龙　齐忠华
苏桂铁　李章平　吴梦妤　沈　烽
宋　霖　林　松　林家新　林融榕
祝昌镇　黄乐增　黄　兴　黄秀芳
黄莉玲　黄碧华　康德智　蒋春彬
游益银　谢赠生　廖庭俊

【厦门市】

劳动模范

马仁刚　王开辉　邓美健　卢渊鸣
尧　刚　庄莹莹　刘　松　许丁上
孙素环　苏家榆　李义福　吴　兴
吴岩松　邹春龙　陈水让　陈伟和
陈炎珠　陈　亮　林沪荣　林环环
林朝辉　林惠斌　林锦峰　周广斌
郑天源　郑宏扬　钟俊杰　姚天妹
郭光清　郭润阳　陶　云　陶　利
康英德　彭志团　温松涛　蔡月华
熊彩茶　滕　达

先进工作者

尹震宇　刘慧恒　孙跃民　李海北
李缘缘　何宏舟　佘　峥　张伟中
林银玲　柯明月　洪　炜　姚培泰
徐凤侠　谢素原　蔡志福

【漳州市】

劳动模范

于　娟　王朝祥　方绍东　卢溪河
江银盛　许志典　苏鹏程　杨志军
吴有林　何世杰　邹少强　沈晓妹
张群毅　张鹭媛　陈朱池　陈恋凤
陈祺芳　林达三　林婉彬　林　雄
罗荣毅　周建喜　洪百中　洪精明
翁保环　黄子欣　梁加辉　梁兴木
曾奕彰　曾惠兰　蔡秋平　廖建坤
熊　丽　薛从福

先进工作者

卞国平　朱平然　朱栩焕　纪文洋
李　玉　李阿池　杨晓娟　吴勇江
林淑贞　郑茂辉　洪树棠　黄庆永
黄惠珠

【泉州市】

劳动模范

丁文欢　王志秀　王松勇　王烈平
王祥林　龙小雄　卢　鑫　叶文城
叶美丽　刘伟洪　许为民　许阳阳
孙秋琼　孙晓东　苏进全　杜天瑞
李小松　李金登　李斌凤　吴韦力
吴为荣　吴丽川　吴刺莲　吴荣照
吴晓彪　何棋松　张　丽　张佳雄
陈志成　陈树全　陈树森　陈晓玲
林阳顺　林志成　林丽芳　林灵月
林建忠　林振清　卓开流　易泽平
罗江平　罗学飞　郑友套　郑国兴
郑培忠　柯珍珍　洪文艺　顾奎武
徐　芳　黄达平　黄连福　黄种衍
曹先强　康桂珠　傅贵华　温文溪
谢小凤　谢泉忠　赖作伟　蔡鹏泽
廖亚隆　潘建平

先进工作者

王发红　尤芬蕾　车卫东　卢世锋
刘善辉　苏秀真　李建强　吴雅芳
汪春花　林天来　柯向阳　钟泽鑫
翁景斌　郭艳娜　郭焕钢　黄金树
黄雅莉　曾云燕　蔡　亮

【三明市】

劳动模范

王燕清　邓云生　邓春福　邓清娇
乐发灯　刘渊毅　纪贤灿　李金红
杨文锦　吴光焕　吴厚辉　邱璜其
何天仁　张仕滨　张金珠　陈宇鹏
陈克满　陈振云　范祯现　柳建民
黄世恩　章瑞任　曾伟华　曾志慧
赖侦杰　廖尚斌　戴春华

先进工作者

王红英　邓　祥　许旭明　杨　惠
邱智强　林义彬　罗信昌　胡安煦
蒋际君　曾岷芝　谢汝根

【莆田市】

劳动模范

卢玮彬　卢金荣　朱志芳　朱桂水
刘坤泳　许国平　严国圣　佘雅敏
沈清华　陈丽洪　陈国华　陈彩霞
陈　清　武奇静　林玉珊　林华忠
林如海　林金花　林建春　林荣腾
周咪冬　郭素云　郭清地　黄青山
黄春玉　黄雪清　曾献星

先进工作者

王金桂　庄虓宇　许开清　许东平
陈建红　陈超楠　林钗钗　林群英
黄世举　黄萍萍　蔡键恒

【南平市】

劳动模范

叶文青　刘秀棋　刘学懋　刘善庭
江元勋　杜锦祥　李国友　李　晔
杨　飞　杨庭珠　吴先朝　吴昌晖
何水双　何柳红　张兴旺　张建胜
张益金　张　颖　陆宝英　陈仕雷
陈进添　陈　佳　林忠贤　翁夏翔
高流滔　黄正旺　程寿波　游成雄

先进工作者

王振芳　池光萌　李文富　宋少铨
宋毓敏　陈　松　林志宏　郑群瑞
黄晓梅　黄敬民

【龙岩市】

劳动模范

王庆新　王新宝　孔秋平　苏向阳
李志鸿　吴才英　吴水长　吴兰玉
邱琰琛　邱道良　邱碧荣　张曲萍
张松妹　陈益荣　罗家淇　周小燕
胡新亮　柯小兰　钟英有　姜志强
郭毅斌　黄小娜　黄建萍　惠颖娟
傅颜洪　蓝永建　蔡裕泰　廖月璋

先进工作者

朱莲秀　巫吉芳　李秀菊　邹秉章
林新英　林　福　章生亮　傅权华
曾松生　曾清能　谢建谋

【宁德市】

劳动模范

王金伟　王顺奎　方　敏　甘乾耀
左允文　刘元建　刘江平　刘　军
许广伟　杜丽钦　李显红　张为露
张吓勇　张林科　陈志星　陈　弟
陈海青　陈　锦　欧阳昭　钟盛江
俞水荣　俞珍群　郭光锋　黄昭术
黄高英　温作平　谢义淳　赖盛君

先进工作者

兰子君　李成双　李华杰　杨宁霞
张神驹　陈进兴　陈　琳　贺　曦
袁　涛　蒋昌明

【平潭综合实验区】

劳动模范

丁昌强　陈孟邦　林月莲

先进工作者

吕振南　章　颖

【省直机关】

劳动模范

陈加彬

先进工作者

刘海滨　许育良　李　琳　陈汉杰
陈孝丑　陈　品　林　敏　郑少泉
郑伟强　郑祝连　高松涛　郭国聪
温曜圻　游秀钦

【省国资委出资企业】

劳动模范

华崇略　刘海镇　李其平　肖秀婷
吴先发　林金炼　周亚山　郑王辉
郑庆樟　赵　辉　耿克红　高　雨
高险峰　黄文忠　黄荣庆

【高教系统】

先进工作者

江莉龙　许月云　辛顺强

【行业、系统】

劳动模范

刘文基　李　岩　吴良江　陈憬云
郑　炜　郑海珠　洪淮斌　徐海涛
黄玉芳　程珮珮　谢智波

先进工作者

冯增芳　廖　红

【全国五一劳动奖状】

福建福清核电有限公司
福建磊鑫（集团）有限公司
国家税务总局漳州市税务局
永安市宝华林实业发展有限公司
福建圣农食品有限公司
中共福建省委党校福建行政学院

【福建省五一劳动奖章】

郑益昕　黄芊芊　高浩楠　童　心
谢远聪　林文君　董　毅　陈弦峰
郑家欣　余海杰　张志成　刘　煜
舒　亮　王晓东　陈梓桓　陈静乐
黄先婷　董文鑫　江伊婷　何永强
李　斌　陆长春　林敬伟　孙好刚
陈照春　徐媛彬　廖振陆　缪有贺
陈　超　张坤三　陈明璋　林建接
施玉珍　朱子熹　倪　盾　章晶晶
郑航瑜　林　芳　余健祺　吴旻昊
梅华荣　雷　璐　蔡淇斌　庄　晖
朱运富　胡晓鹏　刘建设　陈铂桦
张　翼　万观富　何玲玲　陈建平
李芳龙　严佳佳　林木森　杨　晶
王沙沙　饶银丰　林思依　王　晶
黄剑阳　李腾跃　陈小红　谢良师
方青万　吴萍萍　高　洁　周谨训

【福建省五一劳动奖状】

福州市盈瑞投资有限公司
厦门市美亚柏科信息股份有限公司
国网福建省电力有限公司东山县供电公司
福建良瓷科技有限公司
中国移动通信集团福建有限公司三明分公司
华峰华锦有限公司
中国移动通信集团福建有限公司南平分公司
福建德尔科技股份有限公司
华电福新周宁抽水蓄能有限公司
福建晨曦信息科技集团股份有限公司

【全国工人先锋号】

福建星云电子股份有限公司精密仪器产品研发部
福建永福电力设计股份有限公司电网事业部
福州名城保护开发有限公司文旅发展部

福州市公安局洋中派出所
福州市第一医院重症医学科
厦门士兰明镓化合物半导体有限公司生产部
国安达股份有限公司技术中心
厦门市同安区融媒体中心采访部
福建三宝钢铁有限公司人力资源部
漳州统实包装有限公司制盖生产部压盖课
福建古雷石化有限公司生产运行部化工一部
九牧厨卫股份有限公司五金事业群龙头厂排水制品部抛光科
晋江市总工会职工服务中心
福建省铁拓机械股份有限公司售后服务部
泉州市燃气有限公司燃气抢维中心
三明市丰润化工有限公司机电车间
福建省三明正元化工有限公司设备组
中国建筑第五工程局有限公司莆田城厢区城市更新项目
百威雪津啤酒有限公司包装 BL02 线
福建武夷烟叶有限公司生产部自动化物流班组
厦门银行股份有限公司南平分行综合管理部
龙岩市职工服务中心中央苏区工人运动史馆
福建侨龙应急装备股份有限公司技术中心
中核霞浦核电有限公司工程管理处
福建省高速公路集团有限公司宁德管理分公司机电维护中心
中铁一局集团有限公司平潭高铁中心站综合交通枢纽建筑
工程项目经理部
福建省纪委监委福建省委巡视工作领导小组办公室
福建省广播影视集团东南卫视台海资讯部
厦门航空有限公司福州分公司地面服务保障部

【福建省工人先锋号】

福建建工集团有限公司中国武夷肯尼亚中部区域公路工程项目部
福建建工集团有限公司中国武夷巴布亚新几内亚高地省 CW2 公路工程项目部
中建五局建设发展有限公司乌干达 KS-73KM 道路升级改造项目部
中建五局建设发展有限公司科特迪瓦阿比让四桥项目部
中建海峡建设发展有限公司菲律宾鸿盛商业大厦项目部
中建海峡建设发展有限公司国际工程公司
中国电建集团福建工程有限公司孟加拉国家电网升级改造工程项目部
中国电建集团福建工程有限公司肯尼亚 SMGPL35MW 地热发电站项目部
中交第四航务工程局有限公司所罗门群岛南太大学校区扩建项目经理部
中国水利水电第十六工程局有限公司亚美尼亚南北公路 LG27&TL18 工程项目经理部
中国水利水电第十六工程局有限公司哈萨克巴布 50 公路项目经理部
中建四局建设发展有限公司星迈黎亚金边商贸城二期项目部
中建四局建设发展有限公司柬埔寨诺富特酒店项目
福建省铁拓机械股份有限公司机器人焊接组
福建奔驰汽车有限公司焊装车间
福建省特种设备检验研究院新技术开发中心
福建省首届“数字工匠”建设行业 BIM 技能竞赛中建海峡（厦门）建设发展有限公司代表队
福建省首届“数字工匠”建设行业 BIM 技能竞赛中建海峡建设发展有限公司代表队
福建省首届“数字工匠”建设行业 BIM 技能竞赛福建建工集团有限责任公司代表队
福建中信网安信息科技有限公司华安星数据安全监管系统研发组
福建企企云创科技有限公司事项会计—助力企业实现经营管理数字化升级
福建联迪商用设备有限公司智能算法研究部
福建联合石油化工有限公司机械设备部仪表控制模块
福建炼油化工有限公司生产经营部
福建古雷石化有限公司机械设备与动力部仪表模块
国网福建省电力有限公司漳州供电公司信息运检班
国网福建省电力有限公司福州供电公司信息通信分公司
中国电信股份有限公司厦门分公司开发中心
中国联通福建省分公司联通（福建）产业互联网有限公司
中国铁塔股份有限公司宁德市分公司 5G 通信网络融合建维小组
福建烟草商业系统首届数字化应用融合创新竞赛漳州市局代表队
中建海峡（厦门）建设发展有限公司体育公园片区高林安置型商品房二期工程主体工程施工总承包工程项目部
中建海峡（厦门）建设发展有限公司质量监督管理部
中建海峡建设发展有限公司总承包公司质量监督管理部
兴业银行总行发展规划部
兴业银行总行风险管理部
兴业银行总行公司金融部
兴业银行杭州分行风险管理部
兴业银行深圳分行交易银行部
兴业银行厦门分行信息科技部（安全保卫部）
浙江交工集团股份有限公司宁上高速公路霞浦至福安段 A1 合同段钢筋加工班组
中国电信股份有限公司泉州分公司无线维护事业部
中国移动福建公司厦门分公司数据中心信息化支撑室
中国移动福建公司泉州分公司政企客户部解决方案室
华电新能源集团股份有限公司福建分公司福清（连江）运维管理部福清运维班
中闽（福清）风电有限公司嘉儒风电场
福建省福能新能源有限责任公司生产部
漳州航升卫星科技有限公司商业微小卫

星设计与制造
深圳航空有限责任公司泉州分公司泉州维修部“鸿雁”班组
元翔（福州）国际航空港有限公司地勤公司“龙之梦”班组
泉州晋江国际机场股份有限公司安检站“红星”班组
福建三明机场发展集团有限公司地勤服务部“向阳”班组
元翔（武夷山）机场有限公司地勤服务部“满天星”班组
中国农业银行福建省分行龙岩新罗支行
福建省排水行业排水管道工岗位技能竞赛厦门市政排水管理有限公司代表队
福建省排水行业排水管道工岗位技能竞赛福州市城市排水有限公司代表队
中国农业银行股份有限公司福建省分行个人金融部
福建省燃气行业燃气储运工岗位技能竞赛泉州一队（泉州市燃气有限公司）
福建省燃气行业燃气储运工岗位技能竞赛厦门三队（厦门华润燃气有限公司）
第三届福建省物业管理行业职业技能竞赛厦门市人居乐业物业服务有限公司代表队
第三届福建省物业管理行业职业技能竞赛厦门安居物业管理有限公司代表队
厦门轨道建设发展集团有限公司运营分公司乘务中心乘务车间2号线电客车三队
福建省福能新能源有限责任公司电力安全技术项目组
2022年福建农信职工技能竞赛泉州农商银行代表队
2022年福建农信职工技能竞赛厦门农商银行代表队
2022年福建农信职工技能竞赛尤溪农信联社代表队
福建省高速公路集团有限公司泉州管理分公司泉州东（秀涂）征收管理所

【福建省五一先锋号】

国家税务总局泉州市税务局第二税务分局
国家税务总局三明市税务局第一税务分局
国家税务总局三明市税务局货物和劳务税科
泉州市生态环境局生态环境保护综合执法支队
龙岩市生态环境局生态环境保护综合执法支队
三明市生态环境局生态环境保护综合执法支队
厦门市公安局教育训练处教育训练科
石狮市公安局政工室
福建省公安厅科技通信处
厦门市公安局交通警察支队交通科研设施大队
福建省公安厅交警总队漳州高速公路支队一大队
福建省广播电视局人事处
福建省广播影视集团人力资源部主持人管理中心
福建省永春碧卿国有林场资源股
福州绿盾有害生物防治有限公司工程部
福建省晋江坫头国有防护林场生产经营股
闽江学院工会
福州大学工会
福建师范大学协和学院马克思主义学院
福建师范大学工会
福建医科大学教务处
龙岩学院工会
2022年福建省市场监管系统执法稽查职业技能竞赛厦门市市场监督管理局代表队
共青团福建卫生职业技术学院委员会
厦门海事局水上交通管理中心
福建省生态环境监测技能竞赛福建省泉州环境监测中心站代表队
福建省立医院心电诊断科
龙岩市卫生健康委员会综合监督科
福州市卫生健康委员会法规监督与职业健康处
福建省职业病与化学中毒预防控制中心职业卫生监督科
龙岩市公路事业发展中心装载机操作班组
福建省泉州市气象局综合气象业务班组
2023年福建省固体废物环境管理技能竞赛活动厦门市生态环境局代表队
福州海关关税处
泉州市正骨医院科教科
福州市残疾人就业服务指导中心综合服务大厅

【全国三八红旗手】

上官俊华　福州市脱胎漆器行业协会副会长
林慧儿　漳州市东山县铜陵镇顶街社区党支部书记、居委会主任
佘向群　莆田市海慧艺术品有限公司总经理、制作总监
陈　佳　南平市武夷山旅游发展股份有限公司第一竹筏分公司筏工
梁永英　龙岩市上杭县聚胜家庭农场负责人
郑祝连　福建省女子监狱第九监区副政治教导员、一级警长
池珠香　泉州市德化县顺尔美工艺品有限公司业务组长
李　斌　福建省公安厅警务督察总队政委
陈玲玲　泉州市惠安县人民法院城关人民法庭副庭长
李亚华　厦门惠和股份有限公司董事长

【全国三八红旗集体】

厦门航空有限公司地面服务保障部地面服务处
泉州市石狮市妇联
三明市沙县区总医院
中共福鼎市硖门畲族乡柏洋村委员会
福建省平潭综合实验区图书馆
福建省汽车运输集团有限公司福州站务分公司客北站陈萍服务组

编辑：郑　莱

统计资料

国民经济和社会发展结构指标

单位：%

项　目	1978	1990	2000	2010	2020	2023
一、人口						
（一）性别结构						
男		51.36	51.52	51.40	51.68	51.73
女		48.64	48.48	48.55	48.32	48.27
（二）城乡结构						
城镇		21.36	41.99	57.11	68.75	71.05
乡村		78.64	58.01	42.89	31.25	28.95
二、就业产业结构						
第一产业	75.1	58.4	46.8	28.4	14.6	13.2
第二产业	13.4	20.5	24.5	36.6	32.6	33.3
第三产业	11.4	21.1	28.7	35.0	52.8	53.5
三、国民经济核算						
地区生产总值产业结构						
第一产业	36.0	28.2	16.4	8.5	6.3	5.9
第二产业	42.5	33.4	43.1	51.3	46.2	44.1
第三产业	21.5	38.4	40.5	40.2	47.5	50.0
四、固定资产投资						
第一产业				0.8	1.7	1.4
第二产业				34.4	30.8	36.2
第三产业				64.8	67.5	62.4
五、能源						
能源消费结构						
＃煤炭	63.7	67.0	54.4	55.4	48.3	
石油	12.9	12.1	23.3	24.8	23.6	
天然气				4.2	4.7	
水电	23.4	20.9	22.3	15.2	6.2	
核电					13.9	
六、农业						
（一）农林牧渔业产值结构						
农业	77.7	52.1	40.6	40.4	37.1	38.3
林业	6.4	9.5	7.9	8.5	8.0	7.9
牧业	10.5	22.9	20.1	18.6	23.3	18.9
渔业	5.5	15.6	31.4	28.8	28.0	31.2
农林牧渔服务业				3.7	3.6	3.6
（二）农作物播种面积						
粮食作物	81.9	75.8	65.5	55.3	49.6	47.5
非粮作物	18.1	24.2	34.5	44.7	50.4	52.5
七、工业						
规模以上工业企业资产结构						
大型企业			22.0	23.7	38.5	46.2
中型企业			13.5	40.9	27.0	21.0

续表

项目	1978	1990	2000	2010	2020	2023
小微企业			64.5	35.4	34.6	32.8
八、建筑业						
建筑业总产值结构						
内资企业				98.8	99.0	99.2
港澳台商投资企业				1.1	0.8	0.6
外商投资企业				0.08	0.20	0.12
九、交通运输业						
（一）货运量结构						
铁路	25.9	9.4	8.4	5.7	2.7	2.9
公路	54.8	82.2	77.8	68.9	65.1	61.8
水运	19.3	8.4	13.8	25.4	32.2	35.3
民航			0.02	0.02	0.02	0.01
（二）客运量结构						
铁路	9.1	3.1	3.2	4.7	29.6	43.3
公路	79.3	92.8	94.3	91.7	58.4	41.8
水运	11.7	4.0	1.6	1.9	2.9	3.8
民航	0.01	0.14	0.8	1.8	9.1	11.2
十、国内贸易						
社会消费品零售总额结构						
按销售单位所在地分组						
城镇				86.8	86.9	86.5
乡村				13.2	13.1	13.5
按商品形态分						
餐饮收入额					9.3	9.5
商品零售额					90.7	90.5
十一、海关货物进出口（按美元计价）						
（一）进口货物总额						
初级产品			12.3	27.5	58.0	67.3
工业制成品			87.7	72.5	42.0	32.7
（二）出口货物总额						
初级产品			10.6	7.4	8.2	7.6
工业制成品			89.4	92.6	91.8	92.4
十二、国际旅游						
来华旅游人数结构						
外国人		14.9	30.8	31.3	40.9	45.3
台湾同胞		51.3	29.6	42.6	36.1	29.8
港澳同胞		33.9	39.5	26.1	23.0	24.9
十三、科技						
（一）研究与试验发展经费来源						
＃政府资金			14.6	10.3	9.7	9.4
企业资金			74.5	86.9	89.1	89.0
国外资金			1.7	0.8	0.1	0.1
（二）研究与试验发展经费支出						
基础研究			3.1	2.5	2.8	3.8
应用研究			6.7	5.6	7.0	6.3
试验发展			86.4	92.0	90.2	89.9
十四、居民消费						
（一）城镇居民消费结构						
食品烟酒			44.7	39.3	31.7	31.1
衣着			8.7	8.7	4.7	4.9
居住			9.4	10.9	30.7	28.3
生活用品及服务			8.6	6.6	5.0	5.4
交通通信			8.6	14.9	12.3	11.6
教育文化娱乐服务			10.4	12.1	7.5	10.1
医疗保健			4.7	4.2	5.8	6.1
其他用品及服务			4.9	3.4	2.2	2.4
（二）农村居民消费结构						
食品烟酒			48.7	46.1	38.4	34.4
衣着			4.9	5.6	4.6	4.7
居住			14.6	15.7	24.1	23.6
生活用品及服务			4.6	5.3	5.3	5.3
交通通信			8.6	11.6	10.3	11.6
教育文化娱乐服务			10.6	8.4	7.5	9.6
医疗保健			3.6	4.6	7.8	8.5
其他用品及服务			4.6	2.6	1.8	2.3

国民经济和社会发展总量及速度指标

项目	总量指标							平均增长速度(%)					2023年比上年增长(%)
	1978	1990	2000	2010	2020	2022	2023	1979—2023	1991—2023	2001—2023	2011—2023	2021—2023	
人口与就业													
年末总人口(万人)	2446	3037	3410	3693	4161	4188	4183	1.20	0.97	0.89	0.96	0.18	-0.12
#城镇人口		642	1432	2109	2861	2937	2972		4.75	3.23	2.67	1.28	1.19
年末从业人员(万人)	924	1496	1794	2114	2206	2174	2192	1.94	1.16	0.87	0.28	-0.21	0.83
城镇登记失业人员(万人)	20.82	9.00	9.10	14.49	35.74	28.31	27.22	0.60	3.41	4.88	4.97	-8.68	-3.85
城镇单位在岗职工平均工资(元)	567	2162	10584	32647	91072	106977	111401	12.5	12.7	10.8	9.9	6.9	4.1
国民经济核算													
地区生产总值(亿元)	66.37	522.28	3764.54	15002.51	43608.55	51765.12	54355.10	11.4	11.4	9.9	8.1	5.7	4.5
第一产业	23.93	147.01	616.37	1269.87	2730.81	3077.58	3217.66	5.1	4.6	3.3	3.5	4.2	4.2
第二产业	28.19	174.47	1622.33	7705.25	20168.43	23125.30	23966.43	13.5	13.7	11.2	8.4	5.0	3.7
第三产业	14.25	200.80	1525.83	6027.39	20709.31	25562.23	27171.01	12.0	11.0	9.8	8.4	6.5	5.2
主要行业													
工业	23.85	150.55	1422.34	6532.27	15615.48	18013.27	18548.27	13.9	14.0	11.3	8.5	5.2	3.4
建筑业	4.34	23.92	206.11	1201.07	4618.99	5178.64	5497.97	8.3	11.8	10.8	8.4	4.5	5.1
人均地区生产总值(元)	273	1735	11194	40773	105106	123618	129865	10.1	10.2	8.9	7.1	5.3	4.5
固定资产投资													
固定资产投资(亿元)								19.0	18.4	14.8	10.8	5.3	2.5
财政													
一般公共预算总收入(亿元)	15.13	57.06	369.67	2056.01	5158.43	5382.45	5908.06						
地方一般公共预算收入(亿元)			234.11	1151.49	3079.04	3339.21	3592.04						
一般公共预算支出(亿元)	15.14	68.45	324.18	1695.09	5216.10	5691.22	5859.39						
金融													
金融机构人民币各项存款余额(亿元)	25.95	359.45	3114.32	18309.45	55160.49	70859.00	78471.93	19.5	17.7	15.1	11.8	12.5	10.7
#财政存款			39.59	678.08	1053.15	796.95	957.90			14.9	2.7	-3.1	20.2
金融机构人民币各项贷款余额(亿元)	31.43	381.93	2438.82	15231.36	58589.49	74128.73	81378.80	19.1	17.6	16.5	13.8	11.6	8.6
#短期贷款			1728.01	6594.50	17843.60	21214.76	22868.14			11.9	10.0	8.6	7.3
中长期贷款			510.32	8372.64	37789.18	46512.20	50586.43			22.1	14.8	10.2	7.1
保险公司赔款及给付金额(亿元)			17.76	102.90	393.23	446.89	528.76			15.9	13.4	10.4	18.3
价格指数(上年=100)													
居民消费价格指数	100.2	99.3	102.1	103.2	102.2	101.9	100.0	4.4	3.4	1.8	2.0	0.9	0.0
工业生产者出厂价格指数			100.5	103.2	98.4	102.9	98.2			0.3	0.5	1.9	-1.8
工业生产者购进价格指数			112.4	107.7	98.6	105.2	96.2			2.2	0.9	3.4	-3.8
农业													
农林牧渔业总产值(亿元)	36.33	227.12	1037.27	2226.41	4901.07	5502.56	5729.21	5.6	5.2	3.5	3.7	4.4	4.3
主要农产品产量(万吨)													
粮食	744.90	879.64	854.68	584.65	502.32	508.70	510.97	-0.8	-1.6	-2.2	-1.0	0.6	0.4
油料	13.80	17.66	25.79	22.08	22.73	23.61	24.38	1.3	1.0	-0.2	0.8	2.4	3.3
甘蔗	288.03	344.28	82.71	55.69	26.98	28.84	28.50	-5.0	-7.3	-4.5	-5.0	1.8	-1.2
烤烟	1.23	4.26	9.14	11.52	10.03	12.09	13.43	5.5	3.5	1.7	1.2	10.2	11.0
茶叶	2.03	5.82	12.60	25.83	46.14	52.08	55.01	7.6	7.0	6.6	6.0	6.0	5.6
园林水果	10.10	75.78	356.44	495.03	717.05	817.31	866.54	10.4	7.7	3.9	4.4	6.5	6.0
肉类	24.27	71.83	145.92	192.61	259.39	296.30	311.41	5.8	4.5	3.4	3.8	6.3	5.1
禽蛋		12.94	40.69	30.54	53.66	59.83	69.13		5.2	2.3	6.5	8.8	15.6

续表

项目	总量指标							平均增长速度(%)					2023年比上年增长(%)
	1978	1990	2000	2010	2020	2022	2023	1979—2023	1991—2023	2001—2023	2011—2023	2021—2023	
奶类	0.93	4.87	9.91	13.24	17.48	22.05	25.42	7.6	5.1	4.2	5.1	13.3	15.3
水产品	54.44	145.59	527.89	587.42	832.98	862.35	890.20	6.4	5.6	2.3	3.2	2.2	3.2
食用菌		18.24	46.25	76.27	137.88	153.13	155.36		6.7	5.4	5.6	4.1	1.5
造林面积(万亩)	292.07	455.87	36.75	44.81	7.34	3.06	2.96	-9.7	-14.2	-10.4	-18.9	-26.2	-3.4
工业													
规模以上工业主要产品产量													
原煤(万吨)	423.05	925.37	375.03	2442.73	645.85	443.17	401.70						
原盐(万吨)	94.67	67.21	28.37	33.39	26.54	24.54	28.39						
罐头(万吨)	4.10	14.41	26.78	203.21	281.80	245.58	153.17						
布(亿米)	1.12	2.26	5.59	31.20	74.49	70.04	22.55						
纱(万吨)	1.84	5.48	14.36	184.74	543.45	571.66	384.35						
机制纸及纸板(万吨)	20.08	52.09	85.07	432.06	798.49	935.30	908.86						
农用化肥(万吨)	16.40	43.64	61.38	57.87	86.25	48.16	23.15						
烧碱(万吨)	4.32	8.70	15.64	20.11	35.90	26.12	68.06						
水泥(万吨)	120.45	540.04	1513.64	5921.20	9686.90	9656.80	7154.44						
平板玻璃(万重量箱)	43.59	66.06	479.87	2765.35	5361.63	5439.50	5304.43						
生铁(万吨)	26.57	62.60	149.37	558.81	1106.21	1382.48	1486.08						
钢材(万吨)	13.82	56.28	283.79	1340.56	3861.65	3505.54	4270.63						
彩色电视机(万台)		123.14	204.19	903.10	1330.02	1075.90	1011.22						
微型电子计算机(万台)			88.77	738.27	1493.63	1185.26	465.20						
汽车(万辆)	0.09	0.07	2.96	19.50	18.04	33.89	33.34						
发电量(亿千瓦小时)	40.69	136.65	403.73	1356.32	2537.12	2882.66	3073.56						
建筑业													
建筑业企业从业人员(万人)	4.54	30.98	41.37	229.57	483.79	471.04							
建筑业总产值(亿元)	3.31	32.54	271.15	3062.17	14117.80	16850.97	17395.48						
房屋施工面积(万平方米)	416.57	969.35	4085.40	28406.86	82671.20	85603.78	99081.29	12.9	15.1	14.9	10.1	6.2	15.7
房屋竣工面积(万平方米)	183.40	499.30	1729.00	9095.78	18231.74	20254.67	20022.39	11.0	11.8	11.2	6.3	3.2	-1.1
交通运输邮电													
铁路营业里程(千米)	1009	1021	1454	2110	3774	4230	4569	3.4	4.6	5.1	6.1	6.6	8.0
公路通车里程(千米)	29109	41011	53506	91015	110118	112878	115645	3.1	3.2	3.4	1.9	1.6	2.5
#高速公路			351	2350	5635	5951	5964			13.1	7.4	1.9	0.2
内河通航里程(千米)	3629	3888	3701	3245	3245	3245	3245	-0.2	-0.5	-0.6	0.0	0.0	0.0
客运量(万人)	7928	39495	44203	77153	25490	18140	28795	2.9	-1.0	-1.8	-7.3	4.1	58.7
铁路	718	1234	1428	3640	7539	6378	12471	6.5	7.3	9.9	9.9	18.3	95.5
公路	6285	36639	41696	70714	14882	9651	12024	1.5	-3.3	-5.3	-12.7	-6.9	24.6
水运	924	1567	726	1444	742	538	1089	0.4	-1.1	1.8	-2.1	13.7	102.5
民航	1	55	353	1356	2327	1572	3212	19.3	13.1	10.1	6.9	11.3	104.2
货运量(万吨)	4871	20321	29483	66159	139927	169107	178766	8.3	6.8	8.2	7.9	8.5	5.7
铁路	1261	1902	2475	3765	3750	4815	5211	3.2	3.1	3.3	2.5	11.6	8.2
公路	2671	16710	22924	45575	91137	106939	110497	8.6	5.9	7.1	7.0	6.6	3.3
水运	939	1708	4078	16803	45018	57336	63040	9.8	11.6	12.6	10.7	11.9	9.9
民航	0.02	0.83	5.84	15.81	22.80	16.82	17.86	16.3	9.7	5.0	0.9	-7.8	6.2
沿海主要港口货物吞吐量(万吨)	408.13	1496.50	6944.17	32687.01	62132.47	71407.99	74894.25	12.3	12.6	10.9	6.6	6.4	4.9
邮电业务													
函件(万件)	8790	16228	24163	25198.6	3267.89	2693	2840	-2.5	-5.1	-8.9	-15.5	-4.6	5.5

续表

项　目	总量指标							平均增长速度(%)					2023年比上年增长(%)
	1978	1990	2000	2010	2020	2022	2023	1979—2023	1991—2023	2001—2023	2011—2023	2021—2023	
移动电话年末用户(万户)			441.00	3022.00	4739.28	4894.40	4910.51			11.0	3.8	1.2	0.3
固定电话年末用户(万户)	5.88	22.82	562.70	1046.00	733.07	679.83	670.98	11.1	10.8	0.8	−3.4	−2.9	−1.3
国内贸易													
社会消费品零售总额(亿元)	30.56	207.74	1393.93	6015.22	18626.45	21050.12	22109.57	15.8	15.2	12.8	10.5	5.9	5.0
进出口													
海关进出口总额(亿美元)	2.03	43.39	212.23	1087.80	2035.81	2967.27	2807.57	17.4	13.5	11.9	7.6	11.3	−5.4
出口总额	1.90	24.49	129.08	714.93	1223.83	1814.02	1672.47	16.3	13.7	11.8	6.8	11.0	−7.8
进口总额	0.13	18.90	83.15	372.87	811.98	1153.25	1135.10	22.3	13.2	12.0	8.9	11.8	−1.6
旅游													
接待入境游客人数(万人次)		70.79	161.33	368.14	229.67	48.26	172.24		2.7	0.3	−5.7	−9.1	256.9
外国人		10.54	49.75	115.27	93.92	20.91	78.09		6.3	2.0	−3.0	−6.0	273.4
台湾同胞		36.28	47.79	156.92	83.02	15.44	51.29		1.1	0.3	−8.2	−14.8	232.2
港澳同胞		23.97	63.80	95.94	52.73	11.90	42.87		1.8	−1.7	−6.0	−6.7	260.1
国际旅游外汇收入(亿美元)			8.94	29.78	20.69	3.14	17.58			3.0	−4.0	−5.3	460.4
教育													
在校学生数(万人)													
普通高等学校	2.05	5.56	13.14	64.78	94.72	107.61	113.99	9.3	9.6	9.9	4.4	6.4	5.9
普通中等学校	119.98	120.69	269.46	260.22	257.68	283.55	293.19	2.0	2.7	0.4	0.9	4.4	3.4
普通小学	370.23	337.08	369.10	238.89	343.61	359.09	369.79	0.0	0.3	0.0	3.4	2.5	3.0
科技													
技术市场成交额(亿元)		0.44	17.26	38.12	183.86	289.52	375.46		22.7	14.3	19.2	26.9	29.7
专利情况(项)													
授权量		276	3003	18063	145929	141536	120264		20.2	17.4	15.7	−6.2	−15.0
发明专利拥有量				3295	50756	75064	90927				29.1	21.5	21.1
文化													
图书出版总印数(万份)	6818	16312	20298	7749	13620	17416	18431	2.2	0.4	−0.4	6.9	10.6	5.8
期刊出版总印数(万份)	388	3157	4463	2940	2017	1960	1854	3.5	−1.6	−3.7	−3.5	−2.8	−5.4
报纸出版总印数(万份)	14784	41455	68897	99982	69515	63878	62115	3.2	1.2	−0.4	−3.6	−3.7	−2.8
电视节目制作时间(小时)			16519	55424	55417	49024	51290			5.0	−0.6	−2.5	4.6
公共图书馆(座)	23	74	81	86	97	95	97	3.2	0.8	0.8	0.9	0.0	2.1
博物馆(个)	13	58	81	94	132	140	102	4.7	1.7	1.0	0.6	−8.2	−27.1
居民生活													
城镇居民人均可支配收入(元)	371	1749	7432	21781	47160	53817	56153	12.1	11.5	9.7	8.3	6.0	4.3
城镇居民人均消费支出(元)	285	1431	5639	14750	30487	35692	37674	11.5	10.4	8.6	7.5	7.3	5.6
城镇居民人均住房建筑面积(平方米)		18.1	28.0	38.5	43.8	44.4	40.4						
农村居民人均可支配(纯)收入(元)	138	764	3230	7427	20880	24987	26722	12.4	11.3	9.5	10.2	8.6	6.9
农村居民人均生活消费支出(元)	113	708	2410	5498	16339	20467	21746	12.4	10.9	10.0	11.2	10.0	6.3
卫生													
卫生机构数(个)	3809	4885	9807	6999	28152	29117	30023	4.7	5.7	5.0	11.9	2.2	3.1
#医院、卫生院	1111	1198	1323	1325	1585	1600	1609	0.8	0.9	0.9	1.5	0.5	0.6
卫生技人员数(人)	54855	86772	97569	140133	278397	308122	325956	4.0	4.1	5.4	6.7	5.4	5.8
医生	22097	35696	41461	55402	105546	116098	123317	3.9	3.8	4.9	6.3	5.3	6.2
卫生机构床位数(张)	51505	68073	90091	112334	216753	232425	242062	3.5	3.9	4.4	6.1	3.7	4.1
#医院、卫生院	45331	60664	82389	103933	202189	218548	227912	3.7	4.1	4.5	6.2	4.1	4.3

主要年份地区生产总值

单位：亿元

年　份	地区生产总　值	第一产业	第二产业	第三产业	#工　业	#建筑业	人均地区生产总值(元)
1952	12.73	8.39	2.42	1.92	2.17	0.25	102
1957	22.03	12.31	5.20	4.52	4.23	0.97	154
1962	22.12	10.26	5.12	6.74	4.00	1.12	137
1965	28.81	13.48	8.31	7.02	6.55	1.76	166
1970	34.70	15.34	10.64	8.72	8.56	2.08	173
1975	46.48	19.43	17.81	9.24	14.29	3.52	203
1978	66.37	23.93	28.19	14.25	23.85	4.34	273
1979	74.11	27.97	31.37	14.77	26.20	5.17	300
1980	87.06	31.95	35.68	19.43	29.55	6.13	348
1981	105.62	39.30	39.75	26.57	33.16	6.59	416
1982	117.81	44.24	42.92	30.65	35.25	7.67	455
1983	127.76	47.27	46.05	34.44	37.76	8.29	483
1984	157.06	55.72	56.39	44.95	44.47	11.92	583
1985	200.48	68.13	72.56	59.79	62.09	10.47	730
1986	222.54	72.24	82.19	68.11	67.06	15.13	796
1987	279.24	89.24	101.28	88.72	82.69	18.59	981
1988	383.21	118.16	141.82	123.23	120.45	21.37	1321
1989	458.40	135.77	163.82	158.81	142.45	21.37	1550
1990	522.28	147.01	174.47	200.80	150.55	23.92	1735
1991	619.87	168.64	217.74	233.49	188.29	29.45	2027
1992	784.68	188.70	290.56	305.42	241.78	49.82	2533
1993	1114.20	246.25	454.15	413.80	381.95	73.84	3556
1994	1644.39	351.24	718.31	574.84	618.06	102.91	5193
1995	2094.90	449.77	879.12	766.01	748.92	133.42	6536
1996	2484.25	519.84	1022.88	941.53	875.50	151.14	7658
1997	2870.90	556.45	1210.34	1104.11	1039.62	175.19	8775
1998	3159.91	586.99	1330.18	1242.75	1132.79	202.26	9603
1999	3414.19	607.07	1429.01	1378.11	1230.22	204.08	10323
2000	3764.54	616.37	1622.33	1525.83	1422.34	206.11	11194
2001	4072.85	624.15	1796.68	1652.02	1586.48	217.02	11883
2002	4467.55	659.51	2029.19	1778.85	1808.95	228.02	12910
2003	4999.59	682.06	2329.67	1987.86	2059.30	279.24	14330
2004	5712.08	762.85	2738.71	2210.52	2422.22	326.91	16248
2005	6415.47	792.53	3095.92	2527.02	2744.68	363.03	18107
2006	7468.57	828.82	3629.68	3010.07	3189.45	453.94	20915
2007	9325.62	951.22	4521.78	3852.62	3956.44	582.36	25915
2008	10931.80	1096.10	5386.98	4448.72	4676.93	730.16	30153
2009	12418.09	1108.80	6129.07	5180.22	5218.63	932.88	33999
2010	15002.51	1269.87	7705.25	6027.39	6532.27	1201.07	40773
2011	17917.70	1492.20	9316.55	7108.95	7823.21	1526.98	47928
2012	20190.73	1628.94	10527.00	8034.79	8711.23	1853.23	52959
2013	22503.84	1745.17	11805.50	8953.17	9650.19	2196.81	58255
2014	24942.07	1855.85	13165.07	9921.15	10682.19	2528.81	63709
2015	26819.46	1932.84	13735.68	11150.94	11008.70	2774.37	67649
2016	29609.43	2145.10	14683.72	12780.61	11711.98	3022.46	74024
2017	33842.44	2215.12	16290.02	15337.30	12864.85	3481.15	83758
2018	38687.77	2379.02	18847.75	17461.00	14781.03	4131.38	94719
2019	42326.58	2595.53	20065.48	19665.57	15654.00	4482.03	102722
2020	43608.55	2730.81	20168.43	20709.31	15615.48	4618.99	105106
2021	49566.05	2899.91	23319.82	23346.32	18292.82	5097.80	118750
2022	51765.12	3077.58	23125.30	25562.23	18013.27	5178.64	123618
2023	54355.10	3217.66	23966.43	27171.01	18548.27	5497.97	129865

注：1. 本表按当年价格计算。

2. 2023 年数据为初步核算数据，下同。

地区生产总值指数

单位：以 1952 年为 100

年　份	地区生产总　值	第一产业	第二产业	第三产业	#工　业	#建筑业	人均地区生产总值
1952	100.0	100.0	100.0	100.0	100.0	100.0	100.0
1957	171.9	139.8	230.6	238.0	204.1	460.5	149.3
1962	159.8	90.8	272.7	333.6	202.3	928.6	121.4
1965	215.0	137.6	379.3	363.3	332.4	790.0	152.0
1970	256.0	153.5	503.2	418.6	444.7	1011.2	156.4
1975	331.4	178.4	846.3	441.5	761.1	1572.1	178.3
1978	451.2	195.7	1254.8	723.7	1255.2	1146.2	227.5
1979	476.1	205.2	1376.2	716.3	1342.7	1574.4	236.3
1980	563.7	233.5	1623.6	899.4	1521.9	2438.5	277.0
1981	651.0	253.5	1791.7	1226.5	1739.4	2228.6	315.8
1982	711.6	270.7	1938.7	1400.7	1807.2	2989.2	339.4
1983	755.7	283.5	2080.1	1491.7	1941.3	3190.0	354.4
1984	891.0	311.8	2500.0	1852.4	2440.0	3008.0	412.1
1985	1047.8	327.8	3077.8	2284.2	3032.2	3485.2	473.6
1986	1107.5	334.3	3473.5	2267.7	3144.2	6080.4	494.9
1987	1258.1	369.6	3822.8	2765.7	3726.1	4639.7	553.3
1988	1438.0	378.5	4773.6	3028.4	4992.8	3167.1	623.0
1989	1550.2	415.5	5010.9	3354.7	5459.8	1634.3	661.0
1990	1666.4	422.2	5412.8	3734.4	5991.1	1043.5	692.0
1991	1903.1	460.1	6595.9	4159.0	7403.3	1159.2	770.9
1992	2289.4	486.7	8395.5	5159.5	9320.7	1631.6	909.3
1993	2806.8	532.5	11372.1	6094.9	12964.3	1840.1	1102.2
1994	3376.6	582.0	15056.1	6886.8	17340.2	2244.1	1311.9
1995	3869.5	637.3	17633.5	7857.1	20142.9	2809.0	1485.3
1996	4384.2	693.4	20136.0	8993.6	23171.3	3022.4	1662.6
1997	4998.0	748.8	23350.5	10284.8	26940.6	3428.1	1879.5
1998	5537.8	799.0	26217.7	11387.5	30269.5	3826.4	2070.4
1999	6086.0	844.6	29189.6	12506.7	34031.7	3898.8	2263.7
2000	6652.0	866.5	32398.0	13740.2	38148.8	3916.2	2433.4
2001	7230.7	896.4	35689.0	15013.9	42276.6	4135.9	2595.3
2002	7965.4	920.6	40606.2	16385.4	48661.1	4311.1	2831.8
2003	8881.4	951.0	46959.6	17994.1	56151.5	5072.4	3131.6
2004	9893.9	992.9	54352.9	19552.0	65304.2	5650.8	3462.3
2005	11040.8	1019.4	61045.1	22209.3	73402.1	6306.1	3833.7
2006	12681.2	1027.1	71281.4	25971.3	85249.4	7662.1	4368.8
2007	14590.1	1056.4	84251.6	29738.3	100969.2	8921.7	4988.0
2008	16472.1	1099.8	97024.3	33359.8	116215.6	10313.4	5589.4
2009	18495.3	1135.5	110487.1	37447.1	131556.1	12252.4	6229.6
2010	21070.7	1170.9	130555.6	41412.9	155236.3	14617.1	7045.0
2011	23670.9	1207.1	151887.1	45213.0	181471.4	16561.1	7789.4
2012	26403.0	1252.7	173794.8	49355.2	206695.8	19434.4	8519.8
2013	29298.8	1291.5	196662.9	53959.1	233152.8	22369.1	9330.7
2014	32206.5	1338.2	220116.5	58325.7	261364.4	24829.7	10120.5
2015	35074.2	1380.6	239343.8	64241.8	283580.5	27312.7	10884.0
2016	38037.8	1421.3	256472.7	71305.1	304020.8	29215.0	11698.9
2017	41137.3	1473.8	274906.2	78441.5	328219.1	30424.1	12525.3
2018	44571.8	1524.1	298964.5	85211.4	358471.8	32508.2	13424.9
2019	47892.5	1577.5	315062.9	94086.5	376956.9	34588.8	14299.0
2020	49401.1	1625.8	322509.7	97880.6	382844.6	36548.8	14648.1
2021	53521.4	1706.9	348560.8	106727.3	420762.7	37391.8	15774.8
2022	55781.2	1765.1	360026.0	112305.4	431388.0	39683.5	16387.8
2023	58265.7	1839.9	373367.2	118134.1	445980.7	41688.3	17125.9

注：本表按不变价格计算。

农林牧渔业总产值和指数

年份	农林牧渔业总产值(亿元)					农林牧渔业总产值指数(1952年=100)				
	总产值	#农业	#林业	#牧业	#渔业	总指数	#农业	#林业	#牧业	#渔业
1952	11.07	8.44	0.65	1.42	0.56	100.0	100.0	100.0	100.0	100.0
1957	17.05	11.32	2.16	2.35	1.22	143.8	126.6	283.6	165.0	189.6
1962	14.81	11.23	0.63	1.75	1.20	93.6	94.5	91.7	69.8	142.2
1965	18.80	13.50	1.23	2.84	1.23	140.4	130.7	188.5	162.6	175.8
1970	21.12	15.49	1.49	2.66	1.48	153.6	147.4	186.8	152.3	213.3
1975	27.06	20.45	1.86	3.24	1.51	181.6	166.0	249.8	209.6	237.0
1978	36.33	28.22	2.31	3.82	1.98	217.3	204.2	280.3	216.8	282.8
1979	43.11	29.29	3.27	7.00	3.55	232.0	214.5	301.1	257.0	304.1
1980	45.49	31.13	3.41	7.38	3.57	244.0	227.8	313.6	260.3	305.7
1981	56.11	37.93	4.62	8.75	4.81	258.2	239.4	366.3	276.5	312.2
1982	63.73	42.74	4.90	10.38	5.71	277.8	257.5	382.4	300.2	343.6
1983	68.08	44.11	5.57	11.48	6.92	292.0	259.8	447.7	339.8	403.8
1984	80.66	50.81	7.07	14.39	8.39	332.6	286.6	593.6	410.9	447.4
1985	99.05	59.34	9.13	19.62	10.96	360.6	302.9	644.5	478.7	515.5
1986	107.07	60.76	10.29	22.02	14.00	368.7	300.3	642.8	529.3	581.8
1987	132.97	72.08	13.57	27.75	19.57	402.1	324.6	703.0	553.0	722.2
1988	182.00	94.08	17.50	39.65	30.77	433.1	341.2	789.5	609.7	826.0
1989	209.92	108.10	18.41	51.95	31.46	461.4	360.9	834.4	646.9	926.3
1990	227.12	118.31	21.54	51.93	35.34	478.9	368.4	911.6	675.4	991.7
1991	253.51	133.34	25.40	54.36	40.40	517.7	398.6	974.0	722.0	1089.9
1992	295.24	150.64	29.21	61.75	53.63	560.7	424.1	1076.1	784.1	1212.8
1993	386.34	190.28	36.39	74.86	84.82	621.8	453.6	1220.0	838.2	1482.3
1994	574.05	260.69	46.95	113.35	153.06	710.1	493.1	1370.9	950.5	1882.9
1995	738.63	340.48	59.24	144.45	194.47	806.7	547.3	1510.7	1062.7	2288.2
1996	850.67	383.18	66.94	165.50	235.05	893.0	599.8	1654.2	1122.2	2613.1
1997	925.56	391.30	75.80	193.66	264.80	1002.8	645.4	1819.6	1268.1	3138.3
1998	973.37	410.96	78.35	200.18	283.78	1064.0	667.3	1874.2	1373.4	3439.6
1999	1010.82	425.19	80.16	201.99	303.48	1132.1	726.7	1932.3	1421.5	3642.5
2000	1037.27	420.98	82.29	208.18	325.82	1167.6	714.3	2046.2	1499.1	3907.6
2001	1061.61	433.25	82.34	215.50	330.52	1213.7	752.0	2021.9	1556.7	4073.3
2002	1125.29	450.75	78.49	213.08	332.92	1256.2	775.3	2064.4	1623.6	4236.2
2003	1170.54	461.72	79.25	234.54	341.40	1284.4	786.8	2095.5	1691.1	4307.6
2004	1315.10	514.53	86.18	284.86	374.26	1326.3	807.9	2217.0	1773.1	4438.7
2005	1373.01	552.74	96.92	266.81	396.78	1368.8	820.7	2383.3	1874.9	4539.3
2006	1449.78	602.00	105.78	266.75	410.75	1389.6	833.0	2500.1	1891.7	4554.2
2007	1672.67	670.95	120.81	342.47	468.06	1435.6	860.9	2696.7	1878.0	4754.9
2008	1931.36	731.60	150.00	439.87	534.94	1496.3	883.7	2927.6	1990.4	4965.7
2009	1957.62	776.16	162.59	398.00	543.86	1556.9	907.6	3127.5	2098.4	5159.9
2010	2226.41	899.39	190.13	414.49	640.19	1603.7	914.5	3350.6	2210.6	5325.6
2011	2614.57	1025.03	239.00	527.12	733.83	1653.8	938.9	3589.4	2290.9	5443.2
2012	2843.47	1119.42	258.06	533.56	836.57	1713.8	960.0	3703.6	2442.9	5630.8
2013	3057.36	1196.59	296.02	558.67	902.18	1777.1	982.5	3911.8	2573.9	5832.3
2014	3247.11	1307.63	326.31	574.60	926.08	1843.4	1017.5	4136.9	2636.9	6054.3
2015	3399.30	1358.58	317.70	633.83	967.02	1905.9	1051.9	4315.3	2649.0	6324.7
2016	3784.24	1474.49	318.28	768.11	1091.29	1965.6	1068.5	4484.7	2782.5	6540.0
2017	3947.16	1527.00	327.73	750.49	1202.05	2039.3	1110.3	4667.9	2841.9	6827.0
2018	4229.52	1653.45	389.00	718.42	1318.20	2110.9	1162.7	4860.7	2781.0	7173.8
2019	4636.56	1774.77	417.33	914.39	1361.68	2187.1	1209.1	5062.1	2796.3	7485.6
2020	4901.07	1818.18	390.57	1141.12	1373.12	2260.4	1258.0	5226.3	2906.7	7631.1
2021	5200.97	1906.02	424.87	1059.91	1621.51	2376.6	1309.5	5344.7	3212.9	7851.2
2022	5502.56	2065.66	429.92	1066.25	1740.75	2469.3	1378.0	5613.5	3351.0	7987.0
2023	5729.21	2193.52	454.75	1083.36	1789.56	2575.2	1428.8	5813.4	3559.5	8306.5

注：2003年起采用国民经济行业分类GB/T 4754—2002，其他年份均采用GB/T 4754—94。

城镇居民家庭基本情况

年份	平均每户家庭人口（人）	平均每户就业人数（人）	平均每一就业者负担人数（人）	平均每人全年可支配收入（元）	平均每人消费性支出（元）	人均住房建筑面积（平方米）
1952				106	96	
1957				165	131	
1959	4.72	1.40	3.37	206	190	
1962	5.46	1.72	3.17	203	186	
1963	5.40	1.50	3.60	207	189	
1964	5.33	1.53	3.48	211	194	
1965	5.13	1.65	3.12	217	201	
1966	5.00	1.40	3.40	223	186	
1975	4.97	2.05	2.42	333	297	
1978	3.87	2.40	1.61	371	285	
1980	4.53	2.32	1.95	450	392	11.3
1981	4.51	2.40	1.88	452	405	11.7
1982	4.44	2.48	1.79	520	466	12.1
1983	4.36	2.41	1.80	573	504	13.2
1984	4.27	2.37	1.80	582	494	14.3
1985	4.06	2.25	1.81	733	675	15.3
1986	4.00	2.23	1.79	929	790	15.7
1987	3.97	2.25	1.77	1021	893	16.5
1988	3.77	2.10	1.79	1236	1077	17.2
1989	3.70	2.09	1.77	1555	1340	17.6
1990	3.64	2.09	1.74	1749	1431	18.1
1991	3.43	2.00	1.72	1953	1659	19.5
1992	3.39	2.03	1.67	2351	1942	20.9
1993	3.35	2.01	1.67	2923	2418	21.5
1994	3.29	1.92	1.71	3935	3351	24.1
1995	3.27	1.93	1.69	4853	4132	24.3
1996	3.25	1.94	1.68	5574	4568	24.5
1997	3.28	1.96	1.67	6144	4936	25.6
1998	3.23	1.90	1.70	6486	5181	26.8
1999	3.22	1.90	1.69	6860	5267	27.2
2000	3.23	1.80	1.79	7432	5639	28.0
2001	3.20	1.80	1.78	8313	6015	28.2
2002	3.13	1.73	1.81	9189	6632	28.4
2003	3.08	1.72	1.79	10000	7356	29.8
2004	3.05	1.58	1.93	11175	8161	31.1
2005	3.04	1.60	1.90	12321	8794	31.4
2006	3.04	1.64	1.86	13753	9808	32.1
2007	3.01	1.60	1.90	15505	11055	33.5
2008	3.14	1.69	1.86	17961	12501	37.5
2009	3.12	1.72	1.81	19577	13451	37.5
2010	3.08	1.71	1.80	21781	14750	38.5
2011	3.12	1.68	1.86	24907	16661	37.9
2012	3.10	1.68	1.85	28055	18593	38.2
2013	2.97	1.58	1.88	28174	20565	38.7
2014	2.99	1.61	1.86	30722	22204	40.7
2015	3.08	1.59	1.93	33275	23520	42.5
2016	3.13	1.62	1.93	36014	25006	42.7
2017	3.14	1.62	1.94	39001	25980	43.4
2018	2.93	1.53	1.92	42121	28145	43.1
2019	3.08	1.56	1.97	45620	30946	43.5
2020	3.04	1.54	1.97	47160	30487	43.8
2021	3.06	1.59	1.92	51140	33942	43.9
2022	3.06	1.56	1.97	53817	35692	44.4
2023	2.66	1.39	1.92	56153	37674	40.4

注：2012年及以前为老口径数据。

农村居民家庭基本情况

年份	调查户数（户）	平均每户常住人口（人）	平均每户整半劳动力（人）	平均每个劳动力负担人口（人）	人均住房使用面积（平方米）	人均住房建筑面积（平方米）	人均可支配（纯）收入（元）	人均生活消费支出（元）
1952				2.20			70	68
1957				2.39			112	102
1962				2.38			155	131
1965				2.87			129	114
1970				2.71			121	108
1978		6.50	2.22	2.92			138	113
1979		6.38	2.16	2.88			142	133
1980		6.25	2.06	3.03			172	158
1981		6.23	2.10	2.97	8.30		232	199
1982		6.27	2.27	2.76	7.67		268	231
1983		6.29	2.60	2.42	10.44		302	262
1984	1820	6.19	2.66	2.32	11.73		345	288
1985	1820	5.74	2.95	1.94	14.47		396	351
1986	1820	5.69	2.99	1.90	15.10		419	394
1987	1820	5.51	3.08	1.82	15.86		485	443
1988	1820	5.56	3.09	1.80	16.18		613	571
1989	1820	5.54	3.09	1.79	16.65		697	653
1990	1820	5.50	3.03	1.81	18.47		764	708
1991	1820	5.37	3.03	1.77	19.14		850	747
1992	1820	5.31	3.05	1.74	19.64		984	821
1993	1820	5.24	3.10	1.69	22.38		1211	1070
1994	1820	5.17	3.13	1.65	24.62		1578	1440
1995	1820	4.91	3.02	1.62	22.88		2049	1794
1996	1820	4.87	2.98	1.63	23.37		2492	2034
1997	1820	4.77	2.96	1.61	23.74		2786	2120
1998	1820	4.70	3.00	1.57	24.87		2946	2192
1999	1820	4.62	2.95	1.56	26.40		3091	2252
2000	1820	4.24	2.70	1.57	32.14		3230	2410
2001	1820	4.17	2.68	1.56	33.82		3381	2503
2002	1820	4.07	2.57	1.58	35.68		3539	2583
2003	1820	4.08	2.83	1.44	35.96		3734	2718
2004	1820	4.02	2.71	1.48	38.18		4089	3015
2005	1820	4.05	2.77	1.47	40.15		4450	3293
2006	1820	4.03	2.77	1.45	42.35		4835	3591
2007	1820	4.00	2.77	1.44	44.50		5467	4053
2008	1820	3.98	2.78	1.43	46.13		6196	4662
2009	1820	3.98	2.78	1.43	46.76		6680	5016
2010	1820	3.94	2.77	1.43	47.54		7427	5498
2011	1820	3.84	2.73	1.40	49.82		8779	6541
2012	1820	3.84	2.71	1.41	50.80		9967	7402
2013	1859	3.29	2.22	1.48		63.7	11405	9986
2014	1848	3.25	2.21	1.47		60.8	12650	11056
2015	1883	3.20	2.20	1.45		63.5	13793	11961
2016	1917	3.21	2.24	1.43		66.5	14999	12911
2017	1940	3.17	2.21	1.43		68.0	16335	14003
2018	1690	3.03	2.09	1.45		78.9	17821	14943
2019	1690	3.24	2.17	1.49		76.3	19568	16281
2020	1690	3.04	2.14	1.42		80.7	20880	16339
2021	1690	3.35	2.31	1.45		75.2	23229	19290
2022	1690	3.22	2.26	1.43		77.4	24987	20467
2023	1920	2.98	2.10	1.42		71.1	26722	21746

注：2012 年及以前为老口径数据。

2023年居民消费价格指数

单位：以2022年为100

项　目	全　省	城　市	农　村
居民消费价格指数	**100.0**	**100.1**	**100.0**
按商品和非商品分			
消费品价格指数	99.8	99.8	99.8
服务项目价格指数	100.4	100.5	100.2
按类别分			
食品烟酒	100.9	100.9	100.8
衣着	100.0	100.0	99.8
居住	99.8	99.9	99.6
生活用品及服务	99.9	100.0	99.6
交通通信	96.7	96.6	97.0
教育文化娱乐	101.6	101.7	101.2
医疗保健	100.7	100.6	100.8
其他用品及服务	103.1	103.2	102.5

主要年份地方一般公共预算收入

单位：万元

项　目	2000	2010	2020	2022	2023
收入合计	**2341061**	**11514923**	**30790374**	**33392146**	**35920416**
增值税	353461	1411033	8393601	6757946	10174140
营业税	582053	3197000			
企业所得税	321959	1569118	3684936	4480792	4296537
个人所得税	247517	563374	1928130	1372925	1375786
资源税	7007	64550	72577	100472	95878
城市维护建设税	97646	431149	1223138	1252493	1318029
房产税	95496	317362	817361	1018396	1139805
印花税	18309	171193	428873	542790	721082
城镇土地使用税	15746	263343	315993	346055	362757
土地增值税	4326	628057	2296652	2398605	1428528
车船税	6055	59863	263037	301168	305571
烟叶税		32896	63595	84090	102152
耕地占用税	13474	181050	124226	152776	109380
契税	55799	770908	2197180	2077326	1960032
国有资本经营收入		219530	365457	356124	357606
国有资源（资产）有偿使用收入		414662	3012239	5613916	6086420
行政性收费收入	74946	481761	827631	914478	898623
罚没收入	101764	292226	906911	953636	1149052
专项收入	64036	352274	3273577	3938062	3439691

一般公共预算支出

单位：万元

项　目	2010	2015	2020	2022	2023
支出合计	**16950906**	**40015778**	**52160979**	**56912173**	**58593911**
一般公共服务	2119124	3080207	4675189	4903286	4771886
国防	32680	68544	56193	66358	57607
公共安全	1206017	2252409	3435465	3572107	3503436
教育	3277681	7575096	10315731	12172631	12576814
科学技术	323057	766007	1494377	1529994	1469151
文化旅游体育与传媒	271014	848159	1128752	1173464	1068320
社会保障和就业	1482366	3417705	5723365	7172262	7671034
卫生健康	1175835	3511905	5219588	6063486	6204046
节能环保	397865	955694	1564246	1226221	1204932
城乡社区事务	1076788	3786992	4224147	4312606	4414662
农林水事务	1603355	4418607	4500504	4103670	4151446
交通运输	1252071	3461952	2340639	2649812	2610873
商业服务业等	1044916	4080809	104777	1081763	1243972

进出口总额

年份	进出口总额（亿美元）	出口	进口	进出口总额（亿元）	出口	进口
1981	6.08	4.01	2.07	10.83	7.14	3.68
1982	5.51	3.70	1.80	10.63	7.15	3.48
1983	5.64	3.70	1.94	11.05	7.25	3.80
1984	6.65	3.92	2.73	18.55	10.93	7.62
1985	9.01	5.57	3.44	26.39	16.33	10.07
1986	13.48	6.86	6.61	50.13	25.54	24.60
1987	18.45	9.04	9.41	68.63	33.63	35.01
1988	28.43	14.16	14.27	105.76	52.68	53.08
1989	34.22	18.28	15.94	161.18	86.10	75.08
1990	43.39	24.49	18.90	226.50	127.84	98.66
1991	57.48	31.47	26.00	311.53	170.91	140.62
1992	80.59	43.87	36.72	463.38	252.23	211.14
1993	100.42	51.59	48.83	581.42	298.69	282.73
1994	121.90	64.30	57.59	1039.77	548.50	491.27
1995	144.46	79.08	65.38	1210.55	662.70	547.85
1996	155.20	83.82	71.37	1288.14	695.74	592.40
1997	179.53	102.56	76.97	1486.13	848.96	637.17
1998	171.61	99.64	71.97	1420.56	824.81	595.75
1999	176.20	103.52	72.68	1458.55	856.93	601.61
2000	212.23	129.08	83.15	1756.87	1068.55	688.32
2001	226.26	139.22	87.04	1872.98	1152.49	720.49
2002	283.99	173.71	110.28	2350.85	1437.96	912.89
2003	353.26	211.32	141.94	2924.25	1749.28	1174.96
2004	475.27	293.95	181.32	3933.81	2433.00	1500.81
2005	544.11	348.42	195.69	4457.21	2854.15	1603.06
2006	626.59	412.62	213.97	4937.55	3251.43	1686.12
2007	744.51	499.40	245.10	5661.24	3797.47	1863.77
2008	848.21	569.92	278.29	5890.90	3958.14	1932.76
2009	796.49	533.19	263.30	5440.85	3642.22	1798.63
2010	1087.80	714.93	372.87	7363.88	4839.73	2524.15
2011	1435.22	928.38	506.85	9269.83	5996.21	3273.62
2012	1559.38	978.33	581.05	9843.58	6175.68	3667.90
2013	1693.22	1064.74	628.47	10486.43	6594.17	3892.26
2014	1774.08	1134.52	639.56	10897.33	6968.92	3928.41
2015	1688.46	1126.80	561.66	10478.39	6991.76	3486.62
2016	1568.19	1036.73	531.47	10344.96	6833.66	3511.30
2017	1710.35	1049.32	661.03	11590.98	7113.92	4477.06
2018	1875.76	1156.85	718.90	12357.29	7624.07	4733.21
2019	1931.11	1202.03	729.09	13309.29	8282.86	5026.43
2020	2035.81	1223.83	811.98	14098.10	8472.88	5625.22
2021	2838.43	1660.68	1177.74	18342.13	10729.85	7612.29
2022	2967.27	1814.02	1153.25	19776.98	12097.47	7679.51
2023	2807.57	1672.47	1135.10	19739.58	11765.40	7974.18

实际利用外商直接投资金额

单元：万美元

年份	合计	年份	合计
1979	83	2006	718489
1980	363	2007	813093
1981	150	2008	1002556
1982	121	2009	1006481
1983	1438	2010	1031552
1984	4828	2011	1104447
1985	11782	2012	1218541
1986	6149	全口径	
1987	5139	2004	222120
1988	13017	2005	260775
1989	32880	2006	322047
1990	29002	2007	406058
1991	64449	2008	567171
1992	141633	2009	573747
1993	286745	2010	580279
1994	371200	2011	620111
1995	403881	2012	633774
1996	407876	2013	667896
1997	419666	2014	711499
1998	421211	2015	768339
1999	402403	2016	819465
2000	380386	2017	857672
2001	391804	2018	445477
历史可比口径		2019	460953
2002	424995	2020	502347
2003	499329	2021	490543
2004	531802	2022	499364
2005	622984	2023	430742

注：1. 2005 年及以后年份为全口径。

2. 从 2021 年起，发布的数据为商务部反馈数据。

主要年份各类运输总量

年　份	客运量(万人)	旅客周转量(亿人千米)	货运量(万吨)	货物周转量(亿吨千米)
1952	251	1.72	156	1.44
1957	1966	8.81	1553	10.07
1962	2634	16.97	1845	21.65
1965	3226	16.22	2948	39.47
1970	3324	17.59	2862	40.92
1975	5887	28.36	3747	53.73
1978	7928	35.73	4871	74.03
1979	9996	43.71	5149	80.63
1980	16676	62.37	7979	100.34
1981	20013	73.45	8302	103.34
1982	22570	82.01	9077	120.39
1983	24620	91.50	10175	131.78
1984	29155	109.50	11479	151.61
1985	33984	130.33	13317	161.97
1986	34426	137.09	16931	195.48
1987	35693	159.38	18231	225.02
1988	37216	175.91	20131	242.02
1989	39622	173.66	19859	270.06
1990	39495	175.40	20321	272.71
1991	34038	186.70	12124	267.26
1992	36283	205.17	19836	347.28
1993	40465	232.27	25824	434.02
1994	36416	240.56	28447	577.73
1995	40080	247.65	28922	608.61
1996	42956	267.20	30593	590.58
1997	43658	253.15	30496	605.78
1998	42047	279.76	30010	661.61
1999	41413	301.58	28637	746.71
2000	44203	333.97	29483	687.65
2001	47393	372.72	30547	779.92
2002	49134	392.00	31837	827.44
2003	48097	386.19	33422	1223.82
2004	53950	441.40	37279	1401.26
2005	55615	477.82	40400	1576.12
2006	59369	524.99	44304	1904.36
2007	64244	587.90	50500	2083.72
2008	72742	561.77	57254	2401.41
2009	76121	597.75	58231	2477.46
2010	77153	648.76	66159	2983.52
2011	81082	723.83	75272	3404.11
2012	83725	771.93	84417	3877.73
2013	56965	785.01	96718	3943.77
2014	60765	902.36	111779	4783.48
2015	54031	915.21	111063	5450.96
2016	54237	987.52	120379	6074.83
2017	54118	1086.22	132252	6785.16
2018	51435	1153.28	136974	7652.89
2019	49379	1190.02	133693	8296.62
2020	25490	661.97	139927	9020.34
2021	21893	650.89	166131	10164.20
2022	18140	511.82	169107	11344.64
2023	28795	1004.18	178766	12235.42

注:2013 年起,客运量数据因交通运输业统计范围变化有调整。

金融机构人民币各项存款和贷款余额

单位：亿元

年　份	各项存款	#住户存款	#财政存款	各项贷款	#短期贷款	#中长期贷款
1990	359.45			381.93		
1991	477.45			453.10		
1992	667.01			589.74		
1993	824.37			774.65	554.06	153.33
1994	1101.81			954.73	698.86	180.89
1995	1451.68			1176.63	860.09	221.09
1996	1901.71			1467.79	1060.12	294.42
1997	2192.74		15.40	1750.38	1279.40	329.60
1998	2557.30		28.11	1942.78	1423.39	368.87
1999	2924.61		41.24	2255.50	1612.59	476.85
2000	3114.32		39.59	2438.82	1728.01	510.32
2001	3614.26		45.94	2864.76	1656.70	902.35
2002	4253.07		55.21	3110.05	1809.88	1065.11
2003	5178.29		51.74	3837.51	2039.25	1422.42
2004	5984.32		92.63	4367.05	2213.05	1799.83
2005	7248.40		128.33	5068.68	2366.93	2350.80
2006	8836.26		219.38	6447.72	2956.98	3203.04
2007	10040.15		328.32	8065.67	3555.92	4318.81
2008	11804.40		457.26	9585.92	3895.16	5146.37
2009	14702.34		549.46	12360.32	5215.58	6625.53
2010	18309.45		678.08	15231.36	6594.50	8372.64
2011	21055.49		834.38	18165.19	7836.03	9906.51
2012	24283.68		741.75	21209.82	9451.96	11133.74
2013	28043.82		905.62	24487.53	10752.70	13137.82
2014	30747.61		1450.40	28417.70	11785.72	15861.63
2015	35576.06	13931.21	1169.62	32132.96	12209.64	18530.82
2016	39275.82	15122.76	1230.32	36356.06	12620.98	21631.79
2017	42794.79	16583.08	1361.81	40484.93	14040.45	25317.11
2018	44677.70	18278.38	1305.78	45173.87	14726.54	28439.09
2019	48754.92	20954.92	1017.18	51396.64	16552.98	32205.10
2020	55160.49	24052.60	1053.15	58589.49	17843.60	37789.18
2021	60557.26	26248.19	1132.22	65920.32	19356.43	42475.16
2022	70859.00	31352.39	796.95	74128.73	21214.76	46512.20
2023	78471.93	35709.83	957.90	81378.80	22868.14	50586.43

注：1. 2004 年起含外资银行。

主要年份年末常住人口及人口变动

年份	常住总人口（万人）	按性别分类		按城乡分		人口出生率（‰）	人口死亡率（‰）	人口自然增长率（‰）	人口密度（人/平方千米）
		男	女	城镇	农村				
1952	1270					37.92	13.32	24.60	102
1957	1461					37.56	9.80	27.76	118
1962	1602					41.14	11.65	29.49	129
1965	1759					41.19	7.92	33.27	142
1970	2020					34.23	6.98	27.25	163
1975	2297					29.19	6.58	22.61	185
1978	2446					25.35	6.31	19.04	197
1979	2487					22.91	6.28	16.63	201
1980	2519					18.68	6.27	12.41	203
1981	2563					23.40	6.25	17.15	207
1982	2620					27.91	6.35	21.56	211
1983	2668					24.53	6.31	18.22	215
1984	2720					25.68	6.25	19.43	219
1985	2769					23.88	6.18	17.70	223
1986	2820					24.02	5.85	18.17	227
1987	2875					24.91	5.79	19.21	232
1988	2929					24.34	5.81	18.53	236
1989	2984					24.67	6.10	18.57	241
1990	3037					24.44	6.71	17.73	245
1991	3079					20.03	6.26	13.77	248
1992	3116					18.18	6.02	12.16	251
1993	3150					16.72	5.62	11.10	254
1994	3183					16.24	5.95	10.29	257
1995	3227					15.20	5.90	9.30	261
1996	3261					13.22	5.94	7.28	263
1997	3282					12.41	6.09	6.32	265
1998	3299					11.53	6.20	5.33	266
1999	3316					11.06	5.85	5.21	267
2000	3410	1757	1653	1432	1978	11.60	5.85	5.75	275
2001	3445	1775	1670	1473	1972	11.56	5.52	6.04	278
2002	3476	1790	1686	1587	1889	11.35	5.57	5.78	280
2003	3502	1805	1697	1624	1878	11.43	5.58	5.85	282
2004	3529	1818	1711	1681	1848	11.58	5.62	5.96	285
2005	3557	1793	1764	1758	1799	11.60	5.62	5.98	287
2006	3585	1810	1775	1807	1778	12.00	5.75	6.25	289
2007	3612	1824	1788	1856	1756	12.00	5.90	6.10	291
2008	3639	1830	1809	1929	1710	12.20	5.90	6.30	293
2009	3666	1848	1818	2019	1647	12.20	6.00	6.20	296
2010	3693	1900	1793	2109	1584	11.27	5.16	6.11	298
2011	3784	1945	1839	2199	1585	11.41	5.20	6.21	305
2012	3841	1975	1866	2278	1563	12.74	5.73	7.01	310
2013	3885	1995	1890	2362	1523	12.20	6.01	6.19	313
2014	3945	2007	1938	2446	1499	13.70	6.20	7.50	318
2015	3984	2023	1961	2519	1465	13.90	6.10	7.80	321
2016	4016	2042	1974	2586	1430	14.50	6.20	8.30	324
2017	4065	2076	1989	2674	1391	15.00	6.20	8.80	328
2018	4104	2099	2005	2749	1355	13.20	6.20	7.00	331
2019	4137	2104	2033	2808	1329	12.90	6.10	6.80	334
2020	4161	2151	2010	2861	1300	9.21	6.24	2.97	336
2021	4187	2169	2018	2918	1269	8.26	6.28	1.98	338
2022	4188	2168	2020	2937	1251	7.07	6.52	0.55	338
2023	4183	2164	2019	2972	1211	6.81	6.95	−0.14	337

地区生产总值(2023 年)

单位：亿元

地区	地区生产总值	第一产业	第二产业	第三产业	#工业	#建筑业	人均地区生产总值（元）
全省	**54355.10**	**3217.66**	**23966.43**	**27171.01**	**18548.27**	**5497.97**	**129865**
福州市	**12928.47**	**721.59**	**4675.12**	**7531.77**	**2997.28**	**1702.86**	**152846**
福州市辖区							
鼓楼区	2850.67		423.86	2426.81	125.40	298.69	421384
台江区	713.26		58.06	655.20		58.06	172077
仓山区	1048.97	1.81	386.63	660.53	293.46	95.00	88708
马尾区	700.44	14.98	384.28	301.19	230.08	154.68	236236
晋安区	1201.07	9.63	290.47	900.97	142.34	148.50	150134
长乐区	1246.35	80.98	699.50	465.88	644.37	55.37	153303
福清市	1682.79	139.62	796.10	747.07	598.57	197.95	119009
闽侯县	1030.50	59.62	554.98	415.90	397.09	158.30	100487
连江县	788.25	194.39	294.47	299.39	217.61	93.65	122020
罗源县	451.14	62.69	242.10	146.35	213.59	28.95	173184
闽清县	470.54	44.68	261.86	163.99	98.26	167.05	179937
永泰县	374.31	69.67	194.43	110.22	20.59	173.92	130650
平潭县	370.19	43.51	88.41	238.26	15.91	72.75	97034
厦门市	**8066.49**	**27.73**	**2867.94**	**5170.81**	**2162.94**	**738.18**	**151697**
厦门市辖区							
思明区	2729.53	2.77	345.08	2381.68	107.81	237.62	256294
海沧区	1010.43	1.60	566.95	441.87	517.15	50.24	162710
湖里区	1724.18		609.94	1114.25	415.46	225.43	172677
集美区	993.48	3.00	441.27	549.22	336.68	105.42	90854
同安区	721.69	11.32	343.78	366.59	308.88	35.22	80771
翔安区	887.17	9.04	560.93	317.20	476.96	84.26	137333
莆田市	**3070.73**	**149.94**	**1503.32**	**1417.47**	**1322.49**	**184.06**	**96291**
莆田市辖区							
城厢区	584.84	10.65	207.30	366.89	163.97	43.73	107564
涵江区	668.40	19.29	426.54	222.57	377.84	49.62	140568
荔城区	593.88	18.09	271.35	304.45	252.06	19.91	88733
秀屿区	577.21	76.00	284.39	216.83	249.24	35.76	96118
仙游县	646.40	25.92	313.75	306.73	279.39	35.05	71822
三明市	**3007.10**	**355.08**	**1342.53**	**1309.49**	**982.24**	**363.74**	**123141**
三明市辖区							
三元区	713.11	26.55	319.02	367.54	253.12	66.22	173400
沙县区	347.33	35.33	177.94	134.06	123.88	54.96	140053
永安市	495.61	39.10	264.31	192.20	218.65	46.12	146998
明溪县	123.33	24.24	52.88	46.21	35.26	17.69	130308
清流县	137.72	32.02	43.79	61.91	25.45	18.46	121023
宁化县	237.83	32.53	94.75	110.56	47.60	47.58	93875
大田县	253.14	44.67	117.56	90.91	101.35	16.55	86250
尤溪县	262.46	56.79	80.87	124.80	65.67	15.46	78231
将乐县	195.73	23.37	88.42	83.93	64.15	24.55	138742
泰宁县	87.80	17.16	23.21	47.42	9.58	13.67	86542
建宁县	153.03	23.31	79.78	49.94	37.53	42.47	136026
泉州市	**12172.33**	**261.66**	**6469.12**	**5441.55**	**5681.29**	**796.41**	**137060**
泉州市辖区							
鲤城区	762.17	0.19	321.28	440.70	269.72	51.66	177044
丰泽区	902.23	2.05	158.18	742.00	89.18	69.12	123678
洛江区	369.17	5.44	216.64	147.10	181.41	35.23	143648
泉港区	561.75	14.03	363.19	184.54	300.81	62.45	155180
石狮市	1200.34	32.76	500.24	667.33	438.46	61.94	172338
晋江市	3363.50	22.88	1968.67	1371.95	1890.99	84.59	161862

续表

地 区	地区生产总值	第一产业	第二产业	第三产业	#工 业	#建筑业	人均地区生产总值（元）
南安市	1706.75	34.84	982.60	689.31	905.13	78.12	111407
惠安县	1671.20	41.47	1122.09	507.64	918.08	204.32	159771
安溪县	920.03	64.87	454.22	400.94	379.20	75.20	92465
永春县	414.82	29.12	194.02	191.68	167.82	26.28	99717
德化县	374.63	14.01	221.66	138.95	166.68	54.99	110672
漳州市	**5728.43**	**599.34**	**2694.45**	**2434.64**	**2009.46**	**689.51**	**113087**
漳州市辖区							
芗城区	957.93	11.13	422.31	524.49	273.31	149.23	148956
龙文区	454.65	4.96	167.82	281.87	102.04	66.27	148023
龙海区	1348.37	80.20	819.34	448.83	636.53	186.02	141013
长泰区	406.04	22.85	270.33	112.86	201.49	69.01	175433
云霄县	303.44	61.11	121.23	121.10	85.13	36.14	73463
漳浦县	683.55	105.80	257.54	320.21	208.19	49.51	80252
诏安县	356.32	63.47	165.59	127.26	142.23	23.36	64411
东山县	273.91	52.72	104.63	116.55	73.46	31.29	123968
南靖县	405.21	94.89	160.81	149.51	128.97	31.92	134066
平和县	318.18	62.50	87.43	168.24	63.04	24.39	70145
华安县	220.83	39.70	117.41	63.72	95.06	22.36	166288
南平市	**2270.00**	**381.60**	**809.95**	**1078.45**	**504.37**	**305.81**	**85969**
南平市辖区							
延平区	457.27	42.48	165.79	249.00	66.31	99.54	102642
建阳区	287.62	48.54	108.66	130.42	70.96	37.73	83368
邵武市	278.81	37.17	118.31	123.33	80.91	37.43	103453
武夷山市	240.50	34.15	79.29	127.07	52.07	27.23	92324
建瓯市	312.07	62.89	105.15	144.03	76.90	28.29	73514
顺昌县	153.29	22.48	52.18	78.63	39.19	13.01	88350
浦城县	195.20	42.34	63.62	89.24	39.02	24.61	66964
光泽县	134.12	50.85	42.37	40.90	31.62	10.75	105609
松溪县	92.91	16.41	32.54	43.96	17.84	14.71	72302
政和县	118.21	24.29	42.04	51.88	29.54	12.51	67551
龙岩市	**3317.96**	**322.86**	**1339.06**	**1656.04**	**844.74**	**494.32**	**122683**
龙岩市辖区							
新罗区	1149.58	54.37	498.14	597.07	362.02	136.12	134218
永定区	344.67	39.63	133.40	171.64	66.59	66.80	109681
漳平市	319.99	41.26	123.04	155.69	76.99	46.05	128277
长汀县	344.89	43.41	126.94	174.53	70.21	56.73	87335
上杭县	526.14	60.51	204.78	260.86	121.27	83.51	142009
武平县	312.84	40.40	122.63	149.81	69.43	53.20	114888
连城县	319.85	43.29	130.14	146.43	78.22	51.91	129706
宁德市	**3807.33**	**401.13**	**2136.12**	**1270.08**	**1942.99**	**195.45**	**120619**
宁德市辖区							
蕉城区	1340.10	43.89	955.93	340.28	879.21	77.16	206169
福安市	835.64	62.44	512.98	260.21	480.99	33.22	138811
福鼎市	562.43	81.05	310.58	170.80	292.14	18.86	99545
霞浦县	371.53	96.92	116.47	158.14	95.50	21.20	77563
古田县	253.87	57.38	73.87	122.62	57.76	16.11	80722
屏南县	129.30	18.55	54.36	56.39	49.44	4.92	94380
寿宁县	115.17	20.10	37.75	57.33	33.55	4.20	66764
周宁县	112.31	10.41	40.37	61.52	33.74	6.63	77721
柘荣县	86.99	10.38	33.81	42.80	20.66	13.15	94550

注：1. 本表按当年价格计算。

2. 本表为 2023 年初步核算数。

地区生产总值指数(2023年)

单位：以2022年为100

地　区	地区生产总值	第一产业	第二产业	第三产业	#工　业	#建筑业	人均地区生产总值(元)
全　省	**104.5**	**104.2**	**103.7**	**105.2**	**103.4**	**105.1**	**104.5**
福州市	**105.2**	**104.0**	**104.8**	**105.5**	**102.7**	**109.0**	**104.9**
福州市辖区							
鼓楼区	105.2		96.7	106.9	103.1	94.6	104.8
台江区	103.5		101.1	103.8	100.0	101.1	103.3
仓山区	102.2	92.5	102.5	102.0	99.9	110.7	101.5
马尾区	105.0	104.5	106.4	103.2	101.1	115.5	104.9
晋安区	106.7	104.6	107.4	106.5	99.9	115.6	106.3
长乐区	103.1	104.6	101.1	106.2	101.0	103.6	102.9
福清市	106.8	104.0	107.1	106.9	104.4	115.4	106.6
闽侯县	103.5	103.8	105.4	101.0	104.2	108.4	102.9
连江县	107.2	103.9	108.9	107.5	109.1	112.4	107.2
罗源县	106.7	104.2	108.5	105.1	108.4	111.7	106.3
闽清县	106.6	104.7	106.8	106.9	92.5	116.8	106.0
永泰县	102.7	104.4	105.0	97.8	99.4	105.6	102.3
平潭县	103.0	103.5	105.0	102.2	102.8	105.6	104.2
厦门市	**103.1**	**96.0**	**97.2**	**107.0**	**98.9**	**93.1**	**102.6**
厦门市辖区							
思明区	105.6	93.1	97.0	107.2	102.9	94.4	105.4
海沧区	97.7	95.6	94.4	102.7	95.4	85.0	97.1
湖里区	101.5		95.1	105.6	95.3	97.0	102.7
集美区	102.6	95.6	95.4	110.4	97.7	88.4	101.8
同安区	101.5	100.7	96.8	106.9	97.3	92.7	101.3
翔安区	107.0	91.3	105.0	111.8	107.6	91.5	103.9
莆田市	**103.6**	**103.5**	**102.9**	**104.4**	**103.0**	**102.2**	**104.2**
莆田市辖区							
城厢区	104.0	101.3	105.2	103.4	106.8	101.0	104.6
涵江区	103.0	103.3	101.9	105.1	101.4	105.8	103.7
荔城区	100.2	100.0	98.1	102.3	98.0	98.6	100.8
秀屿区	104.7	104.4	104.1	105.7	105.1	99.0	105.3
仙游县	106.3	105.0	106.4	106.4	106.5	106.1	107.0
三明市	**101.8**	**104.6**	**100.0**	**103.0**	**102.7**	**93.6**	**102.8**
三明市辖区							
三元区	103.7	105.6	102.9	104.4	105.8	93.3	103.3
沙县区	101.0	104.4	99.0	102.9	99.9	97.4	101.6
永安市	103.3	104.7	103.4	103.0	104.9	97.0	104.8
明溪县	101.2	104.0	99.6	101.7	99.6	99.9	102.7
清流县	91.6	105.4	74.8	104.2	99.7	56.5	92.9
宁化县	102.8	104.1	102.7	102.4	100.0	105.8	105.0
大田县	101.4	103.8	101.7	99.8	100.7	108.8	103.0
尤溪县	102.4	104.4	99.3	103.8	99.2	100.1	103.8
将乐县	103.5	104.9	103.8	102.7	105.5	100.0	104.7
泰宁县	92.4	104.7	72.2	103.9	84.9	65.4	93.2
建宁县	101.1	105.7	101.3	98.7	99.7	102.9	101.9
泉州市	**104.8**	**103.9**	**104.1**	**105.7**	**103.0**	**113.7**	**104.6**
泉州市辖区							
鲤城区	107.3	103.3	106.2	108.3	103.7	127.0	107.0
丰泽区	104.8	102.1	106.7	104.3	101.6	114.8	103.8
洛江区	104.8	104.0	104.5	105.2	104.2	105.9	104.1
泉港区	90.1	103.3	84.0	106.8	81.6	101.9	89.6
石狮市	105.5	101.0	106.2	105.0	104.7	119.3	104.8
晋江市	106.5	100.5	106.3	106.8	105.9	118.9	106.2

续表

地　区	地区生产总　值	第一产业	第二产业	第三产业	#工　业	#建筑业	人均地区生产总值(元)
南　安　市	106.2	103.6	106.3	106.3	105.3	120.1	106.1
惠　安　县	106.0	106.2	105.5	107.2	104.3	111.6	105.7
安　溪　县	103.5	104.8	102.8	104.1	102.6	103.7	104.1
永　春　县	105.4	104.0	104.9	106.3	104.0	114.0	106.5
德　化　县	106.1	104.8	107.5	104.2	104.0	120.0	105.8
漳州市	**105.9**	**105.5**	**105.5**	**106.5**	**104.0**	**111.2**	**106.0**
漳州市辖区							
芗城区	106.7	102.8	106.9	106.7	102.9	117.5	106.6
龙文区	106.6	106.1	105.6	107.1	104.0	108.2	106.3
龙海区	106.3	105.7	105.8	107.4	105.4	107.6	106.2
长泰区	105.2	105.6	104.9	105.6	103.1	111.5	104.9
云　霄　县	105.8	105.5	107.7	103.9	103.9	120.2	105.6
漳　浦　县	107.6	104.4	110.3	106.6	110.6	109.0	107.5
诏　安　县	105.4	105.0	105.2	105.7	104.1	114.0	106.2
东　山　县	108.2	104.8	108.4	109.2	109.5	106.2	108.2
南　靖　县	100.4	107.0	93.4	104.4	90.1	112.1	101.2
平　和　县	106.7	106.5	108.6	105.7	107.0	113.3	106.6
华　安　县	104.6	105.8	103.0	106.6	102.1	107.4	105.5
南平市	105.0	104.4	106.1	104.3	103.5	110.8	105.8
南平市辖区							
延平区	103.8	105.5	103.5	103.5	103.1	103.9	104.7
建阳区	105.2	103.7	103.8	107.0	104.4	102.6	104.8
邵　武　市	104.5	104.4	105.6	103.3	100.9	118.0	105.4
武夷山市	105.2	103.0	109.0	103.4	104.8	118.1	105.4
建　瓯　市	105.4	104.2	108.0	104.0	105.8	114.6	106.6
顺　昌　县	105.8	105.8	103.9	107.2	100.3	116.4	107.6
浦　城　县	103.5	103.3	103.4	103.6	101.0	107.7	104.6
光　泽　县	107.0	104.7	113.5	103.5	105.9	148.7	107.8
松　溪　县	106.5	103.2	112.0	103.9	105.9	120.6	107.3
政　和　县	106.6	106.0	109.3	104.8	104.7	123.1	107.9
龙岩市	**103.8**	**103.9**	**102.3**	**105.0**	**100.5**	**105.8**	**104.5**
龙岩市辖区							
新罗区	103.4	104.0	101.2	105.3	99.8	105.5	102.9
永定区	104.3	103.7	104.4	104.4	100.9	108.1	106.1
漳　平　市	103.4	103.5	103.6	103.3	101.1	108.4	104.5
长　汀　县	104.1	104.4	102.8	105.2	99.2	108.6	104.9
上　杭　县	104.6	104.2	102.7	106.2	102.9	102.4	105.8
武　平　县	103.8	103.9	103.5	104.1	100.9	107.1	105.4
连　城　县	103.2	103.6	101.7	104.4	100.9	103.0	104.5
宁德市	**108.6**	**103.9**	**111.8**	**104.6**	**114.9**	**87.8**	**108.4**
宁德市辖区							
蕉城区	110.4	103.8	113.7	102.0	115.8	91.4	108.5
福　安　市	110.3	103.0	112.1	108.8	117.7	65.5	111.3
福　鼎　市	113.5	103.2	123.3	102.5	127.2	93.3	112.1
霞　浦　县	102.3	104.0	97.2	105.7	96.8	99.7	102.1
古　田　县	103.6	105.1	98.6	105.8	96.4	106.1	104.9
屏　南　县	103.2	106.2	103.8	101.7	107.3	75.8	104.0
寿　宁　县	102.0	103.0	90.7	109.4	96.9	74.5	103.4
周　宁　县	102.3	105.9	102.6	101.5	106.2	89.9	104.1
柘　荣　县	102.8	104.1	99.1	105.6	91.2	114.6	102.8

注：1. 本表按不变价格计算。

2. 本表为2023年初步核算数。

年末户籍统计人口数(2023 年)

单位：万人

地　区	年末户籍统计总人口	按性别分	
		男	女
全　省	**3969.28**	**2036.90**	**1932.38**
福州市	**734.00**	**372.19**	**361.80**
福州市辖区	310.55	153.70	156.86
鼓楼区	63.38	30.87	32.51
台江区	32.40	15.80	16.60
仓山区	70.35	34.03	36.32
马尾区	19.89	9.79	10.10
晋安区	47.14	22.78	24.37
长乐区	77.39	40.44	36.95
福　清　市	140.64	72.35	68.29
闽　侯　县	73.33	37.04	36.29
连　江　县	67.49	35.00	32.49
罗　源　县	26.89	14.01	12.88
闽　清　县	31.92	16.84	15.08
永　泰　县	37.86	20.17	17.69
平　潭　县	45.30	23.08	22.22
厦门市	**302.08**	**146.35**	**155.74**
厦门市辖区	302.08	146.35	155.74
思明区	93.28	44.73	48.55
海沧区	30.88	14.71	16.17
湖里区	42.54	20.75	21.80
集美区	45.76	21.95	23.81
同安区	45.83	22.58	23.25
翔安区	43.79	21.62	22.16
莆田市	**367.38**	**187.93**	**179.44**
莆田市辖区	249.89	126.97	122.92
城厢区	45.07	22.49	22.59
涵江区	45.38	22.49	22.89
荔城区	63.47	31.61	31.86
秀屿区	95.96	50.39	45.58
仙　游　县	117.49	60.97	56.52
三明市	**284.38**	**149.19**	**135.19**
三明市辖区	57.73	28.89	28.84
三元区	30.77	15.03	15.74
沙县区	26.95	13.86	13.10
永　安　市	32.04	16.44	15.60
明　溪　县	11.46	5.99	5.46
清　流　县	15.03	7.94	7.09
宁　化　县	36.40	19.25	17.15
大　田　县	40.50	22.27	18.24
尤　溪　县	44.08	23.93	20.15
将　乐　县	18.42	9.61	8.81
泰　宁　县	13.54	7.02	6.52
建　宁　县	15.18	7.84	7.33
泉州市	**775.91**	**401.40**	**374.52**
泉州市辖区	125.75	62.52	63.23
鲤城区	29.35	14.06	15.29
丰泽区	33.25	15.79	17.47
洛江区	21.47	11.10	10.37
泉港区	41.68	21.58	20.10
石　狮　市	37.80	18.86	18.93
晋　江　市	126.41	64.06	62.36

续表

地　区	年末户籍统计总人口	按性别分	
		男	女
南　安　市	165.90	87.90	78.00
惠　安　县	106.18	53.86	52.32
安　溪　县	119.17	63.72	55.45
永　春　县	59.19	31.60	27.59
德　化　县	35.52	18.88	16.64
漳州市	**525.03**	**269.13**	**255.90**
漳州市辖区	185.26	91.41	93.85
芗城区	50.69	24.41	26.29
龙文区	22.52	10.62	11.90
龙海区	91.10	45.73	45.38
长泰区	20.94	10.65	10.29
云　霄　县	46.36	24.53	21.84
漳　浦　县	94.29	48.64	45.65
诏　安　县	67.74	35.55	32.20
东　山　县	22.20	11.16	11.04
南　靖　县	34.54	17.79	16.75
平　和　县	58.93	31.79	27.14
华　安　县	15.70	8.27	7.44
南平市	**311.92**	**161.38**	**150.54**
南平市辖区	85.14	43.54	41.60
延平区	48.45	24.82	23.63
建阳区	36.69	18.72	17.97
邵　武　市	29.54	15.12	14.42
武夷山市	24.72	12.52	12.20
建　瓯　市	53.41	27.71	25.70
顺　昌　县	22.28	11.58	10.71
浦　城　县	41.29	21.41	19.88
光　泽　县	15.86	8.32	7.54
松　溪　县	16.37	8.61	7.75
政　和　县	23.31	12.57	10.73
龙岩市	**313.93**	**163.50**	**150.43**
龙岩市辖区	108.79	55.17	53.62
新罗区	62.60	30.64	31.96
永定区	46.19	24.53	21.66
漳　平　市	28.50	15.06	13.45
长　汀　县	54.11	28.85	25.27
上　杭　县	50.64	26.36	24.28
武　平　县	38.59	20.23	18.37
连　城　县	33.29	17.84	15.45
宁德市	**354.66**	**185.84**	**168.82**
宁德市辖区	55.10	27.66	27.44
蕉城区	55.10	27.66	27.44
福　安　市	67.21	35.44	31.77
福　鼎　市	60.27	31.20	29.07
霞　浦　县	54.73	28.77	25.97
古　田　县	41.25	21.92	19.33
屏　南　县	18.66	10.00	8.66
寿　宁　县	25.51	13.79	11.72
周　宁　县	20.91	11.30	9.60
柘　荣　县	11.03	5.76	5.27

年末常住人口数(2023年)

单位：万人

地区	常住人口数	城镇人口	乡村人口	城镇化水平（%）
全　省	**4183.00**	**2972.00**	**1211.00**	**71.0**
福州市	**846.90**	**625.90**	**221.00**	**73.9**
福州市辖区	419.10	384.24	34.86	91.7
鼓楼区	67.80	67.80	0.00	100.0
台江区	41.50	41.50	0.00	100.0
仓山区	118.50	118.50	0.00	100.0
马尾区	29.70	26.22	3.48	88.3
晋安区	80.20	78.27	1.93	97.6
长乐区	81.40	51.95	29.45	63.8
福清市	141.40	77.55	63.85	54.9
闽侯县	102.70	62.86	39.84	61.2
连江县	64.60	33.51	31.09	51.9
罗源县	26.10	18.86	7.24	72.3
闽清县	26.20	12.24	13.96	46.7
永泰县	28.70	13.17	15.53	45.9
平潭县	38.10	23.47	14.63	61.6
厦门市	**532.70**	**483.70**	**49.00**	**90.8**
厦门市辖区	532.70	483.70	49.00	90.8
思明区	106.60	106.60	0.00	100.0
海沧区	62.20	62.20	0.00	100.0
湖里区	100.10	100.10	0.00	100.0
集美区	109.60	99.90	9.70	91.2
同安区	89.50	68.20	21.30	76.2
翔安区	64.70	46.70	18.00	72.3
莆田市	**317.90**	**206.70**	**111.20**	**65.0**
莆田市辖区	228.20	156.65	71.55	68.6
城厢区	54.20	39.28	14.92	72.5
涵江区	47.40	37.87	9.53	79.9
荔城区	66.70	50.15	16.55	75.2
秀屿区	59.90	29.35	30.55	49.0
仙游县	89.70	50.05	39.65	55.8
三明市	**242.90**	**160.00**	**82.90**	**65.9**
三明市辖区	65.90	56.81	9.09	86.2
三元区	41.20	38.66	2.54	93.9
沙县区	24.70	18.15	6.55	73.5
永安市	33.50	24.78	8.72	74.0
明溪县	9.40	5.20	4.20	55.4
清流县	11.30	6.02	5.28	53.3
宁化县	25.10	12.95	12.15	51.6
大田县	29.10	16.29	12.81	56.0
尤溪县	33.30	17.49	15.81	52.5
将乐县	14.00	8.52	5.48	60.9
泰宁县	10.10	6.15	3.95	61.0
建宁县	11.20	5.79	5.41	51.7
泉州市	**888.30**	**628.80**	**259.50**	**70.8**
泉州市辖区	178.50	154.39	24.11	86.5
鲤城区	43.10	43.10	0.00	100.0
丰泽区	73.30	73.30	0.00	100.0
洛江区	25.80	16.11	9.69	62.5
泉港区	36.30	21.88	14.42	60.3
石狮市	69.80	60.28	9.52	86.4
晋江市	208.00	146.03	61.97	70.2

续表

地　区	常住人口数	城镇人口	乡村人口	城镇化水平（%）
南安市	153.10	98.99	54.11	64.7
惠安县	104.60	62.16	42.44	59.4
安溪县	99.10	54.43	44.67	54.9
永春县	41.30	25.70	15.60	62.2
德化县	33.90	26.82	7.08	79.1
漳州市	**506.30**	**325.00**	**181.30**	**64.2**
漳州市辖区	213.90	164.29	49.61	76.8
芗城区	64.36	58.81	5.55	91.4
龙文区	30.76	28.46	2.30	92.5
龙海区	95.62	61.98	33.64	64.8
长泰区	23.16	15.04	8.12	65.0
云霄县	41.33	23.32	18.01	56.4
漳浦县	85.25	49.29	35.96	57.8
诏安县	55.17	27.14	28.03	49.2
东山县	22.07	14.83	7.24	67.2
南靖县	30.09	16.77	13.32	55.7
平和县	45.31	22.23	23.08	49.1
华安县	13.18	7.13	6.05	54.1
南平市	**263.00**	**163.80**	**99.20**	**62.3**
南平市辖区	78.90	55.48	23.42	70.3
延平区	44.30	33.01	11.29	74.5
建阳区	34.60	22.47	12.13	65.0
邵武市	26.80	21.87	4.93	81.6
武夷山市	26.00	16.62	9.38	63.9
建瓯市	42.20	23.07	19.13	54.7
顺昌县	17.20	9.27	7.93	53.9
浦城县	29.00	14.65	14.35	50.5
光泽县	12.70	6.71	5.99	52.9
松溪县	12.80	6.65	6.15	52.0
政和县	17.40	9.48	7.92	54.5
龙岩市	**269.30**	**176.20**	**93.10**	**65.4**
龙岩市辖区	116.95	91.50	25.45	78.2
新罗区	85.80	74.31	11.49	86.6
永定区	31.15	17.19	13.96	55.2
漳平市	24.79	15.04	9.75	60.7
长汀县	39.28	21.79	17.49	55.5
上杭县	36.80	19.75	17.05	53.7
武平县	26.96	15.07	11.89	55.9
连城县	24.52	13.05	11.47	53.2
宁德市	**315.70**	**201.90**	**113.80**	**64.0**
宁德市辖区	65.40	46.53	18.87	71.2
蕉城区	65.40	46.53	18.87	71.2
福安市	59.90	40.60	19.30	67.8
福鼎市	56.80	37.57	19.23	66.2
霞浦县	47.90	30.32	17.58	63.3
古田县	31.40	16.63	14.77	53.0
屏南县	13.70	7.20	6.50	52.6
寿宁县	17.10	9.03	8.07	52.8
周宁县	14.30	8.02	6.28	56.1
柘荣县	9.20	6.00	3.20	65.3

城镇非私营单位就业人员平均工资

单位：元

项　　目	就业人员平均工资		在岗职工平均工资	
	2022	2023	2022	2023
总计	**103803**	**108520**	**106977**	**111401**
按三次产业分				
第一产业	77840	79383	89266	89400
第二产业	86073	88717	87058	89972
第三产业	120655	124451	126023	129118
按企事业机关分				
企业	93683	98826	95780	100494
机关和事业	135652	137313	142009	142484
按行业分				
农、林、牧、渔业	77840	79383	89266	89400
采矿业	83510	89918	84578	90137
制造业	90788	93196	90708	93417
电力、热力、燃气及水生产和供应业	141910	149565	147231	155145
建筑业	73178	75673	73961	76472
批发和零售业	103188	110445	104337	113281
交通运输、仓储和邮政业	113836	121439	114751	122310
住宿和餐饮业	52087	55675	55345	60862
信息传输、软件和信息技术服务业	154022	165488	154411	166111
金融业	157538	178790	208319	214346
房地产业	90573	90760	91994	91776
租赁和商务服务业	79344	93004	80209	83651
科学研究和技术服务业	148080	146922	150780	149553
水利、环境和公共设施管理业	69572	73153	71775	75406
居民服务、修理和其他服务业	72596	76832	72870	76257
教育	124756	129492	131143	135306
卫生和社会工作	156258	164846	160260	167686
文化、体育和娱乐业	106939	112808	113548	118730
公共管理、社会保障和社会组织	130557	128140	136330	132356

城乡居民人均可支配收入(2023 年)

单位:元

地　区	城镇居民人均可支配收入		农村居民人均可支配收入	
	数　值	比上年增长(%)	数　值	比上年增长(%)
全　省	**56153**	**4.3**	**26722**	**6.9**
福州市	**58009**	**4.3**	**28636**	**6.7**
福州市辖区				
鼓楼区	68636	4.4		
台江区	63130	4.3		
仓山区	53140	3.1		
马尾区	64049	4.1	36858	6.5
晋安区	58999	5.1	28972	7.0
长乐区	59923	4.4	32445	6.2
福　清　市	59157	4.4	34284	7.1
闽　侯　县	55744	4.9	27714	6.6
连　江　县	47357	5.1	26135	6.6
罗　源　县	43407	4.8	22120	8.0
闽　清　县	41419	3.6	21566	6.2
永　泰　县	40072	3.7	21006	6.0
平　潭　县	50788	4.0	23787	6.8
厦门市	**72880**	**3.4**	**34206**	**5.8**
厦门市辖区				
思明区	88425	4.1		
海沧区	66887	3.5		
湖里区	71514	3.2		
集美区	65131	2.9	41406	5.8
同安区	60999	2.9	31514	6.2
翔安区	52161	3.8	30916	5.5
莆田市	**48371**	**3.8**	**26316**	**6.5**
莆田市辖区				
城厢区	56009	4.3	29088	5.9
涵江区	45805	3.3	25090	6.1
荔城区	53821	3.6	29872	6.5
秀屿区	40723	4.1	27502	6.9
仙　游　县	41609	3.8	23943	6.8
三明市	**46517**	**4.2**	**24822**	**6.9**
三明市辖区				
三元区	51074	3.5	27354	7.1
沙县区	47714	4.8	27751	6.8
永　安　市	47317	3.8	26072	7.4
明　溪　县	39007	5.2	23174	7.6
清　流　县	40380	4.0	23623	7.0
宁　化　县	38333	4.6	23135	7.2
大　田　县	47651	5.5	25211	6.5
尤　溪　县	44627	4.2	25701	6.7
将　乐　县	44984	3.7	25014	5.4
泰　宁　县	42329	3.9	23632	7.7
建　宁　县	38712	3.4	23261	6.2
泉州市	**60697**	**5.1**	**29596**	**7.3**
泉州市辖区				
鲤城区	58880	5.2		
丰泽区	71140	5.4		
洛江区	54019	6.8	25349	6.4

续表

地　区	城镇居民人均可支配收入		农村居民人均可支配收入	
	数　值	比上年增长(%)	数　值	比上年增长(%)
泉港区	46293	5.1	28446	8.1
石狮市	76191	4.1	36589	7.2
晋江市	65005	4.8	34322	7.5
南安市	60077	4.3	31753	7.8
惠安县	56806	3.7	30254	6.9
安溪县	43032	6.3	24012	7.5
永春县	41683	5.8	23258	6.8
德化县	44846	5.1	22916	8.0
漳州市	**48736**	**5.1**	**27788**	**7.7**
漳州市辖区				
芗城区	54803	5.3	27695	7.7
龙文区	55642	4.9	29884	7.8
龙海区	50360	4.7	29089	7.7
长泰区	50733	5.1	29108	7.8
云霄县	42970	5.0	25461	7.5
漳浦县	49969	4.8	30679	7.6
诏安县	40999	6.3	25106	8.9
东山县	48301	4.9	32165	7.7
南靖县	44419	5.1	26939	8.0
平和县	41544	5.1	26955	7.2
华安县	44966	4.8	26560	7.3
南平市	**42867**	**4.3**	**23327**	**7.1**
南平市辖区				
延平区	43277	2.6	25136	5.6
建阳区	43990	3.3	23669	7.0
邵武市	43941	3.6	26899	6.4
武夷山市	44188	3.8	25377	6.8
建瓯市	43139	5.0	24947	8.2
顺昌县	39554	4.6	22450	7.2
浦城县	40009	4.8	21263	6.9
光泽县	39690	5.1	19991	7.7
松溪县	37907	5.1	18189	8.0
政和县	37954	5.0	18665	7.1
龙岩市	**47879**	**4.1**	**26056**	**6.8**
龙岩市辖区				
新罗区	51654	3.9	30394	6.5
永定区	50203	3.4	27107	7.5
漳平市	45692	4.2	25738	6.1
长汀县	34996	4.5	23852	7.1
上杭县	52668	4.4	25857	7.0
武平县	45009	4.0	24909	6.9
连城县	41270	4.3	23868	6.7
宁德市	**44639**	**4.4**	**24819**	**7.4**
宁德市辖区				
蕉城区	46862	5.4	24873	7.5
福安市	48266	4.8	25814	7.9
福鼎市	47558	4.7	25002	7.8
霞浦县	44226	3.4	25267	6.2
古田县	42386	4.2	26299	8.0
屏南县	37074	4.3	22156	6.4
寿宁县	34925	4.5	21986	8.2
周宁县	38638	4.4	23050	7.0
柘荣县	35650	3.8	22007	7.7

地方一般公共预算收入(2023 年)

单位:万元

地　区	地方一般公共预算收入	#增值税	#企业所得税	#个人所得税
全　省	**35920416**	**10174140**	**4296537**	**1375786**
福州市	**7540813**	**2114348**	**913723**	**324804**
福州市辖区				
鼓楼区	406053	109844	82380	
台江区	162291	41253	34438	
仓山区	262800	89947	40753	
马尾区	264841	69094	48433	1525
晋安区	214937	81298	33904	
长乐区	642768	191522	39325	14346
福清市	1312699	475473	128156	28826
闽侯县	918557	255566	88453	23424
连江县	359857	116768	23493	6416
罗源县	152856	39323	13301	3564
闽清县	203453	92852	8161	4358
永泰县	134460	35512	15228	2175
平潭县	254131	43882	67757	17205
厦门市	**9321359**	**2754293**	**1174120**	**604435**
厦门市辖区				
思明区	775349	242894	115211	87636
海沧区	411620	114220	61129	16321
湖里区	594636	183284	93412	45120
集美区	458731	104270	38830	25207
同安区	335019	103587	36222	15149
翔安区	314817	75094	43101	14320
莆田市	**1628122**	**457406**	**176294**	**29523**
莆田市辖区				
城厢区	229225	53507	22841	4052
涵江区	301355	67806	37894	4115
荔城区	300622	101288	32280	8363
秀屿区	269838	69774	32933	3947
仙游县	309718	148485	38841	3608
三明市	**1179747**	**284060**	**96111**	**29882**
三明市辖区				
三元区	106299	29457	7606	3839
沙县区	111585	25674	6773	2158
永安市	211037	44134	12941	8238
明溪县	44540	10586	7460	1224
清流县	56481	13934	5962	1430
宁化县	76839	14927	7099	1125
大田县	100474	27366	10018	1885
尤溪县	94360	26085	6544	1917
将乐县	76881	18650	4832	1222
泰宁县	37465	7725	3560	588
建宁县	34648	6825	2291	1202
泉州市	**5807911**	**1740501**	**641296**	**176189**
泉州市辖区				
鲤城区	161218	51215	18062	4578
丰泽区	210666	51709	29126	9903
洛江区	200513	60575	19395	3212

续表

地　区	地方一般公共预算收入	#增值税	#企业所得税	#个人所得税
泉港区	243670	116363	13970	5142
石狮市	503421	120319	36837	5913
晋江市	1529508	523985	209596	59482
南安市	743131	252377	57996	34562
惠安县	505316	172696	57390	8390
安溪县	380888	70170	26952	5417
永春县	151439	37589	12807	8499
德化县	184779	50607	18305	3251
漳州市	**2792954**	**699605**	**234315**	**52983**
漳州市辖区				
芗城区	224835	60406	14034	8446
龙文区	142886	42008	14503	2713
龙海区	305415	89129	28352	4127
长泰区	186003	63960	14618	3775
云霄县	104535	20522	7070	2805
漳浦县	351396	13706	31632	5154
诏安县	80275	21279	8347	1372
东山县	157775	39696	12458	2112
南靖县	125542	31319	6603	2727
平和县	91689	25743	5927	1198
华安县	77616	26388	3615	964
南平市	**1133693**	**274461**	**81330**	**28096**
南平市辖区				
延平区	88469	19444	6709	2073
建阳区	147380	28549	6607	2222
邵武市	142911	32525	9944	3530
武夷山市	109673	28487	6722	2753
建瓯市	123044	28221	6628	3330
顺昌县	67862	17003	3192	799
浦城县	81865	20865	9051	1453
光泽县	57035	12370	3379	2044
松溪县	34358	9978	2509	676
政和县	47016	13110	3700	2108
龙岩市	**1726975**	**459116**	**148431**	**49300**
龙岩市辖区				
新罗区	230485	62051	20909	6268
永定区	115302	23100	9031	4156
漳平市	111637	24968	5957	8776
长汀县	119481	40646	13432	2496
上杭县	378917	60537	52000	11251
武平县	93364	21600	8274	4343
连城县	96625	20664	6391	1704
宁德市	**2098822**	**650873**	**427245**	**80572**
宁德市辖区				
蕉城区	384935	115133	129980	28278
福安市	444489	218467	58304	4951
福鼎市	240715	64790	59768	5872
霞浦县	237214	41145	20655	3940
古田县	95556	19231	8345	2297
屏南县	37314	8194	4290	1058
寿宁县	40688	13118	2931	866
周宁县	53343	11535	3363	639
柘荣县	36610	11693	5946	773

一般公共预算支出(2023年)

单位:万元

地　区	地方一般公共预算支出	#一般公共服务支出	#教育支出	#科学技术支出	#农林水事务支出
全　省	**58593911**	**4771886**	**12576814**	**1469151**	**4151446**
福州市	**10049040**	**856161**	**2126844**	**185070**	**571440**
福州市辖区					
鼓楼区	360642	46433	76614	4648	3862
台江区	194025	29495	70294	1521	2131
仓山区	375131	54355	128567	2430	6623
马尾区	378180	43455	78279	10794	8707
晋安区	288337	31820	75301	1765	13822
长乐区	699571	69755	182394	25534	35194
福清市	1527246	87590	342881	5132	85667
闽侯县	1185829	63266	232602	14095	47723
连江县	720586	41056	148024	19880	86460
罗源县	356773	37029	66845	2875	53058
闽清县	357349	31571	71617	989	32268
永泰县	356602	32318	76078	308	46616
平潭县	671980	94584	118292	641	43043
厦门市	**10846541**	**918835**	**2037659**	**616598**	**213666**
厦门市辖区					
思明区	1276697	87356	291283	44133	1524
海沧区	705474	110835	228065	24887	15650
湖里区	943259	86452	182570	6281	7545
集美区	891409	69235	290199	30163	53595
同安区	827781	50989	244875	5141	39151
翔安区	637514	70692	229938	2939	24993
莆田市	**2663182**	**248263**	**788971**	**15954**	**184987**
莆田市辖区					
城厢区	334680	29556	105808	4205	20204
涵江区	273297	40878	92398	856	20490
荔城区	380912	26037	135810	1778	23630
秀屿区	408840	46291	147885	1297	39969
仙游县	561960	34810	205176	1620	54501
三明市	**3614366**	**289412**	**769901**	**19842**	**481351**
三明市辖区					
三元区	255328	26470	71764	607	23744
沙县区	290639	45236	68066	1974	29142
永安市	395046	29806	90910	1743	45241
明溪县	177044	9550	41036	939	29236
清流县	210571	11785	42235	296	34431
宁化县	312482	19505	73149	698	56695
大田县	298419	26082	95929	586	37758
尤溪县	362905	21569	88849	894	54770
将乐县	244587	14711	49249	2229	48277
泰宁县	166673	9631	31429	382	34484
建宁县	194444	13735	34869	632	41115
泉州市	**8502650**	**587559**	**2140000**	**249386**	**615902**
泉州市辖区					
鲤城区	263336	26640	83061	3965	3014
丰泽区	290153	25971	93112	12352	10487
洛江区	238318	27629	67530	6031	17992

续表

地区	地方一般公共预算支出	#一般公共服务支出	#教育支出	#科学技术支出	#农林水事务支出
泉港区	371185	32162	91798	6932	18973
石狮市	613185	38838	134990	23862	43041
晋江市	1847808	68531	455113	100638	158797
南安市	1061026	58867	316250	16556	92778
惠安县	673132	50123	169572	12141	43233
安溪县	784770	66870	256195	2678	64412
永春县	389058	34884	124729	2112	47062
德化县	395100	33198	97309	6723	54579
漳州市	**5219874**	**501892**	**1165556**	**33738**	**382498**
漳州市辖区					
芗城区	325936	32086	77655	4574	9633
龙文区	213771	22084	77788	2258	10795
龙海区	539598	53502	144544	3388	43429
长泰区	290062	27414	67189	3930	23579
云霄县	306361	33173	91966	1368	33811
漳浦县	718040	67996	173697	1785	61772
诏安县	324218	28904	76279	399	36500
东山县	231451	19756	57561	124	25466
南靖县	327615	38505	55662	1833	35047
平和县	416494	33293	68885	935	41485
华安县	224537	25445	37147	241	23868
南平市	**3663028**	**240880**	**622457**	**32664**	**557958**
南平市辖区					
延平区	322426	25086	61075	2874	49809
建阳区	353434	25795	69332	3175	53951
邵武市	371006	18514	71701	4736	54848
武夷山市	315704	17099	57050	2419	58058
建瓯市	375705	22904	77726	4544	73263
顺昌县	250236	16564	45415	829	49472
浦城县	355386	23521	69346	1969	60187
光泽县	201443	13861	36294	1012	46126
松溪县	179892	9657	32588	1992	36017
政和县	227275	14401	34269	2366	63620
龙岩市	**3766525**	**350723**	**807233**	**93238**	**432229**
龙岩市辖区					
新罗区	436684	36208	143281	2340	43517
永定区	366666	30882	96097	276	51815
漳平市	293683	29581	70957	3825	39971
长汀县	452443	33782	106107	21989	78664
上杭县	612772	61639	129682	50796	80172
武平县	343021	34435	74745	1446	66563
连城县	307483	33992	73673	5058	50512
宁德市	**4049201**	**339091**	**835926**	**57855**	**451866**
宁德市辖区					
蕉城区	506969	54234	121099	1865	54294
福安市	660504	48282	148587	2082	91208
福鼎市	499719	34223	127440	1997	56431
霞浦县	533234	39234	108354	466	71663
古田县	300207	22562	77289	391	45351
屏南县	201917	22431	47209	622	27130
寿宁县	232680	18163	44256	306	41714
周宁县	205520	12190	35238	687	26681
柘荣县	143088	15827	30302	2278	22945

普通教育专任教师及在校学生数(2023年)

单位:人

地区	专任教师数			在校生数		
	普通高中	普通初中	小学	普通高中	普通初中	小学
全省	**61391**	**118095**	**209007**	**803669**	**1577017**	**3697864**
福州市	**10509**	**20952**	**37919**	**138989**	**284553**	**656836**
福州市辖区	5263	9557	17637	69823	135419	326641
鼓楼区	1547	2079	3580	21621	30674	73435
台江区	475	853	1616	6846	11898	28983
仓山区	1192	2627	5354	16212	38804	97789
马尾区	468	696	1046	5204	8078	19366
晋安区	549	1392	2617	6978	19651	51213
长乐区	1032	1910	3424	12962	26314	55855
福清市	1838	3981	7395	25881	55406	116393
闽侯县	885	2060	4214	10924	27010	73234
连江县	913	1886	3012	11819	24356	47686
罗源县	266	690	1230	3676	9093	21765
闽清县	355	827	1451	4291	9292	19144
永泰县	375	849	1152	4695	9813	20167
平潭县	614	1102	1828	7880	14164	31806
厦门市	5863	11634	23471	77640	158468	433698
厦门市辖区	5863	11634	23471	77640	158468	433698
思明区	2376	2851	5224	32274	40524	97362
海沧区	493	1340	2949	5958	17325	54352
湖里区	212	1979	3644	2498	25159	63437
集美区	1080	2039	4028	13597	28871	78894
同安区	1099	2214	4605	15210	30805	84573
翔安区	603	1211	3021	8103	15784	55080
莆田市	5805	9540	16287	81232	136862	291141
莆田市辖区	4146	6780	11764	57416	100599	209973
城厢区	979	1867	2749	12211	25829	51052
涵江区	877	1228	2034	12134	15972	36683
荔城区	1313	1828	3676	18126	30021	69910
秀屿区	977	1857	3305	14945	28777	52328
仙游县	1659	2760	4523	23816	36263	81168
三明市	4168	8146	12735	51889	106172	223959
三明市辖区	1253	2129	3252	17125	28796	59621
三元区	631	1162	1922	8842	14976	36000
沙县区	622	967	1330	8283	13820	23621
永安市	501	1006	1666	5865	12684	28741
明溪县	145	230	511	1249	2612	6330
清流县	169	381	671	2239	5430	9749
宁化县	470	939	1267	5541	12788	22611
大田县	489	1150	1686	6394	15684	34113
尤溪县	524	1099	1691	6031	12309	32347
将乐县	244	533	741	2960	6960	12553
泰宁县	212	335	651	2413	4304	9475
建宁县	161	344	599	2072	4605	8419
泉州市	13518	26089	48435	184165	374351	875942
泉州市辖区	3127	5389	9667	40529	75355	173617
鲤城区	1270	2155	3138	16197	31706	57453
丰泽区	702	1338	2922	9164	18659	53565
洛江区	526	689	1427	7731	9636	26361

续表

地区	专任教师数			在校生数		
	普通高中	普通初中	小学	普通高中	普通初中	小学
泉港区	629	1207	2180	7437	15354	36238
石狮市	1099	2022	3884	14130	30637	70411
晋江市	2483	5245	10803	34737	80059	198723
南安市	2065	4191	8142	30332	62875	151143
惠安县	1605	3173	5797	19302	39614	109779
安溪县	1945	3543	5824	29807	54262	98634
永春县	706	1593	2294	8910	19432	35745
德化县	488	933	2024	6418	12117	37890
漳州市	7873	14490	24303	98671	182085	458071
漳州市辖区	3759	5922	10493	47003	79559	199502
芗城区	1598	2030	2895	19761	29765	58080
龙文区	367	602	1827	4466	8637	34812
龙海区	1561	2643	4633	20195	33913	85530
长泰区	233	647	1138	2581	7244	21080
云霄县	628	1181	2055	8372	14262	35759
漳浦县	1143	2557	3737	14965	31578	87213
诏安县	585	1663	2562	8298	21592	49901
东山县	316	547	1068	3170	7149	19006
南靖县	451	807	1296	4833	9023	21559
平和县	654	1407	2353	8671	14106	35130
华安县	337	406	739	3359	4816	10001
南平市	4102	8534	12873	52471	102495	188828
南平市辖区	1119	2498	3893	14456	29379	58360
延平区	642	1505	2170	8076	16836	32443
建阳区	477	993	1723	6380	12543	25917
邵武市	383	809	1191	4541	9628	19233
武夷山市	333	744	1183	4429	8827	19225
建瓯市	556	1427	2079	7896	18242	30840
顺昌县	455	638	825	5450	5437	10411
浦城县	510	1008	1331	6634	12073	16919
光泽县	208	440	745	2683	4719	8530
松溪县	196	406	645	2430	5677	10419
政和县	342	564	981	3952	8513	14891
龙岩市	4703	8812	16109	54324	103423	287481
龙岩市辖区	1842	3524	6945	22351	43507	125325
新罗区	1221	2243	4950	15114	30170	93231
永定区	621	1281	1995	7237	13337	32094
漳平市	357	887	1472	5089	9895	24663
长汀县	785	1370	2535	9743	17948	46070
上杭县	849	1231	2150	7536	13667	38034
武平县	435	940	1572	5046	9934	27877
连城县	435	860	1435	4559	8472	25512
宁德市	4850	9898	16875	64288	128608	281908
宁德市辖区	1098	2046	3678	13633	26849	62496
蕉城区	1098	2046	3678	13633	26849	62496
福安市	1122	1934	3161	14792	27153	53870
福鼎市	713	1561	2878	10148	21894	52255
霞浦县	593	1379	2743	8768	20801	46087
古田县	391	1020	1428	5166	10256	23931
屏南县	216	512	795	2563	5517	11275
寿宁县	299	628	930	4058	5985	12445
周宁县	269	524	744	3084	6001	10784
柘荣县	149	294	518	2076	4152	8765

规模以上工业企业主要财务指标(2023年)

单位:亿元

地　区	固定资产合计	流动资产合计	利润总额	利税总额
全　省	**14265.12**	**28476.93**	**3953.06**	**5381.68**
福州市	**3635.18**	**4475.45**	**560.76**	**743.58**
福州市辖区	1166.57	2001.23	230.82	300.15
鼓楼区	390.83	146.05	10.97	21.95
台江区				
仓山区	39.84	307.73	23.37	33.01
马尾区	113.54	396.32	21.54	33.24
晋安区	30.92	155.45	15.76	19.03
长乐区	591.44	995.68	159.19	192.92
福清市	1333.39	1189.73	178.86	232.09
闽侯县	154.30	594.73	65.06	102.50
连江县	373.55	331.89	60.19	69.01
罗源县	355.30	192.40	—1.46	3.85
闽清县	82.91	82.71	19.90	26.14
永泰县	71.94	42.44	3.48	4.85
平潭县	97.23	40.31	3.90	4.99
厦门市	**1903.92**	**6021.48**	**455.96**	**722.81**
厦门市辖区	1903.92	6021.48	455.96	722.81
思明区	291.98	274.39	15.61	25.29
海沧区	416.76	1464.38	145.48	283.02
湖里区	106.25	898.43	88.84	101.89
集美区	203.20	1016.29	95.26	118.72
同安区	304.03	1150.93	46.54	79.06
翔安区	581.70	1217.07	64.22	114.82
莆田市	**873.63**	**1192.29**	**186.96**	**231.97**
莆田市辖区	788.72	963.32	130.95	168.28
城厢区	28.97	91.72	16.84	22.16
涵江区	166.32	185.43	50.76	62.45
荔城区	40.57	213.83	9.49	16.71
秀屿区	447.47	435.46	50.27	59.66
仙游县	84.92	228.97	56.01	63.69
三明市	**656.84**	**783.29**	**55.41**	**91.33**
三明市辖区	339.28	330.52	20.30	36.79
三元区	285.41	219.58	7.96	20.17
沙县区	53.87	110.94	12.34	16.61
永安市	105.56	177.64	6.79	13.16
明溪县	20.45	30.98	10.72	11.71
清流县	25.70	18.18	1.64	3.34
宁化县	33.79	26.08	4.41	6.35
大田县	36.06	59.10	2.12	5.44
尤溪县	46.52	76.52	3.08	5.21
将乐县	32.40	42.01	1.19	3.19
泰宁县	7.05	5.13	0.34	0.79
建宁县	10.03	17.12	4.82	5.34
泉州市	**2820.67**	**5521.43**	**996.76**	**1433.43**
泉州市辖区	362.18	992.69	100.59	210.95
鲤城区	46.41	282.18	39.99	51.38
丰泽区	83.42	94.84	18.58	22.59
洛江区	30.68	130.09	42.24	47.24

续表

地　区	固定资产合计	流动资产合计	利润总额	利税总额
泉港区	201.68	485.59	－0.21	89.74
石　狮　市	281.58	388.17	69.13	90.20
晋　江　市	752.09	2216.57	317.36	411.08
南　安　市	363.25	761.55	204.18	251.75
惠　安　县	766.48	795.54	149.42	285.74
安　溪　县	179.46	210.46	71.28	85.71
永　春　县	76.92	110.66	56.40	61.49
德　化　县	38.71	45.79	28.40	36.51
漳州市	**1694.03**	**2593.45**	**383.11**	**499.15**
漳州市辖区	915.84	1437.25	248.42	314.25
芗城区	349.40	482.68	44.93	65.06
龙文区	42.50	135.75	28.50	34.44
龙海区	394.82	578.05	132.85	163.61
长泰区	129.12	240.76	42.15	51.14
云　霄　县	45.80	85.93	13.78	17.29
漳　浦　县	533.07	520.33	13.19	35.67
诏　安　县	32.19	107.93	32.32	36.32
东　山　县	51.47	163.12	14.92	22.62
南　靖　县	41.42	109.03	23.72	28.64
平　和　县	26.71	72.08	18.95	22.48
华　安　县	47.53	97.78	17.80	21.89
南平市	**506.70**	**639.91**	**33.17**	**57.14**
南平市辖区	169.54	231.18	20.79	29.96
延平区	129.85	163.00	18.93	26.22
建阳区	39.70	68.18	1.86	3.74
邵　武　市	105.92	121.20	（2.57）	0.59
武夷山市	17.47	27.19	3.73	5.33
建　瓯　市	25.79	46.60	3.99	6.22
顺　昌　县	22.96	27.86	（12.75）	（11.52）
浦　城　县	57.43	63.37	6.66	9.86
光　泽　县	68.48	72.38	8.03	9.17
松　溪　县	9.23	19.69	2.04	3.06
政　和　县	29.87	30.44	3.26	4.48
龙岩市	**570.38**	**1553.05**	**413.04**	**607.35**
龙岩市辖区	257.90	643.33	67.33	233.68
新罗区	204.67	562.38	56.92	219.78
永定区	53.24	80.95	10.41	13.90
漳　平　市	64.06	81.88	9.82	13.65
长　汀　县	48.90	102.13	10.98	15.90
上　杭　县	131.60	617.42	290.87	304.27
武　平　县	32.94	51.77	16.57	19.91
连　城　县	34.98	56.52	17.47	19.94
宁德市	**1603.76**	**5696.56**	**867.89**	**994.91**
宁德市辖区	503.42	4434.97	510.57	565.30
蕉城区	503.42	4434.97	510.57	565.30
福　安　市	258.68	663.60	288.26	308.76
福　鼎　市	616.66	317.57	47.41	84.76
霞　浦　县	75.51	111.83	9.57	15.44
古　田　县	28.33	37.72	6.40	8.96
屏　南　县	27.33	56.74	0.01	1.25
寿　宁　县	18.45	25.14	0.57	2.47
周　宁　县	60.42	22.57	2.36	4.23
柘　荣　县	14.95	26.43	2.72	3.76

社会保险和低保情况(2023年)

单位:万人

地区	期末参加城镇职工基本养老保险职工人数	期末参加城乡居民基本养老保险人数	期末参加基本医疗保险人数	城镇居民最低生活保障人数	农村居民最低生活保障人数
全省	**1543.57**	**1594.95**	**3833.46**	**7.09**	**52.73**
福州市	**275.93**	**253.59**	**684.53**	**0.99**	**6.89**
福州市辖区					
鼓楼区		1.32	63.82	0.06	
台江区		1.30	38.13	0.16	
仓山区		6.11	66.39	0.19	0.10
马尾区	17.88	5.24	22.18	0.07	0.14
晋安区		4.77	45.13	0.10	0.10
长乐区	15.76	38.26	68.13	0.04	0.77
福清市	31.51	70.47	127.00	0.14	1.35
闽侯县	18.32	30.52	75.29	0.03	0.99
连江县	8.62	31.19	55.44	0.03	0.99
罗源县	3.56	11.78	24.01	0.05	0.64
闽清县	6.23	14.78	27.56	0.03	0.58
永泰县	3.83	17.71	31.95	0.06	0.58
平潭县	7.12	20.13	39.51	0.04	0.63
厦门市	**492.40**	**24.39**	**471.92**	**0.93**	**0.47**
厦门市辖区					
思明区	132.02	1.47	123.10	0.24	
海沧区	46.52	2.33	43.43	0.06	0.03
湖里区	147.23	0.82	99.21	0.11	
集美区	71.55	1.28	71.54	0.10	0.05
同安区	53.97	7.32	61.64	0.16	0.29
翔安区	20.12	11.16	44.27	0.27	0.10
莆田市	**72.91**	**173.33**	**314.02**	**0.25**	**5.17**
莆田市辖区					
城厢区	0.77	19.04	36.27	0.03	0.41
涵江区	13.64	22.39	39.96	0.08	0.61
荔城区	0.92	22.97	52.34	0.11	0.52
秀屿区	8.64	38.93	62.43	0.0051	1.29
仙游县	11.70	57.73	98.30	0.03	2.07
三明市	**59.34**	**124.36**	**254.63**	**0.48**	**4.33**
三明市辖区					
三元区	9.81	4.91	17.23	0.10	0.09
沙县区	6.42	12.05	25.34	0.05	0.36
永安市	9.43	11.91	29.82	0.09	0.31
明溪县	2.16	5.82	10.53	0.03	0.21
清流县	2.72	6.90	12.98	0.02	0.30
宁化县	3.72	17.18	29.84	0.05	0.68
大田县	5.17	19.05	34.71	0.03	0.72
尤溪县	4.91	22.45	38.25	0.03	0.75
将乐县	3.21	9.30	16.29	0.03	0.29
泰宁县	1.98	7.00	12.24	0.03	0.25
建宁县	2.22	7.79	13.34	0.03	0.37
泉州市	**232.74**	**375.68**	**726.28**	**1.02**	**8.17**
泉州市辖区					
鲤城区	13.44	4.31	21.64	0.09	
丰泽区	30.88	6.08	33.65	0.09	
洛江区	7.65	9.14	21.16	0.02	0.20
泉港区	6.52	21.65	36.15	0.11	0.82

续表

地　区	期末参加城镇职工基本养老保险职工人数	期末参加城乡居民基本养老保险人数	期末参加基本医疗保险人数	城镇居民最低生活保障人数	农村居民最低生活保障人数
石　狮　市	16.81	18.82	39.52	0.19	
晋　江　市	62.75	61.51	124.62	0.26	0.87
南　安　市	26.55	89.58	144.73	0.04	2.12
惠　安　县	14.21	44.59	75.81	0.14	1.16
安　溪　县	12.84	61.12	100.50	0.04	1.66
永　春　县	6.71	29.79	50.50	0.02	0.81
德　化　县	9.15	16.50	32.69	0.03	0.52
漳州市	**140.27**	**223.97**	**474.23**	**1.53**	**8.85**
漳州市辖区					
芗城区	19.15	10.61	38.96	0.41	0.08
龙文区	0.35	7.49	19.84	0.19	0.05
龙海区	24.19	43.41	50.97	0.26	1.49
长泰区	13.17	8.35	20.86	0.03	0.42
云　霄　县	6.97	19.49	40.91	0.11	1.04
漳　浦　县	17.22	42.24	62.94	0.15	1.60
诏　安　县	8.18	27.66	59.98	0.13	1.60
东　山　县	4.79	9.40	20.40	0.10	0.28
南　靖　县	7.32	17.15	27.25	0.05	0.61
平　和　县	6.68	28.45	50.66	0.07	1.31
华　安　县	3.91	8.64	14.81	0.02	0.34
南平市	**56.24**	**135.73**	**275.91**	**0.83**	**5.57**
南平市辖区					
延平区	7.86	16.82	36.17	0.19	0.64
建阳区	7.42	16.36	31.86	0.07	0.54
邵　武　市	6.29	12.47	27.03	0.11	0.53
武夷山市	4.64	10.61	22.58	0.06	0.36
建　瓯　市	5.37	23.80	46.80	0.12	0.93
顺　昌　县	3.89	10.21	19.29	0.08	0.40
浦　城　县	5.20	19.42	35.60	0.06	0.86
光　泽　县	2.95	7.30	14.27	0.06	0.35
松　溪　县	1.95	7.91	13.74	0.03	0.39
政　和　县	3.82	10.83	19.58	0.06	0.57
龙岩市	**75.10**	**138.56**	**272.51**	**0.33**	**5.77**
龙岩市辖区					
新罗区	21.99	17.62	49.62	0.07	0.34
永定区	6.62	23.01	37.62	0.01	1.05
漳　平　市	5.32	14.49	25.13	0.05	0.63
长　汀　县	8.43	24.71	44.72	0.11	1.05
上　杭　县	10.56	24.42	43.73	0.04	1.02
武　平　县	6.22	19.37	31.99	0.03	0.97
连　城　县	4.63	14.94	27.11	0.02	0.72
宁德市	**96.88**	**145.34**	**319.90**	**0.73**	**7.51**
宁德市辖区					
蕉城区	27.71	18.09	48.98	0.11	0.71
福　安　市	16.86	27.56	58.08	0.12	1.53
福　鼎　市	16.92	26.25	57.09	0.12	1.00
霞　浦　县	7.14	22.21	47.62	0.13	1.13
古　田　县	4.35	17.77	35.06	0.07	0.66
屏　南　县	2.23	8.80	15.89	0.01	0.61
寿　宁　县	3.31	10.17	21.75	0.05	0.84
周　宁　县	2.26	9.79	16.90	0.02	0.64
柘　荣　县	2.32	4.70	9.86	0.09	0.39

注：1. 期末参加基本养老保险职工人数及期末参加基本医疗保险人数中，全省总数含省本级。

2. 期末参加基本养老保险职工人数不含离退休。

附录

领导机构党派团体及负责人

【中共福建省委书记、副书记、常委、正副秘书长名单】

书　　记：周祖翼
副 书 记：赵　龙　罗东川
常　　委：张　彦　迟耀云
　　　　　邢善萍* 林宝金
　　　　　崔永辉　郭宁宁*
　　　　　吴偕林　宋鸿喜
　　　　　王永礼　黄海昆
秘 书 长：吴偕林
副秘书长：周宽奋　郭国云
　　　　　肖友梅　严　诚
　　　　　林端宇

【中共福建省委所属机构负责人名单】

省委办公厅（省档案局）

主　　任：周宽奋
副 主 任：朱百里　魏　畅*
　　　　　林奇涵　袁华军
省档案局局长：陈熙满
纪检监察组长：陈　琪
厅务会议成员：郭国云　肖友梅
　　　　　卢沛伦　严　诚
　　　　　林端宇　陈燕喜
　　　　　王学勇　林　斌

省委组织部（省公务员局）

部　　长：邢善萍*
分管日常工作的副部长：冀萌新
副 部 长：林承通
　　　　　周青松（兼）
　　　　　陈炎标（兼）
　　　　　郭学斌　陈学平
　　　　　孙智英*
省公务员局局长：郭学斌
纪检监察组长：沈小明
部务委员：唐俊杰　高宝顺

省委宣传部（省电影局、省新闻出版局〈省版权局〉、省政府新闻办）

部　　长：张　彦
分管日常工作的副部长：许守尧
副 部 长：张远（兼）
　　　　　陈辉宗（兼）
　　　　　陈添贵　谢勤亮
　　　　　陈钦灿
省电影局局长：许守尧
纪检监察组长：楚　波

省委统一战线工作部（省侨办）

部　　长：王永礼
分管日常工作的副部长：黄进发
副 部 长：兰明尚（兼）
　　　　　肖华鑫
　　　　　陈　晞（兼）
　　　　　李文慎　王　宁
　　　　　李剑勤*
省侨办主任：肖华鑫
纪检监察组长：陈永文
部务会议成员：章正样　黄　玲*

省委政法委员会

书　　记：黄海昆
分管日常工作的副书记：李杰鹏
副 书 记：李建成（兼）
　　　　　马必钢　徐　华*
　　　　　严　峻
　　　　　马旭东（挂职）
纪检监察组长：陈美龙
委务会议成员：郑　辉　林良灌

省委政策研究室

主　　任：郭国云
副 主 任：谭亚川　苏文光
　　　　　王群勇

省委全面深化改革委员会办公室

主　　任：吴偕林
分管日常工作的副主任：黄建清
副 主 任：林朝阳　敖澄华

省委国家安全委员会办公室（略）

省委网络安全和信息化委员会办公室（省互联网信息办）

主　　任：张　远
副 主 任：黄逸群　杨晓冬
　　　　　吴宏武（兼）
　　　　　刘建斌
　　　　　李　群（兼）

省委机构编制委员会办公室

主　　任：周青松
副 主 任：罗　岩* 付　周

省委军民融合发展委员会办公室（省国防科工办）

主　　任：郭宁宁*
分管日常工作的副主任：邵玉龙
副 主 任：胡世才　陈俊强
　　　　　陈永银

省委（省政府）台港澳工作办公室

主　　任：林文生
副 主 任：钟志刚　陈志勇　翁云萍*
室务会议成员：刘良辉

省委省直机关工作委员会

书　　记：吴偕林
分管日常工作的副书记：张源生
副 书 记：陈志斌　沈燕雄　吴镇江
委　　员：张文胜　陈　雁*
省直机关纪检监察工委书记：叶贻民

省委巡视工作领导小组办公室

主　　任：王　强
副 主 任：杨义猛　梁建徽　陈　盘

省委老干部局

局　　长：陈炎标
副 局 长：张国茂　沈瑞武　李烈青　陈约翰

省委非公企业和社会组织工委

书　　记：林承通
专职副书记：孙智英*

省委党校（福建行政学院）

校长（院长）：邢善萍*
分管日常工作的副校长（分管日常工作的副院长）：金　敏
副校长（副院长）：杜丕谦　温敬元　马郁葱　陈雪梅*　曾汉辉　李海星

省委党史研究和地方志编纂办公室

主　　任：刘大可
副 主 任：王盛泽　曹宛红*　钟兆云

省档案馆

馆　　长：陈熙满
副 馆 长：黄建峰　马俊凡*　游富明

省社会主义学院

院　　长：王永礼
党组书记、副院长：章正样
副 院 长：马建荣　王　岩

省委机要局（省密码管理局）★

局　　长：王学勇

省委保密委员会办公室（省国家保密局）★

主任（局长）：林　斌

省专用通信局★

局　　长：陈燕喜

省委精神文明建设办公室★

主　　任：

省委讲师团★

团　　长：谢勤亮

【中共福建省各设区市委负责人名单】

中共福州市委

书　　记：林宝金
副 书 记：吴贤德　陈云水
常　　委：陆　菁*　周强国　蔡亚东　傅藏荣　张定锋　叶仁佑　黄建雄　朱训志

中共厦门市委

书　　记：崔永辉
副 书 记：黄文辉　李辉跃
常　　委：李伟华　陈沈阳　吴子东　游文昌　黄晓舟　王雪敏*　连坤明　严志铭　徐林森　黄燕添

中共漳州市委

书　　记：王进足
副 书 记：魏　东　吴卫红*
常　　委：张慧德　张　鸿　陈文聪　廖卓文　胡栋良　季光明　陈　超　郑立敏

中共泉州市委

书　　记：张毅恭
副 书 记：蔡战胜　卢秀萍*
常　　委：周小华　李占新　黄景春　张文贤　高　宏　刘林霜

中共三明市委

书　　记：李兴湖
副 书 记：李　春*　杨兴忠
常　　委：黄冠华　陈列平　刘宝怀　吕国健　吴国顺　杨国昕　郑隆松　侯典荟　郭海阳　王军强（挂职）

中共莆田市委

书　　记：付朝阳
副 书 记：林旭阳　袁素玲*
常　　委：陈志强　陈惠黔*　林建伟　高　宇　郑加清　黄珍耀　许晓韧

中共南平市委

书　　记：袁超洪
副 书 记：林　建　陈善平
常　　委：张朝阳　钟文龙　潘冬英*　张翼翔　邱建彬　李　琦　杨青建　王铁兵

中共龙岩市委

书　　记：余红胜
副 书 记：胡　盛　杨　溢
常　　委：邓菊芳*　黄立峰　陈厦生　袁平华　吴国辉　陈金龙　汤孔忠　廖深洪　陈荣水　王　洋（挂职）

中共宁德市委

书　　记：梁伟新
副 书 记：张永宁　练　欣
常　　委：邓伟斌　陈　惠*　黄国璋　毛祚松　李　彦　徐仁贵　叶其发　蓝康昌

平潭综合实验区党工委

书　　记：赖　军
副 书 记：黄建波
委　　员：何杰民　文学林　陈毅坤　黄惠元　郑晓东　陈训明

【中共福建省各县（市、区）委正职名单】

中共鼓楼区委

书　　记：黄建新

中共台江区委

书　　记：梁　栋

中共仓山区委

书　　　　记：魏邦仲
中共晋安区委
书　　　　记：林　涛
中共马尾区委
书　　　　记：庄永智
中共长乐区委
书　　　　记：张　帆
中共福清市委
书　　　　记：叶仁佑
中共闽侯县委
书　　　　记：赵明正
中共连江县委
书　　　　记：陈劲松
中共闽清县委
书　　　　记：孙　利
中共罗源县委
书　　　　记：张新怿
中共永泰县委
书　　　　记：陈金友
中共思明区委
书　　　　记：林重阳
中共湖里区委
书　　　　记：吴新奎
中共集美区委
书　　　　记：胡旭彬
中共海沧区委
书　　　　记：游文昌
中共同安区委
书　　　　记：王跃平
中共翔安区委
书　　　　记：黄鹤麟
中共芗城区委
书　　　　记：石振棋
中共龙文区委
书　　　　记：朱　真*
中共龙海区委
书　　　　记：黄劲武
中共长泰区委
书　　　　记：胡　滨
中共漳浦县委
书　　　　记：陈爱棋
中共云霄县委
书　　　　记：蓝良木
中共诏安县委
书　　　　记：李亚容
中共东山县委
书　　　　记：何　霭
中共平和县委
书　　　　记：蔡绿璇*
中共南靖县委
书　　　　记：李志勇
中共华安县委
书　　　　记：叶　毓
中共鲤城区委
书　　　　记：黄辉灿
中共丰泽区委
书　　　　记：高金全
中共洛江区委
书　　　　记：颜丽明*
中共泉港区委
书　　　　记：杨昌文
中共石狮市委
书　　　　记：蔡永生
中共晋江市委
书　　　　记：张文贤
中共南安市委
书　　　　记：张桂森
中共惠安县委
书　　　　记：王春雷
中共安溪县委
书　　　　记：吴毓舟
中共永春县委
书　　　　记：吕建成
中共德化县委
书　　　　记：黄文捷
中共三元区委
书　　　　记：温　毅
中共沙县区委
书　　　　记：吴健成
中共永安市委
书　　　　记：傅天宝
中共明溪县委
书　　　　记：陈华伟
中共清流县委
书　　　　记：吴钟民
中共宁化县委
书　　　　记：王胜文
中共建宁县委
书　　　　记：林大茂
中共泰宁县委
书　　　　记：张昌平
中共将乐县委
书　　　　记：陈　羲
中共尤溪县委
书　　　　记：周庆裕
中共大田县委
书　　　　记：
中共荔城区委
书　　　　记：杨兴斌
中共城厢区委
书　　　　记：王文才
中共涵江区委
书　　　　记：连向红*
中共秀屿区委
书　　　　记：张伯松
中共仙游县委
书　　　　记：吴文恩
中共延平区委
书　　　　记：黄桂诚
中共建阳区委
书　　　　记：谢启龙
中共邵武市委
书　　　　记：陈显卿
中共武夷山市委
书　　　　记：杨青建
中共建瓯市委
书　　　　记：周　靖
中共顺昌县委
书　　　　记：赵大建
中共浦城县委
书　　　　记：沈晓文
中共光泽县委
书　　　　记：陈中民
中共松溪县委
书　　　　记：张行书
中共政和县委
书　　　　记：黄拔荣
中共新罗区委
书　　　　记：张　锋
中共永定区委
书　　　　记：李　强
中共上杭县委
书　　　　记：王　波
中共武平县委
书　　　　记：张丽华*
中共长汀县委
书　　　　记：赖进益
中共连城县委

书　　记：

中共漳平市委

书　　记：马桂秋*

中共蕉城区委

书　　记：何必良

中共古田县委

书　　记：张成慧

中共屏南县委

书　　记：党　帅

中共周宁县委

书　　记：雷春雄

中共寿宁县委

书　　记：周乃松

中共福安市委

书　　记：周祥祺

中共柘荣县委

书　　记：张晓容

中共福鼎市委

书　　记：林　青

中共霞浦县委

书　　记：郭文胜

中共平潭县委

书　　记：赖　军

【福建省人大常委会正副主任、正副秘书长】

主　　任：周祖翼

副 主 任：周联清　庄稼汉　李德金　檀云坤　袁　毅

秘 书 长：黄新銮

副秘书长：廖世铢　翁祖根　董良瀚

【福建省人大及其常委会各部门】

办公厅

主　　任：廖世铢

副 主 任：黄翠叶*　白　鸿*　林福灿

法制委员会

主任委员：薛云官

副主任委员：李明蓉*

法制工作委员会

主　　任：李明蓉*

副 主 任：吴黎静*　黄洪旺

财政经济委员会

主任委员：尤猛军

副主任委员：张炯佳

预算工作委员会

主　　任：张炯佳

副 主 任：曹世民　林　郁

教育科学文化卫生委员会

主任委员：张天明

副主任委员：张宗云　林和平　陈晓春

教育科学文化卫生工作委员会

主　　任：张宗云

副 主 任：胡志世　冯锦汀

环境与资源保护委员会

主任委员：游美萍*

副主任委员：邵玉龙　谢荣兴

环境与城乡建设工作委员会

主　　任：邵玉龙

副 主 任：陈晓东

社会建设委员会

主任委员：陈善光

副主任委员：丁文清　朱世泽　郑国华

监察和司法委员会

主任委员：王敏夫

副主任委员：邬勇雷

监察和司法工作委员会

主　　任：邬勇雷

副 主 任：陈翔鹰*

农业与农村委员会

主任委员：黄华康

副主任委员：刘　琳　王宗华

农业与农村工作委员会

主　　任：刘　琳

副 主 任：陈论生　欧龙光

侨台外事与民族宗教委员会

主任委员：黄　莼

副主任委员：黄培惠　李家荣

华侨工作委员会（台胞工作委员会）

主　　任：黄培惠

副 主 任：叶勇鹏

研究室

主　　任：陈书侨

副 主 任：郑家红

代表工作委员会

主　　任：林承通

副 主 任：张定洲

信访局

局　　长：邱开养

【福建省纪委、监委派驻省人大常委会机关纪检监察组】

组　　长：郭　延*

【福建省各设区市人大常委会正副职、县（市、区）人大常委会正职名单】

福州市人大常委会

主　　任：张　忠

副 主 任：雷成财　郑云春*　陈曾勇　游通铃　陈忠霖

鼓楼区人大常委会

主　　任：胡道坦

台江区人大常委会

主　　任：余永俤

仓山区人大常委会

主　　任：阮　锋

晋安区人大常委会

主　　任：赵　坚

马尾区人大常委会

主　　任：郑是平

长乐区人大常委会

主　　任：赵　峰

福清市人大常委会

主　　任：陈存枫

闽侯县人大常委会

主　　任：黄诗杨

连江县人大常委会

主　　任：冯慧钦*

闽清县人大常委会

主　　任：刘久兴

罗源县人大常委会

主　　任：肖永建

永泰县人大常委会

主　　任：许以章

厦门市人大常委会

主　　任：杨国豪

副 主 任：张灿民　孙明忠　陈紫萱*　陈　琛*　郑岳林　王成全

思明区人大常委会

主　　任：吕永辉

湖里区人大常委会

主　　任：连维兴

集美区人大常委会

主　　任：张剑鸣

海沧区人大常委会

主　　任：江根云

同安区人大常委会

主　　任：叶晓东

翔安区人大常委会

主　　任：杜　刚

漳州市人大常委会

主　　任：李东河

副 主 任：林俊德　吴芳华*　方木荣　沈茂欣　李亚树

芗城区人大常委会

主　　任：李华胜

龙文区人大常委会

主　　任：黄泽奇

龙海区人大常委会

主　　任：林文生

长泰区人大常委会

主　　任：周俊雄

漳浦县人大常委会

主　　任：刘达文

云霄县人大常委会

主　　任：林达祥

诏安县人大常委会

主　　任：陈一森

东山县人大常委会

主　　任：李　斌

平和县人大常委会

主　　任：朱新丰

南靖县人大常委会

主　　任：林文生

华安县人大常委会

主　　任：赖武平

泉州市人大常委会

主　　任：李建辉

副 主 任：吴友才　黄阳春*　樊美清　高向荣　李文生

鲤城区人大常委会

主　　任：林清泉

丰泽区人大常委会

主　　任：刘烨明

洛江区人大常委会

主　　任：陈逢生

泉港区人大常委会

主　　任：王志安

晋江市人大常委会

主　　任：林仁达

南安市人大常委会

主　　任：黄景阳

石狮市人大常委会

主　　任：李　斌

惠安县人大常委会

主　　任：许贞丽*

安溪县人大常委会

主　　任：梁金良

永春县人大常委会

主　　任：林海鸥

德化县人大常委会

主　　任：陈维启

三明市人大常委会

主　　任：赖碧涛

副 主 任：余建地　王立文　张知通　赵　明　廖丽青*

三元区人大常委会

主　　任：林翠玲*

沙县区人大常委会

主　　任：吴江潮

永安市人大常委会

主　　任：廖艳希*

明溪县人大常委会

主　　任：谌良福

清流县人大常委会

主　　任：张仕权

宁化县人大常委会

主　　任：廖祥初

建宁县人大常委会

主　　任：黄立辉

泰宁县人大常委会

主　　任：黄志远

将乐县人大常委会

主　　任：方　红*

尤溪县人大常委会

主　　任：陈章明

大田县人大常委会

主　　任：陈剑生

莆田市人大常委会

主　　任：苏永革

副 主 任：何金清　蔡国萍*　林清忠　吴宗兴　徐德俊　王世文

仙游县人大常委会

主　　任：陈朝霞*

荔城区人大常委会

主　　任：沈堂明

城厢区人大常委会

主　　任：肖志雄

涵江区人大常委会

主　　任：李文玉

秀屿区人大常委会

主　　任：杨玉华

南平市人大常委会

主　　任：罗志坚

副 主 任：潘剑才　何光松　潘敏芳*　陈建新　陈　超　兰林和

延平区人大常委会

主　　任：黄　春

建阳区人大常委会

主　　任：郑立新

邵武市人大常委会

主　　任：夏礼平

武夷山市人大常委会

主　　任：林　方

建瓯市人大常委会

主　　任：杨祖斌

顺昌县人大常委会

主　　任：杨俊青

浦城县人大常委会

主　　任：杨文龙

光泽县人大常委会

主　　任：刘　雄

松溪县人大常委会

主　　任：谢利富

政和县人大常委会

主　　任：翁贤忠

龙岩市人大常委会

主　　任：詹昌建

副 主 任：阙朝阳　张琼珊*　钟勇强　陈泽亮　苏炎洪　李达武

新罗区人大常委会

主　　任：邱清宇

永定区人大常委会

主　　任：郑煌泰

上杭县人大常委会

主　　任：方　刚

武平县人大常委会

主　　任：刘演昌

长汀县人大常委会

主　　任：林　勇

连城县人大常委会

主　　任：赖小香*

漳平市人大常委会

主　　任：吴伯理

宁德市人大常委会

主　　任：王世雄

副 主 任：刘水金　陈　梅*　张　雄　钟乃安　徐光忠　刘正宇

蕉城区人大常委会

主　　任：钟宜国

古田县人大常委会

主　　任：郑国淑

屏南县人大常委会

主　　任：陆泽干

周宁县人大常委会

主　　任：周建斌

寿宁县人大常委会

主　　任：简树铃

福安市人大常委会

主　　任：陈昌东

柘荣县人大常委会

主　　任：陈龙营

福鼎市人大常委会

主　　任：蔡梅生

霞浦县人大常委会

主　　任：陈　健

平潭综合实验区人大工委

主　　任：赖　军

副 主 任：陈诗强　游小峰　陈时雄　林　国　谢永生

平潭县人大常委会

主　　任：陈诗强

【福建省人民政府省长、副省长、党组成员、正副秘书长名单】

省　　长：赵　龙

副 省 长：郭宁宁*　林文斌　李建成　常　斌　林瑞良　王金福　江尔雄*

党组成员：康　涛

秘 书 长：伍　斌

副秘书长：李　斌　陈秋立　吴立新　尤思德　颜志煌　林长远　戴清泉

【福建省人民政府所属机构、企事业单位负责人名单】

省政府办公厅（参事室）

党组书记：伍　斌

党组副书记、主任：李　斌

党组成员：陈秋立　吴立新　尤思德　颜志煌　林长远　戴清泉　陈起东

副 主 任：李文哲　郑长清　陈舒予　范庆洪

纪检监察组长：陈章栋

省政府参事室：吴南翔　林晓英*　李文哲　李　强　林　光　翁启勇　李宝银　郑建岚　倪　超*　陈　晔*　付贤智　张作兴　陈祥健　兰思仁　邱　淮　柳　红*　王宁新*　何　强　赖应辉　李金算　徐平东　焦念志　黄世霖　陈国鹰　朱锦懋　黄绳跃

省发展和改革委员会

党组书记、主任：孟　芊

副 主 任：张福寿　詹志洁　詹晨辉　侯为东　张文洋　王　忠　王高辉

党组成员：吴宏武　钟昌华

总规划师：张文宪

纪检监察组长：林再生

省教育厅（省委教育工作委员会）

党组书记、厅长：叶　桑

副 厅 长：吴伟平　王　飚　李　绚　陈丽英*

省委教育工委副书记：

纪检监察工委书记、纪检监察组长：陈　仁

专职副总督学：黄建顺

省科学技术厅

党组书记、厅长：李志忠

党组副书记、副厅长：游建胜

副 厅 长：黄　舒　叶碧海

纪检监察组长：赖土发

省工业和信息化厅（省无线电办）

党组书记、厅长：翁玉耀

副 厅 长：吴添富　郭学军　许永西　陈传芳　郑　伟

纪检监察组长：陈善举

总工程师：施惠财

省民族与宗教事务厅

党组书记、厅长：兰明尚

副 厅 长：张东晖　张忠发

省公安厅（省打私办）

党委书记、厅长：李建成

党委副书记、分管日常工作的副厅长：杜清森

副 厅 长：许耀鹏　张　斌　胡　楠　陈文荣

政治部主任：林晓东

纪检监察组长：池家文

党委委员：王亚龙　王锡章

省民政厅（省老区办）

党组书记、厅长：程　强

副 厅 长：陈丽华*　欧阳晓波

纪检监察组长：许振枝

省司法厅

党委书记、厅长：林玫瑰*

党委副书记、副厅长：林安泰

副 厅 长：柯南木　李妙君*

政治部主任：高　林

纪检监察组长：潘家明

党委委员：陈由顺

省财政厅

党组书记、厅长：林中麟

副 厅 长：林贻武　黄剑青　谢隆进　刘　洋

纪检监察组长：陈文华
总　会　计　师：李　洁*

省人力资源和社会保障厅

党组书记、厅长：孔繁军
副　　厅　　长：洪长春　童长峰
　　　　　　　　陈国銮
纪检监察组长：张永生

省自然资源厅

党组书记、厅长：陈永共
副　　厅　　长：陈小辉　俞文峰
纪检监察组长：林　雄
总　工　程　师：林　辉
总　规　划　师：洪　榕*

省生态环境厅

党组书记、厅长：许碧瑞
党组副书记、副厅长：
副　　厅　　长：杨新坚　徐　威
　　　　　　　　陈明义　魏良栋
纪检监察组长：陈尚颖

总工程师：

核安全总工程师：张玉梅*
生态环保监察专员：彭国斌

省住房和城乡建设厅

党组书记、厅长：朱子君
副　　厅　　长：蒋金明　王明炫
　　　　　　　　李智勇　陈元豹
纪检监察组长：邱文高
总　工　程　师：陈义雄
总　经　济　师：苏友佺

省交通运输厅

党组书记、厅长：陈岳峰
副　　厅　　长：王增贤　雷文忠
　　　　　　　　黄　楠*
纪检监察组长：郝　军
总　工　程　师：寇　军
党　组　成　员：王文胜

省水利厅

党组书记、副厅长：陈水树
厅　　　　　长：叶　敏
副　　厅　　长：吴深生　余德贵
纪检监察组长：林国闪
总　工　程　师：

省农业农村厅（省委农办、省乡村振兴局）

党组书记、厅长：陈明旺
副　　厅　　长：梁全顺　赖诗双
　　　　　　　　郭宋玉*袁忠贤
　　　　　　　　陈道清
纪检监察组长：黄　强
总畜牧兽医师：吴顺意

省商务厅（省口岸办）

厅　　　　　长：黄河明
副　　厅　　长：黄德智　钟木达
　　　　　　　　刘德培　陈　靖
　　　　　　　　杭　东
纪检监察组长：王庆亮

省文化和旅游厅

党组书记、厅长：林向东
党组副书记、副厅长：林守钦
副　　厅　　长：苏庆赐　傅柒生
　　　　　　　　肖长培　吴新斌
纪检监察组长：聂　庚

省卫生健康委员会

党组书记、主任：杨闽红
副　　主　　任：张国安　黄　昱*
　　　　　　　　张小舟*林　宪
纪检监察组长：冯　岗

省退役军人事务厅（省双拥办）

党组书记、厅长：罗庆春
副　　厅　　长：陈建辉　陈　浩
　　　　　　　　陈永团　蔡静南

省应急管理厅（省安办）

党组书记、厅长：丘　毅
副　　厅　　长：欧阳德　姚朝钟
　　　　　　　　黄德学
纪检监察组长：康文杰
党　委　委　员：戴文鹏　高宁宇
　　　　　　　　杨庆福

省审计厅

党组书记、厅长：杨　红*
副　　厅　　长：许克付　廖德铨
　　　　　　　　陈敬辉
纪检监察组长：王　昕*
总　审　计　师：林建苍

省政府外事办公室

党组书记、主任：黎　林
副　　主　　任：黄劭蓉*陈国全

省国有资产监督管理委员会

党委书记、主任：郑　震
党委副书记：修兴高
副　　主　　任：左　宇　刘宝和
　　　　　　　　周金昭　张金霖
纪检监察组长：孙志敏

省林业局

党组书记、局长：王智桢
副　　局　　长：刘亚圣　王宜美
　　　　　　　　林旭东　郑　健
纪检监察组长：陈金忠

省海洋与渔业局

党组书记、局长：林锡能
副　　局　　长：林月玲*翁新平
纪检监察组长：陈晓光
总　工　程　师：

省市场监督管理局（省知识产权局）

党组书记、局长：黄水木
副　　局　　长：刘先义　谢再春
　　　　　　　　许和木　王文生
纪检监察组长：刘小宁
食品安全总监：
总　工　程　师：张元榕
党　组　成　员：刘征颖*

省广播电视局

党　组　书　记：王　中
局　　　　　长：庄志松
副　　局　　长：张明生　张文珍*
　　　　　　　　陈炎铭
纪检监察组长：廖庆聪

省体育局

党组书记、局长：叶得盛
党组副书记、副局长：董劲松
副　　局　　长：唐佑明　黄海峡*
纪检监察组长：李振标

省统计局

党组书记、局长：叶飞文
党组副书记、副局长：林英厦
副　　局　　长：杨洪春　郭善耘
总　统　计　师：黄向晖

省国防动员办公室（省人防办）

党组书记、主任：詹志洁
省人防办主任：詹志洁
副　　主　　任：蔡福勇　张春秋

省医疗保障局

党组书记、局长：林圣魁
副　　局　　长：梁步腾

省地方金融监督管理局（省委金融办）

党组书记、局长：薛鹤峰
副　　局　　长：温正斌　谢建潮
　　　　　　　　吴志勇

省信访局

党组书记、局长：吴立新
副　局　长：范志平　张　辉

省政府驻北京办事处

党组书记、主任：施宇辉
副　主　任：黄少斌　郑　雄
　　　　　　夏莉燕*

省计划生育协会

专职副会长：陈友茂　刘腾发

省地质矿产勘查开发局

党组书记、局长：林文芳
副　局　长：倪　超　韩康平
总 工 程 师：陈福龙

省供销合作社联合社

副　主　任：占飞豹　邱志向
　　　　　　林　勤*
纪 检 组 长：郭　强

省创新研究院

党委书记、院长：林岿然
副　院　长：潘绣文*张云峰
纪 委 书 记：詹朝辉

省政府发展研究中心

党组书记、主任：林长远
副　主　任：廖荣天

省政府投资项目评审中心（省工程咨询中心）

党组书记、主任：张福寿
副　主　任：郑　灵　边财松

省农业科学院

党 委 书 记：肖　铮
院　　　长：余文权
副　院　长：汤　浩　黄勤楼
　　　　　　丁中文　魏　辉

福建日报社

社　　　长：陈辉宗
总　　　编：潘贤强
副　总　编：任君翔*刘　见
　　　　　　闻兰锋
副　社　长：吴孝武

福建社会科学院

院　　　长：
党组书记、副院长：宋建晓
副　院　长：刘小新　黄茂兴
　　　　　　吴肇光

省广播影视集团

党组书记、董事长：曾祥辉
总　经　理：刘用通
副 董 事 长：杨国和　陈加伟
　　　　　　洪　雷

中国海峡人才市场

党组书记、董事长：游诚志
总　经　理：吴小颖
副 总 经 理：叶金山　王　文

省政府驻上海办事处★

党组书记、主任：陈福民

省政府驻广州办事处★

党组书记、主任：

省政府驻深圳办事处★

党组书记、主任：翁坤明

省机关事务管理局★

党组书记、局长：陈起东

省数字福建建设领导小组办公室（省大数据管理局）★

主　　　任：吴宏武

省粮食和物资储备局★

党组书记、局长：钟昌华

省监狱管理局★

第 一 政 委：林玫瑰*
党委书记、局长：陈由顺
党委副书记、政委：钟火阵

省文物局★

局　　　长：傅柒生

省疾病预防控制局★

局　　　长：张国安

省药品监督管理局★

党组书记、局长：黄维军

省海洋渔业执法总队★

党委书记、总队长：刘春荣

省水利水电工程移民发展中心★

党组书记、主任：卞宏达

省测绘地理信息发展中心★

党组书记、主任：林孝文

省知识产权发展保护中心★

主　　　任：刘征颖*

省水利水电勘测设计院★

党 委 书 记：陈久新

省疾病预防控制中心★

党 委 书 记：翁　铖
主　　　任：郑奎城

省教育考试院★

党 委 书 记：林清泉
党委副书记、院长：黄俊兴

省节能中心★

主　　　任：陈　亮

省经济信息中心★

主　　　任：林联捷

中国闽台缘博物馆★

党 委 书 记：陈　璇*
馆　　　长：陈伟平

省铁路建设发展中心★

主　　　任：徐　玮

省公共资源交易中心★

主　　　任：蔡　函

省煤田地质局★

局　　　长：伍青云

省投资开发集团有限责任公司

董　事　长：王　非
总　经　理：陈躬仙
党委副书记：郑清华
副 总 经 理：叶远航　苏　杰
纪 委 书 记：赖沐祥
总 会 计 师：林兵霞*

省冶金（控股）有限责任公司

总　经　理：杨　方*
党委副书记：侯孝亮
副 总 经 理：许继松　周　闽
　　　　　　李　翔
纪 委 书 记：黄　予

省能源石化集团有限责任公司

董　事　长：徐建平
总　经　理：吴礼源
党委副书记：吴　宏
副 总 经 理：刘　强　朱玉武
　　　　　　周朝宝　陈文阶
纪 委 书 记：李寿发
总 会 计 师：王贵长

省港口集团有限责任公司、省交通运输集团有限责任公司

董　事　长：陈志平
总　经　理：陈乐章
副 总 经 理：吴厚生　朱勇进
纪 委 书 记：李建谋
党 委 委 员：蔡立群

省高速公路集团有限公司

董事长、总经理：潘向阳
副 总 经 理：蒋建新　陈礼彪
　　　　　　黄朝光
纪 委 书 记：沈觉新
总 会 计 师：许文章

中国（福建）对外贸易中心集团有限责任公司

董事长、总经理：游向阳
副 总 经 理：宋福鋆　方炬洋
　　　　　　王向东
纪 委 书 记：林　洲

厦门航空有限公司

董　事　长：赵　东
总　经　理：谢　兵
副 总 经 理：黄火灶　黄国辉
　　　　　　汤建其　倪良胜
　　　　　　陈　立　黄宇峰
纪 委 书 记：伊向荣

省船舶工业集团公司

董　事　长：赵金杰
总　经　理：李永忠
副 总 经 理：李振均
纪 委 书 记：郭永兴
总 会 计 师：陈陆芳*

福建炼油化工有限公司

董　事　长：张西国
总　经　理：赵天星
副 总 经 理：林　栩　洪晓江
　　　　　　李　吉　丁宏波
党委副书记、纪委书记：杨　飞
总 会 计 师：赖水明

省轻纺（控股）有限责任公司

总　经　理：郑书雄
副 总 经 理：陈国樑　黄金镖
纪 委 书 记：潘士颖
总 会 计 师：郑剑军

省旅游发展集团有限责任公司

董　事　长：刘革生
总　经　理：林女超*
副 总 经 理：杨利玉
纪 委 书 记：陈占隆
总 会 计 师：余运庄

福建建工集团有限责任公司

董　事　长：林增忠
总　经　理：刘晓群
副 总 经 理：林　维*
纪 委 书 记：罗阿仲
总 工 程 师：阮锦发
总 会 计 师：黄旭晖*

省电子信息（集团）有限责任公司

董　事　长：卢文胜
总　经　理：卞志航
党 委 副 书 记：郑志锋
副 总 经 理：黄爱武
总 会 计 师：陈文颖

省汽车工业集团有限公司

董　事　长：陈建业
总　经　理：谢思瑜
党 组 副 书 记：李岩峰
副 总 经 理：陈　锋　林　源
纪 委 书 记：杨本南
总 会 计 师：高一鹏

省机电（控股）有限责任公司

董　事　长：
总　经　理：黄循铀
副 总 经 理：陈伯炜　吴大文
纪 委 书 记：林心鎏

省招标采购集团有限公司

董　事　长：刘珠雄
总　经　理：
副 总 经 理：丁宗庭　程立平
　　　　　　张亲议
纪 委 书 记：赵　斌
总 会 计 师：周辉芳

省水利投资开发集团公司

董　事　长：梅长河
总　经　理：吴健明
副 总 经 理：叶　辉
纪 委 书 记：翁宇航
总 会 计 师：陈明杰

省大数据集团公司

董　事　长：钟　军
纪 委 书 记：林善谋
总 会 计 师：黄　晞*

兴业银行

董　事　长：吕家进
行　　　长：陈信健
副　行　长：孙雄鹏　张　旻
　　　　　　张　霆　曾晓阳
纪检监察组长：张国明

省农村信用社联合社

理　事　长：李卫民
主　　　任：张永良
副　主　任：刘爱晖*　陈金德
　　　　　　林建东
纪检监察组长：詹生根

省金融投资公司

董　事　长：万崇伟
总　经　理：罗恩平
副 总 经 理：郑　青*　王凌云*
　　　　　　苏军良
纪 委 书 记：杨猛猛

海峡出版发行集团公司

董　事　长：黄苇洲
总　经　理：林　彬*
党 委 副 书 记：严桂忠
副 总 经 理：何　强　谢兴权
纪 委 书 记：孙　强
总 会 计 师：陈爱民

福建广电网络集团公司

董　事　长：蔡　琳
总　经　理：陈　涛
副 总 经 理：汤玉平
纪 委 书 记：黄善贺
总 工 程 师：刘敏文
总 会 计 师：方友爱

【福建省各设区市人民政府负责人名单】

福州市政府

市　　　长：吴贤德
副　市　长：张定锋　林治良
　　　　　　郑　彧　王锡章
　　　　　　孙晓岚*　赵明正
　　　　　　吴　一（挂职）

厦门市政府

市　　　长：黄文辉
副　市　长：黄晓舟　黄燕添
　　　　　　张志红*　陈育煌
　　　　　　廖华生　庄荣良
　　　　　　季翔峰

漳州市政府

市　　　长：魏　东
副　市　长：廖卓文　郑立敏
　　　　　　兰万安　潘全胜
　　　　　　余向红*　林少金
　　　　　　肖申华　洪泰伟
　　　　　　马涛涛（挂职）

泉州市政府

市　　　长：蔡战胜
副　市　长：黄景春　肖进才
　　　　　　汪志红*　蔡天守
　　　　　　苏耿聪　黄春辉
　　　　　　雷连鸣

姚　飞（挂职）

三明市政府

市　　长：李　春*

副 市 长：吕国健　杨国昕

王军强（挂职）

张元明

林　菁*　廖金辉

柳建忠　钟　科

莆田市政府

市　　长：林旭阳

副 市 长：陈志强　胡国防

陈　枫　林韶雯*

朱正扬　祝海辉

林少雄

南平市政府

市　　长：林　建

副 市 长：张朝阳　何明星

洪永新　杨新强

林　湫　龚志阳*

魏敦盛

龙岩市政府

市　　长：胡　盛

副 市 长：陈厦生

王　洋（挂职）

马　勇　修　洪*

简洪坤　许　佳

王　波　詹崇仁

宁德市政府

市　　长：张永宁

副 市 长：李　彦　陈　怡*

包江苏　郑忠辉

刘笃凡　吴卫云

党　帅

杨　柳*（挂职）

平潭综合实验区管委会

主　　任：黄建波

副 主 任：何杰民　文学林

陈训明　方良栋

潘新雅

【福建省各县（市、区）人民政府正职名单】

鼓楼区政府

区　　长：杨　辉

台江区政府

区　　长：刘广辉

仓山区政府

区　　长：刘用全

晋安区政府

区　　长：董敬太

马尾区政府

区　　长：王　刚

长乐区政府

区　　长：廖海军

福清市政府

市　　长：吴永忠

闽侯县政府

县　　长：施家雄

连江县政府

县　　长：高双成

闽清县政府

县　　长：赵春荣*

罗源县政府

县　　长：林志斌

永泰县政府

县　　长：苏　冰

思明区政府

区　　长：陈通汕

湖里区政府

区　　长：黄　颖*

集美区政府

区　　长：倪　杰

海沧区政府

区　　长：龚建阳

同安区政府

区　　长：周桂良

翔安区政府

区　　长：李　毅

芗城区政府

区　　长：何才成

龙文区政府

区　　长：林晓强

龙海区政府

区　　长：陈艺章

长泰区政府

区　　长：尤宇川

漳浦县政府

县　　长：吴丁顺

云霄县政府

县　　长：沈顺来

诏安县政府

县　　长：黄庆华

东山县政府

县　　长：刘兆民

平和县政府

县　　长：黄永健

南靖县政府

县　　长：蔡铭泉

华安县政府

县　　长：陈敏杰*

鲤城区政府

区　　长：王克思

丰泽区政府

区　　长：林清伏

洛江区政府

区　　长：郭　宁

泉港区政府

区　　长：杨凤翔

石狮市政府

市　　长：余志伟

晋江市政府

市　　长：王明元

南安市政府

市　　长：王连赞

惠安县政府

县　　长：庄稼祥

安溪县政府

县　　长：刘永强

永春县政府

县　　长：张照绿

德化县政府

县　　长：方俊钦

三元区政府

区　　长：肖世龙

沙县区政府

区　　长：陈晓翔

永安市政府

市　　长：温欣传

明溪县政府

县　　长：张文静*

清流县政府

县　　长：莫彩华

宁化县政府

县　　长：吴茂生

建宁县政府

县　　长：伍小兰*

泰宁县政府

县　　长：王怀斌

将乐县政府
县　　长：缑泽昆
尤溪县政府
县　　长：廖才添
大田县政府
县　　长：熊建云
荔城区政府
区　　长：刘基棠
城厢区政府
区　　长：王文晖
涵江区政府
区　　长：郑群星
秀屿区政府
区　　长：郑松青
仙游县政府
县　　长：陈志挺
延平区政府
区　　长：叶文平
建阳区政府
区　　长：王　冲
邵武市政府
市　　长：郭绯红*
武夷山市政府
市　　长：余　洲
建瓯市政府
市　　长：吴　伟
顺昌县政府
县　　长：谷国海
浦城县政府
县　　长：李江平
光泽县政府
县　　长：王　贵
松溪县政府
县　　长：吴英杰
政和县政府
县　　长：王　丰
新罗区政府
区　　长：邱伟勤
永定区政府
区　　长：李宏泰
上杭县政府
县　　长：罗　剑
武平县政府
县　　长：于　海
长汀县政府
县　　长：吕　莉*

连城县政府
县　　长：蔡东阳
漳平市政府
市　　长：李毓文
蕉城区政府
区　　长：陈绍曦
古田县政府
县　　长：许　锋
屏南县政府
县　　长：柳　岳
周宁县政府
县　　长：陈文卿*
寿宁县政府
县　　长：张永森
福安市政府
市　　长：黄其山
柘荣县政府
县　　长：宋　振
福鼎市政府
市　　长：周春海
霞浦县政府
县　　长：罗义春
平潭县政府
县　　长：黄建波

【中央有关部委驻闽直属机构负责人名单】

省国家安全厅
党委书记、厅长：顾智明
新华社福建分社
社　　长：江时强
中国科学院福建物质结构研究所
所　　长：曹　荣
党委书记：黄艺东
党委副书记、纪委书记：
副所长：林文雄　卢灿忠
　　　　张　健
中国科学院城市环境研究所
所　　长：贺　泓
党委书记、副所长：陈少华
党委副书记：兰国政　方荣良
副所长：郑煜铭　林卫东
国家林业和草原局驻福州森林资源监督专员办事处
党组书记、专员：孟广芹*
党组成员：
副专员：吴满元　宋师兰*
　　　　汶　哲
财政部驻福建监管局
党组书记、局长：梁　勇
副局长、纪检组长：
党组成员：高举亮
国家统计局福建调查总队
党组书记、总队长：刘文峰
副总队长：林嗣杰　周德同
纪检组组长：张爱光*
国家税务总局福建省税务局
党委书记、局长：杨　勇
副局长：张　津　林茂椿
　　　　郑孝真　郝　强
纪检组组长：袁先柏
总会计师：王志荣
总经济师：张仁杭
总审计师：李　东
省气象局
局　　长：冯　玲*
副局长：邓　志　吴德辉
纪检组长：林新富
党组成员：张长安
省地震局
局　　长：谢志招
副局长：朱海燕
纪检组长：龙清风
福建海事局
党组书记、局长：陈　凯
副局长：宋剑华　王华明
　　　　吴　蔚　张向上
纪检组长：董国松
厦门出入境边防检查总站
党组书记、总站长：王浩宇*
政治委员：谢继宏
副总站长：魏　刚　林　强
　　　　孙亚祥
党委委员：张建民　周春怡*
国家矿监局福建局
党组书记、局长：戴文鹏
纪检组长：林常青
福州海关
关　　长：石正进
副关长：林跃飞　王进喜
政治部主任：王武生
纪检组长：张政武
党委委员：郗俊江　刘文敏
厦门海关

关　　　长：朱光耀
副　关　长：陈　宇　娄传永
　　　　　　张冬冬
政治部主任：王忠亮
纪检组长：白　松
党委委员：

国网福建省电力有限公司
董　事　长：阮前途
总　经　理：蔡鸿贤
副总经理：黄惠英* 徐福聪
纪委书记：成宝强
总会计师：林世友
党委委员：邹永增

国家能源集团福建能源有限公司
党委书记、董事长：钟儒耀
副总经理：高武军　张志业
　　　　　于　健
总会计师：宋　磊
纪委书记：翟　利*

中国华电集团公司福建分公司
党委书记、执行董事：林文彪
总　经　理：杨　焱
副　书　记：陈文新
副总经理：黄彪斌　李小温
　　　　　黄森炎　张　聘
总会计师：
纪委书记：牛拥军

中国华能集团公司福建分公司
党委书记、执行董事：蔡永强
总　经　理：张春雷
副总经理：赵德远
总会计师：邹治泉

福建福清核电有限公司
党委书记：赵　皓
总　经　理：宋　林
副　书　记：朱鸿伟
副总经理：林传清　陈宇肇
　　　　　徐金龙　于雪峰
纪委书记：马友谊
总会计师：杨明栋

中国核工业集团有限公司（福建）市场开发部
主　　　任：吴元明
副　主　任：侯　威*

中国水利水电第十六工程局有限公司
董　事　长：杨　刚
党委副书记、总经理：潘金仁
副总经理：杨伟明　谢亚章
　　　　　黄国超　范玲斌
　　　　　陈良才　林天缙
纪委书记：刘伟才
总会计师：殷正康
副总经理、总工程师：陈祖荣

省邮政管理局★
局　　　长：王文胜
副　局　长：罗树波
纪检组长：刘新莉*

省通信管理局
局　　　长：黄子河
副　局　长：何　强　白学任
党组成员：洪晓旻

中国邮政集团公司福建省分公司
总　经　理：江淞宁
副总经理：叶　军　王旭光
纪委书记：方红雨*

中国电信福建分公司
总　经　理：向　兵
党委副书记、副总经理：黎树旺
副总经理：宋友重　林晓武
　　　　　杨　洋　卢　晔
　　　　　熊　伟
纪委书记：徐大志

中国移动福建分公司
董事长、总经理：姜　峰
副总经理：尹壮志　黄小田
纪委书记：苟光学

中国联通福建分公司
总　经　理：周立松*
副总经理：杨　暐　张　毅
　　　　　林　凯　余　斌
纪委书记：张　鹏

民航福建安全监督管理局★
局　　　长：潘　军
党委副书记、纪委书记：叶嘉斌
副　局　长：张雄光　肖方进

中国石化福建石油分公司
党委书记、分公司代表：吴庆高
总　经　理：施　雷
纪委书记：于长海
副总经理：王　琴* 林浦生
总会计师：

中国石油福建销售分公司★
党委书记、执行董事：陈正惠
总　经　理：魏秋冬
副总经理：吕春阳　王克军
总会计师：袁　剑
纪委书记：蔡文浩

中化泉州石化有限公司
党委书记、总经理：钱立新
副书记、副总经理：
纪委书记：
财务总监：马钟峰
副总经理：宋吉峰　胡福磊
　　　　　王学利　张　涵

中国航空技术进出口福建公司
执行董事、总经理：江　捷*
副总经理：

省烟草专卖局（公司）
局长、总经理：赵建成
副　局　长：
副总经理：林师训　周志攀
纪检组长：纪任德

福建中烟工业有限责任公司
总　经　理：夏开元
副总经理：邱全胜　伍达明
　　　　　廖材河　吴志文
纪检组长：林建红*

中储粮福建分公司
党委书记、总经理：杨　波
副总经理：陈盛桦　张　杰
纪委书记：罗　明

中国冶金地质勘查工程总局二局★
党委书记、副局长：李喜荣
纪委书记：张韶华
副　局　长：张庆鹏
总会计师：刘　伟

中国长江三峡集团福建分公司
总　经　理：廖建新
副总经理：曾建平　张友斌
　　　　　蒋光遒　李铁凤*

国家电力投资集团福建分公司★
董　事　长：严厚善
总　经　理：薛　峰
副总经理：郑建锋　夏继胜
　　　　　邢　福
纪委书记：童　毅

中核国电漳州能源有限公司
董　事　长：吴元明
总　经　理：宋丰伟
副总经理：钟健康　高顺龙
纪委书记：付开龙
总会计师：陈文木
工程总经理：邹德麟　肖　波
安监总经理：梅炳云

华能霞浦核电有限公司

总　经　理：万　骥
副总经理：王　煊　苏松龄
　燕　伟

中核霞浦核电有限公司

董　事　长：郑砚国
党委副书记、总经理：周赛军
副总经理：王　垣　刘明章
　杨东升
总会计师：王　伟
总工程师：张东辉
纪委书记：刘弼华

中国电建福建工程有限公司★

党委书记、执行董事：林炳润
党委副书记、总经理：陈开荣
副总经理：蒋文建
总会计师：陈建来
总工程师：谢清文
安全总监：苏永强

大唐集团福建分公司

党委书记、总经理：张树臣
纪委书记：王淳忠
副总经理：吴　瑛　吴伟华
　李　伟
总会计师：许　振

福建宁德核电有限公司★

总　经　理：田辉宇
党委副书记、副总经理：张和林
副总经理：李树荣　孟晓雄
　吴江涛　刘爱东
纪委书记：李付鑫
总会计师：王楚亮
总审计师：李　涌

中交海西投资有限公司

执行董事、总经理：齐文忠
党委书记、副总经理：杨慧杰
党委副书记、副总经理：刘永贤
副总经理：洪清填
总会计师：李　振

中铝瑞闽股份有限公司

董　事　长：蔡　峰
党委副书记、总经理：潘　祯
副总经理：陈国生　曹　晔
纪委书记：季海军

中铜东南铜业有限公司

党委书记、董事长、总经理：
　杨美彦
党委副书记、副总经理：叶小林
副总经理：
财务总监：张　东
纪委书记：李　伟

国家金融监督管理总局福建管局

局　　长：傅平江
副　局　长：梁洁红*　汪祺臻
　王　勇
纪委书记：申爱华
党委委员：黄德强

证监会福建监管局

党委书记、局长：李永春
副　局　长：张　庆　翁国斌
纪委书记：王　焱

省消防救援总队

党委副书记、总队长：高宁宇
党委书记、政治委员：
副总队长：陈立民　苏作琴
　姜宏梁　陈秉安
副政委兼纪委书记：温太阳
政治部主任：陈培志

省森林消防总队

党委副书记、总队长：
党委书记、政治委员：彭先富
副总队长：滕伟毅　石晓光
副政治委员兼纪委书记：胡开锋
政治部主任：胡　涛

省公安厅特勤局

党委书记、局长：王亚龙
副　局　长：李志飞　李　静*
　赵世钧
政治部主任：李国清
警令部主任：翁增华

中国人民银行福州中心支行

副书记、副行长：张庆昉
行　　长：
副　行　长：于松柏　江　涛
　许加银　俞　强
党委委员、纪委书记：张利永

中国工商银行福建省分行

行　　长：李　强
副　行　长：陈建愉　周灿森
　张　程　王昌盛
　王　玲*　崔航宇
纪委书记：何　松

中国农业银行福建省分行

行　　长：冯旭东
党委副书记、副行长：陈展红
副　行　长：王城英　李　岐
　郑　斌
纪委书记：梁博富

中国建设银行福建省分行

行　　长：黄惠玲*
副　行　长：黄　汾　杨达远
　孙国强　林　毅
纪委书记：谢剑强

中国银行福建省分行

行　　长：黄新斌
副　行　长：黄德根　陈小琳*
　刘　超
纪委书记：

中国农业发展银行福建省分行

行　　长：冯学
副　行　长：况流东　胡良华
　王铁夫
纪委书记：荆立俊

国家开发银行福建省分行

行　　长：张雪峰
副　行　长：周树林　郝　玮
　吴良云
副行长、纪委书记：郑光友

中国进出口银行福建省分行

行　　长：许　波
副　行　长：林育浩

中信银行福州分行

行　　长：姜雨林
副　行　长：林海峰　苏英鹏
　林师禹
副行长、纪委书记：李华舒
党委委员：黄　伟

交通银行福建省分行

行　　长：刘　阳
副　行　长：林小晶　郑思南
　孙从照　黄恒盛
党委委员：陈喜梅*

长城资产管理公司福州办事处

党委书记、总经理：
副总经理：陈昌龙　郑榕玲*
党委委员：饶应祥

中国信达资产管理公司福建分公司

总　经　理：曾永明
副总经理：王晓洁*
党委委员：陶　源*

华融资产管理公司福建分公司

总　经　理：柳庆红
纪委书记：林湲沧
党委委员：李　壬　李学鸿*

东方资产管理公司福州办事处

总　经　理：黎蜀宁*
纪委书记：余　竑
党委委员：周春生　林　熙

中国人民财产保险公司福建分公司

总　经　理：苏康乐
副总经理：纪翔池　仕　贵
　　　　　陈　峰
纪委书记：郑明强
党委委员：陈文俊

中国人寿保险公司福建分公司

总　经　理：林守道
副总经理：蒋利成　叶文椿
　　　　　汤小雄　徐游泳
纪委书记：王立华

中国人民人寿保险公司福建分公司

总　经　理：刘　庆
党委委员：曾　伟

中国人寿财产保险公司福建分公司

总　经　理：陈少榜
副总经理、纪委书记：乔建宾
副总经理：陈　峰　苏新华

中国出口信用保险公司福建分公司

总　经　理：林中清
党委委员：官文峰　宋文清
纪委书记：鲍红艳*

中国人民健康保险公司福建分公司

总　经　理：詹泽松
副总经理：张　力

【福建省政协主席、副主席、正副秘书长名单】

主　　席：崔玉英*（1月免）
　　　　　滕佳材（1月任）
副主席：张兆民
　　　　　杜源生（1月免）
　　　　　洪捷序（1月免）
　　　　　薛卫民（1月免）
　　　　　王光远　阮诗玮
　　　　　刘献祥
　　　　　许维泽（1月免）
　　　　　林钟乐（1月免）
　　　　　严可仕（1月任）
　　　　　余　军（1月任）
　　　　　张国旺（1月任）
　　　　　黄　玲*（1月任）
　　　　　黄如欣（1月任）
秘书长：陆开锦（12月免）
副秘书长：黄树清　曾少鸿
　　　　　高扬增
　　　　　董良瀚（兼）（6月免）
　　　　　王　宁（兼）（1月任）
　　　　　刘　泓（兼）
　　　　　张运明（兼）（1月任）
　　　　　林全金（兼）
　　　　　杨　琳（兼）
　　　　　吴棉国（兼）
　　　　　柯连妹*（兼）（1月免）
　　　　　林修凤（兼）（1月任）
　　　　　许勇铁（兼）（1月任）
　　　　　陈　飚（兼）（1月任）

【福建省政协办公厅、专委会领导名单】

主　　任：黄树清
副主任：庄　莉*（12月免）
　　　　　袁水华　陈根林
纪检监察组组长：李占新（7月免）
　　　　　张金雄（12月任）
研究室主任：黄国剑
省政协提案委主任：董建洲（1月免）
　　　　　胡忠昭（1月任）
专职副主任：冯　静*
省政协经济委主任：张灿民（1月免）
　　　　　黄祥谈（1月任）
专职副主任：邹国辉
省政协农业和农村委主任：
　　　　　陈照瑜（1月任）
专职副主任：涂书宝
省政协人口资源环境委主任：
　　　　　曹建平
专职副主任：林朝明
省政协教科卫体委主任：石建平
专职副主任：王素平*
省政协社会和法制委主任：洪仕建
专职副主任：高文翠*
省政协民族和宗教委主任：
　　　　　林卫宠（1月任）
专职副主任：李榕光
省政协港澳台侨和外事委主任：
　　　　　王玲*（1月免）
　　　　　王天明（1月任）
专职副主任：林金章
省政协文化文史和学习委主任：
　　　　　何国辉
专职副主任：江登峰

【福建各设区市政协正副职领导，各县（市、区）政协正职领导名单】

福州市政协主席：刘卓群
副主席：鄢　萍*林恒增
　　　　　林　锋　罗蜀榕
　　　　　郑章干　林　澄
　　　　　顾　颀　唐　希
鼓楼区政协主席：李瑞琨
台江区政协主席：邓万铣
仓山区政协主席：潘仰武
晋安区政协主席：张忠健
马尾区政协主席：张　林*（12月免）
　　　　　伍南腾（12月任）
长乐区政协主席：陈增国
福清市政协主席：翁芳明
闽侯县政协主席：陈祥波
连江县政协主席：冯慧钦*（12月免）
　　　　　吴思斌（12月任）
闽清县政协主席：郑晓春
罗源县政协主席：兰可明（畲族）
永泰县政协主席：王礼灯
厦门市政协主席：魏克良
副主席：王雪敏*（兼）
　　　　　黄国彬　黄世忠
　　　　　国桂荣　黄培强
　　　　　王　焱　薛祺安
　　　　　黄奋强　李钦辉
思明区政协主席：苏德本
湖里区政协主席：王秀珠*
集美区政协主席：蔡冬梅*
海沧区政协主席：黄炳文
同安区政协主席：洪国平
翔安区政协主席：吴旗荣
漳州市政协主席：吴文团
副主席：黄井南
　　　　　周小华（9月免）
　　　　　陈跃鸿　何伟燕*
　　　　　戴鹏飞　卢　力
　　　　　曹　阳*蔡兴州
　　　　　陈仁朝
芗城区政协主席：刘建英*
龙文区政协主席：李华胜（12月免）
　　　　　叶跃西（12月任）
龙海区政协主席：洪海涛
长泰区政协主席：叶水山
漳浦县政协主席：林兆波
云霄县政协主席：林意纯*
诏安县政协主席：林惠溪

东山县政协主席：朱文挺
平和县政协主席：李瑞林
南靖县政协主席：陈群伟
华安县政协主席：林炎山
泉州市政协主席：肖汉辉
副　主　席：周真平* 王祖耀
　洪川夫　戴仲川
　蔡萌芽* 庄灿霞*
　黄世界　肖惠中
鲤城区政协主席：陈燕飞
丰泽区政协主席：上官蓝波
洛江区政协主席：李奉恒
泉港区政协主席：彭垂鼎
石狮市政协主席：黄延艺*
晋江市政协主席：许宏程
南安市政协主席：庄国阳
惠安县政协主席：许贞丽*
安溪县政协主席：陈剑宾
永春县政协主席：王文杨
德化县政协主席：陈维启（12月免）
　张秋英*（12月任）
三明市政协主席：宋志强
副　主　席：蒋先东　罗金水
　许清华　曾明生
　陈　欣　张春华
　张炜琳* 黄月珍*
三元区政协主席：李世福
沙县区政协主席：黄志平
永安市政协主席：范纯文
明溪县政协主席：陈锋毅
清流县政协主席：邹卫东
宁化县政协主席：张运华
建宁县政协主席：钟宏华
泰宁县政协主席：江求荣
将乐县政协主席：江太生
尤溪县政协主席：吴长树（12月免）
　林永田（12月任）
大田县政协主席：吴初增
莆田市政协主席：沈萌芽*
副　主　席：黄　华　林惠中
　王少华　赵爱红*
　林玉瑞　陈道成
　张志宏
仙游县政协主席：林志良
荔城区政协主席：郑占林
城厢区政协主席：陈四海
涵江区政协主席：邹荔平
秀屿区政协主席：童荔萍*

南平市政协主席：林　斌*
副　主　席：余建坤　张　皓*
　潘丽贞* 黄亚惠*
　黄苏福　黄艳珠*
　黄美萍* 杨志平
延平区政协主席：林华生
建阳区政协主席：方丹青*
邵武市政协主席：蔡忠明（12月免）
　叶永青（12月任）
武夷山市政协主席：陈先珍
建瓯市政协主席：陈祥平
顺昌县政协主席：徐小明
浦城县政协主席：郑　辉
光泽县政协主席：陈高宏
松溪县政协主席：虞朝兵
政和县政协主席：倪顺才
龙岩市政协主席：李桂义
副　主　席：刘友洪　郑玉琳*
　张子平　陈晓东
　赖双奇　张　凌
　郑　洪　卢敏云
　温　永
新罗区政协主席：邱笑玲*
永定区政协主席：陈　昌
上杭县政协主席：王尧华
武平县政协主席：王云川
长汀县政协主席：兰思义（畲族）
连城县政协主席：陈荣斌
漳平市政协主席：陈清木

宁德市政协主席：兰斯琦（畲族）
副　主　席：程树平　黄建龙
　王代忠　刘登健
　黄家盛　刘国平
　陈美莺* 林岩峰
　钟梅允*（畲族）
蕉城区政协主席：陈秀莺*
古田县政协主席：林纪建
屏南县政协主席：张德力
周宁县政协主席：陈　梁
寿宁县政协主席：陈信文
福安市政协主席：林志生
柘荣县政协主席：陈　锋
福鼎市政协主席：李绍美
霞浦县政协主席：韦大兴

【福建省高级人民法院】

院　长：金银墙
分管日常工作的副院长：欧岩峰
副　院　长：董明亮　姚丽青*
　王孔坚　李永军
　吴元祥　吴丽雪*
纪检监察组长：黄清波
审判委员会专职委员：董碧仙*
　王　珩

【福建省人民检察院】

检　察　长：侯建军
分管日常工作的副检察长：施忠华
副 检 察 长：王金文　陈　瑜*
　阮海鹰
纪检监察组长：兰思忠
政治部主任：陈　镝
检察委员会专职委员：黄秀强
　李　航

【中共福建省纪委书记、副书记、常委、秘书长名单】

书　记：迟耀云
副　书　记：齐凤瑞　游宇飞
　陈力达　陈铁晗*
常　委：迟耀云　齐凤瑞
　游宇飞　陈力达
　陈铁晗* 王　强
　方齐苗　王　矗
　梁玉华* 郑　翔
　张娇兴
秘　书　长：施务农*

【福建省监委主任、副主任、委员名单】

主　任：迟耀云
副　主　任：齐凤瑞　游宇飞
　陈力达　陈铁晗*
委　员：方齐苗　王　矗
　梁玉华* 肖仁辉
　余学斌　施务农*

【福建省各设区市纪委监委正副职领导及各县、市（区）纪委监委正职领导名单】

福州市纪委书记（监委代主任）：
　傅藏荣
副书记（监委副主任）：
　林裕煌　陈绍榕
　林大兴
鼓楼区纪委书记（监委主任）：
　郭建刚

台江区纪委书记（监委主任）：
廖友新
仓山区纪委书记（监委主任）：
林挺秀
晋安区纪委书记（监委主任）：
程　靖
马尾区纪委书记（监委主任）：
赵　勇
长乐区纪委书记（监委主任）：
李开瑞
福清市纪委书记（监委主任）：
张　斌
闽侯县纪委书记（监委主任）：
陈秀香*
连江县纪委书记（监委主任）：
余良发
闽清县纪委书记（监委主任）：
郑　航
罗源县纪委书记（监委主任）：
黄雨涛
永泰县纪委书记（监委主任）：
肖小英*
厦门市纪委书记（监委主任）：
严志铭
副书记（监委副主任）：
柯　军　薛　坚
莫建鹰
思明区纪委书记（监委主任）：
吴鲤鹏*
湖里区纪委书记（监委主任）：
叶荣昌
集美区纪委书记（监委主任）：
施耿瑶*
海沧区纪委书记（监委主任）：
邓英志*
同安区纪委书记（监委主任）：
徐少敏*
翔安区纪委书记（监委主任）：
宿明章
漳州市纪委书记（监委主任）：
陈文聪
副书记（监委副主任）：
李文兴　林毅峰
赖晓勤*
芗城区纪委书记（监委主任）：
黄平源
龙文区纪委书记（监委主任）：
江华泉

龙海区纪委书记（监委主任）：
李金雄
长泰区纪委书记（监委主任）：
郭武俊
漳浦县纪委书记（监委主任）：
石璐璐
云霄县纪委书记（监委主任）：
叶　芳*
诏安县纪委书记（监委主任）：
陈家明
东山县纪委书记（监委主任）：
方艺荣
平和县纪委书记（监委主任）：
许晓斌
南靖县纪委书记（监委主任）：
胡继城
华安县纪委书记（监委主任）：
杨增玄
泉州市纪委书记（监委代主任）：
李占新
副书记：张维劲　许仰东
鲤城区纪委书记（监委主任）：
陈　林
丰泽区纪委书记（监委主任）：
宋占锋
洛江区纪委书记（监委主任）：
蔡崇达
泉港区纪委书记（监委主任）：
郑永璘
石狮市纪委书记（监委主任）：
陈守林
晋江市纪委书记（监委主任）：
庄怀璇*
南安市纪委书记（监委主任）：
陈雄松
惠安县纪委书记（监委主任）：
庄志深
安溪县纪委书记（监委主任）：
曾惠彬
永春县纪委书记（监委主任）：
林金莲*
德化县纪委书记（监委主任）：
洪志愿
三明市纪委书记（监委主任）：
吴国顺
副书记（监委副主任）：
揭卫华　黄斌江
谭细华

三元区纪委书记（监委主任）：
杨通盛
沙县区纪委书记（监委主任）：
（暂缺）
永安市纪委书记（监委主任）：
戴陈凌
明溪县纪委书记（监委主任）：
黄日福
清流县纪委书记（监委主任）：
胡沈华*
宁化县纪委书记（监委主任）：
兰建中
建宁县纪委书记（监委主任）：
江瑜平
泰宁县纪委书记（监委主任）：
罗水河
将乐县纪委书记（监委主任）：
（暂缺）
尤溪县纪委书记（监委主任）：
邱　欣
大田县纪委书记（监委主任）：
童作光
莆田市纪委书记（监委代主任）：
林建伟
副书记（监委副主任）：
柯卫群　郭志诚
仙游县纪委书记（监委主任）：
吴智群
荔城区纪委书记（监委主任）：
胡志坚
城厢区纪委书记（监委主任）：
许琦阳*
涵江区纪委书记（监委主任）：
陈顺国
秀屿区纪委书记（监委主任）：
徐青松
南平市纪委书记（监委主任）：
潘冬英*
副书记（监委副主任）：
余文新　陈清才
林绍昕
延平区纪委书记（监委主任）：
黄洪河
建阳区纪委书记（监委主任）：
陈　旭
邵武市纪委书记（监委主任）：
曾乡伟
武夷山市纪委书记（监委主任）：

叶　强

建瓯市纪委书记（监委主任）：

朱忽翀

顺昌县纪委书记（监委主任）：

林　斌

浦城县纪委书记（监委主任）：

谢孟华

光泽县纪委书记（监委主任）：

姜　燕*

松溪县纪委书记（监委主任）：

陈远浩

政和县纪委书记（监委主任）：

龙岩市纪委书记（监委代主任）：

吴国辉

副书记（监委副主任）：

张伟明　张前茂

陈龙仁

新罗区纪委书记（监委主任）：

廖国联

永定区纪委书记（监委主任）：

谢洪才

上杭县纪委书记（监委主任）：

钟桂林

武平县纪委书记（监委主任）：

陈振益

长汀县纪委书记（监委主任）：

吴军炜

连城县纪委书记（监委主任）：

邱　阳

漳平市纪委书记（监委主任）：

王光志

宁德市纪委书记（监委主任）：

邓伟斌

副书记（监委副主任）：

黄祖峰　陈为忠

蕉城区纪委书记（监委主任）：

林　东

古田县纪委书记（监委主任）：

张　沂

屏南县纪委书记（监委主任）：

陈剑峰

周宁县纪委书记（监委主任）：

陈华昌

寿宁县纪委书记（监委主任）：

钟洪乐

福安市纪委书记（监委主任）：

林　森

柘荣县纪委书记（监委主任）：

温幼珍*

福鼎市纪委书记（监委主任）：

缪生惺

霞浦县纪委书记（监委主任）：

陈　旭

平潭综合实验区纪工委书记（监察工委主任）：黄惠元

副书记（监察工委副主任）：

郑建双　叶　强

平潭县纪委书记（监委主任）：

黄惠元

福州新区纪检监察工委书记：

叶　谊

副　书　记：李　强

【各民主党派福建省委和福建省工商联负责人名单】

民革福建省委

主　委：夏先鹏

副主委：董良瀚　林　锋

林惠中　戴鹏飞

程　明*　葛桂录

秦　源*　李　智

秘书长：敖　钧*

民盟福建省委

主　委：阮诗玮

副主委：刘　泓　谢良地

赵爱红*　洪南福

姚立纲　谢素原

林群慧*　欧阳松应

周　虹*

秘书长：刘丹艳*

民建福建省委

主　委：吴志明

副主委：黄世忠　郭学军

黄卫东　罗蜀榕

曹宛红*　韦建刚

张运明　林向凯

秘书长：潘丽娜*

民进福建省委

主　委：严可仕

副主委：郑家建　刘　健

林全金　吴丽冰*

马建荣　温　青

顾　颀

秘书长：王　宁

农工党福建省委

主　委：刘献祥

副主委：王　焱

杨　琳（专职）

郭丽珍*　曹　荣

吴健明　林　澄

张玉珍*　彭　军

秘书长：田　东*

致公党福建省委

主　委：罗恩平

副主委：叶　敏　吴棉国

张志红*　黄海峡*

叶道明　任义文

宋志刚

秘书长：王惠忠

九三学社福建省委

主　委：王长平

副主委：吴小颖　蔡　锋

刘明华　郑宝东

温　永　林修凤

叶　玲*

秘书长：魏秀惠*

台盟福建省委

主　委：江尔雄*

副主委：廖明宏　陈　椿

苏耿聪　许勇铁

方丽云*

福建省工商业联合会（总商会）

主席（会长）：王光远

党组书记、常务副主席（副会长）：

陈　晞

党组成员、副主席（副会长）：

陈　飚　余　建

叶善青

副主席（副会长）：林龙金

党组成员、秘书长：施文彪

【福建省各群众团体省级机构负责人名单】

福建省总工会

主　席：庄稼汉

党组书记、副主席：祝荣亮

共青团福建省委

书　记：李　腾

副书记：邵明松　张阿峰

吴　雪*

魏　玲*（挂职）

俞　敏（兼职）

李　楠（兼职）

曾焕强（兼职）

福建省妇联

党组书记、主席：林叶萍*
党组成员、副主席：卓晓銮*
赖前斌*
陈　红*
陈婉萍*
占永琼*（挂职）
副主席（兼职）：黄爱华*林　菁*
李　红*廖　红*
蒋佩琪*

福建省科协

主　　席：郑兰荪
党组书记：曾能建
党组成员：林学理　史　斌
鲁伟群*
副　主　席：曾能建　林学理
史　斌　鲁伟群*
田中群　焦念志
付贤智　徐西鹏
陈立典　杨江帆
江云宝　王长平
兰思仁（畲族）
陈晓春　李清彪
曹　荣　翁启勇
朱鹏立

福建省社科联

主　　席：张　彦（兼）
党组书记、副主席：林蔚芬*
陈文章
郑东育
党组成员、秘书长：洪金镖

福建省文联

主　　席：陆开锦
党组书记、副主席、书记处书记：
王秋梅*
党组成员、副主席、书记处书记：
王来文　曾章团
林秀美*
党组成员、秘书长：许瑞生

福建省侨联

主　　席：陈式海
专职副主席：翁小杰　齐　志*
刘思一
兼职副主席：王柏森　史大林
李爱兴　吴子昌
吴文侯　吴新星*
邱伟铭　佘德聪
陈玉树　陈吉龙
陈明金　陈秋途
陈俊泳*陈家泉
林正佳　林高星
卓新荣　涂雅雅*
施锦珊　温锦辉
挂职副主席：陈成栋
秘　书　长：刘思一（兼）

福建省台联

党组书记：刘良辉
党组成员、会长：江尔雄*
党组成员、驻会副会长：
欧阳迪莎*
副　会　长：曾旭晴*（兼）
黄　昱*（兼）
张劲秋*（兼）
方丽云*（兼）
苏　悦（兼）
何敏雄（兼）

福建省金联

会　　长：陈　呈

福建省残联

主　　席：林瑞良
副　主　席：吴高雄　颜志煌
宿利南　莫良明
林　群*张文辉
毕占敏*郑芳泽

福建省贸促会

党组书记、会长：徐　敏
党组成员、副会长：
傅　健　谢续华
党组成员、副会长（兼秘书长）：
杨立云

福建省中华职教社

主　　任：吴志明
党组书记：黄　玲*
党组成员、专职副主任：游理忠

福建省红十字会

党组书记：何明华
分管日常工作的副会长：董良瀚

福建欧美同学会（福建留学人员联谊会）

会　　长：郑传芳
副　会　长：王　非　王　健
王长平　李珊珊*
杨　辉　吴季怀
陆开锦　陈忠苏
陈昌生　林建华
郑　健　黄炎和
曾祥辉　游建胜
詹心丽*
秘　书　长：陈　安

注：标*为女同志，★为二级机构。
（名单以2023年12月底在职者为准，相同职务人员做适当归类，不作为排序依据，由省委组织部、省人大常委会、省政协、省纪委、各民主党派福建省委、省工商联、各群众团体省级机构提供）

2024年福建省人民政府工作报告

——2024年1月23日在福建省第十四届人民代表大会第二次会议上

福建省人民政府省长　赵　龙

各位代表：

现在，我代表省人民政府，向大会报告工作，请予审议，并请省政协委员和列席同志提出意见。

一、坚持以习近平新时代中国特色社会主义思想为指导，新福建建设取得新进展新成效

2023年是全面贯彻党的二十大精神的开局之年，是三年新冠疫情防控转段后经济恢复发展的一年。一年来，我们坚持以习近平新时代中国特色社会主义思想为指导，深入学习贯彻党的二十大和二十届二中全会精神，坚决贯彻落实习近平总书记重要讲话重要指示批示精神和党中央决策部署，牢牢把握习近平总书记亲自擘画的新福建宏伟蓝图和“四个更大”重要要求，紧紧围绕中央支持福建建设两岸融合发展示范区的重要使命，在省委领导下，深入开展主题教育，深学争优、敢为争先、实干争效，坚持稳中求进工作总基调，着力扩内需、优结构、提信心、防风险，经济持续回升向好，社会大局保持稳定，高质量发展迈出坚实步伐。

初步统计，2023年全省地区生产总值54355亿元、增长4.5%，一般公共预算总收入5907亿元、增长9.8%，地方一般公共预算收入3591亿元、增长7.6%，固定资产投资增长2.5%，社会消费品零售总额增长5%，进出口总额下降0.2%，城镇居民、农村居民人均可支配收入分别增长4.3%、6.9%，城镇调查失业率4.8%，居民消费价格与上年持平。

一年来的主要工作是：

（一）积极培育经济发展新动能，实体根基更加稳固

产业升级蹄疾步稳。坚定不移推动“智改数转”，实施省重点技改项目1704个、总投资4477亿元，关键业务环节全面数字化企业占比居全国第三位，福州、厦门入选全国首批中小企业数字化转型试点城市。坚定不移拓宽产业新赛道，工业战略性新兴产业产值占规上工业产值比重28.3%、提高3.4个百分点，出台促进人工智能产业发展10条措施，建成光储充检一体化充电站15座，全球最大18兆瓦直驱海上风电机组顺利下线。坚定不移培育壮大产业链，发布全国首份县域重点产业链发展白皮书，制造业增加值占地区生产总值比重32%，制造业百强企业营收总额达2.5万亿元。动力电池、鞋服、化工、食品等产业链条更加坚实，竹产业、陶瓷产业高质量发展步伐加快。6个设区市入选全国先进制造业百强城市，中沙古雷乙烯项目进入建设实施阶段，莆田入选中国食品产业名城。坚定不移推进园区标准化建设，26个试点园区新增标准化厂房超500万平方米，4个园区上榜全国先进制造业百强园区。坚定不移发展壮大现代服务业，4个设区市列入国家流通战略支点城市，福州港口型物流枢纽入选国家建设名单，厦门获批国家智慧口岸试点，金融业增加值增长7.4%。坚定不移做强做优“四大经济”，数字经济增加值达2.9万亿元，海洋生产总值达1.2万亿元，清洁能源装机比重达63%，实现旅游总收入6981亿元。数字中国建设峰会、世界航海装备大会、亚太电协大会成功举办，行业风向标、合作策源地、成果展示窗作用日益凸显。

内需潜力加速释放。把扩大有效投资作为重要抓手，发行地方政府专项债券1618亿元，1580个省重点项目完成投资7387亿元。福厦高铁开通运营，福厦“一小时生活圈”、厦漳泉“半小时交通圈”由愿景变成现实。龙岩新机场获批立项，龙龙高铁龙岩至武平段、厦门翔安大桥、福州地铁4号线首通段等建成通车，大动脉更加畅通、微循环更加便捷。新中国成立以来我省最大引调水工程“一闸三线”全线通水，润泽榕岚两地近580万人，平潭人民从此告别“靠天吃水”的历史。把恢复和扩大消费摆在优先位置，实施扩消费“八大行动”，开展“全闽乐购”活动近万场，举办第二届福品博览会、新闽菜发展大会，福茶、福酒、福文创等线上线下销售火爆，限额以上网络商品零售额增长6.1%。泉州获批国家第三批一刻钟便民生活圈建设试点城市，福州三坊七巷和厦门中山路入选全国示范步行街。

城乡区域协调发展。深入实施新型城镇化战略，率先启动全域范围内户口迁移“跨省通办”，农业转移人口落户城镇37.7万人。持续提升城市品质，改造老旧小区38.2万户，全面完成43.9万户低收入群体居住环境消防安全改造，新增公共停车位3.1万个，新建改造公园绿地1002公顷，创建无障碍设施样板街道11个，累计建成福道8740公里。福州荣获首届全球可持续发展城市奖，厦门上榜中国十大“大美之城”，三明入选第三批全国海绵城市建设示范城市。深入实施乡村振兴战略，严格落实耕地保护和粮食安全责任制，粮食生产和增储任务超额完成，全年粮食播种面积1261.7万亩、产量511万吨，3个省级粮库提前建成。新增3个国家乡村振兴示范县、2个国家现代农业产业园、7个国家农业产业强

镇，3个县（市）入选第四批国家农业绿色发展先行区创建名单，“福九味”中药材入围国家优势特色产业集群，三明获评国家农产品质量安全市。深入实施新时代山海协作，调整优化市、县结对协作关系，老区苏区加快振兴发展。创新实施“两通工程”，新开通20个高速公路服务区出入口，实现82%陆域乡镇30分钟内上高速。加快打造闽宁协作“升级版”，援藏援疆工作保持全国前列，沪明、广龙对口合作走深走实，红色圣地和开放高地双向奔赴前景广阔。

民营经济提质增效。加大政策扶持，传承弘扬、创新发展“晋江经验”，推动出台《关于实施新时代民营经济强省战略推进高质量发展的意见》和19份配套政策文件，修改废止313件妨碍民企公平参与市场竞争的地方性文件。优化服务保障，完善省领导挂钩联系机制，推出三期共300亿元提质增产争效专项贷款、惠及2万多家企业。引进民企制造业项目2280个，民间制造业投资增长8.1%。壮大经营主体，大力推动闽商回归，实施培优扶强行动，新登记民营经营主体112.8万户、增长9.1%。宁德时代获中国工业大奖、动力电池出货量连续7年全球第一，福耀汽车玻璃市场占有率达34%、长期保持全球第一，安踏入选全球十大最具价值运动服饰品牌。民营经济贡献了全省近70%的地区生产总值、70.6%的税收、70%以上的科技创新成果、80%以上的城镇劳动力就业和94%的企业数量。越来越多的民营企业为福建增了光、添了彩，为高质量发展作出了重要贡献。

（二）加快建设创新型省份，内生动力更加强劲

教育质量持续提升。坚持以教育之强筑牢创新之基，促进基础教育扩优提质，补充公办中小学幼儿园教师1.8万人，新建、改扩建公办幼儿园195所，学前教育普惠率达94.6%。新增公办义务教育学位10.7万个，随迁子女在公办义务教育学校就读比例达95.5%，达标高中在校生占比达90%。促进职业教育产教融合，出台推动职业教育服务经济社会发展10条措施，深入实施高水平职业院校和专业建设计划，成立6个行业产教融合共同体，晋江入选第一批国家级市域产教联合体。促进高等教育内涵式发展，加快建设高等教育强省，福建工程学院更名福建理工大学，福建中医药大学成为省部（局）共建高校。全省高校新获评A类学科19个、增长72.7%，新增教育部重点实验室3个、医药基础研究创新中心1个，人才孵化器、创新策源地作用有效发挥。

科技创新提速加力。坚持以科技之强提升创新之效，聚力优平台，重组入列全国重点实验室2家，落地建设“海洋负排放”国际大科学计划，新增国家企业技术中心7家，新建集成电路省创新实验室，引进香港理工大学晋江研究院等高水平科创平台。新设省级高新区2个、实现设区市全覆盖，福州入选全国创新驱动示范市，4个县（市）入选第二批全国创新型县（市）。聚力强主体，投放“科技贷”75亿元，新增国家级科技企业孵化器4家、专精特新“小巨人”企业42家，国家高新技术企业超1.2万家、增长35%。聚力活机制，出台加快推进科技创新发展20条措施，实施12个“揭榜挂帅”项目，建成5个国家级知识产权保护中心、快速维权中心，新增中国专利奖15项，突破海水直接电解制氢等关键技术，白羽肉鸡突破国外育种技术封锁。全社会研发投入超千亿元，科技创新按下了“快进键”、跑出了“加速度”。

人才支撑不断强化。坚持以人才之强激活创新之源，完善人才培养体系，认真落实《福建省“十四五”期间人才发展规划》，培育壮大创新创业创造主力军。新增两院院士5人、国家杰青7人，2人获评国家卓越工程师。引进急需紧缺人才，坚持需求导向、以用为本，优化数字经济等重点领域省级高层次人才认定办法。实施省级引才引智项目78个，遴选第四批产业领军团队19个，新认定和支持省级高层次人才2414人。创新人才使用机制，以省创新实验室为试点，开展人才发展体制机制综合改革，落实设立编制池、自主确定用编条件等改革举措，单位引才用才有了更多的自主权、选择权。

（三）持续深化改革开放，发展空间更加广阔

闽台融合再谱新篇。推动重大战略落地落实，深入贯彻《中共中央、国务院关于支持福建探索海峡两岸融合发展新路建设两岸融合发展示范区的意见》，推动出台我省实施意见，发布首批15条政策措施。加快基础设施应通尽通，向金门供水累计超3000万吨，厦金望嶝变电站投产，厦门第三东通道开工建设，“小三通”客运、榕台空中客运、平潭对台货运航线复航。促进经贸合作互惠互利，新设台企户数和实际利用台资规模保持大陆首位，闽台贸易额累计突破1.5万亿元。6个台湾农民创业园连续六年包揽国家考评前六名，研制发布181项两岸共通标准。支持基层民众交流交往，引进台湾乡建乡创团队132支，海峡两岸交流基地增至26家、居大陆首位。成功举办第十五届海峡论坛、第十一届海峡青年节、第八届世界妈祖文化论坛等重点活动近280场，岛内台胞来闽达57.3万人次，两岸同胞越走越近、越走越亲。

改革攻坚纵深推进。深化重点领域改革，厦门综合改革试点开局良好，国企改革三年行动考评获全国A级，福州、厦门、泉州、漳州入选全国低效用地再开发试点城市，漳州、三明、上杭入选中央财政支持普惠金融发展示范区。深化福建特色改革，公立医院综合改革效果评价连续8年居全国前列，三明林业碳票首次实现跨省交易，7项改革经验被中央改革办推广，我省主导制定的科技特派员国家标准发布实施。深化营商环境创新改革，行政服务许可事项网上可办率达98.7%、158项实现跨省通办，一体化政务服务能力连续2年位列全国第一梯队，工程建设项目审批制度改革评估位列全国第一，便捷办事广受好评，贴心服务常受点赞。

开放水平不断提升。发挥多区叠加优势，中印尼、中菲经贸创新发展示范园区获批设立，中欧（亚）班列开行135列，“丝路海运”联盟成员达320家，海丝中央法务区新增11个涉外交流项目，中国—金砖国家新时代科创孵化园揭牌运行，自贸试验区获批对接国际高标准推进制度型开放试点，新推出全国首创举措26项。推动对外贸易双向投资保稳提质，入选首批内外贸一体化试点省份，新增国家电子商务示范基地2家，跨境电商出口增长18%，机电产品出口增长11.9%，锂电池等“新三样”出口增长49.8%。新设外商投资企业数增长36.2%，高技术制造业实际使用外资增长35.8%，实际对外投资额增长51.4%，派出各类劳务人员规模保持全国首位。深化交流合作，成功举办2023“鼓岭缘”中美民间友好论坛、第十届中国—中亚合作论坛、第二十三届投洽会、全球南方智库对话会、首届中国侨智发展大会等，闽港闽澳合作取得新进展，侨的工作暖心有效，国际友城达125对。我们的朋友圈越来越大，为服务国家总体外交作出了积极贡献。

（四）着力增进民生福祉，百姓生活更加殷实

就业形势总体平稳。扩大就业容量，出台稳工稳产促就业7条、毕业生就业创业10条，创新实施新增岗位补贴、毕业生就业岗位补贴，扎实推进返乡创业，大力支持灵活就业，城镇新增就业53万人，高校毕业生等重点群体就业保持稳定。强化就业帮扶，开展防止返贫就业攻坚行动，对就业困难人员实行个性化援助，就业困难人员实现就业3.7万人，失业人员实现再就业超15万人。提升就业技能，深入实施“技能福建”行动，全省投入3.4亿元开展职业技能培训，5所技工院校获评国家级高技能人才培训基地，新建国家级技能大师工作室5个、省级工作室60个，培养高技能人才5.8万人，就业结构进一步优化，供需匹配更加精准。

社会保障提档升级。提升“一老一小”服务，牢记习近平总书记亲自连线看望慰问福州市社会福利院老年朋友的殷殷嘱托，优化养老服务供给，新建示范性长者食堂300个、嵌入式养老服务机构50个，新增普惠性托位1.28万个。提高社保待遇水平，城镇职工基本养老金增长3.8%，城乡居民省定基础养老金标准提高至每月150元，失业保险基金省级统筹全面实施，城乡居民医保人均财政补助标准提高至不低于640元，医保服务实现乡村全覆盖。强化社会救助帮扶，低保、特困供养年人均标准分别提高到10112元、25380元，集中养育和社会散居孤儿基本生活最低月人均标准分别提高到2100元和1700元，参照社会散居孤儿标准为事实无人抚养儿童、艾滋病病毒感染儿童发放基本生活保障金，使兜底更加有力，帮扶更加暖心。

公共服务量质齐升。落实“乙类乙管”，因时因势推动新冠疫情防控平稳转段。优化医疗供给，新增医疗机构床位9100张，复旦大学附属肿瘤医院福建医院获批国家区域医疗中心，省立医院、省妇幼保健院列入国家中西医协同“旗舰”医院建设试点，南平、三明获批国家紧密型城市医疗集团建设试点，三级公立医院绩效考核成绩连续4年居全国前列。加强住房保障，开工保障性租赁住房8.4万套、棚户区改造5.9万套，全国首个新建配售型保障房在福州动工建设。确保饮水安全，城市饮用水水源地水质达标率保持100%，农村自来水普及率提高到93.5%。发展体育事业，新建1140个体育公园等场地设施，健身步道超1万公里。在第19届杭州亚运会上，我省体育健儿获金牌人次居全国第二，取得历史最好成绩。

文化建设成果丰硕。大力弘扬社会主义核心价值观，新时代文明实践阵地实现县乡村全覆盖，700多万志愿者活跃在基层、奉献在一线，林占熺获评感动中国十大人物。大力传承发展优秀传统文化，持续实施“福”文化传承发展工程，深入推进海洋文化传承发展工程。莆田获评国家历史文化名城，泉州古城入选国家文物保护利用示范区，城村汉城国家考古遗址公园正式授牌。新增2个全国传统村落集中连片保护利用示范县、2个国家文旅产业融合发展示范区。大力提升文艺作品质量，成功举办第32届中国金鸡百花电影节、第五届海上丝绸之路国际艺术节、第十届丝绸之路国际电影节、首届中国电视剧大会、第12届中国国际民间艺术节，连续11届获中国戏剧梅花奖并摘得“双梅花”，《山海情》等一批作品和个人荣获曹禺戏剧文学奖、中国音乐金钟奖、白玉兰奖。组织评选省第十届百花文艺奖，113件优秀作品脱颖而出。大力完善公共文化服务体系，开工建设福建美术馆等重大文化设施，广泛开展科学普及活动，101家公共文化场馆试点错时延时开放。“欢乐常相逢”、百姓大舞台、乡村音乐会等文化惠民活动群众喜闻乐见，内容多姿多彩。

（五）全面强化生态省建设，绿色底蕴更加深厚

污染防治攻坚战实现新进展。打好蓝天保卫战，设区城市空气质量达标天数比例98.4%，PM2.5浓度为每立方米20微克。打好碧水保卫战，主要流域优良水质比例99%，三明金溪（将乐段）、厦门筼筜湖入选全国美丽河湖，河湖长制工作连续6年获得国家正向激励。打好碧海保卫战，整治重点入海排污口1365个，近岸海域优良水质比例88.7%，厦门东南部海域、漳州东山岛南门湾—马銮湾段入选全国美丽海湾。打好净土保卫战，1.4万家危废产生单位纳入信息化管理。污染防治攻坚战成效考核连续四年全国优秀，生活垃圾分类工作位列全国第一档。

绿色低碳发展取得新成效。加快推进绿色制造，70家工厂、5个工业园区入选国家绿色制造名单。加快发展绿色能源，闽粤支干线与漳州LNG外输管道联通工程全面开工，全国首个国家级海上风电研究与试验检测基地启动建设，成功举办2023世界储能大会。加快推动绿色出行，推广新能源汽车标准车20.4万辆，启用全国首条高速公路重卡换电绿色物流专线，“电动福建”驶入快车道，绿色交通走进千万家。

生态文明制度建设结出新硕果。创新生态保护模式，实施重要生态系统保护修复和生物多样性保护重大工程，生态质量指数居全国前列。提前完成13.7万亩互花米草除治。全国首单水土保持项目碳汇交易落地龙岩。完善示范创建体系，入选全国省级水网先导区，建成安全生态水系305公里。闽江河口湿地入选国际重要湿地名录，新增5个国家生态文明建设示范区、2个“绿水青山就是金山银山”实践创新基地。健全责任追究制度，坚决推进中央生态环保督察整改，完善生态环境损害赔偿机制和党政领导生态环保目标责任制，生态环保“党政同责”“一岗双责”压得更紧更实，生态文明理念更加深入人心。

（六）奋力打造平安福建，社会大局更加稳定

安全发展基础有效夯实。全面落实安全生产十五条硬措施，实施重大事故隐患专项排查整治行动，全年未发生重大以上事故，打“黑气”、治海砂得到国家肯定。全面提升应急处突能力，建成省应急指挥中心，有力有效应对“杜苏芮”“海葵”等台风和极端强降雨。全面强化食品药品安全监管，严防严管严控药品安全，持续建设“食品放心工程”，深化治理“餐桌污染”，主要农产品、水产品、加工食品抽检合格率均保持在99%以上，牢牢守住了人民群众“舌尖上的安全”。

重点领域风险有效防范。聚焦金融领域，加强金融风险监测评估、预警和处置，不良贷款率保持较低水平，持续保持无高风险机构的良好态势。聚焦房地产领域，稳妥处置房企债务风险，“保交楼、保民生、保稳定”工作可控有序。聚焦财经领域，制定一揽子化债方案，“一地一策”化解个别重点区域地方债务风险。聚焦能源领域，建成投用福厦特高压输变电工程，能源产供储销体系更加完善，高质量发展用能更有保障。

社会治理能力有效提升。高水平推进基层治理创新，推动出台全国首部规范村规民约的地方性法规，近邻党建模式全面推广，福州、厦门、漳州、龙岩获评全国市域社会治理现代化试点合格城市。综治中心实体化建设扎实推进，乡镇（街道）社会工作服务站建设持续加强，信访形势平稳有序。高标准强化社会治安防控，大力弘扬新时代“漳州110”精神，常态化推进扫黑除恶斗争，有力打击遏制电信网络诈骗、涉麻制毒、走私等违法犯罪，平安建设绩效位居全国前列，群众安全感率达99%以上。高效能支持各方工作，积极支持工会、共青团、妇联、关工委、老龄委、残联、红十字会等开展工作，智库、档案、地方志、参事、文史等工作实现新提升，民族团结、宗教和顺的良好局面不断加强。高质量做好国防动员和双拥共建工作，国防动员新体制运行顺畅，军民融合、退役军人服务保障等工作更加精准高效，驻闽部队广大官兵和全省人民同呼吸、共命运、心连心，鱼水之情充盈八闽大地。

过去一年，全省各级政府坚持忠诚为政，扎实开展主题教育，以学铸魂、以学增智、以学正风、以学促干，坚定拥护“两个确立”、坚决做到“两个维护”。坚持为民施政，尽力而为、量力而行、久久为功，民生支出占财政支出的77.1%，入学、托幼、住房、养老等老百姓高度关注的29项省委省政府为民办实事项目全面完成。办理人大代表建议673件、政协提案699件，办结率均为100%。坚持依法行政，提请审议地方性法规17件，制定修改废止政府规章8件。建成省一体化大融合行政执法平台，已在全省46个条线、4113个执法单位上线试运行。数字政府服务能力获评“卓越级”，省政府门户网站绩效评估连续2年全国第一。坚持务实勤政，“四下基层”“四个万家”“马上就办、真抓实干”等优良作风相沿成习，主动想事、主动干事、主动成事日益成为各级政府的行动自觉。坚持廉洁从政，深入推进党风廉政建设和反腐败斗争，严格落实中央八项规定及其实施细则精神，持续整治形式主义、官僚主义，弘扬务实之风、清廉之风、俭朴之风，政治生态更加纯洁，更加风清气正。

各位代表！过去的一年，挑战前所未有，困难超出预期。我们始终坚定忠诚，传承弘扬习近平总书记在福建工作期间开创的重要理念和重大实践，沿着总书记的足迹学思想学理念学方法，学出了忠诚爱戴之心、坚定捍卫之志，学出了破解难题之道、推动发展之策；坚持不懈用习近平新时代中国特色社会主义思想凝心铸魂，统一思想、统一意志、统一行动，奋力把习近平总书记擘画的新福建宏伟蓝图变成美好现实；胸怀“国之大者”，自觉把福建工作放在全国大局中去考量、去推动，努力走在前列、勇挑大梁，为全国大局多作贡献。我们始终坚守初心，牢记政府前面“人民”二字，把群众路线作为根本工作路线，扑下身子、沉到一线，拜人民为师、向人民学习，确保决策回应人民关切、施政顺应人民意愿；把为人民添福造福作为最大追求，想人民之所想，行人民之所嘱，推动政策向民生聚焦、资源向民生倾斜、服务向民生覆盖，努力让老百姓过上更好的日子；把人民满意作为最高评价，谋划工作先看人民赞成不赞成、高兴不高兴，工作成效再由人民来检验、来评判。我们始终坚毅前行，保持战略定力，面对经济下行压力不气馁，坚持高质量发展不动摇，及时出台助企纾困政策，让企业有全面的感受、真实的体验、确切的实惠，帮助企业增强信心、恢复发展；保持转型耐力，牢牢把握调整优化经济结构的最佳时机，苦练高质量发展内功，持之以恒推进传统产业数字化转型、智能化改造，锲而不舍培育战略性新兴产业、布局未来产业，推动产业向中高端迈进；保持深耕毅力，鼓励引导企业心无旁骛做实业、一心一意创品牌，努力把一片叶、一根竹、一张纸等做到极致，把一双鞋、一块玻璃、一组电池等做得更好，坚实地走在高质量发展的康庄大道上。

一年来，福建高质量发展取得的成绩，根本在于习近平总书记掌舵领航，在于习近平新时代中国特色社会主义思想科学指引，是党中央坚强领导的结果，是省委团结带领全省人民真抓实干的结果，是省人大、省政协和社会各界有效监督、鼎力支持的结果。在此，我代表省人民政府，向全省人民，向人大代表、政协委员、各民主党派、工商联和无党派人士、各人民团体和社会各界人士，向中央驻闽单位、驻闽人民解放军、武警部队官兵、公安干警和消防救援队伍，向长期关心支持福建发展的台港澳同胞、海外乡亲和国际友人，表示崇高敬意和衷心感谢！

我们清醒地看到，我省发展还面临不少困难挑战，具体表现在：消费仍处于弱复苏状态，投资增长仍需扩力，外贸出口压力加大；科技创新不足问题较为突出，传统产业转型升级还不够优，新兴产业规模还不够大，未来产业前瞻布局还不够快；拖欠企业债务问题仍然存在，部分民营企业特别是中小微企业生产经营困难；房地产、地方债务、中小金融机构等风险不容忽视；民生事业仍有短板，一些群众的就业生活遇到困难；政府系统作风能力建设仍需加强，少数干部还不能完全适应高质量发展要求，等等。对此，我们将增强忧患意识，有效应对，全力解决。

二、坚持以推动高质量发展为主题，全力以赴做好2024年各项工作

2024年是中华人民共和国成立75周年，是实现“十四五”规划目标任务的关键一年，是习近平总书记亲自擘画“机制活、产业优、百姓富、生态美”新福建宏伟蓝图10周年。我们将以习近平新时代中国特色社会主义思想为指导，全面贯彻落实党的二十大、二十届二中全会和中央经济工作会议精神，聚焦新福建建设宏伟蓝图和“四个更大”重要要求，按照省第十一次党代会和省委十一届四次、五次全会及省委经济工作会议部署，坚持稳中求进工作总基调，完整、准确、全面贯彻新发展理念，围绕推动高质量发展首要任务和构建新发展格局战略任务，紧扣建设两岸融合发展示范区重要使命，以实体经济为根基，以科技创新为引领，以改革开放为动力，加快建设现代化经济体系，统筹扩大内需和深化供给侧结构性改革，统筹新型城镇化和乡村全面振兴，统筹高质量发展和高水平安全，切实增强经济活力、防范化解风险、改善社会预期，巩固和增强经济回升向好态势，持续推动经济实现质的有效提升和量的合理增长，厚植绿色底色，增进民生福祉，保持社会稳定，奋力推动中国式现代化福建实践取得新突破。

今年经济社会发展的主要预期目标是：全省地区生产总值增长5.5%左右，固定资产投资增长5%左右，社会消费品零售总额增长6.5%左右，出口增长5.5%左右，城镇调查失业率5.5%左右，居民消费价格涨幅3%左右，居民人均可支配收入与经济增长同步，粮食总产量507万吨以上，按序时进度完成国家下达的单位地区生产总值能耗下降目标。

当前，外部环境复杂性、严峻性、不确定性仍在演化，经济发展的周期性结构性矛盾交织叠加，但我们有信心、有条件、有能力实现上述目标。信心在于，我们有习近平总书记的掌舵领航和党中央的坚强领导，有习近平新时代中国特色社会主义思想的科学指引，有中央丰富宏观调控经验实践的有力引导，有国内超大规模市场的需求牵引，有经济发展潜力强、回旋余地大的韧性，特别是习近平总书记对福建工作始终高度重视、关怀备至，这是我们实现经济社会高质量发展的最大底气、最强保证。条件在于，我省民营企业活力足，实体经济根基稳，投资兴业环境优，新产业新动能正在加速培育，新业态新模式正在蓬勃发展，新质生产力正在加快形成，经济回升向好、长期向好的基本趋势没有改变，也不会改变，特别是党中央、国务院支持建设两岸融合发展示范区，我省迎来新的重大机遇，多区叠加优势更加凸显，开放格局更加宽广，发展前景更加光明。能力在于，福建是著名革命老区，也是改革开放先行省份，具有光荣的革命传统和敢拼会赢的奋斗精神，特别是经过三年新冠疫情大考和转段后恢复发展的磨砺，全省人民直面挑战、攻坚克难的劲头更足，化危为机、应变求变的意识更强，承压前行、开创新局的本领更高，我们完全有把握跨越前进道路上新的“娄山关”“腊子口”，推动高质量发展迈步从头越，行稳而致远。要聚力增信心，加强经济宣传和舆论引导，把为企服务工作做得实实的，把经营主体信心鼓得满满的；要全力稳增长，抓住一切有利时机，利用一切有利条件，稳中求进、以进促稳、先立后破，多出有利于稳预期、稳增长、稳就业的政策，审慎出台收缩性、抑制性举措，让稳的基础更牢、进的动能更足、立的实效更优；要大力抓产业，持续推动传统产业转型升级，加快培育新产业、开辟新赛道、塑造新优势；要加力优环境，构建亲清政商关系，维护公开公平公正的市场经济秩序，全面深化政务服务模式创新，全力推动“高效办成一件事”，加快打造市场化法治化国际化一流营商环境；要尽力惠民生，加强普惠性、基础性、兜底性民生建设，办好老百姓的身边事、贴心事、具体事；要着力防风险，下好先手棋、打好主动仗，提高安全保障能力，明确安全边界，守好安全底线。

推进中国式现代化是最大的政治，推进中国式现代化福建实践必须坚持高质量发展。这是党中央的部署要求，我们要提高站位；这是为了满足人民群众对高品质生活的强劲需求，我们要顺应期盼；这是基于我省具备的基础、能力和条件，我们要抓住机遇；这是为了确保在激烈的竞争中赢得主动、赢得未来，我们要头脑清醒。我们将牢牢扭住高质量发展这一“牛鼻子”，完整准确全面贯彻新发展理念，坚持创新发展，牢固树立创新理念，以创新的动能驱动发展，用创新的思维促进发展；坚持协调发展，统筹各方关系，协调一致行动，做到同向发力，形成正向合力；坚持绿色发展，践行绿水青山就是金山银山的理念，真正从心底里、骨子里尊重自然、顺应自然、保护自然；坚持开放发展，发挥多区叠加优势，在更大范围、更宽领域、更深层次提高开放型经济水平；坚持共享发展，在做大蛋糕的同时分好蛋糕，以高质量发展推进高品质生活，促进共同富裕。创新、协调、绿色、开放、共享五大发展理念相互贯通、相互促进，我们将深刻理解其相互关系和内在规律，强化理念、统一思想、共同行动，做到勇立潮头而不畏，锚定目标而向前。

（一）全面提升产业体系现代化水平

产业强则经济强，产业稳则大局稳。我们将始终坚持把发展经济的着力点放在实体经济上，推进产业智能化、绿色化、融合化，持续夯实福建高质量发展的实体根基。

以更高站位推进新型工业化。立足条件禀赋，选准主攻方向，提升产业链供应链韧性和安全水平，建设先进制造业强省。加快打造县域重点产业链，制定专项政策和考核评价体系，引导每个县域做强1～2条重点产业链。深入推进园区标准化建设，盘活低效用地，新开工建设项目载体超2000万平方米。鼓励企业入园入区、加速工业上楼，打造上下游协同、大中小融通的先进制造业集群。加快传统产业“智改数转”，滚动推进省重点技改项目1000项以上，支持培育一批工业互联网平台和数字化转型运营商，全省关键业务环节全面数字化企业比例达67%。加快发展新质生产力，培育壮大新一代信息技术、新能源、新材料、生物医药、低空经济等战略性新兴产业，支持宁德建设新能源新材料产业核心区。前瞻布局人工智能、量子科技、氢能等未来产业，推进福州、厦门、泉州人工智能产业园建设。办好第七届数字中国建设峰会。发挥福建大数据交易所作用，全力培育数据要素市场，发展壮大数据产业，数字经济增加值达3.2万亿元。加快培育优质企业，强力推进质量强省建设，大力实施世界一流企业、制造业领航企业、专精特新中小企业培育工程，新增专精特新“小巨人”企业50家、专精特新企业1000家以上，推动更多企业练就“独门绝技”、掌握“硬核科技”。

以更新理念做强现代服务业。鼓励生产性服务业提质扩面，为实体经济提供更多支撑；促进生活性服务业做大做优，为经济社会注入更多活力。大力发展金融业，放大福厦泉和平潭特色金融集聚区效应，统筹做好科技金融、绿色金融、普惠金融、养老金融、数字金融五篇文章，提高上市公司数量和质量，支持“金服云”打造全国一流的地方融资征信平台，推动更多金融资源用于促进科技创新、先进制造、绿色发展和中小微企业。大力发展现代物流业，深入实施厦福泉国家综合货运枢纽补链强链工程，建好国家物流枢纽城市和国家骨干冷链物流基地，推进多式联运“一单制”试点，促进交通物流降本增效提质。大力发展工业设计，推广定制化服务、共享制造等服务型制造业态模式，促进先进制造业与现代服务业深度融合。大力发展体验服务、共享服务、智慧服务等新业态新模式，推动商贸、养老、托育、体育、家政、餐饮等向高品质和多样化升级，引领服务新风尚，增添百姓幸福味。

以更实举措发展高质高效农业。树立大农业观、大食物观，推进产业兴农、质量兴农、绿色兴农，不断夯实农业基础。严格落实耕地保护和粮食安全责任制，坚持稳面积、增单产两手发力，坚决整治乱占、破坏耕地违法行为，新建和改造提升高标准农田90万亩，确保粮食播种面积稳定在1253万亩以上。深入实施种业振兴行动，建好省农业生物种质资源库、海南南繁科研育种基地和三明稻种基地，培育更多粮食作物优新品种。加快推进特色现代农业高质量发展“3212”工程，发挥精耕细作传统优势，大力发展茶叶、水果、花卉、林竹、食用菌、水产等特色产业，全方位打造“福农优品”品牌，推动更多“小品种”成为增收“大产业”。深化农村三产融合，加快国家农村产业融合发展示范园建设，发展农产品精深加工、冷链物流、休闲观光农业，进一步延伸产业链、提升价值链、完善利益链，让农业更有奔头，农村更有看头，农民更有盼头。

（二）着力强化科技创新支撑引领

抓创新就是抓发展，谋创新就是谋未来。我们将加快建设创新型省份，实现高水平自立自强，坚定走好福建高质量发展的必由之路。

发挥企业主体作用。强化政策支持，推动创新要素向企业集聚，充分调动企业创新积极性，全社会研发投入增长18%以上，国家高新技术企业突破1.3万家。科研资金向企业倾斜，优化企业研发经费投入分段补助等政策，实施更加精准有效补助方式，将企业研发投入情况与科技创新资源配置紧密挂钩，鼓励企业放心投入、大胆创新。技术攻关请企业参与，支持企业领衔国家和省级重大创新任务和工程，大幅增加各类科技专家库中企业专家数量权重，加大对企业科技创新团队和科研人员的激励力度，让更多企业参与到基础研究、技术创新、“卡脖子”攻关中来。成果转化予企业便利，加大知识产权保护力度，开展科技成果转化“搭桥”行动，支持企业与高校院所、省创新实验室加强对接，联合开展订单式定向研发转化，促进更多技术创新在企业抽枝散叶、开花结果。

发挥机制保障作用。落实好新一轮科技管理机构改革任务，全力破除制度藩篱，充分激发全社会创新活力。完善重大科研攻关机制，强化“产业界出题、科技界答题”导向，优化“揭榜挂帅”“赛马”制度，建立关键核心技术需求清单，组织实施10个以上重大科技创新项目。推动职务科技成果权属改革，允许高校院所职务科技成果实行单列管理，完善职务科技成果转化尽职免责机制，免除科研机构和人员的后顾之忧。健全科技创新投融资机制，建立支持科技型企业融资跨部门协调机制，引导金融机构丰富金融产品供给，加大“科技贷”投放力度，扩大对科技型小微企业贷款担保规模和覆盖面，撬动更多社会资本参与创新项目投资。

发挥平台载体作用。坚持建管并重、量质齐升，更好汇聚创新资源、链接创新主体、驱动产业变革。着力建平台，建成完善科技成果转移转化公共服务平台，在产学研用间搭起便捷畅通的桥梁。深化福厦泉科学城、省创新研究院建设，建好7家省创新实验室，筹建海洋领域省创新实验室。着力提能级，完善绩效评估和动态调整机制，加快省级科技创新平台重组提升，支持各类创新主体争创国家级科技创新平台。着力优服务，推动科研设施开放共享，出台支持科技成果转化中试基地建设政策，在种业创新、生物医药、纺织鞋服等领域打造产业技术研发公共服务平台。着力强赋能，更高起点建设数字福建，做强做优做大数字经济，发展高效协同的数字政务，打造自信繁荣的数字文化，构建普惠便捷的数字社会，建设绿色智慧的数字生态文明。

发挥人才支撑作用。深入实施新时代人才强省战略，促进人才链与创新链、产业链深度融合。精细育才，整合设立省青年科学基金，推动校企联合培养工程硕博士。实施高层次人才培养和“托举”计划，建设一批卓越工程师学院和实践基地，壮大青年科技人才队伍，培育更多能工巧匠。精准引才，开展引进首席科学家和领军人才团队科研经费稳定支持机制试点，做热做旺“院士专家八闽行”“人才福建周”等活动。推进福州、厦门等地高水平引才聚才平台建设，服务保障好人才的工作和生活，进一步集聚海内外高端智力资源。精心用才，不断深化人才发展体制机制改革，持续完善人才使用、评价、激励等机制，向用人主体充分授权，为人才“松绑”，让人才能够脱颖而出，竞相施展才华。广聚人才切忌叶公好龙，必须徙木立信，以千金买马骨而引来金凤凰。

（三）加快建设两岸融合发展示范区

两岸一家亲，闽台亲上亲。我们将坚持贯彻新时代党解决台湾问题的总体方略，努力在探索海峡两岸融合发展新路上迈出更大步伐，以福建高质量发展服务祖国统一大业。

共建共享促进社会融合。着眼加快建设台胞台企登陆第一家园，打造两岸社会融合示范样板。建设台胞社会参与实践地，推出更多便于台胞参与的社会融合项目、基层治理岗位，鼓励更多台胞投身生态环保、乡村振兴、社会公益、司法服务等各项事业。建设台胞求学研习集聚地，优化在闽台胞子女申请就读中小学和公立幼儿园流程，扩大高校对台招生规模，合作兴办职业学校，设立一批两岸青少年研学基地。建设台胞宜居宜业首选地，落实取消台胞在闽暂住登记政策，拓展台湾居民居住证应用场景，推动台胞在闽就医、购房、养老服务、社会救助等享受当地居民待遇。扩大台湾地区职业技能资格直接采认范围，建好用活台湾青年创业就业基地。建设涉台司法服务优选地，完善海丝中央法务区、海峡两岸仲裁中心等涉台服务功能，提升台胞权益保障法官工作室、检察联络室等运行质效，让涉台司法服务更高效更便利更温暖。

互惠互利促进经济融合。持续深化经贸合作，打造两岸经济融合示范样板。拓展对台连接通道，加快推进闽台与长三角、粤港澳大湾区和中西部运输通道建设，推动共建两岸物流集散中心，促进对台客货运枢纽设施提级扩能。优化涉台营商环境，依法依规放宽台资台企市场准入限制，建设两岸标准共通服务平台，支持海峡股权交易中心深化“台资板”建设，完善台胞台企权益保障协调联动机制。深化闽台产业融合，高质量建设海峡两岸集成电路产业合作试验区、生技和医疗健康产业合作区等涉台园区，加快布局建设古雷石化基地重大石化项目，支持中国东南（福建）科学城打造海峡区域创新平台，提档升级台湾农民创业园、闽台农业融合发展产业园，促进闽台经贸合作提质增效。

常来常往促进情感融合。加深血脉相连、血浓于水的骨肉亲情，打造两岸同胞情感融合示范样板。促进民间互动更加活跃，办好第十六届海峡论坛，深入开展“迁台记忆”档案文献征集、保护、开发利用和数字化工作，巩固拓展闽台同名同宗村交流。促进青少年交流更加活跃，办好第十二届海峡青年节，推动闽台青年社团和中小学校结对交流，开展闽台棒垒球等青少年特色体育项目合作。促进文化交流更加活跃，加强闽台历史文化、南岛语族文化等研究，深入实施涉台文物保护工程，推进两岸妈祖文化史迹、关圣文化史迹、开漳圣王信俗、闽南红砖建筑申遗，开展民间艺术、地方戏曲、体育文艺等双向交流，不断增进台湾同胞民族认同、文化认同、国家认同，让两岸亲情割不断，不再区分你和我。

先行先试促进全域融合。坚持因地制宜、以点带面，构建福建全域融合发展新格局。提升厦金融合质效，纵深推进厦门综合改革试点，打造厦金“同城生活圈”。促进福马创新融合，谋划建设福马产业合作园区，打造福马“同城生活圈”。加快平潭开放发展，打造两岸共同市场先行区域，探索对台服务贸易创新发展，推动平潭至台湾本岛海上客运航线复航，支持开通对台邮轮航线。拓展其他地区对台融合实践，加快建设泉州和漳州世界闽南文化交流中心、三明海峡两岸乡村融合发展试验区、莆田妈祖文化中心，发展龙岩和三明客家文化对台交流项目，支持南平打造生态文旅产业对台合作品牌、宁德打造闽台新能源汽车智造基地。

（四）积极服务和融入新发展格局

供需两侧齐发力，内外循环更畅通。我们将着力推动更深层次改革、更高水平开放，积极融入全国统一大市场，牢牢把握福建高质量发展的战略主动。

激发投资活力。聚焦补短板、强弱项，积极扩大有效益的投资，夯实经济发展的基础。强化招商引资，优化完善招商工作领导体制，统筹省市县联动、境内外互动，建立健全一盘棋工作机制。坚持科学招商、精准招商，强化“一把手”招商、产业链招商、园区平台招商、以商招商、资本招商，全年新引进落地总投资10亿元以上项目50个，以招商实际成效夯实产业发展根基。强化项目攻坚，谋划实施省重点项目1600个、年度计划投资6700亿元以上。聚焦交通强省，推进福州机场二期、厦门新机场、大安高速三明段等建设，开建漳汕高铁、龙龙高铁武平至梅州段、福莆宁F2和F3线、厦漳泉城际铁路R1线等，提速温福高铁、昌福厦高铁、赣龙厦高铁、泉厦高速扩容工程、武夷山机场迁建、龙岩新机场等前期工作，实施30个“两通工程”项目。聚焦能源保障，推进漳州核电1—4号机组、宁德核电5—6号机组、可门电厂三期、福建天然气管网二期和一批抽水蓄能电站项目建设。聚焦水利设施，做好上白石水利枢纽、“一库三线”工程前期工作，全力推进白濑水库、金门供水水源保障等重大项目。聚焦新基建，深入实施新型基础设施建设三年行动计划，迭代升级智能算力基础设施，新建5G基站1万个以上，实现千兆城市建设全达标，全省千兆宽带用户占比超25%。强化要素保障，拓宽多元化融资渠道，用好地方政府专项债、中央增发特别国债。在严守红线底线前提下，通过优化服务，加大用地、用林、用海、环境容量等保障力度，确保重大项目签得成、批得快、落得下、建得好。

深挖消费潜力。适应新形势新业态，拿出真招实策，开展"消费促进年"活动，推动消费从疫后恢复转向持续扩大。把新型消费做活，大力发展数字消费、绿色消费、健康消费，拓展直播电商、社交电商等应用面，培育首店首发首秀、国货国潮、银发经济等新增长点，打造网红打卡点、夜经济等消费场景。把传统消费做大，深化"三品"专项行动，持续开展"全闽乐购"活动，办好第三届福品博览会，加快推进新闽菜创新发展三年行动。推动家居消费与老旧小区改造等政策衔接，提振新能源汽车、电子产品等大宗消费。把文旅消费做热，整体谋划、串珠成链，加快塑造特色文旅IP，打造世界知名旅游目的地。加快建设5个世界遗产地文旅集聚区，构建蓝色海丝、绿色休闲、红色文化3条特色文化旅游带，推出沿长征国家文化公园等7条精品文旅线路，接待旅游总人数增长11%，实现旅游总收入增长16%。省市联动、省际联手，强化跨区域旅游资源整合利用，开通更多"清新福建"旅游列车，创新高品位文旅业态产品，有效解决人旺钱不旺、假期短缺平日过剩等结构性矛盾。项目牵引、龙头带动，加快推进平潭国际旅游岛、"1号滨海风景道"、环大金湖旅游度假区等建设，一体化完善武夷山、福建土楼、泉州古城等重点旅游目的地配套设施，建设一批金牌旅游村、全域生态旅游小镇，打响"海丝起点 清新福建"品牌，让更多游客"来福建，福气多，一路山海一路歌"。

增强改革动力。用好改革这个关键一招，推动改革系统集成、向纵深发展。聚焦重点领域，突出经济体制改革牵引作用，以福厦泉试点为突破，推进要素市场化配置综合改革，让各类要素合理流动、高效集聚，想得到快速得到，想转出快速转出。完善财政转移支付体系，健全县级基本财力保障机制，兜牢基层"三保"底线。实施国企改革深化提升行动，加强战略性重组和专业化整合。加快农村产权流转交易市场建设，稳慎推进农村宅基地制度改革试点。认真组织好第五次全国经济普查，夯实高质量发展的数据支撑。聚焦福建特色，持续提升推广三明医改经验，健全职工医保门诊共济保障制度，提高医保待遇水平，完善医疗服务价格动态调整、药品耗材集中带量采购等机制，推进公益性导向的公立医院改革和高质量发展，促进医保、医疗、医药协同发展和治理。抓实集体林权制度改革，持续探索林票、碳票制度，加快建设深化集体林权制度改革先行区。聚焦关键环节，正确处理好全面深化改革目的与手段、立与破、上与下、对与错等关系，以有为政府平衡多方利益，让有效市场散发更多活力。坚持问题导向，鼓励地方推进首创性、差异化改革探索，并及时总结推广。以法规、政策、制度及时固化改革成果，将改革纳入法治化轨道。建立容错机制，调动各方面改革积极性、创造性，让源头活水不断涌出，让发展活力竞相迸发。

提升开放张力。坚持开放不动摇、不止步，统筹用好国内国际两个市场、两种资源，深度融入高质量共建"一带一路"。推动开放平台提档升级，积极推进"丝路海运"港航贸一体化发展，高水平建设中印尼、中菲经贸创新发展示范园区和金砖创新基地，提升中欧（亚）班列规模效益。深入实施自贸试验区提升战略，深化对接国际高标准推进制度型开放试点工作。推动对外贸易保稳促优，加快内外贸一体化，统筹推进货物贸易、服务贸易、数字贸易，巩固发展市场采购、跨境电商、保税物流等新业态，优化拓展国际贸易"单一窗口"，壮大"新三样"出口优势。支持企业走出去、抢订单、拓市场。推动利用外资提质增效，开展"投资福建"全球招商活动，招引增量，做大存量，让外商愿意投、安心投、放心投。办好第二十四届投洽会、海丝博览会暨海交会。推动对外交流持续深化，服务国家总体外交，拓展国际友城合作，加强民间往来交流。立足传统优势，深化闽港闽澳合作，促进优势互补、共同发展。更好团结广大侨胞，引侨资、汇侨智、聚侨力、护侨益，办好第二届中国侨智发展大会。推动海洋经济做大做强，加快建设海洋强省，大力发展海洋信息、海工装备、海洋生物医药、临港石化、深海养殖等产业，支持福州（连江）国家远洋渔业基地建设，办好2024世界航海装备大会，挺进深蓝，向海图强。

做强民企实力。坚持"两个毫不动摇"和"三个没有变"，传承弘扬、创新发展"晋江经验"，深入实施新时代民营经济强省战略。持续清理妨碍民营企业参与公平竞争的法规规章、规范性文件，严格落实市场准入负面清单制度，对民营企业一视同仁、平等对待，降低企业合规经营成本，促进民营经济的"森林"共享阳光雨露、更加枝繁叶茂。持续完善党政领导挂钩联系机制，及时了解企业诉求，帮助企业解决发展中的实际困难和问题。持续依法保护民营企业产权和民营企业家权益，严格规范涉企收费，依法推行涉企行政执法首违不罚、轻微不罚，以公正法治稳定民营企业预期。持续优化涉企服务，坚决清理拖欠企业账款，政策要更加公开、更多免申即享，承诺要坚决落实兑现，做到新官理旧账，口惠而实至，真正从心底里把民营企业和民营企业家当作自己人。

（五）统筹推进城乡区域协调发展

千钧将一羽，轻重在平衡。我们将严格实施国土空间规划，统筹实施新型城镇化战略、乡村振兴战略、区域协调发展战略，以福建高质量发展布局推动实现共同富裕。

奏好新型城镇化"交响曲"。积极推进以县城为重要载体的城镇化建设，让城市像城市，更加宜居宜业。突出以人为本，鼓励各地先行先试，着力解决农业转移人口市民化问题，推动未落户常住人口均等享有公共服务，同享改革成果。突出补齐短板，加快推进保障性住房建设、“平急两用”公共基础设施建设、城中村改造等“三大工程”，提速海绵城市、城乡供水一体化等建设。突出提升品质，鼓励各地结合城市更新，优化规划设计，合理匹配产业、居住、交通、设施等功能，打造十五分钟便利生活圈，推动产城人融合。新启动城市片区综合开发、完整社区建设等省级样板工程 16 个，实施“口袋公园”、风雨连廊、加装电梯等城市微改造。保护好传统古建筑、老宅子、老街区，让城市更有文化、更有品位、更有底蕴。突出联动发展，增强福州、厦漳泉两大都市圈辐射带动作用，推动福州新区平潭一体化，促进大中小城市协调发展，让大城市更富魅力、中小城市更具活力。

绘好乡村振兴“新画卷”。学习运用“千万工程”经验，实施“千村示范引领、万村共富共美”工程，走好具有福建特色的乡村振兴之路，让乡村像乡村，保持田园风光。加强监测帮扶，巩固拓展脱贫攻坚成果同乡村振兴有效衔接，守牢不发生规模性返贫底线，脱贫人口稳岗就业 15 万人以上。加强人居环境整治，实施农村建设品质提升暨乡村建设行动，完成投资 300 亿元以上，打造乡镇生活污水治理提升县 3 个、农村生活垃圾治理试点县 2 个。加强人才培养，深入实施高素质农民培育计划，提升科技特派员、乡村振兴指导员服务水平，引导各类人才在广阔农村大显身手。加强乡村治理，强化党建引领，用好村规民约，鼓励各地创新探索务实管用的治理方式，让自治更规范、法治更健全、德治更润心。

念好新时代“山海经”。落实市市结对新机制，通过“小切口”引领“大协作”，以小手的积极和大手的主动，推动区域共促、产业共兴、山海共富。促进产业深度协同，加强山海招商对接，完善产业转移和园区共建政策，创新“飞地经济”模式。促进公共资源共享，推进教育、医疗、托幼等优质资源向山区延伸，提升山区基本公共服务水平。促进老区苏区振兴，健全乡村振兴重点县及欠发达老区苏区县挂钩帮扶机制，深化沪明、广龙对口合作，加快建设闽西革命老区高质量发展示范区。促进省际协作深化，加强与粤港澳大湾区、长三角经济区的协调协作，实现上下联通、左右逢源。加强东西部协作和对口支援，始终如一、用心用情做好闽宁协作和援藏援疆工作，让山海情越结越深、共富路越走越宽。

（六）努力让老百姓过上更好的日子

民之所望、政之所向，民之所得、政之所乐。我们将坚持以人民为中心的发展思想，扎实推进共同富裕，充分彰显福建高质量发展的价值追求。

千方百计促进就业增收。更加突出就业优先导向，促进充分就业和持续增收，城镇新增就业 50 万人以上、失业人员实现再就业 10 万人以上。聚焦重点群体，全力保障高校毕业生等青年、退役军人、农民工稳定就业，优化调整稳岗扩岗政策，加快零工市场建设，加强困难群体就业兜底帮扶。破解结构性矛盾，加强基层就业公共服务能力建设，强化职业技能培训。建成全省统一就业信息平台，全面启动“智慧就业”系统，推动供需有效对接。拓展增收渠道，落实“四大群体”增收计划，完善低收入人口动态监测机制。适时提高最低工资标准，多渠道增加中低收入群体收入，扩大中等收入群体。鼓励更多企业、社会组织和个人积极投身公益慈善事业，优化第三次分配。促进城乡居民收入节节高，生活年年好。

多措并举建设教育强省。全面落实立德树人根本任务，以更高标准办好人民满意的教育。夯实基础教育，继续实施扩优提质行动，推进 150 个公办幼儿园改扩建项目，新增公办义务教育学位 4 万个，扩大普通高中招生规模，组织优质高中对口帮扶 100 所县域高中。引导和规范民办教育发展。持续深化“双减”，加强学生心理健康教育。提升职业教育，实施职业院校办学条件达标工程，建设一批市域产教联合体和行业产教融合共同体，开展中职和普高互融互通试点，推动中职、高职、职教本科贯通衔接，拓宽职校学生成才通道。引导社会各界特别是行业企业积极支持参与职业教育，广泛吸纳毕业生就业，营造人人皆可成才、人人尽展其才的良好环境。做强高等教育，实施重点高校重点学科提升工程，支持有条件的学校建设“双一流”高校和学科，面向需求，面向未来，优化学科专业和资源结构布局。加快建设福州大学城联合研究生院，新增博硕士学位授予单位 3 个以上、授权点 50 个以上。办好第 61 届中国高等教育博览会。发展终身教育，开展继续教育，推动社区、老年教育向基层、农村延伸，建设全民终身学习的学习型社会。

全心全意守护人民健康。加快建设健康福建，为群众提供全方位全周期健康服务。推动优质医疗资源扩容下沉和均衡布局，健全分级诊疗服务体系，提升 8 个国家级区域医疗中心建设医院整体水平，加快 13 个省级区域医疗中心建设；加强紧密型县域医共体建设，实施薄弱乡镇卫生院服务能力提升工程，补齐县乡村医疗卫生短板；鼓励推动医护人员下基层，带动提升基层医疗卫生服务能力，努力实现大病重病在本省解决、常见病多发病在市县解决、头疼脑热等小病在乡村解决。推动中医药传承创新发展，加快县级中医院“两专科一中心”、共享中药房项目建设，大力发展中医特色优势专科，全面提升中医药服务能力。推动公共卫生服务能力提升，开展爱国卫生运动，加强全省传染病监测预警体系建设，提高居民健康素养，强化职业健康安全；为老弱妇孺等重点人群提供更多关爱，把服务送到“家门口”，当好健康“守门人”。

尽心尽力加强社会保障。坚持全覆盖、保基本、多层次、可持续，织密社会保障安全网。积极实施全民参保计划，推进企业职工基本养老保险全国统筹，健全企业年金、职业年金制度，继续提高城乡居民基础养老金，鼓励发展个人养老金，探索建立新型职业伤害保险制度。积极推进养老事业和养老产业协同发展，促进医养康养深度融合，建立多元化、多层次养老服务体系，因地制宜推进农村区域性养老服务中心建设；加快适老化改造和无障碍环境建设，加强养老服务人才队伍建设，改进失能老人护理，新建400个示范性长者食堂、50个嵌入式养老服务机构；鼓励发展养老产业，培育更多银发经济企业，打造更多产品品牌。积极完善生育支持政策，加快构建普惠托育服务体系，推进生育友好型社会、儿童友好城市（社区）建设，深入实施中长期青年发展规划，促进人口高质量发展。积极发展公益慈善事业，加大社会优抚力度，完善分层分类社会救助体系，关心关爱社会散居孤儿、事实无人抚养儿童，做好集中养育和寄宿就读工作，兜住、兜准、兜牢民生底线。

百花齐放发展文体事业。坚持以文化人、以体强身，让人民群众生活更丰富、更多彩。加快建设文化强省，深入贯彻习近平文化思想，大力发展社会主义先进文化，加强社会主义核心价值观教育，提升公民道德素质，推进全国文明城市创建。传承弘扬红色文化，强化龙岩、三明等革命文物集中连片保护利用，加快长汀、宁化长征国家文化公园建设，推进革命史料和革命文物研究。活化利用八闽优秀文化，支持三坊七巷、万里茶道、福建船政等申遗，加快水下考古（平潭）基地等项目建设，筹办好世界妈祖文化论坛、海丝国际旅游节等重大活动。促进文化市场繁荣，鼓励创作更多群众喜闻乐见的文艺精品，深入开展文艺惠民活动。加快建设社科强省，繁荣发展哲学社会科学，做好档案、地方志、参事、文史工作，提升新型智库服务决策能力。加快建设体育强省，推动全民健身，新建一批智慧体育公园、多功能运动场、社区智慧“运动角”。发展竞技体育，巩固优势项目，培养潜力项目。大力培育和引进国内国际品牌赛事，打造羽毛球、篮球、马拉松、自行车等“八闽名赛”，推动群众体育做“广”、竞技体育做“强”、体育产业做“活”。

（七）奋力打造美丽中国先行示范省

生态资源是福建最宝贵的资源，生态优势是福建最具竞争力的优势，生态文明建设应当是福建最花力气抓的建设。我们将深入贯彻习近平生态文明思想，更高起点建设生态强省，扎实推进第三轮中央生态环保督察整改，持续擦亮福建高质量发展的绿色底色，让绿水青山永远成为福建的骄傲。

持续打好污染防治攻坚战，让蓝天白云、繁星闪烁常在，清水绿岸、鱼翔浅底常在，碧海银滩、海豚逐浪常在，田园相依、百姓安居常在。全力守好蓝天，强化区域污染协同治理，深化水泥、玻璃、建陶、锅炉等行业污染综合整治，完成福州、三明、漳州钢铁企业超低排放改造。全力守护碧水，统筹水资源、水环境、水生态治理，深化闽江、九龙江流域综合治理，抓好化工园区整治提升，完成畜禽养殖粪污处理设施改造，新增城市污水处理能力每日19万吨，县级城市黑臭水体消除率达80%以上。全力守卫碧海，深化重点海湾综合治理，完成85%重点海域入海排污口整治，推进提水式海水养殖和网箱养殖整治，常态化清理海漂垃圾。全力守住净土，深化土壤污染源头防控，加强固体废物和新污染物治理，强化危废处置和农村污水处理，抓好垃圾分类和再生资源回收利用，全域推进“无废城市”建设。还是那句话，当产业项目、经济增长速度与生态环境发生冲突时，宁可放弃项目，宁可速度降下来一些，也要保护好生态环境，这是我们的责任，更是我们的义务。

持续加强生态保护修复，让福建环境更清新，生态更优质，百姓生活更美好。切实加强综合治理，支持环武夷山国家公园保护发展带建设，推动福州创建国际湿地城市，加快闽江河口湿地申遗，推进木兰溪下游水生态修复与治理。提升森林质量322万亩，治理水土流失150万亩。巩固互花米草除治成果，培育修复红树林4900亩。加强矿山修复治理。切实强化生态监管，完善生态保护修复监管制度，严格生态保护红线督察执法，全面实施新型生态警务，让破坏生态者付出代价。切实维护生态安全，加强生物安全系统治理和全链条防控，有效防治外来物种和林业有害生物，守好生态美，当好“优等生”。

持续推进绿色低碳发展，让绿色理念深入人心，绿色生产加快推行，绿色生活成为时尚。健全减污降碳约束机制，统筹推进重点行业碳达峰，推进碳排放权、排污权交易，支持南平建设国家碳计量中心，支持三明、龙岩、南平建设国家林业碳汇试点市。培育壮大绿色经济，大力发展新能源汽车、电动船舶、新型储能、海上风电、光伏发电等产业，打造绿色低碳供应链。积极建设新型电力系统省级示范区，支持漳州建设全国重要清洁能源基地。拓宽“两山”转化路径，完善生态保护补偿等制度，深化生态产品价值实现机制试点，推进生态产品价值核算实践，真正把绿色潜能转化为发展动能，把生态优势转化为发展胜势。

（八）全力维护社会安定稳定

生活在一个安定稳定的社会，是百姓的幸福。我们将深入贯彻总体国家安全观，加快建设更高水平的平安福建，坚决守住福建高质量发展的底线红线。

筑牢安全发展防线。保持时时放心不下的责任感和枕戈待旦的警觉，切实维护人民群众生命财产安全。狠抓安全生产责任落实，开展治本攻坚三年行动，加强燃气、危化品、水上运输和渔业船舶、道路交通、消防等重点领域隐患排查整治，坚决遏制重特大事故发生。狠抓食品药品安全，深入开展食品安全专项治理，严把从农田到餐桌、从实验室到医院的每一道防线。狠抓防灾减灾救灾，深化“五个一百”公共安全保障提升工程，常态长效推进基层防汛、防台风标准化建设，提升灾害预警、组织动员、应急处置、灾后恢复能力，守护全省人民岁月静好，保障八闽大地岁岁安澜。

筑牢风险防范屏障。增强底线思维、极限思维，未雨绸缪、抓早抓小，坚决守住不发生系统性风险的底线。防范政治风险，深化反颠覆、反渗透、反邪教、反恐怖和意识形态斗争，切实维护政治安全。防范能源安全风险，加大支撑性电源和输电通道建设，统筹煤电油气保障。防范化解金融风险，全面加强地方金融组织监管，推动地方中小法人金融机构改革化险，严厉打击非法金融活动。防范化解房地产风险，着力满足房地产企业合理融资需求，持续做好“保交楼”工作；以满足刚性和改善性住房需求为重点，加快构建房地产发展新模式。防范化解地方债务风险，健全化债长效机制，确保政府债务整体风险可控。基础设施建设、民生改善、招商引资工作要尽力而为，量力而行，久久为功，绝不允许寅吃卯粮、透支未来。

筑牢社会治理根基。着力深化共建共治共享，建设人人有责、人人尽责、人人享有的社会治理共同体。提升市域治理现代化水平，深入实施“八五”普法规划，推广近邻党建、网格化服务管理等模式，推动社会治理重心向基层下移。提升社会治安整体防控水平，全力推进常态化扫黑除恶斗争向纵深发展，重拳打击电信网络诈骗等突出违法犯罪。提升信访工作法治化水平，坚持和发展新时代“枫桥经验”，深入实施“五化”“四到位”路线图，积极开展“四门四访”、信访评理等工作，坚决整治拖欠农民工工资，妥善处理工伤赔偿、新就业形态劳动者权益保护等矛盾纠纷，让老百姓感受到和谐无处不在、平安就在身边。

推动高质量发展是一项系统工程，我们将积极支持工会、共青团、妇联、计生协、残联、红十字会等群团组织更好发挥作用，积极支持做好关心下一代、老体协等工作。共同建设中华民族团结进步窗口，推进宗教中国化福建实践。抓实新时代国防动员、军民融合等工作，深化全民国防教育，优化退役军人工作和政策体系；扎实推进双拥共建工作，全力支持驻闽部队建设，部队的事特事特办、马上就办、办就办好，争创全国双拥模范城“满堂红”“六连冠”，奋力书写“爱我人民爱我军”的时代新篇章。

三、坚持和加强党的全面领导，努力打造让人民满意的服务型政府

政府自身建设永远在路上，我们将把党的集中统一领导贯穿政府工作各领域全过程，为党分忧、为国尽责、为民造福，当好贯彻党中央决策部署和省委工作要求的执行者、行动派、实干家。

（一）坚持学深悟透、忠诚铸魂

提高政治站位，牢记政府机关首先是政治机关，深刻领悟“两个确立”的决定性意义，增强“四个意识”、坚定“四个自信”、做到“两个维护”，始终对总书记忠诚、对党中央忠诚。提升政治能力，巩固深化主题教育成果，学思想学理念学方法，以学懂促深化，以弄通促内化，以做实促转化，不断提高政治判断力、政治领悟力、政治执行力，始终做党的创新理论的坚定信仰者、忠实实践者。落实政治责任，增强纪律意识、规矩意识，严格执行民主集中制、重大事项请示报告等制度，始终做到党中央有号令、省委有部署，政府系统快行动、抓落实、见成效。

（二）坚持“四下基层”、为民服务

深入开展调查研究，走出机关大院，到企业中了解实际需求，到群众中了解急难愁盼，到基层中了解干部状态，真正做到在群众和社会中倾听呼声、解决问题，汲取智慧、促进发展。实实在在为民办事，把老百姓的贴心事、难心事、期盼事当作自己的事，全力以赴去干，坚决完成30项为民办实事项目，把孩子们的抚养教育做好，把年轻人的就业成才抓好，把老年人的就医养老办好。真心诚意接受监督，习惯在监督下开展工作，用以约束自身、检视己过、不断进步。深入践行全过程人民民主，认真办理人大代表建议和政协提案，诚恳接受人大、政协监督，自觉接受纪检监察、审计、财会、统计等各方面监督。加大政务公开力度，做到请百姓参与、受百姓监督、由百姓检验。

（三）坚持马上就办、真抓实干

不折不扣抓落实，把任务项目化、项目清单化、清单具体化，心无旁骛，盯紧目标任务不放，不左顾右盼，不做一手留一手，以工作的实际成效检验工作的态度作风。创新创造抓落实，善用改革思维、创新办法，在起点和目标之间造“船”建“桥”，找到做事成事的最佳路径，达到事半功倍的最好结果。雷厉风行抓落实，看准的事、定下的事，大胆地干、坚决地做，以工作没完成吃不下饭、睡不着觉的责任感，确保尽快出成果、见效益。求真务实抓落实，讲党性、讲奉献、讲良知，树牢正确的政绩观，坚决防范和纠治“形象工程”“面子工程”“政绩工程”，坚决杜绝搞数字游戏、文字游戏，确保各项工作经得起历史和人民检验。

（四）坚持行为规范、依法行政

强化法治思维，深入学习贯彻习近平法治思想，带头尊法学法守法用法，加快推进法治政府示范创建，营造办事依法、遇事找法、解决问题用法、化解矛盾靠法的法治环境，确保政府各项工作在法治轨道上运行。加强制度建设，完善重大行政决策程序制度，加强重点、新兴和特色领域立法，用好省一体化大融合行政执法平台，强化行政执法监督，严格规范公正文明执法。提升机关效能，以数字政府建设为牵引，赋能机关效能建设，规范政府行为，提高办事效率，以高效能政府服务高质量发展。推进机构改革，落实好金融监管、科技管理、数据管理、行政执法等重点领域政府机构改革任务，确保思想不乱、工作不断、干劲不减。

（五）坚持自我革命、廉洁从政

落实“九个以”的实践要求，激发共产党员崇高理想追求，勤掸“思想尘”、多思“贪欲害”、常破“心中贼”，推动政府系统全面从严治党向纵深发展。一体推进“三不腐”，严格落实“一岗双责”和主体责任，深化整治金融、国企、能源、医药和基建工程等权力集中、资金密集、资源富集领域的腐败；完善权力运行监督制约机制，强化廉洁风险隐患动态监测；把以权谋私、贪污腐败看成是极大的耻辱，常讲常

新腐败之害、贪欲之祸，建设新时代廉洁文化，营造崇廉拒腐的良好风尚。锲而不舍纠“四风”，常态长效深化落实中央八项规定及其实施细则精神，坚决整治形式主义、官僚主义，深化精文减会，整治数字留痕，真正把基层干部从一天到晚陪检查、跑会场、报材料、填表格中解放出来，让大家卸掉包袱，放开手脚专心干实事、干有效能的事。坚持过“紧日子”，发扬艰苦朴素的优良作风，弘扬勤俭节约的传统美德，严控一般性支出，把有限的资金用在发展所需、民生所急、基层所盼上，确保每一分钱都能让发展增后劲、群众得实惠。

各位代表，征程万里风正劲，重任千钧再奋蹄。让我们更加紧密地团结在以习近平同志为核心的党中央周围，全面贯彻习近平新时代中国特色社会主义思想，在省委领导下，踔厉奋发、勇毅前行，滴水穿石、久久为功，全方位推进高质量发展，奋力谱写中国式现代化福建篇章！

关于福建省2023年国民经济和社会发展计划执行情况及2024年国民经济和社会发展计划草案的报告

——2024年1月23日在福建省第十四届人民代表大会第二次会议上

福建省发展和改革委员会

各位代表：

受福建省人民政府委托，现将福建省2023年国民经济和社会发展计划执行情况及2024年国民经济和社会发展计划草案提请省十四届人大二次会议审议，并请省政协各位委员和其他列席人员提出意见。

一、2023年国民经济和社会发展计划执行情况

2023年，全省各级各部门坚持以习近平新时代中国特色社会主义思想为指导，全面贯彻落实党的二十大精神，坚决贯彻落实习近平总书记重要讲话重要指示批示精神和党中央决策部署，牢牢把握习近平总书记亲自擘画的新福建宏伟蓝图和“四个更大”重要要求，在省委领导下，坚持稳中求进工作总基调，完整准确全面贯彻新发展理念，积极服务和融入新发展格局，统筹疫情防控和经济社会发展，统筹发展和安全，认真执行省十四届人大一次会议审议批准的《政府工作报告》和2023年国民经济和社会发展计划，深学争优、敢为争先、实干争效，积极探索海峡两岸融合发展新路，加快建设两岸融合发展示范区，有效应对外部压力、积极克服困难问题，全省经济持续恢复，呈现前低后高、逐季向好态势，高质量发展扎实推进，社会大局安定稳定。初步统计，全省地区生产总值增长4.5%；一般公共预算总收入增长9.8%，地方一般公共预算收入增长7.6%。

一年来国民经济和社会发展成效主要体现在：

（一）坚定实施扩大内需战略，内需潜力有效释放

投资关键作用有效发挥。固定资产投资增长2.5%，其中，制造业投资增长11.6%，基础设施投资增长5.7%。发挥政府投资引导带动作用，探索编制省级政府投资计划，新增地方政府专项债务限额1618亿元、分解下达中央预算内投资99.9亿元、争取增发国债资金240.5亿元、安排省级预算内投资31.5亿元支持重大项目建设。1580个省重点项目完成投资7387亿元，完成年度计划的114%。聚焦重点领域，谋划储备项目2831个、总投资2.3万亿元。实现高质量发展融资1094.5亿元，推动基础设施REITS试点工作，14个项目纳入项目库跟踪管理。2023年福建省与央企深化合作推进会、第二十三届中国国际投资贸易洽谈会、第十三届民营企业产业项目洽谈会等重大招商活动成功举办，与中核、中能建等7家央企签订战略合作协议，纳入跟踪管理的全省重大招商项目共579个、开工率94.3%。

专栏1：基础设施重大工程推进情况

铁路	全国首条时速350公里的跨海智能高铁福厦高铁开通运营，龙龙铁路龙岩至武平段建成通车；福州港口后方铁路杜坞至樟林至透堡段加快建设；漳汕高铁完成前期工作，龙龙铁路武平至梅州段、宁德漳湾铁路专用线可研批复；温福高铁、温武吉铁路等项目实质性开展前期工作；福建省城际铁路规划调整获批，莆田至长乐机场城际铁路F2线、宁德至长乐机场城际铁路F3线、厦漳泉城际铁路R1线前期加快推进。全省铁路完成投资125亿元。
民航	福州机场二期扩建、厦门新机场、泉州机场改扩建工程建设有序推进。龙岩新机场项目建议书获国务院、中央军委批复，武夷山机场迁建工程前期工作加快推进。全省民航完成投资88.81亿元。
轨道交通	福州地铁4号线首通段、5号线后通段开通。福州至长乐机场城际F1线、厦门地铁4号线、6号线加快建设。全省城市（际）轨道交通完成投资291.9亿元。

续表

公路	厦门第二东通道、泉南高速永春互通至汤城枢纽段改扩建工程主线等建成通车。加快沈海高速泉厦扩容、泉梅高速泉州段、京台复线等高速公路前期工作。全省公路完成投资648.85亿元。
港航	漳州LNG码头等项目竣工，加快建设罗屿8号、11—12号，可门6、7号泊位工程等项目，开工建设福州港江阴航道延长段工程、江阴6、7号泊位工程等项目。全省港航完成投资76.26亿元。
水利	国家重大项目"一闸三线"全线通水，解决平潭缺水问题，霍口水库主体完工。白濑水利枢纽工程、木兰溪下游水生态修复与治理工程、漳州东南沿海九龙江调水工程、"五江一溪"防洪治理工程、城乡供水一体化工程等加快实施，闽江干流防洪提升工程、金门供水水源保障工程等开工建设，上白石水利枢纽前期工作加快推进。全省水利完成投资574亿元。
新型基础设施	全省新增5G基站3万个，实现所有乡镇和93%以上行政村的5G覆盖。人工智能计算中心（福州）纳入全国人工智能算力战略体系。新增漳州、省联通2个工业互联网标识解析二级节点。三明海丝卫星数据运营中心开工建设。省北斗位置服务公共平台建成，实现8000余艘渔船接入管理、全省大中型海洋渔船配备卫星通信终端。数字农业、智慧交通、智慧医疗等重点领域融合基础设施建设稳步推进。

居民消费加快恢复。出台促进消费提质升级16条、进一步促消费扩内需9条等措施，实施扩消费"八大行动"，深化"全闽乐购"品牌，开展各类主题促销活动近万场，社会消费品零售总额增长5%。激发大宗消费，共发放汽车补贴1.78亿元，撬动汽车消费40多亿元，限额以上单位新能源汽车零售额增长28%。全国首个闽菜文化博物馆开馆，推广"八闽全福宴·一县一桌菜"，餐饮收入额增长10.8%。实施县域商业建设行动，乡镇快递物流站点实现全覆盖。我省获批全国内外贸一体化试点，泉州市获批国家第三批一刻钟便民生活圈建设试点城市。

（二）深入实施科教兴省战略，科技自立自强步伐加快

高质量教育体系加快建设。推进基础教育扩优提质，全省学前教育普惠率达94.6%，80%以上的义务教育学校实现管理标准化。实施县域普通高中发展提升行动计划，达标高中在校生占比达90%。深化职业教育产教融合校企合作，晋江入选第一批国家级市域产教联合体。建立福建技工教育联盟，5所技工院校获评国家级高技能人才培训基地。实施新一轮"双一流"和一流应用型高校建设计划，建设7个基础学科联盟和4个政产学研用金联盟。新增两院院士5人，福州大学、福建中医药大学等7所院校增补列入"十四五"教育强国储备院校名单，福建工程学院更名福建理工大学。

科技创新能力进一步提升。印发实施加快推进科技创新发展20条措施。发挥福厦泉国家自主创新示范区引领作用，落地实施84个协同创新平台项目。国家高新技术企业突破1.2万家、增长35%，新增上杭、武夷山、闽侯、武平4个国家级创新型县（市）。新建集成电路省创新实验室，高标准推进7家省创新实验室建设，2家实验室重组入列全国重点实验室。新增7家国家企业技术中心，新建9家省级工程研究中心，国家级海上风电研究与试验检测基地全面动工。组织实施大黄鱼育种国家重点研发计划，以及"氢燃料多场景应用超高速空气压缩机关键技术研发及产业化"等12项"揭榜挂帅"重大项目。成功开展全球首次海上风电无淡化海水原位直接电解制氢技术海试，破解海水直接电解制氢难题；突破柔性新型显示材料氟聚酰亚胺及关键单体研发与产业化、银合金靶材关键技术研发及产业化等系列关键技术。召开全省知识产权保护和发展大会，知识产权强省加快建设，15项专利获第二十四届中国专利奖。

人才引育取得良好成效。实施2023年引才引智计划，出台加强新时代高技能人才队伍建设实施意见，引进急需紧缺人才。选拔省"创业之星""创新之星"人才20人，我省91名外籍人才获批在华永久居留。首创选认行业领域科技特派员，选认省级个人科技特派员2217名、团队科技特派员794个，我省主导制定的科技特派员国家标准发布实施。新增国家级技能大师工作室5个，全国技术能手38人，省级技能大师工作室60个，省技术能手157人。

（三）促进产业体系升级发展，新动能新优势不断集聚增强

工业生产稳步恢复。实施合力抓工业全力稳增长10条等措施，完善"一产业一专班"专项协调机制，出台"电动福建"建设、竹产业高质量发展等政策措施，全省规模以上工业增加值增长3.3%；工业用电量增长6.5%。召开全省新型工业化推进大会。积极探索建设中沙（福建）产业合作区，中沙古雷乙烯项目进入建设实施阶段，古雷炼化一体化二期项目纳入国家规划，中化二套乙烯项目稳步推进，我省向石化大省加速迈进。持续壮大4个国家级、17个省级战略性新兴产业集群，宁德时代等5家链主企业列入国家名单，新认定专精特新"小巨人"企业42家、专精特新中小企业1052家。加速数字化绿色化转型，出台省级新一代信息技术与制造业融合发展项目管理办法，福州、厦门入选全国首批中小企业数字化转型试点城市；修订印发工业能效指南，制定鼓励企业入园进区若干措施，宣传推广泉州市园区标准化建设经验。深入实施国防科技工业军民融合创新工程，促进区域军民特色产业发展。

产业链供应链韧性增强。发布全国首份县域重点产业链发展白皮书，编制14条产业链条图谱、8份产业地图，发布工业206家现有龙头企业和704家龙头培育企业名单，强化产业链招商，以龙头企业引领带动产业链上下游企业协同落地、集聚发展。实施技术难题攻关，支持技术创新重点攻关及产业化项目74项，加强质量支撑和标准引领，产业链供应链韧性和安全水平稳步提升。

建筑业转型步伐加快。出台建筑业高质量发展10条措施，大力发展“建筑之乡”，建筑业增加值增长5.1%。推广“系统代脑、机器代工、工厂代现场”等建筑智能建造模式，全省装配式建筑比例超30%。新建建筑全面执行绿色建筑标准，新建绿色建筑8223万平方米。全域开展“无废城市”建设，推广建筑垃圾资源化利用再生产品。

现代服务业质效持续提升。实施服务业高质量发展三年行动，服务业增加值增长5.2%。福州市获批建设港口型国家物流枢纽，福州、厦门、泉州、三明列入国家流通战略支点城市，新培育5条多式联运“一单制”试点线路，全省高速公路出口总流量增长19%。深入实施“引金入闽”工程，2023年金融资本服务实体经济福建创新发展大会、第四届中国资产管理武夷峰会成功举办，宁德、龙岩国家级普惠金融改革试验区加快建设，全省本外币各项存、贷款余额分别增长11.1%、8.2%，新增上市和过会企业17家。互联网、软件信息技术等新兴服务业加快发展。

数字经济创新发展。深入实施做大做强做优数字经济行动计划，数字经济增加值突破2.9万亿元。制定实施新型基础设施建设新一轮三年行动计划，福州、泉州、漳州、龙岩、三明、平潭6个城市达到千兆城市建设标准，国家新一代人工智能公共算力开放创新平台获批建设。建设福建卫星数据运营中心等10个公共服务平台，卫星应用、信创、人工智能产业集聚创新发展。第六届数字中国建设峰会成功举办，620个、总投资3400亿元的签约项目加速落地，191个省数字经济重点项目加快建设。建设上线省级数字技术应用场景对接平台。省公共数据汇聚共享平台汇聚有效数据900多亿条，省大数据交易所交易金额超10亿元。

海洋经济壮大发展。出台《福建省海洋经济促进条例》，深入实施海洋经济高质量发展三年行动，全省海洋生产总值达1.2万亿元。首届世界航海装备大会成功举办，其间全省海洋经济产业合作创新发展大会共对接签约海洋经济重大项目170项、总投资超2000亿元。省级高新区厦门海洋高新技术产业园区获批建设。全球首台16兆瓦海上风电机组并网发电。“闽投系列”深海装备养殖试点项目持续推进，首台套“闽投1号”投产运营，秀屿、霞浦、东山、惠安4台套加快建设。

绿色经济深化发展。深入实施绿色经济发展行动计划，推进绿色低碳先进技术示范工程，新增70家绿色工厂、5家绿色工业园、6家绿色供应链管理企业入选国家绿色制造名单，3个园区获批国家清洁生产审核创新试点。首届世界储能大会成功举办，全国首条高速公路重卡换电绿色物流专线在我省启动。深化绿色金融创新运用，11项绿色金融创新案例在全国推广，全国首单茶树碳汇储量指数保险、首单水土保持项目碳汇交易落地，林业碳汇成交量与成交额均居全国前列。

文旅经济蓬勃发展。召开全省文旅经济发展大会，实施“清新福建·精彩四季”主题消费年行动，推出400多项利民惠民措施，举办4000多场次文旅活动，打造“清新福建”旅游列车，平潭海洋极光“蓝眼泪”等IP火爆全国。全省累计接待旅游总人数5.72亿人次，实现旅游总收入6981亿元，分别增长45.9%、61.3%。长征国家文化公园（福建段）、G228滨海风景道、福建美术馆等项目加快建设。莆田市获评国家历史文化名城，鼓楼、武夷山获批国家文化产业和旅游产业融合发展示范区，永定、建阳入选全国文化产业赋能乡村振兴试点县，泉州中山路、漳州古城、长汀店头街、泰宁尚书街创建国家级旅游休闲街区，烟台山历史街区等文旅新地标相继建成，新评定10个4A级景区。监测数据显示，全省重点景区客流量增长39.3%。

（四）实施新时代民营经济强省战略，发展动力不断增强

创新和发展“晋江经验”。出台实施新时代民营经济强省战略推进高质量发展的意见，构建“1＋N”政策体系，建立省领导挂钩联系重点民营企业机制和民营企业家常态化沟通交流机制，围绕融资服务、科技创新、政策兑现开展优化民营经济营商环境专项行动。搭建全省统一的向民间资本推介项目平台，储备项目597个、总投资4234亿元，在房地产开发投资大幅下滑情况下，民间制造业、民间基础设施投资分别增长8.1%、4.6%。规模以上民营工业企业增加值增长3.5%，民营企业进出口增长4.7%，普惠小微贷款余额增长22.3%，均好于全省平均水平。

重点领域改革深入推进。出台纵深推进全面深化改革的实施方案。新一轮国企改革深化提升加快推进，启动对标世界一流企业价值创造行动，12家企业入选国家“双百企业”，8家企业参与国家“科改行动”。农业农村改革稳步实施，“三医”协同改革纵深推进，商事制度改革进一步深化，集体林权制度改革不断取得新成效，价格改革稳妥推进。

专栏2：重点领域改革推进情况

简政放权方面	国家印发厦门综合改革试点实施方案，以清单批量授权方式赋予在重点领域和关键环节改革上更大自主权。 开展建设全省统一收件平台等5项改革试点，公布福建省政务服务领域强制性中介服务事项清单。
农业农村改革	巩固完善农村基本经营制度，沙县大洛镇整镇开展第二轮土地承包到期后再延长30年试点。 推进农村产权流转交易市场建设，出台《福建省农村产权流转交易管理办法（试行）》，推广应用省级农村产权流转交易信息平台，全省累计完成交易2270宗，成交金额达15.2亿元。

续表

医疗改革	深化"药价保"集成改革，完善药品耗材采购挂网政策，扩大省际联盟集采范围。 稳步扩大按疾病诊断相关分组和按病种分值付费改革医疗机构覆盖面。 在全国率先探索"无陪护"病房政策和药学服务收费改革。
林业改革	稳步推进南平、三明、龙岩3个全国试点市和邵武、尤溪、柘荣等15个省级特色试点县建设，林木采伐管理改革试点迈出新步伐，林权流转等重点任务扎实推进，全省完成林权流转246.7万亩。
商事制度改革	有序推进歇业备案改革，完成登记受理系统和综合审批系统流程再造、资源整合和数据共享，推动电子营业执照跨部门应用，企业办事更加便捷。
价格改革	有序推动公办高等学历教育收费改革，稳妥推进能源资源价格改革，持续推动农业水价综合改革，开展医疗服务价格动态调整工作。

营商环境优化提升。完善营商环境数字化监测督导机制，全国优化营商环境现场会成功举办，我省4个典型经验做法向全国推广。不折不扣落实减税降费各项举措，持续清理废除妨碍统一大市场和公平竞争的政策措施。落实数字政府改革和建设总体方案，开展政务服务效能提升"双十百千"工程，政务数据共享全面推进，建设"易企办"掌上企业服务专区；制定省级"一件事一次办"集成化办理平台技术规范和数据标准，"一业一证"行业综合许可平台上线运行。全省新设经营主体增长9.13%。社会信用体系建设加快推进，漳州、泉州获评第四批全国社会信用体系建设示范区。

（五）统筹推进城乡发展，区域协调协同发展持续深化

新型城镇化建设取得新成效。率先启动全域范围内户口迁移"跨省通办"，全年农业转移人口落户城镇37.7万人。厦漳泉都市圈发展规划编制完成将印发实施，福州都市圈同城化建设加快推进，实施居住证互通互认，200余万名流动人口凭证享受基本公共服务。新型城市建设品质有效提升，新改扩建城市道路704公里、新增公共停车泊位3.1万个，创建无障碍设施样板街道11个；新建改造公园绿地1002公顷、福道1083公里、郊野公园17平方公里、"口袋公园"147个；新建改造供水和燃气管道1363公里、雨水管网575公里，三明市入选全国海绵城市建设示范城市；生活垃圾分类稳居全国前列。

区域发展格局持续优化。出台进一步做深做实新时代山海协作推动区域协调发展的意见，印发发展飞地经济指导意见。深入实施革命老区振兴发展实施方案，落实中央国家机关及有关单位对口支援政策，支持三明与上海、龙岩与广州对口合作，闽西革命老区高质量发展示范区加快建设。福州新区和平潭综合实验区加快一体化发展，省海洋大数据中心落户等一批重大事项有效落实。对口支援不断深化，连续三次在国家组织的对口援疆、援藏工作绩效综合考核评价中获得双优秀；持续推动闽宁协作，连续5年在国家东西部协作考核中取得"好"的等次。

乡村振兴全面推进。深入实施特色现代农业高质量发展"3212"工程，农林牧渔业总产值增长4.3%，新创建"福九味"中药材国家优势特色产业集群，漳浦、福清2个国家现代农业产业园，漳平、福安2个国家农业现代化示范区，连江筱埕镇等7个国家农业产业强镇。持续实施种业创新与产业化工程，育成水稻、玉米和果树等农作物新品种37个，杂交水稻制种面积57.92万亩、产量1.18亿公斤，保持全国第一。召开深入学习"千万工程"经验建设福建美丽乡村现场推进会，实施农村建设品质提升五类工程，全年完成乡村水、电、路、气、通信等基础设施投资368.1亿元，海沧、石狮、建宁评为全国村庄清洁行动先进县，寿宁、漳浦、翔安创建国家乡村振兴示范县。巩固拓展脱贫攻坚成果，强化产业、就业帮扶，支持光泽止马镇、福鼎贯岭镇、平和大溪镇等地72个农村基础设施、产业配套设施以工代赈项目建设。

（六）扎实推动两岸融合发展示范区建设，国际经济合作和竞争新优势持续增强

海峡两岸融合发展迈出重大步伐。深入贯彻落实《中共中央、国务院关于支持福建探索海峡两岸融合发展新路建设两岸融合发展示范区的意见》，制定我省实施意见，发布首批增进台胞福祉15条政策措施。全年新设台企数大陆占比1/4，实际利用台资大陆占比近四成，新设台企户数和实际利用台资规模保持大陆首位，闽台贸易额906.2亿元。"小三通"客运航线复航，"小四通"工作持续推进，向金门供水超3000万吨。推出第二批两岸行业标准共通13个试点项目，平潭设立大陆首个台胞职业资格一体化服务中心。第十五届海峡论坛、第十一届海峡青年节成功举办，开展"重启交流、福建先行"行动，累计举办各类重点民间交流活动近280项。

"海丝"核心区建设成果丰硕。第五届"丝路海运"国际合作论坛成功举办，"丝路海运"命名航线集装箱吞吐量突破1500万标箱，"丝路飞翔"开通国际和港澳台空中航线50条，中欧、中亚班列稳定运行。促进开放型经济发展，福建自贸试验区新推出第20批59项创新举措，其中全国首创26项、对台特色6项，率先试点对接国际高标准推进制度型开放。第三届海丝中央法务区论坛成功举办，累计引入现代化、国际化法务机构或项目超100个，搭建国际商事海事争端解决平台体系，在全国首创"涉台海事纠纷解决中心"等一批特色法务品牌。中国—金砖国家新时代科创孵化园揭牌运行，金砖创新基地累计签约金砖合作项目91个、超450亿元。菌草、计量标准化等一批民心相通项目深入实施，积极推动一系列民间交往。

经贸合作提质增效。出台促进外贸回稳提质等政策措施，持续开展“福品销全球”活动，组织超4100家次企业参加236场境外展会，电动载人汽车、锂电池、太阳能电池等“新三样”商品出口1365.6亿元、增长49.8%。全省外贸进出口19743.5亿元、下降0.2%，其中出口下降2.7%，进口增长3.9%；新设外商投资企业数增长36.2%，实际使用外资302.6亿元，高技术制造业实际使用外资增长35.8%。跨境电商发展良好，市场采购贸易开展全国通关一体化试点，全面深化服务贸易创新发展试点任务落地率达98.1%。2023全球招商大会、第十届中国—中亚合作论坛、中印尼、中菲“两国双园”建设推进大会以及经贸合作推介会等重要活动成功举办，第二十三届投洽会期间签约双向投资项目366个、总投资3254.7亿元。高水平“走出去”稳步前行，备案对外投资项目404个，实际对外投资额增长51.4%，派出各类劳务人员规模保持全国首位。第一届中国侨智发展大会成功举办。联合港澳“并船出海”拓展国际市场，开展“2023闽港澳经贸交流会”“香港企业福建行”“国潮泉州品牌香江行”等活动，实际使用港澳资177亿元。

（七）切实办实事惠民生，人民生活水平持续提高

就业形势总体平稳。出台促稳工稳产促就业7条等措施，统筹用好就业补助资金、失业保险基金，城镇调查失业率4.8%，城镇新增就业53万人，均完成年度目标。出台促进毕业生等青年就业创业10条措施，高校毕业生就业局势总体稳定。加强企业工资宏观调控，居民收入稳步增加，城镇居民、农村居民人均可支配收入分别增长4.3%、6.9%，城乡收入差距进一步缩小。

民生保障进一步增强。省委省政府29项为民办实事项目全面完成。民生支出4527.15亿元、增长3.7%，占一般公共预算支出的77.1%。深入实施全民参保计划，企业职工基本养老保险全国统筹、失业保险省级统筹稳步开展。继续提高城乡居民医保财政补助标准，健全大病保险和医疗救助制度。建立基本养老服务清单动态调整机制。完成退役军人接收安置任务，开展“我为老兵办实事”活动。率先建立低收入人口动态监测和救助帮扶机制，基本建成分层分类的社会救助体系。加大普惠托位供给，增加1.28万个普惠托位，厦门市获评第一批国家婴幼儿照护服务示范城市。厦门、泉州列入第二批国家儿童友好城市。龙岩市全国青年发展型城市建设试点中期评估获优秀。提高孤儿、事实无人抚养儿童基本生活最低养育标准，建立自然增长机制，制定实施孤独症儿童关爱服务措施，乡镇（街道）未成年人保护工作站覆盖率达83.8%。以“整镇推进、一户一案、扩量提质”等方式推进残疾人家庭无障碍改造1万户，经验在全国推广。持续做好保供稳价，居民消费价格与上年持平，压实“菜篮子”市长责任制。

专栏3：社会保障工作和成效

医疗保障	完善职工医保门诊共济保障机制，巩固提升福州市长期护理保险试点，推进定制型商业健康保险发展。 城乡居民医保人均财政补助标准提高到每人每年640元。全省集中带量采购药品、医用耗材价格降幅达50%以上，医保药品目录扩大至2967个。
养老保障	调整提高退休人员基本养老金，总体调整水平为2022年退休人员月人均基本养老金的3.8%，惠及231.33万名退休人员。 调整提高城乡居民基础养老金省定标准达每人每月150元，惠及503.25万老年城乡居民。 为民办实事项目新建嵌入式养老服务机构50个、示范性长者食堂300个，各类养老服务床位达29万张，长者食堂（助餐点）达2871个。泉州市列入全国居家和社区基本养老服务提升行动第三批试点城市。
住房保障	开工保租房8.4万套、棚户区改造5.9万套、公租房1891套、老旧小区改造38.2万户。 落实提取公积金支付首付款政策，支持购房3.4万套。
社会兜底保障	低保、特困供养年人均标准分别达到10112元、25380元。儿童福利机构集中供养的孤儿和社会散居孤儿、事实无抚养儿童基本生活最低养育标准分别达到每人每月2100元、1700元。 实行五类困难群体精准医疗救助，共资助参保113.91万人、医疗救助707.4万人次，救助金额15.18亿元。 销售平价商品1.68万余吨，政府补贴（让利）超1900万元，发放价格临时补贴8113万元，惠及困难群众209万人次。困难残疾人生活补贴标准提高8%。

健康福建加快建设。科学精准落实新冠病毒感染“乙类乙管”要求，经受住较短时间疫情高峰冲击，疫情平稳有序“压峰”转段。深化爱国卫生运动，持续推进卫生城镇创建、健康城镇建设。8个国家区域医疗中心建设项目加快推进，累计开展新技术、新项目、新服务276项，其中60项新技术项目填补我省医疗技术空白。“三医”协同发展实现部门网络互通。启动三明、南平紧密型城市医疗集团建设国家级试点工作。开展“千名医师下基层”项目，诊疗27万人次。实施母婴安全行动提升计划、健康儿童提升计划。城乡全民健身场地设施持续改善，人均体育场地面积达2.57平方米、增长6.2%。杭州亚运会参赛成绩取得历史突破。举办厦门马拉松、中华龙舟赛等各类品牌赛事超400项，开展和美乡村篮球大赛（村BA）等全民健身赛事活动超5000场。

专栏 4："健康福建"建设工作和成效

卫生应急能力	省立医院纳入国家紧急医学救援基地第二批项目储备库。依托厦门大学附属翔安医院建设省级紧急医学救援基地。省立医院金山院区二期、协和医院西院二期 2 个省级重大疫情救治基地项目基本建成。 省、市、县三级疾控局全部挂牌成立。 福州、厦门、泉州制定实施"平急两用"基础设施建设方案，提高重大公共卫生事件应对能力。
区域医疗中心	复旦大学附属肿瘤医院福建医院纳入第五批国家区域医疗中心建设项目。 首批 4 个省级区域医疗中心项目加快建设，布局第 2 批 9 个省级区域医疗中心扩容建设。
中医药传承发展	省中医药管理局正式挂牌，所有乡镇卫生院、社区卫生服务中心设置中医馆。 省立医院、省妇幼保健院被列入国家中西医协同"旗舰"医院试点项目建设单位。 8 个学科入选国家中医药管理局高水平中医药重点学科建设项目。
全民健身竞技体育	城区"15 分钟健身圈"基本建成，全民健身设施覆盖各行政村。新建 20 个智慧体育公园、23 个多功能运动场等。 第 19 届杭州亚运会，福建运动员打破 3 项亚运会纪录，42 人次获得 25 枚金牌、17 人次获得 8 枚银牌、5 人次获得 5 枚铜牌，获金牌人次位列全国第 2，创我省历史最好成绩。

文化强省建设稳步推进。召开全省文物工作会议，强化文化遗产挖掘保护，推进漳州圣杯屿沉船水下考古发掘、福建水下考古（平潭）基地等项目建设。加强优秀传统文化传播交流，2023 年"5·18 国际博物馆日"中国主会场活动、"茶和天下·共享非遗"全国主会场活动成功举办。连续 11 届获中国戏剧梅花奖并摘得"双梅花"。2023 年中国金鸡百花电影节、首届中国电视剧大会等活动成功举办，《柴米油盐之上》获上海电视节白玉兰奖"最佳系列纪录片奖"，《山海情》获"国际传播奖"。创建 14 个城乡公共文化新空间。

（八）加快建设美丽中国先行示范省，生态文明建设取得新进展

生态文明改革创新接续推进。首个全国生态日福建活动成功举办，我省入选全国省级水网先导区，福州市荣获首届全球可持续发展城市奖，新增晋安、华安、建阳、延平、屏南 5 个国家生态文明建设示范区，松溪、周宁 2 个"绿水青山就是金山银山"实践创新基地，湄洲岛、鼓浪屿、海坛岛、大嵛山、惠屿、南日岛 6 个海岛入选首批"和美海岛"。《福建省国土空间规划（2021—2035 年）》获批，省级、设区市级自然资源清单编制完成。《武夷山国家公园总体规划》获批，南平生态产品价值实现机制国家试点工作全面完成。出台城乡建设、能源、工业等领域碳达峰实施方案，加快打造湄洲岛零碳示范区，三明、厦门获评国家低碳城市试点优良城市，龙岩市建成投用全球首座"通量—大气—遥感"碳汇数据双塔观测平台。国家碳计量中心（福建）获批筹建。

生态环境保护和治理持续加强。高标准实施蓝天、碧水、碧海、净土"四大工程"，细化推进"五个美丽"载体建设任务。加强新污染物治理，推进"城市扬尘污染"点题整治，实施 58 个省级以上工业园区"污水零直排区"建设，新建改造城市污水管网 1237 公里、污水处理厂 15 座，实现乡镇生活污水治理市场化全覆盖，深化海漂垃圾治理，完成环境安全隐患整改 2608 个。生态环境保持优良并持续居全国前列，主要流域国考断面Ⅰ～Ⅲ类水质比例 99%、提高 0.9 个百分点，南平市国控断面全域达到Ⅱ类水质；9 个设区城市空气质量达标天数比例 98.4%、提高 0.8 个百分点；近岸海域优良水质比例 88.7%、提高 2.9 个百分点，重点岸段海漂垃圾密度较整治前下降超 60%。

（九）统筹发展和安全，安全发展基础不断夯实

粮食安全保障力度加大。召开全省耕地保护和粮食安全工作会议，第十九届粮食产销协作福建洽谈会成功举办，新建和改造提升高标准农田 118 万亩、高效节水灌溉 10.6 万亩，全年粮食总产量达 511 万吨。粮库智能化升级改造加快，提前建成建宁、南安、长汀 3 个省级粮库。落实食品安全"两个责任"，守护好人民群众"舌尖上的安全"，莆田市获评第三批国家食品安全示范城市。

能源供应保持稳定。推进安全稳妥的煤电油气产供销储体系建设，天然气消费增长 12.4%。可再生能源加快发展，可再生能源发电装机占比 41.3%、提高 3.3 个百分点。提高能源行业应急处置能力，强化电力运行管理，圆满完成迎峰度夏电力保供工作。深化电力市场改革，电力中长期市场建设有序推进，开展电力现货市场长周期试运行。

专栏 5：能源基础设施项目推进情况

核电	漳州核电 1、2 号机组建设有序推进，宁德核电 5、6 号机组获得国家核准。
煤电	华电可门三期、华夏电力等容量替代项目加快建设，江阴电厂二期开工。
海上风电	平潭外海海上风电场建成，漳浦六鳌海上风电场二期首批机组并网，连江外海项目完成核准。

续表

抽水蓄能	永泰抽蓄4号机组、厦门抽蓄1号机组建成并网，古田溪混合抽蓄、仙游木兰、永安、华安抽蓄等项目完成核准。
电网	福厦特高压输变电工程投用，核准闽侯500千伏输变电工程、五峰500千伏变电站主变扩建（三期）工程等。
天然气	漳州LNG接收站建成，闽粤支干线、闽粤支干线与漳州LNG外输管道联通工程、漳州LNG外输管道延伸段开工建设。

经济金融等领域风险有效防范化解。持续完善金融风险防控机制，不良贷款率1.19%，连续4年被评级为无高风险金融机构的省份。促进房地产业健康发展，实施下调首付比例、调整存量房贷款利率、优化限购限售、“认房不认贷”、“换新购”等政策。稳妥处置房企债务风险，专项借款保交楼项目已交付2.9万套、交付率82%。坚决防控政府债务风险，到期政府债券本息已全部按期偿还，所有县级财力均可覆盖“三保”支出需求。建立全网全域的保障机制，全力抓好网络安全、信息安全、数据安全。

防灾减灾救灾和安全生产工作扎实推进。有力有效应对极端自然灾害，成功防御超强台风“杜苏芮”、极端降雨台风“海葵”以及15场暴雨、5个影响台风，出台灾后恢复重建措施和民生救助保障政策，最大限度降低灾害损失。推进重大事故隐患专项排查整治2023行动，生产安全事故数量下降11%、死亡人数下降11%，未发生重大以上事故。

平安福建建设迈上新台阶。着力防范化解政治安全风险，筑牢国家安全东南屏障。强化社会治安防控，构建社会面四级巡防机制，常态化推进扫黑除恶斗争，严厉打击电信网络诈骗、跨境赌博、盗采海砂等违法犯罪。扎实推进市域社会治理现代化，做实做优“最小治理单元”，警务网格和社区网格融合运作，群众安全感率达99%以上，福州、厦门、泉州获评首批全国社会治安防控体系建设示范城市，社会大局保持安定稳定。

总的看，全省经济持续回升向好，财政收入、物价、就业、医疗、教育、污染物减排、生态质量、安全生产、粮食产量等指标较好实现年度目标任务，用电量、高速公路出口总流量、景区客流量等客观实物量指标较快增长。同时我们也清醒看到，在前所未有挑战、超出预期困难的形势下，我省经济实际增长以及与经济增速相关的部分指标，与预期目标有一定差距，发展还面临不少困难挑战：一是有效需求不足问题凸显，由于世界经济增长动能不足、主要经济体需求减弱，我省经济外向度高、受外部环境影响大，传统优势产品订单外流，外贸出口压力加大。消费仍处于弱复苏状态，汽车、家用电器等耐用品消费恢复较慢。投资增长仍需扩力，房地产开发投资下降12.7%，拉低民间投资增速。二是科技创新不足，传统产业转型升级还不够优，新兴产业规模还不够大，受市场需求变化影响，电子信息、食品、医药等行业增速放缓，部分民营企业特别是中小微企业生产经营困难，现代服务业增长动力不强。三是公共服务、生态环保、安全生产等领域还存在短板，重点群体就业压力上升。面对这些困难和问题，我们高度重视，采取有力措施积极应对。

二、2024年国民经济和社会发展主要预期目标和任务

政府工作报告提出2024年经济社会发展工作的总体要求是：以习近平新时代中国特色社会主义思想为指导，全面贯彻落实党的二十大、二十届二中全会和中央经济工作会议精神，聚焦新福建建设宏伟蓝图和“四个更大”重要要求，按照省第十一次党代会和省委十一届四次、五次全会及省委经济工作会议部署，坚持稳中求进工作总基调，完整、准确、全面贯彻新发展理念，围绕推动高质量发展首要任务和构建新发展格局战略任务，紧扣建设两岸融合发展示范区重要使命，以实体经济为根基，以科技创新为引领，以改革开放为动力，加快建设现代化经济体系，统筹扩大内需和深化供给侧结构性改革，统筹新型城镇化和乡村全面振兴，统筹高质量发展和高水平安全，切实增强经济活力、防范化解风险、改善社会预期，巩固和增强经济回升向好态势，持续推动经济实现质的有效提升和量的合理增长，厚植绿色底色，增进民生福祉，保持社会稳定，奋力推动中国式现代化福建实践取得新突破。

按照上述总体要求，提出2024年经济社会发展主要预期目标：

一是增强高质量发展新动能。以科技创新为引领，加快建设现代化产业体系，深入推进新型工业化，不断增强实体经济创新力和竞争力，积极扩大有效需求，加快形成消费和投资相互促进的良性循环。预期全省地区生产总值增长5.5%左右；研发经费投入增长18%以上；固定资产投资增长5%左右；社会消费品零售总额增长6.5%左右；一般公共预算总收入增长5.5%，地方一般公共预算收入增长5%。

二是推动改革开放迈出新步伐。落实进一步全面深化改革重大举措，深入实施新时代民营经济强省战略，持续优化提升营商环境，扩大高水平对外开放，出口增长5.5%左右，实际使用外商直接投资增长3%左右。

三是促进绿色低碳新发展。加快美丽中国先行示范省建设，拓宽绿水青山向金山银山转化路径，持续深入推进绿色低碳循环发展，化学需氧量、氨氮、挥发性有机物、氮氧化物重点工程减排量完成国家下达的指标，地级及以上城市空气质量优良天数比率、地表水达到或好于Ⅲ类水体比例保持高水平。

四是推进人民生活迈上新台阶。坚持尽力而为、量力而行，在发展中保障和改善民生，切实办好民生实事，不断提

高人民生活品质。预期居民人均可支配收入与经济增长同步；城镇调查失业率5.5%左右；居民消费价格涨幅3%左右；每十万人口高等教育在校生数达到3370人；每千人口拥有执业（助理）医师数2.96人，每千人口医疗机构床位数5.92张。

五是加快建设新安全格局。全面贯彻总体国家安全观，强化重点领域安全能力建设，坚决守住不发生系统性风险的底线。加大能源安全保障工作，粮食总产量507万吨以上，提高公共安全治理水平，不发生重特大事故。

组织实施好十个方面工作：

（一）着力强化科技创新引领，加快建设现代化产业体系

推进高水平科技自立自强。深入实施创新驱动发展战略，推进高能级研发创新平台建设，推动海洋气候环境模拟、智慧储能等重大科技基础设施加速落地，筹建海洋领域省创新实验室。支持省创新研究院高水平建设，围绕我省主导产业和战略性新兴产业建设一批产业技术研发公共服务平台。推动省级创新平台优化整合提升，聚焦集成电路、工业母机、生物制造、新能源等重点领域，布局创建一批省级创新平台，提升重组一批国家级科技创新平台。完善"揭榜挂帅"等攻关机制，组织实施10个以上重大科技创新项目。建设全省科技成果转移转化公共服务平台，开展科技成果转化"搭桥"行动和专利转化专项行动，建设福州国家知识产权保护示范区，加强服务能力和知识产权保护。强化企业技术创新主体地位，支持企业家领衔国家和省级重大创新任务和工程，加大创新激励力度，集中优势资源推进重大战略性技术和产品攻关突破，力争培育国家高新技术企业数突破1.3万家。深入实施新时代人才强省战略，健全"以才引才"机制，实施高层次人才培养和"托举"计划，不断深化人才发展体制机制改革，建设一批卓越工程师学院和实践基地。深入推进科技特派员制度，选认省级科技特派员2000名以上。

大力推进新型工业化。强化链群联动，研究制定县域重点产业链发展政策措施。巩固提升支柱产业，促进石油化工和锂电新能源新材料产业耦合协同发展，增强新型显示、新能源汽车等领域全产业链优势。加快传统产业数字化转型智能化改造，大力推动纺织鞋服、食品、冶金、建材等企业设备更新和技术提升，打造"智改数转"标杆。深入推进数字经济创新发展，加快新型基础设施建设，办好第七届数字中国建设峰会，打造卫星应用、信创等特色数字产业集群，培育建设马尾物联网、仓山人工智能、武平新型显示、涵江超高清视频、晋江工业互联网等省级数字经济核心产业集聚区。积极培育战略性新兴产业，围绕氨氢、动力电池、储能电池、存储器芯片制造、海上风电装备制造等细分领域，培育新经济增长点，形成新质生产力。加强人工智能、第三代半导体、量子科技、元宇宙、氢能与储能等前瞻布局，培育发展未来产业。实施国防科技工业军民融合创新工程，培育建设一批高技术产业基地、军民协同创新中心和标杆企业。

推动服务业优质高效发展。提高服务效率和服务品质，大力培育服务业新产业、新业态、新模式，推动与先进制造业深度融合。建设高效顺畅的流通体系，推进国家物流枢纽城市和国家骨干冷链物流基地建设，推进实施厦福泉国家综合货运枢纽补链强链工程，有效降低社会物流成本。积极推动闽江航运振兴发展，助力江海联运。推动金融业高质量发展，持续实施"引金入闽"等工程，加快金融集聚区建设，做好科技金融、绿色金融、普惠金融、养老金融、数字金融五篇文章，提高金融配置效率和能力，加大金融服务实体经济力度。

（二）着力扩大有效需求，加速形成消费投资良性循环

激发投资活力潜力。完善投融资机制，抓民间投资、抓项目前期、抓资金争取，提高投资效率和有效性，发挥好政府投资的带动放大效应。依托项目全生命周期管理机制，进一步健全项目谋划储备体系，围绕高质量发展，谋划一批锻长板、强弱项、增后劲项目。积极争取中央预算内投资、地方政府专项债券等资金，安排省级预算内投资支持项目建设。全力以赴抓前期，完善统筹协调、要素保障和正向激励机制，推进重大项目和标志性工程建设，抓紧抓实年度省重点项目实施。加力提效用好各类资金，促进更多好项目大项目多开工、快建设、早投产。规范实施政府和社会资本合作新机制，聚焦重大工程和补短板、重点产业链供应链、完全使用者付费的特许经营等3张项目清单，引导更多民间资本参与重大项目建设。推动更多基础设施REITS项目获得国家试点支持，引导金融资金更大力度投向重大项目。加快推进保障性住房建设、"平急两用"公共基础设施建设、城中村改造等"三大工程"。聚焦城市地下管网建设、农民工城市住房保障、高质量教育服务、医疗养老服务等领域，持续加大投入力度，以有效投资持续带动消费。

专栏6：重大基础设施

铁路	推进漳汕高铁、龙龙铁路武平至梅州段开工建设，力争温福高铁、宁德漳湾铁路专用线动工，加快福州港口后方铁路杜坞至樟林至透堡段建设，推进温武吉铁路前期工作，争取昌福厦高铁、赣龙厦高铁等项目纳入国家规划。争取莆田至长乐机场城际铁路F2线、宁德至长乐机场城际铁路F3线及厦漳泉城际铁路R1线开工建设。
民航	加快福州机场二期扩建、厦门新机场、泉州机场扩能改造项目建设。推进武夷山机场、龙岩新机场、泰宁通用机场等前期工作。
轨道交通	争取福州地铁4号线后通段开通运营。加快福州至长乐机场城际F1线，福州地铁2号线东延段、6号线东调段，厦门地铁3号线南延段及新机场段、4号线、6号线及角美延伸段等建设。争取福州城市轨道三期、厦门城市轨道三期规划获批。

续表

公路	加快宁德至古田、沙县至南平、宁德至上饶霞浦段等高速公路，以及国道G228等项目建设。推进沈海高速泉厦扩容、漳诏高速扩容、泉梅高速泉州段等项目前期工作。推进“乡镇便捷通”“邻县通高速”等工程。
港航	争取国家布局建设大宗商品储运基地。加快建设江阴6、7号泊位、东吴东4号泊位、罗屿8号泊位及11—12号泊位等项目。推进罗屿13号泊位等项目前期工作。
水利	加快建设泉州白濑水利枢纽、金门供水水源保障、闽江干流防洪提升、木兰溪下游水生态修复治理等重大项目，以及连城永丰、霞浦田螺岗等一批中型水库工程，上白石水利枢纽力争开工建设。推进闽西南、闽江口水资源配置等工程前期工作。
新型基础设施	重点推进双千兆网络、物联网等建设，在福州、厦门、泉州规模化集约化建设人工智能计算中心，推动海丝卫星大数据中心、省卫星数据开发服务平台等重点项目建设。实施产业基础设施、传统基础设施、公共服务设施数字化改造提升工程。布局未来产业领域创新平台。

巩固消费复苏态势。推动消费从疫后恢复转向持续扩大，激发有潜能的消费，培育壮大新型消费，稳定和扩大传统消费。持续深化“全闽乐购”，加快发展夜间经济、直播经济、首店经济等新兴消费，促进福建老字号创新发展。鼓励新能源汽车、二手汽车消费，扩大停车位供给，优化提升充电基础设施建设。支持刚性和改善性住房需求，促进家庭装修、智能绿色家电消费。扩大服务消费，促进文娱体育会展消费和健康服务消费。提质做优文旅消费，围绕打造世界知名旅游目的地“11537”发展思路和布局，持续打响“海丝起点清新福建”品牌，做好保护、传承、传播、发展“四篇文章”，办好海上丝绸之路国际艺术节、旅游节以及世界妈祖文化论坛等重大品牌活动。深入实施县域商业建设行动，健全县乡村物流配送体系，推动绿色产品进城。加快建设福厦“一小时生活圈”，打造“一刻钟”便民生活圈。

专栏7：扩大消费举措

提升消费供给质量	举办八闽美食嘉年华、小吃食品等推介活动，加快新闽菜创新发展。培育发展预制菜产业，鼓励“明厨亮灶”。深化“一县一桌菜”品牌创建。 创新谋划推进夜间文旅消费集聚区、沉浸式演艺活动等一批具有辨识度、有创意的文旅消费场景项目，创建城市特色夜游品牌。 推动厦门植物园、连城冠豸山创建5A级旅游景区，打造福州上下杭等一批非遗街区。 丰富5G网络和千兆光网消费应用场景。 鼓励绿色智能家电下乡、家电以旧换新。

续表

持续优化消费环境	推动步行街、商场、夜市等商圈基础设施升级提质。 发展冷链共同配送、“一件代发”、“生鲜电商＋冷链宅配”、“中央厨房＋食材冷链店配”等物流模式。 支持县级物流配送中心、乡镇物流站点建设改造，打造乡镇商业集聚区。 全面开展“放心消费在福建”行动，依法打击假冒伪劣行为。

（三）着力促进民营经济发展壮大，持续深化重点领域改革

深入实施新时代民营经济强省战略。动态完善“1＋N”政策体系清单，完善与民营企业家常态化交流机制，健全民营经济统筹协调、挂钩联系、诉求解决等工作机制，帮助企业破解发展痛点难点。落实优化新时代民营经济发展环境综合改革，健全世界一流企业培育工作机制，加强民营经济统计监测和分析评估，在市场准入、要素获取、公平执法、权益保护等方面落实一批标志性举措。

专栏8：服务民营企业举措

优化政务服务格局	把“高效办成一件事”作为优化政务服务、提升行政效能的重要抓手，加快推动政务服务“一网好办”。执行行政许可清单管理制度，深化“一件事一次办”“一业一证”改革。 完善财政资金直达机制。 全面推行惠企政策“免申即享”，推广告知承诺制。 深入推进涉及民营企业的投融资体制改革和工程建设项目审批制度改革。
健全减轻企业负担长效监管机制	完善政府定价的涉企收费清单制度，进行常态化公示，接受企业和社会监督。 畅通投诉举报平台渠道，公开曝光违规增加企业负担典型案例。
完善拖欠账款预防和清理机制	严格落实《保障中小企业款项支付条例》，健全防范和化解拖欠中小企业账款长效机制，完善拖欠账款投诉处理和信用监督机制，完善拖欠账款清理与巡视、督查、审计等常态化对接机制。

打造市场化法治化国际化的一流营商环境。围绕打造市场、法治、政务、要素、社会“五大环境”和构建亲清政商关系，聚焦企业急难愁盼，制定新一轮营商环境重点改革方案。实施“数据要素×”行动计划，加大数据要素开发利用，推动公共数据与产业数据融合应用，推进数据要素市场化改革，加快构建全省一体化公共数据体系。进一步完善公共信用信息平台功能，创新拓展信用激励应用场景。完善营商环

境数字化监测督导机制。加强政策跟踪问效，着力打通惠企政策落地“最后一公里”。

专栏 9：全面优化营商环境举措

建设市场化营商环境	全面深入实施市场准入负面清单制度，着力清理取消企业在资质资格获取、招标投标、政府采购、权益保护等方面存在的差别化待遇，强化公平竞争审查制度刚性约束。 优化业务流程，减少办事环节、精简申请材料、压缩办理时限。提供优质便利的涉企服务，上线“易企办”企业服务专区，推进政务服务事项集成化办理，电子证照扩大应用、互通互认。
建设法治化营商环境	持续深化营商环境法规制度立改废释，健全优化营商环境法规政策体系。 大胆探索“综合查一次”改革，建立健全跨部门综合监管制度。全面落实行政执法“三项制度”，加强行政裁量权基准动态管理，强化行政执法监督，加快建设省一体化大融合行政执法平台。 完善公共数据共享应用协调机制，促进更多公共数据依法有序共享、合理有效利用。
建设国际化营商环境	落实好外商投资准入前国民待遇加负面清单制度，加强外商投资促进和保护。 持续深化通关便利化改革，推进通关业务全流程网上办理，提升港口集疏运水平。

推进重点领域改革。切实落实“两个毫不动摇”，深入实施国有企业改革深化提升行动，完善市场化经营机制，积极稳妥深化混合所有制改革。积极融入全国统一大市场，扎实推进高标准市场体系建设，推动落实福厦泉要素市场化配置综合改革。推进厦门综合改革试点。深化农业农村改革，加快推进农村产权流转交易市场建设，推动晋江、沙县、建瓯稳慎开展农村宅基地制度改革。深化区域金融改革创新，推动宁德、龙岩国家级普惠金融改革试验区建设延期试点工作，在台江、晋江、上杭开展省级金融支持共同富裕试点，支持福州市申创科创金融试验区。持续推进能源价格、水资源价格等改革，规范民生社会事业领域收费。推进统计重点改革，做好第五次全国经济普查工作。

（四）着力探索融合发展新路，加快建设两岸融合发展示范区

持续引育“融”的主体。大力实施闽台产业融合计划，以电子信息、石油化工、机械装备、新兴服务业为重点，强化对台产业链招商。吸引更多台胞来福建发展，落实同等待遇，推动惠台利民政策措施落到实处，落实取消台胞在闽暂住登记政策，建好用活台湾青年创业就业基地，建设台胞宜居宜业首选地。推动闽台体育融合发展。优化在闽台胞子女申请就读中小学和公立幼儿园流程，扩大高校对台招生规模，合作兴办职业学校，设立一批两岸青少年研学基地，打造台胞求学研习聚集地。

持续提升“融”的平台。谋划建设福马产业合作园区，创建两岸中小企业合作区。支持平潭加快建设两岸共同市场先行区域，优化海关监管模式，加快构建全方位对台开放格局。增强对台产业园区集聚功能，打造集聚两岸资源要素、有全球竞争力的产业基地和先进制造业集群。支持福州、厦门、平潭等地打造对台跨境电商集散枢纽、台湾商品集散中心。推进南平、宁德等地与台湾深化产业合作。深化闽台乡建乡创合作，推进三明加快建设海峡两岸乡村融合发展试验区，推动台湾农民创业园、闽台农业融合发展产业园提档升级，探索台胞参与乡村振兴新路径。支持建设多层次两岸金融市场，推动海峡股权交易中心“台资版”创新升级。

持续夯实“融”的基础。办好第十六届海峡论坛、第十二届海峡青年节，巩固宗亲、乡亲、姻亲、民间信仰等纽带，推进泉州、漳州世界闽南文化交流中心、莆田妈祖文化中心、龙岩和三明客家文化对台交流项目建设，促进同胞心灵契合。推动打造厦金、福马“同城生活圈”，持续推进与金马地区通水、通电、通气、通桥，加快金门供水水源保障工程、福州与马祖地区通水二期工程大陆侧先行段建设，加快建设厦金通桥大陆侧项目厦门第三东通道、马祖通桥大陆侧项目福州机场第二高速公路。适度超前开展交通物流基础设施建设，加密对台客货运航线。建设两岸标准共通服务平台，扩大两岸标准、计量、认证认可等领域交流合作，引导台胞台企共同建设一流营商环境。

（五）着力推进新时代山海协作和城乡融合发展，提升区域协调发展水平

统筹区域协调发展。完善新时代山海协作“1＋N＋M”政策体系，优化调整山海县区结对关系，推进“产业飞地”“科创飞地”“消薄飞地”建设，推动落地一批山海协作项目。支持重点区域加快发展，持续推进福州新区、平潭一体化高质量发展。推动老区苏区振兴发展，加快闽西革命老区高质量发展示范区建设，持续深化三明与上海、龙岩与广州对口合作，加快对口合作产业园建设，实施一批品牌示范合作项目。推进陆海统筹发展，研究制定加快建设“海上福建”推进海洋经济高质量发展的意见，持续推进福州、厦门国家海洋经济发展示范区建设，推进海洋生物医药、海洋工程装备等海洋新兴产业发展，加快建设秀屿等 6 个省级海洋产业示范县、石狮海洋生物科技园等海洋渔业产业集聚区。深化闽宁协作、援疆援藏、援重庆万州等对口支援工作。加强与粤港澳大湾区、长三角经济联系，推进兄弟省份横向合作，持续推动京闽（三明）科技合作。

加快构建城乡融合新格局。深入推进以人为本的新型城镇化，提高农业转移人口市民化质量，推动未落户常住人口均等享有基本公共服务。推动厦漳泉都市圈规划落地实施，推进福州都市圈、厦漳泉都市圈同城化步伐，完善重大交通枢纽、重大产业、重大平台布局建设，实施城市更新行动，提升中心城市综合承载力。以县域为重点统筹推进城乡融合发展，按照“基础设施围绕人口配”“公共服务跟着人口走”，构建推进城乡融合发展“1＋N＋X”政策体系和工作举措，立足比较优势和地方特色，聚焦“人、地、钱”三个关键节点，分类引导县城差异发展，因地制宜补齐县城短板弱项。增强乡镇综合服务能力，建强中心镇，鼓励有条件的地区推进乡镇行政区划和村级建制调整优化。

（六）着力全面推进乡村振兴，加快农业农村现代化

夯实粮食安全根基。落实粮食安全党政同责，加大稳粮惠农政策力度，落实更严格的耕地保护制度，推进新一轮粮食产能提升行动，新建和改造提升高标准农田90万亩，确保粮食播种面积继续稳定在1253万亩以上，粮食总产量稳定在507万吨以上。扎实推进粮食增储和建库，强化粮食“产购储加销”协同，确保34.4万吨增储任务落实到位。推进种业创新攻关，育成具有自主知识产权的农业优新品种30个以上。

大力发展特色现代农业。深入实施“3212”工程，聚焦粮食、蔬菜、畜禽等重要农产品有效供给，推进优势特色产业集群、现代农业产业园、农业产业强镇、“一村一品”专业村等建设。开展农产品“三品一标”四大行动，推进全国绿色食品原料标准化生产基地建设。加快推进农产品加工产业转型升级，建设农产品仓储保鲜冷链物流设施，改造提升农产品产地、集散地和销地批发市场，推进农村产业融合发展示范园建设。发展乡村研学、农事体验、森林康养等新模式新业态，推动有条件的县（市、区）打造乡村振兴重点片区。深入推进科技特派员制度，健全科技特派员利益共同体支持保护机制，助力乡村振兴和产业转型升级。

扎实有序推进乡村建设。深入学习“千万工程”经验，实施“千村示范引领、万村共富共美”工程，加快打造福建版宜居宜业和美乡村。推进农村建设品质提升暨乡村建设行动，强化乡村空间设计和风貌管控，持续推进国家级和省级乡村治理示范村镇创建，加强农村改厕与生活污水治理有机衔接。推进农村精神文明建设，保护传承福建优秀农耕文化。巩固拓展脱贫攻坚成果，健全完善防止返贫动态监测和帮扶机制，持续巩固提升“三保障”和饮水安全成果。积极推广以工代赈等方式，拓宽农民增收渠道。

（七）着力扩大高水平对外开放，巩固外贸外资基本盘

加快建设开放强省。深化“助力万企成长”行动，全力稳住美欧日韩等传统市场，深耕东盟市场，拓展新兴市场，促进内外贸一体化。规范发展市场采购，促进跨境电商健康快速发展，推动综合保税区业务创新。促进高质量“引进来”和高水平“走出去”，用好投洽会、进博会等重大展会以及“云上投洽会”等线上平台，争取引进一批带动引领性强的项目。发挥“侨”的优势，深入实施引侨资汇侨智聚侨力工程，完善与海外闽籍华商企业常态化对接机制，持续建设高水平交流平台，打造全球闽商经贸协作网络。深化闽港澳科技合作、经贸合作，持续开展福建品牌港澳行，推进“并船出海”。

深度融入共建“一带一路”。贯彻落实高质量共建“一带一路”八项行动，在制度开放、绿色低碳、科技创新、数字等方面稳步拓展合作新领域新空间，推进“丝路海运”港航贸一体化发展，提升中欧班列规模效益，促进联动发展，统筹推进重大标志性工程和培育“小而美”项目。高质量建设海丝中央法务区，打造法治创新聚集区和一流法律服务高地。高水平建设金砖创新基地、金砖科创孵化园。实施自贸试验区提升战略和创新发展平台提升行动，深化对接国际高标准推进制度型开放试点工作。加快推进“两国双园”建设，进一步创新国际经贸合作方式。

（八）着力深化生态文明建设，加快建设美丽福建

深化生态文明体制机制创新。以重点领域和关键环节改革创新，深化生态省和国家生态文明试验区建设，持续完善生态产品价值实现、生态保护补偿、生态环境治理投融资等机制。持续推进自然资源资产产权制度改革，加快建设全国深化集体林权制度改革先行区，深化新型林业经营主体标准化建设，推动做大“林票2.0”规模总量，拓宽“两山”转化路径。严格落实生态环境损害赔偿制度，持续探索用水权改革。

强化环境污染防治。持续深入打好蓝天、碧水、碧海、净土保卫战，分区分类扎实推进“五个美丽”建设，加强重点区域联防联控，统筹减污降碳协同增效、PM2.5与臭氧协同治理、氮氧化物与挥发性有机物协同减排。深化闽江、九龙江等重点流域整治，提升畜禽养殖粪污资源化利用水平，加快入河排污口整治提升、工业园区“污水零直排区”建设。深化城镇生活污水处理提质增效、城市黑臭水体治理，新建改造城镇污水管网1850公里，县级城市消除80%以上黑臭水体。分类分批实施入海排污（放）口排查整治，推进提水式海水养殖和网箱养殖整治。加强无居民海岛监视监测，做好海岛自然资源保护。扎实推进“无废城市”建设，加强新污染物治理。强化土壤污染源头防控。持续推动中央生态环境保护督察反馈问题整改。

加强生态系统治理和保护。实施重要生态系统保护和修复、重点流域一体化保护和综合治理等重大工程，推动海洋、湿地、历史遗留矿山等生态保护修复。深化武夷山国家公园建设。推进自然保护地整合优化工作，强化“绿盾”自然保护地监督，推进互花米草除治攻坚，加强松材线虫病防控，严防外来物种侵害。

深入推进绿色低碳发展。积极稳妥推进碳达峰碳中和，深入实施绿色低碳先进技术示范工程，加快推进交通物流、农业农村、公共机构能效提升等节能减排重点工程。加大绿色经济培育力度，加快建设资源循环型产业体系，做大做强新能源、节能环保等绿色低碳产业，推进“以竹代塑”发展，探索电动化应用“一揽子”解决方案。加快建设国家生态工业园区，推动建设更多“零碳岛”“零碳村”“零碳工厂”“零碳园区”，支持宁德市推进近零碳试点示范工程。推进绿色建筑创建行动，推动海上风电、光伏等新能源与抽水蓄能、新型储能协同开发，按序时进度完成国家下达的单位地区生产总值能耗下降目标。健全碳排放权市场交易制度，支持林业碳汇、海洋碳汇等创新探索，推进三明、龙岩、南平3个国家级林业碳汇试点市建设。推进三明、南平省级绿色金融改革试验区建设，支持厦门申创国家级绿色金融改革创新试验区。

专栏10：绿色能源项目

风电	建成漳浦六鳌海上风电场二期等项目，力争连江外海等海上风电场项目开工，探索推动国管海域深远海海上风电开发。
光伏	大力支持屋顶分布式光伏建设，推进一批海上光伏电站项目建设。
抽蓄	加快厦门、云霄抽蓄建设进度，推动古田溪、仙游木兰、永安、华安抽蓄开工建设，加快漳平、南安、德化抽蓄等项目前期工作。
储能	推动国网时代福建吉瓦级宁德霞浦储能工程（二期）、平潭综合实验区城市配电网供电能力提升—共享储能电站（一期）等项目投产。

（九）着力在发展中保障和改善民生，提高人民生活品质

落实就业优先政策。将促进高校毕业生就业工作放在首位，做好高校毕业生就业指导和离校未就业毕业生实名制服务、困难毕业生结对帮扶，落实大学生就业和创新创业财税金融支持政策，用好省级创业支持资金，巩固拓展就业新空间，促进高校毕业生等青年群体就业创业。聚焦大龄、残疾、长期失业等特殊困难重点群体，开展就业服务，保障和支持灵活就业和新就业形态。促进退役军人多领域、广范围、宽渠道的高质量就业。城镇新增就业50万人以上。推动职业院校与企业产教融合发展，加快各级人力资源服务产业园建设。逐步健全与经济增长相适应的居民收入增长机制，适时提高最低工资标准，多渠道增加中低收入群体收入，扩大中等收入群体，保护合法收入，调节过高收入，取缔非法收入。

专栏11：促就业举措

就业服务	加快建设身边的“就业＋”服务站，优化岗位信息、求职信息汇集方式，促进供需有效对接。 推进就业工作数字化转型，建成推广全省统一就业信息资源库和就业信息平台。 加强公共实训基地与公共就业服务机构合作，开展技能评价、就业指导、岗位推荐等服务。
就业保障	健全适应新就业形态劳动者劳动保障权益政策，全面落实工资支付保障制度。健全失业动态监测预警机制，防范化解规模性失业风险。

建设高质量教育体系。加快构建优质均衡的基本公共教育服务体系，推进学前教育优质普惠发展、义务教育优质均衡发展、普通高中优质特色发展、特殊教育优质融合发展，大力促进教育公平。深入实施高水平职业学校和专业建设计划，加强新时代高技能人才队伍建设，推进职业学校办学条件达标工程，打造“海丝学院”职教品牌。推进新一轮“双一流”和一流应用型高校建设，动态调整优化高等教育学科设置，着力培养国家战略人才和理工农医等急需紧缺人才。加快教育强国推进工程储备院校项目建设，支持高校学生宿舍建设，高质量建设福州大学城联合研究生院。

提高健康服务供给质量。扎实推进国家、省级区域医疗中心建设。推进临床重点专科建设和医疗“创双高”。加大特色中医院和中医院建设力度，支持中医优势专科建设，推进县级中医院“两专科一中心”、共享中药房项目建设。进一步推动“三医”协同治理，深入推广三明医改经验，协同推进医保支付方式改革。推进城市医疗集团和县域医共体建设。加大乡村医疗卫生人才保障力度。做大做强“运动健身进万家”品牌，持续增加群众身边全民健身场地设施供给，大力开展“村”字号系列赛事、社区运动会、全民健身运动会等赛事活动。

繁荣发展文化事业。加强公共文化服务法制保障体系建设，保护传统艺术经典，举办第九届福建艺术节，精心培育攀“高峰”精品力作。加快福建文旅艺术大学筹建工作。打造福建非遗传播品牌，开展“清新福建·共享非遗”福建四季非遗传播、“闽南文化非遗周”等系列活动。做好第四次全国文物普查工作，夯实文物保护利用基础。

健全社会保障体系。稳步提升养老保险待遇水平，推进医保精准参保扩面。发展银发经济增进老年人福祉，培育养老服务新业态，推进老年友好环境建设，引导新建一批示范性长者食堂、嵌入式养老服务机构，全力打造“福见康养”幸福养老体系。完善三孩生育政策及配套措施，提升普惠托育服务体系，每千人口托位数达到4.0个以上。推进“福蕾行动计划”，实施困境儿童关爱服务质量提升三年行动计划。筑牢维护妇女儿童权益的法制屏障，积极推进国家儿童友好城市建设。加强社会优抚工作。稳妥推进保障性住房规划建设，规范发展保租房和公租房，解决好困难工薪收入群体以及新市民、青年人等群体住房问题。深入实施中长期青年发展规划，推进全国和省级青年发展型城市试点建设。进一步完善低收入人口动态监测和救助帮扶机制，大力发展服务类社会救助，推进“乐善福行”专项行动。落实好“菜篮子”市长负责制，保障重要民生商品有效供给和价格总体平稳。

（十）着力有效防范化解重点领域风险，确保大局安定稳定

加强经济金融风险防控。全力推进保交楼、保民生、保稳定工作，推进项目建设交付，促进房地市场平稳健康发展。支持城市老旧小区电梯加装、危旧房改造，加快城中村和燃气、污水等地下管网改造，消除住房安全隐患。坚持把防控风险作为金融工作的永恒主题，加强金融风险监测评估和预警，建立维护金融稳定的长效机制。防范化解地方政府债务风险。抓实基层“三保”工作，确保基层财政平稳运行。

保障能源安全。统筹做好煤电油气运保障工作，强化迎峰度夏、迎峰度冬电力保供，建成投产漳州核电1号机组、华电可门三期、漳州LNG外输通道等项目，推进宁德核电5、6号机组、中石油福建LNG接收站等项目建设。保障电力供应安全，完善省内“四纵三横”主干电网，加快建设主力电源和新能源项目送出工程。

提高公共安全治理水平。深入落实安全生产责任制，推进安全生产治本攻坚三年行动，构建全链条排查整治重大事故隐患的责任体系，亿元生产总值生产安全事故死亡人数控制在0.008人以内。提高防灾减灾救灾能力，推进200个自然灾害避灾点提升项目建设。深化治理“餐桌污染”、建设“食品放心工程”，开展市场安全风险专项整治，强化食品、药品、工业产品、特种设备质量安全监管。全面推进省级数字政府网络安全工作，深化网络安全等级保护制度实施，进一步压实网络安全主体责任。全力推进常态化扫黑除恶斗争向纵深发展。严打严治电信网络诈骗、涉未成年人等突出违法犯罪，推动公共安全治理向事前预防转型。坚决整治拖欠农民工工资。强化涉访涉稳风险防控，深入推进群众参与平安建设和社会治理。

各位代表，做好2024年经济社会发展工作意义重大、任务艰巨、使命光荣。我们要更加紧密地团结在以习近平同志为核心的党中央周围，以习近平新时代中国特色社会主义思想为指导，深刻领悟“两个确立”的决定性意义，增强“四个意识”、坚定“四个自信”、做到“两个维护”，不折不扣贯彻落实党中央、国务院各项决策部署，认真落实省委十一届四次、五次全会和省委经济工作会议要求，落实省十四届人大二次会议决议，自觉接受省人大的监督，认真听取省政协的意见和建议，不折不扣抓落实、雷厉风行抓落实、求真务实抓落实、敢作善为抓落实，坚定信心、开拓奋进，努力实现经济社会发展各项目标任务，以高质量发展的实际行动和成效，为奋力谱写中国式现代化福建篇章、服务全国发展大局作出新的更大贡献！

关于福建省2023年预算执行情况及2024年预算草案的报告

——2024年1月23日在福建省第十四届人民代表大会第二次会议上

福建省财政厅

各位代表：

受福建省人民政府委托，现将福建省2023年预算执行情况及2024年预算草案提请省十四届人大二次会议审议，并请省政协各位委员和其他列席人员提出意见。

一、2023年预算执行情况

2023年是全面贯彻党的二十大精神的开局之年，是三年新冠疫情防控转段后经济恢复发展的一年。全省各级各部门坚持以习近平新时代中国特色社会主义思想为指导，深入贯彻党的二十大和二十届二中全会精神，坚决贯彻落实习近平总书记重要讲话重要指示批示精神，全面落实“四个更大”重要要求，认真落实党中央、国务院决策部署和省委、省政府工作要求，严格执行省十四届人大一次会议审查批准的预算，牢固树立争优争先争效意识，集中精力抓开局，扎扎实实促发展，加力提效实施积极的财政政策，注重精准、更可持续，统筹做好稳增长、促发展、惠民生、保安全等各项工作，促进经济运行在合理区间和社会大局稳定，推动我省经济社会高质量发展取得新成效新进展。

（一）2023年预算收支情况

1. 一般公共预算

据快报统计，2023年，全省一般公共预算总收入5907.88亿元，增长9.8%。地方一般公共预算收入3591.87亿元，增长7.6%。全省一般公共预算支出5868.43亿元（含中央补助收入、上年结转和一般债券安排的支出），增长3.1%。

省本级地方一般公共预算收入268.87亿元，下降4.0%。省本级一般公共预算支出622.11亿元（含中央补助收入、上年结转安排的支出），增长6.8%。

2. 政府性基金预算

全省政府性基金预算收入2070.68亿元，下降21.3%，主要是国有土地使用权出让收入减收。全省政府性基金预算支出3589.02亿元（含中央补助收入、上年结转和专项债券安排的支出），下降14.0%。

省本级政府性基金预算收入27.30亿元，增长24.7%。省本级政府性基金预算支出59.06亿元（含中央补助收入、上年结转和专项债券安排的支出），增长1.6%。

3. 国有资本经营预算

全省国有资本经营预算收入192.93亿元，增长11.3%，主要是部分地市国有企业资产处置产权转让等一次性收入增加。全省国有资本经营预算支出56.70亿元，下降47.5%，主要是省本级国有资本经营预算支出减少。

省本级国有资本经营预算收入50.15亿元，下降20.2%，主要是2022年省属国有企业利润下降，相应减少2023年上缴国有资本经营预算收入。省本级国有资本经营预算支出3.85亿元，下降92.4%，主要是2022年安排省属金融企业增资扩股等资本性支出，抬高了基数。

4. 社会保险基金预算

全省社会保险基金收入2440.84亿元，增长9.8%。全省社会保险基金支出2149.66亿元，增长11.2%。主要是收入随参保人员增加和缴费基数增加而提高，支出随享受待遇人数增加和待遇水平增加而提高。当年收支结余291.18亿元，年末滚存结余2646.05亿元。

省级社会保险基金收入1088.37亿元，增长11.6%。省级社会保险基金支出960.84亿元，增长16.0%。主要是2023年起失业保险基金实行省级统筹，全省收支纳入省级社会保险基金。当年收支结余127.53亿元，年末滚存结余1031.35亿元。

5. 地方政府债务情况

2023年，全省发行政府债券2838.98亿元。其中：发行新增债券1756.49亿元（财政部下达新增限额1759亿元，扣除无需发行的外债转贷资金2.51亿元），主要用于市政和产业园区、交通、社会事业、保障性安居工程、农林水利、生态环保等公益性项目建设；发行再融资债券1082.49亿元，用于偿还存量政府债务。全省共偿还政府债券本金932.17亿元。截至2023年末，全省政府债务余额13810.88亿元（一般债务3797.07亿元、专项债务10013.81亿元），严格控制在中央核定的限额14332.1亿元之内，政府债务风险总体可控。

2023年，省本级发行政府债券50.35亿元。其中：发行新增债券42.05亿元，主要用于水利、交通、教育、医疗、养老等领域；发行再融资债券8.3亿元。省本级共偿还政府债券本金15.76亿元。截至2023年末，省本级政府债务余额252.13亿元（一般债务73.61亿元、专项债务178.52亿元）。

以上快报数在决算编制中可能还会有所变动，决算编成后再按规定报省人大常委会审批。

（二）主要财税政策落实和重点财政工作情况

按照预算法及其实施条例、《福建省预算审查监督条例》等规定，以及省人大预算决议和省人大常委会有关审议意见的要求，强化预算收支管理，着力保障和改善民生，深化财税体制改革，严防财政运行风险，推动经济社会平稳发展。

1. 坚持精准发力，大力支持激发市场主体活力

一是持续落实减税降费政策。不折不扣落实中央延续、优化、完善减税降费各项举措，重点支持中小微市场主体，实施好小规模纳税人减免增值税、小微企业和个体工商户所得税优惠等政策；持续激励企业增加研发投入，落实研发费用税前加计扣除政策，并作为制度性安排长期实施。出台对经营困难的纳税人减免房产税和城镇土地使用税、对退役士兵和重点群体创业就业顶格给予税费减免等地方性举措。全省全年新增减税降费及退税缓费约683亿元。聚焦规范涉企收费，持续开展乱收费整治，助力优化营商环境。

二是有效发挥财政稳投资作用。争取中央下达我省新增专项债务限额1618亿元，在全国率先完成全年新增政府债券发行任务。建立新增专项债券分配“两上两下”工作机制和项目成熟度评审机制，将专项债券资金精准用于1180个项目建设，其中省重点项目209个。持续加强专项债券使用穿透式监测和预警，拉动有效投资。多渠道筹措资金163.78亿元，加快推进铁路、公路、港口、民航机场等交通基础设施建设。统筹预算内投资165.64亿元，支持重大基础设施、自然灾害防治、公共管理等领域重大项目建设。下达省级以上财政资金60.44亿元，推进水利项目建设。全面梳理、分类实施政府和社会资本合作项目，推动项目依法合规、稳妥有序实施。

三是加强财政金融协同联动。推出3期共300亿元规模的提质增产争效专项资金贷款，省级财政按贷款金额1%给予贴息，重点支持制造业、科技、文化旅游等领域，惠及企业2万多家。扩大政银担业务合作，下达2.5亿元，从业务奖补、保费补贴、代偿补偿等方面支持政府性融资担保（再担保）机构服务小微企业、新型农业经营主体。实施创业担保贷款财政贴息及奖补政策，通过降低申请门槛、免除反担保要求等措施，引导银行业金融机构加大贷款投放力度。实施技术改造融资贴息政策，省级财政给予年化2%贴息，累计签约重点技改项目贷款469项，已投放274.27亿元，可撬动社会资本投资1842亿元。

四是助力稳外贸稳外资促消费。下达14.93亿元，支持稳外贸稳外资促消费，促进高水平开放，助力提振内需。实施促进外资扩增量稳存量提质量若干政策，支持外资企业加快到资，鼓励制造业招大引强。出台促进外贸稳定增长十条措施，对小微出口企业“单一窗口＋出口信保”项目保费进行全额补助，支持组团“走出去”。进一步优化财政奖补政策，助力提振市场消费信心，鼓励各地采用购车补贴、发放汽车消费券等方式拉动全省汽车消费；支持重点商圈街区大数据平台建设和步行街提升改造，打造一刻钟便民生活圈，推动“假日经济”；支持发展“直播引流＋实体消费”新模式，提振网络消费。

2. 坚持创新驱动，加快建设现代化经济体系

一是加快推进科技自立自强。下达6.49亿元，支持7家省创新实验室高标准建设和有序运转，推进福厦泉自主创新示范区建设。下达3.7亿元，支持1387家科技型企业迸发新动能，新增培育一批国家级高新技术企业和国家级专精特新

“小巨人”企业，支持46个高技术、高成长、强引领的产业领军团队开展技术攻关；下达5亿元，支持选认2217名省级科技特派员、822个法人和团队科技特派员，实施农业高质量发展超越协同创新工程等；下达6.3亿元，强化“从0到1”基础研究保障力度，深化科技计划项目经费管理，持续推动科技重大项目“揭榜挂帅”“赛马”制度改革，推进高校科研院所科技成果转化试点。

二是做大做强“四大经济”。用好100亿元规模省级政府投资母基金，推动数字、绿色、海丝和闽台等产业基金组建工作，引导撬动更多社会资本投入。加快推进数字产业化、产业数字化，统筹15.5亿元，深入实施新型基础设施建设三年行动计划，深化数字福建建设，促进数字经济创新发展；推动产业转型升级，支持中小企业数字化改造，福州市、厦门市入选第一批国家中小企业数字化转型城市试点。支持加快发展海洋经济，下达47.1亿元，强化海洋资源利用与保护，加快完善海洋渔业现代设施与装备，推进海洋渔业产业发展，支持举办2023世界航海装备大会、外国使节看渔业活动，支持福州（连江）国家远洋渔业基地及厦门、连江、东山、晋江等国家级沿海渔港经济区建设，建设具有国际竞争力的现代海洋渔业产业基地。培育壮大绿色经济，下达4.64亿元，支持大力发展节能环保产业，深化“电动福建”建设，推动能源绿色低碳转型；积极引导新能源车辆采购，全省各级执法执勤部门新能源车辆采购比例同比增长159%；下达2.6亿元，支持林下经济、竹业、花卉等产业发展，提升林业生态产品价值；严格落实绿色采购制度，近三年节能节水产品、环境标志产品采购数量占同类采购数量的比重超过90%，福州、龙岩获批政府采购支持绿色建材促进建筑品质提升城市试点。推动文旅消费升级，下达4.74亿元，支持实施文旅品牌县正向激励、国家夜经济消费聚集区奖励、智慧文旅项目奖补等，推进全域旅游、生态旅游、红色旅游以及闽派文化精品打造，支持文旅融合示范项目建设，进一步打响“清新福建”旅游品牌。

三是全面强化生态省建设。统筹山水林田湖草沙一体化保护和综合治理，下达12.77亿元，推进九龙江流域山水工程建设，巩固闽江流域生态保护修复成效，我省2个项目入选全国山水工程首批优秀典型案例。积极争取中央支持，开展海洋、国土绿化、黑臭水体等重点领域生态保护治理，通过竞争性评审，7个项目获中央资金奖补18.5亿元。深入推进重点流域生态保护补偿、综合性生态保护补偿，下达10.76亿元，推动实施区域生态环境质量持续提升，构建生态保护者和受益者利益共享、良性互动局面。下达11.72亿元，推进国土绿化、提升森林质量和碳汇能力。下达4.85亿元，支持环武夷山国家公园保护发展带建设。积极利用亚洲开发银行和法国开发署贷款，支持仙游县木兰溪流域生态环境综合治理及提升项目、福鼎市建设山水林海一体化保护管理与合理利用示范项目。

四是有力支持城乡区域发展。持续加大“三农”投入，确保财政投入与乡村振兴目标任务相适应。保持衔接资金投入力度不减，下达21.01亿元，推动巩固脱贫攻坚成果同乡村振兴有效衔接。保障粮食安全，统筹19.13亿元，支持建设总仓容65万吨的省级储备粮库。下达12.72亿元，落实种粮农民补贴政策。下达17.38亿元，加大高标准农田建设支持力度，将财政补助标准由1600元/亩提高至2400元/亩。下达26.29亿元，支持乡村优势特色产业发展，推进农村一二三产业融合发展。下达19.7亿元，加大对原中央苏区和革命老区转移支付等财力补助力度。下达11.81亿元，支持乡村振兴重点县、海岛及沿海地区各项社会事业发展和产业结构调整。健全农业转移人口市民化奖励机制，下达14.13亿元，增强吸纳农业人口较多地区财政保障能力，切实保障随迁子女义务教育等基本公共服务需求。下达30.58亿元，提升城乡建设品质，重点建设海绵城市，改善提升历史文化名镇名村传统村落，推动福道建设，打造城乡建设品质提升省级样板工程等。漳州、龙岩、南平海绵城市建设示范项目被财政部评为A级等级，三明获评全国海绵城市建设示范城市。下达1.9亿元，支持沪明、广龙对口合作。统筹13.7亿元，深化东西部协作和对口支援，促进援藏、援疆项目落地实施，持续推动闽宁合作再上新水平。

3. 坚持人民立场，持续保障和改善民生福祉

一是有效保障民生支出。坚持以人民为中心的发展思想，持续加大财政投入力度，全省民生支出4527.15亿元，增长3.7%，占一般公共预算支出77.1%，持续保持七成以上。其中：教育支出1259.01亿元，增长3.4%；社会保障和就业支出770.79亿元，增长7.5%；卫生健康支出617.66亿元，增长1.9%；城乡社区支出443.69亿元，增长2.9%；农林水支出412.40亿元，增长0.5%；住房保障支出149.38亿元，增长17.1%；自然资源海洋气象等支出89.75亿元，增长41.3%；粮油物资储备支出27.03亿元，增长4.6%。持之以恒办好民生实事，29项省委和省政府为民办实事项目省级累计下达相关资金128.14亿元，完成年初计划总额的116.5%。

二是有力落实就业优先战略。聚焦高校毕业生、下岗失业人员、农民工等重点群体就业，下达13.13亿元，顶格实施各类就业创业政策。下达1.04亿元，用于各地低收入人口跨省务工奖励。支持就业公共服务体系建设，泉州市入围国家公共就业服务能力提升示范项目。失业保险基金实行省级统收统支，比国家要求提前一年。实施降低工伤保险费率和失业保险稳岗返还政策，减轻企业负担，促进企业稳岗扩岗。

三是稳步提升教育实力。下达59.9亿元，支持新建、改扩建公办幼儿园195所，实施义务教育薄弱环节改善与能力提升计划，增补城区义务教育学位10.73万个，支持普通高中教育质量提升，推进基础教育扩优提质。下达26.6亿元，有序推进职业教育“双高计划”和产教融合，推动基于专业大类的职业教育差异化生均拨款制度改革，入选全国职业教

育生均拨款改革试点省份。下达 69.8 亿元，探索建立高等教育支出绩效评价体系，重点推动国家和省级“双一流”和应用型本科高校建设。下达 17.9 亿元，持续强化学生资助经费保障，资助困难学生逾百万人次，实现“所有学段、所有学校、所有家庭经济困难学生”全覆盖。深入实施人才强省战略，安排 10.5 亿元，支持实施省级高层次人才、“特级后备”人才、省引才“百人计划”等人才政策，加快推进人才吸引集聚平台建设，加强总会计师类会计领军人才、注册会计师类人才培养。

四是持续推进卫生健康发展。下达 109.14 亿元，将城乡居民医保财政补助从每人每年 610 元提高到 640 元，支持各地落实基本医保待遇、巩固大病保险保障水平。下达 22.72 亿元，将基本公共卫生人均筹资标准从 84 元提高到 89 元，统筹用于基本公共卫生服务项目。下达 1.34 亿元，用于支持中医药服务能力提升、中医药人才建设和传承创新等。全力做好疫情防控新阶段财政保障，下达 16.17 亿元，支持各地及时足额发放医务人员一次性补助和过渡期临时性工作补助，对实施“乙类乙管”后新冠病毒感染患者个人负担部分予以补助。实施新一轮医疗“创双高”，开展县域医共体能力提升项目，支持卫生健康人才队伍建设。支持开展“无陪护”病房、适龄女性 HPV 疫苗免费接种、乙肝感染者规范化治疗等试点项目。

五是不断完善多层次社会保障体系。持续推进养老保险制度改革，下达 69.51 亿元，对居民缴费和基础养老金给予补助，支持城乡居民基础养老金省定标准从每人每月 140 元提高到 150 元。下达 1.36 亿元，新建 300 个示范性长者食堂、50 个嵌入式养老服务机构，支持农村幸福院质量改造提升。下达 33.26 亿元，统筹用于城乡低保、特困供养、临时救助、孤儿基本生活保障和流浪乞讨人员救助等支出，集中养育孤儿和社会散居孤儿基本生活省定最低养育标准从每人每月 1800 元和 1400 元，分别提高到 2100 元和 1700 元。厦门市入围国家普惠托育服务发展示范项目。落实我省重特大疾病医疗保险和救助制度，下达 6.2 亿元，用于资助符合条件的困难群众参加基本医疗保险、开展住院救助等。下达 9.5 亿元，将困难残疾人生活补贴标准从每人每月 99 元提高到 107 元，将生活困难的重度残疾人一级、二级护理补贴标准分别提高到每人每月 128 元、107 元，支持促进残疾人就业创业、提升残疾人康复服务能力、推进残疾人家庭无障碍改造等。连续第 22 次提高部分优抚对象抚恤和生活补助标准，惠及优抚对象超过 20 万人。下达 29.8 亿元，保障优抚对象、军休干部等群体的生活和医疗待遇。将革命“五老”人员定期生活补助标准从每人每月 1870 元提高至 1990 元，支持优抚事业单位和烈士纪念设施提质改造等。

4. 坚持优化管理，不断提升财政治理效能

一是持续加强财政法治建设。不断提升服务省人大代表、政协委员水平，办理建议提案沟通率、答复率、满意率均达到 100%。强化财会监督，在全国率先出台纪检监察监督、巡视监督与审计监督、财会监督、统计监督贯通协同实施办法，建设财会监督问题库、风险防控等系统，开展财会监督、预算执行监督专项行动和重点民生资金专项整治，构建大监督工作格局。制定完善行政执法公示办法、行政执法全过程记录办法、重大行政执法决定法制审核办法，出台《福建省财政行政处罚裁量权适用规则》《福建省财政行政处罚裁量权基准》，进一步推动财政行政执法管理规范化、制度化。建立行政复议应诉定期报告制度，扎实做好以案促改和普法教育。建立健全应用行政调解化解政府采购纠纷机制，优化财会多元纠纷化解机制。加大对注册会计师、资产评估行业中介机构执业质量监督，提升中介执业质量。强化行政事业单位内部控制建设，提升单位内部管理水平。

二是深化预算管理改革。修订《福建省省级财政专项资金管理办法》，进一步明确专项资金的管理范畴，压实管理职责，强化预算和绩效管理，完善法律责任。全面推进预算绩效管理工作，评价范围拓展到部门整体支出和政府采购支出等领域，对到期专项实施全生命周期绩效评价。健全财政资源统筹机制，将省直部门取得的所有收入全部编入预算，将省直行政事业单位所办企业统一纳入省级国有资本经营预算编制范围。严格转移支付设立程序，加强绩效管理结果应用，完善专项转移支付资金评估和退出机制。优化直达资金范围，全省纳入直达机制的资金共有 33 项、841.13 亿元，并加强对下正向激励，实施资金分类管理，完善全过程监管机制，更好保障基层财政运转和落实惠企利民政策。

三是切实提高财政信息化水平。深化预算管理一体化改革，分批推进一体化系统整合，顺利完成预算指标核算管理改革，率先在全国实现国库统发工资系统与人事管理平台联网。扎实推进乡村振兴（扶贫惠民）资金在线监管平台扩面提质，监管资金增至 54 项，累计 580 亿元，惠及群众 846 万人次。启动智慧财审系统，运用信息技术和网络大数据进行智能辅助审核和自动预警分析，评审资金 69.49 亿元。建成福建省公务用车控购信息管理系统，实现全省执法执勤用车和市县公务用车全流程线上购置审批。设立政府采购远程异地评审模式，在全国率先实现全省跨市应用新突破。推广以电子保函方式缴交政府采购保证金，减少市场主体的资金占用成本。深化非税收入收缴电子化和财政电子票据改革，推进涉费政务事项“一网通办”“跨省通办”，进一步拓展财政电子票据社会化应用。

5. 坚持防范风险，保障基层财政平稳运行

一是坚决防控政府债务风险。加强到期债务情况分析研判，精准匹配发行再融资债券，督促各地严格落实偿债责任，全省到期政府债券本息全部按期偿还。建立健全防范化解地方债务风险工作机制，制定一揽子化债方案。积极稳妥化解隐性债务存量，坚决遏制增量，开展化债试点，优化债务结构，降低利息负担。加强全口径债务统计监测和分析，开展

债务风险等级评定和预警通报，健全考核问责机制，压实债务风险防控主体责任。

二是兜牢兜实基层“三保”底线。进一步推动财力下沉，下达省对市县转移支付1838.43亿元，增长11.2%。健全“三保”预算审核和执行监测机制，实现全省县（市、区）“三保”预算审核全覆盖，动态监测各地“三保”支出执行情况，确保所有县级预算财力均可覆盖“三保”支出需求。建立“三保”激励约束机制，将市县“三保”支出责任落实情况纳入促进财政经济加快发展正向激励资金的考核奖励范围，组织开展基层“三保”领域的财经纪律重点问题专项整治。

2023年财政改革发展工作取得的成绩，根本在于习近平新时代中国特色社会主义思想科学指引，是坚决贯彻落实党中央、国务院决策部署的结果，是省委和省政府的科学施策、正确领导的结果，也离不开省人大、省政协的有效监督、有力指导。同时，我们也清醒看到，财政工作还存在一些不足，财政运行仍面临一些困难和问题，主要是：土地和房地产相关收入对地方财力影响持续显现，税收收入增速总体呈回落态势，财政收入稳定增长面临更大挑战；我省已经进入偿债高峰期，部分市县到期债券本息占财力比重较高，还本付息压力较大；基层“三保”及其它刚性支出只增不减，部分市县库款紧张，基层财政收支普遍处于“紧平衡”状态；部分部门资金拨付不及时、项目支出进度偏慢，未能及时形成实物工作量；有的市县专项债券投向不精准、效益不高，财政资金使用绩效有待进一步提升；有的项目资金存在管理不够规范的问题，还要持续严肃财经纪律、整饬财经秩序。我们高度重视这些问题，今后还将认真听取各位代表、各位委员的意见和建议，加大工作力度、采取有力措施加以解决。

二、2024年预算草案

2024年是新中国成立75周年，是实施“十四五”规划的关键一年，是习近平总书记亲自擘画“机制活、产业优、百姓富、生态美”新福建宏伟蓝图10周年。预算编制和财政工作的指导思想是：以习近平新时代中国特色社会主义思想为指导，全面贯彻落实党的二十大、二十届二中全会和中央经济工作会议精神，聚焦新福建建设宏伟蓝图和“四个更大”重要要求，按照省第十一次党代会和省委十一届四次、五次全会及省委经济工作会议部署，坚持稳中求进工作总基调，完整准确全面贯彻新发展理念，围绕推动高质量发展首要任务和构建新发展格局战略任务，统筹扩大内需和深化供给侧结构性改革，统筹新型城镇化和乡村全面振兴，统筹高质量发展和高水平安全，坚持积极的财政政策要适度加力、提质增效，落实好结构性减税降费政策，坚持党政机关过紧日子，大力优化财政支出结构，兜牢基层“三保”底线，加强地方政府债务管理，严肃财经纪律，强化财会监督，提高财政资金绩效，落实新一轮财税体制改革各项工作，切实增强经济活力、防范化解风险、改善社会预期，巩固和增强经济回升向好态势，持续推动经济实现质的有效提升和量的合理增长，增进民生福祉，保持社会稳定，为奋力推动中国式现代化福建实践提供坚实财力保障。

（一）2024年财政收支形势分析

从全国来看，我国发展具有巨大韧性和潜力，国内经济回升向好、长期向好的趋势没有改变，积极因素持续积累、预期持续好转。从我省来看，全省经济在固本培元中总体回升向好，经济运行持续保持恢复。经济社会高质量发展为财政改革发展提供了重要支撑，但也要看到，当前外部环境的复杂性、严峻性、不确定性加大，消费增长受到制约，社会投资意愿不强，外需疲弱制约出口，产业结构调整有待深化，房地产市场预期尚未稳定，叠加中小微企业缓征税款抬高收入基数等因素，都将对今年我省财政收入的稳定增长产生影响。初步预计，2024年财政收入增幅将与我省经济增长保持大体协调。与此同时，为全面推动我省高质量发展，今年各方面对财政支出需求较多，科技攻关、乡村振兴、生态环保等重点支出刚性增长；弥补养老、教育、医疗卫生等基本民生短板，财政需要继续加强保障；支持区域协调发展，增强基层“三保”能力等，需要保持适当财政支出强度。总的来看，今年我省财政收支形势依然严峻，仍将处于“紧平衡”状态。

（二）2024年预算编制原则

预算编制遵循以下原则：一是服务中心、保障重点。围绕省委和省政府中心工作，聚焦省委经济工作会议部署，保持必要的财政支出强度，增强省委和省政府重大战略任务和基本民生财力保障。二是量入为出、统筹平衡。实事求是，科学编制收入预算，保持与经济社会发展水平相协调，与积极的财政政策相衔接。加强财政资源统筹，坚持以收定支、量力而行，突出重点、有保有压，确保全年财政收支平衡。三是勤俭节约、过紧日子。坚持艰苦奋斗，节俭办一切事业，党政机关要习惯过紧日子，严控一般性支出。严肃财经纪律，规范使用各类财政资金。四是强化管理、提质增效。坚持预算法定，强化预算约束和绩效管理，在预算编制中加强对审计、财会监督和绩效评价等结果的运用，提高资金效益和政策效果。五是兜牢底线、防范风险。加大转移支付调节力度，统筹加大对基层和财政困难地区的倾斜支持，兜牢基层“三保”底线。防范化解地方政府债务风险，坚决遏制隐性债务增量、化解存量。

（三）2024年全省代编和省级一般公共预算

1. 全省代编一般公共预算

全省代编一般公共预算总收入预计为6230.45亿元，增长5.5%。地方一般公共预算收入预计为3770.03亿元，增长5%，加上中央补助1488.41亿元、动用预算稳定调节基金340.97亿元、调入资金532.99亿元、中央提前下达新增一般债务限额96亿元，剔除上解中央64.63亿元，全省收入合计6163.77亿元。按照收支平衡原则，安排全省一般公共预算支出6163.77亿元，增长5.1%。

2. 省级一般公共预算

省本级一般公共预算收入预计为272.95亿元，增长1.5%，加上中央财政补助收入1379.35亿元、市县财政上解收入342.94亿元、调入资金14.84亿元、动用预算稳定调节基金180亿元、中央提前下达新增一般债务限额82亿元，省级收入合计2272.08亿元。

按照收支平衡原则，相应安排省级支出2272.08亿元，增长5.4%，扣除应上解中央支出43.73亿元、补助市县支出1535.19亿元、一般债务还本支出3.5亿元、债务转贷支出82亿元，省本级支出607.66亿元，增长2.8%。

（四）政府性基金预算

全省政府性基金预算收入预计为2820.77亿元，增长36.2%，加上中央补助收入16.66亿元、中央提前下达新增专项债务限额1212亿元，全省收入合计4049.43亿元。按照以收定支原则，相应安排支出4049.43亿元。

省本级政府性基金预算收入预计为24.06亿元，下降11.9%，加上中央补助收入16.55亿元、按规定调入专项债券还本付息资金8.03亿元、市县财政上解政府性基金5亿元、中央提前下达新增专项债务限额928亿元，省级收入合计981.64亿元。按照以收定支原则，相应安排省级政府性基金预算支出981.64亿元，扣除补助市县支出30.33亿元、专项债务还本支出0.91亿元、债务转贷市县支出928亿元，安排省本级支出22.4亿元。

（五）国有资本经营预算

全省国有资本经营预算收入预计为185.88亿元，下降3.7%，加上中央补助收入0.2亿元，全省收入合计186.08亿元。根据国有资本经营预算管理相关规定，扣除按规定调入一般公共预算78.93亿元，相应安排支出107.15亿元。

省本级国有资本经营预算收入预计为76.53亿元，增长52.6%，其中，省国资委监管企业国有资本经营预算收入33.29亿元、省级金融企业国有资本经营预算收入41.81亿元、其他企业国有资本经营预算收入1.43亿元。省本级国有资本经营预算收入加上中央财政补助收入0.18亿元、上年结转收入4.68亿元，省级收入合计81.39亿元。按照收支平衡原则，扣除按规定调入一般公共预算12.1亿元，安排省级国有资本经营预算支出69.29亿元，其中，安排省本级支出69.11亿元、补助市县支出0.18亿元。

（六）社会保险基金预算

全省社会保险基金预算收入预计为2676.98亿元，增长9.7%。按照精算平衡原则，安排全省社会保险基金预算支出2332亿元，增长8.5%。当年收支结余344.98亿元，年末滚存结余2991.03亿元。

省级社会保险基金预算收入预计为1260.42亿元，增长13.1%，其中，企业职工基本养老保险基金收入1058.13亿元、机关事业单位基本养老保险基金收入68.72亿元、职工基本医疗保险基金收入52.02亿元、工伤保险基金收入40.6亿元、失业保险基金收入40.95亿元。按照精算平衡原则，安排省级社会保险基金支出1076.87亿元。当年收支结余183.55亿元，年末滚存结余1242.74亿元。

（七）2024年省级四本预算支出安排

省级四本预算安排支出共计4399.88亿元，对照省委十一届四次、五次全会和省委经济工作会议提出的各项部署，以及省政府工作报告任务要求，重点做好以下8个方面的支出保障：

1. 支持全面提升产业体系现代化水平

紧扣新型工业化目标，完善推动产业结构优化调整的政策体系，发挥财政奖补政策作用，引导各县域发展重点产业链，推动新一轮工业园区标准化建设，支持实施先进制造业集群发展工程；优化技改项目设备投资奖补政策，大力实施技改项目融资贴息，支持传统产业“智改数转”；用好生物医药等专项资金，培育壮大战略性新兴产业；落实人工智能等奖补政策，加快布局发展未来产业；健全完善优质企业梯度培育体系，加大力度培育专精特新企业、制造业单项冠军企业，培优扶强龙头企业。推动数字经济发展，用好数字福建、数字经济等专项资金，完善数字基础设施，助力福建大数据交易中心、东南大数据产业园等建设，支持办好第七届数字中国建设峰会；推动海洋经济发展，发挥财政资金正向激励作用，推进“海上粮仓”建设，支持举办2024世界航海装备大会；推动绿色经济发展，用好“电动福建”建设专项资金，促进节能降碳升级改造，助力新能源汽车、电池租赁、新型储能等产业发展，促进电动船舶全产业链发展，通过补贴、以旧换新等方式，支持新能源汽车废旧动力电池回收再利用；推动文旅经济发展，用好文旅专项资金，支持平潭国际旅游岛、世界文化遗产保护等重点项目建设，支持建设特色文化旅游带、精品文旅线路等，创新高品位文旅业态产品，打响“海丝起点·清新福建”品牌。加强财政金融协同联动，统筹做好科技金融、绿色金融、普惠金融、养老金融、数字金融五篇大文章；做强现代服务业，用好财政奖补资金，支持发展生活性服务业，大力发展物流业，推进厦福泉国家综合货运枢纽补链强链工程。发展高质高效农业，严格落实耕地保护和粮食安全责任制，加大高标准农田建设投入力度，支持开展种业振兴行动和农业科技研发应用，全力保障粮食安全和重要农产品稳产保供；支持特色现代农业高质量发展，提升设施农业发展水平，推进农村一二三产业融合，加快国家农村产业融合发展示范园建设，发展农产品精深加工、冷链物流、休闲观光农业。

2. 支持着力强化科技创新支撑引领

支持科技创新，提升财政科技投入效能，优化科技创新券等奖补政策，促进企业研发投入与科技资源配置紧密挂钩；加大对企业科技创新团队和科研人员激励力度，让更多企业参与技术攻关；支持开展科技成果转化“搭桥”行动，促进技术创新成果转化更加便利。落实好新一轮科技管理机构改革任务，激发全社会创新活力；加强基础研究支持力度，进一步优化“揭榜挂帅”“赛马”制度，支持推动职务科技成果权属改革；健全科技创新投融资机制，加大“科技贷”投放力度，扩大对科技型小微企业贷款担保规模和覆盖面，撬动更多社会资本投入。发挥平台载体作用，支持福厦泉科学城、省创新研究院、省创新实验室建设，不断增强国家自主创新示范区引领示范作用；完善绩效评估和动态调整机制，加快省级科技创新平台重组提升；推动科研设施开放共享，支持产业技术研发公共服务平台建设。实施新时代人才强省战略，用好人才专项等资金，实施高层次人才培养和“托举”计划，支持培养“百千万人才工程”“雏鹰”计划，实施“技能福建”行动；开展引进首席科学家和领军人才团队科研经费稳定支持机制试点，推进高水平引才聚才平台建设，不断深化人才发展体制机制改革，持续完善人才使用、评价、激励等机制，让人才脱颖而出、各展其能。

3. 支持加快建设两岸融合发展示范区

认真贯彻落实《中共中央、国务院关于支持福建探索海峡两岸融合发展新路建设两岸融合发展示范区的意见》精神和我省实施意见，发挥财政职能作用，加快建设台胞台企登陆第一家园。支持健全台胞社会参与体系，建设台胞求学研习集聚地，完善台胞在闽就医、购房、养老服务、社会救助等保障体系，建好用活台湾青年创业就业基地，鼓励两岸产学研企开展标准共通试点。支持促进闽台经贸合作，推进闽台石化、电子信息、生物医药、现代农业、现代服务业等产业链供应链价值链加快融合；支持闽台基础设施应通尽通，建设对台跨境电商集散枢纽、能源资源中转平台，促进两岸物流集散中心等对台客货运枢纽设施提级扩能；支持提档升级台湾农民创业园、闽台农业融合发展产业园。加大科研支持等力度，深化闽台科技创新合作。推进两岸文化研究和交流，支持办好第十六届海峡论坛、第十二届海峡青年节，开展“迁台记忆”档案文献征集、保护、开发利用和数字化工作，加强闽台历史文化、南岛语族文化等研究，深入实施涉台文物保护工程，拓展闽台同名同宗村交流，促进青少年交流更加热络。支持闽台全域融合发展，提升厦金融合质效，促进福马创新融合，推动平潭探索对台贸易创新发展，拓展其他地区对台融合实践。

4. 支持积极服务和融入新发展格局

发挥专项债券稳投资、促增长作用，统筹相关领域资金，聚焦补短板、强弱项，积极扩大有效益的投资，强化交通强省建设和能源保障，加快重大水利工程建设，深入实施新型基础设施建设三年行动计划。支持深挖消费潜力扩内需，大力发展数字消费、绿色消费、健康消费，稳定和扩大传统消费，深化“三品”专项行动，持续开展“全闽乐购”活动，办好第三届福品博览会，加快推进新闽菜创新发展三年行动，提振新能源汽车、电子产品等大宗消费；统筹做好重点领域改革资金保障，支持要素市场化配置、农业农村、集体林权制度、“三医”联动等改革；落实《国务院关于进一步完善国有资本经营预算制度的意见》，充分发挥国资预算的功能作用，聚焦重点行业和关键领域，支持我省主导产业做强做专，促进国有资本合理配置，推动国有经济布局优化和结构调整；落实企业重组与改制税收优惠政策，支持深入实施新一轮国企改革深化提升行动。支持开放平台提档升级，加大资金统筹力度，深入实施自贸试验区提升战略，持续推进“两国双园”“丝路海运”“海丝中央法务区”、金砖创新基地等建设；支持对外贸易保稳促优，优化拓展国际贸易“单一窗口”，壮大“新三样”出口优势，加快内外贸一体化发展；支持利用外资提质增效，办好第二十四届投洽会、第二届中国侨智发展大会、海丝博览会暨海交会，打造“投资福建”品牌，扩大闽港闽澳合作；发挥“侨”的优势，支持深入实施引侨资汇侨智聚侨力引进工程。深入实施新时代民营经济强省战略，加大对民营企业创新支持力度，推进民营企业产业升级，加强产业补链延链升链建链，壮大产业集群，鼓励和吸引更多民间资本参与重大项目建设。扎实推进“放管服”改革，支持清理拖欠企业账款，严格规范涉企收费；支持加快数字政府建设，将财政执法事项纳入一体化大融合行政执法平台，建立数字赋能机关效能建设平台，建好企业掌上服务专区，推动政务服务“一网通办”“一网好办”。

5. 支持统筹推进城乡区域协调发展

支持新型城镇化建设，发挥农业转移人口市民化奖励资金导向作用，促进基本公共服务常住人口全覆盖；统筹用好城乡人居环境建设等资金，推动福道建设，打造城乡建设品质提升省级样板工程等，支持开展城市片区综合开发、县城更新、完整社区项目；健全住房保障体制机制，持续开展城镇老旧小区改造，积极推进保障性住房建设和城中村改造，加大力度发展保障性租赁住房；加快补齐基础设施短板，推进“平急两用”公共基础设施、海绵城市、城乡供水一体化等建设。支持高质量建设福州都市圈、厦漳泉都市圈，推进闽东北、闽西南协同发展。学习运用“千万工程”经验，支持开展“千村示范引领、万村共富共美”工程；落实“四个不摘”要求，保持投入力度不减，加大就业、产业帮扶力度，发展新型农村集体经济，巩固拓展脱贫攻坚成果同乡村振兴有效衔接，守牢不发生规模性返贫底线；加强乡村建设，实施农村建设品质提升行动，支持打造乡镇生活污水治理提升县、农村生活垃圾治理试点县；深入实施高素质农民培育计划，支持提升科技特派员等服务水平。促进公共资源共享，推进教育、医疗、托幼等优质资源向山区延伸，提升山区基本公共服务水平；做深做实新时代山海协作，支持加快老区苏区振兴，健全对乡村振兴重点县及欠发达老区苏区县挂钩帮扶机制，深化沪明、广龙对口合作，加快建设闽西革命老区高质量发展示范区；加强东西部协作和对口支援，推进闽宁协作和援藏援疆工作。

6. 支持努力让老百姓过上更好的日子

坚持尽力而为、量力而行，提高基本公共服务水平，兜住、兜准、兜牢民生底线。更加突出就业优先导向，完善就业促进机制，健全就业目标任务落实与就业资金分配挂钩制度，优化调整稳岗扩岗政策，支持高校毕业生、退役军人、农民工等重点群体稳定就业；加强困难群体就业兜底帮扶，提升职业技能培训水平。支持教育优先发展，夯实基础教育，持续实施公办幼儿园结构优化与质量提升工程，支持城区义务教育学位增补，推进改善普通高中学校办学条件、特殊教育优质融合发展、技工院校教育基础能力建设；有序推进职业教育国家和省级“双高计划”，支持发展技工教育；支持高等教育竞争力和综合实力提升，加强高等教育支出绩效评价体系运用，深入推进新一轮“双一流”和一流应用型高校建设；支持发展终身教育，开展继续教育。着力建设健康福建，推动优质医疗资源扩容提质下沉，健全分级诊疗服务体系，支持区域医疗中心建设，加强紧密型县域医共体建设，实施薄弱乡镇卫生院服务能力提升工程；推动中医药传承创新发展，加强传染病监测预警体系建设，促进公共卫生服务能力提升。织密扎牢社会保障网，支持积极扩大社会保险覆盖面，促进适龄参保人员应保尽保、愿保尽保；落实企业职工基本养老保险全国统筹，深化机关事业单位养老保险改革，健全职业年金绩效评价体系；实施工伤保险基金省级统收统支，持续完善基本医疗保险、失业保险省级统筹制度；进一步健全完善分层分类社会救助体系，积极发展银发经济，促进医养康养深度融合，支持建设示范性长者食堂、嵌入式养老服务机构；积极完善生育支持政策，鼓励探索普惠托育服务发展支持政策，深入实施中长期青年发展规划，促进人口高质量发展；积极发展公益慈善事业，加大社会优抚力度。着力打造文化强省，传承发展八闽优秀文化，加大文物非遗保护传承力度，支持三坊七巷、万里茶道、船政文化申遗，强化革命文物集中连片保护利用；繁荣发展哲学社会科学，支持做好档案、地方志、参事、文史工作；加快建设体育强省，继续建设一批全民健身场地设施，支持培育和引进国内国际品牌赛事。

7. 支持奋力打造美丽中国先行示范省

支持深入打好蓝天保卫战，持续支持抓好大气污染防治重大工程；支持深入打好碧水保卫战，深化闽江流域综合治理，持续推进九龙江流域山水林田湖草沙一体化保护和修复，继续实施重点流域生态保护补偿；支持深入打好碧海保卫战，实施重大海洋生态保护修复项目，常态化清理海漂垃圾，深化重点海湾综合治理；支持深入打好净土保卫战，加强土壤污染源头防控，开展涉重金属矿区历史遗留固体废物整治，深入推进农村生活污水治理。持续加强生态保护和修复，支持环武夷山国家公园保护发展带建设等；支持实施生物多样性保护重大工程，持续加强林业有害生物防治。健全减污降碳约束机制，落实低碳发展税收政策、绿色采购等制度，引导绿色低碳发展；推进综合性生态保护补偿，加强生态环境治理项目建设，以生态指标考核为导向，对重点生态功能区、生态文明建设示范区予以奖励，持续改善和提升生态环境质量。

8. 支持全力维护社会安定稳定

筑牢安全生产防线，支持狠抓安全生产治本攻坚、防灾减灾救灾、食品药品安全，深入开展安全专项整治，继续实施“五个一百”公共安全保障提升工程，常态长效推进基层防汛、防台风能力标准化建设，打造海陆空协同的应急救援体系。筑牢风险防范屏障，支持防范能源安全风险，加大支撑性电源和输电通道建设，统筹煤电油气保障；防范化解金融风险；防范化解房地产风险，用好用足房地产政策工具箱，支持刚性和改善性购房需求，促进房地产市场平稳健康发展。筑牢社会治理根基，强化依法治理能力提升，深入实施“八五”普法规划，支持开展普法宣传教育工作，助力推进多层次、多领域依法治理；支持做好人民信访工作，促进基层社会综合治理和社会治安防控体系建设，助力基层进一步加强社会治理体系和治理能力建设，推动打造共建共治共享社会治理新格局；深化司法体制综合配套改革，健全省以下法院、检察院经费管理制度体系，助力维护社会公平正义。

同时，加强财政经费保障，充分发挥工会、共青团、妇联、残联、红十字会等群团组织作用，做好关心下一代、老体协等工作。加强民族团结，促进宗教和顺。支持深化全民国防教育，落实兵役征集、民兵组织建设、人民防空等国防动员地方支出责任；优化退役军人工作和政策体系；统筹财政资金支持驻闽部队支前项目，构建全要素、多领域、高效益军民融合深度发展格局。

三、扎实做好2024年财政改革发展工作

围绕上述指导思想和预算安排，深入贯彻预算法及其实施条例，全面落实省十四届人大二次会议决议要求，坚持稳中求进、以进促稳、先立后破，扎实做好财政各项改革发展工作，确保全年预算目标顺利完成，推动我省经济社会高质量发展取得新成效。

（一）着力强化财政资源统筹

落实宏观政策逆周期和跨周期调节，精准实施积极的财政政策，着力在适度加力、提质增效上下功夫，增强宏观政策一致性，把有限的资金用在发展所需、民生所急、基层所盼上。加强政策统筹，政策效果评价注重有效性、增强获得感，强化协同联动、放大组合效应，同向发力、形成合力，着力提升宏观政策支持高质量发展的效果。抓好增量与存量资金统筹，完善结余资金收回使用机制，优先保障省委和省政府确定的重点任务。落实好结构性减税降费政策，重点支持科技创新和制造业发展。抓好财政拨款收入和非财政拨款收入统筹，将依托行政权力、国有资源资产获取的收入等全面纳入预算管理，将各部门和单位依法依规取得的事业收入、

事业单位经营收入等各类收入全部纳入部门或单位预算管理。抓好部门和市县政策资金的统筹，推进跨部门、跨级次、跨区域重大事项协同联动，最大限度地形成促进发展的合力。抓好增发国债资金与年度预算安排的统筹，优先保障地方配套资金到位，做好跨年度预算平衡，确保资金有序衔接。

（二）着力深化预算管理制度改革

落实中央新一轮财税体制改革有关部署，健全现代预算制度，持续优化税制结构，完善财政转移支付体系。持续完善财政预算绩效管理结果应用体系，将绩效管理结果与完善政策、调整预算安排有机衔接，体现奖优罚劣和激励相容导向。加强支出标准体系建设，完善基本支出标准，加快项目支出标准建设。不断完善财政直达资金管理机制，优化直达资金范围。推进数字财政建设，依托预算管理一体化系统，强化系统自动控制和预警监控，打破信息“孤岛”，提高数据质量。强化专项债券项目穿透式监测和债券资金投后管理，完善项目建设和运营全周期、全过程监督管理机制。

（三）着力优化财会监督管理

严格监管转移支付资金，严肃财经纪律。强化预算监督管理，扎实开展财会监督、预算执行常态化监督，一体推进问题整改和机制建立。认真落实贯通协同的实施办法，不断健全财会监督与各类监督横向协同、省市县纵向联动的制度体系，及时将发现问题线索纳入问题库，推动实现问题发现、整改、复核、销账的全周期闭环管理，切实把制度优势转化为工作成果。建立健全应用行政调解化解政府采购纠纷机制，优化财会多元纠纷化解机制。积极推动专项资金分配审核系统开发建设，通过核查比对资金分配方案，避免重复补助、违规补助。

（四）着力促进基层平稳运行

抓实抓细基层“三保”工作，强化市、县（区）主体责任，进一步落实“三保”分级责任制，做好预算管理、资金统筹、风险排查、问题处置，将“三保”作为预算安排的重点，坚持“三保”支出在财政支出中的优先顺序。强化基层财政运行和库款水平动态监测预警，对困难地区适时通过库款调度等方式给予支持，确保基层“三保”不出问题。统筹好地方债务风险化解和稳定发展，建立健全防范化解地方政府债务风险的长效机制，抓好一揽子化债方案落实，积极稳妥推动化解地方政府债务风险。压实还本付息责任，督促各地统筹做好偿债资金安排，坚决防范偿债风险。抓实隐性债务风险化解工作，加强地方政府融资平台公司治理，严禁违法违规举债融资行为，遏制新增隐性债务。推进重点地区统筹各类资金资产资源，落实“一地一策”化债，逐步降低债务风险水平，坚决守住不发生系统性风险的底线。

（五）着力落实预算审查监督

认真贯彻落实《福建省预算审查监督条例》，及时报告财税改革和财政重点工作进展，持续加强和改进财政预算管理。认真办理人大代表、政协委员建议提案，加强日常沟通，积极回应关切。扎实推进审计查出问题整改，建立健全整改工作机制，强化责任落实和责任追究。积极做好审计整改工作，把“当下改”和“长久立”结合起来，从政策设计、制度机制上剖析原因、堵塞漏洞。加强审计结果运用，建立健全预算约束机制，将审计发现问题、审计整改成效与年度预算资金安排结合，调整优化相关省级部门及市县项目资金安排。

各位代表、各位委员，新的一年我们要更加紧密地团结在以习近平同志为核心的党中央周围，全面贯彻落实习近平新时代中国特色社会主义思想，坚定拥护“两个确立”、坚决做到“两个维护”，在省委和省政府的领导下，自觉接受省人大监督，虚心听取省政协意见建议，凝聚力量、团结奋斗，担当作为、精准施策，更好发挥财政政策效能，扎实推进财政改革发展各项工作，为全面加快新发展阶段新福建建设，奋力谱写中国式现代化福建篇章作出新的更大贡献。

索引

说　　明

一、本索引为内容分析索引。

二、本索引按汉语拼音字母（同音字按声调）顺序排列。

三、每一词条后的数字表示该词条所在页码；页数后字母 A、B、C 分别表示所在页码的左、中、右栏。

四、本卷中“特载”“八闽关注”“大事记”“统计资料”“附录”，不列入本索引检索范围。

1～9

“1＋N”政策体系构建　227A
“12345”热线　77C
2022 年度省科学技术奖评选　282A
2023“鼓岭缘”中美民间友好论坛　343C
2023 电商主播大赛　259A
2023 海丝华文媒体发展论坛暨华媒福建行活动　144B
2023 年福建南平绿色高质量发展暨碳计量人才峰会　405A
2023 年福建省“运动健身进万家”系列赛事活动——梦跃小勇士体能障碍挑战赛　319A
2023 年福建省科技活动周　295B
2023 年福建省全民健身运动会（宁德赛区），中国霞浦休闲海钓大赛总决赛　318B
2023 年福建省全民健身运动会（宁德赛区）登山赛　318C
2023 年福建省新闻菜创新技能竞赛　259C
2023 年海峡两岸体育嘉年华暨海峡两岸青少年棒球冠军赛　319B
2023 世界航海装备大会　344A
2023 中国海洋装备博览会　344A
21 世纪海上合作委员会理事会会议　343C
21 世纪海上丝绸之路华文教育联盟成立　144C

A

爱国卫生运动　314A
“爱心助残驿站”建设　110B
安全发展统筹　31B
安全生产管理　232B
安全生产监督管理　339C
安全生产监督执法　340A
安全生产专项整治　339C
安全生产组织领导　339C
安溪县　378B
安置帮教　124A
案件执行　122B
澳门特区行政长官贺一诚访闽　145B

B

八闽史迹　23A
八闽文脉出版　308A
“百年跨国两地书”福建侨批展　143C
办学质量提升　58C

帮扶任务挂钩 289B
褒扬纪念工作 129A
保密工作 60B
保密技术服务 61A
保密监督检查 60C
保密行政管理 60C
保密宣传教育 61A
保险业 195A
保租房建设 203C
备案审查工作 65C
碧海工程 41C
碧水工程 41B
边防检查 159B
标准化工作 175B
殡葬服务 332C
殡葬管理 332C
殡葬信息化建设 332C
殡葬业整治 332C
博物馆 305B

C

财会监督 161C
财政 160A
财政法治建设 161C
财政金融协同发力 160B
财政审计 153C
财政信息化管理 161C
参事文史工作 76C
参政议政（工商联） 94C
参政议政（金门联） 108A
参政议政（九三学社） 93A
参政议政（民革） 85B
参政议政（民建） 88B
参政议政（民进） 89B
参政议政（民盟） 87A
参政议政（农工党） 90C
参政议政（省政协） 81A
参政议政（台联） 107B
参政议政（台盟） 94A
参政议政（致公党） 91C
餐饮安全监管 171C
餐饮业 259A
“餐桌污染”治理与“食品放心工程”建设 170C
残疾人福利 328C
残疾人工作规划实施评估 110C
残疾人就业 109B
残疾人民生保障 109B
残疾人权益维护 110B
残疾人文体事业 110A
残疾人职业技能提升 109C
残疾预防和残疾人康复 109C
仓山区 346B
测绘地理信息工作 38A
茶科技创新 287C
产教融合发展 277A
产品质量安全监管 174C
产学研协同创新 283A
产业发展（厦门片区） 266C
产业发展（漳州市） 362B
产业高质量发展促进机制 32B
产业链延链补链强链 149B
产业升级（福州新区） 269A
产业升级（工业） 221B
产业数字化 234B
产业体系升级发展 28B
产业支撑 413C
产业转型升级 383B
长乐区 348C
长泰区 365C
长汀县 418B
城建环保行业重点项目 152B
城市道路桥梁建设 199A
城市公交运营 238C
城市管理 200A
城市轨道交通 238C
城市建设 199A
城市精细化管理 200C
城市品质提升 269B
城市体检 199C
城市园林绿化 200A
城乡环境改善 432B
城乡建设（龙岩市） 414A
城乡建设（宁德市） 421B
城乡建设（三明市） 384A
城乡建设 199
城乡居民基本养老保险 324C
城乡区域发展资金投入 161A
城乡融合发展 69A
城乡水利水电建设 210C
城乡统筹发展 29C
城厢区 399A
城镇居民收入水平 323C
城镇居民消费水平 324A
城镇燃气安全管理 199B
崇文鉴史 77A
出版对外交流 308B
出版改革创新 308B
出版数字经济发展 308B
出口贸易 260B
出口商品结构 260C
出口商品市场 260C
出入境管理 119B
畜禽粪污资源化利用 209A
畜禽良种繁育体系建设 209A
传统报刊业 304A
传统建筑保护制度建设 202B
传统优势工业 224C
船舶工业 215A
船舶工业产业布局 215B
船舶工业创新转型 216A
船舶制造 215C
船检服务 242A
创新创造生态营造 282A
创新发展平台建设 267A
创新链产业链融合 281B
创新农村客货邮融合发展 237C
创新平台建设 149A
创新驱动发展服务 103A
创新驱动发展战略 32B
“创新生态产品价值实现机制”专题协商会 80A
创新试验 268A
创新战略研究工作 282B
创新政策制定与实施 282B
慈善事业 329A
村镇建设 201A

D

打造行业示范标杆 210A
大气环境管理 41B
大气环境质量 22C
大数据审计应用 155A
大田县 396C

大型科研仪器开放共享 284C
代表工作 66C
代表履职服务保障 67C
单一窗口功能服务提升 156B
党的创新理论出版 308A
党的二十大精神学习宣传贯彻 43A
党的建设 44C
党建思政 270A
党史编研 59B
党史和地方志工作 59A
党外知识分子统战工作 54B
党校行政学院工作 58A
党员队伍建设 52B
档案安全管理 311A
档案工作 310A
档案馆馆库建设 311A
档案管理与服务 310A
档案科研和学术研究 311A
档案信息化建设 310C
档案信息资源开发利用 310C
档案资源体系建设 310B
道路交通安全管理 119A
德化县 379A
地方金融监管 197C
地方资产管理 198B
地矿工作 37B
地名管理 332B
地名勘界 332B
地名文化宣传品牌建设 332B
地形地貌 20A
地震应急与安全监管 339A
地质勘查管理 37B
地质灾害防治 37C
低收入人口动态监测 327A
低碳交通运输体系 42B
第 15 届海峡论坛 · 第六届两岸基层治理论坛 79A
第二产业 421A
第二届福品博览会 254B
第二届考亭论坛举行 405A
第二届全球数字贸易博览会福建展 259A
第二十一届中国国际人才交流大会 295A
第六届数字中国建设峰会 234C
第六届中国国际进口博览会 260A
第三产业 421A
第三届 RCEP 青年侨商创新创业对接会 144A
第三届世界闽籍华侨华人社团联谊大会 144B
第十二届福建省“友谊奖”评选 295A
第十届海峡两岸暨港澳大学生职业技能大赛及创新创业成果展 277C
第十六届中国餐饮产业发展大会暨 2023 中国国际餐饮产业博览会 259B
第十五届海峡论坛 · 两岸各民族携手向未来活动 334B
第十五届海峡论坛 148A
第十一届福建创新创业大赛 286A
第五次全国经济普查 155B
第五期闽侨青年精英海丝情活动 144A
第一产业 420C
第一届中国侨智发展大会 106C
典当业 198B
“点题整治”工作 84B
电力工业 223B
电力工业改革创新 224C
电力供应 223C
电力生产 223C
电力装机 223B
电商节庆消费活动 258B
电网发展 224A
电影产业 304C
电子商务 258B
电子商务管理 258C
电子信息制造业 247A
电子政务 233B
调查监测评价 36A
调查研究服务 55B
调查研究和决策咨询服务 298B
调查研究活动 291A
《东南学术》期刊 104A
东山县 369C
东西帮扶协作 277A
动漫游戏行业 305A
“杜苏芮”台风 338A
对“一带一路”共建国家进出口国别情况 262A
对“一带一路”共建国家进出口贸易 262A
对“一带一路”共建国家进出口商品情况 262A
对讲机产业转型升级 252C
对口支持 315B
对口支援 312C
对台航运 242A
对台交流 114A
对台宣传 148B
对台招商对接 263B
对外承包工程 262C
对外合作交流 269B
对外及港澳台经济贸易 260
对外交流合作 111A
对外交流拓宽 432A
对外开放 266B
对外劳务合作 263A
对外宣传宣介 135B
对外援助 263A
对外直接投资 262B
多党合作和政治协商 54A
多式联运“一单制”专项工作 238A

E

儿童福利 328C
儿童青少年近视防控 276A

F

发展规划与政策法规 282B
发展和安全统筹 150C
法规政策支持 330B
法律服务 229A
法院 121B
法院改革 122C
法制监管保障 266A
法治 115
法治保障（民营经济） 228A
法治保障（邮政业） 246B
法治化营商环境助力 121A
法治政府建设 117A
法治政府建设 414C
法治政府示范创建 117B
反垄断和反不正当竞争 167B
防汛抗旱 338A
防震减灾公共服务 339B

防震减灾科技创新 338B
防治统计造假 155B
房地产业 203C
房地产业和住房保障 203B
纺织工业 219A
纺织工业产业布局 219A
纺织工业细分行业 219B
纺织工业主要成效 219C
非法社会组织整治 333B
非物质文化遗产 309C
废铅蓄电池和废弃电器处理 42A
丰泽区 373B
风险监测和综合减灾 337B
伏季休渔 231C
服务5G系统建设 252C
服务保障 209A
服务价格管理 170A
服务类社会救助 327A
服务台企 263C
服务外资企业专班工作 111C
服务业发展 149B
服务业行业重点项目 152B
福安市 423A
福鼎市 424A
福海创公司年产300万吨精对苯二甲酸（PTA）扩建项目 362B
福建地区军地警备联席会议 126C
福建工程学院更名为福建理工大学 280A
福建海洋经济发展 230A
福建欧美同学会（福建留学人员联谊会） 114A
福建青少年学生主题演讲大赛 333C
福建社科界青年学者论坛 299B
福建省“助力万企成长”外贸辅导活动 260B
福建省残疾人联合会 109A
福建省船舶工业集团有限公司 215C
福建省第十届少数民族传统体育运动会 334A
福建省第十四届人民代表大会第一次会议 63C
福建省第十一次归侨侨眷代表大会 107B
福建省妇女联合会 100A
福建省工商联建设 226C
福建省工商业联合会 94B
福建省工商业联合会成立70周年庆祝座谈会 94C
福建省归国华侨联合会 105B
福建省红十字会 113A
福建省疾病预防控制局、中医药管理局正式挂牌 316A
福建省金门同胞联谊会 108A
福建省军区 126A
福建省科普事业发展“十四五”规划 295B
福建省科学技术协会 102C
福建省路跑产业博览会 319B
福建省民营企业100强榜单发布（工商联） 95C
福建省民营企业100强榜单发布（民营经济） 229C
福建省农村信用社联合社 191B
福建省农业科学院 289C
福建省汽车品牌价值 214C
福建省人大常委会会议 64A
福建省人民代表大会 63
福建省人民政府 68
福建省社会科学界联合会 103B
福建省社会科学界学术年会 299B
福建省食品工业协会 220B
福建省市县政协主席工作座谈会 79B
福建省台湾同胞联谊会 107B
福建省文学艺术界联合会 104B
福建省习近平新时代中国特色社会主义思想研究中心建设 299A
福建省县域经济评价方法 229C
福建省新型基础设施建设三年行动计划 234A
福建省政协常委会会议 78C
福建省政协十三届一次会议 78B
福建省中华职业教育社 112B
福建省重要历史遗迹福州篇 23B
福建省总工会 96A
《福建土楼活化利用》专题展览 362C
福建新区体制创新 268C
福清市 349C
福厦高铁建设 236A
福厦高铁开通运营 235A
福厦泉科学城建设 286C
福厦泉自创区建设 286A
福州、厦门至香港的跨境列车恢复开行 235B
福州地铁 238C
福州鼓山森林火灾扑救任务 342C
福州软件园 248C
福州市 343A
福州市医改 315B
福州新区 268C
福州新区元洪功能区 269C
福籽同心爱中华活动 334B
腐败惩治（纪检监察） 83C
腐败惩治（检察） 120A
妇联组织改革 102B
妇女儿童权益保障 101C
妇女交流联谊 100B
妇女思想引领 100A
妇女助力对口协作 101A
妇女助力科技创新 100C
妇女助力乡村振兴 100C

G

改革创新 414B
改革开放（宁德市） 421C
改革开放（省委） 44A
改革开放（省政府） 68C
干部教育培训 51A
干部考核 51B
干休所医护人员岗位练兵比武 126C
港澳企业发展 264A
港澳事务 145A
港澳台工作 54C
港澳同胞在闽工作生活便利服务 145C
港澳招商对接 264A
港口 242B
港口腹地开拓 242C
港口建设 242B
港口生产 242C
高等教育 278A
高等学历继续教育规范 280B
高品质生活立法 115B
高水平医院建设 312B
高素质农民（工）培育 280C
高校毕业生就业 279C
高校毕业生就业创业 320A

高校科技 279B
高校设置规划 278A
高校师资建设 279A
高校项目建设 280A
高校招生 279B
高新技术产业园区建设 287A
高新技术企业培育 285B
高新技术与工业科技 285A
高新技术与工业科技项目立项与实施 285A
高质量发展立法 115A
高质量发展体制机制构建 47C
高质量教育体系 33B
革命文物保护 309A
个体工商户注册登记 165C
各种农产品产量 206C
耕地保护 37A
工程建设招投标专项治理 227C
工程造价管理 203B
工程招投标监管 203A
工会改革 97C
工会民主协商 97B
工伤保险 324C
工业 212
工业生产 212A
工业投资 212B
工业行业重点项目 152A
工艺美术业 225B
公安 118A
公安法治建设 119B
公安行政管理服务改革 119B
公共法律服务体系建设 123B
公共卫生 313A
公共文化 300A
公共文化服务体系建设 300A
公路 236B
公路建设 236B
公路客货运输 237C
公路养护 236C
公民道德建设 33C
公务员管理 51B
公务员考试 323C
公益诉讼检察 120B
公众移动通信系统无线电频率使用率评价 253A
公租房管理 203C
供电服务 224C
供销合作商业 255B
供销基层建设 255C
供销社有企业管理 256A
共青团福建省委员会 97C
共青团改革创新 99C
古田县 429A
鼓楼区 344B
固定资产投资 151A
固定资产投资结构 151B
固定资产投资项目 151B
挂钩帮扶 206A
官话方言岛 27B
管理与服务 226C
光大银行福州分行 191A
光泽县 411B
广播电视 305C
广播电视和网络视听业 304A
广告监管 167C
规范审查清理 117C
规划管控 202B
国防动员 127A
国际大科学计划正式获准立项 294A
国际及台港澳侨合作 30B
国际经济技术合作 262B
国际科技合作 293B
国际旅游岛建设 432A
国际商会建设 112A
国家安全和社会稳定维护 116A
国家标准《农业社会化服务科技特派员服务规范》发布实施 405B
国家级人才计划实施 294B
国家开发银行福建省分行 185A
国家课程方案和课程标准落实 275A
国家社科基金项目管理 297A
国家外交重要议程服务保障 130C
国家重点研发计划项目推荐 291A
国企保供稳价 153B
国企改革 152C
国企科技创新 153A
国企稳就业惠民生 153B
国企项目建设 152C
国企助力基础设施建设 153A
国铁集团与泰宁县联学联建基地揭牌 235B
国土空间规划 36C
国土资源管理 36A
《国务院关于同意设立中国—菲律宾经贸创新发展示范园区的批复》 362C
国有、集体及其控股企业注册登记 165B
国有企业审计 154B
国有资产管理 152B
国资监管 153B

H

海沧区 357B
海关监管 156C
海关特殊监管区域整合 264C
“海葵”台风 338A
海内外新生代闽商创新创业精英对话会 144B
海商事仲裁 125A
海事监管 158A
海丝核心区建设（经济管理） 150A
海丝核心区建设（外事） 137B
海丝文化工程建设 310A
“海丝学院”品牌打造 277B
海丝中央法务区建设 116C
海丝中央法务区自贸先行区建设 268C
海外联谊 106A
海外专家管理服务 294C
海峡两岸融合发展 263B
海峡两岸融合发展示范区建设 44A
海峡论坛系列活动 108A
海洋防灾减灾 232C
海洋环境管理 41C
海洋基础设施建设 232A
海洋经济 230
海洋经济发展示范区建设 230A
海洋科技 230B
海洋科技创新 287C
海洋污染防治 41C
海洋渔业执法 232C
海洋渔业治理 232B
海洋预警预报 232B
“海洋之星杯”青少年帆船赛 319C
海洋资源 21C
海域海岛管理 35B
涵江区 399C

行业产教融合共同体启动建设 276C
行业管理（文化旅游） 307B
行业管理（信息业） 249C
行业科普基地建设 295B
行业人才培养 245C
行业性大气污染治理 41B
航空客货运输 240B
合同监管 167A
合作交流 265C
和谐劳动关系创建 321A
河湖长制 40B
河湖综合治理 40C
核与辐射安全管理 39C
红色文化遗存保护 330C
宏观经济管理 149A
湖里区 356B
华安县 370B
华侨公益活动 106A
华侨华人 26C
华侨华人台胞 26C
华侨文化传承交流 105C
化工建设工程质量监管 213C
化解信访积案 60B
环境安全管理 39B
环境保护对外交流与合作 137A
环境质量 22C
环武夷山国家公园保护发展带建设 404A
惠安县 377B
“惠民生补短板”专项行动 372A
婚姻登记服务品牌建设 331C
婚姻登记管理 331B
婚姻家庭 331B

J

机动车驾驶员培训 238B
机动车尾气排放监管 41B
机构编制 55C
机构编制服务保障 56B
机构编制管理 56C
机构改革（省委） 55C
机构改革（卫生健康） 317B
机关党的政治建设 61B
机关党建 61A
机关事业单位养老保险 324C
机关效能建设 77A
机械工业 213C
机械工业技术创新 213C
机械装备重点企业 214A
基本公共卫生服务项目 315A
基本生活救助 326C
基层“三保”落实 162A
基层党组织建设（机关党建） 62A
基层党组织建设（组织工作） 52A
基层调研 258B
基层服务 210B
基层小微权力监督平台建设 83B
基层医疗服务能力 315A
基层医疗体系建设 314C
基层医疗卫生 314C
基层医疗卫生服务 315A
基层治理 126B
基层治理创新 327C
基层治理规范化建设任务部署会 127A
基层自治 327C
基层组织建设 327B
基础教育 273B
基础教育改革实验 274C
基础设施建设 269A
基础研究与管理 284A
疾病防控 315B
集成电路产业 247A
集美区 356C
集装箱吞吐量及航线 242C
计划生育服务 316C
计划生育家庭扶助关怀 317A
计量工作 175A
计算机和网络通信设备产业 247C
纪检监察 82
纪检监察体制改革 82B
纪律监督 83A
“技能成才强国有我”主题系列活动 277C
技能人才队伍建设 322B
技术供需精准对接 292A
技术人才队伍建设 292A
技术转移服务机构培育 291C
继续医学教育 314C
寄递安全专项整治 245C
绩效管理 77B
家具行业 225C
家庭服务 101B
家庭关爱服务 332A
家庭家教家风建设 101A
家庭教育 271B
家庭教育指导服务 332A
家庭文明建设 331C
家庭医生签约和家庭病床服务 315B
价格管理 169B
价格监督检查 170A
价格体制改革 169B
价格运行及调控 169B
监测帮扶 206A
监测预警 315C
监督管理 209B
监所管理 124A
检察 119C
减税降费政策落实 160B
建材工业 216C
建材工业绿色发展 217B
建材工业细分行业 217A
建宁县 391B
建瓯市 408A
建设数字化营商环境 233C
建言献策 112C
建言资政 59C
建阳区 406A
建议议案 66C
建置区划 24A
建置沿革 24A
建筑施工企业信用评价体系 203A
建筑市场管理 203A
建筑业 202C
建筑业高发展政策 202C
健康扶贫成果巩固 313A
将乐县 394B
交流联谊 92A
交通行业重点项目 151C
交通邮政 235
交易场所 198C
蕉城区 422C
教材建设与管理 272A
教师队伍综合管理改革 271C
教学培训 58B
教育 270
教育部改革重点任务推进 276C
教育督导机制体制改革 271C
教育对外交流与合作 135C
教育交流合作 272C

教育教学 278C
教育科技 68A
教育普法宣传 272B
教育事业年度发展 270A
教育数字化建设 273A
教育综合改革 271B
界线管理 332B
巾帼志愿服务 101C
金门马祖交流联谊 108B
金门马祖经贸交流合作 108C
金门马祖青年交流 108B
金门马祖同胞服务 108C
金门马祖乡建乡创合作 108C
金融 179
金融服务基础设施 181C
金融审计 154A
金融司法 182A
金融运行 179A
金融仲裁 125A
金砖创新基地建设 354C
进口贸易 261A
进口商品结构 261A
进口商品市场 261B
晋安区 347A
晋江市 375B
禁毒工作 118C
禁化武履约系统填报 213B
经济发展 383B
经济发展助力 117C
经济犯罪侦查 118C
经济工作监督 66A
经济管理 149
经济结构调整 431C
经济领域档案管理 310B
经济评价 229B
经济社会发展 27C
经济社会发展服务（机关党建） 61C
经济社会发展服务（统战工作） 53C
经济体制改革 31C
经济稳增长 68A
经济责任审计 154C
经贸平台拓展 111B
精品创作 306A
精神文明建设 33C
净土工程 40B
竞技体育 318C
九三学社福建省委员会 92C
救援能力建设 340B
救援协调 337B
救助管理 327B
就业创业支持 320A
居民健康保健 316A
卷烟技术创新 223A
卷烟品牌建设 223A
决策咨询服务 55B
军事 126

K

开发区发展规模 264B
开发区开放带动 264B
开发区土地利用 264B
开发区与保税区建设 264B
开放办学 58C
开放发展服务保障 131A
抗震救灾 338B
考古挖掘与科研 309A
考试招生制度改革 274C
科技“小巨人”企业培育 285C
科技成果赋权改革 292B
科技成果转化 291B
科技创新（对外及港澳台） 264C
科技创新（宁德市） 422A
科技创新链和产业链精准对接工程 283A
科技创新平台建设 281A
科技创新券补助 285C
科技创新引领工程 354C
科技创新资金投入 160C
科技对口支援工作 293C
科技对外交流与合作 136A
科技工作者服务 102C
科技合作交流 292C
科技计划项目实施 283A
科技金融融合工作 283B
科技人才评价调研 294C
科技人才引育 294A
科技人才引育工作 281C
科技特派团典型事迹宣传 289B
科技特派员服务模式创新 288A
科技特派员服务重点产业发展 288A
科技特派员后补助项目 289A
科技特派员政策体系 287C
科技特派员制度建设 281C
科技特派员制度示范 288B
科技体制机制改革 281A
科技统计、指标监测工作 283A
科技项目攻关机制 283C
科技型中小企业创新资金项目 285C
科技型中小企业评价服务 286A
科技兴警行动 119B
科技依法行政 282B
科技招商 292C
科技资源配置与管理 283A
科教兴省战略 28A
科普专项评选活动 295A
科学技术 281
科学技术普及 295A
科学决策服务 103B
科研成果 298C
客家方言 27B
课题调研与建言献策 53C
控辍保学 276A
口岸对外开放 156A
口岸营商环境优化 156A
口岸综合管理 155C
库区稳定建设 336C
库区移民 336A
快递绿色包装治理 245C
快递市场秩序整顿 246C
快递员群体合法权益保障 245B
矿产资源 21C
矿产资源保护监督 37C
矿业权管理 37C
扩大内需战略 27C

L

岚台交流 432A
蓝天工程 41B
劳动保障监察 321B
劳动工资 321C
劳动关系 321A

劳动就业管理 320A
劳动领域政治安全维护 97B
劳动能力鉴定 321C
劳动人事争议调解仲裁 321A
劳动与社会实践教育 271A
劳模表彰宣传 97A
劳务品牌建设 321A
老干部工作 57A
老旧小区改造 199C
老龄健康 316B
老区建设 330B
老区建设发展 330C
老区宣传 331B
离退休干部党的建设 57B
离退休干部服务管理 57C
离退休干部思想政治建设 57A
离退休干部作用发挥 57C
理论学习研究宣传 52C
理论研究（党史和地方志） 59A
理论研究（党校行政学院） 58B
锂离子电池产业 248A
鲤城区 372C
历史风貌保护 202A
历史建筑活化利用 202B
历史文化保护 309A
历史文化遗产 308C
立法工作（法治） 117B
立法工作（省人大） 65B
立法工作机制完善 65C
立法实践创新 115C
立法宣传解读 65C
利用外资 262A
荔城区 398C
连城县 419A
连江县 350C
“联管共治”格局构建 246A
良种培育 206C
粮食购销监管 255A
粮食和重要农产品 205A
粮食生产 206C
粮食市场 254C
粮食收储调控 255A
两岸交流 269C
两岸交流品牌 107C
“两岸民族共好”论坛 333C
两岸融合 266C
两岸融合发展 68C
两岸融合发展示范区建设 30A
两岸融合发展示范区建设助力（检察） 121A
两岸融合发展示范区建设助力（政法委） 116B
两岸中医药交流 91A
“两通工程”建设 236C
林业草场 207B
林业产业 208C
林业改革发展 207C
林长制 207B
临时救助 327A
领导机制完善 226C
流域水环境保护 41A
龙海区 364C
龙龙高铁龙岩至武平段开通运营 236B
龙头企业合作 258C
龙文区 363C
龙岩市 413B
罗源县 351C
洛江区 373C
落实粮食安全 254C
旅游公共服务 311C
旅游景区 311B
旅游业 311B
履行社会责任 229B
律师服务 124B
绿色低碳城乡建设体系 42B
绿色低碳科技创新体系 42C
绿色港口 243B
绿色现代化产业体系 42A

M

马尾区 347C
矛盾纠纷预防化解（法院） 122B
矛盾纠纷预防化解（检察） 121B
湄洲岛、南日岛入选“和美海岛”名单 398A
湄洲湾北岸经济开发区 403A
美丽福建建设 39A
美丽中国先行示范省建设 31A
民办高校规范 279B
民兵防空分队实弹射击 127A
民间投资 227B
民生保障（经济管理） 150C
民生保障（省情概貌） 30C
民生保障制度完善 49A
民生福祉 69A
民生福祉建设 432C
民生工作监督 66B
民生科技事业发展 291A
民生审计 154B
民生实事 384A
民生事业 44B
民生项目 414C
民生资金投入 161A
民事检察监督 120B
民事司法 121C
民营经济（省政府） 68B
民营经济 226
民营经济的服务保障体系健全 227A
民营经济发展 226B
民营经济服务保障 116B
民营经济强省战略 29B
民营经济人士思想政治建设 226A
民营经济统战工作 54C
民营经济宣传 226C
民营企业“抱团出海”服务 229A
民营企业参政议政 226A
民营企业创新转型 227A
民营企业对外开放发展 227B
民营企业服务 95A
民营企业进出口 260A
民营企业培训教育 228C
民营企业转型升级 227A
民用航空 240A
民主党派和工商联 85
民主法制领域改革 48C
民主监督（民进） 89C
民主监督（省政协） 80C
民主协商 79C
民主政治建设 44C
民族 27C
民族工作 54B
民族事务 333B
民族团结进步创建 334C
民族乡村挂钩帮扶 333B
民族宗教 27C
闽澳合作会议第四次会议 145C

闽方言　27A
闽港澳服务业交流合作　264B
闽港澳经贸合作　264A
闽港澳贸易交流　264A
闽港合作　269C
闽港合作会议第四次会议　145C
闽侯县　350A
闽籍侨胞新春团拜网络专栏　143C
闽江航运　241C
闽宁协作　206A
闽清县　351A
闽商回归（工商联）　95C
闽商回归（民营经济）　229A
闽台“小四通”　148C
闽台产业对接　146A
闽台出版文化交流　308A
闽台港澳青年融合发展　99A
闽台工青妇交流　147B
闽台海上货运直航　148C
闽台婚姻家庭交流　331C
闽台基础设施联通　148B
闽台交流合作　146
闽台交流助力　94A
闽台教科文卫体交流　147B
闽台金融合作　146B
闽台经贸合作（对外及港澳台）　263B
闽台经贸合作（闽台交流）　146A
闽台科技创新融合　293C
闽台空中直航　148C
闽台民间基层交流　147A
闽台农业合作（闽台交流）　146A
闽台农业合作（农业农村）　207A
闽台农业合作（农业农村）　207A
闽台农业交流　207A
闽台农业科技合作　207A
闽台人才交流　147C
闽台人文交流　147A
闽台司法融合　124B
闽台乡建乡创合作　201C
闽台医药融合发展　173C
闽台宗教和民间信仰交流　147A
闽西革命老区高质量发展示范区建设　413C
明溪县　393C
目标防护体系建设　127C

N

纳税服务　163A
南安市　376C
南靖县　369A
南平市　403B
内部审计　155A
内河水上交通安全　242B
能源保供　217C
能源工业　217C
能源工业安全生产　218B
能源工业改革创新　218B
能源工业合作创新　218C
能源工业绿色转型　218A
能源行业重点项目　152A
年轻干部全链条梯次培养工程　51B
鸟翼类恐龙——“奇异福建龙”在政和县发现　404C
宁德市　420B
宁化县　390C
农村承包地改革与管理　206B
农村改革　205B
农村公路　237B
农村集体产权制度改革　206B
农村寄递物流体系建设　245B
农村经济管理　206B
农村居民收入水平　324A
农村居民消费水平　324B
农房建设品质提升　201B
农垦　205C
农林水利行业重点项目　152A
农民工权益保障　203B
农田整治　205C
农业防灾减灾　205C
农业机械化　206C
农业科技计划项目立项与实施　287B
农业农村　205
农业农村发展　205A
农业农村科技　287B
农业农村审计　154A
女性就业创业　100B

P

排污口设置管理　41A
棚户区改造　204A
平安福建　69B
平安福建建设　116A
平和县　368B
平潭综合实验区　430C
屏南县　429C
莆田市　396C
莆田市河长制湖长制工作获国务院督查激励　397C
莆田市获评“中国食品产业名城”　398A
莆田市获评“中国鞋都”称号　398A
莆田市建市 40 周年　397B
浦城县　411A
普法宣传　123C

Q

企业发展要素保障　228A
企业职工基本养老保险　324B
气候　20C
气象　295C
气象防灾减灾与保障重大战略　295C
气象高质量发展　296A
气象科研与人才　296C
汽车工业　214B
汽车工业科技创新　214C
前场多式联运监管中心通过厦门海关验收　235C
侨创联盟与侨界新生代创新创业分享会　144C
侨界人才资源涵养　105C
侨界思想引领　105B
侨务　143A
侨资服务经济发展　105B
青年就业创业　98C
青年科技人才工作　294A
青年人才培养　99A
青年志愿服务　98C
青少年思想引领　98A
青少年体育　319A
“青雁计划”新生代企业人才培训班　334C
清洁低碳能源体系　42B
清流县　389B
区域对口合作　383C
区域金融改革创新　181A

区域金融改革开放 33A
区域科技创新管理 286A
区域科技创新合作 293A
区域科技创新能力提升 281C
区域联合基金项目立项与实施 284B
区域协调发展 150B
区域协调发展机制 33A
区域协调协同发展 30A
区域性股权市场 198C
全国各省区市社科联联席会议 299C
全国首个闽菜文化博物馆 259C
全国统一大市场建设融入 32A
全国重点文物保护单位保护 309C
全面从严治党体系健全 50A
全民健身场地设施建设 318A
全民健身运动会 318A
全民科学素质提升 103A
全民终身学习活动周 280C
全社会研发投入 281B
全省民族团结进步创建工作培训班 335A
全省卫生健康发展 312A
泉港区 374B
泉州经济技术开发区 381C
泉州市 371B
泉州台商投资区 380C
群众身边腐败惩治 84C
群众体育 318B
群众团体 96
群众文化重点活动 300A

R

人才队伍建设 314C
人才服务 322A
人才工作 51C
人才培养渠道贯通 276B
人才引进与培养 321C
人大常委会建设 63C
人大监督 66A
人大立法 115A
人大履职制度立法 115C
人大助力经济社会发展 63B
人道救助 113B
人口城镇化水平 27A
人口监测与家庭发展 316C
人口年龄结构 27A
人口语言 26C
人口自然增长 27A
人力资源管理 321C
人文历史 23A
人员防护体系建设 127B
认证检测工作 176A
日常监督 83B
日用陶瓷 225B
融资担保 197C
融资租赁 198A
软环境建设 256C
软件和信息技术服务业 248B

S

“三不腐”综合推进 84A
“三创促三交”品牌 334C
三明市 382B
“三医”联动改革 33B
三元区 384B
“三月三”畲族文化节活动 334A
森林工业 220C
森林消防 341A
森林资源 22B
沙县区 385C
“山水龙岩”品牌打造 414B
商标管理 178B
商贸流通服务业 254
商贸流通体系完善 254B
商品价格管理 169C
商事司法 121C
商事制度改革 166A
商业保理 198B
上杭县 416C
少先队建设 99C
邵武市 406C
畲语 27B
社会安定稳定监督 66B
社会保险基金监督 325A
社会保障 324B
社会保障体系 33C
社会发展科技 290C
社会发展领域科技创新重点工作 290C
社会发展领域科技项目立项与实施 290C
社会服务（工商联） 95C
社会服务（九三学社） 93B
社会服务（民革） 86A
社会服务（民建） 88C
社会服务（民进） 89C
社会服务（民盟） 87B
社会服务（农工党） 91A
社会服务（台盟） 94B
社会服务（致公党） 92B
社会服务（中华职教社） 113A
社会福利和慈善事业 328A
社会工作和志愿服务 329C
社会活动 228C
社会救助 326C
社会救助改革 327A
社会科学 297
社会科学规划 297A
社会科学研究与成果 298C
社会矛盾纠纷化解 123C
社会民生 422A
社会民生档案 310B
社会生活 320
社会事业行业重点项目 152B
社会治理体制改革 48C
社会治理助力 125A
社会组织管理 333A
社会组织监管 333A
社会组织建设 333A
社科评奖组织 104A
社科普及 104A
社科强省建设 297A
社科研究 103C
社区服务 328A
社区矫正 124A
涉台司法交流 122A
涉外及涉港澳侨司法 122B
涉外及涉港澳台仲裁 124C
涉外商事法律服务 112A
涉外审计 154C
深化改革 47C
审查调查 83C
审计 153C
审计查出问题整改 155A
生活垃圾治理 200A

生命关爱　113B
生态保护修复　39B
生态环境　39
生态环境保护督察　40A
生态环境保护监督　66B
生态环境监管　39B
生态环境司法　122A
生态环境执法　39C
生态环境状况　39A
生态省建设（经济管理）　150C
生态省建设（省政府）　69B
生态省建设资金投入　161A
生态文明建设立法　115B
生态文明制度体系健全　49B
生态修复　35C
生物资源　22B
声环境质量　23A
省创新实验室建设　284B
省级节水型单位（企业）、小区　201A
省级人才计划实施　294B
省级朱子文化（南平）生态保护区设立　405B
省纪委十一届三次全会　82C
省情概貌　20
省社科基金项目管理　297B
省社科研究基地建设　297C
省属科研院所创新发展　282C
省委全面深化改革委员会会议　50A
省委十一届四次全会　45A
省委十一届五次全会　46B
省委书记周祖翼率团访问港澳　145A
省哲学社会科学重点实验室建设　298A
省政府常务会议　72A
省政府全体会议　72A
省政府专题会议　73C
省自然科学基金联合资助　284A
省自然科学基金项目立项与实施　284A
省自然科学基金资助体系　284A
失业保险　324C
石化工业　212C
石狮市　375A
石油化工重点项目情况　213B
石油化工主要产品产量　213A
石油化工主要分行业情况　213A
实验动物许可规范　284C
实验区先行先试　431B
实验室生物安全监管　312C
食品安全　313C
食品抽检　172B
食品工业　219C
食品工业创新发展　220A
食品工业品牌提升　220A
食品工业主要产品产量　219C
食品监督管理　170B
食品流通安全监管　171B
食品生产安全监管　171A
史志宣传　59C
世界储能大会在宁德举行　422B
世界文化遗产　308C
市场监督管理　165
市场监管政策法规　169A
市场监管执法　166A
市场执法稽查　168C
市场主体注册登记　165A
市县概览　343
市域产教联合体建设　276B
事业单位人事制度改革　323B
视察调研　67A
收入与消费　323C
收养　329B
首届链博会参展　111C
寿宁县　426C
书香八闽建设　308A
数字产业化　234B
数字经济（福州新区）　269A
数字经济　233
数字经济产业　234B
数字经济发展　233A
数字经济发展专项资金扶持项目　233A
数字经济重点项目　233A
数字水利　210B
数字自贸区建设　267B
双创载体建设　287B
“双减”政策落实见效　275A
“双碳”科技创新　282C
“双一流”和一流应用型高校建设　278B
双拥共建　128C
水产捕捞　231A
水产加工　231B
水产品质量安全　231B
水产养殖　231A
水产种业　231A
水环境保护　40B
水环境质量　22C
水环境综合治理　200B
水利　209B
水利防汛减灾　211B
水利管理　211B
水利规划　209C
水利建设　209C
水利科技　211A
水利生态价值创新　210A
水利投资　209C
水利助力乡村振兴　210C
水路　241A
水生野生动物保护　232A
水土保持　209B
水文　21A
水域环境保护　231C
水资源　22B
水资源管理　211C
税费收入　162C
税费政策服务　162C
税费治理　163B
税收经济分析　163A
税收征管改革　163A
税务　162B
税务共治创新　163B
顺昌县　409B
司法行政　123A
丝路海运　241B
私营企业注册登记　165B
思明区　355B
思想理论研究（社科联）　103C
思想理论研究（政策研究）　55A
思想政治建设（民建）　88A
思想政治建设（纪检监察）　82A
思想政治建设（九三学社）　92C
思想政治建设（军事）　126A
思想政治建设（民革）　85A
思想政治建设（民进）　89B
思想政治建设（民盟）　86C
思想政治建设（农工党）　90B
思想政治建设（统战工作）　53B
思想政治建设（致公党）　91C
思想政治建设（中华职教社）　112B
思想政治引领（工商联）　94C
思想政治引领（省人大）　63A

思想政治引领（省政协） 78A
思想政治引领（文联） 104B
“四大经济”发展 149C
“四大经济”投资 160C
“四类骨干”集训 127A
“四下基层”与新时代党的群众路线理论研讨会在宁德举行 422C
松溪县 412A
诉讼服务 122B
诉讼和仲裁衔接机制 125B

T

台胞 26C
台胞服务 107C
台胞台商台企服务 146C
台风“杜苏芮”抢险救援任务 342B
台江区 345C
台青到闽实习就业创业 146B
台湾民主自治同盟福建省委员会 94A
台资企业发展 263B
泰宁县 391C
碳达峰碳中和 42A
碳汇交易体系 42C
特色现代农业 205A
特殊教育普惠发展 110A
特殊食品安全监管 172A
特种设备安全监管 176B
提案办理 81C
体彩销量 319B
体育 318
体育产业 319B
体育美育 270C
体育赛事和交流 319B
体育助力乡村振兴 318B
体制创新 265A
铁路 235A
铁路建设 235C
铁路客、货运输 236A
铁路沿线环境整治 201C
通水五周年座谈会系列活动 108C
通信业 249A
同安区 358B
同心赋能促发展活动 228C
统筹频谱资源使用 252C
统计 155A
统计监测服务 155B
统战工作 53B
投资管理和项目建设 150B
图书出版业 303C
图书馆 305B
土地开发利用 36B
土地资源 21C
土壤环境管理 40A
土壤污染防治 40B
团员和青年主题教育 98A
退役军人服务保障体系建设 128B
退役军人就业创业 129C
退役军人事务 128A
退役军人思想政治引领 128A
退役军人移交安置 129B
脱贫攻坚成果巩固（农业农村） 206A
脱贫攻坚成果巩固（社会生活） 320C
脱贫监测救助保障 326C

W

外国对闽投资 262B
外汇管理 182B
外商及港澳台商投资企业注册登记 165C
外事 130A
外事侨务港澳事务 130
外资实际使用 262B
外资银行 191B
完善应急指挥机制 337A
完善政府信息公开平台建设 234A
完整社区建设 200A
网络祭扫平台检查 332C
网络交易监管 167A
网络与信息安全 249B
危险废物管理 41C
危险废物规范化环境管理评估 42A
委员工作 81A
卫生对外交流与合作 136C
卫生健康 312
卫生健康规划和重点项目建设 314B
卫生健康科研 312C
卫生应急 313B
为民办实事项目 69C
为农服务 255B
为侨服务 106B
未成年人检察业务 120C
未成年人思想道德建设 34B
位置面积 20A
文化产业 303C
文化场馆 305B
文化馆 305B
文化交流 53A
文化科技卫生“三下乡”活动 295B
文化旅游 300
文化旅游对外交流与合作 136B
文化强省建设 53A
文旅产业统筹管理 311B
文旅创意营销 311C
文旅试点示范建设 311C
文旅志愿服务活动 300B
文明创建 34C
文明创建和统战群团工作 62C
文物普查 309C
文学艺术 301A
文艺创作和文艺活动 104C
文艺创作活动与成果 301A
文艺队伍建设 303B
文艺惠民 104C
文艺交流 105A
文艺交流活动 302A
文艺人才 105A
文艺展示展演 301B
文职人员军地联席会议 126C
稳外贸稳外资促消费 160C
“我为青年办实事”实践活动 99B
无偿献血 313C
无线电发射协调测试 253A
无线电管理 252C
无线电监督检查 253B
无线电业务管理 253B
无障碍环境建设 110B
吴方言 27B
“五老”人员优待管理 331A
武平县 417C
武夷山国家公园总体规划发布 404B
武夷山市 407B
物流基础设施建设 256B
物流业 256A
物资储备管理 255B

X

习近平新时代中国特色社会主义思想研究宣传 299B
霞浦县 425B
夏季治安打击整治行动 118A
厦门轨道交通 239C
厦门航空 240C
厦门金融运行 180C
厦门软件园 248C
厦门市 353C
厦门市保险业概况 195A
厦门市监测预警体系建设 316A
厦门税务 163B
厦门银行业 183C
厦门证券业概况 193A
仙游县 398B
先进制造产业核心技术攻关 285B
县域经济实力“十强”“十佳”“十优”县（市、区）名单 229B
县域科技创新发展 287B
县域医疗服务 312B
现代化产业体系 354B
现代化产业体系建设 43B
现代农业经营体系建设 206B
现代农业科技和装备 205B
乡村环境治理 201B
乡村基础教育帮扶 275C
乡村振兴 206A
乡村振兴和民生服务 114C
“乡村著名行动” 332B
芗城区 362C
香港特区立法会主席梁君彦访闽 145B
翔安区 361A
“项目攻坚增效年”专项行动 344B
项目建设 268C
消防安全治理 340B
消防队伍基层基础建设 340C
消防救援 340A
消费促进活动 254A
消费潜力挖掘 254A
消费网络推广 254B
消费增长 254A
消费者权益保护 168A
小额贷款 198A
“小三通”航线全面复航 148B
校外培训机构审批 295B
效能督查 77B
心理健康教育 271B
新材料产业核心技术攻关 285B
新的社会阶层人士统战工作 54B
新冠病毒疫苗接种 315C
新罗区 414C
新能源产业核心技术攻关 285B
新时代民营经济强省战略实施 149C
新时代文明实践中心建设 34B
新闻出版 308A
新型显示产业 247B
新型研发机构建设 282C
新一代信息技术产业核心技术攻关 285A
信访工作 60A
信访工作法治化 60A
信访问题源头治理 60B
信息化基础设施建设 249A
信息化监管 246A
信息基础设施建设 234A
信息技术应用创新解决方案入选项目 233B
信息业 247
信用监督管理 166B
“星创天地”建设 289A
星火计划项目立项与实施 289C
刑事犯罪侦查 118B
刑事检察 120A
刑事审判 121C
行政检察监督 120B
行政区划 26C
行政审批制度改革 314B
行政执法 117C
兴业银行 189C
兴业证券股份有限公司 194B
修志编鉴 59B
秀屿区 401B
畜牧业 209A
宣传工作 52B
宣传思想文化体制机制改革 49A
学生竞赛管理 278C
学术活动 299B
学术刊物 299C
学术社团 103C
学位学科专业建设 278B
巡察工作 47B
巡视巡察 47B
巡视巡察成果运用 47C

Y

烟草工业 222C
烟草工业管理创新 223B
烟草工业数字化转型 223B
烟草专卖 256C
延平区 405B
研讨交流 299C
盐业专卖 257B
养老服务业 328A
药品、医疗器械检验 174A
药品、医疗器械审评审批 173B
药品、医疗器械专项检查 173B
药品安全监测 173A
药品监督管理 172C
药品使用领域监管创新 173C
药政管理 314B
要素市场化配置改革 32A
冶金工业 216A
冶金工业产品产量 216A
冶金工业技术发展 216C
冶金工业行业规范 216C
冶金工业优势产业 216B
冶金工业重点工作 216C
野外观测站建设 284C
医保保障健全完善 325B
医保便民服务 326A
医保基金监管 326A
医保基金运行管理 325A
医保药品改革 325C
医疗保障 325A
医疗保障体系建设 325B
医疗服务项目价格管理 326A
医疗救治 315C
医药产品注册 173C
医药工业 222A
医药工业产业布局 222A
医药工业创新发展 222C
医药工业细分行业 222A

医药企业服务 173B
医药卫生体制改革 314A
医政管理 314A
宜居乡村建设 205B
移民搬迁安置 336A
移民后期扶持 336B
艺术活动 300B
艺术精品创作 300C
银行业 183B
印刷发行业 305A
应急管理 337
应急管理发展 337A
应急教育训练 337C
应急救护 113B
营商法治环境助力 124C
营商环境 226B
营商环境建设 355A
营商环境优化 267C
营商环境优化提升（经济管理） 150A
营商环境优化提升（省情概貌） 32C
永安市 387B
永春县 380A
永定区 415B
永泰县 352B
优待抚恤 129A
优秀科研成果展览展示 292B
尤溪县 395B
邮政快递末端基础设施建设试点 245A
邮政普遍服务保障 245A
邮政业 244A
友好城市 137C
友好交流交往 114B
渔船通信项目工程 232B
渔港建设 232A
渔业产业 231A
渔业互助保险 232C
渔业资源生态保护 231C
渔业资源养护 231C
舆论宣传 305C
预算绩效管理 161B
预算审查监督 66A
元首外交服务保障 130B
园区建设 207A
原创歌剧《鸳峰桥》走进中央歌剧院 422B
“云上会客厅”工作品牌 145A
“云上民族村寨”工程 334C
云霄县 366C
运力结构（公路） 237C
运力结构（水路） 241A
运输生产 241B

Z

造林绿化 208A
造纸业 224C
债务风险防范化解 162A
战备演练 126B
漳平市 419C
漳浦县 366A
漳州市 361B
漳州市健全生育支持政策体系 317A
漳州台商投资区 370C
诏安县 367C
柘荣县 428C
正风肃纪反腐 62B
证券业 192B
政策公开 233C
政策落实跟踪审计 153C
政策研究 55A
政策引导 221A
政策支持（工业） 215B
政策支持（海洋经济） 230A
政策支持（民营经济） 227B
政策支持（商贸流通服务业） 259A
政策咨询与发展研究 298A
政法队伍建设 117A
政法改革 116C
政法委及综治 116A
政府信息公开查阅利用工作 311A
政和县 413A
政务服务改革 246C
政务服务优化（法治） 117C
政务服务优化（民营经济） 227C
政协常委会建设 78A
政协助力经济社会发展 78A
政治监督 83A
政治巡视 47B
支撑保障体系建设 127C
支持对台贸易 263C
知识产权保护 177C
知识产权管理 177A
知识产权申请与授予 177A
知识产权司法 122A
知识产权司法保护 121A
知识产权运用 177B
执纪执法提升 84A
职工关爱服务 97A
职工技能提升 96B
职工思想引领 96A
职教实践 112C
职业技能竞赛 276C
职业技能培训 320B
职业健康 316B
职业教育 276B
职业教育传播能力建设主题论坛 277B
职业教育活动周 277C
职业教育交流 113A
志愿服务 113C
制度创新 266B
制度化服务企业 228B
制鞋业 225A
制造业实际使用外资 262B
质量保障机制建设 279A
质量赋能行动 174B
质量技术监督管理 174A
质量强省战略 174B
治安防范管理 119A
智慧广电建设 306C
“智慧医保” 326B
中国（福建）自由贸易试验区福州片区 265A
中国（福建）自由贸易试验区福州新区 265
中国（福建）自由贸易试验区平潭片区 268C
中国（福建）自由贸易试验区厦门片区 266A
中国电信福建公司 250A
中国工商银行福建省分行 185C
中国共产党福建省委员会 43
中国国际贸易促进委员会福建省委员会 111A
中国国民党革命委员会福建省委员会 85A
中国击剑俱乐部联赛总决赛 319C
中国建设银行福建省分行 188A

中国科学院科技服务网络计划　291B
中国联通福建省分公司　251B
中国民主促进会福建省委员会　89A
中国民主建国会福建省委员会　88A
中国民主同盟福建省委员会　86B
中国名小吃文旅嘉年华活动　259B
中国农工党福建省委员会　90B
中国农业发展银行福建省分行　184B
中国农业银行福建省分行　186C
中国平安财产保险福建分公司　196C
中国平安人寿保险福建分公司　197A
中国人民财产保险股份有限公司福建省分公司　195B
中国人民政治协商会议福建省委员会78
中国人寿保险福建省分公司　196A
中国移动福建公司　250C
中国银行福建省分行　187C
中国邮政储蓄银行福建省分行　188C
“中国政府友谊奖”候选人评选　295A
中国致公党福建省委员会　91C
中华优秀语言文化传承弘扬　271A
中小学德育　274B
中小学生创新素养培养　275C
中信银行福州分行　190B
中医药服务能力　317B
中医药合作交流　317C
中医药人才培养　317B
中医药事业　317B
中医药文化传播　317C
中医药重点项目建设　317B
终身教育　280B
终身教育提质培优　280B
种植业　206C
仲裁　124B
仲裁多边合作机制　125C
仲裁质效提升　125C
重大事项决定及人事任免　63B
重大项目建设　245A
重大招商活动　149B
重点产业发展　265A
重点课题研究工作　298C
重点领域改革（经济管理）　150A
重点领域改革（三明市）　383C
重点平台建设　268B
重点企业　248C
重点人群健康服务供给　316C
重点实验室建设　284C
重点项目　151C
重要陈列展览　309B
重要会议（省人大）　63C
重要会议（省委）　45A
重要会议（省政府）　72A
重要会议（省政协）　78B
重要活动　307C
重要团组出访服务　133A
重要团组到访接待　131B
重症救治　315C
周宁县　427C
主题教育和调查研究　59A
主题教育和教育整顿　82A
主题宣传　52C
主题宣传月活动　334B
主要卷烟产品　223A
助力乡村振兴（民营经济）　229B
助力乡村振兴（商贸流通服务业）　255C
住房公积金服务　204B
住房公积金管理　204A
住房公积金运行监管　204C
住房消费支持　204A
住院医师规范化培训　314B
专家基层帮扶活动　322B
专门学校建设和专门教育　276A
专项保密管理　60C
专项监督　83B
专项债券　160B
专业技术人才队伍建设　323A
专营专卖　256C
装配式建筑发展　203A
资金项目监管　336B
资金支持　206A
资源保护　208A
资源环境审计　154C
资政建言　76C
资助帮扶育人　272A
自然地理　20A
自然科学研究系列职称评审　282A
自然灾害　21A
自然资源　21C
自然资源法治建设　38B
自然资源管理　35
自然资源和不动产确权登记　38B
自然资源科技工作　36A
自然资源行政审批服务　38C
自然资源行政执法　38B
自然资源要素保障　35A
自然资源执法监察　38C
自然资源资产管理　35A
宗教　27C
宗教工作　54C
宗教界发展建设　334A
宗教界文化交流　335A
宗教事务　335A
综合保障　240B
综合改革试点　354B
综合监督　313C
综合文稿服务（社会科学）　298A
综合文稿服务（政策研究）　55A
综合治理　209B
组织工作　50C
组织建设（残联）　110C
组织建设（工商联）　95C
组织建设（九三学社）　93C
组织建设（留学人员联谊会）　114A
组织建设（民革）　86B
组织建设（民建）　89A
组织建设（民进）　90A
组织建设（民盟）　87C
组织建设（农工党）　91B
组织建设（侨联）　106C
组织建设（台盟）　94B
组织建设（致公党）　92B
组织指挥体系建设　127B
祖统工作（民革）　85C
作风建设　84B